1945-1990

zerrissen+vereint

Hugo Theisinger

Deutschland - eine Zäsur

dvo

1945–1990
zerrissen + vereint

Hugo Theisinger

Deutschland – eine Zäsur

Druck und Verlag
Hans Obermayer GmbH
1993

 Gesamtherstellung und Auslieferung durch die Druckerei Hans Obermayer GmbH, D-86807 Buchloe.

Gestaltung des Schutzumschlages: Wolfgang Koch, Landsberg/Lech.

Fotos: Bundesbildstelle Bonn

ISBN 3-927781-04-5

VORWORT

Bei meinen Besuchen in den letzten drei Jahrzehnten in den Ostblockstaaten wurde mir klar, daß ein Zusammenbruch dieses Systems nur noch eine Frage der Zeit ist.
Nach drei von mir verfaßten Büchern haben mich vier ideelle Auftraggeber erneut zur Feder greifen lassen:

die Suche für Wahrheit und Gerechtigkeit,
die Liebe zum deutschen Volk,
die Sorge um die bleibenden Werte
und die Liebe zu der Heimat meiner aus Bad Frankenhausen (Thüringen) stammenden Frau.

In diesem Zusammenhang möchte ich allen Personen und Institutionen, die meine Arbeit unterstützten, meinen tiefempfundenen Dank aussprechen: so dem Bundesarchiv in Koblenz, Herrn Dr. R. Hofmann und Frau Scharpegge, dem Presse- und Informationsamt der Bundesregierung in Bonn, dem ehemaligen Bundesministerium für innerdeutsche Beziehungen »Wir in Ost und West« und »Wir in Europa«, der Redaktion Arbeitsgemeinschaft Jugend und Bildung e.V. Wiesbaden und für politische Bildung in Bonn, dem ZDF in Mainz. Der Botschaft der UdSSR (heute GUS), der Redaktion »Sowjetunion heute«, »Nowosti« und »Wostok«, der Redaktion »Informationen aus dem Osten für den Westen« Köln, der Bundesbildstelle Bonn, Herrn Menschel, der Axel-Springer-Verlag AG, Redaktion der Bild-Zeitung Hamburg und ihrem Fotoservice, Frau Ines Kopp, dem SPIEGEL-Verlag, Herrn Dietrich Krause, dem BURDA-Verlagshaus Redaktion BUNTE, Frau Ursula Edelmann, den Redaktionen von STERN und QUICK, dem Sudetendeutschen Archiv in München, Frau Brita Kreißel von der Kanzlei des bayerischen Ministerpräsidenten. Herzlichen Dank auch an Geschäftsführer Hans Albertshofer und die Mitarbeiter der Druck und Verlag Hans Obermayer GmbH, Buchloe.
So möge dieses Buch in Gottes Namen hinauswandern und unseren Nachkommen ein Bild geben von dem, was uns das Dritte Reich nach 1945 hinterlassen hat.

Lahntal-Caldern, im Herbst 1992 *Hugo Theisinger*

Das Ende des Zweiten Weltkrieges: Die bedingungslose Kapitulation

Das Chaos 1945

Seit dem Dreißigjährigen Krieg (1618 bis 1648) hat Deutschland nicht mehr einen solchen Tiefpunkt erlebt wie 1945. In der Vier-Millionen-Stadt Berlin sind mehr Häuser zerstört, als es zum Beispiel in München je gegeben hat. Der Trümmerschutt, der in der deutschen Hauptstadt wegzuräumen ist, wird auf 80 Millionen Kubikmeter geschätzt.

Der Politikwissenschaftler Paul Noack nennt einige Beispiele für die Verwüstungen des Zweiten Weltkrieges: »In Köln, einer Stadt von vormals 730 000 Einwohnern, vegetieren noch 40 000 Menschen in den Trümmern. In Düsseldorf waren 98 Prozent der Häuser unbewohnbar. Sechs Wochen nach Kriegsende hausten kaum mehr als die Hälfte der ehemals 4,3 Millionen Einwohner in der Hauptstadt Berlin. Dreitausend zerstörte Eisenbahnbrücken verhinderten jeden Verkehr. Alle Brücken über den Rhein und die Weser, 23 von 24 über den Main und 22 von 34 über die Donau waren den Kriegseinwirkungen, sei es alliierten Bomben, sei es späten Wahnsinnstaten, zum Opfer gefallen. 25 000 Tonnen nur förderte die Kohlenindustrie an der Ruhr pro Tag, ge-

Karte »Deutschland 1945«, erstellt vom Geographisch-Kartographischen Dienst des Auswärtigen Amtes, aus »Die Auswärtige Politik der Bundesrepublik Deutschland«, herausgegeben vom Auswärtigen Amt unter Mitwirkung eines wissenschaftlichen Beirats. Verlag Wissenschaft und Politik, Köln 1972.

genüber einer Vorkriegsproduktion von etwa 400000 Tonnen.«
Deutschland ist 1945, wie der Historiker Friedrich Meinecke schreibt, »ein ausgebrannter Krater der Machtpolitik«. Hunger und Elend allenthalben. Zeitweilig müssen die Menschen mit 800 Kalorien täglich leben, das ist nur ein Drittel des normalen Nahrungsbedarfs.
Millionen von Menschen sind kriegsversehrt, verwitwet, verwaist. Unablässig strömen in die westlichen Gebiete Menschen aus dem Osten ein. Die Wohnungsnot ist unvorstellbar. Das Elend dauert Jahre an. Noch in seiner ersten Silvesteransprache von 1949 sagt Bundespräsident Theodor Heuss: »Der Katalog der deutschen Not und Nöte ist unabsehbar.«
Das Gebiet des Deutschen Reiches – in den Grenzen vom 31. Dezember 1937 – ist in neun Teile aufgesplittert: vier Besatzungszonen, die in einen östlichen und drei westliche Sektoren aufgeteilte Reichshauptstadt Berlin, das aus der französischen Besatzungszone herausgenommene Saargebiet, die jenseits von Oder und Neiße von Polen besetzten Gebiete und das von der Sowjetunion annektierte Gebiet um Königsberg. In den vier Besatzungszonen übt die jeweilige Besatzungsmacht die Regierung aus. In Berlin übernimmt eine gemeinsame Behörde der »Großen Vier«, die alliierte Kommandantur, die Verwaltung der Stadt. Deutschland hat aufgehört, ein aktiver politischer Faktor zu sein. Die oberste Regierungsgewalt wird von den militärischen Oberbefehlshabern der USA, Englands, Frankreichs und der Sowjetunion ausgeübt. Die vier bilden den »Kontrollrat« mit Sitz in Berlin.[1]

Die Potsdamer Konferenz

Im Juli/August 1945 treffen sich in Potsdam die führenden Männer der »Großen Drei«. Es sind dies Harry S. Truman für die USA, Winston Churchill (später von Clement Att-

1871: Nach dem Deutsch-Französischen Krieg – Deutschland vom Elsaß bis Königsberg.

1918: Nach dem Ersten Weltkrieg verloren die Deutschen zehn Prozent ihres Reichsgebietes.

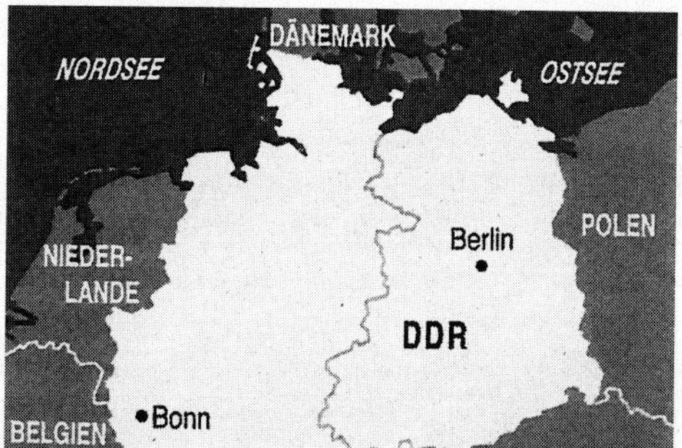

1945: Nach dem Zweiten Weltkrieg wurde Deutschland geteilt – für ewig, wie es schien.

lee abgelöst) für Großbritannien und Josef Stalin für die Sowjetunion. Frankreich wird von den Beschlüssen nachträglich in Kenntnis gesetzt. Das »Potsdamer Abkommen« wird zu einem Schicksalsdokument für Deutschland. Bis auf weiteres soll keine zentrale deutsche Regierung gebildet werden, nur einige zentrale deutsche »Verwaltungsabteilungen« unter Leitung von Staatssekretären sind vorgesehen. Allerdings soll Deutschland während der Besatzungszeit als wirtschaftliche Einheit behandelt werden.

Über die von Polen und der Sowjetunion besetzten Ostgebiete beschließt die Konferenz: Sie sollen polnischer bzw. sowjetischer Verwaltung unterstellt werden. Für die letztgenannten gilt dies vorbehaltlich der »endgültigen Bestimmung der territorialen Fragen« bei einer Friedensregelung. Die »endgültige Festlegung« der polnischen Westgrenze wird ebenfalls bis zu einer Friedenskonferenz zurückgestellt. Für die in diesen Gebieten, aber auch in Polen, der Tschechoslowakei und Ungarn lebende deutsche Bevölkerung sehen die Potsdamer Beschlüsse eine »Überführung« vor, die in »ordnungsgemäßer und humaner Weise« erfolgen soll. Die Ausweisung bringt aber großes Leid über unschuldige Menschen. Ungefähr 2,11 Millionen Zivilisten kommen um oder bleiben vermißt. (Die Zahl beruht auf Berechnungen des Statistischen Bundesamtes. Namentliche Erhebungen des Kirchlichen Suchdienstes ergaben 2,379 Millionen.)

Über zwölf Millionen finden nach Evakuierung und Flucht – vor dem Einmarsch der Roten Armee 1944/45 – sowie nach der Vertreibung und Umsiedlung eine neue Heimat, der weitaus größte Teil von ihnen in der Bundesrepublik Deutschland, der kleinere Teil in der DDR sowie außerhalb Deutschlands. Die USA, England, Frankreich und die Sowjetunion sollen nach dem »Potsdamer Abkommen« ihre Reparationsansprüche in ihren jeweiligen Besatzungszonen befriedigen – eine Vereinbarung, die in der Sowjetzone zu enormen wirtschaftlichen Einbußen führt und auch

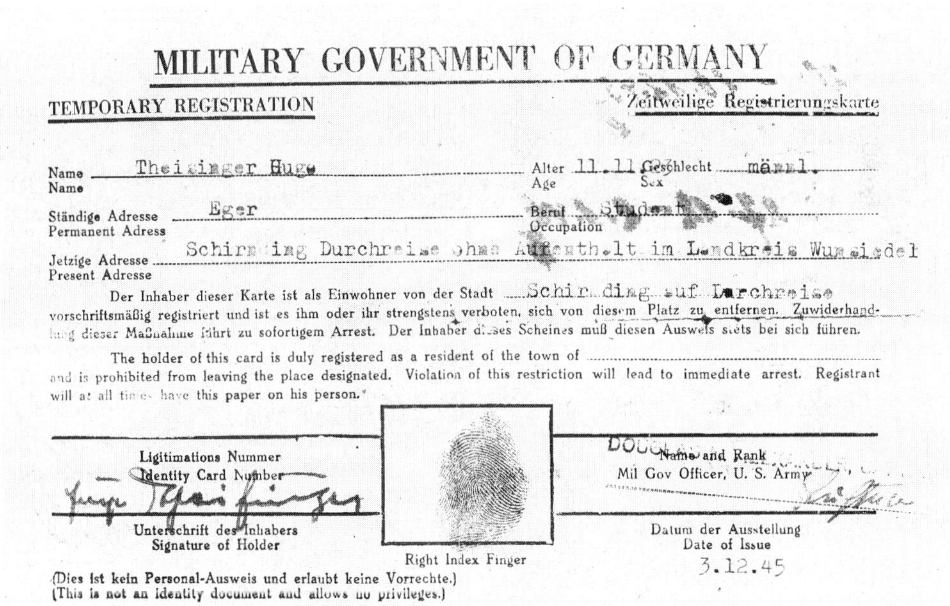

MILITARY GOVERNMENT OF GERMANY

TEMPORARY REGISTRATION — Zeitweilige Registrierungskarte

Name / Name: Theisinger Hugo — Alter / Age: 11.11.[illegible] — Geschlecht / Sex: männl.

Ständige Adresse / Permanent Adress: Eger — Beruf / Occupation: Student

Jetzige Adresse / Present Adresse: Schirnding Durchreise ohne Aufenthalt im Landkreis Wunsiedel

Der Inhaber dieser Karte ist als Einwohner von der Stadt Schirnding auf Durchreise vorschriftsmäßig registriert und ist es ihm oder ihr strengstens verboten, sich von diesem Platz zu entfernen. Zuwiderhandlung dieser Maßnahme führt zu sofortigem Arrest. Der Inhaber dieses Scheines muß diesen Ausweis stets bei sich führen.

The holder of this card is duly registered as a resident of the town of .... and is prohibited from leaving the place designated. Violation of this restriction will lead to immediate arrest. Registrant will at all times have this paper on his person.

Ligitimations Nummer / Identity Card Number

Unterschrift des Inhabers / Signature of Holder

Right Index Finger

Name and Rank / Mil Gov Officer, U. S. Army

Datum der Ausstellung / Date of Issue: 3.12.45

(Dies ist kein Personal-Ausweis und erlaubt keine Vorrechte.)
(This is not an identity document and allows no privileges.)

Jeder Flüchtling oder Vertriebene wurde bei der Einreise in eine der vier Zonen registriert.

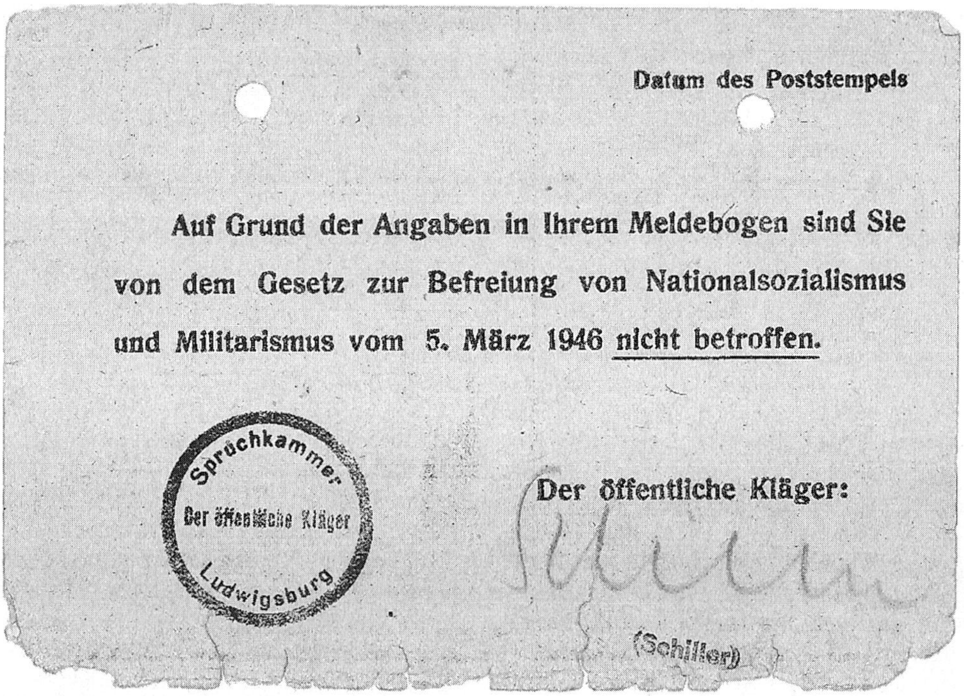
Datum des Poststempels

Auf Grund der Angaben in Ihrem Meldebogen sind Sie von dem Gesetz zur Befreiung von Nationalsozialismus und Militarismus vom 5. März 1946 nicht betroffen.

Spruchkammer Der öffentliche Kläger Ludwigsburg

Der öffentliche Kläger:

(Schiller)

Jeder Bürger wurde von den sogenannten Spruchkammern wegen seiner Zugehörigkeit zum Nationalsozialismus überprüft.

im Westen bis Anfang der fünfziger Jahre Demontagen von Industrieanlagen zur Folge hat, allerdings in weit geringerem Umfang.
Rest-Deutschland soll nach den Beschlüssen der Potsdamer Konferenz »entmilitarisiert« und »entnazifiziert« werden, was zu der großenteils mißlungenen, weil zum Teil undifferenzierten, zum Teil Opportunismus begünstigenden »Entnazifizierung« und »Umerziehung« führt. Die – besonders von den Amerikanern betriebene – Umerziehung soll demokratische Gedanken und Ideale fördern. Schließlich sieht die Potsdamer Konferenz Verfassungen bis zur Länderebene vor. Das Land Preußen wird aufgelöst.[2]

Vom Elend des neuen Anfangs

Am 25. April 1945 hatten sich bei Torgau an der Elbe russische und amerikanische Verbände beim Verfolgen der zurückflutenden deutschen Truppen getroffen. Den Verbrüderungsszenen folgten nur zu schnell die Ernüchterung und Enttäuschung. Jeder der Sieger hatte seine eigenen Vorstellungen über die Zukunft des deutschen Volkes, für die die Alliierten die volle Verantwortung übernommen hatten.
Jetzt rächte es sich, daß die Westmächte auf den Konferenzen der Kriegszeit darauf verzichtet hatten, die Dinge festzulegen. Neben den Millionen, die noch während des Krieges wegen der Luftangriffe evakuiert worden waren, und denen, die vor der Kriegsfurie geflohen waren, kamen nun noch die, die aus den auf der Konferenz von Potsdam Polen zugesprochenen Gebieten ausgesiedelt wurden. Diese Massen strömten in ein Deutschland, dessen Unterbringungsmöglichkeiten und Lebensbedingungen auf einen noch nicht erlebten Tiefstand gesunken waren. Wo 1939 vier Deutsche gewohnt hatten, mußten 1945 zehn unterkommen. Dazu

kamen in den Westzonen über eine Million Fremdarbeiter, auch sie waren Opfer des Krieges.
Die Versorgung der Deutschen mit Hausbrand war in den ersten Jahren völlig unzureichend. Da Oberschlesien und das Saargebiet ausfielen, stand allein die Ruhrkohle zur Verfügung. Vorrang hatten aber Reparationsleistungen und die Erfüllung des von den Siegern aufgestellten Industrieplanes. Wegen der überalterten Anlagen und der physischen Erschöpfung der Bergleute sank die Kohlenförderung auf unter 50 Prozent der Vorkriegsleistung. Diebstahl und Plünderungen von Kohlenzügen usw. waren daher eine tägliche Erscheinung.
Die Wohnungsnot war katastrophal. Die Nürnberger Bevölkerung errichtete zum Beispiel in den Trümmern der Stadt aus dem Material zerstörter Häuser Behelfsheime. Unter diesen Lebensbedingungen traten natürlich zahlreiche Krankheiten und Seuchen auf, deren Bekämpfung durch den Mangel an Krankenhäusern und Medikamenten sehr schwierig war. Hinzu kam, daß es an allen Notwendigkeiten des täglichen Lebens mangelte, wie Seife, Mitteln zum Ausbessern der alten Kleidung und anderem. Viele Kinder gingen barfuß zur Schule.
Wo einst vor dem Brandenburger Tor die prächtigen Baumbestände des Tiergartens standen, bauten die Berliner nach 1945 in Schrebergärten Kartoffeln und Gemüse an. Die Ernährungsbasis Deutschlands, die vor dem Kriege vor allem im Osten des Reiches gelegen hatte, war stark zusammengeschrumpft.
Viel mehr Menschen auf viel weniger Raum mußten nun ernährt werden. Ohne Einfuhr insbesondere von Futtermittel für das Vieh, Fetten und Getreide war die Ernährung nicht sicherzustellen. Der Export, mit dem diese Lebensmitteleinfuhr hätte bezahlt werden können, bestand aber nicht mehr. So mußten die Amerikaner und Briten importieren. Trotzdem waren die Rationen in den ersten Jahren nach dem Zusammenbruch außerordentlich klein.

Berlin 1945. Russische Sieger mit ihren Frauen. Hohe Offiziere durften ihre Frauen nach Berlin holen.
Foto: Bundesarchiv Koblenz

Befehl Nr. II

des Kriegskommandanten der Stadt Swinemünde und des Umkreises

12. Juni 1945 **Swinemünde**

§ I. Ab heute habe ich meinen Dienst als Kriegskommandant der Stadt Swinemünde und des Kreises übernommen.

§ II. Alle Einwohner der Stadt Swinemünde und des Kreises sind verpflichtet bis spätestens **30. Juni 1945** an die **für die einzelnen Städte und Orte zuständigen Bürgermeister** abzugeben:

1. Alle Feuer- und kalte Waffen, Munition und Sprengstoffe.
2. Alle Schreibmaschinen, Vervielfältigungs- und Multiplikationsapparate.
3. Alle Empfangs- und Sendeapparate.
4. Alle Automobile und Krafträder.
5. Alle brennbaren Stoffe (Benzin).
6. Alle Fotoapparate mit Zubehör.
7. Alle sich ungesetzlich angeeigneten militärischen und zivilen Gegenstände.

§ III. Es wird ganz kategorisch verboten, daß die Einwohner sich die Vorräte der Verpflegungsämter, der der Privathäuser und der der Wohnungen, die ihnen nicht gehören, irgendwie aneignen.

§ IV. Alle, die diesem Befehl nicht folgen, werden zur strengsten Verantwortung herangezogen nach den Gesetzen des Krieges.

Kriegskommandant der Stadt Swinemünde und des Umkreises

Hauptmann Wasiljef.

Fritzsche, Swinemünde

Befehl Nr. II der sowjetischen Besatzungsmacht in Deutschland. Foto: Bundesarchiv Koblenz

Frontverlauf in Deutschland im Frühjahr 1945

Am 16. April 1945 begann die Sowjetarmee ihre Berliner Operation. An ihr waren auf beiden Seiten über 3,5 Millionen Soldaten beteiligt. Über 50000 Geschütze und Granatwerfer, etwa 8000 Panzer und Selbstfahrlafetten sowie über 9000 Flugzeuge kamen zum Einsatz.

Im Berliner Tiergartenviertel, einst eine der vornehmsten Wohngegenden im Westen der Hauptstadt, errichteten die Engländer Baracken, sogenannte »Nissen-Hütten«, für Obdachlose. Die Wohnungsnot war nach 1945 in Deutschland unbeschreiblich groß. Man errechnete, daß etwa 41,2 Prozent der Wohnungen in den vier Besatzungszonen zerstört waren. Am stärksten war das im Rheinland, Ruhrgebiet und in Hamburg der Fall. Die Menschen hausten abgekämpft und apathisch in Kellern, Wohnlauben und Baracken unter den primitivsten Umständen, ohne Licht und ohne Kohlen; oder sie saßen zusammengepfercht in den erhaltenen Wohnungen.

Da es nach 1945 kaum Zeitungen gab, dienten Mauern und Zäune zur Übermittlung von Anzeigen und der Mitteilung von Angeboten. Da es an Kohlen und Holz mangelte, gab es auch kein Papier und damit auch keine Zeitungen. Während der Rundfunk sofort von den Militärregierungen übernommen wurde, schloß man anfangs die Zeitungsverlage völlig. Die ersten neuen Zeitungen erschienen dann unter der Regie der Alliierten. Später wurden Lizenzen für neue Zeitungen vergeben. Als erste Zeitung erschien am 31. Juli 1945 »Die Frankfurter Rundschau«. Man rechnete eine Zeitung für fünf Personen. Die Presse wurde als ein wesentliches Mittel zur demokratischen Erziehung betrachtet und konnte sich daher im Westen frei entfalten.

Mit Aufräumungsarbeiten beschäftigten sich in Berlin Frauen während der großen Kälte im Winter 1946/47. Von diesen in die Geschichte eingegangenen »Trümmerfrauen« gab es in Berlin allein 50000. Die Stadtverwaltungen in ganz Deutschland begannen unmittelbar nach Kriegsende mit großer Energie und unter Mithilfe der ganzen Bevölkerung, die Städte vom Schutt der zerstörten Häuser zu befreien. Obwohl an einen Wiederaufbau noch nicht zu denken war, schrieben viele Städte Wettbewerbe für Städteplaner und Architekten aus. In München setzten die Amerikaner deutsche Kriegsgefangene zum Trümmerräumen ein und stellten Lastwagen zur Verfügung.

In München wurde »das Tal« 1945 mit Hilfe einer Kleinbahn von Trümmern geräumt. In zahlreichen Städten durchzogen die Gleise derartiger Trümmerbahnen die Straßen. Sie schafften den Schutt auf große freie Plätze, wo künstliche Berge aufgeschüttet wurden. Später entstanden daraus meist Grünanlagen und Rodelplätze. Steinputzmaschinen säuberten verwendungsfähige Ziegel. Der »Trümmerwolf« fertigte aus diesem Schutt neue Hohlblocksteine. Universitäten, Krankenhäuser und Kirchen griffen zur Selbsthilfe. Doch da Rohstoffe fehlten, ging alles langsam voran. 1946 fehlten in Deutschland noch 3,5 Millionen Fensterscheiben.

Der Schwarzmarkt blühte überall. Er war eine Folge des Hungers, des Warenmangels und der vorhandenen Fülle an Geld, mit dem niemand etwas anfangen konnte. So kehrte alles zum primitiven Tauschhandel zurück. Um den quälenden Hunger wenigstens ab und zu stillen zu können, suchte, wer irgendwie konnte, »Beziehungen« anzuknüpfen. Gewisse »Fräulein« fanden leicht nahrhaften Kontakt zu Besatzungssoldaten. Spezialarbeiter, vor allem Bergleute, erhielten Sonderrationen. Die Arbeitswilligkeit ging stark zurück. Zehntausende von Jugendlichen beider Geschlechter lebten auf den Landstraßen. Die Geldwährung wurde durch die Zigarettenwährung ersetzt. Auch Nägel hatten als Tauschmittel hohen Wert. Im Juli 1945 wurde in München die erste offizielle Tauschzentrale eröffnet. Die Arbeiter forderten einen Teil ihres Lohnes in Lebensmitteln. Bei diesem Tauschverkehr war die Grenze zum Betrug bald überschritten. Es gab Leute, die solange tauschten, bis sie mehr besaßen als vorher.

Hamsterzüge waren überfüllt, die Menschen saßen auf den Dächern der Züge, beherrschten das Bild der Städte. Es herrschte am Anfang ein völliges Chaos der Verkehrsverbindungen. Über 1300 Kilometer Eisenbahnstrecke waren völlig zerstört, desgleichen 2395 Eisenbahnbrücken. 10000 Lokomoti-

ven, 112000 Güter- und über 16 000 Personenwaggons waren vernichtet.
Es sollte jedoch in Deutschland niemals vergessen werden, daß die Ernährung der hungernden Bevölkerung ohne die freiwillige Hilfe zahlreicher Organisationen und Privatpersonen des Auslandes nicht möglich gewesen wäre. Symbol für diese vielfältigen Hilfsmaßnahmen wurden die »Care-Pakete« aus den USA, die seit Sommer 1946 nach Deutschland strömten. Auch Männer wie der schwedische Pfarrer Foroll und Victor Gollancz sowie die holländische katholische Kirche sollten unvergessen bleiben.[3]
Die Wilhelmstraße in Berlin war tot, keine Seele war zu sehen, nur der Geruch der Leichen stieg aus den Ruinen auf. Die »Tägliche Rundschau«, die unter russischer Aufsicht gedruckte Zeitung, brachte Bilder des zerstörten Berlin und erinnerte an das, was Adolf Hitler 1935 gesagt hatte: »Gebt mir zehn Jahre Zeit, und ihr werdet es nicht wiedererkennen!« Noch waren die Russen die alleinigen Herrscher in Berlin. Ein Monat war seit der Kapitulation vergangen. Anfang Mai 1945 hatte in Berlin das völlige Chaos geherrscht. Millionen waren durch die Ruinen geirrt, ohne zu wissen, was sie tun, wohin sie gehen und wo sie einen Bissen zu essen finden konnten. Am 4. Mai 1945, zwei Tage nach der Übergabe Berlins, hatte General Bersarin, der russische Stadtkommandant, seinen ersten Befehl herausgegeben:

1. Die nationalsozialistische Partei und alle ihre Organisationen sind aufgelöst.
2. Innerhalb von 48 Stunden haben sich alle Mitglieder der nationalsozialistischen Partei, der Gestapo, der Polizei sowie alle Angehörigen der öffentlichen Dienste zu melden. Innerhalb von drei Tagen haben sich sämtliche Angehörigen der Wehrmacht und der SS zu melden.
3. Alle öffentlichen Dienste in Berlin sind unverzüglich wiederaufzunehmen. Die Lebensmittelläden und Bäckereien sind zu öffnen.
4. Binnen 24 Stunden sind alle Lebensmittelreserven, die für mehr als fünf Tage reichen, zu deklarieren.
5. Die Banken werden geschlossen und alle Guthaben gesperrt.
6. Waffen, Munition, Radiogeräte, Kameras, Automobile und Benzinvorräte sind den russischen Behörden zu übergeben.
7. Druck- und Setzmaschinen sind zu melden.
8. Niemand darf seine Wohnung zwischen zehn Uhr abends und acht Uhr morgens verlassen. Theater, Kinos, Restaurants und Kirchen können bis 21 Uhr geöffnet bleiben.

Die gesamte Bevölkerung – alte Leute, Frauen und Kleinkinder ausgenommen – wurden zur Arbeit herangezogen. Die Männer mußten an ihre Arbeitsstätten zurückkehren oder beim Brücken- und Straßenbau sowie bei der Demontage von Fabriken »Schwerarbeit« leisten. Die Frauen mußten Schutt beseitigen, verwendungsfähige Ziegelsteine aussortieren und aufschichten sowie Leichen begraben, die zu Tausenden unter den Trümmern verwesten. Nur wer sich zur Arbeit meldete, bekam eine Lebensmittelkarte. Die Verteilung der Lebensmittelkarten begann am 8. Mai 1945. Die Zuteilungen für die niedrigen Verbraucherkategorien waren weniger als unzulänglich. Der Schwarzmarkt begann zu blühen. Russische Soldaten tauschten Lebensmittel gegen alles, was mehr oder weniger von Wert war. Wer freilich nichts zu tauschen hatte, litt Hunger.
Die Demontage von Fabriken begann unverzüglich. Die Hallen der Siemenswerke beispielsweise waren bereits wenige Tage nach der Besetzung Berlins völlig ausgeräumt. Die Demontage erfolgte unter der Leitung von Ingenieuren, die aus Rußland gekommen waren, wovon die Militärbehörden nicht sehr begeistert waren.
Einen Monat nach der deutschen Kapitulation herrschte wenigstens wieder eine gewisse Ordnung in der Stadt. Am 5. Juni wurde der Alliierte Kontrollrat gebildet, am 9. Juni teilte Marschall Schukow die Errichtung der unter seiner Leitung stehenden Sowjetischen Militärverwaltung für Ostdeutschland mit. Noch vorher hatte General

Bersarin, der Berliner Stadtkommandant, eine Art Verwaltung in der Hauptstadt eingesetzt. Am 10. Juni erfolgte Marschall Schukows Befehl Nummer zwei, der die Bildung »demokratischer und antifaschistischer Parteien« gestattete, die natürlich nur unter sowjetischer Kontrolle arbeiten konnten. Am darauffolgenden Tag erklärte sich die von Pieck und Ulbricht geführte Kommunistische Partei Deutschlands für einen »Sonderweg«: »Wir glauben, daß es falsch wäre, Deutschland das Sowjetsystem aufzuzwingen, da dies der gegenwärtigen Entwicklung des Landes nicht entspräche... Wir befürworten statt dessen ein demokratisches, antifaschistisches Regime und eine parlamentarische Republik, die dem Volk demokratische Rechte und Freiheiten garantiert.«
Eine ähnliche Linie verfolgte die SdP. Einige ihrer Führer – namentlich Fechner, Grotewohl und Gniffke – sprachen sich für eine vereinigte kommunistisch-sozialistische Partei aus: die spätere SED. Die sowjetischen Militärbehörden ließen auch bürgerliche Parteien zu – so die CDU und die liberale LDP – unter der Voraussetzung, daß diese in die gemeinsame antifaschistische Front eintraten. Diese wurde am 14. Juli 1945 gebildet. Im Jahre 1945 nahmen nicht nur die bürgerlichen Parteien und die Sozialisten, sondern auch die deutschen Kommunisten noch offen gegen die Oder-Neiße-Grenze Stellung, und sie hofften, daß die Russen sich davon beeinflussen ließen. Erst 1948 erkannten die deutschen Kommunisten dann die »Friedensgrenze« im Osten an. Es war in demselben Jahr 1948, daß die deutschen Kommunisten unter dem Eindruck des Streits zwischen Stalin und Tito von ihrem »Sonderweg« abgingen und sich entschlossen, ihr Regime nach dem Vorbild der Sowjetunion umzuformen.
An den Hauptstraßen, besonders in jenen Teilen Ostberlins, die nicht so ganz zerstört waren, hatte man an allen Ecken Tafeln angebracht. Sie trugen die Aufschrift:
»Die Hitlers kommen und gehen, aber das deutsche Volk und der deutsche Staat bleiben. Stalin.«
Aus dem Hinweis auf den »deutschen Staat« entnahmen manche Deutsche, daß es bald wieder eine zentrale Regierung geben werde. An Straßenecken standen deutsche Polizisten mit weißen Armbinden, und auf ein paar Straßenbahn- und U-Bahn-Linien hatte man sogar den Verkehr wiederaufgenommen. Die U-Bahn-Tunnel, die auf Hitlers Befehl unter Wasser gesetzt worden waren, wurden leergepumpt.
Flüchtlinge aus den Ostgebieten kamen 1945 auf dem Lehrter Bahnhof in Berlin an. Nicht nur die Flüchtlinge aus den Ostgebieten und Ausgesiedelten wurden in Güterzügen mit geschlossenen und offenen Wagen transportiert, sondern auch ein Großteil des Berufsverkehrs mußte aus Waggonmangel so durchgeführt werden. Für die von der Vertreibung Betroffenen richtete man in Berlin 1945 59 Auffanglager ein. Täglich kamen dort 30 000 Flüchtlinge an. Viele kamen bei den primitiven Bedingungen der Transporte unterwegs um oder blieben verschollen. Im Winter 1946/47 wurde die Aussiedlung eingestellt, da die Ostmächte alle Jugendlichen und Arbeitsfähigen zurückhielten. An ihre Stelle traten nun die Sowjetzonenflüchtlinge.
Im August 1946 kamen in Frankfurt an der Oder von den Russen entlassene Kriegsgefangene an, zum Teil nach über vierjähriger Gefangenschaft. Ende 1946 wurden noch 1,9 Millionen Kriegsgefangene zurückgehalten. Die USA schickten noch 1946 zahlreiche Gefangene von den Staaten nach Frankreich und Großbritannien, wo sie ein weiteres Jahr arbeiten mußten. Aus Großbritannien kehrten die letzten Gefangenen im Juli 1948 zurück.
Nach dem mit Bundeskanzler Adenauer im September 1955 in Moskau abgeschlossenem Abkommen erklärte sich die UdSSR bereit, die letzten zu langjähriger Zwangsarbeit verurteilten Kriegsgefangenen zu entlassen. Es handelte sich um 9626 Mann. Der erste Transport brachte 597 Mann in die Bundesrepublik. Die Russen stellten dann die Transporte vorübergehend ein, da sich die Akkreditierung des sowjetischen Bot-

schafters in Bonn verzögert hatte. Als dann die Bundesrepublik der Entsendung Valerian Sorins als Botschafter in Bonn zugestimmt hatte, kehrten auch die restlichen Gefangenen heim. Zahlreiche Erinnerungsbücher, wie die von Gollwitzer und Bamm, beschreiben das schwere Los und Leben der Gefangenen in den sibirischen Bergwerken und Arbeitslagern. Von den insgesamt 1,6 Millionen Vermißten des Zweiten Weltkrieges sind nachweislich rund 800000 in der Gefangenschaft gestorben. Die 10000 Mann, die 1955 heimkehren konnten, waren die letzten deutschen Kriegsgefangenen. Sie waren in Rußland »im allgemeinen zu 20 Jahren Zwangsarbeit« wegen »Kriegsverbrechen« verurteilt worden. Oft hatte diese Verurteilung von Zufällen, wie dem Titel oder der Vorkriegsbeschäftigung des Gefangenen, abgehangen. Nicht nur in Rußland wurden die Gefangenen zur Zwangsarbeit herangezogen. Auch in Belgien und Frankreich hatten sie in Bergwerken arbeiten müssen, als Wiedergutmachung für die von den deutschen Truppen während des Krieges angerichteten Schäden und Verwüstungen.[4]

Die Spaltung Berlins in einen östlichen und westlichen Teil begann mit der erzwungenen Einführung getrennter Verwaltungen und zweier Währungen im Sommer 1948. Wegen »technischer Störungen« sperrten die Russen am 24. Juni 1948 den gesamten Güterverkehr Berlins auf den Straßen, Schienen und Kanälen. Damit waren 2,5 Millionen Berliner völlig von der Außenwelt abgeschlossen. Die Blockade Berlins hatte als Kraftprobe der ehemaligen Verbündeten begonnen. Es war General Clay, der die amerikanische Regierung veranlaßte, die russische Herausforderung anzunehmen. Die Amerikaner vollbrachten das von niemand erwartete Wunder, Berlin aus der Luft zu versorgen. Am 12. Mai 1949 wurde die

So wie Hannover sahen 1945 alle deutschen Großstädte aus. Die deutsche Zivilbevölkerung hatte während des Krieges durch die Angriffe der alliierten Flugzeuge bei Tag und Nacht schwer zu leiden und enorme Verluste.
Foto: Bundesarchiv Koblenz

Blockade von den Russen aufgegeben. Am 20. Juni 1948, einem regnerischen Sonntag, wird den Westdeutschen das »Kopfgeld« von 40 Deutschen Mark gegen die Abgabe von 60 alten Reichsmark ausgezahlt. Damit war der Startschuß für das kommende »Wirtschaftswunder« der Bundesrepublik gegeben, die Voraussetzung jeder wirtschaftlichen Gesundung, eine vom Vertrauen des Volkes getragene Währung, geschaffen. Auch Westberlin wurde der Währungsreform angeschlossen. Die alten Konten wurden 1:10, später 1:6,5 aufgewertet. So war über Nacht im Westen plötzlich fast alles zu haben. Die Lage am Tage Null, am Tag der Währungsreform, brachte den Zwang zur Arbeit, da niemand mehr Geld hatte und arbeiten mehr einbrachte als Schwarzhandelsgeschäfte. Das »Wirtschaftswunder« war kein »Wunder«, sondern Zusammenarbeit und Zusammenwirken amerikanischer Wirtschaftshilfe mit dem ungebrochenen Arbeitswillen eines besiegten Volkes.

Als der Sowjetische Militärbefehlshaber am 23. Juni 1948 die Ostmark auch in ganz Berlin einführen wollte, verboten dies die drei westlichen Stadtkommandanten. Westberlin wurde der westdeutschen Währungsreform angeschlossen. Die Westmark erwies sich als die härtere Währung. Unzählige Menschen aus Ostberlin und der Ostzone nahmen den für sie ungünstigen Kurs der Wechselstuben in Kauf, um in Westberlin gute »Westwaren« erstehen zu können. Für eine Westmark bekam man zum Beispiel im März 1950 neun Ostmark.

Im Jahre 1946 wurden in Deutschland vier Spielfilme hergestellt. Die Ateliers waren zerstört, Kameras und andere Geräte ebenso knapp wie Kostüme, Schminke, Holz oder Nägel für Dekorationen – aber die Filmleute begannen zu drehen. In der russischen Besatzungszone wurde die Defa gegründet; sie übernahm das gesamte Ufa-Erbe in Berlin-Babelsberg. Und mit dem Inventar übernahm sie auch die ideologische Zwangsjacke – jetzt nur rot statt braun eingefärbt. In den ersten Nachkriegsjahren wurde die Filmkunst nicht so streng ins Schleppseil genommen und es konnten einige künstlerisch hervorragende Filme entstehen; der erste deutsche Nachkriegsfilm war der Defa-Streifen »Die Mörder sind unter uns« mit Hildegard Knef und Ernst-Wilhelm Borchert.

In ganz Deutschland erhielt das Filmschaffen nach dem grauenvollen Zusammenbruch einen großen Auftrieb. Unzählige Menschen versuchten, vor der Leinwand für einige Stunden das Chaos und Elend zu vergessen; nie war aber auch die Bereitschaft zu ernster Auseinandersetzung mit den Problemen, die die Kunst aufwarf, stärker als in diesen Jahren. Am Ende des Jahres 1946 gab es schon wieder 2125 Kinos in Westdeutschland. Die Zahl stieg ständig an. Anspruchsvolle Filme entstanden: »Und über uns der Himmel« (1947) mit Hans Albers, »In jenen Tagen« (1947) von Helmut Käutner, Harald Brauns »Nachtwache« (1949) und andere. Aber dann: das Wirtschaftswunder kommt und wirkt sich aus – der Kinobesuch geht zurück. Viele Millionen Deutsche gehen alljährlich auf Reisen – als begehrte, devisenbringende »Touristen« überschwemmen sie die schönsten Gebiete Deutschlands und das angrenzende Ausland. Eine Völkerwanderung – der Sonne entgegen – setzt nach dem Süden ein; per Auto, Schiff, Eisenbahn und Flugzeug lassen Unzählige sich an die Sandstrände und romantischen Buchten Italiens, Spaniens und Jugoslawiens transportieren. Reisen ist kein Luxus mehr, das deutsche Wirtschaftswunder hat nach mehreren anderen »Wellen« auch eine hochschäumende »Reisewelle« beschert. »Touristik« ist ein höchst einträglicher Unternehmenszweig geworden, dem unzählige Reisebüros und eine Reihe touristischer Großunternehmen sich mit noch immer wachsendem Erfolg widmen. Die Gesellschaftsreise – der pauschale Ferienaufenthalt inklusive Fahrt, Verpflegung, Unterbringung und Besichtigungstour mit Bus – war der große Schlager der fünfziger Jahre und ist es heute noch. Organisierte Reiselust, verstopfte Straßen nach dem Süden, riesige Hotels an Palmen-

In Viehwaggons kamen die vertriebenen Deutschen aus den Ostgebieten an. Vorwiegend waren es Kinder und Frauen, die den schweren Weg ohne Männer antreten mußten, da diese in Kriegsgefangenschaft waren.
Foto: Sudetendeutsches Archiv München

stränden, aus denen sonnenbebrillte Fremdlinge quellen, und überfüllte Campingplätze für die »Individualisten« – das sind die Kennzeichen moderner »Erholung«.
Mit den Zeiten wandeln sich auch die Sitten. »Wer nicht die Zeit vor dem Ersten Weltkrieg erlebt hat, weiß nicht, was leben heißt!« versichern uns unsere Großeltern und versuchen uns im gleichen Atemzug davon zu überzeugen, daß nie schlechtere Zeiten waren als die, die wir heute erleben. Und nie »sittenlosere«! Vor achtzig Jahren war »freies Baden«, das Zurschaustellen allzu freigebig entblößter Körperteile, der sittenstrengen Polizei ein Dorn im Auge, sie ahndete das mit empfindlichen Geldbußen oder schleppte die Sünder sogar aufs Revier. Wer zurückblättert und die harmlos-komischen Badekostüme unserer Großeltern betrachtet, muß die Bikinis der modernen Damenwelt freilich als »hemmungslos« empfinden!
Neu hingegen und typischer Jargon unserer Zeit ist etwa der Ausdruck »Halbstarke«. Langbehaarte Jünglinge in Lederjacken, rücksichtslos auf knatternden Mopeds durch die Straßen jagend, junge Mädchen mit Fransenfrisuren und hautengen Hosen hat man mit dieser allzu summarischen Bezeichnung belegt. Man hat Ärger mit ihnen – sie sind sogar eine internationale Erscheinung, ein Verfall, wenn man so will. Unsere Zeiten sind eben doch sittenloser und zügelloser geworden.
Zu den Großstadtattraktionen gehört es, sich in ein abgedunkeltes Etablissement zu setzen, gewöhnlichen Wein zu ungewöhnlichen Preisen zu konsumieren und im Laufe des Abends mehrere mehr oder minder hübsche Damen in greifbarer Nähe sich entkleiden zu sehen. »Striptease« nennt man diesen Vorgang, in dem vor allem die Besitzer betreffender Etablissements eine Errungen-

schaft erblicken. Selten ist die Verderblichkeit, die Lasterhaftigkeit, die grenzenlose Schamlosigkeit einer Gesellschaftsschicht, die vergeblich immer nach neuen Kitzeln jagt, um sich von der tödlichen Langeweile zu befreien, so rücksichtslos dargestellt worden.

Für Millionen Deutsche war Westberlin nach dem Zweiten Weltkrieg das Schaufenster des Westens, mehr: es war die Tür nach dem Westen. Es war nicht einfach, aber es war möglich, durch diese Tür in die Freiheit zu gelangen. Selbst wer, aus welchen Gründen auch immer, die Flucht nach »drüben« nicht unternehmen konnte oder wollte, fand Trost darin, daß diese letzte Möglichkeit immer noch blieb.

Mit den Jahren wurde der Strom durch die enge Pforte zur Freiheit immer stärker. Dieser Aderlaß machte sich in der Zone empfindlich bemerkbar: Facharbeiter, Bauern, Wissenschaftler kehrten dem »Arbeiterstaat« Ulbrichts den Rücken. Es blieb den Regierenden in Pankow nur ein Weg: am 13. August 1961 wurde die Mauer gebaut. Von da ab schießen Volkspolizisten scharf in Berlin, wenn jemand den »Schutzwall« zu übersteigen versucht oder einen Tunnel darunter gräbt. Am 17. August 1962 wurde der achtzehnjährige Peter Fechter beim Fluchtversuch über die Mauer von Volkspolizisten niedergeschossen. Er schrie mehr als eine Stunde um Hilfe – er starb schwer und lange. Ein Opfer der Mauer – eines von vielen.

Auch die Aussicht nach dem Westen wurde versperrt – zehn Meter hohe Sichtblenden versperren in Wedding den Blick nach Westberlin, verhindern, daß Verwandte, Bekannte sich zuwinken können. Den östlichen Machthabern gelang es, mit Mauer, Stacheldraht, Minenfeldern, Wachtürmen ein fast perfektes Gefängnis für 17 Millionen Menschen einzurichten.

Und so hörte sich der 13. August 1961 aus der Sicht der DDR an:

»Sicherung der Staatsgrenze der DDR zu Westberlin durch Kampfgruppen der Arbeiterklasse gemeinsam mit den Einheiten der Volkspolizei. Verbände der Nationalen Volksarmee und Kräfte des Ministeriums für Staatssicherheit stehen in Bereitschaft, ebenso in der DDR stationierte sowjetische Streitkräfte. Zugleich wird der Schutz der Grenze zur BRD verstärkt.

Die Sicherungsmaßnahmen sind eine kollektive Aktion der Teilnehmerstaaten des Warschauer Vertrages. Die Volkskammer der DDR hatte sich am 11. August 1961 mit der Situation befaßt und danach den Ministerrat beauftragt, die notwendigen Maßnahmen zur Sicherung der Staatsgrenzen einzuleiten.

Sie entsprach damit auch der Erklärung, mit der sich die Regierungen sozialistischer Staaten am 12. August 1961 an die Volkskammer und die Regierung der DDR gewandt hatten. Darin stellten sie fest, daß Westberlin durch die Staaten der Nato als Zentrum subversiver Tätigkeit gegen die Länder der sozialistischen Gemeinschaft mißbraucht wird, und schlugen vor, die Grenzen zu Westberlin und zur BRD wirksam zu schützen und zu kontrollieren. Die Sicherung der Staatsgrenze bringt die Versuche zum Scheitern, die Arbeiter- und Bauernmacht der DDR zu beseitigen und schrittweise den Sozialismus zurückzurollen. Die Sicherungsmaßnahmen bedeuten für den Imperalismus in der BRD die schwerste Niederlage seit Gründung der DDR.

Mit den Maßnahmen vom 13. August werden die Grenzen des sozialistischen Weltsystems gegenüber den Hauptkräften des Weltimperialismus zuverlässig verteidigt und durch die Souveränität der DDR geschützt. Durch das entschlossene Handeln der DDR, der UdSSR und der gesamten sozialistischen Staatsgemeinschaft wird der Frieden in Europa bewahrt. In zahlreichen Erklärungen und Stellungnahmen der internationalen kommunistischen Arbeiterbewegung und von anderen fortschrittlichen Kräften in der Welt wird festgestellt, daß die Sicherungsmaßnahmen dazu beigetragen haben, den Frieden in der ganzen Welt zu erhalten.«[5]

Eine Geschichte über Geschichte

Der Ururgroßvater hatte es noch miterlebt: den Krieg der Preußen und Österreicher gegen Dänemark. Es ging um die Fürstentümer Schleswig und Holstein. Das war 1864. Die Dänen verloren und hatten herauszurücken, was ihnen ohnehin nicht gehörte. So wurde auch Altona (heute Stadtteil von Hamburg) preußisch. Otto von Bismarck lenkte die Geschichte.

Und weil Preußen gerade dabei war, die Vorherrschaft in Deutschland zu erringen, kam es schon zwei Jahre später zum »Bruderkrieg« mit Österreich. Es ging darum, unter wessen Führung Deutschland geeinigt werden sollte. Sachsen, Bayern, Württemberg, Hannover, Kurhessen und viele kleine Fürstentümer hielten es mit den Österreichern. Die Preußen siegten. Bei Langensalza verloren die Hannoveraner, in der Maingegend die Bayern und im böhmischen Königgrätz die Österreicher. Das Ergebnis hieß »Norddeutscher Bund«. Das war 1866.

Und vier Jahre später war wieder alles anders: Am 19. Juli 1870 erklärte Frankreich Preußen den Krieg. Der Anlaß interessiert heute nur noch die Historiker. Und alle, die gerade noch gegen Preußen gekämpft hatten – Bayern, Württemberger, Sachsen, Hessen und Hannoveraner – zogen nun mit gegen die Franzosen. Frankreich verlor, und 1871 wurde im Schloß Versailles der preußische König zum »Deutschen Kaiser« proklamiert. Das Deutsche Reich entstand. Die Reichsverfassung trug die Handschrift Bismarcks: Großpreußen mit süddeutschen Anhängseln. Bayern und Württemberger erhielten Sonderrechte (Heer, Steuerwesen, Post, Eisenbahn) und überdies viel Geld. »O Deutschland hoch in Ehren« sangen nicht nur die patriotischen Gesangvereine.

Und dann folgten 43 Jahre Frieden. Von der Maas bis an die Memel, von der Etsch bis an den Belt. Und Elsaß-Lothringen gehörte auch dazu. Und Kolonien in Afrika, in der Südsee und in China (Tsingtau). Deutschland auf dem Wege zur Großmacht? Kaiserglanz und soziale Frage. 1888 wurde zum Schicksalsjahr der Deutschen. Erst starb der Kaiser (Wilhelm der I.). Der Sohn (Kaiser Friedrich III.) folgte nach nur 99 Tagen. Neuer Kaiser wurde der 29jährige Wilhelm II. Er schickte Bismarck in den Ruhestand und sagte den Deutschen: »Ich führe Euch herrlichen Zeiten entgegen!« 1918 ging der Erste Weltkrieg verloren!« Wilhelm II. dankte ab… nach Holland. Die Deutschen aber hatten für den verlorenen Krieg zu zahlen. Mit Gebietsabtretungen und Reparationen.

Das war schon Großvaters Zeit. In Versailles war der Preußenkönig zum Kaiser ausgerufen worden – in Versailles mußte sich Deutschland größere Amputationen gefallen lassen. Die neue Friedensordnung war so, daß kluge Politiker bereits den neuen Krieg voraussagten. Die demokratischen Parteien übernahmen das ramponierte Erbe der Monarchie. Die »Weimarer Republik« übte sich in Demokratie und erstickte am fehlenden Demokratieverständnis vieler Bürger, am Vielparteiensystem, an der Inflation (aus einer Billion Mark wurde eine Rentenmark), an der Weltwirtschaftskrise und dem Wahlerfolg der Extremisten. Die Parteien der Mitte hatten keine Chance gegen die Radikalen von links und rechts. Die Nationalsozialisten boten sich als Retter aus der Misere an. Vor allem die Not der Massen (sechs Millionen Arbeitslose) führte zu Hitlers »Machtergreifung« am 30. Januar 1933. Der braune Diktator verkündete: »Gebt mir zehn Jahre Zeit, und ihr werdet Deutschland nicht wiedererkennen.« Am Ende – nach zwölf Jahren – sollte er auf schauerliche Weise recht behalten.

Das war dann die Zeit des Vaters. Die Altdeutschen hatten vom Kyffhäuser in Thüringen geträumt: Tief im Berg sitzt Barbarossa (Kaiser Friedrich I., 1152 bis 1190) und wartet darauf, daß die Raben nicht mehr um den Berg fliegen. Und dann kommt er wieder und führt seine Deutschen neuer Herrlichkeit entgegen. Immerhin reichte Friedrichs Reich hinunter bis nach Sizilien. Der Österreicher Adolf Hitler übernahm die Rolle und schuf sein »Großdeutsches

Reich«. Da war sie nun, die Vereinigung aller deutschen Stämme, einschließlich der »Ostmark« (Österreich). Durch Erpressung, Vertragsbruch und schließlich den Krieg in Ost und West, durch Tod und Unterjochung für Millionen Menschen. Während viele – und nicht nur Deutsche – die Anfangserfolge der Nationalsozialisten bejubelten, mußten Zehntausende von politischen Gegnern in die Konzentrationslager, dann Millionen von »Fremdarbeitern« in die Rüstungsindustrie und Millionen von Juden in die Vernichtungslager. Das Ende ist bekannt. Bei manchen blieb der Vater im Krieg. Wie 55 Millionen andere Menschen auch. In Europa, Asien und Amerika. Als der Krieg zu Ende war, gab es das alte Europa nicht mehr. Der Kontinent lag in Trümmern. Neue Grenzen, neue politische Systeme, Millionen von Menschen unterwegs von West nach Ost und Ost nach West – Flüchtlinge, Verschleppte, Vertriebene.
Und damit beginnt nun unsere Geschichte. Die Geschichte jener, die das »Tausendjährige Reich« überlebt haben. Und das Chaos der totalen Niederlage. Und die Besatzung. Hunger und Kälte schmälerten das Glücksgefühl, das Schlimmste hinter sich zu haben. Die Scham über all das, was in deutschem Namen an Verbrechen angerichtet worden war, trat vor den Zwängen des Nachkriegsalltags, vor dem eigenen Elend, der Sorge für die Kinder, die Familie, in den Hintergrund. Und dann kam, fast über Nacht, die Währungsreform, die stabile Mark, es kamen die vollen Schaufenster, die Bundesrepublik Deutschland. Und wieder dominierte der Alltag: es geht aufwärts – es läßt sich wieder leben! Die Teilung Deutschlands war oft nur für die ein Problem, die die falsche Hälfte erwischt hatten. Die alte Unfreiheit unter neuen Vorzeichen. Und für jene Millionen Menschen, die ihre Heimat verloren: die Deutschen aus den Ostgebieten, aus Ostpreußen, Pommern, Ostbrandenburg und Schlesien, daneben auch die aus den jahrhundertealten Siedlungsgebieten außerhalb Deutschlands, in Polen, der Tschechoslowakei, der Sowjetunion, in Ungarn, Jugoslawien und Rumänien.
Hier endet unsere Geschichte über Geschichte. Der Kyffhäuser liegt in der DDR, unweit der Grenze, die Deutschland teilte. Barbarossa, der sagenhafte Kaiser »Rotbart«, spukt nicht mehr in den Köpfen. Die Raben sind so gut wie ausgestorben. Zwei Staaten in Deutschland, zwei politische Systeme, die Teilung hat ihre Geschichte, in Deutschland wie in ganz Europa. 1987 sind über 40 Jahre vergangen. Entscheidende Probleme sind ungelöst. Die Hoffnung auf Veränderung bleibt.

Europa in Trümmern

Der Weltkrieg in Europa ging im Frühjahr 1945 zu Ende. Von Bordeaux bis Stalingrad lag ein ganzer Kontinent in Trümmern. Deutschland war ein Schutthaufen, in dem die Menschen ums Überleben kämpften. Der Hunger packte sie, aber auch die Angst. Die Angst der Frauen vor den Soldaten der Roten Armee, die Angst vor der Rache der Sieger, als Millionen Menschen bewußt wurde, welche Verbrechen in ihrem Namen begangen worden waren.
Trotz des Jubels der Sieger und der Befreiten ging es den meisten Menschen, vom Atlantik bis Sibirien, von der Ostsee bis zum Mittelmeer, schlecht. Großbritannien war

Das Staatswappen der DDR
Foto: Bundesarchiv Koblenz

Sowjetsoldaten in den Trümmern der Reichskanzlei 1945: Untergang Preußens.

Foto: Bundesarchiv Koblenz

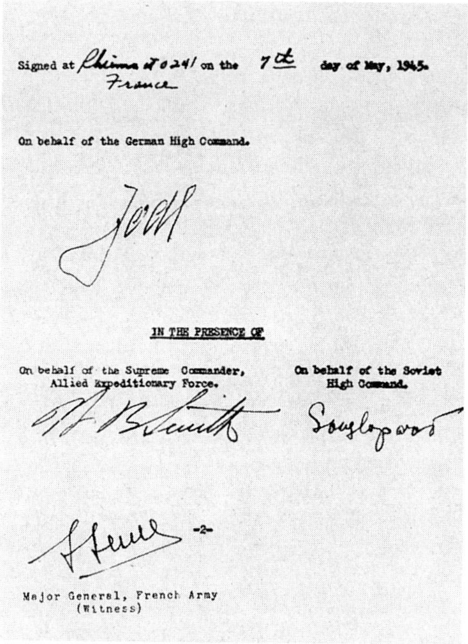

Signed at Rheims at 0241 on the 7th day of May, 1945.
France

On behalf of the German High Command.

IN THE PRESENCE OF

On behalf of the Supreme Commander, Allied Expeditionary Force.

On behalf of the Soviet High Command.

-2-

Major General, French Army (Witness)

Die letzte Seite der Kapitulationsurkunde von Reims mit den Unterschriften von Generaloberst Alfred Jodl (Deutschland), Generalleutnant W. B. Smith, der Stabschef Eisenhowers, Generalmajor Iwan Susloparow, der russische Vertreter, und General François Savez als französischer Vertreter. Admiral Dönitz, den Hitler zum Nachfolger ernannt hatte, regierte nur 20 Tage. In dieser Zeit bemühte er sich, möglichst viele Soldaten aus dem Osten zu retten. Die Marine schaffte über zwei Millionen Menschen nach dem Westen. Ein Befehl Eisenhowers vom 23. Mai 1945 setzte die Dönitz-Regierung ab.

Foto: Bundesarchiv Koblenz

am Ende seiner Kräfte, viele Städte durch den deutschen Bombenkrieg zerstört und ausgebrannt. In Frankreich starben im Winter 1945/46 mehr als 100 000 Säuglinge an Unterernährung. Das Land hatte eine halbe Million Tote (150 000 davon wurden in die Gaskammern deportiert) zu beklagen. Polen war bis auf den Grund zerstört. Es hatte im Verhältnis zur Bevölkerungszahl größere Menschenverluste erlitten als alle anderen Völker Europas. Von den 35 Millionen Menschen, die 1939 in der Republik Polen lebten, kamen sechs Millionen ums Leben, darunter drei Millionen polnische Juden. 20 Millionen Kriegstote – das war die Bilanz der UdSSR. Die westlichen Landesteile waren mehrfach verwüstet worden, während der Kämpfe und schließlich beim Rückzug der deutschen Truppen durch die »Politik der verbrannten Erde«. Die Menschen, die ganz von vorn anfangen mußten, litten unter drückender Armut. Die politische Atmosphäre war vergiftet durch die Zwangsherrschaft des von der kommunistischen Partei kultisch verehrten Diktators Stalin.
Das Notkomitee für Wirtschaftsfragen in Europa veröffentlichte im Februar 1946 einen Bericht. Er kam zu dem Schluß, daß im Laufe der nächsten Monate in Europa 140 Millionen Menschen vor der Gefahr standen, zu verhungern.[7]

Die totale Niederlage

Hitlers totaler Krieg erzwang die totale Niederlage: die bedingungslose Kapitulation der Deutschen Wehrmacht. Die Knechtungs- und Ausrottungspolitik der Nationalsozialisten und die Härte der Kriegsführung bestimmten den Geist der Anti-Hitler-Koalition bei den Kriegskonferenzen. Schon im Jahr 1943 hatten sich der amerikanische Präsident Roosevelt und der britische Premier Winston Churchill in Casablanca auf die Forderung geeinigt: »Unconditional surrender«.
Am 7. Mai 1945 war es soweit: In Reims unterzeichnete Generaloberst Jodl die Kapi-

Die Trümmerfrauen, auf ihnen lasteten die Aufräumarbeiten, da ihre Männer in Kriegsgefangenschaft waren; in Berlin gab es allein 50 000.
Foto: Bundesarchiv Koblenz

tulation vor den Westalliierten, einen Tag später Generalfeldmarschall Keitel vor den Sowjets in Berlin-Karlshorst. Mit Inkrafttreten des Waffenstillstandes am 8. Mai 1945 war der Zweite Weltkrieg nach fünfdreiviertel Jahren in Europa beendet. Die Bilanz für die Deutschen: 3250000 Wehrmachtsangehörige waren getötet worden; bei Luftangriffen waren 300000 Zivilisten umgekommen; verschollen waren 1550000 Menschen aus dem Reichsgebiet östlich der Oder und Neiße und eine Million Volksdeutsche aus der UdSSR, Polen, Rumänien, Jugoslawien, Ungarn und der Tschechoslowakei. Zusammen waren das zehn Prozent der Bevölkerung.
Von 16 Millionen Wohnungen in Deutschland bei Kriegsbeginn sind fünf Millionen zerstört und 3,5 Millionen beschädigt. Die

Dr. Kurt Schumacher (SPD) bei einer Ansprache im zerbombten Berlin. Foto: Bundesarchiv Koblenz

Die Last der Trümmerbeseitigung in den Städten lag auf den Schultern der Frauen, da die Männer sich in Kriegsgefangenschaft befanden. Foto: Bundesarchiv Koblenz

Alliierten haben 131 Städte angegriffen und dabei ca. 1,3 Millionen Tonnen Bomben abgeworfen, 7,5 Millionen Menschen sind obdachlos. Zerstört sind 40 Prozent der Verkehrseinrichtungen. 20 Prozent der Produktionsstätten und 50 Prozent der Schulen. Zwei Fünftel der Deutschen befinden sich auf dem Rückweg in ihre Heimat oder sind auf der Flucht beziehungsweise werden aus ihren bisherigen Wohnsitzen vertrieben. Durch das besetzte Deutschland irren aber auch Millionen Ausländer: ehemalige Kriegsgefangene, Verschleppte, Zwangsarbeiter, Flüchtlinge vor der Roten Armee aus dem Baltikum, aus Südosteuropa. Dazu die befreiten KZ-Häftlinge. Deutsche und Menschen vieler anderer Völker sind auf der Suche nach einer Bleibe, nach Frieden, nach Schutz.

Es sollte niemals vergessen werden, daß die Versorgung der hungernden Bevölkerung Deutschlands ohne Hilfe des Auslands nicht möglich gewesen wäre. Ausgabe von »Care-Paketen« aus den USA.
Foto: Bundesarchiv Koblenz

Die »Großen Drei« und die vier »D«

Die alliierten Ziele der Besatzungspolitik sind am kürzesten mit den vier »D« zu beschreiben:

Ein Hamsterzug der Bevölkerung in einer deutschen Großstadt 1945.
Foto: Bundesarchiv Koblenz

Denazifizierung
Demokratisierung
Demilitarisierung
Dezentralisierung
Die neue Verwaltung in Deutschland soll auf allen Ebenen von Nicht-Nazis besetzt sein, nazistische Gesetze werden abgeschafft, Kriegsverbrecher sind zu verhaften. Die oberste Regierungsgewalt wird durch die Oberbefehlshaber der Streitkräfte der Siegermächte wahrgenommen. Die »endgültige Umgestaltung« des politischen Lebens auf demokratischer Grundlage und eine »eventuelle friedliche Mitarbeit Deutschlands am internationalen Leben« sind vorzubereiten. In ganz Deutschland sind alle demokratischen politischen Parteien zu erlauben. Die Rüstungsindustrie wird abgebaut, keine neue Produktion militärischer Güter zugelassen. Die Großindustrie wird entflochten, Machtzusammenballungen auf wirtschaftlichem Gebiet sollen unterbunden werden.

Das sind die Ziele der »Großen Drei« für Deutschland, wie sie auf der Konferenz von Potsdam festgelegt wurden. Vom 17. Juli bis zum 8. August 1945 traten auf Schloß Cecilienhof, dem ehemaligen Sommersitz des preußischen Kronprinzen, die Siegermächte zusammen. In der ersten Phase Präsident Truman (für den am 12. April 1945 verstorbenen Roosevelt), Premierminister Churchill und Generalissimus Stalin. In der zweiten Phase der Konferenz (ab dem 26. Juli) Truman, Premierminister Attlee (der am 28. Juli gegen Churchill die Unterhauswahlen in Großbritannien gewonnen hatte) und Stalin. Der Bruch zwischen den Westalliierten und der Sowjetunion war vorherzusehen. Gemeinsame oberste Regierungsinstanz sollte ein Kontrollrat sein. Dieser sollte seine Entscheidungen nur einstimmig fällen, jede Besatzungsmacht hatte ein Vetorecht, konnte die Entscheidung also blockieren.
Über die Frage, was »Demokratisierung« bedeutet, waren Stalin und die Westmächte

Kapitulation in Berlin 1945. Sowjetpanzer vor dem Brandenburger Tor. Foto: Bundesarchiv Koblenz

Russische Truppen in Berlin 1945. Foto: Bundesarchiv Koblenz

von vornherein – unausgesprochen – unterschiedlicher Meinung. Für die Sowjets bedeutete Demokratie »Volksdemokratie«, das heißt ein auf dem »Bündnis« von Arbeitern und Bauern beruhendes Regierungssystem, das zwar andere Parteien formal weiterbestehen läßt, sie aber in einem Block zusammenfaßt und die Führung der kommunistischen Partei unterwirft. Eine Opposition ist nicht vorgesehen.
Auch in der Frage der Reparationen waren die Differenzen von Anfang an nicht zu übersehen. Stalin forderte von den Deutschen umfangreiche Reparationsleistungen auch aus den Westzonen. Die Amerikaner und Engländer befürchteten, ein total entindustrialisiertes Deutschland würde jahrelang am Tropf ihrer Hilfslieferungen hängen. Frankreich blockte im Kontrollrat ab, weil es mit seiner Forderung, das Rheinland abzutrennen und das Ruhrgebiet unter internationale Kontrolle zu stellen, nicht durchkam. Briten und Amerikaner stellten im Mai 1946 die Demontage von Fabriken in ihren Zonen ein, um den Wiederaufbau der Industrie zu fördern. Die Sowjets demontierten weiter.[7]

Die Hitler kommen und gehen... (Stalin)

Frühjahr 1945: Im Mai 1945 bricht das Nazireich zusammen. Am 5. Juni 1945 übernehmen die siegreichen Besatzungsmächte die oberste Regierungsgewalt in Deutschland. Und was soll nun aus »Deutschland« werden?
Zunächst blieb es besetzt, aufgeteilt in vier Besatzungszonen und dem besonderen Gebiet von Berlin. Dies geht zurück auf das »Protokoll über die Besatzungszonen in Deutschland und die Verwaltung von Groß-Berlin«, auf das man sich in London im September 1944 geeinigt hatte. Auf der Konferenz in Jalta (Februar 1945) akzeptierte Stalin auch den westlichen Vorschlag, Frankreich als künftige Besatzungsmacht zuzulassen und ihm Sitz und Stimme in dem alliierten Kontrollrat zu geben, der von Berlin aus die Verwaltung und Kontrolle Deutschlands leiten sollte.
Aber das war zunächst eine mehr verwaltungstechnische Regelung. Wie sollte die politische Zukunft Deutschlands aussehen? In den Verhandlungen der Alliierten während des Krieges ist immer wieder der

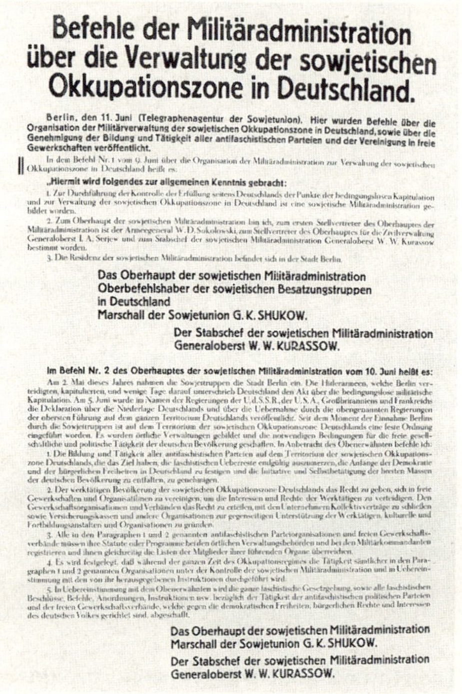

Befehle der Militäradministration über die Verwaltung der sowjetischen Okkupationszone in Deutschland.

Berlin, den 11. Juni (Telegraphenagentur der Sowjetunion). Hier wurden Befehle über die Organisation der Militärverwaltung der sowjetischen Okkupationszone in Deutschland, sowie über die Genehmigung der Bildung und Tätigkeit aller antifaschistischen Parteien und der Vereinigung in freie Gewerkschaften veröffentlicht.

In dem Befehl Nr. 1 vom 9. Juni über die Organisation der Militäradministration zur Verwaltung der sowjetischen Okkupationszone in Deutschland heißt es:

„Hiermit wird folgendes zur allgemeinen Kenntnis gebracht:

1. Zur Durchführung der Kontrolle der Erfüllung seitens Deutschlands der Punkte der bedingungslosen Kapitulation und zur Verwaltung der sowjetischen Okkupationszone in Deutschland ist eine sowjetische Militäradministration gebildet worden.

2. Zum Oberhaupt der sowjetischen Militäradministration bin ich, zum ersten Stellvertreter des Oberhauptes der Militäradministration ist der Armeegeneral W. D. Sokolowski, zum Stellvertreter des Oberhauptes für die Zivilverwaltung Generaloberst I. A. Serjew und zum Stabschef der sowjetischen Militäradministration Generaloberst W. W. Kurassow bestimmt worden.

3. Die Residenz der sowjetischen Militäradministration befindet sich in der Stadt Berlin.

**Das Oberhaupt der sowjetischen Militäradministration
Oberbefehlshaber der sowjetischen Besatzungstruppen
in Deutschland
Marschall der Sowjetunion G. K. SHUKOW.**

**Der Stabschef der sowjetischen Militäradministration
Generaloberst W. W. KURASSOW.**

Im Befehl Nr. 2 des Oberhauptes der sowjetischen Militäradministration vom 10. Juni heißt es:

Am 2. Mai dieses Jahres nahmen die Sowjettruppen die Stadt Berlin ein. Die Hitlerarmeen, welche Berlin verteidigten, kapitulierten, und wenige Tage darauf unterschrieb Deutschland den Akt über die bedingungslose militärische Kapitulation. Am 5. Juni wurde im Namen der Regierungen der U.d.S.S.R., der U.S.A., Großbritanniens und Frankreichs die Deklaration über die Niederlage Deutschlands und über die Uebernahme durch die obengenannten Regierungen der obersten Führung auf dem ganzen Territorium Deutschlands veröffentlicht. Seit dem Moment der Einnahme Berlins durch die Sowjettruppen ist auf dem Territorium der sowjetischen Okkupationszone Deutschlands eine feste Ordnung eingeführt worden. Es wurden örtliche Verwaltungen gebildet und die notwendigen Bedingungen für die freie gesellschaftliche und politische Tätigkeit der deutschen Bevölkerung geschaffen. In Anbetracht des Obenerwähnten befehle ich:

1. Die Bildung und Tätigkeit aller antifaschistischen Parteien auf dem Territorium der sowjetischen Okkupationszone Deutschlands, die das Ziel haben, die faschistischen Ueberreste endgültig auszumerzen, die Anfänge der Demokratie und der bürgerlichen Freiheiten in Deutschland zu festigen und die Initiative und Selbstbetätigung der breiten Massen der deutschen Bevölkerung zu entfalten, zu genehmigen.

2. Der werktätigen Bevölkerung der sowjetischen Okkupationszone Deutschlands das Recht zu geben, sich in freie Gewerkschaften und Organisationen zu vereinigen, um die Interessen und Rechte der Werktätigen zu verteidigen. Den Gewerkschaftsorganisationen und Verbänden das Recht zu erteilen, mit den Unternehmern Kollektivverträge zu schließen sowie Versicherungskassen und andere Organisationen zur gegenseitigen Unterstützung der Werktätigen, kulturelle und Fortbildungsanstalten und Organisationen zu gründen.

3. Alle in den Paragraphen 1 und 2 genannten antifaschistischen Parteiorganisationen und freien Gewerkschaftsverbände müssen ihre Statute oder Programme bei den örtlichen Verwaltungsbehörden und bei den Militärkommandanten registrieren und ihnen gleichzeitig die Listen der Mitglieder ihrer führenden Organe überreichen.

4. Es wird festgelegt, daß während der ganzen Zeit des Okkupationsregimes die Tätigkeit sämtlicher in den Paragraphen 1 und 2 genannten Organisationen unter der Kontrolle der sowjetischen Militäradministration und in Uebereinstimmung mit den von ihr herausgegebenen Instruktionen durchgeführt wird.

5. In Uebereinstimmung mit dem Obenerwähnten wird die ganze faschistische Gesetzgebung, sowie alle faschistischen Beschlüsse, Befehle, Anordnungen, Instruktionen usw. bezüglich der Tätigkeit der antifaschistischen politischen Parteien und der freien Gewerkschaftsverbände, welche gegen die demokratischen Freiheiten, bürgerlichen Rechte und Interessen des deutschen Volkes gerichtet sind, abgeschafft.

**Das Oberhaupt der sowjetischen Militäradministration
Marschall der Sowjetunion G. K. SHUKOW.**

**Der Stabschef der sowjetischen Militäradministration
Generaloberst W. W. KURASSOW.**

Befehle der sowjetischen Besatzungstruppen.
Fotos: Bundesarchiv Koblenz

1945 war Ostberlin durch die Truppen der Sowjetunion besetzt. An den Hauptstraßen, besonders in jenen Teilen Ostberlins, die nicht ganz so zerstört waren, hatte man an allen Ecken diese Tafeln angebracht.

Wille zum Ausdruck gekommen, den Weltmachtsanspruch des Deutschen Reiches unter der Führung des »größten Feldherrn aller Zeiten« und Hitlers ideologische Wahnvorstellungen mit der vollständigen Entmachtung und Zertrümmerung Deutschlands zu beantworten. Deutschland sollte keine Chance mehr haben, Revanche zu fordern, oder – wie nach dem Versailler Vertrag – eine Machtstellung in Europa zurückzuerobern. Kein Sicherheitsrisiko mehr in Mitteleuropa – das war die übereinstimmende Meinung der Kriegsalliierten. Dieses Ziel schien am ehesten durch eine Zergliederung Deutschlands zu erreichen zu sein. Verschiedene Pläne dazu wurden erwogen. Die Beratungen kamen aber zu keinem Abschluß und wurden schließlich fallengelassen. Churchill, Roosevelt und Stalin stimmten überein, daß Deutschlands industrielle Kapazität entscheidend geschwächt werden sollte. Der amerikanische Finanzminister Morgenthau hatte dafür einen Plan entwickelt, der das Reich auf das Niveau eines agrarisch strukturierten Entwicklungslandes zurückstufen sollte.

Es gab aber auch andere Vorschläge für die alliierte Nachkriegsplanung. Im Außenministerium in Washington entstand 1943 eine Denkschrift, die auf einen anderen Umgang mit den Besiegten zielte. Nicht drakonische Zwangsmaßnahmen, sondern im Gegenteil eine Förderung des demokratischen und wirtschaftlichen Wiederaufbaus sollte Deutschland und das deutsche Volk von der Ideologie des Nationalsozialismus heilen.

Die Sowjets vergaßen in der Nachkriegsplanung nie ihre weltrevolutionäre Mission: Eine Allianz mit den kapitalistischen Mächten konnte für sie nur ein Zweckbündnis auf Zeit sein, während das »historische Ringen« zwischen Kapitalismus und Kommunismus andauerte. »Dieser Krieg«, so erklärte Stalin in einem Gespräch mit dem jugoslawischen Politiker Milovan Djilas, »ist nicht wie in der Vergangenheit. Wer immer ein Gebiet besetzt, erlegt ihm auch sein eigenes gesellschaftliches System auf. Jeder führt sein eigenes System ein, so weit seine Armee vordringen kann. Es kann gar nicht anders sein.« Die sowjetische Deutschlandplanung war diesem Ziel untergeordnet: Ein Deutschland, das ganz oder teilweise zum Westen gehören würde, war am ungefährlichsten, wenn es zersplittert und machtlos war. Anders sah die Sache aus, wenn Deutschland unter sowjetischen Einfluß kam.

Das war der Stand der Planung zum Beginn des Jahres 1945. Die Rote Armee feierte in den ersten Monaten des Jahres 1945 Sieg um Sieg auf ihrem Vormarsch. Der mitteleuropäische Raum schien weitgehend in den sowjetischen Machtbereich zu fallen, dabei auch der größte Teil Deutschlands. In dieser Phase gab Stalin Erklärungen ab, die jede Teilungsabsicht verleugneten. Die bekannteste: »Die Hitler kommen und gehen – das deutsche Volk bleibt bestehen.«

In Potsdam spielten die Zerstückelungspläne keine Rolle mehr. Die »Großen Drei« kamen überein, Deutschland als wirtschaftliche Einheit zu behandeln. Jedenfalls bis zur Oder-Neiße-Linie. Die Ostgebiete hatte die Sowjetunion schon vorher einseitig abgetrennt; die Westmächte stimmten dieser Maßnahme vorläufig zu. Eine endgültige Regelung sollte dem Friedensvertrag vorbehalten bleiben. Für das verbleibende Vier-Zonen-Deutschland sollten zu gegebener Zeit auch deutsche Zentralverwaltungen eingerichtet werden. »Deutschland« blieb also bestehen; aber ob seine tatsächliche Einheit erhalten bleiben würde – das hing von der Einigkeit der Siegermächte ab.[8]

Die Teilung begann in der Elßholzstraße

Elßholzstraße, Berlin-Schöneberg. Wiederaufgebaute Wohnhäuser der ersten Nachkriegsjahre und übriggebliebene Altbauten klemmen ein wuchtiges Gebäude ein – das Berliner Kammergericht. In dem Neubarockbau der Gründerjahre tagte einst das höchste preußische Gericht. In ihm verhandelte in den letzten Kriegsjahren der »Volksgerichtshof« mit dem berüchtigten Präsidenten Roland Freisler gegen »Volksschädlinge«, wie Regimegegner genannt wurden, und vor allem die Beteiligten am Attentat gegen Hitler vom 20. Juli 1944. Nach Kriegsende wurde es zum Sitz des Alliierten Kontrollrats, dem Gremium der Oberbefehlshaber der vier Besatzungsstreitmächte.

Die erste Sitzung hielt der Kontrollrat noch während der Potsdamer Konferenz ab. Man beschloß, jeweils am 10., 20. und 30. eines Monats zu tagen. Mit dem »Gesetz Nr. 1« vom 20. September wurden alle Gesetze aufgehoben, »auf die sich das faschistische Regime in Deutschland stützt«. Am 20. November einigte sich der Kontrollrat auf die folgenreichen Ausführungsbestimmungen zur in Potsdam beschlossenen »Umsiedlung der Deutschen aus Österreich, der Tschechoslowakei, Ungarn und Polen« in die vier Besatzungszonen. Das betraf Millionen von Deutschen; die meisten von ihnen hatten bis dahin in den Ostprovinzen Deutschlands, die anderen in deutschen Siedlungsgebieten der früheren österreichisch-ungarischen Monarchie gelebt.

Proklamationen, Gesetze, Befehle und Direktiven der Militärregierung hatten das erklärte Ziel, den Nationalsozialismus auszumerzen und das politische und gesellschaftliche Leben in Deutschland von Grund auf zur Demokratie zu ändern.

Schon aber bald knirschte es zwischen den Siegern. Entscheidungen mußten jeweils einstimmig getroffen werden. Daß dies nicht funktionierte, konnte angesichts der drastischen Umgestaltungsmaßnahmen der Sowjets in ihrer Zone nicht überraschen.

Aber auch die Franzosen hatten eigene Vorstellungen. Das Bemühen, zentrale deutsche Verwaltungsstellen für Finanzen, Transport, Verkehr, Außenhandel und Industrie zu schaffen, machten sie von der Rheinland-

30. April 1945: Rotarmist Kantarija hißt über den Ruinen von Berlin auf dem Reichstagsgebäude die rote Fahne. Deutschland gibt es nicht mehr. Es wird geteilt. 1990, nach 45 Jahren, geht erst der Krieg zu Ende. Deutschland wird geeint. Foto: Bundesarchiv Koblenz

und Ruhrfrage abhängig. Ihr Veto blockierte jede Entwicklung. Ohne die im Potsdamer Protokoll geforderten deutschen Zentralverwaltungen blieb der Kontrollrat ein Torso – ohne Instrumente, seine Politik durchsetzen zu können. Auf der anderen Seite wuchs Mißtrauen insbesondere der Briten gegen die sowjetische Deutschland- und Außenpolitik. In der 34. Sitzung des Kontrollrats am 20. Juli 1946 wiederholte der amerikanische Militärgouverneur die Offerte seines Außenministers, die USA würden mit jeder Besatzungsmacht zusammenarbeiten, die ihre Zone mit der amerikanischen wirtschaftlich vereinigen wolle. Sowjets und Franzosen lehnten ab, Briten und Amerikaner gingen zusammen: Die »Bi-Zone« entstand.
Nach dem Scheitern der Außenministerkonferenz im Dezember 1947 in London forcierte der Westen die Entwicklung eines westdeutschen Staates. Die USA, Großbritannien, Frankreich und die Beneluxländer

Zum gleichen Zeitpunkt wird 1945 auf dem Brandenburger Tor die Sowjetfahne gehißt.
Foto: Bundesarchiv Koblenz

sprachen sich dafür aus. Erste Gespräche darüber fanden im Februar/März 1948 in London statt.
Am 20. März verlangte der sowjetische Militärgouverneur, Marschall Sokolowski, im Kontrollrat Auskunft über die Inhalte der Gespräche von seinen westlichen Kollegen. Als er sie nicht erhielt, verlas Sokolowski eine vorbereitete Erklärung mit schweren Vorwürfen gegen die Politik der Westmächte. Der Versuch darauf zu antworten, scheiterte: Der amtierende Vorsitzende, eben Sokolowski, entzog dem britischen Militärgouverneur Robertson das Wort und erklärte die Sitzung für vertagt. Die Sowjets verließen wortlos den Sitzungsraum des Kontrollrates und kehrten nie zurück.
Bescheidene Reste der Viermächteverwaltung überdauerten allerdings: bis 1955 die Alliierte Postabrechnungsstelle, bis 1970 das Alliierte Reiseamt, bis 1987 das alliierte Kriegsverbrechergefängnis in Spandau für Rudolf Heß und bis zur Einheit die gemeinsame Luftsicherheitszentrale. Das viel zu große Gebäude im Kleistpark mit der Front zu einer ehemaligen Prachtstraße (Potsdamer) stand fast leer. Nur zweimal erwachte es zu neuem Leben: 1954 zur Außenministerkonferenz der vier Mächte und 1970/71, als das Viermächteabkommen über Berlin beraten und beschlossen wurde.[9]

Was bedeutet Deutschland?

Die »Großen Drei« auf der Potsdamer Konferenz:
Churchill: Ich möchte nur eine Frage stellen. Ich bemerke, daß hier das Wort »Deutschland« gebraucht wird. Was bedeutet Deutschland jetzt? Kann man es in dem Sinne verstehen wie vor dem Kriege?
Stalin: Deutschland ist das, was es nach dem Kriege wurde. Ein anderes Deutsch-

Flüchtlinge aus den Ostgebieten Deutschlands waren 1945 überall auf den Straßen anzutreffen.
Foto: Bundesarchiv Koblenz

1945 war man sich nach der Niederwerfung des nationalsozialistischen Deutschland einig. Später sagte der englische Premier Winston Churchill: »Wir haben das falsche Schwein geschlachtet.« Was viele befürchteten begann, nämlich der »Kalte Krieg«.
Foto: Bundesarchiv Koblenz.

land gibt es nicht. So verstehe ich diese Frage.
Truman: Auf der Krimkonferenz wurde vereinbart, daß die Territorialfragen auf der Friedenskonferenz entschieden werden müssen. Wie definieren wir nun den Begriff »Deutschland«?
Stalin: Lassen Sie uns die Westgrenzen Polens festlegen, und dann wird die deutsche Frage klarer werden. Es ist für mich sehr schwierig auszudrücken, was jetzt unter Deutschland zu verstehen ist. Das ist ein Land, das keine Regierung, das keine fixierten Grenzen hat, weil die Grenzen nicht von unseren Truppen festgelegt werden. Deutschland hat überhaupt keine Truppen, Grenztruppen eingeschlossen, es ist in Besatzungszonen zerteilt. Und nun definieren Sie, was Deutschland ist! Es ist ein zerschlagenes Land.
Truman: Vielleicht nehmen wir die Grenzen Deutschlands von 1937 zum Ausgangspunkt?
Stalin: Ausgehen kann man von überall. Von irgend etwas muß man ausgehen. In diesem Sinne kann man auch das Jahr 1937 nehmen.
Truman: Wir sind einverstanden, das Deutschland des Jahres 1937 als Ausgangspunkt zu nehmen.[10]

Die Kölner gehen »fringsen«

In seiner Silvesterpredigt zur Jahreswende 1946/47 meinte der populäre Kölner Kardinal, Erzbischof Dr. Frings, man könne es dem einzelnen nicht verwehren, das Dringendste zur Erhaltung des Lebens und der Gesundheit zu nehmen, wenn er es durch Arbeit oder Bitten nicht erhalte. Die Kölner, die in ihren ungeheizten Wohnungen wie die Schneider froren, setzten nach dieser Predigt zu einem wahren Sturm auf die Kohlenzüge an.
So wurde die Frau des Staatsanwaltes, der die Kohlendiebe eigentlich einsperren sollte, ebenso beim Kohlenklauen erwischt wie einige Pfarrer. Aber – es gab in Köln in diesem Winter Kohlen! Der Kardinal hatte, sozusagen nach kanonischem Recht, den Notstand proklamiert, und in Köln wurde ein neues Wort geboren: Anstatt »stehlen« oder »organisieren« ging man nun »fringsen«.

Geschichten aus jener Zeit

Endstation Bachstraße 19a: Ende 1944 – die letzten Träume sind ausgeträumt. Die Front kommt immer näher. Von den Höhen des Riesengebirges ist das ferne Mündungsfeuer zu erkennen. In Breslau wird gekämpft. Die Kirchen und Schulen der Gebirgsorte sind vollgepfropft mit Flüchtlingen. Zeit des Abschieds. Beim letzten Urlaub hatte Vater die Ereignisse vorausge-

ahnt: »Wenn wir uns aus den Augen verlieren sollten, dann treffen wir uns nach dem Krieg alle in Gelsenkirchen-Buer bei Tante Hedwig.«
Wir verloren uns alle aus den Augen. Vater war bei der Marine in Norwegen. Mutter und Schwester blieben in Schlesien zurück. Ich wurde als Sechzehnjähriger noch Soldat. Bei Kriegsende gelang die Flucht durch die Tschechoslowakei nach Bayern. Und von dort aus ging es in zwei Monaten zu Fuß und per Bahn in Richtung Gelsenkirchen. Güterzüge verkehrten auf Strecken, die unzerbombt geblieben waren. Vor gesprengten Brücken hieß es umsteigen. Ernährung war Zufall. Manchmal halfen freundliche Bauern. Es war Ende August, als die »Stadt der tausend Feuer« erreicht war... Bachstraße 19 a.
Die Bachstraße gab es nicht mehr. Sie lag unweit des großen Hydrierwerks Scholven, eines der drei »Hermann-Göring-Werke«, in denen aus Kohle Benzin gezaubert wurde. Wenn die Gasflamme anzeigte, daß wieder hydriert wurde, wußten die Anrainer: der nächste Angriff steht bevor. Mehr als 300 Großangriffe flogen Engländer und Amerikaner. Sie machten aus dem Ortsteil Scholven eine Kraterlandschaft. Aus dem Werk auch.
Und dann das Wunder: Nichts stand da mehr – nur noch ein Haus, das »19 a«. Der Bahndamm der Strecke Oberhausen–Recklinghausen, höher als der Dachfirst der Bachstraße 19 a, hatte Bomben und Druckwellen abgefangen. Die Überlebensadresse der Schlesier aus dem Riesengebirge hatte standgehalten. Riesenfreude über den ersten, der auf diese Weise »heimgefunden« hatte. Drei Monate später meldete sich der Vater. Aus französischer Kriegsgefangenschaft. Er werde Weihnachten 1945 entlassen, schrieb er. Und kam dann doch nicht. 1949 meldete das Rote Kreuz, er sei damals beim Auflösen des Lagers tödlich verunglückt. Ironie des Schicksals: Sechs Jahre Krieg überlebt, um dann im Frieden zu sterben.
Neun Monate später kamen die Großeltern – ausgewiesen von den nach Schlesien einrückenden Polen. Die Vier-Zimmer-Wohnung belebte sich. Tage später tauchte überraschend Onkel Max auf, ein Bruder des Vaters. Er war aus englischer Gefangenschaft entlassen worden. Frau und Tochter kamen drei Monate später aus Süddeutschland, wohin sie nach Kriegsende geflüchtet waren. Nur von Mutter und Schwester Hannchen war nichts zu hören. Bis dann ein Jahr später eine Suchmeldung des Roten Kreuzes half: Auch sie waren von den Polen vertrieben worden und in Niedersachsen auf einem Bauernhof gelandet. Im Chaos des Zusammenbruchs war Mutter ernsthaft erkrankt – Typhus. Im Dämmerzustand hatte sie die »Bachstraße 19 a« vergessen. Erst mit zunehmender Besserung tauchte die Adresse wieder aus dem Unterbewußtsein auf.
Weihnachten 1947 waren alle wieder beisammen – bis auf Vater. Es wurde ein sentimentales Fest: zehn Glückliche in einer warmen Stube. Und Reibekuchen gab es als Festmenü.[11]

Heimkehrer

In sowjetischen Kriegsgefangenenlagern befanden sich 3,1 Millionen deutsche Soldaten. Von ihnen kam etwa eine Million um. Die letzten Zehntausend kehrten erst 1956 aus den Arbeitslagern zurück, nach den Verhandlungen Adenauers in Moskau.
Lauter »greisenhafte Gestalten«. Die Sowjets ließen die schweigend fügsamen Männer in breiten Kolonnen am Kontrollpunkt zu fünft oder sechst antreten, hoben den Schlagbaum und übergaben sie den davor wartenden Briten. Am britischen Schlagbaum kamen zunächst langsam und schwerfällig Sanitätswagen, angefüllt mit Schwerkranken und Marschunfähigen, an. Dann näherte sich die Kolonne in langen Reihen: ohne Tritt, müde und matt, mit leerem Blick, großen, kahlgeschorenen Köpfen, eingehüllt in Fetzen ehemaliger Uniformen, altem Drillichzeug. Viele gingen an Krük

Kriegsteilnehmer aus dem Osten in mitteldeutschem Entlassungslager. Foto: Bundesarchiv Koblenz

Bahnhofsmission Helmstedt half in dieser Zeit vielen Flüchtlingen. Foto: Bundesarchiv Koblenz

Friedland 1946: »Ihr letztes Gut«, eine Mutter fährt den letzten von fünf Söhnen über die Zonengrenze.
Foto: Bundesarchiv Koblenz

ken und Stöcken, stützten einander, trugen Kameraden. Kaum einer erwiderte Zurufe und Winke der Tausenden, die am Wegrand warteten. Eine Welle ungläubigen Entsetzens ging durch die Menge. Die britischen Soldaten sahen fassungslos auf diese greisenhaften Gestalten, die alten, grauen, ausgemergelten Gesichter. Sie kamen ohne jedes Gepäck, ohne Decken und Mäntel, die wenigsten hatten ein kleines Bündel dürftiger Habseligkeiten. Die meisten besaßen lediglich die Hälfte einer Konservendose – den wohlgehüteten Eßnapf – und den Löffel.

Die ärztliche Untersuchung von 1946 ergab, daß rund 90 Prozent der Heimkehrer krankhaft unterernährt waren, 60 bis 70 Prozent der Heimkehrer mehr oder weniger starke Kreislaufschäden hatten, bei 40 bis 50 Prozent sind tuberkulose und eiternde Entzündungen mit einer Häufigkeit vertreten, die in Mitteleuropa auch in Kriegszeiten unbekannt ist…

Ergreifende Szenen des Wiedersehens spielten sich ab. Am tiefsten und wohl immer ungetrübt war die Freude der Mütter, der Eltern, die ihre Söhne in Empfang nahmen. Problematischer und in einigen Fällen tragisch war das Wiedersehen mit der Ehefrau. Ein blühender junger Mann war ausgezogen und so in Erinnerung geblieben, ein verbrauchter, müder, vorzeitig gealterter Skeptiker kehrte zurück.[12]

Heimkehrende Kriegsgefangene aus Rußland 1946 vor dem Schlagbaum in Friedland bei Göttingen.
Foto: Bundesarchiv Koblenz

Schwarzmarktgeschäfte

»Für eine Flasche Schnaps zwei Pfund Butter.« Einem hungrigen Freund wurde ein Pfund Butter für 320 Reichsmark angeboten. Er nahm sie auf Kredit, weil er so viel Geld nicht hatte. Er wollte sie morgen bezahlen. Ein halbes Pfund bekam seine Frau. Mit dem Rest gingen wir »kompensieren«. In einem Tabakladen gab es für das halbe Pfund Butter 50 Zigaretten. Zehn Stück behielten wir für uns. Mit dem Rest gingen wir in eine Kneipe. Wir rauchten eine Zigarette, und das Geschäft war perfekt: Für die 40 Zigaretten erhielten wir eine Flasche Wein und

Heimkehrer – Kriegsgefangener aus Rußland im Lager Friedland bei Göttingen. Er ist, vom Leid gezeichnet, 43 Jahre alt.

Bundespräsident Theodor Heuss und Hans Lukaschek, Minister für Vertriebene, im Lager Friedland bei Rußland-Heimkehrern 1953. Foto: Bundesarchiv Koblenz

Noch immer werden 1 272 896 Wehrmachtsangehörige vermißt (davon rund 100 000 im Westen, der Rest in östlichen Ländern). Außerdem ist das Schicksal von über 100 000 deutschen Kriegsgefangenen ungeklärt. 750 000 deutsche Zivilpersonen wurden von den östlichen Siegermächten verschleppt.
Nur selten trafen in den ersten Nachkriegsjahren Transporte mit deutschen Kriegs- oder Zivilgefangenen aus der Sowjetunion ein. Die letzten Transporte in den Monaten September und Oktober 1953 brachten 5371 Kriegsgefangene und Internierte in ihre Heimat zurück. Alle Transporte der in der Bundesrepublik Beheimateten werden zunächst in das Lager Friedland bei Göttingen geleitet.
Am 9. Oktober 1955 traf der erste größere Heimkehrertransport in Stärke von 602 Mann über den Zonengrenzübergang Herleshausen in Friedland ein. Noch am gleichen Tag kamen 180 Rückkehrer, und ein weiterer großer Transport wurde für den Morgen des 10. Oktober 1955 in Herleshausen erwartet.
Die Übergabe der begleitenden Sowjets ging in Herleshausen überraschend schnell vonstatten.

Foto: Bundesarchiv Koblenz

Um Jahre gealtert waren sie, die Kriegsgefangenen aus Rußland. Foto: Bundesarchiv Koblenz

Sowjetsoldaten führen Schwarzhändler ab. Foto: Bundesarchiv Koblenz

Demonstrationen in Deutschland 1947.
Fotos: Bundesarchiv Koblenz

Ein Blick in die sowjetische Besatzungszone Deutschlands Foto: Hugo Theisinger

Berliner Mädchen auf dem schwarzen Markt im Tiergarten unmittelbar nach dem Zusammenbruch 1945. Sie zögern noch.
Foto: Bundesarchiv Koblenz

Schwarzmarktgeschäfte mit sowjetischen Soldaten in Berlin 1945. Foto: Bundesarchiv Koblenz

Ein sowjetischer Soldat feuert mit einer erbeuteten 08-Pistole der Deutschen Wehrmacht.
Foto: Bundesarchiv Koblenz

eine Flasche Schnaps. Den Wein brachten wir nach Hause. Mit dem Schnaps fuhren wir aufs Land. Bald fand sich ein Bauer, der uns für den Schnaps zwei Pfund Butter eintauschte. Am nächsten Morgen brachte mein Freund dem ersten Butterlieferanten sein Pfund zurück, weil es zu teuer war. Unsere Kompensation hatte eineinhalb Pfund Butter, eine Flasche Wein, zehn Zigaretten und das Vergnügen eines steuerfreien Gewerbes eingebracht.[13]

Stalin und der kalte Krieg

Die Rote Armee hatte die Deutsche Wehrmacht und ihre osteuropäischen Verbündeten geschlagen und Osteuropa sowie große Teile Mitteleuropas besetzt. Stalin tat alles,

Auf dem zweiten Parteitag der SED im September 1947 ist vom »besonderen deutschen Weg zum Sozialismus« nicht mehr die Rede. Die Redner bekennen sich mit Nachdruck zur »engen wirtschaftlichen und kulturellen Zusammenarbeit mit der Sowjetunion«. Die SED liegt jetzt voll auf der Linie des 1947 gegründeten Kommunistischen Informationsbüros (Kominform).
Im Bild von links: Wilhelm Pieck, Otto Grotewohl und Walter Ulbricht. Foto: Bundesarchiv Koblenz

um sein neu gewonnenes Imperium zu festigen: Sein Außenminister Molotow fordert schon auf der ersten Außenministerkonferenz im September 1945 die Anerkennung der von der Roten Armee geschaffenen Fakten in Rumänien, Ungarn und Bulgarien. Zug um Zug werden die Staaten im kommunistischen Sinn umgestaltet.

Im Mai 1946 gehen die Kommunisten aus den Wahlen für die verfassungsgebende Nationalversammlung in der Tschechoslowakei als Sieger hervor. Es kommt zur Bildung einer Mehrparteienregierung. Durch einen kommunistischen Staatsstreich im Februar 1948 wird die ČSR endgültig zum Satelliten Moskaus. Jan Masaryk, der sozialdemokratische Außenminister, stirbt nach einem mysteriösen Fenstersturz. Im Oktober 1946 »gewinnen« die Kommunisten die manipulierten Wahlen in Bulgarien. In Polen herrscht eine von Stalin Mitte 1944 gegen die Londoner Exilregierung eingesetzte Gegenregierung, in Ungarn und Rumänien setzen die Kommunisten ihr Regime durch – mit Terror und Verfolgung.

Der am 1. September 1947 aus der Sowjetischen Besatzungszone Deutschlands geflüchtete thüringische Ministerpräsident Rudolf Paul (SED) berichtet, ein hoher sowjetischer Funktionär habe ihm vertraulich mitgeteilt, sofort nach der Londoner Konferenz (November/Dezember 1947) sei seine Zeit abgelaufen.

Paul war bei der Partei als »bürgerliches Element« in Ungnade gefallen. Aus Ungarn und Polen fliehen hochrangige Politiker, um sich der Verhaftung zu entziehen. Aus Bukarest und Warschau kommen Nachrichten

Vom 17. Juli bis zum 8. August 1945 traten auf Schloß Cecilienhof, dem ehemaligen Sommersitz des preußischen Kronprinzen, die Siegermächte zusammen, um die »endgültige Umgestaltung Deutschlands« vorzubereiten.

Foto: Bundesarchiv Koblenz

Im Bild von links: Premierminister Winston Churchill, Großbritannien, Präsident Harry Truman, USA (für den am 12. April 1945 verstorbenen Roosevelt), und Generalissimus Josef Stalin, UdSSR. Foto: Bundesarchiv Koblenz

über politische Prozesse. In Frankreich und Italien geraten die kommunistischen Parteien ins Rutschen. Die Wähler laufen ihnen davon.
Die Furcht vor dem Kommunismus geht in Westeuropa um. Am 12. März 1947 verkündet der amerikanische Präsident Truman die nach ihm benannte Doktrin, die, nach dem Einfluß der Sowjetunion in Europa, zum Grundprinzip amerikanischer Außenpolitik erhoben wird. Am 5. Juni 1947 legt der neue US-Außenminister George C. Marshall ein »European Recovery Programm« vor, den Marshallplan, der den Europäern massive finanzielle Hilfe für den Wiederaufbau gibt. Er wird – erwartungsgemäß – von den Sowjets abgelehnt. Die wirtschaftliche Stärkung der westeuropäischen Staaten und der westlichen Zonen Deutschlands verfolgt jetzt auch das Ziel, eine weitere Ausbreitung der sowjetischen Macht zu verhindern.[14]

Die Umwälzung in der Sowjetischen Besatzungszone (SBZ)

Die gesellschaftspolitische Umgestaltung in der SBZ begann mit der Bodenreform im September 1945. Es folgte eine personalpolitische Umschichtung zunächst des Justizwesens, dann der »Volksbildung«, schließlich des gesamten Verwaltungsapparates. Parallel dazu lief die Enteignung der Groß- und Mittelbetriebe. Aus der Sicht der damalige DDR-Führung ist es die Geschichte einer erfolgreichen Revolution. Sie kündigte sich an als ein eigener deutscher »Weg zum Sozialismus« und endete nach der Gründung der DDR als eine Kopie des stalinistischen Systems.
Die neue Machtelite. Im Oktober wurde der Justizdienst von allen NSDAP-Mitgliedern gesäubert. Zug um Zug kam der gesamte öffentliche Dienst an die Reihe. Aber auch nicht in der NS-Zeit belastete Richter, Leh-

rer und Verwaltungsbeamte wurden in den Hintergrund gedrängt oder entmachtet, insbesondere wenn sich diese Beamten zu den neu entstehenden demokratischen Parteien bekannten. An die Stelle der rund 520000 »Ehemaligen«, von denen viele die SBZ verließen, traten Funktionäre, die zu großen Teilen der KPD oder später der SED angehörten. Das galt insbesondere für die rasch ausgebildeten »Volksrichter« und »Volksstaatsanwälte« sowie die Staats- und Landesangestellten. Im Personalamt der sächsischen Landesregierung zum Beispiel bekannten sich im August 1946 schon 95 Prozent der Angestellten zur SED.

Es war der Beginn des Aufstiegs einer neuen Machtelite. Im Verlauf der Bodenreform wurde aller bäuerlicher Besitz über 100 Hektar entschädigungslos enteignet, um die in weiten Teilen der Besatzungszone geprägte Struktur zu zerschlagen. Die KPD rührte die Trommel, die SPD stimmte unter Vorbehalten zu. Die bürgerlichen Parteien warnten vor der starken Parzellierung des Landes und kritisierten die entschädigungslose Enteignung. Die Sowjets setzten die Reformgegner in der Führungsspitze der CSU und der Liberal-Demokratischen Partei (LPD) ab, um die Zustimmung der Parteien zu bekommen. 35 Prozent der landwirtschaftlichen Nutzfläche – rund 3,3 Millionen Hektar – waren von der Bodenreform betroffen. Mehr als 7000 Großgrundbesitzer und größere Bauern verloren ihren Besitz.

1,9 Millionen Hektar wurden an landlose Bauern und Landarbeiter (120000 Familien), landarme Bauern (82000) und Vertriebene (91000) verteilt. Die größte Empfängergruppe – mit 183000 Personen – bildeten Arbeiter und Angestellte, die nicht aus der Landwirtschaft kamen. Sie bekamen im Durchschnitt nur 0,6 Hektar, konnten Landwirtschaft nur im Nebenerwerb betreiben.

Ende 1945 dominierten in der SBZ Klein- und Mittelbauern. Fast die Hälfte der Höfe war kleiner als 20 Hektar. Lebensfähigen Familienbetrieben war im Wortsinn der Boden entzogen. Die Folge: Ganze Dörfer standen geradezu menschenleer, weil die Bauern wegen der hohen Ablieferungspflichten geflohen waren.

Die landwirtschaftliche Erzeugung sank rapide. Es mangelte an Geräten, Vieh, Dünger und Futtermitteln. Die SED sicherte sich ihren Einfluß auf das Land über Ausleihstationen für Maschinen und Traktoren sowie die Massenorganisation »zur gegenseitigen Bauernhilfe«. Für die politische Führung war die Bodenreform von Anfang an nichts anderes als eine Etappe auf dem Weg in die sozialistische Gesellschaft, die Vorstufe für die spätere Kollektivierung der Landwirt-

Bodenreform in der DDR. »Wir teilen Rittergüter auf«, heißt es auf einem Spruchband vor dem Rathaus in Bad Frankenhausen/Kyffhäuser.
Foto: Bundesarchiv Koblenz

„DER GRUNDBESITZ SOLL SICH IN UNSERER DEUTSCHEN HEIMAT AUF FESTE, GESUNDE UND PRODUKTIVE BAUERNWIRTSCHAFTEN STÜTZEN, DIE PRIVATEIGENTUM IHRES BESITZERS SIND."

URKUNDE

Auf Grund der Verordnung der Landesverwaltung Mecklenburg über die Bodenreform vom 5. Sept. 1945 wird dem Bauern

wohnhaft in der Gemeinde Kreis

ein Grundstück

im Umfang von ha, einschließlich Wald

rechtskräftig

zum persönlichen, vererbbaren Eigentum übergeben
Das dem Bauern
übergebene Grundstück liegt in der Gemeinde
und hat laut dem von der Bodenkommission aufgestellten Verteilungsplan die Nummer
Der Bauer erhält das Grundstück

schuldenfrei

Diese Urkunde berechtigt zur Eintragung des Grundstücks in das Grundbuch.

, den 1945 Kreis

Der Präsident Der Landrat

Die »Landwirtschaftliche Produktionsgenossenschaft« (LPG) wird in der DDR verwirklicht.
Foto: Bundesarchiv Koblenz

schaft. Ab 1952 wurden die Kleinbetriebe zu »Landwirtschaftlichen Produktionsgenossenschaften« (LPG) zusammengefaßt.
Mit dem Beschluß der SED zum Aufbau der »Grundlagen des Sozialismus« begann die zweite Phase der Kollektivierung der Landwirtschaft. Sie wurde 1960 unter Zwang zu Ende geführt. Parallel zur Bodenreform begann die Enteignung der Groß- und Mittelbetriebe: Zu Anfang übernahmen spontan Arbeiter und Angestellte die von ihren Besitzern verlassenen Industriebetriebe in eigene Regie. Ein Bericht aus Erfurt an die FDGB-Leitung (Freier Deutscher Gewerkschaftsbund) vom Herbst 1946: »Im Juli 1945 setzte sich der damalige Nazidirektor Wussow vor dem Einmarsch der Roten Armee nach dem Westen ab. An seine Stelle traten zwei Arbeiter, und zwar ein Dreher und ein Schlosser, in die Direktion ein.« (Olympia Büromaschinenwerk Erfurt, Belegschaft: 2323.) Der Elan der sozialdemokratischen und kommunistischen Betriebsräte wurde bald empfindlich gedämpft, als die Siegermacht demontieren ließ.
Bereits am 30. Oktober 1945 stellte die Sowjetische Militär-Administration (SMAD) mit dem Befehl 124 die »Beschlagnahme allen Eigentums des deutschen Staates, der NSDAP und ihrer Organisationen, der Verbündeten des Nazireiches und darüber hinaus aller jener Personen, die von der SMAD durch besondere Listen oder auf eine andere Weise bezeichnet werden«. Damit konnten auch kleinere Betriebe erfaßt werden, wenn sie sich den Umgestaltungsplänen von Besetzung und KPD nicht anpaßten.
Die SMAD-Befehle lagen auf einer Linie mit dem Abstimmungsergebnis in Sachsen vom Juni 1946. In dem hochindustrialisierten Land hatten sich mehr als drei Viertel der stimmberechtigten Bevölkerung für die »Enteignung der Naziverbrecher und Kriegsaktiven« ausgesprochen. In Thüringen und

Plakate aus jener Zeit

Foto: Bundesarchiv Koblenz

Sachsen-Anhalt wurde der Bergbau aufgrund des Widerstandes von CDU und LDP erst 1947 und 1948 verstaatlicht. Innerhalb von drei Jahren schrumpfte der Anteil der Privatbetriebe an der industriellen Produktion auf ca. 40 Prozent. Die anderen Betriebe befanden sich nun in »Volkseigentum« – das heißt sie wurden von staatlichen Stellen verwaltet – oder sie waren »Sowjetische Aktiengesellschaften« (SAG), die nur für die Sowjetunion produzierten. Der Produktionswert dieser SAG-Betriebe lag zwischen 25 und 33 Prozent der gesamten Industrieproduktion. Die SAG-Betriebe wurden bis 1953 gegen Geldabfindungen an die DDR übergeben. Eine Sonderstellung nahm die SAG Wismut (heute: Sowjetisch-Deutsche Aktiengesellschaft Wismut) ein. 1956 entdeckten die Sowjets den Wert des Urans im Erzgebirge, das sie für ihre atomare Rüstung brauchten. Mit der Bergbaugesellschaft Wismut sicherte sich die Besatzungsmacht das Vorrecht, in ihrer Besatzungszone ohne zeitliche Begrenzung Bodenschätze als Reparationsleistung ausbeuten zu können. 1951 arbeiteten etwa 225000 Beschäftigte im Uranbergbau; im Jahre 1987 waren es etwa 40000.

Auch wenn bei der Enteignung der Großindustrie noch am meisten von der »Mitwirkung von unten« gesprochen werden kann – was sich in der SBZ in den Jahren 1945 bis 1949 abspielte, war in »erster Linie eine Revolution von oben« (Isaac Deutscher). Das zeigt nicht zuletzt die personelle Ausstattung der sowjetischen Verwaltungsstellen. Die SMAD verfügte über mehr als 50000 Mitarbeiter, von der Zentrale in Karlshorst bis zu den Stadt- und Ortskommandanten. Ihre Weisungen faßte die Militärregierung grundsätzlich in Befehle.

Allein Karlshorst erließ zwischen 1945 und 1949 nach Angaben von DDR-Historikern 1134 Befehle. 1946 ergingen pro Monat 30 Befehle. Die meisten regelten Fragen der Industrie, gefolgt von der Landwirtschaft. An dritter Stelle: Befehle zu Fragen der Volksbildung, oder – anders ausgedrückt – Fragen der kommunistischen Umerziehung.[15]

Heimkehr ins noch brennende Berlin

Gespräch mit Professor Wolfgang Leonhard über die »Gruppe Ulbricht«. Zur Person: Als Junge von 13 Jahren mußte Wolfgang Leonhard mit seiner Mutter das nationalsozialistische Deutschland verlassen und ging in die Sowjetunion. Susanne Leonhard gehörte der KPD bis zu ihrem Austritt 1925 an und zählte seitdem zur »heimatlosen Linken«. In Moskau wurde sie im Verlauf der »großen Säuberung« mit vielen anderen deutschen Kommunisten verhaftet und später nach Sibirien deportiert. Wolfgang Leonhard wuchs in einem Kinderheim in Moskau auf, absolvierte die sowjetische Schule, studierte an der Pädagogischen Hochschule für Fremdsprachen und trat dem Konsomol (sowjetische Jugendorganisation) bei. Nach Beginn des deutsch-sowjetischen Krieges wurde er zwangsweise nach Mittelasien (Karaganda) umgesiedelt. Ein Jahr später erhielt er die Möglichkeit, die Komintern-schule (Schule des internationalen Bundes der Kommunistischen Partei, Komintern) zu besuchen, um für politische Aufgaben in Deutschland geschult zu werden. Er gehörte im April 1945 zu jenen zehn kommunistischen Funktionären, die unter Führung von Walter Ulbricht nach Deutschland entsandt wurden. Von September 1947 bis Februar 1949 war er als Dozent an der SED-Parteihochschule tätig. Er flüchtete nach Bruch Titos mit Moskau nach Jugoslawien und von dort in die Bundesrepublik Deutschland. Wolfgang Leonhard lehrte an der amerikanischen Yale-Universität und lebt jetzt in der Eifel.

Manderscheid in der Eifel: Zwei Burgruinen blockieren ein enges Tal. Auf halber Höhe der kleine Luftkurort, eine Idylle jenseits allen Trubels. Hinter der Kirche steht ein unauffälliges weißes Haus – Ruhesitz für einen Rastlosen, Zuhause für einen, der selten zu Hause ist. Kongresse, Tagungen, Vorträge – Professor Wolfgang Leonhard ist ein vielgefragter Mann, Experte in Sachen Weltkommunismus, Mann der ersten Stunde im noch brennenden Berlin, einer der letzten der legendären »Gruppe Ulbricht«, die von Moskau aus nach Deutschland geschickt wurden, um »aufzubauen«. 23 Jahre war er damals alt. Hier seine Geschichte:

Die Mission beginnt im Moskauer Haus des Gebietsparteikomitees der KPdSU. Im Januar 1945 wird Leonhard gemeinsam mit 150 kommunistischen deutschen Emigranten zu einer Schulung zitiert. Es heißt: »Macht euch bereit für eine künftige Tätigkeit in Deutschland.«

Von Januar bis Ende April bekommen die Parteischüler die »politische Linie« mitgeteilt. Sie war »sehr anders« als das, was sich später ereignet hat, erinnert sich Leonhard: »Uns wurde gesagt, daß die Anti-Hitler-Koalition – die Sowjetunion, Großbritannien und die USA – sich auf eine lange Besetzung Deutschlands vorbereiten. Es würde auf lange Sicht keine eigene politische Aktivität von Deutschen geben, vor allem keine politischen Parteien, auch keine kommunistische Partei. Der Grundgedanke war, daß wir die Tätigkeit der drei Besatzungsmächte bei der Vernichtung des Nazismus und Militarismus zu unterstützen hatten. Erst viel später sollten wir und andere Deutsche – vielleicht im Rahmen einer Art Volksbewegung – in einem Block der kämpferischen Demokratisierung, Entnazifizierung, Entmilitarisierung mitwirken können.«

Kurt Schumacher und seine Vertraute und Sekretärin Annemarie Renger, die nachmalige Präsidentin und Vizepräsidentin des Deutschen Bundestages.
Foto: Bundesarchiv Koblenz

Es ist keine Rede vom Sozialismus, von der Diktatur des Proletariats, statt dessen von einer langfristig angelegten antifaschistischen parlamentarischen Demokratie.
Um den 20. April werden die Informationen konkreter. Es würden drei Gruppen kommunistischer Emigranten nach Deutschland zurückfliegen. Die erste und wichtigste: die »Gruppe Ulbricht«. Walter Ulbricht, 1933 aus Deutschland geflohen, seit 1938 in der UdSSR, führte die KPD im Exil von Moskau aus. Der Bestimmungsort seiner Gruppe: das Heeresgebiet von Marschall Schukow im Raum Berlin.
»Wie immer in Moskau erfuhr man alles erst in letzter Minute.« Leonhard ist damals Rundfunksprecher im Sender des Nationalkomitees »Freies Deutschland«.
Das Nationalkomitee war eine von den Sowjets durch deutsche Kommunisten und Kriegsgefangene gegründete Organisation insbesondere von ehemaligen Wehrmachtssoldaten, die sich gegen den Nationalismus entschieden hatten und zur Beendigung des Krieges aufriefen. »Acht Sendungen pro Tag – von ganz früh bis nachts um zwei. Und zwischendurch traf man sich, um die Reise nach Deutschland vorzubereiten.«
Bis zuletzt erfährt niemand, ob sie für immer oder nur kurzfristig nach Deutschland zurückkehren. »Die ständige Ungewißheit war eines der wichtigsten Druckmittel des stalinistischen Systems.«
Südlich von Küstrin überschreitet die Gruppe nach der Landung der Sondermaschine die Oder. Auf sowjetischen Lastwagen geht es in die nächste Stadt. In der »Kommandatura« bekommen sie zu essen, der Kommandant bedankt sich für die große Ehre, die »künftige deutsche Regierung« begrüßen zu dürfen.
In Bruchmühle – einem nur geringfügig zerstörten Ort 70 bis 80 Kilometer vor Berlin und politischen Zentrum der Schukow-Armee – werden sie einquartiert. Leonhard erinnert sich an das erste Gespräch mit den »richtigen Deutschen«: »Es war für uns ein großer Schock. Eine Frau berichtete uns, was sich alles beim Einmarsch der sowjetischen Truppen vollzogen hatte. Vergewaltigungen – und all diese Dinge. Wir versuchten, sie davon zu überzeugen, was die Nazis alles angerichtet hatten, in der Sowjetunion und anderswo.« Sie schaute uns nur an und sagte: »Über die Nazis brauchen Sie mir nichts erzählen. Ich kann Ihnen nur eines sagen: Die Russen sind auch nicht viel besser, das werden Sie noch merken.«
Walter Ulbricht fährt am 1. Mai allein nach Berlin. Am Abend kommt er zurück, stumm. Er spricht überhaupt sehr wenig.
Am 2. Mai vormittags stößt die Gruppe in einer Wagenkolonne von Osten, über Friedrichsfelde, Lichtenberg, ins Zentrum Berlin vor, ins Herz des Infernos.
»Es brannte noch immer. Man sah umherirrende Wehrmachtssoldaten, die nicht wußten, was um sie herum los war. Singende, jubelnde, teilweise auch betrunkene Sowjetsoldaten. Verängstigte, aber auch hoffnungsvolle Gesichter. Und überall Fahnen, weiße und rote.«
Am nächsten Morgen erhält die Gruppe ihre Direktiven. Jeder bekommt zwei von den 20 Bezirken zugeteilt. Auftrag: Personen ausfindig machen, mit denen sich möglichst schnell eine »antifaschistisch-demokratische Verwaltung« aufbauen läßt.
Walter Ulbricht hat Listen vorbereitet mit den Namen und Adressen, unterteilt in Bürgerliche, Sozialdemokraten, Linksdemokraten, Kommunisten. Die sowjetischen Verwaltungsstellen sind angewiesen, jeden Deutschen, der sich als Antifaschist meldet, zu notieren. Abends treffen sich die zehn Mitglieder der Gruppe (Ulbricht ist ihr unumstrittener Chef) zum Rapport. Die Arbeit fordert alle Energien, Leonhard erinnert sich an »die tiefe Freude, wieder in Deutschland zu sein«. Und das Gefühl, ja die Gewißheit, etwas Richtiges zu tun, »einen neuen Weg einzuschlagen, mit Antifaschisten und Demokraten aller Richtungen eine neue Gesellschaft aufzubauen«. Im Unterschied zu seiner Haltung in der Sowjetunion denkt Leonhard in dieser Zeit nicht »kritisch« über die sowjetischen Machthaber: »Ich war Feuer und Flamme.«

Wenig später werden die Direktiven präzisiert: »Laßt die acht Bezirke im Sektor, der für die sowjetische Besetzung vorgesehen ist, erst einmal in Ruhe. Konzentriert euch auf die zwölf Bezirke, in die die westlichen Verbündeten gehen werden.« Die Anweisung für die Personalplanung lautete: Für den Posten des Bürgermeisters kommt kein Kommunist in Frage, sondern – je nach der sozialen Zusammensetzung des Bezirks – ein Sozialdemokrat oder ein Bürgerlicher, am besten einer mit Doktortitel. »Unsere Leute werden stellvertretende Bezirksbürgermeister – die sind gleichzeitig Chefs der Personalabteilungen –, Beauftragte für Volksbildung, Wirtschaft und für den Aufbau der Polizei.«

Mitte Juni ist die Arbeit im wesentlichen abgeschlossen. Der berühmte Hinweis Ulbrichts – »Es muß demokratisch aussehen« – hat gefruchtet. Als die westlichen Alliierten in Berlin einziehen, übernehmen sie die vorgefundenen Verwaltungen, sowohl in den Bezirken als auch – für Gesamtberlin – den Magistrat. Bei all den Schwierigkeiten: Es gab den Drang, etwas zu tun, die große Hoffnung auf den Neuanfang. Wir hatten angenommen, daß wir noch zu kämpfen haben werden gegen alte Nazis, daß welche von uns durch Soldaten der Roten Armee umgebracht werden würden. Nichts passierte – überhaupt nichts, von ein paar unwesentlichen Zwischenfällen abgesehen…«

Anfang Juni fliegen die Spitzenleute nach Moskau: Ulbricht, Ackermann, Becher, Oelßner. Als sie in die Prinzenallee 80 (heute Einbecker Straße Nr. 41) – das neue Hauptquartier der »Gruppe Ulbricht« – zurückkehren, bringen sie die veränderte Direktive mit: Wir werden wieder Parteien haben. Eine Richtlinie, die konträr zu allem steht, was bis dahin galt. Die Kneipe gegenüber der Prinzenallee ist der Treffpunkt der Aktivisten, meist Kommunisten. Etwa 100 bis 120 gehören zum festen Kreis um die »Gruppe Ulbricht«. Da ist die Gründung der KPD kein Problem.

Als sich kurze Zeit später die SPD-Mitglieder wieder zusammenfinden, ist die Stimmung eindeutig: Wir brauchen eine einheitliche Partei der Linken. Ulbricht tritt dagegen mit aller Macht für eine eigenständige KPD ein. Als dritte Partei folgt die CDU, in der SBZ gegründet von Andreas Hermes und Ferdinand Friedensburg.

Leonhard erinnert sich: »Ulbricht wollte noch eine weitere ›bürgerliche‹ Partei. Und so kam es zu der grotesken Szene, daß er Richard Gyptner, einen der stahlharten Stalinisten und linientreu bis auf die Knochen, aufforderte, Leute zu suchen, die eine liberale Partei gründen könnten. Gyptner war verdutzt, gehorchte aber. Jede Sitzung begann ab dem Zeitpunkt mit der Frage: ›Gyptner, wie steht's mit den Liberalen?‹ Gyptner hilflos: ›Die reden und reden.‹ Ulbricht: ›Worüber denn?‹ ›Also ich weiß es auch noch nicht so genau‹, war Gyptners Antwort. Über die Freiheit der Persönlichkeit und solche Dinge…‹«

Zehn Tage, nachdem auftragsgemäß die liberale Partei ins Leben gerufen worden war, folgt die Gründung des Antifaschistisch-Demokratischen Blocks. Paritätisch besetzt, mit einem minimalen Fünf-Punkte-Programm, noch haben viele die Hoffnung, daß es zu einer wirklichen antifaschistischen Einheitsfront kommt.

Im Oktober 1945, zur Zeit der Bodenreform, wird die Illusion zum ersten Mal beschädigt. Zwar ist keine Partei gegen die Aufteilung des Agrarlandes, aber in den Details – Entschädigung, Größe der Betriebe, Rolle der Familienbetriebe – ist man sich uneinig. Die KPD setzt ihre Vorstellungen durch.

Im November 1945 treffen im Zentralkomitee der KPD zwei Hiobsbotschaften ein. Die erste: Die SPD wächst viel schneller als die KPD. Die zweite: Die Kommunisten kommen bei den ersten freien Wahlen in Ungarn und Österreich kaum über fünf Prozent, ein Ergebnis, das sich – so befürchtet das Zentralkomitee der Sozialistischen Einheitspartei Deutschlands (ZK) – in Deutschland wiederholen wird.

Das Steuer wird herumgerissen. Das Ziel heißt jetzt:

1. Einheitspartei.
2. Die ehemaligen Nazis und die Bürgerlichen dürfen nicht abgestoßen, sondern müssen gewonnen werden.

In der Einheitskampagne, die von der KPD entfacht wird, gibt es mehrere Strömungen: Viele Sozialdemokraten warnen vor dem übereilten Zusammenschluß, andere sind enthusiastisch dafür. Es gibt gläubige, idealistische Kommunisten, die der Einheitspartei mit Hoffnung entgegensehen, die Apparatschiks, die das Ganze als Schachzug, als strategische Maßnahme betrachten – man bezieht die Sozialdemokraten ein, um sie anschließend abzuservieren.

Herbst 1946. In den Westzonen hat es schon Kommunalwahlen gegeben, es ist nicht mehr länger möglich, in der SBZ Wahlen hinauszuschieben. Die SED wird bevorzugt – Papier, Druckereien, Fahrzeuge. Den bürgerlichen Parteien legt die sowjetische Besatzungsherrschaft Steine in den Weg, wo sie nur kann. Trotzdem gelingt es den Bürgerlichen, in manchen Landtagen gemeinsam stärker zu werden als die SED.

Ulbricht schafft es nur mit einem Trick, der SED dennoch zu einer beherrschenden Stellung zu verhelfen. Die Massenorganisationen – zum Teil eigens für den Zweck gegründet – beteiligen sich an den Wahlen. Sie heißen: Vereinigung der gegenseitigen Bauernhilfe, Kulturbund zur demokratischen Erneuerung, Freier Deutscher Gewerkschaftsbund.

Leonhard schätzt die Bedeutung dieser Wahlergebnisse hoch ein: »Es war eine sehr deutliche Warnung, daß in einem demokratischen System eine kommunistische Partei keine Chance haben würde.«

Im Oktober 1946 werden die Schrauben fester angezogen: Die SED baut ihre Organisation aus, die Stellung der anderen Parteien wird erst vorsichtig und dann immer deutlicher untergraben und ausgehöhlt. Die Angleichung ans sowjetische System wird klarer, immer mehr politische Funktionen werden zentralisiert, die »Deutsche Wirtschaftskommission« nimmt im Juni 1947 mit Sitz in Berlin ihre Tätigkeit als oberste

Plakat zur Zwangsvereinigung SPD und KPD zur SED

Wirtschaftsverwaltung der SBZ auf. Die Kasernierte Volkspolizei – der Vorläufer der Nationalen Volksarmee – entsteht (1948). Der Staatssicherheitsdienst – anfangs heißt er »Hauptverwaltung zum Schutz der Volkswirtschaft« – wird ins Leben gerufen.

»Schrittweise wurde der Übergang ins stalinistische System vollzogen«, faßt Leonhard zusammen. »Je mehr sich international die Ost-West-Beziehungen abkühlten, desto schärfer wurde der innenpolitische Druck in der Sowjetzone. Der kalte Krieg beginnt.«

Im Juli 1947 lehnt die Sowjetunion den Marshallplan ab. Im September 1947 wird die Kominform, das Kommunistische Informationsbüro, gegründet, eine internationale Organisation, vor allem zur Kontrolle der osteuropäischen KPs durch die KPdSU.

»Mit der Verschärfung des Kurses in der Sowjetzone und mit dem Beginn des kalten Krieges konnte von einer Wiederherstellung der Einheit Deutschlands nicht mehr die Rede sein, obwohl die SBZ weiter damit

Propaganda trieb. Dem Einsichtigen war klar, daß das Phrasen waren. Das Scheitern der Münchner Ministerpräsidentenkonferenz, die Ablehnung des Marshallplans durch die Sowjets und die Gründung der Kominform – das waren die drei Ereignisse, die nach außen sichtbar machten, wie tief der Graben 1947 schon war. Es war klar, daß es in der SBZ keine freien Wahlen mehr geben würde.«[16]

Verlängerter Arm Stalins – Zwangsvereinigung von SPD und KPD

»Die kommunistische Partei ist und bleibt nach der Formulierung Stalins die Partei der Kader, das heißt die Partei, die eine rücksichtslose Vertretung der Meinungen verkörpert, welche die von oben herab befohlene Linie auch zur Angelegenheit der gesamten Partei macht. Es steht außer allem Zweifel, daß die kommunistische Partei den Schritt der Vereinigung als eine Tat der Eroberung ansieht und ihre demokratischen Grundsätze innerhalb der Partei demgegenüber aufgibt.« Dies schrieb Kurt Schumacher, Vorsitzender der SPD, 1946.

Tatsächlich waren die Kommunisten unter Stalin der verlängerte Arm sowjetischer Außenpolitik, und sie ließen keinen Zweifel daran, daß sie die marxistisch-leninistische Revolution über Deutschland nach Europa hineintragen wollten. Die Sowjets waren zunächst davon ausgegangen, daß allein die deutschen Kommunisten die Massen der Arbeiterschaft für sich gewinnen könnten. Mit der Macht der Roten Armee und dem sowjetischen Staatssicherheitsdienst im Rükken, ausgestattet mit Privilegien – sie erhielten enorme Mittel für Agitation und Propaganda –, fühlten die Ulbricht-Leute sich als Staatspartei, und die Sozialdemokraten mußten zusehen, wie die sowjetische Militäradministration KP-Funktionäre in alle Schlüsselstellungen brachte. Nach den Wahlniederlagen der Kommunisten in Ungarn und Österreich im Herbst 1945 forderte die KPD dann aber die Zwangsvereinigung mit den Sozialdemokraten, die in kurzer Zeit etwa 600 000 Mitglieder in ihren traditionellen Stammländern Mitteldeutschlands verzeichnen konnte, gegenüber einer verschwindend geringen Zahl KPD-Mitglieder. Sie brauchten die SPD als »Blutspender«, um ihr Ziel der Sowjetisierung Mitteldeutschlands zu erreichen. Massive Einschüchterungstaktiken psychischer und physischer Natur waren die »Stillhaltemittel« in der Auseinandersetzung. Innerhalb eines halben Jahres wurden etwa 20 000 SPD-Mitglieder verhaftet, oder man ließ sie einfach verschwinden – dies kam oft einem Todesurteil gleich.

Kurt Schumacher lehnte ein Zusammengehen von Sozialdemokraten und Kommunisten kompromißlos ab. Die Parolen von der »Einheit der Arbeiterklasse« und der »Herrschaft des Proletariats« bezeichnete er als politische Lüge zugunsten einer diktatorischen Kader-Partei, die die Herrschaft über das Proletariat ausüben wollte und dazu den Begriff des Sozialismus mißbrauchte. Es mag sein, daß Otto Grotewohl, der Vorsitzende der SPD im sowjetisch besetzten Teil Deutschlands, schon bald selbst davon überzeugt war, daß er einen geschichtlichen Auftrag zu erfüllen hätte, wenn er die »gespaltene Arbeiterklasse« wieder zusammenführe. Er mag auch der Illusion unterlegen sein, er könne den Apparat beherrschen, denn die SPD verfügte über die dreifache Mitgliederstärke gegenüber den Kommunisten.

Festzuhalten bleibt: Das »Ja« Otto Grotewohls zur Vereinigung war die Vorentscheidung für die Separierung der sowjetischen Besatzungszone und die spätere Teilung Berlins. Damit hatte Grotewohl gegenüber der auf der Konferenz von Wennigsen gegebenen Zusicherung sein Wort gebrochen, denn er hatte erklärt, er wolle lieber die SPD auflösen als einer Zwangsvereinigung zustimmen.

Kurt Schumacher hatte diese Entwicklung kommen sehen und das politisch Notwendige getan, um das Überschwappen der Vereinigungspolitik der Kommunisten in die

Wahlplakate von hüben und drüben aus jenen Tagen, da im Osten und Westen zum erstenmal in der Nachkriegszeit gewählt wurde.

Westzone zu verhindern. Im Januar/Februar 1946 ging er mit den eine Vereinigung ablehnenden Beschlüssen, die der vorläufige Parteivorstand für die drei Westzonen gefaßt hatte, in die Parteibezirke, wo sie mit überwältigender Mehrheit angenommen wurden. Damit war der Versuch der Kommunisten abgeschlagen, die sozialdemokratische Arbeiterschaft im Westen für eine Vereinigung nach sowjetischem Muster zu gewinnen. Als Kurt Schumacher am 19. Februar 1946 nach Berlin flog, machte er noch den letzten Versuch, Grotewohl umzustimmen.

Grotewohl lehnte ab. Am 1. März 1946 forderte Franz Neumann auf einer großen Funktionärskonferenz in Berlin die Urabstimmung der SPD-Mitglieder über die Vereinigung von SPD und KPD – mit dem denkwürdigen Ergebnis, daß sich 82 Prozent der Berliner Sozialdemokraten am 31. März 1946 gegen die Zwangsvereinigung entschieden. Der »Vereinigungsparteitag« von Pieck und Grotewohl fand so weitgehend ohne die Berliner Sozialdemokraten statt. Das Resultat: Die Berliner Bevölkerung, die am 20. Oktober 1946 zum ersten Mal in allen vier Sektoren wählen durfte, machte die SPD mit 48,7 Prozent zur stärksten Partei.

Heute müssen die Machthaber in den kommunistisch regierten Ländern zunehmend feststellen, daß der Kommunismus versagt hat, daß ein Sozialismus ohne Demokratie kein Sozialismus ist. Durch die Inanspruchnahme dieses Begriffs und den Mißbrauch, den die Kommunisten damit trieben, ist aber zugleich der demokratisch-ethische Sozialismus bei den Menschen in Mißkredit geraten. Das bleibt die historische Schuld der Kommunisten.

Der Kriegsverbrecherprozeß in Nürnberg: 216 Tage bis zum Tod

Da saßen sie nun, als wäre nichts geschehen. Unschuldig, weil sie nur Befehle ausgeführt hatten: »Führer befiehl, wir folgen!« Der Reichsmarschall ganz davon durchdrungen, wieder im Mittelpunkt der Weltöffentlichkeit zu stehen: Hermann Göring, lange Zeit Stellvertreter Adolf Hitlers. Nur kurz vor Kriegsende hatte ihm der schnell gealterte Mann im Führerbunker unter der Reichskanzlei in Berlin das Vertrauen aufgekündigt und ihn zum Tode verurteilt. Nun saß er in Nürnberg auf der Anklagebank – als Kriegsverbrecher. Gemeinsam mit 21 weiteren Angeklagten aus den »Chefetagen« des Dritten Reiches.

Die drei Wichtigsten fehlten: Adolf Hitler, der Führer, hatte sich in Berlin erschossen, als die Rote Armee um die Reichskanzlei kämpfte; Joseph Goebbels, der Reichspropagandaminister, er hatte sich (und seine Familie) vergiftet.

Ebenso fehlte Heinrich Himmler, Reichsführer SS. In der Uniform eines einfachen Feldwebels hatte er versucht, bei Kriegsende im Heer der Gefangenen unterzutauchen, wurde aber erkannt und festgenommen. Er schluckte Gift. In Nürnberg saß der »Rest«. Die Anklage lautete: »Verschwörung gegen den Frieden, Verbrechen gegen den Frieden, Verbrechen gegen die Menschlichkeit – Verletzung des Kriegsrechtes und der Kriegsbräuche.«

216 Tage lang verhandelte der Internationale Militärgerichtshof. Am 1. Oktober 1946 wurden die Urteile verkündet: zwölf Todesurteile (zehn wurden vollstreckt, Hermann Göring vergiftete sich vor der Hinrichtung in seiner Zelle, Martin Bormann, Chef der Parteikanzlei, seit dem Kampf um Berlin verschollen, blieb unauffindbar), sieben langjährige Freiheitsstrafen und drei Freisprüche. Der ursprüngliche Plan der Alliierten, weitere Prozesse gegen andere NS-Größen vor dem Internationalen Militärgerichtshof in Nürnberg zu führen, wurde fallengelassen. Nach dem Kontrollratsgesetz Nr. 10 vom 20. Dezember 1945 sollten Aburteilungen nur noch von den Gerichten der jeweiligen Besatzungsmächte vorgenommen werden. Vor dem amerikanischen Militärgerichtshof in Nürnberg fanden bis Mitte 1949 zwölf große Prozesse statt.

Von den 184 Angeklagten wurden 35 freigesprochen. 98 zu Freiheitsstrafen zwischen

18 und 20 Jahren verurteilt. 20 zu lebenslangen Freiheitsstrafen und 24 zum Tode, zwölf Todesstrafen wurden vollstreckt.

In weiteren Verfahren gegen das Personal der Konzentrationslager wurden 1941 Personen angeklagt, 1517 verurteilt, davon 324 zum Tode.

In Nürnberg, der für Hitlers »Reichsparteitage« mißbrauchten Stadt, beginnt im Oktober 1945 der Prozeß gegen die 22 Hauptkriegsverbrecher. Die Urteile werden am 1. Oktober 1946 gesprochen. Das Internationale Militärtribunal hat im Prozeß gegen die 22 Angeklagten für Recht erkannt: Hermann Göring, Joachim von Rippentrop, Wilhelm Keitel, Alfred Rosenberg, Freiherr von Neurath, Alfred Jodl schuldig in allen vier Punkten der Anklage (Punkt 1: Verschwörung gegen den Weltfrieden, Punkt 2: Planung, Entfesselung und Durchführung des Angriffskrieges, Punkt 3: Verbrechen gegen das Kriegsrecht und Punkt 4: Verbrechen gegen die Menschlichkeit).

Hjalmar Schacht, Franz von Papen, Hans Fritzsche wurden im Sinne der Anklageschrift für nicht schuldig befunden, ihre sofortige Entlassung nach dem Ende der Verhandlung wurde angeordnet.

Rudolf Heß schuldig nach den Punkten 1 und 2, nicht schuldig nach den Punkten 3 und 4.

Ernst Kaltenbrunner schuldig der Kriegsverbrechen und Verbrechen gegen die Menschlichkeit, nicht schuldig nach Punkt 1.

Hans Frank nicht schuldig der Teilnahme an einer Verschwörung, schuldig an Kriegsverbrechen und Verbrechen gegen die Menschlichkeit.

Wilhelm Frick nicht schuldig der Verschwörung, schuldig in allen anderen Anklagepunkten.

Julius Streicher nicht schuldig der Verschwörung, schuldig der Verbrechen gegen die Menschlichkeit.

Walter Funk nicht schuldig der Verschwörung, schuldig der Verbrechen in den drei übrigen Punkten der Anklage.

Karl Dönitz nicht schuldig der Verschwörung, schuldig des Verbrechens gegen den Frieden und Begehen von Kriegsverbrechen.

Baldur von Schirach nicht schuldig der Verschwörung, schuldig der Verbrechen gegen die Menschlichkeit.

Fritz Sauckel nicht schuldig der Verschwörung und Verbrechen gegen den Frieden, schuldig der Begehung von Kriegsverbrechen und Verbrechen gegen die Menschlichkeit.

Albert Speer nicht schuldig der Verschwörung, schuldig der Kriegsverbrechen und der Verbrechen gegen die Menschlichkeit.

Erich Raeder schuldig der Verschwörung, Verbrechen gegen Frieden und Kriegsverbrechen.

Arthur Seyß-Inquart nicht schuldig der Verschwörung, schuldig in den übrigen drei Punkten.

Martin Bormann nicht schuldig der Verschwörung, schuldig der Kriegsverbrechen und Verbrechen gegen die Menschlichkeit.

Nachdem die Richter in der Vormittagssitzung, die bis 13.45 Uhr dauerte, die 90 Seiten umfassende Urteilsbegründung gegen die 22 ehemaligen Naziführer verlesen hatten, wurden nach der Mittagspause um 14.55 Uhr die Angeklagten einzeln, in der Reihenfolge der Sitzordnung, in den Saal geführt. Der Vorsitzende des Gerichtshofes verkündete das Urteil mit den Worten: »Angeklagter Göring, gemäß den Punkten der Anklageschrift, unter denen Sie für schuldig befunden wurden, verurteilt Sie das Militärgericht zum Tode durch den Strang.«

In gleicher Weise verkündete das Gericht folgende Urteile:

Heß: Lebenslange Gefängnisstrafe.
von Ribbentrop: Tod durch den Strang.
Frank: Tod durch den Strang.
Frick: Tod durch den Strang.
Streicher: Tod durch den Strang.
Funk: Lebenslange Gefängnisstrafe.
Keitel: Tod durch den Strang.
Kaltenbrunner: Tod durch den Strang.
Rosenberg: Tod durch den Strang.
Dönitz: 10 Jahre Gefängnis.
Raeder: Lebenslange Gefängnisstrafe.

von Schirach: 20 Jahre Gefängnis.
Sauckel: Tod durch den Strang.
Jodl: Tod durch den Strang.
Seyß-Inquart: Tod durch den Strang.
Speer: 20 Jahre Gefängnis.
Neurath: 15 Jahre Gefängnis.
Bormann: Tod durch den Strang (in Abwesenheit).
Neunzehn Angeklagte schuldig. Göring und elf andere zum Tod durch den Strang verurteilt. Schacht, Papen und Fritzsche freigesprochen.
Nach Beendigung der Verkündung der Urteile gab Lordrichter Lawrence die folgende Erklärung ab: »Die sowjetische Delegation weicht von der Entscheidung ab, Schacht, Papen und Fritzsche freizusprechen; die drei Angeklagten hätten verurteilt werden müssen. Ebenso weicht die sowjetische Delegation von dem Urteil gegen Heß ab, der nach ihrer Meinung hätte zum Tode verurteilt werden müssen. Weiter hätten OKW, Generalstab und Reichskabinett nach der Meinung der sowjetischen Richter als verbrecherische Organisationen verurteilt werden müssen. Diese abweichende Ansicht wird im Sitzungsprotokoll festgehalten.«

Auszug aus der Urteilsbegründung

Hermann Göring, Reichsmarschall. Göring wurde in allen vier Anklagepunkten für schuldig befunden, nämlich: der Verschwörung, der Führung von Angriffskriegen, des Begehens von Kriegsverbrechen und des Begehens von Verbrechen gegen die Menschlichkeit. Der Gerichtshof wies auf seine Verbindung mit der Besitzergreifung Österreichs und der Tschechoslowakei und die hierauf folgenden Angriffskriege hin, sowie die führende Rolle, die er in der Nazibewegung und bei den unter dem Naziregime begangenen Verbrechen spielte. Der Gerichtshof erklärte: Göring war oft, ja tatsächlich fast immer die treibende Kraft und wurde nur von seinem Führer übertroffen. Er war die ausschlaggebende Persönlichkeit bei den Angriffskriegen sowohl in seiner Eigenschaft als politischer wie auch als militärischer Führer. Er war richtungsgebend für das Sklavenarbeiterprogramm und er war der Urheber des Unterdrückungsprogramms gegen die Juden und andere Rassen im In- und Ausland. Alle diese Verbrechen wurden von ihm offen zugegeben. In einigen Fällen bestehen vielleicht Widersprüche in den Zeugenaussagen, aber im großen und ganzen gesehen sind seine eigenen Eingeständnisse mehr als genügend und weitreichend, um seine Schuld zu beweisen. Für diesen Mann läßt sich in dem gesamten Material keine Entschuldigung finden.
Rudolf Heß. Das Gericht fand den Angeklagten Heß schuldig nach den Punkten 1 und 2 der Anklage, nicht schuldig nach den Punkten 3 und 4. Heß war der Stellvertreter des Führers bis zu seinem Flug nach den britischen Inseln am 10. Mai 1941. Das Verhältnis zwischen den beiden war derartig, daß Heß von den Angriffsplänen schon bei deren Entstehung Kenntnis gehabt haben muß. Und wenn immer die Durchführung dieser Pläne es verlangte, zu handeln, dann handelte er. Mit Bezug auf den Geisteszustand von Heß erklärte der Gerichtshof: Es mag zutreffen, daß Heß in anormaler Weise handelt, an Gedächtnisschwund leidet und daß im Verlauf dieses Prozesses sein Geisteszustand sich verschlechtert hat. Jedoch liegen keine Anzeichen dafür vor, daß er die Art der gegen ihn erhobenen Beschuldigungen nicht begreift oder unfähig ist, sich zu verteidigen. Ein vom Gerichtshof zu diesem Zweck eingesetzter Verteidiger hat ihn bei diesem Prozeß gut vertreten. Es besteht kein Grund für die Annahme, daß Heß geistig nicht völlig gesund war, als die Taten, deren er beschuldigt ist, begangen wurden.
Joachim von Ribbentrop, Reichsaußenminister. Das Gericht findet den Angeklagten von Ribbentrop schuldig nach allen vier Anklagepunkten. Ribbentrop nahm an allen Angriffshandlungen der Nazis, von der Besetzung Österreichs bis zur Invasion der Sowjetunion, teil. Obwohl er persönlich mehr mit der diplomatischen als mit der militärischen Seite dieser Aktionen befaßt war, war

Die Angeklagten deutschen Kriegsverbrecher in Nürnberg. Foto: Bundesarchiv Koblenz

seine diplomatische Tätigkeit so eng mit dem Krieg verbunden, daß der Angriffscharakter der Taten Hitlers ihm nicht unbekannt bleiben konnte. Auch bei der Verwaltung der Gebiete, deren Kontrolle Deutschland durch widerrechtliche Invasion erworben hatte, unterstützte Ribbentrop die Durchführung verbrecherischer Pläne, insbesondere solche zur Ausrottung der Juden. Außerdem gibt es mehr als ausreichendes Beweismaterial, das Ribbentrops völlige Übereinstimmung mit allen führenden Lehren des Nationalsozialismus zeigt, sowie die Tatsache, daß seine Zusammenarbeit mit Hitler und mit anderen Angeklagten bei dem Begehen von Verbrechen gegen den Frieden, Kriegsverbrechen und Verbrechen gegen die Menschlichkeit vorbehalten war.

Ribbentrop hat Hitler so willig bis zum Schluß gedient, weil Hitlers Politik und Hitlers Pläne sich mit den eigenen deckten. Er spielte bei Hitlers »Endlösung« des Judenproblems eine wichtige Rolle. Im September 1942 befahl er den bei verschiedenen Vasallenstaaten der Achse akkreditierten deutschen diplomatischen Vertretern, die Deportation der Juden nach dem Osten zu beschleunigen.

Im Juni 1942 verlangte der deutsche Gesandte in Vichy, von Laval, die Auslieferung von 50 000 Juden zur Deportation nach dem Osten. Am 25. Februar 1943 beschwerte sich Ribbentrop bei Mussolini über die Langsamkeit der Italiener bei der Deportation von Juden aus der italienischen Besatzungszone Frankreichs.

Am 17. April 1943 nahm er an einer Besprechung zwischen Hitler und Horthy über die Deportation von Juden aus Ungarn teil und teilte Horthy mit, daß die Juden entweder vernichtet oder in ein Konzentrationslager gebracht werden müssen. Im Verlauf dieser Besprechung hatte Hitler die Juden mit »Tuberkelbazillen« verglichen und erklärt, daß sie zu erschießen seien, wenn sie nicht arbeiten.

Wilhelm Keitel. Keitel war Chef des Oberkommandos der Deutschen Wehrmacht. Der Gerichtshof verurteilte ihn unter allen vier Punkten der Anklageschrift und fand ihn der Begehung von Kriegsverbrechen und Verbrechen gegen die Menschlichkeit sowie des Planens und Führens von Angriffskriegen schuldig. Seine Rolle beim Planen und Führen aller der von Deutschland durchgeführten Angriffskriege wurde festgestellt.

Des Begehens von Kriegsverbrechen wurde er für schuldig befunden, weil er die Anweisung erteilte, daß Fallschirmtruppen dem SD zu übergeben seien, weil er Hitlers Kommandobefehl benutzte, der die Tötung von »Kommando-Truppen« befahl, weil er den sich auf die rücksichtslose Behandlung von sowjetischen Kriegsgefangenen beziehenden Befehl erließ und weil er an Hitlers Plan für die Ermordung polnischer Juden und Intellektueller beteiligt war. Er wurde weiterhin auch der Herausgabe des berüchtigten »Nacht-und-Nebel«-Erlasses für schuldig befunden. Weiterhin wurde er für schuldig befunden, Kriegsgefangene in der deutschen Kriegsindustrie und Einwohner der eroberten Gebiete zur Arbeit am Atlantikwall eingesetzt zu haben. Der Gerichtshof sagte: Es bestehen keinerlei mildernde Umstände. Höhere Befehle, selbst wenn sie an einen Soldaten ergehen, bedeuten keinen Milderungsgrund, wenn so erschütternde und in so großem Ausmaß Verbrechen bewußt, rücksichtslos und ohne militärische Entschuldigungsgründe oder Berechtigung begangen worden sind.

Ernst Kaltenbrunner. Vom 30. Januar 1943 ab war Kaltenbrunner Chef des Reichssicherheitshauptamtes, zu dem die Gestapo gehörte. Von der Beschuldigung der Verschwörung zur Führung von Angriffskriegen nach Anklagepunkt 1 ist er freigesprochen worden. Er wurde jedoch für schuldig befunden, Kriegsverbrechen und Verbre-

In ihren Zellen brannte Tag und Nacht Licht, die Verurteilten standen unter ständiger Beobachtung.
Foto: Bundesarchiv Koblenz

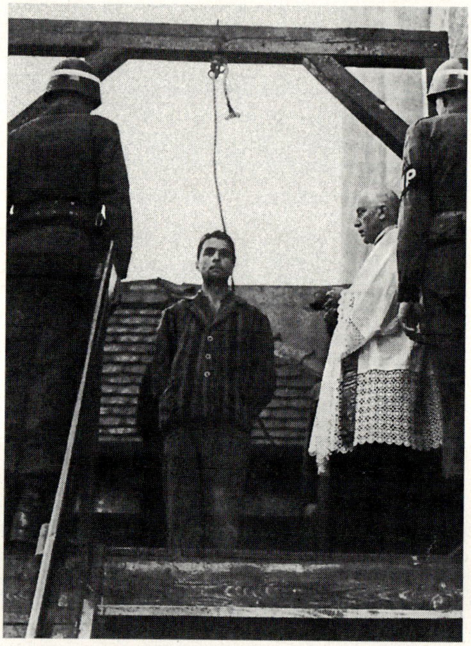

Ein Blockführer des KZ Dachau wird wegen mehrfachen Mordes in Landsberg Ende Mai 1946 gehängt. Das letzte Todesurteil wurde 1951 in Landsberg vollstreckt. Foto: Bundesarchiv Koblenz

chen gegen die Menschlichkeit begangen zu haben. Der Gerichtshof faßte seine Schuld wie folgt zusammen: Während des Zeitraumes, da Kaltenbrunner Chef des RSHA war, befolgte dieser ein weitverbreitetes Programm der Kriegsverbrechen und Verbrechen gegen die Menschlichkeit. Zu diesen Verbrechen gehörte die Mißhandlung und Ermordung von Kriegsgefangenen.

Unter der Kontrolle der Gestapo arbeitende Einsatzkommandos führten die Untersuchung von sowjetischen Kriegsgefangenen durch. Juden, Kommissare (russische politische Offiziere) und andere, von denen angenommen wurde, daß sie auf Grund ihrer Weltanschauung dem Nazisystem feindlich gegenüberstanden, wurden dem RSHA gemeldet, das ihre Überführung in ein Konzentrationslager und ihre Ermordung veranlaßte.

Mit Bezug auf seine Verantwortung für die Ermordung der Juden sagte der Gerichtshof: Das RSHA spielte eine führende Rolle bei der »Endlösung« des jüdischen Problems durch Ausrottung der Juden.

Alfred Rosenberg. Rosenberg war der Ideologe der Nazipartei, Chef des Amtes für Ausländerangelegenheiten der Nazipartei und Reichsminister für die besetzten Ostgebiete sowie Chef des Einsatzstabes Rosenberg, der mit der Plünderung von Kunstschätzen in den eroberten Gebieten befaßt war. Er wurde nach allen Anklagepunkten für schuldig befunden. Der Gerichtshof entschied, daß er in seiner Eigenschaft als Chef des Amtes für auswärtige Angelegenheiten der Partei der Führer einer Organisation war, deren Agenten in allen Teilen der Welt Nazi-Intrigen betrieben, sowie daß er zusammen mit Raeder und Quisling einer der Schöpfer des Planes für den Angriff auf Norwegen gewesen ist.

Durch seine Ernennung zum Reichsminister für die besetzten Ostgebiete am 17. Juli 1941 bekam Rosenberg die Oberherrschaft über diese Gebiete. Er hat bei der Formulierung der Germanisierungs-, Ausbeutungs- und Sklavenarbeiterpolitik mitgeholfen sowie bei der Ausrottung der Juden und der Gegner der Naziherrschaft, und er schuf die Verwaltung, die dies durchführte.

Er nahm an der Besprechung vom 16. Juli 1941 teil, bei der Hitler erklärte, daß sie der Aufgabe gegenüberstünden, »den riesigen Kuchen unserer Bedürfnisse entsprechend aufzustellen«, um in der Lage zu sein: 1. ihn zu beherrschen, 2. ihn zu verwalten und 3. ihn auszubeuten, und bei der er andeutete, daß ein rücksichtsloses Vorgehen in Aussicht genommen sei. Am nächsten Tage erklärte Rosenberg, daß er das Amt annehme.

Rosenberg wußte Bescheid über die brutale Behandlung und den Terror, denen die Völker des Ostens ausgesetzt waren.

Hans Frank. Frank war der Reichsleiter der Nazipartei, der für juristische Angelegenheiten verantwortlich war, ist jedoch am besten als Generalgouverneur der besetzten Gebiete Polens bekannt, als welcher er im Jahre 1939 ernannt wurde, er wurde von der Beschuldigung der Verschwörung zur Führung des Angriffskrieges freigesprochen, jedoch der Kriegsverbrechen und Verbrechen gegen die Menschlichkeit für schuldig befunden. Der Gerichtshof bezog sich auf die von Frank am Anfang seiner Verwaltungstätigkeit für Polen angekündigte Politik »Polen wird als Kolonie behandelt werden, die Polen sollen die Sklaven des großdeutschen Weltreiches werden«.

Schon in den ganz frühen Stadien seiner Verwaltungstätigkeit führte Frank die Deportation von Sklavenarbeitern nach Deutschland ein. Am 25. Januar 1940 gab er seine Absicht bekannt, eine Million Arbeiter nach Deutschland zu deportieren, und am 10. Mai 1940 schlug er das Mittel der Polizeirazzia zur Schaffung dieses Kontingentes vor, am 18. August 1942 berichtete Frank, daß er bereits 800 000 Arbeiter für das Reich geliefert habe und erwarte, in der Lage zu sein, 140 000 weitere vor Jahresende zu liefern.

Mit der Verfolgung der Juden wurde im Generalgouvernement sofort begonnen. Ursprünglich waren in diesem Gebiet zweieinhalb bis dreieinhalb Millionen Juden, sie wurden zwangsweise in Ghettos getrieben, für sie ungünstigen Sondergesetzen unterworfen, die zur Vermeidung einer Hungersnot nötige Nahrung wurde ihnen entzogen, und schließlich wurden sie systematisch und brutal ausgerottet.

Wilhelm Frick. Frick war als der führende Naziverwaltungsspezialist und Bürokrat bekannt. Er war bis zum Jahre 1943 Reichsinnenminister und danach Reichsprotektor für Böhmen und Mähren. Von der in Punkt 1 enthaltenen Verschwörung wurde er freigesprochen, jedoch aller anderen in der Anklageschrift enthaltenen Anschuldigungen für schuldig befunden.

Der Gerichtshof sagte in bezug auf die Kriegsverbrechen und die Verbrechen gegen die Humanität, für die er verantwortlich war, das folgende:

Immer ein wilder Antisemit, entwarf, unterzeichnete und wendete Frick zahlreiche Gesetze an, die den Zweck hatten, die Juden aus Deutschlands Leben und Wirtschaft auszuschalten. Seine Tätigkeit schuf die Basis für die Nürnberger Gesetze und er war bei ihrer Durchsetzung tätig.

Er war verantwortlich für das Verbot, auf Grund dessen Juden zahlreiche Berufe nicht ausüben konnten, und für die Einziehung ihres Besitzes, er unterschrieb 1943 nach der Massenausrottung von Juden im Osten einen endgültigen Erlaß, der sie »außerhalb des Gesetzes« stellte und übergab sie der Gestapo – diese Gesetze ebneten den Weg zur »Endlösung« und wurden von Frick auf die einverleibten Gebiete und gewisse besetzte Gebiete ausgedehnt. Während er Reichsprotektor von Böhmen und Mähren war, wurden Tausende von Juden vom Ghetto in Theresienstadt in der Tschechoslowakei nach Auschwitz überführt, wo sie getötet wurden. Er gab einen Erlaß heraus, der ein besonderes Strafgesetz für Juden und Polen im Generalgouvernement enthielt.

Während des Krieges unterstanden Frick Privatkliniken, Krankenhäuser und Irrenhausanstalten, in welchen der Gnadentod zur Anwendung kam, der an einer anderen Stelle des Urteils beschrieben wird.

Walter Funk. Der Gerichtshof fand Funk in der Verschwörung nicht schuldig, jedoch schuldig der Planung von Angriffskriegen, von Kriegsverbrechen und von Verbrechen gegen die Menschlichkeit. In Verbindung mit der Planung von Angriffskriegen verweist der Gerichtshof auf seine Pläne für die Finanzierung des Krieges gegen Polen und die Sowjetunion.

Mit Bezug auf Kriegsverbrechen stellte der Gerichtshof fest, daß Funk Vorkehrungen traf, um die Reichsbank für die Verwendung des von der SS geplünderten Besitzes nutzbar zu machen, und sagte: Im Jahre 1942 traf Funk mit Himmler ein Abkommen, auf Grund dessen die Reichsbank gewisses Gold, Juwelen und Barmittel von der SS erhalten werde, und gab seinen Untergebenen, die die Einzelheiten auszuarbeiten hatten, die Anweisung, keine unnötigen Fragen zu stellen. Als Ergebnis dieses Abkommens lieferte die SS an die Reichsbank den per-

sönlichen Besitz ab, der den in den Konzentrationslagern vernichteten Opfern abgenommen worden war. Die Reichsbank behielt die Münzen und Banknoten zurück und schickte die Juwelen, Uhren und persönlichen Gegenstände an die städtischen Pfandleihämter in Berlin. Das von Brillen stammende Gold sowie Goldzähne und Plomben wurde in den Gewölben der Reichsbank aufbewahrt.
Funk hat den Einwand gemacht, daß er nicht gewußt habe, daß die Reichsbank Gegenstände dieser Art erhalten habe. Der Gerichtshof ist der Ansicht, daß er entweder wußte, welche Gegenstände eingingen, oder daß er bewußt seine Augen vor dem verschloß, was geschah.

Bilddokumente über das Ende der deutschen Kriegsverbrecher 1946 in Nürnberg – Tod durch Erhängen

In den Nachkriegsjahren kamen immer wieder Gerüchte auf, wonach die Verurteilten unsachgemäß gehängt oder gar nicht hingerichtet worden seien. Die Bilder der Erhängten wurden im Keller von einem Gymnasium in Nürnberg gemacht, in welchem auch die Hinrichtungen stattfanden. Die Toten waren zu diesem Zweck unmittelbar nach der Exekution auf Holzpritschen gelegt worden.
Generalfeldmarschall Keitel und Reichsprotektor Frick bluten zwar, aber ihre Gesichtszüge sind unversehrt. Nachdem sie am Galgen durch Halswirbelbruch (bewirkt durch den Knoten der Schlinge) gestorben waren, rann ihnen Blut aus Augen und Nase, was jedoch nach dem Urteil der Ärzte bei Erhängten eine häufig beobachtete Erscheinung ist.
Reichsmarschall Göring hatte sich durch Gift selbst gerichtet. Alliierte Experten meinten dazu abschließend, daß es ihm möglicherweise in der Zeit seiner Inhaftierung gelang, zwei kleine Giftphiolen (Zyankali) in seinem Nabel oder einem anderen Teil seines Körpers zu verstecken.

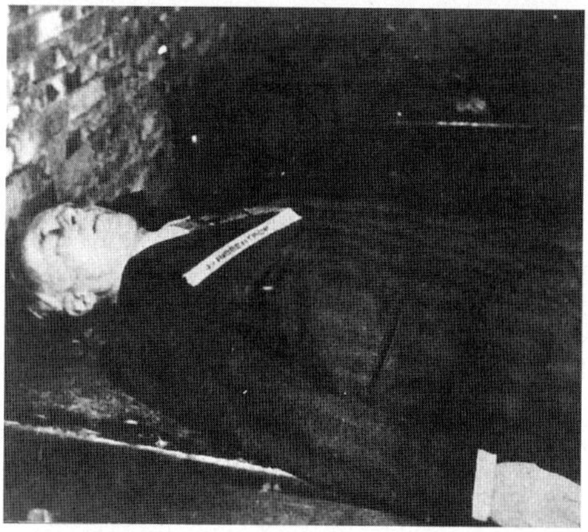

Am 16. Oktober 1946 um 1.15 Uhr beginnt die Hinrichtung der deutschen Hauptkriegsverbrecher. Als erster wird Hitlers ehemaliger Außenminister Joachim von Ribbentrop hereingeführt; an seiner Seite ein Geistlicher. Der Verurteilte wird gefragt: »What ist your name?« Nachdem Ribbentrop seinen Namen genannt hat, wird er die dreizehn Stufen zum Galgen hochgeführt. »Haben Sie noch etwas zu bemerken?« Ribbentrop erklärt: »Gott schütze Deutschland, Gott sei meiner armen Seele gnädig! Mein letzter Wunsch ist, daß Deutschland seine Einheit wiederfindet, daß eine Verständigung zwischen Ost und West kommt für den Frieden der Welt.« Joachim von Ribbentrop (geboren 1893) war seit 1932 einer der außenpolitischen Berater Hitlers, 1934 Beauftragter der Reichsregierung für Abrüstungsfragen, 1936 Botschafter in London, 1938 bis 1945 Außenminister, war mehr das Werkzeug als der Inspirator der nationalsozialistischen Außenpolitik.

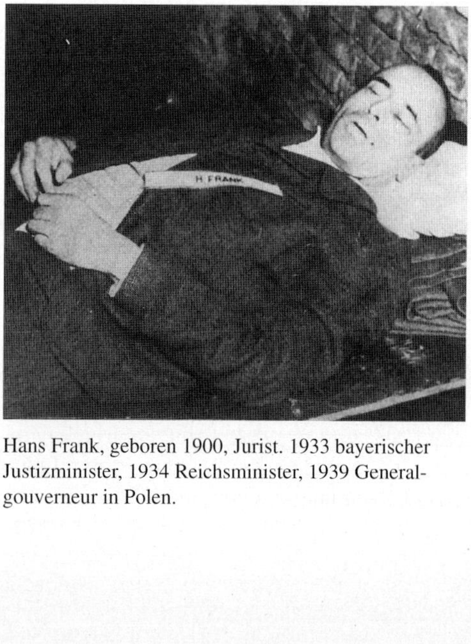

Hans Frank, geboren 1900, Jurist. 1933 bayerischer Justizminister, 1934 Reichsminister, 1939 Generalgouverneur in Polen.

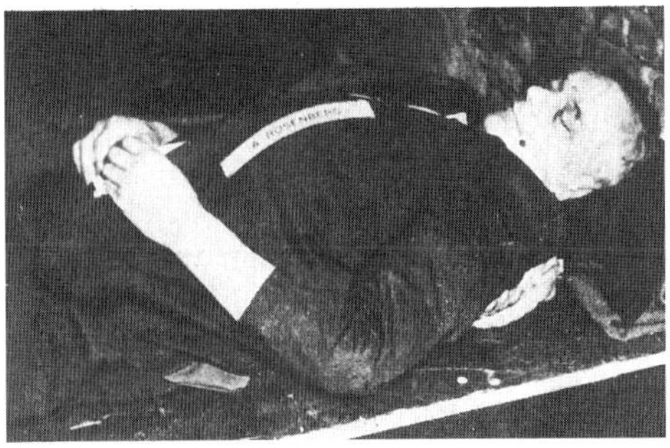

Alfred Rosenberg, geboren 1893, Hauptschriftleiter des »Völkischen Beobachters« – NS-Zeitung. 1941 Minister für die besetzten Ostgebiete. Schrieb unter anderem »Mythus des 20. Jahrhunderts« 1930.

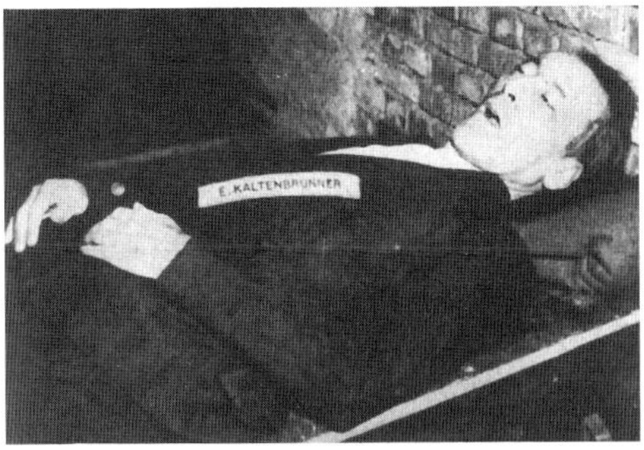

Ernst Kaltenbrunner, geboren 1903, Rechtsanwalt. 1938 Chef des österreichischen Sicherheitsdienstes, 1943 Nachfolger Heydrichs als Chef des Reichssicherheitshauptamtes. Hauptverantwortlicher für den Terror der letzten Kriegsjahre.

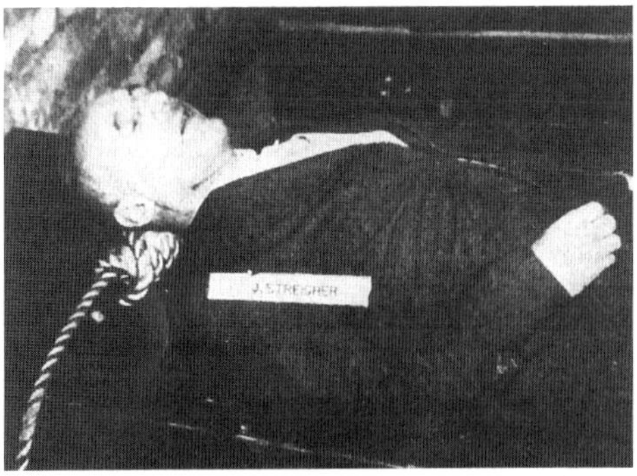

Julius Streicher, geboren 1885, Volksschullehrer. Seit 1923 Herausgeber des antisemitischen Hetzblattes »Der Stürmer«, 1925 bis 1945 Gauleiter von Franken, einer der Haupttreiber zu den Judenverfolgungen.

Alfred Jodl, geboren 1890. Seit 1939 Chef der Operationsabteilung im Oberkommando der Wehrmacht, Generaloberst.

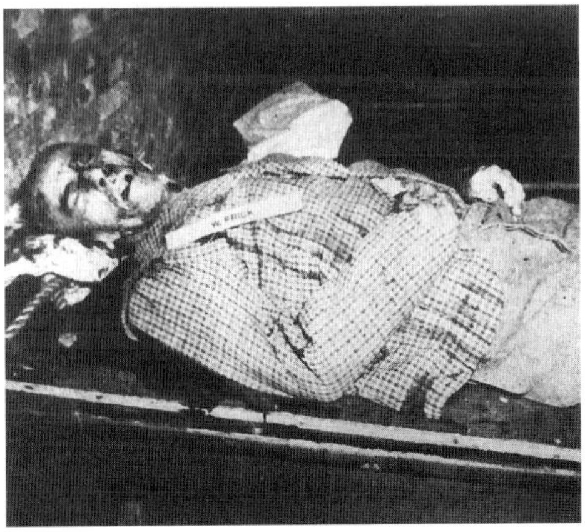

Wilhelm Frick, geboren 1877. 1933 bis 1943 Reichsminister des Inneren, 1943 bis 1945 Reichsprotektor in Böhmen und Mähren.

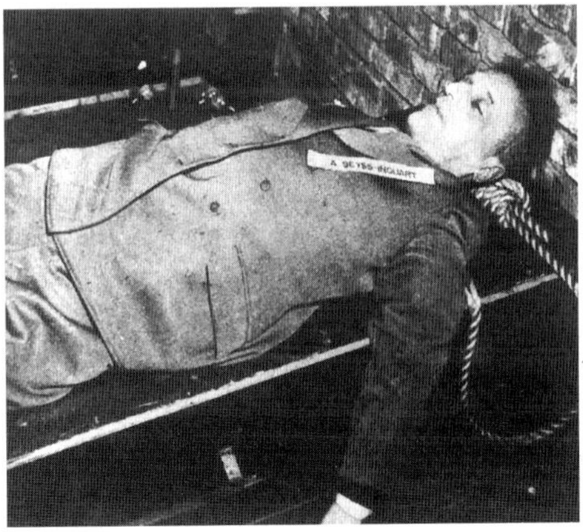

Arthur Seyß-Inquart, geboren 1892, Rechtsanwalt in Wien. Nach dem Anschluß von Österreich Reichsstatthalter. 1940 bis 1945 Reichskommissar für die Niederlande.

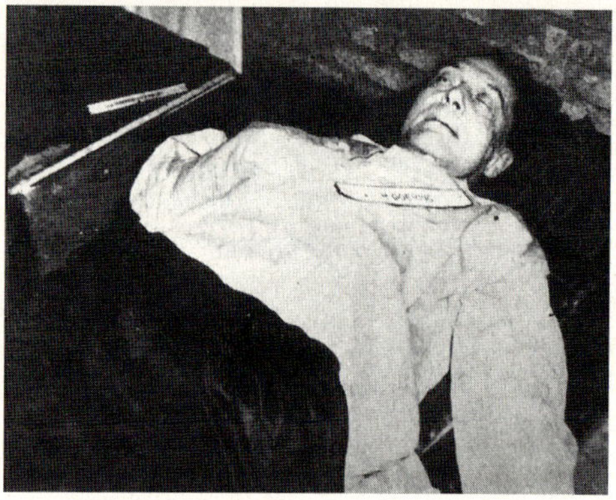

Hermann Göring, geboren 1893, richtete 1933 die ersten Konzentrationslager ein. 1940 Reichsmarschall. Entzog sich in Nürnberg der Hinrichtung durch Selbstmord mit Gift (15. Oktober 1946).

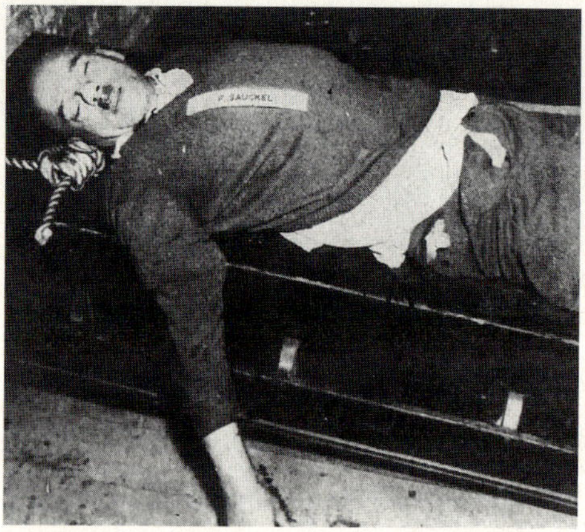

Fritz Sauckel, geboren 1894. Wurde 1933 Reichsstatthalter von Thüringen, 1942 bis 1945 Generalbevollmächtigter für den Arbeitseinsatz.

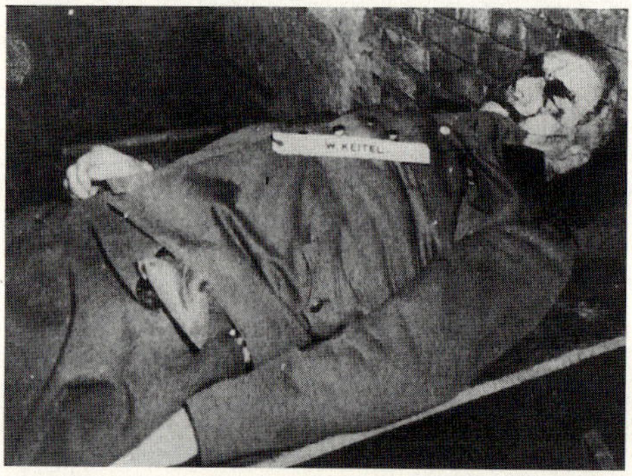

Wilhelm Keitel, geboren 1892, Generalfeldmarschall und Chef des Oberkommandos der Wehrmacht. Unterzeichnete 1945 in Karlshorst die deutsche Kapitulation.

Julius Streicher. Streicher war von 1925 bis 1940 Gauleiter von Franken und Herausgeber des »Stürmers«, einer wöchentlich erscheinenden antisemitischen Zeitschrift. Er wurde unter Punkt 1 freigesprochen, jedoch unter Punkt 4 der Anklageschrift für schuldig befunden. Der Gerichtshof führte aus: In Kenntnis der Ausrottung der Juden in den besetzten Ostgebieten fuhr der Angeklagte fort, seine Mordpropaganda zu schreiben und zu veröffentlichen. Bei seiner Aussage in diesem Prozeß leugnete er aufs schärfste jegliche Kenntnis von den Massenhinrichtungen der Juden ab. Das Beweismaterial ergibt jedoch klar, daß er unausgesetzt laufende Kenntnis von den Fortschritten der »Endlösung« erhielt.

Streichers Aufreizung zum Mord und zur Ausrottung, die zu einem Zeitpunkt erging, als Juden im Osten unter den fürchterlichsten Bedingungen umgebracht wurden, stellt eine klare Verfolgung aus politischen und rassischen Gründen in Verbindung mit solchen Kriegsverbrechen, wie sie im Statut festgelegt sind, und ein Verbrechen gegen die Humanität dar.

Hjalmar Schacht. Der Angeklagte Schacht war lediglich nach den ersten zwei Anklagepunkten angeklagt und ist nach beiden freigesprochen worden. Der Gerichtshof ordnete an, daß er vom Gerichtsmarschall entlassen werde. Der Gerichtshof entschied, daß er in seiner Eigenschaft als Wirtschaftsminister und Bevollmächtigter für die Kriegswirtschaft zu der Finanzierung der frühesten Phasen der Aufrüstung Deutschlands beigetragen hatte, daß er jedoch dem Angriffskrieg ablehnend gegenüberstand und im Jahre 1937 von diesen beiden Posten zurücktrat, als es klar wurde, daß Hitler dem Kriege zutreibe. Der Gerichtshof hat entschieden, es sei nicht über einen vernünftigen Zweifel hinaus erwiesen worden, daß Schacht von den Angriffsplänen Hitlers wußte, als er das Aufrüstungsprogramm in seinem Anfangsstadium unterstützte.

In diesem Zusammenhang sagte der Gerichtshof: Schacht war bei der Planung der nach Anklagepunkt 2 besonders aufgeführten Angriffskriege nicht beteiligt. Seine Beteiligung an der Besetzung Österreichs und des Sudetenlandes (die nicht in der Anklage als Angriffskriege aufgeführt werden) war derartig beschränkt, daß sie nicht als Teilnahme an dem unter Anklagepunkt 1 genannten gemeinsamen Plan zu bezeichnen ist. Es ist klar geworden, daß er nicht zu dem inneren Kreise um Hitler gehörte, der am engsten an diesem gemeinsamen Plan beteiligt war. Er wurde von dieser Gruppe mit unverschleierter Feindseligkeit betrachtet. Die Aussage Speers zeigt, daß Schachts Verhaftung am 23. Juli 1944 ebensosehr auf Hitlers Feindseligkeit gegenüber Schacht beruhte, die auf dessen Haltung vor dem Attentat zurückzuführen war, wie auf den Verdacht seiner Teilnahme an dem Bombenattentat. Der Tatbestand gegen Schacht hängt demnach von der Annahme ab, daß Schacht tatsächlich von den Angriffsplänen wußte.

Mit Bezug auf diese außerordentlich wichtige Frage ist Beweismaterial für die Anklage sowie eine beträchtliche Menge von Beweismaterial für die Verteidigung vorgebracht worden. Der Gerichtshof hat die Gesamtheit dieses Beweismaterials aufs sorgfältigste erwogen und kommt zu dem Schluß, daß diese notwendige Annahme nicht über einen vernünftigen Zweifel hinaus bewiesen worden ist.

Karl Dönitz. Der Gerichtshof fand Dönitz nicht schuldig nach Punkt 1 der Anklageschrift, wohl aber schuldig nach Punkt 2 und 3. Dönitz hat, obwohl er bei den wichtigen Besprechungen nicht zugegen war, nichtsdestoweniger Angriffskriege, wie sie im Statut festgelegt sind, geführt, er hatte den Befehl über die Unterseebootwaffe der Marine, bis er im Jahre 1943 zum Oberbefehlshaber der Marine ernannt wurde. Der Gerichtshof erklärte, daß er Dönitz für seine Schuld am Unterseebootkrieg gegen bewaffnete britische Handelsschiffe nicht verantwortlich zu machen wünsche, daß Dönitz jedoch die Regeln für die Führung des Unterseebootkrieges, wie sie im Londoner Abkommen des Jahres 1930 und im Protokoll von 1936 festgelegt waren, durch Versenkung neutraler Handelsschiffe in den durch die deutsche Regierung erklärten Sperrgebieten verletzt habe. In Anbetracht des Befehls der britischen Admiralität jedoch, daß alle Schiffe im Skagerrak bei Sichtung zu versenken seien, sowie in Anbetracht der Beantwortung des Fragebogens durch Admiral Nimitz, daß unbeschränkte Kriegsführung im Pazifischen Ozean durch die Vereinigten Staaten zur Durchführung kam, ist die Dönitz zuteil werdende Strafe nicht auf diese Verstöße gegen das für den Unterseebootkrieg geltende Völkerrecht gesetzt.

Baldur von Schirach. Der Gerichtshof stellte fest, daß Schirach unter Punkt 1 nicht schuldig und unter Punkt 4 schuldig ist. Von Schirach setzte die Hitler-Jugend einer intensiven Nazipropaganda aus. Er ist der Verbrechen gegen die Menschlichkeit schuldig befunden. Als Gauleiter von Wien nahm er an dem Zwangsarbeiterprogramm und am 2. Oktober 1940 an einer Besprechung teil, bei der er Frank mitteilte, daß 50000 Juden aus Wien in das Generalgouvernement (Polen) deportiert werden müßten. Während der Jahre 1940 bis 1942 wurde eine große Anzahl von Juden aus Wien deportiert, und am 15. September 1942 bezeichnete Schirach seine Aktion, durch die Zehntausende und aber Zehntausende von Juden in das »Ghetto des Ostens« getrieben wurden, als »Beitrag zur europäischen Kultur«. Die die Ausrottung der Juden beschreibenden Mitteilungen befanden sich in seinem Büro.

Fritz Sauckel. Der Gerichtshof befand Sauckel für nicht schuldig unter Punkt 1 und 2, jedoch für schuldig unter Punkt 3 und 4. Sauckel trug die oberste Verantwortung für das Zwangsarbeiterprogramm, welches die Deportation von mehr als fünf Millionen Menschen zum Zwecke der Zwangsarbeit nach sich zog, wobei viele von ihnen schreckliche Grausamkeiten und Leiden erdulden mußten. Er erklärte in einer Verordnung: »Alle diese Menschen müssen so ernährt, untergebracht und behandelt werden, daß sie bei denkbar sparsamstem Einsatz die größtmögliche Leistung hervorbringen.«

Hinrichtung von Karl Hermann Frank, seit 1939 Staatssekretär, später Staatsminister im Reichsprotektorat Böhmen und Mähren, im Hof des Zuchthauses Pankraz in Prag am 22. Mai 1946. Als einer der letzten verließ er Prag am 9. Mai 1945, wurde von den Amerikanern an die Tschechen ausgeliefert und einem wochenlangen Gerichtsverhör unterzogen. Eine befehlsgeberische Teilnahme an Lidice konnte ihm nicht nachgewiesen werden. Daß er 10 000 Tschechen das Leben rettete, indem er bei Hitler den Widerruf eines von Berlin ausgegebenen Befehls zu ihrer Liquidierung erreichte, unterschlug der Volksgerichtshof. Karl Hermann Franks letzte Worte unter dem Galgen lauteten: »Wenn ich auch sterbe, mein Volk wird leben!« Niemand erfuhr je, was mit seinem Leichnam geschah, so daß sich der Volksmund seiner annahm und die Sage zu verbreiten begann, seine Asche sei von den böhmischen Bergen in alle Winde zerstreut worden. Foto: Sudetendeutsches Archiv München

Erich Raeder. Der Gerichtshof stellte fest, daß Raeder unter Punkt 1, 2 und 3 schuldig war. Raeder war Chef des Oberkommandos der Marine von 1928 bis 1945. Raeder war bei der Hoßbach-Besprechung am 5. November 1937 zugegen, in der der Angriffskrieg geplant wurde. Er war bei der Invasion Norwegens tätig und nahm teil an den Plänen für die Invasion Polens und der UdSSR. Mit Bezug auf den Unterseebootkrieg hat das Gericht ein Urteil, ähnlich dem gegen Dönitz, gefällt. Er gab die Weiterleitung des Kommandobefehls zu, obwohl sich dieser nicht auf Seekriegsführung bezog.

Alfred Jodl, Generaloberst im Oberkommando der Wehrmacht. Der Gerichtshof befand Jodl nach allen vier Anklagepunkten für schuldig. Er war beteiligt an dem Anschluß und dem Angriff auf die Tschechoslowakei, an der Planung der Angriffe auf Griechenland und Jugoslawien, an der Invasion Norwegens, an der Vorbereitung von Angriffsplänen gegen Rußland, er erließ den Kommandobefehl, paraphierte einen Entwurf der Anordnung zur Beseitigung von Sowjetkommissaren und ordnete die Evakuierung von Menschen aus Nordnorwegen an sowie die Niederbrennung ihrer Häuser. 30 000 Häuser wurden beschädigt, in Kürze lautete seine Verteidigung: »Höherer Befehl«. Der Gerichtshof erklärte: Die Teilnahme an Verbrechen dieser Art ist noch nie von irgendeinem Soldaten verlangt worden, und er kann sich jetzt nicht hinter einem Scheinverlangen nach militärischem Gehorsam um jeden Preis als Entschuldigung für die Verbrechen verbergen.

Martin Bormann. Der Gerichtshof befand Bormann für nicht schuldig unter Punkt 1, aber für schuldig unter Punkt 3 und 4. Der Gerichtshof hatte bereits früher entschieden, daß gegen Bormann in contumaciam verhandelt werden würde. Die Beweise für Bormanns Tod wurden nicht als überzeugend angesehen. Sollte Bormann später ergriffen werden, so bleibt es dem Kontrollrat überlassen, etwaige mildernde Umstände in Betracht zu ziehen. Im Jahre 1941 wurde Bormann Leiter der Parteikanzlei und im Jahre 1943 Sekretär des Führers, wobei er vielen seiner Besprechungen beiwohnte. Bormann, der Nachfolger von Heß, war für die Gesetze und Befehle verantwortlich, die nach dem 24. Januar 1942 erlassen wurden, und organisierte durch die Parteileitung die unbarmherzige Ausbeutung der eingeschüchterten Bevölkerung.

Franz von Papen. Der Gerichtshof entschied, daß von Papen nach der Anklageschrift nicht schuldig sei, und ordnete seine Entlassung durch den Gerichtsmarschall an. Er war nur nach den Punkten 1 und 2 angeklagt. Am 16. Juni 1934 hielt er eine Rede, in der er gegen die nationalsozialistische Schreckensherrschaft Stellung nahm. Nach dem Röhm-Putsch wurde er verhaftet und zwei seiner Mitarbeiter ermordet. Im Juli 1934 wurde er zum Gesandten in Österreich ernannt und trug dazu bei, die Stellung der Nazipartei in jenem Lande zu stärken. Seine österreichische Politik führte zum Vertrage vom 11. Juli 1936, der scheinbar freundschaftliche Beziehungen zwischen Deutschland und Österreich wieder herstellte. Er bot dann seinen Rücktritt an, doch wurde sein Gesuch abgelehnt. Im Jahre 1938 wurde er von seinem Posten in Österreich abberufen und bereitete die Besprechung zwischen Hitler und Schuschnigg vor, die am 12. Februar 1938 zu Berchtesgaden stattfand. Das Beweismaterial hat nicht erwiesen, daß er der gewaltsamen Besetzung Österreichs zustimmend gegenübergestanden hätte. Nach dem Anschluß zog er sich ins Privatleben zurück, bis er im Jahre 1939 zum Botschafter in der Türkei ernannt wurde. Der Gerichtshof erklärte: Laut dem Beweismaterial unterliegt es keinem Zweifel, daß das Hauptziel von Papens als Gesandter in Österreich darin bestand, das Schuschniggsche Regime zu unterhöhlen und die österreichischen Nazis zu stärken, um den Anschluß herbeizuführen. Um diesen Plan durchzuführen, hat er sowohl Intrigen betrieben als auch Drohungen gebraucht. Das Statut hat jedoch solche Verletzungen der politischen Moral nicht als verbrecherisch bezeichnet. Es liegen keine Beweise dafür vor, daß er an den Plänen, bei denen die Besetzung Österreichs einen Schritt in der Richtung weiterer Angriffshandlungen darstelle, teilgenommen hatte.

Arthur Seyß-Inquart. Der Gerichtshof hat Seyß-Inquart unter den Anklagepunkten 2, 3 und 4 für schuldig, unter Anklagepunkt 1 für nicht schuldig befunden. Er nahm an nationalsozialistischen Intrigen, welche dem »Anschluß« vorausgingen, teil, wurde österreichischer Kanzler infolge der deutschen Invasionsdrohungen und Nachfolger des österreichischen Präsidenten Miklas (dieser Titel wurde später in den eines Reichsstatthalters umgeändert). Er war der allgemeine Stellvertreter im Generalgouvernement Polen unter Frank und Reichskommissar in den Niederlanden. Er übernahm auf diese

Zahlreiche Repräsentanten des Sudetendeutschtums wurden zum Tode verurteilt und vor einer schaulustigen Menge hingerichtet.

Weise die Verantwortung für die Regierung von Gebieten, welche durch einen Angriffskrieg besetzt worden waren und deren Verwaltung eine Lebensfrage für den Angriffskrieg war. In den Niederlanden übte er unbarmherzigen Terror aus, um jeden Widerstand gegen die deutsche Besetzung, unter welcher mehr als 500000 Menschen aus den Niederlanden zur Arbeit ins Reich geschickt wurden, zu unterdrücken.
Albert Speer, Rüstungsminister. Der Gerichtshof befand Speer unter den Anklagepunkten 1 und 2 für nicht schuldig, unter den Anklagepunkten 3 und 4 aber für schuldig. Weder begann noch plante er irgendwelche Angriffskriege. Er war an der Spitze der Rüstungsindustrie. Seine Tätigkeit kam dem Kriegseinsatz in derselben Weise wie die anderer Erzeugungsstätten im Kriege zugute. Er ist aber schuldig, Kriegsverbrechen und Verbrechen gegen die Menschlichkeit

begangen zu haben. Er nahm am Zwangsarbeiterprogramm teil. Er war eines der hauptsächlichen Mitglieder der zentralen Planung, welche die oberste Behörde für die Ausrichtung der Produktion war, und es war Speer, der Sauckel eine Schätzung der benötigten Gesamtzahl von Arbeitern übermittelte. Der Gerichtshof fügte hinzu: Als mildernder Umstand muß anerkannt werden, daß über Speers Betreiben viele Arbeiter zu Hause bleiben konnten und daß er im Endstadium des Krieges einer der wenigen Männer war, welche den Mut hatten, Hitler zu sagen, daß der Krieg verloren sei, und Schritte zu unternehmen, um sowohl in den besetzten Gebieten als auch in Deutschland die sinnlose Vernichtung von Produktionsmitteln zu verhüten.

Freiherr von Neurath. Der Gerichtshof befand von Neurath unter allen vier Punkten für schuldig. Von Neurath war Außenminister im Ministerium von Papens, aus dem er am 4. Februar 1938 austrat, und wurde am 18. März 1939 zum Reichsminister ohne Portefeuille und zum Reichsprotektor für Böhmen und Mähren ernannt. Er spielte bei Hitlers Entscheidung, das Rheinland wieder zu besetzen, eine wichtige Rolle, war an der Hoßbach-Besprechung beteiligt, während des Anschlusses an der Spitze des Auswärtigen Amtes und nahm an der letzten Phase der dem Münchner Abkommen vorausgehenden Verhandlungen teil. Als Reichsprotektor für Böhmen und Mähren unterdrückte er die Presse, die politischen Parteien, die Gewerkschaften und die Oppositionsgruppen. Er fügte die tschechoslowakische Industrie in den Aufbau der deutschen Kriegsproduktion ein und führte antisemitische Gesetze ein. Im August 1939 erließ er einen Aufruf, in welchem er erklärte, daß die gesamte tschechoslowakische Bevölkerung für Sabotage verantwortlich gemacht werden würde. Während seiner Verwaltung wurden 8000 führende Tschechoslowaken durch die Sicherheitspolizei verhaftet und in Schutzhaft genommen, viele von ihnen starben in Konzentrationslagern infolge der Mißhandlungen.

Die öffentliche Hinrichtung des Universitätsprofessors Dr. Josef Pfitzner am 6. September 1945 auf dem Pankrazplatz in Prag.
Foto: Sudetendeutsches Archiv München

Der Gerichtshof nahm als mildernden Umstand an, daß er für die Befreiung vieler Tschechoslowaken gewirkt hat und daß Hitler ihn im September 1941 durch Heydrich ersetzte, wobei er sagte, von Neurath sei im

Protektorat nicht streng genug vorgegangen. Im August 1943 wurde sein Rücktritt in aller Form angenommen.

Hans Fritzsche. Der Gerichtshof befand Fritzsche für nicht schuldig im Sinne der Anklage und ordnete seine Entlassung durch den Marschall des Gerichtshofes an. An der Spitze der Inlandspresseabteilung beaufsichtigte Fritzsche die deutsche Presse und hielt Pressebesprechungen ab. Er war Dietrich untergeordnet und stand seinerseits unter Befehl Goebbels.

Fritzsche leitete nur die ihm durch Dietrich übermittelten Instruktionen an die Presse weiter. Fritzsche wurde im Jahre 1942 Leiter der Rundfunkabteilung. Diese war eine der zwölf Abteilungen des Propagandaministeriums. Er nahm an Planungsbesprechungen nicht teil. Es liegen keine Beweise dafür vor, daß er die bei diesen Besprechungen erfolgten Entscheidungen kannte. Die Anklage behauptete, daß er zum Begehen von Kriegsverbrechen aufgehetzt habe. Der Gerichtshof jedoch entschied, daß seine Reden nicht zur Verfolgung oder Ausrottung von Juden aufforderten und daß keine Beweise vorhanden seien, daß er von der Vernichtung von Juden wußte. Er versuchte zweimal die Veröffentlichung des antisemitischen Blattes »Der Stürmer« zu unterdrücken. Der Gerichtshof erklärte: Sicher hat Fritzsche in seinen Rundfunkreden hie und da heftige Erklärungen propagandistischer Art gemacht. Der Gerichtshof nimmt jedoch nicht an, daß diese das deutsche Volk aufhetzen sollten, Greueltaten an besiegten Völkern zu begehen, und man kann nicht behaupten, daß er an den Verbrechen, deren er beschuldigt worden ist, teilgenommen habe.

Das Urteil gegen die Organisationen

Im Verfahren gegen die angeklagten Organisationen wurde am 30. September 1946 vom Internationalen Militärtribunal der Alliierten in Nürnberg verkündet, daß SA, Reichskabinett sowie Generalstab und Oberkommando der Wehrmacht nicht als verbrecherisch beurteilt werden. Dagegen entschied das Gericht, daß gewisse Gruppen des Korps der Politischen Leiter, die SS, der SD und die Gestapo verbrecherische Gruppen im Sinne des Statuts seien.

Das Korps der Politischen Leiter wurde vom Internationalen Militärtribunal der Alliierten in Nürnberg als verbrecherische Organisation erklärt. Diese Erklärung umfaßt die Reichs-, Gau- und Kreisleiter und deren Stäbe sowie die Ortsgruppenleiter. Die Block- und Zellenleiter sind ausgenommen.

Die Gestapo und der SD wurden, mit Ausnahme der Geheimen Feldpolizei und des Grenz- und Zollschutzes, ebenfalls als verbrecherisch erklärt. Die Erklärung umfaßt: sämtliche Personen oder Personengruppen, die sich innerhalb des Reichssicherheitshauptamtes mit Gestapoangelegenheiten beschäftigten, sämtliche örtliche Gestapostellen, die Angehörigen des Reichssicherheitshauptamtes sowie sämtliche haupt- und ehrenamtlichen Agenten und Mitarbeiter des SD.

»Es ist möglich, auch nur einen Teil der SS auszusondern, der nicht an diesen Verbrechen teilnahm«, erklärte das Internationale Militärtribunal der Alliierten in bezug auf die »Endlösung der Judenfrage«, die es zur Begründung seines Spruches gegen die SS anführte. Die SS wurde als verbrecherische Organisation erklärt.

Diese Erklärung umfaßt die allgemeine und die Waffen-SS mit sämtlichen angeschlossenen Organisationen, einzig ausgenommen ist die sogenannte »Reiter-SS«.

Das Gericht lehnte es ab, die SA als verbrecherische Organisation zu erklären. »Wohl haben einige SA-Einheiten an der Begehung von Kriegsverbrechen teilgenommen«, erklärte es, »es ist aber nicht nachgewiesen worden, daß die SA im allgemeinen solche Verbrechen beging. Es ist gleichfalls nicht dargetan worden, daß der Tätigkeit ein besonderer Plan zur Herbeiführung oder Unterstützung eines Angriffskrieges zugrunde lag.«

Das Gericht lehnte ebenfalls den Antrag der Anklagebehörde, die Reichsregierung, den

Generalstab und das Oberkommando der Wehrmacht als verbrecherisch zu erklären, ab. Es begründete seine Entscheidung mit dem Hinweis auf die Tatsache, daß die angeklagte Gruppe der Reichsregierung insgesamt 48 Personen umfaßt, von denen acht tot und 23 bereits vor alliierten Gerichten wegen der Begehung von Kriegsverbrechen angeklagt sind. Das Gericht erklärte, daß es wegen der geringen Zahl der Betroffenen vom Ausspruch eines Kollektivurteils absehe.
Bezüglich des Generalstabs und Oberkommandos der Wehrmacht führte das Gericht aus, daß nicht nachgewiesen wurde, daß diese Personengruppe eine Organisation darstelle. Die Mitglieder dieser Gruppe seien lediglich durch ihren hohen militärischen Rang miteinander verbunden, stellten aber keine organisierte Gemeinschaft dar.
Zu dem Entscheid über die Organisationen führte das Gericht abschließend noch aus, daß die als verbrecherisch erklärten Organisationen – gewisse Gruppen des Korps der Politischen Leiter, SS, SD und Gestapo – aus solchen Personen bestünden, die Mitglieder dieser Organisationen wurden oder blieben, obwohl sie wußten, daß sie zur Begehung von Verbrechen verwendet wurden, oder die persönlich als Mitglieder der Organisationen in die Begehung von Verbrechen verwickelt waren.
Solche Personen, die vor Ausbruch des Krieges am 1. September 1939 ihre Mitgliedschaft in den als verbrecherisch erklärten Organisationen beendeten, fallen nicht unter die Erklärung des Gerichtes.[17]

Der neue Anfang

Ein Tiefpunkt der deutschen Geschichte war erreicht, von dem aus den meisten der Überlebenden ein Wiederaufstieg unmöglich erschien. Wer damals zu prophezeien gewagt hätte, daß schon vor dem Ende eines Jahrzehntes das westliche Deutschland in eine Wohlstandsentwicklung eingetreten sein würde, die zu mindestens in der Schnelligkeit ihrer Entfaltung ohne historische Parallele dasteht, daß die Souveränität der Bundesrepublik Deutschland von einem Teil der Sieger selbst wiederhergestellt werden würde, um ihr Bündnis zu erlangen und sie zu der Wiederaufstellung einer bewaffneten Macht zu bewegen, würde auf Spott und Hohn, wenn nicht Schlimmeres gestoßen sein.
In dieses Land der Ruinen strömten jetzt aber über alle Grenzen die schließlich zwölf Millionen Vertriebenen und Flüchtlinge, die vor allem durch den Verlust der Ostgebiete mit einer alle Bedingungen selbst der Potsdamer Konferenz nicht mehr achtenden und gewaltsamen Überstürzung zum Verlassen ihrer alten Heimat gezwungen wurden. Das Problem dieses Flüchtlingsstromes sollte ein Jahrzehnt lang wie ein Alpdruck auf der Nachkriegssituation lasten.
Das Gebiet der Bundesrepublik Deutschland (245 000 Quadratkilometer) hatte 1939 eine Bevölkerung von 39 Millionen enthalten; sie war 1946 auf 43,7 Millionen gestiegen und näherte sich mit einer zunächst erschreckenden Schnelligkeit den 50 Millionen. Aber das durch Einfuhr zu deckende Defizit an Nahrungsmitteln, vor dem Kriege 20 Prozent, betrug nach dem Verlust der Ostgebiete und der Abtrennung der Sowjetischen Besatzungszone in den drei Westzonen zunächst mehr als 50 Prozent. So hatte das Flüchtlingsproblem nicht nur die Folge, durch Binnenwanderung eine die alte landsmannschaftliche Gliederung nach Stämmen tief wandelnde Mischung, weithin auch der Konfessionen, herbeizuführen, sondern nach der Währungsreform von 1948 bis 1953 auch eine bedrückende Arbeitslosigkeit noch zu verstärken. Sie traf auf ihrem Höhepunkt rund zwei Millionen Menschen und betrug noch 1955 1,4 Millionen, um erst dann schnell (1957 nur noch 702 000) der Vollbeschäftigung zuzustreben.
Erst sehr langsam stellte sich heraus, daß die Zerstörung der deutschen Industrieanlagen – sie betrug nur 10 Prozent in der Metallindustrie, 10 bis 15 Prozent in der chemischen Industrie, 15 bis 30 Prozent im Ma-

schinenbau und so 20 Prozent in der Textilindustrie – nicht so tiefgehend war, wie die Produktion (1946 nur 33 Prozent derjenigen des Jahres 1936) anfänglich hatte befürchten lassen. Noch erschien es aber so, als ob die Sieger – auch wenn der berüchtigte Morgenthauplan des Jahres 1944 eine von Roosevelt und Churchill selbst schnell wieder verleugnete Episode gewesen war – darauf beharren würden, eine Nation, die durch ihren Diktator sie so wirksam gefährdet hatte, auch wirtschaftlich dauernd in beengende Fesseln zu schlagen. Das Potsdamer Abkommen vom 2. August 1945 wollte zwar dem deutschen Volke »genügend Mittel belassen, um ohne Hilfe von außen zu existieren«, forderte aber nicht nur die Zerstörung aller »übermäßigen Konzentration der Wirtschaftskraft«, von Kartellen, Trusts und anderen Monopolvereinigungen, sondern glaubte auch noch, das »Hauptgewicht« auf die Entwicklung der Landwirtschaft und der Friedensindustrie für den inneren Verbrauch legen zu können. Noch der Produktionsplan der vier Mächte vom 26. Juli 1946 sah nur eine Produktion von 50 Prozent, verglichen mit dem Jahr 1936, vor. Die Stahlerzeugung sollte 7,5 Millionen Tonnen jährlich nicht überschreiten. Im Jahre 1961 betrug sie aber schon 35,3 Millionen Tonnen und hatte – wenn sie sich auch in weitem Abstand zu den USA (88 Millionen) und zur Sowjetunion (70,7 Millionen) befand – selbst Großbritannien (22,4 Millionen) erheblich überholt!

Mindestens ebenso schwer wogen aber bei Kriegsende die moralischen Belastungen einer Nation, die der gesamten Außenwelt fast als die Verkörperung des Bösen im Leben der Völker erschien und nach den entsetzlichen Ereignissen der nationalsozialistischen Diktatur wohl unvermeidlich erscheinen mußte. Soeben hatte ja die Besetzung der Konzentrationslager und die Öffnung der Gefängnisse den Schleier von dem Schlimmsten, was bis 1945 geschehen war, fortgezogen.

Von November 1945 bis Oktober 1946 spielte sich – wie schon beschrieben – als Vorläufer einer ganzen Reihe solcher Verfahren in Nürnberg jene Verhandlung gegen die Hauptkriegsverbrecher ab. Gleichzeitig setzte jener Vorgang der Entnazifizierung ein – in den Besatzungszonen sehr verschieden gehandhabt –, der zwischen Milde und Strenge schwankte. Vor allem in der amerikanischen Zone, wo sich allein 13 Millionen Aktenstücke ansammelten, drohte er schließlich an der mechanischen Ausdehnung eines an sich berechtigten Reinigungsgedankens zu ersticken. Das Ergebnis war, daß die Scheidung zwischen Massengefolgschaft und der wirklich mit Verbrechen belasteten persönlichen Verantwortung weitgehend mißglückte und dadurch ein Problem übrigblieb, das bis heute noch nicht gänzlich gelöst werden konnte. Man hat in Deutschland damals überwiegend geglaubt, daß das Beste, was aus dieser Erbschaft des Krieges erreicht werden könnte, ein Dasein des politisch resignierten Stillebens sein würde. Selbst ein Friedrich Meinecke glaubte, daß man den moralischen Wiederaufbau mit dem esoterischen Mittel von Goethegemeinden, mit einer kleinen Minderheit von geistigen Persönlichkeiten, beginnen müsse. Der Wille der Sieger, die eine Wiederbewaffnung der Deutschen ebenso absolut für immer ausschließen wollten wie ein Wiederaufleben der mit allen ihren Organisationen aufgelösten und verbotenen Partei, traf sich mit der Überzeugung der Besiegten, daß die politische Zukunft Deutschlands etwa die einer großen Schweiz – ohne die Wehrhaftigkeit ihrer Miliz – sei, daß die auf einer dauernden, völkerrechtlich besiegelten und anerkannten Neutralisierung der deutschen Mitte Europas beruhen müsse, der nur noch eine friedliche Mission der Vermittlung zwischen Ost und West zufallen würde. Wer jene und die darauffolgenden Jahre bewußt miterlebt hat, in der die Wiederaufrüstung der Bundesrepublik zur Debatte gestellt wurde, weiß, wie tief der »Abschied von der bisherigen Geschichte« des Militärischen gegangen war. Er beschränkte sich keineswegs auf die Schicht der besiegten älteren Generation; in ihr ist die Liquidierung der Vergangenheit eher auf größere Widerstände gestoßen als in der Generation der Jüngeren, auch und gerade derjenigen, die noch am Krieg teilgenommen hatten. Ihr Idealismus war bereit, durch Radikalität der Wendung zu dieser neuen Aufgabe sich den Gedanken einer neuen Mission aufzubauen, während in der älteren Generation mit diesem und erbittertem Ernst die Auseinandersetzung geführt wurde, ob und in welchem Sinne von einer Kollektivschuld des deutschen Volkes an der Tragödie der Jahre 1933 bis 1945 gesprochen werden könne. Die Entwicklung, die Deutschland schon in den ersten vier Jahren nach Kriegsende wieder zum Mitspieler im Kreis der Mächte erhob, erst in sehr bescheidener Rolle, dann mit steigendem Gewicht, ist ganz eine Funktion des Verhältnisses der beiden Spitzenmächte des Ostens und des Westens gewesen. Die Teilungspläne, die es in der Zeit der großen Kriegskonferenzen von Teheran (1943) und Jalta (1945) bedroht hatten, waren schon bei Kriegsende zurückgetreten. Die Potsdamer Konferenz billigte ihm für unbestimmte Frist zwar keine selbständige deutsche Regierung zu, hielt aber an seiner Einheit in den Grenzen von 1937 fest. Ausgenommen waren dabei die Abtretung Königsbergs mit dem Hauptteil Ostpreußens an die Sowjetunion und die bis zum Abschluß eines Friedensvertrages provisorisch an Polen überlassenen Gebiete östlich der Oder-Neiße-Linie. Schon mit Rücksicht auf die gerade von Stalin mit größtem Nachdruck betriebene Reparationsforderung sollte der wirtschaftliche Zusammenhang Deutschlands gewahrt bleiben und war die – niemals zur Ausführung gelangende – Zusammenziehung von deutschen Staatssekretären als Hilfsorganen der Besatzungsverwaltung vorgesehen. Der beherrschende Charakter der Beschlüsse über die Zukunft Deutschlands war im ganzen der eines tiefen Mißtrauens gegen die Möglichkeit einer Wiedererstarkung des geschlagenen Gegners. Er sollte erst in einer unbestimmten Zukunft als demokratisiertes, zuverläßlich friedliches Volk – nach dem Erfolg einer durchaus nicht immer glücklichen »Réeducation« – wieder seinen Platz in der Reihe der Völker einnehmen. Wie die Wirtschaft sollte auch die politische Organisation Deutschlands gründlich dezentralisiert werden. Es war vorgesehen, daß die politische Tätigkeit der Besiegten vorsichtig und unter strenger Kontrolle auf dem Gebiet der örtlichen Selbstverwaltung wieder beginnen sollte, obwohl man durch das einseitige Vorgehen der UdSSR schon in Potsdam gezwungen wurde, die Wiedervereinigung »aller demokratischen und politischen Parteien« und die Schaffung »freier Gewerkschaften« zuzugestehen. Die Frage einer zentralen deutschen Regierung blieb jedoch noch völlig in der Schwebe. Der politische Aufbau sollte über Gemeinde-, Kreis- und Provinzialverwaltungen erst stufenweise bis zu Verwaltungen für Länder aufsteigen.

Dem allem lag die in der Phase von Potsdam bereits stark theoretisch und fragwürdig werdende Voraussetzung zugrunde, daß die Kriegskoalition gegen Hitler auch die Probe des Sieges bestehen würde. Die Erfahrung mit dem russischen Vorgehen in Polen, bald auch in der Tschechoslowakei, in Ungarn, Rumänien, Bulgarien und selbst in Griechenland, schließlich auch das deutliche gegenseitige Mißtrauen, das durch die von den Amerikanern selbst noch als unentbehrlich angesehene Teilnahme Rußlands am Schlußakt des Krieges gegen Japan nicht aufgehoben wurde, mußten diese Erwartungen als sehr zweifelhaft erscheinen lassen. Der sowjetische Anspruch auf Reparationen in Höhe von 20 Milliarden Dollar – einschließlich der Beteiligung am Ertrag der Industriemontagen auch in Westdeutschland – erweckte bei den Engländern wie Amerikanern sofort die berechtigte Sorge, daß schon die physische Erhaltung des besiegten Deutschland wie nach dem Ersten Weltkrieg wieder zu ihren Lasten gehen würde, während die drohende völlige Zerrüttung der deutschen Wirtschaft ihre großen Industrie- und Handelsnationen auch noch indirekt auf das schwerste bedrohen mußte.

Während die Vereinten Nationen eine Tagesration von 2650 Kalorien für notwendig hielten, betrug die offizielle Ration in Deutschland 1500 und sank in Wirklichkeit oft erheblich unter 1000 herunter. Es waren, in den Zonen verschieden, Jahre der schwersten Entbehrung. In Köln besaßen nur 12 Prozent aller Kinder normales Gewicht, und in Hamburg wurden noch Ende 1946 100 000 Fälle von Hungerödemen festgestellt. Während oft genug das menschliche Empfinden der Besatzungstruppen selbst gegen diese Härten auflehnte, konnte keine Kontrolle die Entstehung eines Schwarzmarktes von sagenhafter Ausdehnung und sagenhaften Preisen für »Sachwerte« verhindern; er war es, der letzten Endes den Prozeß einer zur Katastrophe drängenden wirtschaftlichen Auszehrung erheblich beschleunigte.

Die Entwicklung beruhte im Kern darauf, daß der Kontrollrat der vier Siegermächte – außer im Negativen – als Träger der Verwaltung Deutschlands niemals funktioniert hat.

Wie schon in Polen brachte die russische Besatzungsarmee auch hier, unter Führung von Wilhelm Pieck und Walter Ulbricht, einen kleinen geschlossenen Stoßtrupp unbedingt an sie gebundenen Emigranten mit, deren Existenz von 1945 bis zur Einheit aus Sein und Nichtsein an die Rückendeckung durch die Sowjetunion gebunden blieb.

Schon der Befehl Nr. 2 der SMAD (Sowjetische Militäradministration) begann mit der Zulassung der »antifaschistischen Parteien« und der freien Gewerkschaften, der die drei Westmächte nur mit erheblichem Zögern folgten. Die Folge war, daß ihre Entwicklung in Berlin und der Sowjetzone einen erheblichen Vorsprung erlangte und es für einen Augenblick scheinen konnte, als ob in Berlin der Schwerpunkt des politischen Lebens in Deutschland bleiben würde. Die Möglichkeit verschwand, als nach Jahresfrist die Hoffnung der Sowjetunion und der kommunistischen Führung geschwunden war, durch Infiltration die Masse der sozialdemokratischen Arbeiter zu gewinnen. Denn nun setzte mit der Gründung der SED (Sozialistische Einheitspartei Deutschlands) eine erzwungene Verschmelzung der beiden Parteien ein, die in der Vorgeschichte der Spaltung von Berlin und Deutschland eine große Bedeutung besitzt. Diese Zwangsverschmelzung konnte zwar in der Sowjetzone durch den Druck der sowjetischen Besatzungsbehörden durchgeführt werden, sie scheiterte aber in Berlin, wo sich die Mitglieder der Sozialdemokraten in der Urabstimmung des 31. März 1946 mit über 80 Prozent der Stimmen gegen diesen verhängnisvollen Schritt entschieden. Die Energie, mit der sich der Parteiführer Kurt Schumacher gegen die Verschmelzung und für eine von jeder Besatzungsmacht unabhängige deutsche Arbeiterpartei eingesetzt hatte, hat diesen Wendepunkt der deutschen Parteigeschichte wesentlich mitbestimmt.

Hinter diesen Kämpfen stand bereits die wachsende Klarheit darüber, daß die sowjetische Militärverwaltung auf der ganzen Linie eine Politik verfolgte, die mit der Angleichung ihrer Zone an die Satellitenstaaten Zwischeneuropas gleichbedeutend war und damit notwendig dem Ziele einer Teilung Deutschlands zusteuerte, falls es ihr nicht gelang, auch im Westen Boden für diese Bestrebungen zu gewinnen. Schon das Jahr 1945 leitete eine wirtschaftliche und soziale Umwälzung in der Sowjetzone ein, deren Folgen bereits in diese Richtung drängten. Die entschädigungslose Bodenreform des Ostens, begründet mit der Demokratisierung und Entnazifizierung, traf fast die Hälfte (47 Prozent) des Bodenbesitzes – gegenüber nur 10 Prozent in der britischen und 3 Prozent in der amerikanischen Zone. Die großen Güter des deutschen Ostens mit ihren historischen Gründen und großen Leistungen verschwanden mit einem Male, soweit sie nicht die Form staatlicher, sozialistischer Großbetriebe annahmen.

An ihre Stelle trat zunächst bäuerlicher Kleinbetrieb, wobei freilich 70 Prozent der 209 000 Neubauern weder Wohnung noch Stall besaßen. Für den bäuerlichen Mittelbetrieb, der sich gegenüber dem Anschluß an die »Vereinigung der gegenseitigen Bauernhilfe« (VdgB), an die »Landwirtschaftlichen Produktionsgenossenschaften« (LPG) und an die »Traktorenstationen« spröde verhielt, bedeutete dies einen Daseinskampf gegen dauernden starken Druck, der bereits vor der Erhebung des Juni 1953 zu einer großen bäuerlichen Fluchtwelle führte. Sie wiederholte sich in einem katastrophalem Ausmaß, als Ulbricht 1960, selbst über das russische Vorbild hinausgehend, die endgültige Zwangskollektivierung der Landwirtschaft durchsetzte.

Reparationspolitik, Demontagen und Entnazifizierung waren die Hebel, mit denen auch Industrie, Handel und Handwerk von Anfang an in die gleiche Richtung gedrängt wurden. Bereits 1946 setzte, motiviert mit einem manipulierten Volksbegehren in Sachsen, eine Welle der Enteignung von Betrieben ein (sie betraf 9300 Betriebe und 19500 andere Vermögen), die etwa 60 Prozent der gesamten industriellen Produktion erfaßte. Neben dem Besitz, den die SMAD bis 1952 als Sowjetische Aktiengesellschaften (SAG) festhielt, wurde die Masse dieser Werte als »Volkseigene Betriebe« (VEB) einer streng zentralisierten Verwaltung unterstellt. Nimmt man hinzu, daß die Privatbanken sofort verschwanden und das Handwerk fortschreitend straffer in seinen Genossenschaften kontrolliert und reguliert wurde, so ergibt sich, daß der zum Verschwinden bestimmte Sektor der privaten Wirtschaft sehr schnell auf nur 25 bis 30 Prozent der Gesamtproduktion in der Sowjetzone beschränkt wurde und über seine Zukunft trotz opportunistischer Schwankungen im einzelnen niemals große Zweifel bestehen konnten. Nimmt man hinzu, daß die Sowjetunion diesem östlichen Teil des besetzten Deutschland von 1945 bis 1953 eine Reparationsleistung von 37 Milliarden Mark abgezwungen hat, so ergibt sich das Ausmaß, in dem der wirtschaftliche Aufbau belastet wurde.

Hier liegen die Ursachen für den trotz aller gegenteiligen Versicherungen nie aufgeholten Rückstand in der Produktionsentwicklung der Sowjetzone, den auch später, nach 1949, die DDR nicht überwinden konnte.

Auf dem Petersberg bei Bonn, hoch über dem Rheintal, residierten die Hohen Kommissare der drei westlichen Besatzungsmächte. Der Bundeskanzler der damals dem Besatzungsstatut unterworfenen Bundesrepublik Deutschland hatte dort seine Entscheidungen absegnen zu lassen. Das Kabinett Adenauer war am 20. September 1949 vereidigt worden. Am 22. November 1949 trägt Adenauer seine Vorstellungen vom weiteren Ausbau außenpolitischer und wirtschaftlicher Gleichberechtigung den Hohen Kommissaren vor. Dabei geschieht etwas Symbolisches: Der damals 73jährige Bundeskanzler, zwei Monate im Amt, tritt auf den Teppich der Hohen Kommissare. Er geht auf die zu, die noch Gewalt, Macht und das Sagen haben. Das galt damals bei den Besatzungsmächten als Affront. Für Konrad Adenauer war es der erste Schritt zur Gleichberechtigung, zum Neubeginn.
Im Bild von links: Finanzminister Fritz Schäffer, Justizminister Thomas Dehler, Jacob Kaiser, Minister für gesamtdeutsche Fragen; rechts von Adenauer Vizekanzler Franz Blücher und ein Staatssekretär.
Foto: Bundesarchiv Koblenz

Zwischen dem Westen und dem Osten des Reiches entstand eine wachsende und hier mit vollem Bewußtsein vertiefte Trennung in der gesamten Struktur des wirtschaftlichen und sozialen Lebens. Der ständige Protest gegen diese Trennung war die Fluchtbe-

wegung, die schließlich in den Monaten und Wochen vor dem Berliner Mauerbau des 13. August 1961 die Fundamente des prätendierten Teilstaates im Osten Deutschlands förmlich wegzuschwemmen drohte.
Die Entwicklung der künftigen »Staatspartei«, einer »Partei neuen Stils« auf der Grundlage des Marxismus-Leninismus, wurde auf der 2. Parteikonferenz im Juli 1952 endgültig nach dem »planmäßigen Aufbau des Sozialismus« nach russischem Vorbild beschlossen. In die gleiche Richtung wies die systematische Entwicklung der Kultur- und Schulpolitik. Diese Volksbildungspolitik bot von Anfang an alles auf, um durch die Ausdehnung der sozialen Revolutionierung auf ihrem Gebiet, zunächst von Arbeiter- und Bauernfakultäten, sich ebenso wie durch die Massenorganisation der Jugend in der FDJ einen ihr ganz ergebenen Nachwuchs heranzubilden. Der Erfolg war allerdings, wie die Flüchtlingsstatistik und der Aufstand vom 17. Juni 1953 bewiesen, immer problematisch geblieben.
In der langen Reihe der mit der Bearbeitung der Friedensverträge beauftragten Außenministerkonferenzen, zuerst im Sommer 1946 in Moskau, stellte sich heraus, daß eine Verständigung zwischen Osten und Westen über einen endgültigen Friedensvertrag (wie er auch für Österreich erst 1955 zustande kommen sollte) mit Deutschland ausgeschlossen war. Alsbald begann die Sowjetunion – vor den Schritten des Westens, die 1949 zur Errichtung der Bundesrepublik Deutschland führten – mit der Bereitstellung eines »volksdemokratischen« Apparates, der dann als Instrument mehr zur Proklamierung als zur Errichtung der DDR benutzt werden konnte. Dieser Schritt ist, paradox genug, mit dem weder von Stalin noch von seinen Nachfolgern aufgegebenen Anspruch begründet worden, daß der Westen die Spaltung Deutschlands betrieben habe und der Osten der eigentliche Anwalt einer Einheit gewesen sei.
Dieser Prozeß, begleitet durch die Errichtung einer »Volkspolizei«, die den bescheidensten Anfängen einer Wiederaufrüstung im Westen vorherging, setzte schon mit dem ersten und zweiten sogenannten »Deutschen Volkskongreß für Einheit und gerechten Frieden« (1947/48) ein. Dieser »Deutsche Volkskongreß«, der keineswegs aus demokratischen Wahlen hervorgegangen war, wurde zuerst Ende 1947 benutzt, um gegen die sich nun langsam vorbereitende selbständige Deutschlandpolitik der Westmächte auf der Londoner Konferenz zu protestieren. Er diente dann – ironisch genug – dazu, den notgedrungenen Zusammenschluß der Westzonen, erst zur Bizone, dann zur Trizone, und noch mehr 1949 die Konstituierung der Bundesrepublik als »Spaltung« Deutschlands anzugreifen.
Demgegenüber wird man diese Bildung einer Abwehrfront gegen die Ausdehnung des sowjetischen Einflusses auf den Westen Deutschlands, deren spät erkannte unbedingte Notwendigkeit besonders dramatisch durch den Prager Staatsstreich des 9. Mai 1948 beleuchtet wurde, als Teil einer defensiven Reaktion auf eine überwältigende Gefahr bezeichnen müssen.
Im Juni 1947 folgte die berühmte Harvardrede des Außenministers George Marshall, die eine gewaltige finanzielle Kraftanstrengung der Vereinigten Staaten für den wirtschaftlichen Wiederaufbau Europas ankündigte; eines Europa, dessen Staaten zur Zusammenarbeit bereit waren. Für das westliche Deutschland war das erste Lichtzeichen bereits die Stuttgarter Rede seines Vorgängers Byrnes vom 6. September 1946 gewesen, die deutlich gemacht hatte, daß die amerikanischen Politiker nicht mehr glaubten, ihre Aufgabe in Deutschland ohne die aktive Mitarbeit der Deutschen lösen zu können.
Die Zuspitzung der Spannungen zwischen Ost und West, nachdem der Osten die ihm angebotene Teilnahme am Marshallplan brüsk verweigert hatte, drängte nun aber auch Frankreich an die Seite der Angloamerikaner und führte 1948 damit zur Errichtung der Trizone, die zum ersten Male für alle deutschen Gebiete westlich des mehr und mehr über der Zonengrenze lastenden

»Eisernen Vorhanges« einen einheitlichen Rahmenbau schuf.
Seit Ende Februar 1948 tagte in London, erstmals ohne die Russen, eine Konferenz der Mächte des Westens, die sich jetzt – ohne Rücksicht auf das sowjetische Veto – entschlossen, an die Errichtung eines freien, föderalistischen Staatswesens in Deutschland heranzutreten. Die Vorbereitungen dauerten vom Juni 1948 bis zum Mai 1949. Ihre verschiedenen Etappen waren die Besprechungen mit den Ministerpräsidenten der Länder (Juni 1948), der Konvent in Herrenchiemsee (August 1948), ab September des Jahres 1948 dann die Beratungen des wieder von den Länderparlamenten beschickten Parlamentarischen Rates in Bonn; diese Etappen standen ebenso wie schließlich die Annahme des erst nach schwierigen Verhandlungen mit den Westmächten als stark föderalistisch gefärbter Kompromiß ausgehandelte »Grundgesetz« der Bundesrepublik dauernd unter einem gebieterischen Zwange.
Es war die Tatsache, daß die längst notwendig gewordene, scharf eingreifende Währungsreform der westlichen Mächte am 20. Juni 1948 zu der verhängnisvollen Blockade über die Westberliner Sektoren geführt hatte. Die Geburt eines zunächst noch weitgehend abhängigen, aber doch in wachsendem Maße auf Vertrauen und echte Zusammenarbeit gegründeten demokratischen deutschen Staatswesens hat sich also unter Druck der ersten offenen Episode des kalten Krieges vollzogen. So wie sich die Machtverhältnisse nach dem Kriege gestaltet hatten, bedeutete dieser Schritt für die Sowjetunion zweifellos das Signal, alle bisher noch gewahrte Zurückhaltung fallenzulassen.
Sie glaubte berechtigt zu sein, auf die staatliche Konsolidierung des deutschen Westens, an den sich Westberlin nach dem Erfolg der Luftbrücke auf das engste anschloß, mit der förmlichen Proklamierung der Sowjetischen Besatzungszone als »Deutsche Demokratische Republik« schon im Oktober 1949 zu antworten. Sie hatte auf den für sie unerwartet hartnäckigen Widerstand Berlins gegen die Blockade schon im Dezember 1948 mit der Spaltung Berlins geantwortet, so daß die Gültigkeit des Viermächtestatus in seinen davon noch nicht betroffenen, begrenzten, aber bedeutsamen Teilen fortan auf Westberlin beschränkt blieb, während der Ostsektor der deutschen Hauptstadt mit nur geringen Verschleierungen von nun an als »Hauptstadt der DDR« behandelt wurde.
Der nach dem Druck und Elend der ersten Nachkriegsjahre erlösende Schritt der Errichtung eines grundsätzlich freien deutschen Staates war von Anfang an mit der Tragik belastet, daß ihm mit der unvermeidlichen Tatsache der Teilung Deutschlands eine Aufgabe zugewiesen wurde, die isoliert mit den Kräften des westlichen Deutschland nicht gelöst werden konnte.[18]

Waren alle Deutschen Nazis?

»Wir sind entschlossen… die Nazipartei, Nazi-Gesetze, -Organisationen und -Einrichtungen aufzuheben; alle nazistischen und militärischen Einflüsse aus öffentlichen Ämtern und aus dem kulturellen und wirtschaftlichen Leben des deutschen Volkes zu entfernen…«, hatten die »Großen Drei« am 12. Februar 1945 auf der Krimkonferenz in Jalta vereinbart. Die gemeinsamen Ziele waren klar. Über das »Wie« gingen die Auffassungen auseinander. Immerhin wurden kurz nach Kriegsende in der amerikanischen Zone 117512, in der britischen 64500, in der französischen 18963 Nazis interniert. Auch zusammengenommen ist das bei acht Millionen NSDAP-Mitgliedern eine relativ kleine Zahl. Bis Anfang 1947 wurden davon 93000 wieder entlassen.
Die Sowjets sperrten anschließend noch rund 150000 Personen ein, die »strafbare Handlungen« gegen die Besatzungsmacht begangen haben sollen, darunter viele als »Werwölfe« denunzierte Jugendliche, Unternehmer und Mitarbeiter des industriellen Managements und Führungskräfte der neuen demokratischen Parteien.

Die sowjetische Besatzungsmacht sah in der Entnazifizierung einen Hebel zur gesellschaftlichen Umwälzung des politischen Lebens. Und sie ging in einem beispiellosen Tempo vor. Eine Verhaftungswelle folgte auf die andere. Aber wie in den Westzonen galt auch in der SBZ: Auf Spezialisten kann man nicht verzichten. Ab Juni 1946 gab die SED den »Mitläufern« wieder eine Chance. Wer nur ein »kleines Parteimitglied« war, durfte sich »in den demokratischen Aufbau« eingliedern, wenn er sich zu der neuen Gesellschaftsordnung bekannte.

Für diese Bevölkerungsgruppe wurde sogar eine neue Blockpartei geschaffen, die Nationaldemokratische Partei (NDPD). Vorsitz: Lothar Bolz, ein altes KPD-Mitglied. Im Februar 1948 erklärte die Sowjetische Militäradministration die Entnazifizierung für beendet.

Die Prozesse gegen NS-Verbrecher wurden allerdings weitergeführt, später auch von der DDR-Justiz. Wer sich rechtzeitig der neuen Ordnung verpflichtete, konnte aber auch als NS-Belasteter unter Kommunisten Karriere machen. Arno von Lenski steht als Beispiel für viele: Er war Generalmajor der Wehrmacht und als Beisitzer des Volksgerichtshofes der Nazis für zahlreiche Terrorurteile mitverantwortlich, auch für Todesurteile polnischer Widerstandskämpfer. Nach 1945 baute er in der SBZ die Kasernierte Volkspolizei auf, wurde wieder Generalmajor und erhielt 1958 die Medaille »Kämpfer gegen den Faschismus«.

Die Amerikaner machten mit der Umerziehung anfangs bitter ernst. Neben den Führungsfiguren wurden Amtsträger der Partei bis hinunter zu den Bürgermeistern sofort unter Arrest genommen. Das Ergebnis am Ende des Jahres 1945: leere Ämter – volle Internierungslager.

Dann kamen die Fragebögen: Die Amerikaner gaben bis März 1946 in ihrer Zone viereinhalb Millionen dieser Bögen mit je 131 Fragen aus. Von ihrer vollständigen Ausfüllung waren die Zuteilung von Lebensmittelkarten und die Arbeitsbewilligung abhängig – eine Aktion gigantischen Ausmaßes. Die amerikanische Heeresbürokratie war überfordert. Im März 1946 wurde in der amerikanischen Zone ein Teil der Arbeit den Deutschen selbst übertragen. Das war die Geburtsstunde der mit »unbelasteten« Deutschen besetzten Spruchkammern. In einem prozeßähnlichen Verfahren wurden belastete Personen in fünf Hauptkategorien eingeteilt: Hauptschuldige, Schuldige, Belastete, Minderbelastete und Mitläufer.

Die Strafen reichten vom Arbeitslager bis zur Geldbuße. Rund dreieinhalb Millionen Deutsche kamen vor die Spruchkammer. Auf dem Höhepunkt dieser Aktion arbeiteten in der US-Zone 545 Kammern mit 22000 Mitgliedern.

Mitte 1948 verabschiedete der amerikanische Kongreß eine Resolution, in der die Entnazifizierungspolitik für rundweg verfehlt erklärt wurde. Die Entnazifizierung versandete. Westdeutsche Gerichte urteilten später über viele NS-Verbrecher, von den Euthanasie-Ärzten bis zu den Auschwitz-Mördern, Schuld wurde nach rechtsstaatlichen Grundsätzen gemessen. Schwierig war oft die Beweislast bei Taten, deren Zeugen vernichtet worden waren, problematisch der Schuldnachweis bei »Schreibtischtätern« in Verwaltung, Justiz und Industrie. So kam es immer wieder zu Urteilen, die für die Öffentlichkeit und die Angehörigen der Opfer unbefriedigend erscheinen mußten. Doch die Vergangenheit hat die Deutschen weder in Ost noch in West losgelassen. Vor allem die Jugend in der Bundesrepublik Deutschland hat auf der Suche nach der geschichtlichen Identität sich immer wieder mit der Frage von Schuld und Sühne beschäftigt.

In der DDR ist das Thema jahrzehntelang beiseite geschoben worden, aus der Staatsideologie heraus, daß die neue sozialistische Gesellschaft an dem Geschehen keinen Anteil habe. Aber auch hier beginnt die Jugend zu fragen. Die Prozesse wegen NS-Verbrechen dauern bis heute an. Und jeder neue Jahrestag wirft neue Fragen auf – gestellt von den nachfolgenden Generationen.[19]

So wurden zehn Millionen Deutsche entnazifiziert

Millionen fragen: »Was geschah mit Hitlers Mitläufern, den sogenannten ›kleinen Nazis‹?« Hunderttausende mußten sich vor »Spruchkammern« verantworten, 70 000 wurden wegen NS-Verbrechen verurteilt.
Was hatte es mit der sogenannten »Entnazifizierung« auf sich? Was erreichten oder versäumten in den ersten Jahren nach dem Zusammenbruch die »Spruchkammern«?
Gab es in Deutschland blutige Abrechnung wie im befreiten Frankreich 1944, als Tausende von Franzosen wegen echter oder angeblicher »Kollaboration« mit den deutschen Besatzern umgebracht wurden?
Zahllose junge Leute stellen sich heute diese Fragen. Hier ist die Antwort: Schon beim Einmarsch nach Deutschland 1944 und 1945 hatten alliierte Sonderkommandos nahezu alle führenden Nazis kassiert. Kreisleiter, Hitlerjugendführer, Gestapo-Männer oder Wirtschaftskapitäne wurden interniert. Viele verloren Besitz und Wohnung. Rund 245 000 waren es, die in den ersten Monaten nach dem Krieg verhaftet wurden. Rigoros wurden die öffentlichen Verwaltungen von Parteigenossen (Abkürzung: PG) gesäubert. Die Amerikaner, die besonders missionarisch und schematisch durchgriffen, feuerten allein in Bayern 72,5 Prozent aller Staatsbeamten, 10 000 von 18 000 Lehrern wurden entlassen. In der sowjetischen Zone wurden – nach DDR-Quellen – rund 500 000 ehemalige Nazis aus Rathäusern, Postämtern oder Ministerien entfernt. Später hatte die SED allerdings keine Skrupel, braune PGs zu roten Genossen umzufärben. Ein Diskussionsredner damals in der Zone: »Es lebe die SED, der große Freund der kleinen Nazis!« Eine Prozeßwelle überrollte Europa. Die Sieger forderten Genugtuung. Insgesamt 70 000 Deutsche wurden wegen NS-Verbrechen verurteilt.
Von den 806 Todesurteilen, die westalliierte Tribunale verhängten, wurden 486 vollstreckt. Wie viele Deutsche im Ostblock hingerichtet wurden, blieb geheim.
Ab 1946 überließen es die Besatzungsmächte nach und nach den Deutschen, die Konkursmasse des Dritten Reiches abzuwickeln. Die provisorischen Länderregierungen setzten »Sonderministerien« für die »Entnazifizierung« ein. Die Ausgangslage, zumindest in der US-Zone: Jeder Deutsche ist schuldig, solange er nicht das Gegenteil beweisen kann! Um das festzustellen mußte – beispielsweise – in der US-Zone jeder Deutsche einen »Meldebogen« mit 131 Fragen nach seiner Vergangenheit ausfüllen. Tat er es nicht, so erhielt er keine Lebensmittelkarten, ohne die im hungernden Deutschland kaum jemand existieren konnte.
Millionen Deutsche mußten so offenbaren, ob sie Mitglieder der NSDAP oder ihrer Gliederungen gewesen waren, was sie verdient oder wie sie 1932 (!) gewählt hatten.

»Anfang einer Volksjustiz«

6,08 Millionen blieben als »braunstichig« im Netz der Westalliierten hängen. Sie hatten in irgendeiner Form Kontakte zur Nazipartei gehabt. Freilich: In fast zwei Drittel aller Fälle – nämlich bei 3,9 Millionen Deutschen – wurde das Verfahren eingestellt. Ihre Mitgliedschaft in der NSDAP war rein nominell gewesen – so wie bei Bundespräsident Walter Scheel oder Bundestagspräsident Karl Carstens.
Hunderttausende aber mußten sich vor »Entnazifizierungsgerichten« oder den »Spruchkammern« verantworten – Tribunalen von höchst unterschiedlicher Qualität.
Der ehemalige bayerische Chefankläger Dr. Guido Knirsch sagte darüber: »Die Spruchkammermitglieder waren manchmal einfach überfordert. Sie waren ja nur in den wenigsten Fällen Juristen.«
Der Münchner Rechtsanwalt Dr. Otto Gritschneder kritisiert die Spruchkammern gar als »Anfang einer Volksjustiz«. Jeder, der unter Anklage geriet, mußte damit rechnen, seinen Arbeitsplatz zu verlieren. Der Ex-Standesbeamte Fritz G. etwa, der 1933 seine Aufnahme in die NSDAP beantragt hatte,

mußte bis 1951 warten, bis er wieder in das Beamtenverhältnis übernommen wurde. Nach Kriegsende hatte er zunächst als Angestellter bei einer niedersächsischen Kommunalverwaltung gearbeitet. Er hätte auch diesen Posten verloren, »wenn sich nicht mein Bürgermeister für mich eingesetzt hätte«.
Es war die Zeit, in der das besetzte Deutschland wirklich ein Klassenstaat war! Von der Einstufung der Spruchkammern – von Gruppe I (Hauptschuldige) bis zur Gruppe V (Entlastete) – hing das Schicksal ganzer Familien ab.
Denn ehemaligen Nazis drohten hohe Bußen: Sie reichten von der Freiheitsstrafe über Berufsverbot und Aberkennung des Wahlrechtes bis zur Geldstrafe.
Es war auch die Zeit, wo in Deutschland die Jagd nach »Persilscheinen« begann – Leumundszeugnissen politisch Unverdächtiger, mit denen Beschuldigte vor der Spruchkammer ihre braunen Flecken aus der weißen Weste »herauszuwaschen« versuchten.
Vor Spruchkammern (auf dem Höhepunkt waren es 545 mit 22 000 Bediensteten) standen:
Denunzianten, wie der Hausmeister Jakob S., der 1943 in München die Widerstandskämpfer Scholl verraten hatte. Urteil: Fünf Jahre Arbeitslager und Einstufung als »Hauptschuldiger«.
Künstler, wie der Maler Hermann Hoyer, PG seit 1920. Als »Belasteter« wurden ihm drei Jahre Sonderarbeit, 50 Prozent Vermögensentzug und fünf Jahre Berufsverbot auferlegt.
Handlanger des Regimes, wie der Scharfrichter von München-Stadelheim, Josef Reichard. Als »Aktivist« wurde er in ein Arbeitslager eingewiesen.
Domestiken, wie Hitlers Friseur August Wollenhaupt, PG seit 1937, der als »Minderbelasteter« 30 Prozent seines Vermögens verlor.
Stars, wie Hans Albers (Freispruch) oder Heinz Rühmann (Freispruch). Auch Leni Riefenstahl, die Olympia- und Parteitagsfilmerin der NS-Zeit, wurde freigesprochen.
Naziprominenz, wie das (tote) Ehepaar Hitler. »Ich glaube, in diesem Fall kann ich auf die Beweisführung bezüglich der Einstufung Hitlers als Hauptschuldiger verzichten«, meinte der Ankläger im Oktober 1948 in München. Das Vermögen Hitlers wurde eingezogen.

Todesurteile gegen Deutsche, die wegen Verbrechen in der NS-Zeit vor westalliierten Gerichten angeklagt worden waren:

Internationales Militärtribunal	
Nürnberg:	*11*
USA:	*324*
Großbritannien:	*240*
Frankreich:	*104*
(ohne Urteile, die in Abwesenheit gefällt wurden)	
Belgien:	*10*
Dänemark:	*4*
Luxemburg:	*15*
Niederlande:	*19*
Norwegen:	*16*
Israel: (Eichmann)	*1*
Ostblock:	*keine Angaben*

Je mehr Deutsche durch den Filter der Entnazifizierung getrieben wurden, um so mehr regte sich aber auch der Widerstand. Zahlreiche Korruptionsskandale diskreditierten darüber hinaus die zunächst von allen demokratischen Parteien unterstützte politische Säuberung Deutschlands. Führende Entnazifizierer fanden sich plötzlich als Angeklagte wieder – meist wegen passiver Bestechung!
In seiner veröffentlichten Aufsatzsammlung »Randbemerkungen« zitiert Anwalt Gritschneder einen seiner damaligen Artikel: »Eine wirkliche Freude am Denazifizierungsverfahren haben bislang nur die Nazis, die es natürlich gerne sehen, wenn die Demokratie sich blamiert.«
Dennoch: Viele sind auch noch vom grundsätzlichen Nutzen der Anti-Nazi-Ak-

Berlin 1949. Professor Sauerbruch wird »entnazifiziert«. Er war Staatsrat und Generalarzt gewesen.
Foto: Bundesarchiv Koblenz

tion überzeugt. Nürnbergs pensionierter Oberstaatsanwalt Hans Sachs, dessen Vater Staatssekretär im bayerischen Sonderministerium war: »Die Entnazifizierung ist der Versuch gewesen, denen, die sich dem Gedanken des Nationalsozialismus verschrieben hatten, klarzumachen, daß sie unrecht getan haben!« Aber auch er meint: »Wenn jemand nur Mitläufer war – man sollte diese Dinge heute ruhen lassen!«
Und Ex-Chefankläger Knirsch glaubt: »Wir sollten diese Urteilssprüche auch heute noch akzeptieren. Heute aber noch einmal damit anzufangen, wäre einfach Unsinn!«

Bundeskanzler Helmut Schmidt dachte 1979 ähnlich. Er sagte damals: »Ich lehne eine neue Entnazifizierung in der Bundesrepublik ab!«[20]

Eine Stadt wird aus der Luft versorgt

Mai 1948: Die Schikanen auf der Autobahn beginnen. Sämtliche alliierten und ausländischen Fahrzeuge auf dem Weg nach Berlin werden an der Zonengrenze zur Umkehr gezwungen. Die Sowjets verlangen ein russisches Visum. Am 14. und 15. Juni blokkieren die Sowjets die Autobahn Berlin–Helmstedt. Begründung: Notwendige Reparaturarbeiten an der Elbbrücke bei Hohenwarthe. Am 24. Juni sieht sich die »Transportverwaltung der sowjetischen Militärverwaltung« gezwungen, wegen »technischer Störungen« den Passagier- und Güterverkehr auf der Strecke Berlin–Helmstedt in beiden Richtungen einzustellen. Umleitungen seien nicht möglich.

Damit keine Mißverständnisse über die Art der Reparaturarbeiten aufkommen können, schiebt »ADN«, der von den Sowjets lizenzierte Nachrichtendienst, eine ergänzende Meldung nach: Die gemeldeten Störungen auf der Eisenbahnstrecke Berlin–Helmstedt seien »viel ernster, als zunächst angenommen wurde«. Wann der unterbrochene Güter- und Personenverkehr wiederaufgenommen werden könne, lasse sich nicht absehen. Da war sie also, die Berliner Blokkade, von vielen auch befürchtet, angedroht als Reaktion auf die Währungsreform in den Westzonen und die für den 24. Juni angekündigte Ausweitung auf die drei Westsektoren der alten Reichshauptstadt. Das Bild rundete sich am Abend des 24. Juni ab, als »ADN« Kraftwerksstörungen meldete, die in Westberlin »zu starken Stromeinschränkungen führen würden. Infolgedessen seien 87 Pumpwerke der Rieselfelder stillgelegt worden, ebenso Wasserwerke, so daß die Wasserversorgung zum Teil eingestellt werden muß.«

Die Berliner wußten, was die Stunde geschlagen hatte. Am 24. Juni protestierten 80 000 auf dem Hertha-Sportplatz im Arbeiterbezirk Wedding. Zu ihnen sprach Stadtrat Ernst Reuter, den ein sowjetisches Veto ein Jahr zuvor daran gehindert hatte, Oberbürgermeister von Berlin zu werden: Es gehe nicht um den Streit zwischen den westlichen Alliierten und der Sowjetunion, welche Währung in der Viersektorenstadt gültiges Zahlungsmittel sein solle – »Ostmark« oder »Westmark«. »Es geht vielmehr um den Kampf zwischen zwei gegensätzlichen politischen und wirtschaftlichen Systemen.« Reuter in Anspielung auf den von den Kommunisten erzwungenen Umsturz in Prag: »Berlin wird nicht drankommen!«

Am 24. Juni befahl Lucius D. Clay, amerikanischer Militärgouverneur in Deutschland, der US Airforce, Westberlin aus der Luft zu versorgen. Der geschätzte Tagesbedarf: 500 Tonnen Nachschub für die alliierten Streitkräfte, 2000 Tonnen Nahrungsmittel für die Berliner Bevölkerung. 4000 Tonnen Güter (vor allem Kohlen für die Kraftwerke), um die Berliner Wirtschaft aufrechtzuerhalten.

In einer bis heute fast unbegreifbaren Schnelligkeit trommelten die Amerikaner ihre ausgemusterten Crews zusammen; ehemalige Piloten, Bordfunker und Ingenieure, längst wieder in Zivilberufen. Kaum drei Jahre zuvor hatten sie die Hauptstadt des »Dritten Reiches« zerbombt, nun fliegen die »Rosinenbomber« nach Berlin. Aus aller Welt waren die Transportmaschinen zusammengesammelt und für die Bedürfnisse der Luftbrücke umgerüstet worden. Die Engländer schlossen sich an.

Am 15. und 16. April 1949 flogen Amerikaner und Briten im Stunden-Takt 13 000 Tonnen Lebensmittel, Kohlen und andere lebenswichtige Güter in die blockierte Stadt. In 3946 Starts und Landungen – bei Tag und bei Nacht. Sogar ein komplettes Kraftwerk wurde – in Teile zerlegt – eingeflogen. Baukräne und Bagger ebenfalls. Die Berliner Industrie produzierte weiter, ihre Produkte wurden ausgeflogen.

Die Sowjets reagierten auf ihre Weise: Am 6. September 1948 begannen sie mit ausgedehnten Luftmanövern rund um Berlin. In Washington wurde der Nationale Sicherheitsrat einberufen. Krieg drohte.

Die SED bereitete zu dieser Zeit die faktische Spaltung Berlins vor. Störtrupps drangen in die Stadtverordnetenversammlung ein und versuchten, die Abgeordneten unter Druck zu setzen. Die SED war in der Minderheit – also mußte »Volkes Wille« her. Die Fraktionen von SPD, CDU und LDP verließen schließlich das in Ostberlin gelegene Stadthaus und hielten ihre Parla-

mentssitzungen von da an in Westberlin im Schöneberger Rathaus ab.
Am 9. September 1948 versammelten sich 300 000 Berliner auf dem Platz der Republik vor der Reichstagsruine. Ernst Reuter appellierte »an die Völker der Welt«: »Schaut auf diese Stadt und erkennt, daß ihr diese Stadt und dieses Volk nicht preisgeben dürft!«
Die Berliner hungerten und froren, allen verlockenden Angeboten von »drüben« zum Trotz. Ihre Haltung wurde gewürdigt – »Berlin, Hort der Freiheit!« Im Frühjahr signalisierte die Sowjetregierung ihre Bereitschaft zum Einlenken. Am 12. Mai 1949 waren alle Land- und Wasserwege wieder frei. Nach elf Monaten wurde die Blockade aufgehoben.[21]

Blockade und Spaltung Berlins

Schon auf der Potsdamer Konferenz sind wegen des weiteren Vorgehens in Deutschland Risse in der Allianz der Siegermächte sichtbar geworden. Sie vertiefen sich mehr und mehr, so daß an die Stelle des Bündnisses langsam, aber sicher der kalte Krieg tritt. Erster Höhepunkt ist die Berliner Blockade, mit der die Sowjetunion die Währungsreform der Westmächte beantwortet. Sie unterbricht die gesamten Zufahrtswege zwischen dem Westen Deutschlands und den drei Westsektoren Berlins. Die Lieferung von Strom, Kohle und Lebensmitteln aus der Sowjetzone und dem Sowjetsektor Berlins wird gesperrt. Die Westmächte reagieren mit einer beispiellosen Aktion: Rund ein

Die Spaltung Berlins in Ost- und Westberlin begann mit der Einführung getrennter Verwaltungen und zweier Währungen im Juni 1948. Wegen »technischer Störungen« sperrten die Russen am 24. Juni 1948 den gesamten Güterverkehr auf Schienen, Straßen und Wasserwegen. Damit waren 2,5 Millionen Berliner von der Außenwelt abgeschnitten. Die Amerikaner vollbrachten das von niemandem erwartete Wunder, 920 000 Familien Berlins aus der Luft zu versorgen. Am 12. Mai 1949 gaben die Russen auf, die Blockade wurde aufgehoben.
Foto: Bundesarchiv Koblenz

Jahr lang versorgen die USA und England den westlichen Teil Berlins aus der Luft. 1,5 Millionen Tonnen Güter werden über die »Luftbrücke« befördert, von Lebensmitteln und Kleidungssachen bis hin zu riesigen Turbinen, die für ein in aller Eile errichtetes neues Kraftwerk benötigt werden. Im französischen Sektor Berlins wird während der Blockade der Flughafen Tegel ausgebaut, der sich in den siebziger Jahren zum großen Zivilflughafen Westberlins entwickeln wird. Die im Wege stehenden Masten des von der Sowjetunion betriebenen »Berliner Rundfunks« werden kurzerhand gesprengt.

Im April 1946 hat die Sowjetunion in den von ihr besetzten Teilen die Vereinigung der Kommunistischen Partei Deutschlands (KPD) und der SPD in der »Sozialistischen Einheitspartei Deutschlands« (SED) erzwungen. In den Westsektoren Berlins und in den westlich besetzten Zonen hat die SPD (Vorsitzender Kurt Schumacher) die Vereinigung verhindert und so dafür gesorgt, daß eine der Grundlagen für die weitere freiheitliche Entwicklung erhalten bleibt.

Walter Ulbricht und Genossen begrüßten die Blockade.
Foto: Bundesarchiv Koblenz

Im August 1947 vereitelt die sowjetische Militärverwaltung durch ihr Veto die Bestätigung des gewählten Berliner Oberbürgermeisters Ernst Reuter (SPD). An Reuters Stelle tritt Luise Schröder (ebenfalls SPD).

Am 16. Juni 1948 stellt die Alliierte Kommandantur ihre gemeinsamen Sitzungen auf der Ebene der Stadtkommandanten ein.

Nach einer Neuwahl, die nur in den Westsektoren stattfinden kann, übernimmt Reuter wieder das Amt des Stadtoberhauptes. Er wird zur Verkörperung des Berliner Durchhaltewillens im kalten Krieg, worin ihm später Walther Schreiber (CDU), Otto Suhr und Willy Brandt (beide SPD) folgen, bis in der Zeit von Klaus Schütz und Dietrich Stobbe auch in Berlin die Entspannungspolitik wirksam wird.

Am 6. September wird das im Ostsektor gelegene Neue Stadthaus von den Kommunisten gestürmt. Die Stadtverordnetenversammlung verlegt darauf ihren Sitz in den westlichen Teil der Stadt. Eine von der SED einberufene »Außerordentliche Stadtverordnetenversammlung« erklärt am 30. November 1948 Friedrich Ebert jun. zum Oberbürgermeister. Der legale Magistrat verlegt seine Dienststellen in die Westsektoren. Damit ist Berlin gespalten.

Die im Mai 1949 beendete Blockade und die Luftbrücke begründen die Solidarität zwischen westlichen Siegern und Besiegten. Und Carlo Schmid (SPD) äußert sich so: »Der Kampf um Berlins Freiheit, der nur gemeinsam zu gewinnen war, ist zu einer der Ursachen des späteren westlichen Bündnissystems geworden.«

Der Parlamentarische Rat

Schon bald nach Kriegsende haben die Besatzungsmächte in Deutschland wieder Parteien zugelassen. Die wichtigste Neugründung ist die Christlich-Demokratische

Union (in Bayern: Christlich-Soziale Union). In der Union, die eine Brücke über die Konfessionsgrenzen hinweg schlagen will, wird der ehemalige Kölner Oberbürgermeister Konrad Adenauer für lange Zeit die beherrschende Figur. Sein großer Gegenspieler ist Kurt Schumacher, der die zwölf Jahre vor 1945 größtenteils im Konzentrationslager zugebracht hat. Die Liberalen organisieren sich zunächst unter verschiedenen Parteinamen, von denen später die Bezeichnung »Freie Demokratische Partei« (FDP) bleibt. Die KPD, die 1933 noch fast fünf Millionen Stimmen erhielt, kann im Westen nur wenige Wähler überzeugen. Die »Deutsche Partei« (DP) bleibt hauptsächlich auf Norddeutschland, besonders Niedersachsen, beschränkt, während der 1950 gegründete »Bund der Heimatvertriebenen und Entrechteten« (BHE) sich als Partei der Flüchtlinge und Vertriebenen anbietet.

Auf Einladung des bayerischen Ministerpräsidenten Hans Erhard (CSU) treffen sich im Juni 1947 die Ministerpräsidenten aller deutschen Länder, auch der Sowjetzone, in München, um über die Wirtschaftslage zu beraten. Wegen der ihnen von den Besatzungsmächten aufgegebenen unterschiedlichen Richtlinien können sie sich nicht einigen. Die Vertreter der Sowjetischen Besatzungszone reisen ab. Die Konferenz endet mit dem Ergebnis, daß die Spaltung Deutschlands unvermeidlich erscheint.

Die Londoner Konferenz (Februar bis Juni 1948) ermächtigt ein Jahr später die westlichen Länderchefs, eine verfassungsgebende Versammlung einzuberufen. Diese tritt am 1. September 1948 im Gebäude der Pädagogischen Akademie in Bonn, dem späteren Bundeshaus, unter der Bezeichnung »Parlamentarischer Rat« zusammen.

Von den Mitgliedern des Parlamentarischen Rates gehören je 27 der CDU/CSU und der SPD an, fünf der FDP und je zwei der DP, der KPD und dem Zentrum. Es sind 61 Männer und vier Frauen. Die fünf Mitglieder aus Berlin haben nur beratende Stimme.

Präsident des Parlamentarischen Rates wird Konrad Adenauer. Auf seiten der FDP und der SPD sind der spätere Bundespräsident Theodor Heuss – auf dessen Vorschlag der Name »Bundesrepublik Deutschland« zurückgeht (die eigentlichen Urheber des Namens waren Unionspolitiker, die den »Ellwanger Kreis« bildeten; die von ihnen im April 1948 in Bad Brückenau geprägte Bezeichnung »Bundesrepublik Deutschland« wurde auf Vorschlag von Heuss 1949 vom Parlamentarischen Rat übernommen) – und Carlo Schmids herausragende Persönlichkeit.

Am 8. Mai 1949, auf den Tag vier Jahre nach Kriegsende, verabschiedet der Parlamentarische Rat das »Grundgesetz für die Bundesrepublik Deutschland« mit 53 gegen zwölf Stimmen. Abgelehnt wird das Grundgesetz von sechs der acht Delegierten der CSU, von der DP, vom Zentrum und von den Kommunisten.

Am 23. Mai wird es verkündet und tritt mit Ablauf dieses Tages in Kraft. Die Freiheit in Deutschland hat eine neue Chance.

Das Verfassungsdokument von 1949 soll lediglich bis zur Wiedervereinigung Deutschlands gelten. Darum die Bezeichnung »Grundgesetz« (und nicht Verfassung), darum am Schluß des Grundgesetzes – Artikel 146 – die Aussage: »Dieses Grundgesetz verliert seine Gültigkeit an dem Tage, an dem eine Verfassung in Kraft tritt, die von dem deutschen Volke in freier Entscheidung beschlossen worden ist.« Einheit und Freiheit gehören zu den großen politischen Fragen der kommenden Jahrzehnte. Dementsprechend wird – gemäß einem Briefwechsel zwischen dem ersten Bundeskanzler und dem ersten Bundespräsidenten aus dem Jahr 1952 – bei offiziellen Anlässen die dritte Strophe der Nationalhymne gesungen:

Einigkeit und Recht und Freiheit
Für das deutsche Vaterland
Danach laßt uns alle streben
Brüderlich mit Herz und Hand
Einigkeit und Recht und Freiheit
Sind des Glückes Unterpfand
Blüh' im Glanze dieses Glückes
Blühe deutsches Vaterland.

Harte Gegner in der Sache: links im Bild Kurt Schumacher, der Vorsitzende der SPD, und rechts Konrad Adenauer, der Präsident des Parlamentarischen Rates und CDU-Vorsitzende. Zwischen ihnen Carlo Schmid (SPD), der als Berichterstatter beim Formulieren des Grundgesetzes wesentlichen Anteil hatte. Foto: Bundesarchiv Koblenz

Dichter des »Liedes der Deutschen« (Deutschlandlied) ist August Heinrich Hoffmann von Fallersleben (1798 bis 1874). Er schrieb es im Jahre 1841 auf der damals zu England gehörenden Insel Helgoland. Hoffmann widmete sich besonders der älteren deutschen Literatur und der Volksdichtung. Wegen seiner freiheitlichen politischen Gesinnung mußte er 1842 in Breslau sein Amt als Professor der deutschen Sprache und Literatur aufgeben; er wurde des Landes verwiesen.

Die Melodie des Deutschlandliedes stammt von Joseph Haydn (1732 bis 1809). Vorerst aber vollzieht sich die Spaltung Deutschlands. In der Sowjetischen Besatzungszone konstituiert sich am 19. März 1948 ein »Deutscher Volksrat«. Er erklärt sich als vorläufige »Deutsche Volkskammer« und setzt am 7. Oktober 1949 die Verfassung der »Deutschen Demokratischen Republik« (DDR) in Kraft. Auch sie wählt die Farben von 1848, Schwarz-Rot-Gold, als Nationalfarben. Erst 1959 fügt sie Hammer, Zirkel und Ährenkranz hinzu, um ihre Flagge von der Flagge der Bundesrepublik Deutschland zu unterscheiden. Ihre Hymne enthält den Vers: »Laß uns dir zum Frieden dienen, Deutschland, einig Vaterland.« Im Westen finden am 14. August die Wahlen zum ersten Deutschen Bundestag statt. Am 12. September wird Theodor Heuss von der Bundesversammlung zum Bundespräsidenten, am 15. September Konrad Adenauer zum ersten Bundeskanzler gewählt.[22]

Neue Geldscheine

Sonderausgabe der »Täglichen Rundschau« (Organ der sowjetischen Militärregierung): »Befehl des Obersten Chefs der Sowjeti-

Am 20. Juni 1948 wurden in den Westsektoren neue Geldscheine eingeführt. Am 24. Juni 1948 wurden auf Anordnung Nr. 111 der Sowjets auch in Groß-Berlin neue Geldscheine eingeführt. Der Kurs des »Tapetengeldes«, wie es damals genannt wurde, sinkt von Stunde zu Stunde, vormittags 8:1 für Westgeld, mittags 18:1.
Foto: Bundesarchiv Koblenz

schen Militärverwaltung in Deutschland Nr. 111: Ab 24. Juni 1948 sind auf dem Gebiet von Groß-Berlin neue Geldscheine einzuführen.«
Donnerstag, 24. Juni 1948: Zwei Währungen in einer Stadt. Geldumtausch im Ostsektor. Gegen Vorlage des Stammabschnitts der Juni-Lebensmittelkarte für Zucker erhält jeder Bürger 70 »Kupon-Mark« im Umtauschwert 1:1. Bis 5000 Mark Altgeld können sofort in 500 Mark Kupongeld umgewechselt werden.
Freitag, 25. Juni 1948: Geldumtausch in den Westsektoren. Gegen Vorlage und Abstempelung der Kennkarte erhält jeder Bürger 60 Deutsche Mark »Kopfgeld« im Umtausch 1:1. Die Deutsche Mark ist im Ostsektor verboten. Wer sie in Umlauf setzt, gilt als »Schädiger der Wirtschaft« und wird bestraft.
Samstag, 26. Juni 1948: Im Ostsektor wurden die ersten Westgeldbesitzer wegen »Betrugs und Verstoß gegen Befehl 111« verhaftet. Der Kurs des »Tapetengeldes« (so nennen die Berliner die Kupon-Mark) sinkt von Stunde zu Stunde: vormittags 8:1 für Westgeld, mittags 18:1.

»Willst Du Frieden und Einheit?«

Zur gleichen Zeit, als auf Herrenchiemsee und in Bonn das Grundgesetz der Bundesrepublik Deutschland entstand, wurde in der Sowjetischen Besatzungszone (SBZ) wieder die Volkskongreßbewegung mobilisiert. Bereits 1947 gegründet, setzte sie sich aus der SED, den von ihr kontrollierten Massenorganisationen, aber auch den Vertretern der anderen Parteien in der SBZ zusammen. Eingeladen wurden auch Delegierte aus den Westzonen. Für die SED war der »Volks-

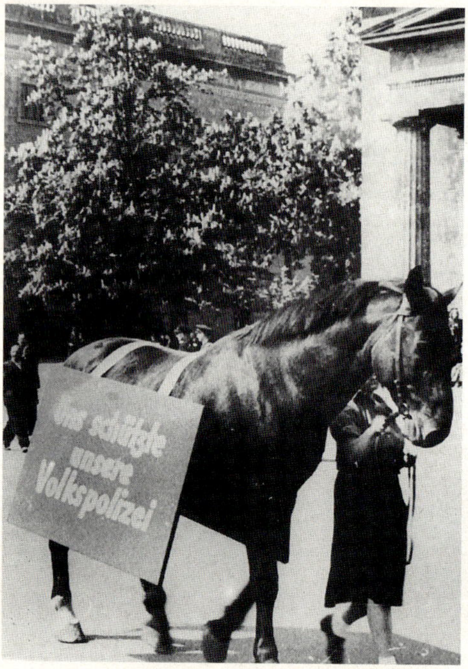

Parolen waren ein wichtiger Bestandteil der DDR.
Foto: Bundesarchiv Koblenz

kongreß für Einheit und gerechten Frieden« ein Instrument, für eine Deutschlandpolitik im sowjetischen Sinne Verbündete zu werben, vor allem auch in den Westzonen. Die Führer der kleinen Parteien in der SBZ versuchten, den Volkskongreß als einigendes Band im geteilten Deutschland zu entwickeln.

Von Anfang an fehlte diesem Quasiparlament jede demokratische Legitimation. Seine 2225 Delegierten – aus den Westzonen kamen fast 500 – waren teils von der SED benannt und von anderen Parteien und Massenorganisationen delegiert, teils auf Betriebs- oder öffentlichen Versammlungen per Zuruf bestimmt worden.

Jakob Kaiser, der Vorsitzende der Ost-CDU, gehörte lange zu den Verfechtern der Idee eines gesamtdeutschen Parlaments, bis er von der sowjetischen Militäradministration entmachtet wurde. »Wir haben Zusammenarbeit geübt bis an die Grenze des Möglichen«, sagte er in einer Rede am 10. Januar 1948. »Die Union hatte die Pflicht, zu prüfen, ob der Volkskongreß dem deutschen Zusammenhalt und den deutschen Interessen dienen konnte oder nicht. Gewissenhafte Prüfung hat ergeben: Der Volkskongreß vertieft den Graben, der zwischen Ost- und Westdeutschland schon aufgerissen ist.« Jakob Kaiser, der die SBZ verlassen mußte, war später im Kabinett Adenauer von 1949 bis 1957 Bundesminister für gesamtdeutsche Fragen.

Otto Nuschke und Georg Dertinger – linientreue Mitorganisatoren der SED-Kampagne – wurden seine Nachfolger in der SBZ. Auch das sah Kaiser im Januar 1948 klar voraus: »Dieser Volkskongreß... ist der Beginn einer weiteren Etappe zu volksdemokratischer Herrschaft... Der Volkskongreß soll das bringen, was in der Blockpolitik noch am Widerstand der Union scheiterte: willfährige Männer aller Parteien zu bedingungsloser Mitarbeit, stärkeres Übergewicht der SED durch Eingliederung aller sogenannten »überparteilichen Organisationen«.

Im März 1948 trat in 2. Sitzung der Volkskongreß zusammen und beschloß die Konstituierung eines »Deutschen Volksrates« von 400 Delegierten unter dem Vorsitz von Wilhelm Pieck (SED), Otto Nuschke (CDU) und Wilhelm Külz (LDPD).

Der Volksrat beauftragte einen Verfassungsausschuß (absolute Mehrheit: SED) mit der Ausarbeitung einer Konstitution. Im Oktober 1948 – sieben Monate bevor der Parlamentarische Rat in Bonn mit seiner Arbeit am Grundgesetz fertig war – legte der Ausschuß einen Entwurf vor. Er basierte auf einer von der SED 1946 entwickelten Konzeption. Der Volksrat nahm den Entwurf im März 1949 an – und legte ihn auf Eis.

Im Mai 1949 – die SED hatte nach der Bonner Verabschiedung des Grundgesetzes den »nationalen Notstand« ausgerufen – fand in der SBZ die »Wahl« zum »Dritten Volkskongreß« statt, als allgemeine Wahl. Allerdings konnten die Bürger nicht zwischen den verschiedenen Parteien wählen, sondern

nur einer Einheitsliste zustimmen, wie dies bis 1989 geschah. So kam schnell das Spitzwort »Falten gehen« auf: Man betritt das Wahllokal, faltet den Stimmzettel und steckt ihn in die Urne.
In Kleinstädten und Dörfern, wo jeder jeden kennt, verhinderte die SED oft die geheime Stimmabgabe. Das Wahlergebnis war für die SED und die Sowjets trotzdem enttäuschend: bei einer Wahlbeteiligung von 95,2 Prozent erhielt die Einheitsliste nur 66,1 Prozent Zustimmung. In Ostberlin, wo die SED die Wähler nicht so scharf überwachen konnte, nur 47,1 Prozent. Dies war für die SED eine Niederlage – und das, obwohl der Urnengang verbunden war mit einer Art Volksabstimmung. »Willst Du die Einheit Deutschlands und einen gerechten Frieden?« stand suggestiv auf dem Wahlzettel. Schon damals wußte man Ergebnisse zu schönen: Damit zumindest 66,1 Prozent zustande kamen, wurden ungültige Stimmen in Ja-Stimmen umgedeutet. Die Verteilung der Sitze auf die Parteien und Massenorganisationen war übrigens schon vorher festgelegt und sicherte der SED eine satte Mehrheit.
Die Verfassung, die der vom Volkskongreß eingesetzte Volksrat bestätigte, glich äußerlich einer bürgerlichen Konstitution: ein umfassender Grundrechtskatalog, kein Hinweis auf die führende Rolle der kommunistischen Partei, auch föderalistische Züge fehlten nicht – die Länder wurden erst 1952 aufgelöst. Doch nicht nur der Wahlmodus deutete darauf hin: Der neue Staat folgt dem sowjetischen Modell.
So lag der neuen Verfassung nicht das Prinzip Gewaltenteilung – gegenseitige Kontrolle der gesetzgebenden, ausführenden und rechtsprechenden Gewalt – zugrunde. Die Gewalten konzentrierten sich auf die Volkskammer und die aus ihr hervorgehende, von allen Parteien – der »nationalen Front« – gebildeten Regierung. Ein Verfassungsgericht war nicht vorgesehen. In Artikel 1 stand damals: »Deutschland ist eine unteilbare demokratische Republik.«
1968 – bei der ersten Verfassungsänderung unter Walter Ulbricht – wurde der Satz abgeändert in: »Die Deutsche Demokratische Republik ist ein sozialistischer Staat deutscher Nation.«
In der Verfassung von 1974 lautet der Satz: »Die Deutsche Demokratische Republik ist ein sozialistischer Staat der Arbeiter und Bauern.«
Mit der Annahme des »Entwurfs einer Verfassung für die Deutsche Demokratische Republik« waren die Vorbereitungen zur Gründung der DDR abgeschlossen. Doch die Sowjetische Militärverwaltung zögerte den letzten Schritt bewußt hinaus: So hatte man die Möglichkeit, den nächsten Schritt nach dem Westen zu gehen und dabei gleichzeitig sorgenvoll auf die gefährdete nationale Einheit zu verweisen.
Am 14. August 1949 entschied die Bevölkerung der Westzonen in freier und geheimer Wahl über den ersten Deutschen Bundestag. Seine konstituierende Sitzung fand Anfang September statt.
In Ostberlin trat am 7. Oktober 1949 der Volksrat zusammen und forderte Otto Grotewohl zur Bildung einer Regierung auf. Stalin telegrafierte aus Moskau, die Gründung der DDR sei ein »Wendepunkt in der Geschichte Europas«.[23]

Henneckes Tat

Der Bergmann Adolf Hennecke förderte am 13. Oktober 1948 im Oelsnitzer Karl-Liebknecht-Schacht 24,4 Tonnen Steinkohle. Das waren 387 Prozent der durchschnittlichen Tagesleistung.
Henneckes Tat drückte das gewachsene politische Bewußtsein des fortgeschrittenen Teils der Arbeiterklasse und eine neue Einstellung zur Arbeit aus. Adolf Hennecke und die seinem Beispiel folgenden »Hennecke-Aktivisten« gingen bei ihren Leistungen von dem Gedanken aus: »Um besser leben zu können, muß man erst besser arbeiten.« (Aus: Illustrierte Geschichte der DDR)
Die Bevölkerung der SBZ durchschaute die SED-Absichten jedoch schnell. Zahlreiche

helfende Hände hatten Hennecke im Schacht die Arbeit vorbereitet, so daß der Rekord gelingen konnte. Nach sowjetischem Stachanow-System sollte nun die Hennecke-Bewegung die Arbeitsproduktivität in die Höhe schrauben. Der mysteriöse Alexej Stachanow, aus dem Gouvernement Orel, wurde übrigens 1988 in der Sowjetunion als Schwindler bloßgestellt.[24]

Familienschicksale von zwei Brüdern

Nachkriegswirren: Getrennte Familien. Informationen fließen nur spärlich im zerteilten Deutschland. Werner weiß zunächst nicht, ob seine Familie das Kriegsende überlebt hat. Dort, wo er die Uniform auszieht, beginnt er zu arbeiten. Das ist in Essen, das Ruhrgebiet braucht Malocher. Seinem Bruder Richard gelingt es, sich in die Heimat durchzuschlagen. Das ist in Magdeburg. Auch dort werden jetzt Malocher gebraucht.

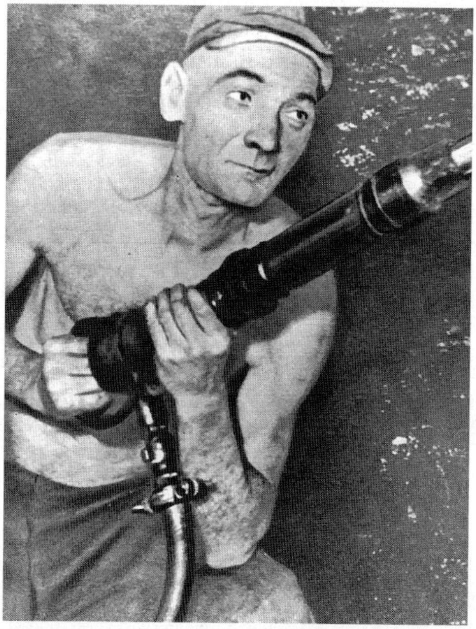

Adolf Hennecke bei seiner bahnbrechenden Tat. Aus der Ausstellung »Der Sozialismus siegt – 10 Jahre DDR« 1959. Foto: Bundesarchiv Koblenz

Erst drei Jahre nach Kriegsende sieht sich die Familie wieder. Werner kommt im Sommer 1948 über die grüne Grenze zum Geburtstag der Mutter. Ein kurzes Wiedersehen. Werner will nicht bleiben. Mutter, Bruder und Schwester werden auch ohne ihn zurechtkommen. Inzwischen wartet in Essen nicht nur die Arbeit, sondern auch eine Frau. Hochzeit im Kohlenpott. Die Familie sieht sich schon bald wieder. Bis dahin wird erst einmal weitermalocht.

Richards Bild in einer Magdeburger Zeitung: Die fünfziger Aufbaujahre haben begonnen. In dem Betrieb, wo er arbeitet, nennen sie ihn den »kleinen Hennecke«, weil er den Akkord nach oben gedrückt hat. Als Werner beim nächsten Besuch über das Aktivistenabzeichen den Kopf schüttelt, hebt Richard beschwichtigend die Hand. Mit Politik hätte das nichts zu tun. Es soll vorangehen, hier wie dort.

Deutschland ist jetzt geteilt. Aber die Grenze bildet Mitte der fünfziger Jahre kein unüberwindliches Hindernis. Reisen sind eher leichter geworden. Auch Richard besucht jetzt den inzwischen zum selbständigen Unternehmer avancierten Bruder im Ruhrgebiet. Das Wirtschaftswunder im Westen beeindruckt den »kleinen Hennecke«. Soll er hier nochmals von vorn beginnen? Richard überlegt. Schließlich ist es dafür zu spät. Nach dem Mauerbau im August 1961 steht fest, er wird in der DDR seinen Weg weitergehen.

Werner hilft. Regelmäßig bringt der Postbote die ersehnten Westpakete. Einmal jährlich, meist Ostern oder Pfingsten, steht Westbesuch an in Magdeburg. Die Familie hält zusammen, auch wenn jetzt Reisen nur noch in einer Richtung möglich sind. Als Ende der sechziger Jahre die Mutter stirbt, verhält sich Richard merkwürdig distanziert. Werner versteht nicht, noch nicht. Erst im kommenden Jahr wird gewiß, daß er auf der Beerdigung seinen Bruder zum vorläufig letzten Mal gesehen hat.

Richard ist jetzt – 1976 – nicht mehr nur leitender Angestellter, sondern Parteisekretär in dem Magdeburger Großbetrieb. Die Be-

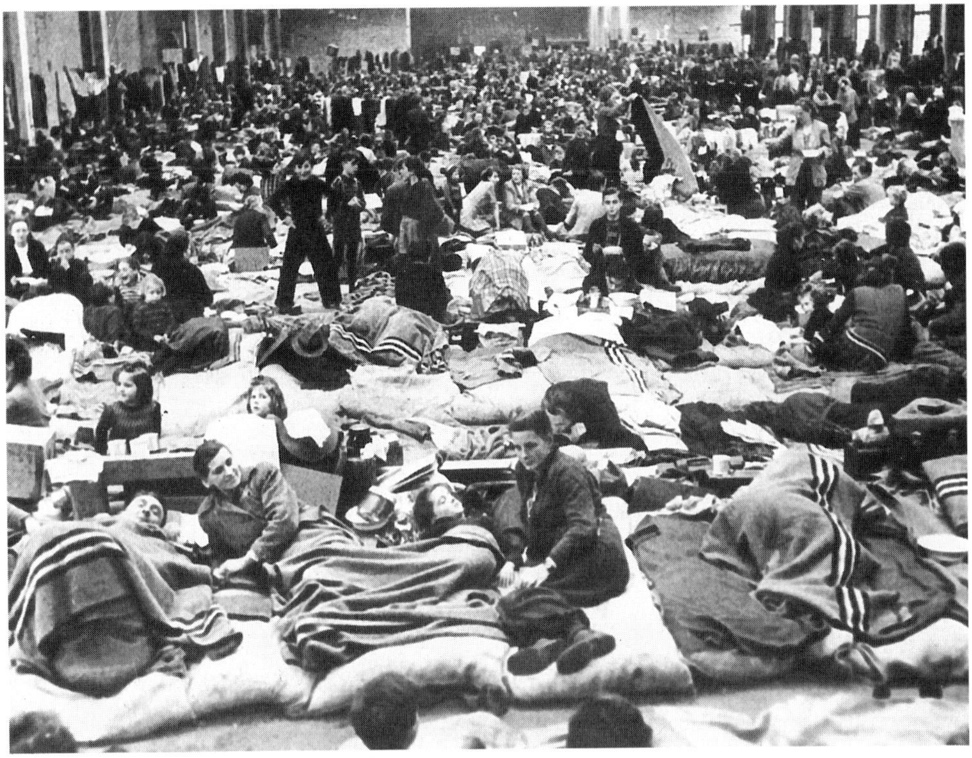

In dem Jahren 1945 und 1946 wurden über 12 Millionen Deutsche aus ihrer Heimat vertrieben. Die in diesem Umfang bis dahin einmalig in der Geschichte dastehende Vertreibung aus der angestammten Heimat und die in diesem Zusammenhang erlittenen Leiden kann nur der wirklich ermessen, der selbst das Schicksal mit diesen entwurzelten Menschen teilen mußte. In diesem Zusammenhang trat am 1. September 1952 das Lastenausgleichsgesetz in Kraft.
Foto: Sudetendeutsches Archiv München.

ziehungen zum Westen mußte er abbrechen. Auch in den folgenden Jahren betritt er nicht das Haus der Schwester, wenn dort der Bruder aus Essen zu Besuch ist. Ob Richard denn jetzt Kommunist geworden sei, will Werner wissen. Die Schwester schüttelt den Kopf. »Das sind die Spielregeln bei uns. Richard muß mit den Wölfen heulen.« Und außerdem: »Der hängt an dem Betrieb, er hat ihn ja auch mit aufgebaut...«

PS.: Inzwischen ist Richard pensioniert. Kontaktsperre und Westreiseverbot aber bestanden noch drei Jahre nach dem Ausscheiden aus dem Berufsleben fort. Erst dann konnten sich die Brüder wieder zusammenfinden.[25]

Die Rechnung für Hitlers Krieg

Lastenausgleich

Der Lastenausgleich war die größte Vermögensabgabe der Geschichte. Gerd Brucerius in »Die Zeit« vom 13. April 1979. (Brucerius, seit 1946 Verleger der »Zeit«, war Vorsitzender des »Einundzwanziger Ausschusses« [Lastenausgleich] im Wirtschaftsrat und Experte der CDU/CSU-Fraktion für Lastenausgleichsfragen im Bundestag.)

Manchmal fällt einem der Abschied nicht schwer. Seit dem 1. April 1949 mußte ich an das Finanzamt jedes Vierteljahr 650 Mark »Lastenausgleich« zahlen, jährlich 2600, in dreißig Jahren zusammen 78 000 Mark. Das ist vorbei. Eben habe ich die letzte Rate gezahlt.

2600 Mark im Jahr, das hat mich in den letzten Jahren nicht mehr getroffen. Aber in den fünfziger Jahren gingen meine Geschäfte schlecht; meine Ausgaben waren höher als die Einnahmen: Da war der Lastenausgleich eine arge Last...

Sie war mir auferlegt worden, weil ich am Stichtag der Währungsreform (20. Juni 1948) Vermögen gehabt hatte. Daß ich es inzwischen verloren hatte, spielte keine Rolle. Wie mir ging es vielen: Über drei Millionen Westdeutsche, die etwas Vermögen gerettet hatten, sollten zahlen. 37 Milliarden wurden ihnen aufgebrummt, die sie, mit Zinsen, in dreißig Jahren abstottern mußten...

Das »abgabepflichtige« Vermögen wurde – Beschädigung hin, Beschädigung her – nach dem Einheitswert berechnet: Es waren bei mir 96 000 Mark. Die Hälfte ging an den Lastenausgleich. Man brauchte aber nicht gleich bar zu bezahlen – so viele Grundstücke und Aktien hätten sich in kurzer Zeit gar nicht versilbern lassen. Deshalb: »Die Abgabeschuld wird am 1. April 1949 in gleichen Jahresleistungen, die Tilgung und Verzinsung umfassen, abgetragen« (§ 22 LAG). Diese Jahresleistung waren 6 Prozent der festgelegten Schuld. Die Laufzeit der Jahresleistungen wurde auf dreißig Jahre festgesetzt...

37 Milliarden der neuen Deutschen Mark, zu zahlen von drei Millionen Bürgern, das war die größte Vermögensabgabe der Weltgeschichte.

Ein gewaltiges Gesetz, heute ist es fast vergessen. Wie kam es zustande? Nach dem Kriege waren in das Gebiet der heutigen Bundesrepublik (damals »Trizone« genannt) zunächst sechs, später fast zehn Millionen Vertriebene aus dem Osten gekommen, viele nur mit durchgewetzten Schuhsohlen, einige mit einem kleinen Koffer, die ganz Klugen mit Unterlagen darüber, was sie im Osten verloren hatten. Das waren zusammen etwa 40 Milliarden Reichsmark. Der Bombenkrieg hatte zudem fast ein Drittel des deutschen Hausbesitzes zerstört. Verlust etwa 12 Milliarden Reichsmark. Auch die Währungsreform hatte Schäden verursacht: Wer einem anderen ein Darlehen von 1000 Reichsmark gegeben hatte, konnte nur noch 10 Prozent davon, also 100 Deutsche Mark, fordern.

Wer ein Sparkassenguthaben von 1000 Reichsmark hatte, bekam sogar nur 65 Deutsche Mark. Alle Hypotheken waren auf ein Zehntel abgewertet. Alle Schäden zusammen ergeben 60 Milliarden Reichsmark.

...Auf der einen Seite also Millionen schwer Geschädigter; ihre Unzufriedenheit drohte unsere Gesellschaft zu sprengen. Auf der anderen Seite eine darniederliegende Wirtschaft mit ungewisser Zukunft.

»...In der alten Heimat waren sie alle reich«, erboste man sich damals an westlichen Kaminen. Befragt, ob die Vertriebenen gemogelt hätten, sagten mir die Ämter aber: »Kaum...« Schnell und in aller Stille hatten die Lastenausgleichsämter eine staunenswerte Organisation aufgebaut... Es gab 41 »Heimatauskunftsstellen«. Alle Schadensfälle aus der Provinz Posen wurden zum Beispiel bei der Heimatauskunftsstelle Hamburg gesammelt. Die Heimatauskunftsstelle Lübeck war für Ostpreußen zuständig

und so weiter. Akribisch wurden alle Unterlagen zusammengetragen, miteinander verglichen, die Antragsteller zu präzisen Auskünften gezwungen. Noch vorhandene Grundbücher wurden dort deponiert. Grundbuchauszüge (die die Vertriebenen mitgebracht hatten) gesammelt. Telefon- und Adreßbücher sind dort verfügbar. Noch kürzlich hat die Bundesbahndirektion in Altona der Heimatauskunftsstelle Hamburg zwei Zentner Personalakten aus dem Osten zur Verfügung gestellt.
Ein fast unheimlich präzises Bild über die Vermögens- und Einkommensverhältnisse der vertriebenen Bürger aus dem Osten ist so entstanden – für Mogelei kaum Raum, wenn sie je beabsichtigt wurde. Die Vertriebenen waren nicht nur tüchtig, sie waren auch ehrlich.

Chance zur Wiedervereinigung – Stalins Märznote

Kalter Krieg und Koreakrise steigerten den Bündniswert der Bundesrepublik Deutschland für die Westmächte ab 1950 zusehends. Umgekehrt erwarb Adenauer mit seinem antisowjetischen Europakurs Zug um Zug weitere Souveränitätsrechte von den Besatzungsmächten.
Diesen Prozeß der West-Bindung Bonns suchten Moskau und Ostberlin zu stoppen; dies besonders nach der Lissaboner Nato-Tagung am 25. Februar 1952. War hier doch beschlossen worden, in Westeuropa innerhalb von zwei Jahren 100 Divisionen aufzustellen. Am 9. März sprach Bundeskanzler Adenauer vom Sommer 1953 als Bereitstellungszeitraum für die spätere Bundeswehr.
Tags darauf erging an die Westmächte Stalins berühmt gewordene Note. In der Tat schien das Angebot des roten Diktators sensationell: Deutschland sollte als einheitlicher Staat wiederhergestellt werden. Alle Besatzungstruppen sollten abziehen. Deutschland sollte eine eigene Friedensstreitmacht erhalten. Voraussetzung dafür sei strikte Neutralität und Deutschlands Verzicht auf Militärbündnisse.
Das Angebot wurde übrigens unter der Prämisse einer Anerkennung der bestehenden Oder-Neiße-Grenzregelung gemacht.
Es war zugleich eine politische Reaktion auf eine deutschlandpolitische Initiative der Westmächte. Diese hatten 1951 einen Vorstoß zur Wiederherstellung der Einheit Deutschlands durch freie Wahlen bei der UNO unternommen. Die Vollversammlung hatte am 20. Dezember 1951 dem Antrag stattgegeben und eine internationale Kommission ernannt, die die Voraussetzungen zu freien Wahlen in ganz Deutschland prüfen sollte. Die Kommission konnte den geforderten Bericht nicht vorlegen, weil ihr die Einreise in die DDR verweigert wurde. Stalins Vorstoß zielte nicht zuletzt darauf, die internationale Diskussion vom Thema der freien Wahlen wegzulenken. Das Dilemma der Westmächte, insbesondere Frankreichs, bestand indes darin, daß man einerseits ein kraftvolles Deutschland als Speerspitze gegen Moskau wünschte, andererseits die Unberechenbarkeit eines wiedervereinigten Deutschland mit eigenen Streitkräften und ohne Bündniseinbindung fürchtete.
Das Trauma von 1914 und 1939 bewirkte vor allem in Paris, daß an der Sorge vor Deutschlands Wiederaufstieg, der Frankreich als »kranken Mann« (P. Reynaud) erscheinen ließ, später der EVG-Vertrag scheitern sollte. Unter dem Primat der eigenen nationalen Sicherheitsinteressen konnten deshalb Bonns Partner letztlich eine Wiedervereinigung zu den Bedingungen Stalins nicht wünschen. Ein neutrales Deutschland, das militärisch stark war, erschien ihnen zu bedrohlich; ein neutrales Deutschland, das militärisch schwach war, drohte in den Einflußbereich der Sowjetunion abzudriften. Und ein Abzug der US-Truppen zurück über den Atlantik hätte die Verteidigung ganz Europas entscheidend geschwächt. Ähnlich sah es auch Adenauer: »Der Kreml wünscht, daß der gesamte deutsche Raum ein Vakuum ist, in dem die So-

Zwei Altkommunisten als Spitzen der neuen DDR: Wilhelm Pieck (links), Staatspräsident und Repräsentationsfigur; Walter Ulbricht, der spätere Generalsekretär der SED. Foto: Bundesarchiv Koblenz

wjetunion dann dank ihrer Machtmittel den entscheidenden Einfluß ausüben könnte.« Entscheidend war für die westdeutsche Politik das Ziel Einheit in Freiheit, also nicht in einem kommunistischen oder von der Sowjetunion abhängigen Deutschland.
War die Sowjetunion bereit, diesen Preis zu zahlen? In ihrer Antwortnote am 25. März machten die Westmächte ein Eingehen auf Stalins Vorschlag von einer Vereinbarung über freie Wahlen in ganz Deutschland unter UNO-Kontrolle abhängig. Diese lehnte die Sowjetunion ab. Stalin hat von dieser Möglichkeit, eine wirkliche Wende in seiner Deutschlandpolitik einzuleiten, keinen Gebrauch gemacht. Nicht akzeptabel aber war für die Westmächte wie für die Deutschen eine »Lösung«, die der Sowjetunion potentiell die größte Kontrolle über Gesamtdeutschland gegeben hätte.
Faktum oder Vorwand einer Neutralitätsverletzung waren im Bedarfsfall herstellbar. England und Frankreich waren zu dem Zeitpunkt bereits zu schwach, um wegen Deutschlands Neutralität gegen Moskau militärisch einzugreifen. Ein Eingreifen der Amerikaner in einem Krisenfall wäre – wenn überhaupt – nur in Form einer Protestnote oder als kriegerischer Akt auf deutschem Boden (mit verheerenden Folgen) möglich gewesen. Einen »dritten Weg« zwischen den Blöcken gab es für Deutschland in Wirklichkeit nicht mehr.[26]

Der Ostblock hat sich formiert

Auf dem zweiten Parteitag der SED im September 1947 ist vom »besonderen deutschen Weg zum Sozialismus« nicht mehr die Rede. Die Redner bekennen sich mit Nachdruck zur »engen wirtschaftlichen und kulturellen Zusammenarbeit mit der Sowjetunion«. Die SED liegt jetzt voll auf der Linie des 1947 gegründeten Kommunistischen

Informationsbüros (Kominform), des Koordinierungs- und Beratungsgremiums aller kommunistischen Parteien. Im Juni 1948 tagen in Warschau die Außenminister der osteuropäischen Staaten. In einer gemeinsamen Erklärung wenden sie sich scharf gegen die Deutschlandpolitik der Westmächte. Der »Ostblock«, dem sich die DDR zwei Jahre später anschließen wird, hat sich formiert.

Im Januar 1949 wird in Moskau der Rat für gegenseitige Wirtschaftshilfe (RGW) gegründet, der die osteuropäischen Staaten wirtschaftlich eng an die Sowjetunion bindet. Damit ist zugleich der wirtschaftlichen Integration der DDR in den Ostblock der Weg gebahnt. 1950 gehen drei Viertel aller Ausfuhrgüter nach Osteuropa.

1952 verkündet die SED den Beschluß »zur planmäßigen Errichtung des Sozialismus«. Am 25. März 1954 schließt die DDR einen Vertrag mit der Sowjetunion, der offiziell ihre Souveränität erklärt (mit dem ähnlich von den Westmächten formulierten Vorbehalt einer friedensvertraglichen Regelung für Gesamtdeutschland).

Am 14. Mai 1955 – neun Tage nach dem Inkrafttreten der Pariser Verträge – unterzeichnet die DDR gemeinsam mit der UdSSR und sechs anderen Ostblockstaaten den Warschauer »Vertrag über Freundschaft, Zusammenarbeit und gegenseitigen Beistand«. Im Januar 1956 wird die Nationale Volksarmee der DDR dem Oberkommando des Warschauer Paktes unterstellt.

Am 26. Juli 1955 spricht der sowjetische Parteichef Chruschtschow in Ostberlin erstmals von zwei Staaten in Deutschland. Die Sowjetunion vertritt fortan die »Zweistaatentheorie« – mit einem Sonderstatus nur für Westberlin.[27]

Der 17. Juni 1953 in der DDR

Es begann am Morgen des 17. Juni 1953. Arbeiter und Angestellte aus dem sowjetischen Sektor von Berlin versammelten sich spontan auf dem Strausberger Platz und marschierten in breiten Kolonnen bei strömendem Regen über den Alexanderplatz zum Regierungsviertel. Junge Arbeiter reißen die Zeichen der Sektorengrenze – Schranken, Verbotstafeln und Sperrschilder – ein. Die Kolonnen marschierten durch das Brandenburger Tor mit schwarz-rot-goldenen Fahnen in den Westsektor.

Die auf dem Tor wehende rote Fahne wird heruntergeholt und erst durch eine Berliner-Bären-Fahne, dann durch eine schwarz-rot-goldene Flagge ersetzt. Das Columbus-Haus am Potsdamer Platz – in dem sich die Zweigstelle der Staatlichen Handelsorganisation und ein Revier der Volkspolizei befindet – brennt. Der Aufstand in der Zone ereignete sich inmitten einer weltpolitischen Wandlung: Am 5. März 1953 war Stalin gestorben, Rußland durch Nachfolgekämpfe seitdem gelähmt. Aber auch in den USA kam mit Eisenhower ein neuer Präsident ans Ruder, der eine andere Politik als Truman vertrat.

Aber wie kam es zu diesem Aufstand. Die schlechte Ernährungslage und die Massenflucht aus der Ostzone zwangen die Pankower Regierung am 9. Juni 1953 zu einem »neuen Kurs«.

Einer der entscheidenden Gründe für die Unzufriedenheit der Arbeiter aber, die Normenerhöhung um 10 Prozent, sollte bestehen bleiben. Das bedeutete, daß bei Überstunden nicht mehr wie bisher Prämien gezahlt werden sollten. Der tatsächliche Lohn wurde damit gekürzt. So kam es am 16. Juni zu ersten Demonstrationen der Bauarbeiter in der Ostberliner Stalinallee. Sie riefen: »Kollegen, reiht euch ein, wir wollen freie Menschen sein!« Was damals in Berlin und in anderen Städten vor sich ging, wissen nur noch die Älteren unter uns. Sie erlebten eine Staatsmacht, die nicht mehr die Interessen der Bürger, sondern nur sich selbst vertrat.

Dem Ruf der Arbeiter nach Zurücknahme der Normenerhöhung folgte schnell der Ruf nach Absetzung der Regierung und nach freien und geheimen Wahlen. Die Regierung hatte das Vertrauen der Arbeiter verspielt.

Berthold Brecht stellte damals die Frage, ob es nicht einfacher wäre, die Regierung löste das Volk ab und wählte sich ein anderes.
Da die anfangs zurückhaltende Volkspolizei mit den Demonstrationen nicht fertig wurde, rückten die Russen mit der 1. Mechanisierten Division in Berlin ein und besetzten das Regierungsviertel und die Übergänge nach Westen. Inzwischen hatte sich aber der Aufstand fast über ganz Mitteldeutschland ausgedehnt, vor allem auf die großen Industriebezirke Magdeburg, Leipzig, Brandenburg und auf das mitteldeutsche Produktionszentrum um Halle, Merseburg, Bitterfeld, Leuna. Nun erhoben die Streikenden auch politische Forderungen, wie freie Wahlen und die unbedingte Freizügigkeit im Verkehr mit Westdeutschland. Angesichts der Macht der russischen Panzer brach die Erhebung am Abend des 17. Juni zusammen. Viele waren getötet, Hunderte verhaftet worden.
Ohne Zweifel waren die Auslöser des 17. Juni ökonomische und soziale Gründe, unter denen die Arbeiter besonders litten. Doch von seinem Wesen her richtete sich der Aufstand gegen Widersprüche in einem Staat, in dem die Fremdherrschaft zur Realität, die Selbstbestimmung zur Lüge geworden war. Die Hoffnung vieler Menschen auf einen Sozialismus mit menschlichem Antlitz, wie es später einmal heißen sollte, war damals allerdings durchaus noch lebendig. Die Wirklichkeit aber sah anders aus.
Unter ihr litten die Deutschen hier ebenso wie die anderen Völker Osteuropas. Sie wurde bestimmt von dem absoluten Herrschaftsanspruch des Stalinismus zu Beginn der fünfziger Jahre, von dem kalten Krieg zwischen den Weltmächten, der damals seinen ersten Höhepunkt erreichte, der den Europäern sein Gesetz aufzwang, der die Spaltung vertiefte und über Europa hinaus zu einem Ost-West-Konflikt mit weltweiten Dimensionen führte.
Doch im Herzen der Menschen blieb die Hoffnung auf Freiheit und Selbstbestimmung lebendig. Sie artikulierte sich von Land zu Land unterschiedlich. In dem angestrebten Ziel aber fühlten sich die Völker Osteuropas von Anfang an verbunden.
So ist der 17. Juni 1953 nicht nur ein deutsches, sondern auch ein europäisches Datum. Ihm folgten viele andere: der ungarische Aufstand 1956, der Prager Frühling von 1968, die polnische Solidar-Bewegung von 1980. In der Bundesrepublik Deutschland wurde der 17. Juni 1953 zum Feiertag erklärt. Die arbeitenden Menschen hatten fortan gesetzlichen Anspruch auf einen freien Tag. Die Politiker nutzten ihn alljährlich für ein feierliches Bekenntnis zur deutschen Einheit. Die Bevölkerung nahm im Laufe der Zeit weniger Anteil, es war eben für sie ein Feiertag, den sie nutzten, und dies war unseren Landsleuten in der DDR gegenüber kein schöner Zug. Sie hatten doch nur das Pech, im Frühjahr 1945 einige Kilometer östlicher zu wohnen als wir und unsere Eltern, oder ihre Flucht nach dem Westen etwas früher abgebrochen zu haben als andere. Das war der ganze Unterschied zwischen ihnen und uns.[28]
In der »Geschichte der internationalen Arbeiterbewegung in Daten« wird der Aufstand vom 17. Juni 1953 wie folgt beschrieben:
»Konterrevolutionärer Putschversuch in der DDR. Imperialistische Geheimdienste und Agentenzentralen haben ihn lange vorbereitet und steuern ihn vor allem von Westberlin aus. Sie versuchen, die Unzufriedenheit von Werktätigen der DDR mit fehlerhaften Entscheidungen beim sozialistischen Aufbau auszunutzen, obwohl diese vom Zentralkomitee der SED Anfang Juni 1953 korrigiert wurden. In Berlin und in einigen anderen Städten kommt es zu Arbeitsniederlegungen und Demonstrationen. Die daran beteiligten Werktätigen folgen jedoch nicht den Provokateuren und Agenten, als diese zu brutalen Ausschreitungen übergehen. Durch das entschlossene Handeln klassenbewußter Arbeiter und anderer Werktätiger unter Führung der SED, unterstützt durch die bewaffneten Organe der DDR und den auf dem Territorium der DDR stationierten Einheiten der Sowjetarmee, gelingt es, den Putschversuch

17. Juni 1953. Berlins Sowjetsektor im Freiheitskampf. Sowjetpolizei schießt scharf auf dem Potsdamer Platz. Flüchtende Menschen bringen sich in Sicherheit. Foto: Bundesarchiv Koblenz

innerhalb von 24 Stunden zu zerschlagen. Der imperialistische Versuch, den Sozialismus in der DDR zu beseitigen, ist gescheitert. Auf Protestkundgebungen Ende Juni – Anfang Juli 1953 in Kiew, Leningrad, Minsk, Moskau, Rostow am Don, Bukarest, Prag, Ulan-Bator, Warschau und anderen Städten solidarisieren sich Werktätige in der Sowjetunion und in anderen sozialistischen Ländern mit dem Ringen ihrer Klassenbrüder in der DDR gegen die konterrevolutionären Kräfte.«

Die DDR-Führung reagiert auf den Aufstand vom 17. Juni 1953 mit einer Verhaftungswelle. Drei Aufständische werden zum Tode verurteilt. Sowjetische Militärgerichte verhängen 19 Todesurteile und vollstrecken 18. Auch sowjetische Soldaten werden hingerichtet, weil sie nicht auf deutsche Arbeiter schießen wollten. Die Angaben über die Zahl der am 17. Juni Erschossenen und Getöteten schwanken. Die DDR sprach offiziell von 25; Schätzungen von Teilnehmern sprechen von mehr als 350 Opfern. Bis Oktober 1957 wurden 115 Teilnehmer an dem Aufstand zu oft langjährigen Gefängnisstrafen verurteilt. 35 Jahre danach bequemte sich die SED, »fehlerhafte Einschätzungen der Lage durch die Partei- und Staatsführung der DDR« einzugestehen: »Im Ergebnis riefen sie Verärgerung, Mißmut, auch Zweifel an der Richtigkeit und Volksverbundenheit der Politik der Regierung hervor.«

Das Wirtschaftswunder

Ludwig Erhards »Wohlstand für alle« machte den ersten Wirtschaftsminister der Bundesrepublik Deutschland zum populären »Mister Wirtschaftswunder«.

Zwischen 1950 und 1954 wuchs das Bruttosozialprodukt jährlich um 8,2 Prozent. Ein Gutteil davon geht auf das Konto der Automobilproduktion. Der Volkswagen – »er

läuft und läuft« – trat seinen Siegeszug an, das Auto war kein Luxusgut mehr.
Zwischen 1949 und 1966 steigerte sich die Produktion von Personenkraftwagen um das Siebenundzwanzigfache. Das waren – jährlich – zehnmal so viele Autos wie im ganzen Deutschen Reich 1937 hergestellt wurden.

September 1955:
Aufnahme diplomatischer Beziehungen UdSSR – BRD

Vor 37 Jahren, vom 9. bis zum 13. September 1955, trafen sich in Moskau erstmals die politischen Führungen der beiden Staaten. Das wichtigste Ereignis der damaligen sehr schwierigen und mitunter dramatisch zugespitzten Verhandlungen war die Aufnahme diplomatischer Beziehungen zwischen der Sowjetunion und der Bundesrepublik Deutschland. Darüber hinaus ging es bei den Verhandlungen, die auf sowjetischer Seite unter der Leitung des Ersten Sekretärs des Zentralkomitees (ZK) der KPdSU, Nikita Chruschtschow, sowie des Ministerpräsidenten Nikolai Bulganin und auf bundesdeutscher Seite unter der Leitung von Bundeskanzler Konrad Adenauer standen, um die Entlassung und Heimkehr der noch in der Sowjetunion befindlichen deutschen Kriegsgefangenen. Den Widerhall der Ereignisse von vor 37 Jahren konnte man noch

Mit den Fahnen Deutschlands ohne DDR-Emblem zogen Arbeiter am 17. Juni 1953 durch das Brandenburger Tor.
Foto: Bundesarchiv Koblenz

Am 17. Juni 1953 verbrennen Werktätige Inventar der Parteizentrale in Berlin. Foto: Bundesarchiv Koblenz

vernehmen, als es mit Riesenschritten auf die Vereinigung der beiden deutschen Staaten zuging und die Führungen der UdSSR und der Bundesrepublik Deutschland auf die Beziehungen zwischen den beiden Ländern im Rahmen des gesamteuropäischen Prozesses größten Wert legten. Im Kommuniqué der Moskauer Verhandlungen von 1955 hieß es ferner, die Herstellung und Entwicklung guter Beziehungen zwischen der Sowjetunion und der Bundesrepublik Deutschland »wird die Lösung der nicht geregelten Fragen bezüglich des gesamten Deutschland fördern und dadurch zur Beilegung des wichtigsten gesamtnationalen Problems des deutschen Volkes – der Wiederherstellung der Einheit eines deutschen demokratischen Staates – verhelfen«.

Dieser Gedanke wurde damals von sowjetischer Seite mehrfach wiederholt, und heute findet er seine volle Bestätigung. Aktuell klingen auch heute noch die Schlußfolgerungen aus den Verhandlungen in Moskau, die vor 37 Jahren in einem Leitartikel der »Neuen Rhein-Zeitung« gezogen wurden: Erstens – das wiedervereinigte Deutschland darf nicht dem Nordatlantikpakt angehören; zweitens – die Wiedervereinigung ist nur möglich, wenn sich Bonn und Berlin an einen Tisch setzen und sich dann gemeinsam an die Großmächte wenden; drittens – mit der Sowjetunion dürfen keine Verhandlungen mittels Drohungen und Druck geführt werden. Auf den folgenden Seiten Auszüge aus dem Verhandlungsprotokoll, die die eigenartige Atmosphäre jener Tage wiedergeben. An interessante Episoden der Verhandlungen erinnert sich Alexander Bogomolow, der seinerzeit Chruschtschow, Bulganin und Molotow dolmetschte. Zur Entwicklung der sowjetisch-bundesdeutschen Beziehungen von 1955 bis heute äußert sich der Germanist und Historiker Professor Dr. hist. sc. Wsewolod Jeschow.

September 1955
Auszüge aus dem Protokoll der Verhandlungen

Die Normalisierung der Beziehungen zwischen der UdSSR und der Bundesrepublik Deutschland, die Entlassung deutscher Kriegsgefangener und die künftige Wiedervereinigung Deutschlands bildeten die Schwerpunkte der Gespräche zwischen der sowjetischen Führung und Bundeskanzler Adenauer im September 1955. Das russische Verhandlungsprotokoll, das im Archiv des Außenministeriums der UdSSR aufbewahrt wird, weist viele interessante Aspekte auf. IAN-Korrespondent Sergej Martynow hat die nachstehenden Auszüge aus diesem Dokument zur Veröffentlichung vorbereitet, die aufschlußreich die Haltung der beiden Seiten und die politische Atmosphäre jener Zeit wiedergeben. Alle Äußerungen der bundesdeutschen Delegation wurden dabei aus dem Russischen rückübersetzt.

9. September. Vormittag.

Adenauer: Gestatten Sie mir, mit der Entlassung jener Deutschen zu beginnen, die sich gegenwärtig noch in Haft in der Sowjetunion oder in den unter sowjetischem Einfluß stehenden Staaten befinden oder deren Ausreise aus diesen Regionen so oder anders verhindert wird … Es handelt sich um eine Frage, die beinahe alle deutschen Familien betrifft …

Bulganin: In der Sowjetunion gibt es keine kriegsgefangenen Deutschen. Alle kriegsgefangenen Deutschen sind entlassen und in die Heimat geschickt worden. In der Sowjetunion verbleiben Kriegsverbrecher aus dem Bestand der ehemaligen Hitlerarmee – Verbrecher, die von sowjetischen Gerichten für besonders schwere Verbrechen gegen das sowjetische Volk, gegen den Frieden und die Menschlichkeit verurteilt wurden. Am 1. September gab es in unserem Land tatsächlich immer noch 9626 Personen. Das aber sind Menschen, die auch nach denkbar humanen Normen und Regeln als Verbrecher in Haft gehalten werden. Das sind Per-

Der Ausnahmezustand läßt nicht lange auf sich warten. Der Aufstand vom 17. Juni 1953 wurde blutig niedergeschlagen. Foto: Bundesarchiv Koblenz

Ludwig Erhards »Wohlstand für Alle« machte den ersten Wirtschaftsminister der Bundesrepublik Deutschland zum populären »Mister Wirtschaftswunder«.

sonen, die das menschliche Antlitz eingebüßt haben. Das sind Gewalttäter, Brandstifter, die Morde an Frauen, Kindern und Greisen verübten. Sie wurden zu Recht von sowjetischen Gerichten verurteilt und können nicht als Kriegsgefangene betrachtet werden... Wenn hier das Problem dieser Verbrecher behandelt würde, dann müßten daran Vertreter sowohl der BRD als auch der DDR teilnehmen. Diese Frage betrifft beide Teile Deutschlands.

10. September. Vormittag.
Chruschtschow: ... Es ist kaum sinnvoll, einen Zustand aufrechtzuerhalten, bei dem es keine diplomatischen Beziehungen zwischen beiden Staaten gibt. Die Interessen des deutschen Volkes und die Interessen der Sowjetunion erfordern eine Normalisierung der Beziehungen zwischen unseren Staaten. Dies würde es gestatten, das Mißtrauen zu überwinden. All das wäre eine Voraussetzung zur Wiederherstellung des deutschen Staates... Wir verstehen, wie wichtig diese Frage für das deutsche Volk ist. Sie müssen aber auch andere verstehen. Wir haben die deutsche Seite ehrlich und freimütig gewarnt, daß die Pariser Abkommen und die Nato-Mitgliedschaft der BRD die Lösung dieser Frage in nächster Zeit blockieren würden...

Jetzt wird die Wiedervereinigung Deutschlands derart interpretiert, daß ein wiedervereinigtes Deutschland der Nato beitreten und sich die Nato gegen die Sowjetunion und die Staaten der Volksdemokratie ausrichten werden. Dies bestätigen alle Ereignisse, die sich abgespielt haben. Das wird auch dadurch bewiesen, daß unser Wunsch, der Nato beizutreten, zurückgewiesen wurde, und zwar aus dem Grund, daß dieser Block gegen die Sowjetunion und die Länder der Volksdemokratie geschaffen wurde...

Wenn die Bundesrepublik Deutschland der Nato beigetreten ist, wobei die Deutsche Demokratische Republik der Nato nicht angehört, dann wäre es unsererseits Schwachsinn, die Nato-Mitgliedschaft von ganz Deutschland und somit die Kräfte zu fördern, die sich gegen uns richten würden... Wo liegt der Ausweg aus der entstandenen Lage? Heute ist es zu spät, die Annullierung der Pariser Abkommen zu fordern, da sie schon bestehen und zumal auch niemand darauf eingehen wird. Andererseits ist es auch irreal, einen Austritt der BRD aus der Nato zu verlangen, denn das wäre eine Art Ultimatum unsererseits. Wir stellen diese Frage nicht. Angesichts der heute bestehenden realen Situation hat die Sowjetregierung vorgeschlagen, diplomatische Beziehungen zur BRD aufzunehmen und Bedingungen für eine günstige Entwicklung der Handelsbeziehungen zwischen uns zu schaffen, wobei wir in dieser Hinsicht umfangreiche Möglichkeiten besitzen... Die starke bundesdeutsche Industrie könnte gewinnbringende sowjetische Aufträge erhalten. Die Sowjetunion ist reich an Mineral- und Agrarressourcen. Daher sind unsere Staaten keine Konkurrenten. Sie können nicht mit allen westlichen Staaten solche günstigen Bedingungen für Wirtschafts- und Handelsbeziehungen haben wie mit uns...

Bulganin: Wir teilen völlig den Standpunkt, daß die Wiedervereinigung Deutschlands das nationale Grundproblem des deutschen Volkes ist. Die Sowjetregierung plädiert unentwegt nach wie vor für ein einheitliches, friedliebendes und demokratisches Deutschland.

Wir wären nicht freimütig genug gewesen, wenn wir nicht gesagt hätten, daß seit der Ratifizierung der Pariser Abkommen auf dem Weg zur nationalen Wiedervereinigung Deutschlands solche Hindernisse entstanden sind, die man hätte vermeiden können. Sie wissen gut, daß die Sowjetunion vielfach davor gewarnt hatte, während die Pariser Abkommen noch erörtert wurden, nach denen die BRD solchen Militärgruppierungen wie dem Nordatlantischen Block und der Westeuropäischen Union beigetreten ist und im Moment die Remilitarisierung Westdeutschlands begonnen hat...

Die Sowjetunion muß der entstandenen Lage Rechnung tragen. Ungeachtet dessen bemühen wir uns, die bestehenden Schwierigkeiten zu überwinden und Wege zumindest zu einer allmählichen Beseitigung jeglicher Militärgruppierungen in Europa ausfindig zu machen. Dieses Ziel verfolgt auch der Vorschlag der UdSSR, ein gesamteuropäisches System der kollektiven Sicherheit zu schaffen. Beim Aufbau dieses Systems, das zur Beseitigung militärischer Gruppierungen in Europa führen würde, könnte man ein sicheres Mittel zur Lösung des heutigen deutschen Problems ausfindig machen ...

Hier wurden die Verpflichtungen der vier Mächte in bezug auf die Lösung des deutschen Problems angeschnitten. Dem kann man nur zustimmen. Die Sowjetunion vertrat allerdings immer den Standpunkt, daß die Lösung des deutschen Problems, einschließlich der Wiedervereinigung Deutschlands, eine Angelegenheit vor allem der Deutschen selbst und unter diesen Bedingungen folglich auch eine Angelegenheit der gemeinsamen Bemühungen der BRD und der DDR ist.

In der DDR wird dieser Standpunkt bekanntlich von den meisten Einwohnern geteilt. Es wäre völlig unverständlich, wenn die BRD darauf verzichten würde. Wir denken, daß die Deutschen in beiden Teilen Deutschlands eine gemeinsame Sprache finden, sich treffen und bemühen können, um die Lösung des deutschen Problems voranzubringen und die bestehenden Hindernisse zu überwinden ...

Chruschtschow: Unsere Schwierigkeiten bestehen darin, daß wir eine unterschiedliche ideologische Haltung einnehmen. Da es unser erstes Treffen ist, empfinden wir Vorurteile gegeneinander. Sie stellen sich vor, daß Sie zu den Kommunisten gekommen sind, die Kapitalisten braten und essen, und zwar ohne Salz. Wir empfinden Ihnen gegenüber auch ein Vorurteil, das Sie selbst geschaffen und jahrelang genährt haben. Daher brauchen wir eine Zeitlang, um uns aneinander zu gewöhnen und zu erkennen, daß wir in einer Welt auf dem gleichen Planeten leben. Sie haben Kapitalismus, wir Sozialismus. Wir unterstützen Sie nicht, Sie unterstützen uns nicht. Andererseits wird man doch einen gemeinsamen Standpunkt bzw. Berührungspunkt suchen müssen ...

Adenauer: Ich habe nie gedacht, daß Sie Kapitalisten braten. Ich hatte im Gegenteil immer den Eindruck, daß Sie dieses Riesenland, dieses Rußland, das mit derart verschiedenen Völkern besiedelt und derart rückständig ist, in einem ungewöhnlichen Maßstab vorangebracht haben.

Chruschtschow: Richtig.

Adenauer: Weder wir noch Sie wissen, was in hundert Jahren bei Ihnen, bei uns und überhaupt auf der Welt geschieht.

Chruschtschow: Karl Marx und Engels haben uns dabei kräftig geholfen.

Adenauer: Das ist kein Hindernis für unsere Zusammenarbeit, und das ist das wichtigste.

Chruschtschow: Wir gingen eben davon aus.

Adenauer: Ich werde Sie nicht zu einem anderen Glauben bekehren, das werden wir auch nicht versuchen.

Bulganin: Wir können um unseren Genossen unbesorgt sein ...

12. September. Nachmittag.

Adenauer: Die Bundesregierung ist der Ansicht, daß die Erörterung der Aufnahme von diplomatischen, handelsrechtlichen und kulturellen Beziehungen auch die Besprechung anderer Fragen voraussetzt, die politisch mit den Fragen zusammenhängen, die von der sowjetischen Regierung erwähnt worden sind ... Das schließt auch die Frage der nationalen Einheit Deutschlands ein ... Das schließt zudem die Entlassung der Deutschen ein, die gegenwärtig noch auf dem Territorium oder im Einflußbereich der Sowjetunion festgehalten werden ...

Chruschtschow: Welches ist jetzt die wichtigste Frage? Wir sind der Meinung, daß es die Herstellung normaler diplomatischer Beziehungen zwischen unseren Staaten ist. Das ist eine Frage, deren Entscheidung auch die Vorgehensweise zur Lösung beliebiger Fragen einleitet, die zwischen den Staaten entstehen werden ...

Sie müssen unsere Lage, den Zustand der Mitglieder der sowjetischen Regierungsdelegation und des sowjetischen Volkes verstehen. Das faschistische Deutschland hatte uns den Krieg aufgezwungen, war in unser Land eingefallen und hat unsere Wirtschaft ruiniert. Millionen sowjetischer Menschen sind gefallen, Millionen wurden in Gaskammern vernichtet. Das sowjetische Volk hat alle seine Kräfte aufgewandt, um die feindliche Invasion abzuwehren, und diesen Feind zerschlagen. Die sowjetische Regierung zeigte guten Willen und forderte die bundesdeutsche Regierung auf, diplomatische Beziehungen aufzunehmen. Anstatt diese Aufforderung zu akzeptieren, wird uns praktisch ein Ultimatum gestellt ...

Es gibt keinerlei zusätzliche und vorläufige Bedingungen bei der Herstellung diplomatischer Beziehungen zwischen unseren Staaten, und es kann sie auch gar nicht geben, wenn dazu noch der Wunsch und der gute Wille hinzukommen. Wenn Sie weder diesen Wunsch noch den guten Willen haben, dann sagen Sie uns das freimütig – Sie werden uns nicht beleidigen. Es gibt keine größere Beleidigung als die, die uns das hitlerfaschistische Deutschland zugefügt hat und für die auch Sie eine Verantwortung – und zwar eine beträchtliche – tragen. Wir können uns freundlich von Ihnen verabschieden, einander die Hand schütteln und geduldig auf die Zeit warten, in der Sie erkennen, daß es notwendig ist, diplomatische Beziehungen aufzunehmen. Wir sind überzeugt, daß dies früher oder später geschieht ...

13. September. Vormittag.

Chruschtschow: Von 130 000 festgehaltenen Personen habe ich nichts gehört. Ich denke, Sie haben auf einen Köder des Senders »The Voice of America« angebissen, der die Öffentlichkeit desinformieren soll. Sie halten seine Meldungen für bare Münze.

Adenauer: Ich habe nie »The Voice of America« gehört.

Chruschtschow: Sie haben einen großen Apparat. Vielleicht hat Ihr Apparat das gehört, die Angaben aufgegriffen und sie Ihnen präsentiert. Das ist aus der Luft gegriffen, reine Phantasie. Natürlich gibt es in der Sowjetunion, abgesehen von den Inhaftierten, viele Deutsche. Wir hatten eine ganze Republik der Deutschen. Sie sind sowjetische Staatsbürger und an einer Ausreise gar nicht interessiert. Ich denke, Sie stellen keine Fragen über diese Deutschen.

Adenauer: Nein ... Aber ich könnte mich tatsächlich beleidigt fühlen, da Sie mich wie einen amerikanischen Lakaien behandeln, als ob ich keine selbständige Politik betreibe ... Wir müssen Dokumente über die Herstellung der diplomatischen Beziehungen und über die Entlassung der Deutschen austauschen, die in der UdSSR festgehalten werden ...

Chruschtschow: Wir tauschen keine Dokumente über die Personen aus, die festgehalten werden, versprechen Ihnen aber als Gentlemen, diese Frage positiv zu erörtern.

Adenauer: Ich habe das so verstanden, daß wir diese Frage noch getrennt und unabhängig von der Aufnahme der diplomatischen Beziehungen erörtern werden.

Chruschtschow: Ich bin erstaunt über die Äußerung von Herrn Adenauer, da ich ihm zweimal gesagt habe, daß wir die Bitte der bundesdeutschen Regierung über die festgehaltenen Personen in günstigem Sinne und vom Standpunkt der Humanität aus betrachten, daß uns zu dieser Frage auch ein Ersuchen der Regierung der DDR vorliegt, daß wir keinerlei schriftliche Verpflichtungen abgeben, die eigentlich auch gar nicht erforderlich sind, wohl aber ein Ehrenwort geben, daß diese Frage erörtert und wohlwollend entschieden wird.

Adenauer: Gestern hat mich Bulganin bei einem Empfang gefragt: Erstens – sind Sie durch Verpflichtungen gebunden, keine diplomatischen Beziehungen zur Sowjetunion aufzunehmen? Ich antwortete: Nein, wir sind nicht gebunden. Zweitens – wird die Entscheidung dieser Frage durch das Problem der Anerkennung der Deutschen Demokratischen Republik behindert? Ich habe bejahend geantwortet und erklärt, man brauche völkerrechtliche Klauseln, damit die Herstellung von diplomatischen Beziehungen zwischen der UdSSR und der BRD nicht falsch interpretiert wird. Drittens – über die Deutschen, die in der Sowjetunion festgehalten werden. Ich sagte Bulganin: Verstehen Sie unsere Lage, es handelt sich nicht lediglich um die Menschen, die Verbrecher sind, sondern auch um eine Menge anderer Menschen, die hier festgehalten werden und keine Repatriierungsmöglichkeit haben. In den vergangenen zwei Jahren erhielten wir aus der Sowjetunion Briefe von etwa 130000 bis 140000 Menschen, die gerne nach Deutschland zurückkehren würden. Ich habe Bulganin ersucht, die unterstellten sowjetischen Organe anzuweisen, daß sie unsere Verhandlungen nicht zu dem Zweck benutzen würden, den Briefwechsel der genannten Deutschen mit Deutschland zu unterbinden. Bulganin sagte mir: Stellen Sie keine Vorbedingungen, in einer Woche werden alle diese Personen allmählich abgefertigt. Wir möchten bitten, diese Übereinkunft durch den Austausch von Schreiben zu bestätigen, die allerdings nicht veröffentlicht werden.

Bulganin: Ich möchte die Anzahl präzisieren, die über 9626 Personen hinausgeht. Ich habe gestern Adenauer gesagt, wir wissen nicht, welche Personen gemeint sind... Dann hatten wir ein Gespräch zu dritt – Adenauer, Chruschtschow und ich. Wir haben vereinbart, daß wir die Frage der festgehaltenen Personen nicht in einem Dokument niederschreiben werden, daß wir als Gentlemen versprechen, sie ohne irgendwelche Papiere und in günstigem Sinne zu entscheiden... Zudem bemerkte Chruschtschow, daß bei uns in der Mappe neben Ihrem Antrag auch die Bitte des Präsidenten Wilhelm Pieck liegt. Wir haben auch vermerkt, daß wir die Entscheidung dieser Frage nicht hinauszögern werden...

Adenauer: Ich habe gestern den Dolmetscher so verstanden, daß Sie von uns keine Vorbedingungen akzeptieren können, jedoch im Zusammenhang mit der Herstellung der diplomatischen Beziehungen die Frage über die festgehaltenen Personen entscheiden werden.

Bulganin: Wir sagen das auch heute wieder.

Adenauer: ... Unser Material über 130000 Deutsche in der UdSSR wurde vom Roten Kreuz zusammengetragen, das wir Ihnen zu einem beliebigen Zeitpunkt vorlegen können. Herr Bulganin hat zu Recht gesagt: Keinerlei Bedingungen oder Klauseln bei der Aufnahme der diplomatischen Beziehungen. Ich habe das akzeptiert und zugestimmt, diese Fragen getrennt zu behandeln. Wenn aber schon heute solche Mißverständnisse aufkommen, dann hat es keinen Sinn, mechanisch Botschafter auszutauschen, da in einiger Zeit diese Frage wieder aufgeworfen wird. Wenn wir tatsächlich nicht lediglich diplomatische Beziehungen aufnehmen wollen, dann müssen wir Schreiben über die Heimkehr der deutschen Staatsbürger austauschen...

Bulganin: Wir haben Ihnen gestern ein Ehrenwort gegeben. Genügt das nicht? Ist es nicht beleidigend, von uns auch noch ein schriftliches Dokument zu dieser Frage zu verlangen? Sie haben nicht den Wunsch, das zu berücksichtigen, was wir Ihnen gestern gesagt haben, wobei Sie gestern zugestimmt haben...

Ich höre zum ersten Mal die Zahl 130000 Personen. Gestern haben wir auf der Plenartagung offiziell erklärt, daß uns – abgesehen von 9626 Personen – darüber nichts bekannt ist. Heute haben Sie diese Haltung schon verändert, indem Sie von 130000 Menschen oder von 130000 Briefen sprechen.

Adenauer: Briefe von 130000 Menschen.

Chruschtschow: Wenn der Kanzler sagt, Briefe von 130000 Menschen, dann ist er vermutlich bereit, uns diese Briefe oder die Anschriften der Absender zur Verfügung zu stellen. Wir würden sie prüfen und Ihnen eine Antwort geben.

Adenauer: ... Ich habe diese Anzahl genannt, aber ich weiß nicht, ob sie noch alle leben ... Und Sie haben gesagt, daß wir uns einigen und Sie die Menschen eine Woche nach der Aufnahme der diplomatischen Beziehungen entlassen werden.

Bulganin: Wir haben aber keine Anzahl genannt...

Chruschtschow: Es handelt sich um Deutsche in Haft, das heißt um 9626 Personen. Der Kanzler aber hat von 130 000 Briefen von Deutschen gesprochen, die diese aus der UdSSR in den vergangenen zwei Jahren abgesandt haben.
Adenauer: Die Verwandten haben diese Briefe erhalten.
Chruschtschow: Sie sind aber vermutlich an die Bundesregierung weitergeleitet worden.
Adenauer: Und an das Rote Kreuz.
Chruschtschow: Ich habe das eben so verstanden. Ich habe von dieser Anzahl zum ersten Mal gehört. Wenn Sie diese Zahl gebrauchen, so kann ich sagen, daß wir bereits seit 38 Jahren bestehen und so viele Märchen über die Sowjetunion gehört haben, daß wir natürlich sensibel auf böswillige Lügengeschichten reagieren. Das sind Elemente des kalten Krieges, die noch mehr Hindernisse auftürmen und die Beziehungen zwischen unseren Staaten belasten sollen, um die Herstellung normaler diplomatischer und erst recht freundlicher Beziehungen zwischen der UdSSR und der BRD zu verhindern… Denken Sie mal selbst darüber nach: Wozu brauchen wir diese Menschen? Zu welchem Zweck?
Adenauer: Ich verstehe nicht, warum wir uns hier aufregen.
Chruschtschow: Weil man uns nicht glaubt! Wir haben unsere Antwort gegeben. Wenn Sie uns eine Auflistung dieser Menschen geben, werden wir sie erörtern. Und wenn es sich herausstellt, daß sich in der Sowjetunion tatsächlich Deutsche befinden, versprechen wir Ihnen, sie genauso wie die inhaftierten Deutschen zurückzugeben… Wir übergeben den beiden Republiken – der BRD und der DDR – alle 9626 inhaftierten Deutschen. Was die verbleibenden 130 000 Personen betrifft, die unserer Ansicht nach ein Mythos sind und über die wir keine Listen haben, so können wir dafür keine Verantwortung übernehmen.
Bulganin: Und wenn sich herausstellt, daß wir mehr als 9626 Menschen haben, werden wir sie alle zurückgeben.
Adenauer: Etwas anderes will ich auch nicht. Ich kann nicht erwarten, daß sie alle bei Ihnen sind. Sie haben das Recht, unsere Angaben zu überprüfen. In diesem Fall werden wir diese Frage als entschieden betrachten.[29]

September 1955
Mit Adenauer und Chruschtschow an einem Tisch

Mit Alexander Bogomolow, dem sowjetischen Dolmetscher bei den Verhandlungen im September 1955 in Moskau, sprach 1990 IAN-Korrespondent Sergej Martynow.
In der geräumigen Wohnung Alexander Bogomolows im Westen Moskaus habe ich einige Stunden verbracht. Der 1990 68jährige Rentner widmet seine ganze Zeit seinem Lieblingshobby: er gestaltet Holz- und Steinerzeugnisse. Auf dem Tisch, an dem wir sitzen, liegt eine noch unvollendete Kamee, die er seiner Frau zum Geburtstag schenken wird…
»Alle deutschen Angelegenheiten sind für mich vorbei«, scherzt der Hausherr. »Jetzt ist für mich das hier wichtig« – er zeigt auf seine Holzsammlung. Ich bemühe mich dennoch, das Gespräch in eine andere Bahn zu lenken. Wir kommen auf die Ereignisse zu sprechen, die sich vor 35 Jahren zutrugen.
Das ganze Leben Alexander Bogomolows war mit Deutschland und den Deutschen verbunden. Er kämpfte gegen sie im letzten Krieg, studierte Germanistik an der Moskauer staatlichen Hochschule für Fremdsprachen, arbeitete als Dolmetscher im Sekretariat der Sowjetischen Kontrollkommission in Deutschland, anschließend im Außenministerium – in den Botschaften in der DDR und in der BRD – und schließlich im ZK der KPdSU. Er schlägt ein dickes Album auf, das allerdings Lücken aufweist: Einige Fotos hat sich das ZDF »ausgeliehen«. Aber auch die verbliebenen Aufnahmen hinterlassen einen tiefen Eindruck. Ich erkenne Menschen, die die Geschichte ihrer Staaten bestimmten. Sie haben fast alle

längst die politische Arena verlassen, viele leben schon nicht mehr: Sie sind dahingeschieden und haben höchstens ein paar Seiten in den Schulbüchern und zum Teil ihre Memoiren hinterlassen.
Alexander Bogomolow, ein Zeitgenosse dieser Menschen, war beteiligt an den Ereignissen, von denen hier die Rede ist. Und das Gespräch mit ihm überzeugt mich erneut: Es ist spannend und erschreckend zugleich, in der Vergangenheit zu wühlen. Über die Verhandlungen im September 1955 berichteten die Medien, und es gibt die Protokolle in den Archiven. Aber sicherlich gab es auch Momente, die nicht in den damaligen Berichten und Protokollen festgehalten sind. Alexander Bogomolow schildert uns einige solcher Episoden aus dem Jahre 1955.

Versuchskaninchen

Anastas Mikojan, damals Mitglied des Präsidiums des ZK der KPdSU und Handelsminister der UdSSR, war im Frühjahr 1955 an der Spitze einer Partei- und Regierungsdelegation der UdSSR in der DDR eingetroffen. Eine ganze Woche lang hatte ich dabei von sieben Uhr morgens bis ein Uhr nachts für ihn gedolmetscht. Bei seiner Abreise geschah etwas auf dem Flughafen, das eigentlich das ganze Thema einleiten kann: Mikojan geht also mit dem Botschafter Georgi Puschkin zu seiner Maschine; Pjotr Tschistow, der Assistent von Mikojan, und ich folgen ihnen. Plötzlich wandte sich Tschistow an mich: »Sascha, in Westdeutschland wird demnächst die Eishockey-Weltmeisterschaft ausgetragen. Ich beneide Dich, Du kannst ja hinreisen.«
Ich: »Was? Bist Du wahnsinnig? Nach Westdeutschland? Ich darf nicht einmal wagen, daran zu denken!«
Er: »Ich könnte das für Dich arrangieren.« Er ging zu Mikojan und fragte: »Anastas Iwanowitsch, Bogomolow hat für Sie so gut gedolmetscht...« Mikojan kaute auf seiner Lippe und fragte: »Na und? Das ist doch normal. Was ist denn?«
Tschistow: »Darf er vielleicht nach Westdeutschland reisen? Lassen Sie ihn doch zur Eishockey-Weltmeisterschaft fahren!« Puschkin lachte und drohte mit dem Finger: »Ich werde Dir helfen! Eishockey!« Mikojan aber schwieg.
Vier Wochen später – ich hatte dieses Gespräch längst vergessen – wurde ich unvermittelt zu Puschkin bestellt: »Lapin, Du und Akopow, ihr fahrt nach Westdeutschland, für etwa drei Wochen – zur Eishockey-Weltmeisterschaft!«
Damals war bereits entschieden worden, eine bundesdeutsche Delegation nach Moskau einzuladen. Wir aber wurden als Touristen mit einem sowjetischen Wagen von Berlin aus in die Bundesrepublik gebracht. Uns war die Rolle von Versuchskaninchen zugedacht worden: Man wollte sehen, ob wir dort angegriffen, geschlagen oder gar angeschossen werden. Kurzum, man wollte sehen, wie man auf sowjetische Menschen in der BRD reagiert. Somit fuhren wir hin – und wurden völlig normal behandelt.
Das war im März 1955. Und am 7. Juni wurde in der bundesdeutschen Botschaft in Paris eine Note der sowjetischen Regierung mit der Aufforderung übergeben, Verhandlungen über eine Normalisierung der Beziehungen zwischen den beiden Staaten aufzunehmen.

Die deutsche Vereinigung

Die Verhandlungen waren also von unserer Seite aus initiiert worden. Chruschtschow, Bulganin und Molotow verwiesen in dieser Zeit wiederholt darauf, daß die Aufnahme diplomatischer Beziehungen zwischen der BRD und der UdSSR es gestatten würde, das Grundproblem des deutschen Volkes – die Wiederherstellung eines einheitlichen Deutschlands – zu lösen. Damals wurde dies als eine abstrakte Aussage aufgefaßt. Heute, im September 1990, stellt sich die Relevanz dieser Ausführungen heraus. Die sowjetische Seite unterstrich vor 35 Jahren, daß eine Vereinigung der beiden deutschen Staaten erst stattfinden wird, wenn die Deutschen dieses Problem selbst anpacken. Dies wird durch die heutigen Ereignisse nachhaltig bestätigt. Die Deutschen gehen an ihre Vereinigung mit der Zustimmung der UdSSR und der drei anderen Großmächte heran. Die deutsche Vereinigung ist in vieler Hinsicht ein Ergebnis unserer Initiative, unseres guten Willens und des neuen Denkens. Wenn man sich in der DDR, in Polen und anderen Staaten von der sowjetischen Perestroika nicht so abgeschirmt hätte, hätte sie dort auch vor fünf Jahren begonnen. Außerdem möchte ich sagen, daß der Sozialismus keine Entscheidung der DDR war, zumal viele sozialistische Gedanken entstellt wurden. Daher ging es auch so schnell mit der Vereinigung. Mit Zwang kann man niemanden glücklich machen ...

Lampenfieber

Ich war Berufsdolmetscher. Nach der Hochschule arbeitete ich knapp drei Jahre als Chefdolmetscher im Sekretariat der Sowjetischen Kontrollkommission in Deutschland, wo ich stundenlang fünf- bis sechsmal in der Woche dolmetschen mußte. Anschließend wechselte ich in den diplomatischen Bereich und wurde ein- bis zweimal im Jahr als Dolmetscher bei Treffen auf hoher Ebene eingesetzt. Ein Dolmetscher muß wie ein Musiker täglich stundenlang an seinen Kenntnissen feilen.
Am 7. September wurde mir gesagt: Du mußt dich vorbereiten. Wie aber sollte ich mich vorbereiten? Ich konnte doch nicht sagen: Laßt mich für eine halbe Stunde zu Adenauer durch, ich möchte ihn wenigstens mal sehen.
Auf der deutschen Seite waren Braun, Keil und noch jemand zugegen, für unsere Seite mußte ich allein auftreten. Ich war sehr aufgeregt: Man muß doch ständig mit dabeisitzen, darf sich nicht ablenken lassen, muß alles deutlich verstehen, darf keinen sinnentstellenden Fehler zulassen, denn er könnte die Verhandlungen gefährden. In den vier Verhandlungstagen habe ich rund fünf Kilo abgenommen, weil meine Nerven bis zum äußersten angespannt waren.
Am Anfang hatte ich wie ein Künstler vor dem Auftritt Lampenfieber. Danach ging es leichter. Ich hatte Kontakt zu Chruschtschow und Adenauer wie auch zu den anderen Politikern bekommen. Die Verhandlungspartner drückten sich gebildet aus, sprachen deutlich und vertraten auch deutliche Positionen. Es gab also keine Probleme. Ich erinnere mich, wie jemand von unserer Seite sagte: »Gut. Wir treffen uns heute abend.« Ich übersetzte: »Wir sehen uns heute abend.« Wladimir Semjonow, der damalige stellvertretende Außenminister, korrigierte: »Wir treffen uns, aber nicht – wir sehen uns.« Nach ein paar Minuten machte er wieder eine Korrektur. Die Anwesenden sahen mich an, als wollten sie fragen: »Was ist das für ein Dolmetscher, der immer wieder korrigiert wird?« Ich stand auf und sagte: »Wladimir Semjonowitsch, Sie stören mich bei der Arbeit, wenn Sie mich unterbrechen.« Unser ganzes Politbüro saß dabei, die Deutschen ... Semjonow verstummte. Er hatte schlechte Deutschkenntnisse, war aber ein kluger Mann, nicht nachtragend.

»Uns weht der Wind ...«

Bei den ersten Treffen legten die Verhandlungspartner ihre grundsätzlichen Einstellungen dar. Es verlief alles etwas eintönig und es zeichnete sich noch keine Übereinkunft ab. Dann entstand eine kritische Situation. Adenauer hatte die Heimkehr der deutschen Kriegsgefangenen gefordert. Unsere Seite widersprach ihm: Sie seien verurteilte Kriegsverbrecher. Wir erinnerten ihn an die Greueltaten deutscher Truppen auf sowjetischem Boden. Der Bundeskanzler erwiderte, es stimme, daß die deutschen Truppen in Rußland eingefallen sind und daß viel Schlechtes geschehen ist. Es stimme aber auch, daß dann die russischen Armeen nach Deutschland kamen und damals auch in

Deutschland im Krieg viele Greueltaten verübt wurden. Der Angriff ist bekanntlich die beste Verteidigung. Adenauer hatte genau dieses Verfahren angewandt.
Ihr habt euch auch in entsprechender Weise aufgeführt, als ihr zu uns gekommen seid. Da es sich aber vorher um Massenmord an sowjetischen Menschen, um die Zerstörung sowjetischer Städte und Dörfer handelte, hat uns Adenauer mit dem starken Begriff »Greueltaten« praktisch mit Hitler auf eine Stufe gestellt. Diese absolut taktlose, ungerechte und beleidigende Phrase hätte die Verhandlungen beinahe zum Scheitern gebracht.
Chruschtschow erwiderte damals aufgebracht: Die sowjetischen Truppen vertrieben die Eindringlinge aus ihrem Land und verfolgten sie, weil sie sich nicht ergaben... Sie konnten nicht auf halbem Wege haltmachen und mußten den Feind zerschlagen. Die sowjetischen Truppen setzten den Krieg fort, der uns von den deutschen Faschisten aufgezwungen worden war, vernichteten den Feind, erfüllten ihre Pflicht gegenüber ihrem Volk und vergossen ihr Blut...
Etwas später stellte sich heraus, daß die Deutschen bevorzugt nur Probleme der deutschen Wiedervereinigung und die Heimkehr der Kriegsgefangenen besprechen wollten. Chruschtschow konnte sich nicht mehr zurückhalten und sagte: Wenn unsere geehrten Partner jetzt nicht bereit sind zu verhandeln und eine Übereinkunft über die Aufnahme diplomatischer, handelsrechtlicher sowie kultureller Beziehungen anzustreben, dann können wir auch warten – uns weht es hier nicht... Er hatte sich dabei etwas erhoben und zeigte mit der Hand auf sein Hinterteil. Die Stenografin, die nicht auf die Gesten achtete, hatte niedergeschrieben: »Uns weht es nicht.«
Abends sahen wir das Stenogramm durch. Ich wurde gefragt: Was soll denn das? Ich erläuterte die Situation. Nach einigem Hin und Her korrigierte schließlich ein Assistent von Chruschtschow: Uns weht der Wind nicht ins Gesicht. So wurde dieser Satz dann auch im Protokoll festgehalten.

Ein Ehrenwort

Das Thema »Greueltaten« tauchte übrigens bei dem nächsten Treffen am 12. September wieder auf. Dort ergriff Carlo Schmid das Wort. Er sprach etwa zehn Minuten lang in einem versöhnlichen Geiste: An dem russischen Volk seien Greueltaten verübt worden, wie sie bis dahin in der Weltgeschichte unbekannt waren. Er wolle unterstreichen, daß eine moralische Verantwortung für diese Greueltaten auch jene tragen, die daran nicht beteiligt waren, weil auch diese Menschen dieses Regime hätten verhindern können... Es sei für die Deutschen immer beschämend, die Menschen um etwas zu bitten, die Opfer jener Verbrechen geworden seien, die im Namen des deutschen Volkes begangen wurden, fuhr Schmid fort und wiederholte dann die Bitte der deutschen Delegation, ehemalige deutsche Kriegsgefangene, die in der UdSSR als Kriegsverbrecher verurteilt worden waren, heimkehren zu lassen. Schmid erklärte, er bestreite nicht die Tatsache, daß die Anwendung der sowjetischen Gesetze ausschließlich eine Angelegenheit der Sowjetunion sei. Er appelliere nicht an die Gerechtigkeit, er appelliere an die Großmut des russischen Volkes, eine Großmut, von der er so viele Beispiele gehört habe. Schmid ersuchte die sowjetische Seite, zumindest eine Erklärung abzugeben, die Hunderttausenden Menschen eine Hoffnung geben würde.
Meiner Ansicht nach hat die Rede Schmids die Verhandlungen gerettet, obwohl Adenauer anschließend wieder ultimativ betonte, nur eine befriedigende Entscheidung über die Kriegsgefangenen würde es gestatten, die Beziehungen zu normalisieren. Chruschtschow antwortete: »Glauben Sie uns, wir verstehen gut die Gefühle der Menschen, die im Krieg ihre Nächsten verloren haben. Im Sowjetland findet sich keine einzige Familie, die in diesem Krieg nicht ihre Nächsten verloren hätte. Als Vater, der im Krieg seinen Sohn verloren hat, verstehe ich völlig diese Gefühle. Anastas Mikojan hat ebenfalls seinen Sohn im Krieg verloren.

Und nicht nur wir, sondern viele sowjetische Regierungsmitglieder, Vertreter unserer Staatsführung, haben ihre Nächsten verloren. Das ganze sowjetische Volk hat viele Opfer gebracht. Wir gehen jedoch nicht von Rachegefühlen aus. Anderenfalls hätten wir uns nicht um diplomatische Beziehungen zur Bundesrepublik bemüht.«
Nach der ersten Sitzung waren alle schweigsam, jedoch ohne Erbitterung auseinandergegangen. Am Abend gab es dann im Kreml einen Empfang. Der Georgssaal war voller Gäste. Am Tisch des Präsidiums saßen die Delegationsleiter. Es wurde gegessen und getrunken. Unsere Vertreter fragten die Deutschen: Nun, werden wir diplomatische Beziehungen aufnehmen oder nicht? Wir reden nun schon seit einigen Tagen miteinander – und es gibt immer noch keine Ergebnisse. Dann sagte Bulganin: Gut. Wir geben euch eure Gefangenen zurück – Ehrenwort!

»Prowodniki«

Bulganin stand auf und brachte einen Trinkspruch aus. Keil mußte das übersetzen, weil er näher zu Bulganin saß. Bulganin: »Ich erhebe dieses Glas auf die Herstellung normaler diplomatischer und freundschaftlicher Beziehungen zwischen der Sowjetunion und der Bundesrepublik Deutschland sowie auf die Wegbereiter dieser Politik – die führenden Politiker der BRD und der Sowjetunion.« Unvermittelt stockte Keil, schwieg und flüsterte mir dann zu: »Was heißt das auf deutsch – ›Prowodniki‹?« Ich sagte ihm leise: »Wegbereiter«. Er nickte dankend und übersetzte weiter. Die Pause dauerte zwölf bis fünfzehn Sekunden. Hätte er den Faden verloren – es wäre ein Skandal gewesen. Keil schenkte mir später für meine Hilfe ein kleines Büchlein mit Gedichten von Goethe.
Adenauer erwiderte den Trinkspruch: »Wir hatten in den letzten Tagen sehr freimütige, mitunter auch scharfe Gespräche mit der Führung der sowjetischen Regierung. Mein Nachbar zur Rechten, Herr Chruschtschow, äußerte sehr freimütig seine Gedanken, und solch einem Menschen kann man vertrauen. Sie haben in den Zeitungen über unsere Gespräche gelesen. Was in den Zeitungen geschrieben wird, ist häufig richtig, aber nicht immer. Ich möchte sagen, daß wir hier in Ihrer Gegenwart sehr wichtige und entscheidende Gespräche führten.« Er meinte die Übereinkunft über die Heimkehr der Kriegsgefangenen und die Aufnahme der diplomatischen Beziehungen, über die erst jetzt an diesem Tisch Einigung erzielt worden war.

Der Vorteil der Kommunisten

Am letzten Tag, dem 13. September, gab es so gut wie keine Verhandlungen mehr: Vereinbart wurden der Wortlaut der Schreiben, die die Delegationsleiter austauschen sollten, sowie das Schlußkommuniqué. Alles war bereits entschieden worden, und man mußte nur noch die Protokolle und Dokumente abfassen.
An diesem Tag wurde ein Essen zu Ehren der bundesdeutschen Delegation gegeben, bei dem auch die Mitglieder des Präsidiums des ZK der KPdSU anwesend waren. Adenauer hatte einiges getrunken und wirkte heiter. Er kannte sich gut in Weinsorten aus. Kostend trank er den Wein, wurde aber nicht betrunken: ein starker alter Mann …
»Ich schicke Ihnen eine Sammlung unserer Rhein- und Moselweine«, sagte er zu Bulganin. Bulganin: »Und Sie bekommen eine Sammlung unserer Weine.« Adenauer sah auf die Anwesenden am Tisch und sagte zu Bulganin: »Werfen Sie nur keine Perlen vor die Säue.« Ich war zunächst wie gelähmt: Er sitzt an der Tafel, trinkt und ißt und nennt die Anwesenden »Säue«! Später habe ich natürlich verstanden, was Adenauer damit gemeint hatte: Nur Kenner verstehen etwas von Wein, die er allerdings unter den Anwesenden nicht entdeckt habe. Molotow bemerkte damals: »Ja, das ist aus der Bibel.« »Sie kennen die Bibel?« fragte Adenauer. Molotow: »Wir Kommunisten haben immer einen Vorteil: Wir kennen das Kommunistische Manifest und die Bibel, Sie aber nur

die Bibel ...« Molotow hatte damit auf eine Bemerkung Adenauers reagiert, die ihm gegolten hatte.
Adenauer verhielt sich gegenüber Molotow reserviert und gab bei Gelegenheit zu verstehen, was er von ihm hielt. So fuhren die Deutschen einmal auf dem Gartenring am Smolenskaja-Platz vorbei. Anschließend fragte Adenauer Chruschtschow im Kreml: »Was ist das für ein Riesengebäude auf dem Ring?« Chruschtschow: »Das ist das Ministerium für Auswärtige Angelegenheiten.« Adenauer: »Ach so, dachte ich es mir doch: soviel Raum für soviel Dummheit ...« Molotow mußte das gehört haben, aber als Mensch mit »eiserner Disziplin« hatte er eine Reaktion unterdrückt. Aber dann revanchierte er sich seiner Ansicht nach bei dem »Weingespräch«.
Die Weinkollektionen wurden übrigens tatsächlich ausgetauscht.[30]

Kriegsverbrecher oder Kriegsgefangene

Immer wieder erreichen Redaktionen sowjetischer Zeitungen Briefe ehemaliger deutscher Kriegsgefangener in der Sowjetunion, die unterschiedlichste Erinnerungen – von schrecklichen bis hin zu guten – enthalten.
Ein Brief von Kurt Brinkmann aus Osterholz-Scharmbeck ist insofern von besonderer Art, als er nicht zu jenen gehörte, die mit der Masse der ehemaligen Kriegsgefangenen heimkehren durften: Er wurde verurteilt und mußte zehn Jahre Straflager in der UdSSR verbüßen. Seine Rückkehr verdankte er jenen Moskauer Gesprächen zwischen Bundeskanzler Adenauer und der sowjetischen Führung im September 1955.
In dem Brief von Kurt Brinkmann heißt es:

Ich bin ein ehemaliger deutscher Kriegsgefangener, der als solcher nahezu zehn Jahre in der Sowjetunion gelebt hat. 1948 wurde ich gemeinsam mit anderen ehemaligen deutschen Soldaten in Minsk vom dortigen Militärtribunal zu 25 Jahren Arbeits- und Besserungslager auf dem Territorium der Sowjetunion verurteilt. Dem Urteilsspruch waren zwei Jahre Aufenthalt im Gefängnis Nr. 1 der belorussischen Hauptstadt vorausgegangen, ihm folgten zwei Jahre in einem Straflager in Workuta und weitere Jahre Zwangsaufenthalt im einstigen Stalingrad und in Asbest am ostwärtigen Rand des Mittleren Ural...

Ich bin einer von nahezu 27 000 ehemaligen kriegsgefangenen deutschen Soldaten, die in der Sowjetunion in den Jahren 1948 bis 1950 auf Geheiß Stalins zu schweren Kriegsverbrechern erklärt und mit Höchststrafen belegt wurden. Es mag sein, daß einige der Verurteilten tatsächlich schuldig – persönlich schuldig – waren, die weit überwiegende Masse war es gewiß nicht ... Zahlreiche Verurteilungen stützten sich in den ersten Nachkriegsjahren ausschließlich auf die Zugehörigkeit zu einer Einheit oder Organisation, oder auch nur auf eine bloße Schuldvermutung. Die sogenannten Kriegsverbrecherprozesse in der Sowjetunion waren meistens gerichtliche Schnellverfahren, die den Angeklagten keine Chance zur Verteidigung ließen ... »Geständnisse« waren nicht selten durch Drohungen und Erpressungen, gelegentlich durch Folterungen erzwungen. Die Verfahren ... waren – so wie ich sie erlebt habe – ein Hohn auf jegliches Recht. Auch das Strafmaß ... war absurd. Als Einheitsstrafmaß wurde weit überwiegend zu 25jähriger Lagerhaft verurteilt. Darüber hinaus hatte das Rechtsmittel der sogenannten Kassationsbeschwerde – nach meiner Kenntnis – niemals Erfolg.

Und ich denke, daß man mit Recht und vielfach begründet von Stalins Straf- und Rachejustiz gegen die ehemaligen deutschen Soldaten in den ersten Nachkriegsjahren sprechen darf ... Darum meine ich, daß hierher auch die Forderung nach einer Revision der während der Stalinära ergangenen Unrechtsurteile gegen deutsche Soldaten gehört. Dies um so mehr, weil heute unbestritten sein dürfte, daß

Die Heimkehrer. »Wir schwören, nicht gemordet, nicht geschändet und nicht geplündert zu haben!« Der berühmte Schwur der Heimkehrer aus Moshaisk 1955 in Friedland. Foto: Bundesarchiv Koblenz

bis in die fünfziger Jahre von der sowjetischen Justiz vielfach gegen die eigenen gesetzlichen Bestimmungen (hier: Strafgesetzbuch der Russischen Föderation) verstoßen wurde … Es erscheint mir auch heute unbestritten zu sein, daß den seinerzeit gegen die deutschen Soldaten ergangenen Urteilen keineswegs rechtliche Normen nach internationalen Maßstäben zugrunde lagen.

Dabei möchte ich sehr gerne auch sagen, daß von den Verantwortlichen in der Sowjetunion nach Stalins Tod die gegen uns ergangenen Unrechtsurteile einem humanitären Denken untergeordnet wurden, wenn diese Humanität auch von einem politischen Kalkül mitbestimmt war. Gleichwohl möchte ich dankbar anerkennen, daß die Freigabe der deutschen Kriegsverurteilten durch die Sowjetunion Mitte der fünfziger Jahre ein dunkles Kapitel der Nachkriegszeit beendete und damit in erheblichem Maße dazu beigetragen hat, Groll und Bitterkeit in unserem Volke abzubauen …

Darüber hinaus meine ich, daß es 45 Jahre nach Kriegsende und im Zeichen der Erneuerung durch Glasnost und Perestroika in ihrem Lande an der Zeit ist, Unrechtsurteile aufzuheben und die Betroffenen zu rehabilitieren … Daneben bitte ich Sie nicht zuletzt, die von mir angesprochenen Gedanken auch im Interesse einer weiteren Aussöhnung zwischen dem sowjetischen und dem deutschen Volk aufzugreifen und ihnen nachzugehen …

Über den Brief Kurt Brinkmanns sprach IAN-Korrespondent Sergej Martynow mit dem Historiker und Germanisten Dr. sc. Lew Basymenski aus Rußland. Dem fügte er nach einem Gespräch mit einem Vertreter der Unionsstaatsanwaltschaft eine Nachbemerkung an:

Bei den Verhandlungen im September 1955 in Moskau sprach Bundeskanzler Adenauer von 130 000 Deutschen, die in der UdSSR festgehalten würden. Der sowjetische Premier Bulganin wandte ein: Alle Kriegsgefangenen seien freigelassen und in die Heimat zurückgeschickt worden, in der UdSSR befänden sich zum 1. September lediglich noch 9626 Kriegsverbrecher der ehemali-

gen Hitlerarmee. Entsprechend dem Erlaß des Präsidenten des Obersten Sowjet der UdSSR vom 28. September 1955 wurden 8877 Personen, die wegen der von ihnen während des Krieges verübten Verbrechen gegen das sowjetische Volk ihre Strafe verbüßten, amnestiert und in die Heimat zurückgeschickt. 749 Personen aber, die besonders schwere Verbrechen verübt hatten, wurden zur weiteren Verfügung den Regierungen der beiden deutschen Staaten überstellt. Das waren also 9626 Personen. Kurt Brinkmann bezeichnet sich jedoch als einen »von nahezu 27 000« Gefangenen. Was ist zu dieser Zahl zu sagen?

Aufgrund der Dokumente die in den Archiven der Hauptverwaltung für Angelegenheiten der Gefangenen und Internierten des Volkskommissariats für Inneres der UdSSR (GUPWI) zutage gefördert wurden, unterliegt die Zahl 9626 keinem Zweifel. Das wichtigste ist jedoch, daß sie in den Berichten der Hauptverwaltung der Lager (GULAG) enthalten ist. Den Leitern dieser Lager, die neben anderem auch für die Lebensmittelversorgung zuständig waren, stand der Sinn nicht nach Propaganda: Sie hatten es schließlich mit realen Gefangenen in den Lagern zu tun.

Wie aber kam es, daß sich im September 1955 – dem Zeitpunkt des Besuches von Bundeskanzler Adenauer in Moskau – in den sowjetischen Lagern noch knapp 10 000 Deutsche befanden?

Man muß wissen, daß zu dem Zeitpunkt, als die Regierung der Bundesrepublik die Frage nach der Heimkehr der Kriegsgefangenen stellte, die Repatriierung, die sofort nach dem Krieg begonnen hatte, praktisch schon beendet war. Aus dem Dokument auf den Namen Molotow, unterschrieben von den Leitern der GUPWI, geht hervor, daß bis Mai 1947 bereits 1 003 574 Personen in ihre Heimat entlassen worden waren und sich im November 1947 in den Lagern noch 912 877 Gefangene befanden. Das Jahr 1947 war also gewissermaßen der Scheidepunkt. Ende 1947 und Anfang 1948 wurden weitere rund 800 000 Personen entlassen. Ende 1949 befanden sich noch 80 744 Gefangene in den Lagern, und diese Zahl verringerte sich ständig weiter, so daß im September 1955 tatsächlich nur noch rund 10 000 Personen in den Lagern waren.

Waren alle diese 10 000 Gefangenen an Verbrechen gegen die Menschlichkeit beteiligt und demgemäß Kriegsverbrecher?

Heute, aufgrund der Dokumente, ist die Antwort auf diese Frage eindeutig: Nein. Im Prinzip war die Verurteilung von Kriegsverbrechern sogar die Pflicht der sowjetischen Regierung entsprechend den von ihr getroffenen internationalen Vereinbarungen; so gesehen waren diese Prozesse absolut gesetzlich. Eine Reihe dieser Prozesse fand sofort nach Kriegsende statt. Es gab sogar öffentliche Prozesse: in Charkow, Krasnodar und in Riga. Von 1945 bis 1946 fanden rund 200 und 1947 sogar 717 Prozesse statt. Danach gab es jedoch jähe Veränderungen.

Im April 1948 verlangte Molotow von den Staatsanwaltschaften und dem GUPWI Angaben über den Gang der Verurteilungen von Kriegsverbrechern. Das hing mit den Verpflichtungen zusammen, die die UdSSR gegenüber den anderen Siegermächten eingegangen war. Molotow wurde berichtet, daß bis April 1948 insgesamt 1112 Kriegsverbrecher verurteilt worden waren. Ich habe aus den Unterlagen den Eindruck gewonnen, daß die in dieser Zeit durchgeführten Prozesse im Grunde ausreichend dokumentiert waren: Es waren nur wenige Jahre seit dem Ende des Krieges vergangen, und die äußerst niedrige Zahl von Verurteilungen sprach für sich selbst. Sie bot zudem die Möglichkeit einer individuellen Überprüfung. Was aber geschah danach?

Der Stellvertreter Molotows war zu dieser Zeit Wyschinski, der 1949 Außenminister und 1953 Ständiger Vertreter der UdSSR bei der UNO wurde. Die Argumentation dieses exponierten Vertreters der Epoche des kalten Krieges lief, wie einige Dokumente zeigen, etwa auf folgendes hinaus: Der kalte Krieg ist in vollem Gange, eine antisowjetische Koalition entsteht, Westdeutschland wird militarisiert, es bildet sich der Kern eines antisowjetischen Blocks heraus; es ist folglich absolut unerwünscht, daß ehemalige Offiziere und Generale der deutschen Armee in ihre Heimat zurückkehren und an der Aufstellung einer neuen westdeutschen Armee mitwirken.

Deshalb forderte Wyschinski, daß alle Unterlagen der Prozesse erneut überprüft werden und daß dabei die Zugehörigkeit zur SS oder zur Waffen-SS – unabhängig vom Dienstrang, und unabhängig davon, ob der einzelne Verbrechen verübt hatte oder nicht – seine Verurteilung als Kriegsverbrecher zu zehn oder wie üblich zu 25 Jahren Straflager nach sich zu ziehen habe. Eine solche Forderung enthält der Brief Wyschinskis vom 18. November 1949 an die sogenannte zwischenbehördliche Kommission, die aus Vertretern des NKWD, des Außenministeriums, der Staatsanwaltschaft und des Justizministeriums bestand. Anfangs widersetzte sich die Kommission; unter anderem wandten sich sogar die Vertreter des NKWD gegen diese Weisung. Aber die Autorität Wyschinskis war groß, und hinter ihm stand Stalin. Die Kommission fügte sich schließlich seiner Forderung. Im folgenden Jahr erhöhte sich dann die Zahl der Urteile um das Siebenfache; und 20000 Verfahren wurden neu aufgenommen.

Ging es dabei nur um die Zugehörigkeit zur SS, oder waren auch andere Organisationen bzw. militärische Formationen gemeint?

In erster Linie ging es um die Zugehörigkeit zur SS, aber dann fiel auch alles übrige darunter. Schließlich existierte ein Automatismus des damaligen Systems, und wenn befohlen wurde, Kriegsverbrecher zu finden, so wurden sie gefunden.

Freilich lief auch ein paralleler Prozeß dazu ab, denn deutsche Kriegsgefangene wurden auch weiterhin in die Heimat entlassen.

Was ist Ihnen über den Charakter der Prozesse bekannt?

Alle im Brief von Kurt Brinkmann genannten Thesen in bezug auf die Prozesse von 1948 bis 1950 müssen als richtig anerkannt werden. Ich weiß, daß gegenwärtig mehrere sowjetische Historiker die Archive des NKWD durchforsten; ich habe mit ihnen gesprochen. Tatsächlich gab es für einen bedeutenden Teil der Beschuldigungen keine ausreichende Grundlage. Das Strafmaß »25 Jahre« wurde wie eine Schablone gehandhabt. Es wurden praktisch die nichtöffentlichen Gerichtsverfahren gegen sowjetische Bürger kopiert, in denen die Vorwürfe und Einwände der anderen Seite nicht erörtert wurden und des öfteren auch das konkrete Delikt selbst fehlte.

War die Repatriierung der 10000 verurteilten Deutschen für die sowjetische Führung ein erzwungener, von politischen Erwägungen diktierter Akt? War er wirklich eine Bedingung für die Wiederherstellung diplomatischer Beziehungen zur Bundesrepublik?

Die Repatriierung war praktisch vorbestimmt durch den Verlauf der vorangegangenen Freilassungen. Ob sie eine Bedingung für die Aufnahme der diplomatischen Beziehungen war? So wurde dies in hohem Maße von der deutschen Seite aus bewertet. Adenauer erhob einen ersten politischen Anspruch, indem er erklärte, daß Tausende, wenn nicht gar Millionen von Familien daran interessiert seien. Der größte Teil der Deutschen freilich war in Wahrheit bereits zu Hause, was man in Bonn selbstverständlich wußte.

Können die ehemaligen Kriegsgefangenen aus diesen 10000 Verurteilten gegenwärtig auf eine Rehabilitierung rechnen bzw. auf eine Kassation der ungerechten Urteile?

Erstens ist in der UdSSR noch nicht einmal die Rehabilitierung der Sowjetbürger, die Opfer der Repressalien wurden, beendet; zweitens waren die gegen die Deutschen gefällten Urteile praktisch gegen Bürger eines fremden Staates ausgesprochene Urteile. Ich bin kein Jurist und weiß daher nicht, ob und inwieweit solche Urteile überhaupt Rechtskraft haben, zumal inzwischen so viele Jahre vergangen sind.

Auf keinen Fall aber würde diese juristische Debatte der Verbesserung unserer Beziehungen nützen. Selbst wenn man einige dieser Urteile aufheben würde, so ließe sich kaum vorstellen, welche Woge schlimmer Erinnerungen an begangene Kriegsverbrechen sich in der Sowjetunion erheben würde. Dies würde in gewaltigem Ausmaß die erbitterten Stimmungen unserer Menschen schüren, von denen heute viele – unter den Bedingungen der deutschen Vereinigung – ihre Besorgnis darüber äußern, was das für ein Staat werden und welche Folgen dies für Europa haben wird. Ich meine, daß die Forderung nach einer Überprüfung dieser Prozesse zu nichts Gutem führen wird, und dies um so mehr – davon bin ich überzeugt –, als dies für die rechtliche und die Eigentumslage der früheren Kriegsgefangenen, die in der UdSSR verurteilt wurden, keinerlei Folgen hätte. Sie sind nach der Rückkehr nicht von deutschen Gerichten verurteilt worden. Viele von ihnen haben sich sogar am politischen Leben beteiligt. Alle wurden als Spätheimkehrer eingestuft, was ihnen nicht nur ihre Renten und Pensionen sicherte, sondern auch die Aufnahme von Krediten sowie die Inanspruchnahme anderer Hilfe ermöglichte. Ich kenne keinen einzigen Fall, wo sie wegen der Verbrechen, die ihnen in der UdSSR vorgeworfen worden waren, belangt worden wären. Die in ihre Heimat Entlassenen – selbst jene, die besonders schwere Verbrechen begangen hatten – führten keinerlei Dokumente mit sich, die ihre Schuld bezeugten.

Ich denke, es wäre vernünftig, dieses unangenehme Kapitel unserer gegenseitigen Beziehungen abzuschließen und nicht so sehr über eine juristische Befriedigung als vielmehr über die Gestaltung der künftigen Beziehungen zwischen dem sowjetischen und dem deutschen Volk nachzudenken. Aus eigener Erfahrung weiß ich, daß viele gerade von denen, die diese schweren Jahre ertragen mußten, sich seltsamerweise sogar gute Erinnerungen über jene Zeit bewahrten, da wir alle leiden mußten – deutsche und sowjetische Bürger.

Die Frage nach der Rehabilitierung wird vor allem von der Generation der früheren Kriegsgefangenen gestellt. Haben Sie den Eindruck, daß aus der Sicht der nachfolgenden Generationen, insbesondere der heutigen Jugend, dieses Problem seine Aktualität eingebüßt hat?

Ich empfinde, wie soll ich sagen, keinen Optimismus in dieser Beziehung. Es kommt vor, daß selbst Generationen später plötzlich alte Ansprüche wieder aufkommen. Ich würde es vorziehen, daß sowohl über die tatsächlich begangenen wie über angebliche Kriegsverbrechen heute offene Worte gesprochen werden, solange diese Generation noch lebt. Das würde helfen, all jene Ressentiments abzubauen, die normale Beziehungen zwischen unseren Völkern stören könnten. Die Gespenster kehren oft zurück, und es gilt, dies zu verhindern.

Nachbemerkung:

Bei der Staatsanwaltschaft der UdSSR zeigt man bislang keinerlei Neigung, die Frage einer Rehabilitierung jener deutschen Kriegsgefangenen, die von 1948 bis 1950 verurteilt wurden, ernsthaft zu prüfen. Ein verantwortlicher Mitarbeiter der Staatsanwaltschaft, der viele Jahre mit dem Problem der Bestrafung von deutschen Kriegsverbrechern und ihren Helfershelfern unter den Sowjetbürgern befaßt war, sagte mir in einem »nichtoffiziellen« Gespräch, er sei überzeugt – wie übrigens auch Bulganin und Chruschtschow während der Verhandlungen mit Adenauer –, daß diese alle verdientermaßen ihre gerechte Strafe erhalten hätten. Außerdem richtete er an unsere Adresse den Vorwurf, wir befaßten uns nicht mit unseren Angelegenheiten, denn es falle nicht in die Kompetenz der Presse, die Frage nach einer Rehabilitierung zu stellen. Denjenigen, die eine Überprüfung ihrer Angelegenheiten wünschten, rät der Staatsanwalt, sich an die entsprechenden Organe der Staatsanwaltschaft zu wenden. So empfiehlt er Herrn Brinkmann, eine Anfrage an den Staatsanwalt von Belorußland in Minsk zu richten, wo er 1948 verurteilt wurde.

Staatsanwaltschaft soll Urteile überdenken

Unter »Kriegsverbrecher oder Kriegsgefangene?«, erschienen in der Zeitschrift »Sowjetunion heute« Nr. 10/1990 der damaligen Botschaft der UdSSR, schreibt ein Leser: »Zur Frage der Zahl der in der Sowjetunion verurteilten deutschen Kriegsgefangenen erlaube ich mir, die Vermutung zu äußern, daß Herr Dr. Lew Besymenski ganz offensichtlich von der Anzahl der Kriegsgefangenen ausgegangen ist, die sich noch im September/Oktober 1955 in der Sowjetunion befanden. Dagegen bin ich von der Gesamtzahl aller in dem Zeitraum von 1948 bis 1950 verurteilten deutschen Kriegsgefangenen ausgegangen, die ich mit ca. 27 000 beziffert habe.
Es liegt mir fern, mit meinen Ausführungen Dr. Besymenski zu widerlegen; ich möchte nur richtigstellen und dabei aufzeigen, daß

Eine schier endlose Kolonne deutscher Kriegsgefangener wurde im Juli 1944 durch Moskau geführt – ein Signal für das Scheitern der deutschen Welteroberungspläne. Foto: Bundesarchiv Koblenz

der Vorgenannte bei seiner Betrachtung offensichtlich von einem anderen Zeitpunkt ausgegangen ist als ich. An dieser Stelle erscheint es mir geboten, ja notwendig, Herrn Dr. Lew Besymenski für seine große Offenheit, die in Ihrem Beitrag zum Ausdruck kam, zu danken. Seine Aussage: ›Wenn befohlen wurde, Kriegsverbrecher zu finden, so wurden sie gefunden‹, trifft die Situation jener Jahre nach meiner Ansicht eindeutig. Aber auch sein Erinnern an die Zeit, ›da wir alle leiden mußten – deutsche und sowjetische Bürger –‹, bewegt mich sehr und fordert mich zu neuer Nachdenklichkeit auf.
Dagegen läßt das, was von Herrn Dr. jur. Pustogarow und von dem namentlich nicht genannten Mitarbeiter der Staatsanwaltschaft der UdSSR gesagt worden ist, bei mir die Vermutung aufkommen, daß beide Herren einem höchst konservativen Denken verhaftet sind.
Im Augenblick denke ich nicht daran, der Empfehlung des Herrn Mitarbeiters der Staatsanwaltschaft der UdSSR zu folgen und ›in meiner eigenen Sache‹ eine Anfrage an den Staatsanwalt von Belorußland in Minsk zu richten. Vielmehr neige ich zu der Auffassung, daß die sowjetische Unionsstaatsanwaltschaft oder auch die jeweiligen Staatsanwälte der betroffenen Unionsrepubliken aufgrund des heutigen Wissens- und Erkenntnisstandes überdenken müßten, ob sie nicht nach dem sogenannten Offizialprinzip gehalten sind, die einst gegen die kriegsgefangenen deutschen Soldaten vollzogenen Gerichtsverfahren generell wieder aufzugreifen und alle ergangenen Unrechtsurteile von Amts wegen aufzuheben.«[31]
Zu diesem Thema »Kriegsgefangene oder Kriegsverbrecher« einige persönliche Anmerkungen. Ich selbst kenne Rußland als Soldat und war bei der Schlacht um Stalingrad dabei. Das veröffentlichte Bild einer schier endlosen Kolonne von 57 000 deutschen Kriegsgefangenen, die am 17. Juli 1944 durch Moskau geführt wurden, weckte Erinnerungen. Der Marsch der 91 000 Kriegsgefangenen der Stalingradarmee im

Die bundesdeutsche Delegation bei der Rückkehr 1955 aus Moskau; eine Mutter küßt dem Kanzler die Hand zum Dank für die baldige Rückkehr ihres Sohnes aus der Gefangenschaft. Foto: Bundesarchiv Koblenz

Februar 1943 ließ ca. 60000 deutsche Soldaten die Kriegsgefangenenlager nicht lebend erreichen, nach der Statistik sahen etwa 5000 dieser Stalingradkämpfer die Heimat wieder.

Es soll keine Aufrechnung sein; erinnern möchte ich auch an die Siegesfeier in Moskau im Mai 1945 bei Kriegsende, die deutsche Zeitung »Die Welt« berichtete im September 1984 darüber. Man habe »einigen zehntausend zum Skelett abgemagerten deutschen Elitesoldaten am Abend vor der Parade sogenannte ›Fette Suppe‹ verabreicht, damit sie Durchfall bekämen.

Am nächsten Tag mußten sie die Gorkistraße zum ›Roten Platz‹ marschieren: Generale und Stabsoffiziere, pommersche Panzergrenadiere und bayerische Gebirgsjäger. Tausende machten vor aller Öffentlichkeit in die Hose und schlichen bekleckert dahin. Andere hüpften umher, um sich den Drang zu verkneifen, kamen aus der Marschreihe und wurden vom Wachpersonal zurück in die Reihen gepeitscht. Ein großer Teil der russischen Zuschauer soll sich den Bauch gehalten haben vor lachen, nur einige Mütter (Babuschkas) sollen geweint haben.«

Es sollte jedoch auch daran erinnert werden, daß man in Feindsendungen der Alliierten hörte: Wir bekämpfen nicht das deutsche Volk, sondern seine diktatorische Regierung. Aber die Wirklichkeit nach 1945 sah anders aus. Fast 15 Millionen deutsche Menschen aus dem Osten wurden aus ihrer Heimat vertrieben, Gebietsverluste entstanden. Man hatte einen Tyrannen bekämpft und neues Unrecht geschaffen.

Vergessen wir hierbei auch nicht Stalins Verbrechen am eigenen Volk; über 30 Mil-

Bundeskanzler Konrad Adenauer während einer Messe in der einzigen katholischen Kirche (Ludwigskirche) in Moskau im September 1955. Verhandlungen wegen Rückkehr der letzten deutschen Kriegsgefangenen.
Foto: Bundesarchiv Koblenz

Die Heimkehrerglocke vom Lager Friedland, sie läutete, wenn ein Transport aus Rußland einlief.
Foto: Hugo Theisinger

lionen russische Menschen fanden durch Stalins Säuberungsaktionen den Tod. Die Aufdeckung der militärischen Vorgänge in Rußland von 1939 bis 1941 war bisher durch ein doppeltes Tabu erschwert.

Auf sowjetischer Seite besagte die offizielle »Geschichte des Großen Vaterländischen Krieges«, Stalin habe 1939 den Nichtangriffspakt mit Deutschland aus friedenspolitischen Absichten geschlossen und das friedliebende Rußland sei dann von Hitler ruchlos überfallen worden, habe sich aber heldenmütig und erfolgreich verteidigt. – Auf westlicher Seite geriet jede Vermutung, es hätten sich vor 1941 auf sowjetischer Seite enorme militärische Vorbereitungen abgespielt, die nur defensiv geplant waren, in den Verdacht, Hitlers Propagandalüge vom Präventivkrieg wieder aufleben zu lassen.

Jetzt hat ein russischer Autor – selbst ehemals hochrangiger Offizier des sowjetischen militärischen Geheimdienstes GRU – das Geschehen rekonstruiert. Im Zentrum stehen Stalins Geheimpläne, Europa zu erobern. Sie sollten ab Juli 1941 realisiert werden.

»Die Veröffentlichung dieses Buches wird eine enorme historische Bedeutung haben, auch wenn Ihre Theorie nicht völlige Zustimmung finden und lebhafte Debatten auslösen wird. Sie haben eine sehr präzise Art zu denken, und keine Einzelheit entgeht Ihrer Aufmerksamkeit. Gleichzeitig rufen Sie dem Leser bestimmte bereits bekannte Tatsachen ins Gedächtnis, die aber bislang vernachlässigt oder vergessen wurden. Sie haben eine beachtliche Forschungsarbeit geleistet, und dies, nach der russischen Fassung zu urteilen, auf sehr elegante Weise.« (Alexander Solschenizyn in einem Schreiben an Viktor Suworow – »Spiegel« Nr. 2/1989)

Eigentlich ist es höchste Zeit, daß die Flammen des Hasses gelöscht werden, denn viel größere Probleme kommen auf die Menschheit zu und jeder vernünftig denkende Russe muß heute einsehen, daß die Probleme in Rußland und Osteuropa ohne den Westen kaum lösbar sind.

Das Durchgangslager Friedland

Ein Symbol der Nachkriegsgeschichte ist das Lager Friedland im Landkreis Göttingen geworden. Millionen von Menschen wurden von 1945 bis heute in dem bei dem Dorf gelegenen Lager aufgenommen, betreut und weitergeleitet.
Am 26. September 1945 hat die britische Besatzungsmacht den Baracken den Charakter eines Flüchtlingslagers gegeben, um sich der an der Zonengrenzstelle Besenhausen eintreffenden Flüchtlinge und Evakuierten anzunehmen.
Der Flüchtlingsstrom fluktuierte damals nach zwei Seiten. Über die sowjetische Demarkationslinie gingen Flüchtlinge und Evakuierte von Ost nach West und von West nach Ost. Aus dem Westen strebten vor dem russischen Einmarsch geflüchtete Mittel- und Ostdeutsche zurück, sie waren des Glaubens, die Zeit der Willkür in der von den Sowjets besetzten Zone sei vorbei. Den Weg von Ost nach West wählten solche, die wegen des Bombenkrieges nach Mittel- und Ostdeutschland evakuiert worden waren und nun heimkehrten.
Im Laufe der Jahre hat sich die Ursache der durch Friedland laufenden Bevölkerungsbewegung mehrfach geändert. Nach den Evakuierten waren es zunächst Flüchtlinge aus Mitteldeutschland. Diese sind vom August 1950 an über die Notaufnahmelager Berlin, Uelzen und Gießen geleitet worden. Ihnen folgten die Heimkehrer aus östlicher Kriegsgefangenschaft, Zivilinternierung und Verschleppung. Hunderttausende von Personen dieses Schicksals sind in Friedland registriert worden. Für sie war Friedland das Ende einer langen Qual, ein Hafen der Heimkehr und Freiheit.
Millionen ihrer Angehörigen waren im Laufe der Jahre nach Friedland gekommen. Der heutige St.-Norberts-Platz hat erschütternde Szenen des Wiedersehens gesehen! Aber auch Prozessionen wartender Eltern, Frauen und Kinder standen in den Lagerstraßen; in der Hand Fotografien vermißter Angehöriger, den flehenden Blick auf die

Das Denkmal für die Heimkehrer.
Foto: Hugo Theisinger

Heimkehrer gerichtet: Wer kennt ihn, wer weiß etwas von ihm?
Im März 1955 begann die Familienzusammenführung aus den polnisch verwalteten deutschen Ostgebieten in den Bereich der Bundesrepublik. Diese erreichte 1958 ihren Höhepunkt. Allein in diesem Jahre sind in 240 Transporten 122 539 Aussiedler angekommen. Nach dem Ausladen versammelten sie sich in einem der großen Säle, wo einer der verdienten Lagerpfarrer sie empfing und ihnen Gelegenheit zu einem aus dem Herzen kommenden Danklied gab. Nach wenigen Tagen traten die Angekommenen die Reise in eines der Bundesländer an. Dort mußten die meisten noch eine Monate dauernde Notunterkunft auf sich nehmen, ehe sie in der Nähe eine Arbeitsgelegenheit oder eine Wohnung finden konnten.
Damals flossen Geld und Liebesgaben nach Friedland. Eine »Friedlandhilfe« wurde ins Leben gerufen, der neben Sachspenden bis

Bei der Heimkehr deutscher Kriegsgefangener aus Sowjetrußland im Oktober 1955 zeigen Frauen im Lager Friedland die Bilder ihrer vermißten Männer in der Hoffnung, daß einer der Heimkehrer etwas über ihr Schicksal aussagen kann.
Foto: Bundesarchiv Koblenz

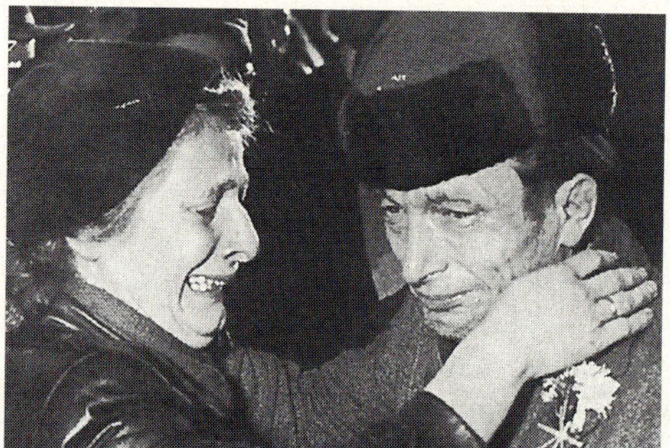

Eine Frau begrüßt am 13. Dezember 1955 in Friedland ihren Bruder, den sie 14 Jahre nicht gesehen hat.
Foto: Bundesarchiv Koblenz

zum 31. Mai 1965 neun Millionen Mark zugeflossen sind.
Seit 1959 kamen die Aussiedler in kleinen Gruppen oder als Einzelreisende an. Im Jahr 1965 sind allmonatlich rund 1555 Personen aufgenommen worden. Gerade die in das Innere der Sowjetunion verschleppten Personen haben in aller Regel ein besonders hartes Schicksal erleiden müssen. In Friedland konzentrierten sich die Folgen des Krieges wie an keiner anderen Stätte. Friedland ist für Deutschland ein Wort, in dem sich Hoffnung und Enttäuschung, Leid und Glück, Elend und Hilfsbereitschaft, Ende unglaublicher Tragödien und der Anfang eines neuen Lebens begegnen.[32]
Bei der Heimkehr deutscher Kriegsgefangener aus der UdSSR im Oktober 1955 zeigen Frauen im Lager Friedland die Bilder ihrer im Zweiten Weltkrieg vermißten Männer in

der Hoffnung, daß einer der Heimkehrer etwas über das Schicksal ihrer Männer und Söhne aussagen kann. Aus russischer Kriegsgefangenschaft entlassene Deutsche kommen nach zehnjähriger Zwangsarbeit 1955 in die Bundesrepublik. Es handelte sich um 9626 Mann. Der erste Transport brachte 597 ehemalige deutsche Wehrmachtsangehörige nach Friedland.

Zahlreiche Erinnerungsbücher, wie die von Gollwitzer und Bamm, beschreiben das schwere Los der Gefangenen in den sibirischen Bergwerken und Arbeitslagern. Von den insgesamt 1,6 Millionen Vermißten des Zweiten Weltkriegs sind nachweislich 800 000 in der Gefangenschaft gestorben. Die 10 000 Mann, die 1955 heimkehren konnten, waren die letzten deutschen Kriegsgefangenen. Sie waren in Rußland wegen »Kriegsverbrechen« im allgemeinen zu 20 Jahren Zwangsarbeit verurteilt worden. Oft hatte diese Verurteilung von Zufällen, wie dem Titel oder der Vorkriegsbeschäftigung des Gefangenen, abgehangen. Nicht nur in Rußland wurden die Gefangenen zur Zwangsarbeit herangezogen. Auch in Belgien und Frankreich hatten sie in Bergwerken arbeiten müssen, als Wiedergutmachung für die von den deutschen Truppen während des Krieges angerichteten Verwüstungen.[33]

Die schwerste Last der Besetzung, Flucht und Vertreibung hatte die ostdeutsche Frau zu tragen. In der Stunde höchster Not standen die meisten Männer irgendwo an der Front oder hinter Stacheldraht. Die Wege durch Erniedrigung, Rechtlosigkeit und Not sind von Frauen bewältigt worden, die Alten und Kindern Schutz boten.

Darum sei mit diesen Zeilen der ostdeutschen Frau erinnert, die in stummer Tapferkeit ein großes Rettungswerk vollbracht hat.

Aus Rußland heimkehrende Kriegsgefangene 1946 vor dem Schlagbaum in Friedland bei Göttingen.
Foto: Bundesarchiv Koblenz

Nach den erfolgreichen Verhandlungen Konrad Adenauers in Moskau 1955 wurden bei Angehörigen von vermißten Soldaten Hoffnungen wach.
Foto: Bundesarchiv Koblenz

Im Oktober 1955 kamen die ersten Rußland-Heimkehrer nach Konrad Adenauers Verhandlungen vom September im Lager Friedland bei Göttingen an.
Foto: Bundesarchiv Koblenz

So ging die Bürokratie mit den Heimkehrern aus der Kriegsgefangenschaft um

Als der Heimkehrer Siegfried K. vor dem Vertrauensarzt in Duisburg stand, hatte er noch die Begrüßungsworte von Vizekanzler Blücher im Ohr, der bei der Ankunft seines Transportes in Friedland ausgerufen hatte: »Alles, was euch kaputtgegangen ist in den letzten Jahren, wird euch ersetzt werden!«
Dem Ex-Landser Siegfried K. (Jahrgang 1924), bei Kriegsende in Böhmen in sowjetische Gefangenschaft geraten, war in den neun Jahren hinter Stacheldraht in der Tat eine ganze Menge »kaputtgegangen«: Er war – und das hatten sogar die pingeligen Ärzte des Versorgungsamtes anerkannt! – zu »90 Prozent erwerbsunfähig«.
Aber darum ging es vor dem Vertrauensarzt ja gar nicht: Siegfried K. wollte nicht mehr als einen künstlichen Zahn, den Ersatz für das Original nämlich, das er irgendwo an der russischen Eismeerküste verloren hatte.
Was der Mann im weißen Kittel dann jedoch sagte, traf den Heimkehrer wie eine Ohrfeige: »Sie haben neun Jahre keinen Beitrag bezahlt und wollen nun einen neuen Zahn! Wir sind doch kein Kosmetikverein!«
Begründung: Die Krankenkasse ersetze nur den Verlust einer »Kaueinheit«. Das bedeute: Mindestens zwei Zähne, die in funktionalem Zusammenhang stünden, müßten zerstört sein. Andernfalls läge nur ein »Schönheitsfehler« vor!
Der Heimkehrer, der dreimal aus sowjetischen Lagern getürmt und jedesmal wieder eingefangen worden war, federte aus dem Behandlungsstuhl hoch: »Wenn Sie noch ein Wort sagen, dann brauchen Sie neue Zähne!«
Eine Zeitung griff den Fall auf – und Siegfried K. erhielt seinen Zahn. Darüber hinaus später auch noch 15 Heiratsangebote, den überzähligen Zahn einer alten Dame und eine Spende von 20 Mark.
Er sagt dazu: »Nützlicher als die Entschädigung mit Bargeld wäre für jeden Heimkehrer eine individuelle Beratung gewesen, die ihm geholfen hätte, die Vielzahl bürokratischer Hürden leichter zu nehmen.«

Bundespräsident Theodor Heuss und Hans Lukaschek, Minister für Vertriebene, im Lager Friedland bei Rußland-Heimkehrern 1953. Foto: Bundesarchiv Koblenz

Die Bürokratie! Die Bürokratie! Sie war wie eine graue Nebelwand aus Paragraphen, in der Millionen Heimkehrer herumirrten. Die Bürokratie und ihre dickfelligen, sturen Vollstrecker waren überall:
Ein Heimkehrer, der 1946 in Wilhelmshaven seine alte, verknautschte Wehrmachtsmütze trug, mußte zehn Mark Strafe zahlen – Verstoß gegen das Uniformverbot!
Der Ex-Obergefreite S., EK-I-Träger, der 1944 beim Rückzug aus einem Depot eine Uniformhose »organisiert« hatte, wurde noch nach seiner Heimkehr im Jahr 1950 wegen dieses »Diebstahls« zu fünfeinhalb Monaten Gefängnis verurteilt!
Der Ex-Unteroffizier Leo C. aus Aachen, 1946 mit einer Zahlungsanweisung über 360 Dollar aus US-Gefangenschaft entlassen, wollte nach einem öffentlichen Aufruf sein US-Arbeitsentgelt bei der Landeszentralbank einwechseln. Doch statt des erhofften Startkapitals fürs Zivilleben erhielt er für einen Dollar ganze 33 Reichspfennige! (Damals kostete eine Ami-Zigarette auf dem

Heimkehrer im Lager Friedland. Lappen an den Füßen statt Schuhe und um Jahre gealtert.
Fotos: Bundesarchiv Koblenz

Lagerinsassen bei der Ansprache von Bundeskanzler Konrad Adenauer. Foto: Bundesarchiv Koblenz

schwarzen Markt schon sieben Mark!) Leo C.: »Ich und meine Kameraden sind beschissen worden – und wie!«
Der Heimkehrer G., der 1954 aus russischer Gefangenschaft kam, wurde vom Kultusministerium von Rheinland-Pfalz als Lehramtsanwärter abgelehnt. Der Grund: Er sei als Katholik mit einer Protestantin verheiratet! Erst nach bundesweiten Protesten erhielt er seinen Posten.
Der Truppenarzt Dr. Herbert W., der in russischer Gefangenschaft mindestens 25 000 Kameraden versorgt und vielen das Leben gerettet hatte, beantragte nach seiner Heimkehr die Zulassung als Kassenarzt. Abgelehnt! Die hessische Zulassungsordnung sah eine dreijährige Vorbereitungszeit in Kliniken vor – ärztliche Tätigkeit bei der Wehrmacht und in Gefangenschaft aber wurden maximal mit nur zwei Jahren angerechnet! Erst nachdem der Hessische Landtag eingeschaltet worden war, ging der Antrag von Dr. W. durch.
Schon 1950 hatte sich der Ex-Hauptmann Werner Kießling, heute Geschäftsführender Präsident des Heimkehrerverbandes, in einem Brief bitter bei Bundespräsident Heuss beklagt: »Fünf Jahre schwerste körperliche Arbeit als Sklave in der Sowjetunion – und der erste Gruß, der uns von der Heimatgemeinde vorgelegt wird, ist ein politischer Fragebogen!«
Heuss entschuldigte sich: Es sei leider so, daß die Nachkriegsjahre »das Ausfüllen von Fragebogen zu einer Dauerbeschäftigung der Deutschen schlechthin gemacht« hätten …
Doch das alles waren noch Bagatellen, verglichen mit den oft jahrzehntelangen zermürbenden Auseinandersetzungen vieler Heimkehrer um ihre Rente. Es war ein lautloser, von der Öffentlichkeit unbeachteter Kampf, der sich in den Versorgungsämtern, in den Behandlungszimmern der Vertrauensärzte und vor den Sozialgerichten abspielte. Und fast immer drehte sich alles um eine einzige Frage: Waren die körperlichen und seelischen Schäden, unter denen ein Heimkehrer litt, tatsächlich die Folge von

Am 2. Januar 1956 besuchte Bundeskanzler Dr. Konrad Adenauer die Heimkehrer, die in großen Transporten aus der Sowjetunion eintrafen, im Lager Friedland bei Göttingen. Viele tragen russische Winterbekleidung. In den Gesichtern spiegeln sich trotz der Freude über die Heimkehr das Leid und die Entbehrungen der letzten acht, meist sogar neun oder zehn Jahre wider. Der Bundeskanzler läßt sich von den Schicksalen der Heimkehrer berichten. Neben Dr. Konrad Adenauer Viktoria Luise, die ehemalige Herzogin in Braunschweig und Lüneburg. Foto: Bundesarchiv Koblenz

Die Anschlagtafel im Lager Friedland vom Oktober 1955 spricht für sich. Foto: Bundesarchiv Koblenz

Krieg oder Gefangenschaft? Oder wären die Leiden auch ohne diese extremen Belastungen aufgetreten?
»Bei Verwundeten, die ein Auge, ein Bein oder einen Arm verloren haben, mag das für einen Arzt ziemlich einfach sein«, sagte da-

Kriegsgefangene kehren heim. Eine Mutter sucht ihren vermißten Sohn. Foto: Bundesarchiv Koblenz

mals Medizinaldirektor Dr. Hans Schüler vom Versorgungsamt Hamburg. »Schwieriger ist es, wenn innere Krankheiten vorliegen.« Er räumt jedoch ein: »Bis in die fünfziger Jahre hinein hatten wir Ärzte praktisch keine Erfahrungen darüber, welche Leiden Menschen als Folge der Gefangenschaft mitbringen konnten. Das änderte sich erst, als nach dem Adenauer-Besuch in Moskau noch einmal größere Kontingente von Kriegsgefangenen heimkehrten.«

Dennoch: Auch für viele Spätheimkehrer hatte das Wort vom »Dank des Vaterlandes« bald nur noch einen höhnischen Klang:

Der Ex-Unteroffizier Bruno U. (Jahrgang 1919), Angehöriger der 18. Infanterie-Division (mot), ist so ein Fall. Der gelernte Holzschleifer, 1940 eingezogen, wird im Januar 1945 bei Allenstein (Ostpreußen) von den Russen gefangengenommen. 1955 endlich schicken ihn die Sowjets nach Hause, doch in Frankfurt/Oder leiten Volkspolizisten den ganzen Transport – 271 Mann – nach Bautzen um. Begründung: Angebliche Kriegsverbrechen! Erst 1974 schlägt für den Ex-Landser die Stunde der Freiheit. Er ist 54 Jahre alt, als er in der Bundesrepublik eintrifft.

Das Versorgungsamt bescheinigt ihm zunächst eine Minderung der Erwerbsfähigkeit von 50 Prozent. Doch jedes halbe Jahr muß U. erneut zur Nachuntersuchung. Bald wird er heruntergestuft, erst auf 30 Prozent, dann unter die rentenfähige Grenze von 25 Prozent.

Seinen Gesundheitszustand schildert Bruno U. so: »Zweimal Tuberkulose, Magen und Nerven kaputt!« Er ist arbeitslos. Doch das Versorgungsamt beharrt auf dem Standpunkt: Alle Leiden seien altersbedingt!

Sollten wirklich fünf Jahre Krieg und 29 Jahre in Lagern und Zuchthäusern spurlos an einem Menschen vorübergegangen sein?

Noch ein Beispiel: Der Ex-Obergefreite Christoph M. (Jahrgang 1922) von der 23. Panzer-Division trifft 1953 als kranker Mann in Friedland ein: Er hatte Malaria, Tuberkulose, Erfrierungen und die Hungerkrankheit Dystrophie hinter sich.

Wegen seines schlechten Gesundheitszustandes kann er seine vor dem Krieg begonnene Dentistenlehre nicht vollenden. Firmen und Behörden aber schrecken vor einer Festanstellung zurück, denn Christoph M. ist zu 80 Prozent erwerbsunfähig.

1963 wird er, nach einem Privaturlaub, erneut vom Versorgungsamt vorgeladen. »Nach kurzer, oberflächlicher Untersuchung« (so seine Ehefrau) wird er auf »unter 20 Prozent« zurückgestuft. Seinen Widerspruch weist das Sozialgericht ab. Noch im gleichen Jahr erleidet M. einen Gehirnschlag, 1969 einen Herzinfarkt, 1974 einen Gefäßverschluß im Bein und eine Embolie. 1977 erleidet er einen zweiten Herzinfarkt. Christoph M., der all die Jahre als Pharma-Vertreter arbeitet, muß sich von befreundeten Kollegen den Aktenkoffer tragen lassen. 1978 bescheinigt ihm der Amtsarzt in Saarbrücken erneut eine Minderung der Er-

Mit einem Transparent feiern Heimkehrer den Kanzler, der sie aus Rußland heimholte.

Foto: Bundesarchiv Koblenz

werbsfähigkeit um 80 Prozent – doch auf Anerkennung dieses Untersuchungsergebnisses durch das Versorgungsamt wartet Christoph M. ein Jahr später noch!

Beispiel Nummer drei: Der ehemalige Waffen-SS-Rottenführer (Obergefreite) Hans U. (Jahrgang 1924), 1955 aus sowjetischer Gefangenschaft heimgekehrt, schlägt sich seit Jahren vor Gericht mit dem Versorgungsamt herum. 1960 wird dem gelernten Schriftsetzer die bis dahin zuerkannte Beschädigtenrente gestrichen, obwohl ihn noch immer die Nachwirkungen der Gefangenschaft peinigen: stechende Kopfschmerzen, Gedächtnis- und Konzentrationsschwäche, Schlaflosigkeit und Herzbeschwerden. Er prozessiert, geht bis vors Landessozialgericht – und unterliegt. Hans U. steht die harte Schichtarbeit bei einer Tageszeitung nicht mehr durch. 1975 wird er entlassen. Inzwischen hat er eine neue Tätigkeit als Korrektor in einem kleineren Betrieb gefunden, nur: Er wird schlechter bezahlt!

Verbittert sagt Hans U., der mit zwei neuen Gutachten einen weiteren Vorstoß bei Gericht machte, über die Versorgungsämter: »Grenzenlose Willkür und Inkompetenz!«

Doch auch die Versorgungsämter können nicht so, wie sie – vielleicht – wollen. Ihre Möglichkeiten sind vom Gesetzgeber abgesteckt.

Hans Behling, Leitender Regierungsdirektor und Chef des Versorgungsamtes Hamburg, stellt fest: »Die Höhe der Versorgungsleistungen ist natürlich von den finanziellen Möglichkeiten des Staates abhängig. Und die Bundesrepublik Deutschland hatte in den ersten Jahren ihres Bestehens bei bescheidenen Mitteln fast vier Millionen Kriegsopfer zu entschädigen!«

Kritik an mangelndem Verständnis gegenüber Heimkehrern weist er zurück: »Wie in keiner anderen Verwaltungsstelle hatten wir im Hamburger Versorgungsamt eine große Zahl von Schwerbeschädigten als Sachbearbeiter eingesetzt. Man ging von der Annahme aus, daß gerade sie die Belange der Antragsteller am besten bearbeiten könnten.«

In den Ämtern gab es jedoch auch viele Beispiele für überraschende menschliche Anteilnahme, manchmal sogar durch die »Hintertür«: Georg H., Ex-Pionier-Offizier, erinnert sich: »1949 suchte ich das Versorgungsamt Stuttgart auf, um meine Kriegsbeschädigung einstufen zu lassen. Nach dem Verlassen des Gebäudes sprach mich der Pförtner an: ›Na, Kamerad, wie läuft's?‹

Er war beinamputiert. Ich erzählte ihm, was geschehen war. Kopfschüttelnd sagte er: ›Komm heute abend mal zu mir nach Hause!‹

Dort legte ich ihm meine Unterlagen vor. Er holte die amtlichen Richtlinien heraus, verglich und polterte los: ›Mensch, da haben sie dich übers Ohr gehauen! Die eine Verwundung ist allein schon 30 Prozent, und die andere muß dazugezählt werden. Dir haben sie aber insgesamt nur 30 Prozent gegeben!‹ Er holte eine klapprige Schreibmaschine hervor und tippte einen neuen Antrag.«
Der Heimkehrer Georg H. bekam seine 50 Prozent![34]

Susanne Erichsen, im Juni 1945 in Potsdam von den Russen verschleppt

Unter den 220 000 deutschen Frauen, die das Martyrium der Gefangenenlager im Osten überlebten, war die Berlinerin Susanne Erichsen. Als sie 1947 heimkehrte, hatte sie einen Herzfehler und Wasser in den Beinen. Drei Jahre später war sie »Miss Germany« und eine der bewundertsten Frauen Deutschlands. Sie bekannte, wie verzweifelt sie war. Hier ihre Geschichte.
Unter tosendem Beifall schreitet eine 1,73 Meter große Frau lächelnd über den Laufsteg des festlich dekorierten Kurhauses von Baden-Baden. Auf ihren kurzgeschnittenen dunklen Haaren blitzt ein Krönchen, ein Cape aus weißem Hermelin umschmeichelt die nackten Schultern. Um den Rosenstrauß, den sie in der linken Armbeuge hält, windet sich eine schwarzrotgoldene Schärpe mit der Aufschrift: »Miss Germany 1950«.
Es ist die Kandidatin Nummer sieben mit den Idealmaßen 58 (Taille) und 87 (Brust) – Susanne Erichsen, Mannequin aus Berlin.
Alle, die Zeuge der ersten Mißwahl Deutschlands werden, ahnen schon damals, daß diese schlanke Schönheit eine große Zukunft haben wird. Ihre Vergangenheit aber kennt kaum jemand.
Nur ihre engsten Freunde wissen, daß Susanne Erichsen, die Traumfrau, durch die Hölle der sowjetischen Lager gegangen war, daß sie unter Tage Kohle geschlagen hatte wie ein Mann, daß sie eine Heimkehrerin ist.
In vielen Interviews hat sie später oft berichtet, wie sie, am Tag ihrer Hochzeit mit dem norwegischen Ingenieur Sven Erichsen am 16. Juni 1945 von Russen in Potsdam verschleppt wurde, wie sie, die verwöhnte Stieftochter eines Borsig-Generaldirektors, in den Kohlengruben von Stalinogorsk malochen mußte.
Aber noch nie in der Vergangenheit hat sie erzählt, wie tief ihre Verzweiflung wirklich gewesen ist und daß sie sterben wollte. Zum ersten Mal erzählt Susanne Erichsen 1997 über ihren Selbstmordversuch hinter russischem Stacheldraht:
»Ich hatte mir eine tödliche Dosis Tabletten beim Lagerarzt besorgt, indem ich Kopfschmerzen und Übelkeit vortäuschte. Nachts, als die anderen schliefen, schluckte ich sie. Ich hatte nur einen Gedanken: Hoffentlich wache ich nie mehr auf!«
Bei Arbeitsbeginn, beim Zählappell, wurde ihre Abwesenheit festgestellt. Man fand sie leblos auf ihrer Pritsche. Im Hospital, zwischen frisch Operierten und hoffnungslosen Fällen, erwachte sie aus ihrer Bewußtlosigkeit und dachte nur eines: »Verdammt!«
Aber dann sah Susanne Erichsen ihre Rettung als Zeichen, daß sie überleben sollte. Sie faßte wieder Mut, sie lehnte sich auf gegen die Hoffnungslosigkeit ihres Schicksals.
Als sie im Juni 1947 die Nachricht von ihrer Entlassung erhielt, war sie gerade wegen »Aufwiegelei« strafversetzt worden.
Und so kam die »schönste Frau des Jahres 1950« in der Heimat an: Kopftuch über dem struppigen Haar, kurzes Röckchen, Fußlappen an den geschwollenen Füßen, Wasser in den Beinen, Hungerödeme, Herzfehler.
In der großzügigen Altbauwohnung ihrer Eltern in Berlin nahm die Heimkehrerin ihr erstes Wannenbad, zog frische Kleider an. Stundenlang ging sie durch die Wohnung, öffnete die Türen, machte sie wieder zu, genoß den lang entbehrten Luxus abschließbarer Räume.
Nach einem Jahr war ihre Gesundheit wiederhergestellt. Sie ließ sich das erste Kleid schneidern, ein Traum aus schwarzem Samt, das Oberteil mit Gold bestickt. Aus Frauen-

zeitschriften lernte sie, wie man sich schminkt.
Sie erkannte in dieser Zeit aber auch, daß ihre Ehe mit Sven Erichsen ein Irrtum gewesen war. Mit seinem Einverständnis ließ sie die Verbindung annullieren. Begründung: Ihre Eltern hätten von der Trauung ihrer – damals noch minderjährigen – Tochter nichts gewußt.
Die Erichsen hatte als Mannequin Erfolg, pendelte zwischen Sylt und München. Mehr aus Jux ließ sie sich zur »Miss Schleswig-Holstein« küren. Damit war ihr steiler Weg nach oben vorgezeichnet: »Miss Germany«, Titelbild-Mädchen. Sie verdiente bis zu 1000 Mark in der Woche, zu jener Zeit ein gewaltiger Betrag. Sie ging nach Amerika, und die US-Illustrierte »Life« stellte sie auf vier Seiten als das »Fräulein-Wunder« vor.
Susanne Erichsen, die Heimkehrerin, hatte es geschafft!
Andere hatten nicht soviel Glück. Als die Stabshelferin-Führerin Marianne Arndt (Jahrgang 1913) nach zehn Jahren sowjetischer Gefangenschaft im Westen eintraf, hatte sie alle Zähne verloren, war arbeitsunfähig und hatte, wenn man so will, den Beweis ihrer ehelichen Untreue gleich an der Hand: den siebenjährigen Micha, Sohn eines französischen Lagerarztes, der in Sibirien umgekommen war.
Wie Millionen ihrer männlichen Schicksalsgefährten glaubte die Heimkehrerin, endlich der Hölle entronnen zu sein. Doch was jetzt vor ihr lag, war fast ebenso schlimm. Nach dem offiziellen Empfang in Friedland erfuhr sie die schmerzliche Wahrheit: Ihr acht Jahre jüngerer Mann, den sie 1943 in Winniza geheiratet hatte, hatte sich von ihr scheiden lassen und wieder geheiratet.
Auf Anraten ihres Anwalts erhob Marianne Arndt Einspruch gegen die Scheidung, das Gericht gab ihrer Klage statt, die zweite Ehe wurde aufgehoben. Ihr Mann erkannte Micha als eheliches Kind an. Aber es wurde nicht mehr so, wie es früher gewesen war. Beide hatten sich zu sehr verändert.
Er war, aus ihrer Sicht, »ein typisches Wirtschaftswunderkind« geworden: »Krummer Rücken nach oben, um nach unten zu treten!« Außer Geld und Karriere (und gelegentlichen Seitensprüngen) interessierte ihn nichts. Sein Charme »erschöpfte sich im Erzählen von Vertreterwitzen«.
Sie war ängstlich geworden, mißtrauisch und voller Panik: »Wenn ich ein Auto nur von weitem sah, begann ich schon zu zittern. Wenn ich in einem Geschäft einkaufte, hatte ich Furcht, daß man mich an der Kasse betrog. Nachts wachte ich schweißgebadet aus Angstträumen auf.« Und, für eine Frau am schmerzlichsten, im Spiegel sah sie die Wahrheit: »Ich war zwar noch immer schlank wie früher, aber der Schmelz war dahin!«
Elf Jahre nach ihrer Rückkehr war der endgültige Bruch da: Marianne Arndt trennte sich von ihrem Mann. Ihr Sohn Micha studierte und ist heute angesehener Experte für Versicherungsrecht. Frau Arndt sagt: »Ich bin sehr glücklich, daß ich ihn habe.«
Susanne Erichsen, die Schönheitskönigin, und Marianne Arndt, die Einsame, gehören zu den rund 220 000 deutschen Frauen, die nach oft jahrelangen Entbehrungen und Erniedrigungen aus den Lagern des Ostens heimkehrten. Sie – die ehemaligen Wehrmachtshelferinnen, Rotkreuzschwestern oder Verschleppten – hatten gelitten wie die Männer und waren wie sie gestorben: Von den 105 000 Frauen, die den Status von Kriegsgefangenen hatten, sahen nur 60 000 die Heimat wieder.
Viele, die überlebten, glichen geschlechtslosen Wesen aus einer Horror-Welt: Wattejacken, kurzgeschorene Haare, ausgemergelte Körper, die nichts Weibliches mehr an sich hatten. Die ehemalige Frauenreferentin des Verbandes der Heimkehrer, Mathilde in der Stroth, beobachtete: »Viele litten an der Hungerkrankheit Dystrophie, bei vielen war der Lebensmut angeknackst. Viele hatten ein gestörtes Verhältnis zu Männern. Sie waren aufgrund ihrer schrecklichen Erlebnisse oft unfähig, sich Männern körperlich hinzugeben. Es kam vor, daß Männer diese Angst nicht verstanden – Ursache für Krisen in vielen jungen Beziehungen und Ehen.«

Der berühmte Kriegsgefangenenarzt und Wissenschaftler Professor Dr. Dr. Ernst-Günther Schenck stellte fest: Frauen und Mädchen ertrugen die Gefangenschaft wesentlich tapferer als Männer, aber sie kamen schwerer darüber hinweg:
Die Mißbildungsrate bei Neugeborenen von Heimkehrerinnen lag zwei- bis dreimal höher als der Durchschnitt. Schenck: »Die genauen Zusammenhänge sind bis heute nicht eindeutig erkannt. Eine gestörte Hormonversorgung dürfte dabei mit im Spiel sein.«
Die Frühgeburtenhäufigkeit war bei Heimkehrerinnen unübersehbar größer.
Viele leiden auch heute noch an psychischen Störungen. Schenck sagt: »Viele Frauen wirken wie seelisch amputiert, haben ihre Vitalität eingebüßt. Ihre Gefühle, ihr Charakter haben sich verändert.«
Darunter seien zahlreiche Frauen, die zwar äußerlich nicht depressiv wirkten, die aber ihr ganzes Leben Beschwerden hätten, die sich organisch nicht nachweisen ließen. Professor Schenck dazu: »Sie klagen, sie leiden, sie sind nie glücklich!«
Dagegen verschwanden andere spezifisch weibliche Folgen der Gefangenschaft meist nach wenigen Monaten, wie etwa die »Fluchtamenorrhoe« (das Ausbleiben der monatlichen Regelblutung) oder die »Fluchtsterilität« (eine vorübergehende Unfruchtbarkeit). Letztere, so Schenck, sei auch die Erklärung, weshalb Frauen nach Vergewaltigungen seltener als zu erwarten schwanger wurden.
Aber auch das gab es hinter Stacheldraht: Frauen, denen die große Liebe begegnete! Frauen, die sich ein Stückchen privates Glück erkämpften und es sich bis heute erhielten:
Herbst 1947 im Lager Norilsk in Sibirien, belegt mit 800 Kriegsgefangenen und 150 Frauen. Die frühere Postangestellte Christel Greger (damals 22) betrat die Baracke des neuen Bauleiters. »Wir brauchen Holz zum Heizen«, sagte sie.
Alfons Christen (damals 35), zuletzt im Stab einer Luftwaffen-Felddivision, musterte die Frau, die vor ihm stand: schmal, zerbrechlich, große dunkle Augen, schwarze Haare. »Sie kriegen Ihr Holz«, antwortete er. Es war der Beginn einer Liebe, die alle Hindernisse überwinden sollte.
Sie trafen sich heimlich in seinem Büro, und die Bewacher drückten beide Augen zu. Bald jedoch wußte es das ganze Lager, denn es war ja auch nicht mehr zu übersehen: Christel Greger erwartete ein Baby!
Am 1. Juni 1950 wurde es geboren, ein Mädchen, nur fünfeinhalb Pfund schwer. Die Nahrung war knapp, die Brüste der unterernährten Mutter gaben kaum Milch. Aber die kleine Rosemarie kam durch. Christel Gregers Pritsche wurde verbreitert. Während sie Kohlen schaufelte, kümmerten sich Kameradinnen um das Kind.
Vier Monate später war das kleine bescheidene Glück im Schatten der Wachtürme zu Ende. Das Paar wurde auseinandergerissen, Christel Greger kam in ein anderes Lager, nach Borowitschi. 1953 wurde sie endlich entlassen. Ihr Bruder in Flensburg nahm sie auf.
Als die kleine Rosemarie oliv gekleidete dänische Soldaten sah, lief sie weg. Stunden später entdeckten Polizeibeamte das Kind. Es kauerte in einem Hinterhof, versteckt hinter Mülltonnen, und stammelte: »Soldaten! Da waren die Soldaten wieder!«
Im Oktober 1955 kehrte auch Alfons Christen heim, der zunächst zum Tode verurteilt, dann zu zweimal 25 Jahren Zwangsarbeit »begnadigt« worden war. Zwei Wochen später holten die beiden ihre Trauung nach. Rosemarie streute Blumen.
Das Ehepaar lebte in Goslar – er, nach vier Herzinfarkten, mit einem Herzschrittmacher, sie mit kaputten Handgelenken und kaputtem Rücken. Außer Rosemarie hat das Ehepaar noch zwei Töchter. Rosemarie, inzwischen verheiratet, leidet an Leber-, Gallen- und Kreislaufstörungen, Folgen der Mangelernährung im Lager.
Sie schufteten beide in der Traktorenfabrik von Tscheljabinsk (Ural) und sprachen nicht viel von Liebe. Sie, die Ostpreußin Anna Gernath, als 18jährige verschleppt, und ihr

Lagerkamerad Hugo Hermann. Als sie nach fast vier Jahren mit der ersten Post erfuhr, daß ihre Eltern umgekommen waren, tröstete sie der schlanke, hagere Österreicher: »Wenn Du niemand mehr hast, dann kommst halt zu mir in die Steiermark!«
1949 wurde Anna Gernath entlassen, ein halbes Jahr später trat Hugo Hermann die Heimreise an. Die Königsbergerin Anna Gernath hatte die Worte ihres Freundes nicht vergessen. Sie sagte 1979: »Ich fuhr nach Österreich, und schon vier Wochen später wurde geheiratet!«
Der Mann, der sie traute, war ein Schicksalsgefährte: Pfarrer Gottfried Engelmann, der im Kriegsgefangenenlager in der Pritsche über Hugo Hermann geschlafen hatte.
Das Ehepaar feierte 1978 in Kirchbach, Oststeiermark, die Silberhochzeit. Die Hermanns haben fünf Söhne und zwei Töchter. Hugo Hermann war Postbeamter und Feuerwehrhauptmann in der 3000-Einwohner-Gemeinde bei Graz. Den Jahrestag der Entlassung feiern er, seine Frau und 30 ehemalige Lager-Kameraden alljährlich mit einem Gedenkgottesdienst. Der Priester, der die Messe liest, heißt Gottfried Engelmann.[35]

Der Heimkehrer und sein Kätzchen

Ein Foto, das Millionen bewegte! Ein Heimkehrer mit einem Kätzchen im Arm, das er aus Sibirien mitgebracht hatte.
Es war der Ex-Feldwebel Heinz Gerull (Jahrgang 1920) aus Berlin, ein Mann, der zweimal in russische Gefangenschaft geraten war: 1944 auf der Krim – vier Jahre später wurde er entlassen und arbeitete als Reporter beim Berliner »Telegraf« –, 1950 im Ostsektor von Berlin. Gerull wurde auf offener Straße verhaftet und von einem »Ferntribunal« zu 25 Jahren Zwangsarbeit verurteilt. Er kam in die Hölle von Workuta, wo er unter Tage im Bergbau arbeiten mußte. Am Rande des Lagers entdeckte er eines Tages eine halbverhungerte Katze mit zwei Jungen. Gerull und seine Kameraden versuchten, die beiden kleinen Katzen aufzupäppeln. Doch nur eine überlebte. Die Plennys (Gefangenen) nannten sie »Hiddigeigei« – nach dem klugen Kater in Scheffels »Trompeter von Säckingen«.
Versteckt unter seiner Wattejacke schmuggelte Gerull das Tier bei seiner Entlassung durch alle Kontrollen. Bei seiner Ankunft am 11. Oktober 1955 in Friedland war »Hiddigeigei« wohlbehalten, aber Gerulls Körper wies zahlreiche Kratzwunden auf.
Sein Bruder in Berlin nahm den Heimkehrer mit dem Kätzchen auf. Doch in der Wohnung lebte bereits ein Hund, der sein Revier nicht teilen wollte. Gerull dazu 1979: »Nur auf Schränken war ›Hiddigeigei‹ sicher.«
Eines Tages, als Gerull von der Arbeitssuche nach Hause kam, war sein Kätzchen weg. Sein Bruder hatte es weggegeben – »in gute Hände«, wie er versicherte. Gerull sah »Hiddigeigei« nie wieder ...[36]

Der Kanzler und sein Heimkehrer

Konrad Adenauer holt seinen Nachbarn Konrad Müller und dessen Frau in den Sonderzug. Am nächsten Tag drucken viele deutsche Zeitungen dieses Foto ab. Bei seiner Ankunft zu Hause umarmt Müller sein Töchterchen – er sieht es zum erstenmal.
Die Briefe, die der Kriegsgefangene Konrad Müller von seiner Familie erhielt, waren damals in Rhöndorf, Zennigsweg 8, abgeschickt, so stand es auf den Kuverts.
Der blonde Kriegsgefangene im Lager Stalingrad wußte, daß seine aus Köln stammende Frau ausgebombt worden war und eine neue Bleibe in der Nähe ihrer Heimatstadt gefunden hatte. Ort und Straße sagten ihm allerdings nichts.
Er war immer noch ahnungslos, als er zur Jahreswende 1953/54 entlassen wurde und in Friedland ein Telegramm seiner Frau vorfand: »Eintreffe mit Bundeskanzler. Elfi.«
Erst verlegen, dann ärgerlich, wehrte Müller (damals 48) Kameraden, Lagerhelfer und Journalisten ab, die ihm zu seinem »Onkel« beglückwünschten. Immer wieder beteuerte er: »Ich hab doch gar keinen Onkel!«

Aber niemand glaubte ihm: Konrad Müller, an Heiligabend 1949 von den Russen zum Tode verurteilt, dann zu 25 Jahren Zwangsarbeit begnadigt, bekam einen Sonderausweis und wurde an den wartenden 2000 Heimkehrern in Friedland vorbeigeschleust – als »Neffe« von Bundeskanzler Adenauer!

Erst jetzt erfuhr der einstige Rechnungsführer, der im Mai 1945 in Prag gefangengenommen worden war, den Grund für seine Sonderbehandlung und all die Aufregung, wurde ihm das Mißverständnis klar: die Adresse!

Ein Zufall hatte ihn zum prominentesten Heimkehrer des Jahres gemacht. Konrad Müller war zwar nicht Neffe, aber immerhin Nachbar des Bundeskanzlers. Der erste Regierungschef der Bundesrepublik Deutschland wohnte in Rhöndorf, Zennigsweg 8 a.

Dort, hoch über dem Rhein, hatte Elfi Müller den »Alten« kennengelernt. Sie hatte gesehen, wie er die Rosen in seinem 6000 Quadratmeter großen Garten schnitt, wie er das Gras harkte, wie er spazierenging. Gelegentlich hatten sie einen Plausch über den Gartenzaun gehalten, so, wie es zwischen Nachbarn üblich ist. Und sie hatte ihm von ihrem Mann erzählt, der noch immer hinter Stacheldraht saß…

Am Neujahrstag 1954 kauerte Elfi Müller am Radiogerät. Gebannt lauschte sie, wie die Namen der Heimkehrer verlesen wurden, die in Friedland eingetroffen waren. Und diesmal war der Name dabei, auf den sie so lange gewartet hatte.

Heute erinnert sie sich: »Auch der Bäcker, der Adenauer belieferte, hatte die Neuigkeit gehört und sie dem Kanzler mit den Brötchen ins Haus gebracht.«

Noch am gleichen Tag kam der Chef von Adenauers Hauswache ins Nachbarhaus: »Frau Müller, der Kanzler fährt nach Friedland. Er ist bereit, Sie in seinem Sonderzug mitzunehmen.« Überglücklich sagte Elfi Müller zu. Wie im Traum erlebte sie die Fahrt im Zug des Kanzlers.

Adenauer fragte sie: »Was hat denn Ihr Mann früher gemacht? Was wird er jetzt tun?«

Elfi Müller: »Wir müssen jetzt erst einmal sehen, ob er gesund ist. Aber sonst bin ich ganz optimistisch. Mein Mann kommt aus der Verwaltung, und bei so vielen Ministerien vor unserer Haustür dürfte es kein Problem sein, in Lohn und Brot zu kommen.« Sie sollte sich irren.

Kurz vor der Ankunft wechselte Adenauer das Thema. Väterlich sagte er: »So, kleene Frau Müller, jetzt will ich Ihnen mal von meiner Amerikareise erzählen, wo ich in Washington war. Sie sind mir ja vor lauter Aufregung ganz rappelig!«

Elfi Müller dazu 1979: »Er erzählte, aber ich weiß nicht mehr was. Aber es war eine komische Geschichte. Plötzlich hielt der Zug. Wir waren da.«

Zusammen mit Adenauer und dem schnauzbärtigen Ministerpräsidenten von Niedersachsen, Hinrich Kopf (SPD), schritt Elfi Müller durch das Spalier der Heimkehrer. Ihre Hände umkrampften den Blumenstrauß, den Adenauer ihr gegeben hatte, ihre Augen hasteten durch die Reihen der Männer, die rechts und links an der Lagerstraße standen. Da sah sie ihn…

Mit einem Seitenblick auf das Ehepaar, das sich nach fast einem Jahrzehnt der Trennung wieder in den Armen lag, meinte Adenauer: »Ja, dann laßt mal die beiden jetzt alleine!«

Dann sagte er zu den Müllers: »Nu gehn Se man in meinen Zug. Hier draußen können Se ja doch nicht Wiedersehen feiern.«

Am Fenster des Abteils stellten sie sich dann den Fotografen: Konrad Müller in einem nagelneuen, aber kratzigen »Wilhelm-Pieck-Anzug« (er hatte ihn bei der Durchreise in der DDR erhalten), seine strahlende Frau und der winkende Adenauer. Das Foto wurde nächsten Tag von fast allen deutschen Zeitungen abgedruckt.

Wie kurzlebig seine Popularität war, erfuhr Konrad Müller aber schon in den nächsten Monaten. Von seiner Heimkehrerentschädigung hatte er sich als erstes eine Schreibmaschine gekauft, auf der er Bewerbungsschreiben tippte. Doch noch zehn Monate später war Adenauers Nachbar arbeitslos! Die Begrüßungsworte des Kanzlers in

Friedland – »Geduld ist die stärkste Waffe des Besiegten« – erhielten jetzt für ihn einen bitteren Beigeschmack.
Erst als der Kanzler eingriff (»Der Müller muß von der Straße wech«), klappte es endlich: Am 25. Oktober 1955 trat er einen Posten bei der »Mühlenstelle« an, einer dem Bundesernährungsministerium zugeordneten Körperschaft des öffentlichen Rechts. Seinen Vorgänger hatte man ins Ministerium versetzt. Hier blieb Müller, zuletzt Hauptbuchhalter, bis zu seiner Pensionierung.
Eine simple Adresse hatte genügt, um den Heimkehrer mit dem Allerweltsnamen Müller aus dem grauen, anonymen Millionenheer seiner Schicksalsgefährten herauszureißen. Ein simpler Zufall führte Regie – so wie bei vielen anderen Heimkehrern, die in jenen Jahren in die Schlagzeilen der Zeitungen gerieten, deren Schicksale für Augenblicke die Nation bewegten.[37]

Was prominente Heimkehrer erlebten

Helmut Schmidt (Jahrgang 1918), Bundeskanzler a. D:
Der Batteriechef, der in Belgien in US-Gefangenschaft geraten war, wurde im Herbst 1945 in Knokke entlassen. Er schlug sich nach Hamburg durch, wohin auch seine Frau Loki geflüchtet war. Die beiden hatten sich über ein Jahr nicht mehr gesehen. Loki Schmidt: »Die Freude war natürlich riesengroß!« Sie lebten zunächst als Untermieter in einem möblierten Zimmer. Während Loki wieder als Lehrerin arbeitete, studierte Helmut Schmidt Volkswirtschaft. Im Frühjahr 1946 trat er in die SPD ein.

Rudolf Schock (Jahrgang 1915), Kammersänger:
Der Wachtmeister im Nebelwerfer-Regiment 21, im April 1945 bei Schwabmünden in US-Gefangenschaft geraten, wurde im Juni in Fürstenfeldbruck entlassen. Per Anhalter schlug er sich in den Harz durch, wo seine Familie untergekommen war. Schock: »Auf dem Bauernhof entdeckte ich einen Kinderwagen mit einem kleinen Mädchen – meine Tochter Dagmar, die ich noch nie gesehen hatte. Dann ging ich weiter in den Garten, wo ein etwas älteres Mädchen badete: meine Tochter Isolde und meine Frau. »Was will denn der Ami hier?« fragte die Frau – erst dann erkannte sie mich in meiner Khakiuniform, die aus Beständen des Afrikakorps stammte. Die nächsten Wochen arbeitete ich als Knecht auf dem Hof.

Franz Josef Strauß (1915 bis 1988), Bayerischer Ministerpräsident:
Der Oberleutnant an der Flakartillerie-Schule IV in Schongau erhielt nach seiner Entlassung durch die Amerikaner statt der erhofften Fahrkarte zu seinen Eltern nach München »die Ernennung zum stellvertretenden Landrat von Schongau«. Strauß: »Damals begann sozusagen meine politische Karriere.« Weiter sagte er: »Mir war klar, daß die Sieger die deutsche Bevölkerung nicht mit Samthandschuhen anfassen würden und eine schwere Zeit bevorstand. Die Metzgerei und die Wohnung meiner Eltern waren ausgebombt. Die Versorgungslage war insgesamt chaotisch.«[38]

Der Kriegsheld brannte schwarz Rum

Mit 28 war er Fregattenkapitän und trug das »Eiserne Kreuz mit Eichenlaub und Schwertern«. Mit 30 aber, nach der Rückkehr aus der Gefangenschaft, stand er vor den Trümmern seiner Existenz. Arbeitslos, die Eltern tot, die Ehefrau hatte einen Amerikaner. Sogar die Polizei war hinter ihm her: Reinhard Suhren, Fregattenkapitän und Führer der Unterseeboote in Norwegen, damals 29 Jahre.
Das Gesöff, mit dem die Damen hinter der »Mauer« in Kiel ihre Freier traktierten, war von schöner goldbrauner Farbe und hatte 38 Prozent. Kaum einer, der es trank, ahnte, daß der rumähnliche Sprit nicht aus der Karibik, sondern aus einem Gartenhaus am Stadtrand stammte.

Der Mann, der dort aus Zucker Schnaps braute, war untersetzt, und sein gutgeschnittenes Gesicht hätten zumindest in der Hafenstadt Kiel Tausende wiedererkannt. Oft genug hatten sie es während der zurückliegenden Kriegsjahre in Zeitungen und Illustrierten gesehen. Mal mit Räuberbart, zurück von der Feindfahrt, mal ohne Bart als eleganter Seeoffizier, an dessen Ritterkreuz Eichenlaub und Schwerter blitzten.

Routiniert füllte der Mann im Gartenhaus den noch warmen Sprit in Flaschen, verkorkte sie. Das Geschäft lief gut. 20 bis 25 Buddeln die Woche. Schnaps war besser als die lappigen Reichsmarkscheine, die nicht mehr viel wert waren. Schnaps war, im ersten Nachkriegsjahr 1946, so wertvoll wie Butter oder Zigaretten.

Er lächelte bitter: Schieber, Schwarzhändler und Nutten – das sind jetzt deine Kreise!

Ein Jahr zuvor war Reinhard Suhren (damals 29) noch Fregattenkapitän und Führer der Unterseeboote in Norwegen gewesen. 25 Boote hatten unter seinem Kommando gestanden, die letzten, die das zusammenbrechende Dritte Reich noch besaß.

Die Briten nahmen ihn gefangen, steckten ihn erst ins Lager, dann ins Gefängnis. Dort erfuhr er, daß seine Eltern und seine Schwester bei Kriegsende im Sudetenland umgekommen waren. Der Bruch im Leben des Reinhard Suhren ist da: 1946, am 12. April, wird er entlassen. Als »Transportleiter« übernimmt er einen Dampfer von Norwegen nach Deutschland. Das Schiff ist vollgestopft mit Frauen, Kindern, entlassenen Soldaten mit angeheirateten Norwegerinnen.

Er macht die bittere Erfahrung, daß das Gesetz von Befehl und Gehorsam nicht mehr gilt. Seine Anordnung, die verstopften Toiletten zu leeren, wird ignoriert. Suhren faßt eigenhändig zu.

Später sagt er über diesen Augenblick: »Ich war da schon längst von meinem Thron runter. Ich war im Gefängnis gewesen. Es konnte mit mir nur aufwärtsgehen.«

Auf einem Gutshof bei Bad Schwartau findet er eine Bleibe. Der Landbesitz wird aufgeteilt, er bekommt 16 Morgen ab. Von seinem angesparten Wehrsold kauft er einen Marine-Wohnwagen und eine Kuh.

Er schreibt seiner Frau, die mit ihrer Mutter ins Allgäu geflohen ist. Sie antwortet – aber ihre Briefe beunruhigen ihn. Er entschließt sich, zu ihr zu fahren. Was ihn im Allgäu erwartet, trifft ihn wie ein Hammerschlag: Seine junge blonde Frau, die er 1943 geheiratet hat, Tochter eines Stabsoffiziers der Luftwaffe, ist Bedienung in einem amerikanischen Kasino! Unter Tränen gesteht sie, daß sie einen amerikanischen Freund hat...

Tragödien wie diese erlebten in jenen Jahren Tausende Heimkehrer. Es konnte gar nicht anders sein: Auch die Frauen hatten den Krieg verloren, auch sie fühlten sich um Jahre ihres Lebens betrogen. Die Vergangenheit – das waren Bombenalarm und Hunger; die Zukunft – das war graue Hoffnungslosigkeit.

So ergriffen sie, was ihnen die Gegenwart bot: Lippenstifte und Seidenstrümpfe, Zigaretten und Bohnenkaffee, Partys und Tanz, Fahrten im Jeep mit einem selbstsicheren Mann in der Uniform der Sieger.

Die Gegenwart, das war für viele Frauen das Millionenheer der alliierten Besatzungssoldaten – ob man es zugeben will oder nicht...

Suhren will seine Ehe retten. Aber er erkennt bald: Es wird nichts mehr! Enttäuscht kehrt er nach Schwartau zurück, wo ihn der nächste Schlag erwartet: Man hatte nicht mehr mit seiner Rückkehr gerechnet, die anderen hatten sein Land unter sich aufgeteilt.

Suhren geht nach Kiel, versetzt den Silberfuchsmantel, den er für seine Frau über die Kriegswirren gerettet hat, und erwirbt von einem ehemaligen Marine-Stabsgefreiten die heimliche Schnapsfabrik im Gartenhaus.

Aus dem Kriegshelden ist ein Schwarzbrenner geworden.

Suhren ist tüchtig, sein Stoff geschätzt. Er weitet das Angebot aus. Er schlachtet »schwarz«, läßt das Fleisch auf dem schwarzen Markt verkaufen.

Ein Ex-Marine-Gefreiter, der gereinigten Torpedo-Spiritus verhökert, warnt ihn: Die Kripo ist hinter dir her!

Suhren vernichtet die Brennerei und zieht sich auf das Gut bei Schwartau zurück, wo noch sein Wohnwagen steht. Manchmal hilft er jetzt bei der Schafschur.
Im Sommer 1947 vermittelt ihm sein Bruder einen Job: Suhren soll für einen internationalen Mineralölkonzern das brachliegende Schmierölgeschäft mit der Schiffahrt wieder in Gang bringen.
Suhren weiß: Es ist eine Riesenchance! Raus aus dem Wohnwagen, endlich wieder eine richtige Arbeit, noch dazu auf einem Fachgebiet, von dem er etwas versteht.
Für 850 Reichsmark handelt er britischen Besatzern eine alte 350er Wehrmachts-BMW ab und rattert nach Hamburg.
Doch da steht er vor einer neuen Barriere, die fast unüberwindlich erscheint: Er hat weder eine Zuzugserlaubnis noch eine Arbeitserlaubnis für Hamburg. Aus! denkt Suhren, als er ins Arbeitsamt geht. Feierabend!
Er gerät an einen Herrn Klein, dem er seine Bitte vorträgt.
Herr Klein fragt zurück: »Meinen Sie vielleicht, wir hätten in Hamburg niemanden, der diese Arbeit machen könnte?«
Suhren flunkert: »Aber man muß bei diesem Job auch chinesisch und japanisch sprechen können...«
Ungerührt entgegnet Klein: »Nein, das glaube ich nicht.«
Und dann ereignet sich ein Wunder, mit dem der Heimkehrer Suhren nicht mehr gerechnet hat. Der unfreundliche Herr Klein sagt nämlich: »Ich kenne Sie! Sie waren einmal 1. Wachoffizier auf dem Boot, auf dem ich Schreiber war. Und Sie waren auch der einzige Offizier, der zu uns in die Schreibstube kam und uns alten Säcken mal einen Kasten Bier hinstellte. Kommen Sie in acht Tagen wieder. Ich werde sehen, was ich für Sie tun kann!« Herr Klein tut eine Menge, und Suhren bekommt den Job.
Reinhard Suhren lebt 1979 als Ruheständler in einem mit Seefahrtsbildern dekorierten Einfamilienhaus in Dietzenbach in Hessen. Er ist wieder verheiratet und hat drei Kinder. Seine ehemalige Frau zog in die USA. Der Kontakt zwischen den beiden riß jedoch nie ab.
Die gleichen deprimierenden Erfahrungen wie der Kriegsheld a. D. Suhren machten in diesen ersten Nachkriegsjahren Millionen von Heimkehrern. Vom Dank des Vaterlands spürten sie nichts.
Sie kamen in ein Land, in dem der Ruhm vergangener Zeiten nichts mehr galt, in dem die Überlebenden des Krieges ums Weiterleben kämpften, in dem das Fressen vor der Moral rangierte. Viele hatten keinen Beruf erlernt, waren von der Schulbank weg Soldaten geworden. Andere, die eine Ausbildung hatten, hatten den Anschluß verpaßt oder waren schon zu alt für einen neuen Start.
Sie kamen zurück als kranke, häufig auch als seelisch gebrochene Männer, die Mühe hatten, die Bürokratie und die Gesetze zu begreifen. Zu lange hatten sie nach den Gesetzen des Krieges gelebt. 41 Prozent der Insassen der niedersächsischen Strafanstalten waren in jenen Tagen Heimkehrer. Doch die meisten bissen sich durch.
Der Ex-Infanterist Horst H. (damals 20, 18 Granatsplitter im Körper) verdingt sich als »Putzmann« bei den Engländern in Hamburg. Er reinigt Toiletten, schrubbt Soldatenwäsche. Seinen Lohn – Zigaretten, die auf dem schwarzen Markt sieben Mark kosten – tauscht er gegen Lebensmittel.
Tagsüber malocht er, abends besucht er ein Privatgymnasium, um das Abitur nachzumachen. Bis drei Uhr morgens büffelt er. Um sechs Uhr hat er wieder den Besen in der Hand. Er klebt Zettel mit Vokabeln auf den Besenstiel und paukt, während er fegt.
Als sein Geschichtslehrer erklärt, alle Soldaten seien »Kriegsverbrecher und Kriegsverlängerer«, geht der ehemalige Sturmzug-Führer hoch: »Wenn Sie nicht sofort abhauen, werfe ich Sie aus dem Fenster!«
Am nächsten Tag hat die Klasse einen Geschichtslehrer, dem Horst H., wie er später sagt, »verdankt, daß aus mir doch noch ein guter Demokrat geworden ist«.
Der Ex-Transportflieger Hans R. (damals 27 und aus britischer Gefangenschaft geflohen)

will studieren. Aber bei Kriegsbeginn hat er nur das schriftliche Abitur machen können, das mündliche fehlt ihm. Nach acht Jahren sitzt er wieder auf der Schulbank eines Gymnasiums in Düsseldorf. Später sagt er: »Ich hatte fast alles vergessen, Griechisch war kaum noch da, Mathe ebenso, Latein ging gerade noch.«

Seine Mitschüler: Alles ehemalige Soldaten, Männer, die einst die Verantwortung für Hunderte von Untergebenen getragen hatten.

In der Pause stehen sie auf dem Schulhof und rauchen. Ein Sextaner nähert sich: »Ihr sollt mal zum Direktor kommen!« Der belehrt sie: »Auf dem Schulgelände darf nicht geraucht werden! Sie müssen sich an die Schulordnung halten!« Großmütig bietet er einen Kompromiß an: »Rauchen Sie außerhalb des Schulgeländes! Das Verlassen des Schulgeländes während der Pause ist zwar auch verboten, aber in Ihrem Fall...«

Hans R. bewirbt sich um einen Studienplatz in Köln. Doch vorher soll er zwei »Aufbau-Semester« ableisten, das heißt: Er soll Trümmer räumen.

Da begräbt der Heimkehrer den Traum von einer akademischen Karriere. Er geht zu Mannesmann und zieht am »Pilgerwerk« Stahlrohre: »Nur unser Vorarbeiter war vom Fach. Alle anderen waren Heimkehrer, darunter Kommandeure und Kompaniechefs.«

Was für sie alle den Knochen-Job so wertvoll macht: Sie erhalten die Schwerarbeiter-Lebensmittelkarte – und damit mehr Fett, mehr Fleisch, mehr Alkohol als die »Normalverbraucher«.

Der Ritterkreuzträger Günter Halm (Jahrgang 1922), der als einfacher Soldat in Rommels Wüstenarmee mit seiner Pak eine ganze britische Panzerbrigade gestoppt hatte, kehrt 1946 mit dem Abitur und drei Semestern Maschinenbau aus US-Gefangenschaft zurück. Nun will er das Studium fortsetzen. Aber die Universitäten sind »kaputt und überfüllt«. Nach einem gescheiterten Versuch an der Technischen Hochschule Hannover macht Halm einen neuen Anlauf: Er will Sportlehrer werden. Wieder blitzt er ab. Halm wird schließlich Kohlenhändler.

Wie wenig der Glanz der Vergangenheit noch zählt, erfährt auch der Heimkehrer Gustav S. (Jahrgang 1916), dem seine Heimatgemeinde bei Lüdinghausen 1942 zur Ritterkreuzverleihung ein baureifes Grundstück und 10 000 Reichsmark geschenkt hatte. Als er 1950 eintrifft, ist das Geld nichts mehr wert, und die Gemeinde kann sich an das Grundstück nicht mehr erinnern.

Die Hoffnung vieler Heimkehrer, den alten Arbeitsplatz wieder einnehmen zu können, platzt häufig schon bei der Ankunft am Heimatort. Viele Betriebe sind zerstört oder demontiert, Planstellen bei Behörden wieder besetzt. Und: Eine oft kaltschnäuzige Bürokratie bringt es nicht fertig, sich auf die besonderen Probleme der Heimkehrer einzustellen.

Als sich der Heimkehrer S. 1948 bei seiner alten Dienststelle, einer niedersächsischen Brandkasse, meldet, reicht man ihm wortlos das aus dem Mai 1945 stammende Kündigungsschreiben. Begründung: »Politische Selbstreinigung der Behörden«. Der Heimkehrer S. war, wie die meisten seiner Kollegen, nominelles NSDAP-Mitglied gewesen.

Der Kriegsgefangene Willi E. (Jahrgang 1914) schlägt sich auf abenteuerliche Weise von Kriwoi Rog nach Österreich durch. Doch seine Mutter, die er hier anzutreffen glaubt, ist inzwischen nach Bayern gezogen. Willi E. geht schwarz über die Grenze, wird erwischt und in Bayern zu 16 Tagen Haft verurteilt. Wegen dieser Vorstrafe aber hat er größte Schwierigkeiten, eine Zuzugsgenehmigung für den Wohnort seiner Mutter zu bekommen...

Wohnungsprobleme lassen auch den Heimkehrer D. beinahe verzweifeln, der 1948 nach Fallingbostel entlassen wird. Um überhaupt ein Dach über dem Kopf zu haben, zimmert er sich aus einem alten Abort und einem Hühnerstall eine Hütte. Erst als er, inzwischen verheiratet, zwei Kinder hat, weist ihm das Wohnungsamt ein 22 Quadratmeter großes Zimmer in einem Bauernhof an. Doch der Bauer weigert sich, den Heimkehrer aufzunehmen. Als Ersatz bietet er ein al-

tes, nicht beheiztes Backhaus an. In diesem Quartier überwintert die vierköpfige Familie. Schließlich schaltet sich der Heimkehrerverband ein, der Bauer räumt endlich das zugesagte Zimmer.
Einer, der völlig scheitert, ist der Heimkehrer Paul S. aus dem Landkreis Hildesheim, 1942 als Sechzehnjähriger zum Arbeitsdienst eingezogen.
Die Freiheit sieht er 1949 als gebrochener Mann wieder: schwer krank, der Vater tot, die Mutter verschollen. Eine Rente wird nach kurzer Zeit gestrichen. Trotz eines schweren Herzleidens arbeitet Paul S. im Steinbruch. Er klappt zusammen. Kurze Zeit danach wird er tot aufgefunden. Gift...[39]

Deutsche Soldatengräber in Wolgograd (Stalingrad)

Perestroika und Glasnost haben es möglich gemacht, daß die Gräber gefallener deutscher Soldaten in Rußland erhalten werden sollen.
»Es ist an der Zeit, auch den deutschen Gefallenen von Stalingrad Achtung zu erweisen und vorhandene Gräber würdig zu gestalten«, erklärte der Oberbürgermeister von Wolgograd, Jurij-Viktorowitsch Tschechow, in einem Gespräch mit dem Präsidenten des Volksbundes, Hans-Otto Weber, im Januar 1991, als er auf Einladung des Oberbürgermeisters von Köln, Norbert Burger, mit einer kleinen Delegation in der Partnerstadt weilte. Die Stadt Köln ist Partnerstadt von Wolgograd.
Es seien zwar nicht viele Unterlagen über die deutschen Gefallenen vorhanden, betonte Oberbürgermeister Tschechow, aber es gebe einige Friedhöfe, die man gestalten könne. Seine Stadt habe übrigens von Moskau Nachweise über deutsche Stalingradtote angefordert.
Stalingrad war der Wendepunkt im Zweiten Weltkrieg, von da an ging es der Katastrophe, die im Mai 1945 endete, entgegen. Von den annähernd 300000 Stalingradkämpfern sahen etwa 5000 die Heimat wieder.
Weitere Gespräche in Moskau und Wolgograd brachten eine deutliche Annäherung der Standpunkte. In einer gemeinsamen Erklärung, die von den drei Gesprächspartnern zum Abschluß der im gegenseitigen Respekt geführten Unterredung formuliert und unterzeichnet wurde, sind die Ergebnisse in drei Punkten zusammengefaßt:
1. Die noch vorhandenen Friedhöfe für deutsche Soldaten aus der Zeit der Kämpfe und danach zu erfassen, zu sichern und in einen würdigen Zustand zu versetzen.
2. Für die nicht mehr auffindbaren deutschen Kriegsgräber eine zentrale Ehrenstätte zu errichten.
3. Zur Verwirklichung dieser Absicht wird eine sowjetisch-deutsche Arbeitsgruppe gebildet. Sie besteht aus fünf Vertretern des Volksbundes und fünf Vertretern des Vereins »Ewiges Gedenken den Soldaten« und der Stadtverwaltung Wolgograd.
Die deutsche Arbeitsgruppe besucht Wolgograd im Mai/Juni dieses Jahres, um die deutschen Kriegsgräberstätten in der Stadt und im Gebiet Wolgograd aufzusuchen.
Die Lösung dieser Aufgaben soll ein Beitrag zur Verständigung zwischen den beiden Ländern sein und damit dem Frieden dienen.[40]

Zeugnis für das Unbegreifbare: Buchenwald

Buchenwald – »Nationale Mahn- und Gedenkstätte der DDR« für die 56545 Opfer aus 18 Nationen, die dort von 1937 bis 1945 von der SS umgebracht worden sind. 1958 wurde das Ehrenmal errichtet – zwei Wegstunden von den Stätten der deutschen Klassik in Weimar entfernt.
Rund 250000 Menschen erlebten und erlitten Buchenwald in den Jahren des Nationalsozialismus. 21000 Häftlinge waren im Lager, als am 13. April 1945 amerikanische Truppen die Gefangenen befreiten. Die Bevölkerung von Weimar und Umgebung hatte danach zu besichtigen, was in deutschem Namen verbrochen worden war. Am 12.

Eingang zum ehemaligen Lager Buchenwald. Im schmiedeeisernen Tor steht der Spruch: »Jedem das Seine«.

August 1945 – nach dem Abzug der Amerikaner aus Mitteldeutschland – wurde aus dem KZ der Nazis das »Speziallager Nr. 2« der sowjetischen Geheimpolizei MWD.
In diesen Speziallagern – Buchenwald, Sachsenhausen, Bautzen, Torgau, Mühlberg und anderen – wurden keineswegs ehemalige Nazis interniert. Hier wurden alle diejenigen inhaftiert, die sich der sowjetischen »Revolution von oben« widersetzten oder ihr im Wege standen. Bis zu seiner Auflösung 1950 durchliefen – bei einer Durchschnittsbelegung von 10 000 bis 12 000 Häftlingen – etwa 32 000 Menschen das Lager Buchenwald. Etwa 13 000 davon starben; in allen Internierungslagern zusammen waren es über 85 000 Tote. Buchenwald – ein Mahnmal, eine Gedenkstätte für die Opfer von Gewaltherrschaft.[42]
Das Mahnmal kann täglich besichtigt werden. Die Museen und Einrichtungen sind geöffnet von 8 bis 17 Uhr. Der Einführungsfilm ist in deutscher, tschechischer, polnischer, französischer und englischer Sprache.

Wie Walter Ulbricht und Erich Honecker vor 30 Jahren die Mauer bauten

Oberstleutnant Martin Löffler, Regimentskommandeur in der 1. Motorisierten Schützendivision der Nationalen Volksarmee (NVA), ahnte nicht, warum er am Abend des 12. August 1961 ins Hauptquartier in Strausberg nahe Ostberlin gerufen wurde. Er vermutete, man feiere den Geburtstag eines verdienten Genossen. Es ging, mit Wodka und Krimsekt, Lachs und Kaviar, durchaus feierlich zu. Als DDR-Verteidigungsminister Heinz Hoffmann das Wort ergriff, wurde es dienstlich. Vor 70 NVA-Kommandeuren eröffnete der General die Einsatzbesprechung über eine unmittelbar bevorstehende heikle Operation, von der selbst die meisten DDR-Minister erst in diesem Augenblick erfuhren.
In der kommenden Nacht, so Hoffmanns Vortrag, würden die Grenzen zwischen West- und Ostberlin und um Westberlin herum dichtgemacht. Falls die Westalliierten eingreifen sollten, müßten die Kommandeure nach vorliegenden Einsatzbefehlen handeln: Warnschüsse in die Luft, dann den Schießbefehl des Divisionskommandeurs abwarten – außer bei Lebensgefahr, die sofortige Selbstverteidigung erfordere.
Die Truppen der Nationalen Volksarmee sollen sich zurückhalten, befahl der Verteidigungsminister, mindestens 300 Meter hinter der Sektorengrenze. Die Grenze selbst würde von Volkspolizei, Bereitschaftspolizei und den paramilitärischen Betriebskampfgruppen abgeriegelt.
SED-Politbüromitglied Erich Honecker, Sekretär für Sicherheit im Zentralkomitee, wurde von SED-Chef Walter Ulbricht mit der Durchführung des Projektes »Chinesische Mauer II« beauftragt. Das Amt hatte Honecker erhebliche Machtfülle und engen Kontakt zum Verteidigungs-, Stasi- und In-

Am Brandenburger Tor in Berlin wurde unter Aufsicht eine etwa dreiviertel Meter starke Mauer erbaut. Sie sollte dazu dienen, jeden Durchblick zu sperren. Foto: Bundesarchiv Koblenz

Die von der DDR errichteten Sperranlagen hinter dem Reichstag in Berlin. Foto: Bundesarchiv Koblenz

nenminister eingebracht. Honecker nach der Wende: »Sie waren mir sozusagen unterstellt, denn das war mein Arbeitsbereich im ZK.«
Honecker bezog sein Hauptquartier im Ostberliner Polizeipräsidium. Sein Stab war der strikten Geheimhaltung wegen nur acht Mann stark. Befehle wurden nur mündlich weitergegeben. Gegen 23 Uhr tauchten einige Minister auf, später erschien auch Ulbricht; er blieb aber nur eine Stunde.
Gegen Mitternacht rief Honecker den Verteidigungsminister auf der Kommandeursversammlung in Strausberg an, gab die X-Zeit durch – 13. August 1961, 01.00 Uhr – und sagte: »Die Aufgabe kennst du! Marschiert!« Sowjetmarschall Iwan Konew alarmierte die sowjetischen Streitkräfte – 20 Divisionen. In den Garnisonsstädten der DDR heulten die Sirenen.
Kurz nach Mitternacht klingelte das Telefon beim Kommandeur des 7. Bataillons der Ostberliner Kampfgruppen, Walter Lembke. »Von einer ihm bekannten Stimme«, schilderte später eine SED-Illustrierte im Stil kitschiger Landserhefte die Szene, »hörte er nur einen kurzen Satz, keinen Befehl, keine Losung, nur eine schlichte Aufforderung: ›Walter, mach dich fertig… Es ist soweit.‹«
In seiner Kaserne in Röntgental am Berliner Stadtrand fuhr Unteroffizier Rudi Thurau aus dem Schlaf, als sowjetische Panzer an seinem Fenster vorbeirasselten – so viele hatte er noch nie gesehen. Der Kompaniechef instruierte seine Männer, sie hätten an einer »verläßlichen Bewachung« und »wirksamen Kontrolle« der Sektorengrenze mitzuwirken. »Unruhe« in der Bevölkerung sei zu erwarten, »militärische Konflikte« dagegen schloß er aus. Der Grenzpolizist Horst Ewald beobachtete, wie Unmengen von Stacheldraht auf Lastern verladen wurden. Der NVA-Unteroffizier Conrad Schumann (der zwei Tage später über die Grenze nach

Ehemalige Zonengrenze bei Münchenreuth/Bayern. Foto: Bundesarchiv Koblenz

Durch Spritzmittel wurden Pflanzen entlang der ehemaligen Zonengrenze vernichtet. Foto: Bundesarchiv Koblenz

Westberlin sprang) wurde wachgerüttelt: »Los, Mann, wir müssen an die Grenze.«
An der Grenze zu Westberlin zog, klammheimlich, die »politische und militärische Kampfkraft der Arbeiterklasse« auf (Honecker), insgesamt waren es rund 25 000 Mann: »Werktätige aus den sozialistischen Betrieben in den Uniformen der Kampfgruppen«; ihnen waren Platzpatronen und, versiegelt, auch je 60 Schuß scharfe Munition ausgehändigt worden. Die Betriebskampfgruppen standen zusammen mit Volks- und Bereitschaftspolizisten, ausgerüstet mit sowjetischen Kalaschnikow-Gewehren, an vorderster Front.
Die »2. Staffel« bildeten Truppen der Nationalen Volksarmee und Spezialeinheiten des Ministeriums für Staatssicherheit. »Nur bei einem etwaigen Eingreifen der Nato-Armeen sollten«, so Honecker, »die sowjetischen Streitkräfte in Aktion treten.«
30 Jahre nach dem Bau der Mauer und anderthalb Jahre nach ihrem Zerfall bieten Dokumente aus Ostberliner Aktenbeständen neue Einblicke in Planung, Begründung und Durchführung des Projekts, das weltweit zum Symbol kommunistischen Terrors und politischen Staatsbankrotts geworden ist.
Im Archiv des Präsidiums der ehemaligen Volkspolizei wurden die Einsatzbefehle an Volkspolizisten und Kämpfer der SED-Betriebsgruppen sowie das »Journal der Gefechtshandlung« entdeckt, in dem Hunderte militärisch aufgemotzter Meldungen der »Kontrollpunkte« entlang der Berliner Sektorengrenze zusammengefaßt sind. Die Berichte über die Stimmung in der Bevölkerung wie unter SED-Genossen vermitteln gelungene Überrumpelung und, vereinzelt, ohnmächtige Wut.
Bei Nacht und Nebel hatte die DDR mit dem Bau des »antifaschistischen Schutz-

Mitten durch die Dörfer ging die unmenschliche Grenze. Foto: Bundesarchiv Koblenz

»Wie Hasen« wurden nach Reporter Lothar Loewe von den Beobachtungstürmen die Flüchtlinge abgeknallt. Nach dieser Äußerung wurde Lothar Loewe aus der ehemaligen DDR ausgewiesen. Foto: Bundesarchiv Koblenz

Das größte Hindernis normaler Beziehungen zwischen der Bundesrepublik und der Deutschen Demokratischen Republik war der Schießbefehl und die Grenzsicherung an der ehemaligen deutsch-deutschen Grenze. Zonengrenze an der Gerickestraße in Lichtenrade. Foto: Bundesarchiv Koblenz

Aufnahme von der Grenzschutzabteilung III/6 Uelzen vom 26. Januar 1971 südlich Teplingen. Pionier-Zug der Nationalen Volksarmee beim Bau einer elektrischen Warn- und Schußanlage an der Rückseite des einreihigen Metallgitterzaunes. Foto: Bundesarchiv Koblenz

walls« (SED-Jargon), der »häßlichen Sache« (Kremlchef Nikita Chruschtschow 1961) begonnen. Alle zwei Meter zog ein Posten auf, Betriebskampfgruppen errichteten Stacheldrahtverhaue und Straßensperren. 193 Haupt- und Nebenstraßen wurden abgeriegelt, 74 der 81 Sektorenübergänge geschlossen. Die »Einstiegsschächte des Kanalisationssystems« seien, lautete ein Vopo-Befehl, »ständig durch ... Streifen zu sichern«.

Als das monströse Bollwerk vollendet war, trennten 165,7 Kilometer Betonmauer und Metallgitterzaun, bewehrt mit Wachtürmen, Kfz-Gräben und Hundelaufanlagen, den einen Teil Berlins von dem anderen. Mindestens 78 Menschen kamen bei dem Versuch ums Leben, die unmenschlichen Hindernisse zu überwinden.

»100 Jahre« sollte die Mauer noch stehen, meinte Mauerbauer Honecker noch Anfang 1989. Im revolutionären Herbst 1989 zerfiel sie wie von selbst. Bemalte Mauerteile werden zu Preisen bis 20000 Mark gehandelt, der Rest wird von Recyclingfirmen für Hochöfen und Straßenbau geschreddert.

Als im kalten Krieg mit dem Bau des Monstrums begonnen wurde, beschwor der Anschlag des Ostblocks – nach der sowjetischen Berlin-Blockade 1948/49 – ein zweites Mal die Gefahr eines heißen Krieges herauf. Schon seit 1958 hatte Moskau eine neue Berlin-Krise angeheizt. Ultimativ und zunehmend aggressiv forderte der sowjetische Partei- und Staatschef Nikita Chruschtschow den Abschluß eines Friedensvertrages mit Deutschland, den Abzug der alliierten Besatzungstruppen und die Umwandlung Westberlins in eine »entmilitarisierte und Freie Stadt«.

Lehnten die Westmächte ab, würden die Sowjets mit der DDR einen separaten Friedensvertrag abschließen und Ostberlin die Kontrolle über die Berlin-Zugänge übertragen. Intervenierten die Westalliierten mit Gewalt, gebe es Krieg – einen »thermonuklearen« (Chruschtschow).

»Den Bonner Ultras bei ihren Kriegsvorbereitungen Einhalt gebieten, das ist die vordringlichste Aufgabe«, hieß es am 13. August 1961 in einem »Kampfblatt« der Politabteilung der Ostberliner Volkspolizei: »Westberlin, das Zentrum der gesamten Verschwörung gegen die DDR, ist gleichzeitig der Stützpunkt des Menschenhandels gegen das demokratische Berlin und die Bezirke der DDR. Mit diesem verbrecherischen Treiben der Militaristen von Berlin aus ist Schluß zu machen.«

Ähnlich lasen sich die Verlautbarungen des DDR-Ministerrats und der Regierungen der übrigen Ostblockstaaten: Von »systematischer Bürgerkriegsvorbereitung durch die Adenauer-Regierung« und »regelrechtem Menschenhandel« war die Rede. Ulbricht flunkerte von »offenen militärischen Provokationen« und wollte gar von einem unmittelbar bevorstehenden »offenen Angriff« der Bundesrepublik auf die DDR wissen.

Entscheidend für den Verlauf der neuen Berlin-Krise waren jedoch Hinweise der Ostblockstaaten darauf, daß der freie Zugang von und nach Westberlin nicht behindert würde. »Für ausländische Staatsangehörige gelten die bisherigen Bestimmungen«, erklärte der DDR-Ministerrat: »Für Angehörige des Diplomatischen Korps und der westlichen Besatzungskräfte bleibt es bei der bisherigen Regelung.«

Damit respektierte der Ostblock die sogenannten drei westlichen Essentials, die zu verteidigen die USA, wie US-Präsident John F. Kennedy in einer dramatischen Fernsehansprache am 25. Juli 1961 gewarnt hatte, »aufs äußerte« entschlossen seien: Anwesenheit der Westmächte in Westberlin; freier Zugang nach Berlin, Sicherheit und Freiheit der Westberliner. Moskau verstand den Wink aus Washington und legte seine weitergehenden Deutschlandpläne erst einmal auf Eis: »Es gab nur zwei Arten von Gegenmaßnahmen«, räumte Nikita Chruschtschow später ein, »die Lufttransportsperre oder die Mauer. Die erstgenannte hätte uns in einen Konflikt mit den USA gebracht, der möglicherweise zum Krieg geführt hätte. Das konnte und wollte ich nicht riskieren. Also blieb nur die Mauer übrig.«

Der Kremlchef nannte auch die wahren Gründe für den Mauerbau. Noch 1961 sagte er dem Botschafter der Bundesrepublik in Moskau, Hans Kroll: »Was sollte ich denn tun? Mehr als 30 000 Menschen, und zwar mit die besten Menschen aus der DDR, verließen im Monat Juli das Land. Man kann sich unschwer ausrechnen, wann die ostdeutsche Wirtschaft zusammengebrochen wäre, wenn wir nicht alsbald etwas gegen die Massenflucht unternommen hätten.«

Von der Staatsgründung im September 1949 bis zum Mauerbau im August 1961 hatten 2 691 270 DDR-Bürger das Land verlassen, die Hälfte von ihnen unter 25 Jahre alt. 3371 Ärzte, 16 724 Lehrer, 17 082 Ingenieure hatten sich nach Westen abgesetzt.

Bereits seit 1958 beschäftigte sich eine staatliche Planungskommission mit dem Projekt »Chinesische Mauer II«. Schon damals nannte Otto Grotewohl, der Vorsitzende des Ministerrats, die »anhaltende Flucht aus der Republik das Problem Nummer eins«; so könne es »nicht weitergehen«. Auf einer Pressekonferenz mit SED-Chef Ulbricht fiel dann im Juni 1961, wenn auch in ein Dementi gekleidet, das Stichwort »Mauer«. Ulbricht sagte: »Ich verstehe Ihre Frage so, daß es in Westdeutschland Menschen gibt, die wünschen, daß wir die Bauarbeiter der Hauptstadt der DDR dazu mobilisieren, eine Mauer aufzurichten. Mir ist nicht bekannt, daß eine solche Absicht besteht.«

Dabei hatte Ulbricht die Regierungs- und Parteichefs der Staaten des Warschauer Paktes schon Ende März 1961 gedrängt, Westberlin abzuriegeln. Dramatisch schilderte er die Massenflucht aus seinem Land: Wenn sie nicht umgehend gestoppt werde, könne die DDR ihre wirtschaftlichen Verpflichtungen gegenüber den sozialistischen Bruderstaaten nicht mehr erfüllen.

Die versammelten KP-Chefs waren entsetzt; plötzlich machten sie sich Sorgen um das längst ramponierte Ansehen der kommunistischen Regime. Der Pole Wladyslaw Gomulka warnte vor einem Eingreifen der Westalliierten; sie könnten sich doch keinen Zaun vor die Nase setzen lassen. Auf Gomulkas Frage, wie die Massenflucht aufzuhalten sei, antwortete Ulbricht, »allein durch eine rigorose Abschnürung Westberlins«. Und wie solle die »Abschnürung« aussehen, wollte der Tscheche Antonín Novotny wissen. Darauf der SED-Chef: »Wir müssen die Fluchtlöcher in Westberlin verstopfen, mit Posten unserer Grenzorgane, mit Barrieren, vielleicht mit Stacheldrahtzäunen.«

Am Abend wurde abgestimmt. Nur Ulbricht war für die Absperrung, fünf KP-Chefs waren dagegen. Chruschtschow enthielt sich der Stimme, äußerte jedoch, ein radikales Vorgehen passe gegenwärtig nicht in sein außenpolitisches Konzept. Erst einmal wolle er herausfinden, woran er mit dem US-Präsidenten Kennedy sei, der erst im Januar sein Amt angetreten hatte.

Die beiden Staatsmänner trafen sich Anfang Juni 1961 auf einem Gipfel in Wien. Da erlebte der junge Präsident, der gerade in der Schweinebucht vor Kuba eine schwere Schlappe hatte einstecken müssen, »die härteste Sache« und einen Chruschtschow, der »Amok lief«.

Ultimativ wiederholte der Kremlchef seine Deutschlandforderungen und deren Konsequenzen. Kennedy fragte: »Bedeutet dies, daß der freie Zugang nach Westberlin blockiert wird?« Chruschtschow antwortete: »Genau das.« Er wolle Frieden: »Aber wenn Sie einen Atomkrieg wollen, dann können Sie ihn haben.« Der Präsident sah einen »kalten Winter« kommen.

Nach dem beispiellosen Rencontre mit dem cholerischen Kremlchef schränkte Kennedy vor der Presse allerdings ein: »Wer so redet wie der und es wirklich auch so meint, der müßte verrückt sein; und ich bin sicher, der ist nicht verrückt.«

Doch vorübergehend schien Chruschtschow tatsächlich von Sinnen. In einem Gespräch mit Kennedy-Berater John McCloy auf seiner Datscha am Schwarzen Meer trieb er den Nervenkrieg zwischen den Supermächten auf die Spitze. Kennedys Fernsehansprache vom Vorabend bezeichnete er als »Vorstufe der Kriegserklärung«. Kennedy hatte gesagt: »Ich höre sagen, Berlin sei militärisch unhaltbar. Genauso war es mit Bastogne (bei der deutschen Ardennenoffensive Ende 1944) und genauso mit Stalingrad. Jede gefährliche Position kann gehalten werden, wenn Männer, tapfere Männer es nur wollen.«

Die Sowjetunion sei in der Lage, polterte Chruschtschow los, eine »100-Megatonnen-Bombe« über Amerika zu zünden; sowjetische Wissenschaftler würden schon darauf brennen, das Superding auszuprobieren. Aber auch ohne das Eingreifen der USA könnte der Krieg jeden Augenblick ausbrechen, nämlich dann, wenn die Massenflucht Unruhen in der DDR auslöste wie am 17. Juni 1953 und die Westdeutschen dann die DDR überfielen.

Doch nun steckte Chruschtschow zurück. Die Westmächte würden doch wohl nicht wegen der Besatzungsrechte in Westberlin in einen Krieg ziehen. Er halte eine Verständigung immer noch für möglich.

Kennedy war offenbar derselben Meinung. Er schien auch bereit, DDR-Kontrolleure an den Zugängen zu akzeptieren. »Auf zwei Dinge« komme es an, erklärte er seinem Außenminister Dean Rusk, »daß wir in Berlin sind« und »Zugang zur Stadt« haben: »Es kommt mir besonders dumm vor«, meinte er gegenüber seinem Berater Kenneth P. O'Donnell, »das Leben einer Million Amerikaner aufs Spiel zu setzen, wenn es um das Recht geht, die Autobahn in der sowjetischen Zone Deutschlands zu benutzen.«

Bei den Verhandlungen des Warschauer Paktes am 3. August 1961 – trotz drakonischer Strafen gegen Republikflüchtlinge und »Kopfjägerei« hatten im Juli wieder über 30 000 Bürger das Land verlassen – forderte Ulbricht, »jetzt und hier« müßten die Verbündeten die Sperrung und Sicherung der Berliner Sektorengrenze beschließen. Zum erstenmal sprach er davon, vielleicht eine Mauer bauen zu müssen.

Diesmal stimmten die Verbündeten zu. Ulbricht dankte dem Genossen Chruschtschow: »Ohne Ihre Hilfe könnten wir dieses schreckliche Problem nicht lösen.« Darauf Chruschtschow: »Ich bin einverstanden, aber keinen Millimeter weiter.«

DDR-Regierung und DDR-Volkskammer wurden beauftragt, an der Westberliner Grenze eine solche Ordnung einzuführen, durch die der Wühltätigkeit gegen die Länder des sozialistischen Lagers zuverlässig der Weg verlegt und rings um das ganze Gebiet Westberlins einschließlich seiner Grenze mit dem demokratischen Berlin eine verläßliche Bewachung und eine wirksame Kontrolle gewährleistet wird.

Ostberliner SED-Genossen jubelten: »Der Gipsbrei für die Rattenlöcher in Berlin ist angerührt.« Mit dem Bau der Mauer sollte allerdings noch gewartet werden, empfahl Chruschtschow. Der Ostblock müsse beweglich reagieren können, wenn der Westen wider Erwarten doch gegen die DDR vorgehen sollte.

Am dritten Konferenztag stellte der Kremlchef den Genossen Sowjetmarschall Iwan Konew, Eroberer von Prag, Miteroberer von Berlin, vor. Während der zu erwartenden Berlin-Krise sollte er den Oberbefehlshaber der sowjetischen Streitkräfte in der DDR, Armeegeneral Iwan Jakubowski, ablösen. Konews Auftrag:

die Grenzsperren in Berlin von Organen der DDR anlegen zu lassen;

im Falle eines westlichen Angriffs die Sperren und die DDR-Sicherheitsorgane zweimal je 100 Meter nach Ostberlin zu verlegen;

bei einem dritten Vorstoß sowjetische Truppen in Stellung zu bringen.

Konews Kommentar: »Eine Stadt ist wie der Zweig eines Baumes. Schneidet man die Zufahrtsstraßen ab, wird die Stadt fallen.« Andererseits signalisierte er den westalliierten Stadtkommandanten, sie könnten »beruhigt« sein: »Was immer in nächster Zukunft geschehen mag, Ihre Rechte werden unberührt bleiben, und nichts wird sich gegen Westberlin richten.«

Nach seiner Rückkehr aus Moskau unterrichtete Ulbricht das Politbüro. In der Nacht

zum Sonntag solle es losgehen, dann seien »putschistische Elemente« und die westlichen Regierungen nicht handlungsfähig: »Genossen, an die Arbeit.«
Am Vorabend der Operation rief er ein paar Geheimnisträger »zur Einweisung in die vorgesehenen Maßnahmen« zu sich auf seinen Landsitz in Dölln. Anwesend waren neben Gefolgsmännern aus der eigenen Partei, wie dem stellvertretenden DDR-Ministerpräsidenten Willi Stoph und dem Ostberliner Oberbürgermeister Friedrich Ebert, Sohn des ersten Reichspräsidenten, auch die führenden »Blockflöten«: Gerald Götting von der Ost-CDU, Heinrich Homann (NDPD), Hans Rietz von der Demokratischen Bauernpartei Deutschlands und Manfred Gerlach von der LDPD (nach Honeckers Sturz vorübergehend Staatsratsvorsitzender).
Am 12. August 1961 verschickte Mauer-Organisator Honecker gleichlautende Mitteilungen (»Geheime Verschlußsache«) an die ZK-Mitglieder, so zum Beispiel an Erich Mückenberger und Gerhard Grüneberg: »Ich bitte dich, entsprechend den getroffenen Vereinbarungen am 13. August 1961, ab 01.30 Uhr die erforderlichen Maßnahmen zu veranlassen. Die dir bekannten Dokumente werde ich dir im Verlauf der Nacht übermitteln.«
Der Oberstleutnant und Stabschef im Präsidium der Volkspolizei (PdVP), Albin Schneider, hatte seinen »Kalenderplan der Maßnahmen« vorgelegt, der am 12. August, 19 Uhr, mit dem Punkt 1, »Leitung des PdVP verständigen, um null Uhr beim General zur Beratung«, beginnt und mit Punkt 11, »X+4 Tage, Abschluß der gesamten Pionierarbeiten in dem Abschnitt von 9,6 km«, endet.
DDR-Verteidigungsminister Hoffmann setzte vier Divisionen der NVA nach Berlin in Marsch. Private Busse wurden beschlagnahmt, Krankenhäuser requiriert, zu »Übungszwecken«. Der Minister für Staatssicherheit, Erich Mielke, drohte: »Wer plaudert, wird standrechtlich erschossen.«
Im Politunterricht vor Potsdamer Bereitschaftspolizisten wurde von »erhöhter Kriegsgefahr« geredet: »Die Lage ist doch so, daß wir in den nächsten Tagen durchaus in die Lage kommen können, die militärischen und revanchistischen Unruheherde in Westberlin ausräuchern zu müssen. Das kann bedeuten, daß wir sogar einen Stoßtrupp in das Schöneberger Rathaus schicken.«
Was in dieser Nacht – »als es dann plötzlich 13 schlug« (Schlagzeile einer Ostberliner Zeitung) – wirklich passierte, ist akribisch in dem entdeckten »Journal der Gefechtshandlung« verzeichnet, in dem die Ostberliner Vopo die laufend von den Kontrollposten (KP) an der Sektorengrenze eintreffenden Meldungen zusammenfaßte.
Der KP 65 – Rheinsberger Straße/Ecke Brunnenstraße – stellte um 3.45 Uhr eine »Ansammlung von 12 bis 15 Jugendlichen« fest: »Maßnahmen sind eingeleitet worden.« Wenig später versammelten sich am Bahnhof Friedrichstraße, »wie eine Überprüfung ergab«, 150 Personen: »Trotzdem herrscht Ruhe und Ordnung.«
Dabei blieb es im großen und ganzen, obgleich im Laufe der Nacht immer mehr Bürger aus beiden Teilen der Stadt, Schaulustige wie Demonstranten, den Tatort entlang der Sektorengrenze aufsuchten. Oft waren es weniger als 100, manchmal 2000 bis 4000.
Nennenswerte Störungen, die von den Spaltern nicht ausgeschlossen worden waren, blieben aus. An keiner Stelle rissen etwa Westberliner Polizisten oder gar alliierte Beschützer die Stacheldrahtverhaue ein. Und so hatte die DDR-Einsatzleitung keinerlei Veranlassung, sich vorsorglich zweimal je 100 Meter zurückzuziehen.
An der Leipziger Straße »provozierten« Westberliner die Vopos mit Schimpfworten wie zum Beispiel »Offiziersschwein«. Am KP 36 bewarfen sie die Posten, wie im »Journal der Gefechtshandlung« vermerkt wurde, »mit Geld unserer Währung«. Die »Morgenpost« verteilte Extrablätter mit der Schlagzeile: »Westberlin mit Stacheldraht abgeriegelt«.

Kontrahenten Chruschtschow – Kennedy am 3. Juni 1961 in Wien: »Den Atomkrieg können Sie haben«.
Foto: Bundesarchiv Koblenz

Am Brandenburger Tor kam es »bereits zu Tätlichkeiten mit unseren Genossen wie zum Beispiel Anrempeln«. Jugendliche skandierten: »Berlin wird niemals rot.«
Am KP 34 nahmen »ca. 2000 Personen ... bedrohliche Haltung ... ein«. Am Potsdamer Platz hatten sich um 17 Uhr »ca. 3000 Personen im Westsektor versammelt«, einige »Radaubrüder beschimpften unsere Menschen mit ›Bluthunde‹«. Als sich in der Köpenicker Straße »ca. 400 Jugendliche« am Stacheldraht zu schaffen machten, kamen »vier NK (Nebelkerzen), davon eine rot, zum Einsatz. Da die Provokation weiter anhielt, kamen zwei weitere NK gelb zum Einsatz.«
In der Wollankstraße »brüllten« Westberliner: »Habt ihr schon eine Karte fürs Walter-Ulbricht-Stadion? Dort wird das letzte Stück Butter gezeigt.« Am KP 59 – Bouchéstraße – stimmten Ostberliner das Deutschlandlied an.

Gegen 13.50 Uhr war es am Brandenburger Tor zu einem ersten Höhepunkt und einem kleinen Zwischenfall gekommen, als Westberlins Regierender Bürgermeister Willy Brandt die »Sperrwand eines Konzentrationslagers« inspizierte. Über seine Stippvisite meldete der Kontrollposten: »Sein Erscheinen gab Anlaß zur Verstärkung der Provokationen. Diese Provokationen erreichten gegen 14.00 Uhr ihren Höhepunkt, indem die Provokateure an allen Stellen gegen die Absperrung der (Westberliner) Polizei drückten, die Staatsgrenze verletzten, unsere Posten tätlich bedrohten, indem sie mit Steinen warfen usw.«
Die Vopo verstärkte die »eingesetzten Kräfte«, ließ fünf Wasserwerfer und vier Schützenpanzerwagen auffahren – »Schußrichtung Charlottenburger Chaussee«.
»Ca. 200 Personen« nutzten »ein zeitweiliges Versagen der Pumpe« eines Wasserwagens, »um diesen von unseren Kräften abzu-

schneiden und aus dem Tiergarten heraus gegen unsere Postenkette zu drücken. In diesem Moment brachen aus der ca. 100 Mann starken Ansammlung eigener Bevölkerung … ungefähr 50 Personen nach Westberlin durch, indem sie den Maschendrahtzaun niederrissen.«

Gegen Mitternacht meldete der KP 34 am Brandenburger Tor Entspannung. Er beobachtete, wie Westberliner Polizisten »ca. 3000 Jugendliche … unter Einsatz von Polizeiknüppeln auseinandertrieben«. Die Jugendlichen riefen: »Ihr schlagt gegen die falsche Seite.« Aufmerksam verfolgten die Späher an der Grenze auch das Auftreten alliierter Militärs. Aber da gab es nicht viel zu sehen und zu melden.

Um 6.50 Uhr wurde »ein britischer Lkw mit zwei Uniformierten« ausgemacht. Etwa zur gleichen Zeit flog »ein West-Hubschrauber … die Grenze ab«.

Um 9.15 Uhr sah sich »ein amerikanischer Offizier« die NVA-Panzer an, die in der Warschauer Straße aufgefahren waren. Gegen Abend tauchte ein Wagen der britischen Militärpolizei am Potsdamer Platz auf.

Auf der anderen Seite, in Ostberlin, kam es ebenfalls zu Aufläufen, nirgends jedoch zu dem befürchteten Aufruhr. Das »Journal der Gefechtshandlung« verzeichnete unter anderem:

9.20 Uhr: »In der Kremmener Straße versuchen Bürger, die Haustüren einzuschlagen, um in die Bernauer Straße zu gelangen.«

10.40 Uhr: »Am KP Wollankstraße ca. 250 bis 300 Personen versammelt, die in Richtung Westberlin drücken. Vom Stützpunkt Schönholz wurde ein Zug, von der Volkspo-

Mauerbesucher Konrad Adenauer am 22. August 1961: Hatte Angst vor einem Volksaufstand in Ostberlin. Links: Berlins Bürgermeister Franz Amrehn. Foto: Bundesarchiv Koblenz lizei-Inspektion Pankow eine Gruppe zur Verstärkung eingesetzt.«

11.30 Uhr, KP Sonnenallee: »Ca. 1500 Personen, die erkennen lassen, daß sie nach Westberlin wollen... Zwei Hundertschaften der Kampfgruppen eingesetzt.«

15.30 Uhr, KP 22: »Ansammlung von ca. 1000 Personen im demokratischen Teil Berlins aufgrund der Festnahme einer weiblichen Person wegen Provokation. Bereitschaftspolizei in Stärke einer Kompanie befindet sich zur Bereinigung im Einsatz.«

16.05 Uhr: »Ca. 300 Jugendliche haben die Drahtsperren in der Wolliner Straße durchbrochen. 7. Bataillon der Kampfgruppen wurde ... in Marsch gesetzt.«

17.00 Uhr: »Durch Räumkette Unter den Linden wurden ca. 500 Personen bis Schadowstraße zurückgedrückt.«

Einigen DDR-Bürgern gelang noch die Flucht in den Westen (bis zum 30. September waren es 361). Sie durchschwammen den Teltow-Kanal, sprangen aus Häusern auf die Bernauer Straße oder durchbrachen in »Krawallfahrten« die Sperren.

Um 18.50 Uhr ging die Meldung ein, daß »zwischen KP 47 und KP 48 Engelbecken ... Bürger noch ungehindert nach Westberlin gelangen« können: »Mit eigenen Kräften ist der Zustand nicht zu verändern. Maßnahmen werden eingeleitet.«

Vereinzelt fielen in dieser Nacht »Schüsse aus Richtung Übergänge«. Wie sich um 4.47 Uhr herausstellte, hatte ein Förster sie abgegeben. Sogleich wurde »die Jagd nach Kaninchen« unterbunden. Beim Durchsuchen einer Ruine löste sich ein Schuß aus der Maschinenpistole eines Kampfgruppenkommandeurs; ein »Kämpfer« wurde an der Ferse verletzt.

Genossen von den SED-Politabteilungen bearbeiteten die Basis, griffen in Diskussionen Aufsässiger ein, entlarvten Miesmacher und Abweichler. »Die Hauptrichtung der Feindarbeit sind offene faschistische Provokationen in Versammlungen, Hetze, Schmierereien, Gerüchte und versuchte Streiks«, hieß es in einem Informationsbericht über die »Stimmung in der Bevölkerung«.

So wurde auf einer Baustelle in Brandenburg ein Parteisekretär »tätlich angegriffen«. In einem Krankenhaus in Frankfurt/Oder lehnte eine Ärzte-Versammlung die Sperrmaßnahmen an der Sektorengrenze ab: »Wir sind gegen Stacheldraht, Armee und Panzer.« Die Mediziner forderten: »Verhandlungen mit dem Westen«, Aufstellung von Wahllisten auch mit »westdeutschen Politikern und dann abwarten, wie die Bevölkerung sich entscheidet«.

Ein Arzt, SED-Mitglied, erklärte: »Ich bin für freie Wahlen« und wollte wissen: »Warum ist mein Bruder ein Verräter und Kriegsverbrecher? Nur weil er, um besser leben zu können, nach Westdeutschland ging? ... Der Stacheldraht wurde gezogen, weil wir am Ende sind.«

In einer Zuckerfabrik im Kreis Halberstadt provozierte ein Arbeiter die Kollegen: »Was, ihr arbeitet noch? In Berlin wird gestreikt, stellt die Maschinen ab.« Parteiagitatoren entdeckten »Hetzlosungen« wie »Kommunisten raus, Deutschland den Deutschen, SED – nee«.

Aber auch einige SED-Funktionäre, selbst Stasi-Mitarbeiter diskutierten »politisch negativ« und »sogar staatsverleumderisch« – wie beispielsweise Hauptmann Willy Brüssel, SED-Mitglied seit 1946, Verwaltungsangestellter in Ostberlin. Er sagte, sein Bett im Westen sei schon gemacht: »Wir gehen sowieso alle Wasser saufen.«

Hauptmann Götz, KPD-Mitglied seit 1929, seit zehn Jahren hauptamtlich bei der Stasi, hatte, wie jetzt herauskam, »intime Beziehungen« zu einer US-Soldatin. Stasi-Mitarbeiter Uwe Reinhard wurde erwischt, als er eine »rote Fahne herunterriß und verbrannte«. Es stellte sich heraus, daß er bereits zwölfmal in Westberlin gewesen war. In einer Köpenicker Stasi-Siedlung »gab es bei einem Teil der Frauen eine Angstpsychose«.

Seit dem 13. August hätten die »Staatsverbrechen, insbesondere staatsgefährdende Hetze und Propaganda sowie Staatsverleumdung, erheblich« zugenommen, wurde in einem abschließenden Bericht an das

DDR-Innenministerium konstatiert. 2665 DDR-Bürger wurden »zugeführt, 1085 Ermittlungsverfahren eingeleitet und 842 Personen verhaftet«.
Es handelte sich um »Staatsverbrechen«, die nur gegen einen Staat wie die DDR begangen werden können. So hatte sich ein Tankwart in Grünau geweigert, die Kunden abzufertigen, und sagte: »Hoffentlich bumst es bald.«
»Ein selbständiger Bäckermeister aus dem Bezirk Prenzlauer Berg trat vor seinem Laden provozierend in Erscheinung. Er äußerte, daß er kein Brot mehr backen werde, wenn Volkspolizei und Kampfgruppen nicht sofort abziehen. Ferner brüstete er sich mit dem vielen Westgeld, was er hat. Der Betreffende wurde festgenommen.«
In Bierlokalen kam es zu erhitzten Diskussionen, einmal zu einer Schlägerei mit Kampfgruppenangehörigen. Den Einheiten der Volkspolizei und den Kampfgruppen wurde »unerschütterliche Treue zur Arbeiter-und-Bauern-Macht« bescheinigt: »Jeder Kämpfer war mit Begeisterung dabei.« Aber es gab auch »schwankende Elemente«. Sie wurden wegen »Feigheit, politischer Unzuverlässigkeit und parteifeindlichen Verhaltens parteimäßig wie dienstlich zur Verantwortung gezogen«. 82 Vopos, darunter sieben Offiziere, wurden wegen Trunkenheit, unerlaubten Entfernens von der Truppe und »schlechter Dienstverrichtung« bestraft.
Mauerbauer Honecker legte sich gegen vier Uhr auf sein Feldbett, das er im Polizeipräsidium hatte aufschlagen lassen. Zwei Stunden später ließ er sich nach Hause fahren: »Jetzt können wir gehen.«
»Die von der Regierung der Deutschen Demokratischen Republik beschlossenen Maßnahmen kommen einem Treffer ins Schwarze gleich«, hieß es anderntags in einem »Kampfblatt« der Ostberliner Vopo: »Der Gegner wurde so vollkommen überrascht, daß es ihm bisher nicht gelang, wirksame Gegenmaßnahmen zu treffen.«
Wie spätere Analysen des hochgerühmten Einsatzes allerdings zeigten, war es mit der Einsatzfreude der Kampfgruppen nicht weit her. Zwar wurden die »bewaffneten Kräfte« von Walter Ulbricht in einem Brief vom 31. August 1961 für »vorbildliches und exaktes Handeln« belobigt. Ulbricht: »Eure bewußte Disziplin gewährleistete die erfolgreiche Durchführung der Maßnahmen zum Schutze des Friedens.«
Doch eine spätere Manöverkritik, die jetzt in den Dokumenten der Polizeiarchive gefunden wurde, enthüllt, daß es gerade an der Disziplin gewaltig haperte. Bei der Alarmierung der Kampfgruppen, heißt es in einem Papier, »traten erhebliche Mängel auf«. In den ersten zwölf Stunden des Einsatzes sei »kein genauer Überblick der Kräfte vorhanden« gewesen, und »ein nicht unbeträchtlicher Teil der Kämpfer« sei »überhaupt nicht bzw. erst sehr spät« zu ihren Einheiten gekommen.
Bei der Volkspolizei sah es nicht viel besser aus, wie die nun aufgefundene »Vertrauliche Verschlußsache BV 20 – 43/61« des Vopo-Kommandeurs Generalmajor Fritz Eikemeier konstatiert: »Die Zielstellung, in 90 Minuten 80 Prozent der Iststärke in den Dienststellen zu haben, wurde nicht erreicht. 8 Stunden und 45 Minuten nach der Auslösung der Alarmstufe II standen erst 52,8 Prozent der Kräfte der VP Berlin zur Verfügung.«
Aus dem Debakel wurden Schlußfolgerungen gezogen. Das gesamte Alarmierungssystem müsse überprüft werden und, wichtiger noch: »Es ist Sorge zu tragen, daß alle Angehörigen der Kampfgruppen mit festen Schnürschuhen oder Stiefeln ausgerüstet werden.«
Noch während der Aktion wurden die Soldaten und Anführer immer wieder durch schriftlich ausgegebene Befehle ermuntert: »Genossen Offiziere und Wachtmeister«, hieß es da zum Beispiel, »der Schlag hat gesessen!« Und weiter: »Wir haben die westdeutschen Imperialisten an der empfindlichsten Stelle getroffen.«
Berlins Regierender Bürgermeister Brandt hatte zwar mit einem »Anschlag« der Sowjetunion »gegen unser Volk« gerechnet: »Vielleicht bauen sie doch eine Mauer.«

Aber die Nachricht von der Absperrung der Sektorengrenze überrumpelte ihn dann doch.
Brandt befand sich gerade auf der Rückreise von einer SPD-Wahlveranstaltung in Nürnberg, als ihn gegen vier Uhr die erste Meldung von den Vorgängen in Berlin erreichte. In Hannover verließ er den Zug nach Kiel, flog nach Berlin und begab sich sofort zum Brandenburger Tor. »Schrecklich«, murmelte er. Kampfgruppen standen ihm gegenüber, Spanische Reiter wurden in den Boden gerammt. Von den westlichen Alliierten war nichts zu sehen. Lediglich drei britische Militärpolizisten mit Pistolen und Gummiknüppeln waren zufällig vorbeigekommen.
»Sie haben sich heute nacht von Ulbricht in den Hintern treten lassen«, fuhr Brandt später die westlichen Stadtkommandanten an; er verlangte: »Schicken Sie wenigstens jetzt gleich ein paar Patrouillen an die Sektorengrenze, um das Gefühl der Unsicherheit zu bekämpfen und den Westberlinern zu zeigen, daß sie nicht in Gefahr sind.«
20 Stunden vergingen, bis einzelne alliierte Soldaten an der Grenze erschienen, 40 Stunden dauerte es, bis die Westmächte beim sowjetischen Stadtkommandanten, 72 Stunden, bis sie – »feierlich« und abgewogen – in Moskau protestierten.
Vor dem Abgeordnetenhaus hatte Brandt am frühen Abend noch gefordert: »Die Westmächte müssen … darauf bestehen, daß die rechtswidrigen Maßnahmen rückgängig gemacht werden und die Freizügigkeit wiederhergestellt wird.« Und Bundeskanzler Konrad Adenauer kündigte schon die »erforderlichen Maßnahmen« an – »im Verein mit unseren Alliierten«. Doch umgehend wurde Ruhe zur ersten Bürgerpflicht, als nämlich die Westalliierten zu verstehen gaben, daß sie untätig blieben, solange Westberlin nicht bedroht sei.
Nun lautete die Bonner Parole: »Zu einer Panikstimmung besteht kein Anlaß«, und keiner hielt sich so strikt daran wie Konrad Adenauer. Drei Tage nach dem Anschlag an der Sektorengrenze unterschrieb er gar ein Kommuniqué, das der sowjetische Botschafter in Bonn, Andrej Smirnow, vorformuliert hatte. Darin hieß es, die Bundesregierung werde »keine Schritte« unternehmen, »welche die Beziehungen zwischen der Bundesrepublik Deutschland und der UdSSR erschweren und die internationale Lage verschlechtern«.
Obgleich Parteifreunde ihn bedrängten, lehnte Adenauer es ab, sofort nach Berlin zu fliegen; er fürchtete einen »Volksaufstand« in Ostberlin, den er nicht schüren wolle. Als er sich am 22. August endlich aufraffte, wurde er kühl und kritisch empfangen; wahrscheinlich kostete ihn sein Zögern bei den Bundestagswahlen am 17. September die absolute Mehrheit.
Adenauer-Berater Wilhelm Grewe, damals Bonner Botschafter in Washington, urteilte später: »Mir scheint, daß dieses Kapitel in der Tat kein Meisterstück seiner Staatskunst gewesen ist.«
Aber was viel anderes hätte Adenauer tun sollen ohne die Rückendeckung der Westalliierten, die das kommunistische Vorgehen an der Sektorengrenze von Anfang an – mit guten Gründen – als innere Block-Angelegenheit herunterspielten?
Präsident Kennedy unterbrach seinen Segelurlaub für ein paar Stunden und stach sogleich wieder in See. Der britische Premierminister Harold MacMillan war auf der Jagd in Schottland; er fürchtete, »daß beide Seiten emsig bluffen und die Katastrophe durch einen kleinen Fehler ausgelöst werden könnte«. Der französische Staatspräsident Charles de Gaulle hüllte sich auf seinem Landsitz Colombey-Les-Deux-Églises in Schweigen.
Kennedy war schon seit Wochen »besorgt über die Situation in Osteuropa«. Er sah den Kremlchef in einer »unerträglichen Situation«: »Ostdeutschland blutet aus, und dann ist der ganze Ostblock gefährdet«, äußerte er in Diskussionen mit seinen Beratern über die Massenflucht aus der DDR. Chruschtschow müsse »etwas unternehmen, um das zu unterbinden«, meinte er: »Vielleicht durch eine Mauer.«

Schon Anfang August hatte sich der Präsident festgelegt: »Ich kann die Nato mobilisieren, wenn Chruschtschow etwas mit Westberlin anzustellen versucht, aber nicht, wenn er nur in Ostberlin etwas unternimmt.«
Und so hatte Chruschtschow das sowjetische Risiko richtig kalkuliert, als er prophezeite: »Wir machen Berlin dicht. Wir werden Stacheldraht ausrollen, und die Westmächte werden dastehen wie dumme Schafe. Und während sie noch dastehen, bauen wir eine Mauer.«[41]

Die politische Entwicklung von 1949 bis 1979 im Überblick
Von Konrad Adenauer zu Helmut Schmidt

Die drei Jahrzehnte seit Gründung der Bundesrepublik Deutschland lassen sich in drei Phasen gliedern:
1949 bis 1961
Wiederaufbau, Verankerung in Westeuropa und im westlichen Bündnis vor dem Hintergrund des kalten Krieges.
1961 bis 1969
Auf die Phase der Stabilisierung folgt ein Zeitabschnitt des Suchens nach neuen Wegen. Neue Fragen und solche, die in der Zeit des atemlosen Wiederaufbaus unbeachtet geblieben sind, drängen in den Vordergrund. Die Unsicherheit berührt nicht die Fundamente, wohl aber verschiedene Einzelbereiche der Politik. Eine neue Generation wächst in den Staat hinein.
1969 bis 1979
Politik der inneren Reformen und Entspannungspolitik, Ausbau der sozialen Sicherung. In der weltweiten Wirtschaftskrise besteht die Bundesrepublik Deutschland eine schwere Belastungsprobe.
Phase 1: 1949 bis 1961
Aus Trümmern und Ohnmacht entsteht wieder eine staatliche Ordnung. Not und Elend wecken ungeahnte Antriebskräfte. Es gibt bald wieder genug zu essen, neue Wohnungen, Sicherheit. Eine hart arbeitende Bevölkerung genießt die erste »Freßwelle«, ein ganzes Volk kauft sich neue Möbel, steigt vom Fahrrad auf den Motorroller und ins Kleinauto um. In den Hauptstraßen und an Marktplätzen, oft neben alten Kirchen, schießen die Bauten von Kaufhäusern, Versicherungen und Banken hoch.
Vieles verläuft ungezügelt, der ungebremste Sprung ins »Wirtschaftswunder« findet Kritiker, die von »reinem Materialismus« sprechen. An dieser Kritik ist etwas dran. Aber es gilt auch: Neuer Wohlstand wird für viele geschaffen, nicht nur zusätzlich für solche, die schon reich sind. In den Augen der Bürger ist der wirtschaftliche Erfolg ein wichtiges und überzeugendes Argument eines demokratischen Staates nach der Diktatur, wenn auch keineswegs das einzige.
Ein für die Bundesrepublik Deutschland wichtiges Gründungsdatum ist der 13. Oktober 1949: Die seit 1945 entstandenen Gewerkschaftsbünde der amerikanischen, britischen und französischen Zone schließen sich in München zum »Deutschen Gewerkschaftsbund« (DGB) zusammen. Erster Vorsitzender des DGB wird Hans Böckler (1875 bis 1951).
Diese Gewerkschaften verstehen sich »als unabhängig von Regierungen, Parteien, Religionsgemeinschaften, Verwaltungen und den »Arbeitgebern« (Satzung des DGB). Sie sind Einheitsgewerkschaften, das heißt nicht mehr wie früher nach parteipolitischen und weltanschaulichen Grundsätzen organisiert. Arbeitnehmerorganisationen neben dem DGB mit seinen 7,8 Millionen Mitgliedern sind die 1945 gegründete Deutsche Angestellten-Gewerkschaft (DAG) mit knapp 500 000 Mitgliedern und die 1955 entstandene christliche Gewerkschaftsbewegung (CGB) mit 250 000 Mitgliedern. Über 800 000 Beamte sind im 1948 gegründeten Deutschen Beamtenbund (DBB) organisiert. Dazu äußert sich später der damalige Bundeskanzler Helmut Schmidt: »Der Gedanke der modernen Einheitsgewerkschaften ist zu einem tragenden Element unserer Sozialordnung geworden. Wir hätten das erreichte hohe Maß an politischer, wirtschaftlicher

Hier am Checkpoint Charlie schüttelt Präsident John F. Kennedy Hände begeisterter Berliner.
Foto: Bundesarchiv Koblenz

und sozialer Stabilität ohne die aktive und zugleich verantwortungsbewußte Mitwirkung der Arbeitnehmer und ihrer Gewerkschaften nicht schaffen können.«
Zunächst aber steht dieser Staat unter Aufsicht. Mit der Bildung der ersten Bundesregierung unter Konrad Adenauer (CDU) tritt am 21. September 1949 auch ein revidiertes Besatzungsstatut in Kraft, das den drei Westmächten viele Befugnisse vorbehält. Es dauert fast sechs Jahre, bis das Besatzungsstatut außer Kraft und 1955 der Deutschlandvertrag in Kraft tritt.
Am 5. Mai 1955 erklärt Konrad Adenauer: »Das Besatzungsregime ist damit beendet. Die Bundesrepublik Deutschland ist souverän.«
Der Weg zur Souveränität ist auch der Weg nach Europa und in die Atlantische Gemeinschaft. Schon 1949 kann die Bundesrepublik den neuen Staat im Europäischen Wirtschaftsrat (OEEC) vertreten. In der Folgezeit wird die Bundesrepublik Deutschland Mitglied des Europarates (1951) und der Montan-Union (1952). Auch tritt die Bundesrepublik Deutschland noch unter der ersten Regierung Adenauer (1949 bis 1953) der Weltbank und dem Internationalen Währungsfonds bei.
Zwei Daten werden zu Meilensteinen der deutschen und der internationalen Politik: Am 9. Mai 1955 wird die Bundesrepublik Deutschland in das Atlantische Bündnis der Nato aufgenommen, am 25. März 1957 unterzeichnet sie zusammen mit Frankreich, Italien, Belgien, den Niederlanden und Luxemburg den Vertrag zur Gründung der Europäischen Wirtschaftsgemeinschaft (EWG). Kurz zuvor, am 1. Januar 1957, ist auch das bis dahin unter französischer Kontrolle stehende Saargebiet nach einer Volksabstimmung über das Saarstatut ein Land

der Bundesrepublik Deutschland geworden. Der Anstoß zu einem deutschen Verteidigungsbeitrag kommt von außen. Die kriegerische Auseinandersetzung, die in dem ebenfalls geteilten Korea 1950 ausbricht, verschärft in Europa wie überall in der Welt den kalten Krieg. Innenpolitisch wird um den deutschen Verteidigungsbeitrag leidenschaftlich gerungen. Die Sozialdemokraten lehnen einen deutschen Verteidigungsbeitrag nicht grundsätzlich ab, wollen aber vorher alle Möglichkeiten einer Wiedervereinigung der beiden deutschen Staaten genau geprüft wissen. Konrad Adenauer und mit ihm die westlichen Alliierten halten an ihrer Weichenstellung unverrückbar fest. Die Wiedervereinigung Deutschlands bleibt eine Grundforderung der Bundesregierung. Faktisch aber vertieft sich der Graben zwischen der Bundesrepublik Deutschland und der Deutschen Demokratischen Republik.

Zu dieser westlich orientierten Politik gehört eine Entscheidung, die bei Gründung unseres Staates zunächst kein deutscher Politiker gewollt hat: Neun Jahre nach Kriegsende ermöglicht der Bundestag am 26. Februar 1945 durch eine Ergänzung des Grundgesetzes die Aufstellung eigener Streitkräfte, die seit dem 1. April 1956 den Namen Bundeswehr tragen. Die ersten 1000 Mann rücken am 13. November 1955 in Andernach ein.

Die Teilung Deutschlands vertieft sich

Weil immer mehr Menschen aus der DDR flüchten, errichtet die DDR im Mai 1952 eine Sperrzone an der Demarkationslinie zwischen den beiden deutschen Staaten. Die seit 1948 in der DDR gebildeten Einheiten der kasernierten Volkspolizei werden 1956

Im Bild von links nach rechts: Berlins Regierender Bürgermeister Willy Brandt, US-Präsident John F. Kennedy und Bundeskanzler Konrad Adenauer am 26. Juni 1963 vor dem Brandenburger Tor in Berlin.

Foto: Bundesarchiv Koblenz

US-Präsident John F. Kennedy war am 26. Juni 1963 in Berlin – Am Askanischen Platz – mit dem Bürgermeister von Berlin, Willy Brandt, und Bundeskanzler Konrad Adenauer. Immer wieder durchbrachen Kinder, Frauen und Väter die Absperrung. Kennedys Leibwächter hatten so etwas noch nicht erlebt. Foto: Bundesarchiv Koblenz

Der Grenzübergang Herleshausen bei Eisenach.
Foto: Bundesarchiv Koblenz

in »Nationale Volksarmee« umbenannt. Am 17. Juni 1953 schlagen russische Panzer einen Volksaufstand blutig nieder. 1958 löst die Sowjetunion eine langwierige Berlin-Krise aus. Am 13. August 1961 riegelt die DDR unter Walter Ulbricht den Ostsektor Berlins von den Westsektoren ab und errichtet in der Folgezeit die für Fluchtwillige so gut wie unüberwindliche Mauer, ein tragisches Symbol der deutschen Teilung.
Die Bundesregierungen der fünfziger und sechziger Jahre sind bestrebt, die DDR durch die »Hallstein-Doktrin« international zu isolieren. Sie besagt: »Dritte Staaten, welche die DDR diplomatisch anerkennen, können keine Beziehungen zur Bundesrepublik Deutschland unterhalten (das gilt allerdings nicht für kommunistische Staaten, die schon vor Aufnahme offizieller Beziehungen zur Bundesrepublik Deutschland die DDR anerkannt haben.) Die Hallstein-Dok-

John F. Kennedy am 26. Juni 1963 am Checkpoint Charlie in Berlin. Foto: Bundesarchiv Koblenz

trin wird mit allen Konsequenzen, also dem Abbruch der diplomatischen Beziehungen, 1957 gegenüber Jugoslawien und 1963 gegenüber Kuba angewandt.
Bis heute beschäftigt Politiker und Historiker die Frage, ob eine Wiedervereinigung der beiden deutschen Staaten nicht doch möglich gewesen wäre, und welchen Preis die Bundesrepublik dafür zahlen hätte müssen. Niemand kann diese Frage schlüssig beantworten.
Im Sommer 1952 und im Januar 1955 lehnt die Bundesregierung in Übereinstimmung mit den Westmächten Angebote der Sowjetunion ab, Gespräche über einen Friedensvertrag und eine Wiedervereinigung zu führen. Erklärte Absicht der Sowjetunion ist dabei, den Beitritt der Bundesrepublik Deutschland in die Nato zu verhindern. Adenauer hat mit seiner Politik die Mehrheit der Wähler hinter sich. Die SPD bekennt sich im Juni 1960 mit einer Rede des stellvertretenden Parteivorsitzenden Herbert

Die Grenzsicherungen wurden im Laufe der Zeit immer perfekter. Foto: Bundesarchiv Koblenz

Wehner im Deutschen Bundestag zu den bestehenden Tatsachen. Seitdem ist die Mitgliedschaft der Bundesrepublik Deutschland im westlichen Bündnis auch für die SPD unumstritten. Adenauer sucht das Verhältnis zur Sowjetunion zu regeln, ohne daß Schaden für seine Politik entsteht.

Wenige Monate nach der Aufnahme in die Nato besucht der Bundeskanzler auf Einladung der Sowjetregierung im September 1955 Moskau und vereinbart die Aufnahme diplomatischer Beziehungen. Ein weiteres Ergebnis dieser Reise: Bis Ende 1955 können viele Tausende Kriegsgefangene, Internierte und Zivilverschleppte aus der Sowjetunion in die Bundesrepublik Deutschland heimkehren. Die außenpolitische Absicherung ist die Existenzgrundlage der Bundesrepublik Deutschland. Aber zugleich ist den drei Bundesregierungen, die Konrad Adenauer von 1949 bis 1961 führt, klar: Wiederaufbau, wirtschaftliche und soziale Stabilität sind für die Lebenskraft und für den Fortbestand der zweiten Demokratie entscheidende Faktoren.

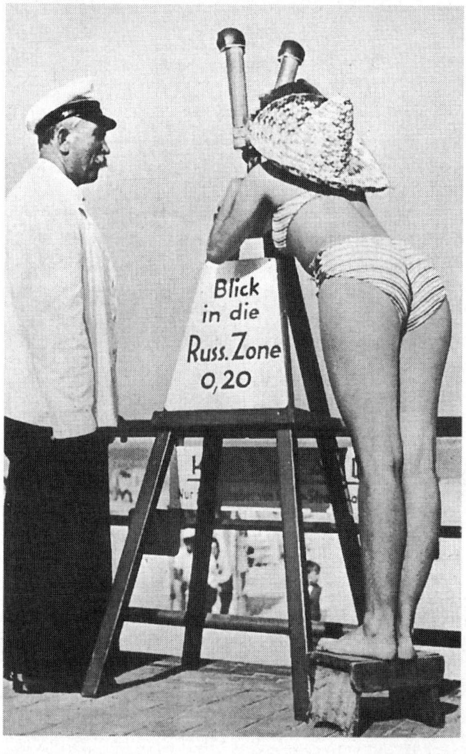

Westdeutsche Grenze: »Ein Blick in die Zone für nur 20 Pfennig!« Foto: Bundesarchiv Koblenz

Wiederaufbau in Zahlen

Im September 1950 werden für 50 Millionen Einwohner der Bundesrepublik Deutschland 10,3 Millionen Wohnungen gezählt. Elf Prozent der Bevölkerung sind arbeitslos, das heißt knapp zwei Millionen Menschen sind ohne Arbeit und Einkommen. Das eigene Auto ist der Gipfel des Luxuslebens.

1950 tuckern 540000 Personenkraftwagen über die mit Schlaglöchern übersäten Straßen. 1979 fahren bei uns rund 25 Millionen Kraftfahrzeuge. Am 31. Dezember 1949 gibt es auf dem Gebiet der Bundesrepublik Deutschland rund 2130 Kilometer Autobahnen. Drei Jahrzehnte später sind knapp 5100 Kilometer hinzugekommen.

Am Ende der ersten Phase der Bundesrepublik gibt es 1961 rund 16,4 Millionen Wohnungen, viele davon im öffentlich geförderten sozialen Wohnungsbau errichtet. Die Arbeitslosenquote ist 1960 auf 1,3 Prozent gesunken. In demselben Jahr sind bereits 329000 ausländische Arbeitnehmer in der Bundesrepublik Deutschland beschäftigt. 1950 hatten von 1000 Einwohnern neun ein Auto, 1978 waren es schon 332 Einwohner, die ein Auto besaßen. Für ein Kilo Butter muß ein Industriearbeiter 1949 noch vier Stunden und 13 Minuten arbeiten, 1960 sind es noch zwei Stunden und 19 Minuten, 1968 dagegen nur eine Stunde und 33 Minuten, 1978 noch 46 Minuten.

Lastenausgleich und Sozialgesetzgebung

Eine der größten Leistungen der Bundesrepublik Deutschland ist die Eingliederung der Evakuierten, Flüchtlinge, Vertriebenen und Umsiedler. Aus den früheren deutschen Ostgebieten jenseits der Oder-Neiße-Linie und aus der sowjetischen Be-

Anfangs waren nur Schilder.
Fotos: Bundesarchiv Koblenz

Dann kam der Stacheldraht, der überwiegend aus Westdeutschland geliefert wurde. Foto: Bundesarchiv Koblenz

Die Zonengrenzsicherungen der DDR. Foto: Bundesarchiv Koblenz

Bis zum Mauerbau konnte man in Berlin fast ungehindert von Ost nach West reisen. Die Fluchtbewegung konzentrierte sich auf die alte Hauptstadt Berlin. Bis dann 1961 Stacheldraht und Beton kam. Foto: Bundesarchiv Koblenz

Soldaten der DDR auf dem Weg zur Grenze. Foto: Bundesarchiv Koblenz

DEUTSCHE DEMOKRATISCHE REPUBLIK

Lebensmittel-Grundkarte

Mai 1957

Monatsrationen: Fleisch 1380 g, Fett 915 g, Zucker 1240 g

Name

Vorname

Gk

Wohnort

Straße / Nr.

Bei Verlust kein Ersatz
Lose Abschnitte ungültig
Nicht übertragbar

50 g Fleisch	50 g Fleisch	50 g Fleisch		Zucker 500 g
50 g Fleisch	50 g Fleisch	50 g Fleisch		250 g Zucker
80 g Fleisch	200 g Fleisch	200 g Fleisch		Zucker 125 g
A 200 g Fleisch	200 g Fleisch	200 g Fleisch		Zucker 125 g
5 F g Fett	5 F g Fett	5 F g Fett		Zucker 100 g
5 F g Fett	20 F g Fett	125 F g Fett		50 g Zucker
5 E g Fett	20 E g Fett	125 E g Fett		50 g Zucker
5 D g Fett	20 D g Fett	125 D g Fett		«10 g» Zucker
5 C g Fett	20 C g Fett	125 C g Fett		«10 g» Zucker
5 B g Fett	20 B g Fett	125 B g Fett	Gk Vier / Gk Drei	«10 g» Zucker
5 A g Fett	20 A g Fett	125 A g Fett	Gk Zwei / Gk Eins	«10 g» Zucker

Noch im Mai 1957 hatte die DDR Lebensmittelkarten.
Foto: Bundesarchiv Koblenz

Für sie war die Grenzsicherung der DDR kein Hindernis zu dieser Zeit. Foto: Bundesarchiv Koblenz

An der Zonengrenze eine Unterkunft des Bundesgrenzschutzes. Foto: Bundesarchiv Koblenz

Kontrolle westdeutscher Autos an der Zonengrenze durch die sowjetischen Soldaten. Foto: Bundesarchiv Koblenz

Die Zonengrenze. Foto: Bundesarchiv Koblenz

Der Marktplatz von Bad Frankenhausen. Auch hier Parolen. Foto: Hugo Theisinger

Die Grenzsicherungen der DDR.
Foto: Bundesarchiv Koblenz

satzungszone strömten noch lange Jahre nach 1949 unablässig Menschen in das Bundesgebiet. Insgesamt sind von 1949 bis Ende 1978 über drei Millionen Personen aus der DDR in die Bundesrepublik übergesiedelt. Über 2,8 Millionen von ihnen waren Flüchtlinge.

Eine der großen Leistungen der Bundesrepublik Deutschland ist der Lastenausgleich, der in vollem Umfang am 1. September 1952 in Kraft tritt. Dabei handelt es sich um eine Vermögensumverteilung zugunsten der Menschen, die von Krieg, Vertreibung bzw. Währungsumstellung besonders hart getroffen wurden. Die Mittel dazu müssen der Staat und die von Krieg und Kriegsfolgen weniger hart betroffenen Bürger aufbringen. Der Lastenausgleich gibt vielen Menschen die Hilfe zum Start in ein neues Leben, er erleichtert die Wiedereingliederung von Bürgern, er verhindert, daß die Lasten des Krieges allein an den Vertriebenen, Ausgebombten und anderweitig Geschädigten hängenbleiben. In den ersten zwölf Jahren der Bundesrepublik entstehen auch wichtige sozialpolitische Gesetze. Dazu gehört die paritätische Mitbestimmung in der Kohle- und Stahlindustrie (Montan-Mitbestimmung, 1951) und das Betriebsverfassungsgesetz (1952), das die Rechte der Betriebsräte festlegt. Das Wohnungsbau-Prämiengesetz vom März 1952 soll das Bausparen, das Sparprämiengesetz vom Mai 1959 den Sparwillen von Kleinverdienern fördern, das 312-Mark-Gesetz vom Juni 1961 ist ein Schritt zur Vermögensbildung.

»Wohlstand für alle« ist das Ziel Ludwig Erhards, des Wirtschaftsministers im Kabinett Adenauer.

Am 21. Januar 1957 beschließt der Deutsche Bundestag mit den Stimmen von CDU/CSU und SPD eine Reform der gesetzlichen Rentenversicherung. Seitdem werden die Renten der wirtschaftlichen Entwicklung angepaßt (dynamische Rente). Diese Rentenreform von 1957 ist das bis dahin wichtigste Gesetz zur sozialen Sicherung seit Bismarcks Sozialgesetzgebung im vorigen Jahrhundert.

Wiedergutmachung für Israel

Am 10. September 1952 unterzeichnen Adenauer und der israelische Ministerpräsident Moshe Sharett in Luxemburg das Abkommen über Wiedergutmachungsleistungen.

Wenngleich niemand die Vernichtung menschlichen Lebens und körperlichen oder seelischen Schaden mit Geld wiedergutmachen kann, so soll doch wenigstens ein finanzieller Ausgleich geleistet werden: Der Staat Israel wird für die Kosten der Eingliederung von 500 000 Flüchtlingen entschädigt; die außerhalb Israels lebenden jüdischen Flüchtlinge erhalten ebenfalls finanzielle Hilfe.

In dem Abkommen verpflichtet sich die Bundesrepublik Deutschland, innerhalb von 12 bis 14 Jahren an den Staat Israel drei Milliarden Mark und an die Jewish Claims Conference, das ist die Interessenvertretung der außerhalb Israels lebenden Flüchtlinge, 450 Millionen Mark zu zahlen. Im März 1966 ist das Abkommen erfüllt.

Zu dieser Zeit – seit Sommer 1965 – bestehen zwischen den beiden Staaten auch diplomatische Beziehungen. Deren Aufnahme verzögerte sich deshalb so lange, weil einerseits die Bundesregierung als Folge davon eine Annäherung der mit Israel verfeindeten arabischen Staaten an die DDR befürchten und weil andererseits die israelische Öffentlichkeit auf einen solchen Schritt vorbereitet werden mußte.

Tatsächlich brechen die Araberstaaten – mit Ausnahme Libyens, Marokkos und Tunesiens – im Sommer 1965 die diplomatischen Beziehungen zur Bundesrepublik Deutschland ab.

In der Sendung »Journalisten fragen – Politiker antworten« vom 13. Februar 1986, 22.05 Uhr, sagte Bundeskanzler Helmut Kohl, über das Judenproblem befragt: »Von der Bundesrepublik Deutschland wurden bisher 86 Milliarden Deutsche Mark an Wiedergutmachung bezahlt und 14 Milliarden werden noch bezahlt im Laufe der nächsten zehn Jahre.«

Phase 2: 1961 bis 1969

Die erste Phase der Bundesrepublik stand im Zeichen der bis dahin immer stärksten Regierungspartei, das heißt der CDU/CSU. Die überragende Persönlichkeit war Konrad Adenauer, der 1949 mit 73 Jahren ins Bundeskanzleramt einzog und es 1963 mit 87 Jahren verließ.

Wichtigster Partner der CDU/CSU war die FDP, die aber nach ihrer Spaltung im März 1956 bis 1961 aus der Regierung ausschied.

Dem Aufbau und der Stabilisierung in der ersten Phase folgen neue politische Herausforderungen: Koalitionskonflikte, Kabinettsumbildungen, Kanzlerwechsel münden schließlich 1966 in die »Große Koalition« von CDU/CSU und SPD.

Nach der Wahl von 1961, in der die CDU/CSU die absolute Mehrheit verliert, verlangt die FDP als Preis für eine Regierungskoalition mit der CDU/CSU die Zusage Konrad Adenauers, während der bevorstehenden Legislaturperiode zurückzutreten.

Im Herbst 1962 wühlt die »Spiegel-Affäre« das Land auf. Wegen eines – von den Gerichten später für unbegründet erklärten – Verdachts des Verrats von Staatsgeheimnissen wird die Redaktion des »Spiegel« in Hamburg am 26. Oktober 1962 polizeilich besetzt und durchsucht, der Herausgeber Rudolf Augstein und der Redakteur Conrad Ahlers, der spätere Regierungssprecher (1966 bis 1972), werden festgenommen.

Die FDP will mit Bundesverteidigungsminister Franz Josef Strauß, der eine aktive Rolle bei der Verhaftung von Conrad Ahlers zugegeben hat, nicht mehr in einer Regierung tätig sein. Ihre Minister erklären am 19. November 1962 den Rücktritt.

Knapp einen Monat später bildet Adenauer unter erneuter Beteiligung der FDP sein fünftes und letztes Kabinett. Bundesverteidigungsminister Franz Josef Strauß wird durch Kai-Uwe von Hassel (CDU) abgelöst. Bundeskanzler Adenauer selbst hat verbindlich zugesagt, daß er im Herbst 1963 sein Amt niederlegt.

Am 16. Oktober 1963 wählt der Bundestag mit den Stimmen von CDU/CSU und FDP Ludwig Erhard zum neuen Bundeskanzler. Im Oktober 1966 können sich die Regierungsparteien CDU/CSU und FDP über den Ausgleich von Fehlbeträgen im Bundeshaushalt nicht einigen.

Die FDP verläßt zum zweitenmal (nach 1956) die Regierung. CDU/CSU und SPD bilden unter dem neuen Bundeskanzler Kurt Georg Kiesinger eine große Koalition. Der SPD-Vorsitzende und Regierende Bürgermeister von Berlin, Willy Brandt, Kanzlerkandidat der SPD von 1961 und 1965, wird Bundesaußenminister und Vizekanzler.

Die FDP stellt mit Theodor Heuss († 1963) den ersten Bundespräsidenten. Ihm folgte 1959 auf zehn Jahre der CDU-Politiker Heinrich Lübke († 1972). Erster Oppositionsführer im Deutschen Bundestag war bis zu seinem Tod im Jahr 1952 der SPD-Vorsitzende Kurt Schumacher, ihm folgte Erich Ollenhauer († 1963).

Adenauer starb am 19. April 1967. Zu seinem Staatsbegräbnis kam eine noch nie gesehene Zahl von Trauergästen, unter ihnen viele ausländische Staatsmänner, nach Bonn.

Gegen Ende dieser zweiten Phase, am 5. März 1969, wählt die Bundesversammlung den SPD-Politiker Gustav Heinemann zum Bundespräsidenten. Heinemann war – damals der CDU angehörend – Bundesinnenminister im ersten Kabinett Adenauer, legte aber im Oktober 1950 sein Amt aus Protest gegen Adenauers Pläne zur Wiederbewaffnung nieder.

Trotz der geschilderten Veränderungen des politischen Lebens bleibt die politische Stabilität der Bundesrepublik Deutschland gesichert. Aber neue Aufgaben warten auf eine Lösung. Um 1965 taucht ein Thema auf, das die Öffentlichkeit vorher kaum interessiert hat: die Reform der Universitäten und des Bildungswesens. Um eine langfristige Bildungsplanung zu ermöglichen, wird im Juli 1965 der »Deutsche Bildungsrat« gegründet. Im Februar 1967 verpflichtet sich der Bund, für den Hochschulbau

zunächst 530 Millionen Mark und dann von Jahr zu Jahr um jeweils 100 Millionen steigende Beträge zur Verfügung zu stellen. In seinem Bericht zur Lage der Nation fordert Bundeskanzler Kiesinger 1967 ausdrücklich Reformen in diesem Bereich.
Ein zentrales Thema in den Jahren der großen Koalition sind die Notstandsgesetze. Erst diese Koalition hat im Deutschen Bundestag die Zweidrittelmehrheit zur Änderung des Grundgesetzes, die dafür erforderlich ist. Am 28. Juni 1968 treten die Änderungen in Kraft, die das Grundgesetz durch Regelungen für den Notstand ergänzen. Diese »Notstandsverfassung« löst die bisher für den Krisenfall gültigen Vorbehaltsrechte der Alliierten ab.
Die Notstandsgesetze sichern die Versorgung der Bevölkerung und der Streitkräfte im Verteidigungsfall. Sie schaffen die Rechtsgrundlage für die Zusammenfassung aller Hilfsmittel von Bund und Ländern bei Naturkatastrophen und schweren Unglücksfällen. Sie sollen ferner Gefahren abwehren, die der freiheitlichen demokratischen Ordnung von innen drohen.
Die Probleme an den Hochschulen, der Streit um die Notstandsgesetze, nicht zuletzt der Vietnam-Krieg erregen Unruhe in der jüngeren Generation. Die Spannungen entladen sich besonders 1968 in zahlreichen, zum Teil gewalttätigen Demonstrationen der »Außerparlamentarischen Opposition« (APO).

Reformen in der Zeit der großen Koalition

Eine wichtige Leistung der großen Koalition ist der Ausbau der Sozialgesetzgebung.
Das Arbeitsförderungsgesetz verbessert die berufliche Bildung, die Fortbildung und die Umschulung.
Auch die Forderung nach der Chancengleichheit für die Kinder weniger gut verdienender Eltern gewinnt an Boden.
Am 1. Januar 1968 werden alle Angestellten ohne Rücksicht auf ihr Einkommen in der gesetzlichen Rentenversicherung versicherungspflichtig.
Nicht zu vergessen das von der großen Koalition geschaffene, 1970 in Kraft getretene Gesetz, das den Arbeitern die Lohnfortzahlung im Krankheitsfall auf sechs Wochen sichert.
1970 wird auch das Vermögensbildungsgesetz auf eine neue Grundlage gestellt: Der begünstigte Betrag erhöht sich von 312 auf 624 Mark. (Später nehmen 92 Prozent der Arbeitnehmer die vermögenswirksamen Leistungen in Anspruch.)
Im Januar 1968 wird erstmals ein »Sozialbudge« vorgelegt, das die Grundlage für mehrjährige Planungen im sozialen Bereich bildet.
Auch wichtige Rechtsformen nimmt die große Koalition in Angriff: Im Mai 1969 beschließt der Bundestag, die nichtehelichen Kinder den ehelichen Kindern weitgehend gleichzustellen (dies entspricht einem Auftrag des Bundesverfassungsgerichts an den Gesetzgeber).
Eine Reform des Strafrechts betont im selben Monat die Notwendigkeit, die Täter nach Verbüßung der Strafe in die Gesellschaft wiedereinzugliedern (»Resozialisierung«).
Noch während der wirtschaftlichen Rezession von 1967/68, die eine erhebliche Arbeitslosigkeit mit sich bringt und der rechtsextremen NPD Auftrieb gibt, schafft sich die Bundesregierung mit dem sogenannten Stabilitäts- und Wachstumsgesetz vom 10. Mai 1967 ein neues konjunkturpolitisches Instrumentarium. Es verpflichtet Bund und Länder, im Rahmen der marktwirtschaftlichen Ordnung gleichzeitig für Preisstabilität, hohen Beschäftigungsstand und außenwirtschaftliches Gleichgewicht bei stetigem und angemessenem Wirtschaftswachstum zu sorgen.
Während schwierige Gegenwartsprobleme zu meistern sind, wird in den Gerichtssälen die Vergangenheit Deutschlands wieder lebendig: Der Jerusalemer Eichmann-Prozeß (1961) und der Frankfurter Auschwitz-Prozeß, der am 19. August 1965 nach 1818

Verhandlungstagen zu Ende geht, wecken die Erinnerung an die Greuel des Nationalsozialismus aufs neue. Zwanzig Jahre nach Kriegsende steht die Bundesrepublik Deutschland erstmals vor der Frage, ob die für Mord vorgesehene Verjährungsfrist aufgehoben werden soll, um zu verhindern, daß auch die grauenhaften Verbrechen in den Konzentrationslagern nach 20 Jahren straffrei bleiben. Nach langen, mühevollen Diskussionen wird die Verjährungsfrist im Juni 1969 auf 30 Jahre verlängert. Dem Vorschlag der Bundesregierung, die Verjährung ganz aufzuheben, will die Mehrheit des Bundestages noch nicht folgen. Zehn Jahre später, 1979, entscheidet der Bundestag: Mord verjährt nicht.

Neue Wege in der Außen- und Deutschlandpolitik

Stand an der Wiege unseres Staates der kalte Krieg, so tun 1962, am Anfang der zweiten Phase, die beiden Weltmächte USA und Sowjetunion erste Schritte in Richtung Entspannung und Rüstungskontrolle. Damit beginnt sich das Klima der Weltpolitik zu entspannen. Das Deutschlandproblem bleibt ein zentraler Punkt des Ost-West-Verhältnisses. Die Bundesrepublik Deutschland folgt der neuen Entwicklung zunächst mit vorsichtiger Zurückhaltung. In den osteuropäischen Staaten werden Handelsvertretungen eröffnet.

Aber der Wandel wird auch in Deutschland spürbar. Weihnachten 1963 können Westberliner erstmals mit Passierscheinen die Mauer durchqueren und Verwandte in Ostberlin besuchen.

Der amerikanische Präsident John F. Kennedy (1917 bis 1963) sucht den Ost-West-Gegensatz zu mildern. In dieselbe Richtung geht auf eigene und eigenwillige Weise der französische Staatspräsident Charles de Gaulle (1890 bis 1970).

Am 25. März 1966 erklärt Bundeskanzler Ludwig Erhard in seiner »Friedensnote« die Bereitschaft, mit den osteuropäischen Staaten förmliche Erklärungen über den gegenseitigen Verzicht auf Gewalt und Androhung von Gewalt auszutauschen. 1967 kommt es zu einem ersten Briefwechsel zwischen den Regierungen der Bundesrepublik Deutschland und der DDR. Ebenfalls 1967 nimmt die Bundesrepublik Deutschland diplomatische Beziehungen mit Rumänien auf.

Im Sommer 1968 erfolgt ein schwerer Rückschlag für die Politik der Entspannung: Reformbestrebungen in der ČSSR (»Prager Frühling«) werden durch den Einmarsch von Streitkräften des Warschauer Paktes (auch DDR-Truppen sind dabei) unterdrückt. Dennoch erklärt Bundeskanzler Kiesinger: »Es gibt keine Alternative zu der Politik der Anbahnung einer europäischen Friedensordnung.«

Mit dem »Signal von Reykjavik«, einem im Juni 1968 in der isländischen Hauptstadt gefaßten Beschluß des Nato-Ministerrates, erklärt sich die Nato bereit, Maßnahmen zur beiderseitigen und ausgewogenen Truppenverminderung in Europa zu erörtern.

Phase 3: 1969 bis 1979

Die sozialliberale Koalition

Der Durchbruch zu einer Politik vertraglicher Regelungen auch mit Osteuropa erfolgt erst nach 1969, also in der bis zur Gegenwart reichenden dritten Phase der Geschichte der Bundesrepublik. Die Bundesrepublik Deutschland ergänzt den Ausgleich mit dem Westen – das große Werk Konrad Adenauers – durch eine Politik der Entspannung und der weiteren Friedenssicherung auch nach Osten. Damit verändern sich zugleich die Stellung und das Gewicht der Bundesrepublik in der Welt.

Am 21. Oktober 1969 wählt der Bundestag den SPD-Vorsitzenden Willy Brandt zum Bundeskanzler. Nach 39 Jahren steht wieder ein Sozialdemokrat an der Spitze einer deutschen Regierung. Zum ersten Mal kommt es in Bonn zu einer sozialliberalen Koalition, das heißt zu einer Koalition zwischen SPD und FDP. Der FDP-Vorsitzende Walter Scheel wird Außenminister und Vizekanzler.

Die Politik des Ausgleichs mit dem Osten und die von Willy Brandt ebenfalls angekündigte Politik der inneren Reformen werden nachdrücklich vorangetrieben.

Nach heftigen innenpolitischen Auseinandersetzungen, nach dem Übertritt mehrerer Abgeordneter der Regierungsparteien zur Opposition und nach dem gescheiterten konstruktiven Mißtrauensvotum der CDU/CSU im April 1972 kommt es im November 1972 zu vorzeitigen Neuwahlen, die für die SPD und FDP eine klare Mehrheit bringen.

Am 6. Mai 1974 tritt Bundeskanzler Brandt zurück, nachdem sein Mitarbeiter Günter Guillaume als DDR-Spion entlarvt worden ist.

Am 16. Mai 1974 wählt der Bundestag Helmut Schmidt zum Bundeskanzler. Schmidt war vorher Verteidigungsminister sowie Wirtschafts- und Finanzminister der sozialliberalen Koalition. Neuer Außenminister und Vizekanzler wird der bisherige Bundesinnenminister und neue FDP-Vorsitzende Hans-Dietrich Genscher. Walter Scheel ist am 15. Mai 1974 als Nachfolger Gustav Heinemanns zum Bundespräsidenten gewählt worden.

Die neue Regierung von SPD und FDP übernimmt ihr Amt in einer Zeit, als schwere Krisen die Weltwirtschaft erschüttern und Auswirkungen davon auch in der Bundesrepublik Deutschland deutlich spürbar werden. Diese Krise in Zusammenarbeit mit den führenden Wirtschaftsmächten der Welt zu meistern, ist erste und wichtigste Aufgabe der Regierung Schmidt-Genscher.

Helmut Schmidt stellt seine Regierungsarbeit unter das Motto: »Kontinuität und Konzentration«, das heißt Fortsetzung der bisherigen Arbeit bei vorrangiger Erledigung des Wichtigsten.

Alle Bundesregierungen standen in der Pflicht des Grundgesetzes, für den Frieden und die Zusammenarbeit der Völker zu arbeiten. Die Präambel der Verfassung stellt der Bundesrepublik Deutschland die Aufgabe, »als gleichberechtigtes Glied in einem vereinten Europa dem Frieden der Welt zu dienen« und »in freier Selbstbestimmung die Einheit und Freiheit Deutschlands zu vollenden«.

Artikel 26 ist die Konsequenz aus der Forderung, daß von deutschem Boden nie wieder ein Krieg ausgehen soll: »Handlungen, die geeignet sind und in der Absicht vorgenommen werden, das friedliche Zusammenleben der Völker zu stören, insbesondere die Führung eines Angriffskrieges vorzubereiten, sind verfassungswidrig. Sie sind unter Strafe zu stellen.«

Diesen Verfassungsbestimmungen kam die Bundesrepublik Deutschland unter anderem durch die Politik der Eingliederung in die Europäische Gemeinschaft und in das westliche Verteidigungsbündnis Nato nach. Ein Kernstück der Friedenspolitik war die Beendigung der »Erbfeindschaft« zwischen Deutschland und Frankreich.

Nach drei Kriegen innerhalb von 75 Jahren – 1870 bis 1871, 1914 bis 1918 und 1939 bis 1945 – gelang die deutsch-französische Aussöhnung, gipfelnd im Freundschaftsvertrag von 1963. Ein Punkt ist, daß die Regierungen der beiden Länder sich in regelmäßigen Zeitabständen zu politischen Gesprächen treffen.

Die Ostverträge

Die Friedenspolitik bedarf aber der Ergänzung nach Osten, zumal die Grenze der beiden großen Militärbündnisse und ihrer gegensätzlichen Gesellschaftssysteme mitten durch Deutschland verläuft. Wichtig ist auch ein moralischer Gesichtspunkt: Mit den Juden haben die osteuropäischen Völker am meisten unter dem Zweiten Weltkrieg gelitten.

Die Notwendigkeit, das Verhältnis der Bundesrepublik Deutschland zu Osteuropa und zur DDR zu regeln, zeichnete sich – angesichts der Gespräche zwischen den Weltmächten USA und Sowjetunion – schon gegen Ende der Kanzlerschaft Adenauers ab. Ansätze zum Wandel wurden unter Bundeskanzler Erhard und stärker noch in der großen Koalition unter Bundeskanzler Kiesinger erkennbar, zum Beispiel durch die Aufnahme bzw. Wiederaufnahme der diplomatischen Beziehungen mit Rumänien und Jugoslawien.

Für die Ostpolitik gelten zwei Voraussetzungen. Zum ersten: Die Bundesrepublik Deutschland gehört zum westlichen Bündnis (Nato) und zur Europäischen Gemeinschaft (EG). Nur auf dieser Grundlage ist die Ostpolitik möglich, denn nur so ist die äußere Sicherheit der Bundesrepublik Deutschland gewährleistet.

Zum zweiten: Der freiheitlichen demokratischen Grundordnung und den Menschenrechten bleibt jede Bundesregierung verpflichtet. Deshalb kann die Entspannungspolitik die Gegensätze zwischen unserer Lebensordnung und dem östlichen Gesellschaftssystem nicht verwischen.

Auf der Grundlage des gegenseitigen Gewaltverzichts unterzeichneten Brandt und Scheel am 12. August 1970 den Vertrag mit der Sowjetunion, am 7. Dezember 1970 den Vertrag mit Polen.

Beide Verträge werden bei Stimmenthaltung der CDU/CSU-Opposition am 17. Mai 1972 vom Bundestag ratifiziert. Heftige Auseinandersetzungen, gipfelnd im konstruktiven Mißtrauensvotum der CDU/CSU gegen Bundeskanzler Brandt, sind vorausgegangen.

Im November 1973 folgt der Vertrag mit der Tschechoslowakei. Zu seinen Bestimmungen gehört – ebenso wie bei dem Vertrag mit Polen von 1970 – die Aufnahme diplomatischer Beziehungen. Lange Diskussionen über die Frage des Münchner Abkommens von 1938 sind vorausgegangen.

Auch mit Ungarn und Bulgarien werden diplomatische Beziehungen aufgenommen. Damit ist die Bundesrepublik Deutschland in allen Hauptstädten der Staaten des Warschauer Paktes durch Botschafter vertreten. (Anmerkung: Wegen der Besonderheit der innerdeutschen Beziehungen haben die Bundesrepublik Deutschland und die DDR keine Botschaften, sondern »Ständige Vertretungen« ausgetauscht.)

Im Zuge der neuen Ostpolitik werden im Oktober 1972 auch diplomatische Beziehungen zur Volksrepublik China aufgenommen; mit den arabischen Staaten, die 1965 die diplomatischen Beziehungen zu uns abgebrochen haben, werden diese wiederhergestellt, desgleichen mit Kuba.

Für die Bemühungen um die Sicherung des Friedens erhält Bundeskanzler Willy Brandt 1971 als erster aktiver deutscher Politiker nach Gustav Stresemann den Friedensnobelpreis.

Im Moskauer Vertrag verpflichtet sich die Bundesrepublik Deutschland, »die territoriale Integrität aller Staaten in Europa in ihren heutigen Grenzen uneingeschränkt zu achten«, und sie erklärt, daß sie keine Gebietsansprüche gegen irgend jemand erhebt und auch in Zukunft nicht erheben wird.

Der Warschauer Vertrag mit Polen stellt fest, daß die 1945 auf der Potsdamer Konferenz festgelegte Oder-Neiße-Linie »die westliche Staatsgrenze der Volksrepublik Polen« bildet.

Dazu sagte der damalige Bundespräsident Walter Scheel: »Wir mußten Abschied nehmen von Hoffnungen, die Illusionen geworden waren.«

Die deutsch-deutschen Beziehungen

Die Entspannungspolitik muß der Teilung Deutschlands Rechnung tragen. Deshalb haben das Abkommen der vier Siegermächte über Berlin vom 3. September 1971, das Abkommen mit der DDR über den Transitverkehr von und nach Berlin vom Dezember 1971, der Verkehrsvertrag vom Mai 1972 und der Vertrag über die Grundlagen der Beziehungen zwischen der Bundesrepublik Deutschland und der Deutschen Demokratischen Republik vom Dezember 1972 (Grundlagenvertrag) besondere Bedeutung. Keiner dieser Verträge kann die Teilung Deutschlands beenden. Aber sie sichern und verstärken die Bindungen zwischen Westberlin und der Bundesrepublik, verbessern den Reiseverkehr von und nach Westberlin und stellen ihn auf eine rechtliche Grundlage. Sie bringen vor allem Erleichterungen für die Menschen in Deutschland durch mehr Möglichkeiten zu Besuchen und anderen Kontakten. Die Abkommen mit der DDR mildern die Folgen der Teilung Deutschlands. Grenze und Mauer werden durchlässiger.

Zur Entwicklung »normaler gutnachbarlicher Beziehungen auf der Grundlage der Gleichberechtigung« (Grundlagenvertrag) beizutragen, ist Aufgabe der 1973 eingerichteten jeweiligen Ständigen Vertretung der Bundesrepublik Deutschland in Ostberlin und der DDR in Bonn.

Im »Brief zur deutschen Einheit« an die Adresse der Sowjetunion und der DDR stellt die Bundesregierung zum Moskauer Vertrag fest, daß dieser Vertrag nicht im Widerspruch zu dem politischen Ziel der Bundesrepublik Deutschland steht, auf einen Zustand des Friedens in Europa hinzuwirken, in dem das deutsche Volk in freier Selbstbestimmung seine Einheit wiedererlangt.«

Im September 1973 werden die Bundesrepublik Deutschland und die DDR Mitglied der Vereinten Nationen.

Reisende zwischen der Bundesrepublik Deutschland, der DDR, Westberlin und Ostberlin:

Im Jahre 1978 fuhren insgesamt 3,17 Millionen Westdeutsche in die DDR, davon knapp 480000 im grenznahen Verkehr.

Aus der DDR besuchten 1978 fast 1,4 Millionen DDR-Bewohner im Rentenalter das Bundesgebiet einschließlich Westberlin.

In dringenden Familienangelegenheiten reisten fast 50000 DDR-Bewohner in die Bundesrepublik.

Schätzungsweise 1,4 Millionen Westdeutsche besuchten von Westberlin aus den Ostteil der Stadt zu Tagesaufenthalten.

Die Zahl der Besuche von Westberlinern in Ostberlin und in der DDR wird auf 3,26 Millionen geschätzt.

Die Entspannungspolitik wird fortgesetzt

In den Jahren nach 1973 wird die Politik der Entspannung zwischen Ost und West beharrlich fortentwickelt. Die Vertragswerke mit Leben zu erfüllen ist mühsam und bedarf eines langen Atems. Trotz mancher Schwierigkeiten, die sich vielfach aus verstärkter Abgrenzung im Osten ergeben, gelingen Schritte nach vorn. Neue Vereinbarungen mit Polen ermöglichen 120000 bis 125000 Deutschen bis 1980 die Ausreise in die Bundesrepublik.

Beim zweiten Bonn-Besuch des sowjetischen Staats- und Parteichefs Leonid Breschnew wird im Mai 1978 ein auf langfristige Zusammenarbeit zielendes Wirtschaftsabkommen abgeschlossen.

Nicht alles, was in Helsinki verabredet worden ist, kann rasch Wirklichkeit werden; dazu sind die Unterschiede zwischen Ost und West zu groß. Die Tatsache, daß sich die 25 Teilnehmerstaaten von Oktober 1977 bis März 1978 in Belgrad erneut an einen Tisch setzen, beweist aber die Absicht, begonnene Arbeit fortzusetzen. In Wien bemühen sich die Staaten von Nato und Warschauer Pakt um einen beiderseitigen und ausgewogenen Truppenabbau (MBFR) in Mitteleuropa.

Mit der »Konferenz über Sicherheit und Zusammenarbeit in Europas (KSZE) versuchen erstmals die Staaten West- und Osteuropas, unter Einbeziehung der USA und Kanadas, die Entspannung in Europa durch multilaterale Zusammenarbeit zu sichern. Die KSZE-Schlußakte wird im Sommer 1975 in Helsinki unterzeichnet.

1977 und 1978 mit der DDR abgeschlossene Verkehrsvereinbarungen sehen den Ausbau der Autobahn Berlin–Helmstedt und den Bau einer neuen Autobahn von Berlin nach Hamburg vor.[43]

Pakt mit dem Kreml

Der Moskauer Vertrag aus der Sicht von 1990 (Auszüge aus einer Fernsehdiskussion)

Im Oktober 1969 trat der neu gewählte Bundestag zur Wahl des Kanzlers zusammen. Die Sozialdemokraten und ihr Kandidat Willy Brandt hatten auf diesen Tag lange gewartet. Als erster sozialdemokratischer Kanzler sind ihm Genugtuung und nur schwer zu verbergende Rührung anzumerken.

Der damalige Bundestagspräsident von Hassel: »Ich frage den Abgeordneten Brandt, nehmen Sie die Wahl an?«

Willy Brandt: »Ja, Herr Präsident, ich nehme die Wahl an.«

Bundespräsident von Hassel: »Ich stelle fest, daß damit der Abgeordnete Brandt zum Bundeskanzler der Bundesrepublik Deutschland...«

Brandt hatte schon als Außenminister der großen Koalition gezeigt, daß sein politischer Ehrgeiz auf einen selbständigen deutschen Beitrag zum Ausgleich mit dem Osten konzentriert war. Zwar mit einer knappen Regierungsmehrheit, setzt er eine Politik fort, die den Namen Brandt vor allem damit verbinden wird: der »Neuen Ostpolitik«. Er stützt seine Politik auf eine Koalition mit der FDP.

Noch immer gilt die Hallstein-Doktrin: Keine diplomatischen Beziehungen mit Staaten, die ihrerseits die DDR voll anerkennen. Nach zwanzigjähriger CDU-Regierung kommt erstmalig die SPD an die Regierung, ihr Partner heißt FDP.

In seiner Ansprache sagte Brandt: »Auch wenn zwei Staaten in Deutschland existieren, sind sie doch für einander nicht Ausland, ihre Beziehungen zueinander können von besonderer Art sein.«

»Zwei Staaten in Deutschland« – dieser Satz kommt so überraschend, daß viele der Abgeordneten ihn nicht gleich begreifen.

Der Oppositionsführer Rainer Barzel: »Dies war ein Wortbruch – der Deutsche Bundestag hatte beschlossen, mit den Stimmen der SPD und der CDU/CSU, die Anerkennung der DDR als zweiter Staat in Deutschland kommt nicht in Frage, es war ein Beschluß nach dem Einmarsch in der Tschechoslowakei, der Beschluß galt – war Gegenstand der Wahlaussage der sozialdemokratischen Partei Deutschlands.«

Bundeskanzler Willy Brandt: »Ich habe gesagt, weil ich dieser Überzeugung war, dies sind zwei Staaten, die aber im Verhältnis zueinander nicht Ausland wären, das macht das Besondere aus diesen beiden Staaten auf deutschem Boden. Nein, ich war zu dem Ergebnis gekommen, erstens, daß wir bestimmte Verbesserungen für die Menschen auf deutschem Boden nur erreichen könnten, wenn wir zunächst mal ausgehen von – ausgingen von dem, was war, und zweitens, daß wir die von mir für notwendig gehaltene Normalisierung der Beziehungen zur Sowjetunion nicht erreichen könnten, wenn wir nicht die DDR zunächst zur Kenntnis nehmen würden, als das – als was sie sich herausgebildet hatte.«

Oppositionsführer der CDU/CSU, Rainer Barzel: »...aber ohne die Alliierten zu fragen, ohne mit der Opposition zu sprechen, ohne irgendwelche Grundvereinbarungen zu haben – dies war schon ein starkes Stück und Gegenstand unserer heftigen Kritik.«

Der SPD-Abgeordnete Bahr: »Also, der Satz stammt von ihm, Scheel hat ihn sofort akzeptiert – ich war dagegen, weil ich gedacht habe und auch gesagt habe, das kann das Ende der Verhandlungen sein, wozu jetzt eine Vorleistung machen, wo wir das Kostbarste, was wir wegzugeben haben, nämlich die Staatlichkeit der DDR, vorwegzunehmen. Nachträglich bin ich eines Besseren belehrt worden, Brandt hatte recht mit seinem Instinkt und seiner Psychologie. Dieser Satz war das entscheidende Moment dafür, daß die Sowjets mit uns ernsthaft geredet haben, um festzustellen, wie ernst ist diese neue Regierung zu nehmen. Das war der Türöffner – dieser Satz!«

In Ostberlin reagiert man mit Mißtrauen und Verblüffung. Erst nach zweiwöchigem Schweigen spricht das »Neue Deutschland« von »neuen Akzenten in Bonn«, die man aufmerksam registriere.

Walter Ulbricht lädt zu einer internationalen Pressekonferenz und erklärt: Er habe an Bundespräsident Heinemann einen Vertragsentwurf geschickt für die sofortige Aufnahme völkerrechtlicher Beziehungen zwischen beiden Staaten.

Walter Ulbricht: »Es ist uns sehr ernst mit dem Abschluß des von uns vorgeschlagenen Vertrages über die Aufnahme gleichberechtigter Beziehungen der Deutschen Demokratischen Republik und der Bundesrepublik Deutschland.«

Auf Ulbrichts Vertragsentwurf wird von der Bundesregierung nicht geantwortet.

Egon Bahr, Ostexperte: »Wir haben dem Bundespräsidenten geraten, den Brief negativ zu behandeln, und zwar deshalb, weil wir angenommen haben, Ulbricht wolle damit unsere Gespräche mit Moskau unterlaufen und wolle den Sowjets zeigen, daß er das allein kann, und daß er es einfacher kann, oder wolle durch die Art der Abweisung den Russen das Gespräch schwermachen.« Der ostpolitische Schlüssel lag für die Regierung Brandt in Moskau. Seit 1969 hören von dort die Völker neue Signale. Die Einflußsphäre der Russen, festgelegt schon 1945, hat bewiesen der Einmarsch in die Tschechoslowakei, daß dies respektiert werden muß.

Ostexperte Egon Bahr: »Es hatte verschiedene Signale gegeben aus Moskau während des Jahres 1969, das konnte aber auch der Versuch sein, in der großen Koalition Schwierigkeiten zu machen oder sich in den Wahlkampf mit einzumischen, Festlegungen waren da nicht drin, jedenfalls war die Haltung in Moskau ein bißchen unbestimmt, und sie hatten jedenfalls kein Konzept,

Der Warschauer Vertrag. Im Bild von links: Hans-Jochen Vogel, Egon Bahr und Willy Brandt von der SPD.

Foto: Bundesarchiv Koblenz

Foto: Bundesarchiv Koblenz

außer ein paar Punkten, die für uns unakzeptabel waren.«
Der Russe Valentin Falin: »Es war nicht parteipolitisch bedingt, dies Interesse... Grundlage zu dieser Erneuerung unserer Beziehungen, das heißt diese neue Ostpolitik der Bundesregierung und die neue Westpolitik der Sowjetunion, war der Wunsch, Konfrontationen abzubauen und die Interessen so auszugleichen, so auszubalancieren, damit die Bundesrepublik und die Sowjetunion einander nicht als potentielle Gegner betrachten, sondern als potentielle Partner.
Bonn jedoch hatte es eilig. Das Auswärtige Amt sendet am 14. November 1969 seiner Botschaft in Moskau die Weisung, erneut Gespräche über ein Gewaltsverzichtsabkommen einzuleiten, an dem Moskau allerdings bisher nur bei gleichzeitiger Festschreibung der europäischen Grenzen interessiert schien.« Acht Kilometer rheinaufwärts befindet sich die US-Botschaft, dort herrscht Aufregung. Am 1. Dezember fährt der Gesandte Russel Fessenden zum Auswärtigen Amt. In seinem Gepäck eine Beschwerde der Nixon-Regierung wegen mangelnder Unterrichtung in Sachen deutscher Ostpolitik.
Hierzu Hillenbrandt (Mitarbeiter des Auswärtigen Amtes der Bundesregierung): »Es war das erste Mal, daß wir einen SPD-Kanzler gehabt haben in der Bundesrepublik, und das war etwas Neues, und ich glaube, das war teilweise der Grund für diese Skepsis, teilweise auch, daß vielleicht diese Entwicklung für das Weiße Haus etwas schnell gekommen ist, vielleicht ohne Warnung, daß so etwas sich entwickelt hat in den Gedanken von der Regierung in Bonn.«
Über mangelnde Unterrichtung hätten sich die Amerikaner eigentlich nicht beklagen brauchen. Außenminister Walter Scheel hatte mit dem amerikanischen Botschafter

in Bonn, Kenneth Rush, laufend Kontakt. Und Egon Bahr war vor Willy Brandts Regierungserklärung sogar bei Nixons rechter Hand, Henry Kissinger, persönlich, um einer möglichen Überraschung Washingtons vorzubeugen.
Botschafter Kenneth Rush: »Wir hatten durch all die Jahre nur mit der CDU gearbeitet. Die Regierungsbeziehungen waren sehr eng. Willy Brandt war ein unbekannter Faktor. Bahr, seine rechte Hand in der Außenpolitik, wurde von den Amerikanern mit erheblichem Mißtrauen betrachtet. Er hatte – wie Sie wissen – nach dem Krieg für uns in Berlin gearbeitet. Ehrlich gesagt, so leid es mir tut, man traute ihm nicht.«
Egon Bahr: »Kissinger war mißtrauisch. Er hat viele bohrende Fragen gestellt, alle unter dem Gesichtspunkt: habt ihr denn auch alles bedacht? Habt ihr das und jenes bedacht, und wird es denn auch funktionieren, und ist es nicht ungefährlich, und was macht ihr mit den Russen? Und, und, und … Das ging soweit, daß ich ihm gesagt habe: Lieber Henry Kissinger, ich bin – offen gestanden – hier, um in aller Offenheit zu informieren, nicht zu konsultieren. Wir möchten wirklich, daß ihr wißt in Amerika, was wir machen. Aber wir werden es machen.«
Botschafter Rush: »Präsident Nixon hatte seine eigene Auffassung von Entspannung. Er und Henry Kissinger wollten die Fäden in der Hand behalten. Die Kernfrage war, ob die eigenen Bemühungen Nixons und Kissingers um Entspannung mit der Sowjetunion durch die Ostpolitik geschädigt und durchkreuzt würden, und ob Deutschland dadurch mehr zur Neutralität tendieren bzw. kein so starkes Mitglied der Nato und der westlichen Allianz mehr sein würde.«
Willy Brandt: »Dahinter steckte die Haltung, die ein, eben sehr zu respektierender Mensch wie Henry Kissinger mal in die Worte gekleidet hat: ›Wenn schon Ostpolitik, dann machen wir sie selbst und lassen das nicht die Deutschen an uns vorbei machen.‹ Aber, es waren keine wirklich ernsten Differenzen. Man hat sich rasch aneinander gewöhnt. Eben, man hat sich auch daran gewöhnen müssen, daß die Deutschen erwachsener wurden, wo es um ihre eigenen Dinge ging.«
Die Entspannungsbemühungen in Moskau sind vorerst nicht sehr erfolgreich für die Bundesregierung. Im Dezember 1969 fährt Botschafter Allardt mehrfach zu Andrej Gromyko ins Außenministerium. Bonn müsse in aller Form auf die Wiedervereinigung verzichten. Die völkerrechtliche Anerkennung der DDR sei nicht nur Bestandteil, sondern Voraussetzung eines Gewaltverzichtvertrages.
Nun schlägt für Egon Bahr die Stunde, der in Zukunft im Rampen- und Zwielicht der neuen Ostpolitik stehen wird: er ist engster Vertrauter Willy Brandts.
Als Chef des Planungsstabes im Auswärtigen Amt während der großen Koalition hat er schon sein Bild für die Ostpolitik entworfen, das jetzt verwirklicht werden soll.
Botschafter Allardt in Moskau fühlt sich übergangen. Sein Verhältnis zu Bahr ist abgekühlt. Aber als guter Diplomat läßt er sich nichts anmerken.
Egon Bahr: »Das ist natürlich nicht angenehm für einen Botschafter, der in dem Augenblick, wo es spannend wird, praktisch die Nummer zwei wird. Die Gespräche mit Allardt waren unbefriedigend. Wir haben ihm im Auswärtigen Amt und im Kanzleramt gewissermaßen aufgeschrieben, was er sagen sollte. Dann hat er das vorgetragen.
Gromyko hat geantwortet. Danach haben wir zusammengesessen und überlegt. Auf diese Weise hätten wir vielleicht fünf Jahre gebraucht, und deshalb war es der Vorschlag von Herrn Scheel, zu sagen, ich sollte die Verhandlungen übernehmen, denn ich hatte im Auswärtigen Amt, im Planungsstab, eigentlich den ganzen Komplex durchgearbeitet mit meinen Kollegen, und bin noch heute stolz darauf, daß während der gesamten Verhandlungen nicht eine einzige Frage aufgeworfen worden ist, die wir nicht vorher bedacht und durchgedacht hatten.«
Am 30. Januar 1970 erscheint Egon Bahr zum ersten Mal bei Andrej Gromyko. Es

wird lange und harte Gespräche geben und viele dramatische Gerüchte. Vor allem eines bewegt die Bonner Szene: Wie wird Bahr den als eisenhart geltenden Andrej Andrejewitsch zu Kompromissen bewegen können?
Egon Bahr: »Das war sehr schwer, weil die Sowjets mit einem völlig anderen Konzept kamen. Sie sagten, erstens: Völkerrechtliche Anerkennung der DDR. Zweitens: Anerkennung aller bestehenden Grenzen, Unverbrüchlichkeit dieser Grenzen. Drittens: Wir müssen auch über Berlin reden, denn in Berlin ist auch noch etwas zu regeln. Das waren die Hauptpunkte, die für uns ganz unakzeptabel waren.«
Berlin spielt in den Bahr-Gromyko-Gesprächen am Anfang eine zentrale Rolle. Für Moskau ist Berlin eine selbständige politische Einheit. »Rechtswidrige Anschläge«, gemeint sind zum Beispiel Bundestagssitzungen, seien dort zu unterlassen. Aber plötzlich will Gromyko von Bahr keine Zugeständnisse mehr in der Berlin-Frage.
Im ehemaligen Kontrollratsgebäude in der Potsdamer Straße beginnen nämlich Gespräche der drei Westalliierten mit Sowjetvertreter Abrassimov über Neuregelungen in und um Berlin. Und auch in der Frage der völkerrechtlichen Anerkennung der DDR durch Bonn ist Moskau plötzlich nachgiebig.
Ende Februar ist der russische Außenminister in Ostberlin, um der SED-Führung schonend beizubringen, daß sie auf die Aufnahme normaler diplomatischer Beziehungen mit Bonn verzichten müsse. Vasily Sitnikow ist damals sowjetischer Botschaftsrat in Ostberlin.
UdSSR-Botschafter Vasily Sitnikow: »Wir sollten damals den ostdeutschen Genossen erklären, jetzt schließen *wir* einen Vertrag mit der Bundesrepublik, morgen werden *sie* einen ähnlichen, aber gemäß ihren Beziehungen entsprechenden Vertrag schaffen, aber wie anders kann man eine völkerrechtliche Anerkennung erringen, wenn sie keine Verhandlungen führen und keine Verträge schließen? Und das, glaube ich, hat auf klügere Vertreter der DDR-Regierung Eindruck gemacht.«
»Der Klügere gibt nach«, aber Ulbricht will nicht klüger sein. Er denkt nicht daran, das Credo seiner Politik, nämlich die jahrzehntealte Polemik gegen den Bonner Alleinvertretungsanspruch, auf dem Altar einer Annäherung zwischen Moskau und Bonn zu opfern. Er befürchtet, die DDR könne auf der Strecke bleiben. Einer hält sich in dieser angespannten Runde auffällig zurück: Erich Honecker!
Valentin Falin: »Was die Position angeht, so hatte Ulbricht ein gewisses Gefühl, manche Verdächtigungen oder Überlegungen, wie weit wir in unserem Wunsch, bessere Beziehungen mit der Bundesrepublik zu gestalten, die Interessen der Deutschen Demokratischen Republik berücksichtigen. Es gab solche Überlegungen.«
Florin: »Nein, in keiner Weise, denn wir meinten, daß jeder Schritt, der zur Entspannung in Europa führt und zur Verbesserung der Beziehungen zwischen der Bundesrepublik und der Sowjetunion, der Deutschen Demokratischen Republik auch zugute kommt.«
Tatsächlich bleibt die DDR-Führung drei Monate lang stur. Im Mai wird Ulbricht in Moskau direkt vorstellig. Aber es ist nur noch ein letztes Aufbäumen. Breschnew und sein Deutschlandexperte Valentin Falin sitzen am längeren Hebel.
Valentin Falin: »Ich hatte damals gerade diese Rolle des Kontaktmannes zu Ulbricht gespielt und aus erster Hand kann ich Ihnen sagen, er verstand und akzeptierte die Erklärungen, Argumente, die ich ihm vorgetragen hatte, und am Ende waren aus dieser Ecke keine besonderen Schwierigkeiten entstanden.«
Egon Bahr: »Bis dahin war sowohl die DDR wie Moskau öffentlich hervorgetreten. Die völkerrechtliche Anerkennung ist notwendig als Ergebnis, und die DDR hat sogar gesagt, die völkerrechtliche Anerkennung muß am Anfang stehen, bevor wir uns an den Tisch setzen. Das war weg.«

Ein Jahr später – im Mai 1971 – tritt Ulbricht, wie bei Machtstürzen im real existierenden Sozialismus üblich, aus Gesundheitsgründen zurück. Erich Honecker ist der neue Mann Moskaus auf dem Wege zu sozialistischer Vollkommenheit.

Erich Honecker: »Allen Menschen wollen wir – für alle Menschen – die sozialistische Gesellschaft immer vollkommener gestalten.«

Florin: »Ich glaube, sagen zu können, aus meiner ganzen Sachkenntnis aus dieser Zeit, daß die Veränderungen in der Spitze der Partei und dann die Veränderungen in der Spitze des Staates nicht aus politischen Gründen erfolgten.«

Vasily Sitnikow: »Das kann ich nicht verneinen oder bestätigen, weil es zuerst mir zu pikant ist. Zweitens, für die Beziehungen zwischen Ulbricht und Honecker waren viele Probleme maßgebend – viele Probleme.«

Erich Honecker: »Nichts wird bei uns um seiner selbst Willen gemacht. Alles, was wir tun, dient dem Wohle unserer arbeitenden Menschen.«

Egon Bahr ist dreimal zu wochenlangen Gesprächen in Moskau. Bahr ist Tüftler, Stratege und graue Eminenz in einem. Ohne viel Aufsehen zu erregen, fährt er regelmäßig zum tête-à-tête mit Gromyko; Botschafter Allardt, der am Anfang so gekränkt ist, wird am Ende von Bahrs Verhandlungsergebnissen beeindruckt sein. Aber bis dahin ist es noch weit. Insgesamt 55 Stunden dauern die Bahr-Gromyko-Gespräche.

Egon Bahr: »Wir haben eine ganze Weile gebraucht, bis wir so das erste mühsame Lächeln uns abkneifen konnten, was ja bei Gromyko – das ist ja kein Freund von Witzen oder so, das is'n hartgesottener, ungeheuer begabter, mit einem fanatischen Gedächtnis begabter Mann. Aber das hat sich dann nach einer Weile aufgelockert. Wir haben dann zweimal in der Woche getagt, jeweils mehrere Stunden. Das nächste Mal, hat er gesagt, bitte am Donnerstag nicht, da muß ich zum Wahlkampf; Sie wollen doch sicher, daß ich wiedergewählt werde. Ich hab' dann gesagt, ich hatte keine Ahnung, daß Sie Schwierigkeiten haben, gewählt zu werden.«

Valentin Falin: »Ja, wir wissen alle, der Andrej Gromyko war ein harter Gesprächspartner. Er versuchte bis aufs Äußerste die Situation zu spitzen, sogar wenn es um eine Nuance ging, wenn es um einen Buchstaben ging, wenn es um ein Komma im Text ging; aber wenn er vor harte Tatsachen gestellt wurde, so begann er doch nachzudenken, was lohnt es.«

Egon Bahr: »Er hat gesagt, die Grenzen müssen unverrückbar sein in Europa – ich habe gesagt, das geht gar nicht. Wenn ich mich friedlich verständige, dann kann ich auch Grenzen verrücken. ›Unverrückbar‹ – wir haben die Grenzen übrigens auch nicht gemacht, das heißt ich bin bereit, die Grenzen in Europa unter das absolut vorgeordnete Gebot des Gewaltverzichts zu stellen; aber friedliche Veränderungen müssen wir machen, zumal wir dachten – das war auch eine der großen Befürchtungen in der Opposition – die Russen bekämen auf diese Weise ein Mitspracherecht für die Europäische Gemeinschaft, und wir konnten nicht mehr in der Europäischen Union aufgehen, wenn wir die Grenzen unverrückbar machen in Europa.

Das hat er akzeptiert, das heißt Unverletzlichkeit statt Unverrückbarkeit. Auf diese beiden Vokabeln spitzte sich das zum Schluß zu. Und das war übrigens auch ein Punkt, an dem ich gesagt habe, wenn Herr Gromyko auf Unverrückbarkeit besteht, dann fahre ich nach Hause.«

Valentin Falin: »Und er hat sofort ein Telegramm nach Bonn geschickt und um ein Flugzeug gebeten, um Moskau zu verlassen. Und dann war eine so dramatische Entwicklung. Nachdem die Information auf den Arbeitstisch von Andrej Andrejewitsch gelangte, telefonierte er mit mir und sagte: ›Tun Sie alles mögliche, damit Egon Bahr in Moskau bleibt!‹ Und ich sagte, ich tue mein Bestes, aber ich kann nichts garantieren. Auf Ihre Verantwortung, daß Herr Bahr die Verhandlungen nicht unterbricht!«

Egon Bahr: »Falin hat mich bei einem Essen erwischt und hat gefragt, ob ich noch meinen alten Standpunkt hätte, und hat gefragt, ob das der Standpunkt der Regierung sei. Ich habe beides bejaht, darauf hat er gesagt, ich glaube, wir werden jetzt einen Kompromiß finden, und darauf hab' ich wieder abbestellt.«

Bahr hatte bei seinen Gesprächen in Moskau nahezu freie Hand. Nur eine Handvoll Eingeweihter, der harte Kern der Brandt-Vertrauten, weiß in diesen Monaten, was Bahr tut und will. Wochenlang läßt er mit dem Hinweis auf die russische Empfindlichkeit gegenüber Indiskretionen alle Welt, selbst das Auswärtige Amt, darüber im dunkeln tappen, was er in Moskau treibt. Bahr genießt und kultiviert diese Rolle. Sein Chef Brandt sagte über ihn, er habe einen Hang zum Konspirativen. Das Mißtrauen der Opposition wird dadurch nur noch stärker.

Rainer Barzel: »Das Ganze war zunächst völlig undurchsichtig. Der Bahr hatte irgend einen Auftrag – wahrscheinlich vom Bundeskanzler –, es ging vieles an der Botschaft in Moskau vorbei. Man wußte weder, wer ist der Dolmetscher, noch wer macht Aufzeichnungen. Also ein ganz unübliches Verfahren, was natürlich Mißtrauen weckte. Und wir hatten Anlaß zu diesem Mißtrauen, denn der Bundeskanzler hatte gesagt, von Wiedervereinigung rede er nicht mehr. Entsprechend verhandelte Brandt, und Bahr bot praktisch ein verdecktes Grenzanerkennungsabkommen an und dann sah man ein Bild, daß er irgendwo mit einer Pelzmütze stand am Grab von, weiß ich, Stalin, Lenin, oder irgend etwas. Es war undurchsichtig, was er tat und wo er sich aufhielt.«

Egon Bahr: »Die Kritik kann ich verstehen, aber sie ist unberechtigt. Ich würde es jedesmal wieder so machen. Man kann solche Verhandlungen nicht auf'm offenen Markt führen. Das geht nicht. Also bin ich der Überzeugung, die Opposition war hervorragend informiert. Zum Schluß kam eine ganze Delegation mit, die drei Mächte waren informiert, die Regierung sowieso, das ist ja selbstverständlich, die Regierung führte ja die Verhandlungen. Und es war auch die Frage: würde es gehen oder würde es nicht gehen. Na gut, Ende Februar wußte ich dann, oder Ende März wußte ich, es würde wohl gehen.«

Je intensiver Bahr in Moskau verhandelt, desto mehr läßt seine Auskunftsfreudigkeit nach. Sauregurkenzeit für Journalisten.

Egon Bahr: »Wir haben einen Meinungsaustausch gehabt in einer Intensität, wie wir sie bisher nicht hatten zwischen den beiden Regierungen. Ich gebe keinerlei Auskünfte zu Sachfragen.«

Während Bonn sich in Geheimniskrämerei ergeht, ist den Verhandlungspartnern in Moskau klar, daß Egon Bahr unter enormem Zeitdruck steht. Um ihre schwache und labile Parlamentsmehrheit von gerade mal fünf Stimmen zu erhalten, brauchen Brandt und Scheel ganz dringend einen äußeren Erfolg. Regierungssprecher Ahlers bringt es auf den Punkt: Wenn wir in Moskau bis Sommer nicht unterschrieben haben, meinte er, ist der ganze Moskauer Vertrag gefährdet. Ende Mai beenden Gromyko und Bahr in Moskau ihre letzte Runde der Gespräche.

Das Verhandlungsprotokoll umfaßt zehn Punkte. Ein geheimes Dokument, in Deutschland rasch berühmt-berüchtigt als das sogenannte »Bahr-Papier«. Was wirklich drinsteht, wissen nur ganz wenige. Doch dann, ganz plötzlich, kommt der Verrat ins Spiel. Die Panzerschränke im Auswärtigen Amt sind in diesen Monaten ihr Geld nicht wert. In über fünfzig Fällen gelangen geheime Informationen auf rätselhaften Wegen in die Öffentlichkeit.

Die größte Bombe platzt in der Bild-Zeitung. Sie druckt das Bahr-Papier, das der Entwurf eines fertigen Vertrages zu sein scheint. Die Gerüchteküche Bonns, das nach der undichten Stelle fahndet, kreiert für jeden Geschmack etwas.

Erich Mende: »Das haben wir von amerikanischen Stellen in Washington zugespielt bekommen, und über das Auswärtige Amt hat es dann die CDU hier zugespielt bekommen, und zwar der Abgeordnete Marcks. In Washington waren die Meinungen geteilt, ob die Moskauer Verhandlungen in unserem Sinne, im Sinne des Westens, liefen. Also da kamen mehrere Argumente zusammen. Sorge über unser Fehlverhalten und vielleicht auch ein Stückchen Versuch, die Sache zum Scheitern zu bringen oder zumindest auf die längere Bank zu schieben. ›Schweigen, schützen, sicher sein.‹ Sicher sein – vor wem? Zumindest in diesem Falle kennt die Sowjetunion die geheimen Papiere sehr genau. Aber die Regierung fürchtet um ihren Verhandlungsspielraum, während die Opposition erklärt, dem deutschen Volk werde drohender Schaden verheimlicht.«

Von Guttenberg: »Ich selber war in einem Falle, nämlich bei der Veröffentlichung dieses Papieres, was ja Gromyko Ende März in die Gespräche eingebracht hat, der Überzeugung, daß es notwendig sei, der deutschen Öffentlichkeit zu sagen, daß die Bundesregierung hier unwahrhaftig war. Daß sie etwas gesagt hat, was nicht der Wahrheit entsprach. Sie sagte nämlich, daß in Moskau ›sondiert‹ werde, in Wahrheit ist ein Vertragstext ausgehandelt worden, und dies mußte man der Öffentlichkeit sagen, und als zweites mußte man ihr nämlich sagen, daß dieser Vertragstext in Wahrheit die politische Sanktionierung der von der Sowjetunion erzwungenen Teilung Deutschlands bedeutete.«

Egon Bahr: »Als die Papiere veröffentlicht wurden, rastete die Sowjetunion sofort ein, und damit wurde etwas, was noch verhandlungsfähig gewesen war, sofort zu einer Prestigeangelegenheit. Das war dann plötzlich wie ein Bibeltext, den man nicht mehr ändern kann. Das hat geschadet, und ich wußte, weshalb ich die Verhandlungen so machte und nicht anders. Anders wäre es nicht professionell gewesen.«

Im Palais Schaumburg tagt das Bundeskabinett. Hier wird zunächst befürchtet, die Verhandlungsergebnisse Bahrs könnten vor dem Bundesverfassungsgericht keinen Bestand haben. Am Ende aber sind die Rechtsexperten überzeugt, das Papier sei grundgesetzkonform, wenngleich es an Klarstellungen mangele. Der Außenminister soll vor der Paraphierung des Vertrages für Nachbesserungen sorgen.

Am 20. Juli wird der deutsche Außenminister in Moskau von Gromyko empfangen. Zu Scheels mitreisender Hintermannschaft gehören vier Staatssekretäre, darunter Egon Bahr und Paul Frank.

Ins sowjetische Außenministerium bringt Scheel vor allem zwei Richtlinien seines Kabinetts mit.

Erstens: Die Bonner Option auf die deutsche Einheit sei schriftlich zu fixieren. Wenn schon nicht im Vertrag, so doch in einem Brief an Moskau. Zweitens: Es sei klarzustellen, daß eine Ratifizierung des Moskauer Vertrages erst nach einem befriedigenden Abschluß der Vier-Mächte-Verhandlungen über Berlin erfolgen könne. Aber Gromyko bleibt schwierig.

Walter Scheel: »Sein Spielraum für die Verhandlungen war ja nicht so groß wie meiner. Denn er mußte sich immer rückversichern beim Politbüro, wenn er seine Meinung ändern wollte. Und das war bei mir nicht nötig. Ich hätte etwas tun können, oder mich rückversichern, auf die Gefahr hin, dann rauszufliegen, nicht wahr, in meiner Regierung entlassen zu werden.«

Auch Walter Scheel, durch drei Landtagswahlniederlagen der FDP im Sommer 1970 ohnehin angeschlagen, hat in Moskau keinen leichten Stand. Im Spiridonow-Palais, dem Gästehaus des sowjetischen Außenministers, kommen die Gespräche eine Woche lang nicht vom Fleck. Kühl erklärt Gromyko, es gäbe nichts mehr zu verhandeln. Die Vereinbarungen, die man mit Egon Bahr erzielt habe, seien mit keinem Komma ergänzungsbedürftig. Selbst der schwäbische Optimismus eines Paul Frank leidet... Die Moskauer Verhandlungen sind schwierig.

Staatssekretär Paul Frank: »Mit einem Mann vom Zuschnitt des Andrej Gromyko tagelang zu verhandeln, das ist kein besonderes Vergnügen. Er fängt dann an mit ein

paar verbalen Lockerungsübungen, ein paar alten Witzchen, aufgewärmten Witzchen. Aber wenn es dann Zeit war, zu Verhandlungen zu kommen, dann schlägt es um. Dann ist es das Gesicht eines Scharfrichters. Da ist von Witz keine Rede mehr. Und das Interessante war an der Sache, daß nun Walter Scheel das genaue Gegenteil dieses Charakters war, und Falin sagte mir einmal während der Verhandlungen, ›Gromyko ist verzweifelt, er kommt mit Scheel nicht zurecht. Scheel läßt sich ja gar nicht packen!‹«
Die Deutschen haben inzwischen gelernt, daß man in Moskau viel Zeit haben muß. Mit Billard und in abendlichen Besprechungen in der Botschaft wird die innere Unruhe bekämpft. Wie kann man Gromyko einen Brief zur deutschen Einheit schmackhaft machen? Außerdem wollen die Deutschen die Grenzen in Europa nur unter dem Aspekt des Gewaltverzichts anerkennen, nicht aber ihre völkerrechtliche Unverrückbarkeit.
Die Reporter wiederholen sich: Ja, die Frage der Unverletzlichkeit der Grenzen und das Problem der Unveränderlichkeit, weiterhin ungeklärt. Die Sowjets beharren auf ihrem alten Standpunkt.
Zweifel und Hoffnung halten sich in dieser Stunde die Waage. Beide Seiten werden ihre eigenen Schatten überspringen müssen, wenn es ernst werden soll mit der Aussöhnung zwischen Bonn und Moskau.
Walter Scheel: »Wir waren in der Tat ins Stocken gekommen bei unseren Verhandlungen. Und plötzlich, an einem Freitag war's, da sagt er am Schluß der Verhandlungen: ›Sagen Sie, was machen Sie am Wochenende? Würden Sie bereit sein, draußen in meine Datscha zu kommen? Dann haben wir mal 'n bißchen Zeit, können uns etwas erholen.‹ Ich hatte versucht herauszufinden, was er denn will. Und da haben wir gegessen und uns über Gott und die Welt unterhalten, also weniger über Gott, aber über die Welt. Und immer hab' ich gedacht, Menschenskind, der hat doch was, der will doch was von mir. Und am Schluß sagt er: ›Wissen Sie, Sie haben vor ein paar Tagen mir da eine Formulierung gegeben für diesen Zusammenhang zwischen Gewaltverzicht und Grenze, und wir haben auch über den Brief gesprochen. Ich will Ihnen zu der Sache mal etwas sagen. Ich habe da lange drüber nachgedacht. Und heute Nacht habe ich gedacht, wir könnten vielleicht eine Lösung finden. Ich hab' das mal aufgeschrieben, in englisch. Und dann gibt er mir das rüber, ich les' es durch, ich denke, das kann doch nicht wahr sein; es war das, was ich ihm wochenlang als meinen Vorschlag genannt hatte. Am 4. August glaubt man, den Vertrag unter Dach und Fach zu haben. Im Hotel Rossija geben die Deutschen erleichtert ein Abschlußbankett. Aber Gromyko, obwohl selbst an der Formulierung beteiligt, weigert sich noch immer, den ›Brief zur deutschen Einheit‹ entgegenzunehmen. Es soll eine einseitige deutsche Absichtserklärung bleiben, daß der Moskauer Vertrag nicht im Widerspruch zum Ziel der deutschen Einheit stehe.«
Trotzdem ist die Stimmung im Rossija gelöst. Da wird, unmittelbar vor der Paraphierung des Vertrages, das Drama ein weiteres Mal verlängert. Die drei Westmächte fordern, die alliierten Rechte in Deutschland und in Berlin müßten im Vertrag ausdrücklich bestätigt werden. Deutsche und Russen wollen diese aber nur in einer begleitenden Note erwähnen.
Es ist gegen Mitternacht am 6. August. In der deutschen Botschaft meldet sich der britische Geschäftsträger in Moskau, Robert Edmonds. Er müsse sofort den deutschen Außenminister sprechen.
Scheel und seine engsten Mitarbeiter gehen mit Edmonds in den angeblich abhörsicheren Bunkerraum der Botschaft, um dessen Anliegen zu erfahren.
Hier verlangt der Brite nichts Geringeres, als die Paraphierung des Vertrages aufzuschieben. Seine Regierung in London dringe auf eine schriftliche Bestätigung der alliierten Rechte in Deutschland. Die Deutschen sind konsterniert.
Staatssekretär Paul Frank: »Nachdem wir den ersten Schrecken überwunden hatten,

sagte ich: ›Sagen Sie mal, haben Sie eine Weisung, hier das vorzutragen von Ihrer Regierung?‹ Und dann hat sich herausgestellt, daß der das auf seine eigene Kappe unternommen hat, wie weiland Hauptmann von Köpenick, und da hab' ich gesagt: ›Das hat gar keinen Zweck, daß wir weiterreden.‹ Es war…«

Walter Scheel: »…schweißtreibend, die Situation. In dreißig Sekunden müssen sie sich entscheiden. Manchmal ist das so, aber ich war überzeugt von der Richtigkeit des Weges und auch von der Korrektheit und der völkerrechtlichen Verbindlichkeit dessen, was wir getan hatten, daß ich mich durch den Einspruch eines Geschäftsträgers doch nicht daran hindern lassen wollte, das Richtige zu tun.«

Am 11. August trifft Willy Brandt in Moskau ein. Scheel hat ihn überredet, seinen Urlaub in Norwegen zu unterbrechen, um die feierliche Unterzeichnung des Vertrages selbst vorzunehmen. Aber in Bonn hat eine Bombendrohung den Abflug der Sondermaschine verzögert.

Alles scheint bereit, aber noch immer hakt etwas: der »Brief zur deutschen Einheit«, den die Deutschen loswerden, die Russen aber nicht entgegennehmen wollen. Die Zeit drängt.

Da wird am 12. August, wenige Stunden vor der Vertragsunterzeichnung, der deutsche Legationsrat Immo Stabreit losgeschickt, um den Brief im sowjetischen Außenministerium abzugeben.

Stabreit hat den Auftrag, das Schreiben einem möglichst hochrangigen Beamten per Quittung auszuhändigen. Er trifft auf einen Sekretär, Spötter sagen später den Pförtner. Das Ministerium bestätigt, wie verabredet, den Empfang, nicht aber den Inhalt des Briefes.

Rainer Barzel: »Unser Drängen auf den ›Brief zur deutschen Einheit‹ traf auf eine Stimmung der in der Bundesregierung zuständigen Beamten, die gesagt haben, also das muß verfassungskonform sein und die deutsche Einheit darf zumindest nicht ausgeschlossen werden. Also, ich glaube schon, daß alle recht haben, die heute schreiben, dieser Brief ist von der damaligen Opposition von der Bundesregierung abgetrotzt worden.«

Egon Bahr: »Das ist nicht richtig. Ich hab' den ›Brief zur deutschen Einheit‹ erfunden. Ich habe ihn mit meinem engsten Mitarbeiter, Herrn Sanne, auch formuliert, und er steht auch heute noch sehr gut da. Es mußte klar sein, daß der Anspruch auf friedliche Einheit der Deutschen oder Selbstbestimmung nicht im Widerspruch mit dem Vertrag ist.«

Am 12. August 1970 wird im prächtigen Katharinensaal des ehemaligen Zarenpalastes der Pakt mit dem Kreml unterzeichnet. Unter den wohlwollenden Augen Breschnews unterschreiben Bundeskanzler Brandt und Ministerpräsident Kossygin.

Willy Brandt: »Man hatte schon das Gefühl, ich hatte es jedenfalls, dies ist ein Beitrag dazu, einen Schlußstrich zu setzen hinter dieses schlimme Kapitel, das mit der Hitlerei und dem Krieg gegen die Sowjetunion zusammenhing. Und – und es eröffnete vielleicht die Hoffnung, daß wir uns herausarbeiten aus dieser, aus dieser zugespitzten Konfrontation, in der die Bundesrepublik hatte leben müssen in den Jahren nach 1949.«

Noch sind – Entspannung hin, Entspannung her – die kleinen Machtdemonstrationen am Rande nicht beendet. Brandt will am Vorabend des Jahrestages des Mauerbaues eine Fernsehansprache nach Deutschland halten. Die Russen erklären, es gebe technische Probleme bei der Live-Übertragung.

Willy Brandt: »Ich weiß ja selbst nicht, ob's geholfen hat. Aber ich habe jedenfalls deutlich genug gesagt an einer Stelle, von der ich vermuten mußte, andere würden mithören: ›Wenn dies nicht geregelt wird, sorge ich dafür, daß morgen ein Flugzeug da ist, das die Bandaufnahme nach Hause bringt.‹ Jedenfalls klappte es dann.«

Fernsehansprache von Bundeskanzler Willy Brandt im Jahr 1970:

»Liebe Mitbürgerinnen und Mitbürger, die Unterzeichnung des Vertrages zwischen der

Sowjetunion und der Bundesrepublik Deutschland ist ein wichtiger Augenblick in unserer Nachkriegsgeschichte. Morgen sind es neun Jahre her, daß die Mauer gebaut wurde. Heute haben wir, so hoffe ich zuversichtlich, einen Anfang gesetzt, damit der Zerklüftung entgegengewirkt wird. Damit Menschen nicht mehr am Stacheldraht sterben müssen, bis die Teilung unseres Volkes eines Tages hoffentlich überwunden werden kann.
Mit diesem Vertrag geht nichts verloren, was nicht längst verspielt worden war.«
Dazu Guido Knopp vom ZDF: »Mit dem historischen Ereignis hier im Katharinensaal des Kremls ist nach Bonner Auffassung vor allem eines nicht verspielt: die deutsche Einheit. Aber der berühmte Brief, den keiner haben wollte, wird von Gromyko erst knapp zwei Jahre später offiziell im Obersten Sowjet bekanntgemacht und damit praktisch ein Bestandteil des Vertrages. Zu diesem Zeitpunkt ist im Deutschen Bundestag der Moskauer Vertrag noch nicht ratifiziert. Das gilt auch für den Warschauer Vertrag, der Polens Oder-Neiße-Grenze praktisch anerkannte. Beides hatte Bonn von einem neu zu schließenden Berlin-Abkommen der vier Siegermächte abhängig gemacht, das mittlerweile unterzeichnet ist. Aber starke Kräfte in der CDU und CSU sind gegen den Vertragstext beider Ostverträge. Aus dem Kampf um das Vertragswerk wird der Kampf um die Regierungsmacht in Bonn.
Im Frühjahr 1972 ist die ohnehin schwache Mehrheit der Brandt/Scheel-Regierung durch Übertritte von SPD- und FDP-Abgeordneten zur CDU auf ein Minimum geschrumpft. Unter den Überläufern sind Erich Mende und Herbert Hupka.«
Herbert Hupka: »Es ist nichts in dem Vertrag drin vom Selbstbestimmungsrecht des deutschen Volkes. Es ist nichts drin vom Offenhalten der deutschen Frage. Es ist nichts drin von den Menschenrechten. Es ist hier festgeschrieben der Status quo von 1970, und dieser Status quo ist ein Status quo des Unrechts, ein Status quo der stalinistischen Politik. Das waren eigentlich die Hauptattacken gegen den Moskauer Vertrag, daß hier nichts zugunsten von Deutschland erreicht worden ist, sondern daß der Kommunismus – so hab' ich's auch geschrieben – obsiegt und Deutschland verloren hat.«
Erich Mende: »Mein Vorwurf ist, daß zwei wesentliche Elemente im Moskauer Vertrag nicht enthalten sind. Erstens: ein Hinweis auf das Selbstbestimmungsrecht des deutschen Volkes, und zweitens: ein Hinweis auf den Friedensvertrag, auf den wir damals noch warteten und heute noch warten. Ich konnte jetzt doch nicht das Gegenteil dessen tun, was ich zwanzig Jahre landauf, landab, beim Schlesiertreffen, bei den Brandenburgern, Pommern, wo auch immer, auf den Parteitagen, in Sitzungen des Bundestages gesagt habe. Ich wäre mir selbst untreu geworden.«
Im April hat die sozialliberale Koalition noch eine einzige Stimme mehr als die Opposition. Doch mit dem Übertritt des FDP-Abgeordneten Wilhelm Helms bricht auch dieser letzte Stein aus dem Regierungsbündnis. Für Oppositionschef Barzel scheint der Weg frei für ein Mißtrauensvotum, das heißt den Sturz des Bundeskanzlers.
Rainer Barzel: »Es ging nun um die Abstimmung über die Verträge, und es gab einen sensationellen Wahlsieg in Baden-Württemberg, wo wir 9,8 Prozent zugelegt hatten, und ich hatte mich dort mit achtzig Reden engagiert, so daß wir jetzt den Antrag stellten, in der Absicht, die Verträge in die Hand zu bekommen; nicht um sie wegzulegen, sondern – so nicht hatte ich gesagt – um sie besser zu machen, und dann neu zu wählen. Das war die Überlegung.«
Selbst krankgemeldete Volksvertreter werden am entscheidenden 27. April zur Abstimmung transportiert. Die Sache scheint gegen Brandt gelaufen. Die SPD stimmt bis auf eine Ausnahme nicht mit ab, um die eigenen Reihen besser kontrollieren zu können. Aber von der FDP haben zwei weitere Abgeordnete offen erklärt, für Barzel stimmen zu wollen. Doch dann die Sensation:

Von Hassel: »Ich stelle fest, daß der von der Fraktion der CDU/CSU vorgeschlagene Abgeordnete Dr. Barzel die Stimmen der Mehrheit der Mitglieder des Deutschen Bundestages nicht erreicht hat. Der Antrag der Fraktion der CDU...«

Seit diesem Tag wird gerätselt, welche zwei Stimmen Barzel fehlten. Der CDU-Hinterbänkler Julius Steiner behauptet später, er habe von Wienand 50 000 Mark für sein Nein gegen Barzel erhalten. Wienands Chef Herbert Wehner hatte die Nervosität bei der Abstimmung aus dem Saal getrieben.

Herbert Wehner: »Ich war auf der Toilette. Ich hab' dann, wie ich wieder zurückkam, gesehen den Jubel und ich war nicht zu den ersten gehörig, die dann begrüßt wurden. Ich kenne zwei Leute, die das wirklich bewerkstelligt haben. Der eine bin ich, der andere ist nicht mehr im Parlament.«

Herbert Hupka: »Und der andere, der Bescheid weiß, den müssen Sie befragen, das ist Herr Wienand, der Fraktionsgeschäftsführer. Die beiden wissen bestimmt Bescheid.«

Wienand, Geschäftsführer der SPD: »Es ist nur gegen mich nie Anklage erhoben worden, aber es ist weithin in Vergessenheit geraten, daß Herr Steiner wegen falscher Aussage und Anschuldigung verurteilt worden ist, während ich Zeuge war.«

Rainer Barzel: »Ich weiß es nicht, und ich werde es wohl auch nie wissen. Und habe dem auch nie nachgeforscht. Also auch der ganze Komplex Steiner hat mich nie interessiert, weil ich glaube, zwei solche Stimmen in einer solchen Lage kommen nicht aus den untersten Etagen.«

Wienand: »Aber das waren ehrenwerte Männer und Frauen, die nicht auf ein Mandat bei uns und die auch nicht auf geldliche Zuweisungen bei uns damit abgehoben hatten, sondern die ein Interesse daran hatten, der Politik Kontinuität zu geben.«

Erich Mende: »Ich hoffe, daß einer auf dem Sterbebett noch erkennen läßt, wie damals gehandelt wurde. Ich halte das für einen schwarzen Tag in der Geschichte des deutschen Parlamentarismus.«

Herbert Wehner: »Dies war schmutzig und das mußte man wissen. Der Fraktionsvorsitzende muß wissen, was geschieht und was versucht wird, um einer Regierung den Boden unter den Füßen zu entziehen, die Regierung muß das gar nicht alles wissen.« Trotzdem ist im April 1972 die Regierungskoalition faktisch lahmgelegt. Mitte Mai sollen die Ostverträge in dritter Lesung verabschiedet werden. In den Kanzlerbungalow lädt Willy Brandt am 28. April die Opposition zu einer vertraulichen Krisensitzung.

Rainer Barzel: »Er fragte, ob wir zu ihm kommen wollen zum Essen. Ja, nur bitte nicht wieder die üblichen Butterbrote, und er hat dann ein gutes Essen auch serviert, und Strauß und ich gingen da hin. Wir haben dann gesagt, wir kommen mit den Verträgen weiter. Machen wir eine Resolution. Die hat dann eine Gruppe ausgearbeitet unter maßgeblicher Beteiligung von Strauß. Die Opposition schwankt. Der bereits angeschlagene Barzel, Kiesinger, von Weizsäcker und andere führende CDU-Abgeordnete wollen zustimmen. Die Verträge sollen das Parlament mit einer gemeinsamen Entschließung passieren, die die Opposition das Gesicht wahren läßt. So der mit der Regierung ausgehandelte Plan.«

Willy Brandt: »Ich hatte den Eindruck, daß dies wohl doch zu einer bedingten Zustimmung der Opposition führen könnte. Und, hab' mich dann etwas gewundert. Und das mag damit zusammenhängen, wie Sie eben andeuteten, daß die Stellung des Oppositionsführers schon mehr angeschlagen, stärker angeschlagen war, als ich vermutet hatte.«

Rainer Barzel: »Strauß ging vor die Fraktion und sagte, das Ergebnis ist optimal. Und ich habe gesagt, da können wir doch zustimmen. Dann fuhren die übers Wochenende nach Hause, dann kamen sie mit dem Nein wieder – und leider hat Franz Josef Strauß mich dann im Stich gelassen. Ich hätte gerne zu unseren Bedingungen das ›Ja‹ zum Moskauer Vertrag gesagt. Nachdem das nicht ging, blieb nur übrig, ihn nicht scheitern zu lassen. Ich hab' dafür die persönliche Zeche bezahlt. Bis heute.

Kurt Georg Kiesinger: »Die CDU/CSU-Fraktion hat beschlossen, sich in ihrer großen Mehrheit bei der Abstimmung über die Zustimmungsgesetze zum deutsch-sowjetischen und zum deutsch-polnischen Vertrag der Stimme zu enthalten.«

Die Enthaltung der CDU, die es allerdings einzelnen Abgeordneten freistellt, gegen die Verträge zu stimmen, tut niemandem weh. Und so kommt das Moskauer Abkommen doch noch auf den Weg.

Von Hassel: »Es sind abgegeben worden: uneingeschränkt stimmberechtigte Stimmen 496, davon mit ›Ja‹ 248, mit ›Nein‹ 10, Enthaltungen 238. Damit ist dieser Vertrag, das Ratifizierungsgesetz, angenommen.«

Im Lichte der jüngsten Entwicklung in Deutschland und Osteuropa erscheinen die Ostverträge schon wie Dokumente aus der Steinzeit der Entspannung. Es bleibt die Frage, ob sie den Status quo zementiert oder zu seiner Überwindung beigetragen haben.[44]

Verrat in einer Demokratie – auch dies gab es

Wir schreiben das Jahr 1972 und haben eine sozialdemokratische Regierung unter Kanzler Willy Brandt.

Die Opposition der CDU/CSU stellt einen Mißtrauensantrag gegen diese Regierung. In der dramatischen Abstimmung Barzel gegen Brandt verkaufte ein CDU-Abgeordneter, nämlich Julius Steiner, seine Stimme für 50 000 Mark. Jetzt enthüllt: Steiner soll das Geld von der Stasi bekommen haben.

Gibt es ein Mitleid mit dem billigen Verräter, der die damalige Abstimmung zugunsten der Sozialdemokraten entschied? Es schleicht sich vielleicht ein, wenn man die Stimme seiner Frau Maria am Telefon hört: »Mein Mann hat einen Herzschrittmacher bekommen. Wir wollen Ruhe haben.«

Aber es ist nun mal das Schicksal von Verrätern, nirgends haben sie Ruhe. Nicht einmal in der Dorfwirtschaft kann er sich blicken lassen. Welches Herz hält dies aus?[45]

Haltet euch den Osten frei

Kein anderer als der Kanzler Otto von Bismarck hat diese Worte gesprochen, und dies nicht ohne Grund. Die historischen Erfahrungen erfordern daher gute Nachbarschaft. Im Schwarzwald, etwas abgelegen, in der Nähe der kleinen Stadt Neustadt, steht das »Russenkreuz«. Die Tafel besagt, daß in dieser Gegend deutsche und russische Soldaten gemeinsam gegen Napoleon gekämpft haben. Ein Zeugnis gemeinsamer Geschichte, einer Zusammenarbeit, die für Rußland und Deutschland von Nutzen war. Auch im wissenschaftlichen und kulturellen Bereich hat jahrhundertelange Zusammenarbeit Früchte getragen. Wichtige historische Erfahrungen, auf die sich die UdSSR und die Bundesrepublik bei der Entwicklung der gegenseitigen Beziehungen stützen können, faßt Professor Dr. phil. Abdulchan Achtamsjan zusammen.

In den letzten Jahren versuchen immer mehr bundesdeutsche Publizisten, die Geschichte der Beziehungen zwischen unseren beiden Ländern unvoreingenommen zu betrachten. Sie überwinden die Stereotypen der irrationalen Angst vor »den Russen« und die Mär von der kulturellen Überlegenheit der Deutschen.

Viele Jahrhunderte lang lebten das russische und das deutsche Volk friedlich nebeneinander. Sie tauschten die Früchte ihrer Arbeit, ihrer Ideen und Kultur aus. Wer von wem mehr erhalten hat, läßt sich nicht feststellen. Im Mittelalter und auch noch später waren die Beziehungen zwischen den europäischen Staaten von feudalen Fehden, Verbindungen zwischen den Dynastien und von religiösen Vorurteilen geprägt! Dem entsprachen auch die Beziehungen zwischen dem russischen Staat, der verhältnismäßig früh streng zentralisiert war, und den vielen kleinen deutschen Staaten, die lange Zeit ihre Selbständigkeit beibehielten. Die Zersplitterung Deutschlands hatte eine jahrhundertelange Tradition. Sie als ein Ergebnis von Ränken Rußlands und Frankreichs hinzustellen, ist zumindest naiv.

Die ersten Kontakte der Deutschen mit Rußland reichen viele Jahrhunderte zurück. Eine neue Epoche in den Beziehungen begann jedoch im 18. Jahrhundert, als in Europa die deutschen Staaten Österreich und Preußen hoch angesehen waren und im Osten das russische Reich als Kind Peters I. erstand. Neue Verbindungen zwischen dem russischen Herrscherhaus und deutschen Familien spielten dabei eine Rolle. Vor allem gab es aber eine Übereinstimmung von Lebensinteressen der europäischen Länder, darunter auch Rußlands und Deutschlands. Die deutschen Staaten mußten sich im Westen gegenüber Frankreich, einem starken zentralisierten Staat, und im Norden Schweden gegenüber behaupten. Für Rußland war der Vorstoß nach Europa gegen den Widerstand der Türkei im Süden und Schwedens im Nordwesten wichtig. Bündnisse und Koalitionen, nahezu ständige Kriege und Friedensverträge im ersten Viertel des 18. Jahrhunderts hatten die politische Karte Osteuropas wesentlich verändert. Eine Annäherung Rußlands an deutsche Staaten, insbesondere an Brandenburg, war die Folge davon.

Von den guten Beziehungen zwischen Rußland und den deutschen Staaten zeugt die Tatsache, daß Friedrich Wilhelm I. dem Zaren Peter I. das Bernsteinzimmer schenkte. Ein weitaus wichtigeres Indiz für die ausgezeichneten Verbindungen ist aber die Entwicklung eines regen Handels und intensive kulturelle und wissenschaftliche Kontakte. Anfang des 18. Jahrhunderts lebten in Rußland, hauptsächlich in der Moskauer Vorstadt Lefortowo, etwa 18 000 Deutsche. Unter Peter I. wurden viele deutsche Kulturschaffende nach Rußland eingeladen. Der Zar stand in intensivem Briefwechsel mit deutschen Wissenschaftlern, zum Beispiel mit Gottfried Wilhelm Leibnitz, der nützliche Ratschläge bei der Gründung der Petersburger Akademie gab.

Gegen Mitte des 18. Jahrhunderts war der deutsche Einfluß so gewachsen, daß er den Unmut der Bevölkerung, aber auch in herrschenden Kreisen hervorrief. Nachdem Elisabeth, die Tochter Peters I., den Thron bestiegen hatte, wurden den eigenen nationalen Kräften mehr Möglichkeiten gewährt, selbst die Entwicklung der Wissenschaft und Bildung zu bestimmen. Diese Periode ist in der Geschichte der russischen Kultur von besonderer Bedeutung: Nach den Reformen von Peter I. bildeten sich zum ersten Mal Bedingungen für die Entwicklung von Wissenschaft und Bildung in Rußland auf nationaler Grundlage heraus. Selbstverständlich wurden die bestehenden Verbindungen, auch zur deutschen Kultur, weiterhin genutzt.

Michail Lomonossow (1711 bis 1765) studierte von 1736 bis 1739 an der Universität in Marburg. 1755 gründete der russische Gelehrte in Moskau die erste Universität Rußlands. Die Einstellung Lomonossows zur deutschen Wissenschaft jener Zeit gibt ein Beispiel für das Zusammenwirken der Kulturen, wenn die Negierung von konservativen Grundsätzen Neuerer, ganz gleich in welchem Land, stimuliert, die Wissenschaft im Interesse der Menschheit zu entwickeln. Die Achtung der gesamtmenschlichen Werte beginnt offenbar mit der Einsicht, daß es kein nationales Einmaleins oder kein nationales Periodensystem der Elemente geben kann.

Im Siebenjährigen Krieg, der als »innerdeutscher Krieg« mit dem Überfall Preußens auf Sachsen begonnen hatte, dann aber die Gegenreaktion einer Allianz aus Österreich, Frankreich und Rußland auslöste, nahmen russische Truppen die deutschen Gebiete Ostpreußen und Pommern ein. Im Oktober 1760 eroberten russische und österreichische Truppen Berlin. Der Tod der russischen Zarin Elisabeth am 5. Januar 1762 bedeutete für Friedrich II. die Rettung. Ihr Nachfolger, der in Kiel geborene Zar Peter III., schloß im Mai 1762 Frieden mit Preußen. Das »Wunder« von 1762 wurde ein Symbol dafür, wie nützlich die russische Dynastie dem Hause Brandenburg sein konnte, und andererseits eine ernsthafte Mahnung vor Feindschaft mit Rußland. Friedrich II. hat sogar in seinem letzten Willen verfügt, daß Freundschaft zu Rußland gepflegt werden sollte. Nach dem Siebenjährigen Krieg herrschte viele Jahre lang Frieden zwischen Rußland und Preußen. Ausschlaggebend dafür war aber nicht die Weitsicht des preußischen Monarchen, nicht seine Wünsche oder Sympathie und nicht einmal die Stärke der dynastischen Verbindungen, sondern die objektive Übereinstimmung der Lebensinteressen beider Länder. In der langen Friedensperiode wurden die wirtschaftlichen Beziehungen zwischen beiden Ländern, die wissenschaftliche und kulturelle Zusammenarbeit entwickelt.

Unter Zarin Katharina II. (1762 bis 1796), die als Prinzessin deutscher Herkunft nach Rußland gekommen war, nahm die Zahl der deutschen Einwanderer in Rußland beträchtlich zu. In russischen Großstädten lebte bereits Mitte des 18. Jahrhunderts eine große Anzahl Deutscher. In Petersburg etwa 40 000, in Moskau ungefähr 20 000 und in Odessa rund 10 000. Im Dezember 1762, kurz nach der Ermordung ihres Gemahls Peter III., verabschiedete Katharina II. einen Erlaß, der die deutschen Einwanderer vom Militärdienst befreite. Bauern aus deutschen Ländern, hauptsächlich aus süddeutschen Fürstentümern, aus Hessen und dem Elsaß, zogen nach Rußland. Deutsche Bauern machten sich auf den zu jenen Zeiten schwierigen Weg, weil es ihnen nicht allzu gut ging.

In einigen Fällen trieben die Pflichtzeit in der Armee, in anderen Fällen religiöse oder, zum Beispiel im Elsaß, nationale Beschränkungen und Unterdrückung Menschen in die Fremde. Bereits 1767, fünf Jahre nach Verabschiedung des Erlasses, hatten sich ungefähr 30 000 Ackerbauern im Wolgagebiet in der Nähe von Saratow angesiedelt. 1774 folgte eine neue Welle von Einwanderern, und 1789 kamen Mennoniten aus Westpreußen.

Die Beziehungen zwischen Rußland und Preußen waren von eigennützigen Interessen der Dynastien bestimmt. Vor allem im wirtschaftlichen und kulturellen Bereich gab es jedoch als objektives Ergebnis eine umfassende Zusammenarbeit.

Die Französische Revolution 1789 hatte großen Einfluß auf die Geister und Stimmungen in vielen Ländern, vor allem in Deutschland und auch in Rußland. Von unserem Standpunkt aus hätte die Französische Revolution zu progressiven Veränderungen in den Ländern Europas führen können, wenn ihre ursprünglichen Ziele und Ideale nicht durch die Eroberungspolitik und den Krieg Napoleon Bonapartes entstellt worden wären, der sich Anfang des 19. Jahrhunderts zum Imperator kürte und Europa erobern wollte. Zu dieser Zeit deckten sich die Lebensinteressen Rußlands und Deutschlands. Sie befanden sich in der Lage von Ländern, die ihre nationale Existenz verteidigten.

Nach dem erniedrigenden Frieden von Tilsit, den Napoleon Preußen im Jahre 1807 aufgezwungen hatte, und nach der Invasion einer 600 000 Mann starken Armee Napoleons in Rußland im Jahre 1812 waren Russen und Deutsche natürliche Verbündete gewesen. Napoleons Armee wurde jedoch von preußischen Truppen an der nördlichen Flanke und österreichischen Truppen an der südlichen Flanke unterstützt. Insgesamt waren in den Feldzug gegen Rußland bis zu 200 000 Deutsche einbezogen. Aber das deutsche Volk, und vor allem die Militärs, sahen ein, daß es unmöglich ist, Rußland, das Land der großen Dimensionen, zu erobern. Zu dieser Meinung kamen auch der preußische General Karl von Clausewitz, der im Dienste des russischen Hofes stand, Freiherr vom Stein und Graf Yorck von Wartenburg, den der König von Preußen zur Unterstützung der napoleonischen Armee entsandt hatte. General Karl von Clausewitz ging auf die Seite Rußlands über und stellte gegen den Willen des preußischen Königs eine »Deutsche Legion« auf, die gemeinsam mit den russischen Truppen kämpfte. Viele deutsche Militärs und Schriftsteller unterstützten den Kampf gegen die Tyrannei Napoleons. Am 30. Dezember 1812 wurde in der Mühle von Poscherun in der Ortschaft Taurage (zu deutsch Tauroggen) in Litauen zwischen dem preußischen General Yorck von Wartenburg und dem russischen General Diebitsch die »Konvention über die Neutralität« unterzeichnet. Diebitsch war ein Zögling der Berliner Kadettenschule und ein Kampfgefährte von Clausewitz.

Das preußische Korps stellte die Kampfhandlungen gegen russische Truppen ein und fiel von der französischen Armee ab. Das russische Kommando, das begonnen hatte, die Reste der napoleonischen Armee zu vertreiben, die die Grenze des russischen Staates überschritten hatte, betrachtete Preußen nicht mehr als feindlichen Staat. Russen betraten deutschen Boden, um zusammen mit den deutschen Patrioten die Günstlinge Napoleons aus Europa zu vertreiben. Im Februar 1813 wurde in Kalisch der russisch-preußische Vertrag geschlossen, der die bereits zuvor dank der patriotisch gesinnten Militärs entstandenen alliierten Beziehungen verankerte.

Tauroggen wurde für viele Deutsche zum Symbol des gemeinsamen Kampfes von russischen und deutschen Soldaten. Im Frühjahr 1813 befreiten russische Truppen Hamburg, und im Oktober 1813 fand die Völkerschlacht bei Leipzig gegen die Armee Napoleons statt. Das »Russenkreuz« im Schwarzwald wurde zu Ehren des gemeinsamen Kampfes von Russen und Deutschen für ihre nationale Befreiung errichtet. Im Frühjahr 1814 sind sie gemeinsam bis Paris vorgerückt. Nach dem Befreiungskrieg gegen Napoleon führten Russen und Deutsche ein ganzes Jahrhundert lang nicht gegeneinander Krieg.

Die Beziehungen Rußlands zu deutschen Staaten gestaltete sich weitgehend im Geiste von Tauroggen. Freundschaftliche Zusammenarbeit gab es nicht nur zwischen den herrschenden Dynastien, sondern auch in den Bereichen Wissenschaft und Kultur. Die Geschichte zeugt von reichen Kontakten zwischen Russen und Deutschen bis zum Ende des französisch-preußischen Krieges 1870/71. Nach Gründung des Deutschen Reiches war die Politik Bismarcks, der seine diplomatische Karriere in Petersburg begonnen hatte, auf die Aufrechterhaltung einer kontinuierlichen Beziehung zu Petersburg (»Draht nach Petersburg«) gerichtet, um einen Zweifrontenkrieg zu vermeiden. Sowohl die Rolle eines ehrlichen Maklers in Angelegenheiten mit dem Osten als auch die wohlwollende Neutralität und Bismarcks Kombination der Rückversicherung gründen auf der Einsicht, daß ein militärischer Konflikt mit Rußland vermieden und die friedlichen gutnachbarlichen Beziehungen aufrechterhalten werden müssen.

Nachstehend einige Fakten, die von der gegenseitigen kulturellen Beeinflussung zeugen. Noch 1813 wurde das erste Schiller-Denkmal innerhalb der Grenzen des russischen Staates, in Estland, aufgestellt. 1821 wurde in Jena auf Initiative von Maria Pawlowna, der Schwester des russischen Zaren und Gattin eines Weimarer Herzogs, eine Goethe-Gedenkstätte eröffnet. Als erster machte der russische Dichter Wassili Schukowski mit hervorragenden Übersetzungen die russische Intelligenz mit Werken von Goethe und Schiller vertraut. Viele russische Schriftsteller kannten und schätzten die Arbeiten deutscher Kollegen. Mitte des Jahrhunderts revanchierten sich russische Schriftsteller in den Augen der deutschen Intelligenz. Die Werke von Turgenew, Lew Tolstoi, Dostojewski, Saltykow-Stschedrin und anderen spiegelten, jedes auf seine Art, das Zusammenwirken der russischen und der deutschen Kultur wider.

Die Arbeiten russischer Schriftsteller gehören zum europäischen Kulturgut, denn sie behandeln nicht nur die »russische Seele«, sondern auch allgemein menschliche geistige Werte.

Im 19. Jahrhundert wurden die Kontakte russischer und französischer, deutscher und englischer Vertreter der Kunst, Kultur und Wissenschaft intensiviert. Besonders eng arbeiten russische und deutsche Musiker und

Komponisten zusammen. Michail Glinka pflegte Kontakte mit deutschen Musikern, unter anderem mit Siegfried Dehn, der das Interesse für die Musik von Johann Sebastian Bach neu belebte. Viele russische Schriftsteller und Komponisten bereisten Deutschland nicht nur, sondern lebten auch lange Zeit dort. Michail Glinka starb zum Beispiel in Berlin und wurde in Tegel beigesetzt. Zahlreiche Quellen bezeugen, daß die Musik von Borodin, Rimski-Korsakow, Mussorgski, Rachmaninow und Skrjabin noch zu ihren Lebzeiten in Deutschland nicht nur Musikern und Komponisten, sondern auch einem breiten Publikum bekannt war.

Das gemeinsame Kulturgut unserer Völker bewahrten besonders Vertreter der Intelligenz, die den humanistischen Traditionen treu waren. Boris Pasternak studierte vor dem Ersten Weltkrieg Philosophie an der Marburger Universität. Sein Leben lang beschäftigte er sich gründlich mit der deutschen Literatur und Kultur. Von ihm stammt eine gut durchdachte poetische und philosophische Übersetzung von Goethes »Faust« ins Russische. Die Erzählung »Geleitbrief«, die Erinnerungen an den Aufenthalt in Deutschland enthält, hat Pasternak dem Andenken von Rainer Maria Rilke gewidmet.

Ein ganz anderes Kapitel in der Geschichte der Beziehungen zwischen Rußland und Deutschland sind Beziehungen zwischen der Arbeiterbewegung und den sozialdemokratischen Parteien. Diese Beziehungen waren für die Verbreitung der Lehre von Marx in Rußland ausschlaggebend.

Das 20. Jahrhundert brachte beiden Ländern schwere Prüfungen. Innerhalb von drei Jahrzehnten waren Rußland und Deutschland Feinde in zwei Weltkriegen. Beide Länder erlebten fast gleichzeitig, jedes auf seine Art, die Revolutionen und die konterrevolutionären Jahre. Diese Ereignisse machten deutlich, daß die beiden europäischen Nationen einander durch Krieg nur vernichten können. Erinnerungen von Antifaschisten belegen, daß Menschen auf beiden Seiten der Grenze in schwierigen Perioden der friedlichen Zeit der gutnachbarlichen Beziehungen gedachten. Aufschlußreich ist, daß bis heute vielen Deutschen der älteren Generation Tauroggen und Rapallo Begriffe sind.

»Ich erinnere mich an ein Denkmal im Schwarzwald, das an der Stelle steht, wo Matthias Erzberger, ein führender Politiker der Zentrums-Partei, von Nationalsozialisten ermordet wurde. Wir in der Sowjetunion achten das Andenken des ehemaligen Reichskanzlers Joseph Wirth. Gerade auf Initiative der von ihm geführten Regierung wurde im April 1922 in Rapallo bei Genua ein gleichberechtigter Vertrag unterzeichnet, der beispielhaft für die Regelung der Beziehungen zwischen zwei Ländern in den schwierigen Jahren nach dem Ersten Weltkrieg war«, sagt Professor Achtamsjan.

Der Weg von Tauroggen nach Rapallo war recht kurvenreich. Der Rapallovertrag führte aber zu friedlichen, gegenseitig vorteilhaften Beziehungen. Der deutsche Botschafter in Moskau, Graf Ulrich von Brockdorff-Rantzau, betonte gegenüber seinem Zwillingsbruder Ernst vor seinem Tod im Jahre 1928, daß Rußland und Deutschland niemals Feinde werden dürften. Sein Nachfolger als Moskauer Botschafter, Herbert von Dirkens, ging auch von der Notwendigkeit friedlicher gutnachbarlicher Beziehungen zwischen den beiden Ländern aus. Er schrieb, daß die Geschichte ins Gedächtnis des »Durchschnittsdeutschen« folgende Erkenntnis eingeprägt hat: Wann immer die Deutschen gute Beziehungen zu Rußland haben, geht es ihnen gut. Doch die Geschichte sollte anders verlaufen. Jene, die die Lehren von Tauroggen und Rapallo verstanden hatten, wurden der Macht und des Dienstes enthoben. Der Machtantritt der NSDAP hatte verhängnisvolle Folgen für die Beziehungen zwischen unseren Völkern. Gegenwärtig ist es sehr wichtig, sich der politischen Erfahrungen mit der Zusammenarbeit zwischen unseren Ländern zu erinnern. Die Traditionen der kulturellen Zusammenarbeit bestätigen, daß die gesamtmenschlichen Werte nicht von der Kultur zu trennen

sind. Die gemeinsamen Interessen verschiedener Völker bilden die gesamtmenschlichen Werte. Sie zu schätzen bedeutet, die Zukunft neuer Generationen zu sichern.
Unsere deutschen Politiker und Diplomaten sollten im Interesse unseres Volkes danach handeln.[46]

Die Entwicklung des Rüstungswettlaufs nach dem Zweiten Weltkrieg und die Perspektiven der Militärpolitik

Infolge des neuen Denkens in der sowjetischen Außenpolitik sind seit Mitte der achtziger Jahre die internationalen Spannungen zurückgegangen, die Kooperation zwischen östlichen und westlichen Ländern hat zugenommen und ein Abrüstungsprozeß konnte eingeleitet werden. Der Verzicht auf die traditionellen Strategien findet bei der überwiegenden Mehrheit der Sowjetbürger Zustimmung, hat aber auch Gegner. Der Politologe und Historiker Konstantin Sorokin untersucht die Entwicklung des Rüstungswettlaufs nach dem Zweiten Weltkrieg und zeigt Perspektiven und mögliche Probleme der künftigen militärpolitischen Entwicklung auf, die gekürzt wiedergegeben werden. In den Nachkriegsjahrzehnten lebte die Welt – mit kurzen Unterbrechungen – in Erwartung eines neuen Krieges. Dieses Mal hätte er jedoch zwischen den einstigen Verbündeten in der Anti-Hitler-Koalition ausbrechen können. Die Gründe für die jähe Wende von Zusammenarbeit zur langandauernden Konfrontation sind nicht bis ins letzte zu klären. Im Westen sind bis heute viele davon überzeugt, daß Stalin einen neuen Feldzug vorbereitete. Bei uns war die Meinung vorherrschend, daß die westlichen Länder das »erste Land des Sozialismus« mit Atombomben angreifen wollten. Fest steht, daß die Sache erheblich komplizierter war.
In Europa entstand nach der Zerschlagung des Hitlerregimes eine einzigartige Situation. Zwei mächtige, bis an die Zähne bewaffnete, kampfbereite und nach den damaligen Vorstellungen klassenmäßig feindliche Seiten standen sich unversöhnlich gegenüber. Daß weder im Westen noch im Osten Kriegsbegeisterung oder Panik herrschte, war eine Folge der Zusammenarbeit in der Anti-Hitler-Koalition, als die Alliierten ihre grundlegenden Meinungsverschiedenheiten beiseite ließen, gegenseitige Vorwürfe einstellten und sogar für Zusammenarbeit und gegenseitige Hilfe plädierten. Möglicherweise hätte diese Tendenz erhalten und sogar verstärkt werden können, wenn beide Seiten das tatsächlich angestrebt hätten. Doch der Wille, die Differenzen wirklich allmählich zu überwinden, war weder im Osten noch im Westen bei den maßgeblichen Leuten vorhanden. Im Gegenteil, in Washington hoffte man ebenso wie in der sowjetischen Hauptstadt, von den anhaltenden internationalen Spannungen zu profitieren.
Die Führung der Vereinigten Staaten strebte mit ihrer in den Kriegsjahren stark gewachsenen Wirtschaftsmacht und dem »atomaren Trumpf« eine globale politische Vorherrschaft Amerikas an. In Washington verstand man, daß die Sowjetunion dagegen Widerstand leisten würde und konnte, eine Sowjetunion, die, nach Ansicht der Amerikaner, ihrerseits nach einer Ausweitung ihrer Einflußsphäre strebte und dabei bereits einiges erreicht hatte. Eine Atmosphäre der Konfrontation benötigte man außerdem zur Konsolidierung der »Freien Welt« unter amerikanischer Führung und für die Propagierung der amerikanisch-zentristischen Philosophie von einer allgemeinen »kommunistischen Gefahr« für den Westen.
Auch die Stalinsche Führung brauchte einen äußeren Feind. Unter den wiederhergestellten Bedingungen des »eingekreisten Lagers« war es einfacher, die Säuberungen unter Millionen Militärs und Zivilisten durchzuführen, die das materielle und vor allem kulturelle Lebensniveau im Ausland mit eigenen Augen gesehen und allen Grund hatten, an den Errungenschaften des Stalinschen Sozialismusmodells zu zweifeln. Es war auch leichter, die während des Krieges

etwas gelockerte ideologische Schraube wieder anzuziehen und die Arbeitsdisziplin mit der Knute zu festigen. Damit sollte nicht nur der Wiederaufbau der im Krieg zerstörten Volkswirtschaft in einem Rekordtempo erreicht werden, sondern auch die Verwirklichung eines alten Stalinschen Planes in greifbare Nähe rücken: der Aufbau einer kommunistischen Gesellschaft.

Die angespannte Weltlage bot zugleich einen Vorwand, um auch in Friedenszeiten starke Streitkräfte zu unterhalten, mit denen gegebenenfalls innere Unruhen unterdrückt werden konnten. Durch die krisenhafte Situation in den internationalen Beziehungen wurde ferner die »Stalinisierung« Osteuropas vereinfacht. Den osteuropäischen Ländern wurden beharrlich die sowjetischen Erfahrungen beim Aufbau des Sozialismus aufgedrängt. Die Stalinsche Führung mußte dabei auf die Meinung der westlichen Regierungen und der Öffentlichkeit keine Rücksicht nehmen, während sie den Völkern Osteuropas ihre Politik als Ausdruck der Sorge um das Wohl und die Sicherheit der Völker darstellte. Nicht unberechtigt war das Kalkül, daß die verstärkten Spannungen den »revolutionären Weltprozeß« fördern, die kommunistischen Parteien und demokratischen Bewegungen unter den allgemeinen Losungen des Kampfes für Frieden und sozialen Fortschritt zusammenführen und kontrollierbar machen würden.

Da der Westen und der Osten daran interessiert waren, die Zusammenarbeit einzustellen, eine Atmosphäre der Angst zu schüren und bei den Menschen das Gefühl einer drohenden Gefahr zu erzeugen, mußte offenbar der kalte Krieg beginnen. Die sehr angespannte Situation blieb – mit kurzen Unterbrechungen – bis Mitte der achtziger Jahre bestehen.

Die wiederholte Abnahme der Spannungen in den vier Nachkriegsjahrzehnten hing in der Regel mit wichtigen Veränderungen der militärpolitischen und militärstrategischen Weltlage zusammen. Diese Veränderungen veranlaßten zwar die damaligen führenden Politiker nicht dazu, die Zuverlässigkeit der Politik eines »Balancierens am Rande des Krieges« zu überdenken, zwangen sie jedoch, Atempausen einzulegen, um die Menschen zu beruhigen und einige Regeln zu vereinbaren, die das Spiel etwas ungefährlicher und berechenbarer machten. Die kurzen Perioden der Verbesserung der sowjetisch-amerikanischen Beziehungen in der zweiten Hälfte der fünfziger und zu Anfang der sechziger Jahre – »der Geist von Genf« und »der Geist von Camp David« – waren auch eine Reaktion auf die Entwicklung noch schrecklicherer Waffenarten auf beiden Seiten, darunter der schweren Bomber der USA, der Interkontinentalbomber, der ballistischen Interkontinentalraketen der Sowjetunion und der Wasserstoffbomben auf beiden Seiten.

Die Verbesserung der Beziehungen im Jahre 1963, die zur Errichtung eines »heißen Drahtes« zwischen Moskau und Washington sowie zum Abschluß des Vertrages über eine Einstellung der Atomwaffenversuche in der Atmosphäre, im Weltraum und unter Wasser führte, war der Kubakrise gefolgt. Der Ende der sechziger, Anfang der siebziger Jahre begonnenen ersten Entspannungsperiode lag die Herstellung eines annähernden strategischen Gleichgewichtes zwischen der UdSSR und den USA zugrunde. Damals wurde eine ganze Reihe von Abkommen unterzeichnet, die die – nach der damaligen Auffassung – gefährlichsten und sinnlosesten Gebiete des Wettrüstens betrafen und dazu dienen sollten, ernste Zwischenfälle zu vermeiden. Dazu gehörten, um einige zu nennen, der Vertrag über das Verbot der Stationierung von Kernwaffen und anderen Massenvernichtungswaffen auf dem Meeresboden und im Meeresuntergrund vom 11. Februar 1971, das B-Waffen-Übereinkommen vom 10. April 1972, das SALT-I-Interimsabkommen vom 26. Mai 1972 und das Abkommen zur Verhinderung eines Atomkrieges vom 22. Juni 1973.

Weder in Moskau noch in Washington hatte man moralische Skrupel, einen politisch-psychologischen Krieg zu führen. Einen »heißen Krieg« anzufangen, wünschte sich jedoch keine der beiden Seiten. Zu keinem Zeitpunkt in der Nachkriegsgeschichte konnte sich die sowjetische oder die US-Führung eines Sieges im Falle einer militärischen Konfrontation völlig gewiß sein. Auch in der Zeit ihres Atomwaffenmonopols haben sich die Amerikaner wohl kaum als Herren der Lage empfunden. Westliche Wissenschaftler haben bestätigt, daß die damals äußerst geringen Vorräte an Atombomben und atomaren Mitteln sehr schlecht gewartet und von ungenügend geschulten Kräften bedient wurden. Geheimdokumente, die erst vor kurzem der Öffentlichkeit zugänglich gemacht wurden, zeigen, daß die amerikanischen Militärs befürchteten, daß die sowjetische Luftabwehr einen bedeutenden Teil der US-Bomben und Bomber während eines Anfluges auf die UdSSR abschießen würde. Außerdem wurde in den berüchtigten Planungen eines Krieges gegen die UdSSR damit gerechnet, daß die atomaren Bombardements sowjetischer Industriezentren die Besetzung ganz Westeuropas durch die Rote Armee nicht hätten verhindern können.

Die Wahrscheinlichkeit, daß eine der Seiten vorsätzlich einen atomaren Konflikt entfesseln würde, war immer ziemlich gering. Deshalb war in den letzten Jahren, da die Sowjetunion die Spannungen mit dem neuen Denken abbaut und der Westen dem Beispiel der UdSSR zu folgen beginnt, das »Warten auf den Krieg« bei den meisten Menschen sehr schnell nahezu spurlos verschwunden.

Dennoch wäre es verfrüht zu sagen, die Kriegsgefahr sei zum gegenwärtigen Zeitpunkt völlig gebannt. Nach wie vor besteht die Möglichkeit, daß eine bedrohliche Situation, ja sogar ein bewaffneter Konflikt infolge von provokatorischen oder terroristischen Aktionen entsteht. Die Wahrscheinlichkeit solcher »Zwischenfälle« könnte künftig sogar noch etwas zunehmen.

Denn je komplizierter und universeller ein System ist, um so zuverlässiger ist es auch. Demnach wird ein Versagen, aber auch eine unkorrekte oder selbständige Ingangsetzung von immer moderneren Waffen zunehmend unwahrscheinlicher.

Folgenschwer könnte auch das Fehlen eines »elektronischen Schlosses« in den atomaren Systemen der USA auf See sein, durch das Atomwaffen nur mit Zustimmung des Präsidenten eingesetzt werden können. In Krisen- oder Kriegszeiten sind stabile Nachrichtenverbindungen mit Flottenverbänden an entfernten Kriegsschauplätzen, die die Voraussetzung für die Übermittlung einer Einsatzgenehmigung sind, nicht gewährleistet. Kontakt zu tauchenden U-Booten aufzunehmen, ist sogar nahezu unmöglich. Doch was geschieht, wenn die Besatzung eines U-Bootes eine verhängnisvolle Fehlentscheidung trifft?

Zwischenfälle wie Verletzungen des sowjetischen Luftraumes durch den Westen werden vermutlich auch in Zukunft vorkommen. Und niemand kann garantieren, daß hinter dem Steuerknüppel kein Terrorist sitzt. Kleine Flugzeuge können selbstverständlich keine großen Mengen gewöhnlichen Sprengstoffes mit sich führen, sie könnten aber eine kleine Atombombe über die Grenze bringen. Es versteht sich, daß man bei aller Vorsicht auch das andere Extrem vermeiden sollte, das Entstehen einer Überreaktion in unklaren Situationen.

Der Warschauer Pakt hat sich vor kurzem als Militärbündnis selbst aufgelöst. Möglicherweise wird er als rein politische und konsultative Organisation bestehen bleiben, in der aber bilaterale Beziehungen die größte Bedeutung haben. Was die Nato betrifft, so ist beim Londoner Gipfeltreffen im Juli 1990 eine Veränderung des militär-technischen Teiles ihrer Doktrin erörtert worden, unter anderem auch bei der Anwendung von Atomwaffen »im äußersten Notfall«. Dies stellt zwar einen gewissen Fortschritt dar, bedeutet aber nicht, daß die Militärdoktrin selbst überarbeitet wird. Im Prinzip hat die Nato-Führung nur festgelegt, daß in der operativen Planung die nichtatomare Phase eines Konfliktes tendenziell verlängert werden soll. Ein Verzicht auf solche grundlegenden Prinzipien der westlichen

Strategie, wie auf das Bekenntnis zur Atomwaffe als Universalmittel, als Mittel der Abschreckung, auf den Ersteinsatz von Atomwaffen oder auf die Konzeption von der Eskalation eines Konfliktes, ist nicht erfolgt. In Kraft blieben auch die operativ-taktische Konzeption der amerikanischen Armee mit der Bezeichnung Airlabd Battle und die operativ-strategische Nato-Konzeption vom »Schlag gegen die zweite Linie«, die Angriffscharakter haben.
Schwierig gestalten sich nach wie vor die Verhandlungen über die Senkung des Rüstungsniveaus, über die Reduzierung der Waffenarsenale. Nicht zustande gekommen sind bislang Verhandlungen über die Seestreitkräfte und über Anti-Satelliten-Systeme. Probleme gibt es auch bei der Einbeziehung Englands und Frankreichs in den Prozeß der atomaren Abrüstung. Die Verhandlungen über die Verhinderung des Wettrüstens im Weltraum verlaufen ohne große Fortschritte.
Wenn von der atomaren Bedrohung die Rede ist, geht es gewöhnlich um das Ost-West-Verhältnis. In der Perspektive könnte jedoch eine neue Gefahrenquelle entstehen: Eine ganze Reihe von Entwicklungsländern könnte in Kürze über Atomwaffen verfügen. Schon heute haben viele von ihnen eine entwickelte Rüstungsindustrie, die moderne Waffen herstellen kann. Es wird angenommen, daß rund zehn Staaten im geheimen schon heute über eigene Atomwaffen verfügen oder sie in den nächsten Jahren herstellen können. Bereits zwanzig Entwicklungsländer verfügen über ballistische Raketen, davon drei über Raketen mit Reichweiten von über tausend Kilometern. Auch interkontinentale Systeme könnten einige dieser Länder bald in ihren Arsenalen haben.
Staaten, die über Waffen mit einem Aktionsradius verfügen, der bedeutend über ihre Region hinausgeht, könnten möglicherweise Anspruch auf einen globalen Status erheben. Dies ist um so gefährlicher, als viele Regime instabil und ihre Aktionen in der internationalen Arena unberechenbar sind.

Die sowjetische Propaganda hat viele Jahre darauf verwiesen, von wo die Kriegsgefahr ausginge und daß die USA stets als erste neue Waffenarten entwickelten. Sie bezeichnete die amerikanische Politik »der Position der Stärke« als einen der Hauptgründe für die globalen Spannungen und legte damit die bestehende Instabilität offen: den chronischen technologischen Rückstand der UdSSR.
Dieser Rückstand wirkt sich auch auf den weiteren Verlauf der Abrüstungsverhandlungen aus. Sie kommen leichter in Gang und führen schneller zu besseren Resultaten, wenn die verhandelnden Seiten etwa die gleichen Möglichkeiten und gleichwertige Arsenale haben. Ich bin davon überzeugt, daß es gelingen wird, das Wettrüsten quantitativ zu beenden. Dies ist ja praktisch schon der Fall, und in einigen Bereichen beginnt eine quantitative Abrüstung. Aber das qualitative Wettrüsten wird fortgesetzt; es zu beenden ist erheblich schwerer. Hier haben wir bei den Verhandlungen auch nichts Besonderes anzubieten. Wird der Westen es aber einseitig einstellen?
Ein technologischer Durchbruch oder eine allmähliche technologische Evolution, die eine neue Qualität schafft, können die Weltlage destabilisieren. Doch der Rückstand eines Landes wie der UdSSR kann ebenfalls Probleme aufwerfen. Es könnte sich zum Beispiel zeigen, daß die UdSSR nicht über ausreichende materielle Mittel und die erforderliche technische Basis zur praktischen Durchführung des Verbotes chemischer Waffen verfügt. Daß ausgemusterte Militärtechnik als Schrott ins Ausland geliefert wird, weil sie innerhalb des Landes nicht verwertet werden kann – darüber hat die sowjetische Presse mehrfach berichtet –, zeigt, daß wir bei der Realisierung des Abkommens über die Reduzierung konventioneller Waffen bereits auf solche Schwierigkeiten stoßen.[47]
Für jedes Volk auf dieser Welt ist es heute Verpflichtung, mitzuarbeiten an dem großen Werke der Völkerverständigung, und erst wenn sich die Erkenntnis durchgerungen ha-

ben wird, durch alle Schichten der Nationen, mit allen Kräften nach der Versöhnung und Verständigung der ganzen Völker zu streben, erst dann – und nur dann – würde das uralte Weihnachtswort wahr werden: »Friede auf Erden den Menschen die guten Willens sind.«
Sollte dies nicht verwirklicht werden können, so ist der Untergang der Menschen nur noch eine Frage der Zeit.

Die Atombombe

Was Julius Robert Oppenheimer in Los Alamos begann, ist heute zur ultimativen Waffe geworden, mit der die letzte Seite im Buch der Menschheit geschrieben werden kann. Die Uhren gehen anders, seitdem Oppenheimers »Spielzeug« die Zeiger an ausgeglühte Zifferblätter in Hiroschima und Nagasaki schweißte. Der Philosoph Günther Anders faßt das in die Worte: »Mit dem 6. August 1945, dem Hiroschimatage, hat ein neues Zeitalter begonnen: das Zeitalter, in dem wir in jedem Augenblicke jeden Ort, nein, unsere Erde als Ganzes, in ein Hiroschima verwandeln können. Seit diesem Tage sind wir allmächtig geworden, aber da wir in jedem Augenblick ausgelöscht werden können, bedeutet das zugleich: Seit dem Tag sind wir total ohnmächtig. Gleich wie lange, gleich ob es ewig währen wird, dieses Zeitalter ist das letzte: Denn die Möglichkeit zur Selbstauslöschung kann niemals enden, es sei denn durch das Ende selbst…
Durch diese Tatsache hat sich die moralische Grundfrage geändert: Der Frage ›Wie sollen wir leben?‹ hat sich die Frage ›Werden wir leben?‹ untergeschoben.
…Niemals werden wir fähig sein, diese unsere Fähigkeit zu verlernen. So wenig wir imstande sind, aus dem System der Zahlen die 13 herauszubrechen (diese bliebe als Lücke oder als 12a getarnt doch weiter bestehen), so wenig sind wir imstande, Stücke aus dem System unseres wissenschaftlichen und technischen Besitzstandes herauszubrechen.
Aus diesem Grunde haben wir festzustellen: ›Die Zeitrechnung, die mit dem Jahre 1945 begann, ist endgültig. Entweder wir leben in der Endzeit weiter, oder wir leben überhaupt nicht weiter.‹
In anderen Worten: ›Einmal‹ ist für die Menschheit nicht ›keinmal‹, sondern ›ein für alle Male‹.
…Etwas, was wir einmal gekonnt haben, nicht mehr ›können zu können‹, das bleiben wir außerstande – hier verläuft die Grenzlinie unserer Freiheit.
Der Physiker, der die Bombe schuf, blieb in seinen Widersprüchen gefangen, so wie die Menschheit an sein Werk gefesselt.
So würde ich die Situation so vergleichen: Wir sitzen in einem Zug und fahren, können diesen aber nicht mehr anhalten, irgendwann kommt der Abgrund.«

Tschernobyl und die Folgen

Auch dieses Kapitel soll für diesen Zeitraum festgehalten werden und die Menschheit zum Handeln bewegen, daß sich solche Vorfälle in Zukunft nicht wiederholen können. Auch unser Land, die Bundesrepublik Deutschland, wurde von der Katastrophe betroffen, erinnern wir uns.
In der Nacht zum 26. April 1986 wurde um 1.24 Uhr das Kernkraftwerk Tschernobyl, eines der leistungsstärksten und neuesten Kernkraftwerke der Sowjetunion, von Explosionen schrecklicher Stärke erschüttert.
Nachdem die Explosionen den Block vier zerstört hatten, schleuderten sie die 500 Tonnen schwere Platte des oberen biologischen Schutzes und das Innere des Reaktors in die Höhe. An die 50 Tonnen radioaktiver Isotopen, darunter Cäsium 137, Jod 131, Plutonium 239 und Strontium 90, gelangen an die Luft. Ein von schwarzen Schwaden umhüllter Feuerball stieg in den Himmel. Die todbringende Wolke, die so viel Radioaktivität wie zehn Hiroschima-Bomben enthielt, wurde nach Nordwesten geweht und versetzte nicht nur weite Teile der Sowjetunion, sondern auch Westeuropa in Angst

und Schrecken. Nach Berechnungen von Fachleuten betrug der radioaktive Auswurf 50 Millionen Curie. Unter den Folgen der radioaktiven Verseuchung wird die Bevölkerung vor allem in Rußland noch Jahre zu leiden haben. Infolge des Unfalls kamen zunächst 28 Menschen ums Leben. Die Opfer der Tragödie von Tschernobyl wurden bei Moskau bestattet, nachdem dort vergeblich versucht worden war, ihr Leben zu retten. Die Körper dieser KKW-Bedienungskräfte waren derart verseucht, daß die zuständigen Sanitärepimiologen ihre Bestattung in Zinksärgen verlangten.

Das schreckliche Drama von Tschernobyl besteht aber nicht nur darin, daß 70 Prozent aller radioaktiven Emissionen nach dem Unfall auf diesen Landstrich um Tschernobyl niedergingen, sondern ebenso in dem verbrecherischen Schweigen, das drei Jahre lang um den Unfall bewahrt wurde. Als die Wahrheit ans Licht kam, konnte sie niemand fassen. Das Kraftwerk war auf sechs Blöcke angelegt. Die Meiler fünf und sechs wurden nicht weitergebaut. Eins bis drei werden im »entseuchten Sperrgebiet« weiter betrieben. Der Unglücksblock vier ist mit 400 000 Kubikmetern Beton zu einem Riesensarkophag zugeschüttet worden. In seinem Innern befinden sich noch 80 bis 90 Prozent des »radioaktiven Inventars«.

Nach Angaben von Andrej Gargarinski, dem stellvertetenden Direktor des Moskauer Atomenergieinstitutes, sind 10 000 Quadratkilometer um den Reaktor mit 600 000 bis 1,6 Millionen Becquerel verstrahlt und ungefähr weitere 21 000 Quadratkilometer mit 200 000 bis 600 000 Becquerel verseucht.

Rückblick – Die Staatsgrenze West DDR – BRD

1952: Am Anfang war nicht einmal Stacheldraht. »Bewaffnete Organe« der DDR sicherten 1952 eine zehn Meter breite Sperrzone an der Demarkationslinie zur Bundesrepublik Deutschland: »Staatsgrenze West« hieß es später. Wer hinüber wollte, brauchte seit 1946 einen »Interzonenpaß«. Blockade – wie 1948/49 durch die Sowjets auf den Zufahrtswegen nach Berlin – blieb nicht das einzige Druckmittel gegen den freien Zugang nach Berlin und in die Sowjetische Besatzungszone (SBZ): Erhöhung der Straßenbenutzungsgebühren, Paßschikanen, Aufenthalts- und Ausreisegenehmigungen, Sondergenehmigungen für den Pkw-Verkehr nach drüben. Die Bürokratie legte sich – auftragsgemäß – quer. Obwohl die offizielle Staatsideologie der DDR-Führung nach wie vor vom Fortbestand einer deutschen Nation ausging. Artikel 1 (Absatz 1) der alten, inzwischen zweimal geänderten DDR-Verfassung lautete lapidar: »Deutschland ist eine unteilbare demokratische Republik.«

Gemeinsame Veranstaltungen waren keine Seltenheit. Chöre trafen sich auf der Wartburg. Schriftsteller lasen hüben wie drüben. Es gab viele kommunale Kontakte. Bürgermeister regelten über die Grenze hinweg nachbarschaftliche Probleme wie die Wasserversorgung. Auch elektrischer Strom wurde gelegentlich über die Grenze bezogen.

Am 26. Mai 1952 wurde die bis dahin noch weithin »offene Grenze« von der DDR-Regierung abgeriegelt. 32 Eisenbahnlinien, drei Autobahnen, 140 Landstraßen und Tausende von öffentlichen Wegen werden über Nacht mit Stacheldraht, Eisenträgern und Balken gesperrt. Heimliches Wechseln über die »grüne Grenze« war kaum noch möglich.

1955: In Berlin fuhr Kultusminister Johannes R. Becher zusammen mit Bertolt Brecht von einem Sektor in den anderen, setzte sich in einen Künstlerkeller am Kudamm und diskutierte mit den Kollegen aus dem Westen. Heute lesen sich die alten Zeitungsberichte und -meldungen über solche Begegnungen wie Frontberichte: Da ist von »Zersetzungs- und Infiltrationstaktik« die Rede. »Der Osten tastet die weichen Stellen unserer Front ab« und »Der Offensive muß offensiv begegnet werden!«

Wir lernten damals Demokratie. Und fragten bei solchen Treffen hartnäckig nach, wie

frei die Wahlen in der Sowjetischen Besatzungszone sind, warum Leute verhaftet werden, wenn sie den Rias gehört hatten, wie es mit dem Recht auf freie Meinungsäußerung steht.
Immerhin gab es ab 1956 (bis 1964) eine gemeinsame deutsche Olympiamannschaft, deren Zusammensetzung in Wettkämpfen unter Sportlern aus Ost und West ausgetragen wurden.
1957: Der innerdeutsche Reiseverkehr schrumpfte. 1957 reisten 1,6 Millionen in die DDR, 1959 nur noch knapp 900 000. Nur für Verwandtenbesuche gab es Genehmigungen. Im Sommer 1957 wurden erstmals bestimmten Personengruppen (Oberschülern, Studenten, FDJ-Angehörigen) Westreisen verboten. Wenige Monate später wurde das Paßgesetz geändert. Die Zahl der Besuchsreisen in das Bundesgebiet (zwischen 1954 und 1957 jährlich rund 2,5 Millionen Reisende aus der DDR) wurde von den DDR-Behörden rapide gedrosselt.
Berlin blieb ein Schlupfloch. Bis zum Mauerbau konnte man hier fast ungehindert auch von Ost nach West reisen. Die Fluchtbewegung konzentrierte sich auf die alte Hauptstadt Berlin, bis 1961 dann Stacheldraht und Beton kamen. Stein auf Stein zuerst, dann Beton-Verbundplatten. Todesstreifen. Schießbefehl an der damaligen innerdeutschen Grenze. Nach dem 13. August 1961 hatte die DDR nicht nur den Flüchtlingsstrom abgeschnitten, auch der Reiseverkehr war total unter Kontrolle. Die Passierscheinabkommen, die den Ostberlinern in den Jahren 1963 bis 1966 immer wieder neu abgerungen wurden, zeigten, daß nicht alles aus war. Westberliner konnten tageweise zu Verwandten in den anderen Teil der Stadt reisen.
1969: Bundeskanzler Willy Brandt sprach in seiner Regierungserklärung zum ersten Mal von der Existenz der DDR als dem zweiten Staat in Deutschland und bot Verhandlungen auf der Basis der Gleichberechtigung an. Am 19. März 1970 kamen die Regierungschefs der beiden deutschen Staaten zum ersten Mal in Erfurt zusammen. Die Rede war von der »Normalisierung der Beziehungen«. Und das Ziel: »Die Menschen hüben und drüben« müssen etwas davon haben.
1972: Es kam zu Verträgen. Die vier Mächte unterzeichneten ein Abkommen über Berlin, dessen Ziele für den Westen mit den drei »Z« am besten beschrieben sind: Regelung des Zugangs (nach Berlin), des Zutritts (der Westberliner nach Ostberlin), der Zuordnung (Westberlins zur Bundesrepublik). Der Verkehrsvertrag stellte den gegenseitigen Verkehr in und durch die beiden Staaten auf gesicherte rechtliche Grundlagen. Das Transitabkommen erleichterte den Verkehr zwischen dem Bundesgebiet und Berlin.
Der Grundlagenvertrag mit dem Ziel, »normale gutnachbarliche Beziehungen« zwischen den beiden deutschen Staaten zu entwickeln, wurde im Dezember 1972 unterzeichnet.
1980: Die DDR verdoppelte den Mindestumtausch für jeden Besucher aus der Bundesrepublik auf 25 Mark. Die Reisezahlen sanken rapide ab und stagnierten bei rund 2,9 Millionen in den darauffolgenden Jahren. Erst als die DDR 1983 ihre Grenzkontrollen lockert und auf Schikanen verzichtet, steigt die Zahl wieder auf fast 3,7 Millionen Besucher.
1986: Die DDR wollte sich als »internationales Reiseland« präsentieren und sprach von über 14 Millionen Einreisen von »Ausländern« in einem Jahr. Die Statistik verschwieg, daß rund die Hälfte davon – einschließlich Besucher in Ostberlin und grenznaher Verkehr – aus der Bundesrepublik Deutschland kamen. Bonner Beamte trafen sich routinemäßig mit den Kollegen aus Ostberlin, der innerdeutsche Handel blühte.
Die DDR war für die Westdeutschen kein Land wie jedes andere. Fast jeder zweite Bürger dieses »ersten deutschen Arbeiter- und Bauernstaates« ist mit jemandem aus der Bundesrepublik verwandt. Und bei einem Blick zurück wurde deutlich: Die deutsche Geschichte läßt sich nicht leugnen. Luther, Goethe, Kant und Beethoven gehören zum gemeinsamen kulturellen Erbe.[48]

Ein DDR-Rentner berichtet im Jahre 1986

Die gesetzliche Altersgrenze in der DDR (Frauen mit 60 und Männer mit 65 Jahren) bildete für viele Menschen einen markanten Einschnitt. Das lag weniger an der gleichzeitig einsetzenden Rentenzahlung – viele arbeiteten ohnehin weiter – als an einem zusätzlichen Privileg. Sie waren nunmehr »mauermündig« oder »grenzmündig«, durften also legal die innerdeutsche Grenze passieren. Für maximal 60 Tage entließ die DDR sie aus ihrer Vormundschaft...

Ein Rentner aus Leipzig, der 1986 erstmals seit 25 Jahren wieder seine Verwandten in Köln besuchen durfte, schilderte seine Eindrücke damals so:

»Vor meiner Reise nach Köln habe ich mit Freunden und Bekannten gesprochen. Die haben erzählt, was alles auf einen einstürzen wird. Wenn man dann den ersehnten Reisepaß in der Tasche hat, ist man doch immer nervös. Man weiß ja nie, was an der Grenze passiert. Es ist schon unangenehm, wenn die Zollorgane den zu Hause gut gepackten Koffer kontrollieren...

Nach der Grenze habe ich fast nur gestanden. Das Rattern des Zuges hatte aufgehört. Verschweißte Schienen, davon hatte man mir schon erzählt. Ich hatte große Schwierigkeiten, die einzelnen Bahnhöfe mit den Aufschriften zu erkennen. Auch von der Sauberkeit hatte ich schon gehört. Aber daß die Häuser links und rechts in einem derart guten Zustand waren, hat mich dann doch überrascht. Da ist mir klargeworden, wie groß die Unterschiede seit meiner letzten Westreise vor 25 Jahren geworden sind. In den ersten Stunden bei den Verwandten wird nur erzählt. Und wenn man in die Stadt geht, so ist es für die Angehörigen sicher eine Last. Man bleibt einfach vor jedem Schaufenster stehen. Es liegt alles ausgestellt, wonach wir uns in der DDR stundenlang anstellen müssen, wenn man es überhaupt bekommt.

Wenn sich die erste Begeisterung gelegt hat, wirken die vollen Schaufenster aber auch provozierend. Wir können uns ja kaum etwas kaufen. Die DDR gestattet uns für die ganze Reise nur 15 Mark im Verhältnis eins zu eins zu tauschen. Wenn ich wirklich 60 Tage hierbleiben würde, stünden mir pro Tag 25 Pfennig aus eigener Tasche zur Verfügung...

Außerdem – ich habe hier nur meine Nichte in Köln, der kann ich doch unmöglich 60 Tage zur Last fallen.

So schön das Leben hier ist, wenn man aus der DDR kommt, wird man zwangsläufig zum Almosenempfänger. Die zweimal 30 Mark, die ich bei der Stadtverwaltung erhalte, habe ich mir ja nicht selbst verdient. Und bei meiner Nichte betteln will ich schon gar nicht.

Aufgefallen ist mir, daß alle Leute hier sehr rechnen und weite Wege machen, um eventuell in einem Geschäft, das ein Sonderangebot bringt, billiger einkaufen zu gehen. Das kennen wir bei uns überhaupt nicht. Mir wird es schwerfallen, mich nach dieser Reise wieder in den DDR-Alltag einzuleben. Wenn man alles hier gesehen hat und dann zurück muß, kommt man sich irgendwie benachteiligt vor. Aber ich will ja zurück. Dort drüben ist meine Heimat, dort gehöre ich hin. Viel Zeit zum Nachdenken bleibt ohnehin nicht.

Leider arbeitet die Zeit für die DDR. Wir Alten sterben irgendwann aus. Die engen verwandtschaftlichen Beziehungen werden also irgendwann rein altersmäßig wegfallen. Ob die Jüngeren dann noch den Kontakt zur DDR aufrechterhalten, weiß ich nicht. Aber gerade da besteht doch die Gefahr, daß wir uns immer mehr auseinanderleben.«[49]

Pendelt die Bundesrepublik nach dem Osten?

»Gorbimania« heißt das Schlagwort, das man Ende 1988 und Anfang 1989 in westlichen Zeitungen immer wieder fand. Alte Ängste, neu geweckt und immer wieder als Schlagzeilen: Füttern die satten Deutschen mit ihren vielen Milliarden den bankrotten

Kommunismus, statt ihn auf dem Abfallhaufen der Geschichte vermodern zu lassen? Wechselt Bonn die Fronten? Von West nach Ost? Kommt in Bonn ein Hauch von Neutralismus?

Wie steht es um die Verläßlichkeit der Bundesrepublik? Die Söhne und Enkel blicken im 40. Jahr des Bestehens nach Moskau. Nach ihrer Meinung kommt aus dem Osten das Licht, der »liebe Gorbi« leuchtet mit der Friedensfackel. »Urbi et gorbi…« könnte man sagen.

So fragen sich in dieser Zeit in Amerika nicht nur die Stockkonservativen, die Deutschland seit eh und je als die Schwertspitze der USA gesehen haben. Nein, es sind die klugen Analytiker, die Nachdenklichen im Außenministerium, die besonnenen Professoren in Washington, New York und Boston. Sie machen sich Sorgen über den vermeintlichen Sinneswandel der Deutschen und den tatsächlich erkennbaren und belegbaren Stimmungsumschwung in Funk und Fernsehen und in vielen Blättern der deutschen Angstindustrie.

Sie kennen ihr Europa, das sie lieben. Sie fühlen den Puls der deutschen Politik. Sie haben immer noch Adenauer, Heuss und Schumacher gekannt oder gelesen, und sie kennen all die Sprecher und Sprücheklopfer der heutigen Politik.

Aber auch in London und Paris, in Brüssel und in Zürich sorgen sich Freunde unseres Landes, ob wir nicht gen Osten pendeln. Es war schon einmal eine ähnliche Situation. Läßt »Rapallo« grüßen?

Es war jener deutsch-sowjetische Vertrag oder Pakt des Jahres 1922, der damals hinter dem Rücken der Westmächte geschlossen wurde und noch nicht vergessen ist. Auch der Hitler-Stalin-Pakt, den man von Rußland zwar gerne vergessen würde, aber er existierte.[50] (Siehe »Die Zeit des Hitler-Stalin-Paktes«.)

Aber überlegen wir: Der Osten hat immer profitiert, wenn Deutschland friedlich tätig wurde. Erinnern wir uns nur an den Ausspruch von Otto von Bismarck: Haltet euch den Osten frei. Aber haben wir heute Politiker dazu? Für Deutschland, aber auch für den Osten wäre es eine sehr gute Lösung. Unsere Wirtschaft würde für Jahrzehnte, ja Jahrhunderte laufen. Vorausgesetzt, daß Deutschland und vor allem der Osten – Rußland – es ehrlich meinen. Vielleicht würde dann der alte Weihnachtsspruch wahr: »Friede auf Erden allen Menschen die guten Willens sind.«

Die Zeit des Hitler-Stalin-Paktes

Stalin lieferte Hunderte von deutschen Kommunisten an die Gestapo aus, dokumentiert die Studie eines österreichischen Historikers.

Zwei Frauen und 28 Männer bestiegen am 4. Februar 1940 in Moskau einen Zug mit unbekanntem Ziel. Es waren deutsche Antifaschisten und Kommunisten, die vor Hitler in die Sowjetunion geflohen waren. In den fensterlosen Abteilen machten sie sich Mut: »Wir Kameraden der Berge«, sangen sie, »sind gegen alles gefeit.«

Drei Tage später, als der Zug in der Nähe einer Brücke hielt, schlug die Stimmung jäh um. »Fertigmachen mit Sachen«, trieb ein sowjetischer Wachsoldat die Gruppe an.

Mit dabei war Margarete Buber-Neumann, Witwe des 1937 während der stalinistischen Säuberungen erschossenen KPD-Spitzenfunktionärs Heinz Neumann. Ein Bahnhofschild verriet ihr, wo sie und die Leidensgefährten gelandet waren – in Brest-Litowsk, da, wo Stalins Machtbereich damals endete und Hitlers begann.

»Über die Brücke kam ein Soldat langsam auf uns zu«, erinnerte sich Margarete Buber-Neumann später in ihrem Buch »Als Gefangene bei Stalin und Hitler«: »Als er sich näherte, erkannte ich die Soldatenmütze der SS. Der NKWD-Offizier und der von der SS hoben grüßend die Hand an die Mütze.« Entsetzt hörten die Gefangenen, wie der sowjetische Geheimpolizist die Namensliste verlas, dann übergab er die Männer und Frauen den SS-Posten. Einige, die sich weigerten, wurden mit Gewalt über die

Brücke gejagt. Was in Brest-Litowsk geschah, war kein Einzelfall. Insgesamt über 400 Flüchtlinge, die meisten deutsche Antifaschisten, lieferten die Sowjets zwischen 1937 und 1941 an das nationalsozialistische Deutschland aus – und schickten damit viele in den sicheren Tod.

Der österreichische Historiker Hans Schafranek hat die rot-braune Kumpanei jetzt in vollem Umfang aufgedeckt und dokumentiert. Als erster wertete er die einschlägigen Akten aus, die seit Jahren im Politischen Archiv des Bonner Auswärtigen Amtes unbeachtet vergilbten. Die Dokumente offenbarten, so Schafranek, »daß der stalinistische Apparat nicht die geringsten Skrupel hatte, auch politisch besonders gefährdete Häftlinge den Nazis in den Rachen zu werfen«. Hunderte linientreuer Kommunisten aus Deutschland kamen in Stalins Gefängnissen ums Leben. Seit Beginn der Schauprozesse in den dreißiger Jahren waren sie scharenweise verhaftet worden – wegen »faschistischer Verschwörung«, »Trotzkismus« und »Spionage«.

Wer die Gulags überlebte, dem drohte die Ausweisung nach Deutschland. Zwischen 1939 und 1941, der Zeit des Hitler-Stalin-Paktes, arbeiteten Moskau und Berlin Hand in Hand. 350 Häftlinge gerieten so in die Fänge der Gestapo, wurden Opfer eines engen Zusammenspiels des Auswärtigen Amtes in Berlin, der deutschen Botschaft in Moskau und des Volkskommissariats für Auswärtige Angelegenheiten in Moskau. Tatsächlich, so vermutet Schafranek, dürften es weit mehr gewesen sein, denn viele seien einfach ohne Papiere abgeschoben worden. Schon vor 1939 hatten die feindlichen Regime gemeinsame Sache gemacht. Von Februar 1937 an wiesen Stalins Schergen – auf Wunsch der Deutschen – nach und nach rund 620 Häftlinge aus, darunter 60 antifaschistische Emigranten. Einer von ihnen war der Hamburger KPD-Funktionär Wilhelm Pfeiffer.

Fassungslos und »von Schluchzen erschüttert« reagierte er, als ihm die Sowjetbeamten im Beisein des deutschen Botschaftsvertreters Herbert Hensel den Ausweisungsbeschluß mitteilten. Die Emigrantin Zenzl Mühsam wollte sich »unter die Räder des Zugs« werfen, falls sie ausgeliefert würde: »Lebend bekommen sie mich nicht nach Nazi-Deutschland.« Ihr Mann, der Anarchist und Schriftsteller Erich Mühsam, nach dem Ersten Weltkrieg einer der Münchner Räte-Revolutionäre, war 1934 im KZ Oranienburg umgebracht worden.

Dieses Schicksal erwartete auch viele unfreiwillige »Rußlandrückkehrer«, aber nur in einzelnen Fällen läßt sich ihr weiterer Leidensweg verfolgen. Alle wurden in Deutschland »staatspolizeilich erfaßt« und von der Gestapo verhört. Jeder war zunächst »politisch verdächtig«. Laufen ließ man nur, wer als von der »bolschewistischen Lehre restlos geheilt« galt. Manch einer entzog sich den Gestapo-Torturen durch Selbstmord. So der Lithograph Otto Walther, der aus einem Fenster des Rückwandererheimes in Berlin-Tegel sprang.

Noch bei Vernehmungen hatten die Nazis einen heißen Draht zur sowjetischen Geheimpolizei. Gertrud Meyer, die im September 1938 abgeschoben worden war, mußte erschreckt feststellen, daß die Gestapo über ihre kommunistische Vergangenheit genau informiert war. Da habe es wohl Hinweise gegeben, erkannte sie, »die vom NKWD gekommen waren«. Die Sozialistin Susanne Leonhardt, Mutter des Ostexperten Professor Wolfgang Leonhardt, der im Mai 1945 mit der Gruppe Ulbricht aus Moskau nach Berlin heimkehrte, machte sich schon 1937 in ihrer Zelle keine Illusionen mehr über das Schicksal der Flüchtlinge. »Wir deutschen Politemigranten sind in Stalins Augen alle ein gefährlicher Ballast: man will uns loswerden.«[51]

Glasnost und Perestroika

Inzwischen sind sie in der ganzen Welt bekannt geworden, die Worte »Glasnost« (Öffnung) und »Perestroika« (Umgestaltung) von Michail Gorbatschow.

Aber wie kam es dazu? Sprechen wir es offen aus, die Sowjetunion hatte ihre Satellitenstaaten ausgebeutet und nun wurden diese eine Belastung für sie. Die einzige Möglichkeit war, sie abzustoßen und der Westen möge sehen, wie er damit fertig wird. Es wird eine enorme Herausforderung für den Westen, aber auch eine große Chance für einen noch nie dagewesenen Wirtschaftsaufschwung. Natürlich kann es gefährlich werden, denn, wenn man ein Schiff einseitig belastet, kann es kentern oder auch untergehen.
Otto von Bismarcks Worte: »Haltet euch den Osten frei« sind aktuell wie noch nie. Politiker und Wirtschaftsstrategen sollten sie beherzigen.
Natürlich darf man auch Gorbatschows Worte beziehungsweise Rede zum 70. Jahrestag der Oktoberrevolution am 2. November 1987 im Kreml nicht vergessen. Gespanntes Interesse galt der Festrede, die von Michail Gorbatschow gehalten wurde. Über ihren möglichen Inhalt wurde schon lange vorher gesprochen. Gespannt war man nicht nur auf die Analyse der gegenwärtigen komplizierten innen- und außenpolitischen Probleme, sondern vielleicht sogar noch mehr auf den historischen Teil, auf die Beurteilung dessen, was wir jetzt häufig als »weiße Flecken« unserer Geschichte bezeichnen, obwohl der Ausdruck »schwarze Flecken« zutreffender wäre.
Michail Gorbatschow überging in seiner Ansprache keines der brennenden Probleme und begnügte sich auch nicht mit gewöhnlichen Antworten. Zuerst analysierte er den historischen Weg, an dessen Anfang die Oktoberrevolution stand, seine Bedeutung, seine Ziele und die praktischen Schwierigkeiten. Zweitens zeigte er, welche Schlüsse für Gegenwart und Zukunft aus unserer Geschichte gezogen werden müssen. Schlußfolgerungen, die helfen, uns selbst besser zu erkennen und neue Möglichkeiten für den erfolgreichen sozialen Fortschritt ausfindig zu machen. Drittens war in der Festrede von der Umgestaltung als von einer humanen Vision und von Verwirklichung des Sozialismus die Rede. Es wurde festgestellt, daß im Mittelpunkt der Umgestaltung der Mensch, seine Rechte, seine soziale Sicherheit, sein Handeln in allen Bereichen, steht. Viertens wurde die Rolle des neuen politischen Denkens hervorgehoben, der Philosophie einer sicheren Welt ohne Atomwaffen und ohne Gewalt, die allein die Hoffnung und die Möglichkeit gibt, in das 21. Jahrhundert einzutreten und zu überleben.
Als Michail Gorbatschow über die dreißiger Jahre sprach, sagte er: »Heute wird viel über die Rolle Stalins in unserer Geschichte diskutiert. Seine Persönlichkeit ist äußerst widersprüchlich. Wenn wir bei der historischen Wahrheit bleiben wollen, müssen wir sowohl den unbestrittenen Beitrag Stalins zum Kampf für den Sozialismus und zur Verteidigung seiner Errungenschaften als auch die groben politischen Fehler und die Willkürakte sehen, die er und die Personen um ihn begangen haben. Fehler, für die unser Volk einen hohen Preis entrichten mußte und die für das Leben unserer Gesellschaft folgenschwer waren.
Manchmal wird behauptet, Stalin hätte um viele Fakten der Willkür nicht gewußt. Aus Dokumenten die zur Verfügung stehen geht hervor, daß dem nicht so war. Die Schuld Stalins und seiner engsten Vertrauten, die gegenüber Partei und Volk für Massenrepressalien und Willkür verantwortlich waren, ist groß und untilgbar. Das ist eine Lehre für alle Generationen.« Aber vergessen wir nicht die Worte Michail Gorbatschows in seiner Rede zum 70. Jahrestag der Oktoberrevolution:
»Im Oktober 1917 brachen wir aus der alten Welt aus, lehnten sie endgültig ab. Wir gehen einer neuen Welt entgegen, der Welt des Kommunismus. Von diesem Weg werden wir niemals abweichen.«[52]
Diese Worte sollten uns nachdenklich stimmen und wir sollten sie nie vergessen, solange sie nicht widerrufen werden.
Der Präsident der UdSSR, Michail Gorbatschow, sprach am 19. November 1990 in der Plenarsitzung des KSZE-Gipfeltreffens in Paris und führte unter anderem aus: »Un-

ser Treffen findet im Umbruch unseres Zeitalters statt und ist zugleich das bedeutendste Ereignis. Heute kann kaum jemand alle Folgen dieses Umbruches, der sich vermutlich auf Jahrhunderte auswirken wird, erfassen. Eines kann mit Sicherheit festgestellt werden: Es ist das entscheidende Jahr in dem zu Ende gehenden Zeitalter, das von zwei Weltkriegen und einer fast fünfzig Jahre währenden nuklearen Gegnerschaft der beiden Gesellschaftssysteme geprägt wurde...
Meine Damen und Herren! Die Völker Europas, der USA und Kanadas haben sich entschlossen, eine historische Gemeinschaft auf der Grundlage einheitlicher Prinzipien und Ziele – Demokratie und Humanismus – zu schaffen. Ich gratuliere Ihnen zu diesem Vorhaben und wünsche allen Erfolg.
Die Wiedergeburt des in den Kriegsjahren entstandenen Geistes der internationalen Solidarität, der die Urheber der Organisation der Vereinten Nationen beseelt hat, speist die Hoffnung, daß das Vorhaben triumphieren wird.«[53]

Bundeskanzler Helmut Kohl in Moskau Herbst 1988

Vier Tage besuchte der Kanzler die Sowjetunion. Was hat der Besuch gebracht? Wie ist das Verhältnis Kohl – Gorbatschow? Lothar Löwe war für die »Bunte« in Moskau dabei, hier seine Fragen und Antworten.
Bezahlen wir die Perestroika nicht mit deutschem Geld, indem wir den Russen die Fabriken hinstellen, zu deren Bau sie selbst nicht in der Lage sind?
Die deutsche Wirtschaft baut den Russen keine Fabriken ohne Bezahlung. Alle Industrieprojekte müssen sich für unsere Firmen lohnen. Gute Geschäfte zum gegenseitigen Nutzen heißt heute das Prinzip. Das gilt auch für Lebensmittel- und Konsumgüterfabriken, die die deutsche Wirtschaft in der Sowjetunion bauen oder modernisieren soll.
Machen wir mit unserer Mark nicht die sowjetische Diktatur attraktiv, oder ist Finanzhilfe für Gorbatschow ein Gebot der Menschlichkeit?
Für den Dreimilliardenkredit der deutschen Banken zahlt die Sowjetunion Zinsen zu international üblichen Sätzen. Und sie zahlt den Kredit auch an die Banken zurück. Die Bonität der Sowjetunion steht außer Zweifel. Notfalls kann sie mit Erdöl, Erdgas, anderen Rohstoffen oder Gold für ihre Schulden aufkommen. Ein Bankkredit, den Frankreich gab, ist noch größer. Großbritannien und wohl auch die amerikanischen Banken folgen mit Milliardenkrediten. Der Westen hilft so Gorbatschow, den miserablen Lebensstandard der sowjetischen Bevölkerung zu verbessern. Je mehr die Sowjetunion an der Hebung des Lebensstandards der Bevölkerung interessiert ist, desto geringer ist die Bedrohung anderer Länder. In Moskau gibt es zur Zeit kein Waschpulver und keinen Bohnenkaffee, in der Provinz kein Fleisch. Wir Deutsche sollten daran interessiert sein, daß es den einfachen Russen endlich bessergeht. Gorbatschow ist ihre große Hoffnung. Er ist auch unsere Hoffnung.
Hat uns der Kohl-Besuch in Moskau der Wiedervereinigung nähergebracht?
Nein, niemand konnte das erwarten. Die Standpunkte zur Deutschland- und Berlin-Frage sind zur Zeit unüberbrückbar. Falls sich zwischen Bonn und Moskau ein Klima des Vertrauens und eine enge Zusammenarbeit auf vielen Gebieten entwickelt, könnte sich Gorbatschows harte Haltung in der Deutschland-Frage bis zum Jahr 2000 vielleicht ändern. Vorläufig ist das Eis in Moskau gebrochen, aber noch nicht getaut.
Bringt die Einladung von Bundesverteidigungsminister Scholz an seinen sowjetischen Kollegen, Armeegeneral Jasow, die Entspannung und die Abrüstung voran?
Der zweieinhalbstündige Auftritt von Rupert Scholz vor 400 sowjetischen Generalstabsoffizieren an einer Moskauer Panzerkriegsschule war ein historisches, eindrucksvolles Ereignis. Ein russischer Oberstleutnant sagte: »Minister Scholz ist ein kluger, intelligenter Mann, er hat jede

Frage meiner Kameraden ruhig und sachlich beantwortet. So etwas müßten wir öfter erleben.« Als nächstes wird Jasow mit Gorbatschow im Frühjahr nach Bonn kommen, um die Bundeswehr zu besuchen. Dann sind Konferenzen des Generalinspekteurs der Bundeswehr, Admiral Wellershoff, mit dem sowjetischen Generalstabschef ins Auge gefaßt.

Meint es Gorbatschow ehrlich oder ist alles nur Taktik, weil er mehr Geld braucht?

Bundeskanzler Kohl sagt: »Gorbatschow und ich müssen viele kleine Bäume pflanzen, damit ein Wald heranwachsen kann.« Kohl glaubt, daß Gorbatschow seine politische Existenz auf Gedeih und Verderb mit dieser neuen Innen- und Außenpolitik verbunden hat. Natürlich braucht Gorbatschow die Zusammenarbeit mit dem Westen – ohne ihn würde er die Perestroika (Umgestaltung der Gesellschaft) nicht schaffen, obwohl er das Gegenteil behauptet.

Aber: Auf Hilfe der Deutschen könnte er zur Not verzichten, weil dann die Japaner, Italiener und Franzosen einspringen würden. Alle Anzeichen sprechen dafür: Gorbatschow meint es ehrlich, aber er braucht auch westliches Geld.

Wenn Gorbatschow es ehrlich meint, wird er sich überhaupt am Ruder halten?

Um an der Macht zu bleiben, muß er innerhalb von 18 bis 24 Monaten den Lebensmittelkorb und die Konsumgüterregale füllen. Nicht nur in Moskau, sondern zwischen Brest-Litowsk und Wladiwostok. Außerdem muß er die Nationalitätenfrage zwischen Litauen und Zentralasien unter Kontrolle bringen. Zur Zeit scheint die Führungsrolle Gorbatschows im Kreml unangefochten zu sein.

Wird die DDR den versöhnlichen Kurs zwischen Bonn und Moskau mittragen – oder steuert sie dagegen?

Intern haben sich die DDR-Diplomaten in Moskau darüber beklagt, daß Gorbatschow den Bundeskanzler zu einem viertägigen Staatsbesuch einlud, während Honecker kürzlich nur ein zweitägiger Arbeitsbesuch zugestanden wurde. Die DDR-Führung verfolgte die Verbesserung der Beziehungen zwischen Bonn und Moskau voller Argwohn, die Führungsrolle der Sowjetunion im Ostblock wird dafür sorgen, daß Ostberlin keinen Sand ins Getriebe streut.

Haben Helmut Kohl und Michail Gorbatschow ein gutes persönliches Verhältnis entwickelt?

Es ist höflich, freundlich und sachlich. Beide geben sich Mühe. Bundeskanzler Kohl: »Es macht mir Spaß, mit Michail Gorbatschow zu diskutieren.«

Möglich, daß sich das Klima zwischen beiden beim nächsten Treffen in Bonn weiter erwärmt. Das private Abendessen, an dem nur die Ehepaare Gorbatschow und Kohl auf der Datscha außerhalb Moskaus teilnahmen, war nach meinen Informationen freundlich und harmonisch.[54]

Michail Gorbatschow besucht die Bundesrepublik Deutschland

Vom 12. bis 15. Juni 1989 besuchte Generalsekretär Michail Gorbatschow auf Einladung von Bundespräsident Richard von Weizsäcker die Bundesrepublik Deutschland.

Der Besuch fand weltweit große Beachtung, aber auch Mißtrauen der Westmächte wurde wach, die Deutschen könnten sich zu sehr mit der UdSSR verbinden.

In seiner Tischrede bei einem Essen hat Bundeskanzler Helmut Kohl unter anderem folgendes ausgeführt: »...Vor fünfzig Jahren begann der Zweite Weltkrieg mit dem Überfall auf Polen, das kurz vorher durch einen schändlichen Pakt zum vierten Mal geteilt wurde. Wir Deutschen sind uns bewußt, wieviel Tod und Vernichtung, wieviel Leid und Elend von deutschem Land, in deutschem Namen begangen, dieser Krieg einige Zeit später auch über die Völker der Sowjetunion gebracht hat.

Auch zahlreiche Deutsche kamen unschuldig ums Leben oder haben furchtbares Leid erdulden müssen. Weit über zehn Millionen Vertriebene und Flüchtlinge verloren ihre Heimat. Unser Vaterland und seine alte Hauptstadt Berlin wurden geteilt.

Michail Gorbatschow zu Besuch in der Bundesrepublik Deutschland im Juni 1989. Foto: Bundesarchiv Koblenz

Das Zusammengehörigkeitsgefühl der Deutschen in Ost und West ist ungebrochen. Die fortdauernde Teilung empfinden wir wie eine offene Wunde. Herr Generalsekretär, vor wenigen Wochen haben wir auch des 40. Jahrestages der Gründung der Bundesrepublik Deutschland gedacht. In diesem Gemeinwesen haben wir die Lehren unserer Geschichte beherzigt. Wir haben uns in Freiheit eine Verfassung gegeben, die alle staatliche Gewalt auf die unbedingte Achtung und den absoluten Schutz der Menschenwürde verpflichtet.

Das deutsche Volk bekundet dort seinen Willen, in freier Selbstbestimmung die Einheit und Freiheit Deutschlands zu vollenden und als gleichberechtigtes Glied in einem vereinten Europa dem Frieden der Welt zu dienen.«

Immer wieder, wo er nur die Möglichkeit hatte, wies Helmut Kohl auf die Wiedervereinigung Deutschlands hin.

Und er fährt fort: »...Mit der Wiederaufnahme der diplomatischen Beziehungen 1955/56 und dem Moskauer Vertrag von 1970, den wir nach Buchstaben und Geist erfüllen, sind solide Fundamente gelegt.

Auf ihnen wollen wir mit unserem Besuchsaustausch und mit dem Schwung, den er in die Beziehungen auf allen Gebieten bringt, zielstrebig weiterbauen. ...Für engen, fruchtbaren Austausch in Kultur und Wissenschaft haben große Vorbilder den Weg gewiesen: Alexander von Humboldt auf Forschungsreisen in den Ural und nach Zentralasien; Iwan Turgenjew in Baden-Baden; Wassilij Kandinskij als Mitbegründer des ›Blauen Reiters‹ in München, als Lehrer am Bauhaus in Weimar und Dessau; oder Boris Pasternak als genialer Faustübersetzer. Sie alle haben der kulturellen und menschlichen Begegnung und der wechselseitigen Wertschätzung unserer Völker Türen geöffnet. Auf ihrem Weg sollten wir weitergehen.

Ich erhebe mein Glas auf Ihr persönliches Wohl, Herr Generalsekretär, und auf das persönliche Wohl Ihrer Frau Gemahlin; auf das Wohl aller Ihrer Landsleute hier im Saal und draußen an den Rundfunk- und Fernsehgeräten; auf eine dynamische Aufwärtsentwicklung der deutsch-sowjetischen Beziehungen; und auf den Frieden in Europa und in der Welt.« In seiner Antwortrede wies Michail Gorbatschow auf die Entwicklung in Rußland, auf Perestroika und Glasnost hin.

»Ja, die Perestroika ist unsere interne Angelegenheit. Wir kapseln uns aber von der Weltgemeinschaft, von den Problemen und Entwicklungen, die das Antlitz der Zivilisation des 21. Jahrhunderts prägen, nicht ab. Im Gegenteil, wir betrachten die Perestroika als einen Bestandteil der zunehmenden Demokratisierung der Weltordnung.

Wir öffnen uns der Welt und rechnen damit, daß auch die Welt darauf mit Entgegenkommen antwortet. Dies ist meines Erachtens die festeste und zuverlässigste Grundlage für eine internationale Zusammenarbeit im Interesse des Überlebens der Menschheit und ihres Fortschritts.

...Die Tragödie, die unsere Völker und die ganze Welt im Ergebnis des von Nazi-Deutschland entfesselten Krieges erlebt haben, veranlaßt uns, mit gebeugten Häuptern im Andenken an die Kriegsopfer daraus Lehren zu ziehen. Und die Hauptlehre besteht darin, daß in den zwischenstaatlichen Beziehungen die Ideen des gegenseitigen Respekts, der Gleichheit und der unbedingten Anerkennung freier Wahlen den Vorrang haben sollten.

Diese Übereinstimmung in diesen Grundfragen hat es uns erlaubt, die Frage über eine neue Seite in den sowjetisch-bundesdeutschen Beziehungen aufzuwerfen.

Ich wünsche Ihnen, Herr Bundeskanzler, und dem Volk der Bundesrepublik Deutschland Wohlergehen und Gedeihen!

Auf die zunehmende gegenseitige Verständigung und die Weiterentwicklung fruchtbarer Zusammenarbeit zwischen der UdSSR und der Bundesrepublik Deutschland, zum Wohle des europäischen und Weltfriedens!«

Auch Bundespräsident Richard von Weizsäcker wies bei einem Essen auf Schloß Augustusburg in Brühl am 13. Juni 1989 auf

Foto: Bundesarchiv Koblenz

die Bedeutung der Zusammenarbeit mit der UdSSR hin.
»Es ist eine große Freude für mich, Sie, Herr Vorsitzender, zusammen mit Ihrer Frau und Ihrer Delegation unter uns begrüßen zu können. Sie sind uns von Herzen willkommen.
Ihre erste offizielle Auslandsreise nach Ihrer Wahl durch den Kongreß der Volksdeputierten führt Sie in unser Land. Wir freuen uns aufrichtig darüber, und ich benutze die Gelegenheit, Ihnen noch einmal persönlich für Ihre Arbeit und Ihre hohe Verantwortung Glück und gutes Gelingen zu wünschen.
Sie haben zu Hause eine Politik des Umbaus, der Modernisierung und der Offenheit eingeleitet, mit der Sie die reichen geistigen Gaben Ihrer Mitbürger und die materiellen Kräfte der Sowjetunion voll entfalten wollen. Nach Ihren eigenen Worten geht es darum, den Menschen selbst mehr Geltung zu verschaffen. Wir sind von der Energie stark beeindruckt, mit der Sie Ihre Version verfolgen, und ebenso von der lebhaften Resonanz, die die Reformen bei Ihrem Volke finden.
Was in der Sowjetunion angestrebt wird und geschieht, ist von entscheidender Bedeutung für ganz Europa und für die ganze Welt. Deshalb ist bei uns das Echo auf Ihre Tätigkeit besonders groß, weil wir Ihr Verantwortungsbewußtsein für die Auswirkung Ihrer Politik auf die Welt erkennen.
...Sie spüren, so hoffe ich, wie sehr uns Deutschen an einer fruchtbaren Nachbarschaft mit der Sowjetunion liegt und welche Genugtuung wir darüber empfinden, daß auch das sowjetische Volk ein gutes Zusammenleben mit uns sucht.
Dabei vergißt niemand die tiefen Schatten, die in unserem Jahrhundert auf das Verhältnis unserer beiden Völker zueinander gefallen sind. Bei meinem Besuch in der Sowjetunion vor zwei Jahren erfuhr ich aber auf bewegende Weise, daß die Erinnerung an schweres Unrecht und Leid den Weg zu gegenseitiger Achtung und Zuneigung nicht verbaut hat. Erlauben Sie mir, ein Beispiel dafür zu nennen. Während meiner Reise durch die Sowjetunion besuchte ich in Leningrad den Piskarjowskoje-Friedhof, der an die schrecklichen Opfer unter der Zivilbevölkerung und den Soldaten während des letzten Krieges mahnt. Ich weiß, was sie bedeuten, zumal ich selbst Soldat an diesem Frontabschnitt war. Um so weniger werde ich es vergessen, daß sowjetische Offiziere Hand in Hand mit deutschen Offizieren den Kranz trugen, den ich dort niederlegte.
Wenn ein europäisches Haus entsteht, mit dem in einer friedlichen Ordnung Trennungen überwunden werden, in dem also Europa wieder zusammenwächst, wie es seiner Bestimmung entspricht, dann sind wir auf dem richtigen Weg. Dem deutsch-sowjetischen Verhältnis kommt für die Zukunft Europas zentrale Bedeutung zu. In diesem Geist wollen wir zusammenarbeiten.«
Auch Michail Gorbatschow ergriff das Wort anläßlich dieses Essens bei Bundespräsident von Weizsäcker am 13. Juni 1989 auf Schloß Augustusburg bei Brühl.
»Sehr geehrter Herr Bundespräsident!
Während Ihres Besuches in der UdSSR lernten unsere Menschen Sie direkt kennen, und dabei Ihre hervorragende Rolle bei jenen Veränderungen zum Besseren, die in den sowjetisch-bundesdeutschen Beziehungen vor sich gingen.
Sie sind ein Mensch aus der Kriegsgeneration, auch ich habe den Krieg kennengelernt, und nicht aus Büchern. Beide Völker stießen damals in einem schrecklichen und todbringenden Kampf aufeinander.
Ich glaube, wir leben in einer Zeit, in der alle daraus Lehren ziehen müssen. Und nicht nur daraus. Die Menschheit scheint in ihrer Entwicklung jetzt tatsächlich so weit zu sein, daß sie wirklich ein Gesamtfazit aus ihrer Geschichte ziehen kann. Und ich würde einer Ihnen wohlbekannten Formel jetzt nicht mehr zustimmen, wonach die Geschichte nur das eine lehrt – nämlich, daß der Mensch aus ihr nichts lernt.
...Wir möchten uns auf die Zukunft, auf die neuen Beziehungen zubewegen. Wir können aber nicht darauf hoffen, wenn wir die Rea-

litäten, die in Verträgen und Vereinbarungen verankert sind, ignorieren.
Ich glaube, daß wir für so eine Fragestellung politisch reif geworden sind. Das sage ich um so überzeugter, weil hinter uns eine neunzehnjährige Erfahrung bei der Erfüllung des Vertrages von 1970 liegt.
Friedrich Schiller sagt: »Es wächst der Mensch mit seinen größeren Zwecken.« Und ich hoffe, daß wir genug Weisheit und Weitsicht haben, um nach dem Ziel zu streben, das des 21. Jahrhunderts würdig ist.
...Meine Damen und Herren! Kein verantwortungsbewußter Politiker kann es sich leisten, unter Berufung auf existierende Unterschiede zwischen den sozialen Systemen und Staaten ihre Zugehörigkeit zu einer modernen Zivilisation zu ignorieren.
...In der Tat haben wir viele gemeinsame Sorgen, und dabei haben wir doch so wenig Zeit. Während der Osten und der Westen im kalten Krieg frontal aufeinanderprallten, entstanden noch nie dagewesene Gefahren und Bedrohungen, die alle anderen politischen Differenzen doch unwichtig erscheinen lassen.
An erster Stelle steht nach wie vor die nukleare Gefahr, die für keinen Augenblick vergessen werden darf, trotz bemerkbarer Änderungen im internationalen Klima.
Die fortschreitende Umweltverschmutzung und die Zerstörung der Natur kommen mit einer Geschwindigkeit auf uns zu, die noch vor kurzem undenkbar schien. Die Gesundheit unseres Planeten ist bereits angeschlagen, und auch dies ist unser aller gemeinsames Unglück.
Sehr geehrter Herr Bundespräsident!
Während Ihres Besuches in der UdSSR haben Sie erklärt: ›Je deutlicher unsere Vorstellungen vom morgigen Tag, desto sicherer wählen wir heute den richtigen Weg.‹
Wir kennen die Realitäten und die dramatischen Ereignisse der heutigen Welt. Und ein richtiger Weg setzt voraus, daß wir ab jetzt nie mehr vergessen, daß niemand seine eigene Sicherheit und sein Wohlergehen auf Kosten des anderen gewährleisten kann.
Nur unter diesen Bedingungen können wir imstande sein, über die Schwierigkeiten hinwegzukommen, die wir von der Vergangenheit geerbt haben, und in die Zukunft unserer Beziehungen aufbrechen.
Das sowjetische Volk ist dazu bereit. Mit dieser Mission und mit allen Vollmachten unseres Volkes sind wir in die Bundesrepublik zu einem offiziellen Staatsbesuch auf Ihre Einladung, Herr Bundespräsident, gekommen.
Auf das gegenseitige Vertrauen und Verständnis, auf die Zusammenarbeit zwischen unseren Ländern!
Ich danke Ihnen.«
In einer Pressekonferenz nahm Michail Gorbatschow zu den Ergebnissen seines Besuches in der Bundesrepublik Deutschland Stellung.
Britisches Fernsehen: Viele Westdeutsche sind der Ansicht, daß die Berliner Mauer eine physische und politische Barriere auf dem Weg der vollständigen Annäherung zwischen ihren beiden Staaten bildet. Sind Sie der Ansicht, daß das gesamteuropäische Haus, das Sie anstreben, möglich ist, solange die Berliner Mauer besteht?
Gorbatschow: Ich glaube, die Fragestellung darauf zu reduzieren, daß das einzige Hindernis auf dem Weg zum Aufbau eines europäischen Hauses die Berliner Mauer bildet, wäre unseriös. Wir werden viele Fragen zu lösen haben, um das europäische Haus im Interesse aller Völker zu bauen, indem wir ihre Traditionen und Geschichte achten und Bedingungen für eine gleichberechtigte, gegenseitig vorteilhafte Zusammenarbeit schaffen. Nichts unter der Sonne ist ewig. Hoffen wir, daß wir auf dem richtigen Weg sind. Die Mauer ist aus einer konkreten Situation entstanden. Sie wurde nicht durch böse Absicht geschaffen. Die DDR hat dies beschlossen, indem sie ihre souveränen Rechte nutzte. Die Mauer kann verschwinden, wenn die Voraussetzungen entfallen, die zu ihrer Entstehung geführt haben. Ich sehe aber hier kein großes Problem.
»Maulwurf«: Was möchten Sie speziell den jungen Menschen der Bundesrepublik sagen?

Gorbatschow: Ich würde die Jugend unserer beiden Länder auffordern, sich aktiv an dem Prozeß der Gestaltung der Annäherung unserer Völker zu beteiligen und die Stafette der Zusammenarbeit, des Vertrauens weiterzutragen. Das ist, meines Erachtens, der größte gemeinsame Wunsch der Erwachsenen.

»Mlady Svet«, ČSSR: Herr Präsident...

Gorbatschow: Weshalb beginnen Sie mich »Herr« zu nennen?

»Mlady Svet«, ČSSR: Wir sind hier auf dem Gebiet der Bundesrepublik Deutschland. Entschuldigen Sie. Also, Herr Genosse Präsident! Ich bin der Pressevertreter eines Landes, das als einziges in Europa eine gemeinsame Grenze sowohl mit der Sowjetunion als auch mit der Bundesrepublik Deutschland hat. Nicht nur deshalb haben wir mit großem Interesse Ihren Besuch hier verfolgt. Doch möchte ich Sie folgendes fragen: Hier wurde an dem europäischen Haus gebaut. Welchen Platz gibt es in diesem europäischen Haus für so kleine Länder wie die Tschechoslowakei? Wo werden wir wohnen, im Keller, in der ersten Etage? Wo?

Gorbatschow: Ich glaube dort, wo Sie leben. Ich liebe Ihr Land. Wir benötigen kein europäisches Haus, das den Menschen das wegnimmt, was sie ohne das Haus bereits gehabt haben. Im Gegenteil, es sollte noch einiges dem hinzufügen, was sie bereits heute haben. Das gemeinsame europäische Haus kann nicht ohne Ihre Zustimmung aufgebaut werden und so sein, daß man sich darin schlechter fühlt als zuvor. Das Gegenteil sollte der Fall sein. Deshalb denke ich an unser gemeinsames europäisches Schicksal mit Optimismus und mit großer Zuversicht.

Sowjetisches Fernsehen Wremja: Auf welchem Gebiet der sowjetisch-bundesdeutschen Beziehungen möchten Sie, Michail Sergejewitsch, die schnellsten Fortschritte bei unserer Zusammenarbeit sehen? Und die zweite Frage: Wir alle haben gesehen, mit welchem Enthusiasmus man Sie hier empfangen hat, buchstäblich überall, wo die sowjetischen Gäste aufgetaucht sind. Haben Sie vor Ihrer Ankunft in der Bundesrepublik erwartet, daß dieser Besuch in einer solchen Atmosphäre stattfindet, und wie erklären Sie dies?

Gorbatschow: Eine schwierige Frage, obwohl sie ganz einfach ist. Ich möchte, daß unsere Zusammenarbeit in allen Bereichen an Dynamik gewinnt. Im Hinblick auf die wirtschaftliche Zusammenarbeit sind wir zurückgeblieben. ...Ich glaube, wir würden den Hoffnungen unserer Völker nicht gerecht werden, wenn wir nicht breite Möglichkeiten für einen Jugendaustausch, für den touristischen Austausch, den Austausch zwischen breiten Kreisen der Öffentlichkeit schaffen... Doch möchte ich unterstreichen, man muß sich gegenwärtig vor allem den wirtschaftlichen Beziehungen widmen. Hier gibt es noch vieles nachzuholen, es ist eine Anpassung, eine organische Anpassung notwendig. Und daran sollte gearbeitet werden. Die zweite Frage: Ob wir eine solche Atmosphäre erwartet oder nicht erwartet haben, in der dieser Besuch stattfindet, und vor allem das Verhalten der breiten Massen, der breiten Schichten der Gesellschaft? Selbstverständlich bekomme ich Informationen, und ich wußte, daß in diesem Lande das Interesse an der Perestroika, an unserer Politik groß ist. Ich meine, daß die Grundlage dafür die Veränderungen in der Sowjetunion liefern. Das ist das wichtigste. Und zweitens, was nicht minder wichtig ist, wollen die Menschen in der ganzen Welt Veränderungen zum Besseren. Sie sind des kalten Krieges müde geworden.

...Es gibt noch eine Tatsache: Diese beiden Völker haben ein einmaliges Schicksal, sie sind stark miteinander verflochten. Es gibt dort Seiten der Zusammenarbeit, viele Übereinstimmungen; es gibt auch eine Tragödie. Und die Menschen, vor allem die ältere Generation, die diese erlebt hat, will, so lange sie noch lebt, diese Beziehungen auf solche Gleise leiten, daß aus der Geschichte unserer Beziehungen das Beste übernommen wird und aus der Tragödie Lehren gezogen werden, damit diese Weis-

heit und die Schlußfolgerungen den neuen, ins Leben eintretenden Generationen auf den Weg gegeben werden. Ich glaube, das gibt es auch.
US-Korrespondentin: Außenminister Genscher sagte mir gestern, er sei der Meinung, daß der kalte Krieg beendet wurde. Viele Menschen in der Bundesrepublik und in den USA denken tatsächlich, daß der kalte Krieg beendet ist und es deshalb keine militärische Bedrohung seitens der UdSSR gibt. Sind Sie auch der Meinung, daß ungeachtet einiger alter Formulierungen in den Nato-Dokumenten der kalte Krieg beendet ist und die Sowjetunion keine militärische Bedrohung seitens des Westens spürt?
Gorbatschow: Ich meine, wir haben die Epoche des kalten Krieges verlassen, obwohl es noch gelegentlich Frost oder Zugluft gibt. All das gibt es noch, und ich meine, das ist natürlich. Meines Erachtens gibt es in der Welt ein tiefgehendes Verständnis dafür, einen anderen Weg zu gehen unter Berücksichtigung der beiderseitigen Beziehungen und der gegenseitigen Abhängigkeit. Der Imperativ der gegenwärtigen modernen Welt ist mit neuen Realitäten verbunden, die auch wir nicht ignorieren können. Der Verstand ist einfach dazu verurteilt, eine neue Etappe in der Entwicklung der internationalen Beziehungen zu nennen.
Ich danke Ihnen für die Aufmerksamkeit und die Zusammenarbeit. Ich schätze sie immer sehr.
Am 15. Juni 1989 besuchte Michail Gorbatschow auf Einladung der Betriebsräte und Vertrauensleute die Stahlarbeiter der Westfalenhütte (Hoesch AG) in Dortmund.
Der Ministerpräsident von Nordrhein-Westfalen, Johannes Rau, begrüßte den Gast mit den Worten: »Wir heißen Sie in Nordrhein-Westfalen von Herzen willkommen. Am 1. Mai 1972 haben Hunderttausende von Arbeitnehmern hier in Dortmund demonstriert für Willy Brandt und für die Ostverträge. Ohne Dortmund, ohne das Ruhrgebiet gäbe es die Politik der Entspannung nicht, die wir heute hoffentlich vorantreiben und die Ihr Besuch hoffentlich weiterbringt. Die Betriebsräte und die Vertrauensleute, die Sie, Herr Generalsekretär, hierhin eingeladen haben, stehen in dieser Tradition von 1972. Sie setzen mit vielen Menschen in unserem Land große Hoffnungen in Ihren Besuch. Und ich denke, wir können auch nach den Texten, die unterschrieben sind, sagen, diese Hoffnungen sind berechtigt.
Jetzt kommt es darauf an, daß auf gute Texte gute Taten folgen, die sind entscheidend. Die Arbeitnehmer in der Sowjetunion und in unserem Land haben bei allen Unterschieden auch gemeinsame Interessen. Sie wollen vor allem anderen Frieden. Sie wollen, daß endlich Schluß gemacht wird mit der Überrüstung auf der Welt. Die Menschen, die hier arbeiten, wollen Werkzeugmaschinen bauen statt Panzer, Solartechnik statt Raketen, Anlagen zur Aufbereitung von Trinkwasser statt Kampfhubschrauber.
...Und darum bieten wir Zusammenarbeit an in allen Bereichen. Lassen Sie uns gemeinsam die wirtschaftliche Zusammenarbeit ausbauen, den kulturellen Austausch stärken und den Umweltschutz über alle trennenden Grenzen hinweg entwickeln.
Herr Staatspräsident, bitte sagen Sie den Menschen in der Sowjetunion, wir Deutsche wollen mit Herz und Verstand gute Partner sein bei der gewaltigen Aufgabe, diese eine Welt, in der wir alle gemeinsam leben, so zu gestalten, so zu erhalten, so zu bewahren, daß wir sie guten Gewissens an unsere Kinder weitergeben können.«
Auch Michail Gorbatschow hielt eine Ansprache: »...Wir wissen noch nicht alles über unsere Gesellschaftsform, die wir anstreben«, führte er unter anderem aus, »doch wir wissen, daß es sich um eine Gesellschaftsform handeln wird mit umfassender Demokratie; um eine Gesellschaft, die auf gesamtmenschlichen Werten basiert; um eine Gesellschaft, in der die Interessen der arbeitenden Menschen an erster Stelle stehen werden; um eine Gesellschaft, in der die Gesellschaft die Macht ausübt.
Wir zwingen die Perestroika niemand auf. Die Perestroika brauchen wir selbst. Wir wissen nur eins: Falls wir mit unseren Auf-

gaben und Problemen fertig werden, falls wir die Ziele der Perestroika erreichen, so wird dies ein Vorteil nicht nur für unser Volk, sondern für alle Völker der Welt sein.
...Wenn Sie mich danach gefragt hätten, was auf mich den stärksten Eindruck während dieser Besuchstage und bei den Begegnungen mit den Menschen der Bundesrepublik Deutschland gemacht hat, so würde ich folgendes sagen: Das, was uns hier in diesem Lande begegnet ist, hat uns sehr bewegt. Wir haben viele Gesichter gesehen, wir haben vielen in die Augen geschaut und haben eine gewaltige Sympathie gespürt, ich würde sagen, eine ›Bewegung der Seele‹, den Wunsch, einander entgegenzukommen, mehr zusammenzuarbeiten, einander mehr zu vertrauen, gemeinsam für eine bessere Welt zu kämpfen. Das ist das wichtigste.
...Wollen wir zusammenarbeiten, jeder von seinem eigenen Land aus, aber unter den Bedingungen des Zusammenwirkens, um eine bessere Zukunft für unsere Völker und die ganze Weltgemeinschaft aufzubauen.
...Und wünsche dem Volk der Bundesrepublik Frieden und Wohlergehen.«[55]

Kommunismus

Wenn rund siebzig Jahre lang in der Sowjetunion und über vierzig Jahre lang in osteuropäischen Ländern versucht wurde, den »neuen Menschen« zu schaffen, so zeigt sich heute, daß dieser theoretisch hochinteressante Versuch am alten Adam selbst gescheitert ist.
Dabei ist der Kommunismus in seiner Theorie nicht schlecht, aber man hat den Menschen dabei vergessen. Der nächste Versuch eines besseren Sozialismus kommt bestimmt, mit demokratischen Formen. Ob er gelingt? In der UdSSR hat die KPdSU 20 Millionen Mitglieder, sie ist heute die gesellschaftliche Vorhutkraft, die in der Lage ist, den Übergang zum erneuerten, demokratischen Modell des Sozialismus zu schaffen, ob er gelingen wird? Die Zukunft wird es zeigen. Die UdSSR wird schwere Jahre durchmachen müssen.
Wie der Kommunismus wirklich war und wie sie sich halfen, die Genossen, ergibt sich aus einem Gespräch: Jemand sagte Breschnew, wie schwer es die Leute mit geringem Einkommen hätten. Er aber antwortete: »Sie kennen das Leben nicht. Niemand lebt vom Lohn allein. Als ich noch jung war und die Fachschule besuchte, hatten wir einen Nebenverdienst: Wir luden Güterwagen aus. Ich weiß noch, wie wir es machten: Drei Säcke oder Kisten wurden ausgeladen, und einen Sack oder eine Kiste schafften wir an die Seite. So leben alle in unserem Land.«
Es heißt, Fisch fängt am Kopf zu stinken an. Breschnew hielt sowohl die Schattenwirtschaft als auch die Ausplünderung der Leute im Dienstbereich und die Bestechung der Beamten für etwas durchaus Normales. Es wurde beinahe zur Lebensnorm. Man erinnere sich an die Worte von Saint-Simon, der schon vor langer Zeit bemerkte, Nationen könnten ebenso wie Individuen auf zweierlei Art leben: entweder durch Stehlen oder durch Produktion.[56]

50. Jahrestag des Ausbruchs des Zweiten Weltkrieges

Der Schriftsteller Heinrich Böll, Soldat im Zweiten Weltkrieg, schrieb über die Wirklichkeit des Krieges: »Gäbe es das vieltausendstündige Tonband, auf dem die Schreie, die Flüche, das Wimmern, auch die Gebete und die letzten Worte der getöteten Soldaten registriert werden, die Rufe nach der Frau, dem Mädchen, der Mutter – es würde den Lärm sämtlicher Rock- und Popbands der ganzen Welt übertönen. Und es müßte einer sehr lange, wahrscheinlich ein Jahr lang, und sehr langsam dieses Tonband abhören, um auch nur einmal die Worte Vaterland, Führer, Nation als letzte Worte eines Sterbenden zu hören.«
Warum kam es zum Krieg? In den vergangenen fünfzig Jahren wurde eine Unzahl

von Antworten auf diese Frage gegeben: Eroberungspläne, eine gespannte Situation, wirtschaftliche und politische Rivalitäten, ideologische Intoleranz. Aber der Krieg wurde auch deshalb begonnen, weil an der Spitze der europäischen Staaten Männer aus einem bereits vergangenen Zeitalter standen. Es ist ein tragisches Paradox der europäischen Geschichte in den ersten fünfzig Jahren des 20. Jahrhunderts, daß der rapide technologische Fortschritt das politische Denken und die politische Moral überflügelte.

Heute ist uns klar, daß nur wirkliche Demokratie und Moral die Welt vor Kriegen bewahren können.

Der Krieg wurde auch deshalb begonnen, weil diejenigen, die ihn wollten, nicht erkannten, daß in einer veränderten Welt globale politische Probleme nicht mehr durch militärische Gewalt zu lösen waren.

Der Zweite Weltkrieg begann am 1. September 1939. Nachdem Hitlers Truppen in Polen eingefallen waren, erklärten England und Frankreich am 3. September 1939 Deutschland den Krieg. In den folgenden Monaten walzte die deutsche Kriegsmaschinerie halb Europa nieder. Polen, Norwegen, Dänemark, Frankreich und andere Länder brachen zusammen.

Stalin sah der Entwicklung abwartend entgegen. »Das kapitalistische System«, sagte Stalin damals, »ist ein insolventes System.« Der Gedanke von der Unvermeidbarkeit einer Revolution in der kapitalistischen Welt im Falle eines Überfalls auf den ersten Arbeiter- und Bauernstaat war verbunden mit dem Glauben an einen unvermeidlichen Zusammenstoß innerhalb dieser Welt aufgrund der ungleichmäßigen Entwicklung des Kapitalismus. Man müsse lediglich abwarten und sich in keinen Konflikt vorzeitig hineinziehen lassen. Wenn sich aber dann die Kapitalisten richtig in den Haaren liegen, werde man das entscheidende Wort sprechen. Was die Rolle Stalins und des Nichtangriffspaktes mit Deutschland vom 23. August 1939 betrifft, so ist dieser von Winston Churchill in seinen Memoiren so umrissen worden: »Vom Standpunkt der Sowjetregierung muß gesagt werden, daß es für sie lebenswichtig war, das Aufmarschgebiet der deutschen Armee so weit wie möglich im Westen zu halten.«

Diesem Nichtangriffspakt folgte im September 1939 ein Freundschaftsvertrag. Das Bündnis mit Berlin sollte, so Stalins Vorstellung, die Möglichkeit geben, die Armee zu verstärken sowie eine Spaltung innerhalb der kapitalistischen Welt und einen Zusammenstoß zwischen den imperialistischen Staaten zu fördern.

Aus der heutigen Sicht ergibt sich folgende Schlußfolgerung: Kriege sind sinnlos geworden. Sollte sich diese Erkenntnis nicht durchsetzen, so sehe ich den Untergang der Menschheit nur noch als eine Frage der Zeit.

Der Vorsitzende der CDU/CSU-Bundestagsfraktion, Dr. Alfred Dregger, erinnerte in der Debatte aus Anlaß des 50. Jahrestages des Ausbruchs des Zweiten Weltkrieges am 1. September 1989 im Deutschen Bundestag in einem Rückblick auf die Katastrophe von vor fünfzig Jahren und die Konsequenzen, die daraus zu ziehen sind. Der deutsche Angriff auf Polen hat den Zweiten Weltkrieg ausgelöst, der für Europa zur schlimmsten Katastrophe seiner Geschichte wurde. Wer diese Zeit bewußt miterlebt hat oder von ihren Folgen besonders betroffen ist, wird nicht nur an diesem Tage nach den Ursachen und danach fragen, was wir tun müssen, damit sich eine ähnliche Katastrophe nicht wiederholt.

Bewahrung des Friedens, Sicherung der Freiheitsrechte der Menschen und eine Friedensordnung für Europa gehören denn auch zu den großen Themen, die den Deutschen Bundestag von der ersten Legislaturperiode an immer wieder beschäftigt haben.

Zunächst ein Blick zurück. Es war Hitler, der, nachdem er die Macht in Deutschland an sich gerissen hatte, den Zweiten Weltkrieg entfesselte. Und es war Stalin, der das durch den Pakt mit Hitler ermöglicht hat.

Aber auch die alten Führungsmächte und die alten Führungsschichten Europas, von

rühmlichen Ausnahmen abgesehen, hatten es nicht vermocht, eine gerechte und menschenwürdige Friedensordnung für Europa zu schaffen und zu erhalten. Manches, was zum Ausbruch des Zweiten Weltkrieges beitrug, hatte schon am Zustandekommen des Ersten Weltkrieges mitgewirkt: Nationalismus und Chauvinismus, die das Gegenteil von wahrem Patriotismus sind – denn wer sein Volk liebt, führt es nicht in einen Krieg –, Maßlosigkeit und Rücksichtslosigkeit gegenüber anderen Völkern sowie hybride Überschätzung der eigenen Art und Stärke sowie mangelnde Einsicht in die sich ständig steigernde Zerstörungsgewalt moderner Kriegstechnik, die den Versuch, politische Ziele mit militärischen Mitteln zu erreichen, zur Sinnlosigkeit werden läßt. Verhängnisvoll wirkte sich eine mit größtem Raffinement geübte Lügenpropaganda aus, die es den meisten Menschen unmöglich machte, Wahrheit und Unwahrheit voneinander zu unterscheiden.
Zu dem Krieg an den Fronten, dem schon im Ersten Weltkrieg Millionen von Soldaten zum Opfer gefallen waren, kamen im Zweiten Weltkrieg neue Dimensionen: der grausame Luftkrieg gegen die Zivilbevölkerung, das heißt gegen Frauen, Kinder und Greise, und die nicht weniger grausame Vertreibung der Zivilbevölkerung, das heißt ebenfalls von Frauen, Kindern und Greisen, von Millionen von Menschen aus ihrer seit Jahrhunderten angestammten Heimat.
Schändlicher noch als alles andere waren aber die schrecklichen Ausrottungsmorde, die im Schatten des Kriegsgeschehens und unter dessen Tarnung vor allem an den Juden Europas verübt wurden.
Wenn man nach den tieferen Ursachen dieser furchtbaren Geschehnisse forscht, so mag es unterschiedliche Antworten geben; nicht jeder wird dieselbe geben. Ich sehe die tiefste Ursache in der Abkehr von Gott. Ohne diese Bindung verliert der Mensch seine einzigartige Würde, seine Gottebenbildlichkeit, was ihn leicht zum Werkzeug wahnhafter Ideologien werden läßt. Die Väter des Grundgesetzes haben aus ihren Erfahrungen und Erkenntnissen den Kernsatz unserer Verfassung entwickelt. Er lautet:
Präambel des Grundgesetzes
Die Väter des Grundgesetzes haben das freiheitlichste Grundgesetz der deutschen Geschichte geschaffen, ja das freiheitlichste in der ganzen Welt. »Im Bewußtsein seiner Verantwortung vor Gott und den Menschen, von dem Willen beseelt, seine nationale und staatliche Einheit zu wahren und als gleichberechtigtes Glied in einem vereinten Europa dem Frieden der Welt zu dienen, hat das deutsche Volk in den Ländern Baden, Bayern, Bremen, Hamburg, Hessen, Niedersachsen, Nordrhein-Westfalen, Rheinland-Pfalz, Schleswig-Holstein, Württemberg-Baden und Württemberg-Hohenzollern, um dem staatlichen Leben für eine Übergangszeit eine neue Ordnung zu geben, kraft seiner verfassungsgebenden Gewalt dieses Grundgesetz der Bundesrepublik beschlossen.
Es hat auch für jene Deutschen gehandelt, denen mitzuwirken versagt war. Das gesamte deutsche Volk bleibt aufgefordert, in freier Selbstbestimmung die Einheit und Freiheit Deutschlands zu vollenden.«
Auszüge aus dem Grundgesetz für die Bundesrepublik Deutschland:
Artikel 1 (Schutz der Menschenwürde)
1. Die Würde des Menschen ist unantastbar. Sie zu achten und zu schützen ist Verpflichtung aller staatlichen Gewalt.
2. Das deutsche Volk bekennt sich darum zu unverletzlichen und unveräußerlichen Menschenrechten als Grundlage jeder menschlichen Gemeinschaft, des Friedens und der Gerechtigkeit in der Welt.
3. Die nachfolgenden Grundrechte binden Gesetzgebung, vollziehende Gewalt und Rechtsprechung als unmittelbar geltendes Recht.
Artikel 2 (Freiheitsrechte)
1. Jeder hat das Recht auf die freie Entfaltung seiner Persönlichkeit, soweit er nicht die Rechte anderer verletzt und nicht gegen die verfassungsmäßige Ordnung oder das Sittengesetz verstößt.
2. Jeder hat das Recht auf Leben und körperliche Unversehrtheit. Die Freiheit der

Person ist unverletzlich. In diese Rechte darf nur aufgrund eines Gesetzes eingegriffen werden.

Artikel 3 (Gleichheit vor dem Gesetz)

1. Alle Menschen sind vor dem Gesetz gleich.
2. Männer und Frauen sind gleichberechtigt.
3. Niemand darf wegen seines Geschlechtes, seiner Abstammung, seiner Rasse, seiner Sprache, seiner Heimat und Herkunft, seines Glaubens, seiner religiösen oder politischen Anschauungen benachteiligt oder bevorzugt werden.

Artikel 5 Absatz 1 (Die Freiheit der Meinung, der Information, der Presse)

Jeder hat das Recht, seine Meinung in Wort, Schrift und Bild frei zu äußern und zu verbreiten und sich aus allgemein zugänglichen Quellen ungehindert zu unterrichten. Die Pressefreiheit und die Freiheit der Berichterstattung durch Rundfunk und Film werden gewährleistet. Eine Zensur findet nicht statt.

Artikel 8 (Versammlungsfreiheit)

1. Alle Deutschen haben das Recht, sich ohne Anmeldung oder Erlaubnis friedlich und ohne Waffen zu versammeln.
2. Für Versammlungen unter freiem Himmel kann dieses Recht durch Gesetz oder aufgrund eines Gesetzes beschränkt werden.

Das ist die Staatsräson der Bundesrepublik Deutschland. Die Würde des Menschen heißt, die Würde jedes Menschen, die Würde jedes einzelnen Menschen, ohne Rücksicht auf Rasse oder Klasse. Haben wir, hat die Welt aus dem gelernt, was von 1914 bis 1945 im »zweiten dreißigjährigen Krieg«, wie Raymond Aron ihn bezeichnet hat, geschehen ist?

...Auch für uns Deutsche ist die Nation eine Kraft, die dazu beitragen wird, die DDR für die Demokratie reif zu machen. Das Fehlen der Demokratie, der persönlichen Freiheit und des daraus erwachsenden Wohlstandes der breiten Schichten in der DDR ist ja das einzige, was Mitteldeutschland und Westdeutschland voneinander unterscheidet. Wenn diese Unterschiede wegfallen – sie werden wegfallen, weil sich auch die DDR den Entwicklungen in Osteuropa nicht entziehen kann und weil die Menschen in der DDR es satt sind, das länger zu ertragen, was drüben als Sozialismus bezeichnet wird –, dann ist auch die staatliche Einheit der deutschen Nation nicht mehr aufzuhalten.

In früheren Jahrhunderten sind Europa große Friedensschlüsse gelungen. Sie waren groß, weil in ihnen nicht nur die Sieger, sondern auch die Besiegten zu Garanten der wiederhergestellten Ordnung gemacht wurden. So war es 1648 im Westfälischen Frieden von Münster und Osnabrück, durch den das gegenseitige Verzeihen und die Versöhnung ausdrücklich zum Vertragsbestand gemacht wurden. Verzeihen und versöhnen, das ist ein christliches Gebot.

Auch am Ende der napoleonischen Ära stand ein Vertrags- und Versöhnungsfrieden. Das besiegte Frankreich wurde in seiner territorialen Integrität nicht angetastet. Es wurde als gleichberechtigter Partner an den Friedensverhandlungen beteiligt und übernahm wieder seine alte Rolle im Konzert der Mächte, wie man es damals nannte. Das Gegenbeispiel ist der Versailler Vertrag von 1919, bei dem sich die Siegermächte nicht damit begnügten, dem Besiegten Gebietsverluste und sinnlose Reparationslasten aufzuerlegen. Die Sieger demütigten den Besiegten zusätzlich, indem sie ihn von den Verhandlungen ausschlossen und ihm die alleinige Schuld am Kriegsausbruch zuwiesen.

Am Ende des Zweiten Weltkrieges kam eine Friedensordnung in Europa schon deshalb nicht zustande, weil die Allianz der Siegermächte an dem fundamentalen Gegensatz zwischen freiheitlicher Demokratie und kommunistischer Diktatur zerbrach. Nur der gemeinsam geführte Krieg gegen Hitler-Deutschland hatte diesen Gegensatz für wenige Jahre überdecken können.

Wenn auch das gesamteuropäische Friedenswerk noch aussteht: es ist manches geschehen und es geschieht manches, was diesen Friedensschluß vorbereitet. Westlich der Teilungslinie ist eine Friedensordnung entstanden, die aus Feinden gute Nachbarn, Freunde und Verbündete gemacht hat. Was

in Europa im Westen gelungen ist, kann in manchem Modell für eine Friedensordnung für Gesamteuropa sein.
...Im Zeichen der Einheit und Freiheit Europas werden auch Polen und Deutsche zueinander finden, wie nach dem Kriege Franzosen und Deutsche zueinander gefunden haben. Was den Ausgleich mit dem Osten schwieriger macht als mit dem Westen, ist die Tatsache, daß im Osten nicht nur Grenzen verschoben, sondern auch Millionen Menschen aus ihrer seit Jahrhunderten angestammten Heimat vertrieben wurden. Hier wurde schweres Unrecht, das vorausgegangen war, mit schwerem Unrecht vergolten. Es traf auf beiden Seiten Millionen Unschuldiger.
...Bei allem Schlimmen, das Polen und Deutsche erlitten und sich gegenseitig zugefügt haben, sie müssen nach vorne blicken. Polen und Deutsche waren seit Anbeginn ihrer Geschichte Nachbarn. Sie müssen wieder gute Nachbarn werden.
Dazu kann vielleicht die Erkenntnis beitragen, daß Stalin mit der Westverschiebung Polens auch die Absicht verfolgte, Deutsche und Polen auf Dauer zu Todfeinden zu machen, um sie besser beherrschen zu können. Diesen Wunsch Stalins dürfen Polen und Deutsche nicht erfüllen. Wir dürfen nicht Todfeinde sein.
...Es geht ja nicht um weniger als um eine gemeinsame, friedliche Zukunft, um eine Zukunft ohne Haß, ohne Angst, ohne Willkür, ohne Gewalt, um ein versöhntes, einiges und freies Europa, das mit beiden Weltmächten zusammenarbeitet, und in der Mitte Europas um ein einiges und freies Deutschland.[57] Ob ein geeintes, freies Europa gelingen oder ob es ein Experiment bleiben wird, wird die Zukunft zeigen.
»Schmieden wir Schwerter zu Pflugscharen um« ist der Titel eines Monuments, das seit 1957 vor der Residenz der UNO in New York steht. Es zeigt eine massige männliche Ganzfigur, die auf einem Amboß mit erhobenem Hammer eine Pflugschar aus einem Schwert schmiedet. Geschaffen hat das Werk der sowjetische Bildhauer Jewgeni Wutschetitsch (1908 bis 1974). Ob sich dieser Gedanke einmal verwirklichen lassen wird? Wenn man sich in der Welt umsieht, so hat es nicht den Anschein.

Preußens Gloria

Friedrich der Große (1712 bis 1786), Preußenkönig. Leitfigur fürs wiedervereinigte Deutschland? Die einen halten ihn bis heute für ein Genie, und die anderen für einen skrupellosen Machtpolitiker, dessen Größe, wie Sebastian Haffner urteilt, eher in seiner schier unbegrenzten Leidensfähigkeit und Charakterstärke zu finden ist und weniger in seinen Fähigkeiten als politischer und militärischer Stratege (wie Otto von Bismarck einer war).
Nach langen Irrfahrten kommen am 17. August 1991 mit einem Sonderzug vom Hohenzollernstammsitz Hechingen die »sterblichen Überreste« des »Philosophen von Sanssouci« (Friedrich der Große über sich selbst) nach Potsdam. Man will nun das Testament Friedrichs II. ernst nehmen: »Man bringe mich nach Sanssouci und bestatte mich dort ganz schlicht auf der Höhe der Terrasse, in einer Gruft, die ich mir habe herrichten lassen.« Der König verbat sich »Prunk und Protz«. Nun wird an jenem August-Tag, dem 205. Todestag Friedrichs, genau um Mitternacht, der Letzte Wille des Preußenkönigs erfüllt.
Der große Königsberger Philosoph Immanuel Kant (1724 bis 1804) nannte die preußischen Tugenden: Freiheit des Geistes.
Gerne wird heute im vereinten Deutschland Theodor Fontane zitiert, er war auf seine Weise ein guter Preuße. Wie er im Alter über Preußen dachte findet man in einem seiner schönsten Romane, dem »Stechlin«. Überheblichkeit und Arroganz verabscheute der große märkische Schriftsteller und Hugenotten-Sohn.
An den »Tag von Potsdam« – es war der 21. März 1933 – wird ungern gedacht, als Reichskanzler Adolf Hitler in der Garnisonskirche Franz von Papen und Paul von

Hindenburg weismachen wollte, er verkörpere mit der »nationalsozialistischen Revolution« die preußische Tradition.

Der erste Kanzler der Bundesrepublik, Konrad Adenauer, er war von 1920 bis 1933 Präsident des Preußischen Staatsrates, urteilte ganz im Sinne von Fontane und fand eine tiefe Abneigung gegen einen Staat, in dem der dümmste Leutnant mehr zu sagen hatte als der fähigste Staatsdiener in Zivil.

Aber der Wahrheit zuliebe muß man sagen, daß das Land Preußen auch willensstarke Ministerpräsidenten hatte, so den Sozialdemokraten Otto Braun, den »letzten König von Preußen«, wie ihn der ehemalige Regierungssprecher der Bundesrepublik Deutschland, Klaus Bölling, nannte, der in der Weimarer Republik die stabilste Regierung vorzuweisen hatte und wo ein Hort der Demokratie war.

In der ehemaligen DDR lebte der Geist von Preußen und sie wurde nicht umsonst das »Rote Preußen« genannt. In der Nationalen Volksarmee marschierten sie im »Stechschritt«.

Das Herz des alten guten Preußen hat schon lange aufgehört zu schlagen. Selbstlose Pflichterfüllung und eine gegen Korruption gefeite Gesellschaft wünscht man sich jedoch heute oft und deswegen erinnert sich mancher, gerade der Älteren, an Preußen.

Sowjetunion 1989

Die Sowjetunion ist trotz über siebzig Jahre Kommunismus Rußland geblieben. Und Rußland steht uns nicht nur geographisch näher als Amerika. Hier gehöre ich zu den Anhängern von Otto von Bismarck, der den Schlüssel zur gedeihlichen Entwicklung unseres Vaterlandes in einem positiven Verhältnis zu Rußland sieht.

Auch heute noch existiert nach Perestroika und Glasnost die Idee des Kommunismus, dies sagte Michail Gorbatschow noch vor einigen Jahren, wenn er über Stalin sprach, und das hörte sich so an: »Wenn wir bei der historischen Wahrheit bleiben wollen, müssen wir sowohl den unbestrittenen Beitrag Stalins zum Kampf für den Sozialismus und zur Verteidigung seiner Errungenschaften als auch die groben politischen Fehler und Willkürakte sehen, die er und die Personen um ihn begangen haben.« Und fährt fort: »Die Schuld Stalins und seiner engsten Vertrauten, die gegenüber Partei und Volk für Massenrepressalien und Willkür verantwortlich sind, ist groß und untilgbar.«[58]

Erinnern wir uns und verkennen wir die Lage nicht, wie sie in Rußland 1989 und davor schon war, der Kommunismus hatte abgewirtschaftet. Seine Satellitenstaaten waren so ausgebeutet, daß sie Zuschußbetriebe waren. Wer sollte sie nun unterstützen, damit sie linientreu blieben? Die Sowjetunion hatte selbst nichts mehr und seit Jahren gab es in verschiedenen Provinzen der UdSSR nur 500 Gramm Fleisch auf Zuteilung. Der Zusammenbruch dieses Systems, vor allem des Kommunismus, war vorauszusehen. Aber vergessen wir nicht, bis 1985, als Perestroika und Glasnost begannen, war die Versorgung mit Konsumgütern besser als es heute, im Jahre 1992, ist. Gorbatschow und auch sein ehemaliger Außenminister Schewardnadse weisen immer wieder in ihren Reden auf die gefährliche Situation hin, daß alles unberechenbar werden kann, wenn der Westen nicht hilft. Die Menschen beginnen abzuwägen, vergessen wir nicht, zwei Generationen in Rußland wurden vom Kommunismus geprägt, und das Militär? Noch wissen wir nicht wie es ausgehen wird.

Im Gegensatz zu jenen Deutschen, die noch im östlichen Ausland leben und politische Vorgänge realistischer sehen, sind viele Bundesbürger schon soweit, daß sie am liebsten die Bundeswehr abschaffen würden. Vergessen wir nicht Aussagen von Sowjetbürgern deutscher Nationalität, die im kommunistischen Block lebten und die den ganzen Haß gegen alles Deutsche zu spüren bekamen und sich trotzdem verzweifelt an ihr Deutschtum klammerten und klammern.

Wer vor einigen Jahren den Bericht »Heimat in der Fremde« von dem SRD-Korrespondenten Lutz Lehmann im Fernsehen ge-

sehen hat, der schämte sich nicht der Tränen, die ihm selbst als Zuschauer kamen.
In unverfälschten Dialekten ihrer deutschen Herkunftsländer deuteten unsere Landsleute ihre Leidens-Odysseen von der Krim oder der Ukraine in das ferne Karaganda an. »Reden ist Silber, Schweigen ist Gold!« sprach einer.
Aber sind wir eigentlich jene Deutschen noch, denen sie sich als Deutsche zugehörig fühlen? Die Leute aus Karaganda sind Deutsche geblieben; ich glaube, wir müssen es in mancher Hinsicht erst wieder werden.

Das Schicksal der Wolgadeutschen

Die Übersiedlung Tausender Sowjetdeutscher in den Westen belebt bei uns, wie auch in der Sowjetunion, die Diskussion über das Schicksal der Sowjetbürger deutscher Abstammung, über die Vernichtung ihrer autonomen Republik an der Wolga unter Stalin und ihr Leben in der UdSSR heute. Über ihre Vergangenheit, Gegenwart und Zukunft berichtet Hugo Wormsbächer.
Ich bin Sowjetdeutscher, Mitglied des Schriftstellerverbandes der UdSSR und Mitarbeiter in der Redaktion des Almanachs »Heimatliche Weiten«, beschäftige mich mit den Geschicken der Sowjetdeutschen. Ein Beitrag von mir wurde in der Literaturzeitschrift »Snamja« veröffentlicht. Ich bringe ihn mit geringfügigen Kürzungen.
Das Schicksal der Deutschen in der Sowjetunion nahm durch einen Erlaß des Präsidiums des Obersten Sowjet der Union der SSR vom 28. August 1941 eine drastische Wendung. »Über die Übersiedlung der Deutschen die in den Wolgarayons wohnen« – so der Titel des Erlasses – hat folgenden Wortlaut: »Laut genauen Angaben, die die Militärbehörden erhalten haben, befinden sich unter der in den Wolgarayons wohnenden deutschen Bevölkerung Tausende und aber Tausende Diversanten und Spione, die nach dem aus Deutschland gegebenen Signal Explosionen in den von Wolgadeutschen besiedelten Rayons hervorrufen sollen. Über das Vorhandensein einer solch großen Anzahl von Diversanten und Spionen unter den Wolgadeutschen hat keiner der Deutschen, die in den Wolgarayons wohnen, die Sowjetbürger in Kenntnis gesetzt, folglich verheimlicht die deutsche Bevölkerung der Wolgarayons die Anwesenheit der Feinde des Sowjetvolkes und der Sowjetmacht in ihrer Mitte.
Falls aber auf Anweisung aus Deutschland die deutschen Diversanten und Spione in der Republik der Wolgadeutschen oder in den angrenzenden Rayons Diversionsakte ausführen werden und Blut vergossen wird, wird die Sowjetregierung laut den Gesetzen der Kriegszeit vor die Notwendigkeit gestellt, Strafmaßnahmen gegenüber der gesamten deutschen Wolgabevölkerung zu ergreifen.
Zwecks Vorbeugung dieser unerwünschten Erscheinungen und um kein ernstes Blutvergießen zuzulassen, hat das Präsidium des Obersten Sowjet der UdSSR es für notwendig gefunden, die gesamte deutsche, in den Wolgarayons wohnende Bevölkerung zu übersiedeln, wobei den Übersiedelnden Land zuzustellen und eine staatliche Hilfe für die Einrichtung in den neuen Rayons zu erweisen ist. Zwecks Ansiedlung sind die an Ackerland reichen Rayons des Nowosibirsker und Omsker Gebietes, des Altaigaus, Kasachstans und anderer Nachbarortschaften bestimmt.
In Übereinstimmung mit diesem wurde dem Staatlichen Komitee für Landesverteidigung vorgeschlagen, die Übersiedlung der gesamten Wolgadeutschen unverzüglich auszuführen und die überzusiedelnden Wolgadeutschen mit Land und Nutzländereien in den neuen Rayons sicherzustellen.«
Ich bin überzeugt davon, daß dem Leser sofort die Ungereimtheiten in diesem Text aufgefallen sind. Wem soll da staatliche Hilfe geleistet, wem Acker- und Hofland zugewiesen werden? Spionen, Diversanten und ihren Handlangern? Der Text dieses Dokumentes ist natürlich zu erklaren. Er ergab sich aus der äußerst schwierigen Lage an der Front und aus dem Bestreben, unter

den Bedingungen des Krieges jedes mögliche Risiko zu vermeiden. Wer aber die tatsächliche Situation in der Autonomen Sozialistischen Sowjetrepublik der Wolga-Deutschen (ASSRdWD) kannte, dem fiel die ganze unlogische Begründung in diesem Erlaß sofort auf.

In der Republik lebten damals 380 000 Deutsche, die Mehrzahl von ihnen waren Kinder, Frauen und Greise. Außer den Deutschen lebten hier Russen, Kasachen, Kalmyken – insgesamt 200 000 Menschen. Folgt man dem Erlaß, so hätte es sich bei der gesamten erwachsenen männlichen deutschen Bevölkerung um Spione und Diversanten gehandelt. Und ausgerechnet sie hätten, wie der Erlaß behauptete, ihre Kinder und anderen Angehörigen »sprengen« sollen. Und zwar nicht irgendwo, sondern auf den Weizenfeldern, denn in der Republik gab es keine für Spione und Diversanten »interessanten« industriellen Objekte. Aber vielleicht verbargen die Wolgadeutschen diese Spione und Diversanten, wie der Erlaß feststellte, »in ihrer Mitte«. Es wäre absurd anzunehmen, »Tausende und aber Tausende Diversanten und Spione« hätten aus Deutschland in die kleine autonome Republik eingeschleust werden können. In den Dörfern kannte dort jeder jeden von Generation zu Generation. Jeder Fremde wäre sofort aufgefallen, so wie die Angehörigen des Volkskommissariats für Innere Angelegenheiten der UdSSR (KKWD) auffielen, die, um die dortige Bevölkerung auf ihre »Loyalität« hin zu testen, in deutschen Fallschirmjägeruniformen über der autonomen Republik abgesprungen waren. Augenzeugen berichteten, wie diesen Provokateuren eine entsprechende Abfuhr erteilt wurde. Anderes war auch nicht zu erwarten.

Viele Jahre wurde die gewaltsame Umsiedlung der Wolgadeutschen verschwiegen. Außerdem wurde den Sowjetbürgern im Laufe dieser Jahre immer wieder erklärt, der Erlaß vom 28. August 1941 sei lebensnotwendig gewesen. Es wurde eine Anzahl von Argumenten dafür angeführt. Keines davon hielt jedoch einer näheren Prüfung stand. Das tragische Los der Wolgadeutschen wie auch aller anderen Sowjetdeutschen bestand darin, daß man ihre Geschicke zu Unrecht, aber konsequent mit den Beziehungen zwischen unserem Land und Nazi-Deutschland sowie später der Bundesrepublik Deutschland verknüpfte.

Ihre Heimat ist Rußland und nicht Deutschland. Als Hitler den Krieg gegen die Sowjetunion vom Zaun brach, rechnete er auf die Hilfe einer aus Sowjetdeutschen bestehenden »fünften Kolonne«. Dafür gibt es Belege, die Louis de Jong in seinem 1958 erschienenen Buch »Die deutsche fünfte Kolonne im Zweiten Weltkrieg« vorgelegt hat. De Jong schreibt dazu: »In der Praxis ist aber aus dieser Maßnahme nichts geworden.« Und warum? »In der Sowjetunion war die deutsche Abwehr nicht in der Lage, sich auf die Hilfe der deutschen nationalen Minderheit zu stützen, weil diese so tief im Inneren Rußlands lebte, daß zu Volksdeutschen keine Verbindung aufgenommen werden konnte.«

Ich frage mich, ob nur dieser Sachverhalt von entscheidender Bedeutung war und Hitler einen Strich durch die Rechnung machte. Um auf diese Frage eine objektive Antwort geben zu können, müssen wir uns mit der Geschichte der Wolgadeutschen und der anderen Sowjetdeutschen erinnern. Das Leben der Sowjetdeutschen ist seit mehr als zwei Jahrhunderten mit der Geschichte Rußlands aufs engste verbunden. In Rußlands staatlichem, militärischem und wirtschaftlichem Leben sowie in Wissenschaft, Literatur und Kunst spielten sie eine bemerkenswerte Rolle.

Der Erste Sowjetkongreß der deutschen Kolonien des Wolgagebiets beschloß 1918 die Bildung eines Autonomen Gebietes der Wolga-Deutschen. Dieser Beschluß wurde am 19. Oktober 1918 durch ein Dekret des Rates der Volkskommissare, das von Lenin unterschrieben war, bestätigt. Das Autonome Gebiet der Wolga-Deutschen oder, wie es auch hieß, die »Arbeitskommune«, war das erste nationale Gebilde dieser Art nach Errichtung der Sowjetmacht. 1924

wurde das Autonome Gebiet in die Autonome Sozialistische Sowjetrepublik der Wolga-Deutschen umgewandelt.
Obgleich das Wolgagebiet 1921 von einer fürchterlichen Hungersnot heimgesucht worden war, kehrten Kolonisten, die während des Ersten Weltkrieges nach Amerika oder Deutschland ausgewandert waren, allmählich in die Republik der Wolgadeutschen zurück. Rasch tauchte die ASSR der Wolga-Deutschen in bezug auf ihre wirtschaftliche und kulturelle Entwicklung unter den autonomen Republiken der UdSSR mit an der Spitze auf. Diese Tatsachen zeigen, daß die Wolgadeutschen Teil des Sowjetvolkes waren. Es wäre ein Hohn, behaupten zu wollen, aus diesen Menschen hätte im Hinterland der Roten Armee eine »fünfte Kolonne« rekrutiert werden können.
Heute, wo wir die damalige Zeit überblicken können, müssen wir mit aller Entschiedenheit feststellen, daß der Erlaß über die Umsiedlung der Wolgadeutschen eine logische Fortsetzung der von Stalin verfolgten Politik der Repressalien, des Terrors und der Ungerechtigkeit war.
Obgleich sich der Erlaß formell nur auf die Wolgadeutschen bezog, wurde er faktisch auf die gesamten anderthalb Millionen Sowjetdeutschen ausgedehnt.
In Sibirien und Kasachstan wurden die Umsiedler auf die Dörfer verteilt. In jedem Dorf wurden einige Familien angesiedelt. Bei der Abreise aus der Heimat durften sie so gut wie kein Gepäck mitnehmen. Sie waren auf das Leben unter den neuen Bedingungen fast völlig unvorbereitet.
Im ersten Kriegsjahr wurden die Militärangehörigen deutscher Nationalität von der Front abgezogen. Man teilte sie der sogenannten Arbeitsarmee zu, die aus Umsiedlern bestand. Sie mußten in der Taiga, in den Minen und beim Bau von Betrieben im Ural arbeiten. Später wurden auch weibliche Deutsche über sechzehn Jahren zur Arbeitsarmee eingezogen. Über die Arbeitsarmee, der übrigens nicht nur Sowjetdeutsche angehörten, wurde bisher nur sehr wenig publik. Die vorliegenden Veröffentlichungen schildern lediglich den Beitrag ihrer Arbeit am Sieg. Vergeblich sucht man in solchen Veröffentlichungen eine wahrheitsgetreue Schilderung des schlechten körperlichen Zustandes der Arbeitssoldaten. Sie hausten in Barackenlagern, die mit Stacheldraht umzäunt waren. Auf den Wachtürmen waren MP-Schützen postiert, zur Arbeit wurde unter Bewachung marschiert.
Schlechte Verpflegung und harte Arbeit, besonders bei den Arbeitern in der Taiga, hatten eine hohe Sterblichkeit zur Folge. Ich kenne jemanden, der von einer 2000 Mann starken Abteilung als einziger überlebte. Neben Hunger und Schwerarbeit belastete die Arbeitssoldaten die moralische Demütigung: Sie, Sowjetbürger, galten als Helfershelfer der Faschisten. Natürlich wirkte sich die schwierige Lage an der Front auf das moralische Klima im Lande aus. Schließlich ging es um die Existenz des Sozialismus als Gesellschaftsordnung. Dafür mußten alle materiellen und menschlichen Reserven aufgeboten werden. Um den Krieg zu überstehen, wurde in der Bevölkerung Haß gegen die faschistischen Eindringlinge erzeugt. Den Höhepunkt bildeten damals die Zeitungsartikel Ilja Ehrenburgs. Einer von ihnen, an den sich auch heute noch mancher erinnert, trug den Titel: »Tötet die Deutschen!« Dieser Appell, der gegen den Feind gerichtet war, betraf indirekt auch die Sowjetdeutschen, die offiziell der Handlangerdienste für die deutschen Faschisten beschuldigt worden waren.
Wie aber konnten sich unter diesen Umständen die Menschen, deren Männer, Söhne und Brüder im Krieg gegen die deutschen Faschisten fielen, sowie die Wachmannschaften der Arbeitsarmee-Lager den deutschen Umsiedlern gegenüber verhalten? Schließlich handelte es sich bei dem erwähnten »Prawda«-Artikel, auch wenn er später als teilweise irrtümlich erkannt wurde, um weit mehr als um eine reine Gefühlsäußerung seines Verfassers.
Das einzige Schuldkriterium für die Sowjetdeutschen war ihre Nationalität. Im März 1943 traf auf dem Bauplatz des Alu-

miniumwerkes Bogoslowski im Uralgebiet folgendes Telegramm ein, das heute besonders bitter zu lesen ist:
»An den Bauleiter, Genosse Kronow, den Leiter der Politabteilung, Genosse Kronow, den Leiter der Politabteilung, Genosse Gorbatschow, die Sekretäre der Parteiorganisationen, Genossen Schmidt und Stohl, die Tausendschaftsführer, Genossen Bräutigam, Obholz, Ehrlich und Pfundt, den Stachanowarbeiter, Genosse Epp.
Übermitteln Sie bitte den auf der Baustelle des Aluminiumwerks eingesetzten Arbeitern, Ingenieuren, Technikern und Angestellten deutscher Nationalität, die 353 785 Rubel für den Bau von Panzern und 1 820 000 Rubel für den Bau einer Flugzeugstaffel gesammelt haben, meine brüderlichen Grüße und den Dank der Roten Armee. J. Stalin.«
Flucht aus der Arbeitsarmee galt als Fahnenflucht, das Urteil wurde häufig vor den angetretenen Arbeitssoldaten vollstreckt. Dennoch liefen viele davon – an die Front. Der Wunsch, mit der Waffe in der Hand gegen den Feind zu kämpfen, war stärker als die Todesfurcht. Wer einen deutschen Namen trug, konnte kein Soldat werden. Deshalb gaben sich die Arbeitssoldaten häufig als Angehörige anderer Nationalitäten aus.
Ende 1947 wurde die Arbeitsarmee weitgehend aufgelöst. Viele Sowjetdeutsche durften in die Orte, in die sie seit 1941 ausgesiedelt worden waren, zurückkehren. Bald aber brach ein neues Unheil über sie herein. Am 26. November 1948 kam ein neuer Erlaß heraus, worin es hieß, daß die Deutschen ebenso wie Kalmyken, Inguschen, Balkaren, Krim-Tataren und Angehörige anderer Völker für alle Zeiten umgesiedelt worden seien. Für das Verlassen der Verbannungsorte ohne Sondererlaubnis der Organe des Innenministeriums wurde Zwangsarbeit bis zu zwanzig Jahren angedroht. Für Menschen, die so viele Jahre in der Hoffnung gelebt hatten, in ihre Heimat zurückkehren zu können, die alle ihre Kräfte für den Sieg hingaben, war das mehr als ein schwerer Schlag. Ein ganzes Volk war in seinem eigenen Land zu Parias erklärt worden: Kein Sowjetdeutscher durfte in die KPdSU eintreten noch an einer Hochschule studieren oder in der Sowjetarmee dienen.
Es läßt sich nicht bestreiten, daß ein Teil der Sowjetdeutschen, die in die besetzten Gebiete geraten waren, tatsächlich mit der deutschen Besatzung kollaborierte: So ist bekannt, daß sie von den Hitlerfaschisten beispielsweise als Dolmetscher eingesetzt wurden. Sicherlich können auch manche von denen, die beim Rückzug der Deutschen ins Reich verschleppt wurden, bei der »totalen Mobilmachung« in die Hitler-Wehrmacht geraten sein. Sicher ist aber, daß sie nicht dem »Ruf des Blutes« folgend oder aus nationalen Gründen auf die Kollaboration mit den Besatzern einließen. Ebenso wie bei Angehörigen anderer Völker lagen in solchen Fällen häufig Motive vor, die dem Charakter dieser Menschen entsprangen. Von einem Massenverrat der Sowjetdeutschen, von irgendwelchen Verschwörungen gegen die Sowjetmacht kann keine Rede sein. Aus der Geschichte sind keine Tatsachen bekannt, die diese Erfindungen aus der Stalin-Zeit bestätigen würden.
Am 13. Dezember 1955 verabschiedete das Präsidium des Obersten Sowjet der UdSSR erneut einen Erlaß »Über die Aufhebung von Einschränkungen in der Rechtslage der ausgesiedelten Deutschen und ihrer Familienangehörigen«. Der Erlaß schrieb vor, Deutsche und ihre Angehörigen, die während des Großen Vaterländischen Krieges ausgesiedelt worden waren, sowie Deutsche, die Sowjetbürger sind und nach der Repatriierung aus Deutschland an Aussiedlungsorte gebracht wurden, von den Aussiedlerlisten zu streichen und ihre Beaufsichtigung durch die Organe des Ministeriums des Innern aufzuheben. Jedoch legte Punkt 2 des Erlasses fest, daß die Aufhebung der Einschränkungen für die ausgesiedelten Deutschen ihnen nicht das Recht gewährt, an die Orte zurückzukehren, aus denen sie ausgesiedelt worden waren. Und erst neun Jahre später wurden durch einen wei-

teren Erlaß des Präsidiums des Obersten Sowjet der UdSSR vom 28. August 1941 »Über die Übersiedlung der Deutschen, die in den Wolgarayons wohnen« die schweren Anschuldigungen der Begünstigung der deutschen Okkupanten durch die Sowjetdeutschen aufgehoben. Die Erlaubnis, in ihre Heimatorte zurückzukehren, wurde erst 1974 erteilt.

Dieser wichtige Schritt der damaligen Führung des Landes, durch den die Gerechtigkeit gegenüber den Bürgern deutscher Nationalität wiederhergestellt wurde, hätte eine entscheidende Rolle bei der Änderung ihrer Lage spielen können. Die Tatsache jedoch, daß der Erlaß von 1964 nicht in der gesamten sowjetischen Presse veröffentlicht wurde, zeugte von weiterbestehenden diskriminierenden Momenten in der Behandlung der Sowjetdeutschen.

Ich räume ein, daß ein Teil der Sowjetdeutschen, die in den Westen ausgereist sind, sich von dem aufrichtigen Wunsch leiten ließen, verwandtschaftliche Beziehungen wiederherzustellen. Dennoch bin ich davon überzeugt, daß dies nur Einzelfälle sind, denn es fällt doch schwer anzunehmen, daß beispielsweise die Gefühle für den ehemaligen Ehemann nach fünfundzwanzig oder dreißig Jahren stärker sind als die Gefühle, die die ehemalige Ehefrau für ihre bereits erwachsenen Kinder empfindet, die die UdSSR vielleicht nicht verlassen wollten, sowie für ihre Enkelkinder, Dutzende von Verwandten und Freunde, von denen sie durch die »Familienzusammenführung« getrennt wurden.

Eine andere Erklärung ist meiner Ansicht nach logischer: Durch die Ausreise ins Ausland bekundete ein Teil der Sowjetdeutschen ihren Protest gegen die Politik der früheren Führung des Landes, bei der die Gleichberechtigung der Sowjetdeutschen mit allen anderen Nationen und Völkern der UdSSR nur deklariert, aber keine Realität war.

Vor allem ist das Erlernen der Muttersprache für die Sowjetdeutschen zu einem wunden Punkt geworden. Da es keine nationalen Schulen gab, konnte nur ein Teil der Sowjetdeutschen die Muttersprache erlernen. Diese Frage wurde so gelöst: Deutsch wurde unterrichtet, wenn es in einer Klasse die erforderliche Zahl von deutschen Kindern gab und wenn sich die Eltern für dieses Fach entschieden. Da jedoch die Deutschen über die ganze Sowjetunion verstreut sind, ist es für die meisten deutschen Kinder unmöglich, in der Muttersprache unterrichtet zu werden. Hinzu kam der Mangel an Deutschlehrern, an entsprechenden Lehrbüchern, an guten Unterrichtsplänen sowie der Tatsache, daß dieses Fach zusätzlich zum normalen Lehrplan unterrichtet wird. All das führte dazu, daß viele Sowjetdeutsche ihre Muttersprache nicht mehr beherrschen. Auch andere Momente spielten eine Rolle: Es fehlten Filme in deutscher Sprache, deutschsprachige Fernsehprogramme waren selten, Rundfunksendungen in deutscher Sprache waren nur kurz, es wurden nur wenige Werke der sowjetdeutschen Literatur in überaus kleinen Mengen beziehungsweise Auflagen publiziert und es gab praktisch keine Laienkunst in der Muttersprache. Ist es daher verwunderlich, daß mancher die Lösung dieser Probleme in der Emigration sah? Außerdem ging die Ausreise der Sowjetdeutschen mit einem »Gegenpropagandarummel« an ihren Wohnorten einher: Anstatt die wahren Gründe für die Ausreise zu nennen, wurden diejenigen, die den Krieg, den Einsatz in der Arbeitsarmee durchgemacht, an der Neulanderschließung mitgewirkt, gewissenhaft zum Wohl ihres Heimatlandes mitgewirkt und jahrelang auf die Wiederherstellung der Gerechtigkeit gehofft hatten, als Vaterlandsverräter und als Leute beschimpft, die ein leichtes, schickes Leben suchten!

Diesen Komplex von Problemen haben wir Rußlanddeutschen in die Perestroika übernehmen müssen. Ein Anzeichen für das neue Denken, für eine ernsthafte Erörterung einer Lösung dieser Fragen sehe ich darin, daß das Thema Autonomie in der sowjetdeutschen Presse diskutiert wird. Dabei ergibt sich folgendes Bild: Die überwiegende

Mehrheit der Sowjetdeutschen tritt für die Wiederherstellung der Autonomie ein, doch gibt es auch solche, die an der Notwendigkeit eines solchen Schrittes zweifeln, und sogar ausgemachte Gegner.

Die Argumente für eine Wiederherstellung der Autonomie sind gewichtig: Durch die Autonomie würden die Sowjetdeutschen faktisch die gleichen Rechte haben wie all die anderen sowjetischen Völker. Sie würden ihnen die Möglichkeit geben, sich als eine Nation mit ihrer nationalen Kultur, Literatur und Sprache im Sozialismus weiterzuentwickeln. Es wäre möglich, nationale Fachkräfte für Schulen, kulturelle Einrichtungen, Redaktionen und Verlage, für Rundfunk und Fernsehen heranzubilden.

Außerdem würde die Wiederherstellung der Autonomie die Sowjetdeutschen vom Pessimismus und ihrer Perspektivlosigkeit aus den Zeiten der Stagnation befreien. Sie würde ihnen Optimismus verleihen und, da bin ich ganz sicher, die Emigrantenzahl rapide senken.

Was wird aber gegen eine Wiederherstellung der Autonomie vorgebracht? Natürlich müssen auch diese Argumente genannt werden. Vor allem ist zu berücksichtigen, daß das autonome Gebilde ASSR der Wolga-Deutschen hieß, daß dort nur etwa ein Viertel der Sowjetdeutschen lebte. Ein Teil der Sowjetdeutschen, deren Vorfahren nie im Wolgagebiet gelebt haben, vertreten die Ansicht, sie könnten ohne Autonomie auskommen. Hier muß man der Tatsache Rechnung tragen, daß es heute weder Ukraine-Deutsche noch Krim-Deutsche, weder Kaukasus-Deutsche noch Wolga-Deutsche gibt, sondern einfach nur zwei Millionen Sowjetdeutsche, die durch die gemeinsame Vergangenheit, durch gemeinsame Probleme und durch die gleiche Lage verbunden sind. Aber wenn es ein autonomes Gebilde gibt, so heißt das ja nicht, daß man nicht außerhalb leben könnte. Man hätte jedoch immer die Möglichkeit, dorthin umzusiedeln.

Es gibt aber auch andere Einwände gegen die Autonomie. Von ihren Lebenserfahrungen ausgehend, meinen manche, daß eine Wiederherstellung der Autonomie wiederum eine Zwangsumsiedlung in die alte Heimat zur Folge hätte. Viele haben in den Umsiedlungsgebieten ein neues Leben aufgebaut. Sie erklären offen: Sollen wir denn wieder wie 1941 alles Erworbene und Erarbeitete stehen und liegen lassen und erneut von vorne anfangen? Gegen die Autonomie stemmen sich auch die nichtdeutschen Wirtschaftsleiter, Partei- und Staatsfunktionäre. Dabei verfolgen sie die Wirtschaftsinteressen ihrer Rayons, Gebiete und Republiken, spielen doch die Sowjetdeutschen im Wirtschaftsprozeß eine nicht unerhebliche Rolle.

Bei diesen Argumenten werden zwei Momente außer acht gelassen: Zum einen werden nicht alle Deutschen aus den betreffenden Regionen ausreisen wollen. Zum anderen, und das ist meiner Meinung nach das wichtigste, darf über das Schicksal eines ganzen Volkes nicht aus der Sicht lokaler Interessen entschieden werden. Wo die Sowjetdeutschen auch immer arbeiten mögen, werden sie für das Wohl des Landes wirken.

Manchmal höre ich von den Gegnern der Wiederherstellung einer Autonomie der Wolgadeutschen folgendes: »Ist es denn nicht schon zu spät, überhaupt darüber zu sprechen?« Ich bin vom Gegenteil überzeugt. Kann es denn für die Wiederherstellung der Gerechtigkeit, der Gleichberechtigung der Menschen, die Festigung der Völkerfreundschaft jemals zu spät sein? Die Herstellung der Gerechtigkeit ist immer aktuell.[59]

Die Autonomie der Sowjetdeutschen

Im August 1990 fand in Moskau die dritte Konferenz der Unionsgesellschaft der Sowjetdeutschen »Wiedergeburt« statt. Wie sie das »deutsche« Problem sieht, läßt sich so charakterisieren.

Das Parlament des Landes, der Oberste Sowjet der UdSSR, hat zwar bereits vor fast einem Jahr die Vorschläge über die Wiederherstellung der deutschen autonomen Republik im Wolgagebiet gebilligt, in dieser

Richtung wurden doch bislang keine konkreten Schritte unternommen – eher umgekehrt. Die örtliche Bevölkerung in diesem Gebiet tritt aktiv, mitunter auch aggressiv gegen eine »Rückkehr der Deutschen« auf. Die Mehrheit der Konferenzteilnehmer war der Meinung, daß dies mit dem stillschweigenden Einverständnis der örtlichen Machtorgane und des Parteiapparates geschieht.
So erwägen viele der Sowjetdeutschen eine Übersiedlung in die Bundesrepublik Deutschland. Bis zum August 1990 wurden bereits mehr als eine halbe Million Ausreiseanträge gestellt. Das einzige, was den Strom der Aussiedler zur Zeit noch aufhält, ist das Fehlen ausreichender Transportkapazitäten auf der Schiene und in der Luft.
Ihre letzte Hoffnung auf die Wiederherstellung der Autonomie der Sowjetdeutschen verbanden diese mit der Tätigkeit des neuen Parlaments in Rußland. Sein Vorsitzender, Boris Jelzin, wie auch andere hochrangige Politiker blieben jedoch der Konferenz fern. Boris Jelzin richtete jedoch an ihre Teilnehmer einen Brief. Nach den Worten des erneut zum Vorsitzenden der »Wiedergeburt« gewählten Heinrich Grout bekundete Boris Jelzin darin sein Verständnis für den Wunsch der Sowjetdeutschen, ihr Staatswesen wiederherzustellen.
In der von der Konferenz angenommenen Resolution wurde erneut die Besorgnis darüber geäußert, daß die Wiederherstellung der Autonomie an der Wolga in die Länge gezogen wird. Die in ultimativer Form erklärte Absicht der »Wiedergeburt«, mit der Organisation der massenhaften Ausreise aus der UdSSR zu beginnen, wurde jedoch bis zu dem für das Jahresende angesetzten Kongreß der Sowjetdeutschen aufgeschoben.
Vorläufig ist auch nicht zu erwarten, daß die deutschfeindlichen Stimmungen in dieser Region von selbst verschwinden. Außerdem hängt die Zuspitzung der nationalen Probleme bekanntlich unmittelbar mit der Verschlechterung der allgemeinen Situation im Lande zusammen. Was aber die Perspektiven der sozialökonomischen Entwicklung im Wolgagebiet wie überhaupt in der UdSSR anbetrifft, so gibt es wenig Grund zum Optimismus. In dieser Situation bestünden nach den Worten des Vorsitzenden der »Wiedergeburt«, Heinrich Grout, so gut wie keine Hoffnungen auf eine nationale Zukunft der Deutschen in der UdSSR. So kann die weitere Ausreise von weiteren Hunderttausenden Bürgern aus der Sowjetunion in den nächsten Monaten zu einer Realität werden. Werden die Anstrengungen der Vereinigung der Sowjetdeutschen »Wiedergeburt« ausreichen, um diese Entwicklung aufzuhalten? Diese Frage wird die Zukunft beantworten.[60]

Warum ich ausreise

Ich schreibe Ihnen zum erstenmal, obwohl ich bereits seit vielen Jahren ständiger Leser Ihrer Zeitung bin. Ich schreibe in der Hoffnung, bei Ihnen Verständnis zu finden.
Meine Verhältnisse sehen so aus: Während meines Dienstes in der Armee von November 1986 bis November 1988 sind zwei meiner Brüder und meine Schwester mit ihren Familien sowie meine Freunde und mein Mädchen in die Bundesrepublik ausgereist. Nach der Demobilisierung entschloß ich mich, ebenfalls aus der UdSSR auszureisen. Sie dürfen mir glauben, daß mir diese Entscheidung nicht leicht fiel. Wenn ich mich dennoch dazu entschlossen habe, so hat es sehr ernsthafte Gründe dafür gegeben. Die Sache ist die, daß ich in unserer Gesellschaft nie wirklich gleichberechtigt sein kann. Vieles stand dem im Wege und wird auch in Zukunft im Wege stehen: zum Beispiel die Tatsache, daß ich parteilos bin. Außerdem bin ich gläubig. Ich meine, daß Gott existiert und der Schöpfer und Leiter von all dem ist, was uns umgibt. Natürlich stimmen meine Überzeugungen mit denen des Komsomol nicht überein. Obwohl die Ziele und Aufgaben, die sich die wahren Christen und Kommunisten stellen, in vieler Hinsicht einander ähnlich sind, weil sie einen humanen Charakter haben, ist ihre Einstellung zum Leben in vieler Hinsicht direkt

entgegengesetzt. Das hindert mich daran, dem Leninschen Kommunistischen Jugendverband der UdSSR beizutreten.
Bei der Beendigung der Oberschule tauchte mein Name in der Liste der Schüler, die für eine Medaille vorgesehen waren, gar nicht auf, obgleich ich in all den zehn Schuljahren nur ausgezeichnete Noten erhalten hatte.
Als ich zum Armeedienst einberufen wurde, wollte man mich zunächst an die Sergeantenschule schicken, im letzten Moment überlegte man es sich aber anders. Schuld daran waren offensichtlich meine Nationalität (Deutscher) wie auch Verwandte im Ausland. Mir wurde gesagt, daß ich, wenn ich zum Kommandeur einer Abteilung werde, »die Soldaten zur feindlichen Ideologie erziehen könnte«. Nach einigem Überlegen beschloß man, mich in ein Pionierbataillon zu stecken. Offensichtlich hielten es die Offiziere des Wehrkommandos aber nicht für angebracht, einen »anscheinend klugen Burschen« dorthin zum Dienst zu schicken. Ich geriet in eine Luftverteidigungseinheit. Dort wunderte man sich unbeschreiblich, wie sich ein solches »Exemplar« dorthin verirren konnte. In der Truppenverteilungsstelle sprachen viele Offiziere mit mir, doch wollte mich keiner von ihnen bei sich aufnehmen. So diente ich zwei Jahre lang bei der Verwaltung der Einheit. Zur Kampftechnik ließ man mich nicht zu, ich durfte keine »Objekte« besuchen und hatte zu keinerlei Staats- und Militärgeheimnissen Zugang. Damit stelle ich heute keine Gefahr für die Sicherheit des Landes dar. Bestimmt wird mir die Ausreise nicht mit der Begründung verweigert, daß ich in der Luftverteidigung gedient habe.
Zum Schluß bitte ich, meine Ausreise nicht falsch – als Abkehr von der Heimat – zu beurteilen. Mein Wunsch auszureisen resultiert bestimmt nicht daraus, daß ich etwa unserer sowjetischen Wirklichkeit gegenüber feindselig gestimmt wäre. Ich unterstütze von ganzem Herzen die Perestroika, jene Umgestaltungen, die sich im Lande vollziehen. Ich glaube, daß das sowjetische Volk alles verwerfen wird, was die Gesellschaft deformiert, und daß es seine Pläne erfolgreich verwirklicht. Ich werde immer für das Land gute Gefühle bewahren, in dem ich geboren wurde, aufgewachsen bin und mich zur Persönlichkeit entwickelt, wo ich die besten Kinder- und Jugendjahre verbracht habe.

Alles Gute.

Hochachtungsvoll
Andrej Schellenberg
Kirgisische SSR,
Rayon Sokuluk
Dorf Nowopawlowka

Das Schicksal der Rumäniendeutschen

Unvorstellbar, daß mitten in Europa ein ganzes Volk hungert und sich dem beginnenden Winter ohne ausreichende Heizung und Nahrung ausgesetzt sieht. Unvorstellbar, wie zur gleichen Zeit Partei- und Politbonzen in Saus und Braus prassen können und mit eiserner Faust und einem perfekten stalinistischen Bespitzelungssystem ein ganzes Land unter der Knute halten.
Rumänien in diesen Tagen: das bedeutet Stromsperre. Nur für wenige Stunden am Tag gibt es elektrische Energie. Ein Dreipersonenhaushalt in einer Dreizimmerwohnung darf in den Wintermonaten nicht mehr als 35 Kilowattstunden verbrauchen. In der Bundesrepublik liegt der durchschnittliche Verbrauch bei etwa 250 Kilowattstunden. Die tägliche Stromsperre gilt sogar für Krankenhäuser. »In den letzten Wintern starben unzählige Neugeborene an Unterkühlung«, weiß Dr. Gunther von Hoffmeister, der Landesvorsitzende der Siebenbürger in Bayern. Ungezählt? Ja. In Rumänien werden Babys erst registriert, wenn sie die ersten Tage überlebt haben.
Etwa 270 000 Rumäniendeutsche leben noch in dem Land am Balkan. Sie stellen 1,5 Prozent der Bevölkerung. Die meisten betreiben etwas private Landwirtschaft – im Garten. Doch auch die Chance, sich mit Schwarzmarktgeschäften über Wasser zu halten und verbotenerweise Fleisch, Eier oder Gemüse privat zu verkaufen,

schrumpft durch die Mißernte nach der großen Dürre im vergangenen Sommer.
»Heuer (1991) haben wir noch ein Schwein«, schrieb eine Bäuerin, »aber nächstes Jahr können wir keins mehr füttern, weil die Kartoffeln, die wir bekommen haben, gerade für uns zum Essen reichen und, vielleicht, um im Frühjahr wieder ein paar setzen zu können.«
Kartoffeln sind rationiert wie Speiseöl (pro Person ein halber Liter im Monat) und Zucker (ein Pfund im Monat). Doch die Lebensmittelkarten bleiben ungebraucht im Portemonnaie. Öl und Zucker gibt es nicht.
Tennistrainer Günther Bosch: »Es ist furchtbar. Ich helfe, wo ich nur kann. Aber meine Eltern wollen nicht übersiedeln. Zumindest den Winter über möchte ich sie aber bei uns im Westen haben.«
»Wir wollen Brot«, riefen die hungernden Menschen auf dem Marktplatz in Kronstadt, stürmten das Rathaus und plünderten die Kantine der Parteizentrale. Dort lagen die Vorräte der Politprominenz. »Unmengen von Wurst, Käse, Apfelsinen und Limonade«, schilderte ein in den Westen ausgereister Rumäniendeutscher.
Verantwortlich für diese im Westen unvorstellbaren Zustände ist ein Mann mit seiner Familie, der selbsternannte Präsident und »Conducator« (Führer) Nicolae Ceauşescu. Der fast Siebzigjährige sowie seine Frau und Stellvertreterin Elena pflegen den Personenkult, lassen sich feiern wie einst der französische Sonnenkönig und regieren das Land mit Vetternwirtschaft.
Der Korruption sind dabei Tür und Tor geöffnet. »Als meine Schwester ein Kind gebar, kam der Arzt nur, weil wir ihm Eier und Hühner versprochen hatten«, berichtet Aussiedler Herbert Clemens.
Er hat gerade wieder ein paar tausend Mark nach Rumänien gebracht. »Damit meine Freunde sich die Ausreise in den Westen erkaufen können«, sagt er. Kaufen? Nach einem Abkommen zwischen Bonn und Bukarest, das in diesem Jahr ausläuft, dürfen bis zu 12 000 Rumäniendeutsche jährlich ausreisen. Pro Kopf zahlt Bonn zu dieser Zeit – natürlich inoffiziell – 8500 Mark als Entschädigung für die Ausbildung der Aussiedler. Diese jedoch müssen in Rumänien ebenfalls zahlen. Noch mal die gleiche Summe. Oder sogar das Doppelte, wenn ein Akademiker ausreisen will. Selbstverständlich in Devisen. Das Geld bekommt der sogenannte »Gärtner«, ein staatlicher Mittelsmann – ohne Quittung natürlich. So kommen Devisen ins Land, die Rumänien dringend braucht zum Abbau seiner durch Fehlplanung und Mißwirtschaft entstandenen Auslandsschulden. So kommen leicht 200 Millionen Mark im Jahr zusammen. Wieviel von diesem Geld direkt in den Taschen der Ceauşescu-Sippe landet, wird wohl nie geklärt. »Alles Westpropaganda«, beschwert sich Ion Maranda von der Rumänischen Botschaft in Bonn. »Alles maßlos übertrieben.« Sein Chef, der Botschafter, hat sich deshalb beim Auswärtigen Amt dagegen verwahrt, Hilfslieferungen für die hungernde und frierende Bevölkerung zuzulassen.
Dennoch gab es einen Weg den armen Menschen zu helfen. Mit privaten Lebensmittelpaketen. Das Sozialwerk der Siebenbürger Sachsen in München: »Wir wissen, daß wir unsere Landsleute nicht vor dem Hunger retten können, doch können wir ihnen beweisen, daß wir sie nicht vergessen haben.«
Gunther von Hoffmeister zeigt einen Brief. Darin bedankt sich ein Mann für die Lebensmittelspende: »Daß es in dieser eigennützigen Welt noch Menschen gibt, welche die Nöte anderer erkennen und die zu lindern bereit sind, grenzt an ein Wunder.«[62]
Inzwischen ist Ceauşescu und seine Frau Elena tot, von einem Revolutionsgericht erschossen, der Kommunismus hat ausgespielt, aber die Probleme bleiben.

Auf der Flucht vor den Befreiern

Der Flüchtling, der Heimatvertriebene, der Emigrant gehört zu den tragischen Gestalten unseres Zeitalters. Erst im 20. Jahrhundert erreichte das Flüchtlingselend, das es immer schon gegeben hatte, weltweite Ausmaße.

So flüchteten nach der kommunistischen Oktoberrevolution 1917 rund 1,5 Millionen Russen nach dem Westen. Als Hitler kam, emigrierten zahllose Deutsche aus »rassischen« und politischen Gründen in westeuropäische oder überseeische Staaten, um der drohenden Liquidierung zu entgehen. Und als der Zweite Weltkrieg mit Hitlers totaler Niederlage endete, mußten rund 15 Millionen Deutsche unter grauenhaftesten Bedingungen ihre angestammten Siedlungsgebiete im Osten verlassen. Dies alles ist bekannt, und noch leben viele Opfer dieser größten Vertreibung der Weltgeschichte unter uns.

Weit weniger bekannt ist hingegen die Tatsache, daß weit über 90 Prozent aller Flüchtlinge der Gegenwart aus kommunistisch-marxistisch regierten Ländern oder Linksdiktaturen kommen. Millionen von Menschen fliehen durchweg aus Staaten, deren Machthaber die »Befreiung von Ausbeutung«, die »Emanzipation der Arbeiterklasse« und andere linksideologische Ziele verkünden.

Die vom Internationalen Roten Kreuz, dem Uno-Hochkommissar für Flüchtlingsfragen und anderen humanitären Organisationen vorgelegten Zahlen sprechen eine deutliche Sprache: Aus der kommunistischen DDR flohen über drei Millionen Menschen in die Bundesrepublik, und daß die Zahl der Flüchtlinge auch heute noch unübersehbar wäre, beweist die Tatsache, daß das DDR-Regime sogar nach mehr als zwanzig Jahren auf Mauer, Stacheldraht und automatische Tötungsanlagen an den Grenzen nicht verzichten zu können glaubt;

400 000 finnische Karelier flohen vor der sowjetischen Besetzung der baltischen Staaten nach Finnland;

nach dem gescheiterten Volksaufstand gegen die moskauhörige Budapester Parteidiktatur im Herbst 1956 flohen rund 160 000 Ungarn in den Westen. Beim Prager Frühling waren es Zehntausende die das Land verließen.

...Warum kennt die Welt keine Völkerwanderung in die entgegengesetzte Richtung? Warum gibt es keine Flüchtlingsströme aus den USA in die Sowjetunion, aus England nach Polen, aus der Bundesrepublik Deutschland in die DDR und so weiter?[63]

Hatte der Führer der deutschen Sozialdemokraten, Kurt Schumacher, mit seiner Einsicht recht, als er sagte: »Kommunisten sind nichts als rotlackierte Nazis!«

Lenin hat einmal gesagt, daß ein Flüchtling ein Mensch sei, der mit den Füßen abstimmte. Danach sind die Flüchtlingsströme ein überzeugendes Votum gegen den Kommunismus.

Man hat einen Tyrannen bekämpft, nämlich Adolf Hitler. In Feindsendungen konnte man am Schluß oft hören: »Wir bekämpfen nicht das deutsche Volk, sondern seine diktatorische Regierung.« Viele Hoffnungen nach 1945 zerbrachen, neues Unrecht wurde geschaffen.

Lesen wir aus Michail Gorbatschows Buch »Perestroika. Die zweite russische Revolution. Eine neue Politik für Europa und die Welt.«

»In Jalta und Potsdam wurde der Grundstein für die Aufteilung Europas nach dem Krieg gelegt. Die Abkommen sind insofern grundlegend, als es sich dabei im wesentlichen um antifaschistische, demokratische Vereinbarungen handelt. Sie sorgten dafür, daß Hitlers ›neue Ordnung‹ umgestoßen wurde, die ganze Nationen und Staaten der Unabhängigkeit und sogar der Hoffnung auf Freiheit und Souveränität beraubt hatte.

Wir können nur vermuten, wie Deutschland heute aussehen würde, wenn es das Potsdamer Abkommen in seiner Gesamtheit erfüllt hätte. Es gab keine andere Grundlage für eine Einigung in Potsdam. Doch nicht nur die USA, Großbritannien und Frankreich sabotierten damals die Vereinbarungen mit uns; auch diejenigen, die in Westdeutschland die Politik der Stärke unterstützten, widersetzten sich Potsdam – ein Alptraum. Wir alle kennen das Ergebnis. Wir werden natürlich zwangsläufig hellhörig, wenn Erklärungen abgegeben werden wie die, daß die ›deutsche Frage‹ offenbleibe, daß in bezug auf die ›Gebiete im Osten‹ noch nicht alles geklärt sei und daß die Vereinbarungen von Jalta und Potsdam ›illegitim‹ seien. Solche Erklärungen sind in der Bundesrepublik keine Seltenheit. Und lassen Sie mich ganz offen sagen, daß all diese Erklärungen über die Wiederbelebung der ›deutschen Einheit‹ weit entfernt sind von der sogenannten Realpolitik, um den deutschen Ausdruck zu verwenden. Es hat in der Bundesrepublik Deutschland in den vergangenen vierzig Jahren nichts gebracht. Die Illusion von einer Rückkehr zum ›Deutschland der Grenzen von 1937‹ Nahrung geben bedeutet, das Vertrauen in die Bundesrepublik Deutschland und seine Nachbarn und andere Nationen zu untergraben...

Was jetzt wichtig ist, ist der politische Aspekt. Es gibt zwei deutsche Staaten mit unterschiedlichen gesellschaftlichen und politischen Systemen. Jeder hat seine eigenen Wertvorstellungen. Beide haben aus der Geschichte Lehren gezogen, und jeder von ihnen kann einen Beitrag leisten für die Sache Europas und der Welt. Und was in hundert Jahren sein wird, das soll die Geschichte entscheiden. Für die Gegenwart sollte man von den bestehenden Tatsachen ausgehen und sich nicht zu Spekulationen hinreißen lassen.«

1989 – wird es ein gutes Jahr werden?

Wann beginnt die Perestroika endlich auch in der DDR? fragt ein Berliner seinen Nachbarn. Der Mann antwortet so: Wenn Honeckers Witwe Willi Stoph im Altenheim besucht und der ihr erklärt, daß er zur Beerdigung des DDR-Staatssicherheitschefs Erich Mielke nicht gehen konnte, weil er dem SED-Ideologenchef »Tapeten«-Hager beim Umzug aus der Regierungsvilla in dessen neue Einraumwohnung im Ostberliner Arbeitervorort Marzahn helfen mußte, dann beginnt die Perestroika in der DDR.

Niemand glaubte, daß dieser Witz 1989 eine Chance hatte, aber er wurde, wie es sich zeigte, Wirklichkeit. Für siebzehn Millionen Deutsche zwischen Elbe und Oder bleibt auch 1989 alles beim alten. Hunderttausende werden auf die Übersiedlung in die Bundesrepublik hoffen, Millionen auf die Genehmigung zum Verwandtenbesuch im Westen warten. Das sind deutsche Alltagssorgen, drüben, bei unseren Landsleuten jenseits von Mauer und Stacheldraht. Wir hier im Westen sollten uns für einen Augenblick bewußt werden, wie gut wir es haben angesichts des Elends der deutschen Teilung, an der auch 1989 nicht zu rütteln sein wird, dachte man damals.

Wie wird es bei uns in der Bundesrepublik gehen? Die Experten meinen: Die bundesdeutsche Wirtschaft wird wiederum um 2,5 Prozent wachsen, der Export steigen, die Preise mit einer Inflationsrate von etwa 2 Prozent relativ stabil bleiben. Vielleicht sinkt die Arbeitslosenquote unter die Zweimillionengrenze. Gleichzeitig werden 200000 Deutsche neue Arbeitsplätze finden, wie auch viele Aussiedler aus Rußland, Polen oder Rumänien.

Viele wichtige Daten gibt es im Jahr 1989: Vor 50 Jahren, am 1. September 1939, marschierten die Deutschen in Polen ein, Hitler begann den Zweiten Weltkrieg. Die meisten Bundesbürger sind zu jung, um sich zu erinnern. Die Alten wissen es noch. Königsberg war reichsdeutsch. Breslau auch. Die D-Züge fuhren von Berlin zur Masurischen Seenplatte. Das Deutsche Reich, alles vorbei, verspielt, von Hitler, von uns, vor 50 Jahren. Auch unsere amerikanischen Freunde haben 1989 ein historisches Datum: das 200jährige Bestehen ihrer Verfassung. Frankreich feiert den zweihundertsten Jahrestag der Französischen Revolution von 1789. Freiheit, Gleichheit, Brüderlichkeit. Die Bundesrepublik wird vierzig. Was in Bonn 1949 provisorisch als demokratischer Gehversuch begann, erwies sich als erstaunlich dauerhaft.

Die DDR, auch sie feiert ihr vierzigjähriges Bestehen. Die Nato besteht auch schon vierzig Jahre. Das Prinzip der atomaren Abschreckung, von vielen angefochten, hat uns Deutschen die längste Friedensperiode in zweihundert Jahren beschert.

Aber in der DDR gärt es; auf den Ämtern stapeln sich die Ausreiseanträge. Jüngere SED-Funktionäre fragen sich: Wie lange kann dieses Regime unter der Führung von Erich Honecker noch bestehen und den Kurs Stalins fortsetzen? Es lag in der Luft, daß es einen Generationswechsel geben mußte. Honecker, Chefideologe Kurt Hager, Staatssicherheitschef Erich Mielke, Horst Sindermann, Präsident der Volkskammer, werden aus dem Politbüro ausscheiden. Einige der Favoriten für die Nachfolge von Erich Honecker haben erkannt, daß die DDR nicht länger gegen den Kurs der Perestroika und somit Moskau gesteuert werden kann. Diese nüchternen Pragmatiker wissen: 70 Prozent der Ausfuhren der DDR gehen in Comecon-Staaten. Wenn Gorbatschow jetzt, wie er es getan hat, auf mehr Marktwirtschaft setzt, für den freien Fluß der Devisen ist, kann sich die DDR diesem Kurs nicht entziehen. Der Reformkurs von Gorbatschow hat auch Folgen für die Innenpolitik und die Partei: Die DDR wird mehr Demokratie wagen müssen.

Für die DDR und ihr Regime das Problem.Wenn sie ihren Betrieben und Bürgern mehr Freiheiten gewährt, übernimmt sie im Endeffekt das System der Bundesrepublik Deutschland und gesteht damit ein: Wir sind mit unserem System gescheitert. Die Folge: Die Diskussion um die Wiedervereinigung wird entflammen. Somit ergibt sich die Tatsache, daß die längste Zeit der Spaltung überstanden ist, auch die Mauer wird fallen, wie es der frühere Bundeskanzler Helmut Schmidt und auch der regierende Bürgermeister von Berlin, Eberhard Diepgen, in einem Gespräch im Januar 1989 sagten.

Voraussetzung ist, der Westen bleibt sich einig. Das gilt vor allen Dingen für die Bundesregierung, sie muß gegenüber den Funktionären der DDR hart bleiben und diese nicht mit Samthandschuhen anfassen.

Ab 1. Januar 1989 tritt ein neues Gesetz über die Transitpauschale in Kraft. Allein dafür zahlen wir in Zukunft dann für jede angefangene Stunde einen Betrag von 100000 Mark an das Regime der DDR. Man muß sich aber auch darin im klaren sein, daß mit diesen Milliardenbeträgen, die Jahr für Jahr an die DDR gezahlt werden, der alte Kurs der Stalinisten, wenn auch unfreiwillig, gestützt wird.

Aber der Ruf verbitterter Demonstranten in Dresden: »Die Mauer muß weg – Erich, rück den Schlüssel raus ...«, zeigt, wie sehr der politische Kessel im anderen Teil Deutschlands unter Druck steht. Es gibt ernstzunehmende Leute in der SED, die meinen: Erich wackelt!

Die Männer des Politbüros leben zu dieser Zeit noch immer im Trauma des 17. Juni 1953, als sie sich im Schutz sowjetischer Panzer vor dem Volkszorn retten mußten.

Ein Nachfolger für Erich Honecker ist noch nicht in Sicht, aber wer kannte vor zehn Jahren Michail Gorbatschow? Die Entwicklung nahm ihren Lauf.

Honeckers ungewisse Zukunft

Die örtlichen Regenten der osteuropäischen Staaten unterstehen weiter in letzter Instanz dem Politbüro in Moskau, daran hat die Perestroika nichts geändert. Die jüngsten Unruhen in der DDR können daher nicht ohne Folgen für die Beziehungen Erich Honeckers zum Kreml bleiben. Lange Zeit war der Saarländer ein angesehener Parteichef, weil die ostdeutsche Wirtschaft im Interesse des gesamten »sozialistischen« Lagers verhältnismäßig gut funktionierte. Außerdem herrschte Ruhe und Ordnung in der DDR. Nun hat aber auch die DDR ihre Demonstranten, und die ostdeutsche Wirtschaft ist unter dem neuen Qualitätsbewußtsein der Sowjets in Schwierigkeiten geraten, viele Positionen des Planes 1987 sind hinter dem Soll geblieben und Honecker ist alt, 77 Jahre. Seit 63 Jahren ist er Kommunist, er baute unter Walter Ulbricht die Mauer, organisierte den Beton und den Stacheldraht. Heute ist er ein alter Mann, der nicht merkt, daß die Zeit gegen ihn läuft.

Es war, buchstäblich, eine Schrecksekunde, eher noch eine Sekunde des Schreckens. Sie

zeigte sich in den Gesichtern der Gehilfen des noch immer mächtigsten Mannes der DDR.
Der sowjetische Außenminister Eduard Schewardnadse, wenige Tage vor Gorbatschows Reise an den Rhein als Ersatzmann nach Ostberlin eingeflogen, nahm die eher schlaff ausgestreckte Hand des Generalsekretärs und wartete auf die Umarmung. Eine kleine Ewigkeit dauerte es, bis Erich Honecker den Außenminister seines wichtigsten Verbündeten an die Brust zog, widerwillig, zögerlich. Der übliche Bruderkuß blieb ungeküßt. Dünn war das Lächeln des Gastgebers, gefroren wirkte das seines Gastes.
Der Honecker ist tief gekränkt durch die Mißachtung des Genossen Gorbatschow, der weder auf dem Hin- noch auf dem Rückflug auch nur wenige Stunden für ihn übrig hatte. Er mußte mit einem Mann vorliebnehmen, der unlängst in Wien, auf die Mauer angesprochen, den Fragensteller, mit einer gewissen Heiterkeit obendrein, an DDR-Außenminister Oskar Fischer verwies, so als habe die Sowjetunion mit dem leidigen Thema eigentlich nichts zu tun.
Warum hätte Gorbatschow in Ostberlin Station machen sollen? Es wäre verschenkte Zeit gewesen, für beide Herren. Honecker ist davon überzeugt, daß der Russe für den »real existierenden Sozialismus« so etwas wie ein Sicherheitsrisiko bedeutet. Womöglich nennen er und einige seiner Genossen im Politbüro den Mann aus dem Dorf namens Priwolnoje, was doch Freiheit heißt, sogar einen Abenteurer. Die beiden haben sich nichts zu sagen.
Und doch kann der Saarländer Honecker nicht länger so tun als sei Gorbatschow ein Phantom oder ein böser Spuck. Er kann in der DDR die sowjetischen Zeitschriften verbieten, die mit atemberaubender Offenheit über die Schrecken der Stalinzeit berichten. Er kann die eigene Presse und das DDR-Fernsehen anweisen, daß sie den Jubel um Gorbatschow in der Bundesrepublik verschweigen. Er kann die »Gemeinsame Erklärung« der Bonner und der Moskauer Regierung, in der ein leibhaftiger sowjetischer Generalsekretär zum ersten Mal das Selbstbestimmungsrecht der Völker, also auch das der Deutschen, schwarz auf weiß anerkennt, verdrängen oder bagatellisieren. Nur eines kann Erich Honecker nicht: die Ideen des ungeliebten Russen gleichsam durch eine Anordnung des Politbüros aus der DDR-Welt schaffen. Die sind tief in die Köpfe seiner Bürger eingedrungen. Die haben sich auch im Denken gerade jüngerer Mitglieder der SED eingenistet. Die kriegt er nicht mehr weg.
Um den Mann, der in gut zwei Monaten seinen 77. Geburtstag feiert, ist ein Hauch von Tragik. Es muß nicht gleich geweint werden. Doch es ist nicht zu übersehen, daß Honecker, der in den letzten Jahren kleine, höchst bescheidene Reformen gegen den Widerstand unrettbarer Betonköpfe durchgesetzt hat, heute erkennen muß, daß sich die ihm anvertrauten Menschen – Konsequenz der reformerischen Dynamik des Sowjetführers – nicht länger mit mageren Abschlagszahlungen zufriedengeben.
Politbüro-Hardliner wie Hager, Axen, Krenz oder Staatssicherheitsminister Mielke zeigten schon besorgte Mienen, als Honecker vor drei Jahren rund 20 000 DDR-Deutschen die Ausreise in den Westen erlaubte. Sie zogen die Stirn kraus, weil der Parteichef viele seiner Untertanen wenigstens für kurze Zeit in die Bundesrepublik reisen läßt, obwohl sie noch nicht im Rentenalter sind. Genehmigungen werden zwar immer noch willkürlich gegeben oder verweigert. Ein Fortschritt war es immerhin. Und ohne Honecker wäre es nicht möglich geworden.
Nur: Die Erwartung hat sich nicht erfüllt, daß die Zahl jener DDR-Bürger nun zurückgehen werde, die wegen Monotonie und der Perspektivlosigkeit des Lebens in dieser grauen Gesellschaft dem »Arbeiter- und Bauernstaat« auf Nimmerwiedersehen den Rücken kehren wollen.
Das muß für Honecker eine bittere Enttäuschung gewesen sein. Bei Politsitzungen soll er neuerdings häufiger Zeichen von Ungeduld, Nervosität und die Neigung erken-

nen lassen, andere barsch anzugehen. Früher stets um einvernehmliche Entscheidungen bemüht, wirkt sein Führungsstil auf die Spitzengenossen jetzt mehr und mehr autoritär, ohne daß Honecker jedesmal die auch von heimlichen Kritikern respektierte Autorität in Sachfragen glaubhaft zu machen verstünde.

Hinter seinem Rücken hat häßliches Wispern über »den alten Mann« begonnen. Der Mann, der westlichen Besuchern mit einigem Stolz erzählt, daß er gegen die Versuchung durch Nikotin und Alkohol seit Jugendzeit gefeit sei, wirkt seit geraumer Zeit nicht mehr so robust, wie er sich gerne darzustellen sucht.

Von der Macht will er dennoch nicht lassen. Über einen Nachfolger aus den Reihen der Fünfzigjährigen scheint er ernsthaft gar nicht nachzudenken. Einen erklärten Kronprinzen gibt es nicht. Auch ist mittlerweile gar nicht mehr sicher, ob ein Mann, dem Honecker irgendwann doch sein Erbe anvertrauen möchte, von ihm gegen Widerstände im Politbüro durchgesetzt werden könnte.

Egon Krenz, zuständig für Sicherheitsfragen, als FDJ-Chef keine Erfolgsnummer, war zeitweilig Favorit. Heute sind seine Chancen nahe Null. Kaum einer im Politbüro traut ihm zu, daß er genug konstruktive Fantasie hat, um mit den riesigen Problemen, einer Rundumerneuerung der DDR-Wirtschaft, fertigzuwerden.

Immer häufiger wird von Leuten, die Einblick haben, kolportiert, der Generalsekretär entferne sich im Geschwindschritt von der Wirklichkeit. Beinahe sieht es so aus, als glaube Honecker selber daran, daß seine Politik die DDR-Bürger glücklich gemacht hat, und daß jene, die ins kapitalistische Nachbarland wegstreben, unbelehrbare Nörgler sind.

Mit ganz normalen Männern und Frauen, auch mit einfachen Parteimitgliedern, hat er fast niemals Tuchfühlung.

Er redet von »unseren Bürgern« und erweckt, unfreiwillig, den Eindruck, daß die durchschnittlichen DDR-Deutschen für ihn unbekannte Wesen sind. Seit Jahren schon flieht er vor den inneren Problemen in die Gefilde der Außen- und Sicherheitspolitik. Wenn es um Abrüstung geht, meint er es ehrlich. Seine Friedensliebe ist echt. Auch Unionspolitiker wie Strauß und Späth waren Honecker zu glauben bereit, daß er Spannungen zwischen den beiden Staaten mindestens zu mildern wünschte.

An den bestehenden wirtschaftlichen Machtstrukturen will er nichts ändern, heute nicht und morgen nicht. Der Machthaber fürchtet, daß gründliche Reformen und wirkliche Meinungsfreiheit das ganze Gefüge seines Staates erschüttern und vom »Klassenfeind« als Signal verstanden werden, »polnische Zustände« in die ordentliche DDR zu importieren.

Und jetzt noch dieser Russe, der, wie Honecker es sieht, die Grundlagen des Sozialismus fahrlässig zu zerschlagen droht, obwohl dieser Sozialismus auch in der tüchtigen DDR nach vierzig Jahren unfähig ist, die Menschen gleichmäßig mit Waren des täglichen Bedarfs zu versorgen. Von geistiger Strahlkraft gar nicht zu reden.

Zeitweilig haben die DDR-Deutschen, ob Nichtkommunisten oder Parteimitglieder, Honecker zugute gehalten, daß er Leonid Breschnew aus der Sowjetführung zu widersprechen wagte, wenn sich der große Bruder ungeniert über die Interessen seines ökonomisch und militärisch stärksten Verbündeten hinwegsetzte. Auf seine alten Tage beginnt der Generalsekretär in Ostberlin nun an jener Macht zu zweifeln, die für ihn ein langes Kommunistenleben hindurch der Fixstern gewesen ist.

Mit dem um zwanzig Jahre jüngeren Gorbatschow, der einzigen überragenden charismatischen Gestalt der Gegenwart, ein Vertrauensverhältnis zu entwickeln, scheint ihm unmöglich.

Ein ranghoher SED-Funktionär tat, ohne Anflug von Ironie, die fantastische Äußerung: »Wer hätte je gedacht, daß die Konterrevolution ausgerechnet von der Sowjetunion ihren Ausgang nehmen würde.«

Zu wirklichem Umdenken scheint der Bergarbeitersohn aus dem saarländischen Wie-

belskirchen nicht mehr willens oder nicht mehr fähig zu sein. Er wollte so gern als treusorgender Landesvater anerkannt und verehrt werden. Wenig wahrscheinlich, daß sich dieser Traum erfüllen wird.
Die Mauer, die er und Ulbricht haben bauen helfen, könne noch fünfzig oder gar hundert Jahre stehen, hat er in einer Rede Anfang 1989 gesagt. Und er versprach, die Grenze zwischen den beiden deutschen Staaten »menschlicher zu gestalten«. Er spürt wohl, daß diese scheußlichen Betonquader für ihn selber das schlechteste Denkmal sein werden. Vielleicht würde er die Mauer sogar noch selber abreißen, wenn, ja wenn ihn nicht die Angst umtriebe, daß die DDR-Deutschen, gewährt man ihnen etwas mehr Freiheit, mit dem kleinen Finger gleich die ganze Hand nehmen. Genau wie die Polen und die Ungarn wollen sie sich nicht mehr mit kosmetischen Operationen begnügen. Sie wollen im 40. Jahr der DDR endlich einen Lebensstandard, der dem in der Bundesrepublik einigermaßen nahekommt. Es reicht ihnen aber nicht, daß Honecker die Scharfmacher aus Mielkes Sicherheitsapparat immer wieder mal bremst. Sie hoffen auf einen Gorbatschow aus der Mitte der SED.
Ein solcher Mann ist bis heute zwischen Ostsee und Thüringer Wald nicht auszumachen. Und wenn es ihn gäbe, würde er (im günstigsten Fall) in das Land des sowjetrussischen Originals ausgewiesen.[64]

Zahlungen der Bundesrepublik an die DDR

Wie es auch sein mag, die DDR wird von uns kräftig unterstützt.
Transitgebühren: 525 Millionen Mark; Straßenbenutzungsgebühren: 50 Millionen Mark; Ausbau der Transitautobahn: 25 Millionen Mark; Post und Bahn: 115 Millionen Mark; Intershop und Intertank: 1 Milliarde Mark; Begrüßungsgeld für DDR-Bürger zu Besuch: 261 Millionen Mark. Insgesamt zahlen wir jedes Jahr 2,52 Milliarden Deutsche Mark an die DDR!

Erinnerungen – Reisen in die DDR

Meine Frau und ich gehörten über Jahrzehnte zu jenen Tausenden von Boten aus Westdeutschland, die die nationale Bindung (Verwandtenbesuche und so weiter) zu Mitteldeutschland aufrechterhielten und keine Schikane scheuend bis zu fünfmal jährlich in die DDR fuhren.
Es gab viele Anlässe für Reisen in die DDR und nach Ostberlin, aber was benötigte man dazu?
In jedem Fall benötigte man einen Reisepaß oder, als Westberliner, einen Behelfsmäßigen Personalausweis.
Für Besuche bei Verwandten und Bekannten in der DDR mußte der »Berechtigungsschein zum Empfang eines Visums« von den Gastgebern in der DDR beantragt werden, und zwar spätestens vier Wochen vor dem Reisetermin. Die Antragsteller in der DDR benötigten dazu von den Gästen folgende Angaben: Name, bei Frauen auch Geburtsname, Vorname, Geburtsdatum, Geburtsort, Wohnanschrift, zur Zeit ausgeübte Tätigkeit, Name und Anschrift des Arbeitgebers, die Nummer des Reisepasses sowie die Bezeichnung der ausstellenden Behörde. Wenn man mit dem Auto einreisen wollte, mußte auch das polizeiliche Kennzeichen das Fahrzeugs angegeben werden.
Verwandte oder Bekannte konnte man mehrmals bis zu einer Gesamtaufenthaltsdauer von fünfundvierzig Tagen im Jahr besuchen. Dabei zählten die Tage der Einreise und der Ausreise als ein voller Tag. Für jede Reise brauchte als man einen neuen Berechtigungsschein.
Die Aufenthaltsgenehmigung, die man nach der Anmeldung beim Volkspolizei-Kreisamt anläßlich eines Besuches von Verwandten oder Bekannten erhielt, galt für das Gebiet der ganzen DDR. Man konnte also bei einer Reise in die DDR verschiedene Ziele besuchen.
Bewohner grenznaher Städte und Landkreise der Bundesrepublik Deutschland konnten in der DDR Mehrfach-Berechtigungsscheine beantragen, mit denen sie je-

weils neun Besuche innerhalb eines halben Jahres in grenznahen Kreisen der DDR machen konnten.

Die Ausreise mußte spätestens am auf die Einreise folgenden Tag bis Mitternacht erfolgen. Diese Ein- beziehungsweise Zweitagesreisen waren nur im Rahmen des 45-Besuchstage-Kontingentes möglich. Nicht besucht werden konnte das Sperrgebiet, das sich in der DDR in unterschiedlicher Breite an der innerdeutschen Grenze entlangzog.

Voraussetzung für diese Besuche im grenznahen Verkehr war, daß die Antragsteller ihren ersten Wohnsitz im grenznahen Bereich hatten. Mit einem gültigen Mehrfach-Berechtigungsschein konnte man den Termin der Fahrt selbst wählen. Besuche von Verwandten und Bekannten waren ebenso möglich wie rein touristische Ausflüge.

Antragsformulare für Berechtigungsscheine bekam man bei der Kommunalbehörde in der Bundesrepublik. Man schickte die Anträge dann, zweifach ausgefüllt, an das Volkspolizeiamt eines der Kreise die man besuchen wollte, oder an die Verwandten oder Bekannten, die dann das Weitere veranlaßten. Wenn man mit dem Auto fahren wollte, mußte auch das Autokennzeichen angegeben werden.

Beim Tode oder bei lebensgefährlichen Erkrankungen eines Angehörigen in der DDR konnte man schnell und vergleichsweise einfach die Einreisegenehmigung erhalten. Angehörige in der DDR, notfalls auch Bekannte oder Nachbarn der Betroffenen, mußten ein Telegramm schicken, in dem der Verwandte in der Bundesrepublik benachrichtigt wurde. Dieses Telegramm mußte vor der Absendung dem örtlich zuständigen Volkspolizeiamt vorgelegt werden.

Die Volkspolizei setzte – wenn die Voraussetzungen gegeben waren – den Vermerk über die Genehmigung der Einreise unter den Telegrammtext. Der Genehmigungsvermerk galt nur für die Person, an die das Telegramm gerichtet war. Wollten mehrere Personen einreisen, mußten alle Namen im Telegramm aufgeführt werden.

Übrigens: Auch in dringenden Fällen brauchte man zur Einreise einen Reisepaß. Der Personalausweis genügte nicht. Konnte man sich nicht rechtzeitig einen Reisepaß ausstellen lassen, so stellten die Grenzbehörden der DDR in Ausnahmefällen ein Paßersatzpapier aus. Dazu mußten zwei Lichtbilder und der Personalausweis vorgezeigt werden. Das Paßersatzpapier kostete 10 D-Mark.

Die DDR verweigerte in einigen, allerdings seltenen Fällen die Genehmigung zur Einreise in die DDR und zur Durchreise. Betroffen waren häufig Antragsteller, die die DDR in den letzten Jahren – mit oder ohne Genehmigung – verlassen hatten oder bei einem früheren Besuch wegen Zollvergehen belangt wurden.

Ebenso betroffen waren vielfach Reiseinteressenten, bei denen Angehörige in der DDR die Genehmigung zur Übersiedlung in das Bundesgebiet oder nach Berlin (West) beantragt hatten, oder wenn bekannt war, daß Antragsteller mit Bewohnern der DDR verlobt waren.

Um in die DDR oder nach Berlin (Ost) einreisen zu können, benötigte man, wie schon erwähnt, zweierlei: erstens den richtigen Ausweis, zweitens eine Einreisegenehmigung.

Erforderlich waren folgende Ausweise: Westdeutsche ab 16 Jahre: Reisepaß. Westdeutsche bis 16 Jahre: Kinderausweis (ab 10 Jahre mit Lichtbild). Westberliner bis 16 Jahre: Kinderlichtbildbescheinigung. Ausländer: Reisepaß. Diese Ausweise waren auch für Transitreisen (Durchreisen durch die DDR) erforderlich.

Als Einreisegenehmigung galt: Für Reisen in die DDR und nach Berlin (Ost): Berechtigungsschein zum Empfang eines Visums.

Für Einreisen in dringenden Fällen: Telegramm mit Einreisegenehmigung der zuständigen Volkspolizeibehörde.

Für Tagesbesuche in Berlin (Ost): für Westdeutsche Tagespassierschein (wurde am Übergang ausgestellt).

Für Besuche im grenznahen Verkehr: Mehrfach-Berechtigungsschein.

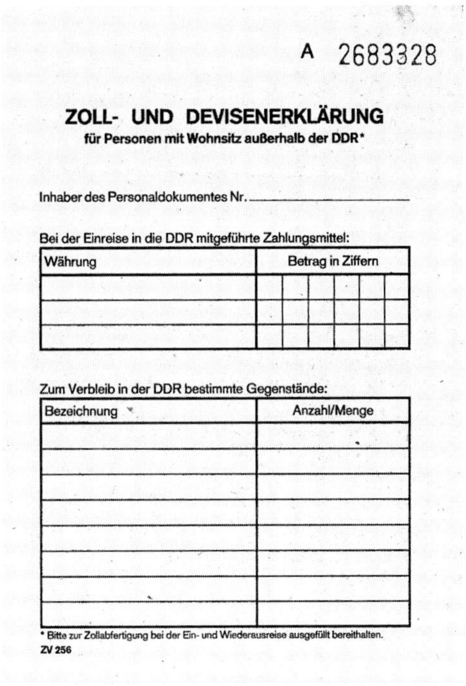
A 2683328

ZOLL- UND DEVISENERKLÄRUNG
für Personen mit Wohnsitz außerhalb der DDR*

Inhaber des Personaldokumentes Nr. ____________

Bei der Einreise in die DDR mitgeführte Zahlungsmittel:

Währung	Betrag in Ziffern

Zum Verbleib in der DDR bestimmte Gegenstände:

Bezeichnung	Anzahl/Menge

* Bitte zur Zollabfertigung bei der Ein- und Wiederausreise ausgefüllt bereithalten.
ZV 256

Für Tagesbesuche in Berlin (Ost) und in der DDR (nur für Westberliner): Berechtigungsschein.

Für Transitreisen zwischen dem Bundesgebiet und Berlin (West) war keine vorherige Genehmigung erforderlich. Das Transitvisum wurde direkt an der Grenze am Wagen erteilt.

Das Einreisevisum erhielt man grundsätzlich erst am Grenzübergang beziehungsweise an den Übergangsstellen in Berlin, wenn man die Einreisegenehmigung (Berechtigungsschein) vorwies.

Für das Visum mußte eine Gebühr entrichtet werden, sie betrug nach 1985 bei Einreisen mit einem Berechtigungsschein oder mit telegrafischer Einreisegenehmigung 15 D-Mark, bei Einreisen zu Tagesbesuchen 5 D-Mark; bei Transitreisen durch die DDR nach und von Westberlin keine Gebühren.

Für Gruppenreisen galten besondere Visumgebühren, die niedriger lagen. Für Kinder unter 16 Jahren war das Visum gebührenfrei. Reisende, die das 60. Lebensjahr vollendet hatten, wurden die Gebühren für ein Visum, das 15 D-Mark kostete, vom Bund erstattet. Sie mußten sich von der westdeutschen oder Westberliner Zolldienststelle bei der Ausreise aus der DDR ein Antragsformular aushändigen lassen. Dann erstattete jedes bundesdeutsche Postamt die 15 D-Mark. Reisende mußten sorgfältig auf ihre Reisepapiere achten. Wer Pässe, Visa oder andere Ausweise verlor und dies nicht unverzüglich meldete, konnte in der DDR bestraft werden. Auch wer Ausweise als verloren gemeldet hatte, sie wiederfand und dies nicht den Behörden meldete, mußte in der DDR mit Geldstrafen bis zu 1000 Mark rechnen, die in Deutscher Mark verlangt wurden. Die Frage der persönlichen Sicherheit wurde von vielen Besuchern der DDR gestellt – besonders von solchen, die zum ersten Mal in die DDR reisten. Dies galt vor allem für frühere Bewohner der DDR. Wenn sie vor dem 1. Januar 1981 aus der DDR geflüchtet waren, so galten sie nach der Auffassung der DDR nicht mehr als Staatsbürger der DDR und wurden für den Fluchttatbestand nicht mehr belangt. Diese Regelung galt jedoch nicht für aus dem Militärdienst Geflüchtete. Diese mußten weiterhin mit Strafverfolgung rechnen. Fahnenflucht verjährte nicht, auch wenn sich der Flüchtige außerhalb der DDR aufhielt.

Im allgemeinen konnte man von folgendem ausgehen: Falls gegen einen etwas vorlag, erhielt er keinen Berechtigungsschein zur Einreise in die DDR. Wer einen Berechtigungsschein zur Einreise in die DDR bekam, hatte natürlich keine Garantie, aber einen Anhaltspunkt dafür, daß eine Strafverfolgung nicht zu befürchten war.

Wer Fragen hatte, konnte sich an folgende Behörden wenden:

Beratungsstelle der Bundesregierung
für den innerdeutschen Reiseverkehr
im Gesamtdeutschen Institut
Postfach 12 06 07
5300 Bonn 1
Telefon 02 28 / 20 72 22

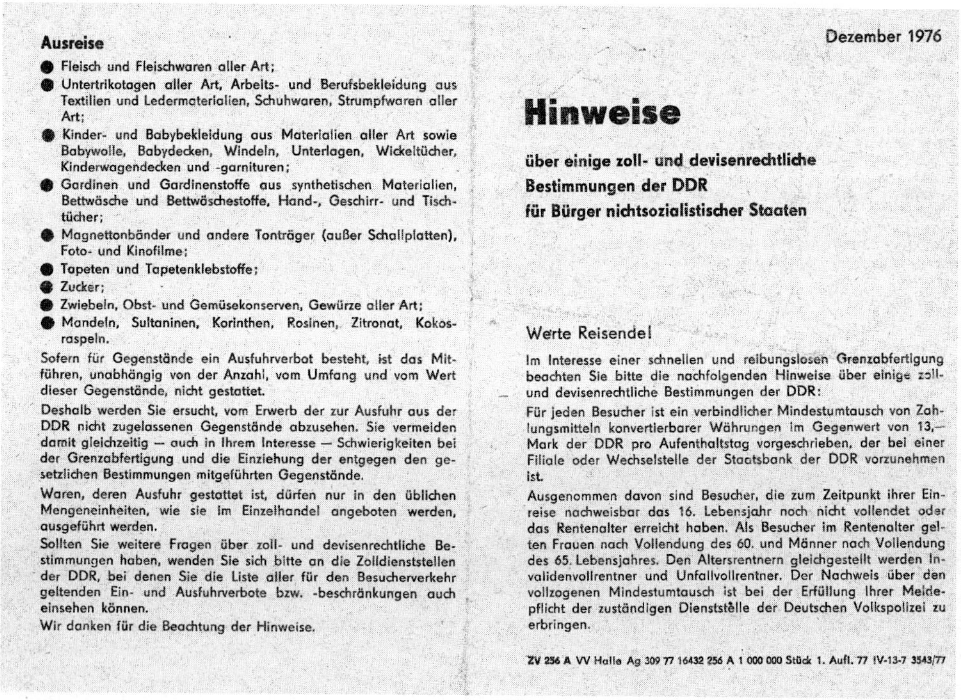

Ausreise

- Fleisch und Fleischwaren aller Art;
- Untertrikotagen aller Art, Arbeits- und Berufsbekleidung aus Textilien und Ledermaterialien, Schuhwaren, Strumpfwaren aller Art;
- Kinder- und Babybekleidung aus Materialien aller Art sowie Babywolle, Babydecken, Windeln, Unterlagen, Wickeltücher, Kinderwagendecken und -garnituren;
- Gardinen und Gardinenstoffe aus synthetischen Materialien, Bettwäsche und Bettwäschestoffe, Hand-, Geschirr- und Tischtücher;
- Magnettonbänder und andere Tonträger (außer Schallplatten), Foto- und Kinofilme;
- Tapeten und Tapetenklebstoffe;
- Zucker;
- Zwiebeln, Obst- und Gemüsekonserven, Gewürze aller Art;
- Mandeln, Sultaninen, Korinthen, Rosinen, Zitronat, Kokosraspeln.

Sofern für Gegenstände ein Ausfuhrverbot besteht, ist das Mitführen, unabhängig von der Anzahl, vom Umfang und vom Wert dieser Gegenstände, nicht gestattet.

Deshalb werden Sie ersucht, vom Erwerb der zur Ausfuhr aus der DDR nicht zugelassenen Gegenstände abzusehen. Sie vermeiden damit gleichzeitig – auch in Ihrem Interesse – Schwierigkeiten bei der Grenzabfertigung und die Einziehung der entgegen den gesetzlichen Bestimmungen mitgeführten Gegenstände.

Waren, deren Ausfuhr gestattet ist, dürfen nur in den üblichen Mengeneinheiten, wie sie im Einzelhandel angeboten werden, ausgeführt werden.

Sollten Sie weitere Fragen über zoll- und devisenrechtliche Bestimmungen haben, wenden Sie sich bitte an die Zolldienststellen der DDR, bei denen Sie die Liste aller für den Besucherverkehr geltenden Ein- und Ausfuhrverbote bzw. -beschränkungen auch einsehen können.

Wir danken für die Beachtung der Hinweise.

Dezember 1976

Hinweise

über einige zoll- und devisenrechtliche Bestimmungen der DDR für Bürger nichtsozialistischer Staaten

Werte Reisende!

Im Interesse einer schnellen und reibungslosen Grenzabfertigung beachten Sie bitte die nachfolgenden Hinweise über einige zoll- und devisenrechtliche Bestimmungen der DDR:

Für jeden Besucher ist ein verbindlicher Mindestumtausch von Zahlungsmitteln konvertierbarer Währungen im Gegenwert von 13,– Mark der DDR pro Aufenthaltstag vorgeschrieben, der bei einer Filiale oder Wechselstelle der Staatsbank der DDR vorzunehmen ist.

Ausgenommen davon sind Besucher, die zum Zeitpunkt ihrer Einreise nachweisbar das 16. Lebensjahr noch nicht vollendet oder das Rentenalter erreicht haben. Als Besucher im Rentenalter gelten Frauen nach Vollendung des 60. und Männer nach Vollendung des 65. Lebensjahres. Den Altersrentnern gleichgestellt werden Invalidenvollrentner und Unfallvollrentner. Der Nachweis über den vollzogenen Mindestumtausch ist bei der Erfüllung Ihrer Meldepflicht der zuständigen Dienststelle der Deutschen Volkspolizei zu erbringen.

ZV 256 A VV Halle Ag 309 77 16432 256 A 1 000 000 Stück 1. Aufl. 77 IV-13-7 3543/77

Formblätter für die Ein- und Ausreise der DDR, Dezember 1976.

oder an die

ZMB Berlin
Zentrale Melde- und Beratungsstelle
für den West-Ost-Verkehr
Fehrbelliner Platz 2
1000 Berlin 31

Die Verletzung von Verkehrsvorschriften wurde in der DDR generell härter bestraft als bei uns. Hohe Geld- und Haftstrafen drohten auch bei Zoll-, Devisen- und Paßvergehen. Geldstrafen mußten in Deutscher Mark bezahlt werden. Wer in der DDR als Alleinschuldiger oder Mitschuldiger an schweren Verkehrsunfällen betrachtet wurde, mußte mit einer Festnahme und mit Untersuchungshaft rechnen. Von der Untersuchungshaft wurde zuweilen gegen die Entrichtung hoher Kautionssummen abgesehen. Im Verhältnis zur Bundesrepublik Deutschland waren die Strafen bei Beleidigung, Sachbeschädigung, Diebstahl oder bei sogenanntem Rowdytum sehr hart.

Für die Einreise in die DDR standen siebzehn Übergänge vom Bundesgebiet aus zur Verfügung – zehn Straßen- beziehungsweise Autobahnübergänge und sieben Eisenbahnübergänge – und Übergänge in Berlin.

Jeder, der mit dem Auto einreiste, mußte auch die Verkehrsvorschriften in der DDR kennen. Im großen und ganzen waren sie wie bei uns. Jedoch gab es einige Ausnahmen: Als wichtigste war, daß in der DDR für den Kraftfahrer absolutes Alkoholverbot bestand. Bei Nichtbeachtung war mit hohen Geld- oder auch Haftstrafen zu rechnen. Die Höchstgeschwindigkeit auf Autobahnen betrug 100 Stundenkilometer, auf anderen Straßen 80 und innerhalb geschlossener Ortschaften 50 Stundenkilometer.

Die Strafen für die Verletzung von Verkehrsvorschriften waren höher als in der Bundesrepublik Deutschland.

Deutsche Mark oder andere westliche Devisen konnten in beliebiger Höhe bei der

Wir werden den kapitalistischen Westen in zehn Jahren überholen, versprach Walter Ulbricht in einer seiner Reden in den fünfziger Jahren. Die Wirklichkeit sah anders aus. Preise von HO-Läden (staatliche Handelsorganisation) in Leipzig 1953. Fotos: Bundesarchiv Koblenz

Reise in die DDR mitgenommen werden. Diese Beträge mußten jedoch in die »Erklärung über mitgeführte Gegenstände und Zahlungsmittel« eingetragen werden.

Ist der Kommunismus am Ende?

Diese Frage stellt sich im Juni 1989 der Ostexperte Professor Wolfgang Leonhard, Autor des Buches »Die Revolution entläßt ihre Kinder«, und schreibt über die Krise in der kommunistischen Welt im Jahr 1989:
»Nein, eine solche Behauptung wäre zumindest verfrüht und vielleicht sogar falsch. Wohl aber befindet sich der Kommunismus vor der schwierigsten und entscheidendsten Wegkreuzung seiner Geschichte.
Eins ist sicher: Der alte bürokratisch-diktatorische Kasernen-Kommunismus ist am Ende. Dieser Kasernen-Kommunismus war weder fähig, die ökonomisch-technologische Entwicklung zu meistern noch die Nationalitätenprobleme zu lösen. Er war unfähig, die geistig-ethischen Probleme der Menschen zu befriedigen und eine demokratische Mitwirkung der Bevölkerung zu gewährleisten.
Ein Festhalten am Kasernen-Kommunismus ist das Ende dieses Systems. Weitreichende

Und immer wieder Parolen und Verpflichtungen in der DDR. Fotos: Bundesarchiv Koblenz

Reformen stehen daher für alle Ostblockländer im Mittelpunkt. Gegenwärtig stehen Ungarn, die Sowjetunion und Polen inmitten der dringend notwendigen und von der Bevölkerung geforderten Reformen.
Andere Staaten, darunter auch die DDR, werden früher oder später folgen. Dafür sprechen drei Gründe:

1. In allen Ostblockstaaten gibt es ökonomisch-technologische Sachzwänge, die eine Wirtschaftsreform dringend notwendig machen, wenn die östlichen Länder nicht noch weiter absinken sollen.
2. Wirtschaftsreformen in kommunistisch regierten Ländern können nicht isoliert verwirklicht werden. Sie können nur erfolgreich sein, wenn sie Hand in Hand gehen mit der Auflockerung des politischen Systems, mit Glasnost und öffentlichen Diskussionen, mit der Einführung rechtsstaatlicher Sicherungen, einer kulturellen Freiheit und einer neuen toleranten Einstellung zu Religion und Kirche.
3. Der Reformendruck der Bevölkerung ist in den letzten Jahren in allen Ostblockstaaten drastisch gestiegen. Die Bevölkerung läßt sich nicht mehr alles gefallen, sondern tritt offen gegen Reglementierung und Diktatur, für Reformen, Freiheiten und demokratische Rechte ein.
Die gewaltigen Massendemonstrationen in China der letzten Monate und die entsetzli-

chen Massaker zeigen, wohin es führt, wenn eine Führung sich nur einseitig auf Wirtschaftsreformen konzentriert. Wirtschaftsreformen können nur erfolgreich sein, wenn sie mit demokratischen Freiheiten und Menschenrechten untrennbar verknüpft sind.
Die Honecker-Führung versucht bis heute, die DDR vom Reformprozeß in der Sowjetunion, Ungarn und Polen abzuschotten. Aber dieser Versuch wird mißlingen. Ökonomisch-technologische Sachzwänge und der Reformwillen der Bevölkerung werden auch in der DDR zu Glasnost und Perestroika führen. Gewiß: Bis heute ist in der DDR noch kein Gorbatschow in Sicht.
Reformen in der DDR sind der Angelpunkt verbesserter Beziehungen zwischen der Bundesrepublik und der DDR.
Dann könnte man sich die freie Verbreitung aller Zeitungen, Zeitschriften und Bücher in der DDR vorstellen. Schritt für Schritt könnte dann auch die Überwindung von Stacheldraht und Grenzbefestigungen erfolgen. Ich hoffe, noch den Tag zu erleben, an der Spezialeinheiten der Bundesrepublik und der DDR gemeinsam die Berliner Mauer niederreißen.«
Daß die Mauer niedergerissen wird, und zwar schon in wenigen Monaten, daran haben zu jener Zeit weder der Ostexperte Professor Wolfgang Leonhard noch andere Bürger in Ost und West geglaubt. Die Entwicklung nahm einen nie für möglich gehaltenen Verlauf.

Die Grenzsicherung der DDR

Die Grenztruppen der DDR wurden als Elitetruppen der NVA (Nationalen Volksarmee) geführt und waren relativ selbständig. Geleitet wurden sie vom Grenzkommando in Pätz im Kreis Königswusterhausen.
Es bestanden mehrere Grenzbrigaden, denen waren wieder die einzelnen Grenzregimenter und denen wiederum die Grenzeinheiten unterstellt.
Eine Grenzeinheit hatte je nach Größe des zu sichernden Abschnittes (8 bis 10 Kilome-

Die Karte dient ausschließlich der Orientierung.

ter) ungefähr achtzig bis hundert Grenzsoldaten zur Verfügung. In jeder Grenzeinheit war ein Fahrzeugpark, bestehend aus drei Lastkraftwagen, einem Personengeländewagen, drei bis fünf Grenz-Trabis und zehn Motorrädern. Dazu gehörte eine Hundestaffel und ein Spezialistentrupp für die Wartung und den Aufbau der Grenzanlagen.
Wollte jemand die DDR über die grüne Grenze verlassen, mußte er eine Reihe von Grenzsicherungsanlagen überwinden.
Fünf Kilometer vor Beginn des Grenzzaunes wurden die Bürger beziehungsweise Personen von der Polizei oder einer Grenzstreife kontrolliert. Dieser Bereich durfte nur von Personen betreten werden, die im Besitz einer gültigen Ausweisgenehmigung

Zählkarte
für Statistik und Reiseservice

Card for Statistics and Travel Service
Carte pour la statistique et le service de voyage

Bei der Ausreise abgeben
To be handed over on exit
remettre au service de contrôle à la sortie

A

Pol. Kennz. d. Kfz
Registration number of vehicle
Plaque d'immatriculation

Familienname / Family name / Nom de famille

Vorname / First name / Prénom

Geburtsdatum und -ort / Date & place of birth / Date et lieu de naissance

Wohnort / Domicile / Domicile

Straße / Street / Rue — Haus-Nr. / No. / No. de maison

Paß-Nr. / Passport-No. / No. du passeport — Staatsangehörigkeit / Nationality / Nationalité

für Bürger der BRD

Ausgeübte Tätigkeit / Present occupation / Emploi actuel

Arbeitsstelle / Employer / Employé chez

Anzahl der mitreisenden Kinder bis 16 Jahre (in Worten)
Number of accompanying children under 16 years (written)
Nombre d'enfants accompagnants jusqu'à 16 ans (en lettres)

E

A

Zweck der Reise *) / Purpose of the journey / But de voyage	dienstlich / official / officiel		privat / private / privé		Touristik / tourism / touristique	

*) Zutreffendes ankreuzen — Please mark corresponding items — Marquer d'une croix les mentions utiles

Zählkarte für den Aufenthalt in der DDR für Reisende aus der Bundesrepublik Deutschland.

MINISTERRAT DER DEUTSCHEN DEMOKRATISCHEN REPUBLIK
Ministerium des Innern

TQ 057474 den 13.06.88

Berechtigungsschein zum mehrmaligen Empfang eines Visums

Herr/Frau THEISINGER, GEB. STRAUCH
IRMGARD

Geburtsdatum 21.04.34 sowie --- mitreisende Kinder sind berechtigt, neunmal ein Visum zur einmaligen Ein- und Ausreise zu einem Tagesaufenthalt bis jeweils 24.00 Uhr bzw. zu einem Aufenthalt bis 24.00 Uhr des auf die Einreise folgenden Tages

bis 12.12.88 MIT PKW

für die Kreise EISENACH, SAALFELD, SONDERSHAUSEN
----

bei der dem Besuchsort nächstgelegenen Grenzübergangsstelle der DDR zur BRD zu empfangen. Das Visum wird gebührenpflichtig erteilt. Es berechtigt nicht zur Einreise in die Sperrzone und den Schutzstreifen an der Grenze zur BRD.

DDR (17) DVP - Paß- und Meldewesen

Frantzke

PM 68 e

Berechtigungsschein zur Einreise für den kleinen Grenzverkehr.

Die Feier zum 1. Mai war für die Bevölkerung der DDR Verpflichtung. Foto: Bundesarchiv Koblenz

für das Grenzgebiet waren. Fünfhundert Meter vor dem eigentlichen Zaun begannen die ersten Grenzsicherungsanlagen, diese waren so angelegt, daß ein Durchbruch unmöglich war.

Grenzsicherungen waren zum Beispiel:

1. Umgebaute Karabinerschlösser, die mit Platzpatronen gefüllt und mit feinen Kupferdrähten über 20 bis 30 Meter miteinander verbunden waren.
2. Sicherungsdrähte, ähnlich der elektrischen Weidezäune, die beim Berühren einen elektrischen Impuls auslösten und so die Nacht zum Tage werden ließen.
3. Es schloß sich der sogenannte »Brockenzaun« an, er ähnelte schon dem eigentlichen Grenzzaun, bestand aus Stacheldraht und hatte eine ungefähre Höhe von 2,5 Meter. Wurde zum Beispiel versucht, den Grenzzaun zu überwinden, wurden Alarmanlagen ausgelöst (Licht und Sirenen).
4. Es folgte eine Sicherung durch Hunde am Laufseil. Die Hunde waren ausgediente Hunde der Grenzposten. Sie wurden nur einmal in der Woche gefüttert und waren dadurch sehr gereizt und wachsam.
5. In gewissen Abständen waren ferner gut getarnte Beobachtungsbunker und Unterstände im Erdreich, die einem Grenzpostenpaar genügend Tarnung boten.
6. In einem Abschnitt von 8 bis 10 Kilometer waren zwei bis drei Beobachtungstürme mit einer Höhe von 10 bis 20 Meter errichtet, die nur am Tage besetzt wurden und den Grenzposten einen weiten Blick ermöglichten.
7. Kraftfahrzeug-Sperrgraben folgten mit einer Breite von rund 2 Meter und einer Tiefe von 1,5 Meter, um das Überwinden der Grenzanlagen mit einem Kraftfahrzeug zu unterbinden.
8. Es folgte der sogenannte K 6, er war ein 6 Meter breiter Kontrollstreifen, der immer frisch geeggt war und täglich morgens von einem Grenzpostenpaar nach Spuren untersucht wurde.

9. Es folgten zwei Grenzzäune mit Minenfeld anschließend an den K6, der Abstand betrug ungefähr 4 bis 6 Meter. In diesem Zwischenraum waren die verschiedensten Minen verlegt.
10. Nach dem Grenzzaun war ein Streifen von 10 bis manchmal 200 Meter noch DDR-Land, in dem die sogenannten Aufklärer agitierten. Die eigentliche Grenze war erst dort überwunden, wo schwarz-rot-goldene Grenzsäulen mit DDR-Emblem beziehungsweise weiße Grenzsteine den eigentlichen Grenzverlauf zwischen der DDR und der Bundesrepublik Deutschland kennzeichneten.

Eine Überwindung der Grenzsicherungen grenzte an Selbstmord.

Zu erwähnen wären noch die Selbstschußanlagen, die jedoch vor einigen Jahren als Erfolg der Verhandlungen der Bundesregierung Deutschland abgebaut wurden.

Die Lage hinter der Mauer

Warten. Das ist der Alltag von siebzehn Millionen Menschen hinter der Mauer. Warten auf eine neue Wohnung. Warten auf ein Telefon (25 Jahre). Warten auf ein Auto (16 Jahre). Warten bis man endlich sechzig wird. Dann darf man nach Köln oder Dortmund. Nun wollen sie nicht mehr warten. Das ist die Lage hinter der Mauer am 15. August 1989.

Auf dem Weg nach Ostberlin: Acht Autos stehen vor mir am Kontrollpunkt Invalidenstraße. Drei Offiziere der DDR-Grenztruppe studieren, was sie meine Reisedokumente nennen: Personalausweis, Visum, Zählkarte, Autozulassung und Zollerklärung. Sie sind höflich. 28 Jahre nach dem Mauerbau dauert die Einreise von Berlin-West nach Berlin-Ost fünfzehn Minuten. Das gilt als fabelhaft an diesem Übergang, den fast täglich evangelische und katholische Bischöfe, Botschafter, Opernstars, Schriftsteller wie Stefan Heym mit seinem Lancia oder Rechtsanwalt Vogel mit seinem Mercedes dienstlich passieren. Rein kommt man leicht – nur das Raus ist ein Problem. »Das weiße Haus«, so nennen die Deutschen in der DDR die bundesdeutsche Vertretung in der Hannoverschen Straße, Ecke Chausseestraße. Vor den geschlossenen Gittern drängeln sich kleine Gruppen von DDR-Bürgern. Geduldig, höflich gibt ein Bonner Diplomat durch die Gitterstäbe Auskunft. DDR-Polizisten und Sicherheitsbeamte stehen daneben, mimen Desinteresse und spitzen doch die Ohren. Den Bittstellern ist das egal. Manche waren einen ganzen Tag unterwegs. Das Gespräch gibt ihnen neue Kraft, durchzuhalten auf dem zermürbenden Weg zur Ausreise. »Das weiße Haus«, ein Wort der Hoffnung.

Das Brandenburger Tor. Von Osten gesehen. An der Barriere starrt eine Menschenmenge über die Mauer hinweg nach Westen auf die vergoldete Viktoria, die Siegessäule im Westen. Der Mann aus Dresden erklärt seiner Frau die Westsektoren: »Vor dreißig Jahren war ich zum letzten Mal dort. In zwei Jahren bin ich Rentner, dann darf ich endlich mal rüber.«

Seine Frau hört stumm zu. Sie ist jünger, sie wird nicht mitdürfen. »Drüben« war sie noch nie. Im Winter vor zwei Jahren hatte Bonns damaliger Mann in Ostberlin, Staatssekretär Dr. Hans-Otto Bräutigam, die Vision, hier am Brandenburger Tor könnten sich ein paar tausend DDR-Bürger treffen, über die Mauer stürmen und in den Westen klettern. Was wäre wohl geschehen? Hätte man geschossen, wäre es der Ausbruch einer Ost-West-Krise oder der Beginn der Wiedervereinigung gewesen? Die Stimmung am Brandenburger Tor ist nicht so explosiv, die Menschen sind eher traurig.

Unter den Linden Nr. 7, die Sowjetische Botschaft. Vor ein paar Jahren gaben sich die SED-Funktionäre gegenseitig die Türklinke in die Hand. Jeder dieser wichtigtuerischen Genossen wollte zu seinem »Hausrussen«, um die Lage zu besprechen. Für Honeckers Freunde beziehungsweise Funktionäre sind die »Freunde« nicht mehr »in«. Heute ist der Empfangsraum leer. Wer zu häufig mit Russen gesehen wird, macht sich verdächtig. Und so sorgt sich Sowjetbotschafter Kotschemassow um die labile Lage in der DDR. Der Ausreisefluß schwächt die DDR-Wirtschaft, und damit die für die Perestroika so notwendigen DDR-Lieferungen nach Rußland. Ein deutscher Gorbatschow ist nirgendwo in Sicht. Wer kann Honecker ablösen? Nach neuestem Stand der Gerüchte wird der bullige Günther Kleiber, 58 Jahre alt, Mitglied des Politbüros und stellvertretender Vorsitzender des DDR-Ministerrates, als aussichtsreicher Kandidat gehandelt. Der gelernte Elektriker, in Wirtschaftsfragen erfahren, gilt als robuster »Räumer« und rücksichtsloser Jäger. Einige trauen ihm den Machthunger und das Durchsetzungsvermögen zu. Aber: Gäbe es damit mehr Freiheit für die Bürger?

Berlin-Lichtenberg, Reilerstraße 4. In einem kleinen grauen Einfamilienhaus sitzt Professor Dr. Wolfgang Vogel, der offizielle DDR-Beauftragte für humanitäre Fragen. In den letzten Jahren hat er beinahe 200 000 Menschen aus der DDR zu einem besseren Leben in der Bundesrepublik verholfen. Niemand kennt die Sorgen und Sehnsüchte der DDR-Bürger so gut wie er. Tag für Tag weinen sich zur Ausreise Entschlossene in seiner Kanzlei aus. Die Welle des menschlichen Elends droht über Vogel, seiner Frau Helga und seinen Mitarbeitern zusammenzuschlagen. »Wir sind mit unseren Nerven am Ende«, sagt er. Der Minister im Bundeskanzleramt, Seiters, meinte neulich zu ihm: »Herr Dr. Vogel, wie schön, daß es Sie gibt. Gäbe es Sie nicht, müßten Sie erfunden werden.« Vogel schwieg gequält. Er schwieg auch, als ein DDR-Funktionär sagte: »Nun, Genosse Advokat, Sie erledigen das doch, wann ist der Ausreiseberg abgetragen?«

Östlich von Selow. Am Oderbruch zwischen Freienwalde und Fürstenberg an der Oder rattern die Mähdrescher über die Getreideschläge, soweit das Auge reicht. In glühender Hitze bringen die märkischen Bauern die Ernte ein. Für das Thema Ausreise haben sie jetzt keine Zeit. Auch nicht für einen Urlaub in Ungarn. Die Ernte geht vor. Am

Transparente zur Feier am 1. Mai.
Foto: Bundesarchiv Koblenz

Helenensee bei Frankfurt/Oder stürzen sich ein paar tausend Stahlarbeiter aus dem nahegelegenen Eisenkombinat in das glasklare Wasser. Die Parkplätze sind voller Ostautos. Das Ausreisethema wird auch am FKK-Strand nicht diskutiert. Wer weiß, ob der nackte Braune da drüben ein Stasi-Mann ist? Im Garten eines schmucken Einfamilienhauses feiern ein paar Freunde mit Erdbeerbowle ein besonderes Jubiläum. Auf den Tag genau vor 25 Jahren haben die Gastgeber einen Telefonanschluß beantragt. Die Freunde trinken ein Glas auf das Wohl der DDR-Post. Sie hat am Tag zuvor schriftlich mitgeteilt, in absehbarer Zeit sei mit der Bereitstellung eines Telefonanschlusses nicht zu rechnen.

Eine andere Potsdamer Hausfrau stand in diesen Tagen ratlos vor ihrem Friseursalon. »Aus technischen Gründen bis zum 1. September geschlossen«, stand an der Ladentür. Der Frisör, Chef eines privaten Damensalons mit sechs Angestellten, stolzer Autobe-

Propaganda der FDJ (Freie Deutsche Jugend) zum Eintritt in die Volkspolizei 1953. Foto: Bundesarchiv Koblenz

1. Mai 1969 in Ostberlin. Spruchband: »Unser Weg ist richtig!« Foto: Bundesarchiv Koblenz

sitzer und Bauherr eines neuen Eigenheims in Wilhelmshausen, war von einer Westreise nicht heimgekehrt. Nicht heimgekehrt sind auch während der vergangenen vier Jahre die drei Chefs der gynäkologischen Abteilung im Ostberliner Oskar-Zieten-Krankenhaus. Der evangelische Bischof von Ostberlin, Forch, und viele DDR-Deutsche beklagen das. Der beste Zahnarzt im Havelland, der einzige Handchirurg von Potsdam, einige Oberärzte, sie sind alle weg. Eine überarbeitete Brandenburger Ärztin sagt: »Meine Sprechstundenhilfe Gabi ist in den Urlaub nach Ungarn gereist. Hoffentlich kommt sie wieder. Falls nicht, weiß ich nicht, wie mein Laden weiterlaufen soll.«[65]

Ist Erich Honecker der nächste?

Der ungarische Parteikongreß 1988 hat nicht nur den 76jährigen Janos Kadar abgelöst und durch den 57jährigen Karoly Grosz ersetzt. Gemeinsam mit Kadar verließen mehr als die Hälfte der Politmitglieder die Bühne, besser ausgebildete und entschlossene Reformer jüngeren Jahrgangs wurden die Nachfolger.

Das Signal von Ungarn dürfte auch auf andere europäische Ostblockstaaten – Polen, DDR, Tschechoslowakei, Rumänien und Bulgarien – übergreifen, denn überall stehen ähnliche Probleme auf der Tagesordnung. Der nächste, der abtritt, wird der DDR-Staatsratsvorsitzende Honecker sein müssen. Denn nirgendwo ist die Führung so überaltert wie in der DDR: Erich Honecker 76, und seine engsten Vertrauten Hermann Axen 73, Kurt Hager 77 und Erich Mielke 82 Jahre.

Honecker möchte Staatsratsvorsitzender bleiben und die Parteiführung dem 52jährigen Egon Krenz übergeben (ZK-Sekretär für Sicherheit und Kaderfragen). Manche Chancen dürften sich auch der 61jährige Werner Felfe (seit 1981 ZK-Sekretär für Landwirtschaft) und der 59jährige ehemalige Chefredakteur des »Neuen Deutschland«, Günter Schabowski, ausrechnen. Ein Führungswechsel könnte in der DDR-Bevölkerung Hoffnungen wecken, daß nun endlich auch in der DDR die Verkrustung aufgebrochen wird.

Das Herrschaftssystem der DDR ist aus der Sowjetunion importiert, dort leben Menschen mit einer ganz anderen Mentalität. Erich Honecker, der erste Mann in der DDR, weiß jedoch, daß er sich keinerlei Schwachheiten leisten darf. Daß er alles unterlassen muß, was die straffe Herrschaft unterminieren könnte, von der Stalin einmal sagte: »Es paßt zu den Deutschen wie der Sattel auf eine Kuh.«

Zur DDR-Diplomatenjagd: Krimsekt, »Fürstengruß« und hübsche Mädchen

85 Diplomaten aus aller Herren Länder, Parteibuchträger und Minister zogen mit ihren Flinten ins Feld. 1212 Tiere ließen ihr Leben – unter dem Donner aus Prominentenflinten. Zwei Treibern mußte der Jagdarzt Schrot aus den Waden und dem verlängerten Rücken pulen... Das war die Bilanz der DDR-Staatsjagd im Winter 1979.

Gastgeber der ebenso pompös wie protokollarisch präzise arrangierten Treibjagd auf Niederwild in einem sieben Kilometer langen Kessel im Raum Ober-, Hohen- und Niederroßla in Thüringen: Erich Honecker, Regierungschef der DDR und Staatsratsvorsitzender.

Als am späten Winterabend auf dem Jagdhorn das Halali geblasen wurde, betrug die Strecke 1208 Hasen, drei Füchse, ein Jagdhund. Honecker hatte mit 34 Stück die meisten Hasen geschossen. Sechs war Durchschnitt. Der Vertreter der Bundesrepublik in Ostberlin, Staatssekretär Dr. Günter Gaus, schoß »miserabel«, wie es in der Jagdsprache heißt, er erlegte nur eine einzige Kreatur. Zwei farbige Diplomaten aus einer afrikanischen Volksrepublik blessierten die beiden Treiber. Der eine erhielt Schrot in eine Wade, der andere eine Ladung in den verlängerten Rücken.

Die zwei afrikanischen Attachés hatten zwar noch vor kurzem, nur leicht bekleidet, mit

der Maschinenpistole im heimatlichen Busch erfolgreiche Partisanenjagd ausgeübt. Bei vier Grad unter Null jedoch, in einen hinderlichen Leihpelz gehüllt, die ungewohnte Flinte im Arm, konnten sie sich nicht ohne weiteres auf die Thüringer Hasenhatz umstellen.

Ansonsten jedoch verlief die Jagd sehr diszipliniert, und es wurde korrekt geschossen wie zur Zeit des Reichsjägermeisters Göring.

Die meisten Diplomaten waren erfahrene Jäger. Falls sie keine eigene Waffe mitbrachten, erhielten sie eine Suhler Flinte. Ein jeder bekam 300 Patronen und konnte, falls erwünscht, einen Hundeführer oder einen Büchsenspanner zur Seite haben. Die letzteren waren meist SED-Funktionäre aus Apolda mit Lokalkenntnissen und Linientreue, die – statt Jägersprache – beflissenes Parteilatein redeten.

Die Gäste des CD, des Corps Diplomatique, wurden am Vortage der Jagd in einem Son-

Die Ausbildung Jugendlicher der DDR für Volkspolizei, Armee oder Grenzschutz. Fotos: Bundesarchiv Koblenz

derzug mit drei Luxuswaggons von Ostberlin nach Erfurt gefahren. Jedem Gast im Rang eines Botschafters stand laut Protokoll ein eigenes Abteil zur Verfügung. Ostblock-Diplomaten betraten – wie schmunzelnd festgestellt wurde – den Zug bereits fortschrittlich alkoholisiert.
Übernachtung in einem bekannten Erfurter Hotel. Das Abendessen war einfach, rustikal, mit Thüringer Spezialitäten, vor allem delikatem geräuchertem Wildschweinschinken. Es wurde sehr guter Krimsekt, feiner Rotwein und Weißwein mittlerer Güte gereicht. Eine Trachtenkapelle spielte thüringische Weisen, bekannte Jagdlieder und Jodler.
Als ein skandinavischer Botschaftsrat einen der DDR-Minister fragte, warum denn Herr Gaus, der als Deutscher die Liedertexte kenne, nicht ebenso laut mitsänge wie Herr Honecker, erhielt er die Antwort: »Da säh'n s's, der Genosse Staatsratsvorsitzende ist ein Mann des Volkes. Der Gaus aber äben'd nich.«
Als nach den gesanglichen Darbietungen ein junger Attaché eines westlichen Landes fragte, wo man sich denn in Erfurt noch etwas entspannen könne, wurde bekanntgegeben, man solle das Hotel bitte nicht verlassen. Eine internationale Bar und Damen stünden im Hause zur Verfügung.
Tatsächlich stießen die Diplomaten auf eine große Zahl hübscher Mädchen, die sächsisch ebenso gut wie französisch konnten, aber auch, falls erwünscht, englisch parlierten. Alle empfanden es daher als sehr störend, daß sie schon um sechs Uhr früh geweckt wurden.
Nach einem reichlichen Frühstück ging es mit Autos ins Jagdgebiet. Die Autobahn Erfurt–Apolda und all ihre Zufahrtsstraßen wurden für die gewöhnlichen Menschen des Arbeiter- und Bauernstaates gesperrt.
Schließlich durfte geschossen werden, nachdem – wie bei Kesseltreiben üblich – am Himmel eine grüne Rakete aufstieg. Nicht üblich jedoch und wohl zum ersten Mal seit 1918, seit der Abdankung des deutschen Hochadels, wurde auf dem Waldhorn für den jagdfreudigen Landesherrn Honecker der »Fürstengruß« geblasen. Das setzte einige der jagdgeschichtlich gut informierten westlichen Diplomaten in Erstaunen.
Ein jeder Gast erhielt einen Rehlaufgriff mit Messer als Brieföffner für den Diplomatenschreibtisch zum Geschenk sowie ein schönes, blankes Waldhorn mit Honeckers eingravierter Signatur und dem Datum der Jagd als Erinnerungsgabe.
Befragt, wie ihm die Jagd gefallen habe, antwortete ein westlicher Diplomat, der Deutschlands Sprache, Geschichte und Tradition sehr genau kennt: »Es war sehr schön, es wurde korrekt gejagd, aber habe selten so gelacht ...«[66]

Die Freie Deutsche Jugend (FDJ)

Man fragt sich heute, was empfand Erich Honecker, als so viele »seiner« Jugendlichen aus dem Arbeiter- und Bauernstaat flohen. Wie sollte da ein selbstkritisches Nachdenken entstehen, wenn er bei feierlichen Anlässen die Marschkolonnen an sich vorbeiziehen sah? Er dachte womöglich, die seien alle noch so begeistert, wie es viele von ihnen nach dem Zweiten Weltkrieg wirklich gewesen sind. Denn viele dachten wirklich, daß diese große, demokratische Jugendbewegung eine solche werden konnte. 1989 haben ihm seine Stasi-Horcher bestimmt nicht berichtet, was viele Menschen zu dieser Zeit in der damaligen DDR sagten: »Erich Honecker ist ein Fremder im eigenen Land.«
Aber warum flüchteten in jener Zeit so viele junge Leute? Weil sie die DDR als ein »Erziehungsheim hinter Stacheldraht« empfanden. Weil sie wie die Gleichalterigen in der Bundesrepublik durch die Welt reisen möchten, nicht zwölf Jahre auf ein Auto warten wollen und weil die Nachdenklichen unter ihnen die Wut kriegen, wenn sie sehen wie die Umwelt und die Gesundheit der Menschen durch Umweltschäden zerstort werden, daß die Regierung zwar endlich darüber redete, aber wenig dafür tut, und

Die seit 1948 in der DDR gebildeten Einheiten der kasernierten Volkspolizei werden 1956 in »Nationale Volksarmee« umbenannt.
Foto: Bundesarchiv Koblenz

weil sie in diesem Staat keine Zukunft erkannten, für ihre Fantasie kein Platz ist. Gleich nach dem Krieg hat Erich Honecker mit der Jugend wirklich Tuchfühlung gehabt, damals war er Vorsitzender der FDJ. Damals war es sein heimlicher Traum, der von den Arbeitern verehrte Vorsitzende der ganzen DDR zu werden, bei dem sich die Menschen richtig geborgen fühlen, aber das hat nicht geklappt. Gewiß hat er es möglich gemacht, daß einige Millionen DDR-Deutscher vor einigen Jahren in die Bundesrepublik reisen durften, aber jene Bürokraten und Parteigenossen die nicht reisen durften, machten den Reisenden Schwierigkeiten, wo sie nur konnten.

Nun fragten sich viele westdeutsche Bürger, die das System nicht kannten, warum wollten diese Menschen raus und was meinen sie mit dem ständigen Druck, von dem sie immer sprachen. Es war die ständige mitleidlose Bevormundung und Fürsorglichkeit des Staates, die viele der DDR-Bürger, vor

Zehn Jahre DDR wurde feierlich mit Aufmärschen in der DDR begangen. Fotos: Bundesarchiv Koblenz

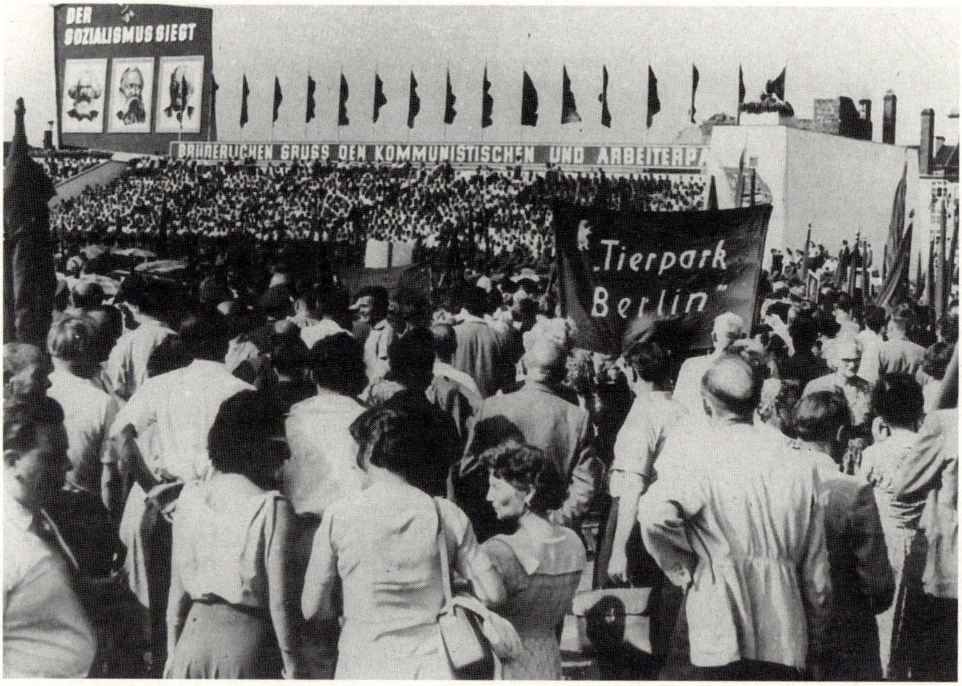

An Parolen fehlte es nirgendwo in der DDR. Fotos: Bundesarchiv Koblenz

allem Jugendliche, nicht mehr ertragen konnten, die alte Devise: »Die Partei, die Partei, die Partei hat immer recht.« Die Eltern fürchteten, daß ihre Kinder zu folgsamen Aufpassern und Denunzianten werden. Sie hören zu Hause oder im westdeutschen Fernsehen Meinungen, die nicht mit denen ihrer Lehrer übereinstimmen. Wer in der Schule oder im Beruf weiterkommen will, muß in die Partei oder in eine der »gesellschaftlichen Organisationen«.
Erich Honecker hat in seiner Regierungszeit viel bauen lassen, und die Mieten in der DDR waren billig, aber trotzdem gab es nicht genug Wohnungen. Ging eine Ehe auseinander und der geschiedene Ehemann suchte eine neue Bleibe, konnte er eben keine bekommen, das Wohnungsamt sagte ihm, er könne doch bei seiner geschiedenen Frau wohnen. So waren es Tausende von Kleinigkeiten, die den DDR-Menschen das Leben zur Hölle machten.
Trotzdem glaubten Erich Honecker und seine Genossen noch an den Kommunismus, denn dieser Glaube an die Überlegenheit des Kommunismus über den Kapitalismus war für sie Religion. Gorbatschow mit seinen neuen Ideen hielten Honecker und seine Freunde für den schlimmsten Abweichler, ja für einen Konterrevolutionär.
Honecker war früher für viele DDR-Bürger ein Hoffnungsträger, in den 1980er Jahren sahen in ihm mehr und mehr einen alten Mann, der nicht mehr die Kraft hatte, die folgenschweren Irrtümer seiner Politik zu korrigieren.
Nun kommen sie in Massen aus der DDR. Junge Leute. Gut ausgebildet, auch gebildet. Pfiffig talentiert, zum Arbeiten bereit. Meister der Improvisation, gut im Organisieren – »drüben« in der DDR sind diese Fähigkeiten zur Perfektion entwickelt, es gibt ja nicht prallgefüllte Ersatzteillager wie bei uns. Aber hier sind sie nicht so herzlich willkommen, wie man es manchmal hört von deutschen Menschen an den Stammtischen, die sich äußern: Die sollen bleiben! Was wollen die hier? Liegen uns doch nur auf der Tasche! Wollen abkassieren! Nehmen uns die Arbeit weg, machen das Wohnproblem noch katastrophaler!
Sie nehmen uns nichts weg. Wir haben fast zwei Millionen Arbeitslose, die es natürlich bei uns gibt. Aber welch ein Widerspruch: In den Auffanglagern, zum Beispiel in Gießen, hängen Zettel an den Bäumen, Buden und Brettern für die von »drüben«. Angebote über Angebote. Arbeit und nochmals Arbeit. Gesucht wird, wer etwas gelernt hat und bereit ist, die Ärmel hochzukrempeln, Stellen über Stellen. Und dann noch die Zeitungen, jede Woche ein pralles Paket mit Anzeigen: gesucht, gesucht …
Wie paßt das alles zusammen? Darüber sollten die Politiker nachdenken. Sie werden schnell feststellen, daß sich viele Dinge im sozialen Gefüge unseres Landes längst verschoben haben. Die Statistik stimmt nicht mehr.

Jugendweihe

Die Jugendweihen wurden 1954 in der ehemaligen DDR als Konkurrenzunternehmen zur protestantischen Konfirmation ins Leben gerufen. Während im ersten Jahr nur 17,7 Prozent des Jahrgangs teilnahmen, stieg die Quote in den sechziger Jahren auf 60 und kletterte dann sehr bald auf 98 Prozent, wo sie bis zur Wende lag. Nach offiziellen Angaben haben bisher mehr als sechs Millionen DDR-Bürger an den Jugendweihen teilgenommen. In der Ulbrichtära opponierten zahlreiche Kirchenvertreter der DDR gegen die atheistisch ausgerichteten Jugendweihefeiern. Mit der Liberalisierung der SED-Kirchenpolitik unter Honecker wandelte sich auch das Verhältnis der Christen zur Jugendweihe.
Der Magdeburger Bischof Krusche äußerte sich dazu 1980: »Für eine große Zahl von christlichen Eltern ist die Teilnahme an der Jugendweihe kein Problem mehr. Sie sehen das als einen formalen gesellschaftlichen Akt an.«[67]

Plakat zur Jugendweihe. Foto: Bundesarchiv Koblenz

»Ob er uns wohl was pumpt?« Diese Karikatur stammt aus dem »Eulenspiegel«, einem Satiremagazin der ehemaligen DDR. Es hatte eine Auflage von etwa 300 000 Exemplaren und war immer schnell ausverkauft. Die Karikaturen nahmen treffend Mißstände in der DDR aufs Korn. So wie hier die Jugendweihe.

Der feierliche Akt zur Jugendweihe.
Foto: Bundesarchiv Koblenz

Jugendliche mit einem Geschenk der DDR zur Jugendweihe. Foto: Bundesarchiv Koblenz

Jugendweihe

Unsere Bewährung –
hohe Leistungen beim Lernen,
in der Arbeit
und bei der Verteidigung
des Sozialismus

Zur Feier der Jugendweihe am Sonntag, dem 18. April 1982, um 11.00 Uhr im Kulturhaus des NVA-Truppenteils „Robert Uhrig", laden wir Sie recht herzlich ein.

Ortsausschuß für Jugendweihe
Bad Frankenhausen

Mitwirkende:

Kammerorchester
des Staatlichen Lohorchesters Sondershausen
Leitung: Dieter Nicklaus

Sprecher und Singeklub „MRZ 20"
des NVA-Truppenteils „Robert Uhrig"

Zur Gewährleistung eines geordneten Ablaufes der Feierstunde ist das Photographieren während der Feierstunde nicht gestattet.

PROGRAMMFOLGE

Einzug der Jugendlichen	
Nationalhymne	
Wir bauen einen schönen Garten	W. Lesser / H. Stöhr
Vom Glück des Weges	R. Nyland
Drei kleine Divertimenti	Josef Haydn
In Ewigkeit	G. Steineckert / B. Thalheim
Festansprache	Genosse Harald Urich Mitglied des Sekretariats der SED-Kreisleitung Artern
Gelöbnis	
Sinfonie in B-Dur	T. Albinoni
Kleines Friedenslied	G. Kern / L. Strang
Wer aber ist die Partei?	B. Brecht
Die Partei	Hasso Grabner / Michael Höft
Überreichung der Urkunden und Geschenkbücher	
Dank der Jugendlichen	
Auszug der Jugendlichen	

Eine Einladung zur Jugendweihe.

Walter Ulbricht sprach am 3. März 1958 in Gera vor Teilnehmern an der Jugendweihe im Haus der Deutsch-Sowjetischen Freundschaft. Foto: Bundesarchiv Koblenz

Walter Ulbricht bei einer Ansprache von Teilnehmern an der Jugendweihe. Foto: Bundesarchiv Koblenz

Tagung des »Zentralen Ausschusses für Jugendweihe« der DDR in Ostberlin am 4. November 1957: Blick auf das Präsidium während des Referats des Vorstandsmitgliedes Professor Hermann Duncker.

Ostberlin, 2. Polizeisportfest in dem Ort Wühlheide.

Die Teilnehmerzahlen an den Jugendweihen steigen, und auch heute, nach der Wende, finden sie allgemeine Beliebtheit bei unseren Landsleuten in Mitteldeutschland. Fotos: Bundesarchiv Koblenz

Mit italienischen Freunden: Prof. Dr. Bartalena und Familie Mario Lapi an der Zonengrenze.
Foto: Mario Lapi

Die Völkerwanderung in Richtung Deutschland

Wir schreiben das Jahr 1989 und erleben, wie ein Millionenheer sich aus dem Osten auf die Bundesrepublik zubewegt, es sieht so aus, als wenn es die größte Völkerwanderung seit dem Zweiten Weltkrieg wird. Unsere Gesetze sind klar: Wer an die Grenze kommt und »Asyl« sagt, darf einreisen. Täglich kommen zu dieser Zeit 500 und es werden immer mehr. Motive: Keine Autonomie (wie Lenin versprach), Verfolgung und Armut.
Ihr Motiv ist Sehnsucht: wieder deutsch leben zu dürfen. In Rumänien, dort im Banat und in Siebenbürgen, leben 160000 Deutschstämmige (Schwaben, Sachsen). Sie haben Ausreiseanträge gestellt, wollen zu uns. Sie haben oft sieben bis acht Kinder. Sehnsucht: Wieder dort zu leben, wo sie glauben, daß ihre Tugenden – Fleiß, Sauberkeit, Gottesfurcht – noch gelten. Jugoslawien steht vor einem Bürgerkrieg, wenn dieser kommen sollte, flüchten mindestens eine Million Jugoslawen zu uns. Knapp eine Million lebt schon bei uns.
Aus Polen kommen sie zu uns, jeden Morgen warten lange Schlangen vor der Deutschen Botschaft in Warschau auf ein Visum. Ab 1. Januar 1991 entfällt die Visumpflicht, man rechnet mit einer Völkerwanderung. Motiv: Flucht aus der Armut (durchschnittliches Monatseinkommen 180 Mark), zwei Millionen Arbeitslose. Schon jetzt arbeiten etwa 100000 Polen schwarz bei uns.
Aus dem Baltikum, Estland, Lettland und Litauen, wollen etwa 100000 Menschen in die Bundesrepublik. In Ostdeutschland leben 380000 Sowjetsoldaten, mit ihren Familien sind es 600000 Menschen. Bis 1993 sollen alle zurück. Dort haben sie keine Wohnungen, keine Arbeit, sie wollen bleiben. Erste Demonstrationen gab es in Potsdam, Bittbriefe an Kanzler Helmut Kohl gingen ein, viele dessertierten schon. Ein Sowjetoberst: »Wenn es in der Heimat nicht besser wird, bleiben 150000 von uns hier.«
In Bulgarien haben 550000 Menschen einen Paß beantragt und wollen das Land verlassen. In einer Expertenstudie der Bulgarischen Akademie heißt es: »Die Auswanderungswelle ist alarmierend.« 100000 Bulgaren wollen in die Bundesrepublik.
Etwa sieben Millionen Zigeuner leben in Osteuropa. 1989 wanderten 121000 zu uns. Sie werden in Osteuropa wieder verfolgt und vertrieben. Roma-Chef Ciocawa: »Wenn die Pogrome anhalten, müssen wir alle auf den großen Treck nach Westen gehen!« Aus der Bundesrepublik wurde bisher kein Zigeuner abgeschoben.
Wenn man ein Schiff einseitig belastet, kann es kentern, ja untergehen. Ob der Westen dies alles verkraften kann?

Können wir uns so viele Asylanten leisten?

Die Väter des Grundgesetzes wußten, warum sie im Artikel 16 unserer Verfassung formulierten: »Politisch Verfolgte genießen

Asylrecht.« Hunderttausende von Deutschen hatten von 1933 bis 1945 zu spüren bekommen, was es heißt, politisch verfolgt zu werden.
Wir Deutsche haben als gebrannte Kinder allen Grund, es uns schwerzumachen mit denjenigen, die als Asylanten zu uns kommen. Trotzdem muß selbst der barmherzige Mitbürger eines einräumen: Die Sache wächst uns über den Kopf. Im Jahr 1985 kamen beinahe 74 000 Asylbewerber zu uns. Also selbst für ein so wohlhabendes Land wie das unsere ist dieses Problem kein Pappenstiel. Der Jargon der Politiker und der Medien ist voller Übertreibungen, das Wort »Asylantenflut« jedoch beschreibt treffend die Situation.
Und weil dies so ist, darf man nicht jedem Politiker gleich unterstellen, er mache sich zum Wortführer des berüchtigten »gesunden Volksempfindens«. Für unsere Republik, für den Bund, sind die Asylanten eigentlich ein abstraktes Problem. Für die Länder, vor allem aber für die Gemeinden und deren Bürgermeister sind sie sehr konkret und schmerzhaft. Denn die müssen sich den Kopf zerbrechen darüber, wie und wo sie sie unterbringen. Der Zusammenprall verschiedener, zum Teil gegensätzlicher Kulturen überfordert oft Menschen, die unter normalen Umständen menschlich und mitfühlend handeln. Politiker, die – wie Kohl und früher Strauß – mittlerweile die Notbremse ziehen wollen, weil die Zahlen sie alarmieren, reden sogar einer Grundgesetzänderung das Wort.
Sie schrecken trotzdem davor zurück, das Prinzip des Artikels 16 anzutasten. Aber sie wollen dem Mißbrauch einen Riegel vorschieben. Ungefähr zwei Drittel der Asylanten kommen zu uns aus der Dritten Welt. Dort gibt es politische Unterdrückung schlimmster Art. Aber nicht alle, die zu uns kommen, entziehen sich der politischen Verfolgung.
Die intelligente, politisch annehmbare und menschliche Lösung des Asylantenproblems bestünde darin, zuverläßlich zu sortieren. Zu unterscheiden zwischen Verfolgten und Nutznießern. Aber wer besitzt schon die Urteilskraft, die Spreu vom Weizen zu trennen?[68]

Der Flüchtlingsstrom aus der DDR im Jahre 1989

Dieses Problem wirft einige Fragen auf, die uns Westdeutsche bewegen. Wie kann jeder von uns den DDR-Flüchtlingen helfen? Das Deutsche Rote Kreuz richtet ein Sonderkonto ein, Stichwort »Flüchtlinge DDR«, Konto Nr. 414 141 bei allen Kreditinstituten. Auch Sachspenden sind erwünscht. DRK-Kreisverbände geben Auskunft. Vielleicht noch wichtiger: »Nehmt unsere Landsleute herzlich und hilfsbereit auf«, bittet Bundesministerin Dorothea Wilms.
Nehmen Flüchtlinge uns die Arbeitsplätze weg? Allein beim Arbeitsamt Gießen (in der Stadt ist ein Aufnahmelager) melden sich täglich bis zu 500 Betriebe, die DDR-Flüchtlinge einstellen wollen. Sie suchen vor allem Facharbeiter, die es offenbar auf dem bundesdeutschen Arbeitsmarkt nicht gibt.
Werden Flüchtlinge bei der Wohnungssuche bevorzugt und steigen bei dem Zustrom die Mieten? Der Deutsche Mieterbund: »Durch die Übersiedler steigt die Nachfrage, die Wohnungsnot wird verschärft. Das treibt natürlich die Mieten hoch. Bei der Vergabe von Sozialwohnungen haben die Übersiedler Vorrang, weil sie obdachlos sind.«
Dürfen DDR-Flüchtlinge gleich an Wahlen teilnehmen, wie jetzt bei der Kommunalwahl in Nordrhein-Westfalen? Nein. Deutsche Übersiedler müssen an ihrem neuen Hauptwohnsitz mindestens drei Monate gemeldet sein, ehe sie wählen dürfen.
Schickt der Stasi Spione mit? Ein Abwehrexperte des Kölner Bundesamtes für Verfassungsschutz: »Unter den Übersiedlern sind viele Leute im agentenfähigen Alter. Das nutzt die Gegenseite aus. Zwei Typen: 1. Berufsagenten, die als Übersiedler getarnt eingeschleußt werden. 2. Echte Übersiedler, die drüben unter Druck gesetzt wurden.«

Größte Demonstration auf dem Alexanderplatz in Ostberlin seit Bestehen der DDR. Etwa eine Million Menschen fordern am 4. November 1989 Meinungs- und Pressefreiheit. Foto: Bundesbildstelle Bonn, Lehnartz

Gefährden die Flüchtlinge unsere Renten? Im Gegenteil. Die meisten sind jung, zahlen also in die Rentenkasse ein. Sie werden unsere Renten schon ab 1995 entlasten. Bis zum Jahr 2000 wahrscheinlich sogar um 3,6 Milliarden Mark.

Wieviel Geld bekommen sie in den ersten Wochen? Jeder Flüchtling, einschließlich Kinder, erhält im Auffanglager 200 Mark. Zusätzlich gibt es für den Haushaltsvorstand fünfzehn, für jedes Familienmitglied zehn Mark. Arbeitslose DDR-Flüchtlinge erhalten Arbeitslosengeld für etwa ein Jahr. Je nach Steuerklasse bis zu 2662 Mark (mit Kind) beziehungsweise 2017 Mark (ledig).

Werden DDR-Abitur und DDR-Diplome anerkannt? Das DDR-Abitur wird anerkannt. Wer keine Zeugnisse hat, kann statt dessen eine eidesstattliche Erklärung abgeben oder Zeugen benennen. Für die Anerkennung von Diplomen und anderen Berufsabschlüssen sind unterschiedliche Einrichtungen zuständig – Handwerks-, Industrie- und Handelskammern. Fast alle werden anerkannt.

Müssen junge DDR-Flüchtlinge zum Bund? Deutsche Übersiedler und Aussiedler werden zwei Jahre nach ihrer Ankunft wehrpflichtig. Sie werden automatisch erfaßt und gemustert. Wer seine Wehrdienstzeit in der Nationalen Volksarmee (achtzehn Monate) bereits absolviert hat, wird nicht mehr eingezogen.

Bekommen sie Entschädigung (Lastenausgleich) für zurückgelassenes Vermögen in der DDR? Das Ministerium für innerdeutsche Beziehungen: »Das hängt davon ab, ob sie den Flüchtlingsschein C bekommen. Das heißt, ob Leib und Leben bedroht waren oder die Existenzvernichtung drohte. Ob

Flüchtlinge, die über Ungarn kommen, den C-Ausweiß erhalten, wird noch geprüft.«
Kann ein ehemaliges SED-Mitglied Beamter werden? Das Bundesinnenministerium: »Es kommt auf den Einzelfall an. Der Bewerber muß im Einstellungsgespräch seine frühere SED-Mitgliedschaft begründen und den glaubhaften Eindruck vermitteln, daß er sich vom SED-Programm distanziert. Entscheidend ist, daß er heute zur freiheitlichen demokratischen Grundordnung steht.«
Dürfen Trabis auch bei uns fahren? Mit den Flüchtlingen kommt auch eine Trabi-Flut von mehreren tausend Autos. Der Trabi (Trabant) muß für den TÜV umgerüstet werden. Das Bremssystem ist zu schwach, die Scheinwerfer sind nicht hell genug. Das Schlimmste: Der Trabant ist ein Zweitakter, frißt ein Öl-Benzin-Gemisch, verpestet die Umwelt. Kaum Chancen bei ASU-Prüfung.
Müssen DDR-Flüchtlinge in der Bundesrepublik den Führerschein noch einmal machen? Nein. Die DDR-Fahrerlaubnis wird problemlos umgeschrieben. Auch wenn drüben Verkehrssünderpunkte gesammelt wurden. Die sind auf einer Zusatzkarte registriert, die bei uns aber nicht vorgelegt werden muß. Allerdings: In der DDR gibt es andere Verkehrsregeln. Zum Beispiel: Bei Rot darf man rechts abbiegen.
Zu der Staatsbürgerschaft sagt Generalsekretär Volker Rühe: »Es gibt nur eine deutsche Staatsbürgerschaft. Es wäre ein schlimmer Fehler, wenn wir diesen Anspruch aufgegeben hätten, wie es die SPD wollte und zum Teil auch noch heute will. Dann könnten wir den Tausenden Flüchtlingen aus der DDR in Ungarn nicht helfen.«[69]

Die Massenflucht von DDR-Bürgern aus Ungarn im Sommer 1989 führt im Vorfeld des 40. Jahrestages der Gründung der DDR im Oktober 1989 zu den sogenannten Montagsdemonstrationen in Leipzig, die ihren Ursprung in den Friedensgebeten in der Leipziger Nikolaikirche hatten. Tausende Bürger der DDR suchen mit Parolen wie »Wir wollen raus« und »Wir sind das Volk« die direkte Konfrontation mit dem SED-Regime. Am 9. November 1989 beugt sich die Regierung der DDR den Forderungen der Bürger und öffnet die Mauer. Im Bild: Demonstranten am 16. Oktober 1989 auf dem Kirchhof der Nikolaikirche. Foto: Bundesbildstelle Bonn, Evelyn Richter

40 Jahre DDR

Fünfundvierzig Minuten lang rollten schwere Kampfpanzer, Lafetten mit Luftabwehrraketen und Mannschaftswagen der Nationalen Volksarmee über die Karl-Marx-Allee in Ostberlin, Elitekompanien des Heeres, der Luftwaffe und der Volksmarine paradierten im preußischen Stechschritt an der Ehrentribüne vorbei. Am 40. Jahrestag ihrer Gründung versuchte die DDR, Macht und Stärke zu demonstrieren.

SED-Chef Erich Honecker und Michail Gorbatschow legten mit ernsten Gesichtern die Hand zum militärischen Gruß an ihre Hutränder. Danach trafen sie im Gästehaus der SED zu einem Vieraugengespräch zusammen. Es scheint, daß Gorbatschow dabei Honecker scharf ins Gewissen geredet hat, das Gespräch dauerte länger als geplant.

Die DDR plant jetzt offenbar eine riesige Abschiebeaktion unbequemer Bürger. Die Bundesregierung hat deutliche Hinweise, daß DDR-Bürger, die sich kritisch über die Zustände geäußert und Ausreiseanträge gestellt haben, schon von der kommenden Woche an unbürokratischer und schneller das Land verlassen dürfen.

So bestätigte die Bundesministerin für Innerdeutsche Beziehungen, Dorothea Wilms (CDU), gegenüber »Bild am Sonntag«: »Ich erwarte, daß in der DDR nach den Jubelfeiern künftig Ausreisegenehmigungen erheblich großzügiger als bisher erteilt werden. Damit werden Bürger, die die DDR verlassen wollen, nicht länger gezwungen, in unseren Botschaften Zuflucht zu suchen. Das löst allerdings noch lange nicht die eigentlichen Probleme in der DDR: Erst wenn dort die Rede- und Bewegungsfreiheit sowie

Ostberlin, 4. November 1989. An der Großdemonstration, zu der Künstler, insbesondere Theaterleute, aus Ostberlin aufgerufen hatten, beteiligen sich mehrere 100 000 Menschen für Meinungs- und Pressefreiheit in der DDR. Es war damit die größte Demonstration seit Bestehen der DDR. Foto: Bundesbildstelle Bonn, Lehnartz

Ostberlin, 4. November 1989. Demonstranten auf dem Alexanderplatz. Foto: Bundesbildstelle Bonn, Lehnartz

der Beginn einer Demokratisierung erkennbar sind, werden die Menschen auch bleiben und heutige Flüchtlinge möglicherweise sogar wieder zurückkehren.«

Außenminister Genscher sagte, es spreche »manches dafür«, daß die DDR nach der 40-Jahr-Feier schon in der nächsten Woche die Ausreise in den Westen erleichtern werde. Genscher: »Ich will hier nicht spekulieren, aber es gibt Anhaltspunkte dafür.«

Gorbatschow hatte schon am Vortag in seiner Rede im »Palast der Republik« die SED-Führung zu Reformen und zum »Dialog mit allen gesellschaftlichen Kräften« gedrängt. Honecker war dagegen mit keinem Wort auf die gespannte Situation in der DDR eingegangen, hatte eine starre Fortsetzung des alten Kurses angekündigt.

Gorbatschow wurde für seine Rede von Papst Johannes Paul gelobt. Die Massenflucht der DDR-Bürger wertete der Papst als »Ausdruck für die Sehnsucht der Menschen nach Verwirklichung der Menschenrechte«. Die drei westlichen alliierten Stadtkommandanten von Berlin verurteilten die Militärparade auf der Karl-Marx-Allee als »Provokation und Verletzung des entmilitarisierten Status der Stadt«. An den Grenzübergängen wurden fast alle Tagesbesucher aus Westberlin abgewiesen – mehr als 200.

Er war blutig, der 40. Geburtstag der DDR am 6. Oktober 1989. Ein unterdrücktes Volk ruft nach Freiheit, während die Greise feiern. Es war die erste Freiheitsdemonstration in Leipzig und sie wird eines Tages in den Geschichtsbüchern stehen. Es dokumentiert die Schande Honeckers und den Freiheitswillen der Deutschen in der DDR, der nicht zu brechen ist, so konnte man es in der Illustrierten »Bunte« am 12. Oktober 1989 lesen.

In Anwesenheit Michail Gorbatschows, einer chinesischen Regierungsdelegation, den Parteichefs aus Polen, Rumänien (Ceaușescu), der Tschechoslowakei sowie des nicaraguanischen Präsidenten Ortega feierte die Staats- und Parteiführung der DDR ihren 40. Geburtstag – getrennt vom Volk. Zwölf Tage später stürzte Honecker.

40 Jahre DDR, und zum ersten Mal profiliert sich eine Frau als Sprecherin einer Oppositionsgruppe: Bärbel Bohley (Neues Forum).

Kinderkrippe in Leipzig

»Dank an unsere Frauen« in einem Leipziger Geschäft.

Das Volk schrie auf der Straße nach Freiheit. Mädchen, Jungen, Frauen, alte Menschen, Kinder wurden niedergeknüppelt und blutiggeschlagen. Es waren die größten Demonstrationen seit dem Volksaufstand vom 17. Juni 1953.

»Bunte«-Reporter Thomas Schneider war in Leipzig. Sein Bericht: »Ich bin im Café ›Am Hochhaus‹. Ein Ober hat mich zu einer Familie gesetzt. Der Vater trägt Jeans, Turnschuhe mit Klettverschluß, er ist Ende zwanzig. Die Mutter wirkt sehr jung. Ihr Sohn heißt Ringo, ist sechs. Am Nachmittag werde ich sie in der Menschenmenge flüchten sehen und Ringo vor Angst schreien hören. Aus dem Radio an der Theke kommt halblaut Marschmusik, Live-Übertragung der Militärparade aus Ostberlin. Ich frage den Vater, wie er den Geburtstag der DDR feiert. Er sagt: ›Die sollen alleine feiern. Wir gehen einkaufen.‹ Seine Frau sagt: ›Vielleicht gehen wir noch an der Nikolaikirche vorbei.‹

Zwanzig Minuten später sehe ich, wie der Vater seinen kleinen Sohn hochhebt, damit Ringo selber einen Blumenstrauß in das Fenstergitter der Kirche stecken kann.

Vor dem Kirchenportal brennen Kerzen. In der schmutzig-grauen, verwitterten spätgotischen Nikolaikirche treffen sich seit Monaten Bürger, die offen Reformen verlangen. Die Pastoren stellen den Bürgern ihre Kirche als Forum zur Verfügung. Auf dem gegenüberliegenden Wohnhaus ist eine Videokamera installiert. Der Platz wird von der Staatssicherheit überwacht. Jeder Passant wird gefilmt, auch der kleine Ringo und seine Eltern.

Es ist elf Uhr am Vormittag, es beginnt zu regnen. Ich sehe jetzt zwanzig Menschen vor der Kirche, nichts, weder auf ihren Gesichtern noch in ihrer Haltung ist etwas abzulesen. Dreißig Menschen sind jetzt vor der Kirche.

Fünf Gassen führen zum Kirchplatz. Vielleicht sind jetzt fünfzig Menschen da. Sie stehen in Zweiergruppen, Fünfergruppen.

Motorengeräusche... Die Geräusche kommen näher. Vier Pritschenwagen der Volks-

polizei biegen aus der Ritterstraße auf den Kirchplatz. Volkspolizisten mit Hunden springen von den Ladeflächen und stürzen sich auf die Menschen vor der Tür. Sie nehmen alle fest und transportieren sie ab. Niemand wehrt sich. Vereinzelte Rufe: ›Ihr Schweine!‹
Passanten, die nichts mit der Szene auf dem Kirchplatz zu tun haben, bleiben stehen, pfeifen und brüllen: ›Buh!‹ Die Polizei rückt ab.
Als sie weg ist, füllt sich der Platz, fast tausend Menschen. Keine Parolen, keine Rufe, kein Megafon. Die Leipziger stehen einfach da, hunderte, mit Kindern, Einkaufstüten.
Ich frage viele: ›Was habt ihr vor?‹ Alle, die ich frage, antworten: ›Das wissen wir nicht, wir warten.‹
Gegen 13 Uhr Polizeisirenen. Aus den Gassen kommen zwei Hundertschaften Volkspolizei mit Kampfhunden, pechschwarzen Schäferhunden, Dobermännern und Riesenschnauzern, im Laufschritt angerückt. Jetzt sind sie in der Menge.
Ein Mann stürzt vor mir zu Boden. Seine Frau läßt ihren Kinderwagen los, will ihn aufheben. ›Lauf mit den Kindern weg‹, keucht ihr Mann. Volkspolizisten reißen ihn hoch, stoßen ihn auf einen Lastkraftwagen.
Die Menge beginnt zu rufen: ›Keine Gewalt!‹
Der Vater mit Ringo läuft an mir vorbei. Seine Frau sehe ich nicht. Ringo weint: ›Papa, Papa!‹ Die Volkspolizisten haben Schutzschilder, Helme mit Visier, sie drücken die Menschen, die durch die Gassen fliehen wollen, zurück auf den Platz.
Zweihundert kommen nicht durch, sie werden festgenommen und abtransportiert. Ich bin hinter Ringos Vater hergelaufen und stehe jetzt mit über tausend Menschen auf der Grimmaische Straße. Es ist die große Fußgängerzone gegenüber der Nikolaikirche.
›We shall overcome‹, singen die Besucher. Es ist das Lied, das die chinesischen Studenten auf dem Platz des Himmlischen Friedens in Peking sangen. Das Lied der amerikanischen Bürgerbewegung.

Plakat von Demonstrationen im Herbst 1989 in Leipzig.
Foto: Axel Springer Verlag, Rolf-Heinz Seybold

Die Volkspolizei baut sich auf, der Gesang bricht ab. ›Deutschland, Deutschland, Freiheit, Freiheit‹, ruft eine junge Menschenstimme. Bald sind es tausend, die es rufen: ›Deutschland, Deutschland, Freiheit, Freiheit!‹
Eine Befehlsstimme: ›Einsatz!‹ Die Volkspolizisten stürmen auf die Menschen los, stürmen vor, knüppeln wahllos auf Menschen. Panik. Ich habe noch nie so viele Menschen weinen sehen. Es weinen nicht nur die, die von Knüppeln getroffen werden. Die Menschen weichen zurück. Die Polizisten sammeln sich und ziehen sich zurück in die Zugangsgassen der Nikolaikirche.
Im Nu füllt sich wieder die Grimmaische Straße, dreitausend jetzt. Wieder rufen sie:

Plakate von Demonstrationen im Herbst 1989 in Leipzig.
Fotos: Axel Springer Verlag, Rolf-Heinz Seybold

›Deutschland, Deutschland, Freiheit, Freiheit!‹
Langsam rückt die Kette der Volkspolizisten vor, bleibt vor der Menge stehen. Ein paar junge Leute versuchen, mit den Polizisten zu diskutieren. Es sind Zwanzigjährige. Sie sagen: ›Schämt Ihr euch nicht? Denkt an China, kommt zu uns rüber.‹ Ein älterer Mann zeigt den Volkspolizisten sein Parteiabzeichen, das er unter dem Jackenrevers trägt. Er sagt: ›Geht nach Hause. Ihr macht den Sozialismus, für den ich 40 Jahre gekämpft habe, kaputt.‹ Die Polizisten schauen stumm ins Nichts.
Von hinten wogt der Ruf: ›Deutschland, Deutschland, Freiheit, Freiheit.‹ Die Volkspolizisten knüppeln. Ein kleines Mädchen stürzt in der Panik. ›Hilfe!‹ schreit es. Ich will es aufheben, werde umgerannt. Mit dem Mädchen auf dem Arm renne ich hinter einen Bauzaun. Das Mädchen starrt mich an. Wir haben beide Angst. Hunderte haben sich hinter den Bauzaun gerettet. ›Heike, Heike!‹ ruft eine junge Frau. Heike reißt sich von mir los. ›Das ist meine Mami.‹
Es ist jetzt 17 Uhr. Es wird dunkel. Drei Vopo-Angriffe erleben wir noch. Nach jedem Polizeiangriff rufen die Leipziger: ›Denkt an China, tut uns das nicht an, kommt auf unsere Seite.‹
Niemand weiß, was als nächstes passiert. Ich habe an diesem Tag und der halben Nacht keinen Wortführer, keinen Organisator, keinen Leipziger Walesa gesehen. Ab und zu dachte ich: Das ist eine Demo der Einkaufstaschen und Mütter mit Kinderwagen. Dazwischen Jungs aus den Fußballstadien. Fans, die statt ›Lokomotive Leipzig‹ jetzt ›Freiheit‹ rufen.
Auf dem Sachsenplatz singen Hunderte von Fans die Internationale. Bald hallt das Lied ›Völker, hört die Signale‹ durch die ganze Innenstadt. Zehn- bis fünfzehntausend Menschen singen dieses Lied.
Viele halten brennende Kerzen, und die meisten schleppen noch immer ihre Einkaufstüten mit sich herum. Wasserwerfer fahren auf, Lastkraftwagen mit Rammgitter. ›Das gibt es doch nicht‹, sagen alle um mich herum. ›Wir wollen doch keine Gewalt, was tun die eigentlich?‹ Jetzt spüre ich die Angst und die Ratlosigkeit. Ich spüre sie an mir. Alle laufen jetzt weg. Fünf Stunden lang werden Zehntausende Menschen durch Leipzig getrieben. Tränengas, Gummiknüppel, Wasserwerfer…
Die Polizei jagt die Fliehenden, versucht sie einzukesseln, abzusplittern. Die Fliehenden

werfen keine Steine, keinen Molotowcocktail, demolieren keine Autos. Das einzige was sie tun: In den Verschnaufpausen drehen sie sich um und rufen: ›Eins, zwei, drei, Knüppelpolizei!‹
In einem Hauseingang hocke ich mich auf die oberste Stufe. Ich brauche ein paar Sekunden, um zu bemerken, daß da noch jemand ist. Es ist eine ältere Dame. Ich frage: ›Waren Sie auch dabei?‹ Sie sagt: ›Ich wollte zu einer Freundin, aber das hier ist wichtiger.‹ Volkspolizisten kontrollieren die andere Straßenseite.
›Wir müssen zum Hauptbahnhof zu den anderen‹, sagt die ältere Dame. Wir rennen los. Sie schlittert über das nasse Kopfsteinpflaster. Vopos zerren sie in ein Auto.
Am Westeingang des Hauptbahnhofs stehen jetzt schon etwa fünfzehntausend, vielleicht zwanzigtausend. Sie haben einen Schlachtruf gefunden, den ich bis nach Mitternacht höre: ›Schließt euch an!‹ Vor meinen Augen gerät ein junger Mann unter die Rammgitter eines Vopo-Lastwagens. Seine Schmerzensschreie sind das letzte, was ich in der Nacht mitbekomme. Ich klopfe an eine Haustür. Es wird sofort geöffnet. Ich frage: ›Darf ich bleiben bis es ruhiger wird?‹ Ich darf bleiben. Der Morgen ist ruhig. Ich gehe zurück in mein Hotel. Am Montag, zwei Tage nach dem DDR-Geburtstag, bin ich wieder zurück in der Redaktion. Ich lese die Eilmeldung der Deutschen Presse-Agentur um 19.52 Uhr.
Wieder Massendemonstrationen in Leipzig – Polizei mit Gasmasken.
Ostberlin/Leipzig (dpa) – In Leipzig ist es am Montagabend wieder zu einer Massendemonstration nach dem traditionellen Friedensgebet in verschiedenen Kirchen der Stadt gekommen. Nach Angaben der Messestadt sollen sich 50 000 in der Innenstadt aufhalten. Die Polizei trägt Gasmasken und setzt gepanzerte Mannschaftswagen ein.
Pfarrer Rainer Eppelmann von der evangelischen Samariter-Gemeinde in Ostberlin, ein Sprecher der Reformbewegung, sagt zu »Bild am Sonntag« zu den Geburtstagsfeierlichkeiten: ›Ich habe sie mir gar nicht angeschaut. Für mich ist das kein Grund zum Jubeln, sondern einer zum Nachdenken.‹«[70]

Straßenschlacht in Dresden, während Honecker sich feiern ließ

In Ostberlin riefen Tausende nach Freiheit. Demonstrationen auch in Leipzig. Vopos und Soldaten wurden eingesetzt. Die Lage in der DDR spitzte sich immer mehr zu: Während Parteichef Erich Honecker sich mit einem Fackelzug in Ostberlin feiern

Demonstration im Dezember 1989 in Leipzig. Mitgeführte Plakate.
Fotos: Axel Springer Verlag, Rolf-Heinz Seybold

ließ, kam es in der Nacht zum Samstag in Dresden wieder zu stundenlangen Straßenschlachten. Brutal knüppelten Volkspolizisten – darunter zwanzig bis dreißig Vopos, die mit Maschinenpistolen bewaffnet waren – auf zweitausend meist jugendliche Demonstranten ein. Auch Soldaten der Nationalen Volksarmee wurden eingesetzt. Es gab viele Verletzte. Dann auch große Demonstrationen in Ostberlin und Leipzig. Tausende riefen: »Gorbi, Gorbi!« und »Freiheit!«. Aus Halle und Magdeburg wurden Verhaftungen von Oppositionellen gemeldet.

Die schweren Auseinandersetzungen in Dresden hatten kurz nach Einbruch der Dunkelheit begonnen. Vor dem Lenin-Denkmal am Hauptbahnhof versammelten sich zweitausend junge Leute zu einer Demonstration gegen die SED-Führung. Eine halbe Stunde später rückten mehrere Hundertschaften der Polizei gegen die Demonstranten vor, drängten sie in die Prager Straße ab. Etwa dreißig Vopos waren mit Maschinenpistolen bewaffnet. Die Jugendlichen warfen Flaschen und Steine, die Vopos hoben ihre Schilder, zogen ihre Gummiknüppel. Augenzeugen: »Mehrere Demonstranten wurden verletzt, manche schwer. Viele bluteten.« Nick Turner, Kameramann des US-Fernsehsenders CBS: »Ich wurde von zwei Beamten der Stasi von hinten zu Boden gerissen, dann von Polizisten mit Schlagstöcken angegriffen.«

In der Leipziger Altstadt rund um die Nikolaikirche trieben Vopos mit Knüppeln und Fußtritten viertausend Demonstranten auseinander. Aus der Menschenmenge immer wieder Rufe: »Keine Gewalt, keine Gewalt!« Mehrere Dutzend Demonstranten wurden festgenommen, viele verletzt.

Kurz vor 18 Uhr wurde auch in Ostberlin die Lage kritisch: Etwa hundert Frauen und Männer versammelten sich auf dem Alexanderplatz und riefen: »Freiheit, Freiheit!«, »Gorbi, hilf uns!«, »Wir bleiben hier!«

Die Demonstrantengruppe schwoll schnell auf mehrere tausend Menschen an, marschierte zum Platz der Republik, Sitz der DDR-Volkskammer.

Starke Polizeikräfte versuchten, die Demonstranten abzudrängen, ein junger Mann wurde abgeführt. Mehrere hundert zogen gleichzeitig am Alexanderturm vorbei zum roten Rathaus. Sie riefen »Wir wollen keine Stasi-Schweine!« und sangen die Internationale. Als der Demonstrationszug sich in Richtung S- und U-Bahnhof bewegte, rückte Polizei nach. Beamte des Staatssicherheitsdienstes zerrten mehrere Männer in Restaurants, nahmen sie fest. Aus Nebenstraßen rückten mehrere Hundertschaften der Volkspolizei vor, bildeten Ketten, um die protestierende Menge abzudrängen. Ambulanzwagen standen bereit.

In der Nacht waren in Magdeburg, Halle und Ostberlin mehr als sechzig Mitarbeiter der Bürgerinitiative »Neues Forum« vor-

Demonstration für die Wiedervereinigung Deutschlands im Dezember 1989 in Leipzig.
Fotos: Axel Springer Verlag, Rolf-Heinz Seybold

In der benachbarten Tschechoslowakei waren Treffen mit Verwandten aus der DDR möglich, wenn auch verboten. Meine Frau mit Neffen in Karlsbad.
Foto: Hugo Theisinger

übergehend festgenommen worden. Die meisten wurden nach stundenlangen Verhören freigelassen. In der Erlöserkirche in Ostberlin verabschiedeten die oppositionellen Gruppen eine gemeinsame Resolution für mehr Freiheit und Wahlen unter Aufsicht der Uno.
Günther Krusche, Generalsuperintendent der evangelischen Kirche (Ostberlin), zu »Bild am Sonntag«: »Wir haben die Losung ausgegeben: Ruhe bewahren, laßt euch nicht provozieren! Denn jetzt muß es in der DDR doch darum gehen, wieder in Ruhe zum Nachdenken zu kommen. Natürlich ist es unser Wunsch, daß sich alle politischen und gesellschaftlichen Kräfte an einen runden Tisch setzen, um miteinander zu sprechen.«
Am Checkpoint Charlie, der das ganze Wochenende über geschlossen war, bauten Volkspolizisten mittags unmittelbar hinter der weißen Linie drei Barrikaden auf – zwei Meter hohe Blöcke aus Stahl und Beton.[71]

Pkw-Kolonne aus der DDR in die Bundesrepublik am 11. November 1989. Fotos: Burkhard Helfenritter

Auf dem Wachturm bei Philippsthal sitzt am 11. November 1989 kein DDR-Grenzer mehr.

Treffpunkt für die Montagsdemonstration vor der Hofkirche in Dresden 1989. Foto: J. Diebel, Dresden

Marsch über die Augustusbrücke (damals noch G.-Dimitroff-Brücke) in Dresden 1989. Foto: J. Diebel, Dresden

Montagsdemonstration in Dresden 1989. Foto: J. Diebel, Dresden

Montagsdemonstration über die Augustusbrücke in Dresden. Foto: J. Diebel, Dresden

Montagsdemonstration in Dresden 1989. Foto: J. Diebel, Dresden

Montagsdemonstration in Dresden 1989. Foto: J. Diebel, Dresden

Montagsdemonstration 1989 in Dresden. Foto: J. Diebel, Dresden

Montagsdemonstration 1989 in Dresden. Foto: J. Diebel, Dresden

Schicksale vor der Wiedervereinigung im Herbst 1989

Jenny in Freiheit geboren.
Am Donnerstag, 5. Oktober 1989, 118 Stunden nach der Flucht aus der DDR, brachte Petra Krisch die kleine Jenny im Krankenhaus Bethel zur Welt. Überglücklich telegrafierte der stolze Vater Ronald Krisch seinen Eltern in der DDR: »14.48 Uhr – Jenny in Freiheit geboren.«
Chefarzt Dr. Werner Buttmann: »Es ist ein Wunder, daß die Kleine so gut dabei ist. Der Streß der Mutter, die schwierige Flucht, das kalte Wasser: Es hätte eine Frühgeburt werden können, mit einer Menge Komplikationen.«
Hebamme Brigga Pascha: »Das Mädchen hat einen guten Appetit, läßt sich sechsmal am Tage füttern. Den normalen Gewichtsverlust der ersten Tage wird sie bald aufgeholt haben.«
Und Jenny wird auch bald ein ganz normales Leben führen können – nicht so eines wie das ihrer Eltern bisher.
Ronald Krisch, Arbeiter aus Schönebeck bei Magdeburg, verbrachte schon neun Jahre und drei Monate in DDR-Gefängnissen. »Für drei gescheiterte Fluchtversuche«, sagt er, »den ersten habe ich als Fünfzehnjähriger unternommen. Ich wollte unbedingt in den Westen, wurde an der Grenze erwischt, bekam dafür zwei Jahre.«
Zwei weitere Fluchtversuche scheiterten. Danach mußte sich Ronald Krisch jede Woche einmal bei der Polizei melden. Der junge Vater: »Ich durfte nicht einmal bei meinen Eltern übernachten, ohne mich bei den Behörden an- und abzumelden.«
Vor fünfzehn Monaten lernte er seine Petra kennen. Ronald Krisch: »Nur eine Woche durfte sie bei mir wohnen. Einen längeren Aufenthalt in meiner Wohnung erlaubte die Polizei nicht. Deshalb haben wir fünf Wochen später geheiratet. Das war die einzige Möglichkeit zusammenzubleiben.« Danach wurde auch Petra von den DDR-Behörden schikaniert. Sie arbeitete als Kranfahrerin im selben Betrieb wie ihr Mann. »Aber kaum waren wir verheiratet, wurden wir in verschiedene Schichten eingeteilt. Wenn ich nach Hause kam, mußte mein Mann zur Arbeit.«
Anfang September stand für die Familie fest: »Wir hauen ab.« Sie verschenkten die Wohnungseinrichtung, das Motorrad, gaben den sechs Wochen alten Hund Bobby zu guten Freunden. Dann fuhren sie mit dem Zug zum polnischen Grenzübergang Guben.
Ronald Krisch: »Die Neiße ist dort nur 150 Meter breit. Wir warteten bis es dunkel wurde. Um 21.30 Uhr waren wir am Wasser, zogen unsere Kleider aus, sprangen hinein.«
Splitternackt schwammen sie durch den Fluß – zuerst Ronald Krisch, dann der neunjährige David, der Sohn von Petra Krisch, dann die hochschwangere Frau.
Ronald Krisch hatte bei einem Russen gegen eine Packung Zigaretten zwei TNT-Sprengsätze eingetauscht: »Wären wir erwischt worden, hätten wir uns in die Luft gesprengt.«
Warum Petra Krisch im neunten Monat die lebensgefährliche Flucht wagte? Sie sagt nüchtern: »Hätten wir noch länger gewartet, hätten wir mit einem Baby flüchten müssen.«[72]

Der neue Anfang in der Bundesrepublik

Am siebenten Tag in Freiheit las Angela Michel, die gelernte Textilreinigungsfacharbeiterin aus Ostberlin, in der Westberliner »BZ« die Kleinanzeige: »Grand Hotel Esplanada sucht Büfett-Dame.« Nichts wie hin! Noch hing sie mit ihrem Mann Frank in einem Übergangslager. Der Hotel-Personalchef: »Sie können sofort bei uns anfangen – als Gelegenheitskellnerin, für 1800 brutto. Sie sind verheiratet? Hat Ihr Mann schon Arbeit? Er kann bei uns sofort als Hoteldiener anfangen, für 1700 brutto.« »Alles gebongt. Und sechs Wochen später schon eine eigene Wohnung: Zweieinhalb Zimmer, 65 Quadratmeter, 470 Mark Miete (warm) – wir haben die erste Nacht glücklich auf den

beiden Luftmatratzen geschlafen und tun es heute noch.« Kühlschrank mit Tiefkühlfach, Waschmaschine, Ledercouch, Fernseher, Chromtisch waren als erste Anschaffungen wichtiger als ein Doppelbett. Angela Michel sagt: »Ich hätte nicht gedacht, daß es so einfach ist. Ich finde es fantastisch: Jetzt beginnt unser Leben.« Die zwei abgelehnten Ausreiseanträge, endlich die Erlaubnis, am 13. März mit der S-Bahn ab Friedrichstraße »wegzumachen«, mit vier Koffern und den Luftmatratzen – das alles ist ein Alptraum, der schon jetzt verblaßt. »Wir wollten schon immer etwas von der Welt sehen, sie nicht nur durch das Westfernsehen kennenlernen. Und jetzt fahren wir wirklich im November für drei Wochen nach Gran Canaria, für 1300 Mark pro Nase. Ist das nicht unglaublich? Es war unser größter Wunsch.«
Zwei Dinge haben Thomas umgehauen: »Daß ich nur eine Woche brauchte, um in meinem Beruf als Krankenpfleger eine Stelle zu bekommen – für 2700 D-Mark, statt 750 Ostmark.« Und: Die Menschen hier lächeln alle. Thomas – der Familienname ist tabu, Frau und Sohn sind noch drüben in der Mark Brandenburg – hat im Kreiskrankenhaus Dachau »richtig Fuß gefaßt«, auch mit seinen Gefühlen: »Ich staune nur, wie menschlich es in meinem neuen Krankenhaus zugeht. Da behandeln die Ärzte die Patienten nicht wie Nummern. Besonders imponiert mir, daß hier Einwegspritzen wirklich nur einmal benutzt werden.« Er hatte allein Ferien in Ungarn gemacht mit seinem Yamaha-Motorrad. »Da hörte ich von dem Treck in den Westen. Ich warf meine Maschine weg, robbte durch ein Maisfeld, war frei.« Schicksal, Wunder, Zufall – vor dem Aufnahmelager Gießen stand ein Info-Wohnmobil vom Kreiskrankenhaus Dachau. Thomas ging hinein, um sich nach einem Job zu erkundigen – da war er schon von Schwester Bärbel angeworben. Aber: er war verzweifelt, daß Frau und Kind »drüben« bleiben mußten. »Ich weinte, machte mir Vorwürfe. Aber dann habe ich mit meiner Frau telefoniert, sie um Verzeihung gebeten. Sie hat mir Mut gemacht. Sie hat gesagt: »Auch wir werden es schaffen!« Schon damit mein Sohn nicht in einem Gefängnis aufwächst und von der Partei aufgezogen wird. Und damit er ein Land kennenlernt, in dem die Menschen noch lächeln können und die Arbeit Spaß macht.
Die einundzwanzigjährige Krankenschwester Ute Henze aus Ostberlin betritt einen Jeansladen in Dachau. Er ist ihr dritter Tag im Westen. Sie kommt mit der Verkäuferin ins Gespräch. Ihr erzählt sie, wie sie mit ihrem Mann Stephan im Nebel über die ungarische Grenze gekrochen ist, »wie wir geheult haben, weil wir unseren Lada zurücklassen mußten. Wie ich am nächsten Morgen in der Freiheit zu meinem Mann sagte: ›Du, hier ist alles so bunt, sogar das Gras ist grüner.‹« Da begann die Verkäuferin vor Rührung zu weinen – und schenkte Ute Henze drei Paar Tennissocken. »Und ich hatte immer gedacht, im Westen seien alle so cool. Von wegen! Für mich war das ein tolles Erlebnis. Genauso toll, wie das erste Mal chinesisch essen gehen – das gibt's ja drüben nicht.« Als sie im Aufnahmelager Gießen war, drückte ihr jemand einen Zettel in die Hand: Das Kreiskrankenhaus Dachau suchte Krankenschwestern, 2770 Mark im Monat, 13. Gehalt, sofort Vorschuß, Apartment im Wohnheim für 270 Mark, freie Verpflegung… Ute Henze griff sofort zu – nur vierzehn Tage nach ihrer Flucht. »Ich hatte Angst vor dem Leben im Westen. Und jetzt habe ich echt 'ne super Arbeit: Schwester auf der Entbindungsstation. Drüben mußte ich – weil ich nicht linientreu war – im Krankenhaus in der Nacht mit Formaldehyd putzen, für 700 Mark. Von dem Gift bekam ich Pusteln an den Armen. Und hier bringe ich süße Babys auf die Welt – auf eine Welt, in der sie alle Chancen haben, frei und glücklich zu leben. Nicht zu fassen, dieser Unterschied.«
»Jeden Morgen ging ich früh um halb sechs vom Wohnheim zum Zeitungskiosk am U-Bahnhof Kurfürstenstraße. Am 5. August – ich werde diesen Tag nie vergessen, er ist wie ein zweiter Geburtstag – fand ich in der Berliner Morgenpost eine Anzeige: ›Ge-

Marsch der Montagsdemonstration 1989 in Dresden über den Pirnaischen Platz. Foto: J. Diebel, Dresden

meinnützige Wohnungsbaufirma sucht Heizer für Wartung und Betreuung von Heizanlage.‹ Da habe ich mir sofort Stoffhosen gekauft, weil ich mich doch nicht in meinen Jeans vorstellen konnte.«
Berndt Mikulcy, gelernter Heizer aus Ostberlin, bekam – unter sieben Bewerbern – den Job: 2400 Mark brutto. Das große Aufatmen nach düsteren Monaten: Seine Frau Veronika, Sekretärin, war am 24. März nach einem Westberlin-Besuch bei ihrem Cousin (silberne Hochzeit) im Westen geblieben. Er und sein Sohn Chris, Fußballprofi bei »Rotation Berlin«, schlugen sich am 3. Juni von Ungarn über Jugoslawien nach Österreich durch. »Es war bitter, alles zurücklassen zu müssen – den Wartburg mit der Campingausrüstung in Jugoslawien, die Möbel für 15000 Mark in Ostberlin, unser Sparbuch mit 10000 Mark. Alles, was wir uns in zwanzig Jahren zusammengeschuftet haben. Zwei Wochen, nachdem ich die Stellung bekommen hatte, ging ich zu einem Gebrauchtwagenhändler. Unterschrieb, wie ich glaubte, eine Option zur Besichtigung eines Golf, zehn Jahre alt, 143000 Kilometer, für 2400 Mark. Aber es war keine Option, es war bereits der Kaufvertrag, und die Kiste ist ziemlich beschissen. Egal, es war meine erste Lehre im Kapitalismus.«
Gerald Wilkens, seit vier Wochen in Westberlin, sah im Branchentelefonbuch unter S nach. So wie Stukkateur, sein Beruf. »Aufs Arbeitsamt wollte ich nicht, das dauert so lange.« Der erste Betrieb, den er aus der Telefonzelle anrief, nahm ihn. »Sie können morgen früh anfangen.« In Ostberlin hatte er an der Nikolaikirche mitrestauriert. Für 900 Mark Gehalt. Sein neuer Arbeitgeber zahlt ihm 3200 Mark brutto… »Jetzt mache ich erst mal den Führerschein – drüben hätte ich drei Jahre warten müssen. Kaufe mir dann ein Auto – drüben würde ich zwölf Jahre warten.« Seltsam: Er ist erst vier Wochen hier und sagt schon »drüben«. So schnell geht das.
André Kother, Klempner aus Dresden, kann es immer noch nicht fassen: »Hier im We-

sten gibt es modernes Werkzeug, das nicht dauernd kaputtgeht. Und Kollegen, die nicht hinterlistig sind und nur an den eigenen Vorteil denken. Hier macht die Arbeit zum ersten Mal Spaß.« Mit seiner Frau war er am 18. August durch ein Loch im ungarischen Grenzzaun gekrochen. Hatte nur eine Adresse im Westen: vom Cousin in Greven bei Münster. Der kannte einen Klempnermeister... Jetzt verdient André Kother 2400 Mark (West) statt 700 Mark (Ost). »Das reicht für den ersten Urlaub in Italien. Und ich kann noch für einen BMW sparen.«

»In der ersten Nacht im Aufnahmelager Schöppingen bei Münster habe ich kein Auge zugetan. Ich wollte früh um halb sechs der erste bei der Stuhlfabrik Potthoff sein. Ich sagte: ›Ich bin Tischler, kann ich hier arbeiten?‹ Der Chef: ›Es gibt genug zu tun. Fangen Sie gleich an.‹« Horst Kamberg aus Thüringen konnte endlich einen dicken Schlußstrich ziehen: erster Fluchtversuch mit fünfzehn, vor drei Jahren der nächste, geschnappt, fünfzehn Monate Haft, Berufsverbot, Zukunft als Hilfsarbeiter... »Von meinem ersten Geld habe ich die 1000 Mark für meine Fluchthelfer bezahlt, die mich vor drei Wochen aus Ungarn geholt haben.«

»Wir kommen aus Frankfurt an der Oder. Ich bin Kraftfahrzeugmechaniker. Meine Freundin Bianca geht noch zur Schule, zwölfte Klasse. Wir haben uns vor drei Jahren beim FDJ-Zeltlager auf der Ostseeinsel Rügen kennengelernt.

Ich hatte es eigentlich ganz gut drüben, 800 Mark im Monat. Meine Mutter leitet ein staatliches Restaurant, verdient 1400 Mark. Ich hatte bei ihr ein eigenes Zimmer, sogar einen Fernseher, schwarzweiß natürlich nur. An den Wänden Poster von Peter Maffay und den Rolling Stones.

Ich wollte mit Bianca zusammenziehen. Aber der Sachbearbeiter auf dem Wohnungsamt sagte: ›Ihr müßt erst heiraten. Oder ein Baby bekommen. Sonst hockt ihr noch mit 40 bei euren Eltern!‹ Bianca hatte Ärger in der Schule, weil sie im Staatsunterricht immer ihre Meinung sagte. Der Lehrer

Marsch der Montagsdemonstration 1989 in Dresden über den Pirnaischen Platz. Foto: J. Diebel, Dresden

drohte: ›Wenn Du so weitermachst, wird nie was aus Dir.‹
Im Westfernsehen hatten wir gehört, daß Ungarn den Stacheldraht abgerissen hat. Da kam die Idee, abzuhauen. Das Visum gab es ohne Probleme. Dann haben wir uns einfach in den Zug gesetzt. Zuerst nach Budapest, dann sind wir nach Sopron umgestiegen. Das ist die Grenzstation zu Österreich. Die Flucht in den Westen war leicht, kinderleicht: Am Neusiedler See gingen wir nachts in eine Schonung. Mitten hindurch verlief die ungarisch-österreichische Grenze. Es war Nebel. Manchmal hörten wir Geräusche, warfen uns auf den Boden. Aber es waren immer nur Hasen. Nicht einmal der Scheinwerfer vom Wachturm drang durch den Nebel. Nach zwei Stunden standen wir auf einer Straße – ein Auto mit österreichischem Kennzeichen fuhr vorbei. Das nächste stoppten wir. Ein Bauer mit Stoppelbart. Er lud uns zu sich ein, gab uns heiße Suppe und Wurstbrote. Am nächsten Morgen trampten wir nach Wien zur Deutschen Botschaft. Wir bekamen 120 Mark und die Fahrkarte nach Gießen. Noch hundert andere Flüchtlinge fuhren mit. Im Zug mußten wir weinen. Einfach vor Glück. Wir hatten nur eine Plastiktüte. Mit unseren Zahnbürsten – und drei Plüschtieren. Die letzte Erinnerung an zu Hause. Bestimmt war die Stasi schon bei unseren Eltern. Sie wußten von nichts. Hoffentlich bekommen sie nicht zuviel Ärger.
Ich nehme jede Arbeit an. Bianca will ihr Abitur machen, Zahnärztin werden. Keiner droht ihr mehr. Ich wünsche mir ein eigenes Auto.«
Manuela, Verkäuferin. »Ich hatte die leeren Regale satt. Drüben hatte ich alles: Trabi, Zweizimmerwohnung, einen tollen Job. Ich bin erst 23 und war schon Filialleiterin eines Sportgeschäftes in Rosenthal. Alle beneideten mich. Warum ich trotzdem ging? Ich hatte die leeren Regale satt. Ich will mir für mein Geld endlich etwas Schönes kaufen können – modische Kleider, ein schnelles Auto. Ein Urlauber aus dem Westen wollte mich von Ungarn über die österreichische Grenze schmuggeln. Wir wurden erwischt. Fünfzehn Stunden Knast, Verhöre, Angst. Dann lächelte der Polizeichef – und gab mir nur einen Verweis. Der zweite Versuch im Kofferraum hat dann geklappt. Mein Ziel: eine eigene Boutique. Bis dahin nehme ich jede Arbeit an.«
»Wir kommen aus Rostock. Ich bin Schlosser und verdiente im Hafen 800 Mark. Als zwei Freunde über Berlin die Flatter machten, mußte ich mit meiner Frau Manuela zur Stasi. Stundenlange Verhöre. Da beschlossen wir, auch abzuhauen. Mit meinem alten Wartburg fuhren wir nach Ungarn. Obwohl meine Frau im fünften Monat ist, quälten wir uns durch einen Sumpf am Neusiedler See. Alle paar Minuten mußten wir uns hinwerfen – wegen der Scheinwerfer vom Wachturm. Manuela stöhnte. Ich wollte aufgeben. Aber sie trieb mich weiter. Es dauerte fünf Stunden, dann sahen wir ein österreichisches Straßenschild ›Wildwechsel‹. Wer weiß, was nun wird. Aber eines ist sicher: Unser Baby kommt in der Freiheit zur Welt.«
»Wir kommen aus Wittenberg. Als Volksschullehrerin hatte ich 800 Mark. Meine Tochter Roxanna ist neun und geht in die vierte Klasse. Im Unterricht mußte ich den Kindern erzählen, daß im Sozialismus alles besser ist. Ich wollte aber nicht mehr lügen. Mit meinem Lada fuhren wir nach Ungarn. Beim ersten Fluchtversuch flogen plötzlich rote Leuchtraketen hoch, zwei Grenzer kamen. Sie lächelten und schickten uns einfach wieder zurück auf unseren Campingplatz. Am nächsten Abend klappte es. Mein Auto, für das ich 28 000 Mark gespart hatte, mußte ich allerdings in Ungarn lassen. Vielleicht kann ich hier von Nachhilfeunterricht leben.«[73]
»Mensch, Gerhard, erzähl doch noch mal«, sagen die Gäste am Stammtisch vom Gasthaus Schneider in Sylbach in Unterfranken. Dann setzt sich der Wirt Gerhard Meyer zu ihnen an den Tisch und fängt an: »Wir waren auf dem Heimweg vom Bulgarienurlaub, meine Frau und die Kinder. Da hörten wir das Gerücht: Die Grenze geht auf. Wir nix wie los. Mit Vollgas in die Freiheit ...«

Metzger Meyer aus Ostberlin war der erste DDR-Bürger, der am 11. September 1989 nach der Öffnung der ungarischen Grenze in die Bundesrepublik kam. Mit seiner Frau Nicole und den Töchtern Denise und Myriam fuhr er in seinem Toyota quer durch Österreich nach Passau. »Wir fuhren wie in Trance – endlich raus!« In einer Brauerei fand er Arbeit, kurz darauf bot ihm der Chef die Gaststätte an.
Zurück blieben sein Haus, seine Brüder, seine Freunde. Bereut hat er diesen Schritt dennoch nicht. »Unter den damaligen Verhältnissen war es richtig. Nur das Heimweh ist noch da – und es wird immer schlimmer.«
...Das »Fluchtauto«, das die Familie in die Freiheit brachte, hat er übrigens noch behalten. »Das bekommt bei uns einen Ehrenplatz.«[74]

Der Mann vom Zaun

Er hat gedacht, jetzt ist alles aus. »Die Soldaten schlugen mich, zerrten an mir, rissen an meiner Hose, meiner Jacke. Langsam ließ meine Kraft nach. Dafür stieg Todesangst in mir auf. Du mußt die paar letzten Zentimeter noch schaffen, sagte ich zu mir. Kämpfe, kämpfe um dein Leben. Mein Körper wurde immer schwächer, aber mein Wille stark wie noch nie.«
Sein Foto ging um die ganze Welt. Ein Mann im blauen Jeansanzug versuchte, den Zaun zur Deutschen Botschaft in Prag zu überwinden. Halb hatte er es geschafft, als zwei tschechische Polizisten nach ihm griffen. Seine Hände waren um die Gitterstäbe geklammert. Von der anderen Seite des Zaunes packten ihn hilfreiche Hände, versuchten ihn festzuhalten, ihn rüberzuziehen – rüber in die Freiheit. Zwanzig Minuten dauerte der dramatische Kampf um die Freiheit jenseits des Zaunes. Dann eilte Botschaftsrat Michael Steiner zu dem Mann am Zaun, legte schützend seine Arme um ihn. Da ließen die Polizisten los. Steiner brachte den Mann in die Botschaft. Und die viertausend Flüchtlinge hinter dem rettenden Zaun jubelten aus Leibeskräften.
Wer ist dieser Mann, der so um sein neues Leben kämpfen mußte? Ein Reporter von »Bild am Sonntag« fand ihn im Sammellager Deggendorf: Michael Fleischmann sitzt im zweiten Stock der Unterkunft gedankenverloren am Tisch, sagt: »Ich habe gar nicht so schnell begriffen, daß ich gerettet war, als mich der Mann von der Botschaft wegbrachte. Aber danach war ich zum ersten Mal wieder glücklich, hatte Hoffnung.«
Michael Fleischmanns Leben in der DDR – es war ein ganz normales. Aber eines ohne Perspektiven. 1955 wird er in Berlin geboren, wird groß in einer Eineinhalbzimmerwohnung im Stadtteil Prenzlauer Berg; die Miete beträgt 35 Mark.
»Ich kann mich noch gut erinnern«, sagt Michael Fleischmann, »als kleiner Junge hat uns Mutter oft nach Berlin mitgenommen. Aber nach dem 13. August 1961, dem Tag als die Mauer gebaut wurde, war's vorbei.«
Mit sechs Jahren kommt er zu den Jungen Pionieren, mit dreizehn in die FDJ; Jugendweihe. In der achten Klasse geht Michael Fleischmann von der Schule ab, lernt Maurer, verdient 85 Mark im Monat. Arbeitskollegen drängen ihn, in die Partei einzutreten, »das habe ich getan, ich wollte weiterkommen«.
Mit sechsundzwanzig heiratet Michael Fleischmann Evelyn. Sie ist zwei Jahre jünger als er, die gemeinsame Tochter Daniela bereits ein halbes Jahr alt. Fünf Jahre hält die Ehe, wird dann geschieden. »Wir sind als Freunde auseinandergegangen.«
Vor sechs Wochen bekam Michael Fleischmann von seiner Ex-Frau einen Brief: »Wir sind jetzt in Bottrop. Uns geht's gut. Daniela vermißt Dich.«
»Da habe ich es nicht mehr ausgehalten«, sagt Michael Fleischmann. »Ich hatte nur noch einen Gedanken: Ich muß rüber.«
Am Sonntag, 1. Oktober 1989, springt Michael Fleischmann in Ostberlin in letzter Minute auf einen Zug nach Prag. »Im Abteil saßen überall Landsleute mit Reisetaschen.

DDR-Flüchtlinge in Zelten im Hof der Deutschen Botschaft in Prag im Herbst 1989.
Foto: Axel Springer Verlag, Achim Melde

Aber wir haben kein Wort miteinander gesprochen. Es traut ja keiner dem anderen.«
Montag morgen um 7.30 Uhr läuft der Zug in Prag ein. Der direkte Weg zur Botschaft wird von ČSSR-Soldaten abgesperrt. Michael Fleischmann versteckt sich in einem Wald bei der Botschaft. Er sieht den Zaun, rennt los, versucht rüberzuklettern, rutscht ab, klammert sich an den Gitterstäben fest. Am Donnerstag kommt Michael Fleischmann mit einem Sonderzug auf Gleis 2 im Hofer Hauptbahnhof an. »Als ich da war, konnte ich die Tränen der Freude nicht zurückhalten.« Von Hof geht es nach Deggendorf. Michael Fleischmann telefoniert mit seiner Mutter, mit einem Freund in Westberlin. »Dort will ich jetzt hin, Arbeit suchen – vielleicht als Kraftfahrer«, sagt er. Und vorher will er telefonieren. Mit seiner Tochter. Er zieht ein Foto aus seiner Brieftasche. Das zeigt ein lachendes Kind mit Ponyfrisur. Daniela ist jetzt acht. »Ich will sie unbedingt sehen«, sagt Michael Fleischmann, »denn dann ist mein Glück hier im Westen vollkommen.«

Die stillen Helden von Prag

Eine unabsehbare Menschenmenge quält sich durch die enge Vlasska-Gasse, an der die Deutsche Botschaft in Prag liegt. Tausende drängen, schieben. Menschen stolpern, rappeln sich wieder auf. Mütter schreien nach ihren Kindern, die im Gedränge verlorengegangen sind. Panik droht. Alles drückt nach vorn an die Schutzgitter. Jeder hat Angst, den Bus zum Bahnhof zu verpassen, wo der Zug in die Freiheit wartet. Da nimmt eine zierliche, weißhaarige Frau in der schmucklosen grauen Kluft mit aufgesticktem rotem Kreuz das Megaphon in die Hand. Ganz allein, ganz ruhig, mit sanften Worten kämpft sie gegen die aufgewühlte brodelnde Menschenmasse an: »Langsam, Leute! Langsam, es wird ja alles gut ...«
Die Frau mit dem Megaphon ist Waltraut Schröder, DRK-Landesbereitschaftsführerin

von Schleswig-Holstein, Mutter von zwei erwachsenen Kindern. Sie ist seit vier Tagen auf den Beinen, hat selten mehr als drei Stunden geschlafen. Sie ist eine Heldin, eine stille Heldin – eine der vielen stillen Heldinnen von Prag.

Im Kino mögen Helden aussehen wie Rambo oder James Bond – im wirklichen Leben tragen sie die graue Kluft des DRK wie Frau Schröder; oder sind klein, höflich und leise wie Botschafter Hermann Huber; oder lockern selbst im größten Chaos die Krawatte nicht wie Botschaftssachbearbeiter Hans-Joachim Weber.

Rund hundert Botschaftsmitglieder und zeitweise bis zu achtzig DRK-Helfer waren in der deutschen Vertretung aktiv, um die 7600 Flüchtlinge in und vor dem Lobkowic-Palais zu versorgen. »Die Seele vom Geschäft«, so ein DRK-Kollege, »war Waltraut Schröder. Mit ihrer ruhigen und souveränen Art sorgte sie dafür, daß Frauen und Kinder zuerst wegkamen, daß Familien nicht auseinandergerissen wurden, stoppte sie drängelnde Zweizentnermänner – und nie verlor sie ihr Lächeln, wie es Menschen haben, die dafür leben, anderen zu helfen.« »Trösten«, sagt sie, »das war unsere wichtigste Aufgabe. Das habe ich hier gelernt. Essen, Trinken und eine warme Decke gegen die Kälte der Nacht – das war notwendig. Aber genauso wichtig ist die Wärme des Wortes, die seelische Betreuung solcher Menschen in Not. Das müssen wir beim Roten Kreuz in unserer Ausbildung noch stärker berücksichtigen.«

Als Hermann Huber sein Jurastudium beendet hatte und in den diplomatischen Dienst eintrat, hatte er sich nicht träumen lassen, eines Tages als Botschafter in Prag ein weltbewegendes Flüchtlingscamp verwalten zu müssen. »Das war die größte Herausforderung in meinem Leben«, sagt der kleine Bayer mit dem großen Herzen. Huber wirkte im stillen – organisierte, telefonierte, motivierte entnervte Mitarbeiter. Dank seiner Beharrlichkeit wurden prügelnde Sonderpolizei-Einheiten abgelöst und durch normale tschechische Polizisten ersetzt, die

DDR-Flüchtlinge am Zaun der Deutschen Botschaft in Prag im Herbst 1989.
Foto: Axel Springer Verlag, Achim Melde

DDR-Flüchtlinge am Zaun der Deutschen Botschaft in Prag im Herbst 1989.
Foto: Axel Springer Verlag, Achim Melde

manchen Flüchtlingen sogar den bequemsten Weg in die Botschaft wiesen.
Nicht viel Aufhebens von seinem Einsatz – manchmal bis zu zwanzig Stunden am Tag – will auch der aus Bonn entsandte Arzt des Auswärtigen Amtes, Dr. Peter Platiel, machen. Zusammen mit Schwestern und Ärzten unter den Flüchtlingen und DRK-Mitarbeitern hielt er fast pausenlos Sprechstunden ab. »Am schlimmsten«, so sagt er, »war für die Kinder das Fehlen des natürlichen Tag-und-Nacht-Rhythmus.« Schwere Fälle wurden in eine nahe Klinik überwiesen. So ein kleiner Junge mit einer Augenverletzung oder eine schwangere Frau, die auf ihre Entbindung wartete.
Es gab so viele stille Helden, die ungern große Worte machen. Da ist der Sachbearbeiter Hans-Joachim Weber, der von allen Flüchtlingen die Personalien aufnehmen mußte und dabei Tausende von Fragen geduldig beantwortete: »Was wird aus meiner Rente, aus meinem Trabi; kann ich jemals wieder zurück, meine Freunde besuchen?«
Da ist die junge Sekretärin Heike Lettau, die sich vom ruhigen Generalkonsulat in Göteburg freiwillig zum Krieseneinsatz nach Prag meldete. Sie sagt: »Am meisten gingen mir die vielen kleinen Kinder ans Herz. Wenn man sich überlegt, was die alles mitgemacht haben…«
Heike Lettau gab jedem etwas von ihrem ansteckenden Lachen ab. In den langen Stunden des Wartens improvisierte sie Spiele für die Kinder und las ihnen vor.
Und da war der junge, lockenköpfige Sicherheitsbeamte Walter Perr, der erst vor fünf Wochen nach Prag geschickt worden war. Mit seinen zweiundzwanzig Jahren stand er vor dem großen Portal der überfüllten geschlossenen Botschaft und mußte verzweifelten Männern draußen klarmachen, daß sie nicht reinkonnten zu ihren Frauen und Kindern. »Das war wie Seelsorge. Die Leute hatten sogar hier noch Angst vor dem Staatssicherheitsdienst.«
Und da gab es auch noch die stillen Helden draußen. Menschen, die mit dem ganzen Drama eigentlich nichts zu tun hatten. Tou-

risten wie Doris König aus Graz, von den Flüchtlingen nur »die Österreicherin« genannt. Das erste was sie vom »goldenen Prag« sah: Polizisten, die Flüchtlinge von einem Sperrgitter holten, das sie als Leiter benutzten. Da verzichtete die Hausfrau mit den langen Locken auf Museumsbesuch und Hradschin-Besichtigung, organisierte eine Mülltonne, rollte sie heran und verhalf zweihundert Flüchtlingen zum Einstieg in den »Vorhof der Freiheit«.[75]

In der Nähe der ungarischen Stadt Gönyün fanden Grenzpolizisten ein entkräftetes, halb bewußtloses Mädchen – Jeanette Schwarz, geboren am 29. Dezember 1973. Jeanette schwamm durch die Donau nach Ungarn, ihr Vater, der sie begleitete, schaffte es nicht und ertrank. Die Leiche des Vaters wurde nicht gefunden. Wie viele DDR-Bürger auf der Flucht durch die Donau aus der ČSSR nach Ungarn ertrunken sind, weiß niemand genau. Ein Reporter von »Bild am Sonntag« erfuhr:

Am 22. September stiegen bei Gönyün Alexandra Schewer, geboren am 11. Mai 1971, und Bernd Wünsch, geboren am 14. Februar 1957, beide aus Gera, an Land. Mit ihnen waren sechs Erwachsene und zwei Kinder losgegangen. Grenzpolizisten fanden später am Ufer ein bewußtloses Kind und mehrere Leichen.

Am 24. September wurden in der Nähe von Esxtergom zwei männliche Leichen angespült. Sie konnten noch nicht identifiziert werden.

Am 29. September wurde eine Tasche mit DDR-Paß angeschwemmt. Er lautet auf den Namen Andreas Siegfried Mellmann, geboren am 29. Juni 1960. Der junge Mann ist spurlos verschwunden. Mit gezückten Messern bedrohten DDR-Bürger die Mitarbeiter in der Ständigen Vertretung der Bundesregierung in Ostberlin: »Bringt uns rüber in den Westen. Nach dem Grundgesetz haben wir ein Recht darauf.« An den Sperranlagen der deutsch-deutschen Grenze fielen wieder

Immer mehr DDR-Flüchtlinge kommen in den Hof der Deutschen Botschaft in Prag, das Zeltlager vergrößert sich.
Foto: Axel Springer Verlag, Achim Melde

Nachdem Anfang Mai 1989 die ungarische Regierung ihre Grenzbefestigungen zu Österreich abgebaut hatte, gab es schon Mitte des Monats erste Medienberichte über erfolgreiche Fluchtversuche von DDR-Bewohnern. Bis Mitte September 1989 waren bereits 20 000 Deutsche aus der DDR über Österreich in die Bundesrepublik eingereist. Im Bild: Ankunft des ersten Reisebusses mit DDR-Flüchtlingen in Passau in der Nacht zum 12. September 1989, nachdem die ungarische Regierung am 11. September 1989 DDR-Bürgern die freie Ausreise in ein Land ihrer Wahl von ungarischem Gebiet aus gestattet hat. Foto: Bundesbildstelle Bonn, Karow

Schüsse – kaum ein Tag vergeht, an dem kein Fluchtversuch gemeldet wird. Das alles in Zeiten von Glasnost und Perestroika.
Jörg Hoffmann, Schlosser aus Zwickau, ist erst vor wenigen Tagen durch die Saale in den Westen geschwommen. Er mußte zusehen, wie seine Frau und seine Freunde überwältigt wurden. Jörg Hoffmann hat es nur halb geschafft. Denn auf seine Frau wartet das Gefängnis.

Deutsche auf der Flucht

Aufwühlende Momente der Zeitgeschichte, Peter Bizer von »Bunte« berichtet über die Situation von DDR-Bürgern im Herbst 1989, die die DDR auf abenteuerliche Weise verließen und in Prag warteten, bis die Züge kamen.
»Ich will meine Seele reparieren. Die haben sie mir kaputtgemacht. Und deshalb habe ich heute nacht mein Leben riskiert. Jetzt kann ich mein eigenes Leben finden.«
Der Mann, der dies sagt, trägt einen Vollbart. Er heißt Karl Möller und ist Elektriker. Er hat die Grenze zwischen der DDR und der Tschechoslowakei überquert. Illegal, vierzig Kilometer zu Fuß, schwimmend durch einen Fluß, zweimal haben die Grenzer auf ihn geschossen.
Ortstermine des Reporters am 4. Oktober. Vormittags um elf Pressekonferenz des Abenteurers aus Lust im Drei-Sterne-Re-

staurant »Tantris« in München. Abends um sieben, vierhundert Kilometer weiter gegen Osten, Zwiegespräch mit einem Geflüchteten in der Prager Karmetitzastraße. Nicht in einem Drei-Sterne-Restaurant wie am Morgen, sondern in einem kalten, zugigen Hauseingang. Ringsum keine Reporter, die fanatische Hirngespinste eines Übermenschen Wort für Wort notieren, sondern gähnende Milizionäre, die sich die Nacht um die Ohren schlagen müssen weil Karl Möller und viele andere in dieser Nacht von Prag eben auch diese Möglichkeit suchen, ihr Ich zu erforschen.

Menschen setzen ihr Leben aufs Spiel, mutwillig oder getrieben von unausweichlichen Fragen nach dem Sinn des Daseins. Eine Alltäglichkeit, sicherlich. Aber was da in den letzten Wochen aufbrach, womit die über 40 000 Menschen aus der DDR uns hier in unserem Land aufwühlten, wodurch sie uns vor den Fernsehschirmen Tränen der Rührung entlockten, das muß uns zum Überlegen, zum Nachdenken fordern. Und zwar weit über diese Tage hinaus.

»Nichts ist das alles wert, nicht mehr als ein Haufen Schrott. Sollen sie doch damit machen was sie wollen.« Ein Klempner aus Magdeburg hat sich von seinem Lebensinhalt (»Ja, das war er, mein Skoda«) ohne eine Träne getrennt. Er ist damit nach Prag getuckert, hat ihn in der »Trabi-Straße«, wo Hunderte von herrenlosen Trabants bereits parkten, einfach stehen gelassen. »Acht Jahre habe ich dafür gerackert. Weg mit dem Blech, zum Teufel!« Er holt eine Plastiktasche aus dem Kofferraum. Darin ist alles, was ihm wert ist. Dann geht er zu den anderen, die rund um die Deutsche Botschaft die Nacht verbringen. Alles stehen- und liegengelassen, ein neues Leben beginnen. Ihr Fluchtpunkt heißt Freiheit. Dieses Wort tragen sie im Mund, skandieren es wie die Vereinsnamen von Fußballklubs immer dann im Chor, wenn sie von Emotionen übermannt werden. »Freiheit, Freiheit!« rufen sie wie ein Orkan.

»Mensch, kannste Dir das vorstellen? Freiheit, na det wird een Ding!«

Roland ist aus Ostberlin. »Drüben ging es mir nicht schlecht«, sagt er. Es ist Mitternacht in Prag, und das Thermometer sinkt bis auf zwei Grad über dem Gefrierpunkt. Roland wickelt sich in eine dünne Decke, legt seinen Kopf auf einen blauen Müllsack und führt seine Gedanken spazieren: »Drüben hatte ich ein Auto, eine Bude und ein paar Mark auf der Kante. Aber jetzt stell ich mir vor, die ganze Welt gehört mir. Doch der Mensch kann ja nicht alles haben. Jetzt seh ich das Problem: Was will ich mir davon aussuchen?«

Er grinst. Der Schein der lausig schwachen Straßenlaterne fällt in sein Gesicht. Er ist blaß und unrasiert. Roland ist allein da. »Emanuela, meine Verlobte, ist bis zur Grenze mitgekommen. Aber irgendwas war mit ihrem Personalausweis nicht in Ordnung. Die Grenzer haben sie zurückgeschickt. Emanuela, hab ich gesagt, tut mir leid, ich geh ohne dich. Er wirkt mutterseelenallein.

Da läßt einer seine Verlobte an der Grenze stehen, einfach so, wie einen alten Trabi. Einen Tag später versucht ein Mann bei Dres-

Am 5. Oktober 1989 trafen rund 8000 DDR-Flüchtlinge, die in und vor der Botschaft der Bundesrepublik Deutschland in Prag auf ihre Ausreise gewartet hatten, im bayerischen Hof ein. Neben Angehörigen und Bürgern aus der Stadt Hof empfingen zahlreiche Ärzte, Krankenschwestern, Helfer des Roten Kreuzes, Beamte des Bundesgrenzschutzes und Soldaten der Bundeswehr die DDR-Flüchtlinge, die mit acht Sonderzügen der DDR-Reichsbahn in die Bundesrepublik Deutschland gekommen waren.
Foto: Bundesbildstelle Bonn, Schambeck

DDR-Flüchtlinge am Zaun der Deutschen Botschaft in Prag. Die Trabis ließen die Flüchtlinge einfach stehen.
Foto: Axel Springer Verlag, Achim Melde

den auf einen der Sonderzüge aufzuspringen, die von Prag in den Westen rollen, und verliert dabei beide Beine.

»We have no future«, sagt eine Frau in das Mikrofon der BBC-Reporterin aus London. Ihre drei Kinder klammern sich an ihre Beine, während die Reporterin ihr Fragen stellt. Doch die Mutter kommt mit ihrem Englisch nicht weiter. Ein Mädchen, vielleicht siebzehn, kommt ihr zu Hilfe. »Vor allem wir jungen Leute sehen in der DDR keine Zukunft. Wir wollen unser Leben selbst gestalten. Wir haben es einfach satt.«

Nach der Definition der Uno ist ein Mensch nur dann ein Flüchtling, wenn er wegen seiner Rasse, seiner Religion oder seiner Nationalität verfolgt wird. Nach Schätzungen des Hohen Flüchtlingskommissariats der Uno waren 1988 rund fünfzehn Millionen Menschen auf der Flucht. Allein in Pakistan sind 2,8 Millionen Flüchtlinge aus Afghanistan registriert. »Was heißt Flüchtling?« sagt Gerhard aus Magdeburg. »Andere sind geflohen, und viele sind dabei draufgegangen. Wir hier haben einfach Glück gehabt. Wenn sie uns zurückschicken, dann wird's in unserem Leben wie in einem Kohlenkeller. Mehr nicht. Das Risiko mußte ich eingehen. Das biste deinem Charakter schuldig.«

Die Angst, die Nerven. Nachts um halb drei. Mitten zwischen den Tausenden, die auf der Straße schlafen oder vor Kälte zitternd vor sich hindösen, erhebt sich ein alter Mann und brüllt mit ausgestreckten Armen in die Stille: »Honi, Du kriegst mich nicht mehr! Ich liebe Deutschland!«

»Halt die Schnauze, wir wollen schlafen!« rufen gleich drei Männer im Chor zurück. Dann ist wieder Ruhe. Bis zum Morgen. Da kommen die Frauen und Männer vom Roten Kreuz, schenken heißen Tee aus und verteilen Brotlaibe. Und dann geht Herr Piep, der altbewährte Rotkreuzler aus Lübeck, durch die Reihen Und verteilt zwei Besen: »Macht mal sauber hier. Ihr seid hier nur Gäste.«

Und weil er den Rand seines Schiffchens korrekt zwei Finger breit über der Augenbraue trägt und die Stiefel frisch gewichst sind, hat ein richtiger DDR-Bürger auch gleich Respekt: »Machen wir, Herr General!« Einen Augenblick löst sich die Spannung. Einige lachen.

Am Nachmittag ist nichts mehr komisch. Die letzten siebentausend Flüchtlinge von Prag warten eingepfercht in einer schmalen Gasse auf den Transport zum Bahnhof. Botschafter Hermann Huber, eine bayerische Seele von Mensch, führt die erste Gruppe zu den Bussen. Die hat die DDR geschickt. Tausend Prager bilden Spalier, klatschen, weinen. Viele strecken eine Hand nach oben und machen mit den Fingern das V-Zeichen. Solidarität. Ein amerikanischer Rundfunkreporter muß zweimal sein Tonband abschalten, weil er beim Sprechen seine Tränen nicht zurückhalten kann.

Doch diese Rührseligkeit dauert nur ein paar Minuten. Miliz mit weißen Schutzhelmen und Schlagstöcken rückt an. Sie duldet nicht, daß Tschechen mit Abtrünnigen weinen. Die Uniformierten räumen den Platz von den Schaulustigen. Die antworten mit Schmährufen.

Ängstlich blicken die Noch-DDR-Bürger auf diese Szene, versuchen schnell ihre Busse zu erreichen. Da winkt Karl Möller, der Elektriker, der so gern seine Seele im Westen reparieren lassen will. »Siehst Du«, ruft er, »warum ich abgehauen bin.«[76]

Hans-Dietrich Genscher und die Nacht von Prag im Oktober 1989

Nach dem zweiten Herzinfarkt vor drei Monaten rieten die Ärzte dem Außenminister, er solle kürzertreten. Genschers Programm

Bundesaußenminister Hans-Dietrich Genscher landet im Oktober 1989 um 16 Uhr in Prag. Zwei Stunden später spricht der Minister vom Balkon der Deutschen Botschaft die bewegenden Worte: »Liebe Landsleute«, rief er. Der Jubel brach los. »Heute nacht können Sie ausreisen…« Zu den Ereignissen in der Nacht von Prag sagte der Außenminister: »Es war der bewegendste Augenblick meiner politischen Laufbahn.«

Foto: Axel Springer Verlag, Achim Melde

In Karlsbad trafen sich DDR-Bürger und Bürger der Bundesrepublik Deutschland. Synoden-Kirchenpräsident Kurt Domsch (links) und der Autor im Gespräch.
Foto: Irmgard Theisinger

Demonstrationsteilnehmer am 30. Oktober 1989 während einer Rede von einem Vertreter des Neuen Forums auf dem Karl-Marx-Platz in Leipzig.
Foto: Bundesbildstelle Bonn, Harald Kirchner

allein in der letzten Woche im Oktober 1989: Flug nach München zum Oktoberfest (Samstag). Flug nach New York zur Uno (Sonntag). Zweiundvierzig Termine in New York. Rückflug nach Bonn (die Nacht von Freitag zum Samstag). Weiterflug nach Prag. Zugegeben: Wie er in New York die Befreiung der DDR-Flüchtlinge aus den westdeutschen Botschaften in Prag und Warschau einfädelte, ist Diplomatie in beispielhafter Perfektion.

Mittwoch: Genscher nutzt ein Essen in der sowjetischen Uno-Botschaft, um den russischen Außenminister Schewardnadse als Helfer für die Befreiung der DDR-Flüchtlinge zu gewinnen.

Abends entwickelt er gegenüber DDR-Außenminister Fischer die Idee, die Flüchtlinge in Eisenbahnzügen über das Territorium der DDR in den Westen zu entlassen, wobei DDR-Grenzer unterwegs die Formalitäten erledigen können. Das Gesicht des SED-Regimes bleibt nach außen gewahrt.

Donnerstag: Weil bei Fischer kein Entgegenkommen zu spüren ist, schaltete Genscher die Außenminister der USA, Baker, und Frankreichs, Dumas, ein und erbittet kurzfristig ein weiteres Gespräch mit Schewardnadse. Mit einer Dramatik, die gegen sein Naturell ist, schildert er die unhaltbaren Zustände in der Prager Botschaft. Genschers Mitarbeiter, der Ministerialdirigent Jürgen Chrobog: »Bei Schewardnadse wechselte menschliche Betroffenheit in Zorn über. Er versprach: ›Ich helfe Ihnen.‹«

Freitag: DDR-Außenminister Fischer läßt sich von Genscher nicht mehr sprechen, signalisiert aber durch einen Mitarbeiter eine Lösung »innerhalb von vierundzwanzig Stunden«.

Ebenfalls Freitag: Genscher ist um 17.45 Uhr im Begriff, das Uno-Plaza-Hotel in New York für die Rückreise zu verlassen. Da erreicht ihn ein Anruf der DDR-Vertretung. Wieder ist es nicht Fischer, sondern einer seiner Mitarbeiter, der signalisiert, daß die Flüchtlinge die Botschaft zur Ausreise in die Bundesrepublik verlassen dürfen.

Begleitet vom Heulen der Polizeisirenen läßt sich Genscher zum Flughafen fahren. Punkt 19 Uhr hebt seine Luftwaffen-Boeing in Richtung Bonn ab. An Bord ein glücklicher, aber abgekämpfter Genscher. Seine Gesichtshaut ist fahl, unter den Augen tiefe Ringe.

An Bord befinden sich nur zwei Betten. Genscher überläßt das eine dem ungarischen Außenminister Horn, den er zum Mitflug eingeladen hat. Das andere teilt er sich mit seiner Frau Barbara. Trotz der relativen Enge verfällt er in einen Tiefschlaf.

Samstag: Um 7.30 Uhr Landung in Köln/Bonn. Genscher läßt sich in sein Haus im Vorort Pech fahren, nimmt ein Bad, zieht sich um. Im Kanzleramt überbringt Honeckers Bonn-Vertreter Horst Neubauer die endgültige Zusage für die Freilassung der Flüchtlinge.

Um 16 Uhr hebt die Luftwaffen-Maschine mit Genscher und Kanzleramtsminister Seiters nach Prag ab, zwei Stunden später spricht der Minister vom Balkon der Botschaft die bewegenden Worte: »Liebe Landsleute«, rief er. Der Jubel brach los. »Heute nacht können Sie ausreisen ...!«

Am 22. Oktober 1989 wird Genscher zwanzig Jahre Bundesminister sein. Ein einsamer Rekord. Zu den Ereignissen in der Nacht von Prag sagte der Außenminister: »Es war der bewegendste Augenblick meiner politischen Laufbahn.«[77]

Krisenmanager Seiters: Nur drei Stunden Schlaf

Das war die härteste Woche im Leben des Rudolf Seiters. Zusammen mit Außenminister Hans-Dietrich Genscher (FDP) hatte der CDU-Politiker als Chef des Kanzleramtes für die DDR-Flüchtlinge den Weg in die Freiheit organisiert.

Müde reibt sich der Vertraute von Bundeskanzler Helmut Kohl die Augen, hängt sich die Anzugjacke über die Schulter, löscht das Licht; unten wartet schon seit Stunden der Fahrer, um ihn in sein Bonner Einzimmerapartment zu bringen. Bereits um 6.30 Uhr ist es vorbei mit der Nachtruhe: Hans-Dietrich Genscher klingelt ihn aus dem Bett. Nachdem achttausend DDR-Flüchtlinge am Wochenende glücklich in der Bundesrepublik angekommen waren, hatten schon wieder Tausende im überfüllten Prager Botschaftsgebäude Zuflucht gesucht.

Minister Seiters – gerade erst fünf Monate im Amt – fährt erneut in sein Büro, das wie ein Krisenstab ununterbrochen zu den Botschaften in Budapest, Prag, Warschau und der Ständigen Vertretung in Ostberlin Kontakt hält.

Wenn es um Flüchtlinge geht, wird der Mann aus dem Emsland mit der unauffälligen farblosen Brille und der ruhigen Stimme knallhart, bestellt den Ständigen Vertreter der DDR in Bonn, Horst Neubauer, erneut ins Kanzleramt: »Wir gehen davon aus, daß die Flüchtlingszüge wieder ungehindert in die Bundesrepublik rollen.«

Das alles bis zum guten Ende im Griff zu haben, hieß für Seiters: wenig essen, kaum schlafen, viel schwarzer Kaffee. Die Pfeife des Kanzleramtsministers wird nicht kalt, pausenlose Telefonate mit Helmut Kohl (»Ich arbeite zwar gern unter ihm, aber wir duzen uns nicht«), Genscher, Innenminister Schäuble. Aber auch mit seiner Frau Brigitte im niedersächsischen Papenburg: »In diesen dramatischen Tagen haben wir wie üblich mindestens dreimal täglich miteinander gesprochen.«

Seine Töchter Silke, Kirstin und Sarah dachten oft an ihren Vater, sahen ihn nicht. In seinem Büro (40 Quadratmeter auf einem Flur mit dem Kanzler) steht wenigstens ein Foto der Familie auf dem hellbraunen Zweimeterschreibtisch.

In dem schwarzen Ledersessel dahinter lehnt er sich zurück, erklärt seinen Arbeitsstil: »Es muß geräuschlos laufen. Politik ist kein Showbusineß.« Wie schon als langjähriger parlamentarischer Geschäftsführer der CDU/CSU-Bundestagsfraktion liebt der grauhaarige Politiker eher die leisen Töne der Diplomatie.[78]

Vor der Deutschen Botschaft in Prag stehen DDR-Flüchtlinge, sie wollen in die Bundesrepublik Deutschland. Zeitpunkt: Oktober 1989. Foto: Jiří Cajska

Honecker bleibt hart

Die Stimmung in der DDR ist miserabel, vielleicht sogar explosiv. Millionen Deutsche haben es satt, eingemauert zu sein. Ohne Hoffnung auf eine freie und bessere Zukunft. Immer mehr kommen über Ungarn und Österreich in die Bundesrepublik. Hunderte sitzen in den bundesdeutschen Botschaften in Budapest und Prag und wollen nicht mehr zurück. 131 DDR-Bürger haben sich in die Ständige Vertretung der Bundesregierung Deutschland in Ostberlin geflüchtet, warten auf ihre Ausreisegenehmigung. Von den DDR-Funktionären werden sie »Erpresser« geschimpft.

Und jeder, der den Weg in den Westen schafft, zieht andere nach. Verwandte, Freunde, Arbeitskollegen. Aber 16,6 Millionen Deutsche können nicht einfach übersiedeln. Die deutsche Wiedervereinigung kann nicht in der Bundesrepublik stattfinden.

Solange die Politsenioren Honecker, Axen, Stoph, Hager und Mielke in Ostberlin das Ruder in der Hand halten, ist kein Kurswechsel zu erwarten. Übersiedler oder Flüchtlinge werden wie Vaterlandsverräter behandelt. Wo liegt der Ausweg aus der kritischen Lage? Abgesehen vom Abriß der Mauer wäre wohl nur eine Mischung von politischer Liberalisierung sowie wirtschaftlicher und kultureller Öffnung geeignet, die Abwanderung einzudämmen und die drohende Katastrophe zu verhindern.

Hier ist die Fantasie der Bonner Politiker gefordert, diskret, geschickt und geduldig, aber auch nachdrücklich auf die Ostberliner Führung einzuwirken. Kopfgeldzahlungen von jeweils 4500 Mark für den Freikauf von DDR-Deutschen sind zwar ehrenwert und human, aber sie ersetzen keine deutsche Politik im Zusammenwirken mit der DDR.[79]

Einfahrt des Zuges von Prag mit DDR-Flüchtlingen in Hof/Bayern.
Foto: Axel Springer Verlag, Wolfgang Köhler

Erich Honeckers letzte Tage

Im Saarland geboren, seit 63 Jahren Kommunist. Unter Hitler saß er zehn Jahre im Zuchthaus. Unter Ulbricht baute er die Ber-

liner Mauer, organisierte den Beton, die Logistik, den Stacheldraht. Er stürzte Ulbricht, verbannte dessen Namen aus dem öffentlichen Leben der DDR. Wird es ihm jetzt ähnlich ergehen, schreiben die Zeitungen im Herbst 1989.
Die Spitzenfunktionäre der DDR sind mit einem störungsfreien Telefonsondernetz miteinander verbunden. 129 SED-Kreissekretäre, fünfzehn Bezirkssekretäre und die Ostberliner Führungsriege können auf dieser Leitung jederzeit direkt und abhörsicher miteinander sprechen. »Hallo, Werner, wie ist die Lage bei euch?« So fragt ein Genosse den anderen ab. Zwischen Zwickau und Rügen, zwischen Frankfurt/Oder und Magdeburg. Fünfzig neue Ausreiseanträge meldet Werners Gesprächspartner aus der märkischen Kleinstadt. Noch werde im nahegelegenen Stahlwerk nicht gestreikt, ein Notruf der Betriebsgewerkschaftsleitung an Politbüromitglied und DDR-Gewerkschaftsvorsitzenden Harry Tisch blieb unbeantwortet.
Aus den Bezirksstädten Potsdam, Halle, Leipzig und Magdeburg senden die Direktionen des Staatssicherheitsdienstes zweimal täglich Stimmungsberichte an die Zentrale in der Ostberliner Normannstraße.
Die Sicherheitsorgane der DDR befinden sich im Alarmzustand. Ermüdungserscheinungen stellen sich bei Polizeieinheiten und bei SED-Kampfgruppen ein. Die Polizisten wollen nicht mehr auf die DDR-Bürger mit Gummiknüppeln einschlagen.
Im Fernsprechamt in der Französischen Straße in Ostberlin haben vier hohe Beamte ihre SED-Parteibücher zurückgegeben. Tausende von SED-Genossen haben ihren Austritt aus der Partei angekündigt.
Ein hoher Sicherheitsoffizier erklärt einem Kirchenmann in diesen Tagen: »Solange wir keinen Generalstreik haben, sind wir Herr der Lage. Wenn aber an der Chausseestraße ein paar tausend junger Leute über die Mauer nach Westberlin springen, sind wir machtlos. Geschossen wird jedenfalls nicht. Wir können nur beten.«
Inzwischen wackeln sogar die Genossen von den Massenmedien. Das sonst so lammfromme LDP-Organ »Der Morgen« und die FDJ-Zeitung »Junge Welt« üben von Tag zu Tag heftiger Kritik an den DDR-Zuständen.
»Das Leben hat wohl Honecker eingeholt, seine Tage sind gezählt«, berichtet ein Außenhandelsfunktionär seinem Geschäftspartner aus dem Westen. Während in Ostberlin die Gerüchteküche brodelt, fährt Erich Honecker in der üblichen Kolonne schwarzer Citroën-Limousinen täglich kurz vor neun über die freigehaltene Protokollstrecke von Wandlitz durch die Prenzlauer Allee ins ZK-Gebäude am Werderschen Markt im Zentrum Berlins.

Zugankunft 1989 in Hof/Bayern
Foto: Axel Springer Verlag, Wolfgang Köhler

Sonderzug in Hof/Bayern mit DDR-Flüchtlingen aus der Deutschen Botschaft in Prag.
Foto: Axel Springer Verlag, Wolfgang Köhler

»Im SED-Politbüro ist dicke Luft«, berichten sowjetische Gewährsleute. Die Politbüro-Erklärung vom 11. Oktober, in der große Korrekturen in Aussicht gestellt sind, aber nicht umrissen wurden, deuten auf schwere Zerwürfnisse innerhalb der DDR-Führung hin. Honecker soll sich demnächst erneut einer Operation an der Galle unterziehen müssen. Deswegen die Absage seiner Reise nach Dänemark Ende Oktober?

Ein neuer Krankenhausaufenthalt könnte Honeckers politisches Ende bedeuten. Aus SED-Kreisen ist zu hören, der greise SED-Chef wehre sich starrsinnig gegen einen Rücktritt aus Gesundheitsgründen. Was wird aus ihm, wenn er die Macht verloren hat? Ihm droht nicht Gefängnis, aber er wird in eine abgeriegelte Villa verbannt, isoliert durch Geheimdienstwachen.

Sowjetische Stellen in Moskau verbreiten, Gorbatschow sei zutiefst verärgert über Honeckers Altersstarrsinn nach Moskau heimgekehrt. Die waffenstarrende Militärparade in Ostberlin hätte Gorbatschow an Erfahrungen mit der Deutschen Wehrmacht in seiner frühen Jugend erinnert, die er gerne vergessen würde.

In eisiger Atmosphäre sei das Vieraugengespräch zwischen Gorbatschow und Honecker in Ostberlin verlaufen. Gorbatschows ernste Hinweise, die weitere Verweigerung von Reformen in der DDR würde die Stabilität des Warschauer Paktes gefährden, fanden beim SED-Chef keine Resonanz. Gorbatschow wies auf die Gefahr unkontrollierbarer Unruhen und Streiks in der DDR hin. Vorgänge, die nicht ohne negative Rückwirkungen auf die Wirtschaft der Sowjetunion bleiben könnten.

Darauf soll Honecker geantwortet haben: Die Lage in der DDR sei stabil, der Lebensstandard der Bevölkerung sei im Vergleich zur Sowjetunion vorzüglich. Er habe, so bemerkte er süffisant an, bei seinem kürzlichen Besuch in der Sowjetunion das Versorgungselend der sowjetischen Bevölkerung mit eigenen Augen gesehen. Die sowjetische Perestroika sein kein Vorbild für die DDR.

Das Gorbatschow-Honecker-Treffen war so freundlich, daß der SED-Chef seinen Sowjetgast auf dem Ostberliner Flughafen Schönefeld nicht selbst verabschiedete. Zuletzt haben es auch die anderen alten Männer gemerkt: Der Mann, den sie alle Erich nennen, lebt in einer DDR, die es schon lange nicht mehr gibt, besser wohl in einem Staat, den es nur in seiner Fantasie gegeben hat. Vor einigen Tagen konnte er meinen, die Genossen im Politbüro stünden ganz fest hinter ihm. Da hatte Hermann Axen noch gemeint, eigentlich seien doch alle richtig glücklich in diesem Land, und redete sich ein, daß nur ein paar Miesmacher und ihre Hintermänner in der Bundesrepublik dieses Glück zerstören wollten. Da wagte doch keiner aufzumucken, obwohl beinahe alle begriffen hatten, daß der Generalsekretär mit seiner schon krankhaften Verdrängung der Wirklichkeit die Partei schnurstracks in die tiefste Krise ihrer Geschichte lavierte.

Seine Redenschreiber hatten ihm für die Festansprache zum 40. Jahrestag der DDR ein Manuskript vorgelegt, das eine völlig andere Gesellschaft zu beschreiben schien. Von der dramatischen Massenflucht war darin mit keiner Silbe die Rede. Kein einziges Wort über die täglich wachsende Unzufriedenheit der Arbeiter in den Betrieben. Die wissen seit langem nicht mehr, wofür sie sich noch abrackern sollen.

Dann kam der Mann, den er vom ersten Tag an niemals verstanden hat: dieser um zwanzig Jahre jüngere Russe, der fast alles in Zweifel zieht, was Honecker als Jungkommunist an der Lenin-Schule in Moskau vor einem halben Jahrhundert studiert hatte. Damals bekam er als fleißiger Jungkommunist die Note »Fünf«, die beste nach der russischen Notenskala.

Schon als er auf dem Flughafen Schönefeld den Bruderkuß auf Gorbatschows Wange hauchte, muß er geahnt haben, daß sich der Sowjetführer nicht mit einer Gratulation begnügen werde. Die Politik des Saarländers war schon lange Zeit mit einem »Ungenügend« zensiert worden. Da saß er nun im

DDR-Flüchtlinge im Zug aus Prag über Dresden nach Hof/Bayern. Foto: Axel Springer Verlag, Wolfgang Köhler

Palast der Republik, gezeichnet von einer schweren Krankheit, hatte in seiner Festrede mit fast brechender Stimme die alte Litanei aufgesagt, merkt gar nicht mehr, daß die Genossen nur noch »aus Pietät« die Hände zum Beifall rührten.
Er war ein Berufsrevolutionär am Ende einer langen Dienstfahrt, ohne Vision, ohne Tuchfühlung mit den Menschen, um die er sich auf seine Weise sogar ehrlich gesorgt hat. Noch einmal belebte sich seine alte Männergestalt, als er die Parade der Volksarmee abnahm. Mit Anstrengung führte er die rechte Hand an die Hutkrempe, da hat er sich noch einmal eingeredet, daß sein Staat ein uneinnehmbares Bollwerk des Antifaschismus und ein Ort des Friedens sei. Da straffte er sich noch einmal, da war sogar etwas wie Leuchten in seinen Augen.
Und dann kam der Tag danach. Da saß er dem Russen gegenüber, allein, mit dem er zu keiner Zeit eine gemeinsame Sprache gefunden hat. Nach einigen Höflichkeitsfloskeln hat er ihm klipp und klar gesagt, daß jeder Staat irgendwann der Veränderung bedarf, daß es Sozialismus, der sich über Gefühle und Bedürfnisse der Menschen einfach hinwegsetzt, nicht geben kann. Daß keine kommunistische Partei so klug ist, daß sie alles besser kann und die Bürger als unmündige Kinder behandelt. Der Saarländer hat wohl gar nicht mehr argumentiert. Ungewiß, ob er überhaupt noch verstanden hat, daß der Russe ihm doch helfen wollte. Helfen nämlich, den Konkurs der DDR-Führung aufzuhalten.
Auf den hat das Politbüro unter Honeckers Führung zielstrebig zugesteuert. Dann kamen die großen Demonstrationen, es kam schlimme Gewalt, angstmachende Gerüchte liefen um, daß man für die »Staatsfeinde« eine chinesische Lösung bereithalte.
Es kam die übliche Dienstagsitzung des Politbüros, in der Honecker zwei Jahrzehnte den Ton angegeben hat, von Ja-Sagern umgeben. Jetzt war es anders.

Der von Honecker früher als Kronprinz ausgesuchte Egon Krenz, ein kreuzbraver Erfüllungsgehilfe seines Meisters, gab vorsichtig selbstkritisches Denken zu erkennen. Da stand der »Erich« nun fast allein. Seine Gehilfen begriffen plötzlich, daß sie mit Honecker hoffnungslos ins Abseits geraten, wenn sie nicht endlich die Zeichen der Zeit erkennen und auf die Menschen zugehen. Und sie haben jetzt begriffen, daß es eine chinesische Lösung in der Mitte Europas nicht geben darf. Sie wußten zu dieser Zeit schon, daß viele der jungen Mitglieder der eigenen Partei das Gespräch mit der Opposition begonnen und sich sogar auf Kirchenbänken niedergelassen haben, um den Reformern aufmerksam zuzuhören. Zwischen der »Kampagne der antisozialistischen Kräfte und den konterrevolutionären Unruhen in Peking« hatte Erich Honecker gerade noch einen Zusammenhang herstellen wollen. Da war den Genossen vollends klar, daß ihr erster Mann nur noch in einer Traumwelt denkt. Da begannen sie sich von ihm abzusetzen. Da begann der Abschied von einem Mann, der sich in seiner Isolierung vielleicht einredet, daß er von Staatsfeinden umzingelt sei.
Schwer vorstellbar, daß Männer wie Krenz die Botschaft Gorbatschows wirklich begriffen haben. Sie wollen, ganz klar, die Macht nicht aus den Händen geben. Eine neue Politik, die die Menschen noch einmal zum Mitmachen motiviert, die unter Gorbatschows Motto gestellt wird: »Wir brauchen die Demokratie so nötig wie die Luft zum Atmen«, die ist mit dem Weggefährten Erich Honecker kaum vorstellbar. Man kann sagen es sind Honeckers letzte Tage.
Am 18. Oktober 1989 wird Erich Honecker gestürzt. Von einem Augenblick zum anderen war er alle seine Ämter los. Am nächsten Tag, dem 19. Oktober, ließ der gestürzte SED-Chef den Wagen vorfahren. Er fuhr in sein Jagdrevier. Dort griff er zum Jagdgewehr und schoß am selben Tag siebzehn Rehböcke. Die Zahl ist bemerkenswert. Denn Honeckers Politbüro zählte einundzwanzig Mitglieder. Von siebzehn seiner Getreuen fühlte er sich verraten. In der entscheidenden Sitzung standen nur Joachim Herrmann, Günter Mittag und wohl Harry Tisch auf seiner Seite. Honecker einbezogen waren es vier. Die übrigen siebzehn waren am Schluß gegen ihn, wählten ihn ab.
Das sollte das letztemal gewesen sein, daß Erich Honecker ein Jagdgewehr in die Hand nahm. Er steht unter Hausarrest.
Ein Förster der DDR sagte dazu: »Siebzehn Rehböcke an einem Tag ist möglich. In einem Gatter, wie in der DDR sehr oft üblich, werden die Tiere so lange am Zaun entlang herumgejagd, bis der Jäger sie vor der Büchse hat. Es herrscht übrigens jetzt Schonzeit.«[80]

Erich Honeckers Sturz

Das Interesse am Schicksal des gestürzten SED-Chefs Erich Honecker knapp eine Woche nach seinem Rücktritt ist sowohl innerhalb der DDR-Bevölkerung als auch bei denen, die während seiner Amtszeit viel mit ihm zu tun hatten, außerordentlich gering.
Ableiten lassen sich einige grundsätzliche Fakten. Es gibt zur Stunde innerhalb der SED und in den DDR-Medien keinerlei öffentliche Kritik an Honeckers Amtsführung. Noch nicht!
Honecker ist nach wie vor Abgeordneter der Volkskammer, Mitglied der SED und Mitglied der Vereinigung Verfolgter des Naziregimes (VVN). Niemand glaubt, daß Honecker unter Bewachung in einer Form von Hausarrest gehalten wird.
Vermutlich darf er, sofern er das wünscht, seine Villa im Politbüro-Ghetto Wandlitz bei Berlin genauso weiterbewohnen, wie das auch Ulbricht nach seinem Sturz durfte.
Bei Erich Honecker begann der Sturz so: Unmittelbar nach den Jubelfeiern am 7. Oktober 1989 wurde Honecker von dem SED-Bezirkssekretär von Brandenburg, Johannes Chemnitzer, angesprochen: »Genosse Generalsekretär. Die Lage ist ungeheuer ernst. Ich höre, das Politbüro wird am 10. Oktober eine gründliche Beratung abhalten. Meine

Frage ist, ob ich als ZK-Mitglied und Bezirkssekretär nicht daran teilnehmen könnte?« Honecker gab zunächst keine klare Zusage, sondern beriet mit seinen Vertrauten Günter Mittag, Willi Stoph und Joachim Herrmann. Man kam überein, zu dieser Politsitzung alle fünfzehn Bezirkssekretäre aus der DDR einzuladen. Und dies war genau Honeckers Kardinalfehler.

Auf dieser stürmischen Sitzung, die vom Dienstag, dem 10., bis zum Mittwochnachmittag, dem 11., dauerte, begann die Generalabrechnung. Im Verlaufe dieser Politbürositzung verlangten die Bezirkssekretäre die sofortige Einberufung einer Sondersitzung des Zentralkomitees sowie den Rücktritt Erich Honeckers und seiner Mannschaft. Honecker wiegelte ab, unterstützt besonders von Mittag und Herrmann, und versuchte, die Krise herunterzuspielen. Die Umstände seines Sturzes sind inzwischen bekannt. Hätte Honecker die ZK-Sekretäre nicht hinzugezogen, hätte er vielleicht seine Amtszeit noch verlängern können. Offenbar scheiterte auch der Versuch, sich an die Spitze der Reformbewegung zu setzen. Man darf dabei nicht vergessen, daß es Honeckers persönliche Idee war, die DDR-Flüchtlinge aus Prag mit den Reichsbahn-Sonderzügen in die Bundesrepublik reisen zu lassen.[81]

Bundeskanzler a. D. Helmut Schmidt über Erich Honecker

Helmut Schmidt findet, daß Honecker kein von Grund auf schlechter Mensch war. Jugendideale, Stolz und Menschlichkeit im Einzelfall entdeckte Helmut Schmidt bei Honecker, aber auch Brutalität, Angst vor dem eigenen Sturz, Nachgiebigkeit gegenüber den Russen.

Helmut Schmidt: Während ich im Sommerurlaub 1989 dieses Kapitel schreibe, flüchten DDR-Bürger in großer Zahl auf dem Wege über Ungarn aus ihrem Staat – ein handgreifliches Zeichen für die Welt, daß die deutsche Frage immer noch ungelöst ist. Für mich zugleich ein Anlaß zur Mahnung an meine westdeutschen Landsleute und an die Bundesregierung, unsere Solidarität, unsere Brüderlichkeit mit den DDR-Deutschen nicht nur zu proklamieren, sondern zu praktizieren. Dies letzte war das Grundmotiv meiner eigenen Deutschlandpolitik. Die Freiheit der Menschen steht letzten Endes höher als der Wunsch nach der Einheit der Nation. Aber ich bin altmodisch genug, nach Freiheit und Frieden die Zusammengehörigkeit der Deutschen als eines der höchsten Werte anzusehen. Jeder französische, jeder polnische Politiker würde das für sein eigenes Volk nicht anders bewerten. Der Leser wird verstehen, daß ich mein Treffen mit Honecker am Werbellinsee auch und gerade in der Rückschau als eines der wichtigsten Ereignisse meiner Kanzlerzeit ansehe und daß ich es deshalb samt seiner Vor- und Nachgeschichte in diesem Buch so ausführlich behandelt habe. Ich empfand die Mark Brandenburg und das mecklenburgische Städtchen Güstrow als Teil der Heimat, und immer noch empfinde ich die Menschen dort als unsere Brüder.

Wenn man alles zusammenzählt, so hatte ich am Ende des Werbellinsee-Treffens etwa fünfzehn Stunden lang mit Erich Honecker gesprochen – eine sehr lange Zeit für ein bilaterales Treffen, in welcher man sich langsam nähergekommen ist. So erwähnte Honecker auf meine Frage nach der Aufgabenverteilung in Ostberlin, für die Außenpolitik der DDR sei er selbst verantwortlich, für die Außenbeziehungen der SED Hermann Axen, während Außenminister Fischer für die Ausführung der Außenpolitik zuständig sei.

Das wirkliche Führungszentrum sei das Politbüro der SED; unter den Staatsorganen sei der Staatsrat dem Ministerrat übergeordnet. Der Staatsrat (dessen Vorsitz bei Honecker lag) habe »verfassungsrechtliche Befugnisse«, er übe auch ständige Aufsicht über Verfassungsmäßigkeit und Gesetzlichkeit des obersten Gerichtes aus. Der Ministerrat (Vorsitz Willi Stoph) sei ein reines Exekutivorgan und erfülle innerpolitische Aufga-

ben; der Außenminister sei jedoch ihm, Erich Honecker, direkt zugeordnet.
Auf meine Frage nach der Einbettung der hohen Militärs in die Führungsstruktur sagte Honecker, sie seien der politischen Führung unterstellt; er selbst ist Vorsitzender des »Nationalen Verteidigungsrates der DDR«. Das wichtigste Thema unserer Gespräche war natürlich die zukünftige Gestaltung der Beziehungen unserer beiden Staaten zueinander. Viele Male haben Erich Honecker und seine beiden Minister Mittag und Fischer von der Souveränität der DDR gesprochen. Schon in seiner ersten Tischrede hatte Honecker »strikte gegenseitige Achtung der Souveränität und der Unabhängigkeit« verlangt. Ich hatte geantwortet: »Über die Grundsatzfragen der Nation werden wir uns noch nicht verständigen. Schon 1972 haben beide Seiten in der Präambel des Grundlagenvertrages festgestellt, daß die nationale Frage besteht – und die Parlamente beider Seiten haben dem zugestimmt. Sie kennen meine aus Amtseid wie aus Überzeugung bestehende Verpflichtung auf das Grundgesetz der Bundesrepublik Deutschland ..., aber damit will ich keineswegs Eigenstaatlichkeit und Souveränität der Deutschen Demokratischen Republik in Zweifel ziehen ...« In der Delegationssitzung habe ich ausgeführt, »es sei nicht das erste Mal in der Geschichte, daß es mehrere deutsche Staaten gibt; auch früher haben dabei auswärtige Mächte eine Rolle gespielt. Trotzdem müssen wir Deutschen aus verschiedenen Ländern gut miteinander auskommen wollen ..., gegenseitige Mäßigung und Zurückhaltung sind bei der Wahrnehmung eigener Interessen dringend nötig ... Meine Absicht, Sie zu besuchen – und meine Erwartung, daß Sie anschließend mich besuchen –, ist in meiner Vorstellung ein Stein in einem größeren Mosaik vernünftiger nachbarschaftlicher Beziehungen in Europa.« Im Zwiegespräch sagte Erich Honecker zu mir: »Ich akzeptiere und respektiere Ihre Haltung.« Er wußte, daß ich für den Rest des 20. Jahrhunderts die Herstellung der Einheit des deutschen Volkes nicht als aktuelles oder operatives Thema ansah.
Die sture Apparathaftigkeit der SED-Herrschaft, welche auf den Bürgern der DDR lastete, schien Honecker selbst zu bedrücken, weil er sich ein Gefühl für die Nöte der Menschen bewahrt hatte. Er sah in vielen Fällen menschliche Härten beseitigt, die ihm von Herbert Wehner, von mir oder von anderen zur Kenntnis gebracht worden waren, meist über den Rechtsanwalt Wolfgang Vogel. Mir schien, es steckte in dem kommunistischen Machthaber Honecker auch ein Element sehr deutschen Stolzes auf den politischen Aufstieg des Bergmannssohnes. Er war vorsichtig und gelegentlich auch eilfertig und zuvorkommend im Umgang mit seiner Moskauer Bündnisvollmacht, aber wohl mehr deshalb, weil er die sowjetische Machtklammer über der DDR realistisch einschätzte, weniger aus kommunistischem Parteigehorsam. Natürlich wußte er, daß sein Staat ohne den Rückhalt durch die Macht der Sowjetunion nicht bestehen könnte.
Alles in allem waren Erich Honeckers Schwierigkeiten mit der gesamtdeutschen Politik – wann immer ich ihn traf – deutlich größer als die meinigen. Schließlich sah er einen Regierungswechsel in Ostberlin, der gegen seinen Willen hätte geschehen können, als ein großes und deshalb zu vermeidendes Unglück an. Ich habe 1976, 1980 und seit dem Winter 1981/82 mit der Möglichkeit eines Kanzlerwechsels in Bonn gerechnet und mich auf ein solches Ereignis eingestellt, weil es demokratische und verfassungsmäßige Normalität gewesen wäre. Honecker dagegen hat in den vier Jahrzehnten der Existenz der DDR nur ein einziges Mal einen Wechsel des Mannes an der Spitze erlebt; aber Walter Ulbricht war 1971 nicht in einem geordneten staatlichen oder innerparteilichen Verfahren ersetzt, sondern mit sowjetischer Hilfe durch Erich Honecker gestürzt worden. Natürlich muß auch Honecker sich von Zeit zu Zeit an dieses Ereignis erinnert und es als ein Menetekel für sich selbst empfunden haben.

Im westdeutschen Journalismus ist das Wort »Machterhalt« in Mode gekommen, Machterhalt wird den handelnden Politikern als ihr wichtigstes Motiv unterstellt. Soweit ich sehe, geht die Unterstellung in vielen Fällen zu weit. Im Falle Erich Honeckers trifft sie zu. Gleichzeitig ist der Staatsratsvorsitzende der DDR, wie fast jeder andere Mensch auch, im Laufe seines Lebens mancherlei Wandlungen unterworfen. Als ich ihn 1975 erstmals traf, war er 63 Jahre alt, inzwischen ist er ein alter Mann geworden. Alte Menschen erinnern sich, bisweilen steigt die eigene Jugendzeit vor ihren Augen wieder auf. Das Leben als kommunistischer Funktionär erzieht zur Härte gegen sich selbst und gegen andere.

Von den langen Jahren im Zuchthaus zu Brandenburg bis zur Zwangsvereinigung der Sozialdemokratie mit der kommunistischen SED, an der er aktiv beteiligt war, von dem Bau der Berliner Mauer, von ihm organisiert, bis an die Spitze der Diktatur: dieser Weg hat Honecker Härte gelehrt. Und doch hat er sich sehnlich gewünscht, seine Jugendheimat an der Saar einmal wiederzusehen.

Ich habe ihn auch nach meinem Ausscheiden einige Male zu Gesprächen getroffen. Mein Eindruck war: je älter er wurde, desto deutscher wurde sein Empfinden.

Erich Honecker ist mir nicht als Funktionär Moskauer Prägung erschienen – nicht als jener Typus, den Walter Ulbricht verkörperte: jene Mischung aus Resten kommunistischen Idealismus, längst überdeckt und überwachsen von der Machtpraxis des »Marxismus-Leninismus-Stalinismus«, gekennzeichnet durch ein Leben der Anpassung und Unterwerfung, des Mißtrauens und der Intrige, bereit zur Anwendung von Macht und Gewalt, ohne Skrupel.

Vielmehr hatte ich von Honecker – ähnlich wie von Edward Gierek (ehemaliger polnischer Parteichef) – den Eindruck eines Mannes, der immer noch an seinen Jugendidealen hing. Obschon er längst ihre Bodenlosigkeit, ihre Vergeblichkeit und ihr Versagen ahnte, konnte er diese Lebenstäuschung doch selbst nicht zugeben. Er hat in der Hitlerzeit, vom Volksgerichtshof verurteilt, acht Jahre Zuchthaus hinter sich gebracht. Wahrscheinlich hat er sich in dieser Zeit an die Vorstellungen von Klassenkampf, Sozialismus und Kommunismus geklammert, die er in seiner Jugend erworben hatte. Es ist schwer, nach einem solchen prägenden Lebensabschnitt sich den eigenen Irrtum einzugestehen, wie Herbert Wehner es getan hat. Honeckers und Giereks Lebenswege hatten auch Brutalität gekannt, empfangene wie selbst ausgeübte.

Honecker wußte recht genau, wie sehr die große Mehrheit der von ihm regierten Deutschen unter der Vorenthaltung persönlicher Freiheit litt und ebenso unter der ärmlichen Versorgung mit Wohnungen, langlebigen Konsumgütern und Lebensmitteln. Er bemühte sich sehr, durch vorteilhafte Wirtschaftsbeziehungen zur Bundesrepublik die ökonomische Situation zu verbessern. Aber andererseits war er ängstlich bemüht, keine Ventile zu öffnen, die er nicht wieder hätte schließen können, sofern sie zur Gefahr von Einbrüchen in die Machtstruktur der SED-Herrschaft zu führen drohten. Honecker wußte, wie sehr die Bürger seines Staates in großer Mehrheit die Herrschaft der SED ablehnten.[82]

Egon Krenz – der schreckliche Neue

»Egonek«, so nannten ihn die Russen. »Grinse-Egon« die Leute in der DDR. Der Ruf des Neuen ist »mies«, sagte Wolf Biermann. Wofür steht der Name Egon Krenz in der Politik? Für Wahlbetrug und Spitzel. Das Schlimmste: Er lobte Chinas alte Männer, als sie den Aufstand der Studenten in Blut erstickten. Wofür steht er im Privaten? Für Frauenaffären, für Luxus, während die Bürger darben, für Alkoholexzesse (sechs Entziehungskuren). Armes Land.

Jeden Tag, genau acht Uhr, hebt sich der Schlagbaum für Egon Krenz. Dann verläßt ein Konvoi von schweren Limousinen »das Dörfchen«, jene versteckte Siedlung nördlich von Berlin, in der die ranghöchsten Mitglieder der Partei und Staatsführung der DDR hinter Mauern und Zäunen mit ihren Familien leben.

In einem großen Volvo-Pullmann sitzt hinter zugezogenen Gardinen Egon Krenz und blättert verschlafen in der Parteizeitung »Neues Deutschland«, während der Pulk mit rotierendem Blaulicht zum Werderschen Markt rast, wo in einem finsteren Riesenbau das Zentralkomitee der SED regiert.

Egon Krenz, jetzt ein großer, massiger Mann mit weichen Gesichtszügen, wird von seinen Begleitern bis zu jenem Fahrstuhl geleitet, der allein den Politmitgliedern vorbehalten ist. In der zweiten Etage verläßt er den Lift und begibt sich an seinen Schreibtisch.

So begann seit sechzehn Jahren jeder Arbeitstag des Egon Krenz, hinter Erich Honecker der zweite Mann im SED-Staat. Jetzt ist er die Nummer eins. Die wollte er stets sein, zum Beispiel als Student bei den Mädchen. Am Sozialistischen Institut für Lehrerbildung auf der Insel Rügen küßte der junge Bengel zuerst die brünette Uschi, später die rote Eva und im letzten Semester die blonde Ingrid. Egon war ein anerkannter Herzensbrecher. Schlank und hochaufgeschossen, mit dichtem, naturgewelltem Haarschopf, intelligent und von schneller Auffassungsgabe, auch als Redner talentiert – mit solchen Eigenschaften ausgestattet, fiel er auf.

Die Welt dieser jungen Leute schien in Ordnung zu sein. Wer das blaue Hemd der Staatsjugend FDJ frühzeitig genug anzog, der mußte nicht unter Minderwertigkeitsgefühlen leiden, ihm wuchs das Selbstbewußtsein von alleine zu. Egon Krenz, der Flüchtlingsjunge aus dem pommerschen Kolberg, wollte um keinen Preis wie sein Vater an der Nähmaschine sitzen oder heiße Bügeleisen übers Brett schieben. Er hatte schon früh begriffen, daß die neue Zeit ihm seine Chance bot.

Noch bevor 1949 die beiden deutschen Republiken gegründet wurden, trug er bereits das blaue Halstuch der jungen Pioniere. Als Bub redet er gern und viel, und so wählten ihn seine Klassenkameraden zum »Freundschaftsratsvorsitzenden«. Mit 14 Jahren hatte »Egonek«, wie ihn sein Russischlehrer wohlwollend nannte, schon einen richtigen Helden zum Vorbild: Josef Stalin.

Im Todesjahr Stalins, 1953, trat er in die von Erich Honecker geführte »Freie Deutsche Jugend« ein. Zwei Jahre später durfte er bereits den Ehrentitel »Genosse« tragen, als er im Geist Stalins, Thälmanns, Ulbrichts und Honeckers Mitglied der SED wurde.

Von nun an ging es steil nach oben. Nach dem Examen diente er freiwillig in der Nationalen Volksarmee und brachte es bis zum Leutnant. Da denunzierte er den einen oder anderen Meckerer in der Einheit. »Klassenwachsamkeit« nannte man das. Wie konnte da der Genosse Krenz als Parteisekretär der Kompanie ein schlechtes Gewissen haben?

Sein Eifer wurde belohnt. Nach dem Armeedienst wartete keine schlecht bezahlte Lehrerstelle auf ihn, sondern eine Villa für den frischgebackenen Kreissekretär der Insel Rügen. Im Dienstauto brauste er nun durch die Dörfer. Zum Blauhemd trug der 22jährige Uniformhosen und Koppel. Umtriebig brachte er die Werften und die Kombinate auf Vordermann.

Für seinen Weg an die Spitze brauchte Krenz noch etwas anderes als Geschmeidigkeit. Er brauchte einen großen Förderer. Der kam in Gestalt von Erich Honecker. Als Ulbrichts FDJ-Boß las dieser Personalnotizen, Beurteilungen, Parteiempfehlungen und Parteirügen.

Der junge Genosse Egon Krenz fiel dabei angenehm auf. Honecker holte ihn als Sekretär in die FDJ-Zentrale nach Berlin. Noch war er ein kleines Rädchen und er spürte, daß die Luft jetzt dünner und »eisenhaltiger« war.

Egon Krenz profilierte sich, indem er nach dem Mauerbau Rollkommandos der FDJ auf die Häuserdächer schickte. Sie mußten die nach dem Westen gerichteten Fernsehantennen abreißen. Das imponierte Honecker. Er schickte »Egonek« zum dreijährigen Stu-

dium an die Parteihochschule nach Moskau. Seine russischen Sprachkenntnisse verbesserten sich zusehends, da er intensiven Seminaren mit Moskauer Mädchen nicht aus dem Wege ging.
Die wichtigste Frage im Leben eines Parteikaders aber wird in keiner Schule angesprochen: Wie ergreife ich innerhalb einer so starr wirkenden Funktionärshierarchie die Macht? Das Leben selbst erteilte Krenz konkreten Anschauungsunterricht. Die Abrechnung mit Stalin, dann der Sturz Nikita Chruschtschows, der Aufstieg Breschnews.
Mit 30 kehrte Krenz nach Berlin zurück. Im eleganten Köfferchen aus russischem Leder steckten das Diplom eines marxistischen Gesellschaftswissenschaftlers und die positive Kaderbeurteilung der Sowjetdozenten. Beides gilt als Eintrittskarte zur Nomenklatur der SED.
1971, längst mit einer Lehrerin verheiratet (mit der er zwei Söhne hat), wurde er Vorsitzender der Kinderorganisation der Kinderpioniere. Drei Jahre später war er dem Thron noch näher gekommen: Chef der FDJ, der Kaderschmiede der Partei. Damit gebot er über zwei Millionen FDJler und inszenierte mit ihnen seine Shows.
Erst als Egon Krenz 46 Jahre alt war, durfte er 1983 sein Wirken als »Berufsjugendlicher« beenden und das Blauhemd, das über dem Bauch schon beträchtlich spannte, in die Kleiderablage werfen. Im dunklen Maßanzug trat Egon Krenz bei Honecker an, um seine Beförderung zum Vollmitglied des Politbüros und die Ernennung zum Sekretär des Zentralkomitees entgegenzunehmen.
In dieser Position genoß er alle Privilegien der Mächtigen: Volvo, Jaguar, zweistöckige Zwölfzimmervilla, ein unbegrenztes Bankkonto. Nur was seinen Wohnsitz betrifft, hatte er keine Wahl: Wer so hoch gestiegen ist wie er, gehört hinter die Betonmauern des Prominentenghettos nach Wandlitz. Auf den Rat der Ärzte muß »Don Promillo« nach sechs Entziehungskuren auf Alkohol verzichten, zumal er zuckerkrank war.
Nach dem Dachdecker aus dem saarländischen Neunkirchen führt nun der Kolberger Schneidersohn den Arbeiter- und Bauernstaat der DDR. 40 Jahre hat er auf diesen Tag hingearbeitet. »Die Macht wird von treu ergebenen und opferbereiten Kommunisten ausgeübt«, sagt Krenz. Am wohlsten hat er sich schon immer gefühlt, wenn er der einzige im Kollektiv war.[83]

»Deutschland, einig Vaterland!«

»Sieht man doch, das ist der Bauernkrieg.« Laut erklärt ein Tourist in grüner Trachtenjacke seiner Begleiterin die Reliefs in der Ehrenhalle des Kyffhäuser-Denkmals. Der vom Hallenser Bildhauer Martin Wetzel gestaltete Zyklus zeigt geschundene Bauern und marschierende Soldaten, mordende KZ-Schergen und Arbeiter, die ihre Fäuste recken – Bilder aus der Geschichte, wie sie die Menschen am waldreichen Bergrücken südlich des Unterharzes erlebten und erlitten.
Plötzlich unterbricht der Mann seinen Redefluß und starrt auf eine der Tafeln. »Auferstanden aus Ruinen / und der Zukunft zugewandt / laß uns dir zum Guten dienen / Deutschland, einig Vaterland«, steht dort in bronzenen Lettern. Es ist die erste Strophe der DDR-Hymne, verfaßt vom bayerischen Dichter und späteren DDR-Kulturminister Johannes R. Becher, vertont von Hanns Eisler. Deutschland, einig Vaterland? Der Mann, der eben noch mit ungebremster Lautstärke geredet hat, flüstert seiner Gefährtin zu: »Singen dürfen wir das nicht mehr.«
Die Konfrontation mit einem gesamtdeutschen Text, der den auf Abgrenzung bedachten SED-Machthabern mittlerweile peinlich geworden ist, macht viele Besucher betroffen. Manche verstummen, andere raunen sich Bemerkungen zu. »Die Musik gibt's noch«, sagt eine Ausflüglerin. »Aber den Text nicht mehr«, kontert ihr Begleiter. Eine ältere Frau findet es traurig: »Schade, früher lernte man das noch in der Schule.«
Rund zwei Millionen Touristen besuchen jährlich den Kyffhäuser. Besonders an Wo-

chenenden schiebt sich ein Menschenstrom von den Parkplätzen hinauf zu dem 477 Meter hohen Bergrücken – sowjetische Soldaten und DDR-Bürger auf Brigadeausflug, Westdeutsche auf Verwandtenbesuch und Touristengruppen aus der Tschechoslowakei. Wenn sie die unterste Plattform des Denkmalturmes erklommen haben und das Reiterstandbild von Kaiser Wilhelm I. erblicken, kommt die große Stunde der Amateurfotografen. »Rückt doch mal ein bißchen nach links«, dirigiert ein Vater seine Familie, »der olle Willem muß auch noch drauf.«

An wohl keinem Ort der DDR wie am Kyffhäuser treten so deutlich die Schwierigkeiten der regierenden Kommunisten zutage, Politik und Geschichtsbetrachtung in Übereinstimmung zu bringen. Nirgendwo sonst gibt es so viele Symbole nationalstaatlicher Einheit wie an diesem pyramidenförmigen Steinkoloß, in dem alle Territorien des hohenzollernschen Kaiserreiches namentlich eingemeißelt sind, Elsaß-Lothringen eingeschlossen. Und kein anderer Platz – weder die Wartburg noch das Völkerschlachtdenkmal in Leipzig – provoziert so starke Sentimentalitäten und unkontrollierte Gefühlsausbrüche. Selbst Jugendliche stimmen zuweilen grölend in den Refrain ein: »Wir wollen unsern alten Kaiser Wilhelm wieder haben …«

Wo sich heute das aus 25 000 Kubikmeter Steinen geformte Monument erhebt, stand schon im 11. Jahrhundert eine Burg. Der Staufer-Kaiser Friedrich I., im Volksmund »Rotbart« oder »Barbarossa« genannt, ließ sie zur Kaiserpfalz ausbauen, eine strategisch wichtige Anlage mit weitem Blick über die Goldene Aue. Eine Demonstration seines politischen Willens, die zerstrittenen deutschen Fürstentümer zu einigen. Nach seinem Tode zerfiel die Zentralgewalt, und die Kyffhäuser-Burg wurde zum Zankapfel territorialer Machtkämpfe.

Dieser Niedergang rief die Legendenerzähler auf den Plan. Sie verbreiteten die Kunde, Kaiser Barbarossa sei nicht tot – er schlafe nur. Während er schlummere, spinne seine Tochter Uta Flachs. Eines Tages jedoch werde der gute Herrscher erwachen, aus seiner Höhle treten und dem zersplitterten Vaterland Einheit und Frieden bringen.

Die Kommunisten, die jetzt das Land regieren, lächeln darüber keineswegs. Für sie ist die Kaiser-Mär »eine der wenigen deutschen Sagen sozialen Inhalts«, in denen sich Sehnsüchte und Hoffnungen des einfachen Volkes auf eine bessere Zukunft widerspiegeln – nach einer gerechten Ordnung und Beseitigung der sozialen Mißstände.

Doch das geduldige Warten auf bessere Zeiten war nicht jedermanns Sache. In seiner zeitkritischen Reiseschilderung »Deutschland – ein Wintermärchen« reimte Heinrich Heine: »Herr Rotbart, rief ich laut, du bist ein altes Fabelwesen. Geh, leg dich schlafen, wir werden uns auch ohne dich erlösen…«

Dieser Versuch einer sozialen Befreiung allerdings war schon einmal gescheitert. 1525 versammelten sich Bauern mit Sensen, Dreschflegeln und Äxten am Fuße des Kyffhäusers. Sie wollten nicht warten, bis Barbarossa ausgeschlafen hatte. Unter der Führung des Predigers und Volkstribuns Thomas Müntzer rebellierten sie gegen Unterdrückung und Frondienst, den ihnen Feudalherren und Äbte auferlegten.

Ihr Aufstand wurde zwar grausam niedergeschlagen, aber von der DDR-Regierung wird die Bauernrevolte als eines der bedeutendsten Ereignisse der Geschichte gefeiert. Auf dem Hausberg bei Frankenhausen, nur wenige Kilometer vom Kyffhäuser entfernt, wird der »ersten revolutionären Massenbewegung auf deutschem Boden« derzeit ein künstlerisches Denkmal gesetzt. In der Bauernkrieg-Gedenkstätte, einem Betonrundbau, den die Einheimischen respektlos »Elefantenklo« nennen, arbeitet der Leipziger Kunstprofessor Werner Tübke mit seinem Schülerkollektiv an einem Panoramagemälde von gigantischen Ausmaßen. Rund 3000 zum Teil überlebensgroße Figuren sollen die Erinnerung an die mittelalterlichen Klassenkämpfe wachhalten. An späteren Ereignissen auf dem Kyffhäuser hat die

DDR weniger Freude. Nach der Gründung des preußisch-deutschen Reiches, so kritisieren Historiker des Arbeiter- und Bauernstaates, sei die einstmals progressive Barbarossa-Sage verfälscht und in den Dienst »chauvinistischer Propaganda« gestellt worden. Vorwurfsvoll heißt es in dem Denkmalsführer: »Die herrschenden Klassen versuchten glaubhaft zu machen, daß die mit der Kyffhäuser-Sage genährte Sehnsucht des Volkes seine Erfüllung gefunden habe.«

Tatsächlich haben sich die Schöpfer des Denkmals von der Idee leiten lassen, daß vom Staufer-Kaiser zum Hohenzollern-Monarchen eine direkte Traditionslinie reiche. Während sich in einem Felsenhof der überlebensgroße Barbarossa gerade zum Aufstehen anschickt, reitet ein paar Meter höher – gleichsam den Aufbruch Friedrichs fortsetzend – Kaiser Wilhelm aus dem Turm heraus. Das fast 10 Meter hohe Reiterstandbild, das 336 Zentner wiegt, wird von zwei Figuren flankiert: einem Krieger als Symbol militärischer Macht und einer die Geschichte darstellenden Frau, die dem Hohenzollern-Kaiser einen Lorbeerkranz reicht.

Der Grundstein für die Anlage, die man – so die DDR-Chronik – »rücksichtslos in das Gelände der alten Reichsburg hineinstellte«, war 1892 gelegt worden. 1896 wurde der Protzbau eingeweiht. Kritisch merkt der Denkmalsführer an, »von den 400 Arbeitern, die in zwölfstündigen Tagwerken den Koloß errichteten, seien wegen unzureichender Sicherheitsvorkehrungen mehrere tödlich verunglückt. Trotzdem habe man von der gewaltigen Bausumme von 1,52 Millionen Reichsmark nur 1375 Reichsmark für Unterstützungs- und Versicherungsleistungen abgezweigt.«

Obwohl die SED-Führung in den letzten Jahren ihr Geschichtsbild erheblich korrigierte und inzwischen selbst an Otto von Bismarck preisenswerte Züge entdeckt hat, wurde von der negativen Bewertung preußischer Kyffhäuser-Tradition nichts zurückgenommen. Man nutzt vielmehr die Gelegenheit, der Bundesrepublik einen Seitenhieb zu verpassen. »Mit dem Wiedererstehen des deutschen Imperialismus«, so werden Besucher belehrt, »seien militaristische und revanchistische Organisationen in Westdeutschland wie Pilze aus dem Boden geschossen. Darunter auch der Kyffhäuser-Bund ehemaliger Soldaten, die aus den Realitäten unseres Jahrhunderts nichts gelernt haben.«

Über die Widersprüche, die sich mit der Darstellung der nationalen Frage verbinden, gehen die DDR-Regenten dagegen großzügig hinweg. Der irritierte Tourist wird mit der Feststellung abgespeist: »Der Kyffhäuser regt zur geistigen Auseinandersetzung mit der Geschichte an.« Ob sich allerdings die Erwartung der SED-Oberen erfüllt, ein Kyffhäuser-Besuch helfe, »die Kräfte des Fortschritts zu erkennen und die Mächte der Reaktion zu bekämpfen«, ist zweifelhaft.

Mancher Besucher verknüpft die preußische Vergangenheit auch mit der sozialistischen Gegenwart und kommt zu aufschlußreichen Vergleichen. »Wer sind denn die beiden Leute neben dem Kaiser?« will ein Knabe von seinem Vater wissen. Der grinst: »Ich glaube, das sind seine Begleiter von der Sicherheit.«[84]

Willy Brandt zur Entwicklung im Osten

Es war ein normaler Tag in Bonn, der Mittwoch, 27. September 1989, als der »Bunte«-Redakteur Claus Harras um 17 Uhr einen Termin mit Willy Brandt hatte. Sie hatten sich verabredet, um über die politische Lage der Welt zu sprechen. Es ist ganz still in seinem Büro im Bundeshaus-Anbau, als Willy Brandt das Gespräch begann: »Sie wollten mich über Gorbatschow, die DDR und die Wiedervereinigung fragen. Stellen Sie Ihre Fragen, lassen Sie uns beginnen.«

...über Gorbatschow und seine Risiken: »In meiner Naivität denke ich manchmal, daß Gorbatschow zu Hause zu viel auf einmal angepackt hat – die Wirtschaftsreform, die Öffnung der Medien, die Neukonstruktion des Vielvölkerbundes. Und dann noch die Geschichte umschreiben – das ist gewaltig viel auf einmal. Ob das einer durchhält? Ich weiß es wirklich nicht. Aber jeder vernünftige Politiker muß auch ein Scheitern der mit dem Namen Gorbatschow verbundenen Reformpolitik einkalkulieren.«

...über die Wandlung im Ostblock: »Im ganzen bin ich froh, daß dieser Prozeß der Gärung und Erwärmung begonnen hat. Auch in der Sowjetunion. Nur wundere ich mich über diejenigen, die den Eindruck erwecken, als sei das der Beginn eines geraden, unfallfreien Weges. Es ist ein Wandlungsprozeß von geschichtlicher Bedeutung, aber er ist widerspruchsvoll, und er kann sich ohne Rückschläge gar nicht durchsetzen. Wir können nur hoffen, daß diese Rückschläge nicht allzu dramatisch verlaufen. Nur einfach zurückdrehen läßt sich dieser Prozeß nicht.«

...über die Perspektiven für Europa: »Der Aufbruch im Osten bedeutet geschichtlich, daß Europa wieder zusammenwächst. Es geht alles so rasch. Polen, Ungarn – und wann rühren sich die Tschechen? Früher habe ich einmal gedacht, die Vereinigten Staaten von Europa könnten sich als eine Illusion erweisen. Aber jetzt geht es doch in diese Richtung. Ob ich es noch erlebe?«

...und über die Wiedervereinigung: »Das Grundgesetz kennt den Begriff ›Wiedervereinigung‹ nicht, sondern das Wort ›Einheit‹. Diese Einheit kann sich auf mehr als eine Weise darstellen. Diese Frage, wie die Deutschen zusammenleben, wird ja nach aller geschichtlichen Erfahrung nicht von den Deutschen allein entschieden, sondern auch von den Nachbarn und den ›halbeuropäischen‹ Großmächten. Es wird sich erst noch zeigen müssen, in welcher Form unser Recht auf Selbstbestimmung in einer europäischen Friedensordnung verwirklicht werden kann.

Das ›Wieder‹ gefällt mir nicht, weil es mißverstanden werden könnte, als wollten wir zurück zu etwas, was nicht wiederkommt. Es gibt ja auch ernstzunehmende Leute, die in einem europäischen Staatenverbund Platz für zwei deutsche Staaten sehen. Und zwar so, daß die beiden Staaten eine engere Verbindung auf solchen Gebieten eingingen, auf denen sie mehr als andere gemeinsam haben. Für mich ist entscheidend, daß wir uns von den Orientierungspunkten Selbstbestimmung und Einheit nicht abbringen lassen.«

...über die Sturheit der DDR-Funktionäre: »Die DDR wird sich nicht lange einer Wandlung entziehen können. Vielleicht wartet die alte Garde in Ostberlin auf den Sturz Gorbatschows. Aber das ist keine politische Perspektive. Es reichen auch nicht allein wirtschaftliche Reformen, wie wir sogar aus den chinesischen Erfahrungen wissen. Auch die DDR-Führung muß den mündigen Bürger am politischen Leben teilhaben lassen.«

...über die Nachfolge Erich Honeckers: »Man hört Gutes über den einen und anderen Parteichef in den Bezirken. Aber wir haben es wohl mit einer Lage zu tun, in der die gebotene Erneuerung nicht allein von dem abhängt, was sich an der Spitze der Einheitspartei tut.«

...über die Regierungschancen in Bonn: »Ich plädiere nicht ohne Not für eine große Koalition, aber es ist noch nicht zu erkennen, wer nach der nächsten Bundestagswahl über eine regierungsfähige Mehrheit verfügen wird.

Für die jetzige Bonner Koalition wird es wohl nicht reichen. Aber ich möchte unabhängig von Koalitionen meinen, daß auch im Wechselspiel von Regierung und Opposition die großen Parteien nicht zu weit auseinander geraten dürfen. In der deutschen Innenpolitik müssen in den nächsten Jahren eine Reihe von besonders kritischen Problemen gelöst werden. Da ist nicht nur der Umweltschutz. Das sind auch Themen wie Gesundheitsreform, Alterssicherung und Finanzverteilung zwischen Bund, Ländern und Gemeinden. Das wird allen verantwortlichen Kräften eine Menge abverlangen.«

Was Gorbatschow denkt über Kohl, Brandt, die kaputte DDR und seine eigene Zukunft

Auszüge aus dem geheimen Protokoll des Gesprächs zwischen Gorbatschow und dem damaligen DDR-Staatsratsvorsitzenden Egon Krenz. Gesprächstermin: 1. November 1989 (acht Tage vor dem Fall der Mauer). Ort Moskau.

10 Uhr früh, Antrittsbesuch von Egon Krenz bei Michail Gorbatschow. 13 Tage zuvor hatte Krenz die ganze Machtfülle von Honecker (Parteichef, Staatsratsvorsitzender, Chef des Verteidigungsrates) übernommen. Krenz und Gorbatschow sprachen drei Stunden. »Sie stehen in dem Ruf, ein mutiger Mensch zu sein«, sagte Gorbatschow – 37 Tage nach der Begegnung war Krenz wieder entmachtet.

Umfang der Mitschrift: 42 DIN-A4-Seiten; nachfolgend gekürzte Wiedergabe der Illustrierten »Bunte« (der Stenograf zeichnete in indirekter Rede auf).

Gorbatschow über seine eigenen Chancen: »Er wolle nicht sagen, in der Sowjetunion habe man die Perestroika schon voll gepackt. Das Pferd sei gesattelt, aber der Ritt noch nicht vollendet. Man könne immer noch abgeworfen werden.«

Über Honecker: »Menschlich betrachte er die Entwicklung als ein großes persönliches Drama des Genossen Honecker. Er habe zu ihm stets gute menschliche Beziehungen unterhalten... Er habe jedoch bei Genosse Honecker in den letzten Jahren mit Erstaunen bestimmte Veränderungen festgestellt... Honecker habe sich offensichtlich für die Nummer eins im Sozialismus, wenn nicht sogar in der Welt gehalten. Er habe nicht mehr real gesehen, was wirklich vorgehe.«

»Genosse Gorbatschow äußerte die Überzeugung, wenn Genosse Honecker nicht so blind gewesen wäre und sich nicht nur auf Genosse Mittag gestützt, sondern sich auch mit Genosse Krenz oder Genosse Stoph beraten hätte, dann hätte es eine andere Entwicklung geben können. Besonders Genosse Willi Stoph habe ihm leid getan, weil er in den letzten Jahren von Genosse Honecker faktisch sehr erniedrigt worden sei.«

»Genosse Gorbatschow berichtete, das Schwierigste bei der Teilnahme am 40. Jahrestag der DDR sei für ihn gewesen, daß er die Stimmung im Volk spürte und sich an der Seite Erich Honeckers dabei sehr unwohl gefühlt habe. Gorbatschow sagte, er hatte im Gespräch (mit Honecker) den Eindruck, als ob er Erbsen gegen eine Wand geworfen hätte. Er hege keinerlei Groll gegen Genosse Honecker, sondern sei nur traurig darüber, daß dieser nicht selbst diese Entwicklung vor zwei oder drei Jahren eingeleitet habe.«

Über die Schulden der DDR: »Zur Zahlungsbilanz der DDR gab Genosse Krenz folgende Information: ›Bis Ende des Jahres 1989 werde die Auslandsverschuldung auf 26,5 Milliarden US-Dollar, das heißt auf 49 Milliarden Valutamark, anwachsen. Die Bilanz in konvertierbaren Devisen sehe Ende 1989 folgendermaßen aus: Einnahmen 15,9 Milliarden US-Dollar, Ausgaben 18 Milliarden US-Dollar. Das Defizit betrage also 2,1 Milliarden US-Dollar.‹

Genosse Gorbatschow fragte erstaunt, ob diese Zahlen exakt seien. So prekär habe er sich die Lage nicht vorgestellt.

Genosse Gorbatschow gab zu dieser Problematik aus eigener Erfahrung folgenden Rat: Genosse Krenz und die Führung der SED müsse jetzt in allgemeiner Form einen Weg finden, um der Bevölkerung mitzuteilen, daß man in den letzten Jahren über die Verhältnisse gelebt habe.«

Über Wiedervereinigung: »Genosse Krenz bat darum, klarer darzulegen, welchen Platz die Sowjetunion der BRD und der DDR im gesamteuropäischen Haus einräumt. Dies sei für die Gestaltung der Beziehungen zwischen der DDR und der BRD von großer Bedeutung.

Er erläuterte weiter, daß zwischen der DDR und anderen sozialistischen Ländern ein wichtiger Unterschied bestehe. Die DDR sei in gewisser Weise das Kind der Sowjetunion, und die Vaterschaft über seine Kinder müsse man anerkennen.«

»Genosse Gorbatschow stimmte dem zu und verwies auf ein Gespräch des Genossen Jakowlew mit Zbigniew Brzezinski (Ex-Sicherheitsberater der US-Regierung). Dort wurde unter anderem die Frage erörtert, ob man sich eine Situation vorstellen könne, in der die Wiedervereinigung Deutschlands Realität werden könne. Brzezinski betonte, für ihn wäre das der Zusammenbruch.«
»In jüngsten Gesprächen mit Margaret Thatcher, François Mitterrand, aber auch mit Jaruzelski (Polen) und Andreotti (Italien) sei klar geworden, daß all diese Politiker von der Bewahrung der Realitäten der Nachkriegszeit, einschließlich der Existenz zweier deutscher Staaten, ausgehen. Die Fragestellung nach der Einheit Deutschlands wird von ihnen allen als äußerst explosiv für die gegenwärtige Situation betrachtet... Das Gleichgewicht in Europa sollte nicht gestört werden, weil niemand wisse, welche Folgen dies habe.«
»Auch die USA bezogen bisher eine ähnliche Haltung.«
Ein Hinweis auf Willy Brandt: »Genosse Gorbatschow betonte..., Willy Brandt habe erklärt, für ihn wäre das Verschwinden der DDR eine eklatante Niederlage der Sozialdemokratie, denn sie betrachte die DDR als eine gewaltige Errungenschaft des Sozialismus. Wenn er sich auch von den Kommunisten abgrenze, so betrachte er die Sozialdemokratie doch als einen Zweig der Arbeiterbewegung und halte an der sozialistischen Idee fest. Bahr habe dies offen im Klartext ausgesprochen.«
(Willy Brandt erklärte dazu in Bonn Mitarbeitern der Illustrierten »Bunte«: »Was mir da in den Mund gelegt worden ist, ist frei erfunden. Das ist alles völlig aus dem Zusammenhang gerissen. Ich habe in Moskau keine Einzelgespräche geführt, sondern es waren immer mehrere Beteiligte dabei, die das bezeugen können.«)
Über Helmut Kohl: »Genosse Gorbatschow äußerte die Meinung..., es sei an der Zeit, auf Kanzler Kohl, der nun Kontakt zu Genosse Gorbatschow und Genosse Krenz hergestellt habe, stärkeren Druck auszuüben. In der BRD werde die nationale Problematik sehr stark in der Politik ausgenutzt. Es gebe Leute in den Regierungsparteien, die Kohl loswerden wollten. Es gebe auch noch schärfere Forderungen aus dem rechten Lager. Der CDU-Abgeordnete Todenhöfer habe sich mit einem Brief an die USA und die Sowjetunion gewandt und dort die sofortige Wiedervereinigung Deutschlands gefordert. In der BRD werde mit diesem Thema wild spekuliert.«
»Genosse Krenz berichtet, er habe... mit Bundeskanzler Kohl ein kurzes Telefongespräch... Kohl sei während des Gespräches sehr aufgeregt gewesen. Er habe die Sätze häufig nicht beendet.«
»Genosse Gorbatschow schätzte ein, Kohl sei keine intellektuelle Leuchte, sondern ein Kleinbürger. Von diesen Schichten werde er auch am besten verstanden. Aber er sei trotz allem ein geschickter und hartnäckiger Politiker. Schließlich sei auch Reagan populär gewesen und habe sich relativ lange gehalten. Das treffe auch auf Kohl zu.«
Raissa Gorbatschow schaltete sich in die DDR-Krise ein, steht im Geheimprotokoll. Sie leitete einen Protestbrief von DDR-Künstlern an ihren Mann weiter.
»Wir müssen einen Massendurchbruch durch die Mauer verhindern«, sagte Krenz zu Gorbatschow. Acht Tage später durchbrach das Volk die Mauer friedlich.[85]

Die Mauer öffnet sich am 9. November 1989

Mit der Geschichte der Völker ist es ähnlich wie mit der Erinnerung im Leben eines Menschen: Man kann versuchen Tatsachen und Erfahrungen zu verdrängen und vielleicht auch zu vergessen. Man kann ein neues Leben beginnen – und dennoch begleitet einen die Vergangenheit, und eines Tages klopft sie wieder an. So ist es auch bei den Deutschen in der Bundesrepublik festzustellen, die einige Jahrzehnte lang gewissermaßen geschichtslos ihren Wiederaufstieg und ihren Wohlstand genossen haben, ja die deutsche Geschichte zum Teil nur einseitig in der Nachkriegszeit in den Schulen gelehrt haben, vieles wurde verdrängt. Erst der Ruf »Deutschland, einig Vaterland«, der vor kurzem in Ostdeutschland zu hören war, weckte uns auf.

Ungern erinnern sich heute manche deutsche Politiker ihrer Aussagen der Vergangenheit, aber es sollte trotzdem kein Anlaß bestehen, sich darüber zu freuen.

Willy Brandt bezeichnete im September 1988 die Wiedervereinigung der Deutschen als »die Lebenslüge der zweiten Republik«.

Egon Bahr, der Ostexperte der Sozialdemokraten, über die Wiedervereinigungspolitik der Bundesrepublik im November 1988: »Objektive und subjektive Lüge, Heuchelei und politische Umweltverschmutzung.« Hans Jochen Vogel, im Oktober 1989 noch Vorsitzender der Sozialdemokraten, über die Wiedervereinigungspolitik: »Leichtfertiges und illusionäres Wiedervereinigungsgerede.«

Im Januar 1990 erklärte dann die SPD überraschend: »Ziel unserer Politik ist ein geeintes Deutschland.« Ein spätes Bekenntnis.

Es wäre höchste Zeit, wenn die großen Parteien in Deutschland in der Frage unseres Vaterlandes endlich mehr Einigkeit zeigen würden. Um die Deutschen ist in letzter Zeit viel gerätselt worden. Ihre nationale Bindung wurde – mehr im Inland als im Ausland – in Frage gestellt. Es waren jedoch Tausende von Boten aus Westdeutschland da, die die Einheit und nationale Bindung aufrechterhielten. Das waren Besucher, die keine Schikane scheuend die menschlichen Kontakte weiterhin pflegten. Verwandtenbesuche festigten die Zusammengehörigkeit. Das hat gehalten.

Inzwischen ist auch in Rußland eine Entwicklung eingetreten, die niemand für möglich gehalten hätte. Gorbatschow, ein Revolutionär, hat es möglich gemacht, aber nun muß der Wahrheit zuliebe gesagt werden, es gab keine andere Möglichkeit. Der Sozialismus hatte abgewirtschaftet und ist auf allen Gebieten am Ende. Vergessen wir jedoch nicht, Revolutionen bringen Chaos und aus

Grenze Philippsthal-Vacha am 11. November 1989. Westdeutsche begrüßen ostdeutsche Landsleute mit Blumen. Foto: Burkhard Helfenritter

Chaos, das hat die Vergangenheit gelehrt, entstehen Kriege.

Was noch vor Jahren kaum jemand für möglich gehalten hat, was von den meisten westlichen – ja auch von deutschen – Ostexperten und Politikern für eine ferne Zukunft, irgendwann für das kommende Jahrhundert, vorausgesagt worden war, ist eingetreten.

Der ganze Osten einschließlich der Sowjetunion befindet sich in einem Zustand revolutionärer Gärung. Auch die DDR, der sogenannte zweite deutsche Staat, ist von einer Unruhe in seiner Bevölkerung erfaßt. Von den Volksmassen erzwungen kam der Sturz von Erich Honecker, aber es ist erst der Anfang einer Entwicklung, in der alles möglich erscheint. Um es drastisch zu formulieren, das kommunistische Regime in der DDR liegt am Boden und es wagt sich nicht mehr, gegen das Volk etwas zu unternehmen. Die Ostpolitik von Brandt und Bahr, aber auch

Grenze Bundesrepublik Deutschland zur DDR am 11. November 1989 bei Philippsthal.

gewisse Gedankengänge der FDP von Genscher haben sich, was die deutsche Frage betrifft, als unrichtig erwiesen. Das außenpolitische Feld war weitgehend dem langjährigen Außenminister überlassen, und dieser verstand es geschickt, auf fahrende Züge aufzuspringen, dies zeigte sich kürzlich beim Flüchtlingsdrama in der Deutschen Botschaft in Prag. Genschers Beamte und Diplomaten versuchten es bei den Flüchtlingen mit Überredungskünsten, dem angereisten Ostberliner Rechtsanwalt Vogel zu folgen und in die DDR zurückzukehren, um dort auf ihre Ausreise zu warten, die ihnen zugesichert wurde.

Aber die DDR-Flüchtlinge in der Deutschen Botschaft trauten den Worten nicht und sagten, sie würden in der Deutschen Botschaft bleiben, und wenn es ein oder zwei Jahre dauern würde. Diese Standhaftigkeit der DDR-Bürger, und einzig sie allein, brachte schließlich die Wende: Der Gastgeber Tschechoslowakei und die Regierenden in Ostberlin konnten sich keinen internationalen Skandal leisten und mußten nachgeben. Die einfachen Menschen, die in der überbelegten Botschaft unter menschenunwürdigen Zuständen lebten, haben die große Politik gemacht und ihr Schicksal selber bestimmt.

Man könnte in dieser Situation Lenins Worte über das Entstehen einer »revolutionären Situation« zitieren oder was der französische Historiker Alexis Tocqueville vor mehr als hundert Jahren über das Entstehen von Revolutionen gesagt hat: »Eine Revolution bricht nicht dann aus, wenn die Unterdrückung am größten und das Leben für die Unterdrückten am unerträglichsten ist, sondern sie kommt dann, wenn die Regierenden anfangen, sie zu bessern.«

Eine Revolution kann natürlich auch friedlich vonstatten gehen, was in der Regel jedoch sehr selten ist. Obwohl man unter Revolution allgemein etwas Blutiges und Gewalt versteht.

Die Demonstranten auf dem Alexanderplatz in Ostberlin am 4. November 1989.
Foto: Bundesbildstelle Bonn, Lehnartz

In Ungarn gibt es im Oktober 1989 keine »Volksrepublik Ungarn« mehr, sondern nur noch eine »Republik Ungarn«.
Vor 18 Monaten, da war in Ungarn der kommunistische Parteichef Janos Kadar ein starker Mann, heute gehört er der Vergangenheit an. Die allmächtige kommunistische Partei hat sich aufgelöst.
Noch kann man sich erinnern, daß der amtliche Sprecher der Regierung der Bundesrepublik im Sommer 1989 die Bevölkerung der DDR warnte, es solle niemand über die vom Eisernen Vorhang befreite grüne Grenze von Ungarn nach Österreich gehen. Hätten die Menschen in der DDR den Ratschlag von Bonn befolgt und hätte es die ganze Fluchtbewegung samt Botschaftsbesetzungen nicht gegeben, hätte vielleicht die Entwicklung einen anderen Verlauf genommen und, wer weiß, Erich Honecker wäre womöglich noch im Amt. Unsere Landsleute in Ostdeutschland, richtiger Mitteldeutschland, haben aufgrund der katastrophalen Zustände und Wirtschaftslage in der DDR ihr Schicksal selbst in die Hand genommen und der Untergang der DDR war somit nur noch eine Frage der Zeit.
Der neue SED-Chef Egon Krenz hat erst mal das Geheimnis um die katastrophale Wirtschaftslage in der DDR gelüftet und darauf hingewiesen, daß das Ende nicht aufzuhalten ist, wenn nicht das ganze System in der DDR radikal geändert wird. Da haben vorher auch die Milliarden der Bonner Regierung nichts mehr geholfen.
Die Weltordnung von Jalta, die 1945 zwischen Ost und West zusammengezimmert war, ist am Untergehen. Die Entwicklung nahm ihren Lauf. Die Einheit ist nah, die Mauer offen. Elf Millionen sind aufgebro-

Nach 28 Jahren der Abriegelung öffnete die DDR am 9. November 1989 ihre Grenze nach Westberlin und zum übrigen Bundesgebiet. Bis zum 12. November 1989 strömten mehr als eine Million Menschen aus Ostberlin zu Fuß oder im Auto über die bestehenden Sektorenübergänge nach Westberlin. Hier wurden sie von der Berliner Bevölkerung jubelnd begrüßt. Zur gleichen Zeit hatte die DDR mit dem Abriß der Mauer und der Öffnung neuer Sektoren- und Grenzübergänge begonnen. Im Bild: Bewohner aus beiden Teilen der Stadt sind an der Mauer am Brandenburger Tor zusammengekommen, es ist der 9. November 1989. Foto: Bundesbildstelle Bonn, Lehnartz

chen, den Westen zu sehen. Vor ihnen ein Garten Eden. Hinter ihnen Stasi-Land. Leipzig skandiert hunderttausendfach: Wiedervereinigung. Das Neue Forum will einen Volksentscheid über die Einheit, findet viel Brauchbares an Kohls Deutschlandplan. Die Ost-SPD bekennt sich »zur Einheit der Nation«. Der Kreml ist zu Gesprächen bereit. Auch das Weiße Haus, Mitterrand, Prag, Polen.

Nur ein Club bissiger Poetniks und törichter TV-Meinungsbildner bleibt taub. Sie würden lieber das Volk wechseln als ein einig Land sein. Sie werden lernen: Am Tag, als die Mauer brach, begann die deutsche Wiedervereinigung. Nichts und niemand hält sie auf. Deutschland kommt![86]

Mit dem Fall der Mauer ging eine Epoche zu Ende. Der sozialistische Traum ist weltweit ausgeträumt. Auf der Müllhalde der Geschichte landeten all jene Ideologien und Utopien, die sich nicht damit begnügten, die Lebensumstände des Menschen zu verbessern, sondern – notfalls gewaltsam – einen »neuen Menschen« schaffen wollten: 60 Millionen Zivilpersonen mußten die »Umerziehungsversuche« in der Sowjetunion und in China mit dem Leben bezahlen.

Adenauer und Erhard, westliches Bündnis und westliche Marktwirtschaft, das was die Apo 1968 als »CDU-Staat« beschimpfte, erfährt in unserer Zeit als neuer Realismus eine erstaunliche Renaissance.

Konrad Adenauer, Großvater des heutigen Deutschland, hatte immer darauf gesetzt, den Westen Deutschlands so lange stark zu machen, bis die andere Seite nachgeben würde. Die linken Intellektuellen haben ihn dafür geächtet. Den Frieden in Europa haben nicht die Linken sicherer gemacht, die die Selbstentwaffnung des Westens und die Anerkennung des Kommunismus forderten, sondern jene, die für eine Politik der Festigkeit und der Verteidigung der westlichen Werte eintraten. Sie haben mehr erreicht als alle Friedensbewegungen der Welt.[87]

Das Brandenburger Tor ist auf, es ist ein Stück deutscher Geschichte, Erinnerung an gute, aber auch an entsetzliche Tage. Die Quadriga, die sich auf dem Brandenburger Tor befindet, hat ihre Geschichte. 1814 kehrte die von Napoleon geraubte Quadriga nach Berlin zurück, die Russen hißten 1945 die rote Fahne mit Hammer und Sichel.

Der stalintreue Kommunist Walter Ulbricht ließ 1958 die Insignien der Quadriga entfernen und drehte sie um. Es war ein Affront gegen die Westberliner. Drei Jahre später, 1961, wurde das Brandenburger Tor zum Sinnbild deutscher Teilung.

Der sehnliche Wunsch aller Deutschen: »Macht das Tor auf«, an die Machthaber der DDR gerichtet, wurde zum Vorläufer deutscher Einheit.

Tanz auf der Mauer

Der Krieg ist aus, das Böse ist tot, der Friede ist da. Die Mauer brach mit Gesang, so wie einst die Mauern von Jericho brachen, als die Posaunen ertönten. Die Deutschen sangen: »So ein Tag, so wunderschön wie heute ...«

Berlin, Brandenburger Tor, zwei Uhr nachts. Die Menschen weinen, singen, umarmen sich, können es nicht fassen. Immer mehr Menschen kommen – fünf-, acht-, zehntausend. Jeder will einmal auf der Mauer stehen, einmal auf ihr tanzen.

Es war nicht der Champagner, der die Menschen trunken machte. Es war die Freiheit. Alle, aus dem Osten, aus dem Westen, umarmten sich, küßten sich, bewarfen sich mit Schokolade.

Der Champagnerkorken knallt, Freude schäumt über. Die Grenzbaracke (Ost) ist leer. Ein einziger Polizist steht überflüssig Wache. Seine Kollegen sind mal in den Westen. Er verrät: »Wodka kaufen, Marke Gorbatschow.« Und jetzt muß er doch lachen.

Lachen und Küsse vor einer Polizeistation in Ostberlin: »Viel Spaß, Bürger«, sagt ein Vopo. Recht bedacht, steckt in diesem Satz die ganze Wiedervereinigung.

Kommt alle zur Party Deutschland! Wo? Auf der Mauer, der Eintritt ist frei! Und sie kamen alle, aus dem Osten, aus dem Westen. Die Party dauert an. Die Menschen sind glücklich.

Menschen reichen sich die Hände, schieben, ziehen sich gegenseitig hoch auf die Mauer. Sie sind frei. Am nächsten Morgen beim Ku'damm-Bummel fragt eine Ostberlinerin im 6. Stock in der Delikatessenabteilung: »Weshalb habt Ihr 86 Sorten Salami? Welcher Mensch braucht 86 Sorten Salami?«

Wird Berlin wieder Hauptstadt? Vor einem Jahrzehnt wurde ein Mann wie Springer ausgelacht, weil er diese Vision hatte. Berlin, Hauptstadt eines wiedervereinigten Deutschland. Berlin wird zum geistig-kulturellen Zentrum heranwachsen und damit, egal wo die Regierung sitzt, die natürliche Hauptstadt der Deutschen. Der Deutsche Bundestag bald im Reichstag? Bonn könnte dann sein was es war: Stadt für Pensionäre.

Kaufen die Bundesbürger die DDR jetzt leer? Leicht möglich. Besonders attraktiv: Aus der DDR durften 40 Jahre keine Antiquitäten ausgeführt werden. In der DDR kann man heute Gemälde (19. Jahrhundert) für 300 Mark kaufen, die hier 30000 Mark kosten. Altes Meißner Porzellan gibt es drüben für einen Bruchteil. Aber auch Kleinigkeiten. Ein Schwarzbrot kostet drüben 50 Pfennig. Für viele arme Westberliner, zum Beispiel Studenten, ist das eine U-Bahn-Fahrt in den Osten wert.

Ein Ostberliner hatte seinen Personalausweis nicht dabei, als er am Checkpoint

Bewohner aus beiden Teilen der Stadt sind auf die Mauerkrone am Brandenburger Tor geklettert, es ist der 9. November 1989.
Foto: Bundesbildstelle Bonn, Lehnartz

Charlie in den Westen wollte. Er zog seinen Haustürschlüssel aus der Tasche: »Reicht das?« Die DDR-Grenzer lachten: »Klar«.
Ist das schon die Wiedervereinigung? Wenn man mit dem Fahrrad durch das Brandenburger Tor fahren kann, dann ist das zumindest die Wiedervereinigung der Menschen. Die Wiedervereinigung der beiden deutschen Staaten wird dauern. Wahrscheinliche Lösung: ein Staatenbund (Konföderation). Beide Teile bleiben souverän, aber könnten sich so eng zusammenschließen, wie sie es wünschten. Gleiche Währung, gleiche Gesetze, offene Grenzen, keinen Zoll.
Gehen jetzt die vielen DDR-Flüchtlinge wieder heim? DDR-Bürger, die inzwischen bei uns Wohnung und Arbeitsplatz haben, werden sicher bleiben. Andere, die es nicht so gut getroffen haben, werden zurückgehen. Unter dem Strich werden 100 000 hierbleiben. Aber viele andere werden neu rüberkommen. Sie sagen: Ich habe nun mein halbes Leben in diesem Armenhaus verbracht. Jetzt will ich nicht den Rest damit vertun, das Armenhaus zu renovieren. Ich will endlich leben.
Menschen. Ein Potsdamer: »Ich hab am Ku'damm 4,80 Mark für eine Tasse Kaffee bezahlt. Die haben doch 'nen Knall! Dafür kriege ich bei uns vier große Brote und ein Pfund Butter.« Er verschwand wieder im Osten. Und da war plötzlich das Geräusch. Ein junger Mann hatte einen Hammer mitgebracht. Mit dem schlug er oben auf die Mauer ein. Tack, tack, tack tönte es. Was für ein wunderbares Geräusch in der Nacht der Freiheit! Wird der SED-Mann Modrow Vizekanzler bei uns? Vielleicht. Wenn er sich freien Wahlen stellt, sie gewinnt und Deutschland wiedervereinigt ist, kann das

durchaus passieren. Groß ist die Gefahr nicht, denn bei freien Wahlen wird die SED hoffnungslos verlieren. Für die nächste Zukunft könnte man sich aber folgendes vorstellen: eine Regierungskommission aus Ost und West. Leitung: Kanzler Kohl, Vize der DDR-Ministerpräsident Hans Modrow.
Hat die Welt jetzt wieder Angst vor Deutschland? Natürlich. Margaret Thatcher hat es bereits angedeutet, als die Deutschen auf der Mauer tanzten. Sie sagte: »O Gott, bewahre, kein viertes Reich!« Das neue Deutschland hätte ein Bruttosozialprodukt von jährlich 1,4 Billionen Dollar – fast soviel wie England und Frankreich zusammen. Aber das Ansehen der Deutschen ist in den letzten Tagen enorm gestiegen.
Peter Behrend berichtet: »Ich hatte nur noch ein paar Liter im Trabi. Aber ich mußte sofort rüber. Plötzlich, im Westen, bleibt er liegen. Tank leer. Hatte kein West-Geld. Da kommt ein Mütterchen, schenkt mir 10 Mark und sagt: ›Da drüben ist eine Tankstelle.‹ Irre! Ich hab noch nie so viele Tankstellen gesehen!«
Nehmen die DDR-Pendler uns Arbeitsplätze weg? Das könnte sicherlich zu sozialen Spannungen führen. Beispiel: Eine Verkäuferin lebt für 40 Mark (Ost) Miete in ihrer Ostberliner Wohnung, verdient in Westberlin 1900 Mark (West). Sie hätte dann bei einem Kurs eins zu zehn umgerechnet 19000 Ost-Mark Gehalt, ihre Kollegen im Osten nur 400 Mark (Ost). Und in den Zonenrandgebieten würden die hohen Arbeitslosenzahlen durch DDR-Pendler weiter steigen.
Werden die Steuern erhöht, um das alles zu bezahlen? Möglich. Es gibt erste Überle-

Auf einer Kundgebung vor dem Rathaus Schöneberg sprechen Bundeskanzler Helmut Kohl (am Mikrofon), Bundesaußenminister Hans-Dietrich Genscher, der frühere Regierende Bürgermeister von Berlin, Altbundeskanzler Willy Brandt, und der Regierende Bürgermeister von Berlin, Walter Momper, zu den Berlinern aus beiden Teilen der Stadt. Es ist der 10. November 1989. Foto: Bundesbildstelle Bonn, Lehnartz gungen, die Steuererleichterungen, die im Januar in Kraft treten, um zwei Jahre zu verschieben. Jeder DDR-Bürger erhält bei uns 100 Mark Begrüßungsgeld. Wenn in den nächsten Monaten zehn Millionen mal kurz zum Einkaufen wollen, kostet das eine Milliarde Mark.

Werden bei uns die Waren knapp, wenn Millionen DDR-Bürger nur zum Einkaufen kommen? Kurzfristig vielleicht. Vor allem bei Waren, die es in der DDR kaum gibt: Toilettenpapier, Seife, Kaffee, Lippenstifte, Bananen, Blumen… Aber die Privatwirtschaft ist so leistungsfähig und so elastisch, daß so ein Engpaß höchstens ein paar Tage dauert.

Bettine Stein kam im Trabi aus Potsdam. »Na ja, ich brauchte einfach Glühbirnen. Bei uns gibt's die nicht, war in acht Läden. In Westberlin habe ich 100 Mark Besuchergeld gekriegt. Jetzt habe ich 30 Birnen.«

Foto: Burkhard Helfenritter

Am Übergang Heinrich-Heine-Straße ruft ein Polizist aus dem Westen den Vopos zu: »Kommt doch mal rüber.« Antwort aus dem Osten: »Jetzt nicht, aber ich hätte am Samstagabend Zeit.« Stimme aus dem Westen: »Abgemacht, Berlin ist durchgehend geöffnet. Mit dem Trabi ins Kino am Bahnhof Zoo. Mit dem VW auf ein Bier ›Unter den Linden‹.«

Liebevoller Trabi-Geruch über Westberlin. Für jedes Auto aus dem Osten gibt es Beifall.

Die Deutschen umarmen sich – 77,9 Prozent aller Bürger zwischen Flensburg und Stralsund, zwischen Plauen und Garmisch-Partenkirchen wollen heute und morgen feiern. Mit Sekt und Bier sowie mit Musik. Rotgoldene Raketen sollen die Einheit signalisieren.

Die Höhepunkte der Feiern:

Berlin – Millionen Menschen werden gegen Mitternacht auf dem Platz der Republik erwartet, ebenso Staats- und Stadtoberhäupter. Die Freiheitsglocke leutet. An einem 40 Meter hohen Mast wird eine 60 Quadratmeter große Deutschlandfahne gehißt. Zugleich beginnen drei Riesenfeuerwerke. Die Technische Universität wird durch einen vier Kilometer langen Laserstrahl mit der Humbold-Uni im einstigen Ostberlin vereint.

Hannover – In der Music-Hall im Stadtteil Linden heizen bei einer Rock-Session ab 20 Uhr Bands aus der DDR und aus Hannover den Gästen ein: »Ost und West – ein Riesenfest«.

Dresden – Um 11 Uhr beginnt morgen im Innenhof des Hotels »Bellevue« ein »Deutschlandfrühschoppen« mit Pfälzer Wein und Faßbier.

Essen – Zentrale katholische Andacht ab 19 Uhr in der Münsterkirche mit Ruhrbischof Kardinal Hengsbach. – Vereinigungsfete ab 11 Uhr vor dem Café-Restaurant »Orangerie« im Grugapark.

Düsseldorf – Um 20 Uhr startet eine Fete mit Musik, Tanz, Filmdokumentationen in der Stadthalle, Motto: »Wir freuen uns auf Deutschland«.

Foto: Agentur Lichtblick Berlin, Detlev Konnerth

Foto: Agentur Lichtblick Berlin, Detlev Konnerth

Das Brandenburger Tor in Berlin ist seit dem Dezember 1989 offen. Foto: Burkhard Helfenritter

Leipzig – Die Wiege der friedlichen Revolution feiert mit viel Kultur – von Straßenmusikanten bis zu einer Gratisvorstellung von Beethovens »Fidelio« um 19.30 Uhr im Opernhaus.
Hamburg – Bürgerschaft und Senat feiern ab 23 Uhr mit den Hansestädtern auf dem Rathausmarkt. Aus dem großen Festsaal wird die 1. Sinfonie von Johannes Brahms übertragen. 20 Minuten lang soll ein Riesenfeuerwerk (Kosten über 50 000 Mark) die City in alle Farben des Regenbogens tauchen.
Wiesbaden – Um 16 Uhr werden morgen die Menschen auf dem Mauritiusplatz mit 1000 Sektkelchen anstoßen, in die das Festdatum eingraviert ist. Kelch und Sekt sind kostenlos.
Mauern sind nicht für ewig gebaut. Ein bewegendes Bild, das um die ganze Welt geht: Der weltberühmte russische Cellist Matislaw Rostropowitsch setzt sich am 11. November 1989 vor die Berliner Mauer am Checkpoint Charlie und spielt Bach. Der Künstler hatte den Fall der Mauer in Paris im Fernsehen gesehen (»Ich habe geweint«), flog spontan mit einem Privatjet nach Berlin. Ergriffen sagt er nach dem Solokonzert: »Mauern sind nicht für ewig gebaut. Hier in Berlin habe ich für mein Herz gespielt.«[88]

Wer pfiff Helmut Kohl aus?

In Deutschland hat man immer wieder ein besonderes Geschick dafür, verdiente Männer mit Dreck zu bewerfen. Das ging zu Zeiten unserer Großväter dem ersten Reichspräsidenten der Weimarer Republik, Friedrich Ebert, so. Er wurde von der nationalistischen Presse verteufelt, von bürgerlichen Blättern lächerlich gemacht und durch die Verleumdungen seiner politischen Geg-

Überall in der Bundesrepublik, wo es 100 DM Begrüßungsgeld in dieser Zeit für DDR-Bürger gab, waren Schlangen von Menschen an den Ausgabeschaltern. Fotos: Burkhard Helfenritter ner in den Tod getrieben. Heute ist Bundeskanzler Helmut Kohl an der Reihe. Beschämendes Beispiel dafür waren die Pfiffe und Buhrufe während der großen Freiheitskundgebung vor dem Schöneberger Rathaus in Berlin am 10. November 1989.

DDR-Grenzsoldaten schaffen an der Stelle, an der der neue Grenzübergang Potsdamer Platz entsteht, Teile der Mauer fort. Es ist der 12. November 1989.
Foto: Bundesbildstelle Bonn, Lehnartz

Dabei ging es den planmäßig von verschiedenen Linksgruppen herangekarrten und strategisch über den Platz verteilten Radaubrüdern nur um eines: die verhaßte, prominenteste Symbolfigur einer erfolgreichen, dem Bürger dienenden deutschen Politik madig zu machen. An dem, was Kohl sagte, lag es nicht. Was die Rabauken in Rage versetzte, war die Politik der Bundesregierung. Deren wichtigster Exponent in diesem Land sollte mundtot gemacht werden.
Wer waren nun die Störenfriede? Schon längere Zeit vor Beginn der Kundgebung hatten sich Anhänger der Alternativen Liste (AL), der Berliner »Grünen«, in einem Block zusammengerottet. Die ASTA der Freien Universität unter ihrem der AL angehörenden Vorsitzenden Detlev Schulze war ebenso aktiv wie die kommunistische »Aktionsfront Demokratischer Studenten«. Auch der aus den Straßenschlachten von Kreuzberg berüchtigte »Schwarze Block« der Autonomen war wieder dabei. Spruchbänder, die diese Gruppen mit sich führten, lauteten etwa »Deutschland muß sterben, damit wir leben können« oder »Hände weg von der DDR«.
Die Krachmacher, die Kohl durch ihre Lärmkulisse zum Schweigen bringen wollten, waren die gleichen, die seit Jahren in Berlin zu allen möglichen Anlässen demonstrierend auf die Straße gehen; dabei geht es meistens um die angebliche Freiheit in möglichst weit abgelegenen Ländern. Für die Freiheit im anderen Teil Deutschlands hatten diese Leute nie demonstriert und waren jetzt sowohl erstaunt als auch frustriert, daß das die jungen Menschen aus der DDR mit so großem Erfolg selbst taten.
Es waren die gleichen Typen, die früher Franz Josef Strauß zum Buhmann machten. Es waren die gleichen Fanatiker, die Axel Springer einen Nationalisten schimpften, weil er Freiheit für alle Deutschen forderte. Es waren die gleichen Eiferer, die den großen Hamburger Bürgermeister Herbert Weichmann in der Aula der Kieler Universität am Reden hinderten, weil er für Recht und Ordnung eintrat.

Mauerspechte. Foto: Agentur Lichtblick Berlin, Sabine Sauer

Rückreiseverkehr in die DDR am Abend des 11. November 1989 nach dem Einkauf in der Bundesrepublik. Kilometerlange Autoschlangen auf den Straßen zur DDR, die Freude unserer Landsleute aus Mitteldeutschland war groß. Foto: Burkhard Helfenritter

Der neu geschaffene Grenzübergang Vacha (DDR) und Philippsthal (BRD) mit zwei Grenzbeamten.

Nach Öffnung der Grenze kamen unsere mitteldeutschen Landsleute in kilometerlangen Autoschlangen in die Bundesrepublik, um hier einzukaufen und die 100 DM Begrüßungsgeld in Empfang zu nehmen.

Fotos: Burkhard Helfenritter

Beobachtungen im November 1989 am Brandenburger Tor in Berlin. Foto: Burkhard Helfenritter

Die ersten Löcher in der Berliner Mauer entstehen im November 1989. Foto: Burkhard Helfenritter

Kreuze der Erinnerung an von DDR-Grenzsoldaten erschossene Flüchtlinge. Foto: Burkhard Helfenritter

Die Mauerspechte, wie sie im Volksmund heißen. Berliner Mauer im November 1989.

Und man sollte nie vergessen: Aus dem Morast desselben linksrevolutionären Umfeldes kamen auch die Mörder von Günter von Drenkmann, Jürgen Ponto, Hanns-Martin Schleyer, Kurt Rebmann und Karl-Heinz Beckurts.
Helmut Kohl hat sich durch die Krawallbrüder in Berlin nicht aus dem Konzept bringen lassen. Ihre geistigen Helfershelfer in den Parlamenten werden ihn auch nicht dazu veranlassen, seine erfolgreiche Politik zu verändern. Schließlich ist die Bundesrepublik heute sowohl eines der wirtschaftlich stärksten und gesündesten als auch eines der politisch angesehensten Länder der Welt. Dazu hat der Kanzler entscheidend beigetragen. Die Reise nach Polen ist dafür nur der neueste Beweis.[89]

Die Einheit des deutschen Vaterlandes

Wir schreiben den 9. November 1989 und sehen im Fernsehen das Brandenburger Tor in Berlin. Es ist zwei Uhr nachts. Die Menschen weinen, singen, umarmen sich, können es nicht fassen.
Als die Mauer einstürzte, floß kein Blut und fiel kein Schuß. Wie immer bei solchen Anlässen gibt es viele Sieger. Nur die Niederlage ist ein Waisenkind.
Anmerkungen zu Helden, Glücklichen und Unglücklichen:

Bundeskanzler Helmut Kohl managte die Einheit ohne Fehler. Alle Klischees über ihn strafte er Lügen. Lohn: fester Platz in der Geschichte.

Hans-Dietrich Genscher trieb gegen den Rat der Ärzte (»Schonen Sie Ihr krankes Herz«) bis zur Grenze der physischen Kraft die Einheit durchs Ziel.

Pastor Oskar Brüsewitz, DDR-Märtyrer, verbrannte sich aus Protest auf dem Marktplatz von Zeitz. Menschenfackel in der Finsternis des Zwangsstaates.

US-Präsident George Bush war der erste in der westlichen Allianz, der vorbehaltlos »Ja« zur Wiedervereinigung sagte.

Bärbel Bohley gründete das »Neue Forum«. Siebenmal verhaftet. Senkrechter Charakter, kein politisches Geschick. Weggespült, tragische Heldin.

Axel Springer (verstorben 1985): Kämpfte wie kein anderer für die Einheit, wurde wie kein anderer verhöhnt. Starb zu früh, um diesen Triumph zu erleben.

Michail Gorbatschow, der Mann der Stunde. Sein Satz: »Wer zu spät kommt, den bestraft das Leben« wurde unser gutes Schicksal.

Gyula Horn, ungarischer Außenminister. Schlug am 10. September 1989 den ersten Stein aus der Mauer. Ließ alle DDR-Flüchtlinge aus Ungarn frei raus.

Im selbstgenähten Heißluftballon schwebten die Familien Strelzyk und Wetzel (vier Erwachsene, vier Kinder) 1979 über die Todesgrenze. Blamiert: Honecker.

Detlev Rohwedder (†), Chef-Sanierer der DDR-Wirtschaft (als Präsident der Treuhandgesellschaft).

Gewandhaus-Kapellmeister Kurt Masur verhinderte ein Blutbad bei den Montagsdemonstrationen in Leipzig. DDR-Weltbürger, demnächst in New York.

Willy Brandt, deutscher Visionär. Der große alte Mann hatte Tränen in den Augen, als die Mauer fiel. »Jetzt wächst zusammen, was zusammengehört.«

Wolfgang Schäuble verhandelte (in Tag- und -Nacht-Arbeit) und unterschrieb den Einigungsvertrag. Zeigte dabei Kanzlerformat.

Lothar Loewe sagte als Fernsehreporter in der DDR die Wahrheit: »An der Grenze wird auf Menschen wie auf Hasen geschossen«. Honecker warf ihn raus.

Der Renner: Mauerstücke wurden für drei Mark verkauft. Foto: Burkhard Helfenritter

Rudolf Augstein, ein deutscher Patriot. Als junger »Spiegel«-Chef bitterer Gegner Adenauers. Versöhnte sich über die Einheit mit dessen Enkel.

Erich Honecker, Ex-DDR-Chef, Volks- und Selbstbetrüger. Das Schönste: Er beschwert sich, Mittag und Mielke hätten nicht die Wahrheit gesagt.

Wolfgang Berghofer, Ex-Oberbürgermeister von Dresden. Wollte anständig werden – Austritt aus SED/PDS. Trotzdem alles verloren.

Gregor Gysi, PDS-Chef. Aus der Asche steigt der eitle Pfau auf, klug, charismatisch – und dennoch der Hüter des alten Gifts. Idolformat.

Egon Krenz im letzten Winter noch dreist: »Ich habe verhindert, daß Honecker auf Demonstranten schießen läßt.« An seinen eigenen Lügen erstickt.

Erwin Primke, Polit-General der Vopo. Von ihm ist nur die Mütze geblieben. Erschoß sich mit der Dienstpistole. Wollte die Einheit nicht erleben.

Kati Witt, Honeckers verhätschelte Eisprinzessin. Tanzte in Hollywood, als an der Mauer noch geschossen wurde. Ungenierte Millionärin.

Markus Wolf, skrupelloser DDR-Geheimdienstchef, lügt unverschämt im »Spiegel«. Wußte angeblich von nichts.

Theo Sommer schrieb im Juni 1989 in seiner »Zeit«: »Das Gerippe der Einheit kann alle in Angst und Schrecken versetzen.« Das Gespenst wiehert.

Sylvia Schultz, Bürochefin von de Maizière. Absolut treu, schon als seine Anwaltsgehilfin. Goldener Lohn: Sitz im nächsten Bundestag (15 000 Mark).

Karl Eduard von Schnitzler, »Sudel-Ede«. Nie hat ein Mensch im Fernsehen so lange (1519 Stunden »Schwarzer Kanal«) lügen dürfen. Guinness-Buch des Minus.

Christa Wolf, DDR-Schriftstellerin (Kassandra), verlor ihre Unschuld. Geachtet als kritische Stimme, war aber doch nur Honeckers Feigenblatt.

Markus Meckel, SPD-Pastor, Außenminister a. D. Vor dem Abtritt organisierte er sich noch eine Zehnzimmervilla in Berlin. Bürgerproteste, ihm egal.

Martin Kirchner, gefallener Ost-CDU-Generalsekretär. War 15 Jahre bezahlter Stasi-Spitzel. Weiß gar nicht mehr, was Wahrheit ist.

Wolfgang Vogel, Honeckers Anwalt. Jahrelang der einzige Pförtner zur Freiheit. Wanderer zwischen zwei Welten. Überflüssig.

Gerd Löffler saß seelenruhig als CDU-Abgeordneter im Hamburger Senat – Stasi-Spitzel. Nerven wie Stacheldraht.

Margot Honecker, Ex-Ministerin für Volksbildung. Haßerziehung in den Schulen. Kinder bespitzeln Eltern. Verantwortlich für die Zwangsadoption.

Werner Müller, Ex-ZK-Mitglied, ist heute Tellerwäscher im Ostberliner Grandhotel. Täglich 10 000 schmutzige Teller, Tassen, Löffel.

Alexander Schalck-Golodkowski, Erich Honeckers Party-Käfer (Dollars, Videos, französischer Schaumwein). Siebenzimmervilla mit Kunstschätzen. Heute: Tegernsee.

Erich Mielke, Stasi-Chef. 85 000 Geheimpolizisten, 110 000 Spitzel. Mordgieriger Menschen- und Tierjäger, spielt jetzt mit Bauklötzen.

Angelika Unterlauf, Honeckers Stimme (»Aktuelle Kamera«). Wenn sie mit treuem Augenaufschlag Lügen verbreitete, wurde allen schlecht. Arbeitslos.

Artur Amthor, Stasi-Oberst (Führungsoffizier vom armen Schwein Schnur), lacht heute in 160-Quadratmeter-Villa aus Stasi-Nachlaß für 52 000 Ostmark.

Dr. Wilhelm Poppe, Chefarzt und Folterknecht der Stasi: Machte Gesunde krank. Zwangskastration mit Röntgenstrahlen.

Ibrahim Böhme, der Parzival der Revolution. Spitzenkandidat der Ost-SPD, solange die Stasi wollte. Zweifel an seiner reinen Seele. Gnädig vergessen.

Christine Jentsch, böses, kaltes Herz, ließ ihre drei Kinder allein in der Ostberliner Wohnung und verschwand im Westen.

Hermann Kant, Präsident der DDR-Schriftsteller, Honecker-Duzfreund und Hofdichter. Jagte die besten Köpfe (Biermann, Kunze, Bieler) aus dem Land.

Wolfgang Schnur, Ex-Chef Demokratischer Aufbruch, der Mann von de Maizière. Aktiver Stasi-Spitzel. Opfer und Täter, mehr Täter (Deckname: Torsten).

Ewald Moldt, zweimal DDR-Missionschef in Bonn. Spitzel im Diplomatenfrack. Hörte Kohl- und Genscher-Telefonate ab.

Hans-Joachim Tiedge, Ex-Verfassungsschützer, DDR-Überläufer. »Bunte« enthüllte, daß sein Verrat mindestens ein Menschenleben gekostet hat.

Stefan Heym, Dichter, glaubt nach wie vor an das Gute im Sozialismus. Floh vor den Nazis nach Amerika. Floh vor Amerika zu Honecker. Heimatloser.

Hans Modrow gelang die perfekte Täuschung. Die 150 Tage, die er regierte, machte er glauben, daß es den guten SEDler gibt. Rettete, versorgte alte Kameraden.[90]

Der deutsche Weg – wer begleitet uns?

Lothar Loewe schreibt über das Mißtrauen von Franzosen, Engländern und Amerikanern zur deutsch-deutschen Annäherung.
Das Gespenst einer schnellen deutschen Wiedervereinigung schreckt nicht nur manche unserer Freunde im Ausland, sondern auch die Sowjets. Sie waren alarmiert, als vor gut zwei Wochen Pioniere der DDR-Volksarmee in Bernau, nördlich von Berlin, das erste sowjetische Siegesdenkmal mit einem Kranwagen demontierten. Ein Ereignis – vor drei Monaten noch undenkbar. Auch unsere Verbündeten in Washington, Paris und London wurden hellhörig, als es immer intensivere Signale zwischen Bonn und Ostberlin gab.
Fast über Nacht lebte der ehrwürdige Alliierte Kontrollrat in Form einer geheimen Botschafterberatung der vier Siegermächte wieder auf. Als Sowjetbotschafter Kotschemassow von der Gefahr einer unkontrollierbaren nationalen Bewegung der Deutschen in der DDR sprach, die die vitalen Sicherheitsinteressen der Sowjetunion gefährden könnten, hörten die West-Botschafter stumm, aber interessiert zu.
Vergangen sind die Zeiten des Berlin-Abkommens vor 18 Jahren, als der damalige Sowjetbotschafter Pjotr Abrassimow seinem US-Kollegen Kenneth Rush augenzwinkernd bedeutete: »Wir kontrollieren unsere Deutschen, und Sie kontrollieren Ihre Deutschen.«
1989 hat es den Anschein, als würden weder die Amerikaner noch die Russen ihre Deutschen kontrollieren. Sie bangen vielmehr in ungewohnter Gemeinsamkeit um die politische Stabilität in der DDR und um die Bündnisfestigkeit der Bundesrepublik im Westen.
Eigentlich wissen sie alle, daß Kohl, Genscher und Vogel keine Abenteurer, sondern Politiker mit Augenmaß sind. Aber irgendwo in der Tiefe ihrer Seele nagt bei Freunden und Nachbarn der Zweifel und die stille Besorgnis, die Deutschen könnten plötzlich unberechenbar werden.
Es war kein Zufall, daß der amerikanische Außenminister James Baker einen ganzen Tag lang in Berlin mit den Deutschen redete. Mit Kohl und Genscher, aber auch mit Modrow in Potsdam und mit den evangelischen Kirchenführern der DDR. Bakers Botschaft war beschwörend: »Paßt auf, ihr

Die unselige Mauer in Berlin im November 1989.
Foto: Burkhard Helfenritter

Foto: Burkhard Helfenritter

Deutschen, schaukelt nicht zu sehr, damit nicht das Boot kentert, in dem wir alle gemeinsam sitzen ...«

Sind wir wieder einmal die Störenfriede in Europa? Nein, die 80 Millionen Deutschen in Ost und West sind nicht im Begriff, ihre Freunde zu verlieren, solange sie nicht im nationalen Überschwang einer schnellen deutschen Einheit das labile Gleichgewicht der Ost-West-Beziehungen durcheinanderbringen.

Weder Margaret Thatcher noch Staatspräsident Mitterrand können und werden den Deutschen auf die Dauer die staatliche Einheit in den Grenzen von 1945 verwehren, sofern diese Einheit nicht gegen den Willen der Russen und im Zusammenwirken mit unseren Verbündeten geschaffen wird.

Der unwiderstehliche Drang von Millionen DDR-Deutschen zur Bundesrepublik ist verständlich. Vor dem Hintergrund jahrzehntelanger Unfreiheit und kommunistischer Mißwirtschaft kann der Ruf »Deutschland, einig Vaterland« nicht überraschen. So schwer es den Deutschen auch fallen mag: Geduld, viel Geduld und staatsmännische Weisheit sind gefordert. Denn eine für ihre Nachbarn in Ost und West erträgliche deutsche Republik in Einheit und Freiheit wird es erst geben, wenn sich Nato und Warschauer Pakt zu einem gemeinsamen europäischen Sicherheitsbündnis verbunden haben.[91]

Das Brandenburger Tor ist auf

Wir schreiben den 22. Dezember 1989, 15.10 Uhr. Zwei weiße Tauben werden von Bundeskanzler Helmut Kohl und von dem ostdeutschen Politiker Hans Modrow vor dem Brandenburger Tor in die Freiheit gelassen und flattern in den grauen, regnerischen Himmel an diesem Tag. Kohl guckt ihnen nach. Der Westberliner Bürgermeister Walter Momper lächelt, Modrow klatscht.

Historiker nennen dieses Ereignis ein seltenes »annus mirabilis« – ein Jahr der Wunder, wie es dies nur alle 100 Jahre gibt. Bundeskanzler Kohl fand die richtigen Worte in Dresden wie auch jetzt vor dem Brandenburger Tor. Einfachheit lag in seinen Worten: »Es ist ein schwieriger Weg… Es geht um unsere gemeinsame Zukunft. Und ich weiß auch, daß das nicht von heute auf morgen zu tun ist.« Und da kam noch ein einfacher Satz: »Deshalb meine ganz herzliche Bitte, daß wir bei aller Begeisterung uns jetzt gemeinsam auf die paar Minuten unserer Begegnung konzentrieren.«
Die Entwicklungen in der Frage der deutschen Einheit überschlagen sich. Die Moskauer Nachrichtenagentur Tass meldete am 4. Dezember 1989 schlicht: Die Sowjetunion ist bereit, die Frage einer deutschen Wiedervereinigung »im Geiste des neuen Denkens« zu erörtern – »ungeachtet der ganzen Schärfe des Problems«. Bisher hatte sich der Kreml immer geweigert, über die Wiedervereinigung überhaupt nur zu reden. Die Wende in Moskau ist offenbar eines der Verhandlungsergebnisse des Malta-Gipfels zwischen Bush und Gorbatschow. Am 4. Dezember 1989 hatte US-Präsident Bush Bundeskanzler Kohl über die Malta-Gespräche informiert. Außenminister Genscher fährt nach Moskau. In der DDR wird die Forderung nach einem Volksentscheid über die Wiedervereinigung immer lauter: Das »Neue Forum«, die größte Oppositionsgruppe in der DDR, forderte ein »konstruktives Eingehen« auf Kanzler Kohls Zehnpunkteplan.
Die deutsche Einheit und Frage steht in der DDR auf der Tagesordnung. Das »Neue Forum« stellte die Rechtmäßigkeit der Regierung Modrow in Frage, verlangte eine rasche Neuwahl der Volkskammer und einen schnellen Volksentscheid über eine Vereinigung beider deutscher Staaten. In einer Erklärung hieß es, »ein langfristig möglicher einheitlicher Nationalstaat« dürfte nicht län-

Die Berliner Mauer im November 1989, dahinter das Axel-Springer-Hochhaus. Foto: Burkhard Helfenritter

Die Berliner Mauer mit Wachturm im November 1989.
Foto: Burkhard Helfenritter

ger als »indiskutable Utopie« betrachtet werden. Sozialismus, Marxismus haben abgewirtschaftet und wurden als die bislang menschenverachtendsten Ideologien enttarnt. Die Menschen in Osteuropa haben ihre Konsequenzen gezogen. »Nie wieder Sozialismus« konnte man auf ihren Transparenten lesen.
Während ich mir über diese Entwicklung heute meine Gedanken mache, fällt mir ein Leserbrief an die Illustrierte »Bunte« ein, der in Nummer 18 vom 25. April 1991 veröffentlicht wurde. Es heißt da unter Leserzuschriften: Berufswunsch »Bunte« Nr. 14: »Minister?« (Leute von heute: Franz Steinkühler).
»Liebe ›Bunte‹, hat die Ex-DDR nicht in 40 Jahren vorexerziert, was wird, wenn Handwerker Minister werden? Reicht es nicht, daß diese machtbesessenen Dachdecker, Tischler, Anstreicher und Maurer den DDR-Staat in ein unvorstellbares Chaos brachten und 18 Millionen Menschen entmündigten? Soll das etwa im neuen Deutschland weitergehen? Nein! Deshalb, Herr Steinkühler und Co., Hände weg von Ministerämtern in Bonn. Ein großes Mundwerk allein reicht da nicht, meine Herren Arbeitnehmervertreter. Da bedarf es wesentlich mehr.« (Erich Dohrmann, Bremen)
Vielleicht könnte man noch hinzufügen: Was deutscher Unternehmer- und Arbeiterfleiß nach 1945 aufgebaut haben, machen die Gewerkschaften heute systematisch kaputt. Wenn wir unseren Wohlstand einmal verspielt haben, werden wir erst zu schätzen wissen, was wir verloren haben.

Sind es unsere Brüder oder nicht?

Alexanderplatz in Ostberlin. Der schönste Samstag den es je in der DDR gab. Ein Meer von Menschen, über eine halbe Million, mit mutigen bunten Transparenten: »Visafrei bis Hawaii«, »Blumen statt Krenze«, »Behält die SED das Sagen, kannst Du die DDR begraben«. Stefan Heym, der Schriftsteller, rief ihnen zu: »Es ist als habe einer die Fenster aufgestoßen … Nach all den Jahren von Dumpfheit und Mief …«
40 Jahre waren sie es – in den Sonntagsreden. Jetzt, wo die Wiedervereinigung nahe ist, wächst die Sorge, daß die kaputte DDR unseren Wohlstand gefährdet. Wie steht's ehrlichen Herzens mit unserem Gefühl? Eine Zeitschrift beantwortet Bürgerfragen. Freiheit drüben, Chaos bei uns – zehn Antworten, die helfen sollen, Ängste und Sorgen abzubauen:

Wird die Wohnungsnot (heute schon schlimm) durch die Flüchtlinge noch größer?
Ja. Wir haben heute nicht genug Wohnungen, um alle Flüchtlinge aufzunehmen. Deshalb müssen Aussiedler in Hotels und Pensionen untergebracht werden. Rein zahlenmäßig ist unser Wohnungsbestand aber so groß, daß alle aufgenommen werden könn-

ten. Wir haben zum Beispiel 230 000 Ferienwohnungen. Um freie Wohnungen zu vermieten, müßte zunächst einmal das Mietrecht gelockert werden.
(Volker Gierth, Zentralverband der Haus-, Wohnungs- und Grundeigentümer)

Wo sollen die ganzen Flüchtlinge arbeiten, wo wir schon zwei Millionen Arbeitslose haben?
Von den etwas über 100 000 Übersiedlern, die von Januar bis Ende Oktober zu uns gekommen sind, haben etwa 35 000 schon einen Arbeitsplatz. Facharbeiter in den Bereichen Metall, Elektro und Bau haben gute Chancen. Es gibt 20 000 offene Stellen für Maurer, Zimmerer, Dachdecker, Betonbauer und Straßenbauer. In Elektrikerberufen (Elektroinstallateur, Fernmeldemonteur, Elektromechaniker) gibt es 11 000 offene Stellen. Bei Akademikern ist die Konkurrenz um die Arbeitsplätze größer. Im Westen und Nordwesten haben wir zweistellige Arbeitslosenquoten. Größere Chancen in Süddeutschland. Manche Übersiedler müssen sich neu qualifizieren.
(Eberhard Mann, Sprecher der Bundesanstalt für Arbeit, Nürnberg)

Hat die CDU Angst, daß die ganzen Flüchtlinge SPD oder Republikaner wählen?
Laut Umfrage des Meinungsforschungsinstituts Infas unter 600 DDR-Flüchtlingen müßte eigentlich die SPD vor den neuen Wählern von drüben Angst haben. Denn: 61,5 Prozent würden CDU/CSU wählen, 19,5 Prozent die SPD, 11 Prozent Grüne, 5 Prozent Republikaner, nur 3 Prozent FDP. Sollte dieser Trend auf alle DDR-Flüchtlinge zutreffen, könnte es in Bonn den Ausgang der Bundestagswahlen im Dezember nächsten Jahres beeinflussen. In der DDR haben rund 1,4 Millionen Menschen einen Ausreiseantrag gestellt. Sollte eine Million Flüchtlinge kommen, hätte die CDU/CSU rund 600 000 neue Wähler, die SPD nur

Das Brandenburger Tor in Berlin ist im November 1989 noch geschlossen. Foto: Burkhard Helfenritter

DDR-Posten an den Säulen. Hier heißt es noch: eine Stunde stillgestanden. Foto: Burkhard Helfenritter

190 000. Da beide Parteien Kopf an Kopf liegen (jeweils 40 Prozent) könnten die Flüchtlingsstimmen Helmut Kohl einen Sieg bescheren.

Jeder Flüchtling kostet uns viel Geld (mindestens 10 000 Mark). Müssen wir eine Sondersteuer (Notopfer DDR) einführen?
Zwischen 1948 und 1958 wurde Berlin durch ein sogenanntes »Notopfer« der Bundesbürger am Leben erhalten. Jeder Inlandsbrief hatte eine zusätzliche Marke über zwei Pfennig. Außerdem gab es eine Reihe von Extrasteuern. Das Ergebnis: 7,1 Milliarden Mark – bei dem damaligen Geldwert eine unvorstellbar hohe Summe, die Westberlin wieder zu einer modernen Metropole machte. Ließe sich diese Aktion für die Eingliederung der DDR-Flüchtlinge wiederholen? Ex-Arbeitsminister Hans Katzer (CDU): »Wir brauchen keine Notopfer. Die Übersiedler schaffen den Start aus eigener Kraft. Mit Almosen würden wir sie beleidigen.«

Können Bundesbürger vielleicht schon im nächsten Jahr Grundstücke und Ferienhäuser in der DDR kaufen?
Ein Traum für uns, was Häuser und Grundstücke in der DDR kosten. Auf der Insel Rügen, in der Nähe des Strandes, weiter Blick über das Meer, kostet ein Einfamilienhaus mit 2000 Quadratmeter Grund rund 70 000 Mark. Im schönen Elbsandsteingebirge liegen die Preise viel niedriger: 40 000 Mark für eine Jugendstil-Villa. Bungalow in bester Lage in Dresden: 20 000 Mark. Häuser allerdings sind in der DDR knapp, Grundstücke dagegen zu Schleuderpreisen zu haben. Offiziell darf bisher kein Bundesbürger Haus und Grund in der DDR kaufen. Er muß es heimlich machen über Strohmänner und ihnen vertrauen. In westdeutschen Zeitungen erscheinen immer häufiger entsprechende Angebote von DDR-Bürgern. Bei einer Wiedervereinigung wird es wohl eine Kaufsperre für Bundesbürger geben, da sonst der DDR-Boden in wenigen Tagen ausverkauft wäre!

Unseren heutigen Wohlstand haben wir auch einer gewaltigen US-Hilfe (Marshallplan) zu verdanken. Müssen wir für die wirtschaftlich kaputte DDR einen neuen Marshallplan entwickeln?
Wir brauchen keinen Marshallplan. Die Situation in der DDR ist nicht vergleichbar mit der Zeit nach dem Krieg, als unsere Fabriken und die ganze Infrastruktur in Schutt und Asche lagen. Damals schenkte uns Amerika 1,4 Milliarden Dollar (Umwechselkurs eins zu vier). Was wir brauchen sind marktwirtschaftliche Bedingungen, freier Wettbewerb und eine konvertierbare Währung. Also: keine Devisenbeschränkung. Die Ost-Mark muß frei gehandelt werden wie unsere West-Mark. Dann wird es einen Investitionsboom westlicher Firmen in der DDR geben, und zwar ruck, zuck! sagt FDP-Wirtschaftsexperte Josef

Berlin im November 1989 nach Öffnung der Grenze. Zwei Volkspolizisten in der bekannten Straße »Unter den Linden«.
Foto: Burkhard Helfenritter

Grünbeck. Arbeitgeberpräsident Murmann stellte Investitionen der Wirtschaft in der DDR in Aussicht.

Viele DDR-Bürger kennen nur ein Leben in der Diktatur (1933 Hitler, 1945 Kommunismus). Wie können sie jetzt Demokratie und Kapitalismus lernen?
Die Demo am Wochenende auf dem Berliner Alexanderplatz beweist, daß den meisten Menschen der Instinkt für Freiheit angeboren ist. Viele von uns im Westen, überheblich, haben geglaubt, die Landsleute seien durch die kommunistische Indoktrination irgendwie verformt. Nein, die Abwesenheit von Demokratie hat in Wahrheit das Bedürfnis der DDR-Deutschen nach elementaren Freiheitsrechten immer stärker werden lassen. Bei uns wird Demokratie leider viel zuoft einfach konsumiert. In der DDR, wo man sich über Jahrzehnte hat ducken müssen, gibt es ein übermächtiges Verlangen nach echter Entscheidungsfrei-

heit. Die DDR-Deutschen zeigen eine politische Reife, die uns Hochachtung abnötigt und die manche Wähler der Republikaner beschämen muß. Die Deutschen drüben müssen keinen Schnellkurs in Demokratie machen. Was Demokratie ist, das haben sie im Kopf und im Bauch. Kapitalismus wollen die wenigsten »lernen«. Marktwirtschaft, Wettbewerb, Kreativität, ja, das muß geübt werden. Es gibt in der DDR ungeheure Energiereserven. Die können schnell mobilisiert werden. Wenn es sich lohnt, hart zu arbeiten, werden sich fast alle ins Zeug legen. (Klaus Bölling)

Wenn aufgrund des neuen Reisegesetzes eine Million DDR-Bürger kommen, bricht dann bei uns alles zusammen? Krankenhäuser, Verkehr, Hotels, Sozialämter? Was kostet das alles?
Jeder DDR-Flüchtling bekommt bei seiner Ankunft in der Bundesrepublik 200 Mark Startgeld. Sollten in den nächsten Wochen eine Million Flüchtlinge kommen, müßten wir allein dafür 200 Millionen Mark aufbringen. Die Gesamtkosten für DDR-Flüchtlinge liegen aber viel höher. Schätzungen sprechen von 10000 pro Flüchtling. Das wären dann 10 Milliarden Mark. Jeder DDR-Bürger hat sofort Anspruch auf ärztliche Versorgung, obwohl er noch keinen Pfennig Krankenversicherung einbezahlt hat. Die Sozialämter könnten eine Million Flüchtlinge nicht verkraften. Es gäbe kaum freie Hotels mehr – schon jetzt ist in Schleswig-Holstein jedes dritte mit Übersiedlern belegt. Im Winter müßten viele in Zelten schlafen.

Warum ist plötzlich in der DDR die Angst weg?
Weil die Menschen sich ihrer 40 Jahre bewußt geworden sind. Weil sie fühlen – mit dem Blick auf die ersten Siege demokratischer Ideale in der Sowjetunion, in Polen und in Ungarn –, daß die Zeit der unumschränkten Herrschaft des brutalen Stasi-Apparates unwiderruflich abgelaufen ist. Die vielen schlimmen Instrumente des Unterdrückungsapparates werden stumpf. In den Reihen der »Betriebskampftruppen« in der DDR melden sich Leute, die erkannt haben, daß sie lange Jahre auf der falschen Seite gestanden haben. Das begreifen mehr

Die Mauer öffnet sich am 9. November 1989 in Berlin. Foto: Axel Springer Verlag, Randholz

Nach der Öffnung der Mauer am 11. November 1989 wurde in der Bundesrepublik für unsere mitteldeutschen Landsleute 100 DM Begrüßungsgeld ausbezahlt. Foto: Burkhard Helfenritter

und mehr auch Angehörige der »Volkspolizei«. Weil die Anwendung »chinesischer« Methoden inzwischen undenkbar ist, weil die DDR-Deutschen sicher sein können, daß die sowjetischen Panzer in den Kasernen bleiben werden, üben sie den aufrechten Gang. Einer macht dem anderen Mut. Solch eine Mutprobe hat es in der deutschen Geschichte noch nicht gegeben.
(Klaus Bölling)

Stehen wir vor einem neuen, riesigen Wirtschaftsboom, weil sich vor unserer Haustür ein Markt öffnet, dem es an allem mangelt?
Ja, aber erst bei der Wiedervereinigung. Die Bauwirtschaft würde extrem profitieren, weil die Häuser drüben zum großen Teil in einem desolaten Zustand sind. Auch die Elektro- und Autoindustrie würde einen unermeßlichen Aufschwung erleben. Auf einen Schlag ließen sich zusätzlich rund acht Millionen Autos, Fernseher, Videos und Computer verkaufen. So viel könnten wir von heute auf morgen gar nicht produzieren. Der Staat müßte eingreifen und dafür sorgen, daß die Waren nur schubweise in das DDR-Gebiet geliefert werden.
(Professor Dr. Hans Jürgen Schmal, einer der fünf Weisen, dem Beratergremium der Bundesregierung)

Deutscher, kommst du nach Deutschland West

Klaus Bölling über die Deutschen in einem fremden Land.
Erst haben viele von uns mitgejubelt. Bravo, diese mutigen, großartig wagemutigen jungen Männer mit ihren hübschen und strahlenden jungen Frauen. Jetzt halten die unserer Gesellschaft plötzlich einen Spiegel vor. Oder gucken die DDRler nur falsch? Die müssen doch gewußt haben, sagen die Ein-

heimischen, daß einem bei uns nicht die gebratenen Tauben in den Mund fliegen. Die reden von einer knallharten Leistungsgesellschaft? Wie wären wir denn sonst an die Spitze gekommen?
Die jungen DDR-Deutschen, von einigen hierzulande als »Sauerteig« für unsere angeblich so träge gewordene Republik gefeiert, wegen ihrer »Sekundärtugenden« belobigt – Fleiß, Disziplin, hart im Zupacken –, die sehen sich jetzt um und finden die Bundesrepublik nicht mehr ganz so toll. Sie merken jetzt, daß es in dieser Wohlstandsgemeinschaft an fast gar nichts mangelt, außer an menschlicher Wärme und etwas Geborgenheit.
Sehen sie das ganz falsch? Von den Ellenbogen wird hier kräftig Gebrauch gemacht. Wer nach oben will, muß fighten. Und, so hören sie, stellt euch mal schön hinten an, liebe Landsleute, schließlich haben wir unsere Eigenheime auch nicht geschenkt bekommen.
Drüben war das alles sehr anders. Da ging alles seinen »sozialistischen Gang«. Ob man sich stramm ins Zeug legte oder eine ruhige Kugel geschoben hat. Der Plan wurde immer erfüllt, jedenfalls auf dem Papier. Da haben sich viele an die Losung gehalten: »Privat geht vor Katastrophe«, soll heißen, unsere Energie und Fantasie, die stecken wir in unsere Datscha und nicht in den Staatsbetrieb.
Da müssen sich viele umstellen. Die meisten werden es schaffen. Kraft haben sie genug mitgebracht. Doch viele von ihnen fröstelt es bei uns. Drüben hatten sie untereinander enge, gute Tuchfühlung. Die entbehren sie hier. In ihrer Heimat hat der große Aufbruch begonnen. Viele, die zu uns ge-

Nach Öffnung der innerdeutschen Grenze am 9. November 1989 strömten bis zum 12. November 1989 mehr als eine Million Menschen aus Ostberlin nach Westberlin. Im Bild: der Grenzübergang Invalidenstraße am 10. November 1989.
Foto: Bundesbildstelle Bonn, Lehnartz

kommen sind, würden jetzt gern dabeisein und mit ihren Freunden in Ostberlin, in Leipzig für wirkliche Freiheit und für ein besseres Leben auf die Straße gehen.
Manchen kommen Zweifel, ob sie ihr Land nicht noch zu früh verlassen haben. Einige schämen sich ein bißchen vor den Freunden die geblieben sind.
Voreilig oder nicht, sie haben den Sprung in eine Gesellschaft getan, die viel Freiheit bietet, aber auch härter ist. Es beschleicht einige der Verdacht, daß ihnen hier abverlangt wird, was man schon drüben von ihnen erwartete: Anpassung. Abspringen werden sie deshalb nicht. Doch viele schwere Stunden haben sie noch vor sich.[92]

Nachdenken über das, was in diesen Monaten geschieht. Viele fragen sich: »Wohin geht die Reise?«

Erst war es Jubel, waren es Tränen, war eine an Deutschen fast unbekannte Begeisterung, ausgelöst durch Ereignisse, die niemand vorausahnen konnte. Der ungebrochene Freiheitswille der Menschen in der DDR erzwang die Öffnung der Mauer.
Mit den Monaten und der Gewöhnung an das Unbegreifliche ist daraus auch Nachdenklichkeit geworden, viel Respekt vor den Problemen, die sich erkennbar auftürmen, viel Respekt vor den Risiken. An den Stammtischen West auch die Sorge darum, dies alles aus der eigenen Brieftasche mitfinanzieren zu müssen: »Was uns das alles kostet!« Man hört es überall.
Und in der DDR? Der reiche Bruder aus dem Westen wird's schon richten, denken die einen, laß die machen. Andere haben wieder Angst vor der Zukunft und der ungewohnten Freiheit. Was passiert mit den Mieten? Steigen die Löhne? Wie teuer werden Alter und Krankheit? Sie reagieren auf jedes Gerücht mit Panik, wissen nicht, ob sie die Koffer gepackt lassen sollen oder nicht, und sehen die Entwicklung zur Marktwirtschaft in der DDR in den schwärzesten Farben. Wie berechenbar war das noch, als die Mauer stand und alles schön festgefügt war...
Die »Unternehmungslustigen« dagegen – und sie werden immer mehr – suchen ihre Chance. Die »gute alte« Zeit ist passé. Endgültig. Die DDR war eben im Herbst 1989 auch schon wirtschaftlich am Ende, die Staatsverschuldung bis an die Grenzen ausgereizt, die produzierten Waren nur mit Riesensubventionen aus der Staatskasse auf dem Weltmarkt konkurrenzfähig, die Umweltbelastungen kaum noch zu ertragen. Zehn Tage vor den Jubelfeiern zum 40. Jahrestag der DDR legten fünf Wirtschaftsexperten eine schonungslose Bestandsaufnahme vor. Kern der Bilanz: Die DDR ist weitgehend abhängig von »kapitalistischen Kreditgebern«. Ein wesentlich höheres »Aufkommen an absatzfähiger Exportware« sei erforderlich, um die Zahlungsunfähigkeit zu vermeiden. Um dies zu erreichen, müsse der staatliche und private Konsum notfalls drastisch eingeschränkt werden. Den meisten DDR-Bürgern langte aber längst das, was sie täglich sahen, zur Einsicht: Der Staatsbankrott ist nicht mehr auszuhalten!
Der SED-Staat brach auch deswegen so schnell zusammen, weil er innerlich hohl war mit einer Staatsideologie, die niemand mehr glaubte, weil die Wirklichkeit ganz anders war.
Die Wirtschaft zwischen Elbe und Oder kann es nur schaffen, wenn sie ihre Produktivität steigert, sich an Marktbedingungen orientiert und überflüssigen Ballast abwirft. Je mehr es gelobt, die Produktivität zu steigern, desto mehr werden die Löhne nachziehen. Die Währungsreform am 20. Juni 1948 im Westen ist das Vorbild: Damals wuchs die Lust auf Arbeit und Leistung, weil nun das Geld seinen Wert hatte. Konkurrenz belebt das Geschäft und verbilligt die Preise. Der große Anschub kam damals über die Marshallplan-Gelder aus den USA. Diesmal mussen wir im Westen der DDR Starthilfe leisten, mit Krediten, mit Investitionen, mit Kooperationen, mit fachkundiger Beratung und unserem Wissen. Damals

Am 11. November 1989 werden DDR-Besucher am neu geschaffenen Grenzübergang Schlesische Straße (Kreuzberg) – Puschkinallee (Treptow) willkommen geheißen. Foto: Bundesbildstelle Bonn, Lehnartz

Noch gibt es die Wachablösung »Unter den Linden« in Ostberlin. Foto: Burkhard Helfenritter

entwickelte sich die Bauwirtschaft zum Konjunkturmotor – das könnte zwischen Elbe und Oder ganz ähnlich laufen.
Jedem ist klar, daß die Beiträge, die die Menschen in der DDR selbst aufbringen können, zunächst nicht reichen werden, die sozialen Härten auszugleichen. Hier müssen die öffentlichen Kassen mit den Steuer- und Beitragszahlungen der Bundesbürger helfen – wer sonst? Die Kassen sind gut gefüllt, die Steuerschätzungen über alle Erwartungen positiv, die Konjunktur brummt. Dabei handelt es sich nicht um »Opfer«. Schließlich haben wir 40 Jahre lang die Kosten der Trennung getragen. Die Kosten der Einheit lassen sich heute zwar schwer auf Mark und Pfennig bestimmen, doch sind sie eine Investition in die gemeinsame Zukunft. Sie wirken wie eine Konjunkturspritze, sie werden der deutschen Wirtschaft eine zusätzliche Belebung bringen.
Der Zug rollt, die Weichen sind gestellt, die Lokomotive steht unter Dampf. Die Eisenbahnersprache ist in die Politik eingedrungen. Doch das Bild stimmt: Die »Station« Wirtschafts- und Währungsunion ist gerade passiert, die nächsten sind die Bildung der Länder in der ehemaligen DDR, die Wahlen zu den Landtagen, ihr Beitritt nach Artikel 23 Grundgesetz, die gemeinsamen deutschen Wahlen …
Aber natürlich kommen nun auch die Mahner im eigenen Lager: Allzu hochgemute Erwartungen bergen das Risiko schneller Ernüchterung und Enttäuschungen. Das ist nicht zu bestreiten. Aber den Menschen in der DDR ist mit Warnungen und umständlichen Schilderungen der Risiken wenig geholfen. Sie brauchen außer materiellen Hilfen auch die Ermunterung: Leute los, wir schaffen es! Ja, aber der dritte Weg, der Versuch, zwischen Kapitalismus und Planwirtschaft einen neuen, gerechteren Pfad nach vorn zu finden. »Die soziale Marktwirtschaft ist der dritte Weg«, formuliert sogar Dresdens Oberburgermeister Wolfgang Berghofer zu Anfang des Jahres 1990. Wer möchte dem widersprechen?[93]

Die Blutspur der Diktatoren

Der CDU-Abgeordnete Jürgen Todenhöfer lobt Gorbatschow, weil er Verbrechen des Kommunismus offenlegt.
Richard von Weizsäcker hat einmal gesagt: »Wer vor der Vergangenheit die Augen verschließt, wird blind für die Gegenwart. Wer sich der Unmenschlichkeit nicht erinnern will, wird wieder anfällig für neue Ansteckungsgefahren.« Muß das nicht auch für die Fehler des Kommunismus gelten?
Bisher war eine Bewältigung der kommunistischen Vergangenheit wegen der Geheimhaltung der Quellen schwierig. Gorbatschow, ein Glücksfall Europas, hat dies in bewundernswerter Weise geändert. Das Ausmaß des kommunistischen Alptraums kommt ans Tageslicht:
Von 1917 bis 1923 ließ Lenin in der Sowjetunion etwa 1,7 Millionen Menschen als Klassenfeinde erschießen.
Stalin war für den Tod von über 30 Millionen (!) Menschen verantwortlich. Allein von 1930 bis 1933 forderten Bauernverfolgungen und planmäßig herbeigeführte Hungersnöte über 14 Millionen Todesopfer. Von 1935 bis 1941 kostete der stalinistische Massenterror nach Schätzungen weiteren 19 Millionen Russen das Leben. In Ostpolen und den baltischen Ländern wurden insbesondere Intellektuelle gnadenlos ausgelöscht. Nach der Teilung Polens 1939 ließ Stalin im Wald von Katyn und an anderen Orten über 10 000 polnische Offiziere hinrichten. Über eine Million Polen und über eine halbe Million Balten wurden ins Innere der Sowjetunion deportiert. Für viele war das gleichbedeutend mit dem Tod.
3,5 Millionen Deutsche wurden bei der Besetzung Ostdeutschlands auf der Flucht und bei Vertreibungen getötet oder sind bis heute vermißt. Im Gebiet der DDR steckten Sowjettruppen zusammen mit der SED bis 1950 180 000 Menschen aus politischen Gründen in Lager und Zuchthäuser. 85 000 fanden in der Haft den Tod. Erste Eindrücke des Schreckens vermitteln die jüngst entdeckten Massengräber.

An den Aufstand der Arbeiter der DDR am 17. Juni 1953 erinnert die »Straße des 17. Juni« in Westberlin.
Foto: Burkhard Helfenritter

Mao Tse-tung hat den Tod von über 30 Millionen (!) Chinesen zu verantworten. Von seinen Landreformen Ende der vierziger Jahre bis zu den Säuberungen 1957 mußten drei Millionen Menschen ihr Leben lassen. Maos »großer Sprung nach vorn«, die zwangsweise Zusammenlegung kleiner Betriebe, brachte über 20 Millionen den Hungertod. Während der sogenannten Kulturrevolution wurden ab 1966 drei Millionen Chinesen umgebracht. Den vorläufigen Schlußpunkt in der Liste kommunistischer Verbrechen in China setzte im Juni 1989 das Massaker auf dem Platz des Himmlischen Friedens in Peking.

Die Schreckensherrschaft der Roten Khmer kostete von 1975 bis 1978 über eine Million Kambodschaner das Leben. In Afghanistan ermordeten die Kommunisten seit 1979 über eine Million Menschen, über fünf Millionen mußten fliehen. In Rumänien ließ Ceauşescu das Volk über zwei Jahrzehnte lang von seiner Terrortruppe unter der Knute halten.

Das sind nur einige Beispiele der langen Blutspur des Kommunismus. Sie zeigen, wie schnell die Einheit von Staat und Partei in menschenverachtende Katastrophen führt. Stalin und der Archipel Gulag waren kein Betriebsunfall des Kommunismus. Sie waren dessen logische Folge. Totalitäre Diktaturen, linke wie rechte, sind die schlimmste Geißel der Menschheit.

Michail Gorbatschows Strategie ist daher richtig: Die Verbrechen des Kommunismus müssen offengelegt werden. Mit jedem Ermordeten starb eine kleine Welt, seine Welt. Totalitäre Diktaturen von links wie von rechts dürfen nie wieder eine Chance bekommen.[94]

Diktatoren und ihre letzte Stunde

Wie Gott Diktatoren in der Hölle straft, wissen wir nicht. Wie die Menschen mit Diktatoren in ihrer letzten Stunde umgehen, ist aus nachfolgenden Zeilen zu entnehmen.

Im Invalidendom liegt der Kaiser nicht ganz unversehrt

Napoleon wurde kurz vor seinem Tod von furchtbaren Magenkrämpfen geschüttelt. Seit Wochen hat er sich nicht mehr rasiert. Seine Wangen waren eingefallen, sein Gesicht hatte eine dunkle Farbe angenommen. Er fieberte. Schöne Frauen erschienen ihm, längst tote Generale, seine Mutter. Er wurde wieder Kind. Sie streichelte ihn. Er wurde wieder Kaiser und befahl: »Verhaften Sie den Herzog Enghien.« Er war das sechste Jahr seiner Verbannung auf der Insel Helena, als am 5. Mai 1821 der Todeskampf begann. Im Fieber brüllte Napoleon: »France – téte d'armee« (Frankreich – die beste Armee). Der Sterbende sprang aus dem Bett und versuchte, den Wachoffizier zu erwürgen. Niemand erfuhr mehr, welchen Feind er glaubte vor sich zu haben.

Am nächsten Tag trug die Wache den toten Napoleon ins Arbeitszimmer des englischen Arztes. Der schnitt ihm den Penis zu Propagandazwecken ab, damit England, der Todfeind, beweisen konnte: Der große Kaiser war nur ein kleiner Mann.

Hitler – Flitternacht des Grauens

14 Tage vor seiner Todesstunde sah Hitler zum letzten Mal die Sonne. Sie war verschleiert vom Rauch der brennenden Hauptstadt Berlin. Fahl und zitternd verlieh der Diktator seinen letzten Soldaten Eiserne Kreuze. Es waren Kinder zwischen 15 und 17. Dann verschwand er in seinem Führerbunker und tauchte erst wieder in einen Teppich gewickelt als Toter auf. An seinem letzten Tag hatte sich Hitler noch mit seiner Geliebten Eva Braun trauen lassen. Eine Nacht-Trauung, gegen eins am 30. April 1945. Die kleine Hochzeitsgesellschaft aß belegte Brötchen und nippte am Sekt. Man unterhielt sich. Small talk würde man heute sagen. »Wo sind die Russen?« fragte Hitler den Kommandeur der Leibstandarte. »An der Wilhelmstraße, mein Führer.« Das war nahe, etwa 300 Meter. Hitler verließ seine Hochzeitsparty und ging mit der Braut ins Schlafzimmer. Ein paar Stunden später entdeckte Kammerdiener Linge drei Tote. Hitlers Schäferhund Blondie, vergiftet. Hitlers Ehefrau, vergiftet. Er selbst hatte sich in die rechte Schläfe geschossen. Der Kammerdiener holte SS-Leute, die den Diktator und seine Frau in den Teppich rollten und nach oben brachten, um den letzten Befehl zu befolgen. »Der Führer wünscht verbrannt zu werden.« Hitler bibberte vor Angst, daß die Russen seine Leiche ausstellen würden, als Wanderausstellung sozusagen.

Mussolini starb dreimal – das erste Mal war direkt schön

Benito Mussolini (1883 bis 1945), Italiens Mini-Hitler, wollte sich in seiner letzten Stunde italienisch verabschieden. Er zog eine deutsche Wehrmachtsuniform an und versuchte, mit seiner Geliebten die neutrale Schweiz zu erreichen. Partisanen erkannten beide am schönen Comer See, sperrten sie in eine Villa.
Mussolini und seine Geliebte gingen zu Bett. Die letzte Stunde kam. Sie wurden in einen Wald geführt und starben engumschlungen unter der Salve einer Maschinenpistole. Mussolinis Körper wies sieben Einschüsse auf. Das Hinrichtungskommando warf die beiden auf einen Lastwagen und ratterte mit den Leichen nach Mailand. Dort wurden sie auf der Piazza Loreto mit den Köpfen nach unten aufgehängt. Der Haß auf den Diktator und seine Konkubine war so groß, daß die Menschen Mussolinis Kopf mit Gewehrkolben zertrümmerten und seiner Geliebten die Brüste abschnitten.

Stalin – die Angst liquidierte ihn

An seinen letzten Tagen kroch Rußlands grausamster Diktator (über 30 Millionen Tote) meistens unters Bett. Stalin hatte eine solche Angst vor Attentätern, daß er glaubte, unterm Bett würden sie ihn nicht vermuten. Als weitere Sicherheitsmaßnahmen hatte er sich ausgedacht: Dreimal am Tag mußte ein Chemiker die Luft in der Datscha auf Giftgas untersuchen. Neben jeder Mahlzeit lag ein Formular, auf dem der diensthabende Sicherheitsoffizier schwor, daß er die Speisen vorgekostet habe.
Nikita Chruschtschow, einer seiner Nachfolger, beschrieb später Stalins letzte Stunde: »Er lag auf dem Teppich, ein Blutgerinnsel hatte einen Arm, ein Bein und die Zunge gelähmt. Einen Moment öffnete Stalin die Augen. Ein furchtbarer Blick, halb wahnsinnig, halb zornig. Mit dem gesunden Arm deutete er auf das Bild über seinem Bett. Es zeigt ein Lamm, das von einem kleinen Mädchen mit einem Löffel gefüttert wird. Mit Gesten deutete er an, daß er nun genauso hilflos wie das Lamm ist. Etwas später starb er.«

Hinrichtung modern:
vor laufenden Kameras

Nicolae Ceauşescu, der Diktator Rumäniens, trug in seiner letzten Stunde einen grauen Tuchmantel mit feinem Persianerkragen. Zu seinem weißen Hemd hatte er eine rote Krawatte umgebunden. Es war der 25. Dezember 1989, 16 Uhr, bitterkalt. Soldaten führten ihn zu einer ockerfarbenen Kasernenwand. Ceauşescu sah Soldaten mit ihren Gewehren und Fernsehkameras. Seine Hinrichtung würde also gefilmt werden. Neben Ceauşescu tippelte seine Frau Elena. Und vorwurfsvoll sagte sie zu einem Soldaten: »Ich war wie eine Mutter zu euch.« Letzter Versuch, ihr Schicksal zu wenden? Aber der Soldat antwortete: »Was bist Du für eine Mutter, die unsere Mütter tötete.« Ein kurzes Kommando, Schüsse fielen. Ceauşescu sank nach rechts, seine Frau nach links. Es war 16.01 Uhr.
Den Schießbefehl (60 000 bis 80 000 Tote) gab angeblich Elena Ceauşescu, die Ehefrau des Tyrannen.[95]

Wandlitz bei Berlin –
Honeckers verbotene Stadt

Hier lebten die roten Kaiser der DDR. Alte Kiefern spendeten Kühle im Sommer, Solarien bräunten im Winter. Im Supermarkt gab es jeden Luxus: französische Parfüms, Bananen, Ananas. Der Traum ist aus. Honecker versteckt sich hinter Gardinen. Zwei rote Kaiser sind schon in Haft. Zu jedem Haus gehörten zwei Dienstboten. Wenn die Kaiser läuteten, kamen sie auch nachts. Und im Schwimmbad blühten im November die Magnolien.
Jeden Morgen glitten die schwarzen Citroën- und Volvo-Limousinen der roten Kaiser durch die von Elitesoldaten von Hand geöffneten eisernen Tore. Sie fuhren mit hoher Geschwindigkeit nach Ostberlin, die hinteren Fensterscheiben mit Gardinen zugehängt. Die Limousinen wurden von drei Polizeiwagen begleitet. Trabis mußten an den Straßenrand fahren und halten. Abends kehrten die Staatskarossen der roten Kaiser zurück, das Tor zur geheimen Waldfestung bei Wandlitz ging auf und schloß sich wieder. Elitesoldaten patrouillierten Tag und Nacht.
Wandlitz – die verbotene Stadt Honeckers. 21 Jahre hütete die DDR das Geheimnis der privaten Residenzen der SED-Prominenz. Die Bürger der DDR gaben Wandlitz die Namen »Bonzograd« und »Volvograd«. Sie vermuteten Luxusvillen mit goldenen Wasserhähnen, Wohnzimmer voller Antiquitäten, Schwimmbäder aus Marmor. Es hieß sogar, die alten Männer aus dem Politbüro ließen sich junge Mädchen von der FDJ nach Wandlitz bringen, um in verwinkelten Kellergewölben Partys mit Champagner und Kaviar zu feiern.
Wandlitz wurde 1957 aus Angst gebaut. Ein Jahr zuvor hatten beim Ungarn-Aufstand aufgebrachte Budapester ihre kommunistischen Führer aus den Prunkvillen mit Donaublick getrieben, einige noch auf der Straße gelyncht.
Eine 2,10 Meter hohe Mauer umgibt Wandlitz. 24 Häuser stehen auf fünf Quadratkilometer herrlichen Waldgrunds. Videokameras und Lichtschranken bewachten die Insel im Wald.
Wenn es eines Beweises bedurfte, daß in der DDR wirklich eine Revolution stattfindet, dann sind es diese Fotos. Die Mauern von Wandlitz sind gefallen. Egon Krenz ließ DDR-Journalisten (ADN, »Neues Deutschland« und ein Reporterteam des kritischen TV-Magazins »Elf 99«) in Honeckers verbotene Stadt. »Weil großes Interesse besteht, daß die Bevölkerung sachlich über das Wohnobjekt ›Waldsiedlung‹ informiert und Gerüchten der Boden entzogen wird.« Vorsorglich war er eine Woche zuvor aus Wandlitz ausgezogen.
Das eiserne Tor von Wandlitz öffnete sich um 11 Uhr vormittags für die ostdeutschen Kollegen. Wunderbare märkische Kiefern, Stille, nur das Rauschen des Waldes. Die Luft riecht nach Erde und dem nahen Wandlitzsee. Eine fünf Meter breite Allee führt

durch »Bonzograd«. Der VW-Bus mit den Journalisten hält vor der Kaufhalle. Ein unauffälliger, gelb geklinkerter Bungalow mit drei kleinen Fenstern. Hier gingen die Dienstboten für die roten Kaiser einkaufen, aber auch Honecker erschien persönlich und erwarb Plüschteddys für seine Enkel. Jeder rote Kaiser hatte zwei Dienstboten, bezahlt vom Ministerium für Staatssicherheit. In jedem Haus befindet sich eine Telefonanlage mit 36 gespeicherten Nummern. Auf einem Druckknopf steht: »Botenruf«. Die Boten standen Tag und Nacht zur Verfügung, man mußte nur nach ihnen läuten.

Die Kaufhalle, von außen so unscheinbar, ist dann tatsächlich das Paradies Ost, von dem die Bürger der roten Kaiser schon immer geahnt haben. In der Obstabteilung: Bananen, die gerade reifen, Apfelsinen aus Israel, Ananas aus Südamerika, Chicorée, Tomaten, Pilze, Grapefruit. In der Textilabteilung: West-Jeans, Puma-Jogginganzüge, Lederjacken von Gino Ginero. In der Kosmetikabteilung: französische Parfüms wie »Emotion«, »Chloé«, »L'Air du Temps«. In der Spirituosenabteilung: Whisky Marke Dimple, Cognac Marke Remy Martin. Es gibt auch eine Schuhabteilung (Made in Italy) …

Verwaltungsdirektor Schmidt, der die Journalisten durch die Kaufhalle führt, wiegelt ab: »Sie hat den Standard eines normalen Intershops.« Er muß dann aber zugeben, daß einige Waren panikartig aus Wandlitz herausgeschafft wurden: Grundig-Farbfernseher, CD-Player. Inzwischen wurde alles gefunden: dreilagiges Toilettenpapier, Videorecorder, Knoblauchperlen, Jagdwaffenöl… 96 Paletten. Sechs Lastwagen voll.

Die Journalisten fahren die friedliche Allee weiter hinunter. Ein zweistöckiges, verwaschen graues Haus. Das Haus von Honecker. Es ist bewohnt. Eine Ballonlampe brennt. Hinter den weißen Spanngardinen Honecker. Er trägt seine Brille, scheint in Akten zu blättern. Es ist noch jemand bei ihm. Draußen vor der Tür steht Generalleutnant Günter Wolf, Honeckers Vertrauter. Er weint, sagt: »Honecker ist ein gebrochener Mensch. Für ihn ist eine Welt zusammengebrochen. Er sucht eine Wohnung in Ostberlin, aber er findet keine. Er liest die Zeitungen. Das ist nicht gut für ihn.« Wolf geht ins Haus zurück.

Der Mittelpunkt von Wandlitz ist das Kulturhaus mit Hallenbad, vier mal fünfzehn Meter lange Bahnen, automatischer Temperaturanzeiger: Wasser 28 Grad, Luft 29 Grad. In einer Ecke blühen Magnolien. Eine Sauna, im Ruheraum zwei Sonnenbänke, Relaxliegen, ein Grundig-Farbfernseher, im Hintergrund eine Bar aus Kiefernholz. Die Bar ist geschlossen. Ein Kino gehört zum Kulturhaus, ein Frisörsalon, eine Krankenstation.

Die Journalisten werden in ein eilig geräumtes Haus geführt. Angeblich wohnte hier der frühere Propagandachef Albert Norden. Keine Möbel mehr drin, in der Küche eine Miele-Geschirrspülmaschine.

Damals war noch nicht bekannt, daß Wandlitz nur die »Stadtwohnung« der roten Kaiser war. Die Datscha von Stoph, der Nummer zwei im Honecker-Staat, wurde gefunden: Ein als »Naturschutzgebiet« getarnter Herrensitz im Bezirk Neubrandenburg. Tatsächlich, eine unberührte Moor- und Waldlandschaft mit seltenen Tieren und seltenen Pflanzen – aber dann mitten darin die Datscha. Ein großer Park. Obstplantagen, Gewächshäuser, eine Schwimmhalle, fünf Badezimmer, zehn Kühlschränke gefüllt mit westlichen Delikatessen. Kühlräume, in denen der passionierte Jäger im Naturschutzgebiet selbsterlegtes Wild aufbewahrte.[96]

Die Frauen in der Deutschen Demokratischen Republik

In der Politik ist es anscheinend wie in einer Ehe. Irgendwann ist die Leidensfähigkeit der Frau erschöpft. Die Frauen in der DDR waren erschöpft vom Anstehen nach Glühbirnen oder Kubasinen (Mandarinen, nur holzig). Dazu Unfreiheit, Spitzel, Reiseverbot. Sie wurden Wortführerinnen des Widerstandes, gingen auf die Straße und beerdig-

ten den Kommunismus an seinem 40. Geburtstag. »Freunde haben sich losgesagt. Sie schimpfen, daß wir uns politisch gefährden, wo wir doch kleine Kinder haben. Doch gerade wegen unserer Kinder müssen wir für mehr Demokratie kämpfen« (DDR-Hausfrau Ulrike Poppe, zwei Kinder).
Und die Geschichte wiederholt sich doch. Es waren die Trümmerfrauen, die das Wirtschaftswunder schufen. Es sind die Frauen der DDR, die das Freiheitswunder schaffen.
»Demokratie is janz schön anstrengend. Keene Freizeit, keen Fernsehen, nur noch Gethsemane…« Die junge Frau, die an der S-Bahn-Haltestelle Schönhauser Allee aussteigt, hakt ihre Freundin unter. Eine Gruppe von Menschen geht durch die Stargarder Straße zur Gethsemanekirche, denn heute ist Montag. Nach wie vor Demo-Tag in Ostberlin und anderswo jenseits der Elbe.
Vor der Kirche warten schon viele Menschen auf der Treppe, drinnen ist es bereits voll. Aber mit Geduld, das weiß man, passen immer noch einige rein.
Ein Mädchen verteilt Kuchen an Hungrige, die gleich von der Arbeit hierher kommen. Es nieselt. Von der Kirchentüre ruft jemand, ob eine Frau Lehmann da sei. »Wenn ick dann rinnkann, heiße ick ooch Lehmann«, antwortet eine junge helle Stimme. Lachen. Offenheit. Ein Mann packt weiße Haushaltskerzen aus, legt sie in eine Mauernische. Wenn es aufhört zu regnen, wird jemand sie anzünden. »Seit zwanzig Jahren«, sagt der Mann, »fahre ich an Gethsemane vorbei. War für mich 'ne Kirche. Jetzt ist es ein Symbol.«
Die achtzehnjährige Schülerin Franziska Mann hat mit ihren Freundinnen abwechselnd Mahn- und Fastenwachen in Gethsemane gehalten. Sie erreichten damit die Freilassung von Demonstranten. Heute geht Franziska ans Rednerpult, berichtet, daß auch Susanne Böden aus der Haft entlassen sei. Jeder in der überfüllten Kirche weiß wer das ist. Das junge Mädchen, noch nicht achtzehn, hatte mit der zwölfjährigen Schwester selbstgeschriebene Flugblätter verteilt. Darin forderte sie die Bürger auf, den 40. Geburtstag des Staates im Angesicht der Massenflucht nicht zu feiern. Denn: jeder, der ausreise, sei zuviel.
Der Stasi nahm beide Mädchen sofort fest. Sie wurden verhört. Die Bitten, wenigstens die Kleine nach Hause zu lassen, nützten nichts, schließlich durfte die Mutter das Kind doch abholen. Susanne dagegen wurde auf einem Lastwagen ins Gefängnis gebracht. Herumstehenden Soldaten sagten die Stasi-Männer: »Hier, wollt ihr sie haben?« Zehn Tage blieb Susanne in Haft. Die Nachricht von ihrer Freilassung löste großen Jubel in der Gethsemanekirche aus.
Gethsemane war und ist nur eines der Symbole für die täglich neuen Überraschungen, die großen und kleinen Sensationen im anderen Deutschland. Hier geschehen plötzlich Wunder für ein Volk, das 40 Jahre lang kuschte und schwieg. Nicht einmal zu träumen wagte.
Franziska, Hacki und Katja gehen aus der Gethsemanekirche in die Greifenhagener Straße. Dort wohnt Anna. Sie wohnt in einer der üblichen heruntergekommenen Mietskasernen. In ihrer Zweizimmerwohnung liegen Matratzen, Schlafsäcke, Kleider wild durcheinander. Zur Zeit schlafen Hacki und Katja bei Anna. Weil sie so nah bei Gethsemane wohnt. Anna hat von gestern noch Reis und Erbsen. Kauend sitzen sie auf dem Fußboden. Alle tragen enge Jeans, einen weiten Pullover, Anorak. Es muß praktisch sein. Schminke, Parfüm? Kein Thema. Hacki, Pädagogikstudentin, hat ihr Haar ganz kurz stutzen lassen. Sie jobbt im Klinikum Buch. »Bei uns fehlen 60 Ärzte, über 200 Schwestern. Ich komme kaum noch zum Schlafen. Kaum noch zu meiner politischen Arbeit.«
Franziska lebt noch bei ihren Eltern. Sie hat selbstgebackenes Brot mitgebracht. Das Geld wird knapp bei den Mädchen.
Katja: »Lange können wir unsere politischen Aktionen nicht mehr machen. Wir müssen wieder studieren, jobben. Aber lieber verzichten wir auf alles Äußere, ehe wir unseren Protest aufgeben. Auch wenn wir jetzt in den Westen dürfen ist unsere Welt noch nicht in Ordnung.«

Die Frauen in der DDR sind schon lange im Widerstand. Sie sagen, was ihnen nicht paßt. An Wohnzimmertischen, wobei die eine nicht wußte, ob die andere nicht vom Stasi war. Sie wurden denunziert. Sie wurden verhaftet. Trotzdem gründeten diese Frauen gemeinsam mit den Männern Gruppen, die »Neues Forum« heißen oder »Demokratie jetzt« oder »Demokratischer Aufbruch«. Und in den Tagen des Zorns, die in diesem Herbst die Grundfesten der DDR erzittern lassen, in diesem großen Aufbegehren sind es vor allem die Frauen, die nach vorn gehen.

Eine dieser Frauen ist Bärbel Bohley, Mitbegründerin des Neuen Forums. Siebenmal wurde sie wegen landesverräterischer Tätigkeit verhaftet, aus der DDR ausgewiesen. Doch sie kehrte zurück, will weitermachen.

Aufbruch auch aus der Tristesse völlig herabgewirtschafteter Mietskasernen. Überall bröckelnder Putz, blinde Fensterscheiben. Man stolpert über Gerüste in fahle Treppenhäuser. Doch in den Wohnräumen haben die Frauen sich Inseln geschaffen. Bei Bärbel Bohley sind Flur und Wände mit Plakaten moderner Malerei tapeziert. Im Atelier ist es zwar dunkel, weil sie derzeit nicht zum Malen kommt. Aber man sieht die Staffelei, die Bilder, die Farben. Gefragt, wie es ihr gehe, lacht Bärbel Bohley. »Wissen Sie, wir spielen hier alle russisches Roulette. Seit Wochen schon. Ziemlich nervend. Ich könnte ja aussteigen. Das ist ja der große Unterschied zu den Männern, wir Frauen können aussteigen. Doch alle Welt braucht eine Mutter. Und ich bin für viele Menschen jetzt die Therapeutin.«

Bärbel Bohley hat Selbstironie, stellt sich in Frage. Kein Wort über die Tatsache, daß sie kaum noch schläft. Keine Zeit mehr für Anselm. Das ist ihr Freund. Für ihre Malerei. Sie sagt es indirekt: »Als erstes will ich das Neue Forum auflösen.«

Damit meint sie, daß normales Leben erst wieder einkehrt, wenn die politische Arbeit Früchte trägt. So wie Bärbel Bohley vernachlässigen derzeit viele Leute in der DDR ihren Beruf. Fotografen fotografieren nicht, Hausfrauen übersehen den Staub. Privatleben? Alltag? Dafür scheint niemand Zeit zu haben. Bärbel Bohley: »Wer ein wenig freiheitsliebend ist, der ist hier von morgens bis abends beschäftigt.«

Bärbel Bohley hat Sorge um ihre Landsleute, die in die Bundesrepublik gegangen sind. Sie will wissen, wie sie von der Bevölkerung akzeptiert werden. Und sie kämpft dafür, daß jeder zurück kann: »Niemand darf hier Schikanen ausgesetzt werden.«

Constanze, die in der Kirche neben mir saß, treffe ich am nächsten Tag am Alexanderplatz wieder. In der großen Kaufhalle können wir für das Abendbrot auswählen. Kartoffeln, Rotkohl, Wirsing, eingemachte Bohnen. Constanze will Schweineschnitzel, es gibt aber nur Rindfleisch. »Verhungern tun wir hier nicht«, sagt Constanze grimmig, »wir müssen nur das nehmen, was gerade da ist.« Constanze ist Buchhändlerin, ihr Privileg ist, Bücher kaufen zu können. Bücher sind rar in der DDR. Wie die Zeitungen, die morgens um sieben schon ausverkauft sind. Doch lieber wäre es Constanze, sie könnte »jeden Tag Kiwis, Mandarinen, Pampelmusen oder Erdbeeren kaufen«. Aber die Erdbeeren werden in den Westen verkauft. Der Spargel und der junge Spinat auch. Das Land braucht Devisen. Längst nicht jeder hat ein Telefon. Auf ein Auto wartet man viele Jahre. Die ärztliche Versorgung ist problematisch. Zuwenig Ärzte, zuwenig Medikamente. Hier, im real existierenden Sozialismus, im Staat, der den Arbeitern und Bauern gehört, hier leben nur die Oberen angenehm. Sie bewohnen noch immer Villensiedlungen, kaufen in Exquisitläden, ihre Kinder besuchen Privatschulen. Und wenn sie krank sind, werden sie im Regierungskrankenhaus behandelt, das auf dem modernsten Stand der Medizin ist.

»Überraschungseier für die Kinder«, sagt Ulrike Poppe, als ich am Telefon frage, ob ich bei meinem Besuch etwas mitbringen konnte. Sie ist Mitbegründerin und Sprecherin der Gruppe Demokratie jetzt. Mit ein paar Handgriffen räumt sie mehrere Stapel von Manuskripten weg, entschuldigt sich

für das Chaos, aufräumen sei nicht mehr möglich, sagt sie. »Wir machen jetzt regelmäßig eine Zeitung, haben aber keinen Kopierer, nicht mal gutes Papier. Man stößt hier schnell an seine Grenzen.«
Im Wohnraum fällt neben dem Klavier ein Podest mit vielen Kissen auf, offenbar Spielwiese für Jonas und Johanna. Sie toben, sehen mit einem Auge westlich fern und beschweren sich, daß die Eltern am Abend noch zu einer Besprechung wollen. Immer geht ihr weg, immer habt ihr was vor. »Die Kinder kommen zu kurz«, sagt Ulrike Poppe.
Jonas und Johanna sind lustig und praktisch angezogen, wie die Kinder bei uns auch. Sie wirken selbstbewußt, stehen es durch, daß sie nicht zu den jungen Pionieren gehören, wie fast alle anderen Kinder in der DDR. Als Ulrike Poppe die beiden für die große Demonstration am 4. November zwei Stunden früher aus der Schule abholen wollte, machte die Lehrerin Theater und die Direktorin stand am Schultor und wollte die Kinder nicht herauslassen.
Ulrike Poppe ist daran gewöhnt, mit Schikanen zu leben, und mit Angst. Seit zehn Jahren arbeitet sie in der Gruppe Frauen für den Frieden. Zehn Jahre Unsicherheit. 1983 wurde sie gemeinsam mit Bärbel Bohley verhaftet. Sechs Wochen saß sie wegen Landesverrats. Der Grund: Sie hatte mit einer neuseeländischen Journalistin über die Frauengruppe gesprochen.
»Jonas war drei Jahre, Johanna ein Jahr. Ich kam mit ihnen vom Arzt. Da umringten uns plötzlich mehrere Männer Sie wollten mir die Kinder abnehmen. Ich protestierte und schrie, da durfte ich wenigstens erst die Kinder heimbringen zu meinem Mann.«[97]

Die Situation aus der Sicht der Partnerstädte Marburg und Eisenach zum Jahreswechsel 1989/90

Anläßlich des Neujahrsempfangs am 12. Januar 1990 führte der Landrat des Kreises Marburg, Biedenkopf, unter anderem aus:
»... wir blicken auf ein ereignisreiches und in der Tat als historisch zu bezeichnendes Jahr zurück. Durch die friedliche Revolution der Menschen in der DDR wurden Veränderungen in Gang gesetzt, auf die wohl kaum jemand von uns in solch kurzer Zeit zu hoffen gewagt hätte. Wir alle beobachten diese Entwicklung mit Freude, aber ich denke auch mit einer gewissen Unsicherheit, denn eine solch rasante Entwicklung, wie sie in den Staaten Osteuropas zu beobachten ist, ist natürlich auch mit einer Reihe von Unsicherheiten behaftet, und es bedarf hier eines umsichtigen und sachlichen Vorgehens aller Beteiligten, um diese friedliche Entwicklung nicht zu gefährden.
...ich bin damit am Ende meiner Ausführungen, aber ich habe damit auch den Ansatzpunkt geschaffen für den Referenten des heutigen Abends, für Herrn Wilfried Machalett, der hier ist als ein Vertreter der neuen demokratischen Bewegung in der DDR und als Mitglied des ›Runden Tisches‹, der sich auch auf kommunaler Ebene in Eisenach etabliert hat. Ich glaube, daß wir heute abend sicherlich eine ganze Reihe von Hinweisen und neuen Erkenntnissen über die Entwicklung in der DDR bekommen werden und darf Herrn Machalett das Wort erteilen.«
»Meine sehr verehrten Damen und Herren, und lassen Sie mich hinzufügen, liebe Landsleute, ich danke Ihnen für die Einladung an mich. Ich bin gerne bereit, hier zu Ihnen zu sprechen, und ich bin auch gerne hier bei Ihnen in Marburg. Ich habe, als wir zur Stadt hereingefahren sind, zu meiner Frau gesagt, ich kann es immer noch nicht so richtig fassen – es fuhr gerade ein Trabant vor uns her –, wie selbstverständlich es heute für uns ist, hier bei Ihnen zu Gast zu sein.
Ich will Ihnen von unserer politischen Arbeit in der DDR, besonders von der politischen Arbeit in Thüringen, und ganz besonders von der Arbeit, die wir in Eisenach tun, erzählen. Ich bitte Sie, mir nach meinen Ausführungen Fragen zu stellen, Fragen zu allem, was Sie über das Gesagte hinaus in-

teressiert. Es gibt so viel zu sagen, so viel, daß ich mich auf einige Schwerpunkte beschränken will.
Der erste davon heißt ›Politische Situation‹. Die SED hat zum erneuten Sturm auf die Macht geblasen. Die 5000 Menschen, die am Montag bei unserer Demonstration nach dem Friedensgebet auf der Straße waren, haben gerufen: ›Keine Stimme für die SED‹. Heute vormittag war der erste Warnstreik in unserem Kreis.
Es haben – nach meiner Erkenntnis – die Angehörigen von mindestens drei Großbetrieben gestreikt. Diese drei Betriebe haben nach meiner Schätzung 12000 Beschäftigte. Ich kenne keine aktuellen Zahlen über den Grad der Teilnahme. Das ist ein Streik, der geht von den Arbeitern selbst aus und richtet sich ganz besonders gegen das Überbrückungsgeld für ehemalige Altfunktionäre und gegen die Absicht, eine neue Kontrolleinrichtung zu schaffen, den neuen Verfassungsschutz, bei dem doch in der Erwartung der Bevölkerung ganz eindeutig die alte Strategie grüßen läßt. Dagegen also der Warnstreik der Arbeiter.
Wir haben unsere Montagsdemo, wie das im Volksmund inzwischen heißt, seit einigen Monaten. Wir haben das erste Mal Anfang November demonstriert. Die Zahl der Teilnehmer hat sich gegenüber dem, was wir Weihnachten hatten, eindeutig wieder gesteigert. Es waren, wie gesagt, 5000 Personen, vor Weihnachten waren es 1500. Wir schließen jetzt seit dem letzten Mal mit einer kleinen Kundgebung ab, weil wir in der Kirche keine politischen Äußerungen mehr vorbringen dürfen. Es ist Wahlkampf, die Kirche versucht sich – jedenfalls an solchen Stellen – herauszuhalten.
Ich habe es schon gesagt, die SED hat zum Sturm geblasen. Am deutlichsten wird das durch ihre Angstkampagne. Angst vor extrem rechts wird den Leuten suggeriert. Damit ist das rechte Gewaltpotential gemeint. Die Wahrheit ist, und das ist nur für die SED neu, daß wir immer schon extrem Rechte hatten, die SED hat das als einzige bestritten und totgeschwiegen. Auch wir sind gegen Grabmal- und Denkmalschändung. Das Volk auf der Straße sagt, das in Berlin-Treptow, das ist das große Ehrenmal des russischen Soldaten, das in Berlin-Treptow, das war niemand anders als die Stasi selbst. Die haben erstens nichts zu tun, und zweitens hat die SED als einzige etwas davon. Ich denke, daß das so falsch nicht ist, und zu solchen Methoden wird ja nicht zum ersten Mal gegriffen in der Geschichte. Mir hat jemand auf der Straße gesagt, der Unterschied zwischen Kleiwitz und Berlin-Treptow ist in der Farbe zu sehen, damals braun, heute rot.
Die zweite Angst, mit der gearbeitet wird, ist die Angst vor der Zukunft. Ich will es wirklich so klar sagen, die SED wuchert mit der Angst der Alten, der Behinderten, der Kranken, und sie wuchert mit der Angst derer, die sowieso schnell Angst haben. Es geht dann dabei um die angeblich drohende Unsicherheit, die entsteht durch die Einführung der Marktwirtschaft. Außer der SED und außer kleinen Splitterparteien ist das ja inzwischen eine allgemeine Forderung aller Parteien in der DDR.
Die SED vertraut auf die Quadratur des Kreises. Sie versucht sich und plant marktwirtschaftliche Planwirtschaft. Jeder weiß, daß das nicht zum ersten Mal probiert wird und daß das nicht gutgeht. Sie läßt sich nicht davon abbringen.
Schwierig ist die Situation in den Medien. Eigentlich haben wir ein Staatsfernsehen und einen Staatsrundfunk und eine Staatsnachrichtenagentur. In Wirklichkeit haben wir ein SED-Fernsehen, einen SED-Rundfunk und eine SED-Nachrichtenagentur, und alle gegenteiligen Beteuerungen von Herrn Modrow entbehren der Wahrheit. Ich denke, daß die Einräumung von fünf Minuten Sprechzeit an oppositionelle Gruppen längst nicht ausreicht, um den Duktus der restlichen Berichterstattung, die eindeutig SED-Wahlkampf darstellt, aufzuheben.
Wir haben in Eisenach darauf reagiert und geben eine eigene Wochenzeitschrift heraus. Sie heißt ›Die andere Zeitung‹, und wir verstehen sie als eine unabhängige Zeitung. Sie

kostet eine Mark, und wir planen am Anfang eine Auflage von 5000 Stück. Das ist für uns eine Menge, denn diese 5000 Stück müssen handverkauft werden. Wir brauchen die eine Mark, wir sind nicht reich genug, um die Zeitung zu verschenken. Das wäre sicher sehr schön und populär. Wir müssen also das Geld kassieren, und der Postzeitungsvertrieb unserer Deutschen Post der DDR braucht drei Monate, um sich darauf einzustellen, die Zeitung mit auszutragen. Das heißt also für uns drei Monate zusätzliche Arbeit, auf der Straße agieren, reden mit Leuten, Hand oder Tasche voller Geld. Mal sehen wie es funktioniert.
Der Wahlkampf in der DDR ist an allen Ecken und Enden zu bemerken, immer wieder und besonders auch an der Heftigkeit der geschwungenen Reden. Ob wir einen fairen Wahlkampf haben werden, ich weiß es nicht. Ohne Entgleisungen jedenfalls wird es nicht abgehen. Das deutet sich jetzt schon an. Ich meine, wir müssen so viel Fairneß wie möglich einbringen. Eine Schlammschlacht beschmutzt alle. Sie würde die Wähler sicher auch nur abschrecken, und der Grad der emotionalen Mobilität ist schon groß genug.
Zentrales Ziel, ich habe schon davon gesprochen, muß es sein, eine wie auch immer geartete Mehrheit oder Regierungsbeteiligung der SED mit allen demokratisch legitimen Mitteln zu verhindern. Das würde erstens Ihre Nachbarstadt Gießen (Aufnahmelager für Flüchtlinge) zur Millionenstadt machen und zweitens die neue Regierung entscheidend diskreditieren. Ich denke, auch wir brauchen ein Wahlkampfabkommen. Wie ernst das genommen wird, wir werden sehen.
...Ebenfalls beteiligt sind wir an den zwei Untersuchungsausschüssen. Es gibt einen Untersuchungsausschuß für Korruption und Amtsmißbrauch und einen für die Aussiedlungen aus den ehemaligen Grenzgebieten. Das ist ein sehr heikles Thema, dort ist sehr viel Leid verursacht worden. Ich habe Politoffiziere – ich nenne das mal noch so – der Grenztruppen schulen müssen (die sind ja jetzt auch daran interessiert, ihren Soldaten die politische Situation richtig darstellen zu können, also werden wir dort eingeladen). Die haben auch das Wort ›Genosse‹ abgeschafft und haben es durch den ›Herren‹ wieder ersetzt und, wie das den Deutschen so eigen ist, das nicht nur abgeschafft, sondern sogar verboten. Und als ich da saß, sagte einer dieser Majore: ›Wir als Grenztruppen, wir waren Restriktionsinstrument, wir haben nicht im Sandkasten geübt, wir haben gehandelt und geschossen. Bei uns gibt es Schuld, die ist aufzuarbeiten.‹
Manche Bewohner des ehemaligen Grenzgebietes haben keine Geduld, denen geht ihr Temperament durch, mancher der Offiziere ist in bedrängte Situationen gekommen. Von daher ist dieser Untersuchungsausschuß besonders wichtig. Ich hoffe, er kommt ins Arbeiten.
Im Moment haben die Leute damit zu tun, Zugang zu den Geheimakten zu bekommen. Und ein Untersuchungsausschuß mit der Thematik muß in jeden Aktenordner gucken können, egal was darin steht und wen das betrifft. Das ist im Moment das Problem, das bedarf der Klärung.«
Eine Frage aus dem Publikum: »Mich würde interessieren, ob Sie eine Einschätzung zur Rolle der Staatsanwaltschaft und der Gerichte geben können. Wir stellen mit Erstaunen fest, daß die Staatsanwälte, die ja vorher auch Staatsanwälte waren, die gleichen sind, die nun bei Durchsuchungsbefehlen der Stasi-Gebäude helfen, und das ist mir nicht klar, wie sich diese Gruppe der Juristen – Sie haben vorhin vom Advokatentum gesprochen – jetzt einordnet.«
Antwort von Herrn W. Machalett: »...Ich muß Ihnen zustimmen, das ist schon seltsam. Ich habe auch mit unserem Kreisstaatsanwalt zu tun gehabt, gegen den ich gar nichts habe. Ich habe ihn da nur kennengelernt, ich hatte vorher zum Glück mit ihm keinen Kontakt, der wäre auch ziemlich mißliebig gewesen. Es ist schon seltsam, mit einem Kreisstaatsanwalt bei der Stasi zu sein, in dem Haus der Stasi. Der Kreisstaatsanwalt ist so etwas wie ein Oberstasi, und

wenn die Stasi durchsucht, sich mit diesen, damals noch ›Genossen‹, duzt, aber Räume versiegelt und ihn auch noch anschnauzt, irgendwann mal, wenn sich das anbietet, das ist schon ein ganz komisches Gefühl.
Es war auch so ein komisches Gefühl, in diesem Haus herumzulaufen, die Zellen im Keller zu sehen, denen nachweisen zu müssen, daß sie doch wieder Papiere verbrannt hatten, obwohl sie am Abend vorher versprochen hatten, keine zu verbrennen. Der Ofen war noch heiß. Das Haus hat Gasheizung. Sie haben aber so einen kleinen Brikettofen im Keller, und der war voller Papierasche. Wir haben trotzdem 60 Sack zerrissene Akten gefunden, 60 Papiersack, und haben auch noch eineinhalb große Archivräume mit gefüllten Akten gefunden. Ich muß davon ausgehen, dort liegt auch noch mein Dossier. Das Haus soll jetzt anders genutzt werden, das wird dem Gesundheitswesen übergeben. Es sind ja insgesamt zwei Häuser.
Es ist für uns gestern eine ganz heikle Frage gewesen am ›Runden Tisch‹, was machen wir mit all diesen Akten, die also hochexplosiv und gefährlich sind. Wer an zwei dieser Ordner herankommt, muß nie wieder arbeiten, das ist ganz eindeutig. Da steht alles drin was existiert. Ein Ehemann muß sich bitter davor fürchten, daß seine Frau das liest, was da drin steht, und umgedreht auch. Von daher ist es also wirklich ein schwieriges Thema. Unser Kreisstaatsanwalt ist mit seinen Anwälten aus der SED ausgetreten anläßlich eines Siegelbruches in der SED-Kreisleitung. Das hat er als Grund angenommen, um da auszutreten. Für mich bleibt er ein Apparatschik der SED.
Ich habe in einer Arbeitsgruppe Volksbildung gesessen, wir haben die Schulordnung und andere Gesetze entkommunistifiziert. Daraus wurde eine demokratische, eine humanistische Schule. Trotzdem haben wir den Berg von SED-Lehrern. Wir brauchen eine neue Lehrergeneration, wir brauchen neue Schulbücher, die kommen nicht in drei Tagen. Das heißt, die Pionierorganisation ist zum großen Teil heraus aus den Schulen, aber die Leute lassen ihre Kinder nicht austreten. Die FDJ ist zum großen Teil heraus aus den Schulen, und trotzdem werden Jugendliche noch scheel angesehen, wenn sie austreten. Jugendweihe scheint noch für einige Leute das Fest zu sein, auf das sie sich freuen, obwohl diese ganze Handlung immer schon fragwürdig war und nun erst recht fragwürdig ist und es absolut keinen Grund mehr gibt, das mitzumachen. Ich habe das immer wieder gesagt, von den bürgerlichen Rechten gesehen sind wir im Moment eines der freiesten Länder der Welt. Die Leute sind, Gott sei Dank, so diszipliniert, daß wir keine Anarchie haben. Wir könnten sie haben. Die Gesetze würden sie zulassen. Trotzdem ist da dieser seltsame Effekt, und das liegt also ganz zentral an dem Vorhandensein der SED-Funktionäre in den wichtigen Funktionen.
Eine Armee wird nicht dadurch von der SED erlöst, daß sie sich mit ›Herr Oberstleutnant‹ anreden. Die meisten der Offiziere sind noch in der SED. Schwierig ist auch die Polizei. Manche von Ihnen werden in der DDR gewesen sein in den letzten Wochen. Die sind ja sowas von freundlich nun. Ich bin immer wieder ganz erstaunt. Ich genieße das richtig. Ich verstoße immer mal gegen Verkehrsregeln, ich kann ganz sicher sein, da wird keiner kommen. Die sind einfach zu freundlich. Die kümmern sich nicht darum. Nur, heute hat mich die Nachricht erreicht, bei der Kriminalpolizei sammeln sich Stasi-Leute, die stapeln sich da schon. Die werden alle Kriminalpolizisten. Das paßt den alten Kriminalpolizisten gar nicht, die wehren sich inzwischen. Die trauen sich natürlich nicht, bei uns im Büro vorbeizufahren und sich da offiziell zu beschweren. Aber die haben ja einen Nachbarn, und der kann mal zu uns kommen. Auf die Art erreicht uns dann die Nachricht.
Da ist es auch wieder ganz deutlich, das ist so eine Stelle: Die Polizei ist für uns unkontrollierbar. Die Armee ist im Moment damit beschäftigt, daß die Soldaten Krankenfahrer sind, oder Pfleger, oder in einem Heizwerk helfen, oder daß sie Lebensmittel ausfahren

oder irgendwas. In den Kasernen ist fast niemand, die sind ziemlich leer. Mit Waffen haben sie relativ wenig zu tun im Moment. Die Grenztruppen machen Pionierausbildung, mehr nicht. Auf diese Art sind sie beschäftigt im Moment. Was nach dem 6. Mai sein würde, wenn wir regieren, ist eine andere Frage. Das ist uns auch klar. Die Polizei ist für uns ein Buch mit sieben Siegeln. Die sind völlig unkontrollierbar. Die Armee öffnet sich, die Polizei nicht. Sie sind zwar freundlich, aber was passiert mit den Waffen, die wir aus der Stasi herausgeholt haben, wo sind sie jetzt? Wie schnell sind sie wieder verfügbar? Wie ist das mit den Waffen der Kampftruppen, wie schnell sind diese wieder verfügbar? Wer nimmt sie überhaupt, das muß doch ein unglaubliches Lagerproblem sein mit all diesem Müll. Alleine 40 Lastkraftwagen und Schützenpanzerwagen aus Eisenach und die Zehntausende von Maschinenpistolen, das muß doch wirklich sämtliche Lager der Polizei zum Bersten bringen. Ich frage mich, wo ist das alles hin. Irgendwo muß es ja bleiben.
Wir müssen dringend zu einer kontrollierbaren Polizei kommen, und das ist eben auch der Punkt. Die Polizei ist zu 80 Prozent weiter von SED-Mitgliedern durchsetzt. Sie tolerieren, daß einige ausgetreten sind, mehr nicht. Das tolerieren sie relativ freundlich, und dabei bleibt es. Das ist das Problem. Viele Bürger sagen, wir warten den 6. Mai ab. Wir packen unsere Koffer, und dann gucken wir die erste Hochrechnung. Dann kommen wir in Richtung Millionenstadt Gießen. Das ist ein Effekt, den wir auf jeden Fall vermeiden müssen. An der Stelle ist es eben so, wenn wir diesen Weg der politischen Klugheit einigermaßen hinkriegen, mit soviel Hilfe wie nötig und sowenig Wahlhilfe wie irgend möglich, muß es am 7. Mai in aller Hektik losgehen mit der Hilfe, weil dann die Leute keine große Geduld mehr haben. Dann muß es sehr schnell sehr eindeutig besser werden. Das erwarten die Leute. Das bringt auch gerade auf diesem Gebiet der deutschen Einheit eine Menge Druck im Moment. Diese von der Rationalität weitgehend abgekoppelte Erwartung, daß, wenn der Bürger unseres Landes nur Deutsche Mark verdiene, alles gut wäre. Das steht sehr stark hinter den von vielen Leuten intensiv betriebenen Einheitsbestrebungen. Wer durch die Stadt Eisenach fährt, sieht dort Hunderte von schwarz-rot-goldenen Fahnen. Da hängen Transparente draußen, und die Stimmung ist ganz eindeutig. Es macht auch Schwierigkeiten für unsere SPD, der Satz von Willy Brandt gilt ja für uns, es muß zusammenwachsen, was zusammengehört.
Ich sage immer, es ist wie das Schließen einer Wunde. Man muß verschiedenes vermeiden, zuviel Narbengewebe, dann bleibt die Narbe zu deutlich sichtbar, zu schnelles Zusammenwachsen bringt vielleicht Vereiterungen. Es muß also gut zusammenwachsen und es müssen zwei gesunde Teile zusammenwachsen, weil es sonst nichts bringt. Deswegen müssen wir schnell unsererseits zu Gesundheit kommen, und darauf warten die Leute nicht mehr lange. Die Ungeduld ist groß.«[98]

Wir sitzen hier auf gepackten Koffern

Stimmen und Briefe aus der ehemaligen DDR. So ein Brief aus Liepe bei Potsdam: »Wir gehören wie viele Tausend andere Deutsche in der DDR zu denen, die auf gepackten Koffern sitzen. Wir haben Sorge, daß sich in unserem Land trotz aller groß angekündigten Reformen für den Otto Normalverbraucher wenig ändern wird.
Die Presse in Ost und West ... notiert überhaupt nicht, was in den Kleinstädten und Gemeinden passiert. Hier aber versucht sich die alte Führungsmannschaft auf mittlerer und unterer Ebene in Wirtschaft und Verwaltung zu profilieren. Die Bürgermeister haben alle die SED-PDS verlassen. Wir alle werden den Verdacht nicht los, daß diese Genossen nach der Wahl plötzlich als SPD-Mitglieder wieder die Politik bestimmen.
Auch die meisten Direktoren und Leiter auf höherer Ebene haben die SED-PDS verlas-

sen, sitzen aber weiter unangefochten auf ihren Sesseln. Wendehälse erster Ordnung, geben sie sich unter dem Deckmantel des Umbruchs als gute Demokraten. Schließlich geht es um ihre gut bezahlten Posten. Nur sind das alles nicht etwa hervorragende Manager und Leistungsträger, sondern Genossen, deren einzige Qualifikation meist nicht mehr als der Besuch der Parteischule ist. Diese Genossen-Hierarchie ist nach unserer Überzeugung auch der Hauptgrund dafür, daß unsere Wirtschaft so kaputt gegangen ist.
Ich habe das so ausführlich geschrieben, damit Sie auch verstehen, warum wir auf keinen Fall in diesem Staat bleiben wollen. Auch jetzt haben wir keine Hoffnung, daß sich bei uns etwas ändern wird. Nicht mehr aus dem Kopf geht uns der Gedanke daran, wie schnell es gehen kann, daß wir plötzlich wieder auf der falschen Seite des Zaunes sitzen. Darum: Wie schaffen wir es, von hier aus einen Arbeitsplatz in der Bundesrepublik zu finden? Ich bin Fachmann für landwirtschaftliches und gärtnerisches Saatgut und war in meinen bisherigen zwölf Arbeitsjahren nur drei Tage krank.«[99]

1990, das Jahr, in dem alle Deutschen zur gleichen Zeit frei wählen können

Das Jahr 1990 wird für Deutschland ein Schicksalsjahr. Zum ersten Mal in der Nachkriegsgeschichte seit Bestehen der beiden deutschen Staaten wird es nicht nur bei uns, sondern auch drüben in der DDR freie Wahlen geben. Und in beiden deutschen Staaten wird die Frage der zukünftigen deutschen Einheit das beherrschende Wahlkampfthema sein.
Unsere Politiker im Westen, von Helmut Kohl bis zu Hans-Jochen Vogel, haben jetzt begriffen, daß das Thema der deutschen Einheit auf dem Tisch liegt. Millionen Deutsche und auch Millionen Ausländer reden sich darüber die Köpfe heiß.
Die Partei in der DDR, die bei den kommenden Volkskammerwahlen für die Wiedervereinigung Deutschlands eintritt, könne mit 75 Prozent der Wählerstimmen rechnen. Das prophezeit ein Mann, der noch vor acht Wochen zu den engeren Vertrauten Erich Honeckers zählte. Die Hoffnung, in einem ungeteilten freien demokratischen Deutschland zu leben, wächst in den Herzen von Millionen DDR-Deutschen, die in diesen Wochen zum ersten Mal in ihrem Leben zu uns in den Westen kommen.
Es wird ein gesamtdeutscher Wahlkampf sein, in dem die innerdeutsche Grenze keine Rolle mehr spielt. Das Zusammenspiel der demokratischen Kräfte in Ost und West zeichnet sich schon heute ab. Die FDP/LDP-Achse zwischen Mischnick und Gerlach ist ebenso unverkennbar wie der FDP-Draht des Grafen Lambsdorff zu den Ostberliner Kräften des »Demokratischen Aufbruchs« um Rechtsanwalt Schnur und Pfarrer Eppelmann. Plötzlich gewinnen die Liberalen in Deutschland West und in Deutschland Ost ein neues Gewicht.
Spät, aber nicht zu spät hat die Bonner CDU entdeckt, daß es auch in der Ost-CDU der DDR viel mehr unabhängige Köpfe gibt, als es seit Jahrzehnten unter dem Druck der SED den Anschein hatte. Plötzlich erinnern sich die deutsch-deutschen Christdemokraten wieder ihrer legendären Altvorderen Jakob Kaiser und Ernst Lemmer. Falls die CDU-Strategen um Kohl begreifen, was die Stunde geschlagen hat, wird sich der Schwerpunkt ihrer politischen Aktivität in Zukunft stärker von Bonn nach Berlin verlagern.
Und die SPD, die über viele Jahre hinweg meinte, den ideologischen Flirt mit der bankrotten Honecker-SED durch Egon Bahr, Eppler, Ristock, Gaus und Lafontaine treiben zu müssen, reibt sich verwundert die Augen. Nun entdecken auch Bebels Enkel als Überraschungspartner die neue sozialdemokratische Partei, die sich ohne ihre Hilfe und sogar gegen den Willen einiger West-Genossen in der DDR gegründet hat. 10 000 neue und alte Sozialdemokraten zwischen Elbe und Oder können Willy Brandt und Hans-Jochen Vogel schon heute an die ge-

samtdeutsche Brust drücken. Daß Petra Kelly und Bärbel Bohley im Handumdrehen grün-deutsche Gemeinsamkeiten finden und pflegen werden, liegt auf der Hand.
Nur zwei Parteien wird es im deutschen Wahlkampf von 1990 geben, die ohne Partner sind. Die Genossen der SED im Osten und Schönhubers Rechtsradikale im Westen. Das ist kein Unglück. Denn auf diese politischen Randgruppen kann die deutsche Demokratie verzichten.
Es wird ein spannendes Wahljahr 1990. Und falls wir Deutschen in der weltpolitischen Konstellation viel Glück haben, und wenn wir maßvoll auf dem politischen Teppich bleiben, könnte vielleicht wirklich eines Tages Richard von Weizsäcker zum gemeinsamen Staatspräsidenten einer deutsch-deutschen Konföderation gewählt werden.[100]

Eduard Schewardnadse, Außenminister der UdSSR, zur Konzeption eines geeinten Deutschland

Die Annäherung der beiden deutschen Staaten und die Herstellung neuer Beziehungen der Zusammenarbeit und der Partnerschaft zwischen ihnen hat bei der sowjetischen Führung die gebührende Aufmerksamkeit gefunden. Das erklärt der sowjetische Außenminister Eduard Schewardnadse gegenüber den diplomatischen Korrespondenten von TASS, der Presseagentur Nowosti, der »Prawda« und der »Iswestija«.
Die von Regierungschef Hans Modrow während seines jüngsten Moskau-Besuchs dargelegte Konzeption von Wegen zu einem geeinten Deutschland kommentiert der Minister mit den Worten, sie gehe von realistischen Momenten aus. Vielen Elementen könne die sowjetische Seite zustimmen, manche bedürfen aber einer weiteren Durcharbeitung. »Ich möchte von vornherein betonen, daß es weder in der Vergangenheit noch jetzt ein Problem mit dem Prinzip der Selbstbestimmung der beiden deutschen Staaten gegeben hat beziehungsweise gibt. Das ist ein natürliches Recht der Völker, das Recht auf freie Wahlen und auf einen selbständigen Entwicklungsweg«, erklärt der Minister. »Dabei dürfen wir allerdings das erste Gebot der UN-Charta nicht vergessen – die kommenden Generationen von der Not des Krieges zu befreien, die der Menschheit bereits zweimal in unserem Leben unbeschreibliches Leid gebracht haben – und wir müssen uns davon in unserer praktischen Tätigkeit leiten lassen.
Alle Völker, besonders die der Sowjetunion, müssen das Recht auf Garantie haben, daß von deutschem Boden keine Kriegsgefahr mehr ausgehen wird«, erklärt Eduard Schewardnadse. Besorgnis in der Welt »ruft nicht die Idee der deutschen Einheit selbst, sondern die Wiederbelebung der unheilvollen Schatten der Vergangenheit und die Vorstellung von einem möglichen Wachsen des Militarismus hervor, die damit gedanklich verbunden werden«.
Der sowjetische Außenminister weist auf die Probleme hin, die mit der deutschen Einheit zusammenhängen und die die Menschen weiterhin beunruhigen und erläutert werden müssen. Wie er feststellt, ist unter den europäischen Staaten »die Meinung verbreitet, daß die Schritte zur Annäherung der beiden deutschen Staaten mit dem gesamteuropäischen Prozeß synchronisiert sowie etappenweise und hauptsächlich in diesem Kontext unternommen werden müssen«. Vielleicht sollte man sich bei den gesamteuropäischen Verhandlungen in Wien auch mit dem »deutschen« Aspekt der vertrauensbildenden Maßnahmen befassen. Nach Ansicht des Ministers zeigt die gegenwärtige Entwicklung um die beiden deutschen Staaten nachdrücklich die Notwendigkeit, ein Treffen der höchsten Repräsentanten der KSZE-Staaten noch in diesem Jahr abzuhalten.
»Ohne Verpflichtung der Deutschen, die jetzigen Grenzen in Europa, die als Ergebnis des Zweiten Weltkrieges entstanden, bedingungslos anzuerkennen und strikt zu respektieren sowie gegenüber niemanden territoriale Ansprüche zu erheben, kann man wohl schwerlich damit rechnen, daß die Idee der deutschen Einheit keinen Widerstand seitens

vieler Länder hervorruft«, sagt Eduard Schewardnadse. In diesem Zusammenhang verwies er darauf, daß das Urteil des Bundesverfassungsgerichtes, laut dem die Grenzen des Reiches von 1937 als legitim gelten, immer noch nicht revidiert worden ist.
Nach Ansicht des Ministers wird mit gutem Grund auf die »Notwendigkeit hingewiesen, daß die beiden deutschen Staaten ihre militärische Neutralität verkünden sowie praktische Maßnahmen zur Senkung des Rüstungsniveaus und zur Entmilitarisierung beider Staaten einleiten«.
Es sei außerdem notwendig, »mit den vier Mächten den Umfang ihrer Rechte und ihrer Verantwortung zu vereinbaren«, sagt Eduard Schewardnadse. Das vierseitige Abkommen von 1971 über Berlin »büßt seine Gültigkeit während des Entstehens der deutschen Einheit nicht ein und bedeutet keinesfalls einen Ausschluß der Stadt aus dem System des aktiven internationalen und deutsch-deutschen Austausches«.
»Erforderlich sind zuverlässige politische, juristische und materielle Garantien dafür, daß die deutsche Einheit in der Perspektive keine Gefahr für die Sicherheit der anderen Staaten und für den Frieden in Europa heraufbeschwört«, sagt Schewardnadse. »Wir setzen uns für eine eventuelle Schaffung eines einheitlichen, friedliebenden und demokratischen Deutschland ein.«[101]

Professor Karl Schiller: Wirtschaftswunder DDR – nur mit Marktwirtschaft

In der DDR wäre innerhalb der nächsten fünf Jahre ein Wirtschaftswunder denkbar. Voraussetzung dafür ist allerdings, daß sich die DDR für die Marktwirtschaft entscheidet. Wir haben damals unser Wirtschaftswunder in der Bundesrepublik Deutschland in kurzer Zeit zustande gebracht. Die DDR wird dafür nicht so lange brauchen, weil die wirtschaftlichen Bedingungen und die Umgebung für die DDR heute anders sind, als sie es damals für die noch junge Bundesrepublik waren. Damals standen zum Beispiel die meisten Staaten noch immer unter Devisenkontrolle – heute sieht es in Westeuropa ganz anders aus. Eine marktwirtschaftliche Öffnung der DDR würde bundesdeutsche Investoren nach drüben locken. Zumal wir wissen, daß die Bevölkerung dort sehr leistungsfähig und leistungswillig ist.
Im Zuge eines wirtschaftlichen Aufschwungs in der DDR wäre auch vorstellbar, daß qualifizierte Arbeitskräfte von uns nach drüben gingen. Wanderungen von Arbeitskräften in beide Richtungen sind durchaus möglich. Ein solches Wirtschaftswunder ist natürlich nicht mit einer zentralen Verwaltungswirtschaft zu machen, sondern nur unter marktwirtschaftlichen Rahmenbedingungen. Dazu gehört zum Beispiel, Kombinate und Produktionseinheiten in den freien Wettbewerb zu stellen. Oder auch, die Lebensmittelpreise nicht mehr zu subventionieren. Diese Subventionen abzuschaffen wäre natürlich eine sehr schwierige Operation. So ein Wirtschaftswunder kann auch funktionieren, wenn sich die Bundesrepublik und die DDR als zwei Staaten voll integrieren.

Das Tempo der deutschen Wiedervereinigung erhöht sich

Die Ereignisse im November 1989 überschlagen sich. Da ändern die Tschechoslowaken und etwas zögerlicher die Abgeordneten der Volkskammer in der DDR durch Handaufheben innerhalb weniger Minuten ihre Verfassungen und degradieren ihre alles beherrschenden kommunistischen Parteien. Bundeskanzler Helmut Kohl legt die zehn Punkte seines Deutschlandplanes auf den Tisch. Michail Gorbatschow besucht den Vatikan und verspricht in seinem Land alsbaldige Religionsfreiheit. In Ungarn wird der Staatspräsident in einer demokratischen Abstimmung gewählt. Der amerikanische Präsident Bush und der sowjetische Parteichef Gorbatschow versuchen sich bei ihrer Begegnung auf zwei Kriegsschiffen im Mittelmeer vor Malta in der immer rasanteren

Entwicklung in Mitteleuropa zu orientieren. Alte Ängste vor einem neuen Großdeutschland werden auf die emotionalen Ausbrüche in Richtung auf ein »einig Vaterland«, die überall in der Ex-DDR zu hören waren, wach. Helmut Kohl hat mit seinem Zehn-Punkte-Deutschland-Plan diese Bedenken zerstreut.

Wer vor einem Jahr, zu Beginn des Jahres 1989, vorausgesagt hätte, wie Europa im Jahre 1990 aussehen und wie das Schicksal der meisten kommunistischen Regime aussehen würde, der wäre als Phantast verlacht worden.

Das sowjetische Imperium ist von innen heraus vom Zerfall bedroht. Darüber sollten wir im Westen jedoch keine Triumphgefühle aufkommen lassen; wie die Welt im Osten nach so einer Situation aussehen könnte, darauf weiß heute noch keiner eine Antwort. Rußland braucht Hilfe, aber nicht nur Rußland, sondern im ganzen Ostblock herrscht überall eine wahre Götterdämmerung. Der Zorn des Volkes ist überaus groß auf die ehemaligen Funktionäre des kommunistischen Regimes. Wird der Westen mit all diesen Problemen fertig werden? Wenn man ein Schiff einseitig belastet, kann es kentern, ja untergehen. Ob wir dieses Problem lösen werden können ist fraglich. Zu offenkundig ist das Chaos, das dieses auf Überwachung und Einschüchterung basierende System hinterlassen hat.

In den Februartagen 1990 hat man Woche um Woche das Gefühl, daß sich das Tempo der deutschen Wiedervereinigung erhöht, während die Supermächte noch abwartend dastehen und sich fragen, was soll werden.

Oskar Lafontaine hat im Saarland triumphal gewonnen und eines zeichnet sich deutlich ab: der Bundesrepublik droht eine Neutralitätsdebatte, und das zu einem Zeitpunkt und in einem Wahljahr, in dem eine Landtagswahl die andere jagen wird. Die Massenübersiedlungen aus der ehemaligen DDR drohen für die Bundesrepublik ein Problem zu werden. Oskar Lafontaine weist immer wieder auf die hohen Ausgaben für die Bundesrepublik hin und findet Anhänger.

Hans Modrow, der in dieser turbulenten Zeit Ministerpräsident der DDR wurde, versucht, mit vielen Reden zu retten was noch möglich ist für seine sozialistischen Vorstellungen.

Man spricht in dieser Zeit offen von einer deutschen Neutralität. Wer solches denkt vergißt folgendes: Die deutsche Mittellage, das Schwanken zwischen Ost und West hat ohne jeden Zweifel entscheident die beiden Weltkriege dieses Jahrhunderts mit verursacht. Es ist der Westorientierung Konrad Adenauers zu verdanken, das atlantische Bündnis und die Politik der europäischen Integration, die zur Beruhigung in der Bundesrepublik beigetragen hat, und die dem Lande innerhalb weniger Jahre einen unvergleichlichen Wohlstand beschert hat.

Ein Austritt aus der Nato ist undenkbar für die Bundesrepublik. Dieses westliche Bündnis ist die freiwillige Zusammenschließung demokratischer Staaten mit gleichen Idealen, während der Warschauer Pakt bis heute eine Zwangsveranstaltung geblieben ist. Die sowjetischen Streitkräfte haben immer eine Doppelfunktion gehabt, nicht nur das Paktgebiet schützen beziehungsweise die Verteidigung per Angriff auf das Gebiet der westlichen Allianz zu organisieren, wie die sowjetische Doktrin lautet, sondern den Freiheitswillen der Menschen in Osteuropa schon im Keim zu ersticken. Die Erhebungen in der DDR, in Polen, Ungarn und der Tschechoslowakei in den fünfziger und sechziger Jahren haben dies überdeutlich gezeigt.

Es war daher an der Zeit, den Bundesbürgern und den Bürgern der DDR klarzumachen, daß ein Verlassen der Nato so der dümmste Fehler sein würde, den sie in dieser Zeit begehen könnten. Es fanden sich später Politiker mit Weitblick, die es in langwierigen Verhandlungen fertigbrachten, daß das wiedervereinigte Deutschland weiterhin der Nato angehört.

So langsam kristallisieren sich auch die unangenehmen Faktoren der DDR heraus: Die Bilanz der DDR ist trostlos. Das angebliche Auslandsvermögen besteht aus wertlosen

Schuldtiteln gegen exotische Länder. Das Goldvermögen ist mit 90 Millionen Mark lächerlich gering. Die Auslandsschulden betragen dagegen 30 Milliarden Mark. Lieferverpflichtungen können nicht mehr erfüllt werden. Das Gesundheitswesen ist krank und die Rentenversicherung pleite. Der Kassensturz, den Regierungschef Hans Modrow und seine mäßig kompetente Wirtschaftsministerin ihrer Öffentlichkeit vorenthalten, wird nach den Wahlen am 18. März 1990 unvermeidlich.

Unvermeidlich wird auch zu dieser Zeit die Frage des Systemwechsels. Die Bundesregierung weigert sich, Milliarden in ein Loch zu werfen, und dies ist verständlich. Schelten können sie dafür nur Laien. Sie hat aber das Beste angeboten, was sie hat: die Währungs- und Wirtschaftsunion. Modrow und seine Regierungsmannschaft sind von Helmut Kohl reich beschenkt worden und haben das nicht einmal gemerkt, wenn auch gegen den Rat der Sachverständigen.

Instabilität in der DDR zwingt zur Eile, für politische Schritte bleibt wenig Zeit. Nur muß die DDR für den ökonomischen Wandel selbst die Voraussetzungen schaffen.

Helmut Kohl hat in Erfurt in einer Rede auf einer eindrucksvollen Wahlversammlung deutlich gemacht, was auf uns zukommt und was wir leisten müssen. Oskar Lafontaine hat sich dagegen in Leipzig mit seinen Sprüchen und Widersprüchen eher abgequält und mit einem Auftritt für den Wahlkampf West das historische Stichwort verpaßt. Für den saarländischen Herausforderer war die Einheit nicht wichtig. Er nimmt sie hin, weil er sie ganz gewiß nicht mehr bremsen kann.

Nun muß die deutsche Frage zu diesem Zeitpunkt schon deswegen schneller als je erträumt beantwortet werden, weil die Weltpolitik zur Tagesordnung zurückkehren will; größere Probleme kommen auf sie zu, die Krise im Golf. Dazu brauchen die großen Mächte Ruhe in Europas Mitte. In Camp David setzen Kohl und Bush in jener Zeit den Schlußstein der internationalen Vorabstimmungen. Der Dreischritt der letzten vierzehn Tage: Moskau, Europa, Washington macht Sinn. Ohne Gorbatschows Segen keine Einheit. Ohne Abstimmung mit den Europäern bliebe Mißtrauen. Das Eis ist ohnehin dünn und die bange Frage wirft sich immer wieder auf: wird es halten? Gorbatschow hat den Weg geöffnet. Aber er ist weit davon entfernt, ihn nicht mitbestimmen zu wollen, nicht was die innere Gestalt Deutschlands, sondern was seine Position in der internationalen Politik und die russischen Sicherheitsinteressen betrifft.

In Ostdeutschland tun sich die Menschen wahrlich schwer. Sie wollen die politische Befreiung und den wirtschaftlichen Aufschwung. Da alles wankt, der Staat, die Wirtschaft und auch die Psyche der Bürger, werden Geborgenheit und Sicherheit zu zentralen Problemen. Die alten SED-Genossen scheinen finster entschlossen, in ihrem Abgang dem Volk, das sie politisch nicht mehr in Angst halten konnten, soziale Ängste einzujagen.

Parolen kursieren mit der Frage: »Können Sie ab morgen Ihre Miete noch bezahlen?« Ein unseriöses politisches Geschäft mit den Folgen ihres eigenen Versagens.

»Das kommende wiedervereinigte Deutschland werde wirtschaftlich und politisch die stärkste Kraft in Europa sein – und man müsse vor dieser Tatsache keine Angst haben: denn Deutschland sei der natürliche Bundesgenosse der nach Freiheit und Demokratie strebenden Völker Mittel-, Ost- und Südeuropas.« Mit diesen Worten nahm der Vorsitzende der Kroatischen Demokratischen Union zur deutschen Frage Stellung.

Diese Erklärung eines führenden Politikers aus dem Osten ist deshalb beachtenswert, weil in unserer Öffentlichkeit fast ausschließlich von den echten oder angeblichen Sorgen und Ängsten der Nachbarn in Osteuropa vor dem wiedervereinigten Deutschland gesprochen wird.

Zunächst gibt es aber auch Kräfte in den kommunistischen Ländern, welche die Wiedervereinigung nicht gut finden. Das sind in erster Linie die kommunistischen Funktionäre, Repräsentanten der gestürzten kommunistischen Regime, sowohl in Deutschland wie auch in anderen osteuropäischen ehemaligen Diktaturen. Diesen Leuten ist natürlich klar, daß mit dem Abriß der Berliner Mauer auch der Sturz des von ihnen getragenen Regimes vollzogen wurde. Deshalb sind sie zornig und versuchen zu bremsen, ja die Entwicklung zu unterbrechen oder aufzuhalten.

Es ist kein Zufall, daß mit dem Fall der Berliner Mauer auch manche Geschichtslegenden zu wanken beginnen. Nur einige Beispiele sollten Erwähnung finden: Jahrzehntelang hat es die sowjetische Propaganda verstanden, die Ermordung tausender polnischer Offiziere in Katyn als Verbrechen der Deutschen Wehrmacht darzustellen. Jetzt mußte sich das offizielle Moskau dazu bekennen, daß diese Bluttat von der sowjetischen Geheimpolizei unter Stalin begangen wurde. Gleichzeitig wurden in der DDR Massengräber entdeckt, in denen nach Kriegsende Zehntausende von Deutschen durch die sowjetische Besatzungsmacht umgebracht worden sind. Alles das ist nur die Spitze des Eisberges: in Jugoslawien, besonders in Kroatien, beginnt man, sich nach Jahrzehnten des Schweigens mit massenhaften Erschießungen und Morden an Angehörigen der antikommunistischen slowenischen, kroatischen und serbischen Streitkräfte zu beschäftigen, die 1945 von der britischen Besatzungsmacht in Kärnten an Titos kommunistische Partisanen ausgeliefert wurden.

Ein jugoslawisch-kroatischer Historiker erklärte jetzt in einem Buch über diese grauenhaften Vorfälle selbstkritisch: »Bisher habe man nur die Verbrechen der anderen Seite und die Opfer der eigenen Seite darstellen dürfen. Jetzt zeigte sich aber, daß auch jene, die sich bisher als makellose Befreier und Träger des Fortschritts ausgaben, blutige Hände haben.«

Die Deutschen müssen sich heute aber im klaren sein was Gegenwart und Zukunft betrifft: Es gibt in der Geschichte der Völker und Staaten günstige Augenblicke, Sternstunden, Momente, die – wenn man sie ungenutzt verstreichen läßt – nicht mehr wiederkommen.

Es muß zugegeben werden, daß auf die deutsche Wiedervereinigung in Bonn niemand vorbereitet war, auch keine Pläne dafür existierten. Bezeichnenderweise hat die sozialliberale SPD/FDP-Koalition noch im Jahre 1974 einen wissenschaftlichen Beirat, der die Bundesregierung im Falle einer Wiedervereinigung beraten sollte, im Jahre 1974 einfach aufgelöst.

In diesem Zusammenhang kann man nicht oft genug das Wort des Kanzlers Bismarck zitieren, der davon sprach: »Daß der Politiker das Rauschen des Mantels Gottes in den Lüften spüren, dann zur rechten Zeit zugreifen und sich tragen lassen müsse.«

Ein ausländischer Diplomat sagte kürzlich, die Deutschen könnten wieder einmal die Opfer ihres eigenen Perfektionismus werden, indem sie zuviel fragen, statt zu handeln.

Wenn die Einheit erst einmal vollzogen ist kommt alles andere von alleine, und keine ausländische Macht wird sich finden, um dies alles rückgängig zu machen.

Helmut Kohl hat die Situation erkannt und gehandelt, und er wird dafür in die Geschichte der Deutschen mit Ruhm eingehen, wenn ihm dabei auch Fehler unterlaufen sind. So dieser, daß es keine Steuererhöhungen geben würde. Man fragt sich heute, hat er dies überhaupt nötig gehabt? Keiner hätte es ihm angekreidet, wenn er gesagt hätte: Steuererhöhungen können wir nicht ausschließen.

Was für unsinnige Bedingungen für die Wiedervereinigung Deutschlands durch den polnischen Staatschef Jaruzelski gestellt wurden, sollen aber auch erwähnt werden. Es sollte vorgesehen und verlangt werden: »Eine militärische Besetzung durch Amerikaner, Briten, Franzosen und Russen, aber auch zusätzlich noch eine polnische Besatzungsarmee, die das wiedervereinigte Deutschland kontrollieren soll!« Er hat dabei vergessen, daß die Sowjetunion das letzte Imperium ist – und das Zeitalter der Imperien geht zu Ende.

Wenn von der Umwandlung der Sowjetunion, wenn vom Sturz der kommunistischen Regime in Mittel-, Ost- und Südosteuropa und vom Auftreten von Gorbatschow die Rede ist, hört man oft die Bemerkung, nun sei die bisherige menschliche Geschichte zu Ende. Es breche ein Zeitalter der Harmonie und Friedfertigkeit an. Doch sollte man dies nicht unterschätzen.
Ob wir es zugeben oder nicht: In all den Jahrzehnten nach dem Kriege gab es bei uns irgendwie die untergründige Furcht, eines Tages von einer gewaltigen sowjetischen Panzer-Armada überrollt und von der UdSSR verschluckt zu werden. Die Furcht war sehr groß.
Es ist auch noch nicht lange her, als ein sozialdemokratischer Bundeskanzler, nämlich Helmut Schmidt, die Nato-Nachrüstung durchsetzte, weil es die einzige Möglichkeit war, ein Gegengewicht gegen die sowjetische Bedrohung durchzusetzen.
Die Frage aber, was wir in der heutigen Situation mit den Russen anfangen sollen, ist bis heute noch nicht beantwortet.
Gorbatschow spricht vom gemeinsamen europäischen Haus. In der Realität sieht es aber so aus, daß schon die Hereinnahme des bisherigen Satellitenstaates in dieses europäische Haus eine ungeheure Aufgabe für den Westen Europas bedeutet. Es wird Jahrzehnte dauern, bis das Entwicklungs- und Wohlstandsgefälle zwischen den Ländern wie Polen, Rumänien, Bulgarien und dem Westen des Kontinents wirtschaftlich so gesichert ist, daß im Rahmen eines europäischen Hauses nicht mehr mit einer Massenflucht aus dem Osten nach dem Westen gerechnet werden muß.
Aber was fangen wir mit Rußland an, dem riesigen Gebiet der UdSSR? Wie kann man ein Riesenreich mit Hunderten von Millionen Menschen und über 100 Nationalitäten sanieren, das von der über 70 Jahre dauernden kommunistischen Planwirtschaft geprägt wurde?
Den Deutschen im Westen war es vergönnt, ihre demokratischen und europäischen Lektionen zu lernen, ihre ökonomischen und friedliebenden auch. Gewiß hätten die Deutschen im Osten von Beginn an gerne mitgelernt. Allein der Eiserne Vorhang, der sich vor der Potsdamer Konferenz schon zwischen die Völker Europas gesenkt hatte und danach undurchdringlich wurde, verhinderte das.
Eingebettet in die internationale Lage sind die Deutschen in Ost und West nun dabei, ihre historische Stunde zu nutzen. Von historischer Bedeutung ist aber nicht nur, was an der Potsdamer Nachkriegsordnung überwunden, sondern was an ihr festgeschrieben wurde. So war es auch die endgültige Anerkennung der Oder-Neiße-Grenze, die zwar bei einem Friedensvertrag Regelung finden sollte, aber es ist wohl der Preis für die Einheit Deutschlands, und im Grunde genommen hat dies schon Adenauer gewußt.
Im westdeutschen Bundesteil bleib nicht verschwiegen, wie tief die Anerkennung oder der Verzicht der Gebiete hinter der Oder-Neiße-Linie schmerzt. Aber vielleicht muß man nach dieser langen Zeit von über 40 Jahren sagen, es wurde nichts preisgegeben, was nicht schon durch das Nazi-Deutschland verspielt wurde. Aber Geschichte wird nicht in 40 Jahren geschrieben und Geschichte, das ist tröstlich, bleibt auch nicht stehen.
Vor der Zukunft sind wir alle dumm, so habe ich in diesen Tagen gelesen. Diese Einsicht mag vielleicht von manchen bestritten werden, wenn man über die Geschehnisse des ersten Halbjahres 1990 sowie über den Vollzug der deutschen Wirtschafts- und Währungsunion nachdenkt.
Die Wahrscheinlichkeit wächst, daß wir noch im Jahre 1990 einen einheitlichen deutschen Staat haben werden. In Bonn und Ostberlin lassen in diesen Tagen Verhandlungen diesen Schluß zu.
Doch werden vor allem in der Bundesrepublik Bedenken laut über die Kosten der deutschen Einheit und die alte deutsche Spruchweisheit scheint sich zu bewahrheiten: »Die Liebe aus der Ferne bleibt am längsten warm.« Als die Menschen im Osten für ihre Freiheit demonstrierten, als

die Mauer fiel, da wußte man 1989, was das bedeutet: die deutschen Grenzen fielen, da haben wir alle gejubelt. Doch heute, Monate später?

Die Völker Mittel- und Osteuropas, die sich von der kommunistischen Unterdrückung befreit haben, erwarten und hoffen nun, daß »das große deutsche Volk« ihnen den Weg zu Freiheit, Demokratie und Wohlstand zeigen und dabei helfen werde.

Das »große deutsche Volk«: Diese Formel hatte einst ein anderer, ein westlicher Staatsmann benutzt, dessen Geburtstag sich dieser Tage zum hundertsten Male jährt: der Franzose Charles de Gaulle. De Gaulle hat übrigens mit instinktiver Sicherheit erkannt, daß die Teilung Deutschlands nach 1945 eine vorübergehende Episode bleiben werde. Als er schon in den sechziger Jahren die damals scheinbar aufstrebende DDR als »künstliches Gebilde« bezeichnete, wollten ihm sogar viele Deutsche nicht recht glauben. De Gaulle war es aber auch, der unseren Kontinent als ein »Europa der Vaterländer« gesehen hat, ein Europa, in dem zwar die nationalen Grenzen und die nationalen Feindschaften abgebaut werden, in dem die Individualität der Nationen jedoch erhalten bleibt und sogar gefestigt wird.

»Mach doch den zweiten Fensterladen auf, damit mehr Licht hereinkommt«, sagte der sterbende Goethe zu seinem Diener Friedrich. Dem ebenfalls anwesenden Hausarzt Vogel waren die letzten Worte des Dichters zu belanglos. In seiner Version flüsterte Goethe prosaisch: »Mehr Licht.« Mehr Licht wäre in unserer Geschichtsschreibung durchaus angebracht.

In der Schrift »Die Wehrmacht im Urteil des damaligen Gegners« von Brigadegeneral a. D. Heinz Karst führt dieser unter anderem aus: »De Gaulle besuchte 1945 Stalingrad und war durch die Trümmer gewandert. Bei einem Empfang in Moskau fragte ihn ein Journalist nach seinen Eindrücken in der zerstörten Stadt. ›Stalingrad? Das ist schon ein fabelhaftes Volk, ein sehr großes Volk!‹ Der Pressemann nickte zustimmend: ›Ja, die Russen!‹ De Gaulle fiel ihm ungeduldig ins Wort: ›Aber nein doch! Ich spreche von den Deutschen, daß sie trotz allem so weit vorgedrungen sind.‹«

Es wird einer herausragenden Gemeinschaftsleistung der EG-Mitgliedsstaaten bedürfen, um mit der Lage in Osteuropa fertig zu werden. Wenn die EG an der Seite der Amerikaner sich nicht dazu aufrafft, die Zukunft des europäischen Kontinents zu gestalten, Verantwortung für Osteuropa zu übernehmen, wird uns eine Armutswanderung überrollen, die die Massenflucht aus der DDR in den Schatten stellt. 20000 Asylbewerber sind im August 1990 zu uns gekommen, jeder kostet uns, wenn er bleibt, 250000 Mark. Mit einem Bruchteil der Summe ließe sich eine Existenz in seiner Heimat finanzieren. Es ist an der Zeit, daß wir anfangen, in solchen Zusammenhängen zu denken.

Montagsdemonstration am 12. Februar 1990 in Leipzig

Sie sangen die Nationalhymne, schwenkten schwarz-rot-goldene Fahnen und riefen: »Deutschland, einig Vaterland« – 80000 Menschen demonstrierten in Leipzig erneut für die sofortige Wiedervereinigung.

Sprechchöre: »Kommt die D-Mark, bleiben wir, kommt sie nicht, geh'n wir zu ihr!« und »Enteignet die PDS!« Auch einige Rechtsradikale mischten sich unter die Demonstranten. Sie wurden ausgepfiffen, niedergeschrien: »Nazis raus!« Auf Plakaten stand: »Einig Deutschland, ohne Nazis.« Flaschen flogen.

In Chemnitz gingen ebenfalls 80000 Demonstranten auf die Straße. Mehrere Redner betonten, daß nur eine soziale Marktwirtschaft wie in der Bundesrepublik der maroden DDR-Wirtschaft wieder auf die Beine helfen könne, und der DDR-Ministerpräsident wurde aufgefordert: »Herr Modrow, treten Sie zurück!«

Parteien und Gruppen der DDR warben auf beiden Kundgebungen um Wählerstimmen für den 1. März 1990.

Die Wandlungen in Osteuropa in der letzten Zeit lassen sich mit jenen des Jahres 1789 vergleichen. Damals erstürmte das französische Volk die Bastille und verkündete eine neue Ära der Demokratie, die die Feudalordnung ablöste. Zweihundert Jahre später fegte der Sturm des Volkszorns die totalitären Regimes in Ost- und Zentraleuropa weg.

Dabei hätte die Sowjetunion die Möglichkeit gehabt, zwischen 1945 und 1947 einen Streifen wahrhaft befreundeter Länder entlang ihrer westlichen Grenze zu schaffen. Aber Stalin wollte mehr, die Einflußsphäre sollte erweitert werden, dies führte aber zu einer jahrelangen Konfrontation zwischen Ost und West, bei der Europa in zwei feindliche Lager zerfiel.

Die damit enorm gesteigerte Rüstung hielt die sowjetische Wirtschaft auf die Dauer nicht aus, der wirtschaftliche Zusammenbruch der UdSSR und der Satellitenstaaten war vorauszusehen.

Der lästige Deutsche – Erich Honecker

Irgendwie wissen die neuen Herren nicht, was sie mit ihrem alten Staatsoberhaupt machen sollen. Ins Gefängnis stecken wollen sie ihn nicht, er hat Nierenkrebs. Aber liebevoll füttern möchten sie ihn auch nicht mehr. Sie werfen ihn am 1. Februar 1990 aus seiner Villa in Wandlitz. Seine Konten sind gesperrt. Margot und Erich Honecker leben von 300 Mark Rente. Wo soll er hin? In eine kleine Wohnung in Ostberlin? Die Angst ist groß, die Nachbarn könnten ihn erschlagen.

Erich Honecker, noch vor wenigen Monaten der mächtigste Mann der DDR, droht buchstäblich die Obdachlosigkeit. Ende Januar muß er das komfortable Landhaus in der einstigen Prominentensiedlung Wandlitz räumen. Die neue DDR-Regierung scheint ratlos, wo sie das Ehepaar Honecker unterbringen soll. Aus Furcht, Honecker könnte von rachsüchtigen Bürgern gelyncht werden, kommt eine normale Zweizimmerwohnung in Ostberlin nicht in Frage. Honecker ist gefragt worden, ob er nicht zu seiner Schwester nach Wiebelskirchen im Saarland ziehen will. Er hat abgelehnt.

Erich Honecker und seine Frau sind heute völlig vereinsamt. Als Honecker mit dem Vorwurf des schweren Amtsmißbrauchs und der persönlichen Bereicherung unter Anklage gestellt wird, müssen ihn alle Hausangestellten verlassen. Bargeld hat er nicht. Die persönlichen Konten werden von der Staatsanwaltschaft gesperrt. So lebt Honecker heute von der Rente seiner Frau Margot, die im Sturz wieder zu ihm zurückkehrte. Die Ehe galt als zerrüttet. Margot Honecker, Ex-Volksbildungsministerin, bezieht die in der DDR übliche Mindestrente von monatlich 300 Ostmark. Sie führt den Haushalt, kocht für ihren Mann und fährt mit einem sandfarbenen Wartburg, persönliches Eigentum der Honeckers, nach Ostberlin einkaufen.

Niemand von Honeckers alten Vertrauten hält noch Kontakt zu ihm. Weder die engsten Genossen Sindermann, Hager und Ex-Verteidigungsminister Keßler noch seine Sekretärin Elly Kelm. Auch die langjährige Leibärztin und Vertraute, Dr. Hannelore Banascheak (gerüchteweise seine Geliebte), kommt nicht mehr. Der Rest der Vertrauten sitzt im Polizeigefängnis am Berliner Alexanderplatz: Stoph, Mittag, Mielke…

Eine Krankenschwester kommt täglich, und zweimal wöchentlich erscheint ein Arzt. Letzte Diagnose: Nierenkrebs. Er muß bald operiert werden.

Das Gesicht Honeckers ist noch blasser als sonst, sein Gang gebrechlich. Er spricht mit leiser Stimme, und die Neigung, manche Endsilben zu verschlucken, hat sich noch verstärkt. Aber der alte Mann ist im Kopf klar. Sein Sturz und der Ausschluß aus der SED haben ihn tief getroffen. Honecker fühlt sich von seinen Genossen verraten und hinters Licht geführt. Dabei richtet sich sein besonderer Zorn auf den fruheren Wirtschaftszaren Günter Mittag. Der habe ihn jahrelang belogen und betrogen. Verbittert beklagt Honecker, daß ihm niemand gesagt

habe, wie die Situation in der DDR wirklich war. Er hat inzwischen eingesehen, daß sein schwerster politischer Fehler war, die Bedeutung der Perestroika von Gorbatschow nicht erkannt zu haben.
Führende Vertreter der Evangelischen und Katholischen Kirche in der DDR drängen den Staatsanwalt, schnell zu entscheiden, ob gegen Honecker Anklage erhoben wird. Er sei nämlich keineswegs vogelfrei, sondern habe Anspruch auf eine menschenwürdige Unterbringung in seinem Alter. Die Evangelische Kirche signalisiert ihre Bereitschaft, Honecker in einem ihrer Altenheime in Lobetal, nördlich von Berlin, aufzunehmen. Unter den Heiminsassen sind auch alte Leute, die leicht schwachsinnig sind. Jedenfalls sei es dort sicherer für Honecker und Frau Margot, als in einer der Mietskasernen.
Von den vielen prominenten Wirtschaftlern und Politikern aus dem Westen hat bisher nur einer Interesse für das Los des einst so gesuchten mächtigen Gesprächspartners gezeigt: Krupp-Chef Berthold Beitz. Er hat gefragt, ob er in irgendeiner Form Honecker helfen könne.

Pastor Holmer aus Lobetal/DDR nimmt die Honeckers auf.

Er schreibt: »Haben Sie noch die Bilder vom 9. November vor Augen, als die Mauer fiel und sich die Deutschen aus Ost und West in den Armen lagen, als uns war, wie wenn wir träumten, als viele von uns vor innerer Bewegung Tränen in den Augen hatten? Trotz aller Schwierigkeiten die dann erst folgten und die noch vor uns stehen will ich mir die Freude darüber nicht nehmen lassen.
Nein, wir sind reich beschenkt. Ich sehe das Fallen der Mauer und die Wiedervereinigung unseres Volkes im Zusammenhang mit unserer Geschichte. Ich glaube, Gott hatte uns nach den greulichen Sünden unseres Volkes im Dritten Reich eine Strafe auferlegt, die er nun nach vierzigjähriger Spaltung von uns genommen hat.
Die Zahl 40 hat in der Heilsgeschichte eine große Bedeutung. 40 Jahre mußte Mose seine Schuld büßen, 40 Jahre mußte das Volk Israel wegen seines Ungehorsams durch die Wüste wandern. 40 Tage wurde Jesus versucht. Und wir mußten 40 Jahre in zwei gegnerischen Staaten leben. Diese Last hat der Herr der Geschichte nun von uns genommen. Ob wir Deutsche Buße und Demut und Gottesfurcht gelernt haben? Daß wir nur ja nicht vom dialektischen Materialismus in den gesellschaftlichen Materialismus verfallen!
Bei den vielen Briefen, Gesprächen und Telefonaten ist mir eins ganz wichtig geworden: Vergebung ist ein schweres Ding. Denn Schuld ist eine Wirklichkeit. Und die Erinnerung daran wächst sich in unseren Herzen gar zu leicht zu Bitterkeit aus und trennt uns, ja schafft neue Feindschaft.
Wir können auf Vergebung nicht verzichten. Vergebung, die Frieden zwischen uns schafft und einen Neuanfang ermöglicht. Das heißt nicht, daß die Schuld nicht beim Namen genannt werden soll. Nein, ein ordentliches, gerechtes Gericht ist sicher noch nötig. Aber wir als Mitmenschen, wenn wir vergeben und so auch zu den Parteigängern des alten Regimes wieder ein gutes menschliches Verhältnis herzustellen suchen, dann helfen wir, daß unser Volk seine Vergangenheit bewältigt und in eine gute Zukunft geht.«

Honecker lernt beten

Er faltet die Hände am Tisch von Pastor Uwe Holmer, dem Leiter der Hoffnungsthaler Anstalten, wo das Ehepaar Honecker untergekommen ist. Die Augen geschlossen, lauscht er andächtig den Worten des Pastors: »Erbarme Dich meiner, o Gott, der Du barmherzig und gnädig ..., von meiner Sünde mache mich rein. Denn meine Bosheit erkenne ich wohl ...« (Bußpsalm 51).
Erich und Margot Honecker bewohnen zwei Zimmer im ersten Stock. Sie schlafen getrennt, teilen sich aber Bad und Toilette. Traugott Holmer räumte für die Honeckers

gern sein Zimmer. Aber er sagt: »Es ist verrückt: Weil ich nicht in der FDJ war, durfte ich kein Abitur machen, mußte Tischler lernen. Und die Frau, die mir das Abitur verboten hat, lebt heute bei uns.«
Abends sitzen die Honeckers mit Familie Holmer am ovalen braunen Eichentisch im Wohnzimmer (30 Quadratmeter, kleiner Schreibtisch, brauner Schrank, Sofa, zwei Sessel, Christusbild). In der Ecke steht ein Klavier, auf dem Pastor Holmer zum Abendgesang spielt. Honecker lächelt versonnen, als die Holmers nach dem Essen das Lied anstimmen: »Nun sich der Tag geendet, mein Herz sich zu dir wendet, und danket inniglich. O Ewigkeit, du schöne, mein Herz an dich gewöhne, mein Heim ist nicht in dieser Zeit.«
Pastor Holmer: »Ich glaube, Honecker war sehr beeindruckt. Schon bei seiner Ankunft habe ich ihm gesagt, daß bei uns vor jedem Essen gebetet wird. Da hat er stumm genickt.«
Pastor Holmer, der als CDU-Mitglied jahrelang vom Stasi überwacht wurde, gibt ihm jetzt seinen Segen: »Das schönste für mich wäre, wenn Herr Honecker einmal das ganze Tischgebet allein sprechen würde!«[102]

Dramatischer Appell von Wolfgang Berghofer

Dresdens Oberbürgermeister Wolfgang Berghofer sieht die Lage in der DDR im Februar 1990 düster. Der Strom von Übersiedlern in die Bundesrepublik ist nach wie vor ungebrochen. Allein 20 000 Dresdner haben seit Jahresbeginn ihre Heimat in Richtung Bundesrepublik verlassen.
Berghofer: »Es sind jetzt die Köpfe, die gehen.« Die Wettbewerbsfähigkeit der DDR lasse immer weiter nach, aber die Streikbereitschaft steige. Die Forderungen nach mehr Lohn belaufen sich bereits auf 40 Milliarden Mark.
Bis zum Frühling werden noch mehr Menschen die DDR verlassen, fürchtet Berghofer: »Sie leben in Unsicherheit und Angst.« Der Politiker forderte deshalb: »Wir brauchen eine Entscheidung über die Währungsunion.«
Die staatliche Einheit von Bundesrepublik und DDR sei keine Frage der Zukunft, sondern stehe jetzt auf der Tagesordnung. Berghofer: »Ich sehe keine vernünftige politische Alternative dazu.«[103]
Am 20. Februar 1990 schrieb mir Wolfgang Berghofer einen Brief.
»Sehr geehrter Herr Theisinger! Herzlichen Dank für Ihre Post! Ich erinnere mich auch gern unserer Gespräche in Davos. Sie waren in vieler Hinsicht für mich anregend, gaben Impulse, manches tiefer zu durchdenken.
Unlängst fand ich – anlehnend an einen Ausspruch von Churchill – den guten Satz: ›Die soziale Marktwirtschaft ist die schlechteste Wirtschaftsform, aber ich kenne keine bessere.‹ In diesem Sinne teile ich Ihre Überlegungen. Viele Menschen bei uns denken wie Sie. Aber ebenso viele haben aus Unkenntnis und anderen Gründen Ängste vor Veränderungen. Ideologisch und moralisch brauchten wir viel Zeit, ökonomisch und politisch haben wir keine. Um so mehr wünsche ich mir, daß wir die heutigen und künftigen Wege zueinander für alle Beteiligten gut bewältigen werden.«

Februar 1990 – Bedeutsame Entscheidungen

In den vergangenen Wochen waren die Entwicklungen in den osteuropäischen Ländern und insbesondere die Veränderungen in der DDR beherrschende Themen in der Bundesrepublik Deutschland. Diese Entwicklungen wären ohne Umgestaltung in der UdSSR nicht möglich gewesen, das Schicksal der beiden deutschen Staaten beschäftigt jetzt auch zunehmend die Menschen in der UdSSR. Michail Gorbatschow äußert sich zu dieser Problematik Ende Februar 1990. Er erklärt, daß die »Vereinigung der Deutschen niemals und von niemanden in Zweifel gezogen« werde und daß es gelte, die deutsche Frage verantwortungsvoll zu lösen. Er führt außerdem aus: »Es gibt zwei deutsche Staaten, es gibt die Verpflichtungen der vier Mächte, es gibt den europäischen Prozeß – und auch der verläuft stürmisch –, und all das muß in Einklang gebracht werden. Auf gar keinen Fall dürfen die Interessen der Deutschen geschmälert werden, denn ich bin für einen realistischen Prozeß. Doch wenn wir gesagt haben, die Geschichte wird entscheiden – und ich habe das viele Male gesagt –, dann wird das auch so sein. Und ich glaube, daß sie bereits ihre Korrekturen einbringt.« Die mögliche Vereinigung der beiden deutschen Staaten und die weitere Herausbildung des gemeinsamen europäischen Hauses werden auch weiterhin auf der politischen Tagesordnung stehen.[104]

**Frage an uns im Westen:
Wer hat Honecker zu lange hofiert?**

Der CDU-Abgeordnete Jürgen Todenhöfer sieht Wendehälse nicht nur im Osten. Auch der distanzierte Betrachter muß über die Nonchalance erstaunt sein, mit der Vertreter der deutschen Linken Bundeskanzler Kohl vorwerfen, er werte durch die »Art seiner Politik« die SED auf. Stand nicht die deutsche Linke bis vor wenigen Monaten noch Schlange nach Fototerminen mit den Stalinisten in Ostberlin?

Die sanfte Revolution der DDR hat eines der problematischsten Kapitel westlicher Politik aufgedeckt: Auf dem Altar einer falschverstandenen Entspannungspolitik waren prominente Vertreter der westeuropäischen Linken jahrzehntelang bereit, die Freiheits- und Menschenrechte der Deutschen jenseits der Mauer großzügig zu übersehen. Während sie gebetsmühlenartig forderten, die Realitäten (der Unterdrückung) in Osteuropa anzuerkennen, verschlossen sie fest die Augen vor der Realität des Willens der Deutschen in Ost und West, frei zu sein und in Einheit zusammenzuleben. Ist das alles schon vergessen?

Selbst als die Bürger der DDR ihrer Staatsführung schon zu Hunderttausenden fortliefen, hasteten linke Politiker der Honecker-SED noch hinterher. Im September letzten Jahres boten sich ausgerechnet Vertreter der großen SPD, die auf eine stolze demokratische Tradition zurückblicken kann, ohne Not an, das ramponierte Image Honeckers durch einen Ostbesuch aufzuwerten. Muß diese Hofierung Honeckers der Bevölkerung der DDR nicht wie Hohn vorgekommen sein?

Heute steht die westeuropäische Linke vor dem Scherbenhaufen ihrer Deutschlandpolitik. Am liebsten würde sie alles vergessen machen, was sie in jener Zeit über Deutschland gesagt hat. Hier einige wenige Beispiele:

Gerhard Schröder, Niedersachsens SPD-Chef, im Dezember 1985 über Erich Honecker: »Das ist ein zutiefst redlicher Mann.«

Oskar Lafontaine 1988: Er habe »Probleme damit, Deutschstämmige vorrangig aufzunehmen vor einem Farbigen«.

Willy Brandt im September 1988 über die Wiedervereinigung: »Die Lebenslüge der zweiten deutschen Republik.«

Egon Bahr über die Wiedervereinigungspolitik im November 1988: »Objektiv und subjektiv Lüge, Heuchelei und politische Umweltverschmutzung.«

Walter Momper im August 1989 zur Forderung nach deutscher Einheit: »Wiedervereinigungs-Rhetorik.«

Egon Bahr im Oktober 1989 zur Begründung, warum die SPD (damals) keine Kontakte mit der Sozialdemokratischen Partei der DDR wolle: Die SPD wolle in anderen Ländern »nicht konspirativ tätig werden«.

Hans-Jochen Vogel im Oktober 1989 über die Wiedervereinigungspolitik: »Leichtfertiges und illusionäres Wiedervereinigungsgerede.«

Jetzt, im Januar 1990, erklärte die SPD zur Überraschung aller politischen Beobachter: »Ziel unserer Politik ist ein geeintes Deutschland.« Man reibt sich erstaunt die Augen: Gibt es auch bei uns Wendehälse?

Der letztlich zu begrüßende Versuch, auf den fahrenden Zug der deutschen Wiedervereinigung aufzuspringen, kann nicht darüber hinwegtäuschen, daß die Geschichte der friedlichen Revolution in Deutschland ohne die westeuropäische Linke geschrieben wurde. Als die Bevölkerung der DDR um Einheit und Freiheit kämpfte, war die westeuropäische Linke nicht dabei.
Jahrzehntelang war die Bewältigung des Unrechts der Vergangenheit zu Recht eines der Hauptthemen der westeuropäischen Linken. Vor der Bewältigung des Unrechts der Gegenwart jedoch hat sie versagt. Es besteht kein Anlaß, sich darüber zu freuen.[105]

Wo Honecker seine Informationen herbekam

Das Luxushotel »Metropol« in Ostberlin, 600 Betten: Abhörwanzen unterm Barhocker, geheime Kameras in den Zimmern, Mikrofone in der Nachttischlampe. Auf 14 Monitoren sah der Stasi zu, wenn westdeutsche Direktoren mit ostdeutschen Mädchen ihre Abschlüsse feierten. Die Illustrierte »Bunte« berichtete darüber:
Die schlechte Nachricht betrifft alle, die jemals einer Dame im Ostberliner Luxushotel »Metropol« gute Nacht gesagt haben. Denn alles, aber auch wirklich alles, was sie außerdem noch sagten oder taten, wurde auf 14 Monitoren in Bild und Ton festgehalten.
»Produzenten« dieser kombinierten Prominenten- und Sexshow waren die Späher des Staatssicherheitsdienstes der DDR. Ihr »Aufnahmestudio« war das Zimmer 609 im sechsten Stock des renommierten Hauses. Dort saß zwölf Jahre lang als »Aufnahmeleiter« Volker B., dessen Name nichts zur Sache tut, denn all seine Namen sind falsch. Kaum einer der Gäste hat diesen bulligen 1,70-Meter-Mann mit dem dicken roten Gesicht jemals gesehen. Dafür sah er alle: Wer einen Ost-West-Geschäftsabschluß im »Metropol« feierte; wer direkte politische Kontakte knüpfte; wer hier finstere Waffendeals mit Abgesandten aus dem Nahen Osten machte; wer als DDR-Prominenter auch mal in Ostberlin an den »verwerflichen Blüten des dekadenten Westens« gerochen hat. Die Kameras registrierten jede Bewegung, die Wanzen unter Barhockern und in Nachttischlampen jeden Laut. Und jeden Morgen um neun lag die pikante Produktion der Nacht auf dem Schreibtisch des Chefs der Hauptverwaltung Aufklärung im Staatssicherheitsministerium, Markus »Mischa« Wolf, der ja jetzt, wie er sagt, auch ein Reformer ist.
Natürlich ist auch Volker B. aus dem »Metropol« verschwunden. Und der Mann, der die Stasi-Erpressermaschinerie dort zum Laufen brachte, ist jetzt Direktor im Ostberliner Nobelrestaurant »Haus Stilbruch«. Er heißt Wolfgang Dorow und ihm verdankt die »Bunte« einige intime Kenntnisse über das als »Staatsgeheimnis« deklarierte Lotterleben.
»Eigentlich fing es ja ganz harmlos an«, erinnert sich Dorow. »Ein internationales Hotel ohne Edel-Prostituierte, das gibt es einfach nicht. Als das ›Metropol‹ 1977 aufmachte, standen gleich hundert Dirnen vor der Tür und bewarben sich.« Unter »Bewerbung« versteht man in feinen Hotelierskreisen, daß gewissen Damen der Zutritt zum Foyer und zu den Bars gestattet wird, und daß der Nachtportier sie nicht daran hindert, einen prominenten Gast aufs Zimmer zu bringen. Daß die Damen anschließend einen Teil ihrer »Gage« an ihre Gönner im Hotel abführen, versteht sich von selbst.
»Wir suchten von den 100 Bewerberinnen die 15 schönsten aus«, erzählt Dorow weiter, »und glaubten, jetzt habe unser Hotel auch in dieser Beziehung das angestrebte Weltniveau der DDR erreicht.«
Der Weg zum Weltniveau der Unterwelt führte über den Stasi-Bullen Volker B., den alle im Hotel nur Volker nannten. Jeder wußte wer er war, keiner traute sich, seinen Anordnungen nicht zu folgen. Wie jeder Berufsgauner arbeitete er mit Erpressung: Ging ein Angestellter oder eine Angestellte mit einem Gast ins Bett, mußte er für Volker arbeiten. Nahm einer der Angestellten als

Trinkgeld Westmark an (was alle taten), hatte Volker sie in der Hand.
Und das betraf in erster Linie natürlich die ja ohnehin nur geduldeten Prostituierten, denen ein Einnahmeverlust von bis zu 1000 Mark am Abend drohte, wenn sie nicht taten, was Volker wollte.
Diese Mädchen wußten, daß ihre lauschigen Nächte mit einer versteckten Kamera im Fernsehgerät von Volker aufgezeichnet wurden. Die Freier aus dem Westen wußten es nicht. Und in dem 600-Zimmer-Hotel wuchs so die Erpressungskartei Nacht für Nacht.
Wolfgang Dorow, der die letzten acht Jahre Barchef des Hotels war, wußte, daß man sich in diesem System mit derartigen Vorgängen abzufinden hatte. Was ihm als Profi auf den Nerv ging, war die Stillosigkeit, in der das alles abgewickelt wurde.
»Nachts, wenn er besoffen war«, erinnert sich Dorow, »erzählte Volker vor dem Personal und den letzten Bargästen die schweinischsten Details aus seinen Aufzeichnungen. Er rühmte sich vor allen, wie viele Millionen Dollar er über den Tisch habe gehen sehen; er machte sich lustig über die Araber, die hier nachts en masse Waffen kauften.«
Und dann erst der Stil der »Damen«. Darüber ist Dorow heute noch empört. »Als es anfing nahmen die Mädchen 50 Westmark. 1980 stieg dann der Preis auf 100. Dabei wäre es wohl bis heute geblieben, wenn da nicht dauernd dieser westdeutsche Brauerei-Direktor gekommen wäre und glatt für jede einen Tausender hingeblättert hätte. Von da an flippten die Mädchen aus. Unter 500 Mark (West) pro Nacht wollte es keine mehr machen. Plötzlich waren sie doppelt so teuer wie unsere Zimmer!«
Ebenfalls stillos empfindet Dorow das Benehmen einiger Herren unserer bundesdeutschen Ständigen Vertretung in Ostberlin. »Die waren die besonderen Stammgäste unserer Bar nach zwei Uhr nachts, wenn die Mädchen eine private Striptease-Show hinlegten, während sich die Herren unmäßig betranken.« Auch diese Szenen sind natürlich auf Volkers Videobändern. Man wird erst später erfahren, was mit ihnen geschah…
Diskreter wurden hingegen die Vorfälle abgewickelt, bei denen der Gast den Morgen im »Metropol« nicht mehr erlebte. Zuletzt widerfuhr das zwei Hamburger Speditionsunternehmern, Der eine, so die offizielle Version, starb plötzlich an der Bar, der andere verschied in einem oberen Stockwerk bei einer Prostituierten. Beide Herren hatten vorher an der Bar über die Intimitäten ihrer Waffengeschäfte mit der DDR renommiert.
Stillos auf andere Weise empfindet Dorow das Benehmen des Chef-Deviseneintreibers der DDR, Alexander Schalck-Golodkowski. »Der schüttete wahllos Cocktails, Bier, Wodka und Whisky in sich hinein, und das in Anwesenheit seines Sohnes, und wollte zum Schluß mit Ostmark bezahlen.« Ein Skandal. Nachträglich gut spricht Dorow über den mittlerweile geschaßten Ex-ZK-Sekretär für Wirtschaftsfragen, Günter Mittag. »Der kam zwar auch erst am Abend, aber immer nur mit seiner Frau.«
Und für die schönste Geschichte aus dem »Metropol« hält der Barchef die Romanze einer KGB-Agentin, die dort einen Hamburger Kaufmann ausspionieren sollte. Sie folgte ihm ins Bett – und heiratete ihn drei Monate später. Im Westen.
PS.: Volkers Zimmer ist heute frei. Jeder kann es für 190 Westmark pro Nacht mieten. Ohne Wanzen und Monitore.[106]

Sozialismus

Die kommunistischen Ideologen sagten seinerzeit in ihrer Revolutionszeit: Laßt uns nur die Hauptforderung des Marxismus verwirklichen, nämlich die Sozialisierung der Produktionsmittel, also die Enteignung des Privateigentums, und die Diktatur des Proletariats, also die totale Herrschaft der Kommunistischen Partei, dann werden sich alle wirtschaftlichen und sozialen Probleme von selber lösen.
Das Ergebnis war eine völlige soziale Katastrophe, ein schrecklicher Niedergang der

Wirtschaft, die Zerstörung ganzer Länder. Der Sozialismus siegt, riefen die verbohrten Funktionäre, dabei stand ihnen das Wasser schon bis zum Halse.
Aber es wäre eine platte Umdrehung solcher marxistischer Irrtümer, wollten wir jetzt sagen: Wir führen jetzt dort im Osten ganz schnell die freie Marktwirtschaft und parlamentarische Demokratie ein und dann läuft alles von selbst und alle Probleme sind gelöst.
Man darf nicht vergessen, das zwei Generationen im Osten vom Sozialismus geprägt wurden, und alles war auch nicht schlecht und die Menschen dort werden immer wieder vergleichen. Wenn wir nicht alle unsere Kraft, Kenntnisse und Organisation einsetzen werden, um die ungeheuren Probleme der Hinterlassenschaft des Sozialismus zu lösen, werden wir Bestrebungen auch bei uns nicht unterdrücken können, einen menschlichen Sozialismus anzusteuern.
Die Gewerkschaften mit ihren immer neuen Forderungen tragen im Endeffekt mit dazu bei. Nicht Ruhe kehrt am Arbeitsmarkt ein, sondern der Leistungsdruck wird immer größer, die Gewerkschaften sollten ihre Strategie überdenken, ob sie mit ihren Forderungen nach noch mehr verkürzter Arbeitszeit auf dem richtigen Wege sind. Ruhe muß auf dem Arbeitsmarkt einkehren, ich sage es noch einmal, und zwar deshalb, weil der Mensch die größte Zeit seines Lebens am Arbeitsplatz verbringt, sollte dort Freude und Harmonie herrschen.
Schon von Walter Ulbricht wurde der Sieg des Sozialismus immer wieder verheißen. Er war sich sicher, daß er die Bundesrepublik Deutschland in zehn Jahren in der Entwicklung, im Lebensstandard ein- und dann überholen würde, und ging davon aus, daß die Bürger der DDR schließlich das kommunistische Paradies erleben würden.
Aber das Gegenteil trat ein, es ging immer mehr bergab. Nach der deutschen Einheit wünschen sich die Menschen in der Ex-DDR schneller das Wohlstands- und Konsumniveau der Bundesrepublik. Nun darf man nicht vergessen, über vierzig Jahre Sozialismus haben die Menschen geprägt, nicht eine Generation, fast zwei, die Menschen sind interessenlos geworden, und das dürfte mit ein Problem sein, die Menschen umzuerziehen. Die einfache Vorstellung: »Leben wie im Kapitalismus mit ihrer sozialen Marktwirtschaft, aber arbeiten wie im Sozialismus« muß verbannt werden aus dem Bewußtsein.

Kommunismus und das Ende

Moskau im August 1991. In der Dämmerung des Putsches gegen Gorbatschow. Es war das letzte Zucken des Kommunismus, der Idee, die in 74 Jahren zwischen 40 und 60 Millionen Menschen getötet hat – genau wird man es nie erfahren. Fast wie Hitler perfektionierte Stalin den Massenmord. Eine Million Parteimitglieder (40 000 Offiziere). Zwischen 1939 und 1942 starben bei Dorfpogromen und Hungersnöten 22 Millionen, durch reinen Terror zwischen 1935 und 1941 starben weitere 19 Millionen.
Wie kam der Kommunismus auf die Welt? Die Ururur-Kommunisten waren die Summerer, die schon vor 5000 Jahren in Mesopotamien (heute Irak) den Gleichheitstraum hatten. Alle Bürger, vom Bäcker bis zum Hirten, wurden einheitlich mit Nahrung entlohnt. Der berühmteste Ur-Kommunist war der Sklavenheld Spartakus, der im 1. Jahrhundert vor Christus die totale Gleichheit probte. Den modernen Kommunismus erfand ein deutscher Journalist mit Rauschebart aus Trier: Karl Marx (1818 bis 1883). Er schrieb in London mit seinem Mäzen und Freund Engels (1820 bis 1895) das »Kommunistische Manifest« und das »Kapital«. Berühmteste Losung: »Proletarier aller Länder, vereinigt euch!« Aber Geburtshelfer des Kommunismus als Staatsform war Lenin (alias Wladimir Iljitsch Uljanow, 1870 bis 1924).
Als Kind nannte man ihn »kleines Faß«, weil er beim Gehen immer umfiel. Es hieß, sein Kopf sei zu schwer. Der Sohn eines Schulinspektors war eine Intelligenzbestie,

der mit 16 die Religion aufgab und mit 19 das »Kapital« las. Sein Bruder wurde aufgehängt, weil er den Zaren töten wollte. Lenin: »Wir müssen einen anderen Weg finden.« Er wurde Berufsrevolutionär im Untergrund. Er war 23, bekam schon eine Glatze und hatte 75 Pseudonyme. Man nannte ihn »Starik« (alter Mann). Er schrieb Pamphlete und Geheimschriften mit Milchtinte. Er liebte Telefone (hatte später fünf Stück in seinem Büro). Alles, was er tat, plante er (Fünfstufenplan). Er liebte es, Fahrrad zu fahren und Champignons zu pflücken. Er haßte Musik (weil sie seine Zeit stahl) und wollte keine Bilder von sich in der Zeitung. Er hatte zwei Geliebte, aber hielt nicht viel von ihrer Intelligenz: »Ich glaube nicht, daß eine Frau ›Das Kapital‹ auf einmal durchlesen kann, sich in einem Zugplan auskennt oder richtig Schach spielt.« Er wurde nur 53 Jahre. Vermutlich ließ ihn Stalin vergiften.

Was war die wichtigste Glücksformel des Kommunismus? Das 1. Gebot heißt: »Alle Menschen sind gleich.« Das 2. Gebot: »Es gibt keinen Gott.« Das 3. Gebot: »Die Geschichte ist nichts als ein ständiger Kampf zwischen Arm und Reich.« Das 4. Gebot: »Die Partei hat immer recht« und so weiter, und so weiter, und so weiter (Lenin schrieb 35 Bücher).

Noch immer stehen Menschenschlangen (Touristen oder PDS-Delegationen) vor dem Mausoleum am Roten Platz. Vier bis sechs Stunden braucht ein Pilger, um 21 Stufen tief in der klimatisierten Marmorgruft vor dem Glassarg Lenins zu stehen, der aussieht wie eine getrocknete Mumie: gelbe Haut, spitze Nase, Schlips. Eine Lichtdusche erhellt die berühmteste Leiche der Welt.

War Lenin ein guter oder ein böser Mensch? Golo Mann antwortet: »Lenin und nicht Stalin ist der Verbrecher Nummer eins. Wir haben zum Beispiel den Bericht eines englischen Philosophen, der Lenin traf. Lenin erging sich in erfreulichen Gesprächen. Er habe die Kleinbauern aufgefordert, die Großbauern zu erledigen, und wirklich sah man die recht bald an ihren eigenen Bäumen hängen.

Rot ist die Farbe des Kommunismus. Rot ist aber auch die Farbe der Liebe und damit die Farbe der Solidarität. Rot heißt in Russisch auch »schön«, zum Beispiel Roter Platz (schon im 15. Jahrhundert). Aber Rot symbolisiert auch das Blut, das für die Befreiung der Arbeiter vergossen wurde.

Manche fragen sich heute: Warum konnte der Kommunismus die halbe Welt erobern? Im Hitler-Krieg verlor das kommunistische Rußland 20 Millionen Menschen. Aber es siegte. Der Kommunist war damit ein guter Mensch der respektiert wurde. Nur Churchill warnte: »Man hat Lenin wie einen Bazillus der Pest nach Rußland befördert.« Immer mehr arme, ausgebeutete Länder griffen nach dem roten Strohhalm. Verlogene Propaganda, aggressive Außenpolitik (Ziel: Weltkommunismus) und soziale Romantiker im Westen machten die rote Ideologie zur Polit-Philosophie der halben Welt. Kommunismus galt als Schlüssel zu einer gerechteren Zukunft – und wurde zum Alptraum. Kommunisten sind aussterbende Spezies. Nur noch sechs Länder sind rot: Laos (4 Millionen), Kambodscha (7 Millionen), Kuba (11 Millionen), Nordkorea (21 Millionen), Vietnam (66 Millionen) und – dummerweise – Rotchina (1180 Millionen).

Viele Menschen fragen sich, warum traten die Elitekommunisten unter Pseudonymen auf? So hieß Lenin bürgerlich Uljanow und hatte 75 Pseudonyme. Stalin hieß Dschugaschwili. Trotzi hieß Bronstein. Molotow hieß Skrjabin. Und der bürgerliche Name von Ex-Außenminister Gromyko ist bis heute geheim. Für die Kommunisten symbolisierte der Tarnname, daß sie sich endgültig von der Bürgerlichkeit losgesagt hatten.

Wie deutsch ist der Kommunismus? So deutsch wie Marx, ein Anwaltssohn aus Trier. So deutsch wie Engels, ein Fabrikerbe aus Wuppertal. So deutsch wie Erich Honecker.

Nun wirft sich auch die Frage auf: Warum war jeder Widerstand 74 Jahre lang sinnlos? Wer nicht hören wollte, mußte sterben. Mord war das Mittel zum Zweck. Über al-

lem wachte das Vorbild der Stasi – der KGB, der Geheimdienst (etwa 2,9 Millionen Mann), der wie eine Krake die UdSSR überwachte. Die Gestapo Stalins. Der KGB war so mächtig, daß sein Chef, Andropow, 1982 sogar Breschnews Nachfolger wurde. Der letzte Chef des KGB, Wladimir Krjutschkow, war die kriminelle Energie in der Achterbande, die Gorbatschow stürzen wollte.
Oft wird gefragt, warum faszinierte der Kommunismus die Intellektuellen der Welt? 1. Der brüderliche Kampf gegen den Faschismus. 2. Der Kommunismus gibt sich in seiner Theorie wissenschaftlich. 3. Die Sehnsuchtsparole: jeder gleich. 4. Der Intellektuelle ist einsam und Sucher.
Vielen Frauen hat der Kommunismus den Kopf verdreht, warum? Weil sich die reine Lehre als Idyll darstellte, in der Menschen Brüder werden. Ohne Hunger und Neid. Star-Emanzen von Rosa Luxemburg bis Simone de Beauvoir sahen im Kommunismus einen natürlichen Verbündeten im Kampf gegen die männliche Vorherrschaft. Sie dachten, die rote Philosophie macht Frauen frei. Aber sie wurden nur aufgewertet zu Knechten im Rock.
Woher kamen die Symbole des Kommunismus, zum Beispiel rote Fahne, roter Stern, geballte Faust, Hammer und Sichel. Ähren, die Internationale und so weiter? Symbole sind Vereinfacher (1917 waren 90 Prozent der Russen Analphabeten). Das Rot der Fahne symbolisiert das Blut der gefallenen Freiheitskämpfer. Die geballte Faust symbolisiert Kraft, Stärke und Kampf gegen die Ausbeuter. Der rote Stern symbolisiert den Sieg auf den fünf Kontinenten und verspricht den Himmel auf Erden. Hammer und Sichel symbolisieren Brüderschaft zwischen Arbeitern und Bauern. Der Ährenkranz des Staatswappens symbolisiert den Kampf gegen den Urfeind Hunger.
Was war der Hauptfehler im Denkansatz des Kommunismus? Die Formel: Glück durch Gewalt. Der Kommunismus wollte den Menschen zu seinem Glück zwingen. Marx befahl die Beseitigung des Privateigentums. Also Glück durch Besitzlosigkeit. Im Namen Lenins schaufelte der Kommunismus Millionen vergessener Gräber. Beim Opfer Sacharow schrie die Welt auf.[107]

Prominente wurden von der Illustrierten »Bunte« gefragt: Waren Sie eine Minute Ihres Lebens Kommunist?

»Nein, aber ich wäre beinahe einer geworden«
»Ich war nie Kommunist, wäre aber beinahe einer geworden. 1937 – ich war 18 und mußte zum Reichsarbeitsdienst. Jede Woche hatten wir politischen Unterricht. Der Lehrer, irgendein dusseliger Idiot, schimpfte auf die Kommunisten. Ich dachte danach, ich muß das Gegenteil von dem denken, was er mir erzählt. Dazu kam, daß ich in dieser Zeit einen Kameraden hatte, der war Seemann und Kommunist. Er sagte mir, Kommunismus sei das Heil der Welt. Ich hörte ihm aufmerksam zu, war begeistert. Nach einigen Wochen hatte ich all den Unsinn wieder vergessen.«
Altbundeskanzler Helmut Schmidt

»Ja, ich verdanke den Kommunisten mein Leben«
»Wenige Monate nach Ende des Zweiten Weltkrieges bin ich der Kommunistischen Partei Polens beigetreten. Denn lediglich der sowjetischen Armee verdanke ich, daß ich anders als mein Vater, meine Mutter und mein Bruder sowie zahlreiche weitere Verwandte nicht vergast, erschossen oder auf andere Weise umgebracht wurde, nämlich von Deutschen. Anfang 1950 wurde ich aus dieser Partei ausgeschlossen. Man warf mir ideologische Fremdheit und Entfremdung vor. Die Partei hatte recht.«
Marcel Reich-Ranicki

»Ich habe mit voller Seele geglaubt, der Kommunismus sei die Erlösung. Im Gefängnis wachte ich auf«
»In den letzten Jahren des Hitlerkrieges war ich im demokratischen Widerstand in Un-

garn. Ich habe mit voller Seele geglaubt, der Kommunismus sei die Erlösung von den Nazis. 1945 wurde ich von der ersten Nachkriegsregierung gebeten, bei der Organisation der neuen ungarischen Armee zu helfen. Ein Jahr später, als ich abtreten wollte, weil ich die Kommunisten kennengelernt hatte, sollte ich Staatssekretär im Verteidigungsministerium werden. Ich sagte dem KP-Militär-Chef: ›Erstens, ich bin krank und zweitens kein Parteimitglied.‹ 1948 übernahm die KP die Macht. Vorher hatte ich mit einem Freund die erste demokratische Zeitung ›Morgen‹ finanziert, die zehn Tage lang erschien. Ich wurde am 16. September 1948 als erster Gegner des neuen Regimes verhaftet. Haftgrund: Hochverrat. Im Gefängnis magerte ich von 82 auf 51 Kilo ab, wurde geschlagen, spuckte Blut. Ich habe am eigenen Körper erlebt, wie unmenschlich der Kommunismus gegen Menschen ist. Als ich zum ersten Mal wieder in Budapest war, wurde ich in meinem Hotel in Buda gefragt, warum ich aus meiner Heimat geflohen sei. Ich deutete auf die andere Seite, nach Pest, und sagte: »Dort sind viele kleine Straßen, die die Namen meiner gehenkten Freunde und Bekannten tragen. Rajk, Palfi … Sehen Sie, ich bin ein kleiner Mann und wollte keine kleine Straße.«

Josef von Ferenczy, Medien-Manager

Gründungswelle neuer Existenzen

Der Fall der Mauer war gleichzeitig der Startschuß für Zehntausende von Bürgern zwischen Eisenach und Rostock, sich selbständig zu machen.

Allein im ersten Halbjahr 1990 gingen bei den Behörden 100 000 »Gewerbeanzeigen« ein, hinter denen sich die Gründung selbständiger Existenzen verbirgt. Die Einführung der Marktwirtschaft hat diese Entwicklung noch weiter beschleunigt. So wurden im Juli 1990 36 000 weitere Unternehmen gegründet. Der Schwerpunkt bei diesen Neugründungen liegt im Handwerk, im Handel und bei den Gaststätten. Die meisten Existenzgründungen wurden in Ostberlin verzeichnet: 110 je 10 000 Einwohner. Und diese Welle ebbt nicht ab. So ist die Nachfrage nach ERP-Krediten (Europäisches Wiederaufbauprogramm) für Investitionen in den fünf neuen Bundesländern ungebrochen. 40 000 Anträge mit einem Fördervolumen von rund 4,1 Milliarden Mark liegen aus diesem Bereich vor. Ein vom Bundeswirtschaftsministerium in Auftrag gegebenes Gutachten zeigt, daß – hochgerechnet – rund 250 000 Befragte in diesem Teil Deutschlands konkrete Pläne für eine selbständige Tätigkeit haben oder diesen Schritt bereits getan haben.

Die vorliegenden ERP-Kreditanträge sind zu fast 100 Prozent zugesagt. Bei etwa der Hälfte handelt es sich um Geschäftsgründungen mit besonders hohem Arbeitsplatzeffekt. Geht man von drei bis vier Arbeitsplätzen je Antragsteller aus, so werden allein durch das ERP-Existenzgründungsprogramm 80 000 Arbeitsplätze neu geschaffen und gesichert. Damit erweist sich das Verhältnis von eingesetzten Haushaltsmitteln und erwünschtem wirtschaftlichem Fördereffekt als besonders günstig. Deshalb wird diese Form der Förderung auch in Zukunft fortgesetzt.[108]

Offenheit und Aufrichtigkeit beim Meinungsaustausch, das Vertrauen zwischen den Partnern sowie der Versuch, Kompromisse und Auswege aus schwierigen Situationen zu suchen, haben das zur Realität werden lassen, was noch vor zwei Jahren unwahrscheinlich und unmöglich schien und was es erlaubte, nach der Berliner Mauer auch die Mauer in den Köpfen einzureißen, um die Lösung schwieriger, von der Geschichte aufgeworfener Fragen zu ermöglichen.

Nach der Ratifizierung der in Moskau unterzeichneten Dokumente erhielt das vereinigte Deutschland seine volle Souveränität. Parallel zu dieser Arbeit haben Experten und Minister einen intensiven Meinungsaustausch über die grundlegenden Richtungen in den Beziehungen zwischen der UdSSR und dem vereinigten Deutschland geführt.

Etwa anderthalb Millionen Arbeiter und Angestellte in den neuen Bundesländern waren mit der Ausführung sowjetischer Aufträge beschäftigt. Man fragt sich, wie kann jenes einmalige Potential von fast 300 000 Facharbeitern in Wirtschaft und Verwaltung, die die russische Sprache beherrschen und sich in den Besonderheiten der Arbeit gut auskennen, auch für die Zukunft erhalten werden. Hoffentlich vergißt man sie nicht, denn für den zu erwartenden Osthandel können sie gut gebraucht werden.

Lehrstellenaktion in Ostdeutschland gestartet

13,3 Millionen Mark steuert die Bundesrepublik zum Aufbau dieses Pilotprojektes für überbetriebliche Berufsbildung bei. Der Start in den Beruf darf für die Jugendlichen zwischen Rostock und Eisenach nicht in einer Sackgasse enden. Mit diesem Ziel haben die Handwerkskammern eine Lehrstellenkampagne gestartet, die von der Bundesregierung unterstützt wird. Mit der Aktion »Ausbildung 90: Ausbilden heute – wettbewerbsfähig morgen« wird an den Kraftakt angeknüpft, mit dem es zu Beginn der achtziger Jahre in der Bundesrepublik gelungen war, angesichts der geburtenstarken Jahrgänge fast allen Jugendlichen einen betrieblichen Ausbildungsplatz anzubieten. Jetzt wird auf dieses Erfolgsrezept zurückgegriffen. Dabei steht das persönliche Schicksal des einzelnen jungen Menschen im Vordergrund. Deshalb appellierte Bundeskanzler Helmut Kohl zum Auftakt der Lehrstellenaktion in Halle an die Betriebe, jede nur mögliche Anstrengung zu unternehmen, um Lehrstellen in ausreichender Zahl anzubieten: »Nur so können wir erreichen, daß junge Menschen, die sich hier ihr Leben aufbauen wollen, eine Zukunftsperspektive erhalten.«
Mit Hochdruck wird an der Einrichtung der erforderlichen Berufszentren gearbeitet, in denen die betriebliche Ausbildung durch überbetriebliche Lehrgänge ergänzt wird. Welche herausragende Bedeutung die Bundesregierung gerade diesem Aspekt beimißt, zeigte sich jetzt in Halle-Osendorf, wo Bundeskanzler Helmut Kohl zusammen mit DDR-Ministerpräsident Lothar de Maizière die Berufsbildungsstätte der Handwerkskammer Halle (Saale) feierlich eröffnete.[109]

So helfen wir der DDR – sofort

Jetzt heißt es für die Menschen in der DDR: Ärmel hochkrämpeln und anpacken! Die Bundesregierung hat am 12. Februar 1990 5,7 Milliarden Mark als Soforthilfe bereitgestellt. Der Wiederaufbau drüben kann beginnen. Mark für Mark kommen wir der Wiedervereinigung Deutschlands näher.
Mittelstandsförderung: 2 Milliarden Mark gibt es in den nächsten vier Jahren, 400 Millionen sofort. Aus der Wirtschaft kommen weitere 4 Milliarden. Mit dem Geld sollen Unternehmensgründungen gefördert werden.
Reisedevisenfonds: Bonn zahlt in den nächsten beiden Jahren zusammen 4,3 Milliarden Mark. Aus diesem Topf können DDR-Bürger jeweils 100 Mark im Verhältnis eins zu eins und weitere 100 Mark im Verhältnis eins zu fünf tauschen.
Weiterbildung: Für Schulungen und Vermittlung von wirtschaftlichem Know-how gibt es 90 Millionen Mark.
Kreditprogramm: Die Mittel der Kreditanstalt für Wiederaufbau werden um eine auf 2,5 Milliarden Mark erhöht.
Umweltschutz: Insgesamt 700 Millionen Mark bis 1993. 100 Millionen Mark fließen sofort. Mit dem Geld sollen Filteranlagen, Klärwerke, Elbsanierung und andere Projekte bezahlt werden. Außerdem gibt es 120 Millionen zur Sicherung der veralteten kerntechnischen Anlagen in der DDR.
Medizinische Hilfe: 320 Millionen Mark für dringend benötigte Arzneimittel, Verbandszeug, Rollstühle und andere technische Hilfsmittel in Krankenhäusern.
Sport: 3,4 Millionen Mark für innerdeutsche Begegnungen, Turniere und Veranstaltungen.

Grenzübergänge: Für provisorische Abfertigungsstellen an den rund 80 neuen Übergängen zur DDR, der Tschechoslowakei und in Berlin zahlt Bonn 12,4 Millionen Mark.
Verkehr: 23 Millionen Mark für die Planung der Schnellbahn Berlin–Hannover (Gesamtkosten 3 Milliarden Mark), 20 Millionen für den innerdeutschen Streckenausbau (insbesondere vom hessischen Eichenberg nach Arenshausen im Bezirk Erfurt) und 60 Millionen für den Umbau von Bahnwaggons für den Berlin-Verkehr. Außerdem gibt es 94 Millionen Mark, um Verbindungslücken an den Autobahnen am »Thüringer Zipfel« (A 4, zwischen Bad Hersfeld und Eisenach), der A 722 (Hof–Plauen) und der B 191 an der Elbbrücke Dömitz zu schließen.
Aus- und Übersiedler: Für Unterbringung und Versorgung stellt Bonn weitere 900 Millionen Mark bereit. Davon allein 400 Millionen für Berlin.[110]
Großbritanniens Premierministerin Margaret Thatcher ist jetzt für die Wiedervereinigung. Außenminister Genscher nach einem Blitzbesuch in London: Frau Thatcher habe ihm die feste Zusage und Unterstützung für die deutsche Einheit erklärt.

Politiker reden – Unternehmer handeln

Während sich Kohl und Modrow über die vom »Runden Tisch« geforderten 15 Milliarden Mark noch nicht einigen konnten, wird von westdeutschen Unternehmern Soforthilfe längst tausendfach praktiziert. Schreinermeister Karl Rauch aus Frankfurt schenkte seine gesamte Werkstatt – Wert etwa 100 000 Mark – einem Kollegen in Leipzig. »Ein bißchen weh hat es schon getan, sich von den vertrauten Maschinen zu trennen. Aber die Freude, beim Wiederaufbau in der DDR mithelfen zu können, hat doch überwogen.«
Als vor vier Wochen beim VEB Tabak in Dresden mangels Ersatzteile für Zigarettenmaschinen die Produktion zu stoppen drohte, schickte Philip-Morris-Boß Wille (München) die benötigten Teile. Hoechst-Chef Rohwedder richtete dem jungen Bauingenieur Uwe Theuerkauf in Gotha ein komplettes Büro mit Computer, Zeichentischen und Visitenkarten ein. Hamburgs 130 Zahntechniker stifteten für ihre DDR-Kollegen Geräte und Material zur Herstellung von Zahnersatz, »um auch die zahntechnische Versorgung der DDR-Bevölkerung zu verbessern«. Ministerialrat Homann vom Bonner Wirtschaftsministerium auf die täglichen Anfragen »Was dürfen wir machen?«: »Ihr könnt alles machen. Hauptsache ruck, zuck.«
Der FDP-Bundestagsabgeordnete Grünbeck, Unternehmer aus Höchstädt bei Augsburg, stellte der DDR vertraglich sein Know-how als Wasser- und Abwasseraufbereitungsspezialist zur Verfügung. Außerdem: »Hierzulande gibt es Tausende von Lastkraftwagen und Maschinen, die zwar schon abgeschrieben, aber noch tipptopp sind. Wenn Waigel es zuläßt, diese stillen Reserven steuerlich zu aktivieren, kann das Gerät ohne Bezahlung, aber als Kapitalanlage DDR-Betrieben überlassen werden.«[111]

Bundeskanzler Helmut Kohl: Die Menschen haben eine Zukunft

Vor dem Treffen mit DDR-Ministerpräsident Hans Modrow führte »Bild«-Autorin Eva Kohlrusch ein Gespräch mit Bundeskanzler Helmut Kohl in dessen Amtszimmer in Bonn. Kohl: Das Wirtschaftswunder kommt.

Hätten Sie geglaubt, daß es mit Deutschland so schnell gehen würde?
Ich muß bekennen, daß das, was ich an zeitlichen Vorstellungen hatte, von der Realität total überrannt wurde.
Aber als ich im Dezember in Dresden war, wußte ich, das Volk selbst bestimmt das Tempo. Diese Sprechchöre, die Fahnen – das war eine klare Aussage. Und bei meinem Dresdener Gespräch mit Herrn Modrow bin ich davon ausgegangen, daß in

der DDR unverzüglich ein Wahlgesetz und bestimmte Wirtschaftsreformgesetze mit klaren marktwirtschaftlichen Perspektiven gemacht werden. Ich habe damals – einfach ausgedrückt – Herrn Modrow geraten, die ungarischen Reformen nachzuvollziehen. Die Antwort war überhaupt nicht befriedigend…

Große Verzweiflung unter den DDR-Bürgern war die Folge.
Ja, ich bin sicher, die Stimmung in der DDR wäre nicht so verfallen, wenn es diesen unseligen Beschluß nicht gegeben hätte, daß der Staatssicherheitsdienst mit Übergangsgeldern belohnt werden sollte. Das hat gewirkt wie ein Frosteinbruch im Frühjahr. Da ist der Optimismus in Pessimismus und Verbitterung umgeschlagen. Auch das Wahlgesetz schleppte sich hin, die Wirtschaftsreformen sollten durchsetzt werden mit sozialistischen Zutaten. Aber die Bürger in der DDR haben den Sozialismus rundum satt.
Die DDR hat also nie den großen Wurf gewagt, sondern immer nur Tag für Tag nachgebessert. Alles war zögerlich, abgetrotzt. Da ist ruckartig die Zahl der Übersiedler gewachsen mit 55000 im Januar, inzwischen sind es seit Jahresbeginn rund 75000.

Haben Sie in Davos noch mal mit Modrow darüber gesprochen?
Als Herr Modrow und ich uns in Davos sahen, habe ich ihm bereits gesagt, die Dinge haben ihre eigene Dynamik. Und als ich am Sonntag danach durch den Pfälzer Wald ging und meine Gedanken für die Woche ordnete, war mir klar, daß der Faktor Zeit noch kostbarer wird und daß der Verfall staatlicher Autorität in der DDR unübersehbar ist, was im übrigen Ministerpräsident Modrow selbst sagt. Deswegen habe ich unsere Leute zusammengerufen und gesagt, wir müssen jetzt Schritte tun, damit die Menschen in der DDR deutlich sehen, der Bundesregierung, dem Helmut Kohl und den Leuten in Bonn ist es ernst, die wollen jetzt, daß die DDR die wirtschaftliche Stabilität gewinnt.

Sie als Kanzler haben in letzter Zeit ja wenig Ermutigungsworte an die DDR gerichtet…
Ich habe dazu schon in Dresden gesagt, was ich sagen konnte. Als ich vor einer Woche sah, daß die Regierung Modrow die Reformen nicht vorantreibt, habe ich sofort gehandelt – und hier eine breite Zustimmung gefunden. Es muß uns doch darum gehen, daß die Menschen drüben die Ängste verlieren, ihr Land habe keine Zukunft. Die Menschen haben eine Zukunft! Unter vernünftigen Bedingungen wird die heutige DDR in wenigen Jahren ein blühendes Land sein.

Welches konkrete Modell gibt es für den Tag X, an dem eine Währungsunion in Kraft tritt?
Wir sind mit unseren Überlegungen weit gediehen. Wir werden Herrn Modrow vorschlagen, daß sich erstklassige Fachleute zusammensetzen. Das ist keine Frage der Ideologie, sondern der Realität, und wir müssen eine Als-Ob-Planung machen, als ob der Tag X da ist.

Welche Opfer müssen die Bundesbürger bringen?
Ich sehe keine Opfer voraus, die unsere Bürger in ihrer Solidarität mit den Landsleuten in der DDR überfordern. Wir müssen Übergangshilfen leisten – natürlich – für Rentner in der DDR, für die zu erwartenden Arbeitslosen. Aber das ist alles lösbar. Wissen Sie, ich habe in der Generation vor uns viele dieser großartigen Männer der demokratischen Parteien gekannt: Kurt Schumacher, Theodor Heuss, Konrad Adenauer. Oder die Trümmerfrauen, die Steine geklopft haben – wenn die alle 1946 oder 1947 unter viel schwierigeren Bedingungen nur mutlos gejammert hätten, es ist alles nicht zu lösen, da wäre nie etwas entstanden.
Wenn wir gemeinsam das Notwendige entscheiden, haben wir ein zweites deutsches »Wirtschaftswunder«, von dem alle Deutschen profitieren. Wir können es packen, wenn wir nur wollen.

Bei uns werden Ängste laut, unser eigener Wohlstand werde angeknabbert.
Ich klage niemanden an, der seinen Wohlstand verteidigen will. Schließlich habe ich selbst maßgeblich dazu beigetragen – in den sieben besten Aufschwungjahren der Geschichte der Bundesrepublik –, daß es den Menschen hier wirtschaftlich wesentlich besser geht. Nur: Ich kann nicht erkennen, daß das, was jetzt auf uns zukommt, überhaupt solch große Opfer von den Bürgern der Bundesrepublik verlangt, daß sie Angst haben müssen um ihre Zukunft oder um ihren Wohlstand.
Ich bestreite auch, daß unsere Bürger der DDR nicht helfen wollen. In manchen Reden wird zwar versucht, ihnen Sozialneid einzureden. Aber sehen Sie mal, welches Ausmaß an privaten Hilfsaktionen es fortdauernd gibt, wieviel Zigmillionen Jahr für Jahr gespendet werden.
Einigen möchte ich allerdings sagen: Man kann nicht zu bestimmten Gelegenheiten die Nationalhymne singen mit »Einigkeit und Recht und Freiheit« und von Solidarität reden oder für die Menschen der Dritten Welt demonstrieren, wenn man nicht gleichzeitig sagt: Ich habe eine selbstverständliche nationale Verpflichtung für die Deutschen. Brüderlichkeit unter den Menschen schließt doch nicht die eigene Familie aus!

Wieso haben wir hier nicht früher begriffen, wie armselig der Lebensalltag in der DDR ist?
Es gab zu viele, die interessiert waren, es zu verschweigen. Da wurde der reale Sozialismus in einer Weise hochgelobt, die mit der Wirklichkeit nichts zu tun hatte. Wer Augen hatte konnte es aber sehen. 14 Tage bevor ich 1982 Bundeskanzler wurde, bin ich abends durch Meißen gegangen. Das war zum Heulen, was mit dieser wunderschönen alten Stadt geschehen war. Und Städte wie Meißen gibt es ja viele.

Warum sind Sie gegen ein »Notopfer«?
Um materielle Probleme lösen zu können, haben wir genügend Möglichkeiten. Wir können, wie Ludwig Erhard damals unter soviel schwierigeren Umständen, in unserem warmen, etwas muffigen Wohlstandszimmer ruhig die Fenster aufreißen – es holt sich keiner eine Lungenentzündung. Das »Wirtschaftswunder« damals fiel ja auch nicht vom Himmel, sondern war das Ergebnis politischer Weichenstellungen und konkreter Hilfsmaßnahmen. Ich denke zum Beispiel an den Marshallplan der Amerikaner, wobei nicht die Geldsumme, sondern die moralische Haltung Präsident Trumans das Ausschlaggebende war. Der hat gesagt, wir strecken den Deutschen die Hand hin – und wir haben sie dankbar genommen.

Heute gibt es Besorgnis vor einer Überstrapazierung der D-Mark.
Also ich vertraue auf die Kraft dieses Landes. Dies ist ein blühendes Land. Wer soll eigentlich in dieser Welt etwas für unsere Landsleute leisten können wenn nicht wir? Die Menschen drüben sind aufgrund einer falschen Ideologie um die Früchte ihrer Arbeit betrogen worden. Und ich finde, keiner von uns kann sich morgens beim Rasieren guten Gewissens im Spiegel betrachten, wenn er jetzt sagt, das geht mich alles nichts an. Ich jedenfalls kann das nicht, und in dieser Weise werde ich meine Entscheidungen treffen. Ich rede nicht den Leuten nach dem Mund. Das habe ich nicht gemacht beim Nato-Doppelbeschluß, nicht bei der Nachrüstung, nicht bei der Stationierung der Pershings. Ich werde es auch in Fragen der Einheit nicht tun. In der deutschen Frage bin ich immer meinen Weg ohne Wenn und Aber gegangen. Wie käme ich dazu, jetzt, in dieser geschichtlichen Stunde, zu wanken.

Auf welche Zukunft vertrauen Sie?
Meine Vision ist, daß dieser alte Kontinent Europa ein Ort des Friedens wird – des Friedens, der Freiheit und der sozialen Gerechtigkeit. Diese drei Dinge gehören zusammen. Und daß wir, unsere Kinder, unsere Enkel durch Europa fahren und wissen, hier sind wir zu Hause. Die ökonomischen Fragen sind wichtig, aber die Menschen

brauchen auch Wärme und Heimat. Meine Vision ist, daß mit diesem Weg, den wir jetzt gehen, ein Dreiklang möglich ist: Daß einer sagen kann, meine Heimat ist die Pfalz oder Sachsen oder Vorpommern, mein Vaterland ist Deutschland und meine Zukunft ist Europa.

Welche Hauptstadt gehört zu Ihrer Vision – Bonn oder Berlin?
Ich bin für Berlin, aber Bonn muß wichtige Funktionen behalten.[112]

Willy Brandt, Bundeskanzler a. D.: Die Einheit ist da...

Ein Interview mit dem SPD-Ehrenvorsitzenden Willy Brandt am Dienstag, dem 13. Februar 1990.

Könnte es statt der nächsten Bundestagswahl schon eine gemeinsame Parlamentswahl geben?
Ist es nicht zuerst wichtig, daß wir es nach dem 18. März mit zwei demokratisch legitimierten Parlamenten zu tun haben, die im Namen der Menschen sprechen können? Was danach geschieht ist abhängig von den beiden Prozessen, aus denen die Verwirklichung der Einheit bestehen wird: Erstens den praktischen Fragen, wie Währungsunion, Wirtschaftsunion, soziale Angleichung – dies soll nach dem 18. März so zügig wie möglich laufen. Und zweitens dem Aushandeln des sicherheitspolitischen Status Deutschlands, was nicht von uns allein abhängt.

Ibrahim Böhme von der DDR-SPD möchte die Einheit noch dieses Jahr, aber vier Jahre lang sollen beide Parlamente gemeinsam tagen.
Die Einheit ist da, wenn die Volkskammer nach dem 18. März für die Menschen in der DDR bekundet, daß sie die Einheit will. Dann müssen die Fragen ausgehandelt werden, von denen ich gesprochen habe. Solange dieser Prozeß läuft, sollte ein Gremium beider Parlamente gemeinsam tagen. Sicher muß das nicht vier Jahre dauern.

Welche Rolle soll Berlin spielen?
Eine zentrale Rolle. Es schiene mir in hohem Maße unvernünftig, das Parlament an einem und die Regierung an einem anderen Ort haben zu wollen.

Was für Berlin spricht?
Ja, was aber nicht bedeuten muß, daß Bonn entleert wird. Es gibt wichtige Aufgaben, die Bonn weiter wahrnehmen kann.

Wie bewerten Sie das Treffen Kohl – Gorbatschow?
Ich begrüße jeden realen Schritt, der die Teilung Deutschlands und Europas überwinden hilft. Allerdings spricht die Vermutung dafür, daß sich die militärischen Statusfragen nicht so rasch beantworten lassen wie die Zusammenführung der Währungs- und Wirtschaftsgebiete.

War es ein »historischer Tag«, wie der Kanzler meint?
Dies ist ein Zeitabschnitt, in dem den Menschen in Deutschland mit propagandistischer Vereinfachung und sachfremder Hektik besonders wenig gedient ist. Man braucht auch nicht aus fremden Hauptstädten als Neuigkeiten zu verkünden, was dem aufgeklärten Publikum durchaus bekannt ist.

Die Reaktionen aus dem Ausland sind nicht nur positiv. Frau Thatcher sieht schon neue Kriegsgefahren.
Ich denke, daß man sich geduldig, aber auch bestimmt mit den Befürchtungen auseinandersetzen muß. Ich selbst vermag nicht einzusehen, wieso sich etwas im Verhältnis zur Umwelt der Qualität nach verändern soll, wenn wir 80 statt 65 Millionen in einem Staat darstellen. Es gibt keinen berechtigten Vorwand, nicht ernsthaft und zügig über den Status Deutschlands zu reden. Sonst kriegen die Deutschen den Eindruck, über die deutsche Einheit wurde nur solange positiv be-

funden, solange nicht die »Gefahr« bestand, daß sie Wirklichkeit werden könne.[113]

Beschlossen Deutschland Anfang Februar 1990

DDR-Ministerpräsident Hans Modrow kommt von Michail Gorbatschow mit einem sensationellen Plan:
1. Schritt: DDR bekommt fünf Bundesländer. 2. Schritt: gemeinsame Deutsche Mark. 3. Schritt: gleiche Gesetze, gemeinsame Minister. 4. Schritt: gemeinsame Polizei, gemeinsamer Zoll und Grenzschutz. 5. Schritt: gesamtdeutsche Wahlen, Staatenbund. 6. Schritt: ein Parlament, eine Verfassung, eine Regierung.
»Deutschland, einig Vaterland«. Diesen Titel trägt der sensationelle Plan von DDR-Ministerpräsident Modrow, der international wie eine Bombe einschlug. Modrow hatte mit Gorbatschow am 1. Februar 1990 in Moskau konferiert – seine Vorschläge haben offensichtlich den Segen des Kremlchefs. Der Modrowplan bedeutet eine völlige Kehrtwendung der DDR-Politik. So sieht er aus: Über Vertragsgemeinschaft und Staatenbund zum Bundesstaat, dem Einheitsstaat Deutschland, Schritt um Schritt. Die DDR bekommt fünf Bundesländer, dann gibt's eine gemeinsame Deutsche Mark, gleiche Gesetze, danach einen Staatenbund, gemeinsame Minister, dann werden Zoll, Grenzschutz und Polizei angeglichen. Den Schluß- und Höhepunkt bilden gesamtdeutsche Wahlen, ein Parlament, eine Verfassung, eine Regierung und eine Hauptstadt: Berlin! Zwei Probleme noch: Modrow nannte keinen Zeitplan und geht von einer Neutralität der DDR und der Bundesrepublik Deutschland auf dem Weg zur Einigkeit aus. Kanzler Helmut Kohl: »Dies widerspricht der Logik eines gesamteuropäischen Einigungsprozesses!« Fraktionsvize der SPD, Ehmke, zur Neutralität: »Völlig falsch.« Das wichtigste aber ist: Im Ziel der Einheit sind sich Kohl und Modrow endlich einig, damit ist Deutschland so gut wie beschlossen.
Der Modrowplan: Deutschland soll wieder einig Vaterland aller Bürger deutscher Nation sein.
Ein Tag für die Geschichtsbücher: der 1. Februar 1990. DDR-Ministerpräsident Modrow spricht den historischen Satz: »Deutschland soll wieder einig Vaterland aller Bürger deutscher Nation sein.«
Die Bundesrepublik Deutschland und die DDR werden – in einem Stufenplan – einen Einheitsstaat bilden: Deutschland. So haben es die Deutschen immer gewollt. Nur bestimmte Politiker, insbesondere der Linken, hatten Deutschland schon abgehakt. Was sie sagten und schrieben wird noch aufgearbeitet. Für den Augenblick spielt es keine Rolle. Denn 45 Jahre nach Kriegsende zählt nur eines: Das Volk hat sich durchgesetzt.
40 Jahre SED, Stechschritt und Schießbefehl – vorbei! Hans Modrow hat im letzten Moment den davonfliegenden Zipfel der Weltgeschichte erwischt. Aus den Ruinen der Stasi-Republik werden die geknechteten und geknüppelten DDR-Untertanen in ein freies, einiges und wohlhabendes Deutschland treten.
Die Frage der Neutralität – wie auch immer sie entschieden wird – hält die deutsche Einheit nicht auf. Denn das neue Deutschland ist, so oder so, ein unverrückbares Mitglied der westlichen Werte- und Wirtschaftsgemeinschaft. Und dieses neue, wiedervereinigte Vaterland wird ein neues Kapitel der Weltgeschichte aufschlagen: Deutschland als Herzstück des Weltfriedens in der Mitte Europas.
Daß es ausgerechnet der Kommunist Gorbatschow ist, der das alles möglich macht, sollte vielen zu denken geben. Auch bei uns. Und auch Frau Thatcher.
Im holzgetäfelten Saal des Ostberliner Pressezentrums summte es wie in einem Bienenstock. Ein paar hundert Journalisten warteten auf den Ministerpräsidenten Hans Modrow (SED).
14.03 Uhr. Er kommt, wie immer, im grauen Anzug. Langsam setzt er seine schwarze Hornbrille auf. Totenstille.

»Meine Damen und Herren. Die Völker Europas blicken in diesen Tagen und Wochen auf die deutschen Staaten«, beginnt er. »Frieden, Sicherheit und Stabilität auf dem Kontinent hängen mehr denn je davon ab, wie die Deutschen ihre Probleme lösen. Dafür unterbreite ich eine Konzeption. Deutschland soll wieder einig Vaterland aller Bürger deutscher Nation werden.«

Und dann entwickelt er, der einzige SED-Politiker, zu dem die Menschen drüben noch Vertrauen haben, seinen Plan zur deutschen Einheit:

»Abschluß eines Vertrages über eine deutsch-deutsche Gemeinschaft mit konföderativen Elementen wie Wirtschafts-, Währungs-, Verkehrsunion und Rechtsangleichung.« Modrow will so schnell wie möglich eine gemeinsame (harte) Deutsche Mark, die Marktwirtschaft und auch gemeinsame Gesetze.

»Bildung einer Konföderation mit gemeinsamen Organen, zum Beispiel ein parlamentarischer Ausschuß, eine Länderkammer und gemeinsame Exekutivorgane.« Modrow will im parlamentarischen Ausschuß die Zusammenarbeit der Volkskammer und des Bundestages vorbereiten lassen. Mit Exekutivorganen meint er gemeinsame Ministerien für Umweltschutz, Kultur, Verkehr. Außerdem will er gemeinsame Staatssekretariate für die Wirtschaft einrichten. In einer Länderkammer sollen die Bundesländer der Bundesrepublik und die fünf traditionellen Länder der DDR vertreten sein: Mark Brandenburg, Mecklenburg-Vorpommern, Sachsen, Sachsen-Anhalt, Thüringen; sie werden neu gegründet. »Übertragung der Souveränitätsrechte beider Staaten an Machtorgane der Konföderation.« Modrow will eine Art Bundespolizei (ähnlich FBI) zur Terroristenbekämpfung und für die Schwerstkriminalität, gemeinsamen Zoll und Grenzschutz einrichten.

»Bildung eines einheitlichen deutschen Staates in Form einer deutschen Konföderation... durch Wahlen in beiden Teilen der Konföderation; Zusammentreten eines einheitlichen Parlamentes, das eine einheitliche Verfassung und eine einheitliche Regierung mit Sitz in Berlin beschließt.«

Modrow erläutert: »Die vier Mächte sollten... alle aus dem Zweiten Weltkrieg... entstandenen Fragen abschließend regeln, einschließlich der Anwesenheit ausländischer Truppen auf deutschem Boden.« Und dann kommt der Pferdefuß. Modrow fordert: »Militärische Neutralität von DDR und Bundesrepublik auf dem Wege zur Konföderation.«

Bundeskanzler Kohl lehnt diese Bedingung von Modrow strikt ab. Sie widerspreche der Logik eines gesamtdeutschen Einigungsprozesses. FDP-Chef Graf Lambsdorff und CDU-Generalsekretär Rühe begrüßen wie SPD-Fraktionsvize Ehmke Modrows Vorschlag zur deutschen Einheit, lehnen aber eine Neutralität ab. CDU/CSU-Fraktionschef Dregger: »Die Vorschläge Modrows... laufen auf eine Neutralisierung Deutschlands hinaus, die wir ablehnen.«[114]

18. März 1990: Wahlsonntag in Leipzig

Am 2. Mai 1990 war es ein Jahr her, daß die ungarischen Grenzer begannen, den Eisernen Vorhang, den Stacheldrahtzaun an der österreichischen Grenze, abzubauen. Der 18. März und der 6. Mai 1990 gehören zu den historischen Tagen in diesem bewegten Jahr, neben dem 9. Oktober 1989 (70 000 in Leipzig auf der Straße), dem 9. November und dem 22. Dezember 1989 (Öffnung des Brandenburger Tores). Am 18. März wurde zum ersten Mal in der DDR ein Parlament frei gewählt, am 6. Mai fanden freie Kommunalwahlen statt. Redakteur Volker Thomas war für das Magazin »Wir in Ost und West« am 18. März 1990 in Leipzig vor Ort.

Am Wahlsonntag ist Leipzig in strahlenden Sonnenschein getaucht. Die Frühjahrsmesse hat am Abend zuvor ihre Pforten geschlossen, die Kaufleute sind noch geblieben. Verkäufer von westlichen Boulevardblättern haben sich die belebtesten Ecken ausgesucht. Die Schlagzeilen sagen einen Sieg der Allianz voraus.

Neben dem Alten Rathaus zischt alle Viertelstunde ein neues Faß: Der Bierstand aus der Leipziger Partnerstadt Hannover ist bei dem Traumwetter von morgens bis abends dicht umlagert. Die Preise: Ein Bier (0,4 Liter) kostet fünf Mark Ost oder drei Mark West.

Verrückte Zeiten. Die alte DDR scheint sich allmählich aufzulösen. Von allen Wänden blicken einem die vertrauten Gesichter westdeutscher Politiker entgegen. Es dominieren die Farben und Zeichen der großen bundesdeutschen Parteien.

Die vielen Westautos haben noch nicht den typischen Zweitaktergeruch der Trabis überlagert. Vor der einzigen Milchbar im Zentrum Leipzigs reiht sich eine Schlange wie eh und je schier unbeweglich quer über die Straße. Sie weckt schon fast nostalgische Gefühle. »Für die Schwachen – eine starke Opposition« wirbt die PDS, die gewendete SED.

Äußerste Korrektheit findet man im Wahllokal Leipzig-Mitte. Die Wahlordnung hängt an der Wand. Wer wählen will, muß seinen Ausweis und die Wahlbenachrichtigung für seinen Wahlbezirk mitbringen und vorweisen. Oder er hat beim Rat seiner Heimatstadt einen Wahlschein beantragt, der zur Wahl in jedem Wahllokal der DDR berechtigt.

Die graugestrichenen Wahlkabinen sind enger als bei uns gewohnt. Sie brauchten nicht importiert zu werden. Wahlkabinen gab es in der DDR schon immer, nur wurden sie ganz selten benutzt. Wer früher dort hineinging machte sich verdächtig und mußte mit persönlichen Nachteilen rechnen. Ein Bürger hatte bei seiner Stimmabgabe für die »richtige Partei« nichts zu verbergen. Er faltete den Stimmzettel und warf ihn in die Urne. Damit ist es nun vorbei.

Die erste freie Wahl, 40 Jahre, fünf Monate und elf Tage nach Gründung der DDR, läuft friedlich ab. »Ich habe mich erst in den letzten drei Wochen entschieden, was ich wählen werde«, sagt eine junge Frau, die mit Mann und Kind zur Stimmabgabe kommt. Ein älterer Herr drückt aus, was alle fühlen: »Wir freuen uns, daß wir endlich eine freie Wahl haben.« Er kann sich an die letzte Wahl in der Sowjetischen Besatzungszone (der späteren DDR), bei der mehrere Parteien antraten, nur noch dunkel erinnern. Damals, am 20. Oktober 1946, erreichte die SED (aus der Zwangsvereinigung von KPD und SPD am 20./21. April 1946 hervorgegangen) 49,1 Prozent, die CDU 23,3 Prozent und die Liberalen erzielten 24,7 Prozent.

Nach den ersten Hochrechnungen bei der Wahlparty der DSU (Deutsche Soziale Union) ist die Stimmung noch gedämpft, obwohl der Allianz eine Stunde nach Schließung der Wahllokale sogar eine absolute Mehrheit vorausgesagt wird. Die DSU hatte als einzige Partei ihre zentrale Wahlveranstaltung außerhalb von Berlin nach Leipzig verlegt, ihrer Hochburg. Die beiden Zelte am Roßplatz waren für die Industrieausstellung des »Messeforums« errichtet worden.

Erst als Pfarrer Hans-Wilhelm Ebeling kommt, bricht sich der Jubel Bahn. »Kann es ein schöneres Ergebnis geben?« ruft Ebeling seinen Parteifreunden zu. Dabei kommt seine Partei landesweit kaum über 6 Prozent. In Leipzig – ihrer Hochburg – sind es 10,05 Prozent.

Doch die Richtung stimmt, die Allianz hat gewonnen. Darüber freuen sich die DSU-Anhänger gemeinsam mit den vielen Wahlhelfern aus Bayern. Zwei Dresdener Jugendliche in Schlips und Jackett wurden nach ihrer Meinung gefragt: »In unserem Bekanntenkreis haben alle DSU gewählt, weil nur so am schnellsten und radikalsten eine Veränderung zu erreichen ist.« – »Ich war bei der Verwandtschaft drüben und habe die Situation verglichen. Die Bundesrepublik ist das Modell. Kohl hat bei euch im letzten Jahr 4 Prozent Wachstum erreicht. Die Jugend vertraut dem Kanzler«, sagt ein junger Mann aus Leipzig.

Bei der SPD trauen wir uns gar nicht, nach der Stimmung zu fragen. »Eine solch traurige Veranstaltung habe ich noch nie erlebt«, sagt eine Kollegin. 21,45 Prozent in der Stadt, in der Ferdinand Lassalle 1863 den Allgemeinen Deutschen Arbeiterverein gründete und August Bebel lebte. Der »Felsenkeller« – ein traditionsreiches Lokal im Bezirk Plagwitz – ist ein großer Saal mit HO-Gaststätte. An der Stirnseite haben die Veranstalter eine riesige Fernsehwand mit Lautsprechern (gestiftet vom SPD-Partnerbezirk Hannover) aufgestellt, auf der anderen Seite wartet eine Band mit Sängerin. Erfolglos fordert sie auf, mit ihr in den »Morgen zu tanzen«. »Wir haben den Weg zur Einheit mit zu vielen Wenn und Aber versehen«, antwortet ein Student aus Thüringen auf die Frage nach seiner Reaktion auf die Niederlage. »Die Montagsdemonstrationen sind uns aus der Hand geglitten.« Ein Arbeiter schimpft: »Die Partei wird von Intellektuellen beherrscht, da dringen die Arbeiter gar nicht durch.«

Zum Wahlergebnis hat Andrej eine bissige Meinung: »Die jetzt CDU und DSU gewählt haben, legen die typische DDR-Haltung an den Tag: Die aus dem Westen mit dem Kapital in der Tasche werden es schon richten. Wenn wir etwas erreichen wollen, müssen wir uns das selbst erarbeiten. Geschenkt bekommen wir nichts.«

Das amtliche Ergebnis der ersten freien Wahl in der DDR:

Wahlbeteiligung	93,2%
Christlich-Demokratische Union (CDU)	40,9%
Demokratischer Aufbruch (DA)	0,9%
Deutsche Soziale Union (DSU)	6,3%
Allianz (CDU+DA+DSU)	48,1%
Sozialdemokratische Partei Deutschlands (SPD)	21,8%
Partei des demokratischen Sozialismus (PDS)	16,3%
Liberale	5,3%
Bündnis 90 (Bürgerrechtsgruppen)	2,9%
Bauernpartei	2,2%

Das Kabinett de Maizière

Die Regierungsmannschaft des neuen DDR-Ministerpräsidenten Lothar de Maizière besteht aus 23 Ministern. Im folgenden die Kurzbiographien einiger Kabinettsmitglieder: Ministerpräsident Lothar de Maizière wurde am 10. November 1989 Vorsitzender der DDR-CDU. Er machte sich um die Neuprofilierung der CDU verdient, die sich seit der Wende in der DDR für die Einheit Deutschlands und die Einführung der Marktwirtschaft einsetzt. De Maizière wurde am 2. März 1940 in Nordhausen geboren. Mit 35 Jahren mußte der Musiker – per Fernstudium – auf eine Anwaltstätigkeit umsatteln, als ihm eine Nervenerkrankung im Arm das Musizieren auf der Viola unmöglich machte. Seit 1982 ist er Vorstandsmitglied im Berliner Kollegium der Rechtsanwälte und seit 1986 Vizepräsident der Synode des Bundes der evangelischen Kirchen in der DDR. De Maizière ist verheiratet und Vater von drei Töchtern.

Karl-Hermann Steinberg, Minister für Umwelt, Naturschutz, Energie und Reaktorsicherheit. Der am 22. Juni 1941 in Heiligenstadt geborene Diplomchemiker arbeitete von 1974 bis 1977 in der Forschung der Leuna-Werke. Nach seiner Berufung zum ordentlichen Professor für Technische Chemie an der Universität Leipzig 1982 wurde er im vergangenen Jahr stellvertretender Minister für Schwerindustrie. Der verheiratete Vater zweier Kinder ist seit Dezember 1989 stellvertretender Vorsitzender der CDU.

Cordula Schubert, Ministerin für Frauen und Familie (CDU), wurde am 21. Mai 1959 in Karl-Marx-Stadt geboren. Die ledige Diplom-Medizinpädagogin ist seit 1987 Fachschullehrerin an der Medizinischen Fachschule für Anatomie und Physiologie.

Markus Meckel, Außenminister, ist seit dem Rücktritt Ibrahim Böhmes amtierender SPD-Vorsitzender. Der am 18. August 1952 in Müncheberg (Bezirk Frankfurt/Oder) geborene Pfarrerssohn studierte von 1971 bis 1978 Theologie, nachdem er zuvor aus politischen Gründen die Hochschulreife an einem kirchlichen Oberseminar erworben hatte. Bis 1988 arbeitete er als Pfarrer in der Ortschaft Vipperow in Mecklenburg. Meckel gehört zu den Mitbegründern der

SPD. Er ist zum zweiten Mal verheiratet und Vater von zwei Kindern.
Walter Romberg, Finanzminister (der mit der Bonner Bundesregierung die Währungsunion vorbereitet hat). Der am 27. Dezember 1928 in Schwerin geborene Diplom-Mathematiker an der Ostberliner Akademie der Wissenschaften gilt gleichzeitig als Abrüstungsexperte. Der SPD-Politiker ist verheiratet und Vater von drei Söhnen.
Abrüstungs- und Verteidigungsminister ist der Ostberliner Pfarrer Rainer Eppelmann, der auch Vorsitzender des von ihm mitbegründeten Demokratischen Aufbruchs (DA) ist. Der am 12. Februar 1943 in Berlin geborene Eppelmann öffnete schon vor vielen Jahren für die Regimekritiker die Räume der Samariterkirche, an der er seit 1974 Pfarrer ist. Weil Eppelmann den Wehrdienst und das Gelöbnis verweigerte, erhielt er als Bausoldat acht Monate Haft. Eppelmann ist verheiratet und hat vier Kinder.
Der parteilose Hans-Joachim Meier leitet das Ressort für Bildung und Wissenschaft. Am 13. Oktober 1936 in Rostock geboren, studierte er von 1953 bis 1955 Jura, wurde vom Studium ausgeschlossen und mußte sich zunächst »in der Produktion bewähren«. Ab 1959 studierte er bis 1964 Anglistik. Der Promotion 1970 folgte 15 Jahre später die Berufung zum außerordentlichen Professor an der Ostberliner Humboldt-Universität, wo er seit 1978 den Bereich Fremdsprachen-Intensivausbildung leitet. Meier ist verheiratet und hat drei Kinder.

Kommunalwahlen in der DDR

Sieben Wochen nach der ersten freien Wahl zur DDR-Volkskammer werden die Wahlurnen wieder gebraucht. Es geht um die Gemeinderäte, die Bürgermeister und die Stadtverordneten. Genau 7787 kommunale Parlamente (darunter 216 Kreistage und 615 Stadtverordnetenversammlungen) werden zum ersten Mal frei gewählt. 75 Prozent der Wähler geben ihre Stimme ab. Die großen Parteien setzen sich wie bei der Volkskammerwahl durch. Aber auch die kleineren Parteien und die örtlichen Wählergruppen können ihre Chance wahren.
Stärkste Partei in den Kommunalvertretungen wird mit 34,4 Prozent die CDU, gefolgt von der SPD mit 21,3 Prozent. Auf die PDS entfallen 14,6, auf den Bund Freier Demokraten 6,7 und auf die DSU 3,4 Prozent der Stimmen. Der neu gegründete Bauernverband erringt 2,2 Prozent, die Demokratische Bauernpartei Deutschlands (aus der alten Blockpartei hervorgegangen) 3,7 Prozent. Die Bürgerbewegung Neues Forum erzielt einen Stimmenanteil von 2,41 Prozent, der Demokratische Frauenbund 1,23 Prozent. Alle anderen Parteien und Wählervereinigungen kommen auf 10,43 Prozent der Stimmen.
In sieben der 14 Bezirksstädte gewinnt die CDU eine Mehrheit (Dresden, Erfurt, Halle, Chemnitz, Cottbus, Gera und Suhl). In Ostberlin wird das Wahlergebnis auf den Kopf gestellt: SPD 34 Prozent, PDS 30 Prozent, CDU 18 Prozent. Oberbürgermeister und Chef einer Koalitionsregierung aus SPD und CDU wird Tino Schwierzina (SPD), früher als Wirtschaftsjurist im Außenhandel tätig. In Leipzig kann sich der bisherige Oberstadtdirektor der Partnerstadt Hannover, Hinrich Lehmann-Grube, für die SPD (plus 9 Prozentpunkte gegenüber der Volkskammerwahl) durchsetzen. Mit ihm erhält die Messestadt einen Verwaltungsfachmann zum Oberbürgermeister. In Erfurt (CDU 36,4 Prozent, SPD 22,5 Prozent) meldet der Spitzenkandidat der CDU, Manfred Ruge, seinen Anspruch auf das Amt des Oberbürgermeisters an. Auch hier wird es, wie in vielen anderen Städten der DDR, zu einer Koalitionsregierung kommen.
Die Bürger haben bei der Kommunalwahl – trotz der Verluste der CDU – den grundsätzlichen politischen Kurs des Staates bestätigt, argumentieren viele Wahlforscher. Andere sprechen von einer echten »Parteienwahl«. Am 18. März hat die Abstimmung für die Einheit sowie die D-Mark und gegen »Sozialismus« und Zweistaatlichkeit alles andere überlagert.

Wie bei jeder »echten Kommunalwahl« differenzieren sich in der DDR neben den großen viele kleine Gruppierungen heraus. Relativer Wahlgewinner mit plus 1,4 Prozentpunkten landesweit ist der Bund Freier Demokraten (BFD).
In den ländlichen Regionen – besonders im Norden – wechseln viele zu den Bauernparteien. Die CDU kann in Sachsen (Bezirk Leipzig, Dresden, Karl-Marx-Stadt/Chemnitz) ihren hohen Stimmenanteil halten, während die SPD in Thüringen (Erfurt, Suhl, Gera) Boden gutmachen kann. In Sachsen und Mecklenburg hat die SPD nun die schwächste Position, dagegen stellt sie in den beiden größten Städten des Landes den Oberbürgermeister. Unter den künftigen fünf Ländern der DDR ist Brandenburg das einzige mit einer SPD-Mehrheit.
Auch im Norden der DDR kann die CDU trotz der Einbußen ihre Vormachtstellung behaupten. Stimmengewinne verbuchen die Liberalen.
Die PDS – die ehemalige SED – gehört zu den Verlierern der Kommunalwahl. Viele waren überrascht, daß sie 14,6 Prozent errang. Waren es doch die SED-Wahlfälschungen bei der Kommunalwahl vom 7. Mai 1989, die die Initialzündung für den breiten Massenprotest gaben, der schließlich die Herrschaft der SED wegfegte.[115]
Was wurde in den ersten freien Wahlen in der DDR gewählt? »Deutschland, einig Vaterland.« Und Deutschland hat gewonnen. Personen und Programme waren Nebensache, Hauptsache: Schwarz-Rot-Gold. Ohne Hammer und Zirkel. Für Freiheit und Wohlstand. Die Wähler der DDR sind den Weg weitergegangen, den die Demonstranten von Leipzig begonnen haben: »Wir sind das Volk. Wir sind ein Volk.«
Die SPD hat nur halb soviel Stimmen bekommen, wie erwartet wurden. Das liegt nicht am politisch unerfahrenen Spitzenkandidaten Ibrahim Böhme. Die Spitzenkandidaten der anderen Parteien sind ebenso unerfahren. Die DDR hat außerhalb der SED/PDS keine erfahrenen Politiker. Die politisch besten Köpfe der DDR sind der moderate Kommunist Hans Modrow und der in Richtung Sozialdemokratie abwandernde Dresdener Oberbürgermeister Wolfgang Berghofer. Jedoch: Der 18. März war keine Kopfwahl, sondern eine Richtungswahl. Wenn überhaupt eine Person gewählt wurde, dann ist das der Bundeskanzler der Bundesrepublik Deutschland. Ohne den Erfolg von Helmut Kohl schmälern zu wollen – er hat, von vielen angemeckert, im DDR-Wahlkampf alles richtig gemacht –, es wäre auch jeder andere nichtsozialistische Bonner Kanzler vom Volk der DDR umarmt worden. Die Verlierer dieser Wahl sind alleine die, die im In- und Ausland die nationale Aufbruchstimmung zwischen Ostsee und Thüringer Wald verkannt haben oder nicht zur Kenntnis nehmen wollten. Verloren haben auch jene, die in Fortsetzung der kommunistischen Bevormundung so arrogant waren, die politische Reife unserer jahrzehntelang unterdrückten Landsleute zu verkennen. Die drüben sind bis auf Minderheiten, die noch an ein kommunistisch-sozialistisches System glauben oder bei ihm angestellt sind, fertig mit jeder Form von Sozialismus.
Unter die Räder dieser Stimmung ist auch der demokratische Sozialismus gekommen. Sogar in ihren früheren Hochburgen erlebte die SPD unerwartete Einbrüche. Die Menschen, besonders die jungen, wollen keinen anderen, auch keinen freiheitlichen Sozialismus, sondern überhaupt keinen.
Man hätte in den witzigen, an unsere Märchen angelehnten Plakaten (»Egon, warum hast Du so große Zähne?«) erkennen können, wie politisch wach die Bevölkerung drüben ist, wahrscheinlich wacher als wir. Doch die Medien konnten sich nicht von der alten linken Idee trennen, daß eigentlich ein dritter Weg zwischen der DDR und der BRD der schönste Weg sei. Die Wähler der DDR gaben ihnen die Antwort, daß sie keinen dritten, sondern ihren Weg wollen.
Viele Unternehmer jammerten vor der Wahl herum, daß die DDR »rot« wählen würde – und sie meinten SPD – und fürchteten, daß damit auch schon die nächsten Bundestags-

wahlen verloren seien. Der sprachgewandte Oskar Lafontaine auf der Straße des Sieges? Jedenfalls nicht drüben. Dort ist der Mann eine Antifigur. Ein Wohlstandsseparatist, der Angst um seinen Speckbauch hat. Auch Oskar Lafontaine hat die SPD drüben Stimmen gekostet, und wahrscheinlich nicht wenige. So einer soll Sozialdemokrat sein? Sozialisten, die nur an sich denken, hatten sie zwischen Rostock und Erfurt in den letzten vierzig Jahren mehr als genug.

Noch jemand hat die Wahl verloren: die Meinungsforscher. Doch ihr Irrtum ist verzeihlich. Mit 120 000 immer noch namentlich nicht bekannten V-Leuten der Stasi sagen viele Bürger vorher nicht, wen sie wählen. Was wissen sie, wer sie fragt. Sie antworten lieber ausweichend und schützen das hohe Gut ihrer ersten freien und geheimen Wahl. Solide Meinungsforschung war unter diesen Umständen auch kaum möglich.

Mitunter reden wir vorschnell von historischen Stunden. Am 18. März ist jedoch wirklich eine historische Wahl mit einem klaren Auftrag: schnelle Wirtschafts- und Währungsunion; deutsche Einheit ohne Zögern und Zaudern; keine sozialistischen Experimente, sondern soziale Marktwirtschaft; Freiheit für jeden; Schwarz-Rot-Gold für alle.

Das Volk hat gesprochen. Das Volk hat gut gesprochen. Auch im Ausland sollten alle, die es gut mit uns meinen, und auch die, die es weniger gut mit uns meinen, endlich zur Kenntnis nehmen, daß die Urenkel und Enkel von Kaiser Wilhelm, Adolf Hitler und Erich Honecker nichts, aber auch gar nichts mehr mit Kadavergehorsam, Pickelhaube, Größenwahn, Faschismus und Stalinismus zu tun haben. Deutsche sehen in den Italienern auch nicht die Nachfahren von Nero und in den Amerikanern keine Cowboys, die Indianer erschießen.

Der 18. März 1990 war der Stempel auf die Botschaft einer demokratischen Nation: Es ist keine Schande, Deutscher zu sein, deutsch zu fühlen, deutsch zu sprechen und Schwarz-Rot-Gold zu wählen.[116]

Wie soll Deutschland jetzt heißen?

Favorit ist: Bundesrepublik Deutschland. Dafür sind: Edzard Reuter, Klaus Bölling, Bundeskanzler Helmut Kohl. Auf Platz 2: einfach Deutschland. Dafür sind: Theodor Eschenburg, Manfred von Ardenne, Wolf Biermann, Martin Walser. Dritter Vorschlag: Deutsche Bundesrepublik oder Republik Deutschland (meint Rita Süßmuth). Interessanter Vorschlag von Klaus von Dohnanyi: Vereinigte Republik Deutschland (wie Vereinigte Staaten von Amerika).

Der Weg zur deutschen Einheit

Er ist der eigentliche »Königsweg« zur deutschen Einheit. Und: Es gibt bereits ein historisches Beispiel für einen gelungenen Beitritt nach Artikel 23 – das Beispiel des Saarlandes im Jahr 1956. Fünf gewichtige Gründe sprechen für den Weg über Artikel 23 des Grundgesetzes.

1. Die Zeit drängt

Den Deutschen in der DDR muß rasch geholfen werden. Beispiel: Währungsunion. Sie liegt im Interesse aller Beteiligten. Doch damit die Währungsunion verwirklicht werden kann, muß erst die soziale Marktwirtschaft in der DDR eingeführt werden. Voraussetzung hierfür: Es müssen aus der Rechtsordnung der Bundesrepublik Deutschland die Teile übernommen werden, die unsere Wirtschaftsordnung bestimmen und garantieren.

Eine Nationalversammlung nach Artikel 146 des Grundgesetzes wäre hingegen viel zu zeitraubend.

Die Verhältnisse in der DDR blieben fürs erste zwangsläufig in der Schwebe, den Menschen könnte zunächst noch keine Perspektive über den Zeitablauf der deutschen Einheit vermittelt werden. Es müßte sogar mit weiteren Abwanderungen von Menschen aus der DDR in die Bundesrepublik

Deutschland gerechnet werden – mit negativen Folgen für beide Seiten.
Helmut Kohl: »Wir haben allen Grund und auch das Recht, darauf hinzuweisen, daß sich das Grundgesetz in den vier Jahrzehnten der Geschichte der Bundesrepublik Deutschland bewährt hat. Dieses Grundgesetz ist ein Garant für Freiheit, für Demokratie und Rechtsstaatlichkeit. Es ist allgemein anerkannt als Basis für die erste stabile Demokratie auf deutschem Boden. Es ist die beste Verfassung in der Geschichte der Deutschen. Es ist eine Verfassung, die uns den Frieden bewahrt hat und uns zu einem geachteten Mitglied der Staatengemeinschaft gemacht hat. Das wissen auch die Deutschen in der DDR.«

2. Das Grundgesetz hat sich bewährt

Warum sollte man das Grundgesetz in Frage stellen? Es ist die beste Verfassung in der Geschichte der Deutschen. Das Grundgesetz steht für Freiheit und Demokratie, Rechtsstaatlichkeit und Sozialstaatlichkeit, für Frieden und nicht zuletzt auch für wirtschaftliches Wohlergehen. Was sich für 60 Millionen Menschen in der Bundesrepublik als erfolgreich herausgestellt hat, wird auch für 16 Millionen Deutsche in der DDR von Vorteil sein.
Würde man den Weg des Artikels 146 des Grundgesetzes gehen, könnte man nicht ausschließen, daß wesentliche Teile unseres Grundgesetzes mit einfacher Mehrheit in der verfassunggebenden Versammlung verändert würden.

3. Die DDR ist gleichberechtigt beteiligt

Ein Beitritt nach Artikel 23 ist kein »Anschluß«. Denn die Initiative zum Beitritt geht ja ausschließlich von der DDR und ihren demokratisch gewählten Organen aus. Einem solchen Beitritt sind in jedem Fall Verhandlungen zwischen beiden deutschen Staaten vorgeschaltet, um zum Beispiel Übergangs- und Anpassungsregelungen festzulegen. Dabei gilt: Die DDR und die Bundesrepublik Deutschland gelten als gleichberechtigte Partner. Anders dagegen die Situation in einer gesamtdeutschen verfassunggebenden Versammlung: Die DDR wäre hier nur entsprechend ihrer Bevölkerungszahl vertreten (etwa sechzig zu sechzehn).

4. Die außenpolitische Stabilität wird gewahrt

Die Beitrittslösung nach Artikel 23 gewährleistet auch internationale Stabilität und Zuverlässigkeit: für unsere Verbündeten und die Europäische Gemeinschaft (EG), für unsere Partner und für unsere Nachbarn. Gerade aus EG-Sicht bietet der Artikel 23 die beste Lösung. Die Mitgliedschaft der Bundesrepublik Deutschland nach einer Wiedervereinigung würde wie bisher fortbestehen. Der europäische Einigungsprozeß könnte ohne Zeitverzögerung fortgeführt werden. Artikel 23 gewährleistet auch, daß die Interessen der vier Mächte beim Prozeß der Wiedervereinigung hinreichend berücksichtigt werden.
Hans-Dietrich Genscher: »Der staatsrechtliche Weg der Vereinigung kann die mit den äußeren Aspekten zusammenhängenden Fragen weder beantworten noch präjudizieren, deshalb dürfen die äußeren Aspekte der Vereinigung nicht vernachlässigt werden. Mit dem Willen zur Einbettung des deutschen Schicksals in das Schicksal Europas müssen die äußeren Aspekte in Harmonie mit dem europäischen Vereinigungsprozeß und der europäischen Sicherheit geregelt werden. Klarheit, Verantwortung, Augenmaß und Behutsamkeit sind dabei erforderlich.«

5. Die Beitrittserklärung ist bereits der Beitritt

Ob die DDR zur Bundesrepublik Deutschland gehören will, hängt allein von ihrer Entscheidung ab. Die weitaus meisten der demokratisch legitimierten Parteien in der DDR haben sich für ein vereinigtes Deutschland ausgesprochen. Das Grundgesetz jedenfalls gibt den Deutschen in der DDR ein verfassungsmäßiges Recht auf Beitritt.

Die Bundesrepublik Deutschland kann gar nicht darüber entscheiden, ob sie eine Beitrittserklärung annehmen will oder nicht. Das hat einen plausiblen Grund: Sie ist von der Verfassung zur Einheit verpflichtet. Deshalb wäre auch eine Volksabstimmung bei uns über einen Beitritt der DDR nicht zulässig. Das heißt also: Schon die Erklärung des Beitritts durch die DDR bedeutet »automatisch« den Beitritt. Allerdings muß, so Artikel 23, das Grundgesetz auch in der DDR noch förmlich in Kraft gesetzt werden: Der Bundestag muß – mit der Zustimmung des Bundesrates – ein entsprechendes Gesetz beschließen.

Historisches Beispiel: Saarland

Nach dem Zweiten Weltkrieg bildete die französische Besatzungsmacht aus dem Saargebiet, aus Teilen der bayerischen Pfalz und der preußischen Rheinprovinz das Saarland, das wirtschaftlich, zoll- und währungspolitisch an Frankreich angeschlossen wurde. Nachdem die saarländische Bevölkerung das sogenannte Saarstatut in einer Volksabstimmung am 23. Oktober 1955 abgelehnt hatte, beschloß der saarländische Landtag am 14. Dezember 1956 den Beitritt zur Bundesrepublik Deutschland. Dies ist das bisher einzige praktische Beispiel für die Anwendung von Artikel 23 des Grundgesetzes.

Nach der Beitrittserklärung des Saarlandes hat der Bundestag mit Zustimmung des Bundesrates das Gesetz über die Eingliederung des Saarlandes am 23. Dezember 1956 beschlossen. Seit dem 1. Januar 1957 ist das Saarland ein Land der Bundesrepublik Deutschland. Alle wichtigen Fragen – innen- wie außenpolitisch – waren dabei vorher erörtert und geklärt worden. In einem gesonderten Vertragswerk waren zeitliche und inhaltliche Übergangsregelungen vereinbart worden; sie trugen den Bedürfnissen des beitretenden Teils Rechnung und sie berücksichtigten außenpolitische Gesichtspunkte.

Fazit

Der Weg über Artikel 23 des Grundgesetzes ist Ausdruck des Selbstbestimmungsrechts der Deutschen in der DDR – mit verpflichtender Konsequenz für die Bundesrepublik Deutschland (Inkraftsetzen des Grundgesetzes). Er ist ein rascher Weg, weil keine neue Verfassung ausgearbeitet werden muß, und er ist – wie mehr als 40 Jahre Demokratie bei uns zeigen – ein sicherer und zuverlässiger Weg. 95 Prozent der DDR-Bürger wünschen die Einheit Deutschlands. Das ergab eine Repräsentativerhebung von Infratest-Kommunikationsforschung im Auftrag des Bundesministeriums für innerdeutsche Beziehungen Anfang März 1990.

Der Staatsvertrag

Markstein auf dem Weg zur deutschen Einheit

Helmut Kohl: »Wir sind zusammengekommen, um nach 45 Jahren der schmerzlichen Teilung ein Vertragswerk zu unterzeichnen, mit dem wir den ersten bedeutsamen Schritt zur Wiederherstellung der staatlichen Einheit Deutschlands vollziehen.«

Lothar de Maizière: »Dies ist heute für uns ein wichtiger Tag. Es beginnt die tatsächliche Verwirklichung der Einheit Deutschlands. Die Währungs-, Wirtschafts- und Sozialunion macht den Einigungsprozeß unumkehrbar.«

»Was wir hier erleben, ist die Geburtsstunde des freien und einigen Deutschland.«
In diesem Satz faßt Bundeskanzler Helmut Kohl das Ereignis zusammen, mit dem ein neues Kapitel in der deutschen und europäischen Geschichte aufgeschlagen wurde: die Unterzeichnung des Staatsvertrags über die Schaffung einer Währungs-, Wirtschafts- und Sozialunion zwischen der Bundesrepublik Deutschland und der DDR.
Datum dieses Marksteins auf dem Weg zu einem vereinten Deutschland und zu einem vereinten Europa: 18. Mai 1990. Ort: Bonn, Gobelinsaal im Palais Schaumburg, dort, von wo in den fünfziger und sechziger Jahren Konrad Adenauer als Kanzler die Bundesrepublik Deutschland regierte.
Ein großer Wandteppich, der dort seit je hängt, prägt die Kulisse in diesem Saal. Er zeigt das Motiv »Zwei Schiffe im Sturm«: Ein Schiff brennt und Schiffbrüchige retten sich an das Land. Politische Symbolik drängt sich den Anwesenden auf – Schiffbruch hat auch die sozialistische Kommandowirtschaft erlitten, darin sind sich alle einig.

Kernbestimmungen

Kernbestimmungen des Staatsvertrags sind die Einführung der D-Mark als offizielles Zahlungsmittel und der sozialen Marktwirtschaft in der DDR; daneben werden – im Rahmen der Sozialunion – auch das bundesdeutsche Sozialsystem mit der dynamischen Rente und der Arbeitslosenversicherung eingeführt.
Es ist genau 14.48 Uhr, als am 18. Mai 1990 Bundesfinanzminister Theo Waigel und sein DDR-Amtskollege Walter Romberg in Anwesenheit von Vertretern beider Regierungen und Parlamente ihre Unterschriften unter das umfangreiche Vertragswerk setzen.
Die politische Würdigung des Staatsvertrags an diesem historischen Tag nehmen Bundeskanzler Helmut Kohl und DDR-Ministerpräsident Lothar de Maizière vor. Ihre Reden sind Dokumente für den Willen beider Seiten, unsere Zukunft gemeinsam zu gestalten – für die Einheit Deutschlands und für ein einiges Europa.

Ein Neuanfang

Beide Regierungschefs machen in ihren Ansprachen aber auch keinen Hehl daraus, daß mit dem Übergang von der sozialistischen Kommandowirtschaft zur sozialen Marktwirtschaft in vielerlei Hinsicht Neuland betreten und daß es für die Bevölkerung in der DDR eine – wie Helmut Kohl es formulierte – »sicherlich nicht einfache Zeit des Übergangs« geben wird. Lothar de Maizière hob hervor, daß sich die DDR-Wirtschaft in einer »tiefen Krise« befände, und er fügt hinzu: »Wir konnten und können nicht so weitermachen wie bisher.«

Ein »beispielloser Vorgang«

Der Bundeskanzler und der Ministerpräsident wenden sich auch direkt an die Bürgerinnen und Bürger im eigenen Land sowie im jeweils anderen Teil Deutschlands. Helmut Kohl zeigt Verständnis für die Sorgen, die nicht wenige hüben wie drüben mit dem »beispiellosen Vorgang« verbinden, eine Währungs-, Wirtschafts- und Sozialunion zu schaffen. »Doch meine Landsleute in der Bundesrepublik möchte ich fragen: Wann je waren wir wirtschaftlich besser gewappnet für diese nationale Gemeinschaftsaufgabe der deutschen Einheit als heute?« Er bittet die Menschen in der Bundesrepublik, auch weiterhin Solidarität mit den Landsleuten in der DDR zu zeigen. Die Bundesbürger sollen sich bewußt bleiben, daß es den Menschen in der DDR 40 Jahre lang gewaltsam verwehrt worden ist, so zu leben wie die Deutschen in der Bundesrepublik.

Helmut Kohl: »Mit diesem historischen Tag beginnt auch ein neuer Abschnitt der europäischen Geschichte, wir stellen uns damit gleichzeitig einer großen Gestaltungsaufgabe. Wir wollen deutsche Europäer und europäische Deutsche sein. Schaffen wir das vereinte Deutschland in einem vereinten Europa.«

Lothar de Maizière: »Wir stehen vor einer wirklich großen und einmaligen Chance. Die Geschichte bietet ihre Chancen in der Regel nicht mehrfach an. Wir wollen die Chance zu Freiheit, Frieden und sozialer Gerechtigkeit im Dienste Europas entschlossen nutzen, um unseren Kindern eine bessere Welt zu bauen.«

Mit einer Bitte wendet sich Helmut Kohl direkt an die Menschen in der DDR: »Denken Sie daran, daß der Wohlstand in der Bundesrepublik hart erarbeitet werden mußte. Millionen von Menschen haben über viele Jahre hinweg durch ihren Fleiß und ihre Leistungsbereitschaft dazu beigetragen. Nichts wurde ihnen geschenkt«, stellt er fest. Er erinnert daran, daß es bei der jetzigen Hilfe für die DDR um »Hilfe zur Selbsthilfe« geht.

Dies sieht Lothar de Maizière genauso. Und er sprach davon, daß nicht alle Blütenträume, die manche in der DDR mit dem Staatsvertrag verbunden hätten, in Erfüllung gehen können. »Auf Dauer wollen wir nichts geschenkt haben, wir wollen uns unsere Zukunft selbst erarbeiten«, sagt de Maizière.

Helmut Kohl: »Für die Menschen in Deutschland wird mit dem Staatsvertrag – in wichtigen Bereichen ihres täglichen Lebens – die Einheit erlebbare Wirklichkeit.«

Lothar de Maizière: »Das Zusammenwachsen des geteilten Deutschland beginnt bei den Menschen und ihren Lebensverhältnissen.«

Er räumt ein, daß das gegenwärtige Tempo auf dem Weg zur deutschen Einheit »verständliche Beunruhigung« auslöst. Die Menschen sollen sich jedoch die Fähigkeit »zu Freude und Dank erhalten, daß wir diese großartige Chance haben, daß wir Werkzeuge sein dürfen, wenn ein Volk wieder zusammenkommt... Die Deutschen müssen sich bewußt sein, daß es bei der Überwindung der Spaltung Europas um weit mehr geht, als nur um ihr Schicksal und ihr Land.«

Die Vertragsunterzeichnung findet genau sechs Monate und neun Tage nach Öffnung der Mauer statt. Der Staatsvertrag wird vom Deutschen Bundestag und von der Volkskammer in der DDR am 21. Juni 1990, vom Bundesrat am 22. Juni 1990 verabschiedet. Bundespräsident Richard von Weizsäcker unterzeichnet den Vertrag am 25. Juni 1990, damit er am 1. Juli 1990 in Kraft treten kann.

Helmut Kohl: »Es ist ein starkes Zeichen der Solidarität unter den Deutschen: Die Geschicke der Deutschen in der Bundesrepublik und in der DDR werden dadurch unauflöslich miteinander verbunden. Von nun ab ist klar, wir gehen in eine gemeinsame Zukunft.«

Lothar de Maizière: »Die Einheit Deutschlands sollte nicht in einem neidischen Ge-

geneinander, sondern in einem fruchtbaren Miteinander wachsen. Wir und Ihr, hüben und drüben, Wessis und Ossis – diese und ähnliche Vokabeln sollten bald aus dem Sprachgebrauch verschwinden.«

Die Aussagen von Bundeskanzler Helmut Kohl und DDR-Ministerpräsident Lothar de Maizière: ein Spiegelbild der vielen Gemeinsamkeiten, die aus den gemeinsamen Zielen herrühren.

Die Eckpfeiler des Staatsvertrags

In 38 Artikeln, in zahlreichen Leitsätzen und in neun Anlagen beschreibt der Staatsvertrag die Wegmarken zur deutschen Einheit.
Ohne historisches Beispiel ist das, was am 1. Juli 1990 beginnen wird: der Zusammenschluß zweier Volkswirtschaften mit völlig unterschiedlichen Startbedingungen. Dafür ist der Staatsvertrag zwischen der Bundesrepublik und der DDR das eigentliche Fundament: Auf der Grundlage einer »freiheitlichen, demokratischen, föderativen, rechtsstaatlichen und sozialen Grundordnung« wird für die beiden deutschen Staaten ein einheitliches Währungs- und Wirtschaftsgebiet geschaffen, in dem die wirtschaftliche und die soziale Rechtsordnung weitgehend identisch sind.
Die spätere Vereinigung soll – so steht es in der Präambel des Staatsvertrags – nach Artikel 23 des Grundgesetzes erfolgen, also durch den Beitritt der DDR zur Bundesrepublik Deutschland.

»Mit dem Staatsvertrag werden in der DDR die marktwirtschaftlichen Rahmenbedingungen gesetzt. Dies ist das wichtigste Datum für die Menschen in der DDR, aber auch für die Investoren aus dem Westen. Wir haben daher den Startschuß gegeben für die Wiederbelebung des nahezu ausgerotteten Mittelstandes in der DDR.«

Bundeswirtschaftsminister
Helmut Haussmann

Artikel 1 bis 9
Grundlagen und Grundsätze

Beginnend mit dem Stichtag 1. Juli 1990 bilden die Bundesrepublik Deutschland und die DDR ein einheitliches Währungsgebiet mit der D-Mark als gemeinsamer und einziger Währung.
Privateigentum, Leistungswettbewerb, freie Preisbildung, volle Freizügigkeit von Arbeit, Kapital, Gütern und Dienstleistungen sind sichere Rechtsfundamente dafür. Dahinter steht die aus der Erfahrung gewonnene Überzeugung, daß nur die soziale Marktwirtschaft in der Lage ist, die wirtschaftliche Leistungskraft, das Güterangebot und die Lebensverhältnisse für die Menschen in der DDR nachhaltig zu verbessern. Die Sozialunion bildet mit der Währungs- und Wirtschaftsunion eine Einheit. Als wichtige Bausteine dieser Sozialunion nennt Artikel 1 eine der sozialen Marktwirtschaft entsprechende Arbeitsrechtsordnung sowie ein umfassendes System der sozialen Sicherung.
Garantiert wird allen Bürgern die Vertrags-, Gewerbe-, Niederlassungs- und Berufsfreiheit. Es herrscht auch Freizügigkeit für alle Deutschen im gesamten Währungsgebiet. In der Praxis bedeutet das zum Beispiel, daß sich Bundesbürger ohne bürokratische Behinderungen in der DDR niederlassen können. Darüber hinaus garantiert Artikel 2 jedem Bürger die Freiheit, »zur Wahrung und Förderung der Arbeits- und Wirtschaftsbeziehungen Vereinigungen zu bilden«, also Gewerkschaften und Unternehmerverbände zu gründen. In einem »Gemeinsamen Regierungsausschuß« werden beide Seiten einvernehmlich Fragen erörtern, die sich aus der praktischen Umsetzung des Vertrags ergeben.

Artikel 10
Währungsunion

Artikel 10 enthält ausschließlich Bestimmungen zur Währungsunion, zum Beispiel die Festlegung, daß die Bundesbank alleinige Zentralbank ist und damit auch für das Gebiet der DDR die volle Souveränität über die Steuerung der Geldmenge hat. Der Artikel nennt die jeweils geltenden grundsätzlichen Umtauschkurse von DDR-Mark zu D-Mark. Diese sind so gewählt worden, daß einerseits keine Inflationsimpulse entstehen und andererseits die Wettbewerbsfähigkeit der Unternehmen in der DDR gestärkt wird.

Artikel 11 bis 16
Wirtschaftsunion und Umweltunion

Die DDR stellt sicher, daß ihre wirtschafts- und finanzpolitischen Maßnahmen mit der sozialen Marktwirtschaft im Einklang stehen. Das bedeutet zum Beispiel mit Blick auf die freie Preisbildung einen Abbau staatlicher Subventionen, etwa bei Konsumgütern.

»Mit dem Staatsvertrag beginnt gemeinsam auch die Umweltunion mit der DDR. Spätestens bis zum Jahr 2000 wird das bestehende Umweltgefälle zwischen beiden Teilen Deutschlands auf hohem Niveau vollständig ausgeglichen sein.«

Bundesumweltminister Klaus Töpfer

Von weitreichender Bedeutung angesichts der brachliegenden Wachstums- und Produktivitätsmöglichkeiten in der DDR ist, daß Bundesbürger, die in der DDR investieren wollen, dort ab 1. Juli Eigentum an Grund und Boden sowie an Produktionsmitteln erwerben können. Die DDR verspricht sich von der Beseitigung dieses Investitionshemmnisses einen »dringend notwendigen Anstoß zur Modernisierung ihrer Wirtschaft«.
Artikel 14 sieht vor, daß die Bundesrepublik und die DDR die Strukturanpassungen der Unternehmen in der DDR an die neuen Marktbedingungen fördern. Die Stärkung der Leistungsfähigkeit der Betriebe sowie die Entfaltung privater Initiative werden in der DDR eine moderne Wirtschaftsstruktur mit vielen kleinen und mittleren Betrieben und damit zukunftssichere Arbeitsplätze entstehen lassen.
Vor dem Bundestagsausschuß »Deutsche Einheit« rechnete Bundesfinanzminister Theo Waigel vor, daß die Betriebe in der DDR allein durch den Wegfall der Gewinnabführung an den Staat und durch den Abbau von Subventionen bei gleichzeitiger Einführung des bundesdeutschen Steuersystems um netto 110 Milliarden D-Mark entlastet werden.
Der Vertrag enthält auch Bestimmungen, wie die DDR-Landwirtschaft sich ins EG-Agrarsystem einfügt.
In Artikel 16 des Staatsvertrags geht es um die schnelle Verwirklichung der Umweltunion: Danach dürfen in der DDR nur noch Anlagen und Einrichtungen in Betrieb genommen werden, wenn sie den hohen Sicherheits- und Umweltschutzbestimmungen entsprechen, wie sie in der Bundesrepublik gelten. Hierzu hat die deutsche Umweltkommission bereits ein Umweltrahmengesetz ausgearbeitet, das – nach Zustimmung durch die DDR-Volkskammer – zum 1. Juli in Kraft treten kann. Das Rahmengesetz enthält zum Beispiel Angleichungsvorschriften für den Immissionsschutz, die Kernenergie und den Strahlenschutz, die Wasser- und Abfallwirtschaft, das Chemikalienrecht, den Naturschutz und für die Prüfung der Umweltverträglichkeit von Vorhaben. Damit sind klare umweltpolitische Zeichen gesetzt worden. Ein Umwelt-Billigland DDR zu Lasten der Menschen dort wird es nicht geben.

Artikel 17 bis 25
Sozialunion

Die DDR übernimmt weitgehend das System der sozialen Sicherung der Bundesrepublik Deutschland. Sie führt ein gegliedertes System der Sozialversicherung ein: Rentenversicherung, Krankenversicherung, Arbeitslosenversicherung, Unfallversicherung. Neben diesen Einrichtungen der Selbstverwaltung, die nach Möglichkeit bis zum 1.

Januar 1991 gebildet sein sollen, übernimmt die DDR auch die Grundsätze der Arbeitsrechtsordnung, wie sie in der Bundesrepublik gilt: Das sind Koalitionsfreiheit, Tarifautonomie, Streikrecht, Betriebsverfassung, Kündigungsschutz und Unternehmensmitbestimmung.

»Wir können jetzt den einigen Sozialstaat Deutschland schaffen. Wir können solidarisch helfen, denn unsere Wirtschaft und unsere Sozialversicherung sind in einer blendenden Verfassung. Und kein Rentner, kein Arbeitsloser in der Bundesrepublik muß Angst haben, daß ihm durch unsere Hilfe für die DDR auch nur eine Mark verlorengeht.«

Bundesarbeitsminister Norbert Blüm

Die Beiträge zur Renten-, Kranken- und Arbeitslosenversicherung tragen auch in der DDR künftig – je zur Hälfte – Arbeitgeber und Arbeitnehmer. Die Beitragssätze entsprechen denen in der Bundesrepublik Deutschland.
Mit der Arbeitslosenversicherung führt die DDR in Anlehnung an die Bundesrepublik auch ein Arbeitsförderungssystem ein. Dies bedeutet vor allem, daß die Maßnahmen der aktiven Arbeitsmarktpolitik, wie insbesondere berufliche Fortbildung und Umschulung, Vorrang haben vor den Leistungen bei Arbeitslosigkeit.
Dazu kommt eine Ausweitung der Kurzarbeitergeldregelungen, die zusätzliche Möglichkeiten eröffnen, Arbeitslosigkeit zu vermeiden und Kurzarbeit mit beruflicher Weiterbildung zu kombinieren.
Dabei geht es vor allem um Maßnahmen zur beruflichen Bildung und Umschulung. Auch für die DDR-Rentenversicherung gilt künftig der Grundsatz der Lohn- und Beitragsbezogenheit. Soziale Härten, die sich durch die Währungsumstellung für die Bezieher kleiner Renten ergeben können, werden durch gesetzliche Regelungen ausgeglichen.
Die DDR schafft ein Sozialhilfesystem, das die bewährten Grundsätze des Bundessozialhilfegesetzes übernimmt. Bis zum Aufbau einer leistungsfähigen Sozialhilfeverwaltung wird in der Übergangsphase zu Renten, die einen Betrag von 495 D-Mark monatlich nicht übersteigen, in Höhe des Unterschiedsbetrags zwischen Renteneinkommen und 495 D-Mark ein Sozialzuschlag gezahlt.

Artikel 26 bis 34
Finanz- und Haushaltsfragen

Die öffentlichen Haushalte der DDR passen sich den Grundsätzen der Finanz- und Haushaltspolitik der Bundesrepublik an.
1990 kann die DDR 10 Milliarden D-Mark an Krediten aufnehmen, 1991 sind es 14 Milliarden D-Mark. Die DDR übernimmt auch schrittweise das Zollrecht der Europäischen Gemeinschaften. Die Finanzverwaltung der DDR wird in ihrem Aufbau der der Bundesrepublik entsprechen.
Die Bundesrepublik Deutschland gewährt der DDR zweckgebundene Finanzzuweisungen zum Haushaltsausgleich für das zweite Halbjahr 1990 von 22 Milliarden D-Mark und für 1991 von 35 Milliarden D-Mark. Außerdem werden zu Lasten des Bundeshaushalts als Anschubfinanzierung für die Rentenfinanzierung 750 Millionen D-Mark für das zweite Halbjahr 1990 sowie für die Arbeitslosenversicherung 2 Milliarden D-Mark für das zweite Halbjahr 1990 und 3 Milliarden D-Mark für 1991 gezahlt. Die Zahlungen erfolgen bedarfsgerecht.

D-Mark löst DDR-Mark ab

Aus allen Teilen der DDR kommen die Lastkraftwagen mit ihrer schweren Fracht schon im Mai 1990 in Rackwitz bei Leipzig an. Ihr ungewöhnlicher Inhalt: DDR-Münzgeld, in Säcken verpackt und gut bewacht. Endstation »Schmelzofen Rackwitz« für eine Währung, die alles andere als »hart« war. Noch vor der offiziellen Einführung der D-Mark am 1. Juli 1990 bereitet man sich in der DDR auf diesen Tag vor. Allerdings bleiben einige Umlaufmünzen der

DDR (1, 5, 10, 20, 50 Pfennig) noch solange gesetzliches Zahlungsmittel, bis sie durch die entsprechenden Bundesmünzen ersetzt werden können.

Als »Kehrseite der Medaille« verstehen sich die Vorbereitungsarbeiten für die Ausgabe der D-Mark in der DDR. Dafür sind etwa 10000 Ausgabestellen vorgesehen – Banken, Sparkassen, aber auch Polizeidienststellen und andere Verwaltungen. Sie werden, zumindest vorübergehend, ab 1. Juli von Mecklenburg bis Thüringen allesamt zu »Wechselstuben« werden. Insgesamt sind im Rahmen der Währungsunion 440 Milliarden Mark der DDR in D-Mark umzustellen. Den Großteil davon machen die Privatkonten der 16 Millionen in der DDR lebenden Menschen aus.

Nach dem Staatsvertrag zwischen der Bundesrepublik und der DDR gelten ab dem 1. Juli 1990 folgende Umtauschsätze:

Ein zu eins werden umgetauscht: Löhne, Gehälter, Stipendien, Mieten, Pachten und Renten sowie andere wiederkehrende Versorgungszahlungen (zum Beispiel Unterhaltszahlungen). Bei Löhnen und Gehältern werden die Bruttobeträge vom 1. Mai 1990 zugrunde gelegt.

Eins zu eins können Personen mit ständigem Wohnsitz in der DDR folgende Beträge (Bargeld und Bankguthaben) pro Kopf tauschen: Kinder bis zum vollendeten 14. Lebensjahr 2000 D-Mark, Personen vom 15. bis zum vollendeten 59. Lebensjahr 4000 D-Mark, Personen ab dem 60. Lebensjahr 6000 D-Mark.

Zwei zu eins umgestellt werden »Bares« und auf Konten Erspartes, wenn die Summen über die oben genannten Beträge hinausgehen.

Zwei zu eins umgestellt werden alle anderen Forderungen und Verbindlichkeiten, zum Beispiel die Schulden von Unternehmen in der DDR.

Schon im Staatsvertrag ist festgehalten, daß Mißbräuchen beim Umtausch entgegengewirkt wird. So heißt es zum Beispiel in Anlage I, Artikel 9: »Die Regierung der Deutschen Demokratischen Republik wird veranlassen, daß ihre zuständigen Organe der Strafverfolgung bei hinreichenden Anhaltspunkten eine Überprüfung von Guthaben auf Bankkonten hinsichtlich der Rechtmäßigkeit ihres Erwerbs und gegebenenfalls eine Sperrung von Konten vornehmen.«

Die Währungs-, Wirtschafts- und Sozialunion mit den wichtigsten Vertragsinhalten auf einen Blick.

Am 1. Juli 1990 trat der Staatsvertrag über die Währungs-, Wirtschafts- und Sozialunion zwischen der Bundesrepublik Deutschland und der Deutschen Demokratischen Republik in Kraft. Um null Uhr wurde die D-Mark alleiniges offizielles Zahlungsmittel in der DDR. Einige Geldinstitute begannen bereits um Mitternacht mit der Auszahlung.
Foto: Bundesbildstelle Bonn, Lehnartz

Deutsche Einheit
Finanzierung ohne Steuererhöhung

DDR-Finanzminister Walter Romberg: »Eine kurzfristige Einführung der D-Mark zielt auf eine schnelle Realisierung der Währungsunion. Der Staatsvertrag ist Ausgangspunkt für eine Operation von historischer Dimension.«

»Die Deutschen in der DDR haben allen Anlaß, mit Selbstbewußtsein in die Zukunft zu blicken. Arbeitnehmer und Selbständige sind jenseits von Elbe und Werra nicht weniger fleißig und nicht weniger fähig als im westlichen Teil unseres Vaterlandes.« Kaum hatte Bundesfinanzminister Theo Waigel diesen Satz im Bundestag beendet, gab es dafür fraktionsübergreifenden Beifall.
Die ökonomische Fachwelt ist sich einig: Die wirtschaftliche Vereinigung bringt ungezählte wirtschaftliche Vorteile für die Menschen in der DDR, aber auch für die in der Bundesrepublik. Sie setzt neue Impulse für die Europäische Gemeinschaft und für die Weltwirtschaft frei.
Allerdings – ohne Starthilfen für die Menschen und für die Wirtschaft in der DDR ließe sich der wirtschaftliche Umstrukturierungsprozeß im anderen Teil Deutschlands nach über 40 Jahren Fehlplanung und Mißwirtschaft nur schwer in Gang setzen. Erforderlich sind deshalb – neben dem Zustrom privaten Kapitals – auch öffentliche Zuschüsse. Der Staatsvertrag zwischen der Bundesrepublik und der DDR schafft für beides die notwendigen Voraussetzungen. Für die Wirtschaftsexperten steht fest: Die Umstrukturierung und Modernisierung der DDR-Wirtschaft ist, volkswirtschaftlich betrachtet, eine Investition in die Zukunft – für die öffentlichen Haushalte ergeben sich

kurzfristig höhere Belastungen, die sich aber rasch wieder abbauen.
Über die finanziellen Auswirkungen der Währungs-, Wirtschafts- und Sozialunion auf die Bürger der Bundesrepublik herrscht Klarheit: Steuererhöhungen oder Sonderabgaben zur Finanzierung der Einheit wird es nicht geben, sie sind nicht erforderlich. Ebensowenig wird es zu einer Überforderung der Volkswirtschaft und der Kapitalmärkte in der Bundesrepublik kommen.
Die öffentlichen Finanzhilfen, mit denen die DDR sozial und wirtschaftlich wieder auf die Beine gestellt werden soll, stammen aus verschiedenen »Töpfen«. Der »Topf« mit dem größten Volumen ist der Fonds »Deutsche Einheit«. Er ist eine Gemeinschaftsaktion von Bund und Ländern. Bis einschließlich 1994 werden der DDR aus diesem Fonds insgesamt 115 Milliarden D-Mark zufließen. Damit sollen vor allem die erwarteten Defizite im DDR-Haushalt finanziell abgesichert werden. In der zweiten Hälfte 1990 rechnet die DDR mit 33 Milliarden D-Mark und 1991 mit insgesamt 53 Milliarden D-Mark Defizit.
Der Bund verpflichtet sich, in diesen Fonds einen Gesamtbetrag von 20 Milliarden D-Mark aus Einsparungen (vor allem bei den Kosten der Teilung) einzubringen, 95 Milliarden D-Mark nimmt der Gemeinschaftsfonds als Kredit auf.
Für Theo Waigel ist es keine Frage: Die Finanzierung über den Fonds ist finanzpolitisch und gesamtwirtschaftlich richtig und angemessen. Der Kurs der verantwortungsvollen Haushaltsfinanzierung wird beibehalten. Bundeshaushalt und alle Länderhaushalte werden damit in den nächsten Jahren »gut zu Rande kommen«.
Der Bundesfinanzminister will aber auch nach weiteren Einsparungsmöglichkeiten suchen: dabei soll der Verteidigungshaushalt nicht ausgespart werden. Darüber hinaus

Unterzeichnung des Einigungsvertrages am 31. August 1990 in Ostberlin. In Anwesenheit von Lothar de Maizière, DDR-Ministerpräsident, unterzeichnen der Bundesminister des Innern, Dr. Wolfgang Schäuble (links), und der DDR-Staatssekretär Günther Krause (rechts) den Einigungsvertrag, der am 3. Oktober 1990 in Kraft treten soll.
Foto: Bundesbildstelle Bonn, Lehnartz

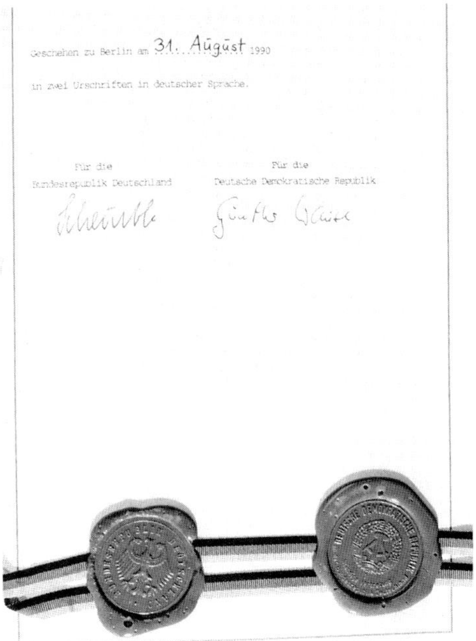

Der Einigungsvertrag.
Foto: Bundesbildstelle Bonn, Reineke

soll noch in diesem Jahr ein Gesetz eingebracht werden, mit dem die weitergehenden Kosten der deutschen Teilung (insgesamt etwa 40 Milliarden D-Mark) in einem Zeitraum von sieben Jahren abgebaut werden. Ein zweiter Nachtragsetat zum Bundeshaushalt 1990 sieht knapp 4,8 Milliarden D-Mark für DDR-Hilfen vor. Davon entfallen 2 Milliarden D-Mark auf den Fonds »Deutsche Einheit«, 2 Milliarden D-Mark sind als Anschubfinanzierung für die Arbeitslosenversicherung in der DDR vorgesehen und 750 Millionen D-Mark sollen den Rentnern in der DDR und der dortigen Rentenversicherung zufließen. Außerdem hat die Bundesregierung die Wirtschaftsförderung für Investitionen im anderen Teil Deutschlands im Rahmen der sogenannten ERP-Kredite aufgestockt: von 4,8 Milliarden auf 6 Milliarden D-Mark im Jahr 1990.
Im Laufe dieses Jahres hat der Bundestag einen ersten Nachtragsetat für 1990 beschlossen. Dieser hatte eine Höhe von 6,8 Milliarden D-Mark, wovon 4 Milliarden direkt oder indirekt der Hilfe in der DDR zuzurechnen sind.
Die Früchte der soliden marktwirtschaftlichen Finanz- und Wirtschaftspolitik der Bundesregierung zeigen sich heute auch auf der Einnahmenseite der öffentlichen Haushalte. Bund, Länder und Gemeinden kön-nen für 1990 bis 1993 mit erheblich mehr Einnahmen rechnen, als bisher in den Haushalts- und Finanzplanungen angenommen wurden: Rund 115 Milliarden D-Mark mehr Steuereinnahmen werden sie in dem genannten Zeitraum verbuchen können. Zu diesem Ergebnis kam am 17. Mai 1990 der »Arbeitskreis Steuerschätzung«, in dem Vertreter der Bundesbank, des Statistischen Bundesamtes und der Wirtschaftsforschungsinstitute vertreten sind. Bundesfinanzminister Theo Waigel führt dieses Milliarden-Plus für die öffentlichen Kassen auf die »lange Phase des wirtschaftlichen Aufschwungs« in der Bundesrepublik zurück.
Schon in diesem Jahr können Bund, Länder und Gemeinden nach der neuesten Steuerschätzung mit 8,2 Milliarden D-Mark Mehreinnahmen insgesamt rechnen (davon für den Bund 6,8 Milliarden D-Mark), 1991 werden es insgesamt 38,4 Milliarden D-Mark sein.
Waigel bekräftigt die Aussagen der Bundesregierung mit dem Hinweis, daß sich die Belastungen aus dem Staatsvertrag und dem Fonds »Deutsche Einheit« aufgrund der wirtschaftlichen Entwicklung problemlos ohne Steuererhöhungen finanzieren lassen. Marktwirtschaftliche Erneuerung, konsolidierte Staatsfinanzen und Steuerentlastungen hätten der Bundesrepublik ein seit acht Jahren anhaltend hohes Wachstum gebracht. Steuererhöhungen würden dagegen nur die Leistungs- und Investitionsbereitschaft von Bürgern und Wirtschaft schwächen.
Aber auch noch aus einem anderen Grund hält Theo Waigel Hilfen für die Menschen in der DDR für notwendig und machbar:

»Für uns ist die Solidarität aller Deutschen selbstverständliche Verpflichtung. Wir haben in der Bundesrepublik Solidarität seit mehr als 40 Jahren praktiziert. Wir haben eines der leistungsfähigsten sozialen Sicherungssysteme der westlichen Welt. Wir waren solidarisch mit den Werftarbeitern an der Küste und ebenso mit den Beschäftigten des deutschen Steinkohlebergbaus und der Stahlindustrie.
Das gleiche gilt für die Landwirtschaft. Wir haben in großer Zahl Aussiedler aus Ost- und Südosteuropa aufgenommen. Ebenso selbstverständlich helfen wir den Deutschen in der DDR in ihrer besonders schwierigen Situation.« Theo Waigel ist überzeugt: Die Wirtschafts- und Währungsunion wird in der DDR und in der Bundesrepublik erhebliche Wachstums- und Beschäftigungsimpulse auslösen.

Bundesfinanzminister Theo Waigel: »Die Gleichung ›Weniger Steuern auf Investitionen und berufliche Leistung bedeuten mehr Wachstum, und mehr Wachstum stärkt die öffentlichen Finanzen‹ geht auf. Es bleibt dabei: Die Steuerzahler müssen kein Sonderopfer für die deutsche Einheit bringen.«

Die Konjunktur läuft hervorragend. Das schlägt sich auch in den öffentlichen Kassen nieder: Die Steuermehreinnahmen erreichen Höhen, wie man sie noch zu Anfang dieses Jahres nicht vermutet hätte. Eine gute Nachricht – auch mit Blick auf die Finanzierung der deutschen Einheit.

»2 + 4-Gespräche« Wichtiger Baustein für ein europäisches Deutschland

2+4=5. 12+1=12. Ein neues mathematisches Rechenverfahren? Eine neue numerische Geheimsprache? Oder einfach zwei Rechenfehler? Nichts von alledem trifft das, was eigentlich dahintersteckt. Politische Formeln sind es, aufgemacht von Bundesaußenminister Hans-Dietrich Genscher am 1. Juni 1990 in Ostberlin nach Gesprächen mit seinem DDR-Amtskollegen Markus Meckel.
»2+4« – dies ist das Kürzel für die gleichnamigen Gesprächskonferenzen der sechs Außenminister: Die »2« – das sind die Außenminister der beiden deutschen Staaten; die »4« – das sind die Außenminister der vier für Deutschland als Ganzes verantwortlichen Mächte USA, UdSSR, Großbritannien und Frankreich. Thema ihrer Gespräche: die äußeren, internationalen Aspekte der deutschen Einigung. Mit der »5« auf der rechten Seite der Gleichung bringt Hans-Dietrich Genscher die große Gemeinsamkeit der beiden deutschen Staaten in der Beurteilung der äußeren Aspekte der Vereinigung auf eine griffige Formel. Die Bundesregierung und die Regierung in Ostberlin sind zum Beispiel gemeinsam der Auffassung, daß das vereinigte Deutschland Mitglied der Nato sein soll, wobei die Sicherheitsinteressen der Sowjetunion berücksichtigt werden müssen.

Auf dem Weg nach Europa

Da die DDR als deutscher Staat im Zuge der Vereinigung auch auf dem Weg ist, Teil der Zwölfergemeinschaft der EG zu werden, stimmt – von der politischen Aussage her – auch die zweite Gleichung 12+1=12. Das wird zum Beispiel daran deutlich, daß DDR-Regierungschef de Maizière und Außenminister Meckel bei Veranstaltungen des EG-Gipfels der Staats- und Regierungschefs am 25. und 26. Juni 1990 in Dublin teilnehmen können. Dafür haben sich Bundeskanzler Kohl und Außenminister Genscher gemeinsam bei dem irischen EG-Ratspräsidenten Haughey eingesetzt.
Die deutsche Einigung muß sich im europäischen Kontext und in enger Abstimmung mit den anderen beteiligten Staaten vollziehen. Darüber sind sich von Anfang an alle Beteiligten im klaren. Darauf zielen nicht nur die »2+4-Gespräche«, sondern auch die zahlreichen anderen Gespräche im

Rahmen der Konferenz für Sicherheit und Zusammenarbeit in Europa (KSZE) sowie die bilateralen Gespräche zwischen den einzelnen Staaten, zum Beispiel zwischen der Bundesrepublik und den USA oder der Bundesrepublik und der UdSSR.

45 Jahre nach Ende des Weltkriegs

Die ersten »2+4-Gespräche« der sechs Außenminister finden Anfang Mai – fast auf den Tag genau 45 Jahre nach dem Ende des Zweiten Weltkriegs – in Bonn statt. Hier einigen sich die Gesprächspartner auch auf die Themen ihrer künftigen Beratungen: Das sind Grenzfragen, politisch-militärische Fragen, Berlin-Probleme sowie Fragen, die auf eine abschließende völkerrechtliche Lösung und die Ablösung der Vier-Mächte-Rechte und -Verantwortlichkeiten zielen.

Ein großer Tag für Deutschland und Europa

Wichtigstes Ergebnis der Bonner »2+4-Konferenz« ist nach den Worten von Hans-Dietrich Genscher, daß der Wille der Deutschen, ihre Vereinigung ordnungsgemäß und ohne Verzögerung zu vollziehen, von allen Teilnehmern anerkannt worden sei. In Übereinstimmung mit seinem DDR-Amtskollegen Meckel wertet Genscher das Konferenzergebnis in einer Regierungserklärung vor dem Deutschen Bundestag »als großen Tag für Deutschland und Europa«.

Nach den Worten des Bundesaußenministers besteht bei den »2+4-Gesprächen« eine »bemerkenswerte Übereinstimmung«, daß es notwendig sei, den KSZE-Prozeß auszubauen und ihn zu vertiefen. Seiner Überzeugung nach werden die Institutionalisierung des KSZE-Prozesses, regelmäßige Ministertreffen, die Schaffung von Einrichtungen zur Konfliktvermeidung und -schlichtung sowie zur Abrüstungskontrolle »die stabilisierende Funktion des KSZE-Prozesses entfalten«.

Genscher zeigt sich befriedigt darüber, daß die Dynamik der Entwicklungen in Deutschland positive Impulse für die Entwicklung in ganz Europa freisetzt: »Die Entwicklung der EG zur Europäischen Union wird beschleunigt. Im KSZE-Prozeß werden neue, gesamteuropäische Strukturen entstehen. Das westliche Bündnis stellt sich auf die neuen Entwicklungen ein. Die Abrüstung bekommt neuen Schwung. Die Ost-West-Zusammenarbeit bekommt eine neue Qualität.« Der Bundesaußenminister ist überzeugt, daß in der Sicherheitspolitik Rüstungskontrolle, Abrüstung und gegenseitige Vertrauensbildung zunehmend an Gewicht gewinnen werden.

Konferenzserien im Vorfeld

Dem »2+4-Treffen« vorausgegangen war eine nahezu beispiellose Konsultations- und Konferenzfolge, woran man den Willen und die Bereitschaft ablesen kann, in der deutschen Frage zu guten Lösungen zu gelangen und die beiden Prozesse – die Vereinigung Deutschlands und die künftige Gestaltung Europas – miteinander in Einklang zu bringen. So sprachen denn zuvor in Bonn Markus Meckel und Hans-Dietrich Genscher intensiv miteinander, in Brüssel kamen die Außen- und Verteidigungsminister der neun Mitgliedsstaaten der Westeuropäischen Union (WEU) zusammen. Daneben gab es die regulären deutsch-französischen Konsultationen. Es folgten Sondertreffen des Europäischen Rates in Dublin und des Nato-Ministerrates in Brüssel sowie eine Begegnung der zwölf EG-Außenminister mit ihrem US-Kollegen James Baker. Das Konsultationskarussell dreht sich auch derzeit mit unverminderter Intensität.

Der Fahrplan

Nach dem Treffen der sechs Außenminister im Rahmen von »2+4« vom 22. Juni 1990 finden die nächsten Konferenzen dann im

Juli in Paris und im September in Moskau statt. Zu dem Pariser Treffen, auf dem Grenzfragen erörtert werden, wird auch der polnische Außenminister eingeladen.
Nach deutscher Vorstellung sollen die »2+4-Gespräche« noch möglichst bis zum Beginn des KSZE-Sondergipfels im Spätherbst 1990 zum Abschluß gebracht werden. Dann möchte man dem KSZE-Gipfel die Arbeitsergebnisse präsentieren.

Bundesaußenminister Hans-Dietrich Genscher: »Wir wollen das deutsche Schicksal einbetten in das Schicksal Europas, weil wir uns der europäischen Berufung der Deutschen bewußt sind.«

Staatsvertrag und deutsche Einheit – Meinungen

Umfragen, die wenige Wochen vor Inkrafttreten der Währungs-, Wirtschafts- und Sozialunion zwischen der Bundesrepublik Deutschland und der DDR durchgeführt werden, zeigen es: Die Menschen in der DDR sind mehrheitlich von Zuversicht erfüllt. Im folgenden Ergebnisse von Umfragen des Bonner Instituts für angewandte Sozialwissenschaft (infas) und des Leipziger Zentralinstituts für Jugendforschung (ZIJ).

Wie stehen die Bundesbürger zur deutschen Einheit?
Seit dem Sommer 1989 stehen laut infas-Umfrage die Ereignisse in der DDR, also die Deutschlandpolitik, fast ununterbrochen (mit Ausnahme des Dezember 1989: Umsturz in Rumänien) im Mittelpunkt der öffentlichen Aufmerksamkeit in der Bundesrepublik Deutschland. Die Einheit war schon seit Jahrzehnten das Anliegen einer Mehrheit der Bürger in unserem Land. Und in den letzten Monaten wurde der Wunsch nach staatlicher Einheit von der Bundesrepublik und der DDR immer stärker artikuliert. Mitte April 1990 zählten 80 Prozent der Bundesbürger zu den Befürwortern, nur noch 18 Prozent zu den Gegnern der deutschen Einheit.

Sind die Bürger der DDR für oder gegen die deutsche Einheit?
Wie stark sich in der DDR angesichts des Prozesses der Vereinigung der beiden deutschen Staaten das Bewußtsein verändert hat, zeigt auch eine Ende Mai 1990 veröffentlichte Umfrage des ZIJ in Leipzig: 85 Prozent der Menschen im anderen Teil Deutschlands sprachen sich für die deutsche Einheit aus. Zum Vergleich: Fünf Monate zuvor waren es nach den Ergebnissen des Leipziger Instituts erst 48 Prozent. Nach der letzten Umfrage fühlen sich inzwischen fast drei Viertel »als Deutsche« und nicht mehr, wie noch im November 1989 (77 Prozent), als »DDR-Bürger«.

Was erwarten die Menschen in der DDR von der Währungsunion?
Nahezu drei Viertel der Menschen in der DDR glauben, so infas, daß sich mit Einführung der Währungsunion die wirtschaftliche Lage in der DDR verbessert. Fast jeder zweite ist der Auffassung, daß seine persönliche wirtschaftliche Lage besser sein wird als vor dem 1. Juli 1990. Ein Blick in die Ergebnisse vom 8. Mai 1990 zeigt: 27 Prozent erwarten von der Währungsunion Verbesserungen »eher für die DDR allgemein«, 4 Prozent »eher für die persönliche Lage«, 43 Prozent »für beides gleichermaßen« und nur 18 Prozent weder für das eine noch für das andere. 8 Prozent machten keine Angaben.

Hat sich das Meinungsklima verändert?
Je näher die Währungs-, Wirtschafts- und Sozialunion rückt, um so optimistischer sind die Menschen in der DDR. Das zeigt ein Vergleich von Umfrageergebnissen von Anfang Mai mit denen vom März 1990. Daß sich »die wirtschaftliche Lage in der DDR in ein bis zwei Jahren« verbessern wird, erwarten heute 69 Prozent der DDR-Bürger, 20 Prozent mehr als noch Anfang März 1990 (49 Prozent). 51 Prozent meinen, daß

es ihnen dann wirtschaftlich besser gehen werde (März: 31 Prozent).

Wer hat mehr Vorteile von der Währungsunion?
36 Prozent der Bundesbürger sind laut infas der Meinung, daß die DDR-Bevölkerung im Vergleich zu den Bundesbürgern mehr von der Währungsunion profitieren werde. Daß die Währungsunion allein die DDR-Bürger begünstige, ist die Auffassung von 40 Prozent der Bundesbürger.
Viel differenzierter ist die Meinungsbildung in der DDR, zum Teil mit umgekehrten Vorzeichen. 10 Prozent vermuten, daß die Währungsunion nur Vorteile für die Bundesrepublik Deutschland bringe, weitere 35 Prozent glauben zumindest an relative Vorteile der Bundesbürger. Zusammen sind es also 45 Prozent, die dem Westen nicht so recht trauen, ob er nicht die Währungsunion nur im eigenen Interesse vorantreibe. Immerhin 21 Prozent gestehen zu, daß die DDR-Bürger im Vergleich zu den Bundesbürgern mehr von der gemeinsamen Währungsunion haben könnten. Eine kleine Zahl von 8 Prozent sieht sogar Vorteile ausschließlich für die DDR. Nicht wenige sind jedoch unschlüssig, wie sie das Ganze beurteilen sollen (22 Prozent), und manche äußern sich auch gar nicht dazu (4 Prozent).

Stimmen des Auslands zur Unterzeichnung des Staatsvertrags

Mit außerordentlichem Interesse verfolgt auch das Ausland den Prozeß der deutschen Wiedervereinigung. Eine große Resonanz in den internationalen Medien findet die Unterzeichnung des Staatsvertrags zur Wirtschafts-, Währungs- und Sozialunion. Hier einige Beispiele der Kommentare:

»Wo bisher das realsozialistische System zur Erstickung jeder Initiative und Vernichtung von Produktivkräften herrschte, setzt nun die Marktwirtschaft an. Es wird gutgehen. Die Belastung ist groß, die Umstellungsschwierigkeiten gleichfalls – aber wenn ein verrücktes Wirtschaftssystem durch ein funktionierendes und effizientes ersetzt wird, kann der Erfolg nicht ausbleiben ...«
(Kurier, 20. Mai 1990)

»Das, was gestern ... geschah, ist mehr als nur ein Pflichtschritt hin zur deutschen Einheit. Es ist ein Sprung ins Neue, der Beginn eines nie dagewesenen Prozesses: Der Vertrag ... bedeutet, daß zum ersten Mal in der Geschichte ein kommunistisches Land plötzlich zum Kapitalismus übergeht und seine wirtschaftlichen und sozialen Regeln anerkennt, während es bei dem außergewöhnlichen Umsturz von dem Land an der Hand gehalten wird, das ihm am nächsten, aber auch am weitesten entfernt ist, am ähnlichsten und doch am verschiedensten.«
(La Stampa, 20. Mai 1990)

»Im Palais Schaumburg hat Deutschland in definitiver Weise die Periode seiner Trennung abgeschlossen und die erste, politisch offizielle und konkrete Geste in Richtung auf die Vereinigung vollzogen. Wenn man hinzufügt, daß der adoptierte Staat ein Land ist, das nach vier Jahrzehnten sozialistischer Führung scheiterte, wo alles umzuwandeln, zu reorganisieren, zu rekonstruieren ist und wo von einem Tag zum anderen auch der gesamte rechtliche Apparat, auf den sich seine Selbständigkeit gründet, eine radikale Transformation vom Zentralismus zum freien Markt durchmacht, dann kann man die Furcht verstehen, mit der selbst in Deutschland von vielen Seiten auf das historische Experiment geblickt wird ...«
(Il Messaggero, 20. Mai 1990)

»Nach 45 Jahren haben die Deutschen – und das aus eigener Kraft – eines der wesentlichen Ergebnisse des Zerfalls des deutschen Reiches 1945 rückgängig gemacht. Gegenwärtig stellen sie die nationale und staatliche Einheit wieder her.«
(Trybuna, 20. Mai 1990)

Beim Export an der Spitze

»Made in Germany« hat sich im vergangenen Jahr erneut als Renner auf den Weltmärkten erwiesen. Mit Exporten im Wert von umgerechnet 421 Milliarden Dollar hatte das wiedervereinigte Deutschland die Nase vorn, gefolgt von den USA und Japan. Damit gelang es der deutschen Wirtschaft, die auch ohne die Exporte aus den fünf neuen Ländern nach einem zweiten Platz 1989 die Vereinigten Staaten erneut überholt hat, trotz vergleichsweise schlechterer Ausgangsposition, nun zum vierten Mal seit 1986 Exportweltmeister zu werden. Dieser Erfolg ist um so höher einzuschätzen, als die Bundesrepublik als kleines und rohstoffarmes Land stets gleichsam aus der zweiten Reihe startet. Von der Stunde Null des Jahres 1945 an, auf der Grundlage einer zerstörten Industrielandschaft und ineffektiver landwirtschaftlicher Strukturen, ist es in den vergangenen vierzig Jahren gelungen, eine Spitzenposition im Export zu erreichen: Maßstab und Hoffnung für den Aufbau der östlichen Bundesländer. Neben der unternehmerischen Leistung spielen dabei insbesondere auch die wirtschaftspolitischen Rahmenbedingungen eine entscheidende Rolle.[117]

Zur Stimmungslage der Nation 1990

Die Illustrierte »Bunte« fragte – repräsentative Umfrage bei 513 Bundesbürgern ab 16 Jahren, durchführendes Institut: Link Marketing Services, Frankfurt – die Bürger, ob sie einverstanden sind, wie die Minister drüben mit unserer D-Mark umgehen. Und ob die Deutschen hier bereit sind, die Wiedervereinigung mit höheren Steuern zu bezahlen. Die meisten (79,9 Prozent) finden die Wiedervereinigung toll. Aber beim Wort bezahlen werden alle sauer. Das Lintas-Institut fragte:

Sind Sie bereit, persönliche Opfer für die Wiedervereinigung zu bringen? Ich nenne Ihnen verschiedene Möglichkeiten, und Sie sagen mir jedesmal, ob Sie dazu bereit wären.

Ich würde eine Steuererhöhung in Kauf nehmen

	Gesamt %	Männer %	Frauen %
Ja	41,7	49,8	34,6
Nein	57,1	49,4	64,0
Weiß nicht	1,2	0,8	1,4

Ich wäre bereit, höhere Preise zu zahlen

	Gesamt	Männer	Frauen
Ja	33,5	39,8	27,9
Nein	65,1	59,3	70,2
Weiß nicht	1,4	0,9	1,9

Ich würde steigende Zinsen in Kauf nehmen

	Gesamt	Männer	Frauen
Ja	30,6	39,8	22,4
Nein	67,8	58,9	75,7
Weiß nicht	1,6	1,3	1,9

Wir haben schon einige Meinungen von Bundesbürgern gehört, was sie an der derzeitigen Situation im Zusammenhang mit der DDR stört. Ich nenne Ihnen jetzt einige dieser Meinungen. Sagen Sie mir bitte zu jeder, ob Sie ihr persönlich zustimmen oder nicht zustimmen.

Die DDR-Bürger kosten nur unser Geld

	Gesamt	Männer	Frauen
Stimme zu	41,9	36,5	46,7
Stimme nicht zu	55,4	62,2	49,3
Weiß nicht	2,7	1,3	4,0

Die DDR-Bürger stellen immer nur Forderungen an uns

	Gesamt	Männer	Frauen
Stimme zu	50,5	42,3	57,7
Stimme nicht zu	45,8	53,1	39,4
Weiß nicht	3,7	4,6	2,9

Die Mauer hätte stehen bleiben sollen

	Gesamt	Männer	Frauen
Stimme zu	7,6	8,3	7,0
Stimme nicht zu	92,4	91,7	93,4
Weiß nicht	–	–	–

Die DDR-Bürger wirken negativ auf mich

	Gesamt	Männer	Frauen
Stimme zu	16,4	13,3	19,1
Stimme nicht zu	78,8	82,2	75,7
Weiß nicht	4,8	4,5	5,2

Ich finde es schlimm, daß der PDS-Chef Gysi demnächst bei uns im Bundestag sitzt und auch noch Geld dafür bezieht

	Gesamt	Männer	Frauen
Stimme zu	59,5	56,4	62,1
Stimme nicht zu	32,5	38,2	27,6
Weiß nicht	8,0	5,4	10,3

Mich stört, wie die DDR-Regierung mit unserem Geld umgeht

	Gesamt	Männer	Frauen
Stimme zu	55,8	53,5	57,7
Stimme nicht zu	33,3	37,8	29,4
Weiß nicht	10,9	8,7	12,9

Mir wird angst, wenn ich daran denke, was für Kosten noch auf uns zukommen

	Gesamt	Männer	Frauen
Stimme zu	52,5	44,0	59,9
Stimme nicht zu	45,6	54,8	37,5
Weiß nicht	1,9	1,2	2,6

Mich ärgert, daß DDR-Minister Eppelmann Milliarden von unserem Geld ohne Absprache ausgibt, um neue Waffen für die Volksarmee zu kaufen

	Gesamt	Männer	Frauen
Stimme zu	77,8	75,5	79,8
Stimme nicht zu	15,2	19,1	11,7
Weiß nicht	7,0	5,4	8,5

Als im November 1989 die ersten Bürger der DDR in die Bundesrepublik kamen, wurden sie begeistert begrüßt. Glauben Sie, daß die Bürger der DDR bei uns heute …

	Gesamt	Männer	Frauen
…beliebter sind?	3,9	4,6	3,3
…gleich beliebt sind?	39,1	43,2	35,7
…weniger beliebt als Ende letzten Jahres?	55,8	51,0	59,9
Weiß nicht	1,2	1,2	1,1

Wie würden Sie Ihre Einstellung zur Wiedervereinigung beschreiben? Ist sie …

…eher positiv?	79,9	83,8	76,5
…eher negativ?	17,9	14,5	21,0
Weiß nicht	2,2	1,7	2,5

Im Zusammenhang mit der Wiedervereinigung werden unterschiedliche Möglichkeiten diskutiert. Ich nenne Ihnen jetzt einige solcher Möglichkeiten, und Sie sagen mir bitte, ob Sie ihnen zustimmen oder nicht.

Es sollte auch im geeinten Deutschland die 0,0-Promille-Regelung gelten

	Gesamt	Männer	Frauen
Stimme zu	66,5	58,9	73,2
Stimme nicht zu	32,4	40,2	25,4
Weiß nicht	1,1	0,9	1,4

Die freie Abtreibungspraxis sollte im geeinten Deutschland übernommen werden

	Gesamt	Männer	Frauen
Stimme zu	54,8	53,3	55,9
Stimme nicht zu	40,5	40,8	40,4
Weiß nicht	4,7	5,9	3,7

Eckpunkte der Währungsumstellung in der DDR

Die Währungsumstellung in der DDR soll nach Inkrafttreten des Staatsvertrags zum 2. Juli 1990 erfolgen. Darauf einigten sich die Regierungen der DDR und der Bundesrepublik Deutschland bei Gesprächen am 2. Mai 1990 in Bonn. Die wichtigsten Eckpunkte der Währungsumstellung sind:
Löhne, Gehälter, Stipendien, Mieten, Pachten und Renten sowie andere wiederkehrende Versorgungszahlungen (zum Beispiel Unterhaltszahlungen) werden im Verhältnis 1:1 umgestellt. Bei Löhnen und Gehältern

werden die Bruttobeträge vom 1. Mai 1990 zugrunde gelegt.
Das Rentensystem der DDR wird dem Rentensystem der Bundesrepublik angepaßt. Soziale Härten, die sich für die Bezieher niedriger Renten und für Studenten ergeben, werden durch gesetzliche Regelungen ausgeglichen. Die DDR wird dies im Rahmen ihrer finanziellen Eigenverantwortung und unter Beachtung ihrer gesamten Finanzlage regeln. Sonstige Forderungen und Verbindlichkeiten werden grundsätzlich im Verhältnis 2:1 umgestellt.
Personen mit ständigem Wohnsitz in der DDR können im Verhältnis 1:1 folgende Beträge pro Kopf (Bargeld und Bankguthaben) tauschen: Kinder bis zum vollendeten 14. Lebensjahr 2000 D-Mark, Personen im Alter von 15 bis zum vollendeten 59. Lebensjahr 4000 D-Mark sowie Personen ab dem 60. Lebensjahr 6000 D-Mark.
Darüber hinausgehende Beträge werden im Verhältnis von 2:1 umgestellt. Dabei werden geeignete Vorkehrungen getroffen, um Umgehungen und Mißbräuche zu unterbinden. Dies geschieht zum Beispiel auch durch die Festlegung von Stichtagen.
Der seit dem 1. Januar 1990 geltende Umtauschkurs von D-Mark in Mark der DDR von 1:3 beträgt ab sofort 1:2.
In dem Kommuniqué vom 2. Mai geben beide Regierungen ferner als gemeinsame Ziele bekannt: schnelle Einführung der sozialen Marktwirtschaft in der DDR, Stabilität der D-Mark, Solidität der Staatsfinanzen und soziale Ausgewogenheit.[118]

Stimmen des Auslands zur Währungsunion mit der DDR

Eine große Resonanz in den internationalen Medien findet die geplante Währungsumstellung in der DDR. Zur Veranschaulichung hier einige Beispiele der Berichterstattung:

»Die Westdeutschen machen ihren östlichen Cousins ein sehr gutes Angebot. Die Logik des Kanzlers ist vollständig politisch, doch das macht sie nicht falsch. Er ist bemüht, jede weitere Übersiedlerwelle zu vermeiden. Die Vereinigung wird ihren Preis haben, doch die Welt wird von diesem Prozeß viel lernen, der für die osteuropäischen Länder auf ihrem Weg zur Marktwirtschaft nützlich sein wird.«
(Herald Tribune, 28./29. April 1990)

»Die Bonner Entscheidung ist ein bedeutender Sieg für den Chef der großen Koalition in Ostberlin und nimmt in der DDR etwas von der Bitterkeit, über die teuer bezahlte Auflösung des Landes verhandeln zu müssen. Die prinzipiellen Bedingungen der Regierung im Osten, nämlich eine Halbierung der Realeinkommen zu verhindern, also Parität für Löhne und Renten, sind trotz der Mahnung zur Vorsicht von seiten der um den Preisanstieg bangenden Bundesbank erfüllt worden ...«
(La Stampa, 24. April 1990)

»Indem er die Deutsche Mark zum Geschenk macht, hat der Kanzler verhindern wollen, daß die Stabilität der mit Mühe und Not in Ostberlin eingesetzten Regierung gefährdet wird. Wenn die Regierung de Maizière nicht den versprochenen Umtauschkurs eins zu eins durchgesetzt hätte, wäre sie nicht in der Lage gewesen, ihr Land mit Entschlossenheit und Bedacht auf die deutsche Einheit hinzuführen. Für Helmut Kohl war es auch von vorrangiger Bedeutung, soweit wie möglich die Flut der Ostdeutschen in die Bundesrepublik zu unterbinden.«
(Libération, 25. April 1990)

»Die Bundesbürger mögen verärgert darüber sein, daß sie für die DDR bezahlen müssen. Aber sie würden es noch übler nehmen, wenn der DDR-Exodus weiterginge. Die DDR-Bürger haben die Wechselkursfrage als einen Test für die bundesdeutschen Absichten und sogar für die Ehre des Kanzlers angesehen, denn sie sagen, er habe ihnen während des Wahlkampfes eine Eins-zu-Eins-Rate versprochen.«
(The Guardian, 25. April 1990)

Nach dem Staatsvertrag: Die Sorgen der Deutschen

Juni 1990

Dazu der Wirtschaftsberater von de Maizière, Elmar Pieroth (CDU): »Es wird keine Massenarbeitslosigkeit in der DDR geben. Die Menschen werden sehr rasch merken, wie dringend jede einzelne Arbeitskraft in der DDR benötigt wird. Sie werden für gutes Geld in Betrieben arbeiten, die viel leistungsfähiger produzieren als bisher. Das motiviert. Für eine Übergangszeit werden Arbeitnehmer geschult. Sie sind in dieser Zeit sozial abgesichert. Die enge wirtschaftliche Verflechtung der DDR mit den Ländern des Ostblocks ist in der Zeit des Strukturwandels eine wichtige Stütze. Vor allem die Sowjetunion wird zu den wichtigsten Abnehmern der DDR-Waren zählen. So haben die Betriebe Zeit, sich schrittweise auf das hohe Niveau des Weltmarktes einzustellen.«

Bundesbankpräsident Karl-Otto Pöhl äußert sich wie folgt: »Ich habe vom ersten Tag an gesagt, daß die Vereinigung der beiden deutschen Staaten beträchtliche finanzielle Opfer erfordert und daß wir dazu bereit sein sollten und auch dazu in der Lage sind. Im Gegensatz zur Bundesregierung würde ich auch Steuererhöhungen für diesen Zweck nicht von vornherein ausschließen. Aber natürlich müssen zunächst alle Möglichkeiten für Haushaltseinsparungen und -umschichtungen ausgeschöpft werden. Auch eine vorübergehende Erhöhung der Kreditaufnahme ist meines Erachtens vertretbar. Dank der guten Konjunktur und einer soliden Finanzpolitik ist die Inanspruchnahme der Kapitalmärkte durch die öffentlichen Haushalte auf weniger als 1 Prozent des Bruttosozialprodukts im vorigen Jahr zurückgegangen. Aber auch dafür gibt es Grenzen, die durch die Zinsentwicklung gezogen werden. Die Befürchtungen, es könne zu einer Überbeanspruchung des Kapitalmarktes führen, haben schon jetzt zu erheblichen Zinssteigerungen geführt. Was auf keinen Fall kommen kann, ist eine Finanzierung von Transferleistungen mit Hilfe der Notenpresse.«

Der ehemalige Sprecher der Bundesregierung, Peter Boenisch, kommt zu folgender Analyse: »Es wird am Anfang große Anpassungsschwierigkeiten geben. Der Versuch, die Kommandowirtschaft auf freie Wirtschaft umzustellen, ist ohne Beispiel. Keiner weiß genau, welche Probleme sich ergeben werden, aber jedes dieser Probleme kann in der DDR leichter gelöst werden als in Polen, in der CSFR, die ähnliches versuchen, aber keinen ›großen Bruder‹ im Westen haben, der hilft.

Örtliche und branchenbedingte Schwierigkeiten werden genauso wie die Arbeitslosigkeit bei Fünfzigjährigen, die sich nicht mehr umstellen können, von dem alten Machtapparat in der DDR ausgenutzt werden. Wenn sich ihnen die Chance bietet, werden sie auch Krawalle anzetteln. Es wird stürmisch zugehen. Doch wenn wir hier im Westen über Parteigrenzen hinweg zusammenstehen, wird keines dieser Probleme unlösbar sein.

Auf unsere nationale Solidarität kommt es an und auch auf die Bereitschaft der Menschen drüben, anzupacken.«

Zu den Wohnungsproblemen die Meinung von Bundeswohnungsbauministerin Gerda Hasselfeld (CSU) auf die Frage, wird die Wohnungsnot größer werden: »Nein, das Gegenteil wird der Fall sein! Erstens wird die Zahl der Übersiedler, die in den vergangenen Monaten auf unsere Wohnungsmärkte geströmt sich, abrupt zurückgehen. Zweitens werden die Einkommen der DDR-Bürger nicht von heute auf morgen unser Niveau erreichen. Sie werden also in nächster Zeit kaum in der Lage sein, unsere Mieten zu bezahlen, schon gar nicht in den Großstädten. Drittens wird die D-Mark auch zur Verbesserung der Wohnungssituation in der DDR führen. Unter den Rahmenbedingungen der sozialen Wohnungsmarktwirtschaft wird es dort sehr rasch zu Modernisierungen und auch Neubauinvestitionen kommen. Qualität und Ausstattung der Wohnungen werden deutlich zunehmen.«

Natürlich warf sich zu jener Zeit die Frage auf: »Kann es mit der Einheit Deutschlands noch schiefgehen?« Dazu meint der ehemalige Sprecher der Bundesregierung, Peter Boenisch: »Wenn die Deutschen wüßten, wie wackelig die Brücke ist, die zur deutschen Einheit führt, würden sie sie im Laufschritt überqueren und sich umarmen wie am Tag als die Mauer fiel. Die Deutschen in Ost und West sind sich ihrer Sache zu sicher, unterschätzen die Gefahren. Hindernis Nummer eins: die Verhandlungen der zwei deutschen Regierungen mit den vier Alliierten, »2+4« genannt. Allein schon in der mathematischen Formel liegt die Gefahr. Die anderen, die vor 45 Jahren den Krieg gewonnen haben, sind vier. Wir, die ihn verloren haben, sind zwei. Jeder von den vieren kann die Einheit kippen. Daß sie dies zur Zeit nicht vorhaben, ist ein nicht wiederkehrender Glücksfall. Morgen kann es schwieriger, übermorgen anders sein. Hindernis Nummer zwei: Es ist durchaus möglich, daß die orthodoxen Kommunisten in der UdSSR sich durchsetzen und die Reformer stürzen. Gorbatschow, fortschrittlich in der Außenpolitik, spielt in der Innenpolitik eine sehr undurchsichtige Rolle. Die russischen Ultras wollen Rußland wie bisher an der Elbe verteidigen. Gute Nacht, deutsche Einheit.«

Ob unsere D-Mark bei soviel Milliarden nach drüben schwach wird, dazu äußert sich Finanzminister Theo Waigel (CSU): »Nein, Stabilität ist und bleibt das Markenzeichen unserer D-Mark, auch bei der Währungsunion mit der DDR. Der Staatsvertrag mit der DDR ist in Übereinstimmung und mit der Unterstützung der Bundesbank erarbeitet worden. Die Sicherung der Geldwertstabilität und solider Finanzen ist als grundlegende Zielsetzung im Vertragswerk verankert. Die Bedingungen der Währungsumstellung in der DDR tragen den Erfordernissen einer stabilen D-Mark uneingeschränkt Rechnung. Wir haben mit der Regierung der DDR einen festen Rahmen für die Kreditaufnahme vereinbart. Die damit feststehenden Anforderungen sind von den Kapitalmärkten gut zu verkraften.«

Zur Reiselust und den Staus auf unseren Autobahnen nimmt Gerhard Schork vom Deutschen Verkehrssicherheitsrat Stellung: »Vor allem auf den Nord-Süd-Autobahnen wird es in der Hauptreisezeit noch mehr Staus und Engpässe geben als in den Jahren zuvor. Die Reiselust von vielen DDR-Bürgern führt zu einer Verschärfung der Verkehrsprobleme. In diesem Jahr werden 25 Millionen Autofahrer mit 8,5 Millionen Wagen über die bundesdeutschen Autobahnen in Urlaub fahren. Die schlimmsten Staustrecken: Würzburg–Nürnberg und München–Salzburg.« Der ADAC ergänzt: »In den Sommerferien wird es wegen der DDR-Urlauber einen Jahrhundertverkehr geben.«[119]

Die Einheit ist nicht zu stoppen

»Wenn ich durch Westdeutschlands Städte fahre, dann könnte ich heulen, weil mir das, was uns alles vorenthalten worden ist, unheimlich deutlich wird. Und die Menschen, die jetzt aus der DDR weggehen, die haben keine Geduld mehr, die haben es satt, vielleicht noch fünf Jahre zu warten. Sie wollen die Einheit Deutschlands, und es ist ihr gutes Recht, meine ich. Und diejenigen, die in der Bundesrepublik Deutschland die politische Macht haben, müssen dafür sorgen, daß das möglichst ohne Komplikationen... vonstatten geht.« Dieser Hilferuf des Künstlers Wolk (früher Ost-CDU) war einer der Höhepunkte auf dem »Forum für Deutschland« im Berliner Hochhaus des Axel Springer Verlages.

Die Diskussion um die Zukunft Deutschlands in Europa hatte der Historiker Arnulf Baring so eröffnet: »Es wird zur Vereinigung der beiden deutschen Staaten in den Grenzen von 1945 kommen – eher in Monaten als in Jahren.« Unüberhörbar aber auch die Furcht vor einem übermächtigen, geeinten Deutschland – vor allem aus den kleineren Nachbarländern.

Durchgehende Meinung der Fachleute: Die Entwicklung eines einigen Deutschland ist nicht mehr zu stoppen.

Die außenpolitische Absicherung der Einheit von Moskau

Mit der in Moskau und im Kaukasus erzielten Einigung und den Ergebnissen der vorangegangenen Gipfeltreffen sowie der »2+4-Gespräche« gelingt der entscheidende Durchbruch bei der außenpolitischen Absicherung der deutschen Einheit. Das Tor zu einer umfassenden europäischen Friedensordnung ist aufgestoßen.
Bundeskanzler Kohl nach dieser Begegnung mit Gorbatschow: »Wir können heute von einem Durchbruch auf dem Wege zur Regelung der äußeren Aspekte der deutschen Einheit sprechen.«
Schon im Vorfeld der zweitägigen Gespräche des Bundeskanzlers mit dem sowjetischen Staatspräsidenten am 15. und 16. Juli 1990 in Moskau und in Gorbatschows kaukasischer Heimat deutet sich an, daß der Kanzler gute Nachrichten mit nach Hause bringen würde. Was dann aber als Ergebnis der Begegnung, an der auch Außenminister Hans-Dietrich Genscher und Finanzminister Theo Waigel teilnahmen, von Kohl und Gorbatschow bei der abschließenden Pressekonferenz mitgeteilt wird, verschlägt nicht nur den Journalisten zunächst die Sprache. Von Gorbatschow mit den nüchternen Worten beschrieben: »Wir haben Realpolitik betrieben«, übertrifft die erzielte Übereinstimmung die Erwartungen selbst kühner Optimisten.
Deutschland erhält mit dem Vollzug der staatlichen Einheit die volle Souveränität. Es gehört weiterhin der Nato an. Gleichzeitig wurde vereinbart, unmittelbar nach der Einheit Deutschlands einen umfassenden Kooperationsvertrag zu schließen, der die deutsch-sowjetischen Beziehungen »dauerhaft und gutnachbarschaftlich«, so der Bundeskanzler, regeln soll: »Dieser Vertrag wird geschlossen auf der festen Grundlage und im beiderseitigen klaren Verständnis, daß mit der deutsch-sowjetischen Zusammenarbeit wie auch mit der festen Verankerung im Westen ein unerläßlicher Beitrag der Stabilität in der Mitte Europas und darüber hinaus geleistet wird.«
Selbst kritische Beobachter werten den Kanzlerbesuch als historisches Datum. Übereinstimmend wird von der Beendigung des kalten Krieges gesprochen, vom Ende der Nachkriegszeit und dem Beginn einer gesamteuropäischen partnerschaftlichen Zusammenarbeit, die über die Absicherung der deutschen Einheit weit hinausgeht.
Diese »Sternstunde«, wie die Wochenzeitung »Die Zeit« den Kanzlerbesuch würdigt, wird zum krönenden Abschluß einer Serie wichtiger Gipfelbegegnungen, bei denen die außenpolitische Absicherung der deutschen Einheit sowie die Unterstützung der Politik der Perestroika durch den Westen deutlich wurde: Europäischer Rat in Dublin, Nato-Gipfel in London, Weltwirtschaftsgipfel in Houston. Stationen auf dem Weg zu diesem »neuen Höhepunkt der deutsch-sowjetischen Beziehungen« (Kohl) sind der Besuch Michail Gorbatschows im Juni vergangenen Jahres in Bonn und der Besuch Helmut Kohls in Moskau im Februar nach dem Fall der Mauer. Dabei zeigte sich, daß Kohl und Gorbatschow die gleiche Sprache sprechen. Auch im Kaukasus unterstreicht Gorbatschow immer wieder das gute persönliche Einvernehmen mit Kohl. Zu diesem Bild gehört auch Gorbatschows Geste, Kohl in seine Heimat einzuladen, in die er noch nie einen westlichen Regierungschef geführt hat. Dort wurde dann der Einigungskatalog Punkt für Punkt von Kohl und Gorbatschow, den Außenministern Genscher und Schewardnadse und den Finanzministern Waigel und Sitarjan durchgesprochen. Am Ende sind die Nüsse geknackt. Seit Monaten hat der Bundeskanzler mit Gorbatschow diesen Moment mit Telefongesprächen und Briefen vorbereitet, hatten Genscher und Schewardnadse Stolpersteine beiseite geräumt. Dazu häufige Gespräche zwischen Kohl, Genscher und Waigel über die Chancen und

Spielräume – bei den Krediten, bei den Obergrenzen für die Bundeswehr –, über die Absicherung der Einheit, eingebettet in einen stabilen europäischen Rahmen.
Das Ergebnis ist vor allem Resultat einer realistischen Einschätzung der Notwendigkeiten, die die historischen Veränderungen in Europa, in Deutschland und in der Sowjetunion mit sich bringen. Aus der Sicht der Zeitung »Iswestija« hat Moskau »den einzig möglichen und vernünftigen Schritt getan«. Man habe schließlich das Recht der Völker auf Selbstbestimmung anerkannt. Dazu habe die Sowjetunion reale Sicherheit und Partner gewonnen, die zu wirtschaftlicher Unterstützung bereit sind.
Ost und West hätten den »Kriegspfad« verlassen und den Weg des Vertrauens und der Partnerschaft eingeschlagen.
Darüber hinaus bekräftigt der Bundeskanzler: »Unsere Politik muß darauf gerichtet sein, daß sich die in der Sowjetunion und in den Ländern Mittel- und Südosteuropas eingeleiteten Reformen in stabilen Bahnen entwickeln und zum Erfolg geführt werden können.«
Dabei sei die Einigung unter den westlichen Partnern wesentlich, die Sowjetunion in die bereits angelaufene Unterstützung der Reformen in Polen, Ungarn und anderen Ländern einzubeziehen. Der Westen setze auf den Erfolg der Perestroika und werde ihn nach Kräften fördern. Unbestreitbar sei allerdings, daß die UdSSR selbst die Hauptarbeit im Rahmen eines umfassenden marktwirtschaftlichen Reformprogramms leisten müsse.[120]

Helmut Kohl: Der Besuch im Kaukasus

Ist Helmut Kohl doch ein Genie? Selendschuk heißt das verlassene Nest zwischen Schwarzem und Kaspischem Meer. Ein paar tausend Kilometer von Bonn entfernt. Bundeskanzler Helmut Kohl ist nach dort gereist, er und der sowjetische Präsident wollen endgültig den Krieg beenden, mit dem Hitler unendliches Leid über die Menschheit gebracht hat. Zehn ausgesuchte Journalisten – fünf russische, fünf deutsche –, von Moskau eingeflogen, sollen Zeugen eines historischen Ereignisses werden, dabei war auch »Bunte«-Autor Mainhardt Graf Nayhauß, er berichtet am 16. Juli 1990: In der Datscha des Kremlherrschers sitzen sich Helmut Kohl und Michail Gorbatschow gegenüber. Gorbatschow zeigt auf einen Aktenstoß von Außenminister Genscher: »Haben Sie das alles heute nacht aufgeschrieben?«
Genscher: »Einen Teil davon.«
Kohl: »Gar nichts hat er gemacht. Geschlafen hat er und wird dafür auch noch bezahlt.« Die Runde lacht schallend.
Dann werden wir hinauskomplimentiert, drinnen wird es ernst. Später beschreibt mit ein Teilnehmer der Runde den zähen Kampf um Deutschland.
Gorbatschow zum Kanzler: »Jeder von uns beiden muß wissen, was geht und was nicht geht.«
Kohl: »... und jeder muß wissen, was er dem anderen zumuten kann und was nicht.«
Gorbatschow: »Wir sind bereit, unsere Truppen in fünf bis sieben Jahren aus der heutigen DDR vollständig abzuziehen.«
Der Kanzler (sein Gesicht ist plötzlich rot): »Völlig unakzeptabel!«
Gorbatschow: »Ich kann nicht akzeptieren, daß auf DDR-Territorium nukleare Waffen und ausländische Nato-Truppen stationiert werden!«
Totenstille hat im Raum geherrscht, nur eine Gardine vor einem geöffneten Fenster bewegt sich im Luftzug. Ich sah es von außen.
Kohl drinnen zu Gorbatschow: »Also, Ihre Soldaten rücken in drei bis maximal vier Jahren ab, und ich verspreche Ihnen, keine Atomwaffen, keine ausländischen Truppen auf DDR-Gebiet, aber Bundeswehreinheiten!«
Der Dialog zieht sich in die Länge, bis Gorbatschow den erlösenden Satz sagt: »Einverstanden. Ich vertraue Ihnen, Herr Bundeskanzler.«
Man muß über diesen Satz ein paar Minuten nachdenken. Vor vier Jahren noch hatte Kohl Gorbatschow in die Nähe Goebbels

gerückt. Inzwischen hat jeder, von riesigen Aufgaben bedrängt, vom anderen gelernt – dabei sind sie sich nähergekommen. Ich habe sie beide bei einem gemeinsamen Spaziergang begleitet. Sie gingen zu einem Gebirgsfluß hinunter. Gorbatschow deutet auf meinen Schlips: »Den müssen Sie hier ablegen.« Er und Kohl hatten ihre Krawatten abgebunden.

Es ging mitten durch eine Wiese mit duftenden Blumen, rechts und links bewaldete Berge. »Herrlich diese Luft«, sagt der Kanzler. Gorbatschow, etwas fülliger geworden, trug einen Pullover mit aufgesticktem Skiläufermotiv, der Kanzler seine dunkelblaue Strickjacke. Am Fluß angekommen, fragt Kohl: »Wieviel Grad? Fünf bis sechs?« Gorbatschow: »Auf jeden Fall zu kalt für uns.« Der Russe kraxelt gewagt die steile Uferböschung hinab, reicht dem zögernden Kanzler die Hand.

Zuruf: »Wenn Sie jetzt ins Wasser fallen, gibt's die Schlagzeile: ›Gorbatschow gestürzt! Riß Kohl mit!‹«

Später schlendern der Russe und der Deutsche zum Abendessen zurück ins Haus. Es gibt russische Pfannkuchen aus Buchweizenmehl mit Kaviar; Hühnerschenkel, umbacken; Erdbeereis und Obst. Gorbatschow: »Wo wir gearbeitet haben, hat man uns immer fürs gute Essen gelobt.« Sekt, Weißwein, armenischer Kognak und Wodka fließen. »Wodka haben Sie doch verboten, Herr Präsident!« ruft einer von den deutschen Gästen. Gorbatschow verschmitzt: »Das Trinken, nicht das Produzieren!«

Gegen Mitternacht gehen Genscher, Schewardnadse und die anderen in Nebenhäuser schlafen. Nur der Kanzler bleibt – ohne seine Leibwächter (die hatte er im 250 Kilometer entfernten Stavropol zurückgelassen), ohne eigenen Dolmetscher, ohne seinen Fahrer und Butler »Eckie« Seeber. So groß das Vertrauen, so eng die neue Freundschaft zu »Gorbi«. In stundenlangen Gesprächen ist man sich nähergekommen. Der Russe verriet zum ersten Mal: »Mein Großvater wurde unter Stalin gefoltert, eineinhalb Jahre eingesperrt, der von meiner Frau erschossen. Mein Vater war im letzten Krieg vier Jahre an der Front, galt als gefallen, kam dann doch, als Minenräumer mehrmals verwundet, heim.«

Der Kanzler: »Mein einziger Bruder fiel Ende 1944 als 19jähriger Fallschirmjäger.« Gemeinsame Schicksale.

Ich frage auf dem Rückflug Kohl nach dem neuen Kohl. Er antwortet: »Ich will mein eigenes Licht nicht unter den Scheffel stellen. Aber ohne George Bush, der ein Glücksfall für uns ist, weil er in Europa auf die Deutschen setzt; ohne Gorbatschow, der die Altlasten des furchtbaren Krieges vom Tisch haben und mit uns eine neue Zukunft anstreben will; ohne die Menschen vor der Dresdener Frauenkirche; ohne die Reformbewegungen in Ungarn und Polen wäre all das (was ich erreicht habe) nicht möglich gewesen. Und Fortune habe ich auch gehabt.«

Wann begann sein Glück? Zweifellos bei seiner Rede an einem kalten Dezemberabend letzten Jahres vor der Ruine der Dresdener Frauenkirche, das wogende Meer der schwarz-rot-goldenen Fahnen, die zum Orkan anschwellenden Rufe »Helmut, Helmut«, »Wir brauchen dich«, »Deutschland – Deutschland!« – das war das auslösende Erlebnis. Er begriff den historischen Auftrag. Ich sah damals Tränen in den Augen des Kanzlers.

Sein stark ausgeprägter Machtinstinkt – den hat er mit Gorbatschow gemein – nahm Fährte auf. Nicht kleckern, sondern klotzen. Sich an die Spitze der Bewegung setzen. Das »verkannte Genie« (Peter Boenisch über seinen Ex-Chef) entfaltet auf einmal seine staatsmännische, schöpferische Begabung. Der wahre Helmut Kohl kam zum Vorschein. Auf einmal begreifen auch seine Kritiker: Helmut Kohl hat zuwege gebracht, wovon alle Kanzler träumten: die Einheit des Vaterlandes, die Russen ziehen ab, der Krieg ist wirklich aus.

Es gab drei Minuten, wo alles in Frage schien. Und Helmut Kohl wäre als geschlagener Mann aus dem Kaukasus zurückgekehrt. Aber die Vernunft hat gesiegt und der Krieg ist zu Ende.

Wie immer bei solchen Begegnungen gibt es auch aufgelockerte Gespräche. Zwischen hohem Gras und Bäumen kommen Gorbatschow und Helmut Kohl im Kaukasus von einem Spaziergang zurück. »Werden über Sie auch so viele Witze erzählt?« fragt Gorbatschow Kohl – und erzählt seinen Lieblingswitz über sich. »Riesige Schlange vor einem Geschäft in Moskau. Nach Stunden sagt einer: ›Jetzt gehe ich in den Kreml und bring den Gorbatschow um. Er ist an allem Schuld.‹ Nach Stunden kehrt er zurück. »Und hast Du ihn umgebracht?« fragen alle. »Nein, da ist noch eine längere Schlange als hier.«

Dokumentation: Die zehn Punkte

1. Die Einigung Deutschlands umfaßt die Bundesrepublik Deutschland, die DDR und ganz Berlin.
2. Mit der Herstellung der Einheit Deutschlands werden die Vier-Mächte-Rechte und Verantwortlichkeiten in bezug auf Deutschland als Ganzes und Berlin beendet. Das vereinte Deutschland erhält zum Zeitpunkt seiner Vereinigung seine volle und uneingeschränkte Souveränität.
3. Das geeinte Deutschland kann in Ausübung seiner vollen und uneingeschränkten Souveränität frei und selbst entscheiden, ob und welchem Bündnis es angehören will. Das entspricht der KSZE-Schlußakte. Ich habe als Auffassung der Bundesregierung erklärt, daß das geeinte Deutschland Mitglied des Atlantischen Bündnisses sein möchte und ich davon ausgehe, daß dies auch dem Wunsch der DDR entspreche.
4. Das geeinte Deutschland schließt mit der Sowjetunion einen zweiseitigen Vertrag zur Abwicklung des Truppenabzugs aus der DDR, der, wie die sowjetische Führung erklärt hat, innerhalb von drei bis vier Jahren beendet sein soll. Ferner soll für diesen Zeitraum ein Überleitungsvertrag über die Auswirkungen der Einführung der D-Mark abgeschlossen werden.
5. Während der Dauer der Anwesenheit sowjetischer Truppen auf dem Territorium der heutigen DDR werden keine Strukturen der Nato auf dieses Gebiet ausgedehnt. Artikel 5 und 6 des Nato-Vertrages finden sofort mit der Vereinigung auf das gesamte Gebiet des vereinten Deutschland Anwendung.
6. Nicht integrierte Verbände der Bundeswehr, das heißt Verbände der territorialen Verteidigung, können sofort nach der Vereinigung Deutschlands auf dem Gebiet der heutigen DDR und in Berlin stationiert werden.
7. Für die Dauer der Anwesenheit sowjetischer Truppen auf dem Gebiet der heutigen DDR sollen nach unserer Vorstellung die Truppen der drei Westmächte in Berlin verbleiben. Die Bundesregierung wird die drei Westmächte darum ersuchen. Für den Aufenthalt der westlichen Streitkräfte muß eine Rechtsgrundlage durch Vertrag zwischen der Regierung des vereinten Deutschland und den drei Mächten geschaffen werden. Zahl und Ausrüstung dieser Truppen sollen nicht stärker sein als heute.
8. Nach Abzug der sowjetischen Truppen aus dem Gebiet der heutigen DDR und aus Berlin können in diesem Teil Deutschlands auch der Nato angegliederte Truppen stationiert werden, allerdings ohne für Atomwaffen verwendbares Abschußgerät. Ausländische Truppen und Atomwaffen sollen nicht dorthin verlegt werden.
9. Die Bundesregierung erklärt sich bereit, noch in den laufenden Wiener Verhandlungen eine Verpflichtungserklärung abzugeben, die Streitkräfte eines geeinten Deutschland innerhalb von drei bis vier Jahren auf eine Personalstärke von 370 000 Mann zu reduzieren. Diese Reduzierung soll mit Inkrafttreten des ersten Wiener Abkommens beginnen. Dies bedeutet: Legt man die bisherige Stärke von Bundeswehr und NVA zugrunde, so werden die Streitkräfte des künftigen geeinten Deutschlands um 45 Prozent vermindert.
10. Das geeinte Deutschland wird auf Herstellung, Besitz und Verfügung der ABC-

Waffen verzichten und Mitglied des Nichtverbreitungsvertrages bleiben.
(Bundeskanzler Helmut Kohl am 17. Juli vor der Bundespressekonferenz zur Moskaureise)

Stimmen der Partner

Frankreichs Außenminister Roland Dumas bezeichnet die Einigung als Erfolg für Europa. Präsident François Mitterrand erklärte, sich der deutschen Einheit entgegenzustellen wäre nicht nur vergeblich, sondern »am Ende dumm und schädlich für Europa«.

Die britische Premierministerin Margaret Thatcher zeigt sich »sehr erfreut«. Das Bemühen habe sich ausgezahlt, Gorbatschow klarzumachen, daß die Nato-Mitgliedschaft Deutschlands nicht nur keine Bedrohung darstelle, sondern sogar im Interesse der Sowjetunion liege.

Amerikas Präsident George Bush gratulierte Bundeskanzler Kohl und dem sowjetischen Staatschef Gorbatschow zur Einigung. Sie sei ein Akt der Staatskunst: »Wir denken, daß diese Lösung im besten Interesse aller europäischen Länder einschließlich der Sowjetunion ist.«

Stimmen des Auslands zum Treffen von Bundeskanzler Helmut Kohl mit dem sowjetischen Staatspräsidenten Michail Gorbatschow

Die Gespräche von Bundeskanzler Helmut Kohl mit Staatspräsident Michail Gorbatschow am 15. und 16. Juli 1990 waren nicht nur ein Meilenstein auf dem Weg zur deutschen Einheit, sondern auch ein Erfolg für Europa. Dies spiegeln die ausländischen Pressestimmen wider:

»Kohl hat innerhalb von acht Monaten sein Ziel erreicht. Er hätte es nicht ohne Präsident Bush gekonnt. Dieses ›Abkommen vom Kaukasus‹, mit dem er triumphierend nach Bonn zurückkehrte, ist unbestreitbar die Frucht des perfekten deutsch-amerikanischen Einvernehmens, das sich in den vergangenen Monaten herausgebildet hat.«
(Le Monde, 18. Juli 1990)

»Ein schmerzhaftes Kapitel europäischer Nachkriegsgeschichte ist zu Ende. Helmut Kohl ist in der Zielgeraden. Mit professioneller Präzision und einem unglaublichen Gespür für das Machbare hat er die Zusammenführung im Eilzugtempo durchgezogen und dabei staatsmännisches Profil gewonnen. Der deutsche Kanzler, der schon als Krisenmanager der EG staatsmännisches Geschick bewies und zum ersten europäischen Ansprechpartner der USA aufstieg, ist jetzt auch den Sowjets unentbehrlich ...«
(Kurier, 20. Juli 1990)

»Es scheint jetzt nichts mehr zu geben, was die deutsche Vereinigung zu den Bedingungen, die die westdeutsche Regierung mit ihren Nato-Verbündeten gewünscht hatten, behindern könnte. Die anderen Europäer sollten den Deutschen zu dieser großen nationalen Leistung gratulieren und mit ihnen zusammenarbeiten, besonders im Hinblick auf das KSZE-Gipfeltreffen im November, um sicherzustellen, daß dieses eine neue Ära des sicheren Friedens und Wohlstands für den ganzen Kontinent eröffnet.«
(Financial Times, 18. Juli 1990)

»Mit dem vereinten Deutschland entsteht die erste all-europäische Macht, stark in Ost und West. Der Westen hofft, daß die Vorteile, zur EG zu gehören, Deutschland binden werden. Das mag sein. Aber die europäische Union wird Deutschland noch stärker werden lassen.«
(The New York Times, 20. Juli 1990)

»Kohl hat mit den Vereinbarungen das größte politische Bravourstück seiner Karriere geschaffen. Die Vereinbarung von Moskau ist keine Wiederholung dessen, was 1922 in Rappallo geschah – Kohl hat sich

nicht vom Westen abgewandt. Aber er hat Deutschlands nationale Interessen unterstrichen.«
(The Times, 17. Juli 1990)

Stichwort Einheit

Knapp 41 Jahre nach ihrer Gründung steht die DDR vor ihrem Ende. In einem Eiltempo von 287 Tagen vollzog sich der Prozeß vom Zusammenbruch des alten SED-Regimes bis zum Beschluß der DDR-Volkskammer über den Beitritt zur Bundesrepublik am 3. Oktober.

9. November: Die DDR öffnet die Grenzen.

13. November: Hans Modrow (SED) wird zum DDR-Regierungschef gewählt.

22. Dezember: Das Brandenburger Tor wird wieder geöffnet.

24. Dezember: Die DDR hebt Zwangsumtausch und Visumpflicht auf.

10. Februar: Bei einem Blitzbesuch von Kohl und Außenminister Genscher in Moskau sagt der sowjetische Generalsekretär Gorbatschow zu: Moskau wird die Entscheidung der Deutschen, in einem Staat zu leben, respektieren.

18. März: Erste freie Wahlen in der DDR. Sieger wird die konservative »Allianz für Deutschland« aus CDU, Deutscher Sozialer Union (DSU) und Demokratischem Aufbruch (DA).

12. April: Die DDR-Volkskammer wählt erstmals in ihrer Geschichte eine demokratische Regierung. Lothar de Maizière (CDU) wird Ministerpräsident einer Koalitionsregierung aus »Allianz«, SPD und den Liberalen (BFD).

5. Mai: In Bonn beginnen die »2+4-Gespräche« der Außenminister beider deutscher Staaten, der USA, der UdSSR, Frankreichs und Großbritanniens.

16. Mai: Bund und Länder einigen sich auf ein Finanzierungsmodell für die DDR bis 1994. Die DDR erhält insgesamt 115 Milliarden D-Mark.

18. Mai: Die Finanzminister Walter Romberg (SPD) und Theo Waigel (CSU) unterzeichnen in Bonn den ersten Staatsvertrag.

17. Juni: Die DSU-Fraktion beantragt in der Volkskammer erstmals den Beitritt der DDR zur Bundesrepublik nach dem Grundgesetzartikel 23. Der Antrag wird in die Ausschüsse verwiesen.

21. Juni: Der Staatsvertrag über die Wirtschafts-, Währungs- und Sozialunion sowie eine Entschließung über die endgültige Anerkennung der polnischen Westgrenze passieren Bundestag, Bundesrat und DDR-Volkskammer.

1. Juli: In der DDR wird die D-Mark eingeführt.

6. Juli: Die Verhandlungen über den Einigungsvertrag beginnen.

16. Juli: Nach Gesprächen in Moskau verkünden Kohl und der sowjetische Präsident Gorbatschow den Durchbruch in der bislang offenen Bündnisfrage: Deutschland soll noch 1990 die volle Souveränität erhalten.

24. Juli: Die Liberalen verlassen die DDR-Regierungskoalition wegen Unstimmigkeiten über den Modus für gesamtdeutsche Wahlen.

3. August: In Ostberlin wird der Wahlvertrag unterzeichnet, der ein gemeinsames Wahlgebiet mit einheitlicher Fünfprozentklausel und der Möglichkeit von Listenverbindungen vorsieht.

8. August: Die Volkskammer bittet die Bundesregierung, den Weg für gesamtdeutsche Wahlen am 14. Oktober und gleichzeitigen Beitritt der DDR freizumachen.

9. August: Im DDR-Parlament scheitert nach elfstündiger Beratung der Wahlvertrag.

13. August: In Berlin gedenken Politiker anläßlich des 29. Jahrestages des Mauerbaus den Opfern.

15. August: DDR-Regierungschef de Maizière kündigt die Entlassung von vier Ministern an, darunter zwei von der SPD.

19. August: Die DDR-Regierungskoalition zerbricht mit dem Auszug der SPD. De Maizière hat jetzt in der Volkskammer keine Mehrheit mehr, hält aber am Beitritt der DDR am 14. Oktober fest. Der Bundespräsident verkündet den 2. Dezember als Wahltermin.

20. August: Die SPD zieht ihre Minister, unter ihnen Außenamtschef Meckel, aus der Regierung ab. De Maizière übernimmt selbst das Außenressort.
23. August: Die DDR-Volkskammer beschließt in einer historischen Sondersitzung am frühen Donnerstag morgen den Beitritt der DDR zur Bundesrepublik nach Artikel 23 des Grundgesetzes zum 3. Oktober. Dem Antrag stimmen insgesamt 294 Abgeordnete von CDU/DA, DSU, SPD und FDP zu. 62 Parlamentarier stimmen dagegen, sieben enthalten sich.[121]

»Der Sozialismus fängt noch mal von vorne an«

Direkt aus seinem Ostberliner Wohnzimmer agitiert der frühere DDR-Chefhetzer Karl-Eduard von Schnitzler (»Der schwarze Kanal«) in einer N3-Fernsehsendung gegen die Einheit: »Steht nicht auf der Tagesordnung.« Sudel-Ede sagt unbeirrt: »Der Sozialismus fängt noch mal von vorne an.«
Im beigefarbenen Hemd mit brauner Lederweste verteidigt er den Mauerbau: »Ich halte die Mauer für ein historisch notwendiges Bauwerk.« Für die Toten an diesem »Bauwerk« hat Schnitzler nur seinen aus 1519 Sendungen bekannten Zynismus übrig. Zuerst denke er an die Opfer, »die ein Recht hatten, sich an der Mauer aufzuhalten« – nämlich Grenzpolizisten, die dort von Flüchtlingen ermordet worden seien: »Dann erst spreche ich von den anderen Opfern.«
Freie Wahlen sind für Schnitzler kein Thema: »Ich habe sowieso immer SED gewählt.« Auch von Schuld will er nichts wissen: Er habe höchstens »Mitverantwortung«, sei von Honecker mißbraucht worden. Immerhin: »Ich leugne nicht ein gewisses Maß an Scham«, gesteht der Mann, der 30 Jahre gelogen hat, daß sich die Fernsehantennen bogen.
Zum Schluß eine späte Erkenntnis: »Der erste Versuch, Sozialismus auf deutschem Boden zu praktizieren, ist mißlungen.«[122]

Die Gewaltverbrechen nehmen zu

Gefälschte Statistiken verschleierten vor der Wende das Ausmaß der Kriminalität in der DDR. Kriminalität im Sozialismus – das gibt es nicht. So behaupteten es die SED-Ideologen vor der Wende. Ein Rostocker Gerichtsmediziner beweist das Gegenteil.
»Ich habe keine Lust mehr, in die Schule zu gehen. Ich bin doof.« – Zeilen aus einem Abschiedsbrief eines Schülers aus Rostock. Das Kind brachte sich wenig später um. Die DDR-Öffentlichkeit erfuhr in der Regel von derartigen Ereignissen nichts. Erst seit der Wende im November 1989 können Fälle von Suizid, Mord und Totschlag ohne Tabu behandelt werden.
Daß die DDR ihre Kriminalstatistik schamlos manipulierte und Selbsttötungen in Kategorien versteckte, die international nicht üblich sind, weiß der Rostocker Gerichtsmediziner Rudolf Wegener schon länger, doch sprechen durfte er nicht darüber.
Anhand von Polizeiakten des Bezirks Rostock mit seinen 300 000 Einwohnern beziffert Wegener für die gesamte DDR die Zahl der jährlichen Selbsttötungen auf mindestens 5500. Bezogen auf die Bevölkerungszahl wäre damit die Suizidrate fast doppelt so hoch wie in der Bundesrepublik.
Wegener konnte jedoch keinen »DDR-spezifischen« Selbstmordanlaß feststellen. Wie in anderen Ländern auch sind Depressive, Alkoholiker, alte und isolierte Menschen sowie verzweifelte Jugendliche am häufigsten vertreten. Auch das Wohlstandsgefälle zwischen DDR und Bundesrepublik spielt seiner Meinung nach keine Rolle bei der Überlegung, seinem Leben ein Ende zu setzen.
Wundersamerweise sank in der offiziellen DDR-Statistik die Zahl der Straftaten seit 1953 kontinuierlich, während sie weltweit auch aufgrund neuer Straftatbestände wie der Umweltkriminalität stieg.
Im gleichen Zeitraum erhöhte sich der Alkoholkonsum in der DDR mit elf bis zwölf Liter reinen Alkohols pro Kopf und Jahr auf das Vierfache. Da nach Wegeners Rostock-Statistik 70 Prozent der Täter und 50 Pro-

zent der Opfer von Gewalttaten Alkohol im Blut haben, »konnten die DDR-Angaben einfach nicht stimmen«. Die DDR-Ideologen behaupteten, daß Kriminalität aus dem Konflikt zwischen Individuum und unmenschlichem Kapitalismus entstehe. Im Sozialismus mußte deshalb die Kriminalitätsrate »zwangsläufig« zurückgehen

Wegener: »In der Presse wurden allenfalls Fahndungserfolge und exemplarische Fälle von Wirtschaftskriminalität vermeldet.«

Mord und Totschlag sind allerdings auch nach Wegeners Statistik deutlich seltener als in der Bundesrepublik. 1988 gab es in der DDR 136 derartige Fälle gegenüber 2543 in Westdeutschland. »Das ist eine der wenigen positiven Seiten der DDR-Kriminalität«, doch der Mediziner von der Universität Rostock befürchtet steil ansteigende Zahlen für die Zukunft.

Schon jetzt werden Morde »grausamer ausgeführt« als früher, meint er. Ein Bericht im »Spiegel« scheint Wegener zu bestätigen: Die Kriminalität in der DDR ist seit der Wende stark gestiegen, schreibt das Blatt. Dies geht aus einem internen Bericht des Ostberliner Innenministeriums hervor, berichtete das Hamburger Nachrichtenmagazin. Die Aufklärungsquote aller Verbrechen sei mit 74,8 Prozent auf den niedrigsten Stand seit 14 Jahren gefallen. Auch die Einfuhr von Waffen, Munition und Schußgeräten nahm seit dem 1. Januar 1990 sprunghaft zu, Fälle von Raub und Erpressung verdoppelten sich im Vergleich zum Vorjahr.

Nach Einschätzung der Sicherheitsbehörden wird sich mit Einführung der Währungsunion auch der organisierte Drogenhandel auf das DDR-Gebiet verlagern.[123]

Thomas Müntzers Bauernkrieg – Das größte Bild der Welt

Bei Bad Frankenhausen am Kyffhäuser steht ein kolossaler Rundbau, der im Volksmund schlicht »Elefantenklo« genannt wird. In ihm befindet sich ein 123 mal 14 Meter großes Bild von dem Maler Werner Tübke. Nein, dieses Gemälde hat ihm kein Glück gebracht. Zwölf Jahre hat er daran gearbeitet, 123 mal 14 Meter Leinwand bemalt, 3000 Figuren, 75 bis 80 Szenen, zwei Tonnen Farbe, sieben Helfer (von denen nur einer durchhielt), zwei Drittel sind von eigener Hand gemalt. Und der Eindruck im weiten Rund ist wirklich überwältigend: Hieronymus Bosch, Pieter Breughel, Dalí, Allegorien, historische Figuren, Schlachten in voller Montur – jeder Versuch einer Beschreibung muß stümperhaft bleiben. Und sicherlich griffe der Vorwurf »Ideologielastigkeit« voll daneben. Werner Tübke ist für diese gigantische Leistung mit Preisen überhäuft worden. Und heute? Alles umsonst? Ein Opfer der Wende?

Die Geschichte des Gemäldes gleicht einem Blick in die ideologische Rumpelkammer der SED. 1973 erging von allerhöchster Stelle – dem Politbüro – die Order, zum Gedenken an den Bauernkrieg am Ort der Entscheidungsschlacht ein historisches Panorama in einem eigenen Rundbau zu errichten. Honecker schwang sich zum »legitimen Nachfolger« des Reformators und Revolutionärs Thomas Müntzer (1489 bis 1525) auf, und 1975 (zum 450. Jahrestag der Schlacht) prasselte eine Erinnerungsfeier auf die Kleinstadt Frankenhausen nieder, wie der Ort noch keine erlebt hatte.

Müntzer predigte den Bauern, Gott habe die »Gewalt dem gemeinen Volk« gegeben. Er führte den Frankenhausener Haufen unter dem Zeichen des Regenbogens in die Entscheidungsschlacht. Die SED interpretierte den Aufstand als Wetterleuchten der Revolution von Bürgertum und Proletariat. Müntzer stand hoch im Kurs, Luther (»Wider die räubischen und mördischen rotten der bauren«) galt als Pfaffenknecht der Fürsten.

Der Maler Werner Tübke war damals Rektor der Leipziger Hochschule für Grafik und Buchkunst. Er erarbeitet ein 1:10-Modell des Panoramas, das vom Auftraggeber akzeptiert wird. Der Rundbau – ein stumpfer Klotz in der Landschaft – wächst. Tübke beginnt 1983 mit der Übertragung der 1:10-Fassung.

Derweil poliert das staatliche Martin-Luther-Komitee – Vorsitz: Erich Honecker – das Bild des Reformators wieder auf. Luther wird zum 500. Geburtstag rehabilitiert und gilt nun als einer der »größten Söhne des deutschen Volkes«. Tübke malt weiter an der »frühbürgerlichen Revolution«.
1986 stellt die Bauleitung fest, daß der gerade errichtete Rundbau einzustürzen droht. Man hat offenbar zu billig geplant: 15 Millionen DDR-Mark sollte das Projekt kosten. Zurück kann keiner mehr – mehr als die Hälfte des einzigartigen Panoramabildes ist fertig. Die SED legt zähneknirschend noch einmal 35 Millionen DDR-Mark drauf. Im Herbst 1989 – zum angenommenen 500. Geburtstag Müntzers – wird das Panorama eröffnet.
Aber wer interessiert sich in dieser Zeit für ein Bauernkriegspanorama? In der DDR ist eine ganz andere »Revolution« aktuell. Die SED und ihre Traditionspflege sind genauso passé wie Tübke und sein Kolossalgemälde. Nun steht es da, das »Elefantenklo« – wie die Bevölkerung es bissig getauft hat. Das Fremdenverkehrsamt müht sich um ein neues Image für das Werk (»Größtes Bild der Welt«) und die Besucher kommen allmählich wieder. Beim Hinausgehen höre ich eine Frau sagen: »Dafür hatten sie genug Kacheln, für uns gab's nischt …«
PS.: Tübke hat den DDR-Nationalpreis I. Klasse zurückgegeben und das Geld seiner Heimatstadt Leipzig gestiftet. Wenn er verbittert ist, kann ihm das niemand verdenken. Der Maler arbeitet heute im Auftrag der Oper Bonn als Bühnenbildner.

Fliegen die Raben noch?

Der Kyffhäuser ist der deutscheste aller Berge. Sagenumwoben wie kein anderer, im Innersten Kaiser Barbarossa, schlafend am Tisch aus »Marmelstein«, durch den sein Bart gewachsen ist. Alle hundert Jahre muß ein Knabe nachsehen, ob die Vögel noch fliegen:

»Und wenn die alten Raben
noch fliegen immerdar,
so muß ich auch noch schlafen
verzaubert hundert Jahr.«

Friedrich Rückert

Einsam erhebt sich das Massiv am Ende der Thüringer Bucht. Der Blick richtet sich über die »Goldene Aue« auf das Eichsfeld, über die »Blutrinne«, die sich von Bad Frankenhausen nach Süden zieht. Und wirklich denkt der Betrachter unwillkürlich: So muß Deutschland einmal ausgesehen haben.

Ein verzerrtes Bild

Kaiser Rotbart kannte vor einer Generation noch jeder Schüler. Die »Schwäbische Kunde« (»Als Kaiser Rotbart lobesam / Zum Heil'gen Land gezogen kam…«) war Pflichtlektüre. Friedrich I., Kaiser des Heiligen Römischen Reiches von 1152 bis 1190, den die Italiener wegen seines roten Bartes »Barbarossa« nannten, ertrank im fernen Kleinasien, weil er erhitzt in die Fluten sprang.
Heute weiß man, wo und wann es geschah: am 10. Juni 1190, bei der Überquerung des südanatolischen Flusses Saleph. Der deutsche Botschafter in der Türkei legte am 800. Todestag dort einen Kranz nieder. Friedrich befand sich mit 12000 Mann unter Waffen auf einem Kreuzzug.
Die Sage hat sein Bild verzerrt. Mit dem wuchtigen Sandsteinrelief unterhalb des 81 Meter hohen Denkmals hat seine wirkliche Erscheinung nichts gemein. Friedrich I. soll ein charmanter, wortgewandter Mann gewesen sein, hoch gebildet und beim Volk beliebt.
Der Bau des Kyffhäuser-Denkmals (1890 bis 1896) geht auf die deutschen Kriegervereine im letzten Drittel des 19. Jahrhunderts zurück und wurde maßgeblich durch den prunkliebenden Kaiser Wilhelm II. gefördert. Über drei Terrassen erhebt sich ein Turm, den eine Nachbildung der wilhelminischen Kaiserkrone abschließt. Auf den vier

Seiten weisen Tafeln auf die deutschen Lande. Über dem Barbarossarelief reitet – neun Meter hoch – ein in Kupfer getriebener Wilhelm I. sein Schlachtroß. Wem da kein Schauer über den Rücken läuft. Zuständig für diese Art patriotischer Kunst war zu Kaisers Zeiten der Baumeister Bruno Schmitz. Der Düsseldorfer entwarf seine Monumente für die Ewigkeit: Für seine Kolossalbauten wie das Völkerschlachtdenkmal in Leipzig, das Monument am Deutschen Eck in Koblenz oder das an der Porta Westfalica mußten ganze Steinbrüche daran glauben.

Selbst die SED, der das penetrante Symbol der deutschen Einheit immer ein Dorn im Auge war, mußte mit dem Denkmal leben. Abreißen war zu teuer, also verschwieg man es lieber. Die Soldaten-»Kameradschaften«, die den alten Kriegervereinen nachtrauern, dürfen heute wieder ihre Farben in die Eingangshalle hängen.

Die Besucher stört dies wenig. Sie genießen den herrlichen Blick. Auf dem steilen Weg den Berg hinauf sind Mundarten aus allen deutschen Ländern zu hören. Es gibt ein Pils, das sich »Barbarossa-Bräu« nennt, einen »Kyffhäuser-Sportshop«, eine gleichnamige Fahrschule und jede Menge Andenkenkitsch. »Kiffhäuser« nennen ihn die Schüler heute zärtlich. Barbarossa würde sich im Grabe herumdrehen. Wiederkommen? Nein, dann doch lieber nicht.[124]

Skat aus Altenburg in Thüringen

Für eine ganz bestimmte Gattung von Deutschen war dies mindestens durch zwei Jahrhunderte klar: Die heimliche Hauptstadt Deutschlands liegt in Thüringen und heißt Altenburg. Die tausend Jahre alte ehemalige Residenzstadt des Herzogtums Sachsen-Anhalt war so etwas wie ein Mekka: Mittelpunkt für alle die dem Skatspiel verfallen waren.

Da funktionierte in der Zeit der deutschen Teilung fast gar nichts mehr, nur die Skatregeln. Die Oberhoheit des siebenköpfigen Skatgerichts in Altenburg wurde von der bundesdeutschen Ersatzeinrichtung in Bielefeld stets respektiert und deswegen konsultiert. Man verständigte sich über so schicksalhafte Entscheidungen wie die, ob das Nullspiel mit Kontra und Re bedacht werden dürfe. Das dafür zuständige Altenburger Skatgericht, ausschließlich mit Fachmännern besetzt, tagt jeweils mittwochs in der »Kiebitzecke« des Skatrestaurants »Grand« und beantwortete Anfragen aus aller Welt. Denn auch in Vietnam, Kuba und der Mongolei wird inzwischen Skat gespielt.

Um 1810 entwickelte sich aus einer Tarockgesellschaft, einer Runde spielfreudiger und durchaus geistreicher Altenburger, die erste Skatrunde. Aus dem italienischen Tarock wurde »Skat« (italienisch scartar = weglegen). Altenburger Studenten sorgten an den benachbarten Universitätsstädten Leipzig, Halle und Jena für schnelle Verbreitung. Nachdem bald ganz Deutschland von der Skatlust überfallen und dabei zahllose Abwandlungen erfunden worden waren, sorgten gestandene Männer für Abhilfe. Die thüringische Kleinstadt jedoch hatte längst ihren Ruf als »Skatheimat« und »Skatstadt«.

Nach 1945 wurde die seit 1543 bestehende Spielkartenindustrie »volkseigen«, das heißt verstaatlicht. Die Traditionsfirmen setzten sich in den Westen ab und produzierten in Stuttgart und Bielefeld weiter.

Heute streiten die ortsansässigen, ehemals volkseigenen Skatfabriken mit den früheren

Der Renner der Produktion: Erich Honecker als Kreuz-Bube.

Besitzern aus dem Westen um die Urheberschaft und die Rechte.
Doch die 60 000 Einwohner zählende Stadt hat jetzt noch andere Sorgen. Die erhaltenswürdigen Barock- und Renaissancebauten warten dringend auf Restaurateure. Überall bröckelt der Putz – viele Häuser sind unbewohnbar. Trotzdem ist zu ahnen, wie schön die Stadt an der Pleiße einmal gewesen sein mag … und vielleicht wieder wird.[125]

Der Brocken im Oberharz und die Wiedervereinigung

Ein »Taschenbuch für Reisende in den Harz« wußte es bereits 1806. »Unter allen Gebirgen unsers Vaterlands«, hieß es dort, »ist der silberreiche Harz seit Alters her fast das berühmteste.«
Kein anderes Mittelgebirge ist mit so sagenhafter Faszination ausgestattet wie der Harz samt seinem 1142 Meter hohen Gipfel, dem Brocken, der sogar »Vater« genannt wird.
Da kommen Feldberg, Großer Arber und Belchen, obwohl höher, nicht mit, schon gar nicht Fichtelgebirge, Schwäbische Alb oder Rhön, alle kaum niedriger. Berge um die 1100 Meter gibt es mehr als genug im Lande, den Altsteigerskopf im Schwarzwald zum Beispiel, aber den kennt kein Mensch. Den Brocken kennt jeder.
Wann immer Dichtern die Lyrik wie von selbst aus der Feder floß, dann auf dem Brocken. »Mit trunkenem Entzücken« besah Joseph von Eichendorff »das unbeschreibliche Panorama«, Hans Christian Andersen schwärmte wie im Märchen von »dieser unbegreiflichen Herrlichkeit« und Novalis alias Freiherr Georg Friedrich Leopold von Hardenberg empfand den Brocken gar als der deutschen Freiheit »donnerndes Felsenhaupt«.
Goethe, dreimal droben, einmal sogar im Winter, ließ seine Walpurgisnacht, Faust erster Teil, im »Harzgebirg« spielen und brachte die unausrottbare Vorstellung in Verse, daß dereinst dort in der Nacht zum 1. Mai die Hexen getanzt haben.
Den endgültigen Stempel erhielt der Zauberberg von Heinrich Heine. »Der Brocken ist ein Deutscher«, notierte er in der »Harzreise«, und dabei ist es geblieben. Christian-Henrich Fürst zu Stolberg-Wernigerode spricht vom Brocken, seinem Eigentum, als dem »Berg aller Deutschen«, und auch für Hans Steinhoff aus Schierke, der sich mit einer Gaststätte am Berg als Brockenwirt etabliert hat, ist es einfach »unser großer deutscher Berg«.
Unerreichbar lag er fast drei Jahrzehnte lang im Niemandsland zwischen Ost und West auf DDR-Sperrgebiet, bestückt mit Mauer, Minen und Metallgitterzaun. Seit er wieder bestiegen werden darf, hat der Berg abermals Hunderttausende in seinen Bann gezogen, die sich über den Goetheweg oder den zutreffend so benannten Knochenbrecherweg nach oben aufmachen, als seien dort Loreley, Oberammergau und Helgoland auf einmal zu finden. »Ich war oben«, steht auf dem Aufkleber, den die Wanderer bei Rückkehr beglückt auf der Heckscheibe des Autos anbringen.
Und wer war da nicht schon alles. Gekrönte Häupter waren oben, etwa Zar Peter der Große, und andere Machthaber wie Walter Ulbricht. Nur wenige Ausflugsziele im Land haben so viel Prominenz erlebt. Dichter und Musiker schrieben sich ins Gipfelbuch sowie, noch als Deichhauptmann, Otto von Bismarck, der auf der Brockenreise das Fräulein Johanna von Puttkammer kennenlernte; ein Jahr später war Hochzeit.
Allein am Pfingstsonntag 1991 kamen an die 60 000. »Es war katastrophal«, erinnert sich Brockenwirt Steinhoff, »es sah aus wie auf einem Rastplatz an der Autobahn.« Und Steinhoff ahnt: »Der Trend geht weit, weit nach oben.«
Daß die Zahl der Brockengänger jährlich auf über 1,5 Millionen Besucher steigen kann, fürchtet der Bund für Umwelt und Naturschutz Deutschland (BUND). Zuerst waren die Ökologen entzückt, daß das jahrzehntelang abgeschottete Gebiet im Harz mit seiner Artenvielfalt wieder zugänglich wurde. Nun fürchten sie, daß die Natur von

beseligten Deutschromantikern buchstäblich niedergetrampelt wird.
Tagtäglich wallfahren die Wanderer in dichten Scharen schnaufend zum Gipfel hinauf, als liege Lourdes vor ihnen; darunter Mütter mit Kinderwagen, Väter mit Baby im Rucksack, ungeachtet der Warnung, daß Kreislaufkollapse oben die alltägliche Folge sind und daß es, zumindest wettermäßig, »morgens blau, abends grau« zuzugehen pflegt.
Eine Frau Toni Staak aus Osnabrück ließ sich – mit Ausnahmegenehmigung – Anfang Juni im Auto auf das unwirtliche, überwiegend neblige und stets windgepeitschte Brockenplateau kutschieren, weil sie 58 Jahre zuvor dort ihre Silberhochzeit begangen hatte.
Wo derart Volkstümliches geschieht, können die Fischer-Chöre nicht weit sein. Zum Tag der Einheit 1991 suchten auch sie den Brocken heim und ließen das Lied »Kein schöner Land in dieser Zeit« ertönen.
Natur und Umwelt werden es nicht verkraften können. Drei Jahrzehnte lang haben Pflanzen und Tiere dort, an der Todesgrenze der Deutschen, ihre Ruhe gehabt. Weite Teile am Brocken gleichen nun einem Urwald, manche Wege sind schön zugewachsen und unpassierbar, die Brocken-Anemone, die es nirgendwo sonst gibt, hat sich gut erholt und gesicherten Bestand, wie der zuständige Forstmeister Hubertus Hlawatsch aus Wernigerode sagt.
Neben der Anemone gibt es auch sonst vieles nur hier, wie Hlawatsch weiß, zumindest was europäische Mittelgebirge betrifft: Brocken-Mohrenfalter, Reitgras, Bärlapp und Siebenstern, der mit der Eiszeit aus Skandinavien zum Brocken gekommen ist. Heimat ist der Berg obendrein für Alpen-Habichtskraut, Alpen-Spitzmaus, Alpen-Ringdrossel, Rauhfußkauz und Auerhuhn geworden.
Eine einmalige naturräumliche Ausstattung hat der Naturschutzbund Deutschland am Brocken ausgemacht: Manche Ökosysteme, so stellt er fest, kommen zwischen Skandinavien und den Alpen in dieser Ausprägung nur im Harz vor.
Auf dem kahlen Brockenplateau, kaum größer als drei Fußballplätze, ist die Zerstörung der Systeme schon fast vollendet. Das haben nicht verschwitzte Bergsteiger, sondern die kalten Krieger geschafft, die auf der Kuppe einen Komplex aus Kuppeln und Türmen errichteten, im Volksmund Moschee genannt, wo die Stasi-Lauscher alles abgehorcht und aufgezeichnet haben, was im Westen gefunkt und telefoniert wurde.
Vor allem aber der Bau der 2600 Meter langen Mauer rund um den Gipfel hat aus dem Brocken einen Schutthaufen gemacht. Um Halt für die 2274 Stahlbetonelemente zu finden, schütteten DDR-Grenzsoldaten vier Meter hoch Kalk auf und erstickten die Vegetation. Nun sind Soldaten dabei, die Mauer abzureißen und Stück für Stück mit »Tatra«-Lastern zu Tal zu schaffen – diesmal unter dem Kommando der Bundeswehr. Aufschrift auf den Fahrzeugen: »Abbau Brocken«.
Möglich, daß die ultimative Vokabel bald auch auf die Natur angewendet werden muß, die so lange einmalig unberührt bleiben durfte, so der der Partei Die Grünen angehörende niedersächsische Europaminister Jürgen Trittin.
»Eine so wertvolle Landschaft dürfe nicht einfach dem Massentourismus überlassen werden«, verlangt der BUND, der, außer Wandern, keine andere sportliche Nutzung des Brocken zulassen will. Eine Grüne Liga in Magdeburg möchte die Zahl der Touristen auf höchstens 500 Brockenbesucher täglich beschränkt wissen, und die Wernigeroder Bergwacht verlangt: »Die Massen müssen kanalisiert werden.«
In Vorahnung des neuerlichen Brocken-Rummels hat die letzte DDR-Regierung unter Lothar de Maizière (CDU) Mitte September 1990, gerade noch rechtzeitig vor dem Tag der deutschen Einheit, per Verordnung den Hochharz zum Nationalpark erklärt. Vor allem in der Kernzone um den Brocken soll die ungestörte Entwicklung natürlicher und naturnaher Lebensgemeinschaften gesichert werden.

Forstmeister Hlawatsch, Leiter des Nationalparks, sind seither nicht einmal organisierte Veranstaltungen erlaubt. Und zu den 33 Ge- und Verboten gehört, daß weder Skiabfahrten oder Loipen angelegt noch Schlepplifte oder Bergbahnen errichtet werden dürfen. Untersagt ist es auch, »Felsen zu beschädigen«.

Erregte Proteste bis hin zu Straßenblockaden löste die Verordnung sogleich in Schierke aus. In der ehemaligen DDR-Gemeinde hatten die 1300 Einwohner schon die baldige Wiederkehr alter Zeiten erhofft, in denen der Ort das Zentrum des Harztourismus war. Und der Gemeinderat plante bereits ein alpines Skizentrum am nahen Winterberg sowie in der Gegend, wo die Dörfer Elend und Sorge heißen und die sonst nur durch Harzer Käse geläufig ist, ein zweites St. Moritz, so Brockenwirt Steinhoff, Mitglied des Rates.

Vor allem empörte die Schierker, daß sie ohne jede Anhörung dem Gebiet des neuen Nationalparks einverleibt wurden. Tatsächlich gab es, anders als im kompliziert demokratischen Westdeutschland, keinerlei Beteiligung der Öffentlichkeit an der Entscheidung, allerdings auch keine Verpflichtung dazu.

Die niedersächsische Umweltministerin Monika Griefahn, selber mit Plänen für einen Nationalpark Harz beschäftigt, sah den Beschluß denn auch als Zeichen dafür, daß man hier etwas über den Zeitpunkt der Wiedervereinigung hinaus retten wollte, das unter dem Ansturm des Tourismus gefährdet erschien. Dies zeige eine historisch sensible Sichtweise.

Grüne Diktatur, scholl es aus dem Osten zurück. Aber auch der niedersächsische CDU-Landtagsabgeordnete Jürgen Dorka, Architekt in Bad Harzburg, schimpfte auf utopische Phantasien von Naturschützern, die nur bestimmte Gebiete dem Publikumsverkehr zugänglich machen möchten. Weltfremd und an der Realität vorbei wollten sie wohl, polemisierte Dorka, am liebsten den ganzen Harz einmauern und noch den Ameisen verbieten, die Wege zu zertrampeln.

Vorerst wird der erwartete Ansturm allerdings noch ein wenig gebremst. Lediglich zwei »Travel«-Hotels stehen zur Verfügung, eines davon, das »Heinrich Heine«, war einst als »Fürst zu Stolberg« führendes Haus im Harz, ist aber den DDR-Ruch noch immer nicht losgeworden. Sonst gibt es weit und breit keine nennenswerten Unterkünfte.

Im bisherigen »Kurort der Werktätigen«, in Schierke, wo ständig an die 1000 Urlauber des Freien Deutschen Gewerkschaftsbundes zu Gast sein mußten und sich schon freuten, wenn es für 25 Leute eine Dusche gab, wie Brockenwirt Steinhoff noch weiß, stehen die einst staatlichen Erholungsheime leer. Neue Pächter oder gar Käufer finden sich in Schierke nicht, »es traut sich keiner ran«, sagt Steinhoff.

Und auch mit Privatquartieren sieht es vorerst noch schlecht aus. Die »Touristik-Union International« in Hannover, die vergangenes Jahr ihr erstes Ost-Ferienprogramm aufstellte, beschloß, vom Oberharz die Finger zu lassen. Der Reisekonzern befand, die Angebote seien alle so gut wie nicht nutzbar, in den Unterkünften herrsche improvisierte Bauweise vor.

Trotz all der Misere und trotz Nationalpark: Der Ansturm ohnegleichen, so ein Naturschützer, wird nicht ausbleiben. Von Mitte kommenden Jahres an wird die alte Brockenbahn mit ihren Dampflokomotiven von Schierke aus auf Schmalspurgleisen aufwärts schnaufen, nach Ansicht der Regierung von Sachsen-Anhalt ein Projekt im Landesinteresse, nach Ansicht des BUND ein Dolchstoß ins Herz des Nationalparks.

Die ersten morschen Schwellen auf der 13,3 Kilometer langen Strecke sind schon ausgewechselt, der Antrag auf eine einstweilige Anordnung gegen die Inbetriebnahme ist vom Magdeburger Verwaltungsgericht abgewiesen worden: Die Bahn wird ja nicht errichtet, was laut Nationalparkverordnung verboten wäre, sondern nimmt lediglich nach langen Jahren ihre Fahrten wieder auf.

Der Schienenverkehr zum Brocken war 1898 eröffnet worden. Schon zwei Jahre darauf beförderten die Waggons 51 209 Pas-

sagiere auf den Gipfel, die sonst wahrscheinlich unten geblieben wären, und bis 1938 war die Zahl auf durchschnittlich 250 000 jährlich angewachsen.
Die Naturschützer vom BUND befürchten nun ein »Disneyland im Oberharz« und, unweit des Brocken, ein »Harz-Open-air-Rockfestival« immer zur Walpurgisnacht.
Auch Brockenwirt Steinhoff, um Ausbau seiner bislang nur provisorischen Gastronomie bemüht, wird es mulmig bei dem Gedanken an 300 Leute stündlich mehr. Steinhoff: »Ich habe Angst. Für den Brocken ist die Wiedervereinigung zu schnell gekommen.«[126]
Im 1126 Meter hoch gelegenen Brockenbahnhof im Harz wurde eine Gaststätte für Wanderer eröffnet. Seit 29 Jahren hatte die DDR-Armee in dem Gebäude einen Grenzstützpunkt. Nicht einmal Messner hätte den höchsten Berg geschafft.
Sie nannten ihn mit bitterem Stolz den »höchsten Berg der Welt«, die Harzer, deren Heimat genau in der Mitte getrennt ist. Eigentlich lächerlich angesichts der gerade 1142 Meter, die der Brocken als höchster Gipfel des Harzes mißt. Das »höchster Berg« bezog sich aber weniger auf die gemessene Höhe über dem Meeresspiegel als vielmehr auf die Tatsache, daß kein »Normalsterblicher« diesen Gipfel erklimmen konnte. Nicht einmal Reinhold Messner hätte eine Chance gehabt, seitdem der Brocken militärische Sperrzone hart an der deutsch-deutschen Grenze geworden war. Eine über zwei Meter hohe Stahlbetonmauer hatten die DDR-Machthaber diesem wuchtigen Gipfel des nördlichsten deutschen Mittelgebirges aufgesetzt, zum Schutz von Sende- und Abhöreinrichtungen des Warschauer Paktes.
Seit dem 3. Dezember 1989 sind diese Zeiten vorbei. Das »Wir sind das Volk«, das von Leipzig aus über das ganze Land rollte, war an diesem Sonntag auch vor dem verschlossenen Tor der Brockenmauer zu hören. Einige tausend Harzer aus Ost und ein paar aus West hatten sich auf den Weg zum »Gipfelsturm« gemacht, waren von Ilsenburg aus zur Demonstration für einen »freien Brocken« gestartet. »Macht das Tor auf! Laßt uns rein!« riefen sie den Soldaten der NVA und der Roten Armee auf dem Hochplateau zu, Transparente mit »Mauer weg« wurden hochgehalten und »Habt keine Angst« gerufen. Um 12.40 Uhr war es dann soweit: Nach Jahrzehnten der Absperrung öffnete ein Offizier der DDR-Grenztruppen das Tor in der Mauer, nachdem der »Druck durch die Demonstranten«, wie später berichtet wurde, immer größer und die Rufe »Aufmachen, Aufmachen« immer lauter geworden waren.
Volksfeststimmung auf dem Plateau des Berges, der zu den sagenumwobensten Gipfeln Europas gehört und in den vergangenen Jahrzehnten ein Symbol der deutschen Teilung war. Da, wo sich der Sage nach in der Walpurgisnacht die Hexen zum Tanz mit dem Teufel treffen, tanzten die Harzer und sangen. Der Spuk war vorbei, der »Blocksberg« – wie der Brocken auch genannt wird – in der Hand des Volkes.
Viele Tränen flossen, von alten Harzern, die den »freien Brocken« noch aus der Zeit ihrer Jugend kannten, die an Ort und Stelle prüfen konnten, was Goethe mit den »schnarchenden Steinen« des Berges, was Heinrich Heine mit dem »toleranten« Berg gemeint hatte. »Mauern und Stacheldraht darf es auf unserem Berg nie mehr geben«, meint einer der »Brockenstürmer«, um allerdings gleich eine Ausnahme zu machen: Die teilweise einzigartige Natur, die dank militärischer Gewalt bisher in Frieden leben konnte, muß geschützt werden, darf nicht dem Massentourismus zum Opfer fallen. »Aber wer die Natur schützt«, so der Wanderer, »ist ja schließlich nicht gegen den Menschen, sondern für ihn.«[127]

Potsdam – wie haste dir verändert

Westberliner Doppelstockbusse vor dem Babelsberger DEFA-Gelände und auf der Glienicker Brücke Trabis und Volkswagen – dies sind die ersten Bilder, die ein Potsda-

mer Bürger nach achtjähriger Zwangsabwesenheit mit klopfendem Herzen bei der Rückkehr in seine Heimatstadt aufnahm.
Potsdam, wie haste dir verändert, denke ich sofort und erreiche alsbald die Straße, auf der ich vor acht Jahren einen Kilometer von zu Hause durch die Stasi verhaftet wurde. Etwas Beklommenheit befällt mich mit der Erinnerung an dieses Ereignis. Doch schnell gewinnt die Neugier auf die veränderte Umgebung die Oberhand. Hier steht noch der alte Konsum, dort ist ein neues Haus entstanden, daneben sind dafür drei verfallen. Leute sehe ich bei meiner Ankunft kaum. Es ist kurz nach Mittag – Arbeitszeit.
Das Haus meiner Eltern steht in der Siedlung, die sauber und gepflegt ist. Wie sich das für Privatbesitz gehört. Über der Haustür ist ein Schild mit der Aufschrift »Herzlich willkommen« befestigt. Die Wege sind akkurat geharkt. Vaters Trabi ist frisch geputzt. Das Haus natürlich auch. Kaum daß wir uns begrüßt haben, stehen meine Lieblingsspeisen auf dem Tisch, und ich trinke das neue Potsdamer Bier, das, seit die Brauerei erweitert ist, nicht mehr so schnell schal wird.
Die Einrichtung im Haus ist inzwischen modernisiert. Neue Sesselgarnitur – Eckvariante – für 6000 Mark und drei Stunden Anstehen und japanischer Fernseher mit Fernbedienung, zum gleichen Preis. Ich fühle mich sofort wohl und komme mir vor, als wäre ich höchstens ein paar Tage fortgewesen. Meinen Kindern, zwei in Greven geborenen Emsdettenern, geht es genauso, sie verwüsten in nicht mal einer halben Stunde die für unseren Besuch so sorgfältig hergestellte Ordnung. Aber daran stört sich niemand. Mutter sagt, das hätte sie sich nicht träumen lassen, daß sie »ihre Westenkel« noch jemals bei sich zu Hause würde begrüßen können.
Nach dem Essen »besichtige« ich mein früheres Zimmer. Auch hier stehen neue Möbel. Es kommen hin und wieder Gäste, die werden hier untergebracht. Nur der Schreibtisch, an dem ich seinerzeit meine Schriftstellerlaufbahn begonnen habe, steht noch. Das alte Tonbandgerät und ein paar Bücher sind ebenfalls noch vorhanden. Vieles ist mir mittlerweile in den Westen, in meine Emsdettener Wohnung, gefolgt.
Zum Abend hin treffe ich einige Nachbarn und frühere Freunde. Allerdings, die meisten kommen zögernd. Sie wissen nicht, ob sie sich mir unbefangen nähern können. Von wegen der sichernden Zurückhaltung, die so mancher während meiner fast dreijährigen Haftzeit geübt hat. Immerhin, die Stasi haben sie alle seit jeher verdammt. Und an den Demonstrationen vor dem großen Stasi-Komplex in der Potsdamer Innenstadt war auch so mancher beteiligt. Ob mir nicht flau im Magen gewesen sei bei meiner Rückkehr, werde ich irgendwann gefragt. Nein, kann ich da mit gutem Gewissen antworten. Jedenfalls nicht aus Angst vor irgendwelchen DDR-Organen. Vor dem Wiedersehen der Heimat: ein bißchen.
Am nächsten Tag durchstreife ich die Potsdamer Innenstadt. Vieles sieht erbärmlich aus. Einige zentrale Straßen kann man wohl nur noch mit dem Geländewagen befahren. Historische Altbausubstanz ist wohl unrettbar dem Verfall preisgegeben. Meine letzte »Aufenthaltsstätte« hingegen, das Stasi-Gefängnis, ist frisch gestrichen und in gutem Zustand. Es ist jetzt unbewohnt, denn die »Oppositionellen« haben seine Räumung erzwungen. Ich kann mich getrost davorstellen und mich fotografieren lassen. Vor einigen Wochen wäre das noch »eine strafbare Handlung« gewesen. Es heißt, daß demnächst ein »Haus der Begegnungen« dort eingerichtet werden soll. Ich versuche mit einem Blick auf die Fassade des Gebäudes zu rekonstruieren, hinter welchem Fenster, welchen Gittern »sie« mich damals am ärgsten in der Mangel hatten. Aber es gelingt mir nicht recht. Die elf Monate Untersuchungshaft sind in meinen Erinnerungen verblaßt.
Die Verbitterung von einst ist der Zufriedenheit über mein jetziges Leben gewichen. Ich bin zwar gern nach Potsdam gefahren, und ich werde so oft wie möglich wiederkommen, aber mittlerweile habe ich auch im

Westen, in Emsdetten, einen Platz, eine Heimat gefunden.[128]

Frühere Grenze birgt Gefahren: Noch liegen Minen in der Erde

Tausende von Menschen feierten in den Tagen und Wochen nach dem 9. November 1989 die Öffnung der innerdeutschen Grenze. Keiner von ihnen ahnte die Gefahr, die nur wenige Zentimeter unter den Füßen drohte, als sie sich durch die aufgeschnittenen Grenzzäune auf den ehemaligen Todesstreifen drängten. Sie feierten auf nur unvollständig geräumten Minenfeldern.

Aber die Vergangenheit an der Grenze ist zurückgekehrt. Die Vergangenheit heißt PMD-6m, POMS-2, PMN, PMP-71 oder PPM-2. So lauten die Bezeichnungen der Minen, mit denen der SED-Staat in den sechziger Jahren begann, seine Westgrenze zu sichern.

Bis 1985 hatte die DDR die gefährliche Fracht offiziell wieder entfernt, die Minenfelder galten als geräumt. Ein Trugschluß.

Wie an anderen Stellen der ehemaligen 1462 Kilometer langen innerdeutschen Grenze wurde auch auf dem 13 Kilometer langen thüringischen Abschnitt in Höhe des Kreises Fulda nach Minen gesucht. Nach Schätzungen des Räumkommandos sind beim Entfernen der Minen vor sechs Jahren allein in diesem Abschnitt mehr als 1000 Minen »verlorengegangen«.

Wochenlang versuchten die Räumtrupps mit relativ einfachen Mitteln, vom Schlamm überspülte oder vom Regen weggeschwemmte Minen zu finden. Mit Geräten der ehemaligen Volksarmee wurde das Gelände in mehreren Arbeitsgängen durchpflügt. Arbeiter auf einer Bühne einer Raupe mußten die gefährlichen Funde mit den Augen ausmachen. Vor Ort wurden die Minen dann gesprengt.

Im Kreis Fulda haben die Behörden erst spät von der Gefahr an der Kreisgrenze erfahren. Fuldas Landrat Fritz Kramer erhielt von einem Boten ein sechs Wochen altes Schreiben des Auflösungskommandos der ehemaligen Grenztruppen aus Erfurt, das auf das Risiko für Grenzbesucher hinweist. »In dem Brief«, so Kramer, hieß es, »selbst dort, wo Minensucharbeiten durchgeführt worden sind oder noch durchgeführt werden, ist absolute Sicherheit nicht gegeben.«

Der Landrat war nun vor allem um die Sicherheit der zahlreichen Rhön-Urlauber besorgt. »Hotels und Pensionen waren voll, und viele Besucher kamen zum erstenmal ins Grenzgebiet«, umschrieb er das Problem. Zwar wiesen an den meisten Gefahrenstellen Schilder auf die Lebensgefahr hin, doch wurden immer wieder Warnschilder von Grenzbesuchern als Souvenir abmontiert.

Daß noch nichts passiert ist, wundert nicht nur den Inhaber einer Imbißbude zwischen dem hessischen Theobaldshof und Andenhausen in Thüringen. Seine Tochter sprang mit einem Springseil nur Zentimeter neben dem späteren Fundort einer Mine. Allein in der Umgebung seiner Pommesbude wurden in zwei Wochen drei Relikte aus der Vergangenheit gefunden. Aber auch von Schulklassen, die munter durch das Grün der Todesstreifen spazierten, war die Rede.

Die einzigen, die die Räumungsarbeiten nicht gern sahen, waren die Mitglieder des Naturschutzbundes Hessen. Sie befürchteten »unschätzbare Verluste für die Tier- und Pflanzenwelt«.[129]

Wachturm und Grenzzaun als stumme »Zeitzeugen« in Bad Sooden

Ein Freilichtmuseum bei Bad Sooden-Allendorf erinnert ab 3. Oktober 1991 an Wachtürme, Grenzzäune und Schlagbäume der Ex-DDR in einem Grenzmuseum an die jüngere Vergangenheit entlang des »Eisernen Vorhangs« und Teilung Deutschlands.

Der Weg in den ehemaligen Todesstreifen an der hessisch-thüringischen Grenze bei Bad Sooden-Allendorf führt vorbei an einem Kreuz. Hier wurde 1982 der 35jährige Heinz-Josef Große bei einem Fluchtversuch von DDR-Grenzsoldaten erschossen. Ein paar Meter weiter stehen, eingeschlossen von doppeltem Grenzzaun, Schlagbaum, Wachturm und eine Abfertigungsbaracke. »Zeitzeugen« nennt Wolfgang Ruske diese Überreste des ehemaligen SED-Staates, um die er ein Grenzmuseum errichtet hat. »Wir wollen kein Gruselkabinett, sondern nur dokumentieren, wie es hier einmal ausgesehen hat«, sagt er.

In einigen Jahren könnte die Grausamkeit der deutsch-deutschen Grenze vergessen sein, das würden er und seine Kollegen vom privaten Arbeitskreis Grenzinformation gerne verhindern. Unterstützt wird ihre Idee vom thüringischen Landkreis Mühlhausen und dem Werra-Meißner-Kreis.

In einer Abfertigungsbaracke, die die DDR noch 1989 in Walhausen bei Bad Sooden-Allendorf errichtet hatte, warten zwei Pappkameraden in Originaluniformen der Grenztruppen auf Besucher. »Die Uniformen haben uns Grenzsoldaten geschenkt«, erzählt Ruske.

Plakate, Fotos und Zeichnungen zeigen die Geschichte der Menschen und der 70 Kilometer langen Grenze zwischen dem Werra-Meißner-Kreis und Thüringen nach dem Zweiten Weltkrieg auf. Sie stammen ebenso aus Privatbesitz wie die gezeigten Ausreiseanträge und Passierscheine.

Andere Ausstellungsstücke hat der Arbeitskreis kurz nach dem Fall der Mauer von der DDR übernommen. Der Wachturm und ein schwarz-rot-gold gestreifter Grenzpfahl mit Hammer und Zirkel im Ährenkranz stehen an ihrem ursprünglichen Platz auf thüringischem Gebiet. Auch ein Teil des »Grenz-Signal-Sicherungszaunes«, der das Museumsareal umgibt, hat hier seinen Platz. Die Selbstschußanlagen fehlen noch: »Wir würden gerne ein Modell nachbauen lassen, um den grausamen Erfindungsgeist zu zeigen, der hinter dieser Grenze steckte«, erläutert Wolfgang Ruske.

Am 3. Oktober 1991, dem ersten Jahrestag der Vereinigung, ist das Grenzmuseum in Bad Sooden-Allendorf feierlich von Vertretern der Landesregierungen von Hessen und Thüringen eröffnet worden. Damit sind die Nordhessen anderen Museumsinitiativen an der rund 1400 Kilometer langen ehemaligen Grenze durch das geteilte Deutschland einen Schritt voraus.

Die niedersächsische Landesregierung möchte an sechs Orten, darunter drei Grenzübergängen, an die Teilung Deutschlands erinnern: in Helmstedt/Marienborn, Bad Herzburg/Stapelburg und in Duderstadt/Tettenborn.

Auch in Oberfranken ist ein Projekt geplant. Im hessischen Rasdorf soll in einem unter Denkmalschutz stehenden Abschnitt des Todesstreifen sogar eine Freiluft-Kunstlandschaft samt »deutsch-deutschem Regenbogen« als Zeichen der Verbundenheit zwischen beiden ehemaligen Teilen Deutschlands entstehen.

Weil immer mehr Grenzanlagen abgebaut werden, ist es für die Museumsmacher schwierig, neue Ausstellungsstücke zu bekommen. Manche seien mittlerweile nur gegen teures Geld bei der Bundeswehr zu erstehen. Vorerst muß der Arbeitskreis Grenzinformation auch auf das gewünschte Prunkstück der Ausstellung verzichten: den Militär-Trabi.[130]

Umweltschäden in der ehemaligen DDR

Ich erinnere mich an ein altes Sprichwort aus Kaschmir: »Wir haben die Erde nicht geerbt, sondern schulden sie unseren Kindern.«

Die deutsch-sowjetische Uranförderung der Wismut AG in Sachsen, so zeigen interne Dokumente, hat bei den Beschäftigten mehr Krebsfälle ausgelöst als bisher bekannt. Die ganze Region zwischen Gera und Königstein ist radioaktiv belastet. Die Sanierung kostet den Steuerzahler viele Milliarden, ihr Erfolg ist ungewiß.

Vor dem Hauptgebäude der Uranerzfirma Wismut AG im sächsischen Chemnitz wehen weiße Fahnen mit der Aufschrift: »Neues Denken – Neues Handeln«. Das wird wohl nötig sein. Denn die Sowjetisch-

Deutsche Aktiengesellschaft Wismut (SDAG Wismut), die Wirtschaftsminister Jürgen Möllemann (FDP) von Moskau vollständig in Bundesbesitz übernahm, ist verantwortlich für eines der größten Umweltdesaster Europas.

Wo einst der Rohstoff für das sowjetische Atombombenprogramm gewonnen wurde, entweicht aus 3500 aufgeschütteten Halden, 15 schlammigen Absetzbecken und 2500 Kilometer unterirdischen Uranabbaustollen zwischen Gera und Königstein das radioaktive Edelgas Radon in die Umwelt. Nach Expertenschätzungen sind 10400 Quadratkilometer Boden – eine viermal so große Fläche wie das Saarland – radioaktiv verseucht. Bedroht und möglicherweise bereits verstrahlt ist der Lebensraum von rund zwei Millionen Menschen im Südosten Deutschlands.

Entsetzen zeigte Bundesumweltminister Klaus Töpfer (CDU), als er im März 1991 die kaputte Region besuchte: »Das alles ist unglaublich.« Aber wahr. In internen Unterlagen der Bonner Strahlenschutzkommission, die dem Bundesumweltministerium unterstellt ist, werden erstmals in einem Zwischenbericht »Ergebnisse der Datensicherung« dokumentiert. Sie belegen ungeahnte Gesundheitsschäden bei den Mitarbeitern des Unternehmens.

Sichergestellt haben die Experten beispielsweise eine firmeninterne Kartei »Berufskrankheit Bronchialkarzinom« (BK 92). Danach ist bis 1990 bei 9000 Uranbergleuten Lungen- oder Bronchialkrebs festgestellt worden – ausgelöst vermutlich durch Radon. Jährlich, muß die SDAG heute zugeben, kommt es bei 160 ehemaligen Bergleuten zu Neuerkrankungen an Lungenkrebs. Insgesamt, so rechnen Experten, sind in der südlichen Ex-DDR allein unter den Wismut-Beschäftigten mehr strahlenbedingte Krebsfälle zu verzeichnen als unter den Überlebenden der japanischen Städte Hiroschima und Nagasaki, auf die 1945 amerikanische Atombomben fielen.

Geheimgehalten wurden seit Jahrzehnten auch die Befunde der Wismut-Betriebsärzte über die klassischen Lungenkrankheiten: In 260000 Röntgenreihenuntersuchungen seit 1952 diagnostizierten die Ärzte 15000 Staublungen. Bei weiteren 6000 Uranbergleuten bestehe der Verdacht auf Silikose.

Wie oft das Einatmen des Erzstaubes zu tödlichen Erkrankungen geführt hat, ist in der Staublungenkartei nicht vermerkt. Allerdings sind in den Akten umfangreiche »Sektionsprotokolle im Todesfall« aus Obduktionen zu finden.

Was nun nach 40 Jahren Geheimhaltung über die Menschenopfer beim DDR-Uranbergbau bekannt wird, ist nach Ansicht des Ostberliner Internisten und Arbeitshygienikers Werner Schüttmann das Ergebnis bodenlosen Leichtsinns: »Alle gängigen Schutzvorkehrungen seien gröblich vernachlässigt worden«, weiß der Mediziner, der schon seit 1961 in der Klinik Karlshorst und der DDR-Strahlenschutzkommission mit den Radon-Opfern aus Sachsen und Thüringen beschäftigt war.

So schickte die SDAG Wismut in den fünfziger Jahren Zehntausende Kumpel ohne Arbeitsschutz in die Schächte. Anfangs mußten auch Frauen bei hohen Radonkonzentrationen unter Tage arbeiten. Für die Risikoarbeiter gab es besondere Privilegien bei der Versorgung mit Lebensmitteln oder Konsumgütern. Die Mahnungen von kritischen DDR-Ärzten und auch Bergbauexperten wurden damals von der SDAG Wismut nicht beachtet.

Denn das Unternehmen hatte unter Zeitdruck und mit unzureichenden Mitteln einen Auftrag von weltpolitischer Bedeutung zu erfüllen: In den sächsischen Uranbergwerken wurde der Rohstoff für die sowjetischen Atombombenfabriken abgebaut. Aus riesigen Mengen Uranerz produzierte die SDAG Wismut seit Ende des Zweiten Weltkriegs unter höchster Geheimhaltung rund 220000 Tonnen Urankonzentrat – Fachbezeichnung: Yellow cake.

Den »gelben Kuchen« aus Sachsen verwendete die Sowjetunion schon, als sie 1949 ihre ersten Atombombenversuche unternahm. In der »Waffenschmiede des Sozialis-

mus« (SED-Propaganda) produzierten DDR-Experten den Stoff für die Sprengköpfe der Atomraketen, die Sowjettruppen in der DDR stationiert hielten. Aus der Fabrik kam aber auch Uran für die Brennelemente der DDR-Kernkraftwerke Greifswald oder Rheinsberg.
Welches Gesundheitsrisiko die Menschen trifft, die in der Region leben, blieb das Geheimnis der Wismuter Verantwortlichen. Das ehemalige Staatliche Amt für Atomsicherheit und Strahlenschutz (SAAS) der DDR führte zwar bereits in den achtziger Jahren weiträumige »Umgebungsüberwachungen« durch. Selbst aus dem Hubschrauber erkundeten Wismut-Geologen die Strahlung neuer Uranerzfelder am Boden, die teilweise über den radioaktiven Belastungen nach der Reaktorkatastrophe 1986 im sowjetischen Tschernobyl lag. Handfeste Ergebnisse konnten die SED-Strahlenschützer jedoch »wegen des militärischen Charakters der Anlage«, so der ehemalige SAAS-Experte Walter Röhnsch, nicht zusammentragen. Röhnsch, heute in der Berliner Außenstelle des Bundesamtes für Strahlenschutz tätig, warnt vor einer »Überschätzung der Gefahr«: »Wer da einmal rumläuft, fällt nicht gleich tot um.«
Das tröstet die Bewohner der Dörfer in »Uranobyl« (Bonner Energie-Report) wenig. So wird den 370 Bürgern der Gemeinde Oberrothenbach in einer informellen »Verzehrempfehlung« geraten, selbstgezogene Karotten oder Tomaten nicht mehr zu essen. Am Fuße der Uranhalde von Crossen liegt die Radonkonzentration mit einer Aktivität von 150 Becquerel pro Kubikmeter nahezu um das 20fache über westdeutschen Normalwerten.
In den Häusern der historischen Bergbauregion des Erzgebirges erreicht die Belastung mit dem Radongas weltweite Spitzenwerte. Bis zu 100 000 Becquerel meldeten die Meßtrupps aus Schneeberg, wo Umweltminister Töpfer 1991 in eines der Kellerlöcher krabbelte, aus denen das Urangas in die Häuser dampft. Schon bei 250 Becquerel empfiehlt die Strahlenschutzkommission »Sanierungsmaßnahmen«. Sechs Millionen Mark stellte das Bundesumweltministerium der Gemeinde Schneeberg für Baumaßnahmen an den Radonhäusern zur Verfügung.
Wie weit tatsächlich ein direkter Zusammenhang zwischen den Radonbelastungen und Krebserkrankungen besteht, ist in der Fachwelt umstritten. Die Ursachenkette läßt sich schon deshalb schlecht verfolgen, weil der Krebs aus den Zerfallsprodukten des Radon 222, das als sogenannte Alpha-Strahlung in den Lungen biologisch wirksam wird, erst nach rund 35 Jahren ausbricht.
Schon wegen dieser langen Zeitspanne ist es für Wissenschaftler wenig beruhigend, daß DDR-Experten für die Uranregion in den achtziger Jahren keine eindeutige Überschreitung der durchschnittlichen Krebsmortalität von 209 Fällen pro 100 000 Einwohner ermitteln konnten. Zudem sind nach Einschätzung von Epidemiologen (Lehre von den epidemischen Erkrankungen) am zentralen Krebsregister der Ex-DDR in Berlin diese Erhebungen nicht zuverlässig. So seien aus politischen Gründen viele Erkrankungen in der Umgebung der Urangruben wegdiskutiert worden.
Die Auswertung des Krebsregisters aus der Ex-DDR, in das seit 1953 über 2,1 Millionen Krebskranke aufgenommen wurden, stößt auch auf rechtliche Schwierigkeiten. Die bundesdeutschen Datenschutzgesetze lassen bislang weder die Einrichtung noch die Verwendung solcher Krankendateien zu. Andererseits sehen die Mediziner, die nun aus der Konkursmasse des SED-Staates das – bezogen auf die Einwohnerzahl – größte Krebsregister der Welt bekommen können, ungeahnte Forschungsmöglichkeiten: Ob Ernährungsgewohnheiten, Rauchen oder natürliche Strahlungsquellen zum Krebs beitragen, könnte sich am Beispiel Wismut und in vergleichenden Untersuchungen erstmals in der Medizingeschichte empirisch klären lassen. Der gerade aus dem Amt geschiedene hessische Datenschutzexperte Spiros Simitis sieht schon eine »neue Goldgräberstimmung« bei den Medizinstatistikern aufkommen

Doch nach Ansicht der Experten in Töpfers Bundesumweltministerium bedarf es keiner statistischen Expertisen mehr: Die strahlende Altlast muß nach ihrem Votum dringend entschärft werden. Fragt sich nur wie.
Im Einigungsvertrag und im Abkommen mit Moskau über Wismut hat Bonn auf jegliche Beteiligung der UdSSR an der Altlastensanierung verzichtet. Dabei haben sich die Schätzungen über die notwendigen Sanierungskosten von 5 Milliarden auf mittlerweile 15 Milliarden Mark erhöht – das sind 10 Mark pro Quadratmeter radioaktiv verseuchten Bodens. Kanadische und australische Uranexperten begutachteten schon das einst weltweit drittgrößte Abbaugebiet. Nirgendwo stand bislang ein so gewaltiges Sanierungsprojekt von strahlendem Material an. Eigens zur Erkundung möglicher Techniken gründete die Wismut AG zusammen mit der französischen Atomfirma Cogema eine Gesellschaft für Dekontaminierung, Sanierung, Rekultivierung.

»Die Größenordnung der Urangewinnung in der Ex-DDR«, urteilt Wolfgang Kersting, Geschäftsführer der Saarbrückener Interuran, »hat uns alle überrascht.« Westliche Sanierer konnten bislang nur in den relativ kleinen, stillgelegten Urangruben des oberfränkischen Fichtelgebirges oder im Schwarzwald probieren.

»Warum sollen wir die Fehler machen, die andere schon hinter sich haben«, sagt Klaus Martignoni, Experte des Bundesamtes für Strahlenschutz. Um den Datenberg aus Wismut aufzuarbeiten, fordern die Strahlenschützer ein »Internationales Wismut-Hearing«, das, ähnlich wie bei dem Gorleben-Hearing in Hannover 1979 zur Einlagerung von Atommüll, auch kritische Wissenschaftler beteiligt. Im Bonner Bundesumweltministerium, zuständig für Strahlenschutz, wurde eine Wismut-Anhörung »positiv« eingeschätzt.

Nach den Plänen der Wismut AG soll der Strahlenmüll dahin, wo er herkommt – unter die Erde. In Erddeponien könnten etwa 6 Millionen Kubikmeter dekontaminierter Schutt und Schrott von den abgerissenen Fabrikanlagen versenkt werden. Die weithin sichtbaren kegelförmigen Halden des Uranerzes wollen die Sanierer in das Tagebau-Restloch Lichtenberg beim thüringischen Ronneburg füllen. Die 140 Meter tiefe Grube faßt 80 Millionen Kubikmeter Uranmaterial. Wismut-Sprecher Johannes Böttcher: »Das ist unsere Vorzugsvariante.«

Gegen das Sanierungskonzept, das Anfang September in Bonn vorgestellt wird, gibt es jedoch nicht nur massiven Widerstand bei der Bevölkerung. Auch das Darmstädter Öko-Institut hat im Auftrag der Umweltorganisation Greenpeace die Schwachstellen der Erdbestattung ermittelt. Danach zeigten Probebohrungen am Rande der Schlammseen geologische Störungszonen.

Großflächige Auswaschungen des radioaktiven Materials, das noch nach 1600 Jahren strahlt, seien durch unkontrollierte Wassereinbrüche zu befürchten. Allein mit dem Gehalt des giftigen Metalls Arsen in den Wismut-Seen lasse sich ganz Europa vergiften. Und Wassereinbrüche sind nicht einmal unwahrscheinlich: Steigt der Wasserspiegel, der derzeit unter der Erdoberfläche künstlich abgesenkt ist, dann laufen die Gruben und Schächte voll.

Die Darmstädter Wissenschaftler zogen zum Vergleich die Regeln heran, die Umweltbehörden in den USA nach ihren Erfahrungen mit stillgelegten Urangruben in den Bundesstaaten Utah, New Mexico und Arizona für die Sanierung aufgestellt haben. Danach wäre das Wismut-Projekt nicht genehmigungsfähig. So müssen beispielsweise die US-Betreiber für mindestens 200 Jahre einen »Dichtigkeitsnachweis« erbringen. Doch selbst eine sichere Einkapselung würde das Problem in Wismut nicht beseitigen. Denn von den Wismut-Halden wurde in den vergangenen Jahren massenweise Material zum Bau von Häusern und Straßen abgeholt. Ähnlich wie bei dem verseuchten Kieselrot auf westdeutschen Sport- und Spielplätzen weiß niemand, wo überall die strahlende Schlacke liegt.

Fündig wurden Umweltfahnder jüngst am Hermsdorfer Kreuz südlich von Leipzig.

Dort ging 1989 ein ganzer Güterzug Wismut-Schlacke in den Unterbau der Autobahn.

Wie die Bewohner des sächsischen Urandorfes Trünzig mit der Angst vor den Wismut-Abfällen und dem Radongas leben

Der Pfarrer von Trünzig zuckt mit den Schultern, schaut zum Himmel: »Was hätte ich schon gegen die Wismut sagen sollen«, fragt er und blickt dann auf die Grabsteine des kleinen Friedhofes. Seit mehr als 30 Jahren predigt Heinz Gropp in dem sächsischen Dorf. Und nie hat der demütige Mann dabei ein böses Wort über die Atomfirma verloren.

Er sagte nichts, als im März der 55 Jahre alte Eberhard Lauckner starb, dem der Krebs die Speiseröhre zerfressen hatte. Er sagte nichts, als Herrmann Piehler mit 48 Jahren unter die Erde kam, weil ihm Metastasen im Kleinhirn saßen. Er sagte nichts, als Bernd Musch mit 40 Jahren an Leukämie starb. Und bei all den anderen Krebstoten in Trünzig, da sagte der Pfarrer auch nichts.

»Jede Obrigkeit ist von Gott verordnet«, glaubt Gropp. Außerdem könne nicht bewiesen werden, daß das Wismut-Uran die Menschen tötet. Und so wird er wohl wieder nichts sagen, wenn sie Joachim Lucas bringen, dem jetzt im Krankenhaus der Krebs ins Gehirn wuchert.

Die meisten der 1050 Einwohner des Dorfes Trünzig, das südöstlich von Gera mitten in der Uranregion liegt, haben sich an die Gefahr gewöhnt, die nach wie vor von den Stollen, Ablagerungen und allerorten austretenden Radongasen ausgeht. Gerade 30 Dörfler kamen, als sich Wismut-Vertreter im Gemeindehaus dem Kreuzverhör von Umweltschützern stellten.

Die anderen hoffen, daß sie es schon irgendwie überleben werden. Zwar klagen viele Trünziger über dauernde Müdigkeit und Kopfschmerzen – beides typische Symptome für Strahlenschäden. Doch Mark Uhlig, der in der Landwirtschaftlichen Produktionsgenossenschaft »Frieden« arbeitet, sagt: »Wir müssen es nehmen wie es kommt, wir können eh nichts dran machen.«

Pfarrer Gropp präsentiert gar eine beruhigende Erklärung für den frühen Tod der Nachbarn: »Vielleicht«, sinniert er, »waren die Alten einfach robuster.« Denn früher, das belegen die Grabsteine, wurden die Menschen steinalt in ihrem idyllischen Fachwerkdorf zwischen Wald und Hügeln. Nur gab es früher auch noch nicht die Halde, 300 Meter hinter Trünzig. Am Rand stehen Schilder: »Müll abladen verboten!« Im Krater des Berges schimmern zwei künstliche Seen. Reiher fliegen, Mücken tanzen.

Ein Idyll in Baggerseeblau – wäre da nicht das Rohr, aus dem schwarze Brühe ins Wasser schießt, rund 700 Kubikmeter pro Stunde. Das ist der Abfall der Wismut: Uranschlamm, der pro Kilo mit bis zu 18 000 Becquerel Radium 226 strahlt. Das gilt zwar amtlich als nur schwach radioaktiv, doch dafür liegen hier unter freiem Himmel 120 Millionen Kubikmeter des Atommülls. Das Wasser der Atomseen verdunstet und versickert, breite Uferstreifen liegen trocken. Der Wind wirbelt den feinen Staub auf und bläst ihn in Wolken nach Trünzig runter ins Tal. Dann knirscht der strahlende Dreck zwischen den Zähnen der Dorfbewohner. Selbst die Wäsche im Schrank muß ausgeklopft werden: Der Staub dringt durch jede Ritze. Hinzu kommt das radioaktive Gas Radon 222, das aus dem See ausgast und nach Trünzig herabsackt, weil es schwerer ist als Luft. Vor allem aber erzeugt es Lungenkrebs.

»Die Bosse der Wismut, die sollte man doch alle reinschmeißen in ihre Atomseen«, poltert in der Dorfgaststätte »Zwei Kastanien« ein Trünziger, der noch immer bei der Firma arbeitet. Andere Arbeitgeber sind rar. Und am eigenen Häuschen hängt er, auch wenn er den Keller nur nach gründlichem Lüften betreten darf.

Knapp 40 000 Mitarbeiter hatte die Wismut vor der Wende. Bis 1995 sollen davon weniger als 10 000 übrig sein. Erst wurden die Menschen vergiftet, jetzt werden sie gefeuert. Für den unsicheren Job nehmen Wismut-Arbeiter auch das Jucken in Kauf: Nach Schicht, wenn sie unter der Gemeinschaftsdusche stehen, schauen sie sich auf die Beine, die rot sind und fleckig von Ausschlag und Flechten. Vor der Wende erklärte die Wismut solche Symptome für lästig, aber ungefährlich: Wenn tagsüber dunkle Wolken auf die Dörfler niedergingen, sollten sie halt das Licht in der Stube anknipsen.

Wenn nachts die Atomfabrik Seelingstädt zwei Kilometer weiter Schwefelsäuredampf abgeblasen hatte, dann mußte Pfarrersgattin Brigitte eben neue Apfelbäumchen pflanzen. Und die Erdbeeren konnte sowieso niemand mehr essen, so schwarz verbrannt, wie sie waren. »Industrienebel«, so nannte die Wismut verharmlosend die Giftwolken. Vor die Atomfabrik wurde ein Warnschild samt Blinklicht gestellt, das Lastwagenfahrer vor der sporadisch auftretenden Sichtbehinderung warnen sollte. »Die weiße Glocke«, sagt der ehemalige Wismut-Arbeiter Sepp Rötzer, »roch wie Katzenpisse, nur noch schärfer.«

Rötzer brachte es bei der Wismut bis zum Brigadier, doch getraut hat er seinem Arbeitgeber nie: »Wenn einer was hatte, dann haben ihm die Wismut-Ärzte Tabletten gegen Bauchschmerzen gegeben. Und dann war es auf einmal Krebs.« Neben Rötzer am Kneipentisch hockt der alte Kurt, der mal wieder völlig betrunken Rotz und Wasser ins Bier heult und die Wahrheit sagt: »Unsere besten Leute haben die totgemacht, jawohl.« Sepp Rötzer beruhigt ihn – er dürfe nicht ungerecht sein. Schließlich hätten alle gern bei der Wismut gearbeitet. Denn die lockte mit Löhnen, die fast doppelt so hoch waren wie im Rest des Landes.

»Der Dreck bleibt uns hier, nur der Dreck«, ruft Kurt dazwischen. Der Sepp legt ihm wieder die Hand auf den Arm und erzählt, daß die Kumpel zu Spottpreisen Urlaub machen konnten. Auf ihren Trabi mußten sie nur sechs Jahre warten, und nicht zwölf wie üblich.

Außerdem gab es steuerfreien Schnaps, zwölf Flaschen im Monat zu 1,12 DDR-Mark das Stück. »Kumpeltod« nannten die Wismuter das Gesöff; die Firmenleitung verkündete, der Schnaps sei gut gegen die

Bundesland Sachsen, April 1991: Kraftwerk Espenheim. Foto: Bundesbildstelle Bonn, Stuttgarheim

Bundesland Sachsen-Anhalt, August 1991: Ufer des Silbersees in der Nähe von Bitterfeld.
Foto: Bundesbildstelle Bonn, Thurn

Staublunge. Tatsächlich half er nur gegen die Angst vor dem Strahlentod.
Die Schnapsflaschen gibt es nicht mehr, ebensowenig wie die plumpen Lügen. »Die Wismut-Chefs reden ganz anders als früher«, sagt Ulrich Schmidt, »aber ihren Meßwerten trauen wir noch lange nicht.« Der Bürgermeister von Trünzig hat wie die meisten im Dorf für die Wismut gearbeitet, zehn Jahre lang. Nach der Wende hat er die Umweltgruppe »Radon« mit gegründet. Die Mitglieder prüfen jetzt Angaben der Firma, denen sie früher blind vertrauen mußten, mit dem Geigerzähler nach. Zum Beispiel, ob das Werk, wie zugesagt, das Gelände um die Turnhalle des Dorfes gründlich saniert. Messungen hatten gefährlich hohe Radonwerte ergeben, Bürgermeister Schmidt ließ die Turnhalle sperren.
In den fünfziger Jahren hatte direkt daneben eine Verladerampe für das Uranerz gestanden. Waren die Bunker voll und kein Zug in Sicht, kippten die Lastwagenfahrer ihre Fracht neben den Bahndamm. Der Haufen überwucherte, Kinder tobten und schürften sich am Uranerz die Knie auf. Die Eltern gingen derweil Pilze suchen, denn nirgends gab es dickere als an diesem Hügel.
Zur Zeit trägt die Wismut das Erz ab. Neue Volvo-Schlepper karren die Strahlenfracht an das Seeufer auf der Halde. Verlassen die Laster das Gelände, fahren sie durch eine improvisierte Betonwanne, in der 40 Zentimeter hoch trübes Wasser schwappt. Die Brühe soll den radioaktiven Dreck aus den Reifenprofilen spülen. »Augenwischerei«, meint Schmidt, »am besten wäre es, wenn es hier ständig regnen würde.« Dann bliebe der radioaktive Staub auf der Straße, würde nicht aufgewirbelt und eingeatmet.
»Den Staub müssen wir sofort unterbinden«, sagt inzwischen auch Robert Dreißig. Der Geschäftsleiter Produktion und Technik der Wismut-Atomfabrik Seelingstädt ver-

Bundesland Sachsen-Anhalt, August 1991: Wilde Deponie in der Nähe der Filmfabrik Wolfen.
Foto: Bundesbildstelle Bonn, Thurn

körpert den neuen Typus des Firmenmanagers: freundlich, offen, problembewußt. Dreißig, erst seit Januar 1991 auf dem Posten, ist immer bereit, die Schuld der Wismut einzugestehen. Und natürlich auch immer bereit, die Wismut als Retter in der Not zu preisen. Niemand weiß besser, wo welches Gift vergraben liegt. Vor allem lohnt sich Umweltschutz, wenn Bonn die Rechnung zahlt.

Rund 10 Milliarden Mark soll die Sanierung der Uranregion nach Plänen der Wismut kosten, sagt Dreißig. Damit hält er sich an die Sprachregelung des Konzerns. Inoffiziell kursieren in der Firmenzentrale Schätzungen, nach denen die Wismut den Steuerzahler in den nächsten Jahren um 15 Milliarden, womöglich sogar um 40 Milliarden Mark erleichtern wird. Eine Milliarde Mark wird allein für den Deckel aus Schutt und Gestein fällig, den die Firma über die beiden Atomseen hinter Trünzig türmen will. Das hilft gegen Staub und Radongas. Inzwischen sind Wismut-Laster schon dabei, rote Erde über Teile der schwarzen Strände zu kippen. Wer eine Staubwolke auf sich zuwirbeln sieht, für den hat Manager Dreißig einen Rat: »Schwarz und Grau heißt Gefahr, Rot ist Entwarnung.«

Ganz zuschütten kann die Wismut die Seen noch nicht. Das Sanierungskonzept muß in Bonn erst gebilligt werden. Außerdem liegt in Resthalden oder unter Tage noch abgebautes Uranerz. Das radioaktive Gestein soll durch die »Giftbude« gejagt werden, wie die Trünziger die Atomfabrik in Seelingstädt nennen. Das Uran, meint Dreißig, müsse schließlich heraus. Sonst strahle es noch über Jahrtausende. Doch diese Sanierung ist nichts anderes als Uranproduktion mit ei-

nem angenehmen Namen. Sie verpestet die Umwelt gleich dreifach.
Bis 1995 fallen jährlich 200 Tonnen hoch radioaktives und auf dem offiziellen Markt nahezu unverkäufliches Urankonzentrat an. Der Yellow cake, Rohstoff für die Bombenproduktion, ist gleichwohl bei internationalen Waffenschiebern begehrt und wird auf dem schwarzen Markt von Dritte-Welt-Ländern mit nuklearen Forschungseinrichtungen nachgefragt. 1000 Tonnen des Bombenstoffes in Fässern lagern schon jetzt in einer Halle in Seelingstädt – Dreißig weiß nicht, wohin damit.
Das zweite Problem ist das Radongas. Es entweicht, wenn die haushohen Gesteinsmühlen das Erz zermahlen. Die Fabrik pustet es in die Luft. Wolfgang Petter, Strahlenschutzbeauftragter in Seelingstädt, rühmt die »gute Verteilung« des radioaktiven Gases. Weil die Anlage auf einem Hügel steht, zerstreut es sich tatsächlich gut – über die Dörfer.
Das dritte Problem ist der Abfall: Aus dem gemahlenen Erz spülen Chemikalien das Uran heraus, Radium und andere radioaktive Stoffe bleiben drin. Noch jahrelang sollen die Rückstände in die Schlammseen hinter Trünzig gepumpt werden, mitsamt den giftigen Resten der Chemie. »Die Tonschicht unter den sogenannten Absetzbecken sei doch ziemlich dicht«, sagt Manager Dreißig.
Gerhard Riemenschneider von der Umweltgruppe »Radon« hat sich Kartenmaterial aus Wismut-Schreibtischen besorgt. Danach liegt über dem Ton eine Schicht Sandstein. Und der, weiß Geographielehrer Riemenschneider, »ist so etwas wie eine natürliche Wasserleitung«. Das Gift könne deshalb direkt ins Grundwasser gelangen. Im Nachbarort Wolfersdorf sickerte das radioaktive Wasser schon in die Keller.
Auch kann niemand sagen, wie lange an den künstlichen Atomseen die Dämme halten, die Trünzig vor den Schlammfluten schützen. Vor zehn Jahren, so berichten Bauern, riß der Deich an einer Stelle, dunkles Wasser floß ins Tal. Danach durften die Landwirte ihre Kühe wochenlang nicht mehr am Bach hinter dem Dorf tränken. Die Wismut will die Deiche verstärken. Liegt dann erst der Deckel aus Erde über den Seen, soll der Berg mit seinem Giftkern bepflanzt werden und ganz harmlos aussehen.
Die Menschen in der Region lassen sich gern beruhigen: Der Pförtner der Atomfabrik zeigt auf zwei Karnickel, die über den Rasen vor der Einfahrt hoppeln. Er sagt ernsthaft: »Kannste mal sehen, wie gesund hier die Umwelt ist.«[131]

Eine Landschaft die noch lange strahlt

Aue, Gera, Ilmenau, Johanngeorgenstadt, Königstein, Schneeberg – Orte, die allesamt in Reiseführern für sich werben. Und mit Recht, können sie sich doch vieler von Natur und Mensch geschaffener Reize rühmen. Aber die Natur hat ihren Boden auch mit einem Schatz bedacht, aus dem der Mensch vor allem Verhängnisvolles machte: Uranerz. Seit 1947 wurde es in den Bergen Thüringens und Sachsens abgebaut und aufbereitet – ausschließlich für die Sowjetunion, und da in erster Linie für das Atombombenprogramm.
Nach dem Zweiten Weltkrieg hatte die UdSSR im Süden ihrer Besatzungszone nach umfangreichen Schürfarbeiten den Uranbergbau zunächst als Reparationsbetrieb übernommen und riesenhaft ausgebaut. 1954 wurde dann die Sowjetisch-Deutsche Aktiengesellschaft (SDAG) Wismut gegründet: 50 Prozent der Anteile für die Moskauer, 50 Prozent für die Ostberliner Regierung, und mit zeitweise fast einer Viertelmillion Beschäftigten.
Zehntausende zwangsverpflichtete Bergleute schürften in den Anfangsjahren das gefährliche Erz. In dieser – auch die »wilden Wismut-Jahre« genannten – Periode gab es für die Kumpel so gut wie keine Schutzmaßnahmen. Die sowjetische Haltung zu derartigen Arbeitsbedingungen, die gegen jegliche Schutzbestimmungen verstießen, gipfelte lange Jahre – nicht nur bei

der Wismut – in der Auffassung: Entsprechen die Bedingungen nicht den Bestimmungen, nun Genossen, dann müssen wir eben die Bestimmungen verändern. So ist es denn kein Zufall, daß von den 6800 bei Wismut-Arbeitern registrierten Bronchialkrebsanfällen 98 Prozent auf Kumpel entfallen, die bis 1955 eingestellt worden waren. Später verbesserten sich zwar die Sicherheitsvorkehrungen, aber es war in der DDR kein Geheimnis, daß die Wismut stets weit über dem Durchschnitt liegende Gesundheitseinrichtungen besaß. Und das eben nicht ohne Grund, genausowenig von ungefähr wie die vergleichsweise hohen Löhne, die dort gezahlt wurden, die preislich über die Maßen günstigen Urlaubsplätze oder der Deputatschnaps, landläufig als »Kumpeltod« bekannt. Die Flasche kostete so um 1,20 DDR-Mark.

Was aber nur wenige wußten, war das Ausmaß der Förderung und die gefährliche Sorglosigkeit, mit der sie betrieben wurde. Die Wismut war ein Staat im Staate. Ihre Abbauanlagen wurden möglichst abgeschirmt. Genaue Fakten und Zahlen blieben unter Verschluß. Die Wege zu den Gruben zum Beispiel in der Sächsischen Schweiz glichen mitunter Gespensterbahnen ohne jegliche Bezeichnung. Plötzlich im Wald stieß man auf Betonpisten. Und wer sich abseits der Wanderwege durchs Gebüsch schlug, entdeckte manchmal mitten im Gesträuch verlassene Fördertürme.

220 000 Tonnen Uran für den Yellow cake, den »gelben Kuchen«, wie das Urankonzentrat auch genannt wird, wurden im Tage- und Untertagebau bis Ende 1990 für die Sowjetunion aus der Erde geholt. Damit war die DDR hinter den USA und Kanada der drittgrößte Uranproduzent der Welt. Ein 1600 Kilometer langes unterirdisches Grubennetz (mancher spricht auch von 2500 Kilometer) fraß sich durch die Erde. Ökonomisch war dieses Unternehmen seit langem nicht mehr zu rechtfertigen – ökologisch noch nie. 315 Mark pro Kilo betrugen die Produktionskosten. 70 Mark war das Kilo auf dem Weltmarkt wert. Aber wie auf so vielen Gebieten ging auch hier Autarkie vor Adam Riese.

Zum Jahreswechsel 1990/91 wurde die Förderung eingestellt, was nicht heißt, daß der Bergbaubetrieb nun ruhen kann. In den Schächten lagern noch beträchtliche Mengen an schon gefördertem und zerkleinertem Erz. Das muß noch aufbereitet werden, anders ist dem strahlenden Bruch kaum beizukommen. Auf diese Weise fallen bis 1995 jährlich noch schätzungsweise 200 Tonnen des »gelben Kuchens« an, wobei ohnehin schon 1000 Tonnen auf Lager liegen. Die Frage wird sein: Wohin mit dem Stoff, aus dem man Bomben baut? Und vor allem, wie die großen Wunden heilen, die der Uranbergbau Mensch und Landschaft zufügte? Als da sind

die rücksichtslos angelegten Deponien mit verseuchten Abfällen. So gibt es etwa 3500 unter freiem Himmel aufgeschüttete Halden, Millionen Kubikmeter groß. Ihre Masse (einschließlich der Halden des Vor-Wismut-Bergbaus) wird auf 500 Millionen Tonnen geschätzt, ihre Grundfläche auf 17 Quadratkilometer;

die schlammigen Absetzbecken: 150 Hektar zum Teil 70 Meter tiefe Seen, in denen radioaktive Schlämme lagern – finden sich allein in Ostthüringen;

die 1000 bis 1200 Quadratkilometer Boden, die als kontaminiert, also als radioaktiv verseucht, gelten;

die schon erwähnten unterirdischen Schächte mit Treibstofflagern, Tonnen von Fetten und giftigen Kältemitteln, verstrahlten Maschinen, Grubenbahnen, Gleisen, ja regelrechten kleinen Fabriken. In Königstein zum Beispiel, dem Ort mit der berühmten Festung auf der Höhe des Elbsandsteingebirges, wurde das Urankonzentrat unter Tage gewonnen.

Keiner weiß wohl im Moment genau, wie lange es dauern wird, bis all diese ökologischen Zeitbomben entschärft sein werden. Inzwischen begutachten kanadische und australische Uranspezialisten das ehemalige Abbaugebiet. Und zusammen mit einer französischen Atomfirma hat die Wismut

eine Gesellschaft für Dekontaminierung, Sanierung und Rekultivierung gegründet. Es ist die Rede davon, daß etwa 8000 Bergleute in den kommenden zehn bis fünfzehn Jahren mit der Altlastenbeseitigung befaßt sein werden. Sie machen das Gros der angestrebten Beschäftigtenzahl von rund 20 000 (vor der Wende 40 000) aus, die in der umstrukturierten Wismut Arbeit haben sollen.
Umgestaltet hat sich der Mammutbetrieb bislang in zweierlei Hinsicht: Zum ersten wurden die Nichtbergbaubereiche in mehrere neue Sektoren gegliedert – Maschinen- und Stahlbau, Bauwesen, Consulting/Engineering, Logistik (mit Fuhrpark, Speditionen und Tankstellen), Service, und die zweite Veränderung – nunmehr ist die Bundesrepublik Deutschland alleiniger Eigentümer des Wirtschaftskolosses.
Die russische Regierung hat der Bundesrepublik ihre Anteile »überlassen«, ohne dafür einen Pfennig zu verlangen – lediglich die Zusage, daß ausschließlich die Deutschen für die Sanierungskosten aufkommen. Und die werden offiziell auf 5 bis 15 Milliarden Mark (inoffiziell auf bis zu 40 Milliarden) geschätzt.[132]
Der Wortführer der polnischen Umweltschützer, Andrzej Kassenberg, prophezeite 1990 in einer »Spiegel«-Serie (48 bis 50/1990), es werde hundert Jahre dauern, ehe die Umweltschäden in den osteuropäischen Arbeiter- und Bauernparadiesen, genannt Sozialismus, überwunden seien – er war zu optimistisch. Damals lag noch nicht zutage, daß die schlimmste aller sozialistischen Altlasten weder die polnischen noch die tschechoslowakischen Genossen hinterlassen haben, sondern, im Dienste des großen Bruders, die deutschen.
Die Sowjetisch-Deutsche Aktiengesellschaft Wismut hat durch ihren Uranabbau in Sachsen eine Fläche viermal so groß wie das Saarland mit Abfallprodukten verseucht, die noch 1600 Jahre lang strahlen. 9000 Uranbergleute holten sich Lungen- und Bronchialkrebs – mehr als unter den Überlebenden der von Atombomben getroffenen japanischen Städte Hiroschima und Nagasaki. Die vermutlich größte Umweltkatastrophe westlich von Tschernobyl ist hinter den Stahltüren der Wismut-Hauptverwaltung Chemnitz in rund 400 000 Patientenakten dokumentiert. »Spiegel«-Redakteur Sebastian Knauer recherchierte dort sowie bei Arbeitsmedizinern, Strahlenexperten und Umweltbehörden neue Fakten über »Uranobyl«: Aus 2500 Kilometer Uranabbaustollen, 3500 Halden und 15 Absetzbecken entweicht das radioaktive Gas Radon. Noch nirgends auf der Welt war eine so gigantische Sanierung nötig.

Deutsche Umweltunion

Der 1. Juli 1990 ist ein denkwürdiges Datum: Der Staatsvertrag zur deutschen Währungs-, Wirtschafts- und Sozialunion tritt in Kraft. Damit übernimmt die DDR auch – Artikel 16 des Vertrages – die wesentlichen Umweltschutzvorschriften der Bundesrepublik Deutschland als geltendes Recht. Konkret ausgestaltet wird die Umweltunion durch ein »Umweltrahmengesetz«, das durch den Beschluß der DDR-Volkskammer am 1. Juli gleichfalls für die DDR Gesetzeskraft erhält. Es regelt die Übernahme der wichtigsten bundesdeutschen Vorschriften in den Bereichen Immissionsschutz, Wasser- und Abfallwirtschaft sowie Naturschutz, Chemikalien- und Atomrecht.
Was die Umweltsituation in der DDR angeht, so ist die Situation ebenso katastrophal wie im Bereich der Wirtschaft. Erste Umweltflüchtlinge beweisen das. Sie kommen aus der Region Bitterfeld, wo die Menschen acht bis neun Jahre früher sterben als in anderen Gegenden.
Die seit dem 1. Juli 1990 in der DDR geltenden Umweltschutzanforderungen der Bundesrepublik Deutschland bedeuten, daß industrielle Neuanlagen strengen und effektiven Sicherheitsvorkehrungen Rechnung tragen müssen. Altanlagen müssen innerhalb noch festzulegender Fristen den neuen Bestimmungen angepaßt oder stillgelegt werden. Die DDR wird also trotz des not-

wendigen Tempos beim Aufbau einer sozialen Marktwirtschaft kein »Umwelt-Billigland« werden. Ökologische Rabatte wird es nicht geben. Damit ist die Grundlage dafür geschaffen, daß das Umweltgefälle zwischen beiden Teilen Deutschlands bis zum Jahr 2000 auf unserem hohen Niveau ausgeglichen werden kann.
Die notwendige ökologische Generalüberholung der DDR ist allerdings nur mit dem Einsatz aller Kräfte zu schaffen. Wer schnell hilft, hilft doppelt. Nach diesem Motto handelt Bundesumweltminister Klaus Töpfer einvernehmlich mit seinem DDR-Kollegen Karl-Hermann Steinberg. Die Bundesregierung hat 900 Millionen D-Mark als Soforthilfe bereitgestellt. Die in einem ersten Schritt bereits vereinbarten sechs Pilotprojekte werden zügig umgesetzt. Weitere Maßnahmen werden ebenfalls noch in diesem Jahr verwirklicht. Dazu zählen Kläranlagen in Berlin, Dresden und Erfurt ebenso wie eine Anlage zur Aufbereitung von Trinkwasser in Bad Blankenburg. Zur Verringerung des Luftbelastung sollen Entstaubungsanlagen in Heiz- und Industriekraftwerken in Bad Dürrenberg und Röblingen beitragen. Hohe Priorität haben auch die Entsalzung von Werra und Weser sowie die Sanierung der Elbe. Moderne Produktionsverfahren in den Werken und die Verringerung der Einleitung giftiger Stoffe sollen die Gewässer entlasten.
Die Bundesregierung der christlich-liberalen Koalition hat vom ersten Tag an konsequent wegweisende und international vorbildliche Umweltschutzvorschriften durchgesetzt. Die Resultate können sich sehen lassen, und sie rechtfertigen die Erwartung, daß sich diese Umweltpolitik auch in der DDR erfolgreich auswirken wird.

Im Rhein leben wieder Fische

1986 hat die Bundesregierung alle drei Wassergesetze weiter verschärft:
Die 5. Novelle zum Wasserhaushaltsgesetz, das zentrale Instrument des Bundes in diesem Bereich, zielt darauf ab, die Einleitung gefährlicher Stoffe in Gewässer zu vermeiden oder zumindest deutlich zu verringern.
Die 2. Novelle zum Abwasserabgabengesetz, das über eine Abgabe für das Einleiten von Schadstoffen in Gewässer die Kommunen zum Bau von Kläranlagen veranlassen soll, bezieht wichtige weitere Schadstoffe in die Angabepflicht ein.
Das erste Gesetz zur Änderung des Wasch- und Reinigungsmittelgesetzes dient dazu, die Gewässerbelastung durch diese Mittel weiter zu verringern, und dehnt den Anwendungsbereich auf Weichspüler sowie auf Lösungsmittel und Lackverdünner aus.
Außerdem beschloß die Bundesregierung Schwerpunkte des Grundwasserschutzes sowie einen Zehn-Punkte-Katalog zum Schutz von Nord- und Ostsee.
Die konsequente Gewässerschutzpolitik zahlt sich aus: Anders als die Elbe, deren Belastungen zu 80 bis 90 Prozent aus der DDR und der CSFR stammen, sind Rhein, Neckar, Main, Weser und Donau schon meßbar sauberer geworden.
Der Sauerstoffgehalt des Rheins beispielsweise erreicht inzwischen im Durchschnitt die höchstmögliche Aufnahmefähigkeit des Wassers. In Deutschlands schönstem und längstem Fluß leben wieder 31 Fischarten. 56 Arten von Kleinstlebewesen wurden 1989 im Rhein festgestellt – 1971 waren es nur noch 27 Arten. Auch für die Menschen zahlt sich das aus. Immerhin versorgt der Rhein heute 5,5 Millionen Bundesbürger mit wertvollem Trinkwasser. Und 37 Berufsfischer und mehr als 100 Nebenerwerbsfischer leben von dem neuen Fischreichtum im Rhein.

Die Luft ist sauberer geworden

Wer erinnert sich eigentlich noch an die im Wortsinne »dicke Luft«, die 1982 herrschte, als die heutige Regierungskoalition mit ihrer Arbeit begann?
1990, rund acht Jahre später, ist unsere Luft in beachtlichem Maße sauberer geworden.

Dazu nur zwei Beispiele:
1982 bliesen bundesdeutsche Anlagen, vor allem Kohlekraftwerke, noch 2,8 Millionen Tonnen Schwefeldioxid (SO_2) in die Luft. 1989 waren es noch 1,6 Millionen und bis 1995 werden es nur noch 1 Million Tonnen sein.
Der Ausstoß von Stickstoffoxiden (NO_2) wird sich von 2,8 Millionen Tonnen 1982 nach dem gegenwärtigen Erkenntnisstand bis Mitte der neunziger Jahre um fast 1 Million Tonnen verringern.
Erreicht wurde das alles durch eine konsequente Umgestaltung der gesetzlichen Instrumente. Das Regelwerk zur Reinhaltung der Luft, das Bundesimmissionsschutzgesetz, gilt als das strengste der Welt.
Besonders wichtig für die schnellen Erfolge: Die wichtigsten Vorschriften gelten nicht nur für neue Anlagen. Auch bestehende Anlagen müssen entsprechend nachgerüstet oder anderenfalls abgeschaltet werden. Das gilt vor allem für die Großfeuerungsanlagenverordnung, die die Betreiber von Kraft- und Heizwerken zur Reinigung der Rauchgase von Schwefeldioxid und Stickstoffoxiden zwang. Das gilt auch für die Technische Anleitung zur Reinhaltung der Luft (TA Luft), die alle genehmigungspflichtigen Industrieanlagen erfaßt, vom Zementwerk bis zur Massentierhaltung.[133]

Warum hatte es Helmut Kohl so eilig mit der Einheit?

Mitte des Jahres 1990 wirft sich die Frage auf: Warum hat es Helmut Kohl so eilig mit der Wiedervereinigung, also der deutschen Einheit. Und es sind nicht nur Kohl und Genscher, die es eilig haben. Auch der amerikanische Präsident Bush drängt beim Gipfel in Washington auf das Tempo; voller Sorge vor dem Hintergrund einer zunehmenden Instabilität der Sowjetunion wünscht er sich stabile Verhältnisse in Mitteleuropa, die vor allem durch ein geeintes, an die Nato gebundenes Deutschland gewährleistet werden. Präsident Mitterrand und Frau Thatcher von England sehen die Lage trotz mancher Vorbehalte gegenüber den Deutschen ähnlich. Die zerstrittenen bundesdeutschen Sozialdemokraten haben dies nicht so erfaßt, wie es die leidenschaftlichen Befürworter der deutschen Einheit, Kurt Schumacher, Ernst Reuter und Herbert Wehner, immer wieder angestrebt haben.
Nach dem 2. Juli 1990, nach Einführung der D-Mark zwischen Elbe und Oder, wird für 16 Millionen deutscher Menschen das Leben einen neuen Sinn erhalten haben. Die Wirtschafts- und Währungsunion wird innerhalb von Monaten zur staatlichen Einheit Deutschlands nach Artikel 23 des Grundgesetzes führen, und das wird so sein, mit oder ohne Arbeitslosigkeit in der DDR.
Auch die Wiedervereinigung der beiden deutschen Staaten wird sich vollziehen und die Verhandlungen darüber werden mit den vier Siegermächten geregelt werden.
Die einzigen Bremser wären vielleicht die Russen, aber auch sie stehen unter Zeitdruck, denn das Chaos in Rußland droht sich immer mehr und mehr auszubreiten. Moskau mag sich vielleicht mit dem Gedanken tragen, die Mitgliedschaft eines wiedervereinigten Deutschlands in der Nato abzulehnen, verhindern kann es sie nicht. Für die westlichen Industrienationen wird es eine gewaltige Anstrengung, der Sowjetunion in den nächsten Jahren wirtschaftlich zu helfen, daß sie ein verläßlicher Partner in Europa bleibt, und dies ist ohne die Deutschen nicht möglich. Deutschland braucht jetzt Politiker mit Weitblick, unsere Industrie und Wirtschaft könnte für Jahrzehnte ausgelastet sein, wenn es vielleicht den Engländern, Franzosen und nicht zuletzt den USA nicht so angenehm sein würde. In dieser Erkenntnis leben auch Gorbatschow und seine Berater.

Wann putschen die Generale gegen Gorbatschow?

Immer wieder wurde in den Jahren nach Perestroika und Glasnost 1985 diese Frage gestellt. Der Moskauer Journalist Victor Louis hat beste Beziehungen zum Kreml und er analysiert die Unzufriedenheit in der Roten Armee im Jahre 1990, und jeder fragt sich: Wie wird es weitergehen?

»Die Menschen in der Sowjetunion sind von der ständigen Jagd auf die unbedingt notwendigen Dinge des Alltags müde und krank geworden. Die Erfolge von Gorbatschow auf der internationalen politischen Bühne berühren sie kaum noch. Im Staatsapparat werden die Argumente gegen Gorbatschow immer lauter ausgesprochen. Sie machen ihn verantwortlich für den herrschenden Mangel, für den Abfall den rebellierenden Sowjetrepubliken, den Verlust der Machtposition in Osteuropa.

Einige Generale sprechen ganz offen über die Notwendigkeit, die Ordnung im Land durch die Armee wiederherzustellen; sie sprechen auch über eine vorübergehende Militärdiktatur.

In nichtoffiziellen Berichten heißt es, daß es junge Offiziere im Süden der Sowjetunion abgelehnt hätten, Befehle auszuführen, da sie nicht mehr bereit wären, im Nationalitätenstreit ihr Leben und das der ihnen entgegentretenden Zivilisten aufs Spiel zu setzen. In der Moskauer Militärführung ist dies für viele unannehmbar. Für sie handelt es sich um eine Pflichtverletzung. Man ist der Auffassung, daß Offiziere ausgebildet und eingesetzt werden, um Befehle auszuführen – nicht um zu diskutieren. Die obersten Militärs sind fassungslos über die offene Kritik an ihrem Luxusleben. Sie wohnen in Villen und genießen zahlreiche Privilegien – so wie es schon in der kaiserlich-russischen Armee gewesen war. Der überall herrschende Mangel in der Sowjetunion läßt sich teilweise durch einen nahezu unbegrenzten Militärhaushalt erklären, dessen wirkliche Zahlen niemals vollständig auf den Tisch gelegt wurden. Ein Militärputsch würde die wirtschaftlichen Probleme der Sowjetunion nicht lösen. Kaum jemand würde dafür die Verantwortung übernehmen wollen, die darniederliegende Wirtschaft mit Bajonetten und Ausgangsverboten wieder in Ordnung zu bringen.

Zusätzliches Unbehagen verursacht der Rückzug der Armee aus Osteuropa. Die ›Heimkehrer‹ wissen nicht, wohin sie sollen. Sie kehren in ein Umfeld zurück, dessen Bedingungen erheblich schlechter sind als diejenigen, an die sie gewöhnt sind. Aber keine Militärdiktatur könnte ihre alten Privilegien wiederherstellen.

Es gibt in Moskau viele widersprüchliche Gerüchte und Spekulationen – meist extremer Art. Da ist von einer öffentlichen Anklage oder Absetzung von Gorbatschow die Rede. Die einzige Person, die eine Herausforderung für Gorbatschow sein könnte, ist Boris Jelzin, der Präsident der russischen Föderation. Man glaubt, daß Jelzin einen derartigen Schritt zur Zeit nicht will. Ein anderes Gerücht: die Macht Gorbatschows zu erweitern. Doch dafür gibt es nicht genügend Unterstützung. Mit der aus dem Ausland kommenden Hilfe gibt es Versuche, unter das alte System einen Schlußstrich zu ziehen. Schon kleine Erfolge würden helfen. Allein die ausreichende Versorgung mit Brot und Zigaretten erzeugt bereits das Gefühl einer Besserung der Situation; sogar das altbackene Brot in den gestern noch leeren Regalen wird als Sieg bejubelt.

So zeigt sich ein schmaler Silberstreifen am Horizont; trotz aller düsteren Prognosen bleibt der Raum für Optimismus. Es gibt keine unmittelbare Bedrohung für Gorbatschow, denn er steht – irgendwie – über den derzeitigen Problemen.«

Aber wie wird es weitergehen?

Der Oberst, der Gorbatschow stürzen wollte

»Die Jungs mit den Schulterklappen der Obristen knöpfen sich einen nach dem anderen vor«, warnt düster Schewardnadse bei seinem Rücktritt. Viktor Alksnis, Lette, genannt der »Schwarze Oberst«. Er ist der Anführer der Alt-Kommunisten, bekämpft Gorbatschow. Er sagt: »Wenn wir uns nicht wehren, verschwindet der rote Sowjetstern von den Kremltürmen.« Der Stern, Symbol

der Kommunisten, leuchtet im Dunkeln vom Kreml.
Alksnis ist ein Enkel des Generals Alksnis, der bereits unter Stalin mit harter Hand für Law und Order sorgte und später erschossen worden ist, weil er dem Diktator zu stark wurde.
Jetzt ist der Enkel dran. Als Schewardnadse seinen Rücktritt erklärte und vor einer neuen Diktatur warnt, war der »Schwarze Oberst« der nächste Redner auf der Tribüne des sowjetischen Parlaments und sprach von »Verrätern«, mit denen man aufräumen müsse. Notfalls mit der Hilfe der Armee. Gemeint waren die nach Souveränität strebenden Teilrepubliken, und nur drei Wochen später schlugen die Fallschirmbataillone in Litauen zu. Der »Schwarze Oberst« hat Wort gehalten. Noch weiß niemand in der UdSSR, wieviel Macht er bereits hat. Ist Alksnis der neue Mann Gorbatschows, oder ist er nur die Stimme jener Männer im Schatten, die die Fäden ziehen? Aber eines ist sicher: Oberst Alksnis ist der einzige, der laut, deutlich und unmißverständlich das sagt, was das sowjetische Militär denkt und plant, und es ist alles andere als Zeitverschwendung, diesen Mann anzuhören. Nach dem Rücktritt Schewardnadses droht der radikale Oberst Alksnis Gorbatschow: »Sie haben nicht mehr viel Zeit, Genosse.« Und sagt über Gorbatschow: »Er ist doch nur ein nackter Zar.«
»Bunte«-Autor Timmermann redete zwei Stunden mit Oberst Alksnis im Hotel »Moskwa«, gegenüber vom Roten Platz, zwei Tage vor Ausbruch des Golfkrieges. Hier sein Bericht:

Herr Oberst, Sie haben vor einigen Tagen gesagt, daß es ein Fehler sei, wenn die UdSSR sich an einem Krieg gegen den Irak beteiligt. Warum?
Tatsache ist, daß in der UdSSR ein hoher Anteil der Bevölkerung moslemisch ist. Deshalb bleibt uns nichts anderes übrig, als eine pro-arabische Politik durchzuführen. Ich verbessere mich. Nicht pro-arabisch, sondern pro-moslemisch.

Also raus aus der internationalen Allianz und dann ...?
Wenn es nach mir ginge, Neutralität. Aber es kann auch anders kommen. Nicht nur die Hälfte unserer Bevölkerung ist moslemisch. Dasselbe gilt auch für die Rote Armee. Und wenn es dazu kommen sollte, daß die Rote Armee direkt an den Kampfhandlungen im Golf beteiligt wird und die ersten Särge mit den gefallenen russischen moslemischen Soldaten zurückkommen, dann steht ganz Mittelasien auf. Dann ist die UdSSR mit im heiligen Krieg gegen den Westen.

Aber Gorbatschow steht nach wie vor zu der Allianz mit den Amerikanern.
Gorbatschow muß weg.

Wie groß sind Ihre Chancen, ihn wegzubekommen?
Gorbatschow ist ein sehr guter, ein ausgezeichneter Taktiker. Das ist seine Stärke. Aber seine Schwäche ist, daß er keine politische Substanz hat. Er hat keine eigenen Ideen. Er kann nur fremde Ideen umsetzen. Das allerdings sehr gut. Er ist die Zunge, aber nicht der Kopf, und jetzt, nachdem ihn die Intellektuellen um Jakowlew verlassen haben, wo ihn Schewardnadse verlassen hat, wo ihn alle verlassen haben, erweist sich Gorbatschow als ein nackter Zar. Ein nackter König.

Sie haben gesagt, daß Sie es für einen Fehler hielten, die Rote Armee aus Osteuropa abzuziehen.
Das stimmt nicht. Ich habe gesagt, daß ich gegen solch einen Abzug aus Osteuropa gewesen bin. Und dieses Wörtchen solch ist irgendwie abhandengekommen.

Dann erklären Sie doch bitte dieses Wörtchen.
Wenn zum Beispiel die Belgier fünf Jahre Zeit haben, um ihre 3000 Soldaten abzuziehen, so sind wir gezwungen, unsere Hunderttausende innerhalb von drei Jahren zurückzuholen. Das meine ich unter anderem mit solch einem Abzug.

Ist das der Grund, warum Sie »2+4« nicht unterzeichnen wollen?
Unter anderem. Die Bundesrepublik bricht bereits jetzt den Vertrag mit der UdSSR in zahlreichen Punkten. In der Frage der sowjetischen Deserteure zum Beispiel, denen Deutschland vertragswidrig Asyl gewährt. Die Deutschen halten nicht ihre Versprechen.

Das sind ganz neue Töne. Oder besser: alte. Das kennen wir aus den Zeiten des kalten Krieges. Wissen Sie nicht, Herr Oberst, daß Deutsche und Russen schon seit einiger Zeit keine Feinde mehr sind? Und wissen Sie nichts von den 11 Milliarden, die Deutschland Ihnen geschenkt hat?
11 Milliarden sind für so etwas wie 5 Kopeken. Wir brauchen 50 Milliarden. Oder 100 Milliarden. Aber 11 sind für uns ein Kleingeld. Und der Preis dafür ist viel zu hoch.

Der Preis?
Durch den Abzug der sowjetischen Truppen aus Osteuropa ist die Sicherheit der sowjetischen Grenzen völlig zerstört. Vorher verlief die Frontlinie etwa eineinhalbtausend Kilometer vor unserem Land. Jetzt wird diese Linie so dicht an die Grenze der UdSSR verschoben, wie es zum Beispiel 1941 oder sogar 1937 der Fall war.

Aber was wollen Sie machen? Es ist zu spät für Sie, das noch einmal zu ändern. Egal ob Gorbatschow bleibt oder nicht.
Ja. Es ist zu spät. Aber »2+4« ist noch nicht unterschrieben.

Eine Frage zwischendurch: Was sind Sie überhaupt? Kommunist, Sozialist, Demokrat, Militarist? Wie würden Sie sich bezeichnen?
Als Staatsmann. Die Ideologie interessiert mich vorläufig weniger. Die Ideologie kann sich irgendwie ändern – aber der Staat ist ewig. Und dieser Staat ist es, der in erster Linie gerettet werden muß. Wie Sie wissen, stehen wir vor einem Bürgerkrieg. Einige Teilrepubliken haben sich von Moskau losgesagt. Einige wollen das noch tun. Das ist der eine Konflikt. Der zweite ist das Problem zwischen einzelnen Republiken wie Armenien und Aserbeidschan, wo wir es mit Hunderttausenden von Flüchtlingen zu tun haben.
Und der dritte Konflikt liegt in den Republiken selber, wie in Moldavien, das praktisch in drei verschiedene Teile zerfällt. Wenn das so weitergeht, wird der Bürgerkrieg in der UdSSR unvermeidlich. Und es wird ein schrecklicher Krieg. Eine richtige Apokalypse. Dann werden wir ohne Zweifel alle tot sein, aber leider, es ist sehr, sehr schade, mit uns wird die gesamte Welt sterben.

Wie bitte?
Wenn wir gehen müssen, dann gehen wir nicht allein.[134]

September 1955
Die Beziehungen UdSSR – BRD im Wandel der Zeit

Ausgehend von den Verhandlungen im Jahre 1955 befaßt sich der Historiker und Germanist Prof. Dr. hist. sc. Wsewolod Jeschow mit der seitherigen Evolution der deutschen Frage und der Position der UdSSR dazu.
Unsere Perestroika wühlte die Welt auf. Das neue politische Denken führte zu Wendungen, die gestern noch undenkbar schienen. Wer hätte vor ein paar Jahren die baldige und so stürmisch verlaufende Vereinigung Deutschlands vorauszusagen gewagt? Dominierte doch die Meinung, daß die kapitalistische Bundesrepublik als Mitglied der Nato und die sozialistische DDR als Mitglied des Warschauer Paktes Antipoden seien, Teile eines früher einigen Landes, aber inzwischen so weit voneinander entfernt, daß es kaum real schien, an eine Wiedervereinigung zu denken.
Indes, das Leben urteilte anders. Der Verlauf der geschichtlichen Entwicklung brachte uns zur Lösung der deutschen Frage, ungeachtet dessen, daß sich Pro-

bleme angehäuft hatten, die diesen Prozeß behinderten.
Vor 35 Jahren, im September 1955, anläßlich des Besuches Konrad Adenauers in Moskau, wurden die seinerzeit als sensationell empfundene Vereinbarung über die Aufnahme diplomatischer Beziehungen zwischen der Sowjetunion und der Bundesrepublik Deutschland sowie eine Reihe anderer Übereinkünfte getroffen, darunter die Entlassung von rund 10000 deutschen Kriegsgefangenen, die von sowjetischen Gerichten als Kriegsverbrecher verurteilt worden waren und noch ihre Strafe verbüßten.
Adenauer kehrte im Triumph nach Bonn zurück. Auf dem Höhepunkt des kalten Krieges wurde ein Akt der Nichtkonfrontation vollzogen, der – wenn auch nur zu einem Teil – auf eine Normalisierung der europäischen Beziehungen hinauslief.
Jedoch nicht alle bewerteten dieses Ereignis so positiv. In unserem Land wurde damals die Bundesrepublik als der Vorposten des Westens in dessen Kampf gegen den Sozialismus betrachtet, als Stütze einer Zersetzungstätigkeit, die die europäische Lage destabilisierte. Die Öffentlichkeit in der Bundesrepublik begrüßte überwiegend die Moskauer Vereinbarungen Adenauers, begegnete ihnen aber gleichzeitig mit Vorsicht: Die Sowjetunion wurde als ein Land des Totalitarismus und der Unberechenbarkeit dargestellt, das zudem über eine gewaltige militärische Stärke verfügte und den Westen bedrohte. Auch bei einigen westlichen Politikern rief das Vorgehen Adenauers seinerzeit Unverständnis hervor.
Erst später konnten wir in angemessener Weise die positiven Grundlagen bewerten, die mit diesen ersten sowjetisch-bundesdeutschen Vereinbarungen geschaffen wurden. Vom Standpunkt unserer Interessen aus gesehen erbrachten sie bedeutend mehr als der gesamte erbitterte Kampf gegen den Nato-Beitritt der Bundesrepublik, gegen die Aufstellung der Bundeswehr oder gegen den Geist des Revanchismus, den unsere Propaganda nahezu jedem Bürger der Bundesrepublik zuschrieb. Der Mythos von der Unversöhnlichkeit der Russen und der Deutschen begann sich aufzulösen, es entstand ein Interesse an der Entwicklung kultureller und wirtschaftlicher Verbindungen. Dies führte im weiteren dazu, daß die Bundesrepublik zu einem der größten Handelspartner und wichtigen politischen Partner der Sowjetunion wurde. Das Vertrauen zueinander, ohne das weder die deutschen noch andere Probleme zu lösen sind, begann zu wachsen.
Die internationale Lage freilich blieb schwierig. Die Wogen des kalten Krieges rollten weiter gegen die Völker, mitunter etwas schwächer, oft jedoch erreichten sie Sturmstärke. Im Epizentrum befanden sich die beiden deutschen Staaten, sich immer mehr voneinander abgrenzend und gegeneinander auftretend – selbst aus geringfügigstem Anlaß. Rundherum kochten die Leidenschaften, begaben sich die Großmächte sowie die europäischen Nachbarstaaten in Konfrontation zueinander.
Die sowjetischen Germanisten zählten es in dieser Zeit zu ihren wichtigsten Aufgaben, die mit uns verbündete DDR zu verteidigen, in den propagandistischen Auseinandersetzungen entschieden aufzutreten und jedem im Westen eine Abfuhr zu erteilen, der einen Angriff auf die Werte und Errungenschaften dieses sozialistischen deutschen Staates unternahm. Stabilität in Europa schien nur über den Weg einer Festigung der Unabhängigkeit beider deutscher Staaten vorstellbar.
Von uns war schwerlich etwas anderes zu erwarten, wenn man berücksichtigt, daß die Gesellschaftswissenschaften in der damaligen Zeit streng den Erfordernissen des politischen Kampfes untergeordnet waren. Trotzdem halte ich es für nötig zu betonen, daß in der sowjetischen Wissenschaft und selbst in der offiziellen Propaganda, ausgehend von der Tatsache der Existenz und Entwicklung zweier deutscher Staaten, niemals die These Verbreitung fand, daß die deutsche Einheit den staatlichen Interessen der Sowjetunion widersprechen würde beziehungsweise daß die Teilung Deutsch-

lands für uns angeblich von Nutzen und daher notwendig wäre.
Die von Willy Brandt und Walter Scheel mit Unterstützung ihrer Parteien und breiter öffentlicher Kreise begonnene neue Ostpolitik erwies sich als ein Gebot der Zeit. Es entstand der Eindruck, daß diese neue Ostpolitik, indem sie den europäischen Realitäten Rechnung trug, zugleich die deutsche Teilung zementierte. Diese Ansicht erwies sich freilich als oberflächlich. Die neue Ostpolitik förderte die Milderung der Spannungen in Europa und zwischen der Bundesrepublik und der DDR. Auf dem europäischen Kontinent wie im Leben der Weltgemeinschaft sprossen die Keime des Neuen, bildeten sich Bedingungen heraus für eine Realisierung der Hoffnungen der Völker, ihres Strebens nach einem friedlichen und sicheren Leben und zur Lösung nationaler und anderer Probleme. Das neue politische Denken, das die Epoche unserer Perestroika kennzeichnet, erlaubte uns, die Welt so zu sehen, wie sie wirklich ist – mit all ihren Werten und Unzulänglichkeiten. Wir begannen die Grenze zwischen den Blöcken, die auch Deutschland teilt, und die Berliner Mauer anders zu beurteilen. Unausweichlich stellte sich uns die Frage: Kann über einen gesamteuropäischen Prozeß und über die Errichtung eines gemeinsamen europäischen Hauses bei Aufrechterhaltung der Spaltung eines großen zentraleuropäischen Staates gesprochen werden; läßt sich auch weiterhin das Streben eines geteilten Volkes zur Wiedervereinigung ignorieren, und kann man dabei erwarten, daß auf dem europäischen Kontinent unter solchen Bedingungen Friede und allseitige Zufriedenheit einkehren? Die Thesen von der Unversöhnlichkeit von Staaten mit verschiedenen Gesellschaftsordnungen, von der Möglichkeit der Herausbildung zweier Nationen im Rahmen eines Volkes und viele andere, denen eine hypertrophe und falsch verstandene Idee vom Klassenkampf als dem dominierenden und sogar einzigen Faktor der menschlichen Entwicklung in unserer Zeit zugrunde lag, erwiesen sich als nicht haltbar.
Ein richtiges Begreifen der heutigen Welt erfordert die Abkehr von einer ganzen Reihe überlebter theoretischer Positionen, vor allem von der Einschätzung unserer Epoche als einer Epoche des Kampfes zweier Gesellschaftssysteme, in dessen Folge eines davon den Sieg erringen wird: Wir dachten dabei an das sozialistische und der Westen an das kapitalistische System. Die Geschichte weist überzeugend nach, daß beide gesellschaftlichen Systeme ihren Beitrag zur Entwicklung der Zivilisation leisteten. Es macht jedoch wenig Sinn, aufzurechnen, welches mehr und welches weniger leistete. Heute sind beide zusammen verpflichtet, das Überleben der Menschheit sowie die weitere Entwicklung der Zivilisation zu gewährleisten. Es ist an der Zeit, im Westen wie im Osten zu begreifen, daß sich diese Systeme nicht gleichsam parallel, sondern auf sich kreuzenden Kurven und sich gegenseitig bereichernd entwickeln müssen. Ihr Zusammenwirken ist unumgänglich; anders lassen sich die globalen, allgemeinmenschlichen Probleme in der Welt nicht lösen.
Von dieser Warte aus gesehen kann die Vereinigung Deutschlands eine wichtige Erfahrung liefern, wenn es darum geht, nicht den einen, den schwächeren, mit dem anderen, dem stärkeren Teil, mechanisch zu vereinigen, sondern eine vernünftige und gut durchdachte Zusammenführung von zwei gesellschaftlichen und ökonomischen Strukturen zu bewirken.
Die sowjetischen Deutschlandexperten haben stets die bedeutenden sozialen Errungenschaften der DDR hoch geschätzt wie auch ihr Potential als eines Industriestaates, der seinen Kennziffern nach zu den ersten zehn Ländern der Welt zählte. Aber sie sahen auch die Kehrseite: Jenen Kommandosozialismus, der jetzt zusammengebrochen ist, der die Menschen knebelte und ihnen nicht erlaubte, sich frei von ideologischen Fesseln zu fühlen, frei von den Losungen im Überdruß, den ewigen Aufrufen und Appellen, dem ständigen »Kampf« für irgend etwas, das vom täglichen Leben, sei-

nen Sorgen und Freuden, weit entfernt war. In der Gesellschaft wuchs die Spannung, die sich schließlich in eine soziale Explosion verwandelte. Und so geriet Deutschland an die Schwelle eines ernsten Experiments.

Das nationale Gefühl, das völlig verständlich und begreiflich ist, ruft zu konkreten und schnellen Handlungen. Politische Ambitionen verstärken in vielfältiger Weise dieses Streben und reichen mitunter über die Grenzen des Rationalen hinaus, drohen die Logik des nicht einfachen Zusammenfügens zweier Staaten, die sich jahrzehntelang auf verschiedenen Grundlagen entwickelten, zu verletzen. Hier sind kühle Köpfe und nüchternes Rechnen erforderlich, andernfalls sind die Volksmassen die Leidtragenden und die nationale Euphorie geht unvermeidlich in Enttäuschung und eine breite gesellschaftliche Unzufriedenheit über.

Es besteht kein Anlaß, den Deutschen harte Zeiten vorauszusagen. Das Organisationsvermögen und der Fleiß des deutschen Volkes ist in der ganzen Welt bekannt. Ich bin überzeugt, daß beides für die Lösung der sich aus der Vereinigung des Landes ergebenden Aufgaben ausreicht. Es geht um politische Vernunft, um ein gut abgewogenes Herangehen von seiten jener, die jene Entscheidungen zu treffen haben, die für die deutsche Nation und ihren Staat von historischer Bedeutung sind.

Wie aber verhält sich die übrige Welt zur Vereinigung Deutschlands? Immerhin schafft das Entstehen einer Großmacht mit einer 80-Millionen-Bevölkerung, einer mächtigen Wirtschaft, mit einem gewaltigen wissenschaftlich-technischen Potential und umfassenden Exportmöglichkeiten im Zentrum Europas eine neue Situation. Wirkt sich dies etwa negativ auf die wirtschaftlichen und politischen Positionen der anderen europäischen Staaten aus? Entstehen dadurch nicht auch Konflikte mit den europäischen Interessen der Vereinigten Staaten von Amerika? Stört dies nicht den Gang der Integrationsprozesse in Westeuropa, die unter der Prämisse der Teilnahme der Bundesrepublik Deutschland und nicht ganz Deutschlands ausgearbeitet wurden? Das Anwachsen der Macht dieses Landes war für die Nachbarn Deutschlands, besonders seiner östlichen, immer mit der Gefahr des Entstehens expansionistischer Pläne und deren Realisierung mit Mitteln der Gewalt verbunden. Wie wird es diesmal sein? Entsteht in Europa ein notwendiger Mechanismus, der eine Wiederholung der düsteren und nicht allzuweit zurückliegenden Vergangenheit ausschließt? Gibt die Vereinigung Deutschlands zuverlässige Garantien, die seinen Nachbarn erlauben würden, friedlich in ihren nationalen Grenzen zu leben?

Auf diese Frage gibt es vorläufig noch keine eindeutigen Antworten. Sie werden erst bei der Ausarbeitung einer völkerrechtlichen Regelung gegeben, die einen Schlußstrich unter den Zweiten Weltkrieg zieht, aber auch im Verlaufe der gesamteuropäischen Entwicklung, der Abrüstungsverhandlungen, der Schaffung einer prinzipiell neuen Atmosphäre auf unserem Kontinent, die es gestattet, die Idee eines gesamteuropäischen Hauses zu verwirklichen. Sie werden auch durch den konkreten Beitrag des vereinigten Deutschland zu einer erfolgreichen Entwicklung dieses Prozesses gegeben.

In der Sowjetunion verhält man sich meiner Meinung nach gegenüber der Vereinigung Deutschlands gelassen, betrachtet sie als eine historisch bedingte und notwendige Erscheinung. Andererseits wäre es falsch zu glauben, daß eine derart große Veränderung im Zentrum Europas keine Zweifel und Besorgnisse bei den sowjetischen Menschen hervorrufen. In der Erinnerung sind noch die Qualen und Opfer des Krieges lebendig. Es herrscht noch eine gespannte Aufmerksamkeit gegenüber jenen Kräften vor, die versuchen, die Frage einer Revision der territorialen Realitäten, die in der Nachkriegsperiode entstanden sind und bestätigt wurden, auf die Tagesordnung zu setzen. Und was wird aus jenen wirtschaftlichen, kulturellen und anderen Verbindungen, die zwischen unserem Land und der DDR in den vergangenen Jahrzehnten hergestellt wurden? Selbstverständlich bereitet die zukünftige Mitgliedschaft des vereinigten Deutschland in der Nato Sorge, einer Organisation, die für uns eine gefährliche militärische Opposition und eine Konfrontation in allen Bereichen verkörpert. Die Vereinigung Deutschlands verstärkt das Potential der Nato. Aber das Leben schreitet voran und verändert von Grund auf, was zunächst unwandelbar und für ewig gegeben schien.

Die Organisation des Warschauer Vertrages beschloß die Revision ihres Charakters und ihrer Funktionen und unternahm entsprechende Schritte. Die Londoner Deklaration der Nato läßt erkennen, daß sich auch der Nordatlantikpakt in eine ähnliche Richtung bewegt. Voraussetzungen dafür sind gegeben: die Verbesserung der Beziehungen zwischen der Sowjetunion und den Vereinigten Staaten; der sich beschleunigende Abrüstungsprozeß; der Abbau der Konfrontation zwischen West und Ost sowie die sich abzeichnenden realen Konturen einer gesamteuropäischen Regulierung.

Unter diesen Bedingungen ist es absolut zulässig, an eine Transformation von Grund auf der sich gegenüberstehenden Blöcke zu denken, bei der die Abgeschlossenheit und das Mißtrauen einer neuen Offenheit und einem gegenseitigen Vertrauen weicht sowie blockübergreifende Strukturen geschaffen werden, die im Endergebnis zur Ausweitung der Zusammenarbeit zum gegenseitigen Vorteil führen.

Bei einer so gearteten Entwicklung würde die Nato-Zugehörigkeit des vereinigten Deutschland für uns kein alarmierendes Element darstellen. Bei gutem Willen der Deutschen könnte ein starkes Deutschland sogar die positiven Veränderungen beschleunigen, die sich in den internationalen Beziehungen vollziehen.

Die Vereinigung Deutschlands ist ein Prozeß, der nicht nur die Interessen der Deutschen, sondern auch vieler anderer Völker berührt. Ein prinzipielles Hindernis für ihre erfolgreiche Durchführung gibt es praktisch nicht. Allerdings sollte dieser Prozeß, wie ich meine, nicht mit Sturm-und-Drang-Methoden forciert werden. An die Stelle von Emotionen und Ambitionen sollte die nüchterne Berücksichtigung aller inneren und äußeren Aspekte der Bildung eines einheitlichen deutschen Staates treten. In diesem Falle würde die Entstehung eines neuen Deutschland nicht nur dem Wohl des deutschen Volkes, sondern dem Wohl aller Völker des europäischen Kontinents sowie der ganzen Welt dienen.[135]

Aus Gold: Die letzten Kriegsgefangenen kehren heim

Der Krieg ist aus. Es herrscht einig Vaterland. Nun dürfen sicher auch die letzten Kriegsgefangenen heim. Die blaue Mauritius, der Schatz des Priamos und 48 Dürer. Museumsdirektoren von Rostock bis Passau freuen sich schon und putzen die leeren Vitrinen.

Wieder der erste. Gorbatschow gibt die letzten Kriegsgefangenen frei. Am 12. Mai 1990 geschah in Moskau ein Wunder. Zur besten Sendezeit erscheint im Fernsehen der pensionierte Direktor des Architekturmuseums, Viktor Baldin: »Ich weiß, wo der Bremer Schatz ist. Er gehört mir nicht. Er soll zurück.« Für die Kunstwelt eine Sensation. Seit 1945 ist der Schatz vermißt. 48 Dürer-Zeichnungen, Originale von van Gogh, Goya, Tizian. Insgesamt 364 Meisterwerke der Bremer Kunsthalle. Aus dem Versteck (Schutz vor Bombenangriffen) im Keller des Schlosses Karzow (Brandenburg) gestohlen. Mai 1945: Einmarsch der Roten Armee. Das Schloß ist verwüstet. Im Keller findet Sergeant Baldin, der spätere Moskauer Direktor des Architekturmuseums, herumliegende Blätter. Er erkennt ihren Wert, stopft sie in einen Koffer, schleppt ihn 1200 Kilometer weit nach Moskau. Es ist der Schatz von Bremen. Der Fernsehauftritt bringt die Dinge ins Rollen: Genscher bespricht die Sache mit Schewardnadse, Gorbatschow wird informiert. Die 364 Bilder kehren heim. Trotzdem: Auch nach dieser Rückgabe fehlen allein in Bremen weitere 1500 Zeichnungen. Museumsexperten munkeln von einem Depot bei Moskau, voller Kunstwerke aus Deutschland.

Der Schatz des Priamos – seit 40 Jahren verschollen

Deutschland 1945. Das Dritte Reich bricht zusammen. Tote, Trümmer, Hunger. Wer kümmert sich da um Kunst, um Bilder, um das Kulturgut? Die Sieger. Partituren von Mozart verschwinden; Orden, die Goethe gehörten; die Berliner blaue Mauritius. Zum Beispiel: Der Schatz des Priamos, den Heinrich Schliemann (1822 bis 1890) fand, als er Troja suchte. Becher, Schalen, Vasen aus purem Gold. Insgesamt 800 Kostbarkeiten... Schliemann schenkte den Priamos-Schatz dem Berliner Museum für Vor- und Frühgeschichte. Aus den Trümmern des Dritten Reiches entstanden die Bundesrepublik und die DDR. Aus den Ruinen entstanden neue Häuser. Manche Kriegsvermißten, die für tot gehalten waren, kehrten zurück. Der vermißte Schliemann-Schatz aber blieb tot. Gerüchte, das jüngste Lebenszeichen: Der Schatz sei in einer Kammer der Leningrader Eremitage. Dr. Klaus Goldmann, Oberkustos des Berliner Museums für Vor- und Frühgeschichte: »Eine Möglichkeit, die ich nicht dementieren möchte.« Er sucht Schliemanns Schatz seit 1971. Keine Sekunde zweifelt er daran, daß die Priamos-Kostbarkeiten die Kriegswirren überlebt haben, man muß sie nur ausgraben. Zum zweitenmal.

In Krakau für immer?

Ostberlin, Mai 1977: Der polnische Staats- und Parteichef Edward Gierek überreicht Erich Honecker drei Schachteln mit Originalpartituren: Mozarts »Zauberflöte« und »Jupitersinfonie«; drei Sätze von Beethovens Neunter Sinfonie; Bachs Cembalokonzert in c-Moll. Staatsgeschenk. Bis 1945 gehörten sie der Berliner Preußischen Staatsbibliothek. Die wertvollsten Musikautographen (etwa 20000 von 60000) wurden bereits 1944 im schlesischen Benediktinerkloster Grüssau versteckt. Zwischen Mai und August 1945 wurden sie auf polnischen Lastwagen abtransportiert. Noten von Schumann, Bach, Beethoven. Allein von Mozart wird ein Viertel aller Partituren immer noch vermißt. Der englische Kunsthistoriker Nigel Lewis entdeckte sie in der Krakauer Jagiellonischen Bibliothek.

Mysteriös: Fünf Berliner Museumsbeamte, die die Bilder bewachten, starben in einem Jahr

3. Februar 1945: Bombenalarm in Berlin. 800 viermotorige Flugzeuge der Alliierten greifen an. Die Museumsinsel steht in Flammen: 25 Volltreffer. Schätze, die den Angriff überstanden, werden schnellstens in bombensichere Orte ausgelagert. Einer ist der Flakturm Friedrichshain. Ein unterirdisches Labyrinth in drei Etagen. Hier lagert die Gemäldesammlung der Nationalgalerie: 417 erstrangige Gemälde, darunter zehn Meisterwerke von Rubens, fünf van Dycks, zwei Raffaels, fünf Veroneses, zwei Tintorettos, zwei Tiepolos, fünf Spitzenwerke von Lucas Cranach... Am 2. Mai 1945 erobert die Rote Armee den Flakturm. Die deutschen Museumswachen verließen ihn einen Tag zuvor. Am 8. Mai 1945 – also bereits nach Kriegsende – kommt es im Flakturm zu einem mysteriösen Großbrand. Die Ursache? Bis heute ungeklärt. Sollte das Feuer einen Kunstraub vertuschen? Augenzeugen behaupten: Es war Brandstiftung. Die Russen, die den Brandschutt später genau untersuchten, fanden angeblich nicht die geringste Spur der verbrannten Schätze. Sie erklärten: Alles kaputt. Mysteriöse Todesfälle im Dunstkreis der angeblich verbrannten Bilder: Fünf Museumsbeamte, die die Transporte der Meisterwerke und das Museumsdepot im Flakturm überwachten, starben in einem Jahr (oder verschwanden auf ungeklärte Weise): Professor Karl Anton Neugebauer, Dr. Ernst Friedrichange, Pro-

fessor Gelpke, Restaurator von Danzas und sein Kollege Tschirsch... Und dann dieses Wunder. Zwei Jahrzehnte später tauchen einige der »verbrannten« Bilder im internationalen Kunsthandel auf. Wie das Gemälde »Der heilige Sebastian« von Giovanni Contarini. Es wurde am 23. Juni 1962 in London bei Sotheby's versteigert (Lot Nr. 62). Für 3500 Pfund Sterling.

Wie kommt der Domschatz von Quedlinburg nach Texas?

1980 stirbt im texanischen Städtchen Whitewright (1760 Einwohner) Joe T. Meador an Krebs. Ein Eisenwarenhändler, unscheinbar und freundlich, Junggeselle. Bruder Jack und Schwester Jane Cook hinterläßt er ein heikles Erbe: den Domschatz von Quedlinburg (bei Halle). 15 Objekte aus Gold und Edelsteinen, um die 700 Jahre alt, Meisterwerke deutscher mittelalterlicher Handwerkskunst. Als GI hatte er den Schatz am 19. April 1945 in einer Waldhöhle bei Quedlinburg entdeckt. Er war Leutnant des 98. US-Artillerie-Bataillons. Meadors Erben versuchen, die Hinterlassenschaft zu verkaufen. Zuerst bieten sie das juwelenverzierte Samhuel-Evangeliar an. Die deutsche Kulturstiftung der Länder kauft die prachtvolle karolinische Handschrift 1990. Für 3 Millionen Dollar. 14 weitere Objekte befinden sich noch in ihrem »Besitz«. Sollen verkauft werden.

Wie nett: Reuige Kunstdiebe kriegen jetzt Finderlohn

John Perham wollte nur in seiner Limousine (hinter schwarzgetönten Fenstern) verhandeln. Ort der Handlung: »International Philatelistic Exhibition« von 1976. Er zeigt dem britischen Händler Robert J. Lowe sieben Briefmarken: darunter eine blaue Mauritius (davon gibt es 13 auf der Welt) und eine rote Mauritius (davon vierzehn) aus dem Jahr 1847. Er habe den Safe zufällig auf dem Boden seines Hauses in Pennsylvania entdeckt. Lowe schaltet die Polizei ein. Er weiß: Diese Briefmarken gehörten bis 1945 dem Berliner Reichspostministerium. Am 12. April 1945 wurden sie in die Kali-Mine bei Eisleben ausgelagert. Am 16. April erobert die US-Armee den Schacht. Zwei Wochen später fehlt der Safe mit den wertvollen Briefmarken. Der Wachposten: ermordet... 1980 stirbt Perham (Schlaganfall). Die Briefmarken befinden sich nun bei der US-Finanzbehörde, als Treuhandgut. Perhams Witwe hofft auf 50000 Dollar Finderlohn.

Wer schmückt sich nachts mit Goethes Orden?

Die Fürstengruft in Weimar gleicht einem Operationssaal: grelles Licht, alle Geräte sterilisiert, alle Anwesende mit Gummihandschuhen. Spürbare Spannung. Der Grund: Kontrolle der Särge mit Goethe und Schiller. Sie wird seit 1832 regelmäßig durchgeführt. Jetzt, Ende der fünfziger Jahre, die erste Prüfung seit Kriegsende. Ein Arbeiter öffnet mit einem Schneidbrenner die zugeschweißten Zinnsärge. Aus Anspannung wird Schock: Von Goethes Gesellschaftsuniform sind alle sechs Orden verschwunden – Ritterkreuz der Ehrenlegion, Großkreuz des Großherzogs von Sachsen-Weimar und so weiter. Als Diebe kommen nur die Alliierten in Frage. Entweder die 12th Army Group of the US-Army unter Major Bradley oder die Rote Armee, die Jena Ende September 1945 übernahm. Oberbefehlshaber Major Sergej Tulpanow (studierter Germanist, später Stalins eiserne Hand in der »Ostzone«). Er ordnete die Überführung der Särge nach Weimar an.[136]

Trabi, das Fluchtauto des Jahres

Der Trabant bringt keine Leistung, er stinkt, er ist aus Sägemehl, man kriegt Kopf- und Kreuzschmerzen, er bremst schlecht, hat

keine Beschleunigung. Aber er ist auf seine Weise das Auto des Jahres. Er nahm die Zielgerade. An der Tribüne stand das Wort »Freiheit«.
Karosserie aus Sägemehl: nie Beulen, gleich Löcher. Sie besteht aus Sägespänen und Plastikmasse. Ein Material, das Duroplast heißt. Wenn zwei Trabis zusammenstoßen gibt es nie Beulen, sondern gleich Löcher, viele Verletzte, weil keine Knautschzone.
Innenraum: keine Freiheit, hier ist es wie in der ganzen DDR. Man muß sich ducken. Der Trabi hält den Weltrekord an Unfreiheit. Für Beine, Knie, Kopf. Er ist mit 3,50 Meter Länge das winzigste deutsche Auto, das es gibt (zum Vergleich: der kleinste in Westdeutschland, der Opel Corsa, ist 3,62 Meter lang). Viele Trabi-Besitzer klagen über Kreuzschmerzen, Kopfschmerzen, eingeschlafene Füße.
Verbrauch: als Schlucker der Größte. Der Trabi ist ein Säufer. Er schluckt bei kaum Leistung (siehe Motor) etwa 8,0 Liter auf 100 Kilometer. Bei uns muß er an die Zapfsäulen, an denen die Hobbygärtner ihren Rasenmäher tanken. Der Sprit des Trabi besteht aus 1 Liter Normalbenzin, dem 0,02 Liter Öl beigemischt ist. Reichweite des 26-Liter-Tanks: 325 Kilometer – einmal durch die DDR.
Scheinwerfer: nach 100 Metern keine Kraft. Seine Lampen haben die Leuchtkraft einer 50-Watt-Birne, die einen mittelgroßen Raum ausleuchtet. Das Fernlicht reicht gerade 100 Meter. Bei uns 400 Meter. Der Trabi, das kleine Licht unter den Autos, ist 32 Jahre alt. Es gibt ihn 1,5millionenmal.
Motor: nur Zufußgehen ist langsamer. 595-ccm-2-Zylinder-Zweitakt. Hört sich kompliziert an, funktioniert aber so einfach wie eine Wasserpumpe. 26 PS bringen das 615-Kilo-Auto über Vorderradantrieb mühsam voran. Erschwerend: Wer einen Trabi hat, ist nie allein. Es sitzen mindestens noch drei weitere mit im Auto, die noch keinen Trabi haben. Beschleunigung: Er braucht eine Minute, um von 0 auf 100 zu kommen. Der schwächste VW Polo schafft es in 14,5 Sekunden.

Vacha – Bad Salzungen grüßt – Grenzöffnung November 1989. Foto: Burkhard Helfenritter

Schaltung: im Prinzip ja. Die rechte Hand des Westlers fällt ins Nichts. Fährt der Trabi ohne Schaltung? Nein. Das was wie ein dicker Blinkerhebel am Lenkrad aussieht, ist die Schaltung. Modell: fünfziger Jahre, Schema H. Aber, Vorsicht! Schnell ist man statt im Zweiten schon im Vierten. Und dann ruckelt und ruckelt der Trabi. Schnell Kupplung treten. Neuer Versuch.
Trommelbremsen: Nervensache. Rundum Trommelbremsen. Im Westen fährt kein Auto mehr mit Trommelbremsen vorne. Man braucht starke Muskeln, um das Bremspedal durchzutreten, und unglaubliche Nerven. Reicht der Bremsweg oder reicht er nicht?
Türen: das vertraute Heulen ab 80. Wenn Sie eine Tür zuschlagen, klingt das, als wenn Sie einen Pappkartondeckel zumachen. Sie schließen nicht richtig. Zwischen Tür und Karosserie bleibt ein fingerdicker Spalt, in dem sich ab Tempo 80 heulend der Wind fängt.
Auspuff: dieser einmalige Wladiwostok-Geruch. Die dicken blauen Wolken, die aus ihm kommen, verbreiten den besonderen Geruch, den es nur von der Mauer ostwärts bis Wladiwostok gibt. Trabant-Abgase vermischen sich mit dem Brennmaterial Braunkohle aus den Kraftwerken. Dabei ist der beißende Geruch noch das harmloseste am

Begegnung Ost/West bei Heringen/Dankwartshausen am 11. November 1989. Foto: Burkhard Helfenritter

Trabi. Seine blau-schwarzen Qualmwolken sind krebserregend.
Federung: besser als gut gelaufen. Sie ist antik. Sie stammt aus dem Kutschenwagenbau. Es ist eine querliegende Blattfeder. Beim Automobilbau wurde sie schon bei den meisten in den vierziger Jahren abgeschafft. Sie ist hart und hoppelig. Aber was soll's. Besser hart gefedert als gut gelaufen. Wir haben kein Recht, uns darüber lustig zu machen. Der Trabi war in der DDR das einzige, was sie an Lebensqualität hatten. In den neuesten Modellen sind jetzt Schraubfedern.[137]

17. Juni 1990 – Vermächtnis

Die gemeinsame Gedenkstunde, zu der am 17. Juni der Deutsche Bundestag und die DDR-Volkskammer in Ostberlin zusammentreten, ist von historischer Symbolik. Zum ersten Mal bekennen sich die frei gewählten Volksvertreter beider deutschen Staaten zum Vermächtnis des mitteldeutschen Arbeiteraufstandes vor 37 Jahren. Zum ersten Mal wird der 17. Juni wirklich ein Tag der deutschen Einheit.
Es war das Volk, das im Herbst 1989 in Leipzig auf die Straße ging, um den Umschwung zu ertrotzen. Und einem Steppenbrand gleich griffen die Massendemonstrationen auf Ostberlin und andere Städte über, auf Cottbus, Dresden, Erfurt, Gera, Greifswald, Güstrow, Halle, Magdeburg, Jena, Meißen, Neubrandenburg, Potsdam, Rostock, Schwerin und Zwickau. Aber ein entscheidender Wandel trat ein: Aus dem selbstbewußten Ruf »Wir sind das Volk« wurde die Losung »Wir sind ein Volk«. Die Idee von »Deutschland, einig Vaterland« beseelte fortan die Demokratiebewegung. Damit ergibt sich aus dem revolutionären Herbst 1989 eine historische Parallele zum Aufstand vom 17. Juni 1953. Denn auch die Arbeiter, die in Berlin und 272 Städten und

Gemeinden der DDR auf die Straßen gingen, »wollten zuerst einmal mehr Freiheit und menschlichere Arbeits- und Lebensbedingungen«, wie Erhard Eppler in seiner Vorjahresrede hervorgehoben hatte. Sein »zuerst einmal« verweist darauf, daß der Aufstand in seinem fortgeschrittenen Stadium auch andere Bevölkerungsschichten mit sich riß und vielfach der Ruf nach Einheit zur bestimmenden Losung wurde.
Schließlich war es kein Zufall, daß der Bundestag am 4. August 1953 mit den Stimmen aller demokratischen Parteien jenes Gesetz beschloß, das den 17. Juni 1953 zum gesetzlichen Feiertag erklärte, zum Tag der deutschen Einheit.
In Berlin symbolisierte sich dieser Aspekt in einem unübersehbaren Zeichen, als Demonstranten am späten Vormittag des 17. Juni das Brandenburger Tor erkletterten, die auf seiner Krone gehißte rote Fahne herunterrissen und durch die deutsche Nationalflagge mit den Farben Schwarz-Rot-Gold ersetzten. In Bitterfeld und Görlitz, in Jena und Merseburg haben Zehntausende Demonstranten das Deutschlandlied gesungen. Die Forderung nach Freiheit schlug um in die Forderung nach Einheit – wie im Herbst 1989.
Heute erfüllt sich das Vermächtnis des 17. Juni. Die Deutschen in ihrem geteilten Land finden zu ihrer Einheit zurück. Anders als vor 37 Jahren standen die Sowjetsoldaten Gewehr bei Fuß, als diesmal das Volk auf die Straße ging. Auch in Moskau haben die Mächtigen gelernt, daß sich Herrschaft, die illegitim ausgeübt wird, mit Bajonetten nicht ewig aufrechterhalten läßt. Macht ohne Mandat ist auf die Dauer ohne Bestand.[138]

Wohin mit den Sowjetsoldaten in der DDR

Kein Satz hat in der Bundesrepublik des Jahres 1989 mehr Verwirrung gestiftet als der Sinnspruch Gorbatschows: »Wer zu spät kommt, den bestraft das Leben.« Jetzt haben viele Angst, zu spät zu kommen, und preschen im Schweinsgalopp durch die deutsche Geschichte. Ein schlimmes Beispiel dafür ist die Debatte um die politische und militärische Sicherheit eines vereinigten Deutschland. In den Gesprächen der vier Siegermächte des Zweiten Weltkrieges mit den beiden deutschen Staaten (in der unnachahmlichen Kürzelsprache der Diplomatie »2 + 4-Verhandlungen« genannt) hat der Außenminister der Sowjetunion die schlichte Idee entwickelt, die offenen Fragen erst einmal offenzulassen. Schewardnadse, der mit seiner ersten Idee – Deutschland zu neutralisieren – in West und Ost aufgelaufen war, steht mit dem Rücken zur Wand: Im Juli ist der entscheidende Parteitag der KPdSU, die Militärs drücken auf Gorbatschow, und der will nicht auch noch den baldigen Abzug von 380 000 sowjetischen Soldaten aus der DDR auf die Tagesordnung gedrückt bekommen. Also gab Schewardnadse die Parole aus, die Deutschen sollten sich ruhig vereinigen, die Sonderrechte aber sollten »zuerst einmal« erhalten bleiben. Eine Schiebeverfügung. Gorbatschow ist in seinen Gesprächen mit Präsident Bush eisenhart bei dieser Linie geblieben.
Nun haben die Deutschen allen Grund, die Sicherheitsinteressen der Sowjetunion peinlich genau zu beachten, und eine Vereinbarung, daß für eine gewisse Zeit noch sowjetische Soldaten auf deutschem Boden stationiert bleiben, wäre kein Unglück. Aber 380 000? Und bis zum Sankt-Nimmerleins-Tag? Das wäre verrückt.
Was hastige Deutschlandpolitiker übersehen, ist dies:
Das vereinigte Deutschland darf unter keinen Umständen allein herumtanzen. Auch außenpolitisch heißt das: es darf nicht singularisiert werden. Ein Deutschland, das gleichzeitig im Warschauer Pakt und in der Nato wäre, wäre weder Fisch noch Fleisch.
380 000 sowjetische Soldaten auf dem Boden der DDR, von denen man nicht wüßte, wie lange sie bleiben und wann sie abziehen, wären eine ideale Zielscheibe für deutsche Nationalisten: zum Beispiel für Schönhuber oder seine Nachfolger. In Un-

garn hat es schon bittere Demonstrationen vor russischen Kasernen gegeben. Wir müssen unseren Rechtsauslegern das Brennmaterial, mit dem sie ein nationalistisches Feuerchen entfachen könnten, ja nicht gerade vor die Haustür legen.
Im übrigen kann niemand von uns wissen, mit was für einer Sowjetunion wir es in drei Jahren zu tun haben. Hält sich Gorbatschow? Zerplatzt der Vielvölkerstaat? Welche Rolle wird der neue Präsident der Russischen Republik, Boris Jelzin, spielen? Gorbatschow ist in den Grenzen, die ihm gezogen sind, ein ganz vernünftiger Mann. Aber dürfen wir so tun, als ob er allein entscheiden könnte, als ob wir sicher wären, daß er noch 20 Jahre an der Macht bleibt?
Es ist erstaunlich, daß Außenminister Genscher einen Monat lang auf Schewardnadses Manöver eingehen wollte. Der Kanzler hat ihn gestoppt; zu Recht. Die Vereinigung der beiden Staaten wird kommen. Aber ob sie am Anfang des Jahres 1991 oder an dessen Ende staatsrechtlich vollzogen wird, ist nun wirklich egal. Die sicherheitspolitische Einbindung eines vereinigten Deutschland muß sorgfältig und ohne Zeitdruck verhandelt werden – auf einer so schwierigen Strecke wäre der Schweinsgalopp die falsche Gangart, meint der SPD-Abgeordnete Peter Glotz und fordert einen schnellen Abzug der sowjetischen Truppen aus der DDR.[139]

Sowjetsoldaten im Jahre 1990 in Deutschland

Schicksal eins: Die Offiziersfamilie Chorenshij lebte 12 Jahre in Berlin. Er: »Hier hatten wir eine Dreizimmerwohnung, zu Hause in der Ukraine nur ein Zimmer bei den Schwiegereltern. Wir wollen nicht zurück, haben Angst vor dem kalten Winter.
Schicksal zwei: Oberfähnrich Iwan R., verheiratet, zwei Kinder: »Bis zur Wende ging es uns gut. Ich bekam 700 Mark, meine Frau 1000 Mark in einer Glühlampenfabrik. Jetzt ist sie arbeitslos, oft leben wir die ganze Woche von Kartoffeln.
Schicksal drei: Sowjetische Offiziere, einst der Stolz der Roten Armee, stehen Schlange bei einem fliegenden Händler in Wünsdorf. Sie stehen nach Schnaps an. Aber manchem ist der Preis (7 Mark) noch zu hoch. Er geht wieder stumm weg.
Aber nicht nur bei den sowjetischen Soldaten in der DDR gibt es Probleme, in Rußland stehen die Schlangen vor den Lebensmittelgeschäften und überall herrscht wirtschaftliche Unordnung.
Andrej Gratschow, außenpolitischer Berater des sowjetischen Zentralkomitees, sieht die Situation so: »Wir haben heute in der Sowjetunion die gleiche explosive Mischung wie im Deutschland der frühen dreißiger Jahre. Eine gedemütigte Großmacht, wirtschaftliche Unordnung, das Anwachsen des Nationalismus – solche Gefahren sollten nicht unterschätzt werden.«
Für Kanzler Kohl war es wohl der seltsamste Brief, der ihm während einer Wahlveranstaltung zugesteckt wurde. Eine untersetzte Frau mit einem schwarzen Haarknoten hatte sich in der Nähe von Potsdam durch die Menge gedrängt, dem Kanzler stumm den Brief überreicht und verschwand wieder.
Später las der Kanzler den Absender: Larissa F., die Frau eines sowjetischen Offiziers. Im Namen von 400 sowjetischen Soldatenfrauen bat sie den deutschen Kanzler: »Bitte helfen Sie uns. Man zwingt uns, mit unseren gesunden Kindern zurück in die Sowjetunion zu gehen. Wir sollen in der Nähe von Tschernobyl leben. Es existieren keine Wohnhäuser, die nächste Schule ist 7 Kilometer, das nächste Krankenhaus 17 Kilometer entfernt. Wir sollen in Zelten leben, obwohl der Winter vor der Tür steht.«
Der Brief endet: »Sehr geehrter Herr Bundeskanzler, Sie sind unsere letzte Hoffnung.«
Deutschland 1990: 45 Jahre nachdem ein Rotarmist das Sowjetbanner über dem Reichstag in Berlin entrollte, sind die »glorreichen Sieger« im besiegten Land zu Bettlern geworden.
Potsdam, nach dem Wochenmarkt. Zwei junge Russen in Uniform wühlen verstohlen

in einem Berg weggeworfener Obstkisten. Sie suchen Reste. Wie Stadtstreicher.

Beelitz (Brandenburg), an einem geschlossenen Bahnübergang. Ein Russe, Abzeichen auf der Uniform, Offizier, klopft nervös an ein Autofenster. Er bettelt um Zigaretten.

»Sie klingeln an Wohnungstüren um eine Scheibe Brot«, sagt Eva-Maria Münzner, stellvertretende Bürgermeisterin von Wünsdorf (30 000 stationierte Russen).

Für ein paar Mark verkaufen sie was geht: Armee-Feldstecher, Armee-Uhren, Mützen, Uniformen, Orden, auch Waffen (Handgranaten, Kalaschnikow mit vollem Magazin für 1000 Mark).

Sowjetsoldaten verdienen pro Tag 80 Pfennig. Sie leben wie im »Alten Lager« bei Jüterbog in Unterkünften, die aus der Wehrmachtszeit stammen, die seither nicht renoviert wurden. Zerbrochene Scheiben werden durch Pappe ersetzt, in den alten Blumenkästen wuchert Unkraut. Auf der mit Müll übersäten Straße spielen die Sowjetkinder mit verrosteten Blechdosen Fußball. Ein Soldat: »Ich liege mit 27 Kameraden in einem Raum. Früher führten wir nur einen täglichen Kampf gegen Flöhe und Läuse. Heute huschen Ratten über den Boden.«

Trotzdem: Tausende von Rotarmisten wollen im vereinten Deutschland bleiben, mindestens 50 von ihnen desertierten bereits. Soldat Gregorij: »Wir wissen alle, daß es uns zu Hause noch schlechter gehen würde. Bis zur Wende waren wir der Stolz der großen Sowjetunion. Jetzt sind wir nur noch arme Hunde.«[140]

Die Russen in Deutschland sind verzweifelt

800 Selbstmorde, 700 Deserteure. Der schöne Westen lockt zu sehr. Ermittelt in Deutschland: Anwalt Oleg Alexandrowitsch Ljamin aus Moskau.

In meiner Moskauer Anwaltskanzlei erhielt ich vor vier Monaten den Brief der Schrankenwärterin Olga Lutschak aus dem Dorf Starisambor bei Lemberg. »Mein Sohn dient in der 8. Armee in Deutschland«, schrieb sie. »Er ist verhaftet worden und wird in Weimar vor ein Militärgericht gestellt, weil er sich in den Wäldern versteckt hat. Ich weiß, daß er kein Deserteur ist; mein Sohn hat mir geschrieben, wie sie ihn in der Kaserne gequält haben.«

Jeden Monat bekomme ich Dutzende solcher Hilferufe von Sowjetsoldaten oder ihren Angehörigen. Ich bin einer der wenigen unabhängigen Rechtsanwälte in Moskau, Spezialgebiet Rote Armee.

Kein Außenstehender kann sich vorstellen, was für grauenhafte Zustände oft in den Kasernen der Armee herrschen. In den letzten Jahren ist es immer schlimmer geworden, besonders schlimm unter den 380 000 Soldaten in Ostdeutschland. Dort herrscht Faustrecht. Es haben sich mafiaähnliche Banden gebildet, Soldaten werden erpreßt, gefoltert – in den Selbstmord getrieben oder ermordet.

Die Zahlen: In einem Jahr starben in Ostdeutschland 800 junge Sowjetsoldaten. Selbstmorde? Indizien sprechen dafür, daß mehrere von ihnen erschlagen wurden. 700 sowjetische Soldaten sind in Ostdeutschland aus den Kasernen geflüchtet. Täglich werden es mehr. Sie sind zum Teil schwer bewaffnet, verstecken sich in den Wäldern, unternehmen Raubzüge und stehlen vor Hunger.

Auch der Sohn von jener Schrankenwärterin hatte vier Wochen in den Wäldern gelebt, bevor er gefaßt wurde. Er heißt Oleg, dient seit zwei Jahren in Deutschland. Die Mutter kam zu mir nach Moskau, gemeinsam fuhren wir zum Militärprozeß nach Weimar.

Ich besuchte Oleg im Militärgefängnis oberhalb des Goethe-Parks. Ein dunkler Bau mit langen, eisigen Gängen. Oleg weinte, als ich ihm gegenübersaß. Er hatte die Hände gefaltet, sprach leise, gab alles zu. Er erzählte mir, warum er geflohen war. Er hatte ein halbes Jahr keinen Sold mehr bekommen (41 Mark monatlich). In der Kaserne gab es eine Gang, der Anführer war ein Oberstleutnant. Oleg beschwerte sich und wurde verprügelt und erpreßt. Er sollte jeden Monat

250 Mark beschaffen, dann würde man ihn in Ruhe lassen. Er sollte, wie andere gefügige Soldaten, bei den Deutschen stehlen oder betteln gehen. Da er sich weigerte, schlugen sie ihn noch dreimal zusammen: im Waschraum, im Heizungskeller und im Schlafraum. Jeder wußte davon, alle schwiegen. Nach der letzten Drohung floh Oleg und rettete damit vielleicht sein Leben. Ich weiß, wovon ich spreche. In Potsdam starb der Soldat Andrej Balitzki. Er war zwei Jahre Soldat. Offiziell hieß es Selbstmord. Andrej habe sich von einem Güterzug überrollen lassen. Der tote Soldat wurde in einem verlöteten Zinksarg nach Hause geschickt. Der Vater ließ den Sarg öffnen und die Leiche von einem Pathologen untersuchen. In der zerfetzten Brust steckte eine Gewehrkugel. Der Verdacht liegt nahe, daß Andrej erschossen und dann unter den Zug geworfen wurde.

In den folgenden Wochen versuchte ich, in Potsdam die Hintergründe zu ermitteln. Ebenso wie den Tod von Waleri Grischin, Einheit 41516, ebenfalls Potsdam. Angeblich hat er sich am 19. August erhängt.

Aber warum ist seine Nase gebrochen? Woher kommen die Kratzspuren im Gesicht, die Beulen am rechten Hinterkopf?

Ein anderer Soldat, Igor Gawdor, schrieb seiner Mutter ins 11 000 Kilometer entfernte Sibirien: »Unsere Kaserne ist ein KZ.« Drei Tage später war er tot. Erhängt.

Ich fürchte, daß sich die Zustände in den Kasernen noch verschlimmern werden. Die Soldaten haben Hunger, verzweifeln. Sie sehen jetzt in den Läden plötzlich den ganzen Reichtum des Westens und sie sehen, daß sie belogen worden waren.

Der Soldat Oleg wurde in Weimar zu einem Jahr verurteilt. Mit Bewährung. Früher wäre er für viele Jahre in einem Straflager verschwunden. Das milde Urteil ist für mich ein Eingeständnis für die katastrophalen Zustände, unter denen die Soldaten leben müssen!

P.S.: Rechtsanwalt Oleg Ljamin hat ein auf drei Monate befristetes Visum, muß bald nach Moskau zurückkehren. Er ist verheiratet, hat zwei Söhne und eine Tochter. Er sagt: »Wenn wir es in Rußland mit der Demokratie ernst meinen, müssen wir solche Verbrechen aufdecken. Aber ich gebe zu, daß ich Angst um mein Leben habe.«[141]

Die Besatzungsmacht rückt ab

Wenn in der brandenburgischen Stadt Eberswalde die Bewohner jäh ihre Gespräche abbrachen und die Fernsehbilder merkwürdig zu flimmern begannen, dann starteten vom Militärflugplatz Eberswalde-Finow wieder einmal die sowjetischen Kampf- und Aufklärungsflugzeuge zu ihren Übungsflügen. Und geflogen wurde zu jeder Tages- und Nachtzeit. Nahezu idyllisch ist es dagegen jetzt, da die Wände der Häuser nur noch dreimal in der Woche zu zerbersten drohen, erzählt lachend eine alte Frau, die schon seit 1945 in unmittelbarer Nachbarschaft des Militärflugplatzes wohnt.

Seit dem Vertrag zwischen Deutschland und der UdSSR über die Rückführung der Westgruppe der sowjetischen Streitkräfte vom Oktober 1990 gibt es keine Nachtflüge mehr. Auch das ohrenbetäubende Probelaufen der Düsenmotoren bemühen sich die sowjetischen Militärs auf ein Minimum zu beschränken. Doch erst im nächsten Jahr werden die Menschen in Eberswalde ohne das Dröhnen der startenden Jagdflugzeuge MIG 29, der sowjetischen Wunderwaffe, leben können. Der sowjetische Kommandant des Flugplatzes, Viktor Duz, glaubt, daß Ende 1992 das 56 Hektar große Kasernengebiet und der Flugplatz geräumt sein und die 2000 Soldaten, Zivilangestellten und Offiziere mit ihren Familien in die Sowjetunion zurückkehren werden.

So denkt auch Alemantas Kumsewitschus, Unteroffizier bei den rückwärtigen Diensten des Militärflugplatzes. Nur würde er mit seiner Familie lieber heute als morgen nach Litauen zurückkehren. Er empfinde keine Schmach beim vorzeitigen Abzug der sowjetischen Truppen aus der ehemaligen DDR, da er sich nie als Sieger oder Befreier gefühlt habe. In Litauen hofft er für sich und seine Frau, die Musiklehrerin ist, schnell Arbeit zu finden und natürlich eine Wohnung. Aber er habe auch gehört, daß Offiziersfamilien derzeit ihre Koffer packen müßten, ohne zu Hause bereits eine Wohnung zu haben. In der Tat hatte sich der Beginn des Baus von 36000 Wohneinheiten für Offiziersfamilien – die Bonner Regierung stellte Milliarden Mark zur Verfügung – um Wochen verzögert.

Alemantas Kumsewitschus gehört zu den 273000 noch in Ostdeutschland stationierten Soldaten der einst 380000 Mann starken Westgruppe der sowjetischen Streitkräfte. Sie warten auf ihre Heimreise. Und mit ihnen 188000 Angehörige und Zivilangestellte. Der im Oktober unterzeichnete Überleitungsvertrag sieht den vollständigen Abzug der sowjetischen Truppen von deutschem Territorium bis Ende 1994 vor.

Aus einem Bericht des Verteidigungsministeriums der letzten DDR-Regierung geht hervor, daß alle Gebiete, wo sowjetische Truppen stationiert waren oder sind, saniert werden müssen. Die Studie führt 90 Standorte auf. 440000 Hektar der Ex-DDR sind von sowjetischen Militäreinrichtungen bedeckt. Da flossen Fäkalien pur in den Hegee-See bei Luckenwalde, 50000 Tonnen Benzin versickerten auf dem Fliegerhorst Lärz in den Boden. In der Region Cottbus brannten im Sommer 1990 die Flüsse, weil von einem sowjetischen Militärstandort Unmengen Kerosin in sie geleitet worden waren.

Wenn der Rückzugsvertrag allein für 1991 den Abtransport von 700000 Tonnen Munition von insgesamt 2,3 Millionen Tonnen vorsieht, ist natürlich die Versuchung groß, das Zeug einfach zu vergraben. Denn 150000 Lkw-Ladungen wären für diese 700000 Tonnen erforderlich. »Das ist beim besten Willen nicht zu schaffen«, urteilt ein Mitarbeiter aus der Potsdamer Konversionsbehörde (Konversion = Umwandlung militärischen Geländes und Produktionsstätten in zivile Nutzung). Dort hält man deshalb wenig davon, ständig mit strafendem Finger auf die Sowjetarmee zu zeigen. Dies führe nur zu noch mehr Tarnungsversuchen. Vielmehr will man mit ihr zusammenarbeiten und sogar sowjetische Umwelthelfer ausbilden.

Bei Naumburg, Jena oder Riesa wurden defekte Treibstofftanks einfach aus der Erde gerissen, überschüssige Munition verbrannt, Öl in die Löcher der Panzerstraßen verteilt und auch sonst auf den ehemaligen Truppenübungsplätzen herumliegendes, zerschossenes und demoliertes Gerät einfach eingegraben. In Potsdam wacht die brandenburgische Konversionsbehörde darüber, daß sich beim Rückzug die ohnehin schon auf Milliarden belaufenden Umweltschäden nach 45 Jahren Besatzung nicht noch vergrößern.

Für manchen Bürger in Ostdeutschland sind die Umweltschäden Anlaß zum Fremdenhaß. So erfahren die sowjetischen Soldaten von ihren Kasernenzäunen – in überdimensionalen schwarzen Buchstaben geschrieben –, daß Russen in Deutschland nichts zu suchen hätten. Und am Tag der offenen Tür, als sich im August dieses Jahres das erste Mal sowjetische Kasernentore für die Bevölkerung öffneten, interessierten sich die zu Tausenden herbeiströmenden Besucher für die sowjetische Militärtechnik. Doch mit den Soldaten reden, das wollte kaum jemand. Man spreche ja kein Russisch, und bei den Russen kaum jemand Deutsch.[142]

Die komplizierteste Aktion der Nachkriegszeit: Sechs russische Armeen mit 340000 Soldaten und 240000 Familienangehörigen verlassen Deutschland

Seit 1989 bewegen sich in Richtung Sowjetunion Tausende von Zügen mit Soldaten und Offizieren, Kampftechnik und Munition. 1994 wird aus den Ländern dieser Region der letzte sowjetische Soldat abgezogen sein. Der totale Rückzug der sowjetischen Truppen vom Gebiet der ehemaligen DDR ist der bisher sichtbarste Ausdruck der gravierenden militärischen Veränderungen

auf dem europäischen Kontinent. Ende 1991 werden in Deutschland 100 000 Militärangehörige weniger stationiert sein.
45 Jahre nach Beendigung des Zweiten Weltkrieges war in den ehemaligen Garnisonstädten und Stabsgebäuden der Wehrmacht eine militärische Gruppierung stationiert, die als die »stärkste und kampffähigste Armee« in Europa galt. Sie hielt sich vor der Welt hinter hohen Zäunen mit roten Sternen an den Eingangstoren verborgen. Die Soldaten wurden dafür ausgebildet, »den Sozialismus an den westlichen Grenzen des sozialistischen Lagers« zu verteidigen. Ihre Gegner waren die Nato-Truppen.
Mit dem Fall der Berliner Mauer fielen auch Mauern in den Köpfen vernünftig denkender Politiker. Der Wunsch der Europäer war eindeutig, sie wollten ohne Feindbild leben. Noch vor einigen Jahren brachte allein der Gedanke, daß es notwendig würde, die Truppen aus Deutschland abzuziehen, die Generale und Marschälle zum Zittern. Heute führen sie eine der kompliziertesten Operationen seit den Nachkriegsjahren durch, den Abzug von 340 000 Militärangehörigen (sechs Armeen) und 240 000 Familienangehörigen. Den deutschen Behörden sind 1600 Objekte zu übergeben und 2500 Quadratkilometer Fläche freizumachen.
Am schwierigsten erweist sich nicht der Abzug der Truppen, sondern die Sicherung normaler Lebensbedingungen für die Militärangehörigen in der Heimat. Haben doch im Strom dieser »Übersiedler in Uniform« 63 000 Familien kein Dach über dem Kopf. An den neuen Wohnorten in der Sowjetunion müssen 13 000 unverheiratete junge Offiziere und längerdienende Soldaten mit Wohnungen und Arbeitsplätzen versorgt werden. Diese Menschen brauchen nicht nur einfach ein Dach über dem Kopf, sondern eine entsprechende Infrastruktur mit Polikliniken, Geschäften, Kindergärten, Schulen und Klubs.
Die Hilfe, die die Bundesregierung erweist, wird es gestatten, 36 000 Wohnungen und Wohnungsbau-Unternehmen zu errichten.
In Deutschland zu dienen war immer mit Prestige verbunden. Während die Soldaten ungeduldig auf das Ende ihres Dienstes warten und ihre dürftigen monatlichen 50 Mark für Geschenke für Verwandte und Bekannte sparen, sind die Offiziere nicht dagegen, länger zu bleiben. Erhalten sie doch in der sowjetischen Armee ein Gehalt in konvertierbarer Währung in Höhe von 800 bis 1000 Mark im Monat. Jeder zusätzliche Monat in Deutschland bringt ihnen beim Umtausch in Rubel einen Gewinn in Höhe eines Gehaltes für einige Jahre. Jeder möchte noch moderne Konsumgüter im Westen einkaufen.
Außenminister Hans-Dietrich Genscher hat die deutsche Bevölkerung aufgefordert, sich so zu verhalten, daß die sowjetischen Soldaten mit guten Gefühlen weggehen. Die deutsche Öffentlichkeit und Bürgerinitiativen tun hier sehr viel: Sie organisieren Besichtigungsreisen durch Deutschland, Besuche von Betrieben und kulturellen Sehenswürdigkeiten. Familien aus verschiedenen Bundesländern haben Kinder von Offizieren zum Urlaub eingeladen.
Bei den jungen sowjetischen Soldaten sind Kurse beliebt, die ihnen ermöglichen, einen Beruf zu erlernen wie Programmierer, Geschäftsmann oder Manager. Das ist für sie gerade in der Übergangsperiode unseres Landes zum Markt wichtig, um Arbeit in Joint-ventures und Kooperativen zu finden.
Die ersten Erfahrungen bei der Übergabe der Garnisonstädten und Truppenübungsplätze haben uns viele Lehren vermittelt. Der Umweltschutz ist eine Hauptkomponente des Lebens. Es ist kein Geheimnis, daß die von den Militärs genutzten Böden »geheilt« werden müssen. Die Bewältigung der baulichen, ökologischen und anderen Probleme, die die Sowjettruppen in Deutschland hinterlassen, wird eher auf eine Schadensbegrenzung hinauslaufen. Proteste sind verständlich, oft auch berechtigt.
Lösungen können aber nur gemeinsam gefunden werden. Deshalb sind in den sowjetischen Truppenteilen Offiziere für den Umweltschutz tätig, die sich rechtzeitig mit die-

sem Problem befassen. Die sowjetischen Militärs müssen sich auch mit den deutschen Umweltschutzgesetzen befassen, denn jede Rechtsverletzung unterliegt der deutschen Rechtsprechung.
Es gibt auch einige Dutzend Deserteure aus der sowjetischen Armee, die im Westen bleiben möchten. Die deutsche Seite beeilt sich nicht, ihre »politischen Motive« anzuerkennen, und die sowjetische Seite beharrt nicht auf einer unverzüglichen Auslieferung. Mögen sie nachdenken. Unter den heutigen harten Lebensbedingungen bei uns muß man auch solche Menschen verstehen.
Die sowjetischen Soldaten verlassen Deutschland. Sie sind über ihren eigenen Schatten gesprungen. Ich bin überzeugt, daß die deutsche Öffentlichkeit die Kraft findet, ihrerseits den eigenen Schatten berechtigter Ärgernisse oder verantwortungsloser Sensationsgier zu überspringen.
Die sowjetischen Soldaten gehen fort, um für die Deutschen gute Partner und Freunde zu werden.[143]

So war es im Todeslager Fünfeichen

Was früher nicht möglich war, kommt nach und nach ans Tageslicht, und die Zeitungen berichten in der Mitte des Jahres 1990 über die russischen Lager, 13 an der Zahl, wo nach 1945 200 000 Deutsche interniert wurden. Erst 1950 kamen die Überlebenden frei. Das jetzt entdeckte Massengrab vom Lager Fünfeichen: 70 000 Tote insgesamt.
Gerhard Finn, einer der Überlebenden, berichtet: »Als die Russen in unser kleines Dorf bei Jena einmarschierten, war ich 15. Die Russen steckten drei Lehrer meiner Schule, zwei Mitschüler und mich in ein feuchtes Gefängnis. Sie warfen uns vor: Ihr seid Nazis, im Widerstand, in der Organisation Werwolf. Ihr habt euch jetzt noch Waffen beschafft! Nichts davon stimmte.
Ein Offizier (mit Dolmetscher) hat uns Tag für Tag verhört. Wir wurden grün und blau geschlagen, mit Drähten gefesselt. Nach vier Wochen gestanden wir zermürbt alles, was die Russen von uns verlangten. Plötzlich tauchte ein Kontrolloffizier auf, verhörte mich noch einmal. Irgendwie wirkte er menschlich. Ich nahm allen Mut zusammen, sagte: Unsere Geständnisse sind falsch, mit Folter erpreßt.
Er nahm ein langes Protokoll auf, ich war voller Hoffnung. Aber dann mußten wir wieder zu dem Offizier, der die ersten Verhöre geführt hatte. Er stieß mich gegen die Wand, schlug mir ins Gesicht, sagte (eine Dolmetscherin übersetzte): ›Weißt du, was Buchenwald ist?‹
Plötzlich sprach er deutsch: ›Du, dein ganzes Leben Buchenwald. Du kaputt.‹
Nach wenigen Tagen transportierten sie meine Lehrer, meine beiden Mitschüler und mich in das Lager. Unterwegs lernte ich einen Professor kennen, dem ich später im Lagerlazarett erneut begegnete, auf Station IV, dem Todestrakt.
Im Herbst 1947 bekam ich die Ruhr. Im Lager war eine Epidemie ausgebrochen. Innerhalb weniger Wochen starben Tausende von den 12 000 Häftlingen. Ich kam auf die Station IV, 25 Betten. Im Bett nebenan lag der Professor, den ich auf dem Transport kennengelernt hatte. Abends, so gegen sieben, ist er gestorben. Die Krankenschwestern, die auch deutsche Häftlinge waren, falteten seine Hände und sagten: ›Den können wir erst morgen abholen lassen.‹ Der Tote lag höchstens 50 Zentimeter von mir entfernt. Ich schlief völlig entkräftet ein.
Aber der nächste Morgen. Der Kopf des Professors war zur Seite gerollt. Seine toten Augen starrten mich an. Es war unheimlich still im Raum. Ich sah mich um. Auch andere waren tot. 24 Leichen um mich herum. Ich schleppte mich raus. Ich schrie wie wahnsinnig.
Ich kam auf Station III. Manchmal schaute ich aus dem Fenster. Gegenüber war der Leichenkeller. Vor dem Eingang wurden die erstarrten Körper zu Haufen gestapelt.
Totale Isolation zur Außenwelt. Briefe, Bücher waren verboten. Um sieben Uhr aufstehen, abends um sieben schlafen. Man saß den ganzen Tag herum. Viele starben son-

derbar, hörten plötzlich auf zu essen, sich zu waschen. Nach zwei Tagen waren sie tot.
Auch meine drei Lehrer sind umgekommen. Meine Mitschüler überlebten. Ich kam im August 1948 frei.«
Heute ist Gerhard Finn Leiter des Referats IA2, Öffentlichkeitsarbeit, im Ministerium für innerdeutsche Beziehungen in Bonn.
Ein anderer Zeitzeuge ist Berthold Pietsch, pensionierter Handelsvertreter aus Regensburg:
»Nach dem Krieg suchte ich meine Mutter. Ich klapperte Adressen ab. Die Russen kassierten mich auf offener Straße und steckten mich ins Lager Mühlberg. Ich war 17.
Wir waren 10 000. Der jüngste Häftling 15, der älteste über 70. Arbeiter, Handwerker, Ärzte, ehemalige Bürgermeister, Christen, Sozialisten. Eines Tages kam ein Sondertrupp russischer Soldaten und Ärzte. Wir mußten in Reih und Glied antreten und die Hosen runterlassen. Sie kniffen uns in den Hintern. Wenn da nur Haut war, durfte man zurück in seine Baracke. War der Po noch fest, nahmen sie einen mit. Zur Zwangsarbeit nach Sibirien. Ich war untauglich.
Wir schliefen an den Längsseiten der Baracken, auf einem doppelstöckigen, durchgehenden Holzlager, wie im Regal. Meine dürren Hüftknochen sahen aus wie zwei Schalen aus Hornhaut, vom Liegen.
Nach fünf Jahren ließen mich die Russen laufen. Ich schleppte mich ins nächste Dorf, wo mich eine nette Familie aufnahm. Die Leute steckten mich in ein schönes Bett. War das ein Gefühl – Matratze, Kopfkissen, Federbett! Aber ich wälzte mich rum, konnte nicht schlafen. Schließlich legte ich mich auf den blanken Fußboden und schlief sofort.«

Lothar Loewe: Frühlingsgrün über den Massengräbern

Dort, wo sich eine Pflasterstraße zwischen grauen Neubaublöcken und Bungalows in steilen Kurven eine Anhöhe hinaufschlängelt, gab es früher nur einen Feldweg. Fünfeichen, heute ein Wohnviertel, war vor 45 Jahren ein Platz des Schreckens. Dort, wo heute ein mit Birken durchsetzter Mischwald gewachsen ist, war das berüchtigte Speziallager Nr. 9 des sowjetischen Geheimdienstes NKWD. Von 1945 bis 1959 wurden hier in zwei Barackenlagern – Fünfeichen-Nord und -Süd – etwa 20 000 Menschen gefangengehalten. Die Jüngsten waren noch Kinder, 15 Jahre alt. Die ältesten über 70jährige Greise. Weit über 10 000, genaue Zahlen kennen nur die Sowjets, sind in Fünfeichen elend umgekommen. Sie sind verhungert, erfroren oder an Typhus und der Cholera gestorben. Manche haben sich auch aus Verzweiflung erhängt. Die Toten wurden nachts außerhalb des Lagers einfach im Wald verscharrt.
Der Wald – heute eine idyllische, friedliche Szene. Die Vögel zwitschern zwischen dem ersten Frühlingsgrün. Mitten im Wald liegen verstreut drei Erdhügel, geschmückt mit Blumen. Hier liegen die soeben entdeckten Massengräber der Toten. Ein Mann mit grauer Jacke schaut auf die Knochenreste. Er heißt Egon Kühlbach, kommt aus Wieck bei Greifswald. Er erzählt: »1945, am letzten Donnerstag im August, fuhren Russen mit einem Kutschwagen auf das Gehöft, Vater Kühlbach war NSDAP-Mitglied gewesen. Er möge mitkommen zu einer Vernehmung. Mein Vater muß alles geahnt haben, er legte den Ehering und die Taschenuhr auf den Küchentisch, holte seinen Wintermantel, meine Mutter weinte, und dann ging er stumm mit. Er muß hier im Wald liegen.«
Die Videokamera in der Hand, schreitet ein Mann mit einer blauen Zipfelmütze suchend durchs Gelände. Er hält Ausschau nach Orientierungspunkten im Gebüsch. Zwei Jahre und neun Monate hat er hier im Lager gesessen. Ulrich Hesse, heute 61 Jahre alt, stammt aus dem Dorf Koserow auf der Ostseeinsel Usedom. Am 24. November 1945, mittags, kam der Gemeindediener von Koserow und rief: »Uli, komm, der Bürgermeister will dich sprechen!« Unter dem Verdacht »Werwolf«, also Mitglied einer nicht existierenden Nazi-Partisanenbewegung, ge-

wesen zu sein, landete der damals 17jährige gemeinsam mit zwei Hitlerjugendkameraden im Lager Fünfeichen.
In allen Lagern hatten die Sowjets die Einrichtungen der SS (außer dem Krematorium) übernommen. Sie waren auch so brutal wie die SS. Im Lager Sachsenhausen war auch der große Bühnen- und Filmschauspieler Heinrich George, Vater von Götz George, inhaftiert. Häufig mußte er vor den Lagerwachen und den Gefangenen seine Paraderolle, den »Postmeister«, spielen. Im September 1946 mußte sich Heinrich George einer Blinddarmoperation unterziehen. Ein Mitgefangener, ein Oberarzt aus der Berliner Charité, Dr. Plagemann, operierte mit einem geschärften Küchenmesser. Die Operation verlief erfolgreich, aber Heinrich George starb an Lungenembolie. Einer seiner damaligen Mitgefangenen in Sachsenhausen, Hans Jürgen Wiesner, ZDF-Fernsehkorrespondent im Ruhestand, berichtet heute, George sei damals als einziger Gefangener in einem von seinen Mithäftlingen gezimmerten Holzsarg außerhalb des Lagers beigesetzt worden.
Nach mehr als 40 Jahren des Schweigens und der Verdrängung verdienen nun auch die etwa 70 000 Opfer des Stalinismus würdige Gedenkstätten in der DDR.[144]

Das Konzentrationslager Buchenwald bei Weimar

»Jedem das Seine« – dieser zynische Spruch steht am Eingangstor zum Konzentrationslager Buchenwald. Stacheldraht und Krematorium erinnern noch heute an die Stätte des Grauens.
1958 weihte die DDR die überdimensionale »Nationale Mahn- und Gedenkstätte Buchenwald« ein. Sie und das Museum dienten vor allem der Propaganda gegen die Bundesrepublik Deutschland. Bonn wurde für den Nationalsozialismus und die Folgen verantwortlich gemacht (»Die Blutspur führt nach Bonn«). In der DDR verschwieg man schamhaft die Geschichte nach 1945. Beim Bau der Wasserleitung zum ehemaligen Lager stießen 1982 Bauarbeiter auf riesige Gräberfelder im Wald außerhalb des Lagers. Erst nach der Wende konnte ein Weg dorthin angelegt werden. Schlichte Holzkreuze von Angehörigen und Freunden erinnern an die Fundstellen. Das Museum im Lager wurde um eine bescheidene Abteilung erweitert: »Verbrechen nach 1945«.
57 Mitarbeiter kümmern sich heute um die täglich von vielen Menschen aus aller Welt besuchte Gedenkstätte. Das Dilemma deutscher Geschichte wird nirgendwo deutlicher: Hier Weimar, die Hauptstadt deutscher Klassik. Das Denkmal mit Johann Wolfgang von Goethe und Friedrich von Schiller vor dem Nationaltheater erinnert daran. Das Theater war 1919 Tagungsort der Nationalversammlung und gab der ersten deutschen Republik den Namen: Weimarer Republik. Hier Weimar und dort Buchenwald, die »Nationale Mahn- und Gedenkstätte«, das ehemalige Konzentrationslager Buchenwald, ein Ort unvorstellbarer Verbrechen. Der Höhepunkt humanistischen Schaffens und die damit verbundene literarische Bedeutung für alle Welt und der Tiefpunkt ideologischer Tyrannei – Weimar steht für beides.
Weimar – Glanz und Elend auf engstem Raum. Im Mai 1936 beschlossen die Nationalsozialisten den Bau eines Konzentrationslagers in Thüringen. Im Juli 1937 wurden die ersten politischen Häftlinge in Buchenwald eingeliefert. Was in der Zeit bis zum 11. April 1945 dort an Grausamkeiten geschah, übersteigt menschliche Vorstellungskraft. Als die Amerikaner im April 1945 das Lager befreiten, waren dort 21 000 Häftlinge – darunter 5000 Franzosen, 3500 Polen und polnische Juden, 2000 Tschechen, 2000 Ukrainer, 600 Jugoslawen, 400 Niederländer, 500 Österreicher, 200 Italiener, 3000 Angehörige anderer Nationen und 904 Kinder.
Am 12. August 1945 räumten die Amerikaner Thüringen; die Sowjets besetzten ihre »Zone«. Nur einen Monat später wurde aus dem ehemaligen KZ Buchenwald das »Speziallager des MWD Nr. 2«.

Häftlinge der sowjetischen Geheimpolizei (MWD) aus den Haftanstalten Erfurt, Weimar, Arnstadt und Jena setzen das Lager instand. Bis Dezember 1945 werden 3000 Männer, Frauen und Jugendliche eingeliefert. Mit ihnen beginnt die zweite, nicht weniger grausame Teil der Geschichte des Lagers Buchenwald. Dieselben Baracken, dieselben Flöhe, dieselben Schikanen. Im September 1949 wird ein Ehrenhain für die Opfer des Faschismus am Abhang des Ettersberges eingeweiht – weit genug vom Lager entfernt, in dem nun die Opfer des Kommunismus schmachten und umgebracht werden. 13 000 Männer, Frauen und Jugendliche kommen bis 1950 ums Leben. Sie werden rund um das Lager verscharrt.

Am 14. Januar 1950 werden die letzten »Internierungslager« aufgelöst (Buchenwald, Sachsenhausen und Bautzen) und 15 038 Häftlinge entlassen. 3432 Häftlinge werden der DDR zur Aburteilung und 10 513 Verurteilte zur weiteren Strafverbüßung übergeben. Das KZ Buchenwald wird zunächst von der kasernierten Volkspolizei weiter genutzt.[145]

Die Entschädigung für die Opfer des DDR-Staates

Bundesjustizminister Dr. Klaus Kinkel zur Rehabilitierung der Opfer des SED-Unrechtsregimes: »Die Aufarbeitung des gesamten SED-Unrechts ist eine der wichtigsten Aufgaben der Wiedervereinigung. Sie ist aber auch ungeheuer kompliziert und zeitraubend. 40 Jahre sozialistische Diktatur und Verfolgung können nicht in wenigen Wochen oder Monaten beseitigt werden. Ich bitte vor allem die Opfer um Geduld. Ich verspreche ihnen, daß ich alles in meiner Macht Stehende für sie tun werde.«

Bundesjustizminister Dr. Klaus Kinkel hat die Rehabilitierung der Opfer des SED-Unrechtsregimes als eine der allerwichtigsten rechtspolitischen Aufgaben der kommenden Jahre bezeichnet. Das Unrecht im anderen Teil Deutschlands habe nicht nur 40 Jahre gedauert, es habe auch alle Bereiche des Lebens erfaßt:

Gleich nach dem Kriege seien Menschen deportiert, interniert und durch die sowjetischen Militärtribunale verurteilt worden.

In den Jahren 1945 bis 1949 seien viele Menschen ohne jeden Grund aus dem Lande gejagd und um ihr Vermögen gebracht worden. Ihnen wurde allein zum Verhängnis, daß sie einer Gesellschaftsschicht angehörten, der die kommunistische Ideologie das Existenzrecht absprach.

Republikflüchtlingen und verurteilten Regimegegnern habe die ehemalige DDR ihr Eigentum rigoros entzogen.

Unrecht habe die SED aber nicht nur an Vermögen und Eigentum begangen. Das Regime habe systematisch Menschen zerbrochen und Lebensschicksale zerstört. Kritiker wurden strafrechtlich verfolgt, in psychiatrische Anstalten gesperrt, an Ausbildung und Fortkommen gehindert.

Heute, nach der Wiedervereinigung, gelte es, die verheerende Hinterlassenschaft der Kommunisten aufzuräumen und den Opfern Wiedergutmachung zuteil werden zu lassen. Dafür werde er, Kinkel, sich mit aller Kraft einsetzen, versprach der Bundesjustizminister.

Gleichzeitig machte Kinkel allerdings auch klar, daß die Rehabilitierung der Betroffenen eine ungeheuer schwierige Aufgabe sei, die nicht von heute auf morgen bewältigt werden könne. Die Rehabilitierung der Opfer 40jähriger kommunistischer Diktatur mache die Aufarbeitung einer schier unübersehbaren, in die Millionen reichenden Verletzungstatbestände erforderlich und stelle damit alles in den Schatten, was seinerzeit nach dem Kriege zur Bewältigung der Kriegsfolgelasten geschehen sei. Das derzeit für die Rehabilitierung von SED-Opfern maßgebliche Recht sei unzureichend.

Bereits vor Abschluß des Einigungsvertrages habe die Volkskammer der ehemaligen DDR ein Rehabilitierungsgesetz beschlossen, das insgesamt vier Problembereiche erfaßte:

1. Strafrechtliche Rehabilitierung
2. Verwaltungsrechtliche Rehabilitierung
3. Berufliche Rehabilitierung
4. Rehabilitierung für Internierungen durch alliierte Besatzungsmächte.

Dieses Gesetz gelte nach einer Zusatzvereinbarung zum Einigungsvertrag heute nur in bezug auf den Bereich Strafrecht und die rechtsstaatswidrige Einweisung in eine psychiatrische Anstalt fort.

Einem kleinen Teil der Opfer könne durch diese Regelung bereits geholfen werden. Strafrechtlich verurteilte Personen oder ihre Angehörigen könnten so die Aufhebung der Urteile und soziale Ausgleichsleistungen beantragen. Gleichwohl sei es aber schon in diesem Bereich zu erheblichen Problemen gekommen. Die Gerichte in den neuen Ländern befänden sich erst im Aufbau, hätten aber schon etwa 40000 Rehabilitierungsanträge vorliegen. Angesichts des defizitären Personalbestandes in der Justiz der neuen Länder komme es hier zu erheblichen Verzögerungen bei der Erledigung. Außerdem sei das von der ehemaligen DDR übernommene Recht lückenhaft und weise Ungenauigkeiten auf.

Der Ausschuß »Deutsche Einheit« habe im September 1990 bereits klargestellt, daß der gesamtdeutsche Gesetzgeber die geltenden Regelungen sowie den gesamten Komplex der Rehabilitierung zu überprüfen und neu zu regeln habe. Dieser Auftrag sei in der Koalitionsvereinbarung festgeschrieben.

Die Federführung für die Vorbereitung der erforderlichen Gesetzgebung und für die Gesamtmaterie »Rehabilitierung« habe innerhalb der Bundesregierung der Bundesminister der Justiz übernommen. Welche Bedeutung die Bundesregierung diesem Gesetzgebungsvorhaben beimesse, zeige sich daran, daß dem Bundesjustizministerium mit Unterstützung des Bundeskanzlers vom Bundesfinanzministerium eigens eine neue zusätzliche Abteilung V bewilligt worden sei, die ausschließlich die Aufgabe habe, diese ungeheuer komplizierte und vom Umfang her schier unübersehbare Rehabilitierungsproblematik zu bewältigen. Die neue Abteilung sei bereits eingerichtet, ein neuer Abteilungsleiter und mehrere Mitarbeiter bestellt, die Arbeiten liefen zur Zeit auf Hochtouren.

Kernpunkt der Überlegungen sei, ob und inwieweit über die derzeitige Rechtslage hinaus nicht nur strafrechtliches und durch Einweisung in psychiatrische Anstalten begangenes Unrecht ausgeglichen werden könne und müsse.

Hier werfe vor allem die Frage des Ausgleiches beruflicher Nachteile durch die SED-Verfolgung und auch der Komplex »Beseitigung von Verwaltungswillkür« außerordentliche Probleme auf. So sei es beispielsweise mit unserem (westlichen) rechtsstaatlich geprägten Vorstellungsvermögen kaum erfaßbar, welche Verästelungen des Unrechts es bei den SED-Verfolgungsmaßnahmen im einzelnen gegeben habe.

Um hier gerechte Regelungen zu finden, müsse im einzelnen herausgearbeitet werden, wie das Recht mißbraucht worden sei. Alle Erscheinungsformen des Unrechts müßten erforscht und offengelegt werden. Erst nach einer Gesamt-Bestandsaufnahme und einer anschließenden systematischen Ordnung aller dabei gewonnenen Erkenntnisse könnten Regelungen formuliert werden, mit denen den Opfern geholfen werden könne.[146]

Dem Dichterpaar Goethe und Schiller – Das Vaterland

So steht auf einer Tafel am Sockel des Kulturdenkmals in Weimar, auf dem sie stehen. Verrußt und bröckelnd blickte das berühmte Dichterpaar Johann Wolfgang von Goethe und Friedrich von Schiller in den vergangenen Jahren von seinem bronzenen Standbild auf die thüringische Stadt Weimar.

»Schlimm sahen sie aus«, meint Alexander Justen, freischaffender Steinmetz aus Rheinbach bei Bonn, und beschreibt den »gebrechlichen« Zustand der beiden Dichter und Dramatiker: Die tiefgrüne Farbe des bronzenen Standbildes war kaum noch zu sehen. Korrosion hatte dem Denkmal stark zugesetzt. Vor allem durch die Heizungsfeuerung der Weimarer Bürger, die nach wie vor Braunkohle in die Öfen schaufeln, waren die Poeten verschmutzt.

Vermittelt über das Denkmalpflegeamt Köln fuhren Justen und sein Kieler Kollege Nahaus in den Osten und machten sich an die Arbeit. Vier Wochen standen zur Verfügung, dann sollte das 134 Jahre alte Standbild wieder in neuem Glanz erstrahlen.

Zwar spritzte zu DDR-Zeiten in den vergangenen Jahrzehnten ab und zu die freiwillige Feuerwehr das Dichterpaar mit Wasser ab. »Aber allein drei Wochen haben wir gebraucht, die Rußschicht wegzukratzen«, sagt Justen und berichtet weiter: »Bis zu 6 Millimeter dicke Krusten mußten wir entfernen.«

Nun glänzt das Denkmal wieder für die Nachwelt. Es steht mit seinem neuen Glanz für die alte Dichterherrlichkeit, das verpflichtende Erbe und – ganz schlicht – als Sinnbild auch für alles, was jetzt in den neuen Ländern geschehen muß und geschieht: eine Runderneuerung. Das gilt für viele Kulturdenkmäler, die ehemals schönen alten Häuser, und das gilt für Leben und Alltag in der ehemaligen DDR. Nichts bleibt so, wie es war.[147]

Rudolf Heß, der letzte Gefangene des Dritten Reichs

Für die sowjetische Armee-Zeitung »Roter Stern« ist das Problem längst erledigt: »Rudolf Heß muß den Kelch der Rache bis zur Neige leeren«, schrieb das Blatt über den einstigen Hitler-Stellvertreter, der am 10. Mai genau 45 Jahre hinter Gittern sitzt. Damals, im Mai 1941, war Heß mit einem Jagdflugzeug nach Großbritannien geflogen, »um mit den Briten Frieden zu schließen«. Die jedoch steckten ihn ins Gefängnis. Im Kriegsverbrecherprozeß von Nürnberg wurde Rudolf Heß später zwar vom Vorwurf der »Verbrechen gegen die Menschlichkeit« freigesprochen. Wegen »Verschwörung gegen den Weltfrieden« und »Planung eines Angriffskrieges« aber wurde Hitlers Vize zu lebenslanger Haft verurteilt und in das Kriegsverbrechergefängnis von Berlin-Spandau gebracht.

Dort ist der inzwischen 92 Jahre alte Heß seit 1966 der einzige Gefangene. Alle anderen wurden nach Verbüßung ihrer Strafen oder aus gesundheitlichen Gründen entlassen. Für Nummer 7, wie Heß von den Gefängniswärtern angeredet wird, kann es keine Gnade geben, weil die Sowjets dies verweigern. Nach dem Viermächteabkommen können sie eine Haftentlassung durch ihr Vetorecht verhindern. Auch wenn der alte Mann halb blind ist, an Muskelschwund im rechten Bein, an fortschreitender Wirbelsäulenverkrümmung und seit kurzem an akuten Herzrhythmusstörungen leidet.

In die Bewachung des Gefangenen Nummer 7 teilen sich die vier Siegermächte USA, UdSSR, Großbritannien und Frankreich. Beim Wachwechsel bekommt Heß Besuch vom jeweiligen Kommandanten, der fragt: »Nummer 7, was können wir für Sie tun?« Heß antwortet regelmäßig: »Sie wissen schon, was ich möchte – aber genau das können Sie nicht.« Rudolf Heß möchte nach 45 Jahren frei sein. Er möchte endlich seine drei Enkel in die Arme schließen.

»Gnade«, so zitierte Bundespräsident Richard von Weizsäcker in seiner Weihnachtsansprache ein altes russisches Sprichwort, »Gnade ist die Stütze der Gerechtigkeit.« Gnade für Heß forderte auch SPD-Kanzlerkandidat Johannes Rau bei einem Besuch in den USA. Doch Gnade wird es wohl nicht geben. Denn für die Sowjets ist »der Kelch der Rache« noch nicht geleert.[148]

»Die Russen hat Gott geschaffen, die Deutschen aber der Teufel.« Diesen Satz schrieb der russische Dramatiker Denis Iwanowitsch Fonwisin im 18. Jahrhundert. Er wirkte wie das Motto der Erbarmungslosigkeit gegen Heß.

Rudolf Heß wurde am 1. Oktober 1946 in Nürnberg verurteilt. Von einem Vorwurf wurde er freigesprochen: vom Verbrechen gegen die Menschlichkeit. Ein Verbrechen

gegen die Menschlichkeit wurde an ihm begangen.
Noch vor Jahr und Tag baten Menschen aus aller Herren Länder, darunter besonders viele Briten, für ihn um Gnade. Doch die Sowjets zeigten sich unbeugsam; je älter der Eingeschlossene wurde, um so mehr verstummte die Welt. Menschlicher wurde sie dadurch nicht.
»Heß ist ein lebendes Symbol des deutschen Faschismus. Keine andere Überlegung wird je bei uns die Oberhand gewinnen«, sagte Andrej Gromyko, ehemaliger Außenminister und später Staatspräsident der UdSSR.
Daß es ein russisches Sprichwort gibt, das heißt: »Gnade ist die Stütze der Gerechtigkeit«, hat er wohl in der Schule nicht gelernt.
Heß starb im Gefängnis, sein Hals wies Strangulationszeichen auf! Er war wohl der teuerste Gefangene den es je gab: 2 Millionen Mark jährlich. Nach seinem Tod wurde das Gefängnis abgerissen.

Russische Stimmen zur Vereinigung Deutschlands

Im Zusammenhang mit der bevorstehenden Vereinigung Deutschlands wandte sich die Informationsagentur Nowosti mit zwei Fragen an Sowjetbürger, deren Leben und berufliche Tätigkeit auf die eine oder andere Weise mit den Deutschen und Deutschland zu tun hatte oder hat:
1. Welche Gefühle empfinden Sie angesichts der Vereinigung Deutschlands?
2. Die UdSSR unterhielt bestimmte Beziehungen zur DDR und Bundesrepublik. Wie sollten Ihres Erachtens die Beziehungen der Sowjetunion zum vereinten Deutschland sein?
Dazu äußerten sich:
Jan Vogeler, Professor für Philosophie am Institut für Gesellschaftswissenschaften in Moskau, Sohn des deutschen Malers Heinrich Vogeler:
»Bei der Vereinigung Deutschlands handelt es sich um einen natürlichen, unausweichlichen und notwendigen Prozeß zur Überwindung der Folgen des Zweiten Weltkrieges. Das wird ein völlig neues Deutschland sein. Außerdem kenne ich die DDR und die Bundesrepublik Deutschland nur zu gut, ich habe den ganzen Krieg durchgemacht und bin tief überzeugt, daß zwischen der Sowjetunion und dem künftigen Deutschland neue Möglichkeiten für die Herstellung besserer Beziehungen entstehen werden.
Beide deutschen Staaten haben nach dem Krieg erkannt, wohin Hitlers Politik geführt hat. Sie zogen für sich richtige Schlußfolgerungen und nahmen, jeder auf seine Art, tiefgreifendste soziale Umwälzungen vor. Die Deutschen sollen wissen, daß die Sowjetbürger in ihrer großen Mehrheit Vertrauen ihnen gegenüber empfinden. Ich hoffe, daß sie sich über die Verantwortung, die sie auf sich nehmen, im klaren sind.«
Generaloberst Dmitri Wolkogonow, Verfasser der Stalin-Biographie »Triumph und Tragödie«:
1. Ich möchte das vereinigte Deutschland stark und demokratisch und freundschaftlich gegenüber der Sowjetunion und allen Nachbarn wissen.
2. Am 3. Oktober möchte ich allen Deutschen sagen, daß wir die Vergangenheit niemals vergessen dürfen. Aber dies darf bei uns keinerlei Komplexe entstehen lassen. Bleiben der Osten und der Westen auch fernerhin dem neuen Denken treu, so spielt das nicht nur für Europa, sondern für die ganze Welt eine schicksalsträchtige Rolle.«
Wjatscheslaw Kondratjew, Kriegsteilnehmer. Seine Bücher, die den sowjetischen Lesern Ende der siebziger Jahre bekannt wurden, berichten über die Front und über seine Sicht des Krieges nicht durch ein Kommandeurfernglas aus gefahrloser Ferne, sondern aus dem Schützengraben:
1. Deutschland und die Deutschen sind ein großes Land und eine große Nation. Ihre Spaltung im Ergebnis des Zweiten Weltkrieges wurde für Europa zum Zankapfel. Wenn wir einen dauerhaften Frieden auf unserem Kontinent wollten, so mußten wir die Spal-

tung um jeden Preis beseitigen. In diesem Sinne bildet die baldige Vereinigung auch für uns Russen ein markantes Ereignis.
Es ist nach meinem Dafürhalten einfach lächerlich, von dem neuen staatlichen Gebilde irgendwelche revanchistischen Exzesse zu erwarten. Ich persönlich habe diesbezüglich keine Befürchtungen. Die Bundesrepublik Deutschland, die die DDR im Grunde genommen einverleibt, hat die totalitäre Ideologie des Nazismus gründlicher bekämpft als wir die des Stalinismus, und durch ihr vierzigjähriges Bestehen bewiesen, daß sie tatsächlich ein demokratisches Land ist.
Es stimmt schon: Ich habe Soldaten mit der Wehrmachtsuniform jenseits der Front gesehen. Doch mir war klar, daß der Krieg nicht nur unsere Tragödie war. Deshalb empfand ich gegenüber dem deutschen Volk, das in der gleichen Lage war wie ich, keinen Haß.
2. Ich begrüße das, wozu am 3. Oktober 1990 der Grundstein gelegt wird. Ich möchte hoffen, daß die gutnachbarlichen Beziehungen zwischen meinem Land und dem einheitlichen Deutschland ewigen Bestand haben.«[149]

In einem Jahr zur Einheit

Ein Jahr nach der friedlichen Revolution in der DDR wird am 3. Oktober 1990 die deutsche Einheit besiegelt. Den ersten Anstoß für den Wandel vom kommunistisch regierten Staat bis zu seiner Auflösung gab die Massenflucht aus der DDR. Seit Mitte Juli besetzten DDR-Bürger massenhaft die Bonner Botschaften in Budapest und Prag sowie die Ständige Vertretung in Ostberlin, um ihre Ausreise zu erzwingen.

September 1989
11. September: Ungarn öffnet die Grenze zu Österreich. 30. September: Bundesaußenminister Hans-Dietrich Genscher und Kanzleramtsminister Rudolf Seiters verkünden in Prag die Ausreiseerlaubnis für die mehr als 3000 DDR-Flüchtlinge.

Oktober 1989
7. Oktober: Die DDR feiert ihr 40jähriges Staatsjubiläum.
9. Oktober: In Leipzig demonstrieren 100 000 Menschen mit dem Ruf »Wir sind das Volk« für Demokratie.
18. Oktober: Staats- und Parteichef Erich Honecker tritt zurück. Egon Krenz übernimmt seine Ämter.

November 1989
9. November: Die DDR öffnet ihre Grenzen. Die Mauer in Berlin fällt nach 28 Jahren.
28. November: Bundeskanzler Helmut Kohl legt einen Zehnpunkteplan für die schrittweise Vereinigung der beiden Staaten vor.

Dezember 1989
3. Dezember: Unter dem Druck anhaltender Massendemonstrationen tritt Egon Krenz zurück.
19. Dezember: In Dresden einigen sich Kohl und der neue DDR-Regierungschef Hans Modrow (SED/PDS) auf Verhandlungen über eine deutsch-deutsche Vertragsgemeinschaft.
22. Dezember: Das Brandenburger Tor wird geöffnet.

Februar 1990
10. Februar: Bei einem Blitzbesuch von Kohl und Genscher in Moskau sagt Michail Gorbatschow zu, die Entscheidung der Deutschen, in einem Staat zu leben, zu respektieren.

März 1990
18. März: Erste freie Wahlen in der DDR. Lothar de Maizière (CDU) wird Ministerpräsident einer großen Koalition.

Mai 1990
5. Mai: In Bonn beginnen die »2+4-Gespräche«.
18. Mai: Die Finanzminister Walter Rom-

berg (SPD) und Theo Waigel (CSU) unterzeichnen den ersten Staatsvertrag.

Juli 1990
1. Juli: Die Wirtschafts-, Währungs- und Sozialunion tritt in Kraft. In der DDR wird die D-Mark eingeführt.
16. Juli: Kohl und Gorbatschow im Kaukasus – Deutschland soll noch 1990 die volle Souveränität erhalten.

August 1990
3. August: In Ostberlin wird der Wahlvertrag unterzeichnet.
19. August: Die DDR-Regierungskoalition zerbricht.
23. August: Die DDR-Volkskammer beschließt den Beitritt der DDR zur Bundesrepublik zum 3. Oktober.
31. August: In Ostberlin wird der deutsch-deutsche Einigungsvertrag unterschrieben.

September 1990
12. September: In Moskau wird das »2+4-Abkommen« über die äußeren Aspekte der deutschen Einigung unterzeichnet. Mit dem Beitritt der DDR am 3. Oktober setzen die Alliierten ihre Rechte aus.

Stimmen des Auslands zum Volkskammerbeschluß über den Beitritt der DDR zur Bundesrepublik Deutschland

Iswestija, Moskau, 30. August 1990
»Am 3. Oktober wird im Leben Europas eine solche qualitative Veränderung vor sich gehen, die nichts ihresgleichen kennt. Von der Landkarte wird als Ergebnis einer friedlichen und unblutigen Revolution ein ganzer Staat verschwinden. In die Vergangenheit tritt ein, was man die Epoche des ›preußischen‹ Sozialismus nennen könnte. Denn ebenso war die gesamte Periode der Existenz der DDR. Das sozialistische Experiment auf deutschem Boden ist nicht gelungen.«

The Wall Street Journal, New York, 7. September 1990
»Wie jede andere Großmacht wird Deutschland von einigen Ländern gebraucht und umschmeichelt werden, von anderer Seite wird dem Land Neid und Groll entgegengebracht werden. Deutschland wird jedoch eine besondere historische Last auf dem Weg zum Status einer Weltmacht tragen. Leider werden die Worte von Nicholas Ridley in anderem Zusammenhang wiederholt werden... Wenn Deutschland in der Lage ist, auf solche Kritik durch stillschweigende Widerlegung zu reagieren, ... dann ist dies ein Hinweis darauf, daß ein vereintes Deutschland wirklich eine qualitative Steigerung der Bundesrepublik Deutschland und anderer deutscher Staaten der Vergangenheit ist...«

International Herald Tribune, Robert Goldmann, Paris, 5. September 1990
»Es gibt also Ärger und Sorgen, die verständlich und legitim sind. Für jemanden aber, dem es 1939 gelang, aus dem Dritten Reich zu fliehen und dessen Erinnerungen so lebendig wie damals sind, gibt es im heutigen Deutschland mehr Gutes als Böses. Ich habe Grund, einem vereinten Deutschland mit Zuversicht entgegenzusehen, das unter der Führung einer verantwortungsvollen... Regierung sich zu einer Fortsetzung des demokratischen Weges verpflichtet hat, den die Bonner Regierung 1949 eingeschlagen hat...«

The Guardian, London, 24. August 1990
»Die beiden deutschen Staaten vereinbarten gestern den 3. Oktober 1990 als definitiven Termin für die Vereinigung ihrer beiden Länder, während Warnungen laut wurden, daß der Wiederaufbau der maroden Wirtschaft Ostdeutschlands Jahre in Anspruch nehmen und von den Westdeutschen beträchtliche Opfer erfordern würde. Bundeskanzler Kohl, der den Beschluß der Volkskammer als ›einen Tag der Freude für alle Deutschen‹ begrüßte, versuchte den Blick der Deutschen von den Kontroversen über

Wahltermine abzulenken und erklärte, daß der Einigungsprozeß in der Nachkriegsgeschichte Europas einmalig sei. Er vollzieht sich ohne Krieg, blutige Revolution oder Gewalt und in völliger Übereinstimmung mit Deutschlands Freunden und Nachbarn in Ost und West.«

Das Fest der deutschen Einheit

Als in Berlin vor dem Reichstag in der Nacht zum 3. Oktober 1990 um null Uhr die deutsche Fahne aufgezogen wird, feiern mehr als eine Million Menschen auf den Straßen und Plätzen der Stadt, hunderttausende allein auf dem Platz vor dem Reichstagsgebäude, von wo aus Philipp Scheidemann im November 1918 die erste deutsche Republik ausgerufen hatte. Überall in Deutschland gibt es in dieser Nacht Straßenfeste und Feuerwerke. Und wer diese Stunden zu Hause am Fernsehschirm miterlebte, hört die Berliner Freiheitsglocke, ein Geschenk des amerikanischen Volkes – Symbol für jahrzehntelanges solidarisches Einstehen für Frieden und Freiheit. Bundespräsident Richard von Weizsäcker tritt gegen Mitternacht vor dem Reichstag ans Mikrophon und gelobt: »In freier Selbstbestimmung wollen wir die Einheit Deutschlands vollenden. Für unsere Aufgaben sind wir uns der Verantwortung vor Gott und den Menschen bewußt. Wir wollen in einem vereinten Europa dem Frieden und der Welt dienen.«
In einer Fernsehansprache hat Bundeskanzler Helmut Kohl zuvor jenen gedankt, die durch ihre Entscheidungen die Einheit Deutschlands möglich gemacht haben. Kohl wörtlich: »Aus eigener Kraft allein hätten wir es nicht geschafft. Viele haben dazu beigetragen. Wann je hatte ein Volk die Chance, Jahrzehnte der schmerzlichen Trennung auf so friedliche Weise zu überwinden? In vollem Einvernehmen mit unseren Nachbarn stellen wir die Einheit Deutschlands in Freiheit wieder her.« Zu danken sei insbesondere den Freunden und Partnern, allen voran dem amerikanischen Präsidenten George Bush und den Freunden in Frankreich und Großbritannien. Nachdrücklich würdigte der Bundeskanzler die Haltung Ungarns, das vor gut einem Jahr die ersten Flüchtlinge durch den eisernen Vorhang ließ. »Damals wurde der erste Stein aus der Mauer geschlagen«, so Helmut Kohl. Auch die Freiheitsbewegungen in Polen und der Tschechoslowakei hätten dazu beigetragen, den Menschen Mut zu machen, für ihr Recht auf Selbstbestimmung einzutreten. In diesem Zusammenhang betonte der Bundeskanzler die Rolle des sowjetischen Staatspräsidenten Michail Gorbatschow. »Er hat das Recht der Völker auf den eigenen Weg anerkannt. Ohne diese Entscheidung hätten wir den Tag der Einheit sobald nicht erlebt.«
Mit besonderer Hochachtung erinnerte der Kanzler an den Beitrag jener Deutschen, die mit der Kraft ihrer Freiheitsliebe die SED-Diktatur bezwangen: »Ihre Friedfertigkeit und ihre Besonnenheit bleiben beispielhaft.«
Mit großer Eindringlichkeit verwies er darauf, daß 40 Jahre SED-Diktatur in den Herzen der Menschen tiefe Wunden geschlagen haben. Der Rechtsstaat habe die Aufgabe, Gerechtigkeit und inneren Frieden zu schaffen. Der Kanzler wörtlich: »Hier stehen wir alle vor einer schwierigen Bewährungsprobe. Schweres Unrecht muß gesühnt werden, doch wir brauchen auch die Kraft zur inneren Aussöhnung.«
Diesen Gedanken griff auch DDR-Ministerpräsident Lothar de Maizière bei seiner Fernsehansprache wenige Stunden vor dem Beitritt der DDR zur Bundesrepublik auf: »Wir wissen sehr wohl, was die Vergangenheit uns angetan hat. Wir wollen sie hinter uns lassen. Wir wollen die Vergangenheit nicht verdrängen, und wir haben sie ehrlich und verantwortungsvoll aufzuarbeiten. Aber sie darf nicht auch noch unsere Zukunft teilen.« De Maizière betonte, es gebe allen Grund, mit Freude und Zuversicht in die deutsche Einheit zu gehen. Angesichts der Lebensumstände der Nachbarn in Osteuropa seien die anstehenden Probleme vergleichsweise gering. Die Einheit sei im übrigen mit

dem Beitritt keineswegs abgeschlossen. Vielmehr bleibe sie die Gemeinschaftsaufgabe aller Deutschen. Hier gehe es nicht nur um eine materielle Frage. »Die Einheit will nicht nur bezahlt, sondern auch mit dem Herzen gewollt sein«, so Lothar de Maizière.

Wer die freudig bewegten Menschen in dieser Nacht erlebt hat, wird daran keinen Zweifel haben, trotz mancher Skepsis gegenüber den Schwierigkeiten, die mit der Vereinigung verbunden sind. Dies kam auch in den Ansprachen beim Staatsakt am Tag der deutschen Einheit am 3. Oktober in der Berliner Philharmonie zum Ausdruck. So wie bei den Straßenfesten der vergangenen Nacht mischten sich auch beim Staatsakt die Freude über das Erreichte mit der Trauer um die Opfer, ergänzten sich Nachdenklichkeit und Zuversicht. In eindringlichen Ansprachen erinnerten Bundespräsident Richard von Weizsäcker, Bundestagspräsidentin Rita Süßmuth und die Präsidentin der ehemaligen Volkskammer, Sabine Bergmann-Pohl, sowie der Regierende Bürgermeister von Berlin, Walter Momper, an den Weg, den das deutsche Volk in knapp einem Jahr friedlich von der Unfreiheit in die Einheit in Frieden zurücklegte. Sie würdigten insbesondere den Einsatz der Menschen in der ehemaligen DDR, die in diesem Prozeß ohne jede Vorbereitung »Verantwortungen übernahmen, die größer nicht sein konnten«. Bundespräsident von Weizsäcker nannte angesichts der erzwungenen Unfreiheit und der Lüge, »diesem schlimmsten Gift der vergangenen Jahrzehnte, die Freiheit zur Wahrheit« das kostbarste Gut, das die Menschen durch ihren Aufstand mit eigener Courage errungen haben. »Uns im Westen blieben solche Bewährungsproben erspart. Wir können nur unsere Achtung bezeugen, und wir wollen sie im Prozeß der Vereinigung beweisen.« Daß es auf diesem Weg insbesondere auf die Solidarität der Menschen in Deutschland untereinander ankommt, hatte Bundeskanzler Helmut Kohl am Vorabend der Einheit betont. So wie die Deutschen zuverlässige Partner und gute Freunde an der Seite der freien Völker sein wollten, wollten sie auch gute Nachbarn im Inneren sein. Dazu gehörten Aufgeschlossenheit für den Nächsten, Achtung vor dem Andersdenkenden wie auch Verbundenheit mit den ausländischen Mitbürgern. Zuversichtlich zeigte sich der Kanzler, daß die wirtschaftlichen Aufgaben der Wiedervereinigung gemeistert werden. Die wirtschaftlichen Voraussetzungen der Bundesrepublik hierzu seien so gut wie noch nie. Dazu kämen der Fleiß und die Leistungsbereitschaft der Menschen in den fünf neuen Bundesländern. Die wirtschaftlichen Probleme seien zu lösen; gewiß nicht über Nacht, aber in einer überschaubaren Zeit. Kohl wörtlich: »Schon in wenigen Jahren werden durch unsere gemeinsamen Anstrengungen, durch die Politik der sozialen Marktwirtschaft, aus Brandenburg, aus Mecklenburg-Vorpommern, aus Sachsen, aus Sachsen-Anhalt und aus Thüringen blühende Landschaften geworden sein.« Bei diesem Prozeß werden wirtschaftlicher Aufschwung und ökologischer Neubeginn eng miteinander verbunden sein.

Zu diesem Tag der Einheit am 3. Oktober 1990 gehört auch die Feststellung, daß die Einigung Deutschlands untrennbar verbunden ist mit der Einigung Europas. So versicherte Bundeskanzler Helmut Kohl in seiner Botschaft an alle Regierungen der Welt: »Mit der gleichen Beharrlichkeit, mit der wir unsere Einheit angestrebt haben, werden wir uns weiterhin entschlossen für die Einigung einsetzen.« Wegmarken sind dabei die

Vollendung des europäischen Binnenmarktes und die Einführung der Wirtschafts- und Währungsunion für die Mitgliedsstaaten der Europäischen Gemeinschaft. »Deutschland ist unser Vaterland, das vereinte Europa unsere Zukunft«, so Kohl abschließend.[150]

Berlin, 3. Oktober 1990: Maueröffnung.
Foto: Axel Springer Verlag, Kai Bublitz

Die Glocken läuten am Tag der deutschen Einheit

In vielen tausend katholischen und evangelischen Kirchen läuten am Tag der deutschen Einheit die Glocken zu Dankgottesdiensten. Die Bischöfe haben es den Kirchengemeinden freigestellt, um Mitternacht die Einheit einzuläuten. In Berlin werden jede halbe Stunde Glocken zu hören sein, weil über hundert evangelische Gemeinden am 2. und 3. Oktober die Wiedervereinigung feiern. In München lassen einige katholische Pfarreien die Glocken bei den Gottesdiensten länger läuten. Das mittägliche Angelus-Läuten wird auf eine Viertelstunde ausgedehnt.
Im Ulmer Münster findet am Tag der Einheit um 18.30 Uhr ein ökumenischer Gottesdienst statt.
In Frankfurt erklingt um 19.30 Uhr im Dom die berühmte Glocke »Gloriosa«, die sonst nur an hohen Feiertagen zu hören ist.
In den Pfarreien des Bistums Mainz werden alle Gottesdienste mit dem feierlichen Dank- und Loblied »Te Deum« (»Großer Gott, wir loben Dich«) beendet, unterstützt von allen Glocken.
In Köln zelebriert Kardinal Meisner am 3. Oktober um zehn Uhr das Pontifikalamt im Dom – mit Glockenklang.
In Hamburg läuten die Glocken aller größeren Kirchen um Mitternacht fünf Minuten lang – zur Feier der deutschen Einheit.
In Magdeburg sollen alle katholischen Kirchen ab null Uhr zur deutschen Einheit läuten – dazu hat das bischöfliche Amt aufgerufen.
In Leipzig werden die Glocken der Schloß- und Hainkirche Lützschena 15 Minuten lang ab null Uhr zur deutschen Einheit erklingen.

Bundeskanzler Helmut Kohl bei der Maueröffnung am 3. Oktober 1990 in Berlin.
Foto: Axel Spinger Verlag, Kai Bublitz

Maueröffnung am 3. Oktober 1990 in Berlin. Foto: Axel Springer Verlag, Kai Bublitz

Die Welt freut sich mit uns

3. Oktober 1990

Von der »deutschen Hochzeit« sprach eine französische Zeitung unmittelbar vor dem Tag der deutschen Einheit. Und sie knüpfte daran die Zuversicht, diese »Hochzeit« werde »vollauf gelingen, wenn die europäische Vereinigung im gleichen Tempo betrieben wird wie die deutsche Einheit, und der ostdeutsche Übergang zu Demokratie und Marktwirtschaft nicht nur die Deutschen im Westen, sondern alle Europäer betrifft«. Treffender als mit diesem Bild eines Familienfestes mit Freunden und Nachbarn lassen sich die Gefühle und Erwartungen des Auslandes angesichts der deutschen Vereinigung kaum beschreiben. Und wenn der eine oder andere skeptische oder neidvolle, vielleicht auch bittere Blick dabei ist, paßt dies im Hinblick auf die wechselhafte Geschichte dieses Jahrhunderts um so mehr in das gewählte Bild. Bundeskanzler Kohl beschrieb denn auch in seiner Botschaft, die er an alle Regierungen der Welt richtete, das Selbstverständnis des in Freiheit und Selbstbestimmung vereinten Deutschlands mit den Worten: »Unser Land will mit seiner wiedergewonnenen nationalen Einheit dem Frieden in der Welt dienen und die Einigung Europas voranbringen: Das ist der Auftrag des Grundgesetzes, unserer bewährten Verfassung, die auch für das vereinte Deutschland gilt. Zugleich stehen wir zu den moralischen und rechtlichen Verpflichtungen, die sich aus der deutschen Geschichte ergeben.«
Daß sich die Völker der Welt heute über die Lösung der deutschen Frage freuen, die jahrzehntelang das sichtbarste Zeichen der Teilung Europas war, ist die Antwort auf ein ebenso lang andauerndes Werben um Vertrauen. 40 Jahre Rechtsstaat Bundesrepublik Deutschland als Partner in der freien Welt bilden den Maßstab, der die Nachbarn in Europa und in der Welt überzeugte. Aufbauend auf diesem Vertrauen gelang es Bundesaußenminister Hans-Dietrich Genscher, zusammen mit seinen Amtskollegen aus der Sowjetunion, den USA, Frankreich und England sowie aus der DDR, in wenigen Monaten die außenpolitische Absicherung des Einigungswerkes in den sogenannten »2+4-Gesprächen« zu gestalten. Der daraus entstandene »Vertrag über die abschließende Regelung in bezug auf Deutschland« wurde am 12. September 1990 in Moskau unterzeichnet. Zwei Tage vor dem Beitritt der DDR zur Bundesrepublik Deutschland unterschrieben die Außenminister der vier Mächte und die Vertreter der beiden deutschen Staaten in New York die in Moskau verabredete Erklärung, wonach die Wirkung der alliierten »Rechte und Verantwortlichkeiten in bezug auf Berlin und Deutschland als Ganzes mit Wirkung vom Zeitpunkt der Vereinigung Deutschlands bis zum Inkrafttreten des ›2+4-Vertrages‹ ausgesetzt wird«.
Die Außenminister der 36 Mitgliedsstaaten der »Konferenz für Sicherheit und Zusammenarbeit in Europa« (KSZE) nahmen in der sich anschließenden Sitzung die damit besiegelte Einheit und volle Souveränität Deutschlands zustimmend zur Kenntnis. Bundesaußenminister Genscher unterstrich vor den Teilnehmern der KSZE-Konferenz, daß sich die Deutschen »in Freude und Dankbarkeit, nicht in nationalistischem Überschwang« vereinten. Er bekräftigte die Auffassung der Bundesrepublik, die grundlegende Veränderung der Lage in Europa verlangte, den KSZE-Prozeß auf eine neue Stufe zu heben. Dazu gehörten regelmäßige Tagungen der Staats- und Regierungschefs, alle zwei Jahre ein KSZE-Gipfel und ein aus den Außenministern gebildeter »Rat für Sicherheit und Zusammenarbeit in Europa«.
Wie stark der Weg zur deutschen Einheit mit »dem Aufbau einer gerechten und dauerhaften Friedensordnung in Europa« verwoben ist, zeigt die ausdrückliche Festlegung in Artikel 1 des Vertragswerkes: »Die Bestätigung der Grenzen des vereinten Deutschlands ist ein wesentlicher Bestandteil der Friedensordnung in Europa.« Dabei umfaßt das vereinte Deutschland »die Ge-

Aus Anlaß des Tages der deutschen Einheit fanden in Berlin vom 2. bis 4. Oktober 1990 zahlreiche Feierlichkeiten statt, an denen die führenden politischen Repräsentanten der Bundesrepublik Deutschland teilnahmen. Höhepunkte waren neben einer Zeremonie vor dem Reichstagsgebäude ein Staatsakt in der Philharmonie und die erste Sitzung des gesamtdeutschen Bundestages im Reichstagsgebäude. Im Bild: Rund eine Million Menschen feierten in Berlin die Vereinigung am 3. Oktober 1990. Foto: Bundesbildstelle Bonn

biete der Bundesrepublik Deutschland, der Deutschen Demokratischen Republik und ganz Berlins«. Festgelegt ist ferner, daß »das vereinte Deutschland keinerlei Gebietsansprüche gegen andere Staaten hat und solche auch nicht in Zukunft erheben wird«.

In diesen Zusammenhang gehört auch die Verpflichtung, die zwischen Deutschland und Polen bestehende Grenze in einem völkerrechtlichen Vertrag zwischen den beiden Staaten zu bestätigen. Bekräftigt werden in dem Vertrag ferner die Erklärungen der beiden deutschen Staaten, die das vereinte Deutschland binden, wonach von deutschem Boden künftig nur Frieden ausgehen und auf die Herstellung, den Besitz und die Verfügungsgewalt über atomare, biologische und chemische Waffen verzichtet wird. In einem zusätzlichen Brief stellten die beiden deutschen Außenminister zudem fest: »Die auf deutschem Boden errichteten Denkmäler, die den Opfern des Krieges und der Gewaltherrschaft gewidmet sind, werden geachtet und stehen unter dem Schutz deutscher Gesetze. Das gleiche gilt für Kriegsgräber, sie werden erhalten und gepflegt.«

Mit dem deutsch-sowjetischen Vertrag über gute Nachbarschaft, Partnerschaft und Zusammenarbeit wurde ein weiterer Meilenstein gesetzt. Die insgesamt eingegangenen Verpflichtungen und das in Jahrzehnten gewachsene Vertrauen haben den Weg zur deutschen Einheit bereitet. So heißt es denn in der »Erklärung der Zwölf zur deutschen Vereinigung«: »Ein Volk, das unsere gemeinsame Zivilisation so sehr bereichert hat, erhält wieder seinen rechtmäßigen Platz in Europa und in der Welt. Es erfährt endlich die Erfüllung seines Strebens, das von der Gemeinschaft und ihren Mitgliedsstaaten unbeirrt unterstützt worden ist; demzufolge teilen die Gemeinschaft und ihre Mitgliedsstaaten die Freude des deutschen

Vor dem Reichstagsgebäude wird in der Nacht vom 2. auf den 3. Oktober 1990 um null Uhr die schwarz-rot-goldene Flagge gehißt. Im Bild von links nach rechts: der saarländische Ministerpräsident Oskar Lafontaine, der Bundesminister für Forschung und Technologie, Heinz Riesenhuber, der SPD-Vorsitzende Willy Brandt, Bundesaußenminister Hans-Dietrich Genscher, Frau Hannelore Kohl, Bundeskanzler Helmut Kohl, Bundespräsident Richard von Weizsäcker, der frühere DDR-Ministerpräsident und künftige Bundesminister für besondere Aufgaben, Lothar de Maizière, und der Bundesminister der Finanzen, Theodor Waigel. Foto: Bundesbildstelle Bonn

Volkes über dieses Ereignis um so mehr.« Weiter heißt es: »Die Gemeinschaft und ihre Mitgliedsstaaten zollen dem deutschen Volk, das in schwierigen Jahren seinen Wunsch nach Freiheit und Demokratie, der sich heute erfüllt hat, wachgehalten hat, ihre Anerkennung für seine Standhaftigkeit und würdigen die Klugheit der Regierungen und der Staatsmänner, die dies möglich machten. Die Wiederherstellung der deutschen Einheit kündigt ein neues Zeitalter für Deutschland und ganz Europa an. Von Anfang an hat die Bundesrepublik Deutschland einen herausragenden Beitrag zur europäischen Integration geleistet. Die Wiederherstellung der Einheit Deutschlands erleichtert die Aufgabe der Gemeinschaft und ihrer Mitgliedsstaaten, das sich jetzt in ganz Europa ausbreitende Klima des Vertrauens und der freundschaftlichen Zusammenarbeit zu fördern. Die Europäische Gemeinschaft und ihre Mitgliedsstaaten heißen die neuen Bürger der Gemeinschaft willkommen und wünschen dem deutschen Volk und seiner Regierung für eine gemeinsame Zukunft in Frieden und Wohlstand alles Gute.«[151]

So friedlich, so fröhlich, so schön feierten die Berliner

Dazu äußert sich Sowjetpräsident Michail Gorbatschow: »Ich wünsche der großen deutschen Nation Glück, Gedeihen und ewigen Frieden. Ohne die tiefgreifenden demokratischen Umgestaltungen in unseren Ländern hätte die Vereinigung nicht zustande kommen können.«

Und US-Präsident George Bush: »Endlich ist der Tag gekommen. Deutschland ist ver-

einigt. Heute ist die Mauer gefallen, und wir blicken auf eine neue Welt der Hoffnung. Gott schütze das deutsche Volk.«
Mainhardt Graf Nayhauss schildert in »Bild« sein Erlebnis:
Ich stehe auf der Treppe des Berliner Reichstags gleich hinter Kohl, Genscher und Brandt. Schräg unter uns ein Bild, das ich nie vergessen werde: Hunderttausende begeisterte Menschen, wogendes Fahnenmeer, krachende Böller, Sterntaler, die vom Himmel rieseln, Fackeln wie Glühwürmchen in brodelnder Masse. Schwarz-rot-gold steigt feierlich langsam am Fahnenmast empor, das Lied der Deutschen erklingt. Deutschland ist wieder eins. Der Kanzler: »Ein Traum wird wahr.«
Auf Brandts faltengegerbtem Gesicht sehe ich Tränen der Ergriffenheit. Hannelore Kohl weint, Genscher küßt seine Barbara. Seiters: »Mein Herz ist voll.« Der Kanzler und Weizsäcker reichen sich lange, lange die Hand. Schwarz-Schillings Handgelenk trifft eine herabsausende Raketenhülse, die Zeiger seiner Uhr bleiben auf drei Minuten nach Mitternacht stehen. Das ist der Moment der Geschichte.
Schäuble plötzlich: »Herr Bundespräsident, Herr Bundeskanzler. Wir müssen abbrechen, sonst wird da unten noch einer totgequetscht, dann ist die Einheitsfeier kaputt.« Fans haben die Absperrung durchbrochen, übersteigen die Brüstung. Oskar Lafontaine tritt als erster den Rückzug an, die Begleiter sorgen sich um seine Lebensgefährtin: »Wo ist die Christa?«
Franke, einst Mitglied der SPD-Fraktion: »›Helmut – Helmut!‹ schrien die da draußen.« Zweifelsohne, das ist Kohls große Stunde, des ersten Kanzlers aller Deutschen. Sein Vorgänger, der es auch gerne geworden wäre – Helmut Schmidt –, fehlt, kuriert auf der MS Europa im Mittelmeer seinen Herzinfarkt aus. So spielt das Schicksal.
Ich frage Kohl: »Was ging durch Ihren Kopf?«

Am Tag vor der Vereinigung am 3. Oktober 1990 verabschieden sich die Stadtkommandanten der drei westlichen Sektoren von Berlin. 45 Jahre hatte die ehemalige Reichshauptstadt ihren eigenen Status. Bis zur Vereinigung Deutschlands und der wiedererlangten Souveränität »regierten« sie Westberlin. Der Ostteil nannte sich »Hauptstadt der DDR«. Im Bild: Der Regierende Bürgermeister Walter Momper (links) und Parlamentspräsident Wohlrabe (rechts) verabschiedeten die Stadtkommandanten Haddock (USA), Corbett (Großbritannien) und Cann (Frankreich).

»Natürlich ist dies einer der glücklichsten Tage in meinem Leben. Aber ich sage auch: Dieser 3. Oktober wird immer ein Feiertag der Freude, vor allem für die Jugend, sein, an dem die Leute tanzen, singen, sich amüsieren.« Er pflügt sich weiter durch die Menschenmenge, schüttelt Hände (»Vielen Dank, Herr Bundeskanzler«), bedankt sich seinerseits bei Mitstreitern. Zu Hoesch-Chef Rohwedder, der als Treuhandpräsident versucht, die marode Ostwirtschaft auf Trab zu bringen: »Danke für alles.«
Bundestagspräsidentin Süßmuth hat zu einem Empfang gebeten. (Es gibt Kartoffelsuppe aus der Uckermark.) Ex-Volkskammerpräsidentin Sabine Bergmann-Pohl triumphierend: »Wir haben es geschafft!«
Eine ehemalige SPD-Volkskammerabgeordnete zu einem verdutzten Schäuble: »Darf ich Sie einmal küssen?« Sie durfte. Ex-Bundespräsident Carstens spricht PDS-Parteivorsitzenden Gregor Gysi an. Der ist ebenfalls baff: »Sie sind ja richtig freundlich zu mir.«
Die Bonner Sozialdemokraten kommen sich vor wie auf der falschen Party.
Die CSU-Oberen Waigel, Streibl, Stücklen und Riedl hocken zusammen. Vom Glanz des historischen Moments bleiben sie ein wenig ausgespart. Waigel murrt: »Die Staatsmänner der Luxusklasse, Weizsäcker, Kohl und Genscher, hatten ihre große Stunde. Der Finanzminister hat seine schwere Stunde.« In Zukunft möchte er »die Solidarität der Menschen in ganz Deutschland. Dann packen wir's.«
Die Hunderttausende draußen feiern bis tief in die Nacht, blockieren die Abfahrten, um einen letzten Blick auf die Prominenz zu erhaschen. Ich habe das Problem, vom Reichstag in mein Hotel zu kommen. Für Taxis ist kein Durchkommen. Schließlich zwänge ich mich in den Polizeiwagen, der Schwarz-Schilling zur Übernachtung nach Potsdam eskortiert. Am Funkturm steige ich aus. Der nunmehr gesamtdeutsche Postminister winkt mir mit verbundenem Handgelenk zu, ruft: »Die lädierte Uhr hänge ich mir auf! Zur Erinnerung an diese einmalige Nacht.«

Der 3. Oktober 1990 brachte die Wiedervereinigung

Einigkeit und Recht und Freiheit
Für das deutsche Vaterland
Danach laßt uns alle streben
Brüderlich mit Herz und Hand
Einigkeit und Recht und Freiheit
Sind des Glückes Unterpfand
Blüh'im Glanze dieses Glückes
Blühe, deutsches Vaterland

So lautet die dritte Strophe des Deutschlandliedes

Es war ein Fest, das wir lange ersehnt hatten, aber nie so richtig geglaubt haben, daß es jemals Wirklichkeit wird. Mit Glockengeläute und Feuerwerken wurde schon in der Nacht zum 3. Oktober 1990 die wiedergewonnene Freiheit und die Einheit Deutschlands gefeiert, in West-, Mittel- oder Ostdeutschland, wie wir die ehemalige DDR heute nennen, umarmten sich die Menschen. Und daß wir dies alles erleben durften, verdanken wir vor allem den tapferen Menschen in der ehemaligen DDR, die es mit einer friedlichen Revolution schafften, ohne Blutvergießen. Der SED-Staat hat nach knapp 41 Jahren aufgehört zu existieren, und genau zehn Monate und 24 Tage hat es gedauert vom Fall der Mauer bis zur Wiedervereinigung unseres Vaterlandes, die wir alle so sehr herbeigesehnt haben. Allen sollte gedankt werden und man sollte sie nie vergessen: das russische Staatsoberhaupt Gorbatschow, den Präsidenten der Vereinigten Staaten von Amerika, Bush, Präsident Mitterrand oder die Engländerin Margaret Thatcher. Dank vor allem unserem Bundeskanzler Helmut Kohl sowie Willy Brandt, Hans-Dietrich Genscher, Hans-Jochen Vogel und unzähligen anderen, die Anteil daran haben, daß in der Nacht zum 3. Oktober 1990 die deutsche Flagge vor dem Berliner Reichstag gehißt werden konnte.
Axel Springer sagte einmal: »Es ist unsere Pflicht, die Idee des ungeteilten deutschen Vaterlandes in unseren Herzen zu bewah-

ren.« Seine Frau fügte vor kurzem hinzu: »Jetzt müssen wir unsere Herzen öffnen, damit unser Vaterland in der europäischen Völkergemeinschaft eine gute Zukunft hat. Das wünsche ich mir. Das wünsche ich uns allen.«

Der bayerische Ministerpräsident Dr. h. c. Max Streibl zur Einheit Deutschlands

Am 3. Oktober 1990 geht mit der Einheit Deutschlands ein jahrzehntelanger Traum in Erfüllung. Mit der Einheit endet die Trennung Deutschlands wie auch die Teilung Europas.
Nach 45 Jahren erhält Deutschland seine volle staatliche Souveränität zurück. Die sowjetischen Truppen ziehen ab, Deutschland bleibt in der Nato. Unsere Zukunft wird von Partnerschaft mit dem Westen und guter Nachbarschaft mit dem Osten geprägt sein.
Der Sozialismus ist in der DDR genauso wie in mehr als 100 anderen Ländern der Erde gescheitert. Auch unsere Landsleute in Sachsen, Thüringen, Sachsen-Anhalt, Brandenburg und Mecklenburg-Vorpommern haben jetzt echte Zukunftsperspektiven in unserem freiheitlichen, sozialen und demokratischen Rechtsstaat.
Die bayerische Staatsregierung hat stets am Gedanken der Einheit unseres Vaterlandes festgehalten. Unsere Politik hat deshalb mit dazu beigetragen, daß sich Freiheit und Selbstbestimmung durchsetzen konnten. Eine solide und erfolgreiche Finanz- und Wirtschaftspolitik hat die Grundlagen dafür geschaffen, daß unsere bayerischen Bürger durch die Leistungen, die in nationaler und menschlicher Solidarität zu erbringen sind, nicht zusätzlich belastet werden.
Die Vereinigung bringt zusätzliche Wachstumschancen im Zeichen der sozialen Marktwirtschaft auch weit über die deutschen Grenzen hinaus. Bayern wird wiederum Herzland Europas.
In einem zusammenwachsenden Europa gewinnen Regionen und Länder stärker an Bedeutung. Nationale Grenzen werden ihre trennende Wirkung verlieren. Auch alle deutschen Volksgruppen sollen dort in Freiheit leben können, wo sie ihre Heimat sehen.
Die bayerische Staatsregierung wird dafür sorgen, daß Bayern im vereinten Deutschland und im künftigen Europa stark bleibt!
Schon in seiner Regierungserklärung am 14. November 1989 erklärte Max Streibl: »Einigkeit und Recht und Freiheit für das ganze Vaterland.«

Reden zur deutschen Einheit

Bundespräsident Richard von Weizsäcker ergreift das Wort am 3. Oktober 1990 beim Festakt in der Berliner Philharmonie zur deutschen Einheit: »Der Tag ist gekommen, an dem zum ersten Mal in der Geschichte das ganze Deutschland seinen dauerhaften Platz im Kreis der westlichen Demokratien findet. Grenzen sollen Brücken zu den Nachbarn werden.«
Er dankt Ungarn, Polen, der Tschechoslowakei, den westlichen Verbündeten und der EG für ihre Beiträge zur Einheit, vor allem aber der Demokratiebewegung in der DDR. Mit den vier einfachen Worten »Wir sind das Volk« sei ein ganzes System zu Fall gebracht worden.
Dann mahnend: »Zu vollziehen aber ist die Einheit nur durch die Köpfe und Herzen der Menschen selbst. Jedermann spürt, wieviel da noch zu tun ist.« Und: »Sich zu vereinen heißt teilen lernen.«
Nun sei die europäische Vereinigung das große Ziel: »Wir haben keine Zeit zu verlieren.«
In seiner Fernsehansprache zu diesem 3. Oktober 1990 führt Bundeskanzler Helmut Kohl aus: »Noch nie waren wir besser vorbereitet als jetzt, die wirtschaftlichen Aufgaben der Wiedervereinigung zu meistern.«
Noch wichtiger sei jedoch, daß wir Verständnis füreinander haben, daß wir aufeinander zugehen. Wir müssen ein Denken überwinden, das Deutschland immer noch

in ein »Hüben« und in ein »Drüben« aufteilt.
Ein Traum werde Wirklichkeit. Kohl: »Für mich ist dieser Augenblick einer der glücklichsten in meinem Leben.« Er verspricht: »Für uns gehören Vaterlandsliebe, Freiheitsliebe und der Geist der guten Nachbarschaft immer zusammen… Dabei gibt es für uns auf der Welt nur einen Platz: an der Seite der freien Völker.«
Die DDR verabschiedet Lothar de Maizière im Schauspielhaus in Berlin: »Ich glaube, wir haben allen Grund, uns zu freuen und dankbar zu sein«, sagt er. De Maizière, knapp sieben Monate Regierungschef, verabschiedet sich von der DDR »ohne Tränen«. Mit dem Beitritt ende die dramatische »Phase der Neuorientierung, die im Herbst 1989 begann«, sagt er. Die DDR lasse ein System hinter sich, dessen »Kainszeichen die Unfreiheit des Geistes und das verordnete Denken, Mauer und Stacheldraht, der Ruin der Wirtschaft und die Zerstörung der Umwelt, die kalkulierte Gängelung und das geschürte Mißtrauen« waren.
De Maizière mahnt: »Nicht was wir gestern waren, sondern was wir morgen gemeinsam wollen, vereint uns zum Staat. Ich freue mich darauf.« Der Kölner Kardinal Meisner sprach: Die Einheit ist letztlich ein Werk Gottes. »Gott als Herr der Geschichte hat diesen Tag möglich gemacht. Gott hat an unserem Volk gehandelt.«

»Der Tag der Wiedervereinigung ist ein Tag der Freude«

Von Helmut Kohl

Nach mehr als 40 Jahren der schmerzlichen Teilung unseres Vaterlandes wird ein Traum Wirklichkeit: der Traum eines geeinten Deutschlands in einem sich vereinigenden Europa. Der Tag der Wiedervereinigung, der 3. Oktober 1990, ist ein Tag der Freude und der Dankbarkeit für alle Deutschen. Diktatur und Unfreiheit, Unterdrückung und Teilung sind endlich überwunden. Es geht in Erfüllung, wozu uns das Grundgesetz stets aufgefordert hat: in freier Selbstbestimmung die Einheit und Freiheit Deutschlands zu vollenden – und es geschieht ohne Krieg, ohne Gewalt, in vollem Einvernehmen mit unseren Partnern und Nachbarn in West und Ost.
Unser Dank gebührt zuallererst unseren Mitbürgerinnen und Mitbürgern in der ehemaligen DDR. Mit ihrem Mut, mit ihrer Besonnenheit und vor allem mit ihrer Freiheitsliebe haben sie ein Beispiel gegeben, wie sich eine gewaltsame Diktatur friedlich überwinden läßt. Dies wird für immer zu den großartigsten Kapiteln der deutschen Geschichte gehören. Es ist aber auch unsere Pflicht, uns stets der Opfer von Unfreiheit und Unterdrückung, von Mauer und Stacheldraht zu erinnern. Wir schulden das nicht nur ihnen, sondern auch künftigen Generationen, denen ein solches Schicksal für immer erspart bleiben soll.
Die Deutschen haben während der vergangenen zwölf Monate gezeigt, daß sie gegen die Versuchung nationaler Überheblichkeit gefeit sind. Sie haben ihre demokratische Reife und nachbarschaftliche Gesinnung unter Beweis gestellt. Die Bundesrepublik Deutschland hat sich in Europa und weltweit in über 40 Jahren einer stabilen, rechtsstaatlichen Demokratie Vertrauen erworben. Ohne dieses Vertrauen hätten wir die staatliche Einheit unseres Vaterlandes nicht so rasch wiederherstellen können.
Dank schulden wir unseren westlichen Verbündeten, Freunden und Partnern, vor allem den Vereinigten Staaten von Amerika, Frankreich und Großbritannien, die in den vergangenen Jahrzehnten unsere Freiheit gesichert und besondere Verantwortung in Berlin getragen haben. Wir sind und bleiben Teil der westlichen Wertegemeinschaft. Unser Dank gilt ebenso den Bürgerrechtsbewegungen in Polen und Ungarn – in Ländern, die mit tiefgreifenden Reformen in Politik, Wirtschaft und Gesellschaft vorangegangen sind. Wir haben aber auch Präsident Gorbatschow zu danken, ohne dessen Reformpolitik, ohne dessen neues Denken in der Außenpolitik die Veränderungen in Europa nicht möglich geworden wären.

Wir alle wissen, daß der Neubeginn in den fünf neuen Bundesländern – Brandenburg, Mecklenburg-Vorpommern, Sachsen, Sachsen-Anhalt und Thüringen – eine gewaltige Herausforderung für unser ganzes Volk darstellt. Der Wiederaufbau ist keine Frage von Tagen und Monaten, sondern der nächsten Jahre. Es wird harte Arbeit, auch Opfer erfordern, bis die Erblast von Diktatur und sozialistischer Mißwirtschaft beseitigt sein wird. Gemeinsam werden wir es schaffen, daß die Länder dort bald wieder aufblühen. Wir müssen uns darauf besinnen, wie wir vor über 40 Jahren aus den Trümmern unserer zerstörten Städte und Landschaften die Bundesrepublik Deutschland aufzubauen begonnen haben. Damals haben die Menschen mit ihrem Mut und mit ihrer zähen Entschlossenheit, mit Fleiß und Einfallsreichtum und mit dem Bewußtsein für die Gemeinsamkeit der Aufgabe eine leistungsfähige und sozial gerechte freiheitlich-demokratische Ordnung geschaffen. Nun wollen wir, daß dies endlich für das ganze Deutschland Wirklichkeit wird.

Das Gelingen dieser großen Gestaltungsaufgabe ist weit über die Grenzen Deutschlands hinaus von größter Bedeutung für die Zukunft Europas. Deutschland, in der Mitte Europas gelegen, hat mehr Nachbarn als jeder andere europäische Staat; wir wissen, daß das geeinte Deutschland im politischen und wirtschaftlichen Gefüge des Europas von morgen ein besonderes Gewicht hat. Deshalb sind wir uns von Anfang an bewußt gewesen, daß die Einheit Deutschlands alle unsere Nachbarn berührt und auch bewegt.

Am Ende eines Jahrhunderts, das Europa so viel Krieg, Leid und Not gebracht hat, wollen wir mit allen unseren Nachbarn zu dauerhafter Verständigung und Versöhnung kommen. Wir wollen mitbauen an einem neuen, geeinten Europa. Die Zukunft Deutschlands heißt Europa, und die deutsche Einheit und die europäische Einigung sind zwei Seiten einer Medaille. Dies ist durch die Entwicklung des vergangenen Jahres eindrucksvoll bestätigt worden. Freundschaft zwischen Deutschen und Franzosen ist die Voraussetzung gewesen für den Aufbau der Europäischen Gemeinschaft. Heute gilt: Ohne Aussöhnung und eine wirkliche Partnerschaft zwischen Deutschen und Polen wird sich die Einigung Europas nicht vollenden lassen.

Auf beiden Seiten gibt es noch Wunden, die erst langsam verheilen. Viele deutsche Heimatvertriebene und Flüchtlinge empfinden tiefen Schmerz über den endgültigen Verlust Schlesiens, des östlichen Brandenburg, Pommerns, West- und Ostpreußens und anderer Landschaften östlich von Oder und Neiße, die Deutschen jahrhundertelang Heimat waren. Kein Mensch hat das Recht, diesen Gefühlen seine Achtung zu versagen. Aber es muß auch offen ausgesprochen werden, daß die historische Chance, die Einheit Deutschlands in Freiheit zu vollenden, verspielt worden wäre, wenn wir auf die Frage der polnischen Westgrenze keine klare Antwort gegeben hätten.

Jetzt, da das Ende der Nachkriegszeit erreicht ist, eröffnet sich die Chance, eine neue Phase der europäischen Geschichte einzuleiten, eine Phase, in der die Konfrontation durch Kooperation abgelöst wird und in der die europäischen Völker bei offenen Grenzen Sicherheit im Miteinander finden werden. Wir streben eine umfassende Zusammenarbeit auch mit der Sowjetunion an und wollen gleichzeitig eine dauerhafte und stabile Friedensordnung in Europa verwirklichen.

Der Auftrag des Grundgesetzes, daß die Deutschen in einem vereinten Europa dem Frieden der Welt zu dienen haben, ist zugleich die Botschaft des 3. Oktober 1990. Als deutsche Europäer und europäische Deutsche wollen wir gemeinsam in eine glücklichere Zukunft gehen.

Der neue deutsche Staatsfeiertag

Die vier Außenminister der Siegermächte und die zwei aus Deutschland haben in Moskau den Schlußstrich unter den Zweiten

Weltkrieg gesetzt. Wer hat vor Jahresfrist noch zu denken gewagt, daß der Eiserne Vorhang fällt und der kalte Krieg beendet wird.

Der 3. Oktober 1990, der neue deutsche Staatsfeiertag, ist nicht nur der Tag der deutschen Einheit, er ist der Beginn einer neuen politischen Lage in Europa. Die Nachkriegszeit ist zu Ende gegangen. Die Deutschen sind wieder vereint, wenn sie auch durch die Folgen des Zweiten Weltkrieges große Gebietsverluste hinnehmen mußten.

Deutschland, so scheint es, bleibt ein westliches Land, aber wie werden sich die Beziehungen zur Sowjetunion entwickeln? Hier wird sich zeigen, ob unsere Politiker die glückliche Hand besitzen, die wir brauchen. In Zusammenarbeit mit dem Osten blühte Europa immer auf, hoffentlich vergessen es unsere Politiker nicht.

Vergessen wir nicht: Die Deutschen in der DDR erhoben sich, wollten mehr Freiheit, Gorbatschow half uns dabei und entzog dem SED-Regime die Rückendeckung. Seinen Ausspruch: »Wer zu spät kommt, bestraft das Leben« sollten wir nicht vergessen.

Kohl und Genscher haben in dieser Situation staatsmännisch gehandelt, heute wäre die Vereinigung wahrscheinlich nicht mehr möglich, oder nur zu Bedingungen, die kaum erfüllbar wären.

Aber ihre Erfolge wurden nur möglich durch die Demonstrationen in Leipzig, ja in der ganzen Ex-DDR, und nicht zu vergessen durch das »neue Denken« in der sowjetischen Außenpolitik. Daß der gesamte Ostblock, die Satellitenstaaten in Osteuropa vor ihrem Ruin standen, kann niemand bestreiten. Rußland konnte nicht mehr helfen, die Probleme in der UdSSR hatten einen Punkt erreicht, der Handlungen erforderte. Wie man es auch auslegen will, Michail Gorbatschow und Eduard Schewardnadse haben die Entwicklung in West- und Osteuropa erst möglich gemacht.

Das wiedervereinigte Deutschland wird zum Paradebeispiel für den Übergang des Staatssozialismus in eine freie und soziale Marktwirtschaft. Prag, Warschau, Budapest, Moskau usw. fragen uns: Wie können die sozialen Probleme und die Umwandlung bewältigt werden. Wird es gelingen?

Unsere Generation muß nun etwas leisten, vielleicht so, was in den fünfziger Jahren Wiederaufbau und Wirtschaftswunder genannt wurde. Es wird eine große Bewährungsprobe für Deutschland, nicht nur wirtschaftlich, auch politisch. Gehen wir also den richtigen Weg, der Osten bietet sich uns an. Wenn wir unsere Aufgaben bestehen, sollten wir nicht vergessen, Michail Gorbatschow Dank zu sagen, der letztlich den 3. Oktober 1990 möglich machte, egal was ihn dazu bewog.

Deutschland ist eins – Der Einigungsvertrag

Am 3. Oktober 1990 endet die staatliche Teilung Deutschlands. Die Einigung ist Ausdruck des Wunsches der Menschen in den beiden Teilen Deutschlands, gemeinsam in einem Staat zu leben, der Freiheit, Demokratie und Rechtsstaatlichkeit gewährleistet. Über 40 Jahre hinweg blieb das Bewußtsein für die Einheit der Nation und das Zusammengehörigkeitsgefühl der Deutschen unverändert stark. Mit der friedlichen und demokratischen Revolution im Herbst 1989 haben die Menschen in der bisherigen DDR die Trennung aus eigener Kraft überwunden. Die erste friedliche Revolution auf deutschem Boden öffnete die Berliner Mauer und die innerdeutsche Grenze. Dies wurde möglich, nachdem in ganz Europa tiefgreifende Veränderungen eingetreten waren.

Wir sind das Volk – Wir sind ein Volk

Dieser Ruf nach Freiheit führte zum Ende der SED-Diktatur und machte die Einheit Deutschlands möglich. Die Deutschen in der bisherigen DDR nahmen ihr Schicksal selbst in die Hand. So kann heute das verwirklicht werden, wofür viele Menschen in

beiden Teilen des geteilten Vaterlandes gekämpft und gelitten haben.
Der friedlichen Revolution vom 9. November 1989 folgten schnell die Wahlen am 18. März 1990 zu einem freigewählten Parlament in der bisherigen DDR. Am 1. Juli trat der Vertrag über die Währungs-, Wirtschafts- und Sozialunion zwischen den beiden deutschen Staaten in Kraft.
Die Volkskammer der bisherigen DDR beschloß am 23. August 1990 den Beitritt zur Bundesrepublik Deutschland für den 3. Oktober 1990. Am 31. August 1990 wurde in Berlin der Einigungsvertrag unterzeichnet. Die Außenminister der vier Siegermächte des Zweiten Weltkrieges und die Außenminister der beiden deutschen Staaten machten am 12. September 1990 in Moskau den Weg frei für ein geeintes Deutschland. Der 3. Oktober wird zum Tag der deutschen Einheit.
Der Vertrag zwischen der Bundesrepublik Deutschland und der bisherigen DDR über die Herstellung der Einheit Deutschlands, der Einigungsvertrag, schafft die Grundlagen dafür, daß dieser Beitritt in geordneten Bahnen verlaufen kann. Der Vertrag will damit zur Vollendung der staatlichen Einheit Deutschlands beitragen, und er soll die Voraussetzungen dafür schaffen, daß das Ziel einheitlicher Lebensverhältnisse in ganz Deutschland möglichst rasch erreicht wird. Er soll auch dazu beitragen, daß die großen, dramatischen Veränderungen, die sich in so kurzer Zeit ergeben haben, umgesetzt werden: sozial, wirtschaftlich und politisch.

Staatliche Ordnung – Der Beitritt

Mit dem Wirksamwerden des Beitritts der Deutschen Demokratischen Republik zur Bundesrepublik Deutschland gemäß Artikel 23 des Grundgesetzes am 3. Oktober 1990 werden Brandenburg, Mecklenburg-Vorpommern, Sachsen, Sachsen-Anhalt und Thüringen Länder der Bundesrepublik Deutschland. Die 23 westlichen und östlichen Bezirke von Berlin bilden das Land Berlin.

Fünf neue Bundesländer

Mit dem Beitritt der fünf neuen Bundesländer erhöht sich die Gesamtzahl der Bundesländer der Bundesrepublik Deutschland auf 16.
Die fünf neuen Länder sind mit beratender Stimme bis zur Wahl eigener Ministerpräsidenten im Bundesrat vertreten.
Zum 11. Deutschen Bundestag entsendet die Volkskammer entsprechend ihrer Zusammensetzung für den Rest der Legislaturperiode 144 Abgeordnete. Ab dem 3. Oktober 1990 sind sie vollberechtigte Mitglieder des Bundestages.

Die Grenzen

In der Präambel zum Vertrag wird die Unverletzlichkeit der Grenzen in Europa festgeschrieben. Für das vereinte Deutschland gibt es keine offene Grenzfrage mehr.

Die Hauptstadt

Berlin ist die Hauptstadt Deutschlands. Wo Regierung und Parlament künftig ihren Sitz haben werden, bestimmt der gesamtdeutsche Gesetzgeber.

Der Verfassungsauftrag des Grundgesetzes

Mit dem Beitritt gilt in den neuen Bundesländern und dem Ostteil Berlins das Grundgesetz der Bundesrepublik Deutschland. Das ist der Grundsatz. Für eine Übergangszeit mit unterschiedlichen Fristen, die spätestens am 31. Dezember 1995 enden, kann das Recht in den neuen Bundesländern und dem Ostteil Berlins noch vom Grundgesetz abweichen.
Der Auftrag des Grundgesetzes, die Einheit und Freiheit Deutschlands zu vollenden, entfällt, weil er jetzt erfüllt ist. An seine Stelle rückt die Festschreibung: »Damit gilt

dieses Grundgesetz für das gesamte deutsche Volk.«

Der Vertrag bleibt Bundesrecht

»Der Vertrag bleibt nach Wirksamwerden des Beitritts als Bundesrecht geltendes Recht«, heißt es in Artikel 45 des Einigungsvertrages. Will der Bundesgesetzgeber dieses Recht ändern, muß er allerdings auf Dauer garantierte Rechte beachten.

Die neuen Länder wachen über die Rechte aus dem Einigungsvertrag

Die neuen Bundesländer können Rechte aus dem Einigungsvertrag geltend machen. Diese Regelung ist deshalb besonders wichtig, weil die bisherige DDR völkerrechtlich und als Gebietskörperschaft untergeht.

Künftige Verfassungsänderungen

Dem Parlament des vereinten Deutschland wird empfohlen, sich innerhalb von zwei Jahren mit Fragen der Änderung und Ergänzung des Grundgesetzes zu befassen. Das soll besonders gelten für das Verhältnis Bund und Länder, die Neuordnung des Raumes Berlin/Brandenburg, die Staatszielbestimmungen und die Frage einer Volksabstimmung über eine künftige neue Verfassung. Eine Kommission soll mit Entwicklungsarbeiten zu diesen Fragen beginnen. Dem deutschen Volk in seiner Gesamtheit bleibt die Möglichkeit erhalten, in freier Entscheidung an die Stelle des Grundgesetzes eine neue Verfassung zu setzen.

Überleitung von Bundesrecht

Ab dem Beitritt gilt in den neuen Bundesländern und dem Ostteil Berlins grundsätzlich Bundesrecht, soweit der Vertrag in seiner Anlage 1 nichts anderes bestimmt. Damit wird eine weitgehende Rechtsangleichung im gesamten künftigen Bundesgebiet herbeigeführt und das Recht der bisherigen DDR ersetzt. Dies ist eine wichtige Voraussetzung für Investitionsentscheidungen, die in den fünf neuen Bundesländern und im Ostteil Berlins dringend erforderlich sind.

Fortgeltung von DDR-Recht

Im Vertrag ist vereinbart, daß grundsätzlich Bundesrecht gilt. In Teilbereichen gilt DDR-Recht fort, entweder als Bundes- oder Landesrecht.

Enteignungen – Gesetz zur Regelung offener Vermögensfragen

Bis wann müssen Ansprüche auf Entschädigung oder Rückgabe von enteignetem Eigentum gestellt werden, und bei wem? Die Frist läuft am 13. Oktober 1990 aus. Anträge sind beim Landratsamt in der ehemaligen DDR zu stellen, in dessen Bezirk der Berechtigte zuletzt gewohnt hat, sonst dort, wo der Vermögenswert liegt.
Das im Einigungsvertrag enthaltene Gesetz zur Regelung offener Vermögensfragen ist der erste Schritt zur gesetzlichen Umsetzung der »Gemeinsamen Erklärung« der beiden deutschen Regierungen vom 15. Juni 1990, die über Artikel 41 des Einigungsvertrages gleichfalls Vertragsbestandteil ist. Die Regelungsinhalte des Gesetzes folgen daher den Eckwerten der »Gemeinsamen Erklärung«:
Enteignungen auf besatzungsrechtlicher beziehungsweise besatzungshoheitlicher Grundlage (1945 bis 1949) werden nicht rückgängig gemacht.
Ob und inwieweit für diese Fälle staatliche Ausgleichszahlungen vorzusehen sind, wird der gesamtdeutsche Gesetzgeber zu entscheiden haben. Soweit es den Zeitraum ab Gründung der DDR (7. Oktober 1949) betrifft, gelten folgende Grundsätze:
Enteignungen aufgrund von Vorschriften, die mit der bisherigen Teilung Deutschlands

und der damit verbundenen Bevölkerungswanderung von Ost nach West zusammenhängen, werden auf Antrag des früheren Eigentümers oder seines Rechtsnachfolgers grundsätzlich rückgängig gemacht. Gleiches gilt für solche Fälle, in denen bebaute Grundstücke durch Enteignungen, Eigentumsverzicht, Schenkung oder Erbausschlagung in Volkseigentum übernommen wurden, weil die Ertragslage zu einer Überschuldung des Grundstückes geführt hatte. Die Rückübereignung ist, ausgeschlossen, wenn sie nicht mehr möglich ist, oder wenn Dritte in redlicher Weise Eigentum oder dingliche Nutzungsrechte an dem Vermögenswert erworben haben (Ausnahme: Grundstücksveräußerungen nach dem 18. Oktober 1989 werden auch bei redlichem Erwerb rückgängig gemacht). In diesen Fällen erhält der frühere Eigentümer grundsätzlich eine Entschädigung. Überhaupt steht es dem früheren Eigentümer – von bestimmten Ausnahmen abgesehen – frei, statt des Anspruchs auf Rückübereignung wahlweise Entschädigung zu verlangen.
Nach denselben Grundsätzen werden auch solche Vermögensverluste rückgängig gemacht, die Bürger und Vereinigungen in der Zeit der nationalsozialistischen Gewaltherrschaft (1933 bis 1945) aufgrund rassischer, politischer, religiöser oder weltanschaulicher Verfolgung erlitten haben.
Seit dem 7. Oktober 1949 verstaatlichte Unternehmen werden den früheren Inhabern beziehungsweise Anteilseignern zurückgegeben, soweit das Unternehmen in seiner heutigen Form mit dem Unternehmen zum Zeitpunkt der Verstaatlichung noch vergleichbar ist. Dabei sind wesentliche Veränderungen der Vermögens- oder Ertragslage auszugleichen.
Staatliche Verwaltungen aus der Zeit seit dem 7. Oktober 1949 werden auf Antrag des Berechtigten aufgehoben. Für Vermögensschäden, die aus gröblicher Verletzung der Grundrechte einer ordnungsgemäßen Wirtschaftsführung seitens des staatlichen Verwalters resultieren, bestehen Schadensersatzansprüche.

Das Gesetz findet unmittelbar keine Anwendung auf Vermögenseinziehungen, die in rechtsstaatswidrigen Strafverfahren ausgesprochen wurden. Es ist vorgesehen, daß die Aufhebung solcher Maßnahmen auf justizförmigem Wege erfolgt. Wird im Rahmen der vorgesehenen Rehabilitierung des Verurteilten die im Strafurteil angeordnete Vermögenseinziehung aufgehoben, richtet sich die Abwicklung der vermögensrechtlichen Ansprüche des Betroffenen nach den Regelungen dieses Gesetzes.
Miet- oder sonstige Nutzungsrechte werden durch die Rückübereignung beziehungsweise Aufhebung der staatlichen Verwaltung nicht berührt. Der Berechtigte tritt in die durch diese Verträge begründeten Rechte und Pflichten ein. Ausgenommen sind solche Fälle, in denen der Mieter oder Nutzer bei Abschluß des Vertrages nicht redlich gewesen ist.
Hypotheken und andere dinglichen Rechte, die zum Zeitpunkt der Überführung des Grundstückes in Volkseigentum bereits bestanden, werden wieder im Grundbuch eingetragen. Später begründete Aufbauhypotheken muß der Berechtigte nur insoweit übernehmen, als die entsprechenden Kreditmittel nachweislich zur Durchführung werterhaltender oder werterhöhender Baumaßnahmen verwendet wurden.
Über die nach dem Gesetz vorgesehenen Ansprüche wird im Verwaltungsverfahren entschieden. Zuständig sind die noch zu errichtenden Ämter beziehungsweise Landesämter zur Regelung offener Vermögensfragen. Gegen ihre Entscheidungen können die Verwaltungsgerichte angerufen werden.

Rehabilitierung von Opfern des SED-Regimes – Stasi-Akten

In einem Zeitraum von 40 Jahren hat das SED-Regime Bürger in rechtsstaatswidriger Weise verfolgt. Dabei ist es vor allen Dingen zu strafrechtlichen Verfolgungen gekommen. Die Rehabilitierung dieser Menschen, die lediglich von ihren in der Verfas-

sung verbürgten Rechten Gebrauch gemacht haben, ist erforderlich aus rechtspolitischen, humanitären und sozialen Gründen, um das Unrecht und seine Auswirkungen im Rahmen der gegebenen Möglichkeiten zu beseitigen. Die Schaffung einer gesetzlichen Grundlage für die Rehabilitierung gehört zu den vordringlichsten Aufgaben im Zusammenhang mit der Herstellung der staatlichen Einheit.
In einer Vereinbarung zur Durchführung und Auslegung des Einigungsvertrages wird festgeschrieben, daß der künftige Umgang mit den Akten des ehemaligen Staatssicherheitsdienstes durch eine noch zu erlassende Benutzerordnung zu regeln ist.

Überprüfung von Urteilen der DDR-Strafgerichte

Die Bezirksgerichte sind auch für die Überprüfung von Strafurteilen zuständig. Die Überprüfung ist bei allen Strafurteilen möglich, die auf einer schwerwiegenden Gesetzverletzung beruhen oder im Strafausspruch gröblich unrichtig sind. Dem Verurteilten steht nunmehr ein eigenes Antragsrecht zu; die Anträge müssen bis 31. Dezember 1991 gestellt werden.[152]

Der Einigungsvertrag und das »2 + 4-Abschlußdokument«

Mit dem Beitritt der DDR zur Bundesrepublik Deutschland am 3. Oktober 1990 ist ein leidvolles, 40 Jahre dauerndes Kapitel deutscher Geschichte beendet. Zugleich wird jetzt der Auftrag der Präambel des Bonner Grundgesetzes erfüllt, wonach »das gesamte deutsche Volk« aufgefordert ist, »in freier Selbstbestimmung die Einheit und Freiheit Deutschlands zu vollenden«. Dabei soll der zwischen der Bundesrepublik Deutschland und der Deutschen Demokratischen Republik ausgehandelte Vertrag über die Herstellung der Einheit Deutschlands die Grundlagen dafür schaffen, daß dieser Prozeß in geordneten Bahnen verläuft. Dieser Vertrag hat seine Wurzeln in dem Ruf der Menschen bei den Demonstrationen in Dresden und Leipzig im vergangenen Herbst: »Wir sind ein Volk«. »Amtlich« wurde er mit dem Auftrag der Wähler aus den ersten freien Volkskammerwahlen vom 18. März 1990 an die Parlamentarier, die staatliche Einheit zu vollenden.
Der Einigungsvertrag, so Bundesinnenminister Wolfgang Schäuble nach der Unterzeichnung des Vertrages, wird nun »dafür die Voraussetzungen schaffen, daß das Ziel einheitlicher Lebensverhältnisse in ganz Deutschland möglichst bald erreicht werden kann«. Dazu gehört, daß die Folgen von mehr als 40 Jahren der Diktatur des real existierenden Sozialismus so schnell wie möglich überwunden werden und die Menschen im vereinten Deutschland tatsächlich wieder zueinander finden.
Bundesinnenminister Schäuble hat den nahezu eintausend Schreibmaschinenseiten umfassenden Vertrag mit DDR-Staatssekretär Günther Krause ausgehandelt und am 31. August im Ostberliner »Kronprinzenpalais« unterschrieben. Ein Detail am Rande, aber mit Symbolkraft: Die beiden Flaggen, die den Konferenztisch flankierten, waren identisch – schwarz-rot-gold. Keine Erinnerung an das Spaltersymbol, das für die Teilung stand, für Mauer und Stacheldraht, Selbstschußanlagen und Minenfelder und für den Schießbefehl.
An diese Seite der deutschen Nachkriegsgeschichte erinnerte Bundeskanzler Helmut Kohl noch einmal ausdrücklich bei der Würdigung des Beschlusses der Volkskammer, mit dem die Parlamentarier der DDR in der Nacht zum 24. August den 3. Oktober als Beitrittstermin festlegten. Dieser Tag sei ein Tag der Freude für alle Deutschen; er sei aber auch »ein Tag der Erinnerung an das Leid, das die Teilung unseres Vaterlandes über so viele Menschen gebracht hat«, so der Bundeskanzler eingedenk der Opfer jahrzehntelanger willkürlicher politischer Verfolgung. Gleichzeitig lenkte Kohl aber auch den Blick nach vorne. Es gehe jetzt um

den Wiederaufbau in allen Bereichen. Dies sei sicher keine Frage von Tagen und Monaten: »Aber alle Zeichen stehen darauf, daß wir es gemeinsam schaffen.«
Der Einigungsvertrag bringt dazu in vielen Bereichen die notwendige Klarheit. Dabei war das Parlament über seinen Ausschuß Deutsche Einheit schon früh umfassend in die Vertragsverhandlungen einbezogen. Dies gilt nach Feststellung des Bundesinnenministers auch für die Bundesländer. In den 45 Artikeln des Einigungsvertrages sowie den Anlagen wird das gesamte Rechtssystem der Bundesrepublik einschließlich des Verwaltungsaufbaus auf die künftigen neuen Bundesländer übertragen. Mit dem Wirksamwerden des Beitritts gilt das Grundgesetz für das ganze deutsche Volk. Dies folgt aus Artikel 3 des Vertrages. Enthalten sind ferner die für die Einheit notwendigen Grundgesetzänderungen. Artikel 45 bestimmt, daß der Vertrag nach Wirksamwerden des Beitritts als Bundesrecht geltendes Recht bleibt.
Die Volkskammer wird mit dem Beitritt 144 Abgeordnete nach dem Schlüssel ihrer derzeitigen Zusammensetzung in den Bundestag entsenden. Die neuen Länder Brandenburg, Mecklenburg-Vorpommern, Sachsen, Sachsen-Anhalt und Thüringen werden bis zur Wahl von Ministerpräsidenten Landesbevollmächtigte mit beratender Stimme in den Bundesrat abordnen. Übernommen wird ferner grundsätzlich das westdeutsche Verwaltungsrecht. Damit verbunden ist die Zusage des Bundes und der Länder der Bundesrepublik, beim Aufbau der Länder Verwaltungshilfe zu leisten.
Von besonderem politischem Gewicht sind die Bestimmungen über die Rehabilitierung von Opfern politisch motivierter Straftaten sowie die Festsetzung der Vermögensübertragungen auf Bund, Länder und die Gemeinden. Artikel 41 befaßt sich mit der Regelung von ungeklärten Vermögensfragen. Er bezieht die gemeinsame Erklärung zur Eigentumsfrage vom 15. Juni 1990 mit ein. Danach sind die Enteignungen auf besatzungsrechtlicher und besatzungshoheitlicher Grundlage in der Zeit von 1945 bis 1949 nicht mehr rückgängig zu machen. Die endgültige Entscheidung über mögliche staatliche Ausgleichszahlungen bleibt dem gesamtdeutschen Parlament vorbehalten. Im Rahmen der Übernahme der Finanzverfassung werden die fünf neuen Bundesländer schrittweise an der Verteilung der Umsatzsteuer beteiligt, bis dieser Anteil 1995 voll angeglichen sein wird. Zu den umfangreichsten Vertragsbestandteilen gehören die Bestimmungen über die deutsche Sozialunion. Beide Sozialsysteme sollen durch mehrere Übergangsregelungen angeglichen werden. Mit dem Beitritt gelten im übrigen auch die Verträge der Bundesrepublik mit der Europäischen Gemeinschaft für das Gebiet der ehemaligen DDR.
Die breite politische Zustimmung, die der Vertrag über die Parteigrenzen hinweg findet, wird begleitet von einem positiven Echo aus der Wirtschaft.
So bezeichnete der Präsident des Bundesverbandes der Deutschen Industrie, Tyll Necker, den Einigungsvertrag als »das Hinwegräumen eines weiteren Hindernisses auf dem Weg zu mehr Investitionen«. Diese Einschätzung wird von Bundeswirtschaftsminister Dr. Helmut Haussmann geteilt. Wenn jetzt noch die ungelösten Eigentumsfragen schnell geklärt würden, stehe reichlich privates Kapital zur Finanzierung des wirtschaftlichen Neuaufbaus bereit.
Der Staat werde sich auf die Aufgaben der sozialen Absicherung und der Infrastruktur konzentrieren. Diese gemeinsamen Anstrengungen werden einen gewaltigen Schub wirtschaftlichen Wachstums für ganz Deutschland bewirken, der alle – so Bundesinnenminister Schäuble vor dem Bundestag – nicht ärmer, sondern reicher mache.
Mit der Unterzeichnung des Abschlußdokuments der »2+4-Gespräche« am 12. September 1990 in Moskau wurde der letzte Stein des Fundaments für die deutsche Einheit gelegt. In nur sieben Monaten gelang es Bundesaußenminister Hans-Dietrich Genscher, seinem DDR-Kollegen und den

Außenministern der vier Siegermächte, den deutschen Einigungsprozeß erfolgreich in die neue europäische Friedensordnung einzubauen und zu einer ihrer tragenden Säulen zu machen. In dem »Vertrag über die abschließende Regelung in bezug auf Deutschland« werden die Grenzen des vereinten Deutschland endgültig festgeschrieben. Es umfaßt die Gebiete der Bundesrepublik Deutschland, der DDR und ganz Berlins. Deutschland hat keinerlei Gebietsansprüche und wird auch in Zukunft keine erheben. Die Grenze zu Polen wird in einem völkerrechtlichen Vertrag bestätigt. Das vereinte Deutschland erhält die volle Souveränität, die alliierten Vorbehaltsrechte für Berlin und Deutschland als Ganzes werden aufgehoben. Der in Moskau von Außenminister Genscher unterzeichnete Vertrag wird nach dem Beitritt der DDR am 3. Oktober 1990 vom gesamtdeutschen Parlament und vom Bundesrat sowie von den Parlamenten Frankreichs, der UdSSR, Großbritanniens und der USA ratifiziert werden. In wenigen Monaten gelang es, Jahrzehnte schmerzlicher Trennung zu überwinden. Am Anfang dieses Weges stand der Fall der Mauer und der Ruf der Menschen nach der Wiedervereinigung. Jetzt ist die deutsche Einheit erreicht – ohne Gewalt und im Einvernehmen mit den Nachbarn in Ost und West. »Damit geht«, so Bundeskanzler Helmut Kohl, »ein Traum in Erfüllung.«[153]

Deutschland – ein altes, neues Wort

Der 3. Oktober 1990, der Tag der deutschen Vereinigung, wurde von vielen Zeitungen in der ganzen Welt kommentiert. Seine Gedanken und Empfindungen aus diesem Anlaß äußert der stellvertretende Chefredakteur von »Sowjetunion heute«.

Nach dem 3. Oktober werden die Reisenden im Zug Moskau–Berlin Deutschland als Ziel haben. Erstaunlich schnell ist dieses Wort in die russische Sprache zurückgekehrt. Im Grunde genommen war es auch trotz seiner Verbannung von den Fernsehbildschirmen und aus den Zeitungskolumnen nie ganz verschwunden. So reagierten die einfachen Leute auf die politischen Realitäten, indem sie schlicht ein »Ost« oder »West« hinzufügten. Für Linguisten mag das als erstes Anzeichen dafür dienen, daß das Bewußtsein eines Volkes nicht immer dazu bereit ist, die politischen Symbole aufzunehmen, die ihm suggeriert werden.

Schwieriger ist es, die Gefühle der sowjetischen Menschen zu verstehen. Das Wort Deutschland ruft bei den Russen ganz andere Emotionen hervor, als die Wörter Frankreich oder Italien. Und das ist ganz verständlich. Unsere Geschichte ist zu tragisch, als daß bei Erwähnung Deutschlands als erstes an Goethe oder Schiller gedacht werden könnte.

Zur Zeit stehen wir am Anfang eines Prozesses der Annäherung zwischen zwei großen europäischen Nationen. Er wird keineswegs einfach und mitunter schmerzhaft sein. Aber die Zeit ist reif, Steine zum Aufbau zu sammeln. Das ist keineswegs nur eine Bibelweisheit.

Ein einfacher Steinmetz aus Poltawa hat gegen den Widerstand der örtlichen Behörden auf den Gräbern von 200 deutschen Kriegsgefangenen Grabsteine aufgestellt. Ich versuche zu verstehen, was wohl seine Beweggründe dafür waren. War es nur die Erfüllung einer Grundregel christlicher Moral, die von den Lebenden fordert, die Toten zu ehren, oder war es mehr? Vielleicht beginnt sich unser Volk qualvoll dessen bewußt zu werden, daß es seine Vergangenheit niemals wird vergessen können, aber daß es sich seine Zukunft nicht nur aus der Retrospektive auf den Zweiten Weltkrieg aneignen kann.

Für mich begann die jüngste europäische Geschichte mit dem Kniefall von Willy Brandt vor dem Mahnmal in Warschau. Ich möchte nicht, daß die Deutschen nach dem 3. Oktober ihres Gefühls von Schuld plötzlich enthoben werden, aber ich bin dagegen, wenn im Osten mit einem Schuldkomplex der Deutschen Politik gemacht wird. Vielleicht hat der Steinmetz aus Poltawa das alles schon viel früher begriffen. Er wird sich, dessen bin ich mir absolut sicher, was auch passieren mag, weiterhin nicht davon abhalten lassen, immer wieder Grabsteine auf dem Soldatenfriedhof aufzustellen.

Auch wenn es die Deutschen gern sähen, wenn Gorbatschow nach Berlin kommen würde – ich halte dies für überflüssig. Ein großer Politiker zeichnet sich dadurch aus, daß er seine Entscheidungen nicht nur aufgrund einer nüchternen Analyse fällt, sondern auch in der Lage ist, auf sein Herz zu hören. Als Journalist kann man den Wert eines Fotos von Gorbatschow und Kohl auf den Stufen des Reichstages sehr gut einschätzen. Doch dieses Spektakel würde in Deutschland und in der Sowjetunion völlig unterschiedlich aufgenommen werden. Bis zu einer gesamteuropäischen Katharsis ist es noch weit. Ein Gefühl für Angemessenheit ist notwendig, damit das, was als antike Tragödie angelegt ist, sich nicht in ein Provinzmelodram verkehrt.

Kehren wir also zu der Frage der Beziehungen der Russen zu einem vereinigten Deutschland zurück, und zwar auf einer qualitativ neuen Ebene. Diese Problematik kann heute absolut nicht pauschal behandelt werden. Die sowjetische Gesellschaft hat schon lange aufgehört, homogen zu sein, und von daher ergeben sich beträchtliche Unterschiede in der Beurteilung der Tatsache, daß im Zentrum Europas ein mächtiger deutscher Nachbar entstanden ist.

Zweifellos hat die intellektuelle Elite in der Sowjetunion das Streben des deutschen Volkes nach Einheit nicht nur unterstützt, sondern auch die öffentliche Meinung praktisch darauf vorbereitet, die kommenden Veränderungen gelassen hinzunehmen. Als Gorbatschow von der Uno-Tribüne aus das Primat der allgemeinmenschlichen Werte vor den klassenbedingten verkündete, hat er einen äußerst wichtigen Schritt zur Überwindung der Ost-West-Konfrontation getan. Das Problem der Vereinigung Deutschlands hat er jedoch der Obhut der Geschichtsgöttin Klio anvertraut. Aber es stellte sich heraus, daß auch diese ehrenwerte Dame nicht imstande war, die Zügel der deutschen Quadriga im Griff zu halten, nachdem diese querfeldein losgestürmt war. Im nachhinein muß man nun Chruschtschow recht geben, der einmal in einem Gespräch gegenüber Axel Springer bemerkte, die Vereinigung liege in den Händen der Deutschen selbst.

Wenn es darum geht, die Argumente der Befürworter der Vereinigung Deutschlands zusammenzufassen, so sind diese immer ganz einfach und pragmatisch. Das Zustandekommen der Vereinigung zieht einen Schlußstrich unter die Periode des kalten Krieges und der Konfrontation zwischen Ost und West. Es entstehen Voraussetzungen für eine neue Ordnung in Europa, und ein Quell ständiger Spannung und Instabilität wird beseitigt. Das führt automatisch zu einer größeren politischen und ökonomischen Integration. Für die UdSSR bedeutet das eine effektive Nutzung des deutschen Industriepotentials für die Überwindung ihrer ökonomischen Krise.

Die Deutschen sehen ihrerseits in der Sowjetunion nicht nur ihren historischen Nachbarn, mit dem sie in gegenseitiger Achtung zu leben »verdammt« sind, sondern auch einen gigantischen Markt für ihre Kapitalanlagen. Die Jugend ist für die Wahrnehmung dieser Ideen am offensten. Während wir noch in der Schule den Deutschunterricht boykottierten und unsere rußlanddeutsche Lehrerin, Frau Wormsbächer, zu Tränenausbrüchen brachten, so hat die Generation der heute Dreißigjährigen bereits nicht mehr wie wir im Hinterhof gespielt und mit Mühe aufteilen müssen, wer »Partisan« und wer »Faschist« sein würde. Sie sind statt dessen von ihren Eltern in Spezialschulen für Deutsche geschickt und allabendlich genötigt worden zu lernen, worin der Unterschied zwischen einem Plusquamperfekt und einem Perfekt besteht. Am schwierigsten ist es mit den Gefühlen derer, die 1945 nach Berlin kamen. Sie kamen nicht nur als Sieger, sondern als Befreier Deutschlands und Europas vom Nazismus. Deshalb wurde der sowjetische Soldat in Prag, Warschau und Budapest mit Freudentränen empfangen. Und man muß gerade ihre Gefühle verstehen, wenn sie hören, daß »Deutschland sich niemals mit dem Verlust seiner Ostgebiete abfinden wird«. Ohne jeden Zweifel werden nicht wenige Deputierte im Obersten Sowjet diese ihre Meinung zum Ausdruck bringen, wenn dort die Abkommen mit Deutschland zur Ratifizierung vorliegen werden. Gorbatschow und Schewardnadse, die die Position der politischen Konstruktivität vertreten, steht eine Konfrontation mit den leidvollen Erfahrungen der Veteranen des Zweiten Weltkrieges bevor. Gerade deshalb heißt es nun für die Deutschen, der Maxime, daß von deutschem Boden nie wieder ein Krieg ausgehen wird, eine noch größere Bedeutung zu verleihen.

Zu erwähnen bliebe noch die Haltung der sowjetischen Armee. Obwohl die Generalität nicht gerade applaudierend in die Hände klatscht, hat Verteidigungsminister Jasow die Vereinigung Deutschlands doch als eine »natürliche Sache« bezeichnet. Noch vor einem Jahr hätte eine solche Formulierung einen Schock ausgelöst, während sie jetzt niemand mehr in Erstaunen versetzt. Früher erschien es uns als selbstverständlich, große sowjetische Truppenkontingente in Osteuropa zu stationieren. Heute weiß man auch in der Armee, daß unsere Sicherheit nicht nur durch die Präsenz von Sowjetsoldaten im Ausland garantiert wird.

Nach dem 3. Oktober wird unser Blick auf Deutschland ein anderer sein. Gorbatschow hat eine große Verantwortung vor der Geschichte auf sich genommen. Aber sie ist, Gott sei Dank, zu gleichen Hälften zwischen dem sowjetischen Präsidenten und dem deutschen Bundeskanzler verteilt.[154]

Stimmen von Staatsmännern und Zeitungen des Auslands zum 3. Oktober 1990

Michail Gorbatschow: »An diesem bedeutsamen Tag möchte ich alle nach Gebühr würdigen, die, indem sie Bitternis überwanden, der Gefallenen in Ehren gedachten, den Vorurteilen und Ängsten nicht nachgaben, eine solche friedliche und würdige Lösung der ›deutschen Frage‹ ermöglicht haben.«

George Bush: »Die Vereinigten Staaten sind stolz darauf, mit Deutschland gemeinsam die Fundamente der Freiheit gelegt zu haben. Amerika ist stolz darauf, sich zu den Freunden und Verbündeten eines freien Deutschland zählen zu dürfen.«

François Mitterrand sagte schon im Januar 1988: »Es ist eine unumstößliche Tatsache: Ihr Deutschen seid ein großes Volk. Ein großes Volk für eine große Kultur. Bewahrt eure Identität und vergeßt nicht eure Geschichte.« Und fügte zur Wiedervereinigung am 3. Oktober 1990 hinzu: »Ich drücke die Gefühle der Franzosen aus, wenn ich sage, die Geschichte hat gesprochen, und sie hat gerecht gesprochen.«

Margaret Thatcher: »Wir werden das neue Deutschland ebenso begrüßen wie die bisherige Bundesrepublik, die immer ein wirklicher Partner und ein Freund gewesen ist.«

Tadeusz Mazowiecki: »Wir wollen Ihnen in dieser Stunde sagen, daß wir eine gute Nachbarschaft möchten. Wir sollten die deutsch-polnischen Beziehungen auf der Basis der Versöhnung ausbauen.«

Bundeskanzler Helmut Kohl hat sich im Vorfeld des EG-Gipfels in Rom dafür ausgesprochen, daß die europäische Währungs- und Wirtschaftsunion zum 1. Januar 1994 in Kraft treten soll. Damit hat er nach dem Urteil der Auslandspresse eine Blockade des Euro-Fahrplans verhindert!

Dazu Pressestimmen:

Le Monde, Paris, 19. Oktober 1990
»Es ist nicht der Normalfall, daß der Bundeskanzler seine gerade beschlossenen politischen Entscheidungen in ausländischen Medien bekanntgibt. Aus seiner Sicht war es angebracht, vor die französische Öffentlichkeit zu treten, die wissen möchte, welche Richtung das wiedervereinigte Deutschland im europäischen Rahmen einschlägt … Der Kanzler ist sich bewußt, daß Deutschland Europa heute braucht, um die heikle

Phase der Eingliederung des Gebietes der ehemaligen DDR durchstehen zu können. Er ist heute in einer günstigen Position, um Widerstände gegen den Aufbau Europas im eigenen Lager aus dem Weg zu räumen…«

The Daily Telegraph, London, 19. Oktober 1990
»Auf jeden Fall lohnt sich der Versuch, Deutschland an Bord zu halten: Ein Westeuropa mit der begeisterten Beteiligung dieses Landes ist eine wesentlich größere politische und wirtschaftliche Macht, während ein nationalistisches Deutschland, das keine Loyalität gegenüber Europa hegt, immense Probleme im Bereich des Wettbewerbs verursachen wird, unbeeinträchtigt von dem Gefühl der Verpflichtung gegenüber seinen Nachbarn. Im Augenblick erscheinen – wenn auch gut gemeinte – Versuche, das Tempo der europäischen Integration aus Furcht vor einer deutschen Vorherrschaft in der Gemeinschaft zu verlangsamen, als das genaue Gegenteil unseres nationalen Eigennutzes. Würden wir es wirklich vorziehen, von der deutschen Lokomotive abgekoppelt zu bleiben, und halten wir es tatsächlich für weniger gefährlich als ein Davonlaufen?«

The Times, London, 20. Oktober 1990
»Kohls Entscheidung, sein ganzes politisches Gewicht für Pläne zur Verwirklichung der Europäischen Währungsunion einzusetzen, hat die Gewichtung der Debatte zu einem entscheidenden Zeitpunkt tangiert. Seine Befürwortung eines festen Zeitplanes – Januar 1994 – für den Start der zweiten Phase der Wirtschafts- und Währungsunion erfolgte eine Woche vor dem Gipfeltreffen in Rom und unterstreicht erneut die Bedeutung der deutsch-französischen Allianz wenn es darum geht, die Europäische Gemeinschaft zu einer immer engeren politischen und währungspolitischen Union voranzutreiben. Es wird jetzt allgemein erwartet, daß alle europäischen Regierungschefs, mit Ausnahme von Mrs. Thatcher, die Aufforderung des deutschen Bundeskanzlers unterstützen werden…«

The Guardian, London, 19. Oktober 1990
»Die Unstimmigkeiten innerhalb der Europäischen Gemeinschaft über den Eintritt in die nächste Phase der Wirtschafts- und Währungsunion in etwas mehr als drei Jahren haben sich mit der Entscheidung des deutschen Bundeskanzlers Helmut Kohl, den Januar 1994 als Termin für die zweite Phase der EWU zu unterstützen, dramatisch verringert. Die Entscheidung des Bundeskanzlers bedeutet eine Wiederbelebung des EWU-Projekts, für das ein nachlassendes Interesse zu bestehen schien als Folge von Meinungsverschiedenheiten in der Frage, wie weit und wie schnell die vollständige Wirtschafts- und Währungsunion, einschließlich einer europäischen Einheitswährung, anzustreben sei.«

Eine politische Sternstunde

Altbundeskanzler Willy Brandt und Bundeskanzler Helmut Kohl stellten sich im Arbeitszimmer Konrad Adenauers Fragen von Fritz Pleitgen – und waren sich einig. Fast fünf Millionen Zuschauer wurden am 7. Oktober 1990 in der ARD Zeugen einer politischen Sternstunde.
Willy Brandt: »Ich bin froh über die Wiedervereinigung – eine fabelhafte Sache.«
Helmut Kohl: »Das wiedervereinigte Deutschland ist eingebettet in Europa. Es gab nie einen Vorgang in der modernen Menschheitsgeschichte, in dem die Einigung eines Landes mit der Zustimmung aller Nachbarn erfolgte, ohne Krieg, ohne blutige Revolution, ohne Tod, ohne Leid. Damit ist der Grundakkord des wiedervereinigten Deutschland angelegt.«
Brandt nickte: »Ich sage wie der Bundeskanzler: Dies ist eine gewaltige Sache, daß nicht gekrönte Häupter, sondern das Volk diesmal entschieden hat.«

Wie soll Deutschland künftig heißen?
Kohl: »Bundesrepublik hat sich bewährt. Aber Deutschland ist auch vorstellbar.«
Willy Brandt stimmt zu.

Wird Berlin wieder die Hauptstadt?
Beide ließen Sympathien durchblicken, sagten aber: Diese Frage sei nicht vordringlich. Es war, als ob der Geist der Geschichte in sie geschlüpft war. So gelöst, gelassen und leise sind sich zwei Politiker gegensätzlicher Politfarbe noch nie im Fernsehen begegnet. Willy Brandt nickte dem Kanzler zu. Kohl nickte zurück.
Beide demonstrierten Deutschland. Man sollte in Zukunft, wenn es um Volk und Vaterland geht, mehr Einigkeit zeigen.

Entlassungsbefehl an die Nationale Volksarmee

DDR-Verteidigungsminister Eppelmann entläßt die Nationale Volksarmee (NVA) in die Bundeswehr mit folgendem Tagesbefehl: »Meine Herren Soldaten, Unteroffiziere, Fähnrichschüler und Offiziersschüler, Fähnriche und Offiziere! Meine Herren Generale und Admirale! Meine Damen und Herren Zivilbeschäftigte!
Mit dem 2. Oktober 1990, 24 Uhr, hört nach dem Willen unseres Volkes die Deutsche Demokratische Republik auf zu bestehen, aber nicht ihre Menschen. Mit dem 2. Oktober, 24 Uhr, hört die Nationale Volksarmee auf zu bestehen, aber nicht ihre Soldaten und Zivilbeschäftigten ...
Hiermit entlasse ich Sie aus Ihren Verpflichtungen, die Sie gegenüber der Deutschen Demokratischen Republik zu erfüllen hatten. Sie sind ab 3. Oktober 1990, null Uhr, Soldaten beziehungsweise Zivilangestellte der Bundeswehr ... Ich wünsche Ihnen und Ihren Familien alles Gute, Gesundheit und persönliches Glück.«

Waffen der ehemaligen DDR-Armee im Wert von 50 Milliarden Mark müssen mit einem Riesenaufwand beseitigt werden

Mindestens zehn Jahre wird es dauern, bis das Kriegsgerät der einstigen Nationalen Volksarmee beseitigt ist. Das meiste wird verschrottet, einiges verkauft. Experten fürchten, daß NVA-Waffen auch bei Terroristen, Freischärlern und Gangsterbanden landen. In Löbau, in der Nähe von Görlitz, warten 1700 Panzer der NVA auf die Abwracker. Überall in den neuen Bundesländern werden zur Zeit riesige Sammelplätze für Waffen der aufgelösten Truppe angelegt. Von den 450 Flugzeugen der DDR-Armee will die Bundeswehr nur 24 moderne MiG-Jäger übernehmen. Ein großer Teil der Luftflotte steht auf dem Flugplatz Drewitz und wird vernichtet, ebenso wie viele der Kriegsschiffe und Torpedos, die in Peenemünde liegen.
Für Fahrzeuge der ehemaligen Volksarmee finden sich am ehesten Käufer. Viele Fuhrunternehmer in den neuen Bundesländern bauen sich damit eine berufliche Existenz auf.
Aus der Luft sieht die Flotte aus wie das Aufgebot zum letzten Gefecht. Dicht an dicht dümpeln im Hafen von Peenemünde mehr als 70 Kriegsschiffe – eine Armada aus Raketenschnellbooten, U-Boot-Jägern, Minensuchern, Versorgern und Schleppern. Ein wesentlicher Teil der ehemaligen DDR-Marine ist dort versammelt. Von nahem wird jedoch deutlich, daß die Pötte nur noch Geisterschiffe sind. Kein Mann an Deck, keine Maschine unter Dampf.
Die einstigen Paradestücke der Nationalen Volksarmee rosten vor sich hin. Davon sollen so viele wie möglich verkauft werden. Was von der Bundesmarine nicht gebraucht wird oder keinen Käufer findet, landet auf dem Schrott. Peenemünde, im Dritten Reich Abschußbasis für Hitlers V2 und nach dem Krieg wichtiger Militärstützpunkt des SED-Regimes, ist 1991 der größte Schiffsfriedhof der Welt.
Einige hundert Kilometer südlicher, in Löbau bei Görlitz, sind 1700 Panzer aufgefahren. Sie werden ebenso ausrangiert wie die meisten der mehr als 100 MiG-Kampfflugzeuge, die eine Autostunde entfernt auf dem Rollfeld des Flugplatzes Drewitz stehen. Auch dieses Kriegszeug wird zerstört und verschrottet.

Für die knapp 6000 Armee-Laster und Jeeps, die auf einen ehemaligen Hubschrauber-Landeplatz in Nordhausen am Harz gekarrt worden sind, gibt es immerhin noch weitgehend Verwendung. »Wir hoffen«, so Volker Kakoschke, Leiter des Sammellagers, »daß wir einen großen Teil der Fahrzeuge an Unternehmer und Privatleute verkaufen können.« Was keinen Abnehmer findet, geht in die Schrottmühle.

Die vier Sammelstellen sind nicht die einzigen dieser Art in Ostdeutschland. An über 50 Punkten wird seit Monaten ehemaliges DDR-Kriegsgerät zusammengezogen, ausgemustert, »demilitarisiert«, verkauft oder schlicht zerstört. »Ein einmaliger Vorgang in der Weltgeschichte«, so Hans-Joachim Dunin von Przychowski, Geschäftsführer der Vebeg in Frankfurt. Das mehrheitlich bundeseigene Unternehmen, bisher zuständig für die Vermarktung ausgesonderter Bundeswehrbestände, hat jetzt eine Mammutaufgabe zu bewältigen. Przychowski: »Das ganze Zeug zu verschrotten oder zu verkaufen dauert mindestens zehn Jahre und wird unterm Strich wohl Milliarden kosten.« Ohne dunkle Geschäfte an den offiziellen Verwertern vorbei wird die Auflösung auch nicht abgehen: Schon jetzt ist eine Menge von Waffen verschoben worden.

Bis zur Wende zählte die 180000 Mann starke NVA zu den bestausgerüsteten Armeen Europas; sie hatte ein gigantisches Rüstungsreservoir angelegt – mehr als 10000 gepanzerte Fahrzeuge, etwa 80 Kampfschiffe und rund 100 weitere Wasserfahrzeuge, rund 450 Flugzeuge, an die 100000 Last- und Mannschaftswagen, 2500 Geschütze, 1,2 Millionen Handfeuerwaffen sowie rund 300000 Tonnen Munition. Alles in allem eine Ausrüstung, deren Wert vom ehemaligen Ostberliner Verteidigungsministerium auf 50 Milliarden Mark taxiert wurde. Nicht mitgerechnet die Bestände, die den Grenztruppen, den Betriebskampfgruppen und der Stasi unterstanden.

»Die haben einen Aufwand getrieben wie für ein 500000-Mann-Heer«, sagt Klaus Grönwoldt von der Materialdepot-Betriebsgesellschaft in Bad Godesberg, die im Auftrag der Vebeg Sammellager in Ostdeutschland verwaltet. Laut Grönwoldt stehen Tausende von NVA-Fahrzeugen herum, die kaum Kilometer auf dem Tacho haben.

Die Bundeswehr kann nur wenig von all dem Zeug gebrauchen. Sie muß selber kräftig Personal und Material abbauen, wie es der im November 1990 unterzeichnete Vertrag über konventionelle Abrüstung in Europa vorsieht. Zudem passen die meist aus sowjetischer Produktion stammenden Flugzeuge, Panzer und Schiffe schon wegen des unterschiedlichen technischen Standards nicht ins Nato-Konzept.

Von der NVA-Flotte will das Bonner Verteidigungsministerium »mittelfristig überhaupt nichts behalten«, so ein Sprecher auf der Hardthöhe. Aus dem Reservoir der Schützenpanzer soll die Bundeswehr 760 Fahrzeuge übernehmen, von der Luftwaffe zwei Dutzend modernste MiG-Jäger.

Die Vebeg bemüht sich nun, wenigstens die Hälfte der Kriegsschiffe zu »demilitarisieren« und als zivile Transporter an den Mann zu bringen. Etwa 50 Versorger und Landungsboote sind schon verkauft. Größere Schiffe sollen umgebaut und als schwimmende Herbergen für Aussiedler und Asylanten genutzt werden. Auch ein Sammler war schon zur Stelle. Peter Tamm, Ex-Vorstandsvorsitzender des Springer-Verlages, erwarb ein NVA-Schnellboot. Es steht auf der Terrasse hinter seinem Hamburger Haus direkt an der Elbe.

Interessiert an preiswertem NVA-Nachlaß sind vor allem Staaten des ehemaligen Warschauer Paktes und Dritte-Welt-Länder. Gleich nach der Wende hatten sich Regierungsvertreter und internationale Waffenhändler in großen Armee-Depots wie bei Magdeburg, Finsterwalde oder Berlin die Klinke in die Hand gegeben. Dem Abrüstungsminister in der Regierung de Maizière, dem Pfarrer Rainer Eppelmann, wird vorgeworfen, umfangreiche Mengen Rüstzeug zu Schleuderpreisen verscherbelt zu haben. Großabnehmer war unter anderem

ein belgischer Dealer mit Sitz in Panama, der nach Informationen des Fachblattes »Visier« über »beste Beziehungen zu maßgeblichen Leuten des Honecker-Regimes verfügte«.
Verteidigungsminister Gerhard Stoltenberg, inzwischen Herr über die brisante Hinterlassenschaft, schreckt davor zurück, in Eppelmanns Fußstapfen zu treten und den Ausverkauf der DDR-Armee in großem Stil weiter zu betreiben. In Bonn ist man nach den Skandalen um deutsche Rüstungslieferungen an den Irak vorsichtiger geworden. Bisher hat das Verteidigungsministerium nur NVA-Material für 85 Millionen Mark an Finnland verkauft sowie rund 200 Armee-Lastwagen, größere Mengen Sanitätsgegenstände und 400 Tonnen Bekleidung als »humanitäre Hilfe« an Bulgarien abgegeben.
Polen und Ungarn, die vor allem an Panzern aus sowjetischer Produktion interessiert sind, werden wohl leer ausgehen. Genauso wie einige Entwicklungsländer, die bereits bei Eppelmann wegen des Kaufs von Ost-Gerät angeklopft hatten. Stoltenberg und Bundeswirtschaftsminister Jürgen Möllemann haben sich darauf verständigt, vorerst weder Kriegsschiffe noch Flugzeuge, Panzer oder anderes Rüstungsmaterial aus Beständen der NVA für militärische Zwecke zu verkaufen.
Die Masse des NVA-Arsenals kommt unter den Hammer. Dafür sollen nun auch die Sammellager auf der Halbinsel Usedom und in Bautzen mit jeweils 15000 ausrangierten Last- und Mannschaftswagen aufgefüllt werden. An regelmäßigen Verkaufstagen können dann Privatinteressenten die Fahrzeuge begutachten und direkt kaufen.
»Renner sind die Kübelwagen«, weiß Lagerleiter Kakoschke aus Nordhausen. Ein Trabant-Kübelwagen ist schon ab 2000 Mark zu haben, bereits ab 1000 Mark gibt es einen Laster.
Als Käufer treten vor allem Kleinunternehmer aus Ostdeutschland auf. Um den späteren Ersatzteilbedarf zu sichern, erstehen pfiffige Mechaniker ältere Fahrzeuge zu Billigstpreisen.
Wieviel der rund 100000 NVA-Radfahrzeuge sich absetzen lassen, können die Vebeg-Experten noch nicht abschätzen. Ein erheblicher Teil wird aber ebenfalls, samt den überflüssigen Panzern, Flugzeugen und Schiffen, in einem aufwendigen Verfahren zerlegt werden. Experten bezweifeln, daß die Vebeg den Ramsch kostendeckend verschrotten kann. Allein die Kosten für die Zerlegung eines Panzers werden auf 20000 bis 30000 Mark geschätzt.
Teuer zu stehen kommt den Steuerzahler auch die Vernichtung der über 300000 Tonnen NVA-Munition. Die Patronen und Granaten können – wie auch die Raketen, Torpedos und Minen – aus ökologischen Gründen nicht einfach verballert werden, sondern müssen mühsam zertrennt werden. Das Pulver wird in Spezialöfen verbrannt, von denen es bislang zuwenig gibt. Vebeg-Chef Przychowski beziffert die Kosten allein für die Entsorgung der Patronen und Granaten auf anderthalb Milliarden Mark.
Die Verschrottung der DDR-Armee dürfte mehrere Milliarden Mark verschlingen, die Finanzminister Theo Waigel bei seiner Ausgabenplanung noch gar nicht einkalkuliert hat.
Profitieren werden davon westdeutsche Rüstungsunternehmen wie MBB oder Diehl und einige ostdeutsche Betriebe. Sie werden von der Vebeg bei der Demilitarisierung und Verschrottung eingeschaltet und können so über Jahre einen Teil ihrer Verkaufsausfälle im Neugeschäft wettmachen.
Was nicht sofort zu vernichten ist, muß mit weiteren enormen Kosten teilweise jahrelang gelagert und bewacht werden. Denn die über ganz Ostdeutschland verteilten Lagerstätten laden zum Waffen- und Munitionsdiebstahl ein. Seit der Wende wurden bereits große Mengen Pistolen, Gewehre, Granaten, Panzerfäuste und Munition von NVA-Angehörigen und professionellen Kriminellen illegal verscherbelt. Aus den Zwischenlagern der Hehlerbanden in Polen und Ungarn haben sich angeblich unter anderem die gegnerischen Parteien in Jugoslawien eingedeckt.

Abnehmer zuhauf finden sich auch auf dem schwarzen Markt in der Bundesrepublik. An Nachschub herrscht kein Mangel. Frank Salis, Sprecher im Bonner Verteidigungsministerium: »Aus der Zeit des Übergangs der Nationalen Volksarmee zur Bundeswehr gibt es eine richtige Menge von Waffen, die nirgendwo registriert waren und jetzt verschwunden sind.«
Wo sie zum Beispiel auftauchen, enthüllte vor wenigen Wochen ein 21jähriger Hamburger, der an der Elbe 80 Handgranaten und zwölf Panzergranaten verhökern wollte. »Ich habe gute Beziehungen zum Kiez«, erklärte er nach seiner Festnahme, »da werde ich die Dinger spielend los.«
Dieter Rehberg vom Hamburger Landeskriminalamt befürchtet, daß »verstärkt Waffen aus Beständen der NVA in die Hansestadt kommen« – gefährliches Potential für kriminelle Gruppen und Terroristen. Eine Angst, die auch jüngst auf der IAA in Frankfurt von Herstellern gepanzerter Luxuslimousinen für Wirtschaftsführer und Politiker geäußert wurde.
Internationalen Waffenhändlern und Terroristen hatte auch der Stasi-Offizier und oberste DDR-Devisenbeschaffer Alexander Schalck-Golodkowski in die Hände gearbeitet. Noch kurz vor der Wende hatte die Imes, eine auf Waffenlieferungen spezialisierte Firma aus Schalcks Organisation Kommerzielle Koordinierung (KoKo), beim VEB Geräte- und Werkzeugbau Wiesa unter der Projektnummer 820 003 86 die »Entwicklung eines Sturmgewehres für Kal. 5,56 x 45 mm« (so ein geheimes Protokoll) in Auftrag gegeben. Davon wußten nicht einmal die NVA-Generale.
Die Waffe mit der Bezeichnung »Wieger 940«, eine Weiterentwicklung der sowjetischen Kalaschnikow, wurde gezielt für den Einsatz von Nato-Munition des Kalibers 5,56 Millimeter konstruiert. Derartige Patronen sind überall auf den Waffenmärkten des Westens erhältlich. Auf diese Weise wollte die Imes zusätzliche Absatzgebiete vor allem in westlich orientierten Dritte-Welt-Ländern erschließen. Umfangreiche Bestellungen für die 940er-Serie und weitere Wieger-Modelle aus Indien, Peru, Uganda und Nigeria lagen bereits vor.
Etwa 60 000 Wieger-940-Modelle wurden nach Erkenntnissen Ostberliner Militärexperten gefertigt. Die Hälfte davon soll nach der Wende aus dem Imes-Lager Kavelsdorf verschwunden sein. Sind die 30 000 Spezialgewehre auch nur teilweise in die Hände von Gangsterorganisationen, Terroristen und Freischärlern gelangt, ist Schlimmstes zu befürchten. Die aus der Wieger abgefeuerten Hartmantelgeschosse durchdringen Stahl, als ob er Papier wäre.
Ein Waffenexperte sagt dem Mitarbeiter der Illustrierten »Stern«, Herbert Uniewski: »Die reißen so fürchterliche Wunden, daß ein Mensch einen Treffer kaum überlebt.«[155]

Dem Frieden dienen

Mit der Einigung Deutschlands und der Überwindung der europäischen Spaltung ergibt sich nach Feststellung von Bundesaußenminister Hans-Dietrich Genscher für Deutschland die Möglichkeit, seine europäische Berufung zu erfüllen: »In einem vereinten Europa dem Frieden und der Welt zu dienen.« Die Überwindung der politischen und ideologischen Ost-West-Gegensätze mache den Weg frei zum Abbau der militärischen Konfrontation. In Absprache mit der Regierung der DDR erklärte Genscher vor dem VKSE-Plenum (Verhandlungen über Konventionelle Streitkräfte in Europa und über neue Vertrauens- und Sicherheitsbildende Maßnahmen) in Wien Ende August 1991, die Regierung der Bundesrepublik Deutschland verpflichte sich bindend, die Streitkräfte des vereinten Deutschland innerhalb von drei bis vier Jahren auf 370 000 Mann zu reduzieren. Dies bedeutet eine Halbierung im Vergleich zur derzeitigen Personalstärke beider deutschen Streitkräfte. Mit der Verkürzung der Wehrdienstzeit ab 1. Oktober 1990 von bisher 15 auf jetzt zwölf Monate hat die Bundesregierung einen ersten deutlichen Schritt dazu getan.

Sie leistet damit nach Überzeugung von Bundesverteidigungsminister Gerhard Stoltenberg einen wichtigen vertrauensbildenden Beitrag zur Begrenzung der militärischen Potentiale in Europa. Gleichzeitig ist für 1991 die Verringerung der Zeitsoldaten um 5000 und der Wehrübungsplätze um ein Drittel vorgesehen. Einbezogen in die Reduzierung der Streitkräfte sind auch die 100 000 Soldaten und entsprechend die 50 000 zivilen Mitarbeiter der Nationalen Volksarmee nach Verwirklichung der Einheit. Dies wird in einer sozial tragbaren Form geschehen. Mit Anpassungs- und Zwischenschritten wird es gelingen, so Verteidigungsminister Stoltenberg, zu einer Bundeswehr für ganz Deutschland zu kommen, »die unserer Demokratie, ihren Werten und Normen, verpflichtet ist«. Dabei bleibe die Wehrpflicht eines der Fundamente für eine moderne, fest im Volk verankerte Armee.[156]

Das neue Deutschland in Zahlen

Unser Land ist ab dem 3. Oktober 1990 375 000 Quadratkilometer groß (Bundesgebiet allein 249 000). Frankreich ist mit 547 000 Quadratkilometern erheblich größer, Italien mit 301 000 nur wenig kleiner.
Größte Stadt bleibt Berlin mit 3,4 Millionen Einwohnern. Es folgen Hamburg (1,5 Millionen) und München (1,25 Millionen).
Leipzig nimmt mit 545 000 Einwohnern den 10. Platz ein, Dresden mit etwas über einer halben Million den 13. Platz.
Deutschland hat nun zwölf Städte mit über 100 000 Einwohnern mehr als bisher, darunter die Landeshauptstädte Magdeburg (Sachsen-Anhalt), Potsdam (Brandenburg), Erfurt (Thüringen) und Schwerin (Mecklenburg-Vorpommern). Von den fünf neuen Bundesländern hat Sachsen die meisten Einwohner, 4,9 Millionen. Sachsen-Anhalt (2,9 Millionen), Thüringen (2,7), Brandenburg (2,6), Mecklenburg-Vorpommern (1,9).
Knapp 80 Millionen Einwohner leben in Gesamtdeutschland, 222 auf einem Quadratkilometer (altes Bundesgebiet 252). In Belgien sind es 333, in den Niederlanden sogar 350. Zu den 173 000 Kilometern Fernstraßen (Bundesgebiet) kommen 47 201 Kilometer dazu. Die Bahn verfügt nun über 80 000 Kilometer Gleise (Bundesgebiet 66 000).

Die Heimkehr der Könige nach Sanssouci

Am 17. August 1991, dem 205. Todestag Friedrichs des Großen, wurde sein letzter Wille verfügt. Der Sarkophag mit den sterblichen Überresten des großen preußischen Monarchen wurde im Schloßpark zu Potsdam, unmittelbar neben dem Rokokoschloß Sanssouci, in eine Gruft gesenkt. Gleichzeitig kehrte sein Vater, Friedrich Wilhelm I., der Soldatenkönig, nach Potsdam zurück. Sein Sarg wurde in dem Mausoleum an der Potsdamer Friedenskirche beigesetzt.
Viel wurde von der Presse im In- und Ausland über die Beisetzung geschrieben. Die einen waren dafür, die anderen dagegen. Aber woher kam das Zwielicht, das auf den Sarkophag des Toten fiel?
Der »Alte Fritz« wurde historisch vergewaltigt. Von den Nazis, die ihn in eine Reihe mit Bismarck und Hitler stellten (»Geist von Potsdam«), bis zur SED-Diktatur. Er wurde mißbraucht. Eigentlich von allen. Über Friedrich den Großen: Er wurde »Alter Fritz« genannt und lebte von 1712 bis 1786, war 159 Zentimeter klein, aber 46 Jahre lang der größte König der Preußen. Seine Philosophie: »Ich bin der erste Diener meines Staates. Jeder soll nach seiner Fasson glücklich werden.«
Sein Tagesablauf begann um vier Uhr morgens. Ein Kammerhusar zog die Florentiner Spitzenvorhänge auf. Sein Schloß Sanssouci (übersetzt: Ohne Sorge) über den Potsdamer Weinbergen lag in Morgenröte, die über die Havelseen schimmert. Sein persönlicher Bereich hatte acht Zimmer. Für die Morgentoilette brauchte er 15 Minuten. Er zog Kniehose und Samtrock an. Kammerdiener brachten die Perücke und puderten sie mit

Kreidestaub ein. Sie bürsteten sein kurzgeschnittenes Haar. Danach las er Briefe. Während der Toilette ließ er sich von Kabinettsräten vortragen. Er schlüpfte in seine Reitstiefel, die nie poliert sein durften, aber von einem Soldaten weich eingetragen waren. Er setzte seinen weichgeriebenen Filz-Dreispitz auf, den er nur zum Essen und Musizieren abnahm. Er studierte die Hotelkalender von Berlin, frühstückte im Stehen bei Wasser, kochend heißer Schokolade oder Kaffee, in den er weißen Senf rührte (gegen Schlaganfall). Seine Windhunde schmiegten sich an ihn. Er nahm eine Prise spanischen Schnupftabak und begann, zwei Stunden Querflöte zu spielen. Zwei Stunden durfte ihn niemand stören. Konzentration, Nachdenken. Danach Politik mit seinen Beamten. Er kleidete sich um, schlüpfte in einen einfachen blauen Uniformrock und nahm um elf Uhr die Wachparade ab. Um 11.30 Uhr galoppierte er mit seinem Schimmel durch den Park. Punkt zwölf Uhr betrat er den ovalen Speisesaal.
Er trank Mosel oder Tokaier. Wenn es regnete, blieb er im Schloß, spielte mit den Hunden, kniff die Pagen. Ab 16 Uhr zog er sich zurück, schrieb Geheimdepeschen. Punkt 18 Uhr betrat er das Musikzimmer, verbeugte sich, und alle mußten seinen Flötenkonzerten lauschen. Einige rührte er zu Tränen, einige schliefen ein. Wenn er sich ärgerte, zerbrach er die Flöte. Um 19 Uhr war Dinner. Der König trank Moselwein, ließ sich eine Birne schälen und philosophierte: »Du bist eine Seele, die einen Leichnam herumschleppt.« Gegen Mitternacht erlöschten die Kerzen. Auf der Terrasse wachten zwei Leibgardisten mit aufgepflanztem Bajonett vor dem Schlafzimmer des Königs.
Friedrich der Große hat nicht die Welt verändert, wohl aber die Menschen, die Deutschen. Er schuf den Preußen, »dieses unglaublich kühne Kunstprodukt aus Beispiel und Befehl« (Biograph Wolfgang Venohr). Als Friedrich der Große geboren wurde, war der preußische Staat nur elf Jahre alt, und 80 Prozent seiner Bürger waren Analphabeten.

Berlin: Charlottenburger Schloß mit Preußenkönig.
Foto: Burkhard Helfenritter

Friedrich der Große lebte eine Philosophie: Pflichterfüllung, Fleiß, Pünktlichkeit (zum Beispiel um vier Uhr aufstehen: wecken – notfalls mit Gewalt). Sein Vermächtnis: »Üb immer Treu und Redlichkeit.«
Groß an ihm waren seine Kriege. Er mußte Angriffskriege führen, um Preußen groß zu machen. Es fielen Hunderttausende. Er war ein absoluter Herrscher. Als der König starb, hatte er Preußen verdoppelt, zu einer Euro-Großmacht hochgekämpft, erfand den ersten modernen deutschen Staat (zum Beispiel Gleichheit vor dem Gesetz).
Der Historiker Christian Graf Krockow: »Die Kathedrale der Pflichterfüllung türmt sich auf einer Schädelstätte des Glücks.« Blut floß für Größe. Als er 1786 stirbt, weint keiner. Mirabeau, der drei Jahre später Held der Französischen Revolution wurde, beschrieb die Stimmung der Berliner: »Es herrscht Totenstille, aber keine Trauer.«

Potsdam, 18. August 1991. Die Preußenkönige Friedrich Wilhelm I. (der Soldatenkönig) und Friedrich II. (der Große) wurden in Anwesenheit von Prinz Ferdinand, dem Chef des Hauses Hohenzollern, und Bundeskanzler Helmut Kohl in Schloß Sanssouci in Potsdam zur letzten Ruhe gebettet. Friedrich Wilhelm I. wurde im Mausoleum der Schloßkirche und Friedrich II. in der Gruft auf der oberen Schloßterrasse beigesetzt.

Foto: Bundesbildstelle Bonn, Schambeck

Der »Alte Fritz« starb an drei Krankheiten: Gicht, Astma und Wassersucht. Sein Leichnam wurde aufgeschnitten, um Wasser abzuzapfen. Danach glich sein Körper dem eines Kindes. Er wurde mit Spiritus eingerieben, das eisgraue Haar überpudert. Als der Sarg 1952 geöffnet wurde, lag er da wie gerade hineingelegt. Adolf von Hechingen: »Er lag da mit Stutzstiefel bis zu den Schenkeln, ordentlich gelockter Perücke, perfekt einbalsamiert. Nur die Nase war eingeknickt.«

In seinem Testament vom 11. Januar 1752 hatte Friedrich II. – nicht nur als der »Große«, sondern auch vor allem als »der Alte Fritz« in die Geschichte eingegangen – verfügt: »Ich habe als Philosoph gelebt und will als solcher begraben werden, ohne Pomp, ohne Prunk und ohne geringste Zeremonien. Ich will weder geöffnet noch einbalsamiert werden.

Sterbe ich in Berlin oder Potsdam, so will ich der eitlen Neugier des Volkes nicht zur Schau gestellt und am dritten Tag um Mitternacht beigesetzt werden. Man bringe mich beim Schein einer Laterne, und ohne daß mir jemand folgt, nach Sanssouci und bestatte mich dort ganz schlicht auf der Terrasse rechterhand, wenn man heraufsteigt, in einer Gruft, die ich mir habe herrichten lassen.«

Sein Wunsch wurde Friedrich nicht erfüllt. Sein Nachfolger Friedrich Wilhelm II., Neffe von Friedrich dem Großen, ließ ihn in einem pompösen Staatsbegräbnis neben seinem Vater, dem Soldatenkönig, in der Gar-

nisonskirche in Potsdam beisetzen. So blieb es für mehr als 150 Jahre. Es war bekannt, daß Louis Ferdinand gelobt hatte: »An dem Tag, an dem Deutschland in Freiheit vereinigt ist, werden – so Gott will – die sterblichen Überreste der beiden Preußenkönige nach Potsdam zurückkehren.«
Mythos »Alter Fritz«: 46 Jahre lang König in Preußen. Er verbot die Folter, erlaubte alle Religionen. Hatte 80 Windhunde. Die Diener mußten sie siezen. Für seinen Philosophen Voltaire und für seinen Architekten Knobbelsdorff gab er mehr aus, als für seine Generale. Sein Lebensprinzip: »Jeder soll nach seiner Fasson selig werden.«
Die Särge der Könige von Preußen, wegen der Luftangriffe auf das Reichsgebiet 1943 in einen Bunker bei Potsdam gebracht, transportierte man beim Anrücken der feindlichen Truppen im März 1945 in ein Kalibergwerk im Kreis Heiligenstadt. Von dort ging die Irrfahrt weiter nach Marburg an der Lahn, wo die Könige in der Elisabethkirche sechs Jahre lang Ruhe fanden, ehe sie nach dem Willen des jetzigen Chefs des Hauses Hohenzollern, Prinz Louis Ferdinand, auf die Burg Hechingen in Baden-Württemberg überführt wurden.
Ihre hoffentlich letzte Reise traten die Särge der beiden großen Preußen am 17. August 1991 an, als sie in die alte Residenz- und Garnisonstadt Potsdam heimkehrten, um dort gegen Mitternacht ihre allerletzte Ruhe nach vier Umbettungen zu finden.
Bundeskanzler Helmut Kohl (studierter Historiker) kam als Privatmann zum 205. Todestag und zur Heimkehr der beiden Könige nach Sanssouci. Prinz Louis Ferdinand von Preußen, der Mann, der deutscher Kaiser wäre in einer Monarchie, sagt: »Kohl nimmt als Privatmann und Freund unserer Familie an der zehnminütigen Andacht im Mausoleum und an der nächtlichen Beisetzung im engsten Familienkreis teil.«[157]
In der Geschichte ist vieles historisch im Sinne, daß es vergangen ist. Auch Preußens Gloria gehört dazu; auch das Denken in Befehl und Gehorsam. Die Westdeutschen sind heute durch ihre staatliche Entwicklung mit amerikanischem Einfluß weit davon entfernt, die Ostdeutschen entfernen sich rapide. Das Alte wird unter einer neuen politischen Kultur begraben. Manch einer mag es als Verfall bezeichnen, vielleicht hat er recht.
Der »Alte Fritz« war als Macht- und Militärpolitiker ein Produkt seiner Zeit. Als Anhänger der Aufklärung und als Philosoph schlug er einer neuen Zeit die Bresche: dem Rechtsstaat und einer Herrschaft, die sich den Bürgern verantwortlich weiß. Er war der modernste Herrscher seiner Zeit. Manches von dem, was der »Alte Fritz« in seiner Zeit nur anzustoßen vermochte, hat die moderne Zeit vollendet.

Weitere Berichte und Stimmen zum 3. Oktober 1990

Erich Honecker schlief – Die PDS hatte Trauerstimmung

Ex-SED-Chef Honecker erlebte das Ende seiner sogenannten demokratischen Republik, in der er 13 Jahre lang als Staatsratsvorsitzender die Bevölkerung tyrannisierte, im sowjetischen Militärhospital Beelitz. Er machte mit Frau Margot einen Abendspaziergang, dann schaltete er das Fernsehgerät ein, das ihm die Sowjets zur Verfügung stellten. Aber die fröhlichen Bilder vom DDR-Begräbnis konnte er offenbar nicht lange ertragen. Nach Informationen der Bildzeitung ging er früh schlafen.
Sein Nachfolger Egon Krenz dagegen blieb bis nach Mitternacht wach. »Ich hab' mit meiner Familie vor dem Fernseher gesessen. Wir haben uns noch das Feuerwerk angesehen, sind dann ins Bett gegangen«, sagte er Reportern der Bildzeitung.
Bei der PDS (früher SED) gab es – wie dpa berichtete – »Trauerfeier-Atmosphäre beim Stadtvorstand in Dresden: Die Genossen essen Makkaroni mit Tomatensoße. Im halbdusteren Raum brennen Dutzende von Ker-

zen, Arbeiterlieder kommen vom Band. Man sitzt vor einem Altar mit DDR-Fahnen, links und rechts eine Lenin-Büste, in der Mitte ein grüner Kaktus. Während in der City die Stimmung steigt, sinkt sie bei der SED-Nachfolgepartei gegen null Uhr auf Null. Auch die Sozialisten spielen die Nationalhymne, aber die der DDR.«

Papst Johannes Paul II.: »Ich danke dem Herrn für die Einheit«

Präsidenten, Minister und Regierungschefs zur deutschen Einheit:
Papst Johannes Paul II.: »Ich möchte dem Herrn danken, daß sich nach schmerzvollen Jahren der Unterdrückung die Einheit realisieren konnte.«
Der japanische Kaiser Akihito: »Ich begrüße die deutsche Einheit.«
Der tschechoslowakische Präsident Havel: »Jetzt geht der Krieg definitiv zu Ende.«
Die Prager Regierung: »Deutschland ist der Motor der Integration auf dem ganzen Kontinent.«
Uno-Generalsekretär Perez de Cuellar: »Ich wünsche dem deutschen Volk alles Gute für eine friedliche Zukunft. Es wird eine wichtige Rolle im Streben nach Frieden und Wohlstand in der ganzen Welt spielen.«
Kanadas Premier Mulroney an Kanzler Kohl: »Sie haben die Bewunderung der ganzen Welt durch die konsequente Verfolgung Ihres Ziels gewonnen. Die Einheit ist ein Triumph der Freiheit. Sie bezeugt den Mut der Deutschen, aber auch Ihren Großmut.«
Italiens Ministerpräsident Andreotti: »Ein bedeutungsvoller Augenblick für die deutsche Nation und ganz Europa.«
Israels Regierungschef Schamir: »Ich hoffe, daß der deutsche Einheitsstaat Israel unterstützen wird.«
Polens Präsident Jaruzelski: »Der neue Staat wird das Vertrauen der Welt und seiner Nachbarn nicht enttäuschen.«
Österreichs Bundeskanzler Vranitzky: »Mit diesem Tag geht eine Nachkriegsordnung zu Ende, die durch Gegensatz und Mißtrauen gekennzeichnet wurde.«
Belgiens Außenminister Eyskens: »Das Deutschland der Freiheit, der Demokratie und der Menschenrechte triumphiert in Frieden und Eintracht.«

Die internationale Presse

»Deutschland ist geboren. Hoch lebe Deutschland«

»...historisches Ereignis für das deutsche Volk, die Völker Europas und die ganze Welt.« Nachrichtenagentur TASS, Moskau

»Die Welt ... hofft auch, daß ein wiedergeborenes Deutschland hilft, ganz Europa zusammenzubringen. New York Times

»Bei allen Besorgnissen über die Zukunft – dies ist ein willkommener Tag.«
Wall Street Journal, New York

»Ein großer Tag in der Geschichte Deutschlands, ein großer Tag in der Geschichte Europas.« Gazeta Wyborcza, Warschau

»Deutschland ist geboren. Hoch lebe Deutschland.« Quotidien de Paris

»Es ist ein Glück, daß das neue Deutschland durch den Beitritt der DDR zur Bundesrepublik entstanden ist.« Le Figaro, Paris

»Für Angst ist aber kein Grund vorhanden.«
Telegraf, Amsterdam

»Ab morgen wird das vereinte Deutschland täglich und stündlich getestet werden.«
Jediot Achronot, Tel Aviv

»Die deutsche Einheit hat keine neuen Probleme für Europa geschaffen, sondern einige der alten gelöst.«
Information, Kopenhagen

»Neue Länder entstehen selten im Frieden. Deutschland 1990 ist eine bemerkenswerte Ausnahme.« Jyllands-Posten, Kopenhagen

»Schnelle Fahrt mit Blaulicht zur frühzeitigen Geburt.« Mlada fronata dnes, Prag

»Deutschland wird noch nicht die Königin des Kontinents sein. Aber die Wahrscheinlichkeit, daß es sein Bankier und Generaldirektor sein wird, grenzt ans Unvermeidliche.« The Times, London

»Bundeskanzler Kohl und andere Politiker haben die Achtung der bestehenden Staatsgrenzen... versprochen. Aber die Angst in den Nachbarländern bleibt.«
Yomiuri Shimbun, Tokio

Ein Brief aus Erfurt

Wie die Situation nach der friedlichen Revolution in der ehemaligen DDR gesehen wird, schildert anschaulich eine Briefeschreiberin aus Erfurt:

Liebe ...

Heute will ich versuchen, Dir aus meiner Sicht einen Bericht von hier, der ehemaligen DDR, zu geben. Er ist nicht objektiv, kann er wohl bei keinem sein, und ich kann Dir nur mitteilen, was ich während 14 Wochen Krankenhausaufenthalt und jetzt zu Hause las und eben mitbekomme.

Da ich in einem Sechsbettenzimmer lag – es ging dort aber sehr privat zu – habe ich sehr viel jüngere und ganz junge Frauen kennengelernt aus den verschiedensten Städten der ehemaligen DDR und mich mit ihnen über ihre derzeitigen Sorgen, Nöte und auch Freuden unterhalten.

Froh sind natürlich alle, daß es keine Grenzen mehr gibt und ihnen die Welt offen steht. Bedrückt waren die meisten über Kurzarbeit oder bevorstehende Arbeitslosigkeit.

Und das ärgert mich auch am allermeisten, daß an den leitenden Stellen noch immer die »Alten« sitzen, so tun, als hätten sie schon immer die freie Marktwirtschaft vertreten, und diejenigen, die die Wende auf der Straße herbeigeführt haben, nun wieder auf der Straße stehen, aber nicht freiwillig, sondern arbeitslos.

So habe ich zum Beispiel gegen den alten Intendanten des Erfurter Theaters beim Erfurter Bürgermeister schriftlich per Einschreiben protestiert. Das liegt Wochen zurück, eine Antwort erhielt ich bis jetzt nicht. Nun kann es sein, der Brief ist noch unterwegs, denn auch bei der Post funktioniert nichts mehr. Dieser ganzen Flut von Post, Postwurfsendungen, Angeboten von Firmen, Banken, Lotterieunternehmen und so weiter von der ehemaligen BRD sind hier nicht mal die Briefkästen gewachsen, geschweige denn die Postämter. Dazu kommen die Pakete von den Bestellungen bei den verschiedenen Versandhäusern. Und daß wir regelrecht zugeschüttet werden, das finde ich auch schlimm.

Nicht gut finde ich auch, daß die hiesigen Bewohner nun fast alle nur noch nach westlichen Erzeugnissen greifen. Oft fahren sie sogar nach drüben, um preiswerter einzukaufen. Es gab auch hier Erzeugnisse, die durchaus mit dem »Westen« schritthalten können, aber da fehlt halt die jahrelange Reklame. Die Menschen merken nicht einmal, daß sie damit den Ast absägen, auf welchem sie sitzen. Aber mach das mal der Menge klar. Blödes Volk!

Und ganz schlimm ist, daß sich die Chaoten, die es ja überall gibt, nun Ost/West zusammentun und hier zur Zeit eine derart hohe Kriminalität herrscht, die ihresgleichen sucht. Und auch darauf waren und sind wir nicht vorbereitet.

Die neue gesellschaftliche Situation verlangt viel menschliche Kraft. Die Episode von jenem Indianer drängt sich auf: Er reist per Anhalter von Ohio nach Kentucky. Angekommen, setzt er sich erst einmal am Straßenrand nieder und verweilt. Der schnelle Autofahrer fragt überrascht nach dem Grund. Die Antwort des Indianers: »Ich warte, bis meine Seele nachkommt.«

Für heute: Tschüß! Herzlichst ...[159]

Wie sehen die Deutschen in den fünf neuen Ländern die Zukunft?

Eine Umfrage von »ipos« ergab Zuversicht bei den meisten Befragten. Die realistische Einschätzung der Zukunft haben sich die Menschen durch die Freude über die Einheit genausowenig nehmen lassen wie durch ständige Meldungen über neu entdeckte Mißstände im Bereich der ehemaligen DDR. Dabei ist bemerkenswert, daß die Befragten – zum Zeitpunkt der Befragung gerade noch Bürger zweier Staaten – mit nahezu übereinstimmenden Prozentsätzen davon ausgehen, daß es fünf bis zehn Jahre dauern wird, bis der Rückstand gegenüber den westlichen Standards aufgeholt ist. Nach 40jähriger Mißwirtschaft stehen zahlreiche Betriebe mit Produkten am Markt, die in Qualität und Preis der Konkurrenz hoffnungslos unterlegen sind.
Der Umstieg von der verkappten Arbeitslosigkeit auf die offene muß ebenso verkraftet werden wie die Eindrücke, die ein durch freies Reisen geschärfter Blick jetzt von den krassen Unterschieden im Lebensstandard vermittelt.
Der Umfrage des »ipos«-Instituts zufolge herrscht bei den Deutschen in den neuen Bundesländern Optimismus vor. Jeder zweite sieht sich und seine Mitbürger bereits in fünf Jahren am Ziel. Lediglich fünf Prozent »Schwarzseher« erwarten, daß der Ausgleich der Unterschiede länger als zehn Jahre benötigt. Dagegen scheint der jähe Blick auf »die Zustände drüben, die ja viel schlimmer sind, als wir dachten«, rund einem Viertel der Bürger aus den elf anderen Bundesländern den Optimismus getrübt zu haben. Lediglich ein knappes Drittel glaubt, daß die Aufholjagd in fünf Jahren zu schaffen ist.[160]

Straßen und Eisenbahn in der ehemaligen DDR

Straßen und Gleiskörper in den fünf neuen Ländern sind in einem desolaten Zustand. Milliarden müssen investiert werden, um sie instand zu setzen. Seit der Öffnung der innerdeutschen Grenze und des damit verbundenen, schlagartig einsetzenden und stark anwachsenden Straßenverkehrs liegt hier eine neue Herausforderung. Ein Ausweichen auf die Schiene ist derzeit überhaupt nicht denkbar. Insgesamt werden nach Schätzungen von Bundesverkehrsminister Friedrich Zimmermann 127 Milliarden Mark erforderlich sein, um das Verkehrsnetz in den neuen Bundesländern an das westliche Niveau anzupassen. Bis Ende 1991 soll der erforderliche gesamtdeutsche Verkehrswegeplan vorliegen. Derzeit wird veranschlagt, daß für den Ausbau der Bundesfernstraßen 13 Milliarden, für die Bezirksstraßen 15 Milliarden und für die Kommunalstraßen 30 Milliarden Mark benötigt werden. Für das Schienennetz wird mit Kosten von 48 Milliarden Mark gerechnet.
Der Infrastruktur dient auch das neue Gemeindeinvestitionsprogramm. Es hat ein Gesamtvolumen von 10 Milliarden Mark und soll Kreise, Gemeinden und Städte in ihren Bemühungen vor allem bei der Erschließung von Gewerbeflächen und der Verbesserung kommunaler Verkehrswege unterstützen. Weiter ist vorgesehen, aus diesem Topf die Erneuerung der Dörfer und Städte mitzufinanzieren sowie die Gesundheitseinrichtungen und Pflegestationen zu modernisieren.
Einen besonderen Schwerpunkt bildet die notwendige Umstellung der Energieversorgung. Vier der fünf Blöcke des Kernkraftwerks Greifswald sind wegen vollkommen unzureichender Sicherheit bereits abgeschaltet. Der letzte geht bald vom Netz. Mit dem kürzlich abgeschlossenen Stromvertrag wird diese Lücke nicht nur gefüllt, vielmehr beginnt der rasche Aufbau einer leistungsfähigen und umweltfreundlichen Energieversorgung durch private Energieversorgungsunternehmen. Das Investitionsvolumen beträgt hier allein für die nächsten fünf Jahre mehr als 20 Milliarden Mark.[161]

Das Wohnungsproblem in den neuen Bundesländern

Wohnraum steht nach wie vor ganz oben in der Bedürfnisskala der Menschen. Rund drei Viertel aller Wohnungen in den neuen Bundesländern sind sanierungs- oder renovierungsbedürftig. Auf rund 100 Milliarden Mark wird die Summe veranschlagt, die in den nächsten fünf Jahren dafür ausgegeben werden muß. Die Fassaden der Häuser verraten es: Seit Jahrzehnten ist an den Gebäuden und Wohnungen in der ehemaligen DDR kaum etwas zu deren Erhaltung getan worden. Grünes Licht dazu geben die Regelungen des Einigungsvertrages sowie die Förderungsprogramme der Bundesrepublik.

Besuch von Michail Gorbatschow in der Bundesrepublik

Am 9. und 10. November 1990 weilten der sowjetische Staatspräsident Michail Gorbatschow und seine Frau Raissa zu einem Besuch in der Bundesrepublik Deutschland. Die Visite stand ganz im Zeichen der neuen Beziehungen zwischen dem vereinigten Deutschland und der Sowjetunion. Dies fand seinen Ausdruck in der Unterzeichnung von insgesamt vier Verträgen: dem »Vertrag über allseitige Zusammenarbeit auf dem Gebiet der Ökonomie, Industrie, Wissenschaft und Technik«, dem »Vertrag über die befristete Stationierung und den planmäßigen Abzug von sowjetischen Truppen vom Territorium der Bundesrepublik

Bundeskanzler Helmut Kohl hielt sich vom 14. bis 16. Juli 1990 bei politischen Gesprächen in der Sowjetunion auf. Am 16. Juli flogen der Bundeskanzler und der Generalsekretär nach Stawropol im Kaukasus – der Heimat von Michail Gorbatschow , wo sie ihre Gespräche über Fragen zur deutschen Einheit fortsetzten. Im Bild: In Stawropol im Kaukasus (von rechts nach links): Bundeskanzler Helmut Kohl, Generalsekretär Michail Gorbatschow, Bundesaußenminister Hans-Dietrich Genscher. Foto: Bundesbildstelle Bonn, Stutterheim

Deutschland« und dem »Abkommen zwischen der BRD und der UdSSR über einige Übergangsmaßnahmen«. Das Hauptwerk ist der »Vertrag über gute Nachbarschaft, Partnerschaft und Zusammenarbeit«.
Zur Bedeutung des Staatsbesuches und der Verträge für die künftigen Beziehungen zwischen der Bundesrepublik und der Sowjetunion interviewte IAN-Korrespondent Wladimir Markow den Leiter der internationalen Abteilung des ZK der KPdSU, Valentin Falin, und den stellvertretenden Vorsitzenden des Ministerrates der UdSSR, Stepan Sitarjan, die beide der sowjetischen Delegation angehörten.

Worin liegt Ihrer Ansicht nach die wichtigste Bedeutung des Besuchs von Präsident Michail Gorbatschow im vereinigten Deutschland?
Falin: Dieser Besuch bildete den Höhepunkt von Übereinkünften, die unsere Beziehungen auf einen qualitativ neuen Stand gebracht haben. Sie verleihen nicht nur der sowjetisch-deutschen Zusammenarbeit, sondern vielmehr den positiven Wandlungen in ganz Europa einen starken Impuls. Der Vertrag, den Michail Gorbatschow und Helmut Kohl unterzeichnet haben, stellt ein neuartiges Dokument dar, in dem die sowjetisch-deutschen Beziehungen als Partnerschaft sowie gute Nachbarschaft und Zusammenarbeit definiert werden und der für unsere gemeinsame Vorwärtsbewegung Orientierungspunkte schafft. Der Vertrag richtet sich vor allem auf die Zukunft. Er beweist, daß die neue politische Philosophie Gestalt annimmt, und zieht entsprechende Schlußfolgerungen aus der gesamten – mühseligen und schmerzhaften – historischen Erfahrung. Meiner Vorstellung nach ist das eine Garantie dafür, daß wir optimistisch auf eine mittel- und langfristige Perspektive blicken können.

Sind die vorliegenden Garantien tatsächlich ausreichend?
Falin: Die wichtigste Garantie besteht darin, daß kein Krieg in Europa ausbrechen kann, denn jeder Krieg – ein großer oder kleiner – würde unseren Kontinent und seine Völker vernichten.
Eine solche Garantie muß die Realpolitik definieren. Wir dürfen natürlich die Möglichkeit nicht ausschließen, daß ein Hochstapler einmal die Geschichte und objektiven Gegebenheiten überlisten könnte. Daher müssen staatliche und gesellschaftliche Strukturen Sorge dafür tragen, daß ein solcher Politiker nirgendwo an die Macht gelangen und sie gegen andere Nationen mißbrauchen kann.

War für die sowjetische Delegation beim BRD-Besuch von Michail Gorbatschow die eindeutige Bereitschaft Bonns zur Zusammenarbeit erkennbar?
Falin: Ich kann auf eine realistische und verantwortungsbewußte Einstellung des Bundeskanzlers Helmut Kohl und seiner Regierungsmitglieder in dieser Frage verweisen. Die Bundesrepublik ist sich dessen bewußt, daß es sich nicht um eine reine Aktion des guten Willens handelt, wenn sie heute Kapital in die sowjetische Wirtschaft und Vertrauen in unsere Politik investiert, sondern daß sie einen Beitrag zu einer besseren Zukunft und zur Sicherung des Wohlstands auch für Deutschland leistet.

Welche Punkte würden Sie im Vertrag über die Entwicklung der Zusammenarbeit auf dem Gebiet der Wirtschaft, Industrie, Wissenschaft und Technik hervorheben, den Sie in Bonn unterzeichnet haben?
Sitarjan: Als erstes die Maßnahmen, die auf die Erhaltung alles Positiven und Wertvollen in den Beziehungen mit der ehemaligen DDR gerichtet sind. Wir hatten gemeinsam mit ihr ein weitverzweigtes Netz von Kooperationen und wissenschaftlich-technischen Kontakten geschaffen. Zu diesem Zweck wurde im Vertrag das Prinzip des Vertrauensschutzes fixiert, das sich auf Abkommen bezieht, die mit der DDR geschlossen worden waren. Es gibt mehr als 120 solche Abkommen. In der Übergangsperiode beabsichtigen beide Seiten, alles mögliche

zu tun, um diese Kontakte zu erhalten und weiterzuentwickeln.
Die BRD und die DDR waren bedeutende Handelspartner unseres Landes. Auf sie entfielen rund 15 Prozent des Außenhandelsumsatzes der UdSSR. Es ist wichtig, das zu erhalten, was in der Zusammenarbeit mit beiden deutschen Staaten erzielt worden war, und zu versuchen, das Zusammenwirken mit dem vereinigten Deutschland auf ein neues Niveau zu heben.
Zum zweiten ist der Vertrag auf die Herstellung und die Erweiterung direkter Kontakte, vor allem zwischen Betrieben, Firmen und Vereinigungen an der Basis, gerichtet. Die Hauptfigur in der außenwirtschaftlichen Tätigkeit spielen heute auch bei uns die Betriebe. Der Vertrag gewährt einen breiten Spielraum für ihre Aktivitäten im Bereich der Außenwirtschaft.
Drittens bestimmt der Vertrag die vorrangigen Richtungen unserer Zusammenarbeit. Das sind vor allem die Energiewirtschaft, das Verkehrswesen, das Nachrichtenwesen, die Konversion der Rüstungsproduktion und die Entwicklung des Verbrauchermarktes der UdSSR mit deutscher Unterstützung.
Somit ist es ein inhaltsreiches und umfangreiches Dokument. Nun kommt es darauf an, sein Potential zu realisieren.

Welches sind Ihrer Ansicht nach die nächsten Schwerpunktaufgaben im Bereich der sowjetisch-deutschen Beziehungen?
Falin: Die Hauptaufgabe ist, den Vertragsverpflichtungen einen konkreten Inhalt zu verleihen. Ich meine vor allem die ökonomischen Gesichtspunkte. Im Wirtschaftsbereich bieten sich umfangreiche Möglichkeiten und stehen große Aufgaben an. Bei all unseren Wirtschaftsproblemen müssen wir zur Zeit keine Kraftanstrengungen aufgrund einer militärischen Gefährdung in Betracht ziehen. Statt dessen handelt es sich um eine Kooperation mit dem Ziel, Prosperität und Stabilität zu erlangen. Unsere Staaten befinden sich nicht gerade in einer gleichen Wirtschaftslage. So könnte das vereinigte Deutschland uns wesentlich unterstützen, indem es in gewissem Maße Vertrauen und somit auch Kapital investiert, um der Sowjetunion zu einer optimalen Umgestaltung der gesamten Wirtschaft und Umstrukturierung des ganzen Staates zu verhelfen.

Wie verliefen die Verhandlungen über eine eventuelle Beteiligung deutscher Firmen an Projekten wie der Gewinnung und Lieferung von Erdöl und Erdgas?
Sitarjan: Die deutsche Seite brachte ihre Bereitschaft zum Ausdruck, mit uns in diesem Bereich zusammenzuarbeiten. Die frühere Kooperation mit der BRD betraf nur einzelne Bereiche von allgemeinen Programmen zur Entwicklung der Zusammenarbeit, wie beispielsweise die Lieferungen von deutschen Erdgasrohren an uns. Nun wird sie einen komplexen und umfassenden Charakter bekommen, der auch Forschungsarbeit, Gewährung von Krediten und gemeinsamen Absatz von Erzeugnissen voraussetzt.
Die sowjetische Seite wird beispielsweise auf dem Territorium Deutschlands nicht nur als Lieferant von Energieträgern, sondern auch als ihr Verkäufer auftreten. Wir haben vereinbart, eine Arbeitsgruppe für operative Erörterung aller Fragen zu schaffen, die mit solchen Projekten zusammenhängen. Ihre Realisierung wird uns nicht nur Wärme und Energie bringen. Sie werden für uns die Hauptquelle von Devisen sein, da wir einstweilen leider fast keine anderen Möglichkeiten haben.

Welche praktischen Schritte zur Festigung der Zusammenarbeit mit der Bundesrepublik sollen von der sowjetischen Seite in nächster Zeit unternommen werden?
Sitarjan: Erstens muß man alle noch bestehenden Transportprobleme lösen, die mit der Beförderung von Lebensmitteln an die Verbraucher zusammenhängen, die in Deutschland aufgekauft wurden. Zweitens müssen bis Ende November alle Verträge mit deutschen Betrieben und Firmen, insbesondere aus der ehemaligen DDR, geschlossen werden. Drittens müssen ohne Verzöge-

rung großangelegte Projekte der Zusammenarbeit ausgearbeitet werden.

Sie haben sich in Bonn mit den Vertretern aus deutschen Geschäftskreisen getroffen, darunter auch aus der ehemaligen DDR. Was hat dieses Treffen gezeigt?
Sitarjan: Die deutschen Partner bekundeten ihren großen Wunsch, die Zusammenarbeit zu entwickeln. Zugleich sind sie durch negative Prozesse beunruhigt, die sich in unserem Land vollziehen. Sie alle interessieren sich dafür, mit wem sie in der UdSSR heute und in Zukunft ihre Geschäfte abwickeln können und wie die Kredite, die Deutschland uns gewährt, genutzt werden. Davon wird die Möglichkeit ihrer Tilgung abhängen. Das sind sehr ernsthafte Fragen, und die sowjetische Seite wird in dem Sinne handeln, daß derartige unklare Fragen aus der Welt geschafft werden und unsere Beziehungen zuverlässig bleiben.

Die Repräsentanten der beiden Staaten haben Probleme im Zusammenhang mit der Stationierung der sowjetischen Truppen in der ehemaligen DDR und ihrem Abzug 1994 besprochen. Was haben diese Gespräche Neues gebracht?
Falin: Diesbezüglich wurden schon früher Übereinkünfte erzielt. Bei den aktuellen Verhandlungen wollten die Seiten vereinbaren, daß um die sowjetischen Soldaten und Offiziere – solange sie in Deutschland verbleiben – eine normale, menschenfreundliche Atmosphäre geschaffen wird. Die Militärangehörigen selbst sollten Deutschland mit einem Gefühl verlassen, daß sie in einem freundschaftlichen Land stationiert waren und daß die Bevölkerung sie nicht als unerwünschte, kaum tolerierbare Menschen, die man denkbar schnell loswerden will, sondern vielmehr als Freunde verabschiedet.

Sie haben die sowjetische Politik gegenüber Deutschland mitgeprägt. Was empfinden Sie heute?
Falin: Ich glaube, wir können begründet optimistisch in die Zukunft blicken, obwohl ich persönlich auch einige Gefahren auf diesem Weg vermute. Um sie zu vermeiden, braucht man einen sehr starken guten Willen und die Fähigkeit, die Probleme in ihrer realen Dimension zu sehen, sich gleichsam in die Lage des anderen zu versetzen und seine Sorgen nicht, wie es in der Vergangenheit der Fall war, zu leicht zu nehmen.

Was war das Hauptargument, aktuelle Hilfe für die sowjetische Perestroika zu leisten, und nicht auf die Zukunft zu warten?
Sitarjan: Zweifel lassen sich durch Aufrufe kaum zerstreuen. Es bedarf praktischer Schritte von unserer Seite, und wir werden sie unternehmen. Bei allen Schwierigkeiten in der sowjetischen Wirtschaft muß man in die Zukunft blicken. Unsere Partner sollten wissen: Sie werden mit einer starken Wirtschaft zu tun haben. Bei allen Veränderungen des Leistungssystems, bei der Dezentralisierung, bei jeder Umverteilung der Vollmachten zwischen dem Zentrum und den Republiken ist absolut klar, daß sich das gewaltige Potential unseres Landes auch weiterhin entwickeln und festigen wird. Wer nicht zu spät kommt, um mit uns zusammenzuarbeiten, der wird zweifellos gewinnen.[162]

Abschluß eines wahrhaft historischen Vertrages

Am 9. November 1990 fand in Bonn eine gemeinsame Pressekonferenz des Präsidenten der UdSSR, Michail Gorbatschow, und des Bundeskanzlers Helmut Kohl statt. Die einleitenden Worte und die Antworten Michail Gorbatschows auf die Fragen der Journalisten waren:
Ich teile die Einschätzung des Herrn Bundeskanzlers hinsichtlich der Einmaligkeit des Augenblicks und möchte sagen, daß dieses Thema im Blickpunkt unseres heutigen Dialogs stand. Wir haben keine Zeit mit dem Sondieren von Positionen vertan. Vieles war für uns im voraus klar. In letzter Zeit haben wir ersprießlich und effektiv zusam-

Der Präsident der Union der Sozialistischen Sowjetrepubliken, Michail Gorbatschow, und Frau Raissa statteten der Bundesrepublik Deutschland auf Einladung von Bundeskanzler Helmut Kohl am 9. und 10. November 1990 einen Besuch ab. Im Bild: Nach der Unterzeichnung des »Vertrages über gute Nachbarschaft, Partnerschaft und Zusammenarbeit« am 9. November 1990 tauschten Bundeskanzler Helmut Kohl (rechts) und der sowjetische Ministerpräsident Michail Gorbatschow (links) im Gobelinsaal des Palais Schaumburg ihre Füllhalter aus.
Foto: Bundesbildstelle Bonn

mengearbeitet und waren bereit, die richtigen Antworten auf die Herausforderungen der Zeit zu finden. Diese Herausforderungen sind gewaltig und gehen mit großen Wandlungen nicht nur in den Beziehungen zwischen unseren Völkern, sondern auch in Europa und in der Welt einher.

Bei der Unterzeichnung des Vertrages und während des Meinungsaustausches haben wir hervorgehoben, daß das, was heute geschieht, für die Geschicke der deutschen Nation, für die Geschichte der sowjetisch-deutschen Beziehungen und für Europa im ganzen von enormer Bedeutung ist. Wir sehen in dieser sich schnell verändernden Welt eine neue Rolle für unsere zwei großen Völker und Staaten, die sowohl überaus große Möglichkeiten für die Umgestaltung der internationalen Beziehungen im Geiste der Zeit als auch Gefahren birgt. Denn bei der jähen Wende ist man nicht vor Gefahren gefeit, und der Herr Bundeskanzler und ich haben dem große Beachtung geschenkt. Deshalb haben wir es schon vorher, ohne zu zögern und ohne die Vollendung des Prozesses der Vereinigung Deutschlands abzuwarten, im Rahmen politischer Diskussionen und des Meinungsaustausches zwischen der Führung der Sowjetunion und der BRD für notwendig und möglich gehalten, die Vorbereitung grundlegender Rechtsakte in die Wege zu leiten, die diese Beziehungen regeln und eine juristische Basis für sie in der neuen Entwicklungsetappe Deutschlands, der Sowjetunion und Europas schaffen. Deshalb konnten wir heute zur Genugtuung, wie ich hoffe, nicht nur der sowjetischen und der deutschen Menschen – jetzt bereits in einem einheitlichen Deutschland –, sondern auch zur Genugtuung der Europäer und der ganzen Weltgemeinschaft diese sehr wichtigen Dokumente unterzeichnen. Sie leiten ein neues Kapitel nicht nur dadurch ein, daß sie wichtige politische Feststellungen enthalten, sondern auch dadurch, daß sie sehr verlockende Ziele für zwei Völker und Staaten setzen und Mechanismen für die Realisierung dieser Ziele enthalten. Deshalb ist es charakteristisch und gut, daß heute neben dem »Großen« Vertrag, wie man hier den Vertrag über gute Nachbarschaft, Partnerschaft und Zusammenarbeit nannte, gleichzeitig ein Vertrag über die Zusammenarbeit auf den Gebieten der Wissenschaft, Technik und Kultur unterzeichnet wurde. Wie Sie sehen, geht es bereits um die Realisierung politischer Zielsetzungen dieses »Großen« Vertrages. In seinem Rahmen konnten wir mit Bundeskanzler Helmut Kohl Probleme der ökonomischen Zusammenarbeit in rein praktischer Hinsicht erörtern.

Der Herr Bundeskanzler zeigte großes Interesse am Verlauf der Perestroika und daran, welche Besonderheiten die jetzige Etappe aufweist. Er erhielt, wie ich hoffe, diesbezüglich erschöpfende Antworten. Wir erörterten Fragen, die mit dem Aufenthalt einer großen Gruppierung sowjetischer Truppen für einen bestimmten Zeitraum in Deutschland zusammenhängen. Ich sagte im Namen unseres Volkes und unserer Regierung, daß wir die Haltung von Bundespräsident von Weizsäcker, Bundeskanzler Kohl und Herrn Genscher zu würdigen wissen, die das deutsche Volk aufgerufen haben, sowjetische Soldaten, die sich aufgrund bestimmter Entscheidungen und Verträge hier befinden, als Vertreter einer befreundeten Armee anzusehen. Vielleicht gebe ich ihre Worte nicht ganz genau wieder, aber ihr Sinn liegt genau darin. Wir erörterten unsere Wirtschaftsbeziehungen in der kurz-, mittel- und langfristigen Perspektive. Wir hielten es für notwendig, die praktische Arbeit in allen diesen Richtungen zu vertiefen. Ich glaube, daß wir ein Einverständnis bezüglich der Hauptfragen der bevorstehenden Konferenz der Europäischen Gemeinschaft in Rom erzielt haben. Aber wir kamen überein, gewisse Fragen noch zu präzisieren und durchzuarbeiten.

Ich werde die Liste dessen, wovon wir gesprochen haben, nicht fortsetzen. Ich möchte lediglich hinzufügen, daß wir, wie Herr Kohl bereits sagte, einer Analyse der Situation am Persischen Golf viel Zeit gewidmet haben. In den letzten Tagen habe ich davon bereits mehrmals gesprochen. Ich möchte noch einmal wiederholen, daß wir darin übereinstimmen, daß die Weltgemeinschaft und die Vereinten Nationen eine Prüfung durchmachen. Eine neue Politik wird auf die Probe gestellt. Den kalten Krieg und seine Methoden zur Lösung internationaler Probleme haben wir aufgegeben. Wir suchen nach neuen politischen Lösungen sowohl für jene Probleme, die man uns hinterlassen hat, als auch für jene, die neu entstehen und neu entstehen können.

Deshalb sind wir der Auffassung, daß wir unbeirrt, konsequent und im Geiste der vom Uno-Sicherheitsrat getroffenen Entscheidungen handeln müssen. Möge niemand damit rechnen, einen Keil zwischen uns zu treiben oder diese Einheit zu zerstören. Wenn wir uns als unfähig erweisen, in der neuen Friedensperiode erfolgsorientiert zu handeln und entstehende Probleme zu lösen, drohen sehr ernsthafte Folgen. Wir müssen einig sein. Das ist der Hauptgedanke des Meinungsaustausches, und Einzelheiten sind meines Erachtens nicht so wichtig.

Zentrales Sowjetisches Fernsehen: In erster Linie betonten Sie die politische Bedeutung des unterzeichneten Vertrages. Wie ist aber die menschliche Dimension dieses Dokuments für Sie persönlich und für die Völker unserer beiden Länder, die nicht nur freundliche, sondern auch bittere Kapitel der Geschichte gut in Erinnerung haben?

Zu der gestellten Frage möchte ich folgendes sagen: Alles, was wir gemeinsam mit Herrn Kohl in den letzten Jahren leisteten, taten wir stets mit Verantwortungsgefühl und im ständigen Gedenken an die gesamte Geschichte der Beziehungen zwischen unseren Ländern. Wir dachten an alles Positive in dieser Geschichte und an Traditionen, die tief in den Jahrhunderten wurzeln. Wir vergaßen auch niemals, auch in den heutigen Gesprächen nicht, jene schwere Periode, die mit dem Krieg verbunden ist. Der Herr Bundeskanzler erwähnte das bereits. Ja, in den letzten Jahrzehnten haben beide Seiten vieles geleistet, damit wir zum heutigen Tag und zu den heutigen Beziehungen gelangen konnten. Dies zeugt von der Größe unserer Völker, von ihrer Weisheit und von einem enormen Vorrat an Humanismus. Aber wir dürfen nicht vergessen, auch heute war davon die Rede, wie teuer unsere beiden Völker dafür bezahlt haben und in welches Gemetzel der Faschismus sie verwickelt hat. Wir müssen heute sagen, daß es weder den Prozeß der Vereinigung noch gar die heutigen Verträge gegeben hätte, wenn vor allem die Deutschen selbst keine Schlüsse aus den Lehren einer schwierigen Periode ihrer Geschichte gezogen hätten und wenn sie diese Schlüsse nicht in neue Formen der Beziehungen mit anderen Völkern umgesetzt hätten. Wir begrüßen das und bezeugen dem deutschen Volk unsere Achtung. Unser Volk, und darauf bin ich als sein Sohn stolz, das alle Härten des Krieges tragen mußte und schwerste Verluste erlitten hatte – nach jüngsten Daten starben, diese Zahlen müssen allerdings immer noch präzisiert werden, etwa 26 Millionen Sowjetbürger –, fand die Kraft, sein Land wieder aufzubauen, ihm neues Leben einzuhauchen und der Welt neue Initiativen vorzuschlagen, um von der Konfrontation, vom kalten Krieg fortzukommen und zu einer Zusammenarbeit aller Völker zu kommen.

Wir messen den Beziehungen zwischen unseren Völkern eine überaus große Bedeutung bei. Die Akzeptierung der neuen Realitäten und alles, was den heute unterzeichneten Dokumenten zugrunde liegt, sind eine Bestätigung dafür, daß beide Völker und Regierungen, die diesen Weg zurückgelegt haben, bereit sind, im Geiste der Zusammenarbeit, Partnerschaft und guten Nachbarschaft zu handeln. Wir machen, davon sprachen wir heute auch, kein Hehl aus unseren Absichten, zu einer sehr umfassenden Zusammenarbeit zu gelangen, indem wir das Vertrauen festigen und das Gebäude der Freundschaft zwischen unseren Völkern bauen. Das ist ein großes Ziel. Ein solcher Weg, so glaube ich, wird reiche Früchte für unsere beiden Länder, für Europa und für die Welt tragen.

In Ihrer Ansprache heute abend, deren Wortlaut wir bereits haben, sagen Sie, daß Deutschland und die Sowjetunion keine militärischen Gegner mehr sind. Wer ist dann Ihr potentieller Gegner, oder haben Sie überhaupt Gegner als solche?

Wir gehen davon aus, daß sich heute auf der Basis der Abrüstung, die glücklicherweise nicht in der ersten Etappe steckengeblieben ist und die zweite Etappe erreicht hat, eine einmalige Chance für die Gestaltung neuer internationaler Beziehungen bietet. Die Arbeit in Wien geht praktisch ihrem Ende entgegen, um nicht zu sagen, daß sie im Grunde genommen abgeschlossen ist. Dem kann ich hinzufügen: Die Verhandlungen über die 50prozentige Reduzierung der strategischen Offensivwaffen verlaufen ebenfalls erfolgreich und stehen kurz vor ihrem Abschluß.

Das zeugt von den tiefgreifenden Wandlungen in der Politik der Hauptakteure in der Weltpolitik, auch der Militärmächte. Diese Politik spiegelt, hoffe ich, die grundlegenden Veränderungen, die sich im Bewußtsein der Weltgemeinschaft der Völker vollzogen haben, wider. Ich sehe keinen Gegner, den wir der Vorbereitung eines Krieges gegen uns verdächtigen würden im Volk dieses oder jenes Landes. So fassen wir die heutige Welt auf. Auf Grundlage dieser Analyse haben wir eine defensive Militärdoktrin beschlossen, der die Umgestaltung der Streit-

kräfte der UdSSR folgt. Eine Reform der Streitkräfte steht in Kürze bevor. Der Entwurf wurde bereits der Regierung übergeben, dann wird er dem Obersten Sowjet vorgelegt werden.
Betrachten wir die heutige Welt, so läßt uns dies hoffen, daß wir die richtigen Überlegungen vorgetragen haben, zu einer kernwaffen- und gewaltfreien Welt als höchstem Ziel für die gesamte Weltgemeinschaft zu gelangen. Wir haben genug andere Probleme, wozu muß man sich mit dem Wettrüsten aufreiben, das nur dazu geführt hat, daß es die internationalen Beziehungen vergiftete? Jetzt müssen wir sie wiederherstellen. Negativ hat es sich zudem auf die Entwicklung so reicher Länder wie die Sowjetunion und die Vereinigten Staaten von Amerika ausgewirkt.

Amerikanische Fernsehgesellschaft CBS: Gestern hat Herr Schewardnadse bei der Erörterung einer möglichen Gewaltanwendung am Persischen Golf gesagt, daß man dies nicht ausschließen und eine Situation entstehen könne, die tatsächlich einen solchen Schritt erforderlich mache. Ich habe zwei Fragen: Erstens, in welcher Situation wird die Sowjetunion in die Gewaltanwendung einwilligen, und zweitens, in welcher Situation werden Sie, Herr Gorbatschow, die Frage der Entsendung sowjetischer Truppen für die Unterstützung der Kräfte prüfen, die sich heute gegen den Irak zusammengeschlossen haben?
Ich glaube, alles, was wir bis heute im Rahmen des Uno-Sicherheitsrates getan haben, ist ein großer Sieg. Vielleicht mag es Ihnen sonderbar erscheinen, aber ich bestehe auf einer solchen Definition. Denn wir handeln erstmals, vielleicht sogar erstmals in der Geschichte, im Rahmen der Organisation der Vereinten Nationen, die dazu gegründet worden war, den Frieden zu schützen und zu erhalten, in einer Spannungssituation gemeinsam und im Geiste der Einheit und Erkenntnis der Verantwortung vor der Weltgemeinschaft. Wir haben den Aggressor verurteilt, entschiedene Maßnahmen beschlossen und setzen sie in die Tat um. Alle Versuche, diese Einheit ins Wanken zu bringen, scheiterten. Auch künftig sind sie zum Scheitern verurteilt. Schließlich schützen wir eine Region, die eine Energiequelle der Weltwirtschaft ist, und die Weltwirtschaft funktioniert im Interesse der gesamten Weltgemeinschaft. Dies alles zusammengenommen, ist ein wichtiger Sieg der Vereinten Nationen.
Ferner meine ich, daß die Vereinten Nationen von ihrem Instrumentarium Gebrauch machen und entscheiden werden, wie sie weiter zu handeln haben. Wollen wir uns heute nicht mit der »Planung« irgendwelcher Operationen befassen. Ich glaube, die Vereinten Nationen werden konsequent handeln, indem sie analysieren und zusammenarbeiten. Die Verwirklichung der Beschlüsse des Sicherheitsrates wird zweifellos gewährleistet.

TASS: Im Laufe von Jahrzehnten haben sich vielseitige Beziehungen der Sowjetunion zur DDR entwickelt. Wird der heute von Ihnen unterzeichnete Vertrag Ihrer Meinung nach die Wahrung und Weiterentwicklung der Beziehungen der UdSSR zum östlichen Teil des vereinigten Deutschland sichern? Gibt es eine Garantie dafür, daß das hier angesammelte solide Kapital nicht verlorengeht?
Bei mir entstand der Eindruck, daß die Befürchtungen, von denen Sie reden, in erheblichem Maße gerade durch die Verträge und die Dokumente, die wir unterzeichnet haben, sowie durch die politischen Vereinbarungen auf höchster Ebene beseitigt werden. Aus ihnen ergibt sich, daß wir den Realitäten Rechnung tragen und so handeln müssen, daß alles Positive in den Beziehungen, die bis heute existiert haben, als Brücke für die Entwicklung und den Ausbau der Beziehungen zu ganz Deutschland dienen können. Man kann nicht sagen, daß alles so bewahrt wird, wie es war. Das kann nicht sein. Veränderungen vollziehen sich bereits im Rahmen des einheitlichen Deutschland. Nichtsdestoweniger muß ich die Versicherungen des Herrn Bundeskanzler – das fand

auch in den Dokumenten seinen Niederschlag – hervorheben, daß man gewillt ist, auf jede Art und Weise zur Erhaltung der nützlichen, vielfältigen Beziehungen beizutragen, die zwischen der UdSSR und der DDR bestanden. Es gilt, diese im Interesse der Entwicklung der Beziehungen zum einheitlichen Deutschland zu nutzen.[163]

Das Gebäude der Freundschaft zwischen unseren Völkern bauen

Aus Anlaß des Abendessens, das Bundeskanzler Helmut Kohl und Frau Kohl zu Ehren des Präsidenten der UdSSR, Michail Gorbatschow, und Frau Gorbatschow am 9. November 1990 gegeben haben, hielt Präsident Gorbatschow eine Rede.

Sehr geehrter Herr Bundeskanzler, sehr geehrte Frau Kohl, meine Damen und Herren, Genossinnen und Genossen!

In meinem Namen, im Namen meiner Frau Raissa und aller meiner Kollegen danke ich Ihnen für das, was hier gesagt wurde, und für die Freundlichkeit, Aufrichtigkeit und Aufmerksamkeit, die wir während unseres Aufenthaltes in Bonn deutlich spüren konnten. Vieles hat sich in der Welt seit meinem letzten Besuch verändert. Und in diesen stürmischen Zeiten ist die Vereinigung Deutschlands beinahe das eindrucksvollste Ereignis. Die Bedeutung dieses Ereignisses ist vielseitig: die Wiedervereinigung einer großen Nation; die Freude von Tausenden Familien und Verwandten; die Veränderungen im wirtschaftlichen und politischen Bereich und im Kräfteverhältnis der politischen Parteien, die für alle spürbar sind; die Entstehung eines Staates mit einem starken wirtschaftlichen, wissenschaftlich-technischen und politischen Potential mitten in Europa; das Entstehen eines ganz anderen Charakters der Beziehungen zu allen Nachbarländern; die neue Situation in der Nato, der EG und den anderen europaischen Vereinigungen und Strukturen; wesentliche neue militärische und politische Aspekte des gesamteuropäischen Prozesses.

Was für uns besonders wichtig ist, sind natürlich die gewaltigen Veränderungen im riesigen Gesamtkomplex der sowjetisch-deutschen Beziehungen.

Man kann den Willen, die Entschlossenheit und die Bereitschaft des deutschen Volkes, seiner Regierung und der politischen Parteien nur begrüßen, alle Kräfte der Gesellschaft zu vereinen, und diese riesengroße nationale Aufgabe innerhalb einer kurzen Zeit zu bewältigen. Diese nationale Aufgabe in Eintracht mit den Nachbarn zu lösen, ihnen sogar dabei zu helfen, ist von einem anderen Stolz als früher, vom Stolz darauf erfüllt, daß Ihr Deutschland sich von heute an und für immer als eine starke, dynamische und gleichberechtigte Größe in der Familie aller europäischen Völker behauptet.

Heute vor einem Jahr fiel die Mauer, und das Brandenburger Tor öffnete sich. Für die Vereinigung Deutschlands gab es selbstverständlich objektive Gründe – sowohl innen- als auch außenpolitische.

Aber daß die Vereinigung innerhalb einer so kurzen Zeit zustande gekommen ist, verdankt sie einer ganz neuen politischen Kategorie in den internationalen Angelegenheiten, die gleichzeitig mit der Perestroika und dem neuen Denken entstanden ist – dem Vertrauen. Wir haben es vermocht, an die Dauerhaftigkeit einer Demokratie zu glauben, die Lehren aus der nazistischen Vergangenheit ihres Landes gezogen hat. Sie haben es vermocht, an die Zukunft einer Demokratie zu glauben, die entschlossen mit dem entschiedenen Bruch des Weisungs- und Kommandosystems begonnen hat. Sie und wir haben auf die allgemeinmenschlichen Werte geschworen und unser Bekenntnis zur Freiheit der Wahl und zum Prinzip des Ausgleichs der Interessen in der Praxis bewiesen.

Das ist der Hauptgrund dafür, warum die Sowjetunion den beschleunigten Prozeß der Vereinigung Deutschlands nicht verhindert, sondern sogar einen bedeutenden Teil der Verantwortung bei der Regelung ihrer äußeren Aspekte übernommen hat.

In diesem Zusammenhang hebe ich besonders die Tage der Verhandlungen mit Herrn Bundeskanzler Kohl in Archys hervor.

Der heute mit dem Bundeskanzler Kohl unterzeichnete Vertrag über gute Nachbarschaft, Partnerschaft und Zusammenarbeit wird von den Chronisten der Geschichte sicherlich in die erste Reihe der völkerrechtlichen Dokumente gestellt, die das harte und tragische 20. Jahrhundert abschließen und die Pforte zu einer neuen friedlichen Periode der Geschichte öffnen.

Indem wir gemeinsam den Strich unter eine gesamte historische Epoche ziehen, beginnen wir zugleich die Seiten der jüngsten Geschichte nicht nur unserer beiden Länder, sondern auch ganz Europas vom Atlantik bis zum Ural sorgfältig umzublättern.

In der Vergangenheit passierte häufig folgendes: Fazite wurden gezogen, Vereinbarungen unterzeichnet und Hoffnungen auf bessere Zeiten geäußert… Doch bald sank alles auf eine alltägliche Routine ab, schlimmstenfalls auf ein erneutes Aufkeimen von Verdächtigungen und Feindseligkeit. Nun spricht alles dafür, daß uns diesmal so etwas nicht geschieht. Unsere bilateralen Beziehungen haben wirklich einen anderen Charakter erhalten, und zwar – was auch prinzipiell wichtig ist – im Sinne einer europäischen Einigung, wo der sowjetisch-deutsche Faktor in der Lage ist, eine eigenständige große, aber mit anderen gleichberechtigte Rolle zu spielen.

Heute liegt der Einheit Deutschlands eine dauerhafte Grundlage des guten Willens und Einvernehmens zugrunde. Das ist mit Zustimmung und Unterstützung des größten Teils der Weltgemeinschaft, der Organisation der Vereinten Nationen, geschehen.

Es gibt viel absolut Neues und Ungewöhnliches in der jetzigen Atmosphäre der sowjetisch-deutschen Beziehungen. Dieses Neue hat aber auch tiefe Wurzeln. Die Deutschen und Rußland, Deutschland und die Sowjetunion sind nun keine potentiellen militärischen Gegner mehr. In Europa haben sie überhaupt keine denkbaren Gegner. Das ist eine völlig andere Situation, in der auch die weit zurückliegende Vergangenheit in einem ganz anderen Licht erscheint.

Die finsteren Ereignisse dieses Jahrhunderts haben im Gedächtnis mitunter die Tatsache verdunkelt, daß die jahrhundertealte Geschichte unserer Beziehungen lange Perioden von wohltuenden wirtschaftlichen, kulturellen und menschlichen Verbindungen kannte, die unsere Völker einander näher brachten. Dieses Zusammenwirken von zwei großen Kulturen hat nicht nur ihnen selbst gedient, sondern auch einen einmaligen Beitrag zum gesamteuropäischen Erbe geleistet, ohne den die Schaffung eines einheitlichen kulturell-historischen Raumes des Kontinents heute undenkbar wäre.

Wir und Sie müssen jetzt angesichts Europas und der Welt vernünftig und in einem Höchstmaß all das nutzen, was wir unserem Vertrag zugrunde gelegt haben, die volle Kraft des positiven Verlaufs unserer gemeinsamen Vergangenheit entfalten und alles, was in den letzten Jahren erarbeitet wurde, zur Anwendung bringen.

Ich sehe ein, daß ein großer Teil der Aufgaben, insbesondere bei der Schaffung von für Sie annehmbaren Bedingungen für die wirtschaftliche Zusammenarbeit, bei uns liegt. Im Verlauf unserer Reform wird jetzt vieles getan, um solche Bedingungen zu gewährleisten.

Von Ihnen möchten wir Mut, Großzügigkeit, zukunftsorientiertes Denken und gesunde Risikobereitschaft sehen. Denn schließlich haben Sie mit einem großen Land zu tun, das von Gott sowohl hinsichtlich des menschlichen und intellektuellen Potentials als auch in bezug auf Kultur, Lebensraum und Naturschätze nicht benachteiligt wurde.

Ja, tiefgreifende Veränderungen sind bei uns im Gange, aber die erneuerte Union wird eine Großmacht bleiben – mit gewaltigen Möglichkeiten und einer sicheren Perspektive für das 21. Jahrhundert.

Bei vielen deutschen Partnern sind wir diesbezüglich auf ein großes Maß an Verständnis gestoßen; wir sind mit ihnen im Hinblick auf die Maßstäbe der Zusammenarbeit unserer beiden Länder in der Zukunft der

gleichen Meinung, also auch bezogen auf die Dynamik, den Reichtum und die Fruchtbarkeit unserer Verbindungen.
Niemand wird für uns die Probleme der Umgestaltung lösen. Das haben bei uns jetzt alle verstanden. Wie schwierig die Aufgaben auch sein mögen, wir werden sie lösen. Aber wir lösen sie schneller und besser, wenn wir mit anderen Ländern zusammenarbeiten werden.
Ich meine, die Einsicht, daß eben darin die Bedingungen für unsere gemeinsame Zukunft bestehen, die nicht nur für uns, sondern für alle noch sicherer, vorhersagbarer und noch gedeihlicher sein wird, ist keine allzu schwere intellektuelle Aufgabe.
Ich halte es für notwendig, mich zu einer Frage ganz eindeutig zu äußern. In unseren Beziehungen bleibt eine sensible Seite. Ich wende mich von hier aus an alle Deutschen. Auf Ihrem Boden bleiben noch eine gewisse Zeit lang unsere Soldaten. Die rechtlichen Fragen sind geklärt. Wir sind dem Kanzler sowie anderen Persönlichkeiten und Behörden der Bundesrepublik dankbar, die die Probleme mit Verständnis aufgenommen haben, die mit dem zeitweiligen Aufenthalt unserer Streitkräfte und ihrem Abzug in die Heimat verbunden sind. In den Vordergrund rückt jetzt der menschliche Aspekt. Unsere Militärangehörigen werden sich hier an ihren neuen Status gewöhnen müssen. Hans-Dietrich Genscher hat das einst im Namen der beiden Seiten gesagt. Laßt uns handeln, daß es so auch sein wird. Das ist, wenn Sie wollen, ein Prüfstein für die Fähigkeit, die Beziehungen zwischen den Völkern wirklich auf einer humanen und freundschaftlichen Grundlage aufzubauen.
Und noch eins. Die Euphorie bei der Trennung von allem, was insbesondere in den letzten Jahren mit dem DDR-Regime verbunden war, hat dem Verhältnis eines Teils von Deutschen zur Sowjetunion schmerzhafte Töne, sogar einen antisowjetischen Beigeschmack verliehen.
Ich bin aber überzeugt, daß dies eine vorübergehende Erscheinung ist. Neben den offiziellen wirtschaftlichen, militärischen, staatlichen und gesellschaftlichen Beziehungen, den Beziehungen zwischen den Parteien Ostdeutschlands und unseres Landes gestalteten sich im Verlauf von 40 Jahren in den Beziehungen selbst sowie im Strom massenhafter gegenseitiger Begegnungen unzählbare persönliche Beziehungen von Tausenden und aber Tausenden einfachen Menschen. In diesen unmittelbaren, natürlichen Kontakten, im gemeinsamen Lernen und in gemeinsamer Arbeit, in Diskussionen und Überlegungen wurde die Vergangenheit verarbeitet, sind alte Kränkungen und Vorbehalte zusammengeschmolzen, wurde geistige Nähe und Liebe geboren und wurden Ehen geschlossen. Gar nicht zu reden von den entstandenen verzweigten Geschäftsbeziehungen, die ein wertvolles Kapital bilden, das auch unseren Beziehungen in der neuen Etappe dienen kann.
Es wäre bedauernswert und sogar ein gefährlicher Fehler, wenn eben diese Berührungslinien menschlicher Nähe, die als erste die Wege ebneten, um die von dem schrecklichen Krieg erzeugte Feindschaft, das Mißtrauen und den Haß zu beseitigen, nicht gebraucht, verworfen oder – noch schlimmer – von Verleumdungen oder einem ungerechten Gericht vernichtet würden.
An diesem feierlichen Tag, an dem wir einen wahrhaft historischen Vertrag zwischen unseren großen Ländern abgeschlossen haben, möchte ich Millionen von Deutschen, in welchem Bundesland Deutschlands sie auch leben, grüßen, mit denen wir seit langem direkt oder indirekt, unabhängig von ihren oder unseren politischen oder ideologischen Vorlieben, befreundet sind. Sie alle haben ihren oftmals unsichtbaren und unauffälligen, aber wichtigen und notwendigen Beitrag zu dem geleistet, was wir heute offiziell bestätigen.
Ich grüße im Namen des Sowjetvolkes das neue geeinte Deutschland, ich wünsche dem deutschen Volk Erfolg bei der Ausgestaltung seiner Einheit, bei der Lösung aller Aufgaben auf diesem verantwortungsvollen Weg und in der neuen Etappe seiner Entwicklung.

Die Sowjetunion wird für die allseitige Entwicklung der Zusammenarbeit und Freundschaft mit dem neuen Deutschland eintreten. Auf das Wohl des Bundeskanzlers, Herrn Helmut Kohl! Auf das Wohl von Frau Hannelore Kohl! Möge immer Friede und Wohlergehen in Einvernehmen und in Zusammenarbeit mit den Nachbarn und der gesamten Weltgemeinschaft auf deutschem Boden sein![164]

Was wird aus Michail Gorbatschow?

Er bleibt Politiker. Wie alle großen Staatsmänner der Weltgeschichte (Henry Kissinger, Helmut Schmidt).

Bei seinem Abschiedsempfang sagte er: »Meine Rolle ändert sich. Aber ich verlasse die politische Bühne nicht. Ich habe noch große Pläne.«

Die School of Advanced International Studies (Baltimore) bietet für einen Lehrauftrag 230000 Mark pro Jahr. Elite-Unis weltweit bieten mit. Jelzin versprach Gorbatschow bei seinem Rücktritt 4000 Rubel Rente (60 Mark). Trotzdem, Gorbatschow wird ein reicher Mann werden. Einkünfte aus seinem Buch »Glasnost« in Millionenhöhe (Tantiemen allein aus Deutschland im letzten Jahr 4,1 Millionen Mark, spendete sie für wohltätige Zwecke). US-Verlage bieten mehrere Millionen Dollar für Gorbatschows Memoiren.

Gorbatschow ist in Rußland heute in der Opposition. Kritisierte das Einigungstreffen der elf Republiken in Alma-Ata. Erklärte, es wäre besser gewesen, eine neue Union zu schaffen. Gorbatschow wartet auf Jelzins Scheitern, um dann als Retter einzuspringen.

Die Gorbatschows haben in Rußland kaum Freunde. Selbst sein bester Freund Anatojil Jukjanow, Sekretariatschef des Politbüros und mit Gorbatschow seit 40 Jahren befreundet, besuchte in letzter Zeit Michail und Raissa nur privat.

Wahre Freunde haben sie nur im Ausland: François Mitterrand bot Gorbatschow Exil in Frankreich an. Kohl und Bush lobten und würdigten Gorbatschow auch ohne Amt. Die Deutschen danken ihm für die Wiedervereinigung. Gorbatschow soll sich einen Landsitz in Finnland, in Hamina, für 3,3 Millionen Mark gekauft haben. Eine Autostunde von der russischen Grenze entfernt.

Jelzin hat Gorbatschow 20 Leibwächter versprochen. Genau so viele, wie er selbst hat. Gorbatschow behält seinen Diplomatenpaß. Reisefreiheit in Rußland gilt erst ab 1993.

Für Gorbatschow gibt es keinen Extraschutz in Rußland. Jelzin zu ihm vor dem Rücktritt: »Wenn Du etwas verbrochen hast, sag es lieber noch jetzt.«

Gorbatschow drohen Strafverfahren, zum Beispiel in der Ukraine wegen Vertuschung der Tschernobyl-Katastrophe. Kann auch in KPdSU-Prozeßstrudel gerissen werden, wo die kommunistische Partei angeklagt wird wegen Völkermord und so weiter. Gorbatschow war Chef der Partei von 1983 bis 1991.[165]

Kanzler der Einheit

Helmut Kohl hat die Qualitäten, die bisher noch nicht Bestandteil des deutschen Klischees von Größe waren: »Er ist jemand, der mit einem Fahrer genauso eine Suppe löffelt, wie er mit Monarchen diniert. Er spricht mit Gorbatschow in der gleichen Weise, wie er mit den Leuten in Halle gesprochen hat ...«

Diese Beobachtung stammt von dem Amerikaner T. D. Allman, der sie für das Dezemberheft einer amerikanischen Zeitschrift notierte. In diesem Artikel finden sich noch andere Sätze: »Bis 1989 herrschte in der europäischen Politik der Grundsatz vor: Ein geteiltes Deutschland bedeutet Frieden. Ein vereintes Deutschland bedeutet Krieg.« »Im Grunde hatte Kohl bei seinem Besuch bei Gorbatschow nur 25 Stunden Zeit ... um Gorbatschow in privater Atmosphäre von einer Sache zu überzeugen, für die er in 25 Jahren andere überzeugt hatte. Nämlich, daß man ihm und den Deutschen trauen könne. Es gelang ihm, wie es ihm immer gelungen war: mit völliger Aufrichtigkeit.«

Das Äußere von Helmut Kohl skizzierte Allman so: »Wenn er spricht, tänzelt er wie ein Boxer... und die Fußarbeit erinnert an einen Fußballspieler. Er nestelt auch fortwährend an sich herum: an seiner Krawatte, am Revers seines großgeschnittenen dunklen Anzugs, den Männer seiner Statur tragen. Er wippt, lächelt, runzelt die Stirn. Doch nie habe ich einen Staats- oder Regierungschef gesehen, dessen Gesicht so wenig verbirgt. Ist er besorgt, dann sieht man das. Ist er froh, wird auch das sichtbar.«

Und dann kommt Allman zu der in Amerika so wichtigen Feststellung, die schon Präsidentschaftswahlen entschieden hat: »Von Helmut Kohl würde man einen Gebrauchtwagen kaufen.« Schon viele Charakterisierungen wurden über Helmut Kohl geschrieben. Die von T. D. Allman ist seit langem die beste. Wahrscheinlich ist sie deswegen so treffend, weil dieser Mann nichts zu korrigieren braucht, was er früher über Helmut Kohl geschrieben hat (es war ihre erste Begegnung). Wenn nun die Union ihren Helmut »Kanzler des Friedens« nennt, dann ist das keine Übertreibung, sondern eine Feststellung, die den Ereignissen entspricht.

Helmut Kohl weiß, daß er dafür, für die Erfüllung seiner und unserer Träume, vielen in Ost und West Dank schuldet.

Dieser Mann bleibt, auch wenn er nun – ziemlich ungewohnt – sogar von seinen Gegnern gelobt wird, mit seinen großen Füßen auf der Erde. Und er wird weiter genauso selbstverständlich mit seinem Fahrer eine Suppe löffeln, wie er mit Monarchen diniert. Zu Hause in der Pfalz muß es Saumagen sein – daran kommt keiner herum. Der amerikanische Präsident war davon begeistert.[166]

Brief von Egon Krenz an Erich Honecker

Über viele Wochen sahen und interviewten die beiden Autoren Reinhold Andert und Wolfgang Herzberg den früheren DDR-Staats- und Parteichef Erich Honecker in seinem Exil, dem sowjetischen Militärhospital in Beelitz. Egon Krenz, Honeckers Nachfolger für die Wochen zwischen dem 18. Oktober und 6. Dezember 1989, kritisierte Honeckers Einschätzung in einem persönlichen Brief an den Vorgänger; Kopien schickte Krenz an andere Kollegen des früheren SED-Politbüros.

Lieber Erich Honecker!

Am Jahresende habe ich das Buch »Der Sturz« gelesen. Ich muß sagen: Ich bin tief betroffen, bin politisch und menschlich enttäuscht. Niemals hätte ich es für möglich gehalten, daß Du nach allem, was in den letzten Jahren geschah, so realitätsferne, teils unbewiesene und falsche Einschätzungen triffst. Als ich Dich Anfang Dezember 1989 in Wandlitz nach meinem Rücktritt als Generalsekretär besuchte, hatte ich den Eindruck, daß Du ernsthaft über unsere und damit auch Deine Versäumnisse und ihre Ursachen nachdenkst. Leider habe ich mich getäuscht.

Die im Herbst 1989 eingeleitete Wende war lange herangereift. Sie sollte zu einer erneuerten DDR, zur Erneuerung des Sozialismus führen. Sie war keine Wende in Richtung auf ein vereintes Deutschland. Die Realitäten von heute, die für viele so bedrückend und keineswegs sozial gerecht sind, zeigen, daß dies mißlang.

Ich bin jetzt überzeugt, daß wir als politische Führung das wahre Ausmaß der tiefen Krise, in der unsere Gesellschaft seit Jahren lebte, nicht erkannten. Mir ist heute bewußt, daß sie alle Seiten des Lebens betraf: die Politik, die Ökonomie, die Moral, die Wissenschaft, die Kultur. Die Glaubhaftigkeit der Werte, Ideale und Ziele des Sozialismus standen seit langem – auch wenn wir dies nicht in dieser Schärfe sahen – in Frage. Viele redeten anders, als sie dachten, und sie dachten anders, als sie handelten. Nicht wenige – darunter viele Parteimitglieder – lebten in Gewissenskonflikten zwischen dem, was sie erkannten, und dem, was sie tatsächlich beeinflussen konnten. Ratlosigkeit und Resignation griffen um sich, began-

nen die ideologische Situation zu beeinflussen. Die Verletzung des Leistungsprinzips verhinderte, daß sich gute Arbeit wirklich lohnte. Für die Sozialpolitik fehlte uns die notwendige Produktivität. Damit begann der Anfang vom Ende der DDR. So kam es zu subjektivistischen Entscheidungen nicht nur in der Investitionspolitik.
Die volkswirtschaftlichen Notwendigkeiten wurden Wunschvorstellungen untergeordnet. Es kam immer mehr zu fehlerhaften administrativen statt zu ökonomisch durchdachten Entscheidungen. Zwischen dem, was unser Politbüro als Festtagsstimmung am 1. Mai, beim Pfingsttreffen der FDJ, beim Pädagogischen Kongreß deutete, sowie dem Alltag der Menschen gab es eine tiefe Kluft, die von uns im Politbüro leider verdrängt wurde. Wir neigten dazu, die Wirklichkeit von Tribünen und Präsidiumstischen aus einzuschätzen. So haben wir uns sehr vielen Täuschungen hingegeben.
Manches Kritische wurde in Vorlagen der Plankommission, des FDJ-Zentralrates und einzelner Politbüromitglieder dargestellt. In den letzten Jahren gab es bei Dir oft kein offenes Ohr für solche Fragen. Ich kann es daher nicht verstehen, daß Du grundlegende Probleme der gesellschaftspolitischen Entwicklung der DDR verharmlost, oberflächlich behandelst oder die Wahrheit teilweise verschweigst oder entstellst.
Ich bin davon überzeugt, daß die Hauptschuld für die Ursachen des Untergangs der DDR – soweit sie die innere Lage betreffen – beim Politbüro lag, dem ich angehörte und das Du geleitet hast. Unsere Politik schwankte in den letzten Jahren zwischen »Nichtzurkenntnisnahme der Realitäten« und »politischer Verdrängung«. Wir setzten die führende Rolle der SED gleich mit der falschen Auffassung, daß nur die Parteiführung – und dort wieder einige dominierende Genossen – im Besitz der Wahrheit über die gesellschaftliche Entwicklung waren. Anders kann ich mir nicht erklären, daß es in den letzten Jahren kaum öffentliche Diskussionen über den Inhalt unserer Politik gab.
Das behinderte die Kreativität. Die Regierung war in ihren Entscheidungen eingeschränkt. Ministerpräsident Willi Stoph wurde faktisch »kaltgestellt«. Die Wirtschaftskommission behandelte, was eigentlich in die Regierung oder Parteiführung gehörte. Eine wirkliche Gesellschaftskonzeption war seit 1985 nicht mehr erkennbar. Wir reagierten weder auf neue internationale Entwicklungen noch auf innenpolitische Probleme. Es wurde mehr Energie in den Politbürositzungen aufgewendet, um über die »Fehler Gorbatschows« zu sprechen, als über unsere eigenen Aufgaben. Mit unserem Beharren, daß allein wir im Recht seien, und mit unserer Distanz zur Politik Gorbatschows haben wir das Ende unseres sozialistischen Systems selbst provoziert.
Die Massenpsychose, die DDR zu verlassen, ist zwar auch mit Ungarn erklärbar, aber die volle Wahrheit ist doch, daß dahinter eine sehr starke Perspektiv- und Hoffnungslosigkeit vieler DDR-Bürger stand. Wir haben uns von einem falschen, einem idealisierten Menschenbild leiten lassen. Wir glaubten: je höher die Bildung, um so stabiler die Persönlichkeitsentwicklung. Die realen politisch-ideologischen Prozesse wurden von uns im Politbüro ungenügend zur Kenntnis genommen.
So befanden wir uns mit dem 40. Jahrestag an einem schicksalsschweren Wendepunkt der DDR-Geschichte. Deine Rede auf der Festveranstaltung hat die Orientierungslosigkeit noch verstärkt und letztlich die Partei verunsichert. Die Rede hat gezeigt: Wir verfügen über keine strategische Konzeption für die Zukunft. So waren die Gorbi-Rufe beim Fackelzug der FDJ eine logische Folge, keine organisierte, sondern eine von innen kommende Hoffnung, daß sich mit Hilfe der Perestroika auch in der DDR Veränderungen in Richtung eines Sozialismus mit größerer Demokratie, höherer ökonomischer Effektivität und einer sauberen Moral vollziehen. Das war eine große Erwartung, auf die wir hätten früher bauen können und müssen.

Nun sagst Du, daß »die Wahrheit ist, daß die Welt der Andersdenkenden, wie sich jetzt herausstellt, nicht die Welt des Sozialismus ist«. Eine so globale Einschätzung der »Andersdenkenden« war schon immer unser Fehler. Die »Andersdenkenden«, die im Herbst 1989 auf die Straße gingen, wollten eine verbesserte DDR. Es gehört zu den Fehlentwicklungen dieser Zeit, daß die Opposition von damals heute wieder Opposition ist. Wir hätten die Überzeugungen der »Andersdenkenden« nicht nur ertragen, sondern mit diesen Leuten, die sich Gedanken über unsere Republik machten, zusammengehen müssen.

Unser System erwies sich nicht mehr als fähig, die Interessen der Menschen unter den neuen Bedingungen zu lösen. Unsere Tragik besteht darin, daß wir dies nicht nur zu spät erkannt haben, sondern auch nicht zu einer wirklichen Aufarbeitung der Situation in unserer Führung, die sich Kollektiv nannte, gekommen sind.

Wir alle – jedes Mitglied des Politbüros – müssen mit diesem Versagen vor der Geschichte unserer Partei und unseres Volkes leben. Und das ist wahrlich sehr schwer zu ertragen, für Dich, aber auch für uns alle. Unser Politbüro vergaß, daß es eine politische Partei zu führen hatte. Selbst das Zentralkomitee wurde bei wichtigen Entscheidungen ausgeschaltet. Jeder, der unseren Führungsstil kritisierte, geriet in den Verdacht, partei- und republikschädigende Gedanken zu vertreten. Die Kirche konnte bei wichtigen Themen deshalb die Meinungsführerschaft übernehmen, weil die Partei sich dieser Themen selbst zu wenig annahm. Wir überließen ihr, was eigentlich unsere Aufgabe gewesen wäre. So entstand der berechtigte Eindruck, daß die Kirche die Probleme realer sah als wir.

Ich will mit diesem Brief keine Verantwortung wegdrücken, schon gar nicht die meine. Gerade weil ich diese Verantwortung so sehr spüre, schmerzt es mich, daß nach dem Willen bestimmter Leute die DDR als Monster in die Geschichte eingehen soll. Die DDR war meine Heimat, und sie wird es in meinem Inneren immer bleiben. Auch deshalb bedrücken mich die Fehler, die während meiner Tätigkeit als Generalsekretär und Staatsratsvorsitzender gemacht wurden. Doch bei allem Schuldgefühl: Diese Fehler haben ihre historischen und politischen Wurzeln in einer Zeit, die Du äußerst verklärt und mit großem Realitätsverlust darstellst. Ich meine, daß Du mit der Wahrheit zu großzügig umgehst.

Im Interview heißt es: »Die alte Führung, der ich nicht mehr angehörte, ist dem Ruf des nah- oder ferngesteuerten Volkes gefolgt...« Ich bin über diesen Zynismus zutiefst erschrocken! Glaubst Du wirklich, daß wir an einem unfähigen Volk gescheitert sind?

Wir sind unter anderem gescheitert, weil wir nicht wirklich im Volk gelebt haben, weil wir uns eine Scheinwelt aufbauten. Die Informationen, die wir erhielten, waren geschönt, die Meinungsforschung wurde von uns geringgeschätzt und das Meinungsforschungsinstitut sogar aufgelöst. Bei unseren, vor allem bei Deinen Reisen ins Land war jeder Schritt vorbereitet. Solide Analysen über Denken und Fühlen des Volkes haben dem Politbüro selten vorgelegen. Wir hatten die falsche Vorstellung, eine moderne Gesellschaft ließe sich nach dem Willen des Politbüros gestalten.

Ich glaube, Deinem Ansehen schadet am meisten, daß Du Dich unwissend stellst. Für jemanden, der wie ich an Deiner Seite gearbeitet hat, ist es einfach nicht hinnehmbar, daß Du so tust, als hättest Du von allem, was unsere politische Führung auch im Detail ausmachte, nichts gewußt. Wäre es so gewesen, wäre ja der unhaltbare Zustand vermieden worden, daß kein Artikel, keine ADN-Meldung aus dem ZK, keine Entscheidung auch minderer Bedeutung ohne Dein »Einverstanden« die Politbüro-Etage hätte verlassen können.

Man mag über die Methoden der Staatssicherheit denken wie man will, aber unser Problem bestand nicht darin, daß wir keine exakten Informationen vom MfS erhielten, sondern darin, daß sie allzu häufig vom

Tisch gewischt worden sind. Es stimmt doch einfach nicht, daß die Berichte der Staatssicherheit – wie Du schreibst – »eine Zusammenfassung der Veröffentlichungen der westlichen Presse über die DDR« waren. Ich mache mir noch heute den Vorwurf, im Politbüro nicht gesagt zu haben, daß Du viele Informationen, die Dir Erich Mielke übergab, nicht ernst genommen hast.
Deine Aussagen sind ein erschütterndes Bild darüber, daß Du die Realitäten schon seit Jahren nicht mehr zur Kenntnis genommen hast. Wer Deiner Ansicht widersprach, galt nicht selten als »Panikmacher«. Ich will nicht von mir reden, aber mich hat immer betroffen gemacht, wie selbst solche erfahrenen Genossen wie Willi Stoph, Alfred Neumann, Kurt Hager, Werner Felfe, Werner Jarowinsky, Werner Krolikowski, Erich Mückenberger, Gerhard Schürer, aber auch Hermann Axen bei kritischen Bemerkungen regelrecht gedemütigt wurden.
Es war doch nicht so – wie Du sagst –, daß wir ein Kollektiv waren, dem Du als Gleicher unter Gleichen angehörtest. Unsere Möglichkeiten haben wir über Jahrzehnte verpaßt. Was wir im Oktober und November 1989 noch tun konnten, war der Versuch, zu retten, was noch zu retten war, und die Erneuerung des Sozialismus in Angriff zu nehmen. Dazu war es leider zu spät. Die Karre steckte zu tief im Dreck.
Die Partei war längst nicht mehr bereit, sich nur mit kosmetischen Korrekturen abzufinden. Viele gingen davon aus, daß der »Kronprinz« – in dessen Rolle ich gekommen war – einfach weiterführt, was Erich Honecker hinterlassen hatte. Die Parteibasis reagierte sehr kritisch. Alles, was wir für die Menschen unserer Republik damals noch tun konnten, war, für einen friedlichen Verlauf der Herbstereignisse zu sorgen.
Ich will offen sagen: Hätten wir am 18. Oktober 1989 nicht die Wende an der Spitze vollzogen, die auf der Straße längst im Gange war, hätte es mit großer Wahrscheinlichkeit einen Bürgerkrieg gegeben. Du erinnerst Dich doch sicherlich des Telefongesprächs in bezug auf Leipzig, das Du am 15. Oktober 1989 gegen 21 Uhr mit mir zu Hause geführt hast? Ich habe die Worte noch heute im Ohr.
Du nennst in Deinem Interview nicht die Tatsache, daß ich am 13. Oktober auf eigene Initiative zusammen mit Fritz Streletz und anderen Genossen in Leipzig war. Der Befehl zu Leipzig wurde von Fritz Streletz* und mir ausgearbeitet und von meiner Sekretärin in meinem Arbeitszimmer im ZK geschrieben. Dir ist sicherlich noch erinnerlich, wie Fritz Streletz und ich danach gegen 17 Uhr in Deinem Arbeitszimmer auf Dich eingeredet haben, diesen Befehl unbedingt zu unterschreiben, damit jede Gewalt und die Anwendung der Schußwaffe ausgeschlossen werden. Wolltest Du nicht Absperrungen organisieren lassen, die die Gewalt geradezu provoziert hätten?
Du sagst, ich hätte den Auftrag gehabt, die Leipziger Bezirkssekretäre zu belobigen. Gern hätte ich dies mit Deinem Auftrag getan, denn sie hatten es verdient. Doch Deine Bemerkungen in der Politbürositzung am 10. Oktober 1989 lauteten noch anders: »Nun sitzen die Kapitulanten (gemeint waren diese Bezirkssekretäre) schon in der Bezirksleitung.« Deine Worte in bezug auf Leipzig – »Laßt sie gewähren« – las ich das erste Mal in Deinem jetzigen Interview. Ich kann mich nur erinnern, wie unglücklich Erich Mielke über Deinen Vorschlag war, daß die Demonstranten auf Lkw aufgeladen und weggefahren werden sollten. Ganz nebenbei: Der Begriff »Sicherheitspartnerschaft« entstand in Vorbereitung der Demonstration am 4. November 1989 in Berlin, als Du schon nicht mehr Generalsekretär warst.
Was die Chancen des Sozialismus auf deutschem Boden betrifft – vielleicht war 1968 die letzte wirkliche Chance für uns. Hätte die sozialistische Gemeinschaft, statt Panzer nach Prag zu schicken, eine kollektive Analyse über Vorzüge und Mängel des Sozialismus und die notwendigen Schlußfolgerungen ausgearbeitet, vielleicht wäre manches geschichtlich anders verlaufen. Aber wer

* Generaloberst und Sekretär des Nationalen Verteidigungsrats

will das heute mit Bestimmtheit sagen! Doch, was wir 1985 verpaßt haben, ist unsere gemeinsame Schuld.
Niemand weiß heute genau, was aus einer »deutschen Perestroika« 1985 geworden wäre, wenn wir den Mut gehabt hätten, sie gemeinsam mit Gorbatschow in Angriff zu nehmen. Ich hoffe, es wäre ein Schulterschluß mit der Sowjetunion entstanden, der unsere beiden Länder nach vorn gebracht hätte. Vielleicht aber wäre damals schon sichtbar geworden, daß eine grundlegende Reformierbarkeit unseres Sozialismusmodells die nationale Frage – die wir undialektisch als abgeschlossen betrachteten – neu stellt?
Hätten wir die Zeichen der Zeit erkannt und im Politbüro die komplizierten Beziehungen zur BRD wirklich kollektiv erörtert – statt eine Vielzahl Einzelmaßnahmen zu treffen –, dann hätten wir möglicherweise einen Prozeß beeinflussen können, der den Bürgern der DDR ihre Identität bewahrt hätte und nicht so schmerzhaft verlaufen wäre wie jetzt. Selbst den Weg in die deutsche Einheit als Teil des europäischen Hauses hätten wir mit Selbstbewußtsein gehen können, weil das Beste aus 40 Jahren DDR-Geschichte hätte eingebracht werden können. Die DDR-Bürger wären nicht politisch entwurzelt, weil der Weg von der Sicherheits- und Vertragsgemeinschaft zwischen der DDR und der BRD über eine deutsche Konföderation bis zur »neuen Qualität Deutschland in Europa« einen Anschluß der DDR an die BRD vermieden hätte.
Die DDR, die SED, unsere Geschichte werden jetzt regelrecht »verteufelt«, um von anderen Problemen abzulenken. Wer jeden Tag im Kaufladen, in den Schlangen vor der Post, in Gesprächen auf der Straße oder vor der Sparkasse die Verbitterung der Menschen über unsere Politik hautnah spürt, der kann dies wahrscheinlich sensibler beurteilen als Du, der erneut seine Informationen nur aus den Medien oder wenigen Gesprächen entnimmt.
Ich stehe zu meiner Biographie. Ich wurde aus innerer Überzeugung Kommunist. Meine Ideale gebe ich auch heute nicht auf. Ich werde nicht damit fertig, daß unsere Politik so gescheitert ist und unsere Partei nicht mehr besteht, während Du offensichtlich die Richtigkeit Deiner Entscheidungen verteidigst. Es ist doch ein Fehler, so zu tun, als wäre alles »normal« gelaufen und nur andere seien schuld.
Du hältst es für richtig, Deinen Sturz als »Ergebnis eines großangelegten Manövers, deren Drahtzieher sich noch im Hintergrund halten«, zu charakterisieren. Das zielt mir zu sehr in die Nähe des Argumentes »von der langen Hand Moskaus«. Ich kann Dir nur sagen, daß sich Gorbatschow Dir gegenüber mehr als anständig erwiesen hat. Niemals hat er meines Wissens hinter Deinem Rücken Pläne ausgeheckt, die unsere Führung betrafen. Auch (der sowjetische Botschafter) Genosse Kotschemassow hat stets zur Besonnenheit gemahnt und darauf gesetzt, daß die Signale zur Veränderung von Dir kommen sollten. Was nun die »kleinen Lichter« betrifft – von denen Du sprichst –, »die sich mit dieser Tat (Deinem Sturz) brüsten«, so läßt Du hier offen, ob Du nur einzelne oder das ganze ehemalige Politbüro meinst. Ja, ich bin einverstanden: Wir waren »kleine Lichter«, weil wir eine kleinkarierte Politik machten, die uns auch in die heutige Lage gebracht hat.
Du sprichst in Deinem »Kreuzverhör« von Deinem »Rücktritt«. So steht das auch in den Parteidokumenten. Doch dies war die erste Lüge, mit der das Politbüro unter meiner Leitung und durch meine Schuld begann. Willi Stoph hatte eindeutig Deine Absetzung gefordert, und alle Mitglieder und Kandidaten des Politbüros hatten sich dem angeschlossen. Du hattest doch an einen freiwilligen Rücktritt nicht gedacht.
Insgesamt ist für mich unverständlich, daß Du in Deinem Interview nicht ein Wort der Entschuldigung für unsere seit Jahren verfehlte Politik an die ehemaligen Bürger der DDR findest. Wolfgang Herger und ich haben uns vor einem Jahr vor dem »Runden Tisch« für die falsche Sicherheitsdoktrin der SED entschuldigt. Dort haben wir gesagt,

was wir über die Verflechtung von Partei und Staatssicherheit wußten. Ich muß über Deinen Abschnitt »Staatssicherheit« sehr staunen! Einerseits machst Du mich verantwortlich, andererseits schreibst Du auf die Frage, warum Du selbst das Ministerium für Staatssicherheit nicht mehr kontrollieren konntest: »Das war von vornherein so. Das lag an der Tradition des Systems der Staatssicherheit innerhalb der sozialistischen Länder.« Wenn das stimmt, dann konnte doch auch nicht ein Sekretär oder eine Abteilung die Kontrolle ausüben.

Wofür ich verantwortlich war, dafür stehe ich ein. Ich war bekanntlich für die Abteilung für Sicherheitsfragen zuständig. Sie hatte beschränkte Vollmachten, was die Leitung der ihr zugeordneten Ministerien betraf. Deine Auffassung von Macht und Machtausübung hat es nicht zugelassen, die Verantwortung und die Anleitung des Ministeriums für Staatssicherheit aus Deiner Hand zu geben. Zu keinem Zeitpunkt vor dem 24. Oktober 1989 war ich Dienstvorgesetzter oder hatte das Recht, gegenüber dem Ministerium für Staatssicherheit zu befehlen. Du sagst, daß die Öffnung der Grenze für Dich eine Katastrophe war. Ich bekenne offen, auch mir wäre lieber gewesen, der freie Reiseverkehr wäre unter anderen Umständen zustande gekommen. Dies jedoch hätte viel früher geschehen müssen. Die Reiseverordnung, die am 10. November 1989 in Kraft treten sollte, wurde am 9. November dem ZK vorgetragen. Niemand hat Einwände erhoben. Daß die komplizierte Situation am Abend des 9. November eintrat, das konnte ich leider nicht voraussehen.

Heute können viele klug reden, aber an jenem Abend saß ich allein am Schreibtisch und hatte in wenigen Minuten zu entscheiden, ob an der Grenze Blut fließt oder die Schlagbäume geöffnet werden. Ich möchte Dir ersparen zu lesen, was mich in dieser kurzen Zeit innerlich bewegte. Auf jeden Fall habe ich gegen die Gewalt entschieden, und das bereue ich nicht. Alles andere hätte tatsächlich in die Katastrophe geführt. Ich kann verstehen, daß Du Dein Lebenswerk verteidigst, daß Du im Sinne jener Überzeugungen auftrittst, die Du seit Deiner Jugend hast. Doch dies darf nicht auf Kosten der Wahrheit oder anderer gehen.

Lieber Erich Honecker! Ich hoffe, daß Dir 1991 mehr Glück bringt als die beiden vorangegangenen Jahre. In diesem Sinne wünsche ich Dir und Margot Gesundheit und unter den komplizierten Bedingungen alles Gute.

Mit besten Grüßen Egon Krenz[167]

Das 4. Kabinett Kohl

Amtseid: »Ich schwöre, daß ich meine Kraft dem Wohle des deutschen Volkes widmen, seinen Nutzen mehren, Schaden von ihm wenden, das Grundgesetz und die Gesetze des Bundes wahren und verteidigen, meine Pflichten gewissenhaft erfüllen und Gerechtigkeit gegen jedermann üben werde. So wahr mir Gott helfe.«

Am 17. Januar 1991 wurde Dr. Helmut Kohl (CDU) vom Deutschen Bundestag zum vierten Mal hintereinander zum Bundeskanzler der Bundesrepublik Deutschland gewählt. Bundespräsident Dr. Richard von Weizsäcker überreichte ihm in der Villa Hammerschmidt die Ernennungsurkunde. Danach legte Helmut Kohl vor dem Bundestag seinen Amtseid ab. Die Bonner Regierungskoalition aus CDU/CSU und FDP stützt sich im 12. Deutschen Bundestag bei insgesamt 662 Abgeordneten auf eine Mehrheit von 398 Parlamentarier. Der Bundesregierung gehören 15 Bundesminister und vier Bundesministerinnen an. Sie wurden auf Vorschlag des Bundeskanzlers von Bundespräsident Richard von Weizsäcker ernannt. Die Vereidigung der neuen Bundesminister erfolgte am 18. Januar 1991 im Deutschen Bundestag durch Bundestagspräsidentin Rita Süßmuth.

Der Bundeskanzler Dr. Helmut Kohl (CDU), geboren am 3. April 1930 in Ludwigshafen, ist katholisch, verheiratet und hat zwei Kinder. Nach siebenjähriger Amtszeit als rheinland-pfälzischer Ministerpräsident wechselte der promovierte Historiker und langjährige Landtagsabgeordnete in Mainz (seit 1959) 1976 in den Deutschen Bundestag. Am 1. Oktober 1982 wurde Kohl zum ersten Mal zum Kanzler, am 23. März 1983, am 11. März 1987 und am 17. Januar 1991 erneut in dieses Amt gewählt.

Eisenach – Mittelpunkt Deutschlands

Man kann es drehen und wenden wie man will: Eisenach ist der Mittelpunkt des vereinten Deutschlands. Sie zweifeln daran? Karl Heinz Koch aus Marburg hat den Beweis dafür geliefert. Er nahm eine Landkarte vom vereinten Deutschland, klebte sie auf Sperrholz und sägte sie sorgfältig aus. Dann ging er daran, den Schwerpunkt dieses »Gebildes« zu suchen. Als Lehrer für Physik und Chemie im Ruhestand fiel ihm das nicht schwer.
Wie der Schwerpunkt des Dreiecks zu finden ist, haben wir in der Schule gelernt: Der Schnittpunkt »S« der drei Seitenhalbierenden gibt uns den Punkt an. Bei einer Landkarte ist das nicht so einfach. »Da muß man ausprobieren, ob man richtig liegt.«
Er nahm einen Nagel, schlug ihn durch Eisenach und setzte auf der Rückseite ein rundes Holzstück dagegen. Nimmt man es in die Hand, dann kann man das ausgeschnittene Land halten und drehen, ohne daß es aus dem Gleichgewicht fällt.
Dr. Jürgen Leib vom Fachbereich Geographie der Marburger Philipps-Universität sagt dazu: »Eine durchaus seriöse Sache. Es geht darum, den Punkt zu finden, von dem aus das Land als Fläche betrachtet im Gleichgewicht bleibt.«
Karl Heinz Koch gefällt es, Länder als Puzzle zu zerlegen und wieder zusammenzufügen. »Dadurch erhält man eine faßbare Vorstellung von einem Land.« Ein Spiel, das auch für das vereinte Deutschland Sinn machen würde. Als Puzzle-Teile würden sich die fünf neuen Bundesländer sicher gut einprägen. Die Idee mit dem Schwerpunkt kam Karl Heinz Koch beim Betrachten einer Karte der Bundesrepublik. »Als ich sie ausschnitt und das langgestreckte, schmale Land in Händen hielt, wollte ich wissen, wo der Schwerpunkt liegt. Ich probierte es aus und stieß auf Fulda.«
Als sich dann die Grenzen zur DDR öffneten und feststand, daß Deutschland wiedervereinigt wird, war für ihn klar: Ein neuer Mittelpunkt muß her!
Der gebürtige Magdeburger Karl Heinz Koch verhehlt nicht, daß ihm seine Heimatstadt als Mittelpunkt sehr recht gewesen wäre, »aber physikalische und mathematische Gesetzmäßigkeiten lassen sich von Gefühlen nun mal nicht beeinflussen«.[168]

Stimmen des Auslands zur Situation im vereinten Deutschland

Mit großer Aufmerksamkeit und viel Sympathie verfolgen die ausländischen Medien die Anstrengungen beim Zusammenwachsen Deutschlands. Niemand könne von den Schwierigkeiten überrascht sein. Über die Auswirkungen auf Europa wird spekuliert.

The Daily Telegraph, London, 26. März 1991
»Wie schnell sich alles geändert hat. Als Ost- und Westdeutschland im vergangenen Oktober zusammengingen, wurde über die Geburt einer Supermacht spekuliert, die die europäische Gemeinschaft dominieren und als Lokomotive für die Erneuerung in den demokratisch gewordenen Ländern Osteuropas fungieren würde. Sechs Monate später befindet sich das vereinte Deutschland in einer Krise…«

Le Quotidien de Paris, Paris, 27. März 1991
»Die gegenwärtigen Schwierigkeiten bedrohen Deutschland nicht nur dort, wo es den größten Erfolg hat – wirtschaftlich; sie bergen auch die Gefahr, den Augenblick seiner Rückkehr in den Klub der politischen Großmächte zu verzögern. Dorthin, wohin es dank seiner Geschichte, seiner Lage und seines Reichtums berufen ist…«

Le Figaro, Paris, 27. März 1991
»Deutschland leidet. Aber das ist nicht überraschend. Als die Berliner Mauer einstürzte, wußte Kohl drei Dinge ganz genau: 1. daß die Wiedervereinigung seines Landes jetzt möglich war, 2. daß die Wirtschaft Ostdeutschlands völlig wiederaufgebaut werden müßte und daß das teuer würde, 3. daß er schnell machen mußte, denn bei offenen Grenzen wäre die Bundesrepublik Deutschland unter dem Zustrom der Flüchtlinge zusammengebrochen. Kohl hat es damals verstanden, im Hin und Her Kurs zu halten und voranzugehen. Er hatte eine historische Chance in Reichweite. Er hat sie mit der Gewißheit ergriffen, daß die Hofmeister folgen würden. Der Mut eines Staatsmanns… Kohl hat die Risiken einer wirtschaftlichen Entgleisung bewußt mißachtet. Es gibt Siege, die haben keinen Preis.«

Libération, Paris, 20. März 1991
»Alle scheinen vergessen zu haben, daß selbst die optimistischsten Prognostiker mindestens 15 Jahre für die Integration der beiden Gebiete für nötig halten, und dies auch nur unter der Voraussetzung, daß man jedes Jahr fünf Prozent des westdeutschen Bruttoinlandsprodukts in sie investiert. Trotz seines Reichtums ist Deutschland nicht in der Lage, diese riesigen Investitionen allein zu finanzieren. Es wird sparen, leihen und einen Teil seiner im Ausland gesammelten Vermögenswerte zurückholen müssen. Dies wird nicht ohne Folgen für die Wirtschaft seiner Nachbarn bleiben. Seine Handelsüberschüsse verringern sich bereits und es wird demnächst Kapital importieren…«

Gemeinschaftswerk Aufschwung Ost

Die feste Überzeugung von Bundeskanzler Helmut Kohl, daß die östlichen Länder in wenigen Jahren wieder blühende Landschaften sein werden, ist vielfach kritisiert, ja sogar geschmäht worden. Aber fragt man gezielter nach, bezweifelt eigentlich niemand ernsthaft, daß der Bundeskanzler mit dieser Überzeugung recht behalten wird. So schmerzhaft die Übergangsphase für viele ist, die bei der unausweichlichen Umstrukturierung der Firmen und Betriebe vorübergehend ohne Arbeit sind, so können sie doch darauf vertrauen, daß die Bundesregierung alles tut, um den Weg für neue und zukunftsorientierte Arbeitsplätze zu ebnen. Gleichzeitig eröffnet sie eine Fülle von Möglichkeiten, mit denen sich Arbeitnehmer für die Tätigkeit an modernen Arbeitsplätzen weiterbilden können.
Im zweiten Halbjahr 1990 waren es 35 Milliarden, 1991 sind es 50 Milliarden Mark, die aus dem Bundeshaushalt in den Aufbau der neuen Länder fließen. Dazu kommen aus dem auf zwei Jahre angelegten Gemeinschaftswerk Aufschwung Ost des Bundes weitere 24 Milliarden Mark – jeweils 12 Milliarden Mark für 1991 und 1992 –, mit denen Investitionen und damit die Schaffung von Arbeitsplätzen nachdrücklich gefördert werden. Schwerpunkte dieses Programmes sind Investitionen auf kommunaler Ebene, die Unterstützung privater Unternehmensinvestitionen, regionale Wirtschaftsförderung sowie Hilfen für die Werften. Ferner gehören dazu Maßnahmen im Bereich des Umweltschutzes, im Wohnungs- und Städtebau sowie Investitionen zur Verbesserung der Verkehrsinfrastruktur und im Hochschulbereich.
Zusammen mit den von 10 auf 15 Milliarden Mark aufgestockten Mitteln für das Gemeinde-Kreditprogramm und den 5 Milliarden aus dem Gemeinschaftswerk Aufschwung Ost, die ausschließlich zur Unterstützung von Investitionen der Städte und Gemeinden mit hoher Beschäftigungswirkung bestimmt sind, werden Ende des Jahres 1991 in dann 18 Monaten mehr als 100 Milliarden Mark vom Bund in die neuen Länder geflossen sein. So nüchtern und dabei unvorstellbar groß diese Zahlen klingen, so verbergen sich hinter ihnen doch Abertausende von Entscheidungen, die den Menschen unmittelbar nützen. Dies wird von vielen Menschen auch so gesehen. Das Wis-

sen, daß der Karren in 40 Jahren sozialistischer Mißwirtschaft tief in den Dreck gefahren worden ist, läßt sich durch Parolen genausowenig verdrängen wie die Gewißheit, daß der Bund und die alten Länder mit einer gewaltigen Anstrengung eben diesen Karren wieder herausziehen.

Dabei sehen die Menschen in den neuen Ländern keineswegs tatenlos zu. Mehr als eine Viertelmillion neu angemeldeter Gewerbebetriebe belegen die Bereitschaft, selbst etwas auf die Beine zu stellen; mehr als eine halbe Million abgeschlossener Bausparverträge zeugen vom Vertrauen in die Zukunft.

Das Selbstvertrauen vieler Menschen in den neuen Ländern und die Bereitschaft des Bundes, darauf zu setzen, sind mehr als der sprichwörtliche Wille, der angeblich Berge versetzt. Sie bilden vielmehr die solide Basis einer Politik, mit deren Hilfe die Talsohle in absehbarer Zeit durchschritten sein wird.

Wie tief dieses Tal sein würde, hat sich erst in den vergangenen Monaten gezeigt. Umweltzerstörung in ungeahntem Ausmaß, heruntergewirtschaftete Industrien, deren Waren billiger verkauft wurden als ihre Produktion kostete, verdeckte Arbeitslosigkeit sind nur einige Stichworte dafür. Daß die Wirtschaftsorganisation der ehemaligen Ostblockländer insgesamt zusammenbrechen und als Handelspartner ausfallen würde, war ebenfalls in dieser Form nicht vorauszusehen. Dies gilt auch für die Beteiligung an den Kosten, zu der sich die Bundesrepublik im Zusammenhang mit der Durchsetzung internationalen Rechts am Golf auf Beschluß der Uno bereit erklärt hat. Diese rund 15 Milliarden Mark belasten den Bundeshaushalt ebenso wie zahlreiche weitere Verpflichtungen, die die Bundesrepublik im Rahmen des Demokratisierungsprozesses in den ost- und südosteuropäischen Ländern als Investition in eine künftige europäische Friedensordnung auf sich genommen hat.

Dennoch ist Geld genug für den Wiederaufbau in den fünf neuen Ländern da, zumal die staatlichen Investitionen zweistellige Milliardenbeträge von privaten Investoren nach sich ziehen. Buchstäblich bahnbrechend werden sich dabei die Maßnahmen zur beschleunigten Verbesserung der Verkehrsinfrastruktur auswirken. Aufschwung Ost bedeutet hier: zusätzlich 1,4 Milliarden Mark 1991 und weitere 4,2 Milliarden Mark 1992 für den Ausbau von Straße und Schiene.

Daraus erwachsen Tausende von Arbeitsplätzen und zugleich die Infrastruktur für den wirtschaftlichen Aufschwung. Schon in diesen Monaten wirken sich die 5 Milliarden aus Bonn für die Kommunen aus, die unbürokratisch über die Länder direkt an die Städte und Gemeinden insbesondere zur Sanierung von Krankenhäusern, Alteneinrichtungen und Schulen geleitet wurden. Einen weiteren Schwerpunkt bilden die Initiativen, mit denen die Qualifizierung von Arbeitnehmern sowie die Arbeitsbeschaffungsmaßnahmen (ABM) ausgebaut und mit Existenzgründungen, beispielsweise bei der Entgiftung von Gewerbeflächen, verbunden werden. Dies gilt auch für Bereiche mit besonders hohem Frauenanteil – zum Beispiel Sozialstationen, Pflegeheime, Kinderbetreuungseinrichtungen –, ebenso für die Verzahnung von ABM-Maßnahmen mit strukturverbessernden Maßnahmen in Land- und Forstwirtschaft sowie im ländlichen Wohnungsbau und in der Wasserwirtschaft.

Die Projekte des Gemeinschaftswerks werden ergänzt durch Maßnahmen, die seine beschleunigte Umsetzung ermöglichen. Dazu gehören der Aufbau von Verwaltung und Justiz sowie die Möglichkeit zur schnellen Vermögensübertragung, insbesondere an Kommunen, wenn dadurch Arbeitsplätze und Wohnraum geschaffen werden.[169]

Unser Ruf im Ausland

Die Wiedervereinigung und die weitgehend akzeptierten, aber nicht unumstrittenen Positionen der Deutschen zum Krieg am Golf schlagen sich in einer Repräsentativumfrage nieder, die im Auftrag von 74 deutschen und 41 ausländischen Firmen erstellt wurde. Für die Studie wurden mehr als 13 000 Menschen in den USA, der UdSSR, in Frankreich, Großbritannien, Japan, der Türkei und Israel befragt und Meinungsbilder aus sechs arabischen Staaten berücksichtigt. Demnach gelten die Deutschen als sympathisch, erfolgreich, fleißig und zuverlässig. Zwei Drittel der befragten Ausländer empfinden uns als friedfertig.

Grünes Licht für Investitionen

»Als unser Ziel« bezeichnete Bundeskanzler Helmut Kohl: »gleiche Lebensverhältnisse in ganz Deutschland.«
Die Städte in den neuen Bundesländern sind vielfach in einem verheerenden Zustand: Wohnungen, Krankenhäuser, Kläranlagen – die Liste ist lang. Mit Hilfe in Milliardenhöhe leitet der Bund die überfällige Sanierung ein.
Drei Ziele nannte Bundeskanzler Helmut Kohl in seiner Regierungserklärung vor dem Deutschen Bundestag am 30. Januar 1991 in Bonn für die kommenden Jahre:
»Wir wollen Deutschland zusammenführen, und zwar in jeder Hinsicht: geistig, kulturell, wirtschaftlich, sozial.
Wir wollen mitwirken am Bau einer dauerhaften und gerechten Friedensordnung für Europa, die alle Völker unseres bislang geteilten Kontinents in gemeinsamer Freiheit zusammenführt.
Wir wollen an einer Weltfriedensordnung mitarbeiten, die auf die Herrschaft des Rechts gegründet ist: auf die Achtung der Menschenrechte und des Selbstbestimmungsrechts aller Völker sowie auf den gemeinsamen Willen zur Bewahrung der dem Menschen anvertrauten Schöpfung.«
Kohl bezeichnete es angesichts der zu lösenden Aufgaben als unschätzbaren Vorteil, daß die Wiedervereinigung noch vor der Zuspitzung der aktuellen Konflikte erreicht werden konnte. Innenpolitisch sei es vorrangig, gleiche Lebensverhältnisse in ganz Deutschland herbeizuführen. Dabei gelte es auch, die Opfer des SED-Regimes zu rehabilitieren und zu entschädigen.
Infolge der anhaltenden Hochkonjunktur in den alten Bundesländern sind die Voraussetzungen für den Wiederaufbau in den neuen Bundesländern so günstig wie nie zuvor. Mit dem Ausbau der Infrastruktur werden jetzt die entscheidenden Weichen für den Aufholprozeß gestellt.
Gleichzeitig muß die Generalüberholung der Umwelt zwischen Ostsee und Erzgebirge vorangetrieben werden. Dazu wird eine nationale Solidaritätsaktion »ökologischer Aufbau« ins Leben gerufen.

Beamte nach Ostdeutschland

Beamte der alten Bundesländer müssen für den Aufbau einer leistungsfähigen Verwaltung nach dem Osten unseres Vaterlandes. Die vom Bonner Kabinett beschlossene Aufwandsentschädigung zwischen 1500 und 2500 Mark soll die rund 20 000 Westbeamten für die Arbeit unter extrem schwierigen Bedingungen entschädigen. Ihr Idealismus wird auf eine harte Probe gestellt, die Unterbringung ist nicht immer die beste, sie müssen viel Idealismus mitbringen, und viele haben ihn.
Dem Verleger seiner »Gedanken und Erinnerungen« überreichte der eiserne Kanzler Otto von Bismarck das fertige Manuskript mit einer Widmung: »Patriae inservien do consumor«, und es heißt auf deutsch: »Im Dienste für mein Vaterland verzehre ich mich.« Selbstlosigkeit war zu jener Zeit ein Vorrecht für die Staatsdiener. Heute ist das preußische Berufsbeamtentum tot, leider.
200 Millionen Mark sind von der Bundesrepublik dafür zur Verfügung gestellt worden, mögen sie dazu helfen, daß in Mittel- und Ostdeutschland bald eine demokratische, bürgernahe Verwaltung aufgebaut werden kann, im Interesse unserer Landsleute in den neuen Bundesländern.

Gemeinsame Solidaritätsaktion zur Lösung der Finanzprobleme in den neuen Ländern

Die Ministerpräsidenten der Länder traten am 28. Februar 1991 zu einer Konferenz mit dem Bundeskanzler zusammen. Vor Beginn der Konferenz erklärte Bundeskanzler Helmut Kohl vor Journalisten: »Alle aktuellen Analysen bestätigen, daß wir es unverändert mit einer gespaltenen Entwicklung zu tun haben: Hochkonjunktur im westlichen Teil Deutschlands – demgegenüber im östlichen Teil Deutschlands eine außerordentlich schwierige Phase wirtschaftlicher Umstrukturierung und Neuorientierung. Dort ist der Abbau von Arbeitsplätzen unverändert deutlich höher als der Zugewinn neuer Arbeitsplätze.

Was ist in dieser kritischen Zeit des Übergangs konkret zu tun? Ich nenne vor allem drei Punkte: Erstens müssen wir Verwaltung und Justiz in den neuen Bundesländern funktionsfähig machen. Zweitens müssen wir die Finanzausstattung der Länder und Gemeinden in den neuen Ländern verbessern. Drittens ergreifen wir zusätzliche Maßnahmen für mehr Investitionen und Beschäftigung.

Alle drei Aufgaben haben eines gemeinsam: Sie können nur erfolgreich gelöst werden, wenn der Bund und alle Länder – die alten und die neuen Bundesländer – sich dieser Gesamtverantwortung gemeinsam stellen.

Bei der gemeinsamen Konferenz heute nachmittag möchte ich die Ministerpräsidenten deswegen bitten, daß wir gemeinsam zu ganz konkreten Verabredungen kommen, mit denen wir die Lage der Menschen in den neuen Bundesländern spürbar verbessern können.

Die Bundesregierung erbringt hierfür bereits beträchtliche Leistungen: Im zweiten Halbjahr 1990 – also nach Vollzug der Währungs-, Wirtschafts- und Sozialunion – waren es zirka 35 Milliarden Mark aus dem Bundeshaushalt für den östlichen Teil Deutschlands. Im Jahr 1991 sind es mehr als 50 Milliarden Mark. Allein aus dem Bundeshaushalt ergibt sich damit ein Gesamtbetrag von 85 Milliarden Mark zugunsten der neuen Bundesländer.

Ferner hat die Bundesregierung in diesen Tagen das Gemeinde-Kreditprogramm für kommunale Infrastrukturinvestitionen von 10 auf 15 Milliarden Mark aufgestockt.

Beim Verwaltungsaufbau unterstützt die Bundesregierung – neben der Entsendung eigener Mitarbeiter – die östlichen Landkreise, Städte und Gemeinden bei der Gewinnung von Fachkräften für ihre Verwaltungen. Das entsprechende Personalkosten-Zuschußprogramm für 1991 ist soeben von 50 Millionen auf 100 Millionen Mark erhöht worden. Damit können bis zu 2000 Fachkräfte in die neuen Bundesländer entsandt werden.

Im Blick auf die schwierige Personalsituation im Bereich der Justiz hat das Bundeskabinett gestern auf Vorschlag des Bundesjustizministers ein konkretes Sofortprogramm von jährlich 120 Millionen Mark für drei Jahre beschlossen. In Zusammenarbeit mit den westlichen Bundesländern können jetzt sehr rasch bis zu 2300 Richter, Staatsanwälte und Rechtspfleger in die neuen Bundesländer entsandt werden.

Zur Finanzausstattung der neuen Länder und ihrer Gemeinden hat die Bundesregierung folgendes klargestellt: Wir verzichten auf unseren Anteil am Fonds Deutsche Einheit in Höhe von zirka 5 Milliarden Mark zugunsten der neuen Bundesländer, wenn auch die alten Bundesländer ihrerseits zu einem gleich hohen Beitrag bereit sind. Ich hoffe sehr, daß wir uns auch in dieser Frage mit den Ministerpräsidenten verständigen können.

Die Koalition von CDU/CSU und FDP hat sich darüber hinaus auf ein ›Gemeinschaftswerk Aufschwung Ost‹ mit einem Gesamtvolumen von 12 Milliarden Mark verständigt.

5 Milliarden Mark davon sind vorgesehen für ein Sofortprogramm zur Unterstützung kommunaler Investitionen mit hoher Beschäftigungswirkung. Das heißt konkret: Die Bundesregierung ist bereit, sofort eine

Prognosen für den wirtschaftlichen Aufschwung in der Ex-DDR

Hohenlohe in den neuen Bundesländern (1)

Handel, Gewerbe, Industrie

	Aktivitäten			**Prognose**
Firma Ort	In welcher Form in den neuen Ländern engagiert.	Bisheriges Investitionsvolumen.	Mittelfristig geplantes Investitionsvol.	Tiefpunkt der Arbeitslosigkeit/ Wieviel Jahre bis zur wirtschaftlichen Angleichung.
Bausparkasse Schwäbisch Hall	Außendienst, ca. 400 Personen			
Albert Berner Künzelsau	Vertrieb			- 5-10 Jahre
Bürkert Ingelfingen	Technisches Büro			- viel Geduld
Fainest AG Schwäbisch Hall	Finanzierung von Großhandlungen	2,5 Mio.	10 Mio.	Frühjahr 92 96/97
Geiger Bürotechnik Öhringen	Vertrieb, Beteiligung	500.000,-	1,5 Mio.	Ende 91 10 Jahre
Hohenloher Spezialmöbelfabrik Öhringen	Produktion, Vertrieb	6,5 Mio.		92/93 6-8 Jahre
HS-Vertriebsgesellschaft Öhringen-Cappel	Vertrieb, Verbrauchermärkte			Ende 91 Ende der 90er
Huber Verpackungen Öhringen	Produktion im Aufbau			Ende 91 7-10 Jahre
Hornschuch AG Weissbach	Vertrieb	gering	gering	92/93 10 Jahre
Junginger Metallwarenfab. Gerabronn	Vertrieb, Produktion			- 5 Jahre
Mustang Künzelsau	Vertrieb, Produktion		100.000,-	Anfang 92 7-10 Jahre
Näve Leuchten Forchtenberg	Vertrieb		1-2 Mio.	Sommer 92 4 Jahre
OHA-Druck Ingelfingen	Produktion, Beteiligung	900.000.-	900.000,-	
Reisser Ingelfingen	Vertrieb			- relativ schnell
Karl Schaeff Langenburg	Vertrieb, Produktion	2 Mio.	3 Mio.	92/93 5-7 Jahre
SCHEIB Baugruppe SHA-Sulzdorf	Firmengründung	ca. 1 Mio.	ca. 1,5 Mio.	Winter 91/92 4-5 Jahre
Schraubenwerk Gaisbach (SWG)	Vertrieb			Ende 92 Jahrtausendwende
Stahl Schaltgeräte Künzelsau	Niederlassung, Produktion	1 Mio.	ca. 10 Mio.	Mitte 92 5-7 Jahre
Hermann Stump SHA/Niedernhall	Beteiligung			93 5 Jahre
Türpe-Gruppe Krautheim	Gründung einer GmbH in Vorbereitung		ca. 15 Mio.	
Utec GmbH Crailsheim	Beteiligung	200.000,-	1,5 Mio.	- 4 Jahre
Richard Weissert Öhringen	Vertrieb, Beteiligung	500.000,-	1 Mio.	1-2 Jahre 10 Jahre
Würth Künzelsau	Vertrieb, Niederlassung	ca. 1,6 Mio.	ca. 10 Mio.	Sommer 92 10 Jahre
Ziehl-Abegg Künzelsau	Vertrieb			Ende 91 5 Jahre

Hohenlohe in den neuen Bundesländern (2)				
Gemeinden, Städte, Landkreise				
	Kontakt	**Situation**	**Prognose**	
Gemeinde Stadt Landkreis	Seit wann und zu wem bestehen Kontakte?	Wie beurteilen Sie die Situation in den Ihnen bekannten Kommunen?	Tiefpunkt der Arbeitslosigkeit?	Wieviel Jahre bis zur wirtschaftlichen Angleichung?
Bad Mergentheim	Anfang 91 Göda/Sachsen			
Blaufelden	1990 Zwochau/Sachsen	Langsamer Aufschwung in Sicht	2-4 Jahre	2-4 Jahre
Braunsbach	7/90 Arnsdorf/Sachsen	Langsamer Aufschwung in Sicht	94-95	10-15 Jahre
Crailsheim	Anfang 91 Deltizsch/Sachsen			
Creglingen	Anfang 91 5 Gemeinden/Sachsen	extrem schwierig	92	mindestens 5 Jahre
Dörzbach	5/90 Lampertswalde/Sachsen	Infrastruktur verbessert sich	92	ca. 5 Jahre
Forchtenberg	90 Dobra/Sachsen	langsamer Aufschwung		
Frankenhardt	90 Glesien/Sachsen	extrem schwierig	2-3 Jahre	7-10 Jahre
Gaildorf	seit 1990 Löbnitz/Sachsen	langsamer Aufschwung		5-10 Jahre
Ilshofen	Mitte 1990 Lengefeld/Sachsen	schwierig		
Ingelfingen	1990 Baßlitz/Sachsen			
Kirchberg	11/89 Weißensee/Thüringen	Langsamer Aufschwung		5-10 Jahre
Krautheim	11/90 Ebersbach/Sachsen			
Künzelsau	1/91 Gemeindeverband Prieswitz/Sachsen	Langsamer Aufschwung	1992	8 Jahre
Mulfingen	9/90 Gemeindeverbund Wildenhain/Sachsen	langsamer Aufschwung	Mitte-Ende 1992	6-8 Jahre
Neuenstein	2/90 Langewiesen/Thüringen	schwierig	schwer einzuschätzen	schwer einzuschätzen
Niederstetten	3/91 2 Gemeinden/Sachsen	extrem schwierig	2. Hälfte 91	10-20 Jahre
Öhringen	11/89 Großenhain/Sachsen	extrem schwierig, leichte Besserung in Sicht	1992	5-6 Jahre
Pfedelbach	1/90	langsamer Aufschwung in Sicht		
Schöntal	1990 Görzig/Sachsen	extrem schwierig		5-10 Jahre
Schrozberg	6/90 Zschortau/Sachsen	Verbesserung der Infrastruktur deutet sich an	2 Jahre	5-7 Jahre
Schwäbisch Hall	1988 Neustrelitz/Mecklenburg	extrem schwierig		
Vellberg	6/90 Tscherwitz/Brandenburg			
Waldenburg	12/90 Großboden/Sachsen	extrem schwierig		5-10 Jahre
Weikersheim	3/90 Hohburg u. Königsbrück	schwierig	2 Jahre	mehrere Jahre
Hohenlohekreis	6/90 Landkreis/Großenhain/Sachs	Langsamer Aufschwung in Sicht	2-3 Jahre	mindestens 10 Jahre
Landkreis Schwäbisch Hall	2/90 Landkreis Delitzsch	Langsamer Aufschwung	noch nicht erreicht	nicht abzusehen

entsprechende Verwaltungsvereinbarung mit den neuen Bundesländern zu treffen. Sie ist notwendig, weil nach unserer Verfassung der Bund Kreisen und Kommunen nicht unmittelbar – das heißt ohne Einschaltung der Länder – Finanzmittel zur Verfügung stellen kann. Ich gehe davon aus, daß dieses Geld dann bei den Ländern nur ›durchgeleitet‹ wird, daß heißt, den Landkreisen und Kommunen ganz direkt und ohne bürokratische Umwege zur Verfügung steht. Dabei geht es um einen Investitionsbetrag von etwa 300 Mark pro Einwohner. Mit diesem Geld können Landräte und Bürgermeister in den neuen Bundesländern in einem stark vereinfachten Verfahren noch im April/Mai Aufträge vergeben, insbesondere zur Instandsetzung von Schulen, Altenheimen und Krankenhäusern. Diese Aufträge sollen vor allem den örtlichen Handwerks- und Mittelstandsbetrieben zugute kommen.

Darüber hinaus stellt die Bundesregierung ebenfalls im Rahmen des Gemeinschaftswerks ein Programm in Höhe von 7 Milliarden Mark zur Verfügung, mit dem wir zusätzliche Maßnahmen zur Belebung der Wirtschaft und für den verstärkten Einsatz von Arbeitsbeschaffungsmaßnahmen in Gang setzen wollen. Über Einzelheiten wird in den nächsten Tagen entschieden.

Ich halte noch einmal fest: Wenn man das zusammenfaßt, was die Bundesregierung zugunsten der neuen Länder jetzt zusätzlich zur Verfügung stellt, dann ergibt sich ein Gesamtbetrag von 17 Milliarden Mark – bestehend aus 5 Milliarden Mark zur Stabilisierung der Haushalte von Ländern und Gemeinden und 12 Milliarden Mark für das ›Gemeinschaftswerk Aufschwung Ost‹.

Nimmt man die bereits genannten Leistungen des Bundes für die neuen Bundesländer für den Zeitraum Mitte 1990 bis Ende 1991 in Höhe von 85 Milliarden Mark hinzu, dann ergibt sich ein Gesamtvolumen in Höhe von 102 Milliarden Mark. Diese Zahl spricht für sich selbst. Sie belegt, daß die Bundesregierung an die Grenze dessen gegangen ist, was finanz- und haushaltspolitisch noch vertretbar und möglich ist.

Lassen Sie mich noch ein Wort zu den beschlossenen Steuererhöhungen hinzufügen: Die Bundesregierung stellt dieses Geld zu einem Zeitpunkt zur Verfügung, zu dem auch die finanziellen Verpflichtungen außerhalb der deutschen Grenzen erheblich zunehmen, und zwar in zweifacher Hinsicht: Ich nenne erstens den Golfkrieg. Hierfür sind 1990 und im ersten Quartal 1991 insgesamt rund 15 Milliarden Mark aufzubringen. Die Bundesrepublik Deutschland hat aus den bekannten verfassungsrechtlichen Gründen keine deutschen Soldaten an den Golf entsandt. Um so selbstverständlicher ist es, daß das wirtschaftlich starke Deutschland diesen finanziellen Solidaritätsbeitrag leistet. Diese 15 Milliarden Mark, die wir im Zusammenhang mit dem Golfkrieg zu leisten haben, stehen jetzt für andere Aufgaben nicht zur Verfügung.

Zweitens: Der Handel innerhalb der Länder des früheren Ostblocks ist weitgehend zusammengebrochen. Davon betroffen sind in erster Linie Betriebe und Arbeitsplätze in der früheren DDR.

Die Bundesregierung hatte bereits im vergangenen Jahr nicht mehr damit gerechnet, daß der Export in die RGW-Länder und vor allem in die Sowjetunion in der bisherigen Höhe von jährlich etwa 30 Milliarden Mark aufrechterhalten werden könne. Ich habe aber damals in Übereinstimmung mit vielen Sachverständigen wenigstens die Hälfte für weiterhin realistisch gehalten. Niemand konnte damit rechnen, daß es nahezu zum völligen Zusammenbruch des RGW-Handels kommen würde.

Was dies konkret heißt, zeigt zum Beispiel die Tatsache, daß die fünf größten Werften in Mecklenburg-Vorpommern zu über 60 Prozent von sowjetischen Aufträgen abhängen. Damit sind zirka 30 000 Arbeitsplätze verbunden.

Das heißt: Die unvorhergesehenen Entwicklungen durch den Golfkrieg und die dramatischen Ausfälle im RGW-Handel führen zu zusätzlichen Aufwendungen in Höhe zweistelliger Milliardenbeträge. Ich sage noch einmal: Diese Beträge stehen für zusätzliche

Maßnahmen zugunsten der neuen Bundesländer nicht mehr zur Verfügung.
Vor diesem Hintergrund und nach den bereits vorgenommenen Einsparungen im Bundeshaushalt 1991 stand die Koalition vor der Alternative: entweder Erhöhung der Nettokreditaufnahme oder Erhöhung der Steuern. Die Erhöhung der Nettokreditaufnahme kam nicht in Frage, weil der Kapitalmarkt im Blick auf Zinsen und Geldwertstabilität nicht stärker in Anspruch genommen werden kann.
Angesichts der internationalen Bedeutung der D-Mark kann die Verantwortung Deutschlands für die Entwicklung auf den internationalen Geld- und Kapitalmärkten gar nicht hoch genug bewertet werden. Damit blieb – als Grundlage einer weiterhin soliden Finanzpolitik – nur der Weg über die Steuererhöhung.
Zu den Beschlüssen selber möchte ich folgendes unterstreichen: Für mich war die Kernfrage: Wie können die Rückwirkungen auf die konjunkturelle Entwicklung so gering wie möglich gehalten werden? Denn über eines besteht kein Zweifel: Nur mit einer insgesamt weiter positiv verlaufenden Wirtschaftsentwicklung können wir die anstehenden Aufgaben in den neuen Bundesländern bewältigen. Dabei darf nicht übersehen werden, daß die westdeutsche Konjunktur ganz beträchtlich von der zusätzlichen Nachfrage aus dem östlichen Teil Deutschlands profitiert.
Dieser wirtschaftlichen Gesamtsituation tragen unsere steuerpolitischen Beschlüsse Rechnung: So ist der Solidaritätszuschlag zur Lohn-, Einkommen- und Körperschaftssteuer auf zwölf Monate begrenzt worden, das heißt auf den Zeitraum vom 1. Juli 1991 bis 30. Juni 1992.
In dieser Zeit beläuft sich der Zuschlag zur Steuerschuld (nicht zum Einkommen!) auf 7,5 Prozent. Bezieht man diese Belastung auf das Gesamtjahr 1991 beziehungsweise 1992, ergibt sich ein jährlicher Zuschlag zur Steuerschuld in Höhe von 3,75 Prozent. Mit der eindeutigen Befristung auf zwölf Monate ist für jedermann erkennbar, daß es sich um eine einmalige Zusatzbelastung handelt – also um eine Belastung, die die längerfristigen Planungen nicht beeinträchtigt und von daher auf Investitionen und Arbeitsplätze die gebotene Rücksicht nimmt.
Ich fasse zusammen: In einer schwierigen Situation haben wir die notwendigen Entscheidungen getroffen. Ich hoffe sehr, daß diese Entscheidungen zugunsten der neuen Bundesländer heute nachmittag, zusammen mit den Ministerpräsidenten, vervollständigt werden können.
In der kommenden Woche, am 7. März 1991, werde ich dann ergänzende Gespräche mit den Spitzenrepräsentanten der Wirtschaftsverbände und der Gewerkschaften führen.
Insgesamt wird damit ein Gesamtkonzept verwirklicht, mit dem wir eine gute Chance haben, die vor uns liegenden schwierigen Herausforderungen vor allem im Interesse der Menschen im östlichen Teil Deutschlands zu bestehen. Und dies ist unsere größte innenpolitische Herausforderung.«[170]

Neue Postleitzahlen für das vereinte Deutschland

Wie werden die gleichen Postleitzahlen in Ost und West zunächst unterschieden? Die Deutsche Bundespost, Postdienst, bittet alle Postkunden, für die Zeit bis zur Einführung eines neuen einheitlichen Postleitzahlensystems die Kürzel »O-« (Richtung Osten) beziehungsweise »W-« für die Gegenrichtung zu verwenden.
Ab 1993 wird das neue Postleitzahlensystem eingeführt. Zunächst müssen vielmehr als Grundlage weiterer Planungen für das gesamte Verkehrsgebiet die Transportwege und Leitstrukturen kritisch überprüft und – wo notwendig – neu geordnet werden. Aussagen zur Vergabe von Postleitzahlen – auch zur überregionalen Aufteilung – können zum jetzigen Zeitpunkt noch nicht gemacht werden.
Im übrigen weist die Deutsche Bundespost, Postdienst, darauf hin, daß neue Postleitzah-

len frühzeitig bekanntgegeben werden; ausreichend lange Übergangsfristen eingeräumt werden, während denen zum Beispiel noch vorhandene Briefblattvordrucke aufgebraucht werden können und auch Sendungen mit »älteren« Postleitzahlen unverzüglich ausgeliefert werden; für DV-Anwender Hilfen zum Berichtigen und Abgleichen ihrer Adreßdateien angeboten werden; »W-« und »O-« sich gut mit den Verkehrsrichtungen assoziieren lassen und damit gut merkbar sind. Die übrigen im Alphabet noch freien Buchstaben erfüllen diese Anforderungen nicht.

Die Kennzeichnungen »O-« und »W-« sind eine notwendige Unterscheidung der Postleitzahlen für den Postverkehr zwischen den deutschen Verkehrsgebieten. Mit dieser allein betrieblich bedingten Maßnahme werden Briefe und Pakete schnell ans richtige Ziel gebracht.

Seit der Einführung der Postleitzahlen sind fast 30 Jahre vergangen. Inzwischen sind zirka 60 Postverwaltungen dem Beispiel gefolgt; sie haben in vielen Fällen die von der Deutschen Bundespost gewählten Systemkomponenten weiterentwickelt und zum Teil nicht unerheblich verbessern lassen.

Nach den Vorstellungen der Deutschen Bundespost, Postdienst, sollen die neuen Postleitzahlen mindestens diesem verbesserten Standard entsprechen. Das wird sich in Anbetracht der insoweit gestiegenen Systemanforderungen und der Größe des vereinigten Postgebiets nur mit Postleitzahlen realisieren lassen, die mehr als vier Stellen haben. Dabei wird grundsätzlich an eine Neuordnung des Postleitzahlensystems gedacht und nicht nur an eine Erweiterung der derzeit gebräuchlichen Leitzahlen.

Die Zustellamtsnummer, die im Verkehrsgebiet West derzeit noch hinter der Ortsbezeichnung vermerkt wird, soll im neuen System in die Postleitzahl integriert werden. Dies würde zum einen den Möglichkeiten der automatischen Lesetechnik eher gerecht und zum anderen zeigen die Erfahrungen anderer Postverwaltungen, daß die Akzeptanz von Postleitzahlen mit integrierter Zustellamtsnummer bedeutend höher ist, als dies beim derzeitigen System im Verkehrsgebiet West mit getrennter Schreibweise von Postleitzahl und Zustellamtsnummer der Fall ist.[172]

Die Probleme unserer ostdeutschen Landsleute

Ein grüner Pfeil verhieß in der DDR dort freie Fahrt, wo sie in der Bundesrepublik strikt verboten ist: An Kreuzungen durfte nach rechts auch dann abgebogen werden, wenn die Ampel auf Rot geschaltet war. Viele Pfeile sind abmontiert, einige wieder angenagelt worden. Vorerst dürfen sie bleiben. Wie so vieles im Osten ist auch die Zukunft dieses Verkehrszeichens ungewiß.

Der Bayer Friedrich Zimmermann, bis zur Jahreswende 1990/91 Verkehrsminister in Bonn, wollte die Pfeile abschaffen. Sein Nachfolger, der Mecklenburger Günther Krause, will sie sogar in Westdeutschland einführen, fand aber bislang wenig Beifall.

Der grüne Pfeil werde wohl das einzige sein, was von der DDR übrigbleibe – diesen womöglich voreiligen, oft bitter gemeinten Scherz hat ziemlich jeder Ostdeutsche schon mal gehört.

Ginge es nach der großen Mehrheit der neuen Bundesbürger, so würde eine weit wichtigere Verkehrsregel der DDR auf die ganze Bundesrepublik ausgedehnt werden: das strikte Alkoholverbot für Autofahrer. 75 Prozent der Befragten äußerten sich bei der »Spiegel«-Umfrage, die im Juni/Juli 1990 lief, in diesem Sinne. Beim Rest sind 0,5 Promille populärer als 0,8.

Demgegenüber findet sich unter den Westdeutschen je ein Drittel für jede dieser drei Möglichkeiten. Sie werden derzeit in Bonn diskutiert – mit starker Tendenz, es wie bisher bei 0,8 Promille zu belassen. Verkehrsminister Krause will auf 0,5, nur einzelne wollen auf 0,0 herunter.

Die Ostmehrheit für null Promille mag manchen überraschen, gab es doch zwischen Elbe und Oder nach der Wende den stärksten Westtrend bei allem, was mit dem Auto zusammenhing. Der Umstieg vom Trabi oder Wartburg auf einen Westwagen war für viele der erste große, eilige Schritt ins neue Leben, auch wenn sie ihr Sparkonto leerfegen oder sich sogar in Schulden stürzen mußten.

Mit den ungewohnt vielen PS stieg auch die Zahl der Unfälle. Und die Freude an der jahrzehntelang verwehrten Fahrt über die Grenzen führte viele gleich weit in den Westen, bis in die Alpen oder nach Paris.

Warum bei soviel Westorientierung nicht auch eine Mehrheit für soviel Promille-Freiheit wie im Westen? Mit der Unfallstatistik, die ohnehin nur Experten kennen, läßt sich die Pro-Null-Mehrheit nicht erklären. Der Anteil der Alkoholunfälle war 1990 in den alten und neuen Bundesländern etwa gleich groß, hängt also nicht davon ab, ob Promille erlaubt oder untersagt sind.

Sicher hat man sich im Osten daran gewöhnt, mit dem Alkoholverbot zu leben, es zu umgehen oder sich daran zu halten. Man ist gut damit gefahren. Auch sind nicht wenige Ostdeutsche dagegen, daß zu all den neuen Gefahren – dem Verkehrschaos, den Überfällen, der Gewalt von Radikalen, dem Drogenhandel – noch weitere Risiken hinzukommen.

Womöglich hätte sich vor einigen Monaten noch eine Mehrheit dafür ausgesprochen, es im Osten auch mit dem Alkohol am Steuer so zu halten wie im Westen. Doch mittlerweile hat es einen Wandel in der Einstellung der Ostdeutschen gegeben. Sie denken kritischer über den Westen und positiver über die Vergangenheit in der DDR, die eben nicht nur aus Mauer und Mangel, SED und Stasi bestand. Der Wandel wird deutlich beim Vergleich der beiden »Spiegel«-Umfragen des Bielefelder Emnid-Instituts, mit denen im Herbst 1990 und Mitte 1991 die deutsch-deutsche Situation und die Einstellung der Ost- und Westdeutschen zueinander erforscht wurden.

Beispiel für die kritischere Einstellung zum Westen: Daß es in der Bundesrepublik im großen und ganzen gerecht zugeht, meinte im Herbst 1990 fast jeder zweite Ostdeutsche, 1991 nur noch jeder fünfte. Von 45 auf 63 Prozent ist die Mehrheit gewachsen, die viele benachteiligte Menschen für ein Kennzeichen der Bundesrepublik hält.

Beispiel für den positiveren Rückblick auf die DDR: Vor neun Monaten erklärten die meisten ostdeutschen Befragten die einstige DDR nur in drei, nunmehr in fünf von acht Emnid-Punkten für den besseren Staat: hinsichtlich der sozialen Sicherheit, der Gleichberechtigung der Frau, des Schutzes gegen Verbrechen, der Berufsausbildung und der Schulbildung. Bei jedem der fünf Bereiche gaben diesmal mehr Befragte als im vorigen Herbst der DDR den Vorzug. Lediglich im Lebensstandard, im Gesundheitswesen und im Wohnungsbau war die DDR nach vorherrschender Meinung ihrer einstigen Bürger hinter der BRD zurückgeblieben.

Die Westdeutschen haben ein ganz anderes Bild von den beiden deutschen Staaten. Absolute Mehrheiten waren im vorigen Herbst und sind nun wieder in sechs der acht Punkte von der Überlegenheit der Bundesrepublik überzeugt; nur hinsichtlich der Frauenrechte und des Kampfes gegen die Kriminalität sehen sie keinen großen Unterschied.

Am weitesten gehen die Ansichten der alten und der neuen Bundesbürger auseinander, wenn sie den Staat nennen sollen, der mehr soziale Sicherheit bot. Für 83 Prozent der Ostdeutschen ist es die DDR, für 65 Prozent der Westdeutschen die Bundesrepublik.

Da denken die Deutschen noch so verschieden, wie es den Systemen entspricht, in denen sie 40 Jahre lang getrennt voneinander lebten. Die DDR bot soziale Sicherheit auf dem niedrigsten Level: für jeden einen Arbeitsplatz (wie mies er auch sein mochte), lohnenden Aufstieg für kaum jemanden, Wohlstand nur für relativ wenige Privilegierte. Das bundesdeutsche soziale Netz hingegen mindert die Risiken der Leistungsgesellschaft lediglich und schützt nicht vor sozialem Abstieg und Arbeitslosigkeit.

Die Grundeinstellung, die sie zum Leben und seinen Problemen haben, unterscheidet die Deutschen in Ost und West, wie auch andere Ergebnisse zeigen. Noch immer wirkt sich aus, daß die Ostdeutschen ganz anders leben mußten als die Westdeutschen – unter dem Zwang, zu tun, was sie nicht wollten, und zu unterlassen, was ihnen wichtig war; zu verschweigen, was sie dachten, und zu sagen, was sie nicht glaubten. Sie wurden oft kommandiert, statt selber entscheiden zu können.

Den Ostdeutschen mangelt es deshalb gerade an jenen Eigenschaften, die den Bürger vom Untertan unterscheiden. Darüber sind sie sich selbst im klaren. Sie halten sich laut Emnid für viel zuwenig selbstbewußt, selbständig, weltoffen, flexibel und entschlußkräftig. Zwar haben sie heute eine bessere Meinung von sich selbst als vor neun Monaten, aber noch immer sehen sie hier ein Defizit.

Als Emnid nach der psychischen Verfassung fragte, zeigte sich, daß weit mehr neue als alte Bundesbürger Mühe haben, ihre Situation zu bewältigen. 20 Prozent der Westdeutschen, aber beinahe doppelt so viele Ostdeutsche sind oft niedergeschlagen und mutlos. Und Angst vor der Zukunft haben 24 Prozent der alten, hingegen 37 Prozent der neuen Bundesbürger. Im vorigen Herbst klafften die Zahlen noch nicht so weit auseinander. Es gibt einen Zusammenhang mit der eigenen Situation: Angst vor der Zukunft haben im Osten vor allem die, denen es schlechtgeht (63 Prozent), weniger die, denen es weder gut- noch schlechtgeht, und noch weniger die, denen es gutgeht (16 Prozent). Anders als in der Alt-BRD haben in der Ex-DDR weit mehr Frauen als Männer Angst vor der Zukunft, und sie sind auch in größerer Zahl oft niedergeschlagen und mutlos. Ostdeutsche Frauen können – meist der Kinder wegen – auf die neuen Probleme nicht so flexibel reagieren wie Männer. Viele Schwierigkeiten treffen sie härter, etwa wenn Plätze in den Kinderkrippen und -gärten gestrichen oder zu teuer werden. Folge: Bei den Männern überwiegt die Freude, daß die Teilung überwunden ist, bei den Frauen die Sorge über die Probleme, die damit verbunden sind.

Ostdeutsche trennen im Rückblick auf die DDR zwischen dem kommunistischen Regime und ihrem eigenen Leben, das die meisten so nichtkommunistisch wie nur möglich zu führen versuchten. Viele Westdeutsche machen diesen Unterschied nicht, deshalb bleiben ihnen die anderen Deutschen von vornherein beinahe so fremd wie das System, in dem sie lebten.

Und die Deutschen werden sich zusehends noch fremder, weil die Vereinigung die einen unvorstellbar viel Geld kostet und die anderen in ein wirtschaftliches und soziales Tief stürzt.

Die Entfremdung ist auch an den Antworten auf die Frage nach dem negativsten Eindruck von den Deutschen im jeweils anderen Teil des Landes zu erkennen. Die meisten Befragten brachten ihre Meinung in Stichworten oder kurzen Sätzen zu Papier. Zwar überwogen zumeist die Meinungen, die anderen seien überheblich (Ostdeutsche über Westdeutsche) oder faul (Westdeutsche über Ostdeutsche), wie im »Spiegel« mit Zitaten berichtet wurde. Aber darüber hinaus gab es eine Fülle freundlich-kritischer bis feindseliger, relativ optimistischer und völlig resignierender Äußerungen. Eine Ost-Frau: »Sie wollen uns nicht mehr.«

Trotz aller Kontraste und Konflikte stimmen die meisten Deutschen in wichtigen politischen Kernfragen überein. In ganz Deutschland überwiegt, was die Abtreibung betrifft, die Meinung, daß die vorerst in Ostdeutschland weitergeltende DDR-Regelung besser sei als der Paragraph 218 der Bundesrepublik. Sie läßt den Abbruch einer Schwangerschaft in den ersten drei Monaten straffrei.

Auch über Atomkraft denken die Ostdeutschen wie die Westdeutschen. Hier wie dort sprechen sich die meisten Befragten dafür aus, keine neuen Werke zu bauen und die bestehenden stillzulegen, im Laufe der Zeit oder sofort.

Gleich viele Berufstätige sind mit ihrer Arbeit zufrieden, glauben sich ihren Fähigkeiten entsprechend beschäftigt und würden denselben Beruf wieder wählen. Der einzige Unterschied hat einen aktuellen Grund: Nur

33 Prozent der ostdeutschen Berufstätigen (gegenüber 73 Prozent der westdeutschen) meinen, daß sie für ihre Arbeit angemessen bezahlt werden.
In Ost und West gleich groß ist die Aversion gegen den Zustrom von Aussiedlern und Ausländern. Aber sogar hier wirkt sich die deutsch-deutsche Entfremdung aus. In der Ex-DDR hat sich die Bereitschaft vermindert, anteilig so viele aufzunehmen wie im Westen. Dafür sprachen sich im Herbst 1990 zwei Drittel, Mitte 1991 nur noch die Hälfte der Ostdeutschen aus. Beinahe gleich viele sind nunmehr dafür, die Fremden allesamt im Westen unterzubringen. Über das Honecker-Regime urteilen die alten Bundesbürger so wie die neuen. Mehrheiten der einen wie der anderen sind davon überzeugt, daß der Zusammenbruch eines großen Teils der DDR-Wirtschaft nach der jahrzehntelangen Mißwirtschaft der SED nicht zu vermeiden war.
Verschieden sind nur die Ansichten über westliche Mitschuld. Eine große Mehrheit im Osten bejahte, eine knappe Mehrheit im Westen verneinte die Frage, ob viele Betriebe zusammenbrechen, weil Bonn die Situation im Osten nicht richtig eingeschätzt und falsche Entscheidungen getroffen hat.
Die meisten Ostdeutschen sind entschieden dafür, sich eine Zukunft ohne jedweden SED-Ballast aufzubauen. Was in dieser Hinsicht zur Zeit geschieht, ist viel weniger, als es den Wünschen der Mehrheit entspricht. Zwischen 70 und 81 Prozent der Befragten wollten möglichst viele frühere Kader aus ihren Stellungen entfernen, Richter ebenso wie Offiziere der einstigen Volkspolizei, Schuldirektoren wie höhere Angestellte im Handel und in den Kommunen.
Die stärkste Aversion richtet sich gegen die alten Chefs in den Betrieben, die einst parteitreue Planer waren und nun wendehalsige Manager sind. Zu ihnen haben nur 3 Prozent volles Vertrauen, 53 Prozent mäßiges Vertrauen, 41 Prozent kein Vertrauen. So groß ist das Mißtrauen gegenüber keiner der anderen einstigen Kadergruppen, nach denen Emnid fragte.
Das Problem, das unter dem Stichwort Seilschaften abgehandelt wird, birgt mehr Konfliktstoff, als weithin vermutet wird. 56 Prozent der Ostdeutschen meinen: Wer in der Ex-DDR von früher her Verbindungen zu alten Funktionären hat, hat es leichter, in der jetzigen Zeit zurechtzukommen.
Obwohl seit der Öffnung der Mauer schon Hunderttausende aus Ostdeutschland in die alte Bundesrepublik übergesiedelt sind, hat sich die Zahl der Ostdeutschen nicht vermindert, die wahrscheinlich oder auf jeden Fall in den Westen gehen wollen. Sie liegt Mitte 1991, wie bei früheren Umfragen, bei 6 Prozent, gleich 700 000 erwachsenen neuen Bundesbürgern. Von den Ostdeutschen unter 30 Jahren erwägen oder planen sogar 14 Prozent einen Wechsel.[173]
Die potentiellen Abwanderer haben weniger Angst vor der Zukunft als die anderen Ostdeutschen, es geht ihnen besser, und sie sind nach eigener Einschätzung selbstbewußter und leistungsstärker.
Sie kommen im Osten besser zurecht als andere, aber eben deshalb wollen sie ihre noch größere Chance im Westen nicht auslassen. Sie wollen nicht warten, bis aus der einstigen DDR die vom Bundeskanzler angekündigten blühenden Landschaften geworden sind. Bundeskanzler Helmut Kohl sprach von vier Jahren, nach östlicher Volksmeinung wird es acht Jahre dauern, nimmt man den Durchschnitt der breitgestreuten Erwartungen. Wer in den Westen abwandern will, rechnet im Schnitt sogar mit zehn Jahren. So lange wird niemand brauchen, der im Westen Fuß faßt.

»Sie wollen uns nicht mehr« – Ostdeutsche über Westdeutsche

Antworten von Ostdeutschen auf die Frage des Emnid-Instituts nach ihrem negativsten Eindruck von Westdeutschen: Jetzt gehen alle auf Distanz – Können uns nicht nachfühlen, wie wir gelebt haben – Bis zur Wende waren wir Schwestern und Brüder, nach der Wende sind das Fremdworte.

Sehen selten, daß sie auch von uns auf einigen Gebieten etwas lernen können – Sie wenden sich wegen ihres Wohlstandes von uns ab – Der Gemeinschaftsgeist ist unterentwickelt – Rücksichtslose Kraftfahrer, parken überall, wo man es nicht soll.

Ihre Kenntnisse über die ehemalige DDR sind sehr gering und zum Teil verzerrt, dadurch entsteht viel Überheblichkeit.

Sie denken, ihnen gehört die Welt, die ehemaligen DDR-Bürger werden fast wie Ausländer behandelt. Aber ich kann doch nichts dafür, daß ich in der DDR geboren wurde.

Sie können nicht verstehen, daß wir einfachen Arbeiter auch unter primitivsten Bedingungen fleißig gearbeitet haben und daß bei uns trotzdem alles liederlich ist.

Große Sorgen machen uns auch die, welche damals freiwillig weg sind, die alles im Stich ließen, heute den großen Maxen spielen und auch noch Entschädigung verlangen. Nur Flüchtlinge, die wegmußten, sollten entschädigt werden.

Die Bürokratie ist noch schlimmer als bei uns – Schwatzen einem alles auf – Pauschale Urteile – Viele kennen keine Verwandtschaft mehr.

Großkotziges Auftreten im Rudel – Reden viel und können nicht zuhören – Leichtlebig – Die Bezeichnung Ossi und Wessi – Die Straßenhändler – Das Geld wird uns ganz schön aus der Tasche gezogen.

Zu raffig – Sie wollen uns nicht mehr – Hohes Selbstbewußtsein täuscht mehr Bildung vor, als bei den meisten vorhanden ist – Ziehen unsere Geschichte total ins Negative, obwohl sie viel zuwenig über unser Alltagsleben wissen.

Der Neid, daß wir mit zur BRD gehören sollen – Versicherungen versuchen, uns über den Tisch zu ziehen – Überheblich, kochen aber auch nur mit Wasser – Arroganz im Arbeitsbereich – Manche geben ganz schön an.

Schnelles Fahren auf den Straßen – Fühlen sich wertvoller – Legen wenig Wert auf schöne menschliche Beziehungen – Hektisch im Beruf, bürokratisch, egoistisch.

Sind voreingenommen und wissen nichts von der SED und den Konflikten der einfachen Genossen, kennen unsere Arbeitsbedingungen nicht und machen uns alle für die Mißwirtschaft verantwortlich. Das ist verletzend.

Das Auseinanderklaffen von Sein und Schein, manchmal eklatant – Sie versuchen, aus der Unwissenheit vieler Bürger Kapital für sich herauszuschinden – Daß ein Mann gesagt hat, die Mauer müßte noch viel höher gebaut werden – Pfennigfuchserei – Skrupellos – Ich habe sehr viele Jugendliche auf Bahnhöfen und Straßen rumgammeln gesehen – Händler sind zu aufdringlich und verkaufen zu Überpreisen – Müßten sensibler sein – Zu sehr beschäftigt.

Die ewige Besserwisserei – Vorwiegend Materialisten – Jeder lebt zuerst für sich – Wenn's ums Geld geht, hört die Mitmenschlichkeit auf – Zu sehr mit der Karriere beschäftigt – Ein Teil hat unwahrscheinliche Arroganz – Geldorientierte Denk- und Handlungsweise – Geschäftemacher sind skrupellos.

Reißen alles an sich, machen alles kaputt – Sehr viele sind ständig bemüht, sich darzustellen – Besonders Jugendliche treten oft anmaßend auf – Haben nichts übrig für uns.[174]

»Gut leben, ohne viel zu tun« – Westdeutsche über Ostdeutsche

Antworten von Westdeutschen auf die Frage des Emnid-Instituts nach ihrem negativsten Eindruck von Ostdeutschen: Sie verlangen einfach zuviel – Sind mit Kohl in eine Sackgasse gelaufen – Sie sind ängstlich – Obrigkeitshörigkeit.

Die versuchen alles zu reparieren, auch dann, wenn das neue Teil billiger wäre.

Haben zu sehr umgeschwenkt, vom phlegmatischen Verhalten zu überkritischen und ungeduldigen Erwartungen.

Etwas ratlos, lassen sich manchmal übers Ohr hauen, könnten etwas sauberer sein.

Sie meinen, ein Recht darauf zu haben, so gut leben zu können wie wir, ohne viel dafür zu tun. Denn sie meinen, wir müßten

eine Schuld abtragen, sie machen uns dafür verantwortlich, daß sie 40 Jahre schlimme Verhältnisse ertragen mußten.
Viele glauben, daß im Westen alles Gold ist, was glänzt – Die häßliche Sprache (Dialekt der Sachsen) – Viele sind so passiv.
Die Menschen sind in jeder Beziehung unberechenbar, wissen nicht mehr, wo es langgeht, und versuchen, uns das Geld aus der Tasche zu ziehen. Deshalb: Die Mauer sollte wieder gebaut werden!
Maßlose Forderungen im Sozialbereich – Sie werden mit ihrer neuen Situation nicht fertig – Sozialistisch arbeiten, kapitalistisch leben – Unsicher und dadurch ungeduldig – Die materiellen Forderungen werden immer größer.
Altmodisch – Dicke Bäuche – Schlechte Kleidung – Schlechte Autofahrer (rücksichtslos, rasant) – Ostbürger sind oft zu gutgläubig.
Viele meinen, was bei uns in 40 Jahren geschafft wurde, müßte bei ihnen in einem Jahr geschehen – Nur Ansprüche – Die Menschen sollten mehr Eigeninitiative entwickeln, zum Beispiel bei der Instandhaltung von Häusern und Gärten.
Zwar sind sie ungeduldig, doch das ist menschlich verständlich – Die verdrückte Art finde ich nicht gut, die meinen nicht, was sie sagen – Es herrscht fürchterliche Unselbständigkeit.
Es sind noch zu viele SED-Bonzen im Geheimen da und haben noch allerhand Macht. Das macht mir angst. Außerdem sehe ich auch irgendwie nicht ein, daß wir alle Erhöhungen in Kauf nehmen sollen, dabei ist noch genug SED-Vermögen da. Da müßte man erst mal aufräumen. Ich traue denen da drüben nicht.
Es sind arme Teufel – Die Menschen sind verschüchtert, man bringt ihnen zuwenig Verständnis entgegen – Nur noch die D-Mark ist wichtig, von der wiedererreichten Freiheit redet fast keiner mehr – Die wollen alles sofort von uns, als wären wir dazu verpflichtet – Entwickeln keinen Ehrgeiz.
Das sind scheiß Leute – Sehr zurückhaltend bei eigenen Entscheidungen – Sie wollen bedauert werden – Das Negative an ihnen ist, daß das Wort »Danke« nicht über ihre Lippen kommt – Kaum imstande, etwas allein zu unternehmen.
Wohlstand soll über Nacht kommen, keine eigene Initiative, Staat soll es machen.
Viele sind resigniert und ratlos – Viele nörgeln zu Unrecht – Könnten etwas bescheidener sein – Noch ausländerfeindlicher als die Westdeutschen.
Klappt etwas nicht, dann schreien sie: »Ihr habt das so gewollt, jetzt helft uns auch.« Nur nicht aus eigener Kraft. Wenn die sich früher aufgelehnt hätten, wäre die Misere früher vorbei gewesen. Opfer müssen auch die »drüben« bringen, nicht nur wir![175]

Sinkende Selbstmordraten in den alten Bundesländern

»Wir können die Lawine stoppen«. Unter dieser Überschrift fand ein Gespräch mit dem aus den Niederlanden stammenden Suizid-Forscher Professor René Diekstra statt. (»Stern« Nr. 36/1991)
Kollege René Diekstra aus den Niederlanden nennt für die alten Bundesländer eine Zahl zwischen 11 000 und 14 000 Selbstmorden jährlich. Tatsächlich ist die Selbstmordzahl in der alten Bundesrepublik 1990 auf etwas mehr als 10 000 gesunken, gegenüber rund 13 000 im Jahr 1970 und 14 000 in den fünfziger Jahren – so die Angaben des Statistischen Bundesamtes. Auch Diekstras Behauptung steigender Suizidraten in ganz Europa erfordert mehr Präzision: Die Arbeitsgruppen des Kollegen Schmidtke in Würzburg und meine in Göttingen untersuchen die Entwicklung der Suizidraten in den verschiedensten Altersklassen in Deutschland und Europa sehr sorgfältig. Da gibt es sinkende und steigende Tendenzen, die sich am Ende ausgleichen. Auch hier weiß die Suizidforschung sehr viel Genaueres als das Interview mit Professor Diekstra vermuten läßt. Das gilt auch für seine abenteuerliche Konstruktion eines Zusammen-

hangs zwischen Selbstmord und Kirchenaustritt.
Professor Dr. med. Hermann Pohlmeier, Arzt für Neurologie und Psychiatrie, Leiter der Abteilung Medizinische Psychologie an der Georg-August-Universität Göttingen[176]

Umfrage Westfrau – Ostfrau

Zwischen den Frauen in Ost- und Westdeutschland bestehen weiter große Unterschiede. Wie eine Umfrage im Auftrag einer Zeitschrift ergab, ist die typische Westfrau eher auf Äußerlichkeiten bedacht. Sie kleidet sich nach der neuesten Mode, gaben 81 Prozent der Befragten an, gibt viel Geld für Äußeres aus (80 Prozent) und ist gesellig und kontaktfreudig (78 Prozent).
Die Ostfrau legt mehr Wert auf Heim und Familie. 87 Prozent bejahen eine starke Familienorientierung, 84 Prozent sehen sich als gute Hausfrau, die sparsam (84 Prozent) und aufopfernd (81 Prozent) ist.
Wie die Umfrage weiter ergab, schätzen Westfrauen ihre Geschlechtsgenossinnen in Ostdeutschland ziemlich genau so ein, wie diese sich selbst sehen – und umgekehrt. Insgesamt finden die Frauen in Ost und West einander recht sympathisch.
Was die erotische Ausstrahlung betrifft, meinen 62 Prozent der Frauen in den alten Bundesländern, eine mehr oder weniger »starke« Wirkung auf Männer auszuüben. In den neuen Ländern glauben dies nur 45 Prozent.

»Das ist russisches Roulett«

Jahrelang haben westliche Pharmaunternehmen, vor allem bundesdeutsche, aggressive Arzneimittel in Kliniken der damaligen DDR getestet. Die Wirkung war oft verheerend. Patientenaufklärung fand – wenn überhaupt – nur mangelhaft statt. Der SED-Staat kassierte für die Menschenversuche Millionen in harter Währung. Wenige Minuten nach der Injektion verkrampfen sich die Brustmuskeln des Patienten, sein Herz beginnt zu rasen, Kopf und Rücken schmerzen. Der Mann bekommt hohes Fieber und Durchfall, erbricht, in seinem Blut verlangsamt sich die Produktion der lebenswichtigen weißen Blutkörperchen. Der Patient ist Opfer eines Arzneimittelversuchs. Der japanische Pharmaproduzent Asahi Chemical Industry hat im Zentralinstitut für Krebsforschung eine aggressive Substanz, Tumor-Nekrose-Faktor (TNF), die das Wuchern von Tumorzellen stoppen soll, testen lassen – an zumeist ahnungslosen Menschen in der damaligen DDR.
Es war kein Einzelfall. Allzugern griffen westliche Pharmakonzerne zu, als sich ihnen die Chance bot, aggressive und oft noch nicht zugelassene Präparate in den Kliniken der DDR auf Wirksamkeit und Nebenwirkung zu prüfen. Die Menschenversuche, an denen vor allem westdeutsche Firmen beteiligt waren, gehörten zu den schmutzigsten Geschäften, mit denen sich das SED-Regime die dringend benötigten Devisen beschaffte.
Den für beide Seiten vorteilhaften Deal hatte die Firma Berliner Import & Export GmbH (BIEG) eingefädelt. Deren oberster Boß war einer, der die DDR stets mit D-Mark oder Dollar zu versorgen wußte – Stasi-Oberst Alexander Schalck-Golodkowski. Von 1984 bis zum Untergang der DDR waren seine BIEG und die Pharmakonzerne aus dem Westen Geschäftspartner. »Da paßten Schloß und Schlüssel hundertprozentig zueinander«, sagt rückblickend Karl Seidel, damals im SED-Zentralkomitee Leiter der Abteilung Gesundheitspolitik.
Experten sprechen vom »Pharmastrich«. Die Freier aus dem Westen standen vor den Ostkliniken Schlange. »Unsere Krankenhäuser«, erinnert sich Helmut Koch vom DDR-Arzneimittelinstitut, »waren ständig überbucht.« Gespritzt und geschluckt wurde, was die Forschungslabors der Westkonzerne hergaben: Betablocker, Antidepressiva, Zytostatika und schließlich auch Wirkstoffe aus den Genlabors. Die Marburger Hoechst-Tochter Behringwerke erprobte

an 21 DDR-Bürgern vom Juni 1987 bis zum Oktober 1989 das Antikrebsmittel Pirarubicin. Die Patienten kotzten und verloren ihre Haare.

Die österreichische Chemie Linz AG ließ in der Charité an 30 Patienten die Betablocker Celiprolol und Metroprolol testen. Der Prüfarzt meldete einen Angina-pectoris-Anfall und vier mittlere Herzattacken.

Boehringer Ingelheim spritzte acht Ostlern in den Jahren 1984 und 1985 das auf gentechnischem Weg erzeugte Interferon. Die Patienten litten, aber das Präparat wirkte nicht. Der Test mußte abgebrochen werden.

»Die Patienten in der DDR«, sagt Ulrich Moebius, Chef des Westberliner Instituts für Arzneimittelinformation, »wurden offenbar als billige Versuchskaninchen mißbraucht.«

Die Geschäftsidee wurde bei einem Treffen im Frühjahr 1983 ausgeheckt: Im damaligen ZK-Gebäude versammelten sich Gesundheitsminister Ludwig Mecklinger (SED), sein Stellvertreter Ulrich Schneidewind (SED), der für Gesundheitspolitik zuständige ZK-Abteilungsleiter Karl Seidel (SED) und Schalck-Golodkowski.

Das Gesundheitssystem, so die Weisung von oben, könne nicht länger Kostgänger der Republik bleiben. Fortan sei Devisenerwirtschaftung für alle gesellschaftlichen Bereiche das Gebot der Stunde. Die im ZK versammelte Genossenrunde zeigte sich kreativ: Die DDR, so das Diskussionsergebnis, könne über das Internationale Rote Kreuz Blutplasma der DDR-Bürger verkaufen, sie könne mit der niederländischen Organbank Eurotransplant enger kooperieren und den Reichen der Dritten Welt Spezialoperationen anbieten, wie die in Erfurt praktizierte Extremitätenverlängerung. Und auch mit der westlichen Pharmaindustrie könne man gut ins Geschäft kommen – mit klinischen Tests von Arzneimitteln.

Die SED-Genossen wußten, daß derartige Menschenversuche vor der Medikamentenzulassung nötig sind. Sie sind im Westen, begleitet von einer kritischen Öffentlichkeit und einem pingeligen Gesetzgeber, gang und gäbe. Ohne Nachweis von Wirksamkeit und Nebenwirkung genehmigt das Westberliner Bundesgesundheitsamt (BGA) keine Pille. Aber die Genossen wußten auch, daß die Pharmariesen genausogern experimentieren wie die Autofirmen: Ihre Versuchsstrecke ist die Klinik, ihr Testwagen der Patientenkörper.

Einzig die Verwendung der so verdienten Devisen sorgte damals in Berlin kurz für Widerspruch. Schalck, erinnert sich ein Teilnehmer der Runde, verlangte für seine Berliner Import & Export GmbH 60 Prozent Handelsspanne. Die SED-Gesundheitspolitiker wollten das Westgeld lieber in ihr kränkelndes Kliniksystem stecken. Die Viererrunde einigte sich schließlich auf die auch in Mafiakreisen übliche Prozentverteilung – halbe-halbe. Nach 20 Minuten war das Treffen beendet.

Schalck-Golodkowski kann sich an das Treffen angeblich nicht mehr erinnern. Der Vorschlag, Westarznei in der DDR zu testen, stamme auf keinen Fall von ihm, teilt sein Rechtsanwalt mit. Denkbar sei dennoch, daß BIEG derartige Geschäfte betrieben habe.

Fest steht: Die Westfirmen erfuhren die frohe Botschaft über das Ostberliner Beratungsbüro für Arzneimittel und medizintechnische Erzeugnisse, Schönhauser Allee 177b. Die dem Gesundheitsminister unterstellte Einrichtung war bis dahin für Arzneimittelimporte zuständig.

»Jetzt dürfen Sie auch Kunde bei uns werden«, eröffnete BBA-Chef Joachim Petzold (SED) den westlichen Pharmalieferanten zum Jahresende 1983. Das Beratungsbüro lud gemeinsam mit der Schalck-Firma zu sogenannten Anlaufgesprächen in die Ostberliner Devisenherbergen Palasthotel und Hotel Metropol. Die großen Pharmafirmen schickten ihre Kontaktleute. Beliebt war der DDR-Patient bei den Westlern in den riskanten Prüfphasen eins und zwei. Sie sind, nach Laborexperiment und Tierversuch, die ersten Arzneimittelerprobungen am Menschen. In dieser Phase liegen kaum Erfahrungen über Nebenwirkungen, Dosierung und Verträglichkeit vor. Diese Erkenntnisse sollte der Ostkranke liefern.

Ausführliche Patienteninformation empfanden die östlichen Geschäftemacher offenbar als störend. Aufklärung fand in der Regel nur mündlich statt, den laschen DDR-Gesetzen entsprechend. Die Einwilligung des Patienten ließen sich die Ärzte ebenfalls mündlich geben – wenn überhaupt.
Die strengeren westdeutschen Bestimmungen des Arzneimittelgesetzes haben sich die Pharmakonzerne auf diese Weise erspart. Das Gesetz schreibt zum »Schutz des Menschen bei der klinischen Prüfung« im Regelfall eine Einverständniserklärung vor, die der Patient »selbst und schriftlich erteilt hat«.
Taucht in den Klinikarchiven der DDR ausnahmsweise eine solche Einwilligung auf, wird klar, daß der Patient über das Präparat nur schlecht informiert war. Was er erfuhr, war dürftig, ungenau oder schlicht falsch – wie im Fall des Tumor-Nekrose-Tests, durchgeführt am Ostberliner Zentralinstitut für Krebsforschung.
Die Aufklärungsschrift des Asahi-Konzerns liest sich harmloser als der Beipackzettel eines Hustensaftes. Es bestehe die berechtigte Hoffnung, die Erkrankung vorteilhaft zu beeinflussen. Die Risiken seien ärztlich vertretbar; es handele sich ohnehin nur um die Erprobung eines neu entdeckten natürlichen Stoffes. Dabei war in den USA beschrieben worden, daß TNF im Körper der Kranken vor allem eines bewirkt – zusätzliche Verwüstung.
Professor Stephan Tanneberger, Kommunist und Klinikchef, wußte, daß schmerzende Nebenwirkungen garantiert und schmerzlindernde Erfolgsaussichten vage sind. »Der genaue Wirkungsmechanismus von TNF ist unklar«, notierte seine Mitarbeiterin Helgard Lenk in einer den Test begleitenden Dissertationsarbeit. Der Klinikchef hielt in Treue zur Partei und ihren japanischen Geschäftspartnern. Die wollten in Ostdeutschland ihren Wirkstoff »in eskalierenden Dosen«, also in maximaler Wirkstoffkonzentration, getestet sehen.
Mit 38 Krebskranken hat Tanneberger am 15. Mai 1987 den Menschenversuch begonnen. Die Wirkstoffdosis wurde im extremen Fall auf das 27fache der Einstiegsdosierung eskaliert. Die Leiden der Patienten eskalierten mit.
Bei den Nebenwirkungen, heißt es in der Lenk-Studie, hätten Schüttelfrost, Fieber bis 40 Grad, Angina pectoris, Schock, abwechselnd hochgradige Erregung und Lethargie, Übelkeit, Erbrechen, Kopfschmerzen und schwerer Blutdruckabfall im Vordergrund gestanden. Die übrigen Nebenwirkungen waren je nach Patient unterschiedlich. Originalton der Dissertation: »Bei zwei Patienten traten zusätzlich schwere Hustenanfälle auf. Bei fünf Patienten wurden Rasselgeräusche über den Mittelfeldern beider Lungen 24 bis 48 Stunden nach der Applikation registriert.«
Drei von 38 Patienten hielten nicht bis zum offiziellen Testende durch. Sie mußten aufgrund schwerster Nebenwirkungen aus der Testgruppe entlassen werden. Für den Rest der Patientenschar endete die Testserie vertragsgetreu am 29. September 1989. Wichtigster Schönheitsfehler: Die Patienten hatten umsonst gelitten. Der Tumor-Nekrose-Faktor, so das Fazit der Dissertation, habe eine minimale Anti-Tumoreffektivität. Die Substanz könne nicht als wirksames Medikament empfohlen werden.
Die TNF-Tortur war kein Ausnahmefall. Die Schalck-Firma BIEG lebte davon, daß Wirkstoffe, die im Westen umstritten waren, im Osten ausprobiert werden konnten. Schamhaft deklarierten die Planwirtschaftler das Experimentieren am Patientenkörper als »immateriellen Export«.
Das Prüfgeschäft wurde nach den Regeln der Kaufleute betrieben. Und das mit Erfolg: Die Einzahlungen der Westfirmen auf das BIEG-Valutakonto bei der Deutschen Außenhandelsbank, Kontonummer 9803-2054-0015, belegen es.
Rund 17 Millionen Mark hat das SED-Regime 1989, im letzten Geschäftsjahr vor dem Konkurs der DDR, mit der Auftragstesterei umgesetzt. Die DDR-Kliniken profitierten – entgegen den Absprachen – nur spärlich. »Die kommerzielle Abwicklung

der klinischen Prüfung«, so der entscheidende Passus in den Verträgen mit der Westindustrie, »erfolgt über BIEG.« Die Berliner Import & Export GmbH, deren Hauptsitz in Berlin-Grünau demonstrativ mit Videokamera überwacht wurde, gehörte zur Hauptabteilung II der von Schalck-Golodkowski dirigierten Kommerziellen Koordination. Diese Abteilung war verantwortlich für Kunst- und Antiquitätenhandel, Waffengeschäfte und die Konsumgüterversorgung der Intershops.

Die 260köpfige BIEG-Belegschaft setzte im letzten Jahr vor der Wende rund 500 Millionen Valuta-Mark um. Als Gewinn wurden rund 164 Millionen Westmark an die Staatskasse überwiesen.

Für die westliche Pharmaindustrie war die Auftragsprüfung in der DDR unschlagbar attraktiv. Das hinter Minen und Mauer verschanzte Gesundheitssystem der DDR bot, was kein Westkrankenhaus bieten konnte: Diskretion total. Und das zu Billigtarifen.

Die Pharmahersteller wurden in den Verträgen meist sogar von der Schadenshaftung befreit. Die DDR, so heißt es in einem Vertrag zwischen BIEG und der Firma Du Pont de Nemours GmbH, »erhebt für etwaige, von Probanden geltend gemachte Schadensersatzansprüche keine Forderungen«.

Unterm Strich verlangte Schlack-Golodkowski zwischen 10 und 30 Prozent weniger als im Westen üblich. Für eine Studie mit zehn Patienten, durchgeführt in sechs Monaten, waren an der Ostberliner Charité nur 25000 Mark zu zahlen. Kostengünstig waren die Menschenversuche auch deshalb, weil die im Westen übliche Überzeugungsarbeit von Arzt und Patient entfiel; Arztprämien und Patientenhonorare konnten so gespart werden.

Die Ärzte, die meisten unkritisch aus Unwissenheit, wurden von BIEG systematisch entmündigt. Der vormundschaftliche Staat, wie der Bürgerrechtler Rolf Henrich die DDR charakterisiert, ließ die Prufmaschinerie per Knopfdruck in Bewegung setzen. Das Beratungsbüro für Arzneimittel, so stand es im Rahmenvertrag zwischen Pharmaunternehmen und Schalck-Firma, werde die verabredeten Prüfungen veranlassen und für deren ordnungsgemäße Durchführung einstehen.

Die Ärzte waren schon zufrieden, wenn im Zuge des Testverfahrens westliches Diagnosegerät herbeigeschafft wurde. »Der dauernde Mangel in unseren Kliniken«, sagte der SED-Gesundheitspolitiker Seidel, »war der Nährboden für die Bereitwilligkeit unserer Ärzte.«

Besonders willig sind die Ärzte der Ostberliner Charité gewesen, der ehemaligen Vorzeigeklinik der SED. Seit dem Sommer 1989 testen die Genossen das umstrittene Arthrosepräparat Arteparon des Münchner Luitpold-Werks. Ginge es nach dem Bundesgesundheitsamt, wäre Arteparon längst aus den Kliniken verschwunden. Am 30. September 1988 verfügte die Behörde den Vertriebsstopp, der von den Gerichten einstweilen ausgesetzt wurde. »Die behauptete Wirkung Ihres Präparates«, schrieben die Berliner den Münchnern, »ist nicht hinreichend belegt.«

Die beim BGA archivierten Studien beweisen hauptsächlich eines – die schmerzhaften Nebenwirkungen des Präparates. Arteparon-Patienten müssen mit zusätzlichen Gelenkbeschwerden rechnen, sie nehmen Blutungen am Injektionsort in Kauf, werden zuweilen von Schwindelanfällen, Allergien und Bauchschmerzen heimgesucht. Auch ein Todesfall wurde dem BGA gemeldet.

Die in Westberlin publizierte Fachzeitschrift »Arznei-Telegramm« rät vom Gebrauch der Medizin ab: »Das Risiko unerwünschter Wirkungen wiegt bei nicht nachgewiesenem Nutzen unangemessen hoch.«

Mit ihrer aktuellen Versuchsreihe will das Luitpold-Werk endlich den Nachweis der Wirksamkeit herbeitesten – in den Knochen der DDR-Patienten. Von den Ostbürgern war Widerstand bisher nicht zu erwarten. Eine pharmakritische Öffentlichkeit blieb der Spezies DDR-Patient verwehrt. Vier Jahrzehnte lang wurde geschluckt, was auf den Nachttisch kam. Die westdeutschen Pharmakonzerne haben sich des Kommandosystems gründlich bedient. Der Branchenriese Bayer AG ging mit schlechtem Beispiel voran. Es gab kaum eine Klinik des Arbeiter- und Bauernstaates, die nicht im Bayer-Auftrag an ihren Patienten herumdokterte. Peinlich, aber wahr: Oft waren es die Problempräparate des Hauses, die den armen Schluckern im Osten verabreicht wurden. Von 1984 bis 1987 testete Bayer am Ostberliner Forschungsinstitut für Lungenkrankheiten und Tuberkulose das Mittel Ciprobay. Knapp 100 an Atemwegserkrankung leidende Patienten probierten das entzündungshemmende Präparat.

Aufklärung über das riskante Testverfahren fand, nach Aussagen des Prüfarztes, nicht statt. Dabei gilt der sogenannte Doppelblindversuch als die denkbar gefährlichste Prüfmethode: Nur jeder zweite Patient wird mit dem Wirkstoff behandelt. Die andere Hälfte der Patienten bekommt ein wirkungsloses Placebo. Das Fatale: Weder Patient noch Arzt wissen, welches das Original und welches die Attrappe ist. Die Pharmafirmen bevorzugen diese Tests wegen ihrer Unbestechlichkeit. Pharmakritiker Julius Hackethal geißelt den Doppelblindversuch als »die gräßlichste Errungenschaft der Neuzeitmedizin«. Auch Ulrich Moebius vom Institut für Arzneimittelinformation urteilt eindeutig: »Für die Patienten ist das russisches Roulett.«

Um das Selbstbestimmungsrecht der Patienten war es Bayer offenbar nicht bange. In das Wohlbefinden der Tester wurde dagegen investiert. Der Ciprobay-Tester durfte vom 23. bis zum 28. Juni 1985 zu einem Kongreß nach Kyoto in Japan fliegen. Bayer zahlte Flug, Unterkunft und Taschengeld.

Mit dem Abriß des Mauerstaates verliert der Konzern ein großes Testgelände. Bayer ließ beispielsweise die Zuckerkranken im Bezirkskrankenhaus von Chemnitz, damals Karl-Marx-Stadt, den Blutzuckersenker Arcabose (Markenname: Glucobay) schlucken. In Amerika waren klinische Prüfungen mit der von Bayer als Innovation gepriesenen Substanz über Jahre verboten. Der Grund: In einer von mehreren Testserien litten Ratten nach der Arcabose-Behandlung an Krebsgeschwüren.

Selbst in psychiatrische Kliniken hatten die Leverkusener freien Zutritt. Ihre Prüfpräparate gelangten in der Ostberliner Zentralklinik für Psychiatrie und Neurologie »Wilhelm Griesinger« bis zur Intensivstation.

Dort dokterten Ostärzte von 1987 bis zum Herbst 1989 testhalber mit dem Bayer-Präparat Nimodipin herum – an insgesamt 40 Alkoholikern im Delirium. Die Ärzte hofften, der von Bayer entwickelte Kalziumantagonist würde das Risiko der ersten Entzugsstunden verkleinern und die Leiden der Delirpatienten lindern.

Das Gegenteil geschah: Es kam zu schwerem Blutdruckabfall, die Trinker zitterten und schwitzten stärker als sonst. »Wir können heute froh sein, daß es zu keinen ernsthafteren Nebenwirkungen kam«, sagte Chefarzt Rainer Gold, Pharmakologe der Klinik. Bayer-Sprecher Wolfgang van Loon muß zugeben: »In Ostberlin wurde eine Pilotstudie durchgeführt, deren Ergebnisse die Fortführung der klinischen Prüfung in dieser Indikation nicht rechtfertigen.«

Die Alkoholiker erfuhren von dem Versuch erst im nachhinein, sagt Gold. Auch die Angehörigen blieben ahnungslos, obwohl selbst das DDR-Recht deren vorherige Unterrichtung verlangt hätte. »Sicher würde unter den veränderten Bedingungen«, so der Pharmakologe, »eine klinische Prüfung heute anders aussehen.«

Bisher war Ethik in der DDR immer nur die Ethik der herrschenden SED. Widerspruch, gar Verweigerung war nicht vorgesehen. An die Spitze der DDR-Ethikkommission – eines Gremiums, das offiziell für die moralischen Aspekte der Menschenversuche zuständig war – beriefen die Genossen einen, der landesweit als größter Freund klinischer Versuche galt: Professor Stephan Tanneberger (SED).

Der »Verdiente Wissenschaftler des Volkes« bescheinigte den Devisendeals die moralische Unbedenklichkeit. Er sorgte dafür, daß seine Krebsklinik mit Prüfaufträgen immer reichlich versorgt war. Für den Erfolgsfall

lockten wissenschaftlicher Ruhm, bei Mißerfolg blieb als Trost die Prämie.
Heute bezichtigen ehemalige Mitarbeiter den Ethikpapst des »Stalinismus in der Medizin«. In einem von 92 Klinikmitarbeitern unterzeichneten Papier wird ihm vorgeworfen, wissenschaftlich haltlose Vorgaben für die Forschung durchgedrückt zu haben. Diskussionen darüber habe der Ober-Ethiker kategorisch verweigert.
Auch menschlich soll Tanneberger versagt haben. Patienten, die sich in der Eingangshalle der Klinik die Zeit vertrieben, habe er regelmäßig abtransportieren lassen. »Schafft endlich die ausgemergelten Gestalten weg«, befahl Tanneberger seinen Mitarbeitern.
Die bundesdeutsche Öffentlichkeit erfuhr von den klinischen Prüfungen in der DDR nichts. BIEG und die westlichen Pharmakonzerne hielten dicht wie ein Syndikat. DDR-Medien berichteten allenfalls nebenbei von internationaler Kooperation im Gesundheitswesen. Die westlichen Pharmakonzerne präsentierten zwar ihre Testergebnisse auf internationalen Kongressen. Das Land aber, in dem die Tests gelaufen waren, wurde nie genannt.[177]

Flucht mit Blaulicht

Mit einer beispiellosen Köpenickiade hat ein Schwindler aus dem Westen ostdeutsche Behörden genarrt. Der junge Mann stellte sich den Polizisten im Schweriner Innenministerium als uneigennütziger Aufbauhelfer vor. Er sei von Hamburg nach Mecklenburg übergesiedelt und habe gleich einen Umweltverein ins Leben gerufen, berichtete Olaf Traugott Schröder.
Die Ordnungshüter nickten anerkennend. Nun wolle er, erklärte Schröder, einen Rettungsdienst aufbauen, der bei Autounfällen für die Bergung von Gefahrgütern sorge. Die Polizisten waren hellauf begeistert.
Zweifel an seiner Glaubwürdigkeit ließ der smarte Wessi gar nicht erst aufkommen. Aus seinem Aktenkoffer holte er eine dicke Fotomappe mit Unfallbildern hervor (»Hier sickern gerade 1000 Liter Diesel ins Erdreich«). Dazu zeigte Schröder Zeitungsausschnitte, in denen Lokalblätter seinen Umweltverein als »kompetente Einrichtung« würdigten.
Auch der Referatsleiter Einsatz im Ministerium, Olaf Streeck, war von dem Besucher angetan: »Sprachlich gewandt, im Auftreten sicher«, urteilte der hohe Polizeibedienstete, »der Mann kann uns nützen.«
Streeck sicherte Schröder die Unterstützung des Ministeriums zu. Eine Überprüfung des neuen inoffiziellen Mitarbeiters schien ihm nicht nötig – ein böser Schnitzer. Denn Schröder, dem das Schweriner Innenministerium Anfang des Jahres so treuherzig Hilfe versprach, wird bundesweit per Haftbefehl gesucht. Der Name steht im Computer der Polizei und auf jeder Fahndungsliste.
In Schröders Strafakte finden sich Verurteilungen wegen Betruges, Urkundenfälschung, Unterschlagung, Diebstahls und Mißbrauchs von Ausweispapieren. Knapp drei Jahre saß er dafür in der Hamburger Haftanstalt Fuhlsbüttel. Weil er nach seiner Entlassung dem Bewährungshelfer entwischte, ordnete das Hamburger Landgericht im März letzten Jahres erneut Haft an: »Aufgrund seines Vorlebens sei mit der Begehung weiterer erheblicher Straftaten zu rechnen.«
Doch Schröder hatte sich längst in den Osten abgesetzt. Und dort waren die Behörden nur allzugern bereit, dem Flüchtling mit dem forschen Auftreten und den hehren Plänen nach Kräften unter die Arme zu greifen. »Die waren total froh, daß ihnen jemand beim Umweltschutz auf die Sprünge helfen wollte«, sagte Schröder: »Da hat niemand Fragen gestellt.«
Das Innenministerium in Schwerin besorgte dem kleinen Gauner eine Autorisierungsbescheinigung des Ministers und attestierte dem Umweltdienst, im Interesse des Landes Mecklenburg-Vorpommern zu agieren. Die Stadt Wismar erteilte Schröder in einer Ausnahmegenehmigung das Recht, bei Einsätzen auch mal Verkehrsregeln zu mißachten und »in Fällen, wo oberste Dringlichkeit ge-

boten erscheint«, mit Blaulicht durch die Stadt zu kurven.

Das brandenburgische Verkehrsministerium stellte Schröder gar einen »Dienstausweis« aus: Alle Behörden und Institutionen des Landes werden darin aufgefordert, dem Hochstapler »bei der Wahrnehmung seiner Aufgaben tatkräftig behilflich zu sein«.

Die beispiellose Köpenickiade belegt, wie luschig noch immer in vielen Ostbehörden gearbeitet wird. Häufig setzte der gelernte Einzelhandelskaufmann die Amtsschreiben selbst auf, die Ministerialen mußten nur noch unterschreiben und ihren Dienststempel draufdrücken.

Bei seinen Behördengängen ging Schröder nach »der Dominotheorie« vor: »Ist erst einmal ein Stein umgefallen, kippen die anderen nach.« Als der clevere Wessi etwa beim Finanzamt in Wismar seinen alten Opel anmelden wollte, halfen ihm die Empfehlungen aus dem Wirtschaftsministerium. Nach Vorlage der Briefe wurde das Auto zum Einsatzfahrzeug deklariert und anstandslos steuerbefreit.

Auch bei der Suche nach geeigneter Unterkunft war die Rückendeckung aus den Ministerien dienlich. Bei einer Erkundungsfahrt durch Mecklenburg hatte Schröder ein leerstehendes Gebäude beim ehemaligen Grenzübergang Zarrentin entdeckt. Das zuständige Bundesverkehrsministerium erklärte dem vermeintlich seriösen Umweltverein auf Nachfrage, gegen eine Vermietung bestünden keine Bedenken.

Schröder durfte das Domizil beziehen, ohne einen Pfennig Miete zahlen zu müssen. Die notwendige Ausrüstung für den Rettungsdienst kaufte er sich billig im Westen zusammen, einen ausgemusterten Mercedes-Krankenwagen erstand er günstig bei einer Versteigerung. Über Zeitungsannoncen und Flugblätter warb er ehrenamtliche Mitarbeiter, denen er eine Einstellung durchs Arbeitsamt in Aussicht stellte. Fortan düste die Truppe über die ostdeutschen Autobahnen, um Schlagkraft zu demonstrieren. Wenn die Helfer dabei mal auf einen umgestürzten Lastwagen stießen, nutzte Umweltchef Schröder seine Kenntnisse aus einer ABC-Abwehr-Ausbildung bei der Bundeswehr. Auch die Zusammenarbeit mit der lokalen Presse klappte bestens: Als Gefangenensprecher in Hamburg-Fuhlsbüttel hatte er gelernt, wie man effektive Öffentlichkeitsarbeit betreibt.

In Schwierigkeiten kam Schröder erst, als sich das Landratsamt in Hagenow Mitte Mai 1990 über die dubiosen Staatsgäste im nahen Zarrentin beim Innenministerium beschwerte. Dort begann Referatsleiter Streeck Erkundigungen über die selbsternannten Umweltschützer einzuholen. Die unfreiwillige Resozialisierung mit Landesförderung endete jäh, Schröder setzte sich wieder Richtung Heimat ab.

Doch lästige Nachstellungen durch die Polizei muß der Mann auch in Norddeutschland kaum fürchten. Schröder besitzt jetzt Dokumente, aus denen zweifelsfrei hervorgeht, daß er mittlerweile Peter Uhlmann heißt und in Frankfurt/Oder wohnt. Für alle Fälle trägt Schröder auch noch einen gefälschten DDR-Wehrdienstausweis bei sich, der ihn als Soldaten ausweist. Das Papier hatte er bei der Besichtigung einer Kaserne im brandenburgischen Beelitz abgestaubt.

Schröders Geburtsort Quickborn bei Pinneberg ist in dem Paß, zwecks Tarnung, ostdeutsch verfremdet: Geburtsort Quitt, Kreis Pin.[178]

Deutschland, ein Stasi-Land?

Unter dieser Überschrift schreibt Klaus Bölling in »Bunte« Nr. 52/90 einen Beitrag, der es wert ist, ihn der Fachwelt zu erhalten.

»Der Gedanke ist quälend – und manche versetzt er täglich mehr in Wut, daß es im neuen Deutschland eine Macht gibt, die längst und ein für allemal hätte zerschlagen sein müssen. Sie ist aber quicklebendig. Aus dem Dunkeln greift sie in das Leben der Menschen, ›zernichtet‹ (Wortschöpfung von Theodor Heuss) Schuldige und Schuldlose.

Über den Rechtsstaat, der nach dem Untergang des mörderischen SS-Staates die wichtigste und die beste Errungenschaft der neuen Bundesrepublik war, haben sich die Mielkes, Honeckers und Krenz' vierzig Jahre lustig gemacht. Das war für sie ein Nachtwächterstaat, in dem sie einen Guillaume fast mühelos einschleusen konnten. Jetzt schlüpfen die Stasi-Leute unter die Fittiche dieses Rechtsstaates. Sie lachen nur noch über die Losung aus den Revolutionstagen: ›Stasi in die Produktion‹. Die Riesenkrake mit seinen unzähligen Saugarmen lebt.

Man reibt sich die Augen und weiß manchmal gar nicht mehr, ob es ein Alptraum ist oder doch die deutsche Wirklichkeit Weihnachten 1990. Es ist schmutzige Realität. Jeden Tag nahezu spritzen die Offiziere des Staatssicherheitsapparates das Leichengift mit einem Zerstäuber über die neue Republik. Wie lange noch kann es dieser ›Elite‹ – so sehen sich diese Typen noch heute – gestattet werden, als Heckenschützen ihre Opfer ins Fadenkreuz zu nehmen? Ganz so als säße Mielke, der ›Chef‹, nicht im Westberliner Untersuchungsgefängnis Moabit, sondern noch immer im Ministerzimmer.

Vielleicht, so denken viele in der Bürgerrechtsbewegung der alten DDR inzwischen, hätte die Revolution doch nicht so sanft ausfallen sollen, hätte sie einer richtigen Revolution etwas ähnlicher sehen müssen.

Nicht gleich blutig, aber doch nicht mit so viel unverdienter Milde gegenüber jenen Angehörigen der Stasi, von denen man weiß, daß sie die Montagsdemonstrationen gnadenlos und skrupellos niedergeschlagen hätten, wären sie gegen das Volk nicht schon chancenlos gewesen. Die Frauen und Männer der Bürgerrechtsbewegung sind damals alleingelassen worden. Die Resignation, die tiefe Trauer der Bärbel Bohley ist gut verständlich. Die mutige Malerin hat, Mal um Mal, argumentiert, daß nur die Aufarbeitung der Akten der Stasi dafür sorgen könne, daß die Deutschen aus der DDR ihre schreckliche Vergangenheit ohne Verklemmungen und traumatische Ängste im Bewußtsein aufbewahren, statt sie schlicht zu verdrängen. Sie und ihre Freunde fanden mit dieser Forderung nach Gerechtigkeit für die Opfer, nicht nach Rache, bald kein Interesse mehr. Radikale Moralität wurde als ›Gesinnungsschnüffelei‹ verunglimpft.

In Bonn hat man sich damals vornehm zurückgehalten, obwohl man sehr schnell erkannt hatte, auch Innenminister Schäuble, daß die neue ›politische Klasse‹ in der DDR kein brennendes Interesse an einer rigorosen Selbstreinigung erkennen ließ, ein geradezu verdächtig geringes Interesse sogar.

Künftige Geschichtsschreiber werden in diesem Versäumnis vielleicht eine der entscheidenden Ursachen für das schleichende, allenthalben spürbare Mißtrauen entdecken, das heute nicht nur zwischen den ›alten‹ und den ›neuen‹ Politikern wuchert, sondern auch zwischen vielen Geschäftsleuten, die aus dem Westen in die frühere DDR kommen und auf Partner treffen, von denen sie nicht sicher sein können, ob sie nicht neulich noch aktiv dem Spitzeldienst zugearbeitet haben.

Ganz gleich, ob man den früheren Ministerpräsidenten Lothar de Maizière für einen Ausbund an alten preußischen Tugenden hält, ein Mann, der sich als Anwalt und evangelischer Christ für die Verfolgten eingesetzt hat, oder ob man den zum stellvertretenden CDU-Vorsitzenden erhobenen Juristen doch nur als einen Zeitgenossen sieht, der sich dem Regime angepaßt hat, wie viele Millionen andere – man möchte ihm wünschen, daß seine Rehabilitierung gelingt, vollständig, so daß kein Schatten zurückbleibt.

Man muß es ihm schon deshalb wünschen, weil die Vorstellung fast unerträglich ist, daß der ersten frei gewählten Regierung im von der Diktatur erlösten Teil Deutschlands ein Mann vorgestanden hat, der sich, anders als er es im Frühjahr jedem Journalisten versicherte, eben nicht ›im Stande der Unschuld‹ befand. Man muß es ihm wünschen, damit seine Rehabilitierung von allen Verantwortlichen als sein letztes Signal begriffen wird, die immer noch funktionierenden Stasi-Seilschaften endgültig und in kürzester Frist und mit aller Härte zu zerschlagen,

ohne daß dabei die Grundlagen des Rechtsstaates beschädigt werden.
De Maizière fühlt sich auch heute noch als der Anwalt seiner engeren Landsleute. Deshalb auch hat ihn Helmut Kohl nach Bonn geholt. Nur wird auch dem Kanzler nicht entgangen sein, daß der neue Stellvertreter während seiner Amtszeit in Ostberlin mit auffälliger Beharrlichkeit seine wahrlich nicht leichtfertig verdächtigten Minister Steinberg und Viehweger in Schutz nahm. Unverständlich nach wie vor, daß er hartnäckig seinen windig-wendigen Innenminister Diestel verteidigte, jenen smarten Amateurjuristen, der sich Dutzende von alten Stasi-Offizieren ins Ministerium holte und die wahnwitzige Idee hatte, daß ausgerechnet Markus Wolf, der ehemalige Geheimdienstchef, federführend die Auflösung der Stasi betreiben solle.
De Maizière, auch wenn er im neuen Jahr als untadeliger Ehrenmann und guter Christ dasteht, wird als Politiker, der er ja werden wollte, manche politischen Fragen zu beantworten haben. Eine davon hat gerade Werner Fischer, früher Leiter des Stasi-Auflösungskomitees, gestellt, zum wiederholten Male übrigens. Warum nämlich der Ministerpräsident gegen eine gründliche Überprüfung aller Mitglieder seines Kabinetts (und versteht sich, der eigenen Person) gewesen ist. Mag ja sein, de Maizière hat darauf glaubhafte Antworten. Mag ja sein, daß ihn nur löbliche, sogar christliche Motive bewegten. Vorstellbar auch, er wollte nur verhindern, daß sich allenthalben in der alten DDR die Pharisäer über ihre schuldlos schuldig gewordenen Mitmenschen erhoben.
Vielleicht konnte nur ein Mann wie er in dieser Zeit des Umbruchs gar nicht anders handeln wie er es tat. Da müssen wir uns vielleicht wirklich ›verdammt zurückhalten‹. Gefragt werden darf aber, ob sich nicht auch jene in die Politik geschleuderten ehemaligen DDR-Bürger künftig etwas zurückhalten sollten, denen nicht mehr vorzuwerfen ist, als daß sie mitgelaufen sind. Mitläufer, jeder weiß es, hätte es auch in der alten Bundesrepublik unter den Bedingungen des Stasi-Staates gegeben, nicht weniger wohl als drüben.
Müssen solche Leute deshalb durch öffentliche Ämter im Staat und in den Parteien auch noch prämiert werden? Das gilt für jenen schillernden Ibrahim Böhme, der nun selber zu wissen scheint, warum er sich aus dem SPD-Bundesvorstand verabschiedet hat. Das muß auch für all die anderen gelten, die nicht so stark waren, wie sie vielleicht hätten sein wollen.«

Der Verräter mit dem Verdienstkreuz: Oberst Joachim Krase

Die zierliche, brünette Frau sitzt am Eßtisch ihrer Dreizimmerwohnung in Rheinbach bei Bonn und betrachtet die Fotos ihres verstorbenen Mannes: »Er soll ein gefährlicher Spion gewesen sein? Ich kann es nicht glauben, ich war doch elf Jahre mit ihm verheiratet.«
Alice Krase ist die Witwe von Oberst Joachim Krase. Er war Vizechef des Militärischen Abschirmdienstes (MAD) und starb mit 62 Jahren im Juni 1988 an Bauchspeicheldrüsenkrebs. Er soll der gefährlichste aller Bonner Stasi-Spione gewesen sein und mehr Schaden angerichtet haben als Kanzleramtsspion Günther Guillaume und der Überläufer Hansjoachim Tiedge.
War er die Schlüsselfigur in der Kießling-Affäre, über die 1984 Verteidigungsminister Manfred Wörner (CDU) fast gestürzt wäre? Stasi-Überläufer behaupten es, und Peter Kurt Würzbach (CDU), damals parlamentarischer Staatssekretär im Verteidigungsministerium, sagt: »Krase fütterte uns mit falschem Material aus der Homosexuellen-Szene.«
Mit diesem Material war der 4-Sterne-General Kießling beschuldigt worden, homosexuell zu sein. Kießling wurde entlassen, später rehabilitiert.
Bis zu seiner Pensionierung 1985 fuhr der MAD-Oberst Krase jeden Morgen in seinem Honda Prelude die 25 Kilometer bis zu sei-

ner mit Nato-Rollen und Panzerglas gesicherten Dienststelle nach Köln. Er stammt aus der Mark Brandenburg, war bei Kriegsende Leutnant, geriet kurz in britische Gefangenschaft und flüchtete dann in den Westen. 1957 fing er beim MAD an, diente sich hoch bis zum MAD-Vize. Gehalt: rund 6000 Mark netto. Das reichte, um die Raten für das Reihenhaus in Rheinbach zu zahlen und einmal im Jahr Urlaub mit seiner jungen Frau zu machen.
Alice Krase: »Große Sprünge haben wir uns nicht leisten können. Wenn es stimmt, daß mein Mann seit 1970 für die Stasi arbeitete und dafür jedes Jahr 40 000 Mark kassierte, dann frage ich mich, wo das Geld geblieben ist. Ich hätte doch von seinem Doppelleben wissen müssen.«
Unmittelbar nach Krases Tod versuchte die Stasi einen Verwandten Krases anzuwerben. Alice Krase meldete das dem MAD. Der überprüfte zur Sicherheit auch Krases Konten – ohne aber fündig zu werden.
Alice Krase: »Wie glaubwürdig sind die Aussagen von Überläufern, die sich vielleicht nur selber reinwaschen wollen. Tote können sich nicht mehr wehren!«
Abwehrexperten dagegen sind überzeugt. »Krase war der gefährliche Maulwurf, vor dem wir uns alle gefürchtet haben.« Er hatte Zugang zu den geheimsten Akten – bis hin zum Nato-Code »Cosmic-Top secret«.
Joachim Krase schrieb 1985 im Nachrichtenmagazin »Spiegel« über den Verfassungsschutzüberläufer Hansjoachim Tiedge: »Spionage, logisch, braucht Spione, und sie zeitigt Verräter. Überall.« Meinte der Mann mit der getönten Brille, den grauen, korrekt gescheitelten Haaren am Ende sich selbst?[179]

Das Gespenst der Stasi-Akten – Mielkes letzte Rache

Ein Brief aus Sachsen
Ein Gespenst geht um in den neuen Ländern, das Gespenst der Stasi-Akten. Nach langem Hin und Her darf nun ein jeder Einblick nehmen in von Dritten angefertigte, teils minutiöse Lebensläufe.
Die Stasi läßt grüßen. Jetzt erst feiert sie ihren größten Erfolg, jetzt kann der offengelegte Sumpf Haß, Zwietracht, Unsicherheit, Angst und Empörung in einem Ausmaß verbreiten, mit einer Medienrepräsentanz, von der Erich Mielke in seinen besten Zeiten nicht zu träumen gewagt hätte.
Noch sind erst wenige Tage vergangen, seit die Möglichkeit der Einsichtnahme besteht, und schon beginnen sich Pfarrer Schorlemmers Worte zu bestätigen, daß dem Zugang zu den Stasi-Akten ein menschlicher Einbruch von nicht absehbarem Ausmaß folgen wird. Natürlich hat jede Zeit ihre eigene Art, mit der Vergangenheit umzugehen. Wie sie das jetzt tut, ist sicher die ehrlichste. Aber auch gnadenloseste.
Es beginnt sich hier eine seelische Zweiklassengesellschaft herauszubilden, die der Täter und die der Opfer. Natürlich möchte heute jeder Opfer gewesen sein, doch die »Opfer« haben nun plötzlich ihre große Zukunft hinter sich.
Mit dem Charme frommer Pharisäer hangelten sich die zunächst von Lüge zu Lüge, vermutlich nachts Gebete gen Himmel schickend, Gott möge ihre Akte vernichten – oder doch wenigstens unleserlich machen.
Über moralische Kategorien wie Gewissen und Charakter verfügen informelle Mitarbeiter oft auch heute noch nicht, ihre Fähigkeit, die Wahrheit zu sagen, ist begrenzt. Damals dank Denunziationsgeldern einigermaßen auf Rosen gebettet, sind beinahe über Nacht Neurosen geworden.
Das Wenige, was bisher bekannt geworden ist, und auch nur in Fällen der Bespitzelung (aus denen gar Mechanismen der psychischen Vernichtung wurden, wie im Falle unseres sächsischen Innenministers) prominenter Bürgerrechtler, ist ja nur die Spitze eines Eisberges, in dessen unteren Regionen noch Abertausende Schicksale Unbekannter der Aufarbeitung bedürfen.
Nur wenige habe ich sagen hören, sie möchten in ihre Akte nicht Einblick nehmen, nach dem Motto: Was ich nicht weiß, macht

mich nicht heiß. Und ich? Möchte ich auch nicht erfahren, wer mir meine Karriere versaut, zwei Besuchsreisen zu Familienfeierlichkeiten verboten, Unwissenheit ausgenutzt oder Schwächen beschrieben hat? Nein, es bringt mir nichts.

Ich möchte meine Freunde behalten, von denen ich annehme, daß es gute sind, von Geschwistern, Kollegen und Bekannten nicht nachträglich enttäuscht werden, die, da bin ich zu neunundneunzig Prozent sicher, der Krake Stasi Widerstand entgegengesetzt haben.

Illusionen? Auch die möchte ich nicht preisgeben. Ich wurde ja schließlich auch nicht zu arg gebeutelt. Denn ich wurde – bis auf zwei Tage – nie in Haft genommen, nicht ausgebürgert oder zwangsumgesiedelt. Ich war lediglich einer von denen, die die Verhältnisse ändern wollten. Radikal und verbal.

Viel war das nicht, doch es genügte, um ins Visier der Staatssicherheit zu geraten. Zum Beispiel, wenn sich freundliche junge Herren bei der Nachbarin über mich erkundigten, Briefe mit merkwürdig gewellten Umschlägen oder gar nicht ankamen, oder in Weihnachtspäckchen sogar die Apfelsinen mit Nadeln durchstochen waren, und was dergleichen »Freundlichkeiten« mehr waren.

Andere haben viel Schlimmeres erlebt, der Schwager wegen staatsfeindlicher Hetze sieben Jahre und ein guter Freund wegen Sabotage und Militärspionage (er wehrte sich lediglich massiv gegen die Einführung des Unterrichtsfaches »Wehrunterricht«) lebenslang Zuchthaus, wovon er sieben Jahre verbüßte.

Daß die meine liberale Auffassung in Sachen Stasi-Akteneinsicht nicht teilen, ist verständlich. Diese beiden verlangen Akteneinsicht auch nicht, um mit ihren ehemaligen Peinigern versöhnende Gespräche zu führen.

Mit Sicherheit läuft es bei ihnen auf Freiheitsberaubungsklage hinaus. Es ist bei ihnen jedoch gesichert, daß das mit exakt rechtsstaatlichen Mitteln geschehen wird. Fäuste bleiben in den Taschen. Bei allen anderen hoffentlich auch. Mord und Totschlag wäre das letzte, was wir jetzt wegen der Stasi brauchten. Auch den Triumph soll Mielke nicht haben![180]

Was geschieht mit der Stasi

Eine allgemeine Stasi-Amnestie war im ersten Anlauf gescheitert und man fragt sich: Ist das Kapitel Stasi abgeschlossen? Der Einigungsvertrag sah vor, daß dieses nicht erfreuliche Kapitel der Nachkriegsgeschichte der DDR von einem westdeutschen Regierungsbeauftragten in Zusammenarbeit mit Fachleuten aus der ehemaligen DDR aufgearbeitet werden sollte. Diese Arbeit sollte von einem parlamentarischen Untersuchungsausschuß politisch begleitet werden. Die CDU/CSU schlug vor, einen ständigen Unterausschuß des Innenausschusses im Bundestag einzurichten, der bei dieser Arbeit mitwirkt, um so Licht in das Stasi-Dunkel zu bringen. Die Bundesregierung sollte von diesem Gremium ständig informiert werden.

Die Frage einer Strafverfolgung dieser Stasi-Leute sollte im Einzelfall geprüft werden. Eine Amnestie, die ins Auge gefaßt wurde, sollte sich nur auf »leichtere Auslandsspionage« beziehen. Unter die Amnestie sollten ausschließlich Agenten fallen, die – aus der Sicht des damaligen Staates legitim – im Westen spionierten. Es bleibt natürlich nicht aus, daß die neuen Bundesländer und den Bundestag die Frage beschäftigen muß. Es darf jedoch nicht jeder, der in die Stasi verstrikt war, von einem Neuanfang ausgeschlossen werden. Schwer belastete Stasi-Mitarbeiter, so Leute wie Ex-Spionagechef Markus Wolf oder der Überläufer der Bundesrepublik, Tiedge, können freilich nicht damit rechnen, wie auch andere schwer Belastete, daß sie in den Genuß einer Amnestie fallen werden. Es wird eine schwere Aufgabe werden, die eine lange Zeit in Anspruch nehmen wird.

Die Stasi hat unübersehbar viele Menschen kaputtgemacht, hat aus ehrlichen Leuten

Denunzianten werden lassen. Die Stasi hat das Spitzeltum in die Familie zu tragen versucht. Weil keiner darauf hoffen durfte, daß der Polizeistaat sobald untergehen werde, haben viele dem selten nur sanften, fast immer brutalen Druck nachgegeben. Freunde und Arbeitskollegen sollten sie aushorchen. Nicht wenige haben es auch getan.
Die brauchen eher einen Seelenarzt als einen Richter. Sie müssen allein mit ihrem Gewissen ins reine kommen. Die Mitläufer sollte man in Ruhe lassen.
Doch ohne einen ehrlichen Prozeß der Selbstreinigung kann es drüben keine authentische Demokratie und keinen Rechtsstaat geben, dem die Bürger richtig vertrauen.
Da erdreistet sich ein Stasi-General namens Engelhardt zu behaupten, daß die Offenlegung von Personaldaten seiner Leute verfassungswidrig sei. Unverfroren sagt dieser Mann über die Stasi-Schergen: »Nirgendwann haben sie Straftaten begangen.«
Klaus Bölling war im Honecker-Staat 16 Monate Chef unserer Ständigen Vertretung in Ostberlin. Er schreibt in der Illustrierten »Bunte« vom 5. April 1990: »Ich kenne die Stasi. Keine Amnestie.«
Die Behörde zur »Auflösung der Stasi« in der Normannenstraße in Berlin trägt seinen Namen: Gauck-Behörde. Er ist ein Richter der Pflicht. Zwei Millionen Stasi-Mitarbeiter fürchten ihn. Fürchten die Enttarnung ihrer Vergangenheit. Eine Sintflut des Verrats. »Ich mache einfach nur das, was zu machen ist!« Joachim Gauck, Jahrgang 1940. Beruf: evangelischer Pfarrer, seit 1990 im Amt.
109 000 hauptamtliche Stasi-Mitarbeiter, mit Namen, Nummern und Gehältern, hat er in seinem Computer. Hunderttausende von freiwilligen Spitzeln in 202 Kilometer Akten mit sechs Millionen Namen von Tätern und Opfern. Die Täter versuchen ihn zu bestechen: »Zeige mich erkenntlich, wenn meine Akte verschwindet...«, oder Drohbriefe erreichen ihn: »Paß auf, wir kriegen dich schon.«
Leibwächter schützen ihn, sein Privatleben ist geheim. Er lebt in Berlin in einem Zimmer. Zu Hause in Rostock-Brinkmannsdorf besitzt er ein Einfamilienhaus, kommt nur zum Wochenende nach Hause. Vier erwachsene Kinder leben im Westen, anonym, damit ihr Vater nicht erpreßt werden kann. Das letzte notwendige Opfer der Stasi.
Seit Jahresbeginn 1992 können die Menschen in Ostdeutschland die sie betreffenden Akten des ehemaligen Staatssicherheitsdienstes einsehen. Zehntausende Anträge sind nach kurzer Zeit schon eingegangen; angesichts von Millionen jahrelang bespitzelter Bürger muß aber mit Hunderttausenden von Anfragen gerechnet werden. Inzwischen wurde die Dienststelle Gauck personell aufgestockt, von 2000 auf 3600 Stellen. Schon das, was in den ersten Wochen im Zusammenhang mit der Akteneinsicht einer Reige prominenter ehemaliger Regimegegner ans Tageslicht gekommen ist, war bestürzend und beklemmend, hat die Öffentlichkeit schockiert. Aber: »Nur aus der Begegnung mit der Vergangenheit können Freiheit und verantwortliches Handeln in der Zukunft erwachsen«, so die Einschätzung des Sonderbeauftragten Joachim Gauck.
Das ist richtig, aber da kommen im Frühjahr 1992 zweifelhafte Dokumente auf den Markt und da werden ohne gründliche Prüfung Menschen verurteilt, auch dann, wenn die einzige Quelle ein ehemaliger Hauptamtlicher der Staatssicherheit ist. Was sind das für Journalisten, aber auch Politiker, die so leichtfertig über Menschen den Stab brechen?
Daß der Staatssicherheitsdienst ein ebenso gefährlicher wie ekelhafter Überwachungs- und Kontrollapparat war, muß nicht mehr bewiesen werden. Man muß dem Vorsitzenden der SED-Nachfolgepartei PDS, Gregor Gysi, recht geben und vielleicht sogar zustimmen, wenn er sagt: »Es müsse irgend etwas falsch sein an der gegenwärtigen Art und Weise der Aufarbeitung der Vergangenheit.« Deswegen muß man ihm nicht politisch nahe stehen.
»Der größte Lump im ganzen Land ist und bleibt der Denunziant.« Dieses Sprichwort ist allgemein bekannt. Man fand sich mit

Polizisten und Gendarmen in der Vergangenheit ab und man brauchte sie auch, heute mehr, als in vergangenen Jahrzehnten oder Jahrhunderten, jedoch verachtet man den Spitzel.
Natürlich waren nicht alle informellen Mitarbeiter der Stasi »Freiwillige«, es wurden auch zu diesen heimtückischen Diensten Menschen erpreßt – durch Androhung von Gewalt gegen sie selbst und, noch schlimmer, gegen ihre Familien. Damit sollen sie nicht von Schuld befreit werden. Durch meine über mehrere Jahrzehnte verteilten Besuche in den Ostblockstaaten erlebte ich manches. Wir, die wir in Freiheit lebten, wußten nicht, was es heißt, einem Gewaltregime zu widerstehen. Da ich noch zu der Generation gehöre, die das Dritte Reich erlebt hat – viele meiner Verwandten waren aus politischen Gründen im KZ, ich selbst bin im Besitz eines entsprechenden Ausweises der ČSR – weiß ich, daß die Widerstandskämpfer überall, auch damals, rar waren. Ob wir aufrechter und besser gewesen wären wie unsere mitteldeutschen Landsleute, bezweifle ich. Tragisch sehe ich jedoch das Schicksal des ehemaligen Staatsrechtsprofessors, der nach der Wende als PDS-Abgeordneter in den Bundestag eingezogen ist und sich im Februar 1992 das Leben genommen hat. Es war von 1954 bis 1960 einer jener informellen Mitarbeiter der Stasi. In einer seiner Reden im Bundestag wurde er von dem CDU/CSU-Abgeordneten Blank mit dem Zwischenruf: »Unglaublich, was man sich von einem Stasi-Heini anhören muß!« in seiner Rede unterbrochen.
Ob er wirklich schuldig war, weiß man nicht. Daß er sich das Leben genommen hat, könnte ein Eingeständnis seiner Schuld gewesen sein. Aber es wäre auch denkbar, daß er ohne große Schuld, aus Angst vor den Jägern, den Freitod gesucht hat? Daß die Stasi und das SED-Regime auch Akten gefälscht hat, müßte ebenfalls überprüft werden. Ein jeder von uns ist für schonungslose Aufklärung der Vergangenheit, so auch der stellvertretende SPD-Vorsitzende Wolfgang Thiers, aber auch er wehrt sich gegen das Prinzip der Vorverurteilung »Nicht hinschauen, einfach hinhauen«. Die Menschen in Mitteldeutschland zweifeln an den Regeln des Rechtsstaates und verstehen ihn nicht mehr. Vor allem auch das Verhalten mancher Medien, das Bundespräsident Richard von Weizsäcker einen »widerwärtigen Skandal« genannt hat.
Die Menschen im Osten müssen wieder aufrecht gehen können, aber auch nicht von ehemaligen Stasi-Leuten unterdrückt werden, wie es leider zur Zeit in Mitteldeutschland üblich ist.

Der heimliche Kanzler (Ost) – Professor Kurt Biedenkopf

Wie weit die Entwicklung in Sachsen gediehen ist und was der andere Kanzler (West) falsch gemacht hat, schreibt in »Bunte« der Journalist Einar Koch am 28. Februar 1991. Er schildert in einem Gespräch die Lage in Sachsen, das im Osten die meisten Einwohner (4,9 Millionen), die mutigsten Bürger (Leipziger Demonstrationen), die schönste Kunst (Dresden) hat und wo Biedenkopf mit 54 Prozent siegte, wie früher Strauß in Bayern.
Die blauen Augen von Kurt Biedenkopf blitzen, wenn er seine Lieblingsgeschichte erzählt. Er ging an der Elbe in Dresden spazieren, vor der Staatskanzlei stoppte ihn ein eifriger Wachposten. Als er erkannte, wen er vor sich hatte, entfuhr es ihm in tiefem Sächsisch: »Ei verbibsch, da gommt der Geenich von Sachsen.« Kurt Biedenkopf, König von Sachsen?
Am 14. Oktober 1990 wurde der Professor aus dem Westen mit fast 54 Prozent Wählerstimmen zum alleinregierenden CDU-Herrscher des Freistaates Sachsen gekürt. Wenn schon kein König, so wuchs Biedenkopf in der Ex-DDR zum heimlichen Kanzler (Ost) heran. Er forderte Steuererhöhungen, als Bonn noch schwieg, verlangte selbstbewußt Milliarden für den Osten und genießt mit seiner neuen Macht (4,9 Millionen Sachsen), über die Fehler seines Intimfeindes

Helmut Kohl zu dozieren: »Es war ein Fehler, die Westdeutschen lang glauben zu lassen, die Einheit gäbe es zum Nulltarif. Hier hat die politische Führung in Bonn versagt. Die Bundesregierung hätte den Menschen im Westen beizeiten sagen müssen: Ein Teil dessen, was wir erarbeiten, müssen wir in den nächsten Jahren zum Aufbau und zur Reparatur der Schäden aufbringen, die 45 Jahre Kommunismus im Osten Deutschlands hinterlassen haben. Jetzt müssen wir aufpassen, daß wir in Deutschland nicht eine neue Mauer ziehen zwischen reich und arm, eine Mauer in den Herzen und Köpfen der Menschen.«
In der Villa Bellevue, dem ehemaligen Stasi-Gästehaus auf den Elbhöhen in der Schevenstraße, wohnen die Biedenkopfs, auch 25 Angestellte – Polizisten, Sekretärinnen, Chauffeure, Köche. »Abends essen wir gemeinsam«, sagt Ingrid Biedenkopf, die Landesmutter. Sie ist rheumakrank, legt Wert auf gesunde Ernährung. Ihr Mann ißt am liebsten bürgerlich: eingemachte Heringe, Königsberger Klopse. In den Ecken im Untergeschoß noch der Stasi-Mief: geblümte Wachstücher auf den Tischen, Traktoren- und Mähdreschermodelle unter Plexiglas. Im Obergeschoß die Privatgemächer (Westimport): weiße Ledergarnitur, Biedermeierschrank, in der Bücherwand Werke von Konrad Adenauer, Ludwig Erhard. Biedenkopf: »Der Osten Deutschlands vollzieht im fliegenden Wechsel den Übergang von einer 60jährigen Kommandowirtschaft – die Nazis mitgerechnet – zur freien Marktwirtschaft. Darüber führt keine Brücke. Die Menschen müssen durch ein tiefes Tal.«

Wie tief ist das Tal, wann geht es endlich aufwärts?
Ich rechne damit, daß 40 bis 50 Prozent – also praktisch jeder zweite Arbeitnehmer im Osten Deutschlands – bis Mitte des Jahres 1991 arbeitslos sein werden. Ab Herbst wird sich dann das Verhältnis zwischen Angebot und Nachfrage auf dem Arbeitsmarkt sehr schnell umkehren. In Sachsen brauchen wir zum Beispiel 300 000 bis 400 000 Handwerker. Allein in Dresden benötigen wir 25 000 Hotelbetten. Wir haben aber nur 2500. Das bringt Zehntausende von Arbeitsplätzen.

Hat Oskar Lafontaine aber im nachhinein nicht doch recht behalten?
Nein. Lafontaines Argumentation war: Die Einheit geht viel zu schnell. Heute wissen wir: Die Einheit war ein Glücksfall der Geschichte. Sie wäre unter den heutigen weltpolitischen Bedingungen – Golfkrieg, die innenpolitische Lage in der Sowjetunion – nicht mehr möglich. Washington und Moskau würden wahrscheinlich sagen: Wir haben andere Sorgen als euch Deutsche, es ist das große Verdienst von Helmut Kohl, daß er die Gunst der Stunde genutzt hat. Woran es gefehlt hat, war, die Menschen in beiden Teilen Deutschlands innerlich auf die Einheit und ihre Konsequenzen vorzubereiten.

Was geht jetzt in der Seele der Menschen im Osten vor?
Sie zweifeln an der Solidarität der Deutschen im Westen, fühlen sich im Stich gelassen. Die Deutschen im Westen sollen sich doch bitte einmal vorstellen, was in einem Bürger in Sachsen vorgeht, der in seiner kleinen Zweizimmerwohnung sitzt, 1200 Mark verdient und weiß, daß er für dieselbe Arbeit im Westen das Dreifache bekommt. Und der hört dann, daß im Westen 10 Prozent mehr Lohn gefordert werden. Da kommt der Osten ja nie mit. Auch die merkwürdige Diskussion über Steuererhöhungen wirkt auf die Deutschen im Osten wie Hohn.

Welche Steuern müssen erhöht werden?
Sowohl die indirekten wie die direkten Steuern. Die Erhöhung der direkten Steuern, also Lohn- und Einkommenssteuer, trifft wegen der hohen Freibeträge im Osten in erster Linie die 80 Prozent Deutschen im Westen. Hier bin ich, wie auch der Bundesarbeitsminister, für eine Ergänzungsabgabe. Die Sozialdemokraten schlagen vor: für Ledige ab 60 000 und für Verheiratete ab 120 000 Mark Jahreseinkommen. Ich bin der Meinung, daß die Ergänzungsabgabe

bereits bei niedrigeren Einkommen beginnen sollte. Bei den indirekten Steuern bin ich für eine Erhöhung der Mehrwertsteuer um ein bis zwei Prozent und für eine Erhöhung der Mineralölsteuer um 10 bis 15 Pfennig. Wichtiger aber als die Steuererhöhung selbst ist: Die Mehreinnahmen müssen wirklich zweckgebunden für den Aufbau im Osten eingesetzt werden. Ohne diese Zweckverbindung für das Aufbauwerk im Osten besteht die Gefahr, daß der größte Teil der Steuermehreinnahmen im Westen wieder zum Stopfen von Haushaltslöchern verwendet wird.

Wann wird Deutschland wirklich eins sein?
Ich gehe davon aus, daß sich in drei, vier Jahren die sozialen und wirtschaftlichen Lebensverhältnisse in Ost und West annähern. Bis der Deutsche in Dresden aber wirklich so fühlt wie der Deutsche in München oder Hamburg – das wird eine halbe, vielleicht sogar eine ganze Generation dauern.

Wollen Sie als »Kurt der Starke« in die Geschichte Sachsens eingehen?
Ich will meinen Teil dazu beitragen, daß Sachsen wieder ein blühendes Land wird. So wie nach dem Ersten Weltkrieg, als die Sachsen das höchste Bruttosozialprodukt pro Kopf der deutschen Bevölkerung erwirtschafteten. Ich selbst habe acht Jahre meiner Kindheit in Sachsen verbracht, kenne Land und Leute. Die Menschen hier müssen wieder lernen, aufrecht zu gehen. Die Zeit, in der ich noch politisch wirken kann, will ich dem Wiederaufbau Sachsens widmen. Sachsen mit seinen Burgen, Schlössern und Kirchen, aber auch mit seiner Industrie, seinem Handel und Gewerbe aufbauen, heißt, auch ein schönes Stück Deutschland zu gewinnen.[181]

Dresden

Die Stadt Dresden gibt es nicht mehr, schrieb Erich Kästner Stunden nach der Bombennacht vom 13. auf den 14. Februar 1945. 45 Jahre behielt er fast recht. Dresden, so wie es einmal war, ist tot. Zerbombt, verbrannt, verkohlt.
Ulbrichts und Honeckers Sozialisten errichteten auf den Ruinen ihre eigenen Denkmäler: Plattenbauten, dazwischen der bärtige Glatzkopf, der ein Weltreich in den Ruin dachte – Lenin aus Granit. Was die alliierten Bomben nicht getroffen hatten, ließen die sozialistischen Planer verkommen. Doch sie machten die Rechnung ohne die Menschen von Dresden. In einer in der DDR einmaligen Bürgeraktion bauten sie ihre Semper-Oper (vollendet 1878 von Hofbaumeister Gottfried Semper) wieder auf.
Nach dem Fall der Mauer reckten sich über den 500 verfallenen Kulturdenkmälern die Kräne in den Himmel. Hochkonjunktur für die Gerüstbauer. Der erste Abschnitt des Dresdener Schlosses wurde zum ersten Geburtstag der deutschen Einheit fertig. Endgültiger Fertigstellungstermin: das Jahr 2006. Eine Privatinitiative sammelt Spenden für den Wiederaufbau der Frauenkirche. Der Barockbau, von dem im Zweiten Weltkrieg nur eine Ruine übrigblieb, soll in den nächsten 15 Jahren für 250 Millionen Mark wieder aufgebaut werden. Das total niedergebrannte Taschenbergpalais, ein Schloß von August dem Starken, wird von einer westdeutschen Investorengruppe zum Luxushotel umgebaut.
Das amerikanische »Timi«-Magazin schreibt in seiner Ausgabe vom Januar 1992: »Unglaublich, diese Stadt steht wieder auf.«

Königsberg (heute Kaliningrad) – Wiedersehen mit einer verlorenen Stadt

Königsberg in Ostpreußen – bisher ein streng gehütetes sowjetisches Sperrgebiet – wird durch die Ereignisse in Rußland plötzlich zur Drehscheibe im Ost-West-Handel. Die ehemals deutsche Stadt könnte so bald wieder eine Zukunft haben.
Reporter Wolfgang David von der Illustrierten »Quick« war bei der Jungfernfahrt eines

Sonderzuges von Berlin nach Königsberg dabei und berichtet:
Berlin, Bahnhof Zoo. Lautsprecherdurchsage: »Auf Gleis zwei hat Einfahrt der Sonderzug 21397 nach Königsberg.«
46 Jahre nach Kriegsende verkehrt erstmals wieder ein Zug auf der alten Ostbahn-Route von Berlin in die ehemalige Hauptstadt Ostpreußens. Quer durch Polen, über die einst deutschen Orte Dirschau, Elbing, Marienburg, Heiligenbeil. Auf dieser Strecke fuhren früher die Berliner in die Sommerfrische, über Königsberg an die traumhaften Badestrände der ostpreußischen Samlandküste. Feiner Sandstrand mit weiten Dünen. Nur mit Riesenumwegen über Warschau und Wilna war seit einem Jahr Königsberg für Besucher aus dem Westen wieder geöffnet worden. Die Stadt wurde 1945 der Sowjetunion zugeschlagen. Sie heißt heute Kaliningrad. Die Wiederaufnahme der 650 Kilometer langen Direktstrecke – vorerst nur mit Sonderzügen – hat ein westdeutsches Reiseunternehmen gemeinsam mit der Reichsbahn jetzt gestartet.
Ich war dabei, habe die Jungfernfahrt mitgemacht. Bin in Erich Honeckers ausgedientem Regierungssonderzug nach Königsberg gefahren, in meine Geburtsstadt. Ein Wiedersehen nach 46 Jahren. Und von hier weiter per Taxi an die Samlandküste, nach Palmnicken, wo ich bis zur Flucht im Januar 1945 die ersten fünfeinhalb Jahre meiner Kindheit verbrachte.
Angekommen war unser Zug inmitten von Schrebergärten und verwilderten Wiesen, weit außerhalb der Stadt. Kaliningrad Dzershinsskaja heißt dieser eigens für unsere Ankunft in Eile angefertigte Betonbahnsteig. Königsbergs Hauptbahnhof, zwei Kilometer weiter, ist längst an die russische Breitspur angeschlossen. Züge nach Minsk und Moskau laufen hier ein.
Erinnerungen an die letzten Kriegsmonate damals: Alles lag in Schutt und Asche. Schneestürme fegten über die Stadt, die Minustemperaturen lagen bei 20 Grad. Stehengelassene Kinderwagen mit erfrorenen Säuglingen darin. Von freiem Feld fuhr ein letzter Zug nach Gotenhafen. Auf der »Kap Arcona« fand meine Mutter mit ihren beiden Kindern eine freie Stufe auf der Treppe zwischen Ober- und Unterdeck. So verließen wir im Januar 1945 Ostpreußen. Nach zehn Tagen auf See kamen wir in der Lübecker Bucht an.
Jetzt bin ich wieder zurückgekehrt. Der Ort liegt 50 Kilometer entfernt an der Samlandküste und gehört noch zum militärischen Sperrgebiet. Doch selbst der KGB schert sich nicht darum, so machtlos ist er geworden. Die Straßenposten sind abgezogen, die Barrieren verschwunden.
Der Taxifahrer ist hocherfreut. Harte Währung winkt. Aber noch schnell bei seiner Frau will er vorbeifahren. Die muß mit. Die spricht ein wenig deutsch. Tatjana heißt sie, er Victor. Beide sind in Kaliningrad geboren. Ihre Eltern stammen aus Kasachstan und wurden im alten Ostpreußen zwangsangesiedelt. Mit kindlicher Freude radebrechen beide, wie glücklich sie über den Besuch aus dem Westen sind: »Erzähle mir alles über Ostpreußen!« bittet mich Victor. »Wir wissen gar nichts über das Land, in dem wir wohnen.«
Die Fahrt durch die Stadt ist bedrückend. Kaum noch etwas war stehengeblieben nach dem verheerenden Luftangriff der Engländer im Kriegsjahr 1944. Erst in den sechziger Jahren machten sich die Russen daran, die Stadt wieder aufzubauen. Im grauen sozialistischen Einheitsstil wurden monumentale Wohnsilos hochgezogen.
Vom alten Königsberg ist noch die Fassade des ausgebrannten Doms übriggeblieben, die Börse, das Schiller-Denkmal, das »Roßgärtner Tor«, von dem die Porträts der preußischen Feldherren Gneisenau und Scharnhorst in die trostlos öde City blicken. Ein bedrückendes Wiedersehen. Aber vielleicht hat die Stadt doch noch eine Zukunft. Denn ein Wirtschaftsaufschwung könnte Königsberg als Drehscheibe des Ost-West-Handels beschert werden. So hoffen die Menschen hier.
Übrigens sind in der letzten Zeit 3000 Wolgadeutsche in die Stadt gezogen. Überhaupt

ist inzwischen Deutsch die beliebteste Fremdsprache in den Schulen.

Nachdem wir die Stadt verlassen haben, begegnen uns nur noch selten Fahrzeuge. Störche stehen auf den Wiesen, am Himmel ziehen Wildgänse im Keilflug ihre Bahn. Die »Kornkammer des Reiches« ist Ostpreußen auch genannt worden. Jetzt machen die Weizenfelder einen eher verwilderten Eindruck. Mitten in einer Wiese steht ein sowjetischer Panzer auf einem Denkmalsockel. Ein junges Brautpaar läßt sich davor fotografieren.

Ich lasse Victor anhalten und gehe gratulieren. Ich bin der erste Deutsche, den sie in ihrem Leben sehen. Natascha und Andrej drücken mir ein randvoll mit Wodka eingeschenktes Zahnputzglas in die Hand. Ihren Kindern werden sie vielleicht einmal erzählen, daß »Prost« das erste deutsche Wort war, das sie lernten. Ich habe viele Russen getroffen, die nichts dagegen hätten, wenn hier im ehemaligen Ostpreußen die deutschen Namen wieder eingeführt würden.

Als wir uns Palmnicken nähern, verspüre ich Unsicherheit. Werde ich alles wiederfinden? Das Haus meiner Eltern, das meiner Großeltern, das Friseurgeschäft meines Vaters, die Kirche, in der ich getauft wurde? Sie steht gleich am Ortseingang und ist frisch restauriert. Das wundert auch Victor und Tatjana. »Bei uns geht doch keiner in die Kirche!« Später erfahre ich, daß die Kirche in eine Kunstgalerie umgewandelt wurde.

Langsam gehe ich durch die Hauptstraße des Ortes, der heute wie einst etwa 2000 Seelen zählt, und versuche mich zu erinnern. Aus der Perspektive eines Fünfjährigen hatte alles viel größer gewirkt. Jetzt sind die Häuser niedriger, die Straßen kürzer. Ein paarmal gehe ich zweifelnd an meinem Elternhaus vorbei. Nein, das kann es nicht sein! Daneben war doch noch ein Garten …

Zwei Straßenzüge weiter entdecke ich das Haus der Großeltern. Ich ziehe ein altes Foto aus der Tasche: Eindeutig. Das ist es! Ich kehre zurück zu dem »verdächtigen« Haus, und nun steht fest: Dies war unser Haus. Heute wohnt hier ein Ehepaar das im Bernsteinwerk arbeitet, sagt ein Nachbar. Ich klopfe, aber es ist niemand zu Hause. Passanten werden auf mich aufmerksam. Victor und Tatjana dolmetschen. Nein. Deutsche gibt es im Dorf nicht mehr. »Als wir hierher kamen, war der Ort leer. Keine Menschenseele«, sagt ein älterer Mann, der Ossip heißt.

Dort, wo der kleine Friseursalon meines Vaters stand, befindet sich nun ein schäbiger Laden, in dem man vom Hosenknopf bis zu grauen Socken so ziemlich alles und doch nichts kaufen kann.

Das Schloßhotel – zu meiner Zeit das glanzvollste Gebäude des Ortes – ist verfallen, im Inneren eingestürzt. Dorthin hatte mich mein Vater mit zum Frühschoppen genommen, nachmittags spielte die Dorfkapelle zum Kaffee. Nun stehen nur noch die Fassaden. In einem Seitenflügel ist notdürftig eine russische Leihbibliothek untergebracht. Aber der prachtvolle Schloßpark ist noch erhalten, die uralte Blutbuche und der Fußweg hinunter in die Dünen und an den Strand. Kein Mensch badet an dem kilometerlangen, breiten und absolut sauberen Sandstrand, niemand liegt in den Dünen.

»Erstens ist dies offiziell immer noch Sperrgebiet, und zweitens haben wir für den Tourismus kein Geld«, sagt Victor. Von der bewaldeten Steilküste blicken wir hinab auf die mehrere Quadratkilometer große Annagrube, in der Bagger im Tagebau die berühmte »Blaue Erde« herausholen, aus der jahrtausendealte, im Meerwasser gehärtete Harzstücke, der goldfunkelnde Bernstein, ausgewaschen wird. Dies ist das größte Bernsteinwerk der Welt und wird von den Russen weiterbetrieben. Schon 1904 war mein Großvater, der hier als Werkmeister arbeitete, mit einer Kollektion edelster Stücke den Mississippi hinaufgedampft, nach St. Louis zur Weltausstellung.

Victor blickt auf die Uhr. Wir müssen langsam nach Königsberg zurück. Was würde ich darum geben, hier noch etwas bleiben zu können! Ich fühle mich zu Hause.

Auf der Weiterfahrt entlang der Küste nach Rauschen, dem einst größten und von den Russen bereits zaghaft wiederbelebten Badeort des Samlandes, überraschen mich meine Begleiter mit einem Picknick. Für etwas Brot, Kaffee und Äpfel müßten wir lange Schlange stehen. Und Restaurants gibt es keine. Die beiden haben vorgesorgt: In einer Waldlichtung verzehren wir Schinkenbrote, knacken Colabüchsen auf. Eine Flasche armenischer Cognac macht die Runde. Heiter und ausgelassen, finden wir unsere Situation dennoch ziemlich verrückt: Victor und Tatjana sind hier geboren, auch ich bin hier geboren. Und doch lebt jeder in einer anderen Welt.
Wir fahren nach Königsberg, nach Kaliningrad zurück. An den nagelneuen Betonbahnsteig in der Schrebergartenkolonie, wo Honeckers ehemaliger Regierungszug im meterhohen Unkraut steht. Im Sonnenuntergang beginnt der Zug langsam nach Westen zurückzurollen. Ende eines – beinahe – stinknormalen Wochenendausfluges, der 46 Jahre lang eine Utopie, ein Ding der Unmöglichkeit gewesen ist.
Noch lange winke ich, aus dem Zugfenster gebeugt, mit dem Tempotaschentuch, auf das mir Tatjana das Rezept ihrer Borschtsuppe gekritzelt hat. Ostpreußische Borschtsuppe, wie sie auf deutsch ausdrücklich betonte. Vielleicht esse ich sie einmal bei ihr zu Hause.[182]

Den Trakehnern verdanken viele Ostpreußen ihr Leben

Eine Vitrine im Marburger Landratsamt informiert über das Pferd mit dem Brandzeichen »Elchschaufel«. Die Marburgerin Erna Tietz hält ehrenamtlich Vorträge und organisiert Ausstellungen über ihre Heimat Ostpreußen. Sie hat die Vitrine mit Büchern, Heften und sonstigen Erinnerungen an das Gestüt Trakehnen bestückt. Sie möchte mit der Ausstellung auf die Heimat des bekannten Zuchtpferdes aufmerksam machen.
Erna Tietz erzählt der Oberhessischen Presse Marburg die lange und spannende Geschichte des »ältesten Kulturguts Europas«, des Trakehners. Das 1732 von König Wilhelm I. ins Leben gerufene Gestüt Trakehnen ist das Hauptgestüt der preußischen Pferdezucht. Hier nahm die Auf- und Weiterzucht des Pferdes ihren Anfang, dessen Erkennungszeichen die Elchschaufel ist.
Durch die Reinzucht entwickelte das preußische Warmblut Geschicklichkeit und gutes Gleichgewicht. Die Pferde hatten geringe Ansprüche und waren sehr belastbar. Der Trakehner wurde wegen dieser hervorragenden Eigenschaften zunächst als Arbeits- und Soldatenpferd eingesetzt. Im Winter 1944/45, als die ostpreußische Bevölkerung vor der durchbrechenden russischen Armee floh, zogen die Trakehner die Planwagen. Viele Menschen verdanken der Ausdauer und Energie der Trakehner ihr Leben.
Heute genießt das ostpreußische Vollblut weltweites Ansehen als leistungsfähiges Reit- und Turnierpferd. Auch zahlenmäßig gehört der Trakehner-Verband zu einer der größten Reitpferdezuchten in Deutschland.
»Immer mehr Zuchtpferde aus Deutschland werden ins Ausland verkauft«, sagt Erna Tietz voller Stolz. »Ist das nicht wunderschön für meine Heimat?«

Überblick der Ereignisse in Deutschland im Frühjahr 1991

Schewardnadse

Autoritäre Regime und Diktaturen können Änderungen nicht vertragen, weil sie keine Chance haben, wenn sie sich dem freien Willen ihrer Bürger stellen müßten. Die jahrzehntelange stalinistische Politik hat im kommunistischen Machtbereich die traditionellen Unterschiede in Sprache, Kultur, Religion und Nationalität gewaltsam unterdrückt, hat den Menschen verboten nachzudenken. Kein Wunder also, daß diese Gegensätze wieder aufbrechen, daß politisches Denken wieder dort ansetzt, wo es unter den Zaren stehengeblieben war.

Michail Gorbatschow, der Mann, dem die Welt so viel neue Hoffnung zu danken hat, droht jetzt im eigenen Land an der Last stalinistischer Vergangenheit zu scheitern. Daß sein engster und wohl wichtigster Mitstreiter, Außenminister Schewardnadse, im Dezember 1990 zurückgetreten ist, zornig und zutiefst verletzt durch die ständigen Angriffe des alten stalinistischen Parteiapparates, ist ein böses Zeichen. Schewardnadse warnte vor der Rückkehr der Diktatur, ja warnte sogar davor, Gorbatschow immer mehr Macht zu geben und damit den Sinn der Perestroika, den Wandel des Systems, zu unterlaufen. Er hatte für seine Rede viel Beifall unter den sowjetischen Delegierten gefunden.

Das sowjetische Imperium steht am Rande der Auflösung. Alle fürchten das Chaos, den Hunger und die Kälte, und vor allem fürchten sie die Ungewißheit, welchem Schicksal das Land entgegensteuert. Der Westen hätte besser getan, Gorbatschows Reformbemühungen früher tatkräftig zu unterstützen.

Jetzt aber, da Gorbatschow ein ernsthafter Rückschlag droht, könnte es schon zu spät sein. Ähnliches ist in den anderen ehemals sozialistischen Staaten Osteuropas zu befürchten. Wirtschaftliches Elend kann die Entwicklung ernsthaft gefährden. Die Folgen hätten wir alle zu tragen.

Die Aufgaben, die dem Westen gestellt werden, sind gewaltig. Ein einziges Land allein kann sie nicht lösen, gemeinsames Handeln ist erforderlich. Nach dem Zweiten Weltkrieg hat die USA diese Weitsicht mit dem Marshallplan. Heute sind wir alle gefordert, es ist keine Zeit zu verlieren.

Flüchtlinge

Es ist schön und edel, für die Aufnahme aller Flüchtlinge einzutreten, wenn es aber daran geht, den eigenen Arbeitsplatz, das eigene Einkommen und womöglich auch noch die eigene Wohnung mit ihnen zu teilen, sieht die Sache in der Realität ganz anders aus.

Ein Beispiel aus Österreich, das ja ähnlich wie Deutschland an der Nahtstelle zwischen westlichem Wohlstand und kommunistischem Machtbereich liegt, ist da recht lehrreich: Vor kurzem haben etwa tausend österreichische Intellektuelle, Schriftsteller, Schauspieler, Künstler und Professoren in einem offenen Brief gegen die Absicht der österreichischen Regierung protestiert, Rumänen, denen der Status des politischen Flüchtlings zuerkannt worden war, wieder in ihre Heimat zurückzuschicken. Daraufhin appellierte der österreichische Innenminister – übrigens ein Sozialdemokrat – an die Unterzeichner, jeder von ihnen solle doch in der Praxis die Patenschaft für einen rumänischen Flüchtling übernehmen, das heißt ihm Wohnung verschaffen, für seinen Unterhalt aufkommen und ihm bei der Suche nach einem Arbeitsplatz behilflich zu sein.

Das Echo auf diesen Appell blieb bei den Unterzeichnern mehr als bescheiden: es gab kaum eine Antwort. Es ist eben eine Sache, Resolutionen zu unterzeichnen, und eine andere, in die eigene Tasche zu greifen – und zwar nicht nur in Form von Almosen, sondern tief und spürbar.

Wiedervereinigung

Geschichte, Zeitgeschichte, alles überrollte uns im Jahre 1989/90. Bei der Einführung der Währungs- und Sozialunion in der ehemaligen DDR sprachen wir vom Beginn eines »Goldenen Zeitalters«, welches man nach der Wiederherstellung von Freiheit und Selbstbestimmung in der Ex-DDR und in Osteuropa heraufziehen sah.

Mit Betroffenheit, ja mit Entsetzen blicken heute die meisten Westdeutschen auf den herabgewürdigten Zustand der früheren DDR. Erst jetzt begreifen viele unter uns, welcher Zusammenprall von Unvergleichlichkeiten sich unter dem Dach der deutschen Einheit ereignet. Hier trifft die Erste Welt mit einer Welt zusammen, die teilweise noch hinter der Dritten Welt zurückliegt, so zerstört wurde die ehemalige DDR durch das System des Sozialismus, das dieser über die Deutschen im Osten unseres Vaterlandes verhängte.

Görlitz, Magdeburg, Chemnitz, Gera, Erfurt und wie alle diese einstmals stolzen und jetzt Schock auslösenden Städte heißen mögen, auch die gehören zu unserem Vaterland.

Ob wir Deutschen einen Anspruch auf ein Nationalgefühl haben, ein glaubwürdiges Recht auf Vereinigung vertreten, das zeigt sich nicht in Bekennerworten, sondern nur in der Bereitschaft, für die nationale Zusammengehörigkeit, für unser gemeinsames Land auch etwas auszugeben, ja zu opfern. Sonst müssen wir uns sagen lassen, daß wir im Tiefsten der deutschen Seele und des Herzens gefühllos geworden sind und daß die Teilung einfach fortbesteht zwischen den Ost- und Westdeutschen.

Anfang des Jahres 1991 legte Bundesfinanzminister Theo Waigel den ersten gesamtdeutschen Haushalt vor. Er erfüllte in diesem Zusammenhang sogar den offenbar sehnlichsten Wunsch der SPD, nämlich den nach Steuererhöhungen. Das war ein Schönheitsfehler von Bundeskanzler Helmut Kohl und auch von FDP-Chef Graf Lambsdorff, weil sie stets versichert hatten, die deutsche Einheit wäre ohne zusätzliche Steuerlasten zu finanzieren.

Die SPD hat es nie versäumt, vor allem auf die Kosten der deutschen Einheit hinzuweisen. Ihr Kanzlerkandidat Oskar Lafontaine hat einen ganzen Wahlkampf damit bestritten und damit – wie ihm Altbundeskanzler Helmut Schmidt bescheinigte – verdient verloren.

Heute noch hört man in Bundestagsdebatten von der Steuerlüge, die die Bundesregierung unter Helmut Kohl gebraucht hat, um vielleicht damit die Wahlen zu gewinnen – wie dumm von der SPD, als wenn es davon abhängig gewesen wäre, ob Deutschland vereint oder nicht vereint wird. Wer aber die deutsche Einheit vor allem als Last empfand, der ruft selbstverständlich und in erster Linie nach Steuererhöhungen zur Finanzierung dieser Last. Die Regierungsparteien haben sich an diesem Lastengejammer nie beteiligt. Sie sahen in der deutschen Einheit von Anfang an nicht nur die historische Aufgabe, sondern auch zugleich die wirtschaftliche Chance für Investitionen in der ehemaligen DDR und auch für die anderen osteuropäischen Länder. Solche Zukunftsinvestitionen aber muß man nicht zwangsläufig durch Steuern finanzieren und bar bezahlen. Kaum jemand baut ein Haus, ohne Hypotheken aufzunehmen. So war es doch wichtiger, daß den 17 Millionen Ostdeutschen nach der politischen auch die materielle Freiheit gebracht wurde.

Bereits im verflossenen Jahr 1990 sind an öffentlichen Geldern rund 50 Milliarden Mark in die Ex-DDR geflossen, 1991 werden allein aus dem Bundeshaushalt rund 80 Milliarden in die neuen Bundesländer fließen. Aus Nebenhaushalten der Sozialversicherung kommen weitere Milliarden hinzu, so daß die neuen Bundesländer allein in diesem Jahr mit Finanzhilfen von weit über 100 Milliarden Mark rechnen können. Westdeutsche Unternehmen wollen 1991 fast 30 Milliarden Mark anlegen. Geld ist wirklich genügend da, wenn man weiß, daß die neuen Bundesländer, die ihren bevorstehenden Bankrott beschwören, beispiels-

weise bei der Bundesbank bereitgestellte 9 Milliarden Mark bisher noch nicht abgerufen haben.
Sicher, die Lage in der ehemaligen DDR ist ernster als erwartet. Die größten Schwierigkeiten bestehen darin, daß – wie es ein Wirtschaftswissenschaftler dieser Tage ausdrückte – eine gar nicht so schlechte Handballmannschaft plötzlich in der Bundesliga Fußball spielen soll. Das geht natürlich nur mühsam, erfordert Umdenken und oft ganz einfaches Lernen.
Der Luxuswagen der Firma Wartburg macht es deutlich. Mit den Protesten gegen die Einstellung der Produktion dieses Werkes in Eisenach wird an einer Legende gestrickt, und wer beteiligte sich nicht daran, in der es – wenn sie fertig ist – dann heißt, der Westen hat die Wirtschaft der DDR ruiniert. Dabei weiß jedermann, daß den Wartburg selbst zum Niedrigpreis niemand will, für einen Preis von 7800 Mark selbst dort nicht, wo er hergestellt wird. Die Materialkosten betragen allein schon 9200 Mark. Rechnet man die Fertigung hinzu, kommt man auf über 14000 Mark, die der Wartburg aus Eisenach eigentlich kosten müßte. Vielleicht müßte man die Kalkulationen im Sozialismus zugrunde legen: »Die Masse bringt's.«
Im Zuge der Ungeduld sollte man sich auch vor Augen führen, was wäre, wenn es nicht zur Vereinigung am 3. Oktober 1990 gekommen wäre. Eine DDR unter der Regierung des einstigen Hoffnungsträgers Hans Modrow hätte wohl schon längst den Offenbarungseid geleistet.
Es mußte damals schnell gehandelt werden, und angesichts der veränderten Situation in der Welt wäre eine deutsche Vereinigung kaum mehr zu bekommen und wenn, dann nur unter Kosten, die kaum erschwinglich wären.
Für alle Bürger der neuen Bundesländer bleibt doch schließlich und endlich die Gewißheit, daß sie für den unvermeidlichen Absturz erst mal einen Fallschirm besitzen, um den sie die Länder Osteuropas, einschließlich der Sowjetunion, mit Recht beneiden. Die Leistungen der Bundesbürger müßten in den neuen Ländern anerkannt werden und man sollte Geduld haben und aufeinander zugehen.
Und wenn ich noch einmal den Wirtschaftswissenschaftler zitiere: Fußballspielen aber müssen die Handballer irgendwann selber.

Freiheit

Amerika und Westeuropa haben Jahrzehnte unsere Freiheit gesichert. Die Sowjetunion hat jahrzehntelang das halbe Europa einschließlich eines Teils Deutschlands unterdrückt. Nur die hausgemachte Schwäche hinderte Moskau an der Fortsetzung dessen, was heute in den baltischen Staaten weiter praktiziert wird, mit Panzern und mit Toten. In dieser Situation sollten wir dem Herrgott danken, daß der Westen uns in der Vergangenheit schützte. Zwischen Amboß und Hammer ist kein Überleben, auch nicht für das größere Deutschland.

Honecker

»Wer zu spät kommt, den bestraft das Leben.« Dieser Satz, gesprochen an die Adresse der alten Männer im damaligen Politbüro der SED in Ostberlin anläßlich der 40-Jahr-Feier der DDR vom Präsidenten der UdSSR. Und jener alte Mann, an den er vor allem gerichtet war, Erich Honecker, hat ihn damals, 1989, nicht begriffen. Sein Regime ist bald danach zusammengebrochen.
Jedermann weiß, daß diese Aktion ein Verstoß gegen den Geist und Inhalt der deutsch-sowjetischen Verträge und die völkerrechtlichen Gepflogenheiten war. Die Bundesregierung in Bonn hat dies pflichtgemäß gerügt, ohne jedoch dadurch das Verhältnis zur Sowjetunion zu trüben, das ist Honecker nicht wert.
Sicher ist, daß Honecker in der Sowjetunion noch manchen Freund hat; daß diese Noch-Kommunisten einen treuen Freund nach Jahrzehnten nicht vor einem westdeutschen Gericht sehen wollen, ist jedermann klar.

Daß Honecker nun ein Gerichtsverfahren erspart bleibt, ändert nichts an der Tatsache, was Honecker den Menschen in der DDR angetan hat, und die Verantwortung dafür wird nicht geringer.

Demonstrationen

Demonstrationen, dieses ist das Stichwort in den Märztagen 1991. Sie finden nicht nur in Ostdeutschland in Leipzig, Dresden und anderswo in der ehemaligen DDR statt, sondern auch in der Sowjetunion. Mit dem Wort Demonstrationen fallen auch die Stichworte: Täuschung und Enttäuschung, Verbitterung, Sorge und Verzweiflung.

Die Arbeitslosigkeit in den neuen Ländern beträgt jetzt schon fast mehr als in den alten Bundesländern, aber das war wohl vorauszusehen. Das westliche Ausland mißt dieser steigenden Arbeitslosigkeit eine höhere Bedeutung zu, als wir es gegenwärtig tun. So schreibt die Londoner »Times« zu diesem Thema: »Die Kohl-Ära könnte zu einem genauso abrupten Ende kommen wie die von Frau Thatcher. Adenauer, Erhard, Brandt und Helmut Schmidt sind alle von ihren eigenen Parteien zum Rücktritt gezwungen worden.« Und die amerikanische Zeitung »Time« macht gar darauf aufmerksam, daß die Arbeitslosenzahl in den neuen Bundesländern den Prozentsatz erreicht habe, als Hitler an die Macht kam.

Aber so kann man es nicht sehen, die Vergleiche schießen weit übers Ziel hinaus. Helmut Kohl steht nicht alleine da, auch die Koalitionsparteien tragen die Verantwortung mit für Versäumtes, das nicht immer vorauszusehen war. Dem SPD-Ministerpräsidenten von Brandenburg, Manfred Stolpe, ist es zu danken, daß er die Probleme anders sieht und nicht alles dem nicht gerade beneidenswerten Bundeskanzler in die Schuhe schiebt.

Bei den Demonstrationen war bisher kein Schild zu sehen, das für die ehemalige DDR einen Neo-Sozialismus fordert. Als ich im April 1991 einige Tage in der ČSFR war, passierte folgendes: Eine Krankenschwester wurde am hellen Tage überfallen und ihrer Handtasche beraubt, man war empört. Die gerufene Polizei wies auf die rapide gesteigerte Kriminalität hin und gab zu, machtlos zu sein und kommentierte: Ihr wolltet ja die Demokratie, jetzt habt ihr sie. Diese Worte stimmten mich nachdenklich. Man erwartet überall in Osteuropa von der sozialen Marktwirtschaft Wunder, aber dies hat in die Irre geführt. Es bedarf eben wirtschaftlicher und sozialer Voraussetzungen, bevor das Räderwerk der sozialen Marktwirtschaft überhaupt greift. Bundesbankpräsident Pöhl hat immer wieder darauf hingewiesen. Wurde er überhaupt ernst genommen? Ich glaube nicht. Er hat resigniert und seinen Abschied für September 1991 beschlossen. Momentan sieht es so aus: die Reichen werden reicher und die Armen ärmer.

Die Warenströme laufen von West nach Ost und die Menschenströme von Ost nach West. In den Monaten des ersten Halbjahres 1991 sollen es monatlich 20 000 sein. Überwiegend sind es Fachkräfte, die ihr Heil im goldenen Westen suchen, aber sie werden beim Wiederaufbau in den neuen Ländern fehlen, und die Probleme dort werden immer größer.

Unsere Landsleute »drüben«, wie wir früher sagten, haben es nicht leicht. Sie haben es gewiß nicht leicht mit dem, was wir ihnen heute alles zumuten, nämlich Veränderungen von ungeheuren Ausmaßen. Für sie bringt jeder Tag einen neuen Abschied von doch oft liebgewonnenen Gewohnheiten. Das fällt ihnen schwer, denn selbst der Sozialismus hatte trotz allem für sie Selbstverständliches, was bei uns undenkbar gewesen wäre. Ich denke nur daran, daß sie in der Dienstzeit einkaufen gehen konnten.

Es ist eigentlich zu bedauern, daß unsere verantwortlichen Politiker nicht das menschliche Gespräch zu unseren Landsleuten in den neuen Ländern finden.

Im Jahr 1990 hörte man immer vom »Kanzler der Einheit« reden. So wird es auch später in den Geschichtsbüchern stehen. Aber nur wenig ist man in dieser bewegten Zeit auf die Probleme unserer Landsleute von »drüben« eingegangen. Wie dankbar hätten sie es empfunden, hätte man gesagt: Ihr habt das Pech gehabt, 1945 von den Russen besetzt zu werden, was ihr unter dem Sozialismus ertragen mußtet, sehen wir mit Entsetzen, aber verliert den Mut nicht, wir wollen euch beim Aufbau helfen. Die Tugenden des deutschen Fleißes, die Erfindungsgabe, das Anpackenkönnen, das Improvisieren, stecken in euch und ihr habt sie in den vergangenen Jahren bewiesen.

Es steckt alles in euch, was auch den Westen nach dem Kriege erfolgreich gemacht hat. Ihr seid keine Bürger zweiter Klasse, sondern gleiche Staatsbürger mit gleichen Rechten und gleicher Leistungsbereitschaft. Nach allem, was ihr in den vergangenen vier Jahrzehnten ertragen mußtet, bitten wir euch: habt Geduld. Den menschenunwürdigen Sozialismus habt ihr abgeworfen, nun wartet ein neues Joch auf euch: die Ungeduld, die Panik. Kommt nicht auf den Gedanken zu sagen: Weil nicht die neue Oase blüht über Nacht, ist das System schlecht und untauglich. Die Wahrheit ist doch so: Das sozialistische System hat im Osten übelsten Raubbau an den Produktionskräften getrieben.

Stehen wir nun zusammen in unserem schönen Land und versuchen wir gemeinsam die Schatten der Vergangenheit zu beseitigen.

Ich glaube genug Menschen in Ost und West zu finden, die bereit sind, zusammen die Klippen der Geschichte zu meistern. Das Feld darf nicht den Pessimisten, sondern muß den Optimisten überlassen werden.

Die Menschen im Osten und der DDR

Die Annahme, mit der Einführung der D-Mark in der ehemaligen DDR könne man alle wirtschaftlichen Mißstände lösen, hat sich als falsch erwiesen. Die Krise im kommunistischen Osteuropa hat sich als tiefer erwiesen, als angenommen wurde. In Jahrzehnten haben die Menschen im Osten verlernt, selbständig zu gehen, zu handeln und Verantwortung zu übernehmen; ihnen wurde alles gesagt und der Sozialismus hat für sie gedacht und sie damit auch geformt.

Nun ist es unsere Aufgabe, ohne Hochmut und Herablassung sie an der Hand zu nehmen und ihnen mit Rat und Tat beiseite zu stehen. Sollten wir dies nicht zustande bringen, dann wird sich die Spaltung fortsetzen in Deutschland und auch in Europa, auch ohne Stacheldraht und Mauer. Wir werden auch nach dem Ende des kalten Krieges und des großen Ost-West-Konfliktes ein unruhiges, vielleicht auch manchmal ein gefahrvolles Pflaster bleiben.

Im östlichen Teil unseres Vaterlandes müssen gewaltige Aufgaben gelöst werden und man sollte sich an das so sehr aus der Mode gekommene Wort »Opfer« in Deutschland erinnern. Ohne Opfer der Bürger der Bundesrepublik wird es nicht abgehen, doch auch von den Bürgern der Ex-DDR muß der Schlendrian, ein Produkt des Sozialismus der vergangenen Jahrzehnte, geopfert werden, und dies wird diesen Menschen dort bestimmt nicht immer leichtfallen. Und bevor irgendeine neue Ordnung und eine neue Form des Zusammenlebens geboren wird, wird es auch Geburtswehen und Krämpfe geben.

Ost- und Westberlin ein Jahr nach der Vereinigung

Wer sich über die Autobahn dem ehemaligen Grenzkontrollpunkt Dreilinden im Südwesten Berlins nähert, stutzt schon von weitem über einen aus der Erde ragenden weißen Doppelstab, der am oberen Rand durch einen Ring zusammengehalten wird. Längst nicht mehr alle erinnern sich an das, was dieser Ring einmal in seiner Mitte umfaßte: Hammer und Zirkel im Ährenkranz, das Staatsemblem der untergegangenen DDR. Übriggeblieben davon ist ein großes Loch in der Luft. Hat sich die DDR in Luft aufgelöst?

Wo die Mauer einmal stand, ist es leer geworden. Nach ihrem Fall stürmten Ende

1989 Käuferscharen aus dem Osten die Westläden, an Silvester 1989 lagen sich Ost- und Westdeutsche in den Armen. Inzwischen ist das Verhältnis spürbar kühler geworden. Stumme Verbitterung und Aggressivität prägen Sprache und Gebaren vieler ehemaliger DDR-Bürger.

Und nun trifft es die »Besser-Wessis«, aufgelistet in Einzelfällen: den Beamten aus dem Westteil, der in Lichtenberg vor seiner neuen Dienststelle den Dienstwagen mit zerstochenen Reifen vorfindet; Lehrer aus dem Westen, mit denen die einheimischen Kollegen einfach kein Wort mehr reden; Mieter aus Westberlin, die im Osten Berlins eine Wohnung gefunden haben und nach drei Wochen aus dem Haus buchstäblich »hinausgeekelt« wurden.

Und es gibt da ja Beispiele genug für den berechtigten Zorn der ehemaligen DDR-Bürger: Smarte Westler, die mit ihrem Notar am frühen Vormittag eben mal die Front eines Hauses vermessen, in dem eine Familie seit 30 Jahren wohnt; vorher dort wenigstens anzuklingeln war nicht notwendig, waren doch Eigentumsansprüche gestellt.

Clevere Vertreter, die von einem Bauern Haus und Hof und 57 000 Quadratmeter Ackerland kaufen, um diesem Bauern dann im Gegenzug ein schmuckes Fertighaus für eben die Kaufsumme zu verkaufen. Natürlich ist das Ackerland mittlerweile längst Bauland.

Ungehobelte Gastgeber, die ihren Dank für die mitgebrachte Thüringer Wurst abstatten, indem sie diese vor den sprachlosen Gästen ihrer Katze anbieten, die sich jedoch bucklig abwendet und gehacktes Rinderfilet vorzieht.

Flegeleien gibt es überall. Aber auch im normalen Umgang ist auf beiden Seiten Besonnenheit vonnöten. Die läßt sich bekanntlich leichter aufbringen, wenn die wirtschaftliche Lage spürbar entspannt.

Gebaut, gebaggert, gegraben wird allenthalben dort, wo einmal »Ostberlin« war: Die Bauwirtschaft kommt in Gang. Und wo ein Graben zu sehen ist, verlegt die Post ihre Glasfaserkabel: Eine hochmoderne Telekommunikation wird entwickelt. Eine Zeitungssparte ist um mehrere Seiten umfangreicher geworden: Eine Welle von Existenzgründungen wogt über Berlin, das Handelsregister beweist es. West- und Ostbeamte werden sich mehr und mehr als Kollegen fühlen, auch weil sie in absehbarer Zeit das gleiche Gehalt beziehen: Eine einheitliche Verwaltung baut sich auf. Und Hochzeitsfeiern deuten es an: Die Stadt wird eins – er arbeitet jetzt in Wilmersdorf, sie in Treptow, ihre Kinder gehen später in Marzahn in die Schule, wo die Familie seit drei Jahren wohnt.

Südöstlich von Berlin, nicht weit entfernt von Gütersfelde, auf einem riesigen Truppenübungsplatz, stehen ausrangierte russische Panzer mit geknicktem Kanonenrohr. In ihrer Nachbarschaft liegt sie nun in Tausenden von Segmenten: die Berliner Mauer – Müllhaufen der Geschichte.[183]

Herleshausen: Grenzübergang mit Vergangenheit

Mit Herleshausen fällt ein Wahrzeichen der Teilung Deutschlands. Der mit 15 Millionen Mark Anfang der achtziger Jahre gebaute Grenzübergang Herleshausen in Nordhessen wird abgerissen. Der Beton bröckelte schon seit langem, umfangreiche Renovierungen waren noch kurz vor dem 9. November 1989, dem Tag der Grenzöffnung, geplant. Künftig soll nichts mehr an frühere Zeiten erinnern.

Herleshausen – der Name stand für Millionen Transitreisende nach Westberlin und DDR-Besucher für Staus und lange Wartezeiten. Wenn die rund 200 DDR-Grenzer wollten, dann ließen sie auf ihrer Seite, in Wartha, die Autofahrer einfach warten. Dazu kamen die üblichen endlosen Kontrollen und der Papierkrieg.

Herleshausen, der einzige Übergang von Hessen zur DDR, das war, so erinnern sich ehemalige bundesdeutsche Grenzschützer und Zöllner, auch der Grenzübergang mit dem teuersten bundesdeutschen Grenzhäus-

chen überhaupt: Zum Schutz vor terroristischen Überfällen saßen die 30 westlichen Grenzer hinter Panzerglas.
Die örtliche Presse im damaligen Zonenrandgebiet nahm Herleshausen selten wahr, vieles lief im stillen ab: »Das Gelände mit viel Wald war ideal für den Austausch von Spionen und freigekauften Häftlingen«, wußten die Grenzer. Meisterspion Günther Guillaume, der den Sturz von Kanzler Willy Brandt ausgelöst hatte, war der Prominenteste, der bei Nacht und Nebel in Herleshausen ausgetauscht wurde.
In die Schlagzeilen der Weltpresse geriet Herleshausen, als die Kriegsgefangenen nach der erfolgreichen Intervention von Bundeskanzler Konrad Adenauer zwischen 1953 und 1955 aus Rußland in ihre Heimat zurückkehrten.
Im Jahre 1949, als die Alliierten den Grenzübergang einrichteten, fuhren 36 500 Reisende hinüber und herüber. 1988 zählte der Grenzschutz fast eine Million Autos, mehr als 9000 Busse und 302 150 Lastwagen.
Um den Grenzverkehr zu ermöglichen, hatte die Bundesregierung tief in die Tasche des Steuerzahlers gegriffen: 286 Millionen Mark kostete es, ein 1,4 Kilometer langes westliches Autobahnteilstück und die Brücke über die Werra fertigzustellen.
Der Abbruch der östlichen Anlagen hat begonnen. An drei Wochenenden im Oktober 1991 soll das Dach über dem westlichen Grenzübergang abgerissen werden, jeweils in der Zeit zwischen 19 und 8 Uhr. Dann heißt es am ehemaligen Grenzübergang wieder: Mit Staus muß gerechnet werden.[184]

Die Mauer wird demontiert. Wachturm bei Eckertal fällt. Foto: Axel Springer Verlag, Harald Fratzer

Die Wiedervereinigung – DDR-Pleite kostet 300 Milliarden Mark bis 1993

Die Schuldenlast von 300 Milliarden Mark durch den Zusammenbruch der DDR schockt Bonner Experten. Der »Unterausschuß Treuhand« fürchtet weitere Schuldenzahlen. Altlasten noch nicht eingerechnet.
So desolat, so katastrophal hat im Herbst 1990 niemand vorausgesehen, wie teuer die Vereinigung würde. Hat Oskar Lafontaine bessere Informationen gehabt über die Wirtschaftslage der DDR als die Bundesregierung? Aus der heutigen Sicht muß man es annehmen. Er erhob damals nach der Wende schon warnend seine Stimme. Von »erheblichen Haushaltsrisiken für den Bund« sprach Christian Neuling vom Bundestags-Unterausschuß.
Bei der 1994 anstehenden Neuverteilung des »Kreditabwicklungsfonds« auf Bund, Treuhand und neue Länder sei nämlich zu beachten, daß die Länder ihren Anteil noch nicht voll tragen könnten und damit letztlich vorwiegend wieder der Bund belastet werde. Neuling forderte daher eine konsequente Privatisierungspolitik, um den neuen

Eisenach/Thüringen im Juli 1991. Der Aufbau Ost ist im Kommen. Foto: Burkhard Helfenritter

Ländern mit wirtschaftlichem Wachstum steigende Steuereinnahmen zu verschaffen und so die Risiken zu begrenzen. Dann wird sich der Aufschwung innerhalb der nächsten zwei Jahre durchgesetzt haben.

Die Abwicklung dieser hohen Belastungen für Staat und Kapitalmarkt liegt nach Angaben Neulings »im Bereich von zehn bis 20 Jahren«. Bei den rund 300 Milliarden Mark Risiken des Bundes bis Ende 1993 sind nach seinen Worten die ökologischen Altlasten noch nicht berücksichtigt. Und dafür müssen die Steuerzahler aufkommen, und zwar: mindestens 60 Milliarden Mark beträgt die Staats- und Auslandsverschuldung der Ex-DDR; bei 90 Milliarden liegt die Kreditermächtigung für die Treuhand, zum Beispiel für Sanierungen; betriebliche Altkredite von etwa 100 Milliarden bleiben laut Neuling voraussichtlich überwiegend bei der Treuhand hängen; 50 Milliarden Mark an Krediten braucht das Wohnungswesen.

Nach dieser Aufstellung sagte der CDU-Politiker in einer Zwischenbilanz: »Wenn man sich dieses alles ansieht, dann müßte man eigentlich die Staatsspitze des SED-Regimes wegen betrügerischen Bankrotts des Staates anklagen.«[185]

Kann man sich heute noch vorstellen, wie sich die Deutschen in Ost wie in West über die Einheit gefreut haben und Zehntausende von Bürgern in Leipzig »Deutschland, einig Vaterland« und »Wir sind ein Volk« gerufen haben? Schaut man sich heute im Juni 1991 in Deutschland um, so scheinen Mißmut und Unlust um sich zu greifen. Die Westdeutschen sind plötzlich über die Kosten entsetzt, die ihnen durch die Einheit entstehen, und im Osten sind die bisherigen DDR-Deutschen empört darüber, daß die Einheit und die D-Mark ihnen nicht sofort den Wohlstand der Bundesrepublik bescherten. »Wir haben den Krieg zweimal verloren, 1945 und heute«, sagte mir kürzlich eine Verwandte aus Ostdeutschland. Es be-

durfte vieler Argumente, bis es mir gelang, sie zu einer anderen Denkweise zu überzeugen.
Anschaulich hat sich über dieses Problem in Ungarn der erste frei gewählte Ministerpräsident Jozsef Antall geäußert und sagte über seine ungarischen Landsleute: Sie hätten die Illusion gehabt, es genüge, bei einer freien Wahl die Stimme abzugeben, sich dann ins Bett zu legen und anderntags im »reichen Wien« aufzuwachen.
Nun muß man zu allen Problemen, die sich ergeben, sagen, das ausbleibende Wirtschaftswunder im Osten ist keinesfalls eine mitteldeutsche oder ostdeutsche Erfindung. Ich war kürzlich in der Tschechoslowakei und man merkt, überall im ehemaligen kommunistischen Machtbereich macht sich Katzenjammer und unerfüllte Erwartungen und Hoffnungen breit. Nun ist eben eingetreten, was schon im Herbst 1990 prophezeit wurde: »Je länger die kommunistische Herrschaft im Nebel verschwindet, desto mehr neigen die Menschen dazu, nicht den Kommunisten, die vorher die Menschen in den Abgrund des wirtschaftlichen Bankrotts stürzten, sondern die Demokratie für das verantwortlich zu machen, was jetzt nicht funktioniert.
Solange aber auch noch marxistische Vorstellungen in den Köpfen der Menschen spuken, wird und kann sich ein deutsches Wunder in Ostdeutschland nicht wiederholen. Und wir müssen aufpassen, daß der Gedanke eines besseren Sozialismus nicht auch bei uns Fuß faßt, und das kann dann kommen, wenn, was wir nicht hoffen wollen, unsere Wirtschaft nicht mehr so läuft. Die Politiker der Bundesrepublik haben das Ausmaß der Verwüstungen im kommunistischen Machtbereich im materiellen Teil und auch in der Seele des Menschen unterschätzt.
Man hatte geglaubt, es genüge, die politischen Voraussetzungen zu schaffen und das Werk der Wiedervereinigung würde dann von selbst laufen. Nun stellt sich heraus, daß viel Geduld und Opfer aufgebracht werden müssen. Die Deutschen der Bundesrepublik – also aus den alten Bundesländern – werden einst von der Geschichte danach beurteilt, ob sie sich der nationalen Aufgabe – und der übernationalen Herausforderung, die noch auf sie zukommt – gewachsen zeigen. Die Erfahrung lehrt, daß es viel leichter ist, etwas zu zerstören, als etwas aufzubauen.

Kosten der deutschen Einheit wurden unterschätzt

Kein Bürger der Bundesrepublik oder der ehemaligen DDR hätte es der Bundesregierung übelgenommen, wenn sie Steuererhöhungen nicht ausgeschlossen hätte, denn jedem war klar, die Kosten der Wiedervereinigung waren nicht überschaubar.
Aber Bundeskanzler Helmut Kohl war entschieden gegen höhere Steuern, eine Aussage die töricht war und sich bitter rächen sollte. Vor der Bundestagswahl am 2. Dezember 1990 war der Kanzler gegen Steuererhöhungen: »Es ist die alte sozialistische Politik, bei jedem Problem mit Steuererhöhungen zu kommen«, rief er bei einer CDU-Kundgebung am 14. November 1990 auf dem Marienplatz von Ravensburg. 3000 hörten im strömenden Regen zu. Fünf Tage später, zu Besuch bei Frankreichs Präsident Mitterrand, sagte Kohl in Paris: »Mit mir wird es keine Steuererhöhungen geben.«
Bundeskanzler Kohl nach den Wahlen: »Die Gesamtheit der internationalen Belastungen geht über den bisher absehbaren Finanzrahmen hinaus.« Steuererhöhungen sind deshalb notwendig. Eine späte Einsicht.
Alle Augen richteten sich in dieser Zeit auf Finanzminister Theo Waigel, auch er hatte vor den Wahlen erklärt: »Es gibt keine Steuererhöhungen.«
Vor dem Bundestag zitiert er sich anfangs des Jahres 1991 selbst: »Schon frühzeitig habe er gesagt, der Finanzbedarf Ostdeutschlands sei nicht abschätzbar gewesen.«
Der wortgewaltigste Gegner aller Steuererhöhungen war im Wahlkampf der FDP-

Vorsitzende Graf Lambsdorff, er wollte gar die Kanzler-Wahl von einem »Niedrigsteuergebiet« in der ehemaligen DDR abhängig machen. »Es bleibt bei der konsequenten Haltung der FDP, daß eine Steuererhöhung zur Finanzierung der deutschen Einheit nicht in Frage kommt«, sagte er noch am 30. Dezember 1990.
Der Golfkrieg zwingt uns jetzt zu Steuererhöhungen und fügte hinzu: »Die Schwierigkeiten in Ostdeutschland wurden unterschätzt.«
Vorschläge hat er keine, die unpopulären Maßnahmen muß nun Finanzminister Theo Waigel machen.
Auch CDU-Generalsekretär Rühe verkündet am 12. November 1990 in Bonn den einstimmigen Beschluß des Parteivorstands: »Wir sind entschlossen, die deutsche Einheit ohne Steuererhöhung zu finanzieren«, und fügte damals hinzu: »Es gibt kein Verfallsdatum für diesen Beschluß.« Auch er muß sich korrigieren: »Angesichts der Größe der Herausforderungen in den neuen Bundesländern sind zeitlich befristete Steuererhöhungen unvermeidlich. Der Bundesregierung fehlen Milliarden. Um eine Milliarde (tausend Millionen) einzunehmen, müßten alle Erwerbstätigen 26,74 Mark bezahlen.
Der Bundesrechnungshof hat sich in seinem Bericht 1991 besorgt über die wachsende Neuverschuldung des Bundes geäußert. Jeder Deutsche, ob Säugling oder Greis, schleppt einen »Schuldensatz« von über 15 000 Mark, ein Viertel des Staatshaushaltes muß für Zinsen aufgebracht werden. Das sollte uns nachdenklich stimmen.
Die Bundesrepublik Deutschland hat 40 Jahre geblüht. Nur in sieben Jahren war ein Plus in der Bonner Kasse. Wir erinnern uns an den sogenannten »Julius-Turm«, nach dem Finanzminister der Bundesrepublik von 1949 bis 1957, Fritz Schäffer (1888 bis 1967), benannt. Durch seine auf große Sparsamkeit ausgerichtete Finanzpolitik trägt er wesentlich zur Stärkung der deutschen Währung in schwierigen Zeiten bei. Die anderen 33 Jahre waren Schuldenmacherei, in der Konjunktur und in der Flaute. Die wirtschaftliche Leistung ist seit 1950 auf das 23fache gestiegen. Das Bonner Defizit um das 40fache. Leben wir nach dem Motto: »Nach uns die Sintflut?«
Graf Lambsdorff sagt nein zu Steuererhöhungen. »Strikt.« So sprach die FDP auch 1966 in einer Koalition mit der CDU. Als die Steuern doch erhöht werden mußten, platzte die Regierung. Kanzler Ludwig Erhard stürzte jämmerlich. Erst ein Jahr zuvor war er mit großer Mehrheit, auch SPD-Stimmen, gewählt worden. Es hat den Vater der sozialen Marktwirtschaft sehr getroffen.
Kanzler Helmut Kohl wurde im Dezember 1990 mit Riesenmehrheit gewählt. Was werden seine Lippen in einem Jahr sagen. In der Bonner Kasse fehlt mehr Geld als der flinkste Kassierer zählen kann. Pro Minute 172 000 Mark. Helmut Kohl sagt: Keine höheren Steuern! Sie werden kommen, und hätte er sie nicht ausgeschlossen, keiner hätte es ihm übelgenommen.
Das ist nicht mehr das Wirtschaftswunderland, sondern nur noch Wunderland. Der Staat macht Schulden, und diese sind nicht niedrig. Im Frühjahr 1991 waren es eintausendeinhundert Milliarden Mark, und es werden immer mehr. Umgerechnet auf das geeinte Deutschland sind dies pro Kopf der Bevölkerung 14 000 Mark, und dies in einer Zeit, wo unsere Industrie und Wirtschaft auf Hochtouren läuft. Wie soll es weitergehen? Wann denkt man einmal daran, diese Schulden zu verringern?
Noch verwaltet Bundesbankchef Karl Otto Pöhl unser Geld, aber wie lange noch, er will aussteigen. Verliert die Mark an Eleganz? Noch wacht er über 175 Milliarden Bargeld und ist Herr über den größten Schatz Europas: 105 Milliarden an Dollar und Devisen, 3600 Tonnen Gold im Keller. Wert: 70 Milliarden, die Barren der Bundesbank wiegen alle 12,5 Kilo, weil sich das leicht in Unzen, das US-Goldgewicht (= 400 Unzen), umrechnen läßt.
Schwankt Pöhls Charakter? Seine Nerven sind dünn, du kannst durchgucken, sagen seine Freunde. Der Streß der Wiedervereini-

gung hat ihn geschafft. Der Ärger mit dem richtigen Kurs. Er wollte den Ostdeutschen für zwei Ostmark nur eine harte D-Mark geben. Bundeskanzler Kohl ging nicht auf seinen Vorschlag ein.
Pöhls Karriere: Mitglied der Sozialdemokratischen Partei und Journalist. Dann wollte er vom »Merker« zum »Macher« wechseln, ging zum Bankenverband, dann nach Bonn, erklärte Willy Brandt, was eine »Aufwertung« ist. Schnell war er Staatssekretär. Seit 1980 saß er auf dem schönsten Posten Deutschlands. Der Bundesbankchef hat keinen Chef, kann jede Menge Geld drucken. Die Bank gehört zwar dem Bund, doch wenn der Kanzler mit Pöhl reden will, kann der sagen, ob es ihm paßt, nicht umgekehrt.
Pöhl wird der Bundesregierung fehlen. Wird die Mark fallen? Die Zukunft wird es zeigen.

Überblick – Kurzchronik
Auf dem Weg zur deutschen Einheit – Die friedliche Revolution

1989
Ab Juli: DDR-Flüchtlinge in den bundesdeutschen Vertretungen in Ostberlin, Budapest und Prag.
Seit September: Flucht von 50 000 DDR-Bewohnern über Ungarn in die Bundesrepublik Deutschland.
11. September: Gründung des »Neuen Forums«.
25. bis 29. September: Gespräche von Bundesaußenminister Hans-Dietrich Genscher mit den Außenministern der Sowjetunion, der DDR, Polens, Ungarns und der ČSSR. Thema: Ausreise der DDR-Flüchtlinge.
30. September: Rund 6000 DDR-Flüchtlinge dürfen aus der bundesdeutschen Botschaft in Prag in den Westen ausreisen.
Anfang Oktober: Ausreise von zirka 1500 DDR-Flüchtlingen aus der bundesdeutschen Botschaft in Warschau.
7. Oktober: Feiern zum 40. Gründungstag der DDR. Tausende demonstrieren gegen die SED-Diktatur. Es kommt zu Übergriffen der Polizei.
9. Oktober: Montags-Demonstration in Leipzig: »Wir sind das Volk«. Weitere Großdemonstrationen folgen.
18. Oktober: Erich Honecker verliert seine Ämter. Egon Krenz wird sein Nachfolger.
4. November: In Ostberlin größte Protestdemonstration (etwa eine Million Menschen) in der Geschichte der DDR.
7. November: Die Regierung der DDR tritt zurück.
8. bis 10. November: Wahl eines neuen Politbüros durch das SED-Zentralkomitee.
9. November: Öffnung der Berliner Mauer und weiterer Grenzübergänge zur Bundesrepublik Deutschland.
13. November: Wahl von Hans Modrow (SED) zum neuen Vorsitzenden des DDR-Ministerrats.
28. November: Regierungserklärung von Bundeskanzler Helmut Kohl vor dem Deutschen Bundestag zur Überwindung der Teilung Deutschlands und Europas (Zehn-Punkte-Programm).
1. Dezember: Die Volkskammer streicht den Führungsanspruch der SED aus der Verfassung.
3. bis 5. Dezember: Egon Krenz tritt von allen Staats- und Parteiämtern zurück.
7. Dezember: Beginn der Gespräche am »Runden Tisch« zwischen den Regierungsparteien und der Opposition in der DDR. Ankündigung von freien Wahlen.
19. bis 20. Dezember: Arbeitsbesuch von Bundeskanzler Kohl in Dresden.
22. Dezember: Öffnung des Brandenburger Tors.
24. Dezember: Abschaffung des Visumzwangs und des Pflichtumtausches für Einreisende aus der Bundesrepublik Deutschland und Westberlin in die DDR.

1990
10. Februar: Bundeskanzler Kohl und Außenminister Genscher treffen sich in Moskau mit Generalsekretär Gorbatschow, der den Deutschen zusichert, in einem Staat leben zu können.

13./14. Februar: Ministerpräsident Modrow in Bonn.
14. Februar: Die Außenminister der vier Siegermächte und der beiden deutschen Staaten vereinbaren die Aufnahme förmlicher Besprechungen über die deutsche Einheit (»2+4-Gespräche«).
18. März: Erste freie Wahlen in der DDR. Sieg der »Allianz für Deutschland« (CDU, Demokratischer Aufbruch und Deutsche Soziale Union).
5. April: Konstituierende Sitzung der ersten frei gewählten DDR-Volkskammer.
12. April: Große Regierungskoalition aus der »Allianz für Deutschland«, den Liberalen und der SPD; Wahl Lothar de Maizières zum Ministerpräsidenten der DDR.
19. April: Regierungserklärung von de Maizière mit dem Bekenntnis zur deutschen Einheit.
24. April: Bundeskanzler Helmut Kohl und DDR-Ministerpräsident Lothar de Maizière konferieren in Bonn über die am Vortag von der Bundesregierung gemachten Vorschläge für eine Währungsunion und über Fragen eines Staatsvertrags zwischen beiden Staaten in Deutschland.
In Bonn beraten Bundesaußenminister Hans-Dietrich Genscher und sein DDR-Amtskollege Markus Meckel über die für den 5. Mai 1990 vorgesehenen »2+4-Gespräche« zwischen den beiden deutschen Staaten und den vier Siegermächten. Sie beschließen die Bildung eines gemeinsamen Ausschusses beider Außenministerien.
25. April: Expertentreffen in Ostberlin zur Währungs-, Wirtschafts- und Sozialunion, das von Bundesbankdirektor Hans Tietmeyer und dem Parlamentarischen Staatssekretär beim DDR-Ministerpräsidenten, Günther Krause, geleitet wird.
26. April: Bundesminister Rudolf Seiters, Chef des Bundeskanzleramtes, erörtert in Ostberlin mit DDR-Ministerpräsident de Maizière Fragen der bevorstehenden offiziellen Verhandlungen zwischen beiden deutschen Regierungen zur vorgesehenen Wirtschafts-, Währungs- und Sozialunion.
28. April: In Dublin endet ein Treffen der Staats- und Regierungschefs der EG-Mitgliedsstaaten; sie befürworten die Vereinigung Deutschlands als positiven Faktor für den europäischen Einigungsprozeß.
1. Mai: Die Expertenkommissionen der beiden deutschen Staaten einigen sich in Bonn über die wesentlichen Punkte der Währungsumstellung der Mark der DDR auf D-Mark.
Bundesbildungsminister Jürgen Möllemann erörtert in Münster mit seinem DDR-Amtskollegen Hans-Joachim Meyer Fragen der Vereinheitlichung der Bildungssysteme beider Staaten in Deutschland.
5. Mai: Die Außenminister der Bundesrepublik Deutschland und der DDR sowie die Außenminister der vier Siegermächte des Zweiten Weltkriegs treffen sich in Bonn zu einer ersten Konferenz, auf der sie die außenpolitischen Aspekte der deutschen Einheit behandeln.
6. Mai: Erste demokratische Kommunalwahlen in der DDR. Stärkste Partei wird die CDU mit 34,4 Prozent, ihr folgen die SPD mit 21,3 Prozent und die PDS mit 14,6 Prozent.
9. Mai: Nach Beschluß der Vorsitzenden der 20 Einzelgewerkschaften soll sich der DDR-Gewerkschaftsdachverband FDGB als politisches Organ auflösen.
10. Mai: Auf einer Sondersitzung der Kultusministerkonferenz in Bonn wird beschlossen, die in der DDR erworbenen Hochschulzugangsberechtigungen für eine Übergangszeit als Berechtigung zur Aufnahme eines Studiums in der Bundesrepublik Deutschland anzuerkennen.
In Ostberlin tritt die DDR-Volkskammer zur ersten Lesung eines Gesetzentwurfs zur Selbstverwaltung der Gemeinden und Landkreise in der DDR (Kommunalverfassung) zusammen.
11. Mai: In Bonn tritt der Bundestagsausschuß »Deutsche Einheit« zu seiner konstituierenden Sitzung zusammen.
12. Mai: In Bonn enden die Gespräche der Expertenkommissionen beider deutscher Staaten zur Fertigstellung des Entwurfs für den Staatsvertrag.

18. Mai: In Anwesenheit von Bundeskanzler Kohl und DDR-Ministerpräsident de Maizière unterzeichnen Bundesfinanzminister Theo Waigel und sein Amtskollege Walter Romberg in Bonn den Staatsvertrag über die Schaffung einer Währungs-, Wirtschafts- und Sozialunion.
21. Mai: Erste Lesung des Staatsvertrags in der Volkskammer in Ostberlin.
22. Mai: Erster Durchgang des Ratifizierungsgesetzes zum Staatsvertrag im Bundesrat in Bonn.
23. Mai: Sondersitzung des Deutschen Bundestages: Erste Lesung des Ratifizierungsgesetzes zum Staatsvertrag in Bonn. Erste gemeinsame Sitzung des Ausschusses des Deutschen Bundestages »Deutsche Einheit« und des Volkskammer-Ausschusses »Deutsche Einheit« in Bonn.
28. Mai: In Bonn stellt Bundesumweltminister Klaus Töpfer den Entwurf eines Umweltrahmengesetzes für die DDR vor, den eine gemeinsame Umweltkommission der Bundesrepublik Deutschland und der DDR erarbeitet hat.
30. Mai: Von DDR-Innenminister Peter-Michael Diestel wird in Ostberlin eine Regierungskommission zur weiteren Auflösung des ehemaligen Ministeriums für Staatssicherheit/Amtes für Nationale Sicherheit zu ihrer konstituierenden Sitzung einberufen.
1. Juni: DDR-Ministerpräsident de Maizière wird in Brüssel vom Präsidenten der EG-Kommission, Jacques Delors, empfangen.
Hans-Dietrich Genscher und sein DDR-Amtskollege Markus Meckel nehmen an der konstituierenden Sitzung einer Kommission teil, die die Außenpolitik der beiden deutschen Staaten bis zur Vereinigung koordinieren soll.
6. Juni: Bundesumweltminister Klaus Töpfer und sein DDR-Amtskollege Karl-Hermann Steinberg treffen sich in Ostberlin anläßlich einer Tagung der gemeinsamen Umweltkommission, die ein Aktionsprogramm für Sofortmaßnahmen zum Gewässerschutz und zur Reinhaltung der Luft in besonders belasteten Gebieten der DDR verabschiedet.
7./8. Juni: Auf der Ministerratstagung der Nato in Turnberry (Großbritannien) erklären die Außenminister ihre aktive Unterstützung der Fortschritte im deutschen Einigungsprozeß und fordern für das vereinte Deutschland das Recht, Mitglied der Nato zu sein.
9. Juni: Bundeskanzler Helmut Kohl und US-Präsident George Bush bekräftigen in Washington, daß ein vereintes Deutschland der Nato angehören solle und keine Bedrohung für die UdSSR darstelle.
9. bis 12. Juni: Besuch von DDR-Ministerpräsident de Maizière in den USA, Gespräche insbesondere mit Präsident Bush und Uno-Generalsekretär Perez de Cuellar.
10. Juni: Die drei Westalliierten (USA, Großbritannien und Frankreich) geben ihren Vorbehalt gegen ein Direktwahlrecht der Westberliner sowie das volle Stimmrecht für Westberliner Abgeordnete im Bundestag und Bundesrat auf.
11. Juni: Bundeswirtschaftsminister Helmut Haussmann und der DDR-Minister für Umwelt, Naturschutz, Energie und Reaktorsicherheit, Karl-Hermann Steinberg, einigen sich in Bonn auf die Übernahme der energiewirtschaftlichen und -rechtlichen Rahmenbedingungen durch die DDR.
Treffen von Bundesaußenminister Genscher und dem sowjetischen Außenminister Schewardnadse in Brest. Hauptthema ist die Frage der Bündniszugehörigkeit des geeinten Deutschland.
12. Juni: Der Berliner Senat unter Vorsitz des Regierenden Bürgermeisters Walter Momper und der Ostberliner Magistrat unter Vorsitz des Oberbürgermeisters Tino Schwierzina treffen zu einer ersten gemeinsamen Sitzung zusammen.
13. Juni: Bundeskanzler Helmut Kohl eröffnet in Bonn eine nationale Drogenkonferenz, an der aus der DDR Innenminister Peter-Michael Diestel und Gesundheitsminister Jürgen Kleditzsch teilnehmen.
17. Juni: In Ostberlin gedenken Abgeordnete des Deutschen Bundestages und der DDR-Volkskammer in einer gemeinsamen Feierstunde des Volksaufstands in der DDR am 17. Juni 1953.

18. Juni: In Münster setzen Bundesaußenminister Genscher und sein sowjetischer Amtskollege Schewardnadse ihre Beratungen über die äußeren Aspekte der deutschen Einheit fort. Hauptthemen: Die künftigen Beziehungen zwischen Nato und Warschauer Pakt sowie Einzelheiten einer künftigen KSZE-Institutionalisierung.

20. Juni: Die Ausschüsse »Deutsche Einheit« des Deutschen Bundestages und der DDR-Volkskammer verständigen sich in Ostberlin auf eine gleichlautende Erklärung zur deutsch-polnischen Grenze.

21. Juni: Regierungserklärung von Bundeskanzler Helmut Kohl zum Staatsvertrag, zu den äußeren Aspekten der deutschen Einheit und zu den deutsch-polnischen Beziehungen.

Die DDR-Volkskammer verabschiedet den Staatsvertrag und eine Entschließung zur deutsch-polnischen Grenze, ferner ein Mantelgesetz über die Übernahme von Rechtsvorschriften der Bundesrepublik Deutschland.

22. Juni: Der Bundesrat stimmt dem Staatsvertrag über die Schaffung einer Währungs-, Wirtschafts- und Sozialunion zwischen der Bundesrepublik Deutschland und der DDR zu.

Treffen der Außenminister der Bundesrepublik Deutschland und der DDR, Hans-Dietrich Genscher und Markus Meckel, sowie der Vier Mächte zur zweiten Runde der »2 + 4-Gespräche«.

Die Volkskammer beschließt, mit Wirkung vom 1. Juli 1990 wichtige Steuergesetze aus der Bundesrepublik Deutschland für die DDR zu übernehmen (unter anderem Einkommen- und Lohnsteuer).

25. und 26. Juni: In Dublin nimmt der DDR-Ministerratsvorsitzende Lothar de Maizière an der Konferenz der Staats- und Regierungschefs des Europäischen Rates teil.

26. Juni: Bundesumweltminister Klaus Töpfer übergibt für 18 Umweltschutzprojekte in der DDR die Zuwendungsverträge an die Vertreter der geförderten Betriebe, Kommunen und Institutionen.

Gemeinsam besuchen Bundestagspräsidentin Rita Süßmuth und DDR-Volkskammerpräsidentin Sabine Bergmann-Pohl Israel und sprechen mit Staatspräsident Chaim Herzog und Ministerpräsident Yitzhak Shamir. Bundesregierung und DDR-Ministerrat billigen das Abkommen über die Personenkontrollen an der innerdeutschen Grenze.

28. Juni: Die Volkskammer beschließt die Wiedereinführung der Länder und die Abhaltung von Landtagswahlen am 14. Oktober 1990.

29. Juni: Bundespräsident Richard von Weizsäcker wird auf einer Veranstaltung des Berliner Senats und des Ostberliner Magistrats die Ehrenbürgerschaft von Gesamtberlin verliehen.

1. Juli: Der Staatsvertrag über die Schaffung einer Währungs-, Wirtschafts- und Sozialunion zwischen der Bundesrepublik Deutschland und der DDR tritt in Kraft. Damit ist die D-Mark alleiniges offizielles Zahlungsmittel in beiden deutschen Staaten.

Bundesinnenminister Wolfgang Schäuble und sein DDR-Amtskollege Peter-Michael Diestel unterzeichnen eine Vereinbarung über die Aufhebung der Kontrollen an der innerdeutschen Grenze.

Das Notaufnahmeverfahren für Übersiedler aus der DDR wird abgeschafft.

Die EG führt die Zollunion zwischen der DDR und den Mitgliedsstaaten der EG ein.

4. Juli: DDR-Außenminister Markus Meckel nimmt in Brüssel an Beratungen der Außenminister von 24 westlichen Industrienationen über die Ausweitung eines Hilfsprogramms unter anderem für die DDR teil.

Ostberlin: Im Rahmen der »2 + 4-Gespräche« beginnen – erstmals mit Beteiligung einer polnischen Delegation – Beratungen zwischen Beamten der Außenministerien beider deutscher Staaten, der UdSSR, den USA, Großbritanniens und Frankreichs über die äußeren Aspekte der deutschen Einigung.

6. Juli: In Ostberlin beginnen die Verhandlungen über einen »Einigungsvertrag« zwischen der Bundesrepublik Deutschland und der DDR.

Die an einer Londoner Nato-Sitzung teilnehmenden Staats- und Regierungschefs verabschieden eine »Londoner Erklärung über eine gewandelte Nordatlantische Allianz«: Mit der Vereinigung Deutschlands wird die Teilung Europas aufgehoben. Deutschland soll ein »unentbehrlicher Stabilitätsfaktor« in der Europäischen Gemeinschaft sein.

9. bis 11. Juli: 16. Weltwirtschaftsgipfel der sieben führenden westlichen Industrienationen in Houston: Befürwortung eines geeinigten, souveränen Deutschlands. Während die übrigen Staats- und Regierungschefs für ihre Unterstützung der UdSSR »Analysen der wirtschaftlichen Verhältnisse der Sowjetunion« fordern, entschließt sich Bundeskanzler Helmut Kohl zu unverzüglichen konkreten wirtschaftlichen Fördermaßnahmen.

16. Juli: Am Ende der zweitägigen Beratungen zwischen Bundeskanzler Helmut Kohl und dem sowjetischen Staats- und Parteichef Michail Gorbatschow in der UdSSR steht die historische Einigung: Deutschland erhält mit dem Vollzug der staatlichen Einheit die volle Souveränität.

DDR-Außenminister Markus Meckel und die Staatsministerin im Auswärtigen Amt, Irmgard Adam-Schwaetzer, informieren in Brüssel die EG-Außenminister über den Fortgang des deutschen Einigungsprozesses.

17. Juli: Zur dritten Verhandlungsrunde der »2+4-Gespräche« über die äußeren Aspekte der deutschen Einheit kommen Bundesaußenminister Hans-Dietrich Genscher, DDR-Außenminister Markus Meckel sowie die Außenminister der Vier Mächte in Paris zusammen. Bei dem Treffen, an dem auch der polnische Außenminister Krzysztof Skubiszewski teilnimmt, werden in einem Abschlußdokument fünf Prinzipien über den endgültigen Charakter der Grenzen Deutschlands vereinbart.

18. Juli: DDR-Wirtschaftsminister Gerhard Pohl und der sowjetische Außenhandelsminister Konstantin Katuschew unterzeichnen in Ostberlin ein Regierungsabkommen über die Wirtschaftsbeziehungen zwischen der DDR und der UdSSR »nach dem Eintritt in die Währungsunion beider deutscher Staaten und die Umstellung des Handels auf konvertierbare Währung«.

Die DDR-Volkskammer verabschiedet Gesetze über die Inkraftsetzung des Berufsbildungsgesetzes der Bundesrepublik Deutschland in der DDR und über Berufsschulen.

20. Juli: An einer Gedenkveranstaltung zum 20. Juli 1944 in der »Gedenkstätte Deutscher Widerstand« nehmen Bundestagsvizepräsidentin Annemarie Renger und DDR-Volkskammerpräsidentin Sabine Bergmann-Pohl teil.

22. Juli: Die DDR-Volkskammer verabschiedet das Gesetz über die Bildung von fünf Ländern auf dem Gebiet der DDR: Brandenburg, Mecklenburg-Vorpommern, Sachsen, Sachsen-Anhalt, Thüringen. Beschlossen wird als Termin zur Wahl der Landtage der 14. Oktober 1990.

24. Juli: Nach Meinungsverschiedenheiten mit DDR-Ministerpräsident Lothar de Maizière über die gesamtdeutschen Wahlen verläßt die Volkskammerfraktion »Die Liberalen« die Regierungskoalition in Ostberlin.

26. Juli: Die Ausschüsse »Deutsche Einheit« des Deutschen Bundestages und der DDR-Volkskammer einigen sich in Bonn über den Wahlmodus für die ersten gesamtdeutschen Wahlen: Sie sollen am 2. Dezember 1990 in einem einheitlichen Wahlgebiet nach einheitlichem Wahlrecht stattfinden.

27. Juli: Die SPD-Fraktion in der DDR-Volkskammer beschließt auf einer Sondersitzung in Ostberlin ihren Verbleib in der DDR-Regierungskoalition.

30. Juli: Bundesinnenminister Wolfgang Schäuble und der Parlamentarische Staatssekretär beim DDR-Ministerratsvorsitzenden, Günther Krause, einigen sich in Ostberlin über ein Rahmenkonzept zu einem gesamtdeutschen Wahlvertrag.

2. August: In Ostberlin unterzeichnen Bundesinnenminister Wolfgang Schäuble und der DDR Staatssekretär Günther Krause den gesamtdeutschen Wahlvertrag.

3. August: Die Regierungsdelegationen der Bundesrepublik Deutschland und der DDR

unter Leitung von Bundesinnenminister Wolfgang Schäuble und DDR-Staatssekretär Günther Krause einigen sich in Ostberlin über den Entwurf des Einigungsvertrages zwischen beiden deutschen Staaten.

8. August: Die DDR-Volkskammer wendet sich an die Verfassungsorgane der Bundesrepublik Deutschland mit der Bitte, »Wahlen zum gesamtdeutschen Parlament in Verbindung mit dem Beitritt der DDR zur Bundesrepublik Deutschland am 14. Oktober 1990« zu ermöglichen. Der Wahlvertrag erhält in der Volkskammer keine Mehrheit.

9. August: Bundeskanzler Helmut Kohl empfängt in Bonn den DDR-Ministerpräsidenten Lothar de Maizière zu einem Gespräch über die durch die Ereignisse des Vortages geänderte Situation.

Der Deutsche Bundestag setzt die abschließende Lesung des Wahlvertrags von der Tagesordnung ab und verschiebt sie auf den 23. August 1990.

20. August: Die SPD-Volkskammerfraktion kündigt die große Koalition auf; alle SPD-Minister legen ihre Ämter nieder.

22. August: Die Volkskammer der DDR stimmt dem Wahlvertrag für das erste gesamtdeutsche Parlament zu.

23. August: In einer nächtlichen Sondersitzung beschließt die Volkskammer den Beitritt der DDR zum Geltungsbereich des Grundgesetzes für die Bundesrepublik Deutschland gemäß Artikel 23 des Grundgesetzes mit Wirkung vom 3. Oktober 1990. Der Deutsche Bundestag verabschiedet das Wahlgesetz. Gewählt wird am 2. Dezember 1990.

24. August: Der Bundesrat stimmt dem Wahlvertrag zu. Die Volkskammer verabschiedet ein Gesetz, wonach die Akten des Staatssicherheitsdienstes nicht vernichtet, sondern in Archive überführt werden.

30. August: Vor der Konferenz für Verhandlungen über Konventionelle Streitkräfte in Europa (VKSE) erklären Bundesaußenminister Hans-Dietrich Genscher und der DDR-Ministerratsvorsitzende Lothar de Maizière: Die Streitkräfte in einem geeinten Deutschland werden auf 370000 Mann begrenzt.

31. August: Bundesinnenminister Wolfgang Schäuble und der Parlamentarische Staatssekretär beim DDR-Ministerratsvorsitzenden, Günther Krause, unterzeichnen den Vertrag über die Herstellung der Einheit Deutschlands (Einigungsvertrag).

5. September: Erste Lesung des Einigungsvertrags im Deutschen Bundestag.

11. September: Bundeskanzler Helmut Kohl und Generalsekretär Gorbatschow erzielen in einem Telefongespräch einen Kompromiß über den deutschen Finanzbeitrag zu den Stationierungskosten der Sowjettruppen in der DDR. Diese Vereinbarung ist Voraussetzung für den erfolgreichen Abschluß der »2+4-Gespräche« am 12. September in Moskau.

12. September: Unterzeichnung des 2+4-Abschlußdokuments »über die abschließende Regelung in bezug auf Deutschland« durch die Außenminister der Vier Mächte und Bundesaußenminister Hans-Dietrich Genscher sowie den als Außenminister amtierenden DDR-Ministerpräsidenten Lothar de Maizière in Moskau in Anwesenheit des sowjetischen Staatspräsidenten Michail Gorbatschow.

20. September: Die beiden deutschen Parlamente stimmen dem Einigungsvertrag mit der notwendigen Zweidrittelmehrheit zu.

24. September: Bundespräsident Richard von Weizsäcker unterzeichnet den Einigungsvertrag.

26. September: Bundesaußenminister Hans-Dietrich Genscher vor den Vereinten Nationen: »Die Einheit Deutschlands ist der Schritt zur Einheit Europas.«

29. September: Das Bundesverfassungsgericht erklärt einige Vorschriften des Wahlvertrags wegen Benachteiligung kleiner Parteien für verfassungswidrig. Sie wurden bis zum 8. Oktober geändert, so daß die Wahl am 2. Dezember nicht gefährdet ist.

1. Oktober: In New York unterzeichnen die Außenminister der Vier Mächte eine Erklärung über die Aussetzung ihrer Vorbehaltsrechte.

2. Oktober: Die drei westlichen alliierten Stadtkommandanten erklären, um Mitter-

nacht sei »die Aufgabe der Stadtkommandanten erfüllt«. Festakt der DDR-Regierung; DDR-Ministerpräsident Lothar de Maizière: »Es gibt nur noch einen gemeinsamen deutschen Staat.«
3. Oktober: Die DDR ist nach Artikel 23 des Grundgesetzes der Bundesrepublik Deutschland beigetreten.
Staatsakt zum Tag der deutschen Einheit: Es sprechen die ehemalige DDR-Volkskammerpräsidentin Sabine Bergmann-Pohl, Bundestagspräsidentin Rita Süßmuth, Bundesratspräsident Walter Momper und Bundespräsident Richard von Weizsäcker. Bundesverteidigungsminister Gerhard Stoltenberg übernimmt in Strausberg bei Berlin die Streitkräfte des beigetretenen Teils Deutschlands.
Bundeskanzler Helmut Kohl übermittelt eine Botschaft an alle Regierungen der Welt: »Mit dem heutigen Tag ist das deutsche Volk in Frieden und Freiheit wiedervereint.«[186]

1991
8. März: Zur Ankurbelung der ostdeutschen Wirtschaft beschließt das Bundeskabinett die Schaffung eines milliardenschweren »Gemeinschaftswerkes Aufschwung Ost«.
13. März: Der frühere DDR-Staatsratsvorsitzende Erich Honecker wird, angeblich aus gesundheitlichen Gründen, in die Sowjetunion geflogen. Die Bundesregierung protestiert offiziell dagegen.
15. März: Deutschland ist endgültig und unwiderruflich ein uneingeschränkt souveräner Staat, nachdem als letzte der vier Siegermächte die Sowjetunion die Ratifizierungsurkunde für den »2 + 4-Vertrag« hinterlegt hat.
18. März: Zehntausende protestieren am Jahrestag der ersten freien Volkskammerwahlen in der ehemaligen DDR gegen die ökonomische Misere und die angebliche Tatenlosigkeit der Bundesregierung.
19. März: Das Bundeskabinett einigt sich auf eine Erhöhung der Mieten in Ostdeutschland und eine entsprechende Wohngeldregelung.
8. April: Die Bundesregierung beschließt eine weitere Rentenerhöhung in den neuen Bundesländern zum 1. Juli um 15 Prozent.
13. April: In Berlin wird das bisherige Vorstandsmitglied Birgit Breuel als Nachfolgerin des ermordeten Vorgängers Detlev Karsten Rohwedder zur neuen Präsidentin der Treuhandanstalt gewählt.
23. April: Nach einer Entscheidung des Bundesverfassungsgerichts werden die zwischen 1945 und 1949 erfolgten Zwangsenteignungen in der ehemaligen Sowjetischen Besatzungszone nicht mehr rückgängig gemacht.
24. April: Das Bundesverfassungsgericht erklärt die Entlassungen von Hunderttausenden ehemaligen Mitarbeitern im öffentlichen Dienst der DDR über die sogenannte »Warteschleife« für verfassungsgemäß.
10. Mai: Bei einem Besuch in Halle wird Bundeskanzler Kohl mit Eiern und Feuerwerkskörpern beworfen.
21. Mai: Zwei hohe ehemalige DDR-Politiker, Willi Stoph und Heinz Keßler, werden verhaftet. Sie sollen mitverantwortlich für den Schießbefehl an der früheren DDR-Grenze gewesen sein.
6. Juni: Der frühere DDR-Gewerkschaftschef Harry Tisch wird in Berlin wegen »Untreue zu Lasten sozialistischen Eigentums« zu 18 Monaten Gefängnis verurteilt.
20. Juni: Nach monatelanger öffentlicher Diskussion und einer dramatischen Abstimmungsschlacht stimmt der Bundestag mit 338 gegen 320 Stimmen für Berlin als Sitz von Parlament und Regierung.
1. Juli: Am ersten Jahrestag der Wirtschafts-, Währungs- und Sozialunion tritt eine 7,5-prozentige Ergänzungs- und Solidaritätsabgabe in Kraft.
4. Juli: Der aus dem Westen stammende CDU-Politiker Werner Münch wird zum neuen Ministerpräsidenten Sachsen-Anhalts gewählt.
5. Juli: Der Bundesrat entscheidet sich mehrheitlich für den einstweiligen Verbleib in Bonn, doch behält er sich einen späteren Umzug nach Berlin vor.

9. Juli: Der ehemalige Vorsitzende der CDU in der DDR, Gerald Götting, wird zu 18 Monaten Haft mit Bewährung verurteilt.
6. August: Zehntausende feiern am Brandenburger Tor den 200. Geburtstag des Berliner Wahrzeichens mit seiner erneuerten Quadriga.
17. August: Nach 46 Jahren werden die Särge der Preußenkönige wieder nach Potsdam gebracht und dort beigesetzt.
2. September: Vier ehemalige DDR-Grenzsoldaten müssen sich wegen Todesschüssen an der innerdeutschen Grenze vor Gericht verantworten.
6. September: Der frühere DDR-Ministerpräsident de Maizière gibt seine Parteiämter in der CDU auf. Anlaß sind die anhaltenden parteiinternen Auseinandersetzungen um die personelle Erneuerung der ostdeutschen CDU.
23. September: Nach tagelanger Belagerung durch Rechtsradikale werden 230 Bewohner einer Unterkunft für Asylbewerber im sächsischen Hoyerswerda in andere Orte evakuiert.
25. September: In einer Marathonsitzung einigen sich Gewerkschaften und öffentliche Arbeitgeber auf eine Anrechnung der DDR-Dienstzeiten.[187]

Nachruf auf vier Verlierer

»Der Mensch hat drei Wege, klug zu handeln. Erstens durch Nachdenken: Das ist der edelste. Zweitens durch Nachahmen: Das ist der leichteste. Drittens durch Erfahrung: Das ist der bitterste.« (Der chinesische Philosoph Konfuzius, 479 bis 551)

Selten waren Sieger und Verlierer einer geschichtlichen Auseinandersetzung so offenkundig:

Verloren hat die Idee marxistischer Gleichheit. Die Marxisten wollten nie die Gleichheit der Chancen, sondern stets die Gleichschaltung der Menschen, um sie besser steuern und bevormunden zu können. Doch die Menschen sind nicht gleich. Wer sie gleichmachen will, muß sie vergewaltigen. Millionen Menschen mußten für die Idee der marxistischen Gleichheit ihr Leben lassen, Millionen mußten fliehen.

Verloren hat der Sozialismus. Seine ideologische Fassade ist zusammengebrochen. Die Menschen wollen mit den Gängeleien des Sozialismus nichts mehr zu tun haben. Er hat die Menschen ausgebeutet, weil er das Kollektiv dem Einzelnen überordnete. Er hat an alles gedacht, »nur« die Menschen hat er vergessen. Der Sozialismus, die Philosophie des Neids und der Unterdrückung, ist tot.

Verloren hat die Planwirtschaft. Osteuropa steht vor einem Trümmerhaufen kaputtgeplanter Volkswirtschaften. Die Menschen dort lachen bitter auf, wenn sie an die langen Jahrzehnte zurückdenken, in denen man ihnen trotz leerer Regale weiszumachen versuchte, staatliche Planungsbürokratien könnten ihre Bedürfnisse befriedigen.

Verloren hat auch die Linke im Westen. Über 40 Jahre lang trat sie in der Robe des obersten moralischen Richters auf. Erbarmungslos geißelte sie jede Schwäche des Westens. Über das himmelschreiende Unrecht im Ostblock jedoch deckte sie verständnisvoll den Mantel des Schweigens. Niemand verhielt sich in der Frage der Freiheit und der Menschenrechte im Ostblock reaktionärer als die angeblich so fortschrittliche Linke im Westen.

Gesiegt hat die Idee der Freiheit. Sie ließ sich im Wettstreit der Ideen weder durch die Repression der Diktaturen des Ostens noch durch die Gleichgültigkeit der Staatskanzleien des Westens aufhalten. Sie manifestierte sich auf den Straßen Osteuropas im tiefen Bedürfnis der Menschen nach Glaubens-, Meinungs- und Handlungsfreiheit. Niemand wird den weltweiten Sieg der Freiheit aufhalten.

Gesiegt hat die Idee der Demokratie. Die sanfte Revolution der Völker Osteuropas warf die Diktatur des Proletariats auf die Müllhalde der Geschichte. Das Volk setzte durch, daß in Zukunft auch im Ostblock die Staatsgewalt vom Volk ausgeht und nicht von Ideologien.

Gesiegt hat die soziale Marktwirtschaft, das demokratischste Wirtschaftssystem aller Zeiten. Sie steht heute weltweit für Wohlstand und soziale Gerechtigkeit. Die soziale Marktwirtschaft, in der sich Leistung und privates Eigentum frei entfalten können, weil der Staat nur die sozialpolitisch und gesamtwirtschaftlich nötigen Rahmenbedingungen setzt, hat die Planwirtschaften des Ostblocks im Staube hinter sich gelassen.
Gesiegt hat die Idee der Wiedervereinigung, obwohl sie jahrzehntelang denunziert wurde. Kein Volk der Welt läßt sich auf Dauer gewaltsam durch Mauern und Stacheldraht trennen. Die Wiedervereinigung ist die natürlichste Sache der Welt. Unnatürlich war nur die Teilung.[188]

Selbstmord wegen deutscher Einheit. Der Abschiedsbrief: »Herr Kohl, ich opfere mein Leben«

Der ostdeutsche Lehrer Detlef Dalk erhängte sich letzte Woche am Balkon seines Hauses in Zepernick. Mit seinem Selbstmord protestierte Dalk gegen die Art der Wiedervereinigung. Dalk sollte mit seiner Familie aus seinem Haus ausziehen (Besitzansprüche eines westdeutschen Alteigentümers). Zum Abschied schrieb Dalk, Vorsitzender der Fraktion Neues Forum/Bündnis 90 im Kreistag Bernau, einen Brief an Bundeskanzler Kohl.

Auszüge:
Meine Entscheidung fiel mir nicht leicht. Ich hänge am Leben, an einem Leben in Wahrheit, einem Leben in Selbstachtung und eigenen Gestaltungsmöglichkeiten.
... ich bin weder schwachsinnig noch war ich ein Spitzel der Stasi, der schuldgeladen geht. Ich bin nur ein ehemaliger DDR-Bürger, der in seinen jungen Jahren den falschen Propheten nachgelaufen und später zu Verstand gekommen ist.
An den Innenseiten der DDR-Gesellschaft opponierte ich als Querulant, mehr Bedeutung maß ich mir nicht an. In dieser Haltung war ich nicht gegen den Sozialismus, ich war nicht gegen die DDR, ich war für eine wirkliche deutsche demokratische Republik.
Ich gehörte zu denen, die vor der Wende für die Festigung des politischen Willens eintraten: Wir bleiben hier! Trotz Wohnungsmisere, trotz beruflicher Behinderungen... Wir wollten unsere Kraft für eine neue Gesellschaft einsetzen. Und heute? Wir haben eine neue Gesellschaft. Wir erhielten sie vor die Nase gesetzt. Sie ist keine schlechte, aber nicht »unsere«. Wir werden gar nicht mehr gefragt. Aus diesem Grunde, Herr Bundeskanzler, opfere ich mein Leben. Alle anderen Wege des Wachrüttelns bin ich gegangen. Als Familienvater habe ich meine Familie vor Unheil zu schützen. Ich sehe keine andere Möglichkeit, als meinen »öffentlichen« Tod![189]

Arbeitslos in Ostdeutschland

Die sozialen Probleme drohen zu politischen zu werden. Der Sinn des Lebens ist die Arbeit – so die sozialistische Erklärung für unser Dasein. Nun ist es bei vielen aus mit der Arbeit... so schreibt eine ostdeutsche Bürgerin in »Zeichen der Zeit« Nr. 6 im Dezember 1991, und fährt fort: Nun ist es mir also auch widerfahren. Ich habe meine Kündigung erhalten. Personalabbau. Ich nehme es gelassen. Mein Leben lang hätte ich diesen Job sowieso nicht gemacht. Also los, auf ein neues.
Behörden- und Arztgänge mag ich nicht. Das Warten ist für mich eine Qual. Deshalb habe ich den Gang aufs Arbeitsamt immer wieder verschoben. Aber morgen tritt meine Kündigung in Kraft – ich kann die Angelegenheit also nicht länger vor mir herschieben.
Als ich den Flur des Arbeitsamtes betrete, bin ich angenehm überrascht: nicht mal zehn Leute sind vor mir. Der Alptraum von den Menschen war also unnötig.
Bei der Anmeldung stellt sich heraus: Zu früh gefreut! In diesem Amt werden nur

Hochschulabsolventen betreut. Mit meinem Studienabschluß, so werde ich belehrt, habe ich diesen Status nach dem neuen Recht nicht mehr. Ich erhalte die Adresse von dem für mich zuständigen Arbeitsamt und einen amtlichen Schein. So muß ich wenigstens nicht warten.
Während ich endlich dran bin, schiebt ein Mann seinen Kopf durch den Türspalt und bittet höflich um ein Formular. »Draußen eine Nummer ziehen und warten!« ruft eine Bürodame, ohne von ihrem Karteikasten aufzusehen.
Der Mann wiederholt seine Bitte, aber die Bearbeiterin besteht auf der Nummer. Erbost ruft er: »Wegen einem Formular muß ich wieder eine Stunde warten!« – »Sie sind doch arbeitslos, Sie haben doch Zeit!« kommt die Antwort. Mir scheint, hier herrscht noch der alte DDR-Behördenton ...
Endlich sitze ich meiner Vermittlerin gegenüber. Nach den üblichen Formalitäten kommen wir zum Kern der Sache. Ich lege meine Pläne dar. Schließlich habe ich vor dreizehn Jahren einen Berufsabschluß gemacht, der mir nun weitere Türen öffnen soll. Da kommt für mich der Hammer. Knallhart wird mir erklärt, wer länger als vier Jahre nicht mehr in seinem Beruf gearbeitet hat, kann darin nach bundesdeutschem Recht nicht mehr vermittelt werden. Nur das, was ich zuletzt gearbeitet habe – das wäre in meinem Fall eine Stelle als Hilfskraft –, kann mir wieder vermittelt werden. Oder ich muß eine Umschulung machen. Ich wehre mich. Dieser Job war wirklich nur eine Emigration im sozialistischen System; ich war dort frei von jedem politischem Druck. Jetzt, wo der nicht mehr existiert, möchte ich endlich meine beruflichen Pläne verwirklichen und einer Arbeit nachgehen, die meiner Ausbildung entspricht. Aber die Dame bleibt hart: Entweder ich lasse mich den Vorschriften gemäß vermitteln oder ich bekomme kein Arbeitslosengeld. Das ist Erpressung, denke ich. Schon wieder stoße ich auf Grenzen.
Ich gehe. Neben der Telefonnummer nehme ich den wohlgemeinten Rat mit, alles noch einmal zu überdenken. Nach dem Auf-die-Straße-Gehen kam das Auf-der-Straße-Stehen.
In Ostdeutschland gibt es kaum noch eine Familie, die nicht von Arbeitslosigkeit oder Kurzarbeit betroffen ist. Die Löhne in der ehemaligen DDR waren sehr niedrig. Wer heute davon nur einen prozentualen Anteil als Arbeitslosengeld bekommt, davon aber seinen gesamten Lebensunterhalt bestreiten muß, ist wirklich nicht zu beneiden. Natürlich fallen die Arbeitslosen ins »soziale Netz«, aber allmählich scheint es, als ob mehr und mehr Menschen darüber stolperten. Die immer kompliziertere Bürokratie macht nicht weniger zu schaffen. Die bescheidenen Hoffnungen vieler DDR-Bürger gingen nach der deutschen Einheit zu Bruch. Die Menschen um die Fünfzig sind eine betrogene Generation. Zu alt, um noch in ein neues Arbeitsverhältnis übernommen zu werden; zu jung, um in den Ruhestand gehen zu können. Opfer der Geschichte.
In der DDR war Vollbeschäftigung selbstverständlich. Aber es war eine frisierte Vokabel, ebenso wie die Begriffe Menschenrechte oder klassenlose Gesellschaft. Jeder Bürger bekam einen Arbeitsplatz, auch wenn in vielen Fällen der eigentliche Berufswunsch nicht verwirklicht werden konnte. Nichtberufstätige – auch unter den Frauen – waren in der Minderheit. Der Begriff »Hausfrau« etwa galt als antiquiert. Partei und Staatsführung waren stolz auf eine Gesetzgebung, die jedem Bürger als Menschenrecht das Recht auf Arbeit garantierte. Durch manuelle Arbeit versuchte man die teilweise veralteten Betriebe am Leben zu erhalten.
Hinter vorgehaltener Hand sprach man allerdings schon sehr lange von verdeckter Arbeitslosigkeit. Das bedeutete, daß oft mehr Personal an einem Arbeitsprozeß beteiligt war, als tatsächlich benötigt wurde. Arbeitstempo, Qualität und Motivation litten darunter. »Jeden erreichen – alle gewinnen – keinen zurücklassen« war eine sozialistische Parole. Hohe Ausfallzeiten, kaum voll produktiv gearbeitet.

Partei, Massenorganisationen und Gewerkschaft, alle konnten es sich leisten, in den Betrieben hauptamtliche Mitarbeiter zu beschäftigen. Durch die verdeckte Arbeitslosigkeit ergaben sich aber auch Freiheiten: Man ging während der Arbeitszeit zum Friseur, zur Behörde. Das wurde genauso wie unpünktliches Erscheinen, vorzeitiges Gehen oder schlechte Qualität mit ideologischen Mitteln bekämpft – meist ohne Erfolg.

Viele Menschen gaben unter diesen Bedingungen trotzdem ihr Bestes und stießen mit ihren ehrlichen Bemühungen an viele Grenzen. Es gab jene, die genug Idealismus hatten, für ihren Staat etwas zu schaffen. Aber ihre Kraft war zu klein, um die Talfahrt der DDR-Wirtschaft zu bremsen. Was ihnen blieb, ist nur die Hoffnung, daß irgendwann die vielbesungene Talsohle durchschritten sein wird.

In der DDR war der Betrieb mehr als eine Stelle für den Broterwerb. Er bot Kinderkrippe, Kindergarten, Sportstätten, Bibliotheken, Clubräume, Urlaubsplätze. Nun ist in vielen Fällen der Betrieb geschlossen. Die Arbeitnehmer können nicht mehr bezahlt werden. Die Kassen sind leer, ein Investor ist noch nicht gefunden. Oder er kam und interessierte sich nur für das Gelände, nicht für die Menschen. Die Maschinen wurden zugedeckt oder schon herausgeräumt. Vierzig Jahre werden mit einem Federstrich beendet. Unrentabel. Und die Menschen? Sie fühlen sich in ihrer Würde verletzt. Haben sie denn nichts gekonnt, nichts geleistet? Die sozialen Probleme drohen zu politischen zu werden. Der Sinn des Lebens ist die Arbeit – eine andere Erklärung hatte der Sozialismus nicht für unser Dasein. Nun ist es aus bei vielen mit der Arbeit. Eine Weltanschauung stirbt.

Menschen, die 40 Jahre in ihrer Individualität eingeschränkt waren, schaffen es nicht so ohne weiteres, von sich aus etwas Neues zu beginnen. »Was ist denn auch geblieben?« fragte vor kurzem eine ostdeutsche Politikerin. »Außer den Jahreszeiten und der Uhrzeit hat sich für uns alles geändert.« Die vielbeschworene Eigendynamik scheint bei manchen noch nicht einmal im Keim vorhanden zu sein. Man wird wieder gelebt und wartet auf Entscheidungen von oben.

Wie in den vergangenen Jahrzehnten sind auch jetzt wieder die Christen herausgefordert. Einige sind Betriebsrat oder sogar Chef, weil sie unbelastet sind und schon vorher das Vertrauen ihrer Kollegen hatten. Sie leben ihren Glauben unter den veränderten Bedingungen der Marktwirtschaft und sind bemüht, ihren Mitmenschen zu helfen.

Die Christen, die noch oder wieder Arbeit haben, können oft nur beschränkt in ihren Gemeinden mitarbeiten. Jetzt weht ein frischer Wind in den Betrieben. Während der Arbeitszeit wird rangeklotzt. Aufschwung Ost in der Wirtschaft, Niedergang Ost in der Seele.

Wer keine Arbeit hat, hofft darauf, endlich wieder eine Stelle zu bekommen. Nicht wenige Menschen in Ostdeutschland hoffen von Woche zu Woche, daß ihr Betrieb in die richtige Hände kommt und sie wieder Perspektive und Verdienst haben.

Ein Christ wird seine Sache Gott vorlegen. Aber dieser ungewohnte Druck kann über Monate nur ertragen werden, wenn mitgetragen wird. Sonst entweicht er irgendwo, auch in der Kirchengemeinde. Direkt von seinen Sorgen zu sprechen traut sich kaum jemand, mißtrauisch nicht zuletzt sich selbst gegenüber, seiner eigenen Gläubigkeit. Wir haben in den Gemeinden verlernt, unsere Empfindungen und Gefühle zu äußern, sie mitzuteilen, auszusprechen. Das rächt sich nun. Mancher wird allein nicht mehr fertig.

Wir sind teilweise ernüchtert. Die Wahrheit, daß kein irdisches Reich vollkommen ist, erfahren wir täglich. Bevorzugt werden Arbeitskräfte, die beispielsweise keinen festen Ruhetag beanspruchen. Geld ersetzt Moral. Schwierig, wenn man sein Leben nach den Zehn Geboten Gottes gestalten möchte.

Das Gewissen und meine Verantwortung vor Gott sind gefragt. Vielleicht mehr als bei den Kommunisten.

Diese Zeilen einer Bürgerin aus Ostdeutschland sollten uns nachdenklich stimmen.

Als unser Land und unser Volk nach dem Krieg 1945 verarmt war, kamen fast 15 Millionen Vertriebene und Flüchtlinge zu uns. Wir mußten lernen, in der Not zusammenzuleben, und wir taten es. Heute sind wir zusammen die drittgrößte Wirtschaftsmacht der Welt.

Viele von uns Alten, die die Zeit noch erlebt haben, schüttelten mit dem Kopf, wenn sie oft in Wirtshausgesprächen hören mußten, wie abfällig über unsere Landsleute aus dem Osten gesprochen wurde. Was ist bloß los mit uns Deutschen? Haben wir unseren Vaterlandsbegriff, wenn es ihn überhaupt noch gibt, verloren? »Einigkeit und Recht und Freiheit für das deutsche Vaterland, danach laßt uns alle streben, brüderlich mit Herz und Hand.« Demokratisch gemäßigt singen wir die letzte Strophe des Deutschlandliedes, wir sollten auch danach handeln.

Was wir von der Ex-DDR nicht lernen dürfen

Obwohl die Menschen in der DDR mit ihrer friedlichen Revolution und den ersten freien Wahlen vom 18. März 1990 ein klares Bekenntnis für Einheit und Freiheit abgegeben haben, mehren sich die Stimmen, die für Änderungen im Grundgesetz zugunsten sogenannter »Errungenschaften« der DDR und ihrer überwundenen sozialistischen Vergangenheit werben. Daß man nach der Art der DDR-Verfassung ein Recht auf Arbeit und ein Recht auf Kinderkrippen in das Grundgesetz aufnehme, daß man in der Frage des Schutzes ungeborenen Lebens das grundsätzlich strikte Abtreibungsverbot des Grundgesetzes aufgebe und daß man auch in der Frage des Schutzes von Ehe und Familie Änderungen vornehme.

Dies alles sind jedoch Vorstellungen, die nicht akzeptabel sind. Ein Recht auf Arbeit, das der Bürger dem Staat gegenüber einklagen könnte, setzt voraus, daß der Staat auch über die Arbeitsplätze verfügen kann. Eine solche Verfügungsmacht des Staates bedingt jedoch, daß der Staat auch über die Produktionsmittel und ebenso über die Arbeitskräfte und ihre Berufswahl verfügen darf. Dies alles ist aber nur in einem sozialistischen System denkbar, das kein Privateigentum an den Produktionsmitteln, keine Marktwirtschaft und keine freie Berufswahl des einzelnen anerkennt. Genau dies war der Inhalt der bisherigen sozialistischen DDR-Verfassung. Wohin dies alles geführt hat, ist für jedermann heute erkennbar zu übertragen.

Richtig ist, daß in der DDR recht viele Kinderkrippen bestehen. Aber, abgesehen vom teilweise äußerst miserablen Zustand dieser Krippenplätze, auch dies ist keine Errungenschaft, der es nachzueifern gelte. Denn hinter dieser scheinbar großzügigen Kinderkrippenpolitik stand kein anderes Ziel als das, die Frau und Mutter nach Möglichkeit vollkommen für den allgemeinen wirtschaftlichen Produktionsprozeß zu nutzen. Auch junge Mütter sollten möglichst rasch an den Arbeitsplatz zurückkehren. Nach unserer verfassungsrechtlichen Werteordnung steht der Frau und Mutter jedoch das Recht zu, zwischen beruflicher und familiärer Betätigung frei zu wählen. Selbst wenn zusätzliche Kindergärten bei uns erwünscht sind, sollte wiederum nicht über die Hintertür ein trojanisches Pferd sozialistischer Politik in die Verfassung der Bundesrepublik übernommen werden.

Von nur scheinbarer Liberalität ist das Werben für die Anerkennung der nichtehelichen Lebensgemeinschaft, wie es sich im Entwurf einer neuen DDR-Verfassung des »Runden Tisches« findet. Es ist zwar richtig, daß auch bei uns die nichteheliche Lebensgemeinschaft inzwischen zur gesellschaftlichen Realität gehört. Aber dies liegt ausschließlich in der freien Entscheidung der Menschen, die zusammenleben wollen, ohne die Ehe einzugehen. Jene Menschen tun dies gerade deshalb, weil sie die rechtlichen Bindungen des Eherechts scheuen oder vermeiden wollen.

Hierüber mag man urteilen wie man will. Es wäre aber falsch, über eine rechtliche Anerkennung der nichtehelichen Lebensgemeinschaft diese zu einer Art »Ehe 2. Klasse« zu machen und damit Bindungen und Rechtsformen einzuführen, die in der Konsequenz zur faktischen Anerkennung einer Bigamie auch im Eherecht führen würden.

Große Probleme wird die Frage des Schutzes des ungeborenen Lebens aufwerfen. Hier ist die bisherige Praxis in der DDR äußerst großzügig gewesen. Im Gegensatz zur Rechtslage in der Bundesrepublik gibt es keinen wirksamen strafrechtlichen Schutz nach der Art des Paragraphen 218 StGB und seiner prinzipiellen Strenge. Im Entwurf einer neuen DDR-Verfassung des »Runden Tisches« soll es zukünftig sogar nur noch darum gehen, daß »das ungeborene Leben staatlichen Schutz durch die Gewährung sozialer Hilfen genießt«. Die Abtreibung soll also völlig straffrei bleiben. Dies ist mit der Wertentscheidung für das ungeborene Leben und seinen Schutz, wie dies im Grundgesetz, Artikel 2, Absatz 2, festgelegt ist, unvereinbar. In der DDR scheint man dennoch dahin zu neigen, den strengen rechtlichen Schutz für das ungeborene menschliche Leben, sprich das prinzipielle Abtreibungsverbot, nicht zu übernehmen. Für eine Übergangszeit mag dies hinzunehmen sein. Wer im Ergebnis jedoch die volle Rechtsgleichheit will, der wird nach einer solchen Übergangszeit sich auch zum vollen rechtlichen Schutz des ungeborenen Lebens bekennen müssen. Der bloße Verweis auf »soziale Hilfen« genügt keineswegs. Wir haben die freiheitlichste und sozialste Verfassungsordnung in der deutschen Geschichte geschaffen, um die uns heute fast die ganze Welt beneidet. Wir sollten sie bewahren.[190]

Sicherheit im Alter:
Ab dem 1. Januar 1992 gilt in ganz Deutschland einheitliches Rentenrecht

Die Altersgrenzen des westdeutschen Rentensystems gelten künftig auch in den neuen Bundesländern. Die allgemeine Altersgrenze liegt dann nicht mehr bei 65 Jahren, sondern bei 63 beziehungsweise 60 Jahren. Dadurch können 200 000 Versicherte früher in Rente gehen.

Bei der Schaffung einheitlicher Lebensverhältnisse in ganz Deutschland kommt der Angleichung der Renten besondere Bedeutung zu. Die Rente soll auch den Menschen in den neuen Bundesländern als Lohn für das aktive Arbeitsleben finanzielle Sicherheit im Alter gewährleisten. Die Dynamisierung der in Ostdeutschland gezahlten Renten entsprechend dem Anstieg des Lohn- und Gehaltsniveaus ist daher ein wesentliches Element der sozialen Einheit.

Mit der Umstellung der Renten und dem ersten Angleichungsschritt zum 1. Juli 1990 – zusammen mit der Einführung der Währungs-, Wirtschafts- und Sozialunion und noch vor der staatlichen Wiedervereinigung Deutschlands – erhöhten sich die Renten in der ehemaligen DDR im Schnitt um fast 30 Prozent. Dabei wurde übergangsweise ein Sozialzuschlag eingeführt, um den notwendigen Lebensbedarf rasch und unbürokratisch sicherzustellen. Durch die 15prozentige Rentenerhöhung zum 1. Januar 1991 sowie die ebenfalls 15prozentige Erhöhung zum 1. Juli 1991, die beide nicht auf den Sozialzuschlag angerechnet wurden, erreichte die Standardrente inzwischen über 50 Prozent der vergleichbaren Renten im Westen. Und zum 1. Januar 1992 wird in ganz Deutschland die Rechtseinheit in der gesetzlichen Rentenversicherung hergestellt – mit entsprechenden weiteren Verbesserungen bei den Altersgrenzen, bei den Hinterbliebenen- und Invalidenrenten.

Seit der Erhöhung zum 1. Juli 1991 beträgt die Standardrente in den neuen Ländern jetzt 889 Mark. Die fast 900 000 männlichen Alters- und Invalidenrentner hatten am 1. Juli im Durchschnitt eine Gesamtrentenleistung von 1010 Mark; die rund zwei Millionen Rentnerinnen kamen auf durchschnittlich 798 Mark (der Unterschied zwischen Männern und Frauen erklärt sich zum Teil aus der Differenz der angerechneten Arbeitsjahre: Rentner haben im Schnitt 47, Rentnerinnen dagegen nur 38 Jahre Erwerbstätigkeit aufzuweisen).[191]

Asylanten

Die Väter des Grundgesetzes haben das Asylrecht nach den Erfahrungen des Zweiten Weltkrieges geschaffen. Viele Deutsche waren froh, Asyl im Ausland zu bekommen. Sie wurden aus politischen, rassischen Gründen oder wegen ihres Glaubens verfolgt. Lassen Sie mich das Schicksal der bekannten Schauspielerin Lilli Palmer stellvertretend für alle, die damals verfolgt wurden, schildern. Lilli Palmer (1914 bis 1986) Weltstar, Halbjüdin, ging mit 19 Jahren ins Exil.

Im März 1933, Hitler war seit drei Monaten Reichskanzler, sollte sie im Darmstädter Theater spielen (»Wenn der junge Wein blüht ...«). Aber 25 SA-Männer saßen in der ersten Reihe und störten die Vorstellung so, daß sie abgebrochen werden mußte. Braune Demonstration gegen Lilli Palmer. An diesem Abend entschloß sie sich: »Raus! Raus aus Deutschland!« Sie floh nach Paris. Mit dem Zug. Anstehen auf Polizeistationen, Registratur, Arbeitserlaubnis: »Fast jeder Fall war ein Drama, wenn der Schalter erreicht wurde. Leidenschaftliche Beschwörungen erst in gebrochenem Französisch, dann wild in die Muttersprache ausartend ... Leben durfte ich, aber nicht arbeiten! Ein Jahr Paris, arbeitete in Nachtclubs und floh weiter nach London. Wurde von Hitchcock entdeckt. Lebte in einer ärmlichen Pension. Abends gab es manchmal eine warme Mahlzeit.«

Im Krieg 1943 heiratete sie Rex Harrison. Rückkehr 1954. Weltruhm zum Beispiel mit »Anastasia – die letzte Zarentochter«. Versöhnt sich mit dem Nachkriegsdeutschland.

Mit der Mutter ging sie in den Wald: »Ich mußte stehenbleiben, so stark überfiel mich der Geruch von Baumrinde und Sand und Moos. Es gibt natürlich auch Wälder in anderen Ländern, aber sie riechen anders. Wir setzten uns unter eine Tanne. Aus der Ferne kamen plötzlich Stimmen. Nazis! Die Stimmen kamen näher. Kinderstimmen. Also keine Nazis. Deutsche Kinder, die im Wald spielten, so wie ich damals.«

Elsbeth Weichmann (1902 bis 1988), stille Heldin, Frau des legendären Hamburger Bürgermeisters, 1933 nach New York. Organisierte Emigrantenhilfe, eröffnete Nähstube und unterstützte Flüchtlinge.

Frankreich 1940, Internierungslager Les Milles: Der Münchner Schriftsteller Feuchtwanger (»Jud Süß«) hinter Stacheldraht. Endstation einer Fluchtodyssee. Kein KZ, ein Sammellager zur Rückführung deutscher Flüchtlinge, denen kein Land Asyl geben wollte. Das Foto mit seiner Abbildung hinter Stacheldraht ging um die Welt. Im Weißen Haus in Amerika erkannte Eleonore Roosevelt, die belesene Frau des US-Präsidenten, hinter dem traurigen Gesicht den deutschen Schriftsteller.

Geheimdiplomatie machte es möglich. Ein US-Konsul schmuggelte Feuchtwanger in Frauenkleidern aus dem Lager. Flucht über Marseille, den Ameisenweg der Pyrenäen. Von Lissabon mit dem Exil-Dampfer »Exealibur« nach New York. Kommunistenhetze, seine Post wird durchsucht, Verhöre. Aber seine Bücher machen ihn reich. Er hilft Brecht und anderen, denen Exil versagt wurde.

Am Ende des Zweiten Weltkrieges notiert er: »Gemessen an der übrigen Welt lebt man hier wahrscheinlich besonders friedlich und wohl auch üppig.« Starb mit 74 Jahren an Magenblutung. Exil ohne Rückkehr.

Wie schwer es damals war, Asyl zu bekommen, sieht man an diesen Schicksalen. Die Väter des Grundgesetzes wollten, daß sich solche Schicksale nicht wiederholen, und sahen darin den europäischen Raum; sie konnten aus der damaligen Sicht die Entwicklung von heute nicht voraussehen. Immer höhere Asylantenwellen branden an die Wohlstandsfestung Westeuropa.

Der Höhepunkt ist noch lange nicht erreicht. Wenn die Sowjetunion zerbricht, müssen die Westeuropäer mit Millionen zusätzlicher Flüchtlinge rechnen. Zur Zeit leben in den zwölf Ländern der Europäischen Gemeinschaft knapp zehn Millionen Emigranten und Flüchtlinge. In der Bundesrepublik Deutschland hört man jeden Tag das Zauberwort »Asyl«, und dies 500mal. Der Asylliberalismus der EG-Europäer droht unter dem zunehmenden Druck von außen zusammenzubrechen. Den Nutzen unser fast unverständlichen Freizügigkeit ziehen nicht in erster Linie Unterdrückte und Verfolgte. Viele Politiker sehen immer noch nicht ein, daß zunehmend Wirtschaftsflüchtlinge und auch Kriminelle als Wirtschaftsflüchtlinge nach Deutschland kommen.

Unsere Politiker scheinen zu kapitulieren. Ein jeder von uns erlebt es täglich: die Libanesen, die in vielen Städten an Rhein und Ruhr den Rauschgifthandel fest im Griff haben. Andere Asylanten kontrollieren das Prostituiertenmilieu bei uns, aber auch schon in Leipzig und Dresden. Viele der kleinen und großen Dealer, sie alle mißbrauchen das Asylrecht. Ihnen kann das nicht angelastet werden, wohl aber der deutschen Politik. Sie hat als ein Land, das das großzügigste Asylrecht der Welt hat, kläglich versagt.

Heute werden viele Bürger unseres Landes gleich in die ausländerfeindliche Ecke gestellt, nur wenn sie darauf hinweisen, daß die Grenze des Zumutbaren überschritten ist.

Hochkarätige Experten, zu einem Forum in Bochum gebeten, haben in diesen Tagen darauf hingewiesen: Deutschland wird ein Magnet für Kriminelle, und weder die Politik noch die Europäische Gemeinschaft sind darauf vorbereitet, daß der europäische Binnenmarkt auch freie Fahrt für Kriminelle bedeutet. Niemand hat ihnen widersprochen – aber unsere Politiker schweigen, anstatt zu handeln.

Vielleicht wird man uns Deutschen eines Tages vorwerfen, wir hätten durch unser Asylrecht den »Krieg des dritten Jahrtausends« verursacht. Der Turiner Zeitung »La Stampa« kamen die apokalyptischen Szenen aus dem Hafen von Bari so vor, als 9000 albanische Flüchtlinge dort 1991 im Sommer unter Hitze, Gestank und Geschrei in Abfällen und Exkrementen schmorten. Soldaten und Polizisten prügeln auf Hungernde ein. Sanitäter bergen im Steinhagel Verletzte. Und die Flüchtlinge aus Albanien stürmen, mit Messern und Eisenstangen bewaffnet, einen mit Lebensmitteln beladenen Lastwagen. Sie werden mit Gewalt wieder in ihre Heimat Albanien zurückgeschickt, aber sie rufen: »Wir werden es immer wieder versuchen.«

Im Hafen bäumen sich die Albaner noch einmal auf gegen die Abschiebung. Die Polizei setzt Wasserwerfer und Tränengas ein. Dann war der Widerstand gebrochen. Sie kehren zurück in ihre Heimat. »Ihr habt uns«, rufen sie den Italienern zum Abschied zu, »wie Bestien behandelt!«

»Unser Ziel«, erklärt der stellvertretende Ministerpräsident Claudio Martelli, »ist die totale und sofortige Zurückweisung jeder neuen Flüchtlingswelle.«

Machtlos beobachtet die EG-Kommission, was sich an Europas Grenzen zusammenbraut. Der Westen hat offene Grenzen gepredigt, nun sind sie da.

Vielleicht hat der kluge Kopf der SPD, Peter Glotz, die richtigen Worte gefunden über das Asylantenproblem und das der Aussiedler: »Der Laden fliegt uns bald um die Ohren.«

»Politisch Verfolgte«, sagt das Grundgesetz, »genießen Asylrecht.« Doch immer lauter werden die Rufe der Bevölkerung und Politiker, den Artikel 16 des Grundgesetzes zu ändern, damit, wie Bayerns Innenminister Edmund Stoiber sagt, »der unglaubliche Mißbrauch des Asylrechts endlich aufhört«. Sein CSU-Parteifreund Peter Gauweiler hat verkündet: »Das Boot ist voll!« Der SPD-Vorsitzende Björn Engholm fordert ein »neues Einwanderungsrecht mit festen Kontingenten«.

Vielerlei Ängste geistern durch die Bundesrepublik. Deutsche Behörden fürchten, keine Plätze mehr für die Unterbringung zu finden. Deutsche Bürger fürchten, bald nicht mehr Herr im eigenen Land zu sein.

In Frankreich und Belgien werden Asylbewerber aus Afrika und Asien gar nicht erst ins Land gelassen, bevor ihr Asylanspruch feststeht. In den Niederlanden haben abgewiesene Asylaspiranten zwar ein Appella-

tionsrecht, aber sie müssen das Ergebnis im Gefängnis abwarten.
Die EG-Partner befürchten, das in Deutschland im Grundgesetz garantierte Recht könnte zum gesamteuropäischen Problem werden. Zu einer einheitlichen Regelung kann es deshalb ohne Änderung des Grundgesetzes kaum kommen.
Immer mehr Asylbewerber werden in Deutschland straffällig. Die Kriminalstatistik für das Jahr 1988 belegt: 52763 Asylbewerber standen im Verdacht von Straftaten – ein neuer beängstigender Rekord. Im Jahr davor waren es »nur« 44104 Strafverdächtige (1985: 33961). Besonders erschreckend: die Verstrickung von Asylbewerbern in Rauschgiftgeschäfte. In den letzten vier Jahren hat sich die Zahl der Heroinhändler aus diesem Personenkreis verfünffacht.
Deutschland ist die Endstation für viele Menschen aus der ganzen Welt geworden. Sie nützen das liberalste Asylrecht der Welt. Das Zauberwort »Asyl« öffnet ihnen die Türen. Wann werden die Politiker handeln? Ich meine, es ist höchste Zeit.
»Ubi bene ibi patria.« Wo es gut ist, dort ist Heimat. Dieser lateinische Spruch scheint zum Zeichen unserer Zeit zu werden. Hunderttausende machen sich auf den Weg in Länder, wo es »gut« ist. Organisationen schleusen sie in unser Land. Die Unruhe in unserem Volk wird immer größer und man fragt sich nur, ob es immer erst brennen muß, bevor sich politische Klugheit einstellt.

Soll Deutschland 100000 Zigeuner aufnehmen?

Die Zigeuner nennen sich selbst Roma. In ihrer Sprache heißt das Wort »Rom« Mensch.
Woher kommen die Zigeuner? Sie kamen vor 1000 Jahren aus Indien. Galten in Asien als tapfere Krieger. In Kreta lebten sie in Höhlen, zu uns kamen sie im 15. Jahrhundert.
Was heißt Zigeuner? Der Begriff stammt aus dem Byzantinischen: »atsinganoi« = Unberührbare; vermutlich eine Erinnerung an ihren kastenlosen Status in Indien. Im Mittelalter bedeutete Zigeuner »ziehende Gauner«. Was unterscheidet Sinti und Roma? Die Sinti sind bereits seit 600 Jahren in Deutschland, haben ihre eigene Sprache. Die Roma kamen vor 100 Jahren aus Osteuropa.
Wie viele ermordeten die Nazis? Mehr als 500000, genaue Zahlen gibt es nicht.
Warum hieß es früher, daß sie Kinder stehlen? Der Sinti- und Romaexperte Herbert Heuß: »Ich kenne keinen Fall aus der Geschichte, in denen Sinti oder Roma Kinder entführt haben. Bis in die Neuzeit schob man es Juden oder Zigeuner unter, wenn irgendwo ein Unglück oder Verbrechen geschah, weil sie andere Sitten haben.« Eine andere bösartige Legende: Die Zigeuner sollen auch die Nägel gemacht haben für die Kreuzigung Jesu Christi.
Haben sie wirklich übersinnliche Kräfte? Sie lesen seit Jahrhunderten aus der Hand, aus den Karten. Sie lebten immer dicht an der Natur, haben sich dadurch übersinnliche Kräfte bewahrt.
Über die Zigeuner schreibt der Fernsehmoderator Franz Alt in »Bunte« Nr. 40 vom 27. September 1990: »Zigeuner werden entweder kitschig verklärt oder politisch verfolgt. Vor allem ihr anderes Verhalten macht vielen Deutschen Angst. Ist diese Angst berechtigt?
In unserem 79-Millionen-Volk leben etwa 80000 Roma und Sinti. In Frankreich sind es dreimal, in Spanien sechsmal soviel. Jetzt kommen allerdings einige 10000 Zigeuner nach Deutschland, weil sie zu Hause diskriminiert und verfolgt werden. Sie kommen zu einer Zeit, in der Millionen deutsche Aussiedler zu uns wollen. Wen also aufnehmen?
In ein relativ kleines Land werden nicht alle, die kommen wollen, auch kommen können. Es ist selbstverständlich, wenn eine Stadt mit 7000 Einwohnern nicht von heute auf morgen zusätzlich 1400 Flüchtlinge aufnehmen möchte.

Die neue Völkerwanderung [192]

Deutschland

Gesamtbevölkerung: 78 Millionen

Ausländer, legal: 5,4 Millionen
davon 1,7 Millionen Türken,
670 000 Jugoslawen,
550 000 Italiener

Ausländer, illegal: mindestens 100 000

Zustrom 1990: 900 000
davon 400 000 deutschstämmige Aussiedler und 193 000 Asylbewerber (darunter 35 000 Rumänen, 22 000 Jugoslawen, 22 000 Türken)

Erwarteter Zustrom 1991: 850 000

Schweden

Gesamtbevölkerung: 8,6 Millionen

Ausländer, legal: 456 000,
davon 124 000 Finnen,
40 000 Jugoslawen,
35 000 Iraner

Ausländer, illegal: Fast keine

Zustrom 1990: 53 300,
davon 29 400 Asylbewerber (darunter 4300 Iraner, 3600 Libanesen, 2700 Rumänen)

Erwarteter Zustrom 1991:
Keine Angaben

Dänemark

Gesamtbevölkerung: 5,2 Millionen

Ausländer, legal: 160 000,
davon 29 000 Türken, 10 200 Norweger, 10 200 Briten

Ausländer, illegal: Keine Angaben

Zustrom 1990: 5300 Asylbewerber (darunter 1450 Palästinenser, 725 Iraner, 510 Somalis)

Erwarteter Zustrom 1991: 15 000

Schweiz

Gesamtbevölkerung: 6,7 Millionen

Ausländer, legal: 1,1 Millionen

Ausländer, illegal: Keine Angaben

Zustrom 1990: 36 000 Asylbewerber

Erwarteter Zustrom 1991: 45 000

Spanien

Gesamtbevölkerung: 40 Millionen

Ausländer, legal: 408 000, vor allem Marokkaner, Algerier und Tunesier

Ausländer, illegal: 200 000

Zustrom 1990: 8650 Asylbewerber (darunter 3300 Polen)

Erwarteter Zustrom 1991: 8000

Großbritannien

Gesamtbevölkerung: 57 Millionen

Ausländer, legal: 2,6 Millionen, davon 787 000 Inder, 495 000 aus der Karibik, 428 000 Pakistani

Ausländer, illegal: Keine Angaben

Zustrom 1990: 30 000 Asylbewerber (darunter 3600 aus Sri Lanka, 2600 aus Somalia, 2500 aus Uganda)

Erwarteter Zustrom 1991: 50 000

Niederlande

Gesamtbevölkerung: 15 Millionen

Ausländer, legal: 880 000, davon 191 000 Türken, 154 000 Surinamer, 148 000 Marokkaner

Ausländer, illegal: 200 000

Zustrom 1990: 21 000 Asylbewerber (darunter 3000 aus Sri Lanka, 2200 Rumänen, 1750 Iraner)

Erwarteter Zustrom 1991: 25 000

Belgien

Gesamtbevölkerung: 10 Millionen
Ausländer, legal: 900 000,
davon 241 000 Italiener, 135 000 Marokkaner, 80 000 Türken
Ausländer, illegal: 90 000
Zustrom 1990: 13 000 Asylbewerber (darunter 1750 Rumänen, 1700 Türken, 1600 Ghanaer)
Erwarteter Zustrom 1991: 13 000

Italien

Gesamtbevölkerung: 57,6 Millionen
Ausländer, legal: 780 000,
davon 80 000 Marokkaner, 58 000 US-Amerikaner, 41 000 Deutsche
Ausländer, illegal: 1,5 Millionen
Zustrom 1990: 85 000,
davon 4700 Asylbewerber
Erwarteter Zustrom 1991:
Keine Angaben

Frankreich

Gesamtbevölkerung: 56,7 Millionen
Ausländer, legal: 3,6 Millionen,
davon 850 000 Portugiesen, 700 000 Algerier, 550 000 Marokkaner
Ausländer, illegal: 300 000
Zustrom 1990: 85 000, davon 56 000 Asylbewerber (darunter 23 000 aus Schwarzafrika, 12 000 Türken)
Erwarteter Zustrom 1991:
Keine Angaben

Österreich

Gesamtbevölkerung: 7,7 Millionen
Ausländer, legal: 482 000,
davon 132 000 Jugoslawen, 60 000 Türken, 15 000 Deutsche
Ausländer, illegal: 100 000
Zustrom 1990: 128 000, davon 23 000 Asylbewerber (darunter 7500 Rumänen, 860 Türken, 715 Iraner)
Erwarteter Zustrom 1991: 25 000

Das wäre kein gesundes natürliches Wachstum. Aber solche Beispiele sind die Ausnahme und nicht die Regel. Der Artikel 16 des Grundgesetzes zeigt die Lösung. »Politisch Verfolgte genießen Asylrecht.« Das soll und muß so bleiben. Eine Änderung würde nur beweisen, daß wir aus unserer Geschichte nichts gelernt haben. Es ist nicht Schuld der Flüchtlinge, daß unsere Bürokratie Asylanträge nicht rasch bearbeitet.

Solange wir Deutschen bereit sind, Millionen Deutschstämmige, die heute zum größten Teil nicht mehr politisch verfolgt werden, aufzunehmen, muß erst recht Platz sein für einige 10 000 wirklich politisch Verfolgte in jedem Jahr. Dazu gehören heute vor allem die Sinti und Roma in Rumänien. Nicht das angeblich deutsche Blut, sondern allein die wirkliche Not der Betroffenen sollte das Kriterium für die Hilfe sein. Vielleicht darf man im christlichen Abendland an das Jesuswort erinnern: »Was ihr dem Geringsten meiner Brüder und Schwestern tut, das tut ihr mir!« »Jesus wäre heute ein Freund der Zigeuner«, meint Franz Alt.

Die Zigeuner, durch Jahrhunderte verfolgt, drängen aus dem Osten zu uns. Keiner will sie. Deutsche Bürgermeister verbarrikadieren Rathäuser und Schwimmbäder. In Herford denken die Deutschen an eine Bürgerwehr. Woher kommt die Angst vor dem fahrenden Volk?

»Die Bürger fühlen sich belästigt«, sagt Nikolaus Jung, CDU-Bürgermeister in Lebach (Saarland).

»Bei uns in Lebach ist es besonders schlimm. Wir sind die zentrale Aufnahmestelle fürs Saarland. Auf 7200 Einwohner kamen plötzlich 1384 Zigeuner. Wir hatten keinen Platz für sie, sie lebten in zwölf Wohnblocks für Flüchtlinge.

Ich bin aus vier Gründen dagegen, daß die Zigeuner bei uns bleiben:

1. Unsere Bevölkerung fühlt sich durch die Zigeuner belästigt. Sie betteln und verunreinigen Gehwege und Plätze.

2. Die Diebstähle in Kaufhäusern und auf Wochenmärkten nehmen zu. Die Zigeuner

brechen auch in Wohnungen ein und rauben Passanten aus.
3. Sie zeigen keine Bereitschaft, Sitten und Gewohnheiten sowie die bestehende Rechtsordnung des gastgebenden Landes zu akzeptieren.
4. Viele werden im Herkunftsland nicht politisch verfolgt, sondern sind nach eigenen Angaben daran interessiert, ihre wirtschaftlichen Verhältnisse zu verbessern.
Natürlich dürfen Zigeuner nicht diskriminiert werden, aber die Gefahr wächst, wenn so viele kommen. Deshalb müssen wir sie in ihren Herkunftsländern unterstützen.«[193]
Die Asylanten sind ein großes Problem, was auf das vereinigte Deutschland zukommt. 1970 betrug die Zahl der Asylbewerber 8645, im Jahre 1988 wurden fast 100000 gezählt. Die Anerkennung als Asylant sank im gleichen Zeitraum von 57 auf 9 Prozent. Politisch verfolgt sind also nur neun von 100 Personen. 1987 kostete dies die deutsche Bundesrepublik drei Milliarden Mark.
Es soll nun in der EG ein »Europaschlüssel« erarbeitet werden, nach dem die wirklichen politischen Flüchtlinge auf die Länder der EG entsprechend verteilt werden sollen. Gegenwärtig ist es so, daß 50 Prozent aller Asylsuchenden, die in die Länder der EG einreisen, in die Bundesrepublik kommen. Aber weshalb? Dieses Grundrecht auf Asyl, das es in keinem anderen Land der Welt gibt, kann in dieser Form nicht mehr länger aufrechterhalten werden.
Um in unserem Land den inneren Frieden zu wahren, ist dazu allerhöchste Zeit zu handeln.

Neonazis

Müssen wir Angst vor ihnen haben?
Wie gefährlich sie wirklich sind. Was sie wollen. Wer ihre Anführer sind. Die Illustrierte »Bunte« zitiert aus einem Geheimbericht des Verfassungsschutzes.

Wer sind sie und woher kommen sie?
Der Verfassungsschutz: Der Neonazi stammt im Regelfall aus »kaputten Familien«. Er ist meist gezeichnet von Mißerfolg in Schule und Ausbildung, ohne Perspektive und ohne Anerkennung durch die Gesellschaft. Der Leipziger Jugendforscher Wolfgang Brück: »Viele Neonazis stammen aus SED- und Stasi-Familien.«

Wie viele Neonazis gibt es im Osten?
Der Verfassungsschutz: Die Kripo-Zentrale in Ostberlin sprach schon Ende 1990 von 1500 »polizeibekannten Neonazis«. Nach unseren Erkenntnissen ist die neonazistische Szene in der ehemaligen DDR mit hoher Wahrscheinlichkeit um ein Vielfaches größer als nur 1500 Personen. Tendenz: zunehmend. Das militante rechtsextremistische Sympathisantenfeld wird auf 15000 Personen geschätzt. Sozialforscher schätzen: Insgesamt 50000 Jugendliche im Osten Deutschlands sind für rechtsextremes Gedankengut anfällig. In den alten Bundesländern sind nur rund 150 Neonazis polizeibekannt.

Was wollen die Neonazis?
Sie haben die gleichen Ziele wie die Nazis 1933. Der Verfassungsschutz: Die Rechtsradikalen wollen die »Wiedervereinigung mit Schlesien, Ostpreußen, der deutschen Ostmark (Österreich) und Südtirol«. Ihr Schlachtruf: »Macht unsere Straßen vom Dreck sauber!« Mit »Dreck« meinen sie Sowjetsoldaten, Homosexuelle, Juden, Ausländer.

Wie gefährlich sind sie?
Analyse des Verfassungsschutzes: Die ungehemmte Brutalität der Neonazis gegenüber Polen, Vietnamesen, Asylanten und sowjetischen Stationierungssoldaten hat Ausmaße und Inhalte erlangt, die erschrecken lassen. Beispiele: Bei Berlin ermordeten Neonazis zwei sowjetische Wachsoldaten, stahlen ihre Maschinenpistolen. In Dresden stießen Skins einen 28jährigen Afrikaner aus der fahrenden Straßenbahn. Er starb an seinen

Kopfverletzungen. In Wittenbenge warfen Neonazis zwei Namibier vom Balkon im 4. Stock eines Ausländerwohnheimes. Man weiß: Die Ost-Neonazis kaufen in großem Stil Waffen und Sprengstoff bei sowjetischen Rotarmisten.

Wer sind ihre Idole, ihre Anführer?
Es ist in neonazistischen Kreisen schick geworden, Hitler als Leitfigur abzulehnen (Zitat Verfassungsschutz). Hitler, sagen die jungen Nazis, sei ein »bürgerlicher Perverser« gewesen. Das historische Idol der neuen Nazis: SA-Chef Ernst Röhm (homosexuell, Hitler ließ ihn 1934 ermorden). Aktuelles Idol der Ostszene: Westnazi Michael Kühnen (starb im April 1991 an Aids). Erster Held der Ostnazis: Rainer Sonntag, vor drei Wochen von Dresdener Zuhältern erschossen. Der neue Kühnen der Bewegung: Gottfried Küssel, Österreicher – Michael Kühnen machte ihn auf seinem Sterbebett zum Nachfolger.

Sind die Menschen im Osten politisch extremer als wir?
Lange vor der Wende ermittelte das Leipziger Institut für Jugendforschung: Sechs Prozent der DDR-Jugendlichen sind rechtsradikal; die Studie wurde von der SED geheimgehalten. Der Verfassungsschutz: Dieser neonazistische Bodensatz spülte nach der Wende an die Oberfläche. Bürgerrechtler Jens Reich: »Die Stimmung im Osten Deutschlands ist ähnlich wie zur Zeit der Wirtschaftskrise 1929.«

Wie können die Bürger vor den neuen Nazis geschützt werden?
Das Bundesland Mecklenburg-Vorpommern hat bereits Spezialtruppen der Polizei aufgestellt, eine Art GSG 9 gegen Neonazis. Der Verfassungsschutz: Die Polizei in den Beitrittsländern ist verunsichert und überfordert. Dort muß zunächst angesetzt werden, wenn dem gespenstigen Spuk aus braunem Bodensatz und gewalttätigem Fremdenhaß schnell und wirksam Paroli geboten werden soll.

Schaden die Neonazis unserem Ansehen im Ausland?
Ja. Die wichtigsten amerikanischen Zeitungen »Washington Post« und »New York Times« berichten mit großen Artikeln fast täglich über die neuen deutschen Nazis. Sie zeigen die Fotos von den Skinheads mit Reichskriegsflagge und gestrecktem rechtem Arm. Der französische Regierungssprecher: »Wir haben Sorge vor einem Wiederaufleben des Nationalsozialismus in Deutschland. Wir erleben ein Gesicht Deutschlands, das wir vergessen zu haben glaubten.«[194]

Neues Recht und die alten Richter – ein ganz heikles Thema für unsere Zukunft

»Ein Wust von Rechtsstreitigkeiten«, so Brandenburgs Justizminister Hans-Otto Bräutigam, »kommt auf die Gerichte in den neuen Bundesländern zu.« Die Kriminalität steigt, es gilt, völlig neuen Verbrechensformen wie Wirtschafts-, Umwelt- und Drogenkriminalität zu begegnen. Massenentlassungen provozieren zahllose Arbeitsrechtsverfahren; offene Vermögens- und Grundstücksfragen beschäftigen die Gerichte – aber es fehlen die Juristen.
Allein im Land Brandenburg explodierte die Zahl der Klagen bei den Arbeitsgerichten seit deren Einführung im März 1991. In Sachsen stöhnte Justizminister Steffen Heitmann über die »chaotischen Zustände« seines Ressorts und prophezeite düster, es werde »frühestens in vier Jahren eine in Ansätzen funktionierende Justiz« für die neuen Bundesländer geben.
»Um wirksame Hilfe leisten zu können, müsse der Justiz in der alten Bundesrepublik eine vorübergehende Ausdünnung um etwa 20 Prozent zugemutet werden«, fordert der Braunschweiger Rechtswissenschaftler Dr. Harald Franzki, Vorsitzender des Überprüfungsausschusses für den einstigen DDR-Bezirk Halle. Experten schätzen, daß für die fünf Gerichtszweige (Straf- und Zi-

vilsachen, Verwaltungs-, Arbeits-, Sozial- und Finanzgerichte) in den neuen Bundesländern mindestens 4500 Richter und 1000 Staatsanwälte nötig seien.
Dieser Bedarf kann nicht allein durch Neueinstellungen von Berufsanfängern oder Juristenimport aus Westdeutschland gedeckt werden. Man muß auch auf den vorhandenen Personalbestand zurückgreifen. Doch der ist, von ideologischen Problemen abgesehen, zu dünn. Zu DDR-Zeiten gab es für 16 Millionen Einwohner etwa 1600 Richter (zum Vergleich: auf 60 Millionen Einwohner kamen in der Bundesrepublik 17000 Richter). Jeder dritte DDR-Richter hat inzwischen aufgrund offensichtlicher Verstrickung in politische Unrechtsurteile freiwillig das Handtuch geworfen.
Richterschaft und Staatsanwaltschaft der DDR (etwa 3000 Personen) galten zu Recht als Speerspitze des totalitären Staates. Deshalb ist eine Überprüfung unerläßlich. Diese Aufgabe fällt den 28 Richterwahlausschüssen in den fünf neuen Ländern zu, die mit jeweils sechs Parlamentariern und vier Juristen besetzt sind. Sie haben Akten und Urteile zu überprüfen. Polizeiunterlagen, Akten der Gauck-Behörde und Dokumente aus der Erfassungsstelle Salzgitter, in denen Verstöße gegen Menschenrechte registriert wurden. Die mit positivem Ergebnis überprüften Juristen werden (wie Berufsanfänger im alten Bundesgebiet) zunächst drei Jahre auf Probe arbeiten.
Bei der Besetzung von Richterwahlausschüssen kam es allerdings zu peinlichen Pannen. So erwiesen sich in Chemnitz drei von vier Staatsanwälten, die in den Ausschuß einziehen sollten, selbst als politisch schwer belastete SED-Hardliner. Viele ihrer Kollegen wählten einen eleganteren Weg, der Rechtsprechung verbunden zu bleiben. Noch kurz vor dem Vollzug der deutschen Einheit beantragten Dutzende altgedienter SED-Juristen die Zulassung als Rechtsanwälte. Laut Einigungsvertrag kann dies nicht rückgängig gemacht werden. Anwaltskanzleien wurden so zu Auffangbecken für ehemals gnadenlose Richter und Staatsanwälte wie den vormaligen Präsidenten des Obersten DDR-Gerichts Günter Sarge oder den einstigen Generalstaatsanwalt Günter Wendland. Spektakulärster Fall dürfte der Mielke-Verteidiger Jürgen Wetzenstein-Ollenschläger sein, der noch vor drei Jahren grundlos DDR-Bürgerrechtler wegen »Zusammenrottung« zu mehrmonatigen Freiheitsstrafen verurteilte.
Abrechnung mit politischen Altlasten ist in den Rechtsanwaltskammern nahezu unmöglich; dafür sorgen die Bestimmungen im Einigungsvertrag. Doch auch Honeckers linientreue Richter und Staatsanwälte sind nicht ohne weiteres aus den Gerichtssälen zu verbannen. Die Überprüfungen verlaufen zäh. Bis zum 15. April 1991 sollten sie abgeschlossen sein. Davon ist inzwischen keine Rede mehr. Jetzt hofft man, das Pensum bis zum Jahresende absolviert zu haben. Nur Sachsen hat seine 664 Kandidaten schon überprüft und die Hälfte von ihnen im Amt bestätigt.
Die Schatten der Vergangenheit lasten schwer auf der einstigen DDR-Justiz. Als besonders heikel erweist sich das Problem der Rehabilitierung von Opfern des SED-Staates. Die Bearbeitung der gut 40000 Anträge auf moralische und materielle Entschädigung für erlittenes Unrecht geht nur schleppend voran. Allein in Thüringen wird bis zum Ablauf der Anmeldefrist am 18. September 1992 noch mit weiteren 30000 Anträgen gerechnet. In Berlin, wo am zügigsten gearbeitet wird, konnte innerhalb eines Vierteljahres über 464 Anträge entschieden werden. In Sachsen fielen hingegen nur 50 Entscheidungen, während Sachsen-Anhalts Justiz sich von vornherein auf Wartezeiten von eineinhalb bis zwei Jahren orientiert. Nicht wenige der meist älteren Antragsteller werden das Ende ihres Rehabilitierungsverfahrens kaum noch erleben.
Von entscheidender Bedeutung ist, wie schnell der Rechtsstaat in den neuen Bundesländern verwirklicht werden kann. 16 Millionen Menschen sind von heute auf morgen in ein völlig anderes Rechtssystem geraten, das ihnen schon in seinen Grund-

strukturen fremd ist. Richter der einstigen DDR wurden dazu erzogen, parteiisches Recht zu sprechen. Das Vertrauen der »Neubürger« in den Rechtsstaat muß erst noch erworben werden – durch die Vermittlung eines neuen Rechtsempfindens und Beispiele für Gerechtigkeit.[195]

Hochbelastete SED-Richter, die in Ostdeutschland ihr Amt verloren haben, machen nun Karriere als Rechtsanwälte

Die Zuschauer, die regelmäßig die Strafverhandlungen beim Stadtbezirksgericht Lichtenberg in Ostberlin verfolgten, kamen häufig durch den Heizungskeller. »Die hatten Schlüssel für den Hintereingang«, erinnert sich Hausmeister Detlef Schrader an die Zeit vor der Wende, »schließlich waren es unsere Nachbarn.«

Die Nachbarn waren Männer aus dem Stasi-Ministerium gleich gegenüber, und am liebsten schauten sie bei Jürgen Wetzenstein-Ollenschläger herein.

Der Richter verhandelte als Gerichtsdirektor die besonders delikaten Polit-Strafsachen. Zum Gefallen der Nachbarn verurteilte er beispielsweise die Regime-Kritikerin Vera Wollenberger wegen »versuchter Beteiligung an einer Zusammenrottung« zu sechs Monaten Freiheitsstrafe. Wollenberger, heute Bundestagsabgeordnete für das Bündnis 90/Grüne, hatte im Januar 1988 am Rande der offiziellen Liebknecht-Luxemburg-Gedenkdemonstration mit einem Transparent an die Freiheit der Meinungsäußerung erinnern wollen, die auch in der DDR-Verfassung garantiert war.

Die Wandlung alter Stasi-Leute zu Juristen war einfach. Wetzenstein-Ollenschläger, schon vor der Wende im März 1989 aus dem Justizdienst ausgeschieden, hat eine florierende Anwaltskanzlei in Ostberlin.

Binnen kurzem hat der ehemals berüchtigte Chef des als MfS-Gericht verrufenen Lichtenberger Tribunals erneut Karriere gemacht. Sein Prominentester Mandant ist der frühere Stasi-Minister Erich Mielke, zur Zeit unter anderem wegen seiner Beteiligung an den Mauer-Morden in Untersuchungshaft. Wetzenstein: »Ein Jahrhundert-Mandat.«

Die Karriere ist kein Einzelfall – Hunderte ehemaliger SED-Richter, Staatsanwälte und Juristen aus der DDR-Ministerialbürokratie haben sich bereits in den Anwaltsberuf abgesetzt. Und die westdeutschen Rechtsanwälte müssen damit rechnen, immer mehr Ostkollegen mit dunkler Vergangenheit zu bekommen. Die meisten der Ex-DDR-Richter, die in den kommenden Monaten von Prüfungsausschüssen aus der Ostjustiz als hochbelastet aussortiert werden, dürften sich umgehend nach einem Anwaltsbüro umsehen.

Daß die bundesdeutsche Anwaltschaft so zur Zufluchtsstätte für hochbelastete SED-Juristen wird, macht auch Justizpolitikern Sorge. Um zu verhindern, daß die Anwaltskanzleien zum »Auffangbecken für ehemalige Stasi-Offiziere, gnadenlose Richter und Staatsanwälte« werden, hat Bundesjustizminister Klaus Kinkel (FDP) 1990 ein Berufsverbot für Rechtsanwälte eingefordert, die zu DDR-Zeiten »unmenschlich und rechtsstaatswidrig gehandelt« haben.

Notfalls werde er, so Kinkel, sogar eine Gesetzesänderung herbeiführen, um ehemalige Stasi-Juristen auch nachträglich aus der Anwaltschaft zu vertreiben. Dabei war es die Bundesregierung selbst, die im Einigungsvertrag den Ostjuristen freundliches Entgegenkommen versprochen hatte.

Im Einigungsvertrag ist geregelt, daß jeder Jurist, der noch in den letzten Tagen der DDR seine Zulassung als Anwalt bekommen hat, mit derselben Zulassung nach der deutschen Einheit weitermachen darf. Ein Sprecher des Bonner Justizministeriums: »Das war ein sehr nachhaltig vorgetragener Wunsch der DDR-Regierung.«

Der hartnäckige Einsatz der ostdeutschen Unterhändler um Ministerpräsident und Rechtsanwalt Lothar de Maizière (CDU) galt einem aufstrebenden Berufsstand im sterbenden Arbeiter- und Bauernstaat. In der gesamten DDR waren bis Ende 1989 gerade mal 600 Rechtsanwälte registriert, gut neun Monate später – nach dem 3. Oktober 1990 – mußte allein die Westberliner Anwaltskammer 800 neue Kollegen aus Ostberlin aufnehmen.

Diese wundersame Vermehrung war gut organisiert. Mit der »Verordnung über die Tätigkeit und die Zulassung von Rechtsanwälten mit eigener Praxis« vom 22. Februar 1990 hatte die DDR-Regierung rechtzeitig den Juristen eine berufliche Perspektive im heraufziehenden Rechtsstaat gewiesen. Wer den »minimalen Anforderungen« genügte, so der altgediente Ostanwalt Friedrich Wolff, wurde vom Justizministerium noch schnell zugelassen.

Mit dem Ergebnis quält sich nun vor allem die Berliner Justiz. »Wir könnten eine komplette Regierungsmannschaft der DDR stellen«, bilanziert die Hauptgeschäftsführerin der Berliner Anwaltskammer, Vera von Doetinchem, nach einer ersten Durchsicht der neuen Mitglieder. Tatsächlich liest sich die Liste der Ostanwälte wie ein »Who ist Who« des Unrechtsstaates.

Als neue »Organe der Rechtspflege« (Bundesrechtsanwaltsordnung) registrierte die Anwaltskammer beispielsweise: Günter Wendland, ehemals Generalstaatsanwalt der DDR; Günter Sarge, vormals Präsident des Obersten Gerichts; Hans-Dietrich Lehmann, früher Richter am Obersten Gericht; Kurt Wünsche, bis August 1990 DDR-Justizminister, der die Zulassung als Rechtsanwalt noch am 13. Juni 1990 vom eigenen Hause erhielt.

»Mindestens 200 Anwälte aus Ostberlin sind belastet im weiteren Sinne«, schätzt von Doetinchem. Viele hätten eine Zulassung erhalten, obwohl sie eine Anwaltskanzlei noch nie von innen gesehen haben: »Das lief bei der Zulassung noch nach dem Motto, ›Alter, gib mir 'nen Stempel‹.«

Der Widerstand der Anwaltskammer gegen die aufgedrängten Kollegen war vergeblich. »Wir sind verpflichtet, allen noch in der DDR zugelassenen Anwälten auch bei uns die Zulassung zu erteilen«, ist die Rechtsauskunft, die etwa die Berliner Justizsprecherin Jutta Burghart den Protesten entgegenhält.

Fast ebenso hilflos ist die bundesdeutsche Justiz gegenüber den Nachzüglern, die jetzt erst im Osten ihren Dienst als Richter oder Staatsanwälte quittieren müssen. Ihnen ist der Weg in den freien Beruf nur versperrt, wenn die Anwaltskammern und die Justizverwaltungen der Länder sie für »unwürdig« (Bundesrechtsanwaltsordnung) befinden.

Auf solche Prüfungen ist die Juristerei weder im Westen noch im Osten vorbereitet. Für »unwürdig« werden nach dem traditionellen Berufsbild der westdeutschen Anwaltschaft allenfalls mal Kollegen befunden, die Mandanten betrogen oder Steuern hinterzogen haben.

Doch bei den Kollegen aus der DDR geht es um sehr viel diffizilere Fragen. »Sichere Kriterien dafür, was Würde ist, gibt es nicht«, klagt nun der Präsident des Deutschen Anwaltvereins, Günter Schardey. Klar sei nur, daß allein die Mitgliedschaft in der SED »keinesfalls« zur Verweigerung der Zulassung genüge.

Zudem bleibt die vollständige Vorgeschichte der Bewerber den Anwaltskammern meistens verborgen. Wolfgang Schmidt, Präsident der Anwaltskammer Sachsen: »An die Stasi-Akten kommen wir bisher nicht ran.« Die Folge: Seine Kammer habe nicht einmal ein Dutzend Zulassungsanträge abgewiesen.

Abhilfe könnte das Versprechen von Bundesjustizminister Kinkel schaffen, die Stasi-Archive auch zur Überprüfung von verdächtigen Anwälten zu öffnen. Bis dahin aber können die Standespolitiker nur auf ihre Juristenkollegen von der Staatsanwaltschaft hoffen.

Ehemalige DDR-Richter, die wegen Rechtsbeugung angeklagt und verurteilt werden, haben auch in der Anwaltschaft keine Chance mehr – Rechtsbeugung ist nach westdeutschem Strafgesetzbuch als Verbrechen mit einer Mindesthaftstrafe von einem Jahr bedroht.

Eine solche Haftstrafe muß nun auch Mielke-Verteidiger Wetzenstein-Ollenschläger fürchten. Die Staatsanwaltschaft Berlin führt gegen den früheren Richter gleich drei Ermittlungsverfahren wegen Rechtsbeugung.

Der Ex-Gerichtsdirektor stellt die Verfahren der Berliner Justiz gegen ihn noch immer als Einmischung in die inneren Angelegenheiten der DDR dar: »Die neue Macht rechnet mit der alten Macht ab.« Ideologisch unerschüttert, vermutet Wetzenstein-Ollenschläger, die Untersuchung seiner Rechtsprechung habe wohl eher politische als rechtliche Motive: »Das Recht ist der Politik – auch in der Bundesrepublik – nachgeordnet.«

Sollte Ex-Stasi-Minister Mielke demnächst einen neuen Anwalt brauchen, könnte er es in Hessenwinkel im Ostberliner Stadtteil Köpenick probieren. In idyllischer Lage an der Müggelspree wohnt dort ein ehemaliger Mitarbeiter seines Hauses – der Rechtsanwalt Wolfgang Schnur.

Der Jurist hat sich schon auf vielen Feldern einen Namen gemacht: einerseits als rühriger Anwalt von angeklagten DDR-Oppositionellen und, während der friedlichen Revolution, als Vorsitzender des konservativen »Demokratischen Aufbruchs«; andererseits als »Torsten«, so sein Deckname bei der Stasi.

Auch der im März 1990 vom »Spiegel« (11/1990) als Stasi-Spitzel enttarnte Schnur bietet als wohlbestalltes Mitglied der Berliner Anwaltskammer Rechtsrat an. Schnur, der sich seit seiner Entlarvung mit einem Vollbart tarnt, will demnächst eine Kanzlei in der Duisburger Straße in Wilmersdorf (Westberlin) eröffnen.

Der ehemalige Oberankläger Wendland geht seiner Arbeit als freier Jurist lieber gleich auf heimischem Terrain nach: In einer ehemaligen Baracke der DDR-Grenztruppen hat er seine Westgesetzbücher aufgebaut. Zusammen mit seiner Ehefrau Anneliese arbeitet er dort als Angestellter des Notars und Rechtsanwalts Lothar Schellner.

Schellner hält beschützend die Hand über den einstmals mächtigen SED-Juristen: »Herr Wendland ist mein Angestellter – für Gespräche hat er keine Zeit.«

Gegenüber der Westjustiz zeigt sich Schützling Wendland ganz kulant – ließ es bei der Anwaltszulassung bewenden. Um den Berliner Behörden die Entscheidung zu erleichtern, habe er seine »Bewerbung zum Notar« zurückgezogen.

Und als Rechtsanwalt, verspricht er, wolle er sich künftig auf ganz zivile Rechtsgebiete konzentrieren: »Strafsachen mache ich nicht mehr.« Der ehemalige Ankläger bemüht sich sehr um Ehe- und Gesellschaftsrecht: »In den letzten Monaten habe ich gearbeitet wie in meinem Leben noch nie.«[196]

Die Mauerschützen der DDR

Wer ist schuld am Tod vieler DDR-Flüchtlinge – die Todesschützen oder die Verantwortlichen für den Schießbefehl?

Im November 1943 ist der 21jährige Matrose Walter Gröger weggelaufen; er ist aus der Deutschen Wehrmacht desertiert. Am 16. Januar 1945 wurde er auf Antrag des Anklägers Hans Filbinger zum Tode verurteilt, am 16. März 1945, also wenige Wochen vor Kriegsende, hingerichtet. Vor ein Gericht wurde der Jurist und Kriegsrichter wegen der von ihm verhängten Todesurteile nie gestellt. Er berief sich auf die Formel: »Was damals Recht war, kann heute nicht Unrecht sein.« Am 5. Februar 1988 wollte der 20jährige Chris Gueffroy aus der DDR weglaufen. Von Grenzposten wurde er dabei erschossen. Die vier beteiligten Soldaten sind vor dem Landgericht in Berlin wegen Totschlag angeklagt. Sie berufen sich auf die Paragraphen 26 und 27 des DDR-Grenzgesetzes von 1982 über Anwendung von Schußwaffen und auf den Paragraphen 213 des DDR-Strafgesetzbuches über den ungesetzlichen Grenzübertritt, also auf damals geltendes Recht.

Es ist eben das Verteufelte an diesem Strafrecht, daß man sich den Letzten in der Kette mit dem Abzug am Finger leichter greifen kann als die Befehlshaber und Schreibtischtäter. Dabei ist urkundlich belegt, daß Honecker selbst auf einer Sitzung des Na-

tionalen Verteidigungsrates der DDR am 3. Mai 1974 gefordert hat: »Nach wie vor muß bei Grenzdurchbruchsversuchen von der Schußwaffe rücksichtslos Gebrauch gemacht werden.«
Vier Generale der DDR übernehmen die Verantwortung für die Todesschüsse an der Mauer. Unbelehrbare von gestern, die nicht davor zurückschrecken, den ermordeten Flüchtlingen die Schuld für ihren Tod an der Mauer selbst zu geben. Originalzitat von Generalleutnant Karl Leonhardt in der SFB-Abendschau: »Wir übernehmen die Verantwortung für die Erfüllung der Aufgaben zum Schutz der Staatsgrenze der Deutschen Demokratischen Republik. Wir alle bedauern, daß es also aufgrund der Mißachtung der durch Grenztruppen gegebenen Anweisungen zu Verletzten und Toten gekommen ist.«
Im Klartext: Wer an der Mauer starb, ist selbst schuld. In einem Brief an die Bundestagsabgeordneten haben Generalleutnant Leonhardt und seine Kollegen, Generaloberst Baumgarten, Generalmajor Teichmann (der letzte Chef der Grenztruppen) und Generalleutnant Lorenz die Verantwortung für Schüsse an der ehemaligen Zonengrenze übernommen. Ihre Forderung: »...die Soldaten für die in Ausübung ihres Dienstes begangenen Handlungen freizustellen.«
Hintergrund: Vor dem Berliner Landgericht stehen vier ihrer ehemaligen Untergebenen und müssen sich wegen Totschlags an dem Maueropfer Chris Gueffroy verantworten. Der Ostberliner Kellner war am 5. Februar 1989 erschossen worden.
Dafür müssen diese Generale die Verantwortung übernehmen, gehören vor ein Gericht gestellt und müssen, wenn es eine Gerechtigkeit gibt, eingesperrt werden.
Aber was wollen diese Herren damit erreichen? Erkennt das Gericht ihre Verantwortung an und läßt die angeklagten Grenzschützer laufen, dann können sie Honecker die Schuld zuschieben. Aber auch dafür könnte Honecker, hätte man ihn denn oder wollte man ihn überhaupt, nur schwer strafrechtlich belangt werden.
Das juristische und politische Gewürge in einem Prozeß gegen diesen auch von der Bundesregierung hofierten und jetzt geschmähten Spießbürger des Sozialismus würde den Rechtsfrieden in unserem Lande nicht fördern. Wenn der alte Mann nach einem langen Prozeß wegen der komplizierten Rechtslage freigesprochen werden müßte, wäre das Vertrauen der Ostdeutschen in die für sie neue Rechtsordnung gründlich erschüttert.
Das Gegenteil muß erreicht werden. »Die Sehnsucht nach dem Recht war eine der wesentlichen Triebkräfte für die friedliche Revolution«, hat die DDR-Bürgerrechtlerin Bärbel Bohley gesagt. Diese Sehnsucht wird aber nicht erfüllt, indem die westdeutschen Juristen den ostdeutschen Bürgern in aller Schneidigkeit vorführen, wie man SED- und Stasi-Vergangenheit bewältigt.
Wie muß es den angeklagten Mauerschützen zumute sein, wenn sie Egon Krenz in Talk-Shows und andere Verantwortliche in Freiheit sehen? Die Kleinen befinden sich auf der Anklagebank. Über 200 Morde an der Zonengrenze, man fragt sich: Wie werden sie gesühnt? Eine schreckliche Hypothek für unser wiedervereinigtes Vaterland. Hoffentlich geht nach Einigkeit und Freiheit mit Hilfe des Strafrechts auch der Wunsch der ostdeutschen Bürger nach Gerechtigkeit in Erfüllung.
Zur Zeit sieht es so aus: Die kleinen Befehlsempfänger werden zuerst zur Rechenschaft gezogen. Diejenigen, die die Befehle ausgaben und die Rechtslehre nebst Gesetzen dazu lieferten, bleiben vorerst von Verfolgung verschont.[197]
Die vier Mauerschützen befreien ihr Gewissen: Wir haben getötet. Die letzten Todeskugeln an der Mauer trafen am 5. Februar 1989 Chris Gueffroy, 20 Jahre alt, der für sein Leben gern nach Amerika wollte. Geschossen haben die vier gleichaltrigen Soldaten, die damals Orden bekamen und jetzt vor Gericht stehen. Darf man mit solchen Leuten reden? Man darf nicht, man muß. »Bunte«-Mitarbeiter Andreas Möller und Maike Pannier sprachen mit ihnen.

Der Befehlsgeber: Michael Krämer, Elektromonteur, verheiratet, zwei Kinder. Er war in Gueffroys Todesnacht der Postenführer am Mauerabschnitt Teltowkanal. Hilflos sitzt er da in seinem Wohnzimmer, die Hände graben sich zwischen die abgenutzten Polster. Wer ist dieser Krämer, der damals seinem Gefreiten Vogel den Schießbefehl gab? Honecker-Fan, Killer-Kommunist? »Politik«, sagt er, »jedenfalls die Politik, die die da machten, interessierte mich nicht. Wenn ich die Wahl gehabt hätte, wie im Westen, hätte ich mich für den Zivildienst entschieden.«
Statt dessen Berlin-Treptow, zweite Kompanie, 90 Mann, insgesamt 270 Schichten zu acht Stunden, Monatssold 322 Ostmark.
5. Februar 1989 kurz vor Mitternacht. Das Licht. Die Schreie. Die Schüsse. Krämer hat selbst nicht geschossen, wegen seiner Blinddarmoperation durfte er kein Maschinengewehr tragen, zu schwer. Er sah den Flüchtigen. »Wie im Reflex«, sagt er heute, gab er seinen Kameraden das Kommando zum Abdrücken. Automatisch.
Schuldgefühle? »In dieser Nacht habe ich mein Leben ausgelöscht. Seither lebe ich völlig zurückgezogen, allein, gehe kaum mehr aus. Einmal bin ich nach Westberlin gefahren und habe mir diese Stelle an der Mauer noch einmal angesehen. Ich hatte panische Angst, daß mich jemand erkennt.«
Die ganzen Monate seit Gueffroys Tod quält Krämer dieser Traum, der immer wieder kommt: »Ein kleines Mädchen fällt in einen Brunnen. Ich laufe hin, will es retten. Doch ich kann nicht. Ich kann nur lachen.« Michael Krämer weint.
Der Reumütige: Ich treffe Rolf Wendler, einen der vier Mauerschützen, die Chris Gueffroy auf dem Gewissen haben. Wohnung 804 in einem tristen Hochhaus am Stadtrand von Leipzig. An der Tür der Aufkleber »Ein Herz für Kinder«. Wendler, klein, kurzgeschnittene Haare, trägt Jeans als er öffnet.

Wir möchten mit Ihnen über den 5. Februar 1989 sprechen.

Wendler: »O Gott.« Er bittet mich in sein winziges Wohnzimmer (Farb-TV, Stereoanlage, Computer Marke »Robotron«), sinkt in ein abgenutztes erdfarbenes Sofa, stützt die Arme ins Gesicht, sagt: »Okay, vielleicht ist es besser, endlich einmal darüber zu reden.« Ein kleines, zwei Jahre altes blondes Mädchen, seine Tochter Maria, kommt ins Zimmer. Stockend erzählt Wendler seine Geschichte.
»Als ich zu den Grenztruppen versetzt wurde, habe ich mir geschworen, niemals zu schießen. Bei Dienstantritt fragte mich der Zugführer: ›Können Sie auf Menschen schießen?‹ Nein, habe ich geantwortet. Zur Strafe wurde ich sofort in den Innendienst versetzt. Zwölf Stunden Küchendienst täglich. Nach ein paar Wochen hielt ich es nicht mehr aus, schrieb dem Zugführer einen Zettel: ›Bin bereit, mein Vaterland zu verteidigen. Notfalls mit der Schußwaffe.‹ Ich wurde dann an die Grenze versetzt. Mit einem zweiten Kameraden war ich verantwortlich für die Sicherung eines 200 Meter langen Streifens am Teltowkanal. Achtstundenschicht. Eigentlich angenehm, wir hörten heimlich Rias 2. Unsere Lieblingsbeschäftigung: Auf den Kontrollturm steigen und mit dem Feldstecher das Leben im Westen beobachten, die Autos, die Schaufenster, die tollen Kleider.«

Was war am 5. Februar 1989?
Wendler: »Es war kurz vor 24 Uhr, zehn Minuten vor Ende der Schicht. Wir patrouillierten in zwei Zweiergruppen. Plötzlich der Alarm. Da stand Gueffroy schon am Zaun. Wir riefen: ›Halt, stehenbleiben!‹ Als die anderen schießen, entsicherte ich meine MP, feuerte los wie wild. Dreizehn Kugeln. Vor Aufregung hatte ich auf Schnellfeuer gestellt.«

Warum haben Sie nicht in die Luft gezielt?
Wendler: »Da hätte ich doch in Feindgebiet geschossen.« (Er meint Westberlin.)

Fühlen Sie sich schuldig?
Wendler: »Ja, natürlich.«

Der Pflichterfüller: Trauriges Kaff im Bezirk Cottbus. Graues Wohnhaus, dritter Stock links. Wir klingeln bei Vogel. Großer Mann, schlank, unrasiert, fester Händedruck. Er geht mit uns ins nächste Gasthaus, denn seine Frau soll nichts erfahren von den Todesschüssen. Peter Vogel bestellt ein Filetsteak und ein Bier, und dann erzählt er im Kasernenhofton. Minutiös. Mit allen technischen Details. Ohne Emotion. »Als Krämer befahl zu schießen, da habe ich abgedrückt.« Gezielt? »Das war der Auftrag.« Gewissensbisse? Keine. Sorge: »Ob mein Name in den Stasi-Akten steht?«

Was war das für ein Gefühl, auf diesen Jungen zu zielen, die Kalaschnikow leerzuschießen? Was sieht, was hört, was denkt man da?
Frank Meining, der auf den flüchtenden Chris Gueffroy, schoß: »Du denkst nur: Scheiße, scheiße, plötzlich gehen die Lichter an. Taghell. Jetzt mußt du handeln. Den aufhalten. Warum macht der so 'ne Scheiße? Ich schieß, schieße. Höre die Kugeln vom Zaun zurückspringen. Ich stolpere, richte mich auf. Brülle, schieße. Alles andere ist schwarz, vergessen.«
Frank Meining, verheiratet, zwei Kinder, von Beruf Melker, war einer der vier Grenzsoldaten, die an diesem eiskalten Februarsonntag, dem 5. Februar 1989, die letzten Todesschüsse an der Mauer abgaben. Am Teltowkanal, direkt an der Grenze zu Kreuzberg, im Schnee standen sie und feuerten in die Nacht, bis alles rot war vom Blut des Chris Gueffroy.
Nach den Todesschüssen wurden die vier von Stabsoffizieren, dem Major, dem Oberstleutnant, Stasi-Leuten ohne Uniform, besonders belobigt. Ein aufwendiges Essen wurde für die Schützen gegeben. Jeder erhielt 150 Mark Prämie, drei Tage Sonderurlaub und das Leistungsabzeichen der Grenztruppen mit schwarz-rot-goldener Kordel und Miniatur-MP.
Chris Gueffroy, Jahrgang 1968, wollte Schauspieler werden, später Pilot, wurde Barkeeper (»Rendezvous«, im Zentrum Ostberlins). Träume: »Ich weiß ganz genau«, sagte er immer zu seiner Mutter, »einmal fahre ich nach Amerika.« Die große Angst: Damals, im Februar 1989, droht die Einberufung zur Nationalen Volksarmee (18 Monate Wehrdienst, vielleicht zu den Grenztruppen). Am 5. Februar 1989 versucht Chris die Flucht. Um 21 Uhr ist er an der Grenze, versteckt sich, beobachtet die Posten eine Stunde lang, dann geht er los. Durch Schrebergärten, vorbei an Kontrollen, über Betonmauern, durch einen schräg abfallenden Stolperacker, zum letzten Zaun hin. Gegen 24 Uhr ist alles hell an der Mauer. Alarm. Die Schüsse. Es sind sieben Kugeln die ihn treffen und töten.
Ein Gespräch wurde noch mit der Mutter des letzten Maueropfers, Karin Gueffroy, geführt.

Sollen Soldaten, die Ihren Sohn getötet haben, vor Gericht gestellt, verurteilt werden?
»Ich weiß nicht, ich würde ihnen nur gern in die Augen sehen. Sie sehen. Sie schütteln und fragen: Was ist in euren Köpfen vorgegangen?«

Können Sie denen verzeihen?
»Nie. Ich habe auch kein Mitleid. Sie hätten auch danebenschießen können. Einige haben das getan, vielleicht wären sie vier Wochen ins Militärgefängnis gekommen. Aber was sind vier Wochen gegen ein Leben!«
Ab 4. Oktober 1990 ermitteln die Gerichte im Westen gegen die Mauerschützen. Bisher sind 70 Verfahren anhängig. Sie werden ein Stück deutscher Gegenwartsbewältigung.[198]

Mauermörderprozeß und die Presse – Skandal um die Wahrheit

Über dieses Foto diskutiert Deutschland: »Super Illu«, die größte Illustrierte in den neuen Bundesländern, dokumentierte anläßlich des Prozesses gegen die Berliner Mauerschützen den Leichnam des erschossenen Opfers Chris Gueffroy. Gueffroy war am 5. Februar 1989 bei einem Fluchtver-

such erschossen worden. »Der Tod des Chris Gueffroy« titelt die »Super Illu«. Die Folgen der Veröffentlichung: Gerichtsschelte. Und eine einstweilige Verfügung, die Ausgabe mit den Fotos nicht auszuliefern. Darf man solche Fotos veröffentlichen?
Jochen Wolff, Chefredakteur der »Super Illu«: »Das Auslieferungsverbot ist ein schwerer Anschlag auf die im Grundgesetz garantierte Pressefreiheit. Die Fotos sind ein Dokument der Zeitgeschichte, weil sie die ganze Unmenschlichkeit des DDR-Regimes belegen.« Es sei, so Wolff, Aufgabe der Medien, die Öffentlichkeit über Unrecht und Menschenrechtsverletzungen zu informieren. »Super Illu« wurde ausgeliefert.[199]

Die USA und die Bundesrepublik

Die USA leben gegenwärtig in einem Zwiespalt von Wollen und Können. Als Staat sind sie zu dem größten Schuldnerland der Welt geworden. Der Etat, den das Weiße Haus im Frühjahr 1991 verabschiedete, weist ein Defizit von 278 Milliarden Dollar aus. Trotz dieser erschreckenden Bilanz träumt Amerika von der Führung der Industrienationen und von der mächtigsten Nation der Welt, und das ist auch wohl so, wenn man die Situation in Rußland betrachtet. Amerika hat begreiflicherweise kein Interesse, Rußland zu helfen, und wenn schon, dann mit Krediten, die ein Tropfen auf einen heißen Stein sind. Rußland braucht aber, um das Land aus der katastrophalen Situation herauszuführen, einen Kredit von mindestens 100 Milliarden Dollar, dazu ist aber Amerika aus bestimmten Gründen nicht bereit.
Das früher gefürchtete, starke Land der ehemaligen Sowjetunion lehrt uns trotzdem erneut das Fürchten und macht uns begreiflich, daß der Zerfall aus wirtschaftlichem Unvermögen den Frieden der Welt zu gefährden droht. Niemand glaubt es, doch damit – und das ist das Erstaunliche – hat die GUS sogar recht.
Für die Amerikaner ist mit der UdSSR vor allem ein Konkurrent um die Hegemonie der Welt für immer ausgefallen. Die Unklarheit darüber, wie die »neue Weltordnung« jedoch aussehen soll, ist geblieben.
So mächtig sie sind, so groß der von ihnen bewohnte nordamerikanische Kontinent ist, die USA stellen ganze sechs Prozent der Weltbevölkerung, sie sind eine kleine, wenn auch schwerbewaffnete, radikal erfolgsorientierte Minderheit, die der Demokratie und der Marktwirtschaft verpflichtet ist. Eine Minderheit in finanziellen Schwierigkeiten. Deutsche, Japaner und Araber trugen die Kosten des Golfkriegs und legten noch ein gutes Trinkgeld drauf. Die Krieg dauerte 43 Tage. Der Bodenkrieg ganze 100 Stunden. 146 Mitglieder der US-Streitkräfte kamen dabei ums Leben. (Man spricht jedoch auch von 466, dabei eine große Anzahl durch eigenes Feuer – »Stern« 1/1992). Die statistische Lebenserwartung eines jungen Amerikaners, der am Golf Krieg führte, war erheblich höher als die seines Altersgenossen, der daheim den Gefahren der Großstadt ausgesetzt war. Iraks Verluste mochte niemand zählen – die Allianz der Sieger so wenig wie der gedemütigte Saddam Hussein. Vermutlich sind mehr als 100 000 Iraker, zumeist Soldaten, in ihren Bunkern und dann auf der Flucht zerrissen, verbrannt oder erstickt worden.
Nach dem Golf-Triumph glaubten 48 Prozent der Amerikaner an eine große Zukunft ihres Landes. Hunderte von Siegesparaden feierten die heimkehrenden Soldaten. Allein in New York jubelten nahezu fünf Millionen Menschen den Helden der »Operation Wüstensturm« zu, bewarfen sie mit Papierstreifen und Konfetti im Gewicht von 87 Tonnen.
In den ersten zehn Monaten 1991 machten 117 US-Banken pleite. Jeder neunte Amerikaner kündigte sein Bankkonto und nahm das Geld nach Hause unter die Matratze, weil ihm die Anlage in der Bank unsicher wurde. Zum Jahresende 1991 hat die Zahl der US-Fluglinien um 20 Prozent abgenommen. Berühmtes Opfer: Panam. Detroit, die

US-Autoindustrie, geht am Stock. General Motors kündigte die Schließung von 21 Betrieben und die Entlassung von 74 000 Mitarbeitern an. Pro Tag verschwinden in den USA 2600 Arbeitsplätze. Die gesamten Schulden betragen trotz aller Spar-Schwüre mittlerweile 3,7 Billionen Dollar, Tendenz steigend. Unternehmen im Dienstleistungsgewerbe machen sich dies zunutze und stellen, selbst wenn sie rund um die Uhr arbeiten, nur Arbeitskräfte bis zu maximal 24 Wochenstunden ein. Eine Fülle von US-Arbeitnehmern hat zwar zwei solche Jobs, aber null Sozialleistungen. Parallel hat sich die US-Wirtschaft gespalten: Hier eine weithin hocheffiziente Industrie, die hohe Löhne zahlt, in der der Produktivitätszuwachs mit dem in Japan oder Deutschland Schritt hält; und da eine Art Dritte-Welt-Niedriglohn-Dienstleistungssektor. Dennoch wird es einem Beobachter schwerfallen, unter Amerikas Bürgern Resignation oder gar Selbstmitleid festzustellen.
Einerseits sind die USA ein ökonomisch angeschlagener Riese, andererseits bleiben sie das reichste Land der Welt. Allein der Bundesstaat Kalifornien wäre die sechstgrößte Industrienation der Welt. Zwei Drittel der Weltbevölkerung leben von einem Pro-Kopf-Einkommen von weniger als 20 Prozent des US-Einkommens. Immensem privatem Reichtum steht gegenüber, daß Amerikaner nur sehr niedrige Steuern zahlen, daß dadurch der Staat als vergleichsweise armer Lump dasteht, der kein Geld für soziale Leistungen oder gar für soziale Umverteilung hat. Die große Mehrheit der Bevölkerung steht jedoch hinter dieser Philosophie. Gott schütze sie vor einem Staat in der Rolle des Umverteilers oder sozialen Regulators. Es gibt auch wenig Neid gegenüber einem, der es zu Reichtum bringt. Davon träumen schließlich alle Amerikaner. Allerdings, in einer anhaltenden Krise wird dieser Konsens nicht unbeschädigt bleiben, zumal wenn sich der Eindruck festigt, daß in den vergangenen zehn Jahren die gesellschaftlichen Spielregeln unfair verändert wurden. Der Verdacht, daß dies der Fall gewesen sein könnte, hat unter Amerikas Bürgern in diesem Jahr der Rezession erheblich zugenommen.
Die Deutsche Presse-Agentur berichtete aus Washington: Jedes vierte Kind in den Vereinigten Staaten leidet einer neuen Studie zufolge unter Hunger oder Nahrungsmittelknappheit. Fast zwölf Millionen Kinder armer Familien seien betroffen, berichtete die Organisation Food Research and Action Center (FRAC) in Washington. 5,5 Millionen Kinder unter zwölf Jahren litten unter Hunger. Von knapp 250 Millionen Amerikanern erhalten rund 21 Millionen Arme Lebensmittelmarken. 24,5 Millionen Kinder nehmen an der Schulspeisung teil. 4,7 Millionen Personen erhalten Unterstützung durch ein Hilfsprogramm für Mütter und Kleinkinder.
Die Kriminalität ist im Steigen. Alle 20 Minuten wird in Amerika ein Mensch umgebracht. In der Talk-Show »Zeit vor Zehn« des Hessischen Rundfunks am 8. März 1991, Leitung Beate Wedekind, sagte der Amerikaner Ron Williams: »Amerika ist ein krepierendes Land.«
Denken wir in diesem Zusammenhang an Nevada und Utah: Die beiden US-Staaten grenzen aneinander. Nevada hat die höchste Herzsterblichkeits- und Scheidungsrate der westlichen Welt, obwohl es gegenüber Utah die besseren Gesundheits- und Freizeiteinrichtungen hat. Im Staate Utah leben die Mormonen. Sie rauchen und trinken nicht. Ehescheidungen sind so gut wie unbekannt, wo sie geboren sind sterben sie in der Regel auch. Nevada ist heute bei uns überall. Einsamkeit, Entwurzelung, Vergnügungssucht, Verbrechen sind die Zeichen unserer Zeit. Trotz der Probleme mit der Einheit Deutschlands stellen die Gewerkschaften Lohnforderungen, die uneinsichtig sind. Sollten wir nicht einmal ernsthaft nachdenken und unser Leben anders gestalten?
Im Rahmen der vereinbarten Abrüstungsschritte haben bis zum Jahresende 1991 etwa 40 000 US-Soldaten die Heimreise in die Vereinigten Staaten angetreten. Die gleiche Menge wird 1992 folgen. Kasernen

werden frei, Übungsplätze zurückgegeben. Häuservermieter und andere Dienstleistungsbetriebe bedauern es, Arbeitsplätze gehen verloren. Nach mehr als 40 Jahren Anwesenheit amerikanischer Truppen in Westdeutschland haben die Soldaten mehr hinterlassen als nur wirtschaftlichen Verlust. Als sie damals 1945 kamen, mit ihren Kaugummis und ihrer Sprache, waren sie nicht überall beliebt.
Hinzu kam, daß sie es mit der Entnazifizierung viel ernster meinten als die Mehrzahl der Deutschen, die mehr oder weniger die Rache des Siegers darin sahen. Und als die Kommunisten anfangs der fünfziger Jahre ihr »Ami go home – nimm Adenauer mit« an die Wände schmierten, stimmte manch einer von der bürgerlichen Seite zu. Anders war es bei der jungen Generation, die mit dem Denken und den Vorstellungen der Alten nicht mehr zurechtkamen. Sie fanden in den amerikanischen Soldaten oft ein Idol. Der Radiosender der amerikanischen Truppen, American Forces Network, kurz AFN, war für diese Jugendlichen der Botschafter einer neuen, besseren Welt. Man trug Jeans, von denen mancher sagte, man könne sie in den Kuhstall anziehen oder zur Arbeit, wo sie vielleicht hingehören. Aber heute gehören sie nicht nur in Westeuropa zum Straßenbild, die Jeans, sondern man findet sie überall, auch und besonders in Osteuropa.
Trotz den vielen negativen Entwicklungen in unserer Gesellschaft wollen wir nicht vergessen, daß wir den USA viel zu verdanken haben. In den späten sechziger und dann siebziger Jahren war der Ruf »Ami go home« wiederum zu hören und an Häuserwänden zu lesen. Es wurde mit dem Osten geliebäugelt. Nach den Ereignissen im Osten haben sich heute die Wellen beruhigt.
Wenn die amerikanischen Soldaten zum Teil jetzt abziehen, werden sie eins nicht mitnehmen: Den prägenden Einfluß, den sie als US-Bürger in unserem Kulturleben hinterlassen haben, und der war nicht immer gut.
Vieles läßt sich im nachhinein nicht mehr korrigieren. Aber vielleicht sollte man so sagen: »Auch das Schlechte hatte eben etwas Gutes.« Und das war vor allem die »Freiheit«, die sie uns über Jahrzehnte garantierten.[200]

Ein paar Gedanken für unsere Jugend

Wir haben in den letzten 30 Jahren in allen westeuropäischen Ländern einen gewaltigen, oft umwälzenden Gesinnungswandel miterlebt. Vor allem lassen wir unser Tun und Trachten zunehmend von materiellen Werten leiten – auf Kosten der geistigen und der Bereitschaft, dem eigenen Land zu dienen und ihm Opfer zu bringen. Hinzu kommt eine zunehmende Verweltlichung des Denkens, ein Verfall religiöser Verbindungen und Überzeugungen. Dabei hat die Religion von alters her Menschen und Völker großen Rückhalt gegeben. Erinnern wir uns nur an die Zeit vor der Wende in der ehemaligen DDR, da waren die Kirchen voll und von ihnen ging hauptsächlich die friedliche Revolution aus.
Ein weiteres deutliches Merkmal des Wandels ist der Verfall der patriotischen Gesinnung. In meiner Jugend im sudetendeutschen Grenzland war das Wort Patriotismus ein ehrenvolles Wort. Heute ruft es nur ein Lächeln hervor. Das hat auch durchaus sein Gutes, soweit es der Ausdruck der Abwendung von Nationalismus und Chauvinismus ist. Ohne diese Abwendung würde das erstrebte vereinigte Europa nie zustande kommen. Aber wenn man darin zu weit geht, wenn die Liebe zum eigenen Land und Volk kein starker, bestimmender Faktor unserer Geisteshaltung mehr ist, dann haben wir einen gefährlichen Punkt erreicht. Schließlich kommt der westlichen Gesellschaft auch das Geschichtsbewußtsein abhanden.
Der Geschichtsunterricht wird abgebaut, in manchen Teilen auch absichtlich verdrängt. Ein Land ohne Geschichtsbewußtsein jedoch ist wie ein Mensch, der das Gedächtnis verloren hat.
Wir neigen dazu, zu viel auf unsere Rechte zu pochen und unsere Pflichten zu vernach-

lässigen. Dinge wie Dienst und Pflicht gelten als altmodisch. Wir verlangen dem Staat und der Gesellschaft alle möglichen Vergünstigungen ab, ohne bereit zu sein, einen entsprechenden Preis dafür zu leisten. Wir haben uns in den letzten drei Jahrzehnten immer mehr im demokratischen Perfektionismus geübt. Wir ziehen ständig über unsere Regierungen her.
Wir müssen uns freimachen von Illusionen, den Tatsachen ins Auge sehen und unseren sittlichen Normen treu bleiben. Wenn wir nicht aufhören nur zu fordern und uns an Illusionen statt an Tatsachen halten, wird es mit uns rasch bergabgehen. Wenn es zu spät ist werden wir einsehen, was wir verspielt haben.
Unsere Jugend weiß heute alles besser, das fängt schon in der Schule an. Für mich waren die alten Menschen Vorbild, denn sie hatten die Erfahrung des Lebens, aber dies ist heute anders. Soweit ich die Literaturgeschichte kenne, haben Dichter und Künstler zwar oft in jungen Jahren Erhebliches geleistet, ihre großen Leistungen aber gewöhnlich erst im reifen Alter, ja manche erst im Greisenalter vollbracht. Das wird in Zukunft anders, weil man nicht erst etwas wird, sondern, wenn man vom Geburtshelfer dem Vater überreicht wird, schon etwas ist.
In unserem Garten kenne ich keinen traurigeren Anblick als eine Blüte, die schon in der Knospe verwelkt. Eine Jugend, der man einredet, sie sei schon etwas, sie sei das Maß der Welt und habe der Menschheit Gesetze zu geben, eine Jugend, die nicht begreift, daß alle Pflicht, alle Arbeit, aller Kampf noch vor ihr liegt, daß erst der Kampf bis ans Ende die Krone des Lebens bringt, eine solche Jugend ist gar keine Jugend mehr; sie ist jugendliches Greisentum und wird immer in der Knospe verdorren. Gott schütze unser Vaterland vor solcher Jugend; denn seine Jugend ist ja seine einzige Rettung. In der heutigen Zeit hat die Jugend für das Alter wenig Verständnis, die Großfamilie von früher kennt man kaum mehr. Dabei wird von der Jugend vergessen, daß sie selbst einmal alt wird.

Sollten meine Betrachtungen etwa die griesgrämige Grauseherei des Greises sein? Es wäre auch grenzenlos dumm, der Jugend das Wort abschneiden zu wollen. Aber es ist auch dumm, den Älteren das Wort abzuschneiden. Hierzu die Geschichte von der Roßdecke.
Ein Mann duldete seinen alten, hinfälligen Vater nicht in seiner Wohnung, sondern ließ ihn, in eine Roßdecke gehüllt, im Stalle schlafen. Eines Tages war der Vater gestorben und der Sohn bemerkte, wie das eigene Söhnchen emsig die Roßdecke zusammenlegte und forttrug. »Was willst du mit der Decke?« fragte der Mann. »Die will ich aufheben für dich, wenn du alt bist«, sagte das Söhnchen.
Der Wohlstand ist selbstverständlich geworden. Dabei haben wir verlernt, uns über die kleinen Dinge des Lebens zu freuen.
Wir sind Weltmeister vieler Klassen! Wir sind die größten Freizeitkünstler – schon jeder zweite hält Freizeit heute wichtiger als die Arbeit. Wir sind Urlaubsmeister – über 30 Milliarden sind im Sommer auf der Achse, allein 50 Milliarden Mark tragen wir ins Ausland an Sonnenstrände, die uns fehlen. Bei uns gibt es durchschnittlich 30 Tage Urlaub, in Japan nur zehn. In Amerika gilt es als unfein, länger als eine Woche Urlaub am Stück zu nehmen, bei uns ist es anders. Im Jahr 1960 mußten die Deutschen noch 261 Tage arbeiten und hatten 105 Tage frei. Im Jahr 1985 waren es nur noch 207 Arbeitstage und es gab 158 freie Tage.
Natürlich: Urlaub braucht der Mensch. Urlaub ist die schönste Zeit des Jahres. Aber wenn wir den Zug in die totale Freizeitgesellschaft nicht stoppen, dann kann es sein, daß noch mehr von uns das ganze Jahr über Zwangsurlaub machen müssen. Als Arbeitslose.
Wir verlassen für die »schönsten Wochen des Jahres« zumeist unsere Wohnungen. Wir fahren im eigenen Auto – auf zwei Einwohner kommt immerhin schon ein Wagen. Unsere Wirtschaft läuft, wir haben Zuwachsraten, von denen man anderswo träumt. Ein Wirtschaftswunder nach wie

vor, trotz den neuen Ländern mit ihren Belastungen. Wenn wir aber dann, von einer Auslandsreise zurückgekehrt, uns umschauen und umhören, erschrecken wir. Wieviel Mißgunst, wieviel Nörgelei, wieviel Überdruß gibt es hierzulande! Droht er nicht unsere Seelen zu vergiften?
Wer je eine italienische Großfamilie beim Picknick unter Pinien beobachtet hat, weiß, was damit gemeint ist: Bei uns ist unbeschwertes Lachen selten geworden, bleiben Fröhlichkeit und Herzlichkeit auf der Strecke. Man beobachte nur Minuten die Menschen in einem Kaufhaus. Wenn der Mensch an der Übersättigung aller Genüsse angelangt ist, macht sich sein Herz auf und will neue Herausforderungen. Weil er in der Ruhe seines Wohlstandslebens zu ersticken glaubt, sucht er eine neue Unruhe – und dabei kann er alles verspielen, was er sich mühsam geschaffen hat.
Und während die einen heute noch den Exzessen des Luxus nachjagen, sind viele schon darüber hinaus und suchen Einsamkeit, Natur, wo es die noch gibt. Eine gigantische Flucht nach innen, ins Private, hat begonnen. Wir leben in der materiellen Glückssträhne unseres Jahrhunderts, aber wenn die Menschen nicht begreifen, daß Glück immer wieder neu gestaltet, neu erobert werden muß, werden sie nichts davon haben. Der Mensch braucht Ziele und Aufgaben.
Also müssen wir uns auf uns selbst besinnen, den Wohlstand nicht für selbstverständlich nehmen, den Blick fürs Wesentliche behalten – und das ist nun einmal die Liebe, das Miteinander, das Verstehen und ein bißchen Dankbarkeit.

Die Nationalhymne – das Lied der Deutschen

Nach der Wiedervereinigung wurde viel diskutiert, ob das Deutschlandlied weiter als Nationalhymne ertönen soll.
Dazu der Historiker Golo Mann: »Gegen die aggressiven Texte der französischen und englischen Hymne und der besonders blutrünstigen amerikanischen ist die deutsche Hymne zarteste Lyrik.«
Und der Kultusminister Baden-Württembergs, Gerhard Mayer-Vorfelder: »Ich halte es für falsch, der Jugend das Recht auf nationale Symbole zu nehmen und ihnen das Gefühl streitig zu machen, daß sie stolz sein dürfen, Deutsche zu sein.«
Vielleicht hat Peter Boenisch die richtigen Worte gefunden, wenn er schreibt: »Nur wir Deutschen, die wir uns alles so schwermachen, machen es uns selbstverständlich auch mit unserer Hymne schwer. Sollen wir sie singen? Ja, oder lieber nein? Und wenn schon ja, dann welche Strophe? Die einen halten sie für eine Erfindung der Nazis, die anderen für das nationalistische Getön von Kaiser Wilhelm. Beides ist falsch. ... Zur Nationalhymne wurde ›das Lied der Deutschen‹ erst am 11. August 1922 durch die Verordnung des sozialdemokratischen Reichspräsidenten Friedrich Ebert. Es ist die Hymne der Weimarer Republik. Warum sollte ein Kultusminister der Bonner Republik sich dessen schämen, wenn er an Baden-Württembergs Schulen alle drei Strophen lehren und lernen läßt? Der SPD-Fraktionschef im Musterländle, schon sehr weit entfernt von Friedrich Ebert, sieht das anders. Und der Fraktionschef der Grünen trieb es noch ärger, er nannte die Hymne ein ›nationales Sauflied‹. Beiden täte ein Nachhilfekurs in Historik bei Golo Mann gut, der erst dieser Tage den lyrischen Text des alten Liedes lobte.
... Franzosen sangen ihre Marseillaise. Nun seit 191 Jahren die Hymne der Franzosen. Keiner störte und stört sich an dem Text, den Hauptmann Claude Joseph Rouget de Lisle einst als ›Kriegslied der Rheinarmee‹ verfaßte.
Die meisten Hymnen stammen aus Zeiten der Not, des Kampfes und des Krieges. ›Breite Streifen, helle Sterne, die durch Kampfgefahr überm Wall, den wir hielten, hoch und tapfer hinwehten. Und die Blitze der Schlacht machten taghell die Nacht, zeigten leuchtend uns an: Unsere Fahne hält

Wacht.‹ Rechtsanwalt Francis Scott Key fand während des britisch-amerikanischen Krieges 1814 diese Worte zur Sternenbannerhymne.
Also auch bei den Amerikanern, diesen wackeren Republikanern, geht's ›hoch und tapfer‹ zu. Und selbst der friedlichste Big-Mac-Esser legt seine Faust auf sein Herz, wenn seine Nationalhymne ertönt.
Wenn die Franzosen vom blutgetränkten Boden singen, die Amerikaner von den Blitzen der Schlacht... dann regt sich niemand auf. Wenn aber ein Deutscher meint, Deutschland gehe ihm über alles und die erste Strophe singt, dann ist das Revanchismus, Hitlerismus, Wilhelmismus etc. Höchstwahrscheinlich wissen weder Jusos noch Grüne, daß es ein Genosse war, der das Lied zur Hymne machte, und daß sie von den Nazis zwar mißbraucht wurde, jedoch nur eine Art Ouvertüre war. Sie sangen dann nämlich ›Die Fahne hoch ...‹.
Trauriges Deutschland, trostloser Geschichtsunterricht an unseren Schulen.«[201]

Bundestagswahlergebnisse und Bundesregierungen seit 1949

1. Wahlperiode
Deutscher Bundestag
Von 7. September 1949 bis 7. September 1953
Tag der Wahl: 14. August 1949
Anzahl der Wahlberechtigten: 31 207 620
Abgegebene Stimmen: 23 732 398
Wahlbeteiligung: 78,5 Prozent
Präsident: Erich Köhler (7. September 1949 bis 13. Oktober 1950), Hermann Ehlers (ab 19. Oktober 1950)
Die Stadtverordnetenversammlung von Westberlin wählte 8 (nur beschränkt stimmberechtigte) Bundestagsabgeordnete: 5 SPD, 2 CDU und 1 FDP. Nach Inkrafttreten der Verfassung von Berlin (1950) wurden am 31. Januar 1952 weitere 11 Bundestagsabgeordnete (4 SPD, 3 CDU und 4 FDP) gewählt.
Anzahl der Partei- und Fraktionsübertritte im Verlauf der Wahlperiode: 30

Erste Bundesregierung
Konrad Adenauer
Von 20. September 1949 bis 20. Oktober 1953
Bundeskanzler und Auswärtiges: Konrad Adenauer (seit 15. 3. 1951) (CDU); Stellvertreter und Marshallplan: Franz Blücher (FDP); Inneres: Gustav Heinemann (bis 11. 10. 1950) (CDU); Nachfolger: Robert Lehr (seit 13. 10. 1950) (CDU); Justiz: Thomas Dehler (FDP); Finanzen: Fritz Schäffer (CSU); Wirtschaft: Ludwig Erhard (CDU); Ernährung: Wilhelm Niklas (CSU); Arbeit: Anton Storch (CDU); Verkehr: Hans-Christoph Seebohm (DP); Post: Hans Schuberth (CDU); Wiederaufbau (Wohnungsbau): Eberhard Wildermuth (gest. 9. 3. 1952) (FDP); Nachfolger: Fritz Neumayer (seit 19. 7. 1952) (FDP); Vertriebene: Hans Lukaschek (CDU); Gesamtdeutsche Fragen: Jakob Kaiser (CDU); Bundesrat: Heinrich Hellwege (DP)

Es entfielen auf:	%	Sitze	direkt
CDU/CSU	31,0	139	115
SPD	29,2	131	96
FDP	11,9	52	12
KPD	5,7	15	0
BP	4,2	17	11
DP	4,0	17	5
Zentrum	3,1	10	0
WAV	2,9	12	0
DRP	1,8	5	0
RSF	0,9	0	
SSW	0,3	1	0
EVD	0,1	0	
RWVP	0,1	0	
Unabhängige	4,8	3	3
		402	242

2. Wahlperiode
Deutscher Bundestag
Von 6. Oktober 1953 bis 6. Oktober 1957
Tag der Wahl: 6. September 1953
Anzahl der Wahlberechtigten: 33 202 287
Abgegebene Stimmen: 27 551 272
Wahlbeteiligung: 85,8 Prozent
Präsident: Hermann Ehlers (6. Oktober 1953 bis 29. Oktober 1954), Eugen Gerstenmaier (ab 16. November 1954)
Das Berliner Abgeordnetenhaus wählte die 22 (nicht voll stimmberechtigten) Berliner Bundestagsabgeordneten: 11 SPD, 6 CDU und 5 FDP. Nach Eingliederung des Saarlandes in die BRD am 1. Januar 1957 erhöht sich die Zahl der stimmberechtigten Bundestagsabgeordneten um 10 auf 497. Der saarländische Landtag wählte 3 CDU-, 2 SPD-, 3 FDP- und 2 CVP-Abgeordnete.
Anzahl der Partei- und Fraktionsübertritte im Verlauf der Wahlperiode: 34

Zweite Bundesregierung
Konrad Adenauer
Von 20. Oktober 1953 bis 29. Oktober 1957
Bundeskanzler: Konrad Adenauer (CDU); Stellvertreter und Wirtschaftliche Zusammenarbeit: Franz Blücher (FDP/FVP); Auswärtiges: Konrad Adenauer (bis 6. 6. 1955); Nachfolger: Heinrich von Brentano (seit 8. 6. 1955) (CDU); Inneres: Gerhard Schröder

(CDU); Justiz: Fritz Neumayer (bis 16. 10. 1956) (FDP/FVP); Nachfolger: Hans Joachim von Merkatz (DP); Finanzen: Fritz Schäffer (CSU); Wirtschaft: Ludwig Erhard (CDU); Ernährung: Heinrich Lübke (CDU); Arbeit: Anton Storch (CDU); Verkehr: Hans-Christoph Seebohm (DP); Post: Hans Schuberth (bis 9. 12. 1953) (CSU); Nachfolger: Siegfried Balke (10. 12. 1953 bis 14. 11. 1956) (parteilos); Nachfolger: Ernst Lemmer (seit 15. 11. 1956) (CDU); Wohnungsbau: Viktor-Emanuel Preusker (FDP/FVP); Vertriebene: Theodor Oberländer (BHE/CDU); Gesamtdeutsche Fragen: Jakob Kaiser (CDU); Bundesrat: Heinrich Hellwege (bis 26. 5. 1955) (DP); Nachfolger: Hans Joachim von Merkatz (DP); Familienfragen: Franz-Josef Wuermeling (CDU); Bes. Fragen: Robert Tillmanns (gest. 12. 11. 1955) (CDU); Nachfolger: Waldemar Kraft (bis 16. 10. 1956) (BHE/CDU); Nachfolger: Hermann Schäfer (bis 16. 10. 1956) (FDP/ FVP); Nachfolger: Franz Josef Strauß (bis 12. 10. 1955) (CSU); Verteidigung (neu seit 8. 6. 1955); Theodor Blank (bis 16. 10. 1956) (CDU); Nachfolger: Franz Josef Strauß (CSU); Atomfragen (neu seit 12. 10. 1955): Franz Josef Strauß (bis 16. 10. 1956) (CSU); Nachfolger: Siegfried Balke (CSU)

Es entfielen auf:	%	Sitze	direkt
CDU/CSU	45,2	243	172
SPD	28,8	151	45
FDP	9,5	48	14
BHE	5,9	27	0
DP	3,2	15	10
KPD	2,2	0	
BP	1,7	0	
GVP	1,2	0	
DRP	1,1	0	
Zentrum	0,8	3 *	1
DNS	0,3	0	
SSW	0,2	0	
		487	241

3. Wahlperiode
Deutscher Bundestag

Von 15. Oktober 1957 bis 15. Oktober 1961
Tag der Wahl: 15. September 1957
Anzahl der Wahlberechtigten: 35 400 923
Abgegebene Stimmen: 29 905 428
Wahlbeteiligung: 87,8 Prozent
Präsident: Eugen Gerstenmaier
Das Berliner Abgeordnetenhaus wählte die 22 (begrenzt stimmberechtigten) Berliner Vertreter für den Bundestag: 12 SPD, 7 CDU, 2 FDP und 1 FVP.
Anzahl der Partei- und Fraktionsübertritte im Verlauf der Wahlperiode: 18

Dritte Bundesregierung
Konrad Adenauer

Von 29. Oktober 1957 bis 14. November 1961
Bundeskanzler: Konrad Adenauer (CDU); Stellvertreter und Wirtschaft: Ludwig Erhard (CDU); Auswärtiges: Heinrich von Brentano (CDU); Inneres: Gerhard Schröder (CDU); Justiz: Fritz Schäffer (CSU); Finanzen: Franz Etzel (CDU); Ernährung: Heinrich Lübke (bis 15. 9. 1959) (CDU); Nachfolger: Werner Schwarz (seit 14. 10. 1959) (CDU); Arbeit: Theodor Blank (CDU); Verteidigung: Franz Josef Strauß (CSU); Verkehr: Hans-Christoph Seebohm (DP/CDU); Post: Richard Stücklen (CSU); Wohnungsbau: Paul Lücke (CDU); Vertriebene: Theodor Oberländer (bis 4. 5. 1960) (CDU); Nachfolger: Hans Joachim von Merkatz (seit 27. 10. 1960) (CDU); Gesamtdeutsche Fragen: Ernst Lemmer (CDU); Bundesrat: Hans Joachim von Merkatz (DP/CDU); Familie: Franz-Josef Wuermeling (CDU); Atomkernenergie: Siegfried Balke (CSU); Wirtschaftlicher Besitz des Bundes (neu): Hermann Lindrath (gest. 27. 2. 1960) (CDU); Nachfolger: Hans Wilhelmi (seit 4. 5. 1960) (CDU)

* Darunter 1 Abgeordneter der CDU, der über die Landesliste des Zentrums gewählt worden ist.

Es entfielen auf:	%	Sitze	direkt
CDU/CSU	50,2	270	194
SPD	31,8	169	46
FDP	7,7	41	1
GB/BHE	4,6	0	0
DP	3,4	17	6
DRP	1,0	0	0
FU	0,8	0	0
BdD	0,2	0	0
UDM	0,1	0	0
SSW	0,1	0	0
DG	0,05	0	0
VU	0,0	0	0
		497	247

4. Wahlperiode
Deutscher Bundestag
Von 17. Oktober 1961 bis 17. Oktober 1965
Tag der Wahl: 17. September 1961
Anzahl der Wahlberechtigten: 37 440 715
Abgegebene Stimmen: 31 550 901
Wahlbeteiligung: 87,7 Prozent
Präsident: Eugen Gerstenmaier
Das Berliner Abgeordnetenhaus wählte die (begrenzt stimmberechtigten) 22 Berliner Vertreter für den Bundestag: 13 SPD und 9 CDU.
Anzahl der Partei- und Fraktionsübertritte im Verlauf der Wahlperiode: 2

Vierte Bundesregierung
Konrad Adenauer
Von 14. November 1961 bis 13. Dezember 1962
Bundeskanzler: Konrad Adenauer (CDU); Stellvertreter und Wirtschaft: Ludwig Erhard (CDU); Auswärtiges: Gerhard Schröder (CDU); Inneres: Hermann Höcherl (CSU); Justiz: Wolfgang Stammberger (bis 19. 11. 1962) (FDP); Finanzen: Heinz Starke (bis 19. 11. 1962) (FDP); Ernährung: Werner Schwarz (CDU); Verteidigung: Franz Josef Strauß (CSU); Verkehr: Hans-Christoph Seebohm (CDU); Arbeit: Theodor Blank (CDU); Post: Richard Stücklen (CSU); Wohnungswesen: Paul Lücke (CDU); Vertriebene: Wolfgang Mischnick (bis 19. 11. 1962) (FDP); Gesamtdeutsche Fragen: Ernst Lemmer (CDU); Familie: Franz-Josef Wuermeling (CDU); Bundesrat: Hans Joachim von Merkatz (CDU); Atomkernenergie: Siegfried Balke (CSU); Schatz: Hans Lenz (bis 19. 11. 1962) (FDP); Wirtschaftliche Zusammenarbeit: Walter Scheel (bis 19. 11. 1962) (FDP); Gesundheitswesen: Elisabeth Schwarzhaupt (CDU); Besondere Aufgaben (neu): Heinrich Krone (CDU)

Es entfielen auf:	%	Sitze	direkt
CDU/CSU	45,3	242	156
SPD	36,2	190	91
FDP	12,8	67	0
GDP	2,8	0	0
DFU	1,9	0	0
DRP	0,8	0	0
DG	0,1	0	0
SSW	0,1	0	0
		499	247

4. Wahlperiode
Deutscher Bundestag
Von 17. Oktober 1961 bis 17. Oktober 1965

Fünfte Bundesregierung
Konrad Adenauer
Von 13. Dezember 1962 bis 11. Oktober 1963
Bundeskanzler: Konrad Adenauer (CDU); Stellvertreter und Wirtschaft: Ludwig Erhard (CDU); Auswärtiges: Gerhard Schröder (CDU); Inneres: Hermann Höcherl (CSU); Justiz: Ewald Bucher (FDP); Finanzen: Rolf Dahlgrün (FDP); Ernährung: Werner Schwarz (CDU); Arbeit: Theodor Blank (CDU); Verteidigung: Franz Josef Strauß (beauftragt bis 9. 1. 1963) (CSU); Nachfolger: Kai-Uwe von Hassel (CDU); Verkehr: Hans-Christoph Seebohm (CDU); Post: Richard Stücklen (CSU); Wohnungsbau: Paul Lücke (CDU); Vertriebene: Wolfgang Mischnick (FDP); Gesamtdeutsche Fragen: Rainer Barzel (CDU); Bundesrat: Alois Niederalt (CSU); Familie: Bruno Heck (CDU);

Wissenschaft: Hans Lenz (FDP); Schatz: Werner Dollinger (CSU); Wirtschaftliche Zusammenarbeit: Walter Scheel (FDP); Gesundheitswesen: Elisabeth Schwarzhaupt (CDU); Besondere Aufgaben: Heinrich Krone (CDU)

4. Wahlperiode
Deutscher Bundestag
Von 17. Oktober 1961 bis 17. Oktober 1965

Erste Bundesregierung Ludwig Erhard
Von 17. Oktober 1963 bis 26. Oktober 1965
Bundeskanzler: Ludwig Erhard (CDU); Stellvertreter und Gesamtdeutsche Fragen: Erich Mende (FDP); Auswärtiges: Gerhard Schröder (CDU); Inneres: Hermann Höcherl (CSU); Justiz: Ewald Bucher (bis 27. 3. 1965) (FDP); Nachfolger: Karl Weber (seit 1. 4. 1965) (CDU); Finanzen: Rolf Dahlgrün (FDP); Wirtschaft: Kurt Schmücker (CDU); Ernährung: Werner Schwarz (CDU); Arbeit: Theodor Blank (CDU); Verteidigung: Kai-Uwe von Hassel (CDU); Verkehr: Hans-Christoph Seebohm (CDU); Post: Richard Stücklen (CSU); Wohnungswesen: Paul Lücke (CDU); Vertriebene: Hans Krüger (bis 7. 2. 1964) (CDU); Nachfolger: Ernst Lemmer (seit 19. 2. 1964) (CDU); Bundesrat: Alois Niederalt (CSU); Familie: Bruno Heck (CDU); Wissenschaft: Hans Lenz (FDP); Schatz: Werner Dollinger (CSU); Wirtschaftliche Zusammenarbeit: Walter Scheel (FDP); Gesundheitswesen: Elisabeth Schwarzhaupt (CDU); Besondere Aufgaben (seit 13. 7. 1964: Verteidigungsrat): Heinrich Krone (CDU); Besondere Aufgaben (neu seit 16. 6. 1964): Ludger Westrick (parteilos/CDU)

5. Wahlperiode
Deutscher Bundestag
Von 19. Oktober 1965 bis 19. Oktober 1969

Bundesregierung Kurt Georg Kiesinger
Von 1. Dezember 1966 bis 21. Oktober 1969
Bundeskanzler: Kurt Georg Kiesinger (CDU); Stellvertreter und Auswärtiges: Willy Brandt (SPD); Inneres: Paul Lücke (bis 2. 4. 1968) (CDU); Nachfolger: Ernst Benda (CDU); Justiz: Gustav Heinemann (bis 26. 3. 1969) (SPD); Nachfolger: Horst Ehmke (SPD); Finanzen: Franz Josef Strauß (CDU); Wirtschaft: Karl Schiller (SPD); Ernährung: Hermann Höcherl (CSU); Arbeit: Hans Katzer (CDU); Verteidigung: Gerhard Schröder (CDU); Verkehr: Georg Leber (SPD); Post: Werner Dollinger (CSU); Wohnungswesen: Lauritz Lauritzen (SPD); Vertriebene: Kai-Uwe von Hassel (bis 5. 2. 1969) (CDU); Nachfolger: Heinrich Windelen (seit 7. 2. 1969) (CDU); Gesamtdeutsche Fragen: Herbert Wehner (SPD); Bundesrat: Carlo Schmid (SPD); Familie: Bruno Heck (bis 2. 10. 1968) (CDU); Nachfolgerin: Aenne Brauksiepe (seit 16. 10. 1968) (CDU); Wissenschaftliche Forschung: Gerhard Stoltenberg (CDU); Schatz: Kurt Schmücker (CDU); Wirtschaftliche Zusammenarbeit: Hans-Jürgen Wischnewski (bis 2. 10. 1968) (SPD); Nachfolger: Erhard Eppler (seit 6. 10. 1968) (SPD); Gesundheitswesen: Käte Strobel (SPD)

6. Wahlperiode
Deutscher Bundestag
Von 20. Oktober 1969 bis 22. September 1972
Tag der Wahl: 28. September 1969
Anzahl der Wahlberechtigten: 38 677 235
Abgegebene Stimmen: 32 966 024
Wahlbeteiligung: 86,7 Prozent
Präsident: Kai-Uwe von Hassel
Das Berliner Abgeordnetenhaus wählte die 22 (nicht voll stimmberechtigten) Berliner Bundestagsabgeordneten: 13 SPD, 8 CDU und 1 FDP.
Anzahl der Partei- und Fraktionsübertritte im Verlauf der Wahlperiode: 5

Erste Bundesregierung Willy Brandt
Von 22. Oktober 1969 bis 15. Dezember 1972

Bundeskanzler: Willy Brandt (SPD); Stellvertreter und Auswärtiges: Walter Scheel (FDP); Inneres: Hans-Dietrich Genscher (FDP); Justiz: Gerhard Jahn (SPD); Finanzen*: Alex Möller (bis 13. 5. 1971) (SPD); Nachfolger: Karl Schiller (SPD); Wirtschaft*: Karl Schiller (bis 7. 7. 1972) (SPD); Nachfolger: Helmut Schmidt (SPD); Ernährung: Josef Ertl (FDP); Arbeit: Walter Arendt (SPD); Verteidigung: Helmut Schmidt (bis 7. 7. 1972) (SPD); Nachfolger: Georg Leber (SPD); Jugend, Familie und Gesundheit: Käte Strobel (SPD); Verkehr, Post: Georg Leber (bis 7. 7. 1972) (SPD); Nachfolger: Lauritz Lauritzen (SPD); Städtebau: Lauritz Lauritzen (SPD); Innerdeutsche Beziehungen: Egon Franke (SPD); Bildung und Wissenschaft: Hans Leussink (bis 15. 3. 1972) (parteilos); Nachfolger: Klaus von Dohnanyi (SPD); Wirtschaftliche Zusammenarbeit: Erhard Eppler (SPD); Besondere Aufgaben: Horst Ehmke (SPD)

Es entfielen auf:	%	Sitze	direkt
CDU/CSU	46,1	242	121
SPD	42,7	224	127
FDP	5,8	30	0
NPD	4,3	0	0
ADF	0,6	0	0
BP	0,2	0	0
EP	0,2	0	0
GDP	0,1	0	0
FSU	0,0	0	0
Zentrum	0,0	0	0
UAP	0,0	0	0
		496	248

7. Wahlperiode
Deutscher Bundestag
Von 13. Dezember 1972 bis 13. Dezember 1976
Tag der Wahl: 19. November 1972
Anzahl der Wahlberechtigten: 41 446 302
Abgegebene Stimmen: 37 459 750
Wahlbeteiligung: 91,1 Prozent
Präsidentin: Annemarie Renger

* Am 13. 5. 1971 vereinigt zum Bundesministerium für Wirtschaft und Finanzen.

Das Berliner Abgeordnetenhaus wählte die 22 (begrenzt stimmberechtigten) Berliner Bundestagsabgeordneten: 12 SPD, 9 CDU und 1 FDP.
Anzahl der Partei- und Fraktionsübertritte im Verlauf der Wahlperiode: 2

Zweite Bundesregierung Willy Brandt
Von 15. Dezember 1972 bis 7. Mai 1974
Bundeskanzler: Willy Brandt (SPD); Stellvertreter und Auswärtiges: Walter Scheel (FDP); Inneres: Hans-Dietrich Genscher (FDP); Justiz: Gerhard Jahn (SPD); Finanzen: Helmut Schmidt (SPD); Wirtschaft: Hans Friderichs (FDP); Ernährung, Landwirtschaft und Forsten: Josef Ertl (FDP); Arbeit und Sozialordnung: Walter Arendt (SPD); Verteidigung: Georg Leber (SPD); Jugend, Familie und Gesundheit: Katharina Focke (SPD); Verkehr: Lauritz Lauritzen (SPD); Raumordnung, Bauwesen und Städtebau: Hans-Jochen Vogel (SPD); Innerdeutsche Beziehungen: Egon Franke (SPD); Forschung und Technologie: Horst Ehmke (SPD); Post- und Fernmeldewesen: Horst Ehmke (SPD); Bildung und Wissenschaft: Klaus von Dohnanyi (SPD); Wirtschaftliche Zusammenarbeit: Erhard Eppler (SPD); Besondere Aufgaben beim Bundeskanzler: Egon Bahr (SPD); Besondere Aufgaben beim Stellvertreter des Bundeskanzlers: Werner Maihofer (FDP)

Es entfielen auf:	%	Sitze	direkt
SPD	45,8	230	152
CDU/CSU	44,9	225	96
FDP	8,4	41	0
NPD	0,6	0	0
DKP	0,3	0	0
EFP	0,0	0	0
FSU	0,0	0	0
		496	248

7. Wahlperiode
Deutscher Bundestag
Von 13. Dezember 1972 bis 13. Dezember 1976

Erste Bundesregierung Helmut Schmidt
Von 16. Mai 1974 bis 14. Dezember 1976

Bundeskanzler: Helmut Schmidt (SPD); Stellvertreter des Bundeskanzlers: Hans-Dietrich Genscher (FDP); Auswärtiges: Hans-Dietrich Genscher (FDP); Inneres: Werner Maihofer (FDP); Justiz: Hans-Jochen Vogel (SPD); Finanzen: Hans Apel (SPD); Wirtschaft: Hans Friderichs (FDP); Ernährung, Landwirtschaft und Forsten: Josef Ertl (FDP); Arbeit: Walter Arendt (SPD); Verteidigung: Georg Leber (SPD); Jugend, Familie und Gesundheit: Katharina Focke (SPD); Verkehr, Post- und Fernmeldewesen: Kurt Gscheidle (SPD); Raumordnung, Bauwesen und Städtebau: Karl Ravens (SPD); Innerdeutsche Beziehungen: Egon Franke (SPD); Forschung und Technologie: Hans Matthöfer; Bildung und Wissenschaft: Helmut Rohde (SPD); Wirtschaftliche Zusammenarbeit: Erhard Eppler (SPD); Nachfolger: Egon Bahr (seit 8. 7. 1974) (SPD)

8. Wahlperiode
Deutscher Bundestag
Von 14. Dezember 1976 bis 4. November 1980
Tag der Wahl: 3. Oktober 1976
Anzahl der Wahlberechtigten: 42 058 015
Abgegebene Stimmen: 38 165 753
Wahlbeteiligung: 90,7 Prozent
Präsident: Karl Carstens, seit 31. Mai 1979 Richard Stücklen
Das Berliner Abgeordnetenhaus wählte die 22 (nicht voll stimmberechtigten) Berliner Bundestagsabgeordneten: 10 SPD, 11 CDU und 1 FDP.
Anzahl der Partei- und Fraktionsübertritte im Verlauf der Wahlperiode: 1

Zweite Bundesregierung Helmut Schmidt
Von 16. September 1976 bis 4. November 1980
Bundeskanzler: Helmut Schmidt (SPD); Stellvertreter des Bundeskanzlers: Hans-Dietrich Genscher (FDP); Auswärtiges: Hans-Dietrich Genscher (FDP); Inneres: Werner Maihofer (FDP); Nachfolger: Gerhart Rudolf Baum (seit 8. 6. 1978) (FDP); Justiz: Hans-Jochen Vogel (SPD); Finanzen: Hans Apel (SPD); Nachfolger: Hans Matthöfer (seit 16. 2. 1978) (SPD); Wirtschaft: Hans Friderichs (FDP); Nachfolger: Otto Graf Lambsdorff (seit 7. 10. 1977) (FDP); Ernährung, Landwirtschaft und Forsten: Josef Ertl (FDP); Arbeit und Sozialordnung: Herbert Ehrenberg (SPD); Verteidigung: Georg Leber (SPD); Nachfolger: Hans Apel (seit 16. 2. 1978) (SPD); Jugend, Familie und Gesundheit: Antje Huber (SPD); Verkehr, Post- und Fernmeldewesen: Kurt Gscheidle (SPD); Raumordnung, Bauwesen und Städtebau: Karl Ravens (SPD); Nachfolger: Dieter Haack (seit 16. 2. 1978) (SPD); Innerdeutsche Beziehungen: Egon Franke (SPD); Forschung und Technologie: Hans Matthöfer (SPD); Nachfolger: Volker Hauff (seit 16. 2. 1978) (SPD); Bildung und Wissenschaft: Helmut Rohde (SPD); Nachfolger: Jürgen Schmude (seit 16. 2. 1978) (SPD); Wirtschaftliche Zusammenarbeit: Marie Schlei (SPD); Nachfolger: Rainer Offergeld (seit 16. 2. 1978) (SPD)

Es entfielen auf:	%	Sitze	direkt
SPD	42,6	214	114
CDU	38,0	190	94
CSU	10,6	53	40
FDP	7,9	39	0
NPD	0,3	0	0
DKP	0,3	0	0
KPD	0,1	0	0
AUD	0,1	0	0
KBW	0,1	0	0
EAP	0,0	0	0
CBV	0,0	0	0
GIM	0,0	0	0
AVP	0,0	0	0
5%-Block	0,0	0	0
UAP	0,0	0	0
VL	0,0	0	0
RFP	0,0	0	0
Wählergruppen	0,0	0	0
		496	248

9. Wahlperiode
Deutscher Bundestag
Von 4. November 1980 bis 29. März 1983
Tag der Wahl: 5. Oktober 1980
Anzahl der Wahlberechtigten: 43 231 741
Abgegebene Stimmen: 38 292 176
Wahlbeteiligung: 88,6 Prozent
Präsident: Richard Stücklen
Das Berliner Abgeordnetenhaus wählte die 22 (nicht voll stimmberechtigten) Berliner Bundestagsabgeordneten: 10 SPD, 11 CDU und 1 FDP.
Anzahl der Partei- und Fraktionsübertritte im Verlauf der Wahlperiode: 7

Dritte Bundesregierung Helmut Schmidt
Von 6. November 1980 bis 1. Oktober 1982
Bundeskanzler: Helmut Schmidt (SPD); Stellvertreter des Bundeskanzlers: Hans-Dietrich Genscher (FDP); Nachfolger: Egon Franke (seit 17. 9. 1982) (SPD); Auswärtiges: Hans-Dietrich Genscher (FDP); Nachfolger: Helmut Schmidt (seit 17. 9. 1982) (SPD); Inneres: Gerhart Rudolf Baum (FDP); Nachfolger: Jürgen Schmude (seit 17. 9. 1982) (SPD); Justiz: Hans-Jochen Vogel (bis 22. 1. 1981) (SPD); Nachfolger: Jürgen Schmude (seit 28. 1. 1981) (SPD); Finanzen: Hans Matthöfer (SPD); Nachfolger: Manfred Lahnstein (seit 28. 4. 1982) (SPD); Wirtschaft: Otto Graf Lambsdorff (FDP); Nachfolger: Manfred Lahnstein (seit 17. 9. 1982) (SPD); Ernährung, Landwirtschaft und Forsten: Josef Ertl (FDP); Nachfolger: Björn Engholm (seit 17. 9. 1982) (SPD); Arbeit und Sozialordnung: Herbert Ehrenberg (SPD); Nachfolger: Heinz Westphal (seit 28. 4. 1982) (SPD); Verteidigung: Hans Apel (SPD); Jugend, Familie und Gesundheit: Antje Huber (SPD); Nachfolgerin: Anke Fuchs (seit 28. 4. 1982) (SPD); Verkehr: Volker Hauff (SPD); Post- und Fernmeldewesen: Kurt Gscheidle (SPD); Nachfolger: Hans Matthöfer (seit 28. 4. 1982) (SPD); Raumordnung, Bauwesen und Städtebau: Dieter Haack (SPD); Innerdeutsche Beziehungen: Egon Franke (SPD); Forschung und Technologie: Andreas von Bülow (SPD); Bildung und Wissenschaft: Jürgen Schmude (bis 28. 1. 1981) (SPD); Nachfolger: Björn Engholm (seit 28. 1. 1981) (SPD); Wirtschaftliche Zusammenarbeit: Rainer Offergeld (SPD)

Es entfielen auf:	%	Sitze	direkt
SPD	42,9	218	127
CDU	34,2	174	81
CSU	10,3	52	40
FDP	10,6	53	0
Grüne	1,5	0	0
DKP	0,2	0	0
NPD	0,2	0	0
Bürgerpartei	0,0	0	0
V	0,0	0	0
KBW	0,0	0	0
EAP	0,0	0	0
CBV	0,0	0	0
DU	0,0	0	0
UAP	0,0	0	0
DFP	0,0	0	0
Einzelbewerber und Wählergruppen	0,0	0	0
		497	248

9. Wahlperiode
Deutscher Bundestag
Von 4. November 1980 bis 29. März 1983

Erste Bundesregierung Helmut Kohl
Von 4. Oktober 1982 bis 29. März 1983
Bundeskanzler: Helmut Kohl (CDU); Stellvertreter des Bundeskanzlers: Hans-Dietrich Genscher (FDP); Auswärtiges: Hans-Dietrich Genscher (FDP); Inneres: Friedrich Zimmermann (CSU); Justiz: Hans A. Engelhard (FDP); Finanzen: Gerhard Stoltenberg (CDU); Wirtschaft: Otto Graf Lambsdorff (FDP); Ernährung, Landwirtschaft und Forsten: Josef Ertl (FDP); Innerdeutsche Beziehungen: Rainer Barzel (CDU); Arbeit und Sozialordnung: Norbert Blüm (CDU); Verteidigung: Manfred Wörner (CDU); Jugend, Familie und Gesundheit: Heiner Geißler (CDU); Verkehr: Werner Dollinger (CSU); Post- und Fernmeldewesen: Christian Schwarz-Schilling (CDU); Raumord-

nung, Bauwesen und Städtebau: Oscar Schneider (CSU); Forschung und Technologie: Heinz Riesenhuber (CDU); Bildung und Wissenschaft: Dorothee Wilms (CDU); Wirtschaftliche Zusammenarbeit: Jürgen Warnke (CSU)

10. Wahlperiode
Deutscher Bundestag

Von 29. März 1983 bis 18. Februar 1987
Tag der Wahl: 6. März 1983
Anzahl der Wahlberechtigten: 44 088 935
Abgegebene Stimmen: 39 279 529
Wahlbeteiligung: 89,1 Prozent
Präsident: Rainer Barzel, seit 5. 11. 1984 Philipp Jenninger
Das Berliner Abgeordnetenhaus wählte die 22 (nicht voll stimmberechtigten) Berliner Bundestagsabgeordneten: 9 SPD, 11 CDU, 1 FDP und 1 AL.
Anzahl der Partei- und Fraktionsübertritte im Verlauf der Wahlperiode: 4

Zweite Bundesregierung Helmut Kohl

Von 30. März 1983 bis 11. März 1987
Bundeskanzler: Helmut Kohl (CDU); Stellvertreter des Bundeskanzlers: Hans-Dietrich Genscher (FDP); Auswärtiges: Hans-Dietrich Genscher (FDP); Inneres: Friedrich Zimmermann (CSU); Justiz: Hans A. Engelhard (FDP); Finanzen: Gerhard Stoltenberg (CDU); Wirtschaft: Otto Graf Lambsdorff (FDP); Nachfolger: Martin Bangemann (seit 27. 6. 1984) (FDP); Ernährung, Landwirtschaft und Forsten: Ignaz Kiechle (CSU); Innerdeutsche Beziehungen: Heinrich Windelen (CDU); Arbeit und Sozialordnung: Norbert Blüm (CDU); Verteidigung: Manfred Wörner (CDU); Jugend, Familie und Gesundheit*: Heiner Geißler (CDU); Nachfolgerin: Rita Süßmuth (seit 26. 9. 1985) (CDU); Verkehr: Werner Dollinger (CSU); Umwelt, Naturschutz und Reaktorsicherheit: Walter Wallmann (seit 6. 6. 1986) (CDU); Post- und Fernmeldewesen: Christian Schwarz-Schilling (CDU); Raumordnung, Bauwesen und Städtebau: Oscar Schneider (CSU); Forschung und Technologie: Heinz Riesenhuber (CDU); Bildung und Wissenschaft: Dorothee Wilms (CDU); Wirtschaftliche Zusammenarbeit: Jürgen Warnke (CSU); Besondere Aufgaben: Wolfgang Schäuble (seit 15. 11. 1984) (CDU)

* Seit 6. 6. 1986 Bundesministerium für Jugend, Familie, Frauen und Gesundheit

Es entfielen auf:	%	Sitze	direkt
SPD	38,2	193	68
CDU	38,2	191	136
CSU	10,6	53	44
FDP	7,0	34	0
Grüne	5,6	27	0
DKP	0,2	0	0
NPD	0,2	0	0
EAP	0,0	0	0
ÖDP	0,0	0	0
C.B.V.	0,0	0	0
KPD	0,0	0	0
USD	0,0	0	0
BWK	0,0	0	0
Unabhängige	0,0	0	0
		478	248

Das neue Bundeskabinett
11. Wahlperiode

Überreichung der Ernennungsurkunden durch den Bundespräsidenten

Die Pressestelle des Bundespräsidenten gibt bekannt: Bundespräsident Richard von Weizsäcker empfing am 12. März 1987 Bundeskanzler Dr. Helmut Kohl mit den neuen Bundesministern. Gemäß Artikel 64 Absatz 1 des Grundgesetzes hat der Bundespräsident auf Vorschlag des Bundeskanzlers zu Bundesministern ernannt:
Hans-Dietrich Genscher, Bundesminister des Auswärtigen; Dr. Friedrich Zimmermann, Bundesminister des Innern; Hans A. Engelhard, Bundesminister der Justiz; Dr. Gerhard Stoltenberg, Bundesminister der Finanzen; Dr. Martin Bangemann, Bundesminister für Wirtschaft; Ignaz Kiechle, Bun-

desminister für Ernährung, Landwirtschaft und Forsten; Dr. Dorothee Wilms, Bundesminister für innerdeutsche Beziehungen; Dr. Norbert Blüm, Bundesminister für Arbeit und Sozialordnung; Dr. Manfred Wörner, Bundesminister der Verteidigung; Prof. Dr. Rita Süßmuth, Bundesminister für Jugend, Familie, Frauen und Gesundheit; Dr. Jürgen Warnke, Bundesminister für Verkehr; Dr. Walter Wallmann, Bundesminister für Umwelt, Naturschutz und Reaktorsicherheit; Dr. Christian Schwarz-Schilling, Bundesminister für das Post- und Fernmeldewesen; Dr. Oscar Schneider, Bundesminister für Raumordnung, Bauwesen und Städtebau; Dr. Heinz Riesenhuber, Bundesminister für Forschung und Technologie; Jürgen W. Möllemann, Bundesminister für Bildung und Wissenschaft; Hans Klein, Bundesminister für wirtschaftliche Zusammenarbeit; Dr. Wolfgang Schäuble, Bundesminister für besondere Aufgaben

Die Bundesregierung nach der Kabinettsumbildung vom 21. April 1989

Bundeskanzler
Dr. Helmut Kohl
Bundeskanzleramt
53113 Bonn, Adenauerallee 141,
Telefon (02 28) 5 61

Bundesminister für besondere Aufgaben
und Chef des Bundeskanzleramtes
Rudolf Seiters

Parlamentarischer Staatssekretär
Staatsminister Dr. Lutz G. Stavenhagen

Bevollmächtigte
der Bundesregierung in Berlin
Parlamentarische Staatssekretärin Lieselotte Berger

Leiter der Ständigen Vertretung der Bundesrepublik Deutschland bei der DDR
Staatssekretär Dr. Franz Bertele

Bundesminister für besondere Aufgaben
und Chef des Presse- und Informationsamtes der Bundesregierung
Hans Klein
53113 Bonn, Welckerstraße 11,
Telefon (02 28) 20 81

Stellvertreter des Bundeskanzlers und
Bundesminister des Auswärtigen
Hans-Dietrich Genscher
Auswärtiges Amt
53´113 Bonn, Adenauerallee 99-103,
Telefon (02 28) 1 70

Parlamentarische Staatssekretäre:
Staatsminister Helmut Schäfer
Staatsministerin Dr. Irmgard Adam-Schwaetzer
Staatssekretäre:
Dr. Hans-Werner Lautenschlager
Dr. Jürgen Sudhoff

Bundesminister des Innern
Dr. Wolfgang Schäuble
Bundesministerium des Innern
53117 Bonn, Graurheindorfer Straße 198,
Telefon (02 28) 68 11
Parlamentarische Staatssekretäre:
Carl-Dieter Spranger
Dr. Horst Waffenschmidt
Staatssekretäre:
Hans Neusel
Franz Kroppenstedt

Bundesminister der Justiz
Hans A. Engelhard
Bundesministerium der Justiz
53175 Bonn, Heinemannstraße 6,
Telefon (02 28) 5 81
Parlamentarischer Staatssekretär:
Dr. Friedrich-Adolf Jahn
Staatssekretär:
Dr. Klaus Kinkel

Bundesminister der Finanzen
Dr. Theodor Waigel
Bundesministerium der Finanzen
53117 Bonn, Graurheindorfer Straße 108,
Telefon (02 28) 6 82-0

Parlamentarische Staatssekretäre:
Manfred Carstens
Dr. Friedrich Voss
Staatssekretäre:
Dr. Hans Tietmeyer
Dr. Peter Klemm

Bundesminister für Wirtschaft
Dr. Helmut Haussmann
Bundesministerium für Wirtschaft
53123 Bonn, Villemombler Straße 76,
Telefon (02 28) 6 15-1
Parlamentarische Staatssekretäre:
Dr. Ludolf-Georg von Wartenberg
Dr. Erich Riedl
Staatssekretäre:
Dr. Otto Schlecht
Dr. Dieter von Würzen

Bundesminister für Ernährung, Landwirtschaft und Forsten
Ignaz Kiechle
Bundesministerium für Ernährung, Landwirtschaft und Forsten
53123 Bonn, Rochusstraße 1,
Telefon (02 28) 52 91
Parlamentarische Staatssekretäre:
Georg Gallus
Dr. Wolfgang von Geldern
Staatssekretäre:
Dr. Kurt Eisenkrämer
Walter Kittel

Bundesminister für innerdeutsche Beziehungen
Dr. Dorothee Wilms
Bundesministerium für innerdeutsche Beziehungen
53175 Bonn, Godesberger Allee 140,
Telefon (02 28) 30 60
Parlamentarischer Staatssekretär:
Dr. Ottfried Hennig
Staatssekretär:
Dr. Walter Priesnitz

Bundesminister für Arbeit u. Sozialordnung
Dr. Norbert Blüm
Bundesministerium für Arbeit und Sozialordnung
53123 Bonn, Rochusstraße 1,
Telefon (02 28) 52 71
Parlamentarische Staatssekretäre:
Wolfgang Vogt
Horst Seehofer
Staatssekretäre:
Dr. Werner Tegtmeier
Bernhard Jagoda

Bundesminister der Verteidigung
Dr. Gerhard Stoltenberg
Bundesministerium der Verteidigung
53125 Bonn, Hardthöhe,
Telefon (02 28) 1 21
Parlamentarische Staatssekretäre:
Willy Wimmer
Agnes Hürland-Büning
Staatssekretäre:
Dr. Ludwig-Holger Pfahls
Dr. Karl-Heinz Carl

Bundesminister für Jugend, Familie, Frauen und Gesundheit
Prof. Dr. Dr. h. c. Ursula Lehr
Bundesministerium für Jugend, Familie, Frauen und Gesundheit
53175 Bonn, Kennedyallee 105-107,
Telefon (02 28) 30 80
Parlamentarischer Staatssekretär:
Anton Pfeifer
Staatssekretär:
Werner Chory

Bundesminister für Verkehr
Dr. Friedrich Zimmermann
Bundesministerium für Verkehr
53175 Bonn, Kennedyallee 72,
Telefon (02 28) 30 01
Parlamentarischer Staatssekretär:
Dr. Dieter Schulte
Staatssekretär:
Dr. Wilhelm Knittel

Bundesminister für Umwelt, Naturschutz und Reaktorsicherheit
Prof. Dr. Klaus Töpfer
Bundesministerium für Umwelt, Naturschutz und Reaktorsicherheit
53175 Bonn, Kennedyallee 6,

Telefon (02 28) 30 50
Parlamentarische Staatssekretäre:
Martin Grüner
Wolfgang Gröbl
Staatssekretär:
Clemens Stroetmann

Bundesminister für Post und Fernmeldewesen
Dr. Christian Schwarz-Schilling
Bundesministerium für Post und Fernmeldewesen
53175 Bonn, Heinrich-von-Stephan-Straße 1, Telefon (02 28) 1 40
Parlamentarischer Staatssekretär:
Wilhelm Rawe
Staatssekretär:
Dr. Winfried Florian

Bundesminister für Raumordnung, Bauwesen und Städtebau
Gerda Hasselfeldt
Bundesministerium für Raumordnung, Bauwesen und Städtebau
53179 Bonn, Deichmanns Aue,
Telefon (02 28) 33 70
Parlamentarischer Staatssekretär:
Jürgen Echternach
Staatssekretär:
Gerhard von Loewenich

Bundesminister für Forschung und Technologie
Dr. Heinz Riesenhuber
Bundesministerium für Forschung und Technologie
53175 Bonn, Heinemannstraße 2,
Telefon (02 28) 5 91
Parlamentarischer Staatssekretär:
Dr. Albert Probst
Staatssekretär:
Dr. Gerhard Ziller

Bundesminister für Bildung und Wissenschaft
Jürgen W. Möllemann
Bundesministerium für Bildung und Wissenschaft
53175 Bonn, Heinemannstraße 2,
Telefon (02 28) 5 71
Parlamentarischer Staatssekretär:
Dr. Norbert Lammert
Staatssekretär:
Dr. Fritz Schaumann

Bundesminister für wirtschaftliche Zusammenarbeit
Dr. Jürgen Warnke
Bundesministerium für wirtschaftliche Zusammenarbeit
53113 Bonn, Karl-Marx-Straße 4-6,
Telefon (02 28) 53 51
Parlamentarischer Staatssekretär:
Hans-Peter Repnik
Staatssekretär:
Dr. h. c. Siegfried Lengl

12. Wahlperiode
Das neue Bundeskabinett

Die Pressestelle des Bundespräsidenten gibt bekannt: Bundespräsident Richard von Weizsäcker empfing am 18. Januar 1991 Bundeskanzler Dr. Helmut Kohl und die neuen Bundesminister zur Überreichung der Ernennungsurkunden. Gemäß Artikel 64 Absatz 1 des Grundgesetzes hat der Bundespräsident auf Vorschlag des Bundeskanzlers zu Bundesministern ernannt:
Hans-Dietrich Genscher, Bundesminister des Auswärtigen; Dr. Wolfgang Schäuble, Bundesminister des Innern; Dr. Klaus Kinkel, Bundesminister der Justiz; Dr. Theodor Waigel, Bundesminister der Finanzen; Jürgen W. Möllemann, Bundesminister für Wirtschaft; Ignaz Kiechle, Bundesminister für Ernährung, Landwirtschaft und Forsten; Dr. Norbert Blüm, Bundesminister für Arbeit und Sozialordnung; Dr. Gerhard Stoltenberg, Bundesminister der Verteidigung; Hannelore Rönsch, Bundesminister für Familie und Senioren; Dr. Angela Merkel, Bundesminister für Frauen und Jugend; Gerda Hasselfeldt, Bundesminister für Gesundheit; Prof. Dr. Günther Krause, Bundesminister für Verkehr; Prof. Dr. Klaus Töpfer, Bundesminister für Umwelt, Natur-

Gegenseitige Vertretung der Regierungsmitglieder

Beschluß des Bundeskabinetts vom 23. Januar 1991

Es werden vertreten:	durch:
Der Bundeskanzler	den Bundesminister des Auswärtigen
Der Bundesminister des Auswärtigen	den Bundesminister der Verteidigung
Der Bundesminister des Innern	den Bundesminister der Justiz
Der Bundesminister der Justiz	den Bundesminister des Innern
Der Bundesminister der Finanzen	den Bundesminister für Wirtschaft
Der Bundesminister für Wirtschaft	den Bundesminister der Finanzen
Der Bundesminister für Ernährung, Landwirtschaft und Forsten	den Bundesminister für wirtschaftliche Zusammenarbeit
Der Bundesminister für Arbeit und Sozialordnung	den Bundesminister für Gesundheit
Der Bundesminister der Verteidigung	den Bundesminister des Auswärtigen einschließlich der Vertretung in der Befehls- und Kommandogewalt über die Streitkräfte
Der Bundesminister für Familie und Senioren	den Bundesminister für Frauen und Jugend
Der Bundesminister für Frauen und Jugend	den Bundesminister für Familie und Senioren
Der Bundesminister für Gesundheit	den Bundesminister für Arbeit und Sozialordnung
Der Bundesminister für Verkehr	den Bundesminister für Post und Telekommunikation
Der Bundesminister für Umwelt, Naturschutz und Reaktorsicherheit	den Bundesminister für Raumordnung, Bauwesen und Städtebau
Der Bundesminister für Post und Telekommunikation	den Bundesminister für Verkehr
Der Bundesminister für Raumordnung, Bauwesen und Städtebau	den Bundesminister für Umwelt, Naturschutz und Reaktorsicherheit
Der Bundesminister für Forschung und Technologie	den Bundesminister für Bildung und Wissenschaft
Der Bundesminister für Bildung und Wissenschaft	den Bundesminister für Forschung und Technologie
Der Bundesminister für wirtschaftliche Zusammenarbeit	den Bundesminister für Ernährung, Landwirtschaft und Forsten

Ist der nach dieser Regelung zur Vertretung berufene Bundesminister ebenfalls verhindert, nimmt der in der Dienstaltersliste auf den zu Vertretenden folgende Bundesminister die Vertretung wahr. Ist jedoch ein dienstjüngerer Bundesminister nicht vorhanden oder nicht erreichbar, so übernimmt die Vertretung der jeweils erreichbare Bundesminister mit den gegenüber dem zu Vertretenden nächsthöheren Dienstalter.

Dienstaltersliste der Bundesminister

Name	Zeitpunkt der 1. Ernennung	Geburtsdatum
Dr. Gerhard Stoltenberg	26. Oktober 1965	29. September 1928
Hans-Dietrich Genscher	22. Oktober 1969	21. März 1927
Dr. Christian Schwarz-Schilling	4. Oktober 1982	19. November 1930
Dr. Norbert Blüm	4. Oktober 1982	21. Juli 1935
Dr. Heinz Riesenhuber	4. Oktober 1982	1. Dezember 1935
Ignaz Kiechle	30. März 1983	23. Februar 1930
Dr. Wolfgang Schäuble	15. November 1984	18. September 1942
Jürgen Möllemann	12. März 1987	15. Juli 1945
Prof. Dr. Klaus Töpfer	7. Mai 1987	29. Juli 1938
Rudolf Seiters	21. April 1989	13. Oktober 1937
Dr. Theodor Waigel	21. April 1989	22. April 1939
Gerda Hasselfeldt	21. April 1989	7. Juli 1950
Prof. Dr. Rainer Ortleb	3. Oktober 1990	5. Juni 1944
Prof. Dr. Günther Krause	3. Oktober 1990	13. September 1953
Dr. Klaus Kinkel	18. Januar 1991	17. Dezember 1936
Carl-Dieter Spranger	18. Januar 1991	28. März 1939
Dr. Irmgard Adam-Schwaetzer	18. Januar 1991	5. April 1942
Hannelore Rönsch	18. Januar 1991	12. Dezember 1942
Dr. Angela Merkel	18. Januar 1991	17. Juli 1954

Liste der Bundesminister gemäß der amtlichen Reihenfolge

Bundesminister des Auswärtigen	Hans-Dietrich Genscher
Bundesminister des Innern	Dr. Wolfgang Schäuble
Bundesminister der Justiz	Dr. Klaus Kinkel
Bundesminister der Finanzen	Dr. Theodor Waigel
Bundesminister für Wirtschaft	Jürgen W. Möllemann
Bundesminister für Ernährung, Landwirtschaft und Forsten	Ignaz Kiechle
Bundesminister für Arbeit und Sozialordnung	Dr. Norbert Blüm
Bundesminister der Verteidigung	Dr. Gerhard Stoltenberg
Bundesminister für Familie und Senioren	Hannelore Rönsch
Bundesminister für Frauen und Jugend	Dr. Angela Merkel
Bundesminister für Gesundheit	Gerda Hasselfeldt
Bundesminister für Verkehr	Prof. Dr. Günther Krause
Bundesminister für Umwelt, Naturschutz und Reaktorsicherheit	Prof. Dr. Klaus Töpfer
Bundesminister für Post und Telekommunikation	Dr. Christian Schwarz-Schilling
Bundesminister für Raumordnung, Bauwesen und Städtebau	Dr. Irmgard Adam-Schwaetzer
Bundesminister für Forschung und Technologie	Dr. Heinz Riesenhuber
Bundesminister für Bildung und Wissenschaft	Prof. Dr. Rainer Ortleb
Bundesminister für wirtschaftliche Zusammenarbeit	Carl-Dieter Spranger
Bundesminister für besondere Aufgaben und Chef des Bundeskanzleramtes	Rudolf Seiters

schutz und Reaktorsicherheit; Dr. Christian Schwarz-Schilling, Bundesminister für Post und Telekommunikation; Dr. Irmgard Adam-Schwaetzer, Bundesminister für Raumordnung, Bauwesen und Städtebau; Dr. Heinz Riesenhuber, Bundesminister für Forschung und Technologie; Prof. Dr. Rainer Ortleb, Bundesminister für Bildung und Wissenschaft; Carl-Dieter Spranger, Bundesminister für wirtschaftliche Zusammenarbeit; Rudolf Seiters, Bundesminister für besondere Aufgaben

Nach der Überreichung der Ernennungsurkunden leisteten die neuen Bundesminister in der 4. Sitzung des Deutschen Bundestages am 18. Januar 1991 den in Artikel 56 des Grundgesetzes vorgeschriebenen Eid.

Organisationserlaß des Bundeskanzlers

Bekanntmachung durch den Chef des Bundeskanzleramtes

Der Chef des Bundeskanzleramtes, Bundesminister Rudolf Seiters, machte folgenden mit Wirkung vom 23. Januar 1991 in Kraft getretenen Organisationserlaß des Bundeskanzlers bekannt:

Gemäß Paragraph 9 der Geschäftsordnung der Bundesregierung ordne ich unter Bezugnahme auf meinen Erlaß vom 18. Januar 1991 (vgl. Bulletin Nr. 7 vom 24. Januar 1991, Seite 44) mit sofortiger Wirkung an:

I. Dem Bundesministerium für Gesundheit werden übertragen:

aus dem Geschäftsbereich des ehemaligen Bundesministeriums für Jugend, Familie, Frauen und Gesundheit die Zuständigkeit für Gesundheit, Verbraucherschutz und Veterinärmedizin,

aus dem Geschäftsbereich des Bundesministeriums für Arbeit und Sozialordnung die Zuständigkeit für Gesundheit und Krankenversicherung.

II. Dem Bundesministerium für Familie und Senioren wird aus dem Geschäftsbereich des ehemaligen Bundesministeriums für Jugend, Familie, Frauen und Gesundheit die Zuständigkeit für Familie und Soziales übertragen.

III. Das Bundesministerium für Arbeit und Sozialordnung ist zuständig für Fragen der Absicherung bei Pflegebedürftigkeit.

IV. Die Einzelheiten des Überganges werden zwischen den beteiligten Bundesministern geregelt und dem Chef des Bundeskanzleramtes mitgeteilt.[202]

Personalien der Mitglieder der deutschen Bundesregierung 1991

Bundeskanzler

Bundeskanzleramt, Adenauerallee 141, 53113 Bonn, Telefon (0228) 561
Staatsminister: Dr. Lutz G. Stavenhagen (CDU), Anton Pfeifer (CDU)

Dr. Helmut Kohl (CDU)

Geboren am 3. April 1930 in Ludwigshafen; katholisch; verheiratet, zwei Kinder.
1950 Abitur, anschließend Studium der Rechts-, Sozial- und Staatswissenschaften sowie der Geschichte an den Universitäten Frankfurt/Main und Heidelberg. 1958 Promotion zum Dr. phil. Von 1959 bis 1969 Referent beim Verband der Chemischen Industrie in Ludwigshafen.
1947 Mitbegründer der Jungen Union in Ludwigshafen. Von 1954 bis 1961 stellvertretender Landesvorsitzender der Jungen Union und von 1955 bis 1966 Mitglied des Landesvorstandes der CDU Rheinland-Pfalz. Seit 1959 Landtagsabgeordneter, von 1963 bis 1969 Fraktions-, von 1966 bis 1973 Landesvorsitzender der CDU und von 1969 bis 1976 Ministerpräsident von Rheinland-Pfalz. Bundesvorsitzender der CDU seit 1973. 1976 Kanzlerkandidat, Rücktritt als Ministerpräsident, Wahl zum Vorsitzenden der Fraktion der CDU/CSU im Deutschen Bundestag. Nach der Bundestagswahl 1980 erneut Oppositionsführer.
Am 1. Oktober 1982 Wahl zum Bundeskanzler der Bundesrepublik Deutschland; wiedergewählt am 29. März 1983, 11. März 1987 und 17. Januar 1991.
Presse- und Informationsamt der Bundesregierung, Welckerstraße 11, 5300 Bonn 1, Telefon (02 28) 20 80
Chef des Presse- und Informationsamtes der Bundesregierung: Staatssekretär Dieter Vogel

Bundesministerium des Auswärtigen

Adenauerallee 99-103, 53113 Bonn, Telefon (02 28) 17-0
Staatsminister: Helmut Schäfer (FDP), Ursula Seiler-Albring (FDP)
Staatssekretäre: Dr. Hans-Werner Lautenschlager, Dr. Dieter Kastrup

Hans-Dietrich Genscher (FDP)

Geboren am 21. März 1927 in Reideburg (Saalkreis); evangelisch; verheiratet, ein Kind.
Volksschule und Oberschule in Halle (Saale). 1943 Luftwaffenhelfer, 1944 Reichsarbeitsdienst, 1945 Wehrdienst; amerikanische und englische Kriegsgefangenschaft, Bauhilfsarbeiter. 1946 Ergänzungsreifeprüfung. 1946 bis 1949 Studium der Rechtswissenschaften an den Universitäten Halle und Leipzig. 1949 erste juristische Staatsprüfung in Leipzig, 1954 zweite juristische Staatsprüfung in Hamburg; Anwaltsassessor, Zulassung als Rechtsanwalt.
1946 bis 1952 Mitglied der Liberal-Demokratischen Partei in Halle (Saale). Seit 1952 Mitglied der FDP. 1956 wissenschaftlicher Assistent der Bundestagsfraktion der FDP, 1959 bis 1965 Geschäftsführer der Bundestagsfraktion der FDP, daneben von 1962 bis 1964 Bundesgeschäftsführer der FDP. Seit 1968 stellvertretender Bundesvorsitzender, dann von 1974 bis 1985 Bundesvorsitzender der FDP.
Mitglied des Deutschen Bundestages seit 1965; bis 1969 Parlamentarischer Geschäftsführer der FDP-Fraktion. Am 22. Oktober 1969 Ernennung zum Bundesminister des Innern. Von 16. Mai 1974 bis 17. September 1982 und seit dem 4. Oktober 1982 Bundesminister des Auswärtigen und Stellvertreter des Bundeskanzlers.

Bundesministerium des Innern

Graurheindorfer Straße 198, 53117 Bonn, Telefon (02 28) 6 81-1

Parlamentarische Staatssekretäre: Dr. Horst Waffenschmidt (CDU), Eduard Lintner (CSU)
Staatssekretäre: Franz Kroppenstedt, Hans Neusel, Dr. Walter Priesnitz

Dr. Wolfgang Schäuble (CDU)
Geboren am 18. September 1942 in Freiburg; evangelisch; verheiratet, vier Kinder.
Abitur 1961; Studium der Rechts- und Wirtschaftswissenschaften an den Universitäten Freiburg und Hamburg. Erstes juristisches Staatsexamen 1966; danach Assistent an der Universität Freiburg und Beauftragter des Rektors für politische Bildung; Gerichtsreferendar von 1968 bis 1970; zweites juristisches Staatsexamen 1970; Promotion zum Dr. jur. 1971.
Von 1971 bis 1972 Tätigkeit in der Steuerverwaltung des Landes Baden-Württemberg, zuletzt als Regierungsrat beim Finanzamt Freiburg I. Von 1978 bis 1984 zugelassen als Rechtsanwalt beim Landgericht Offenburg.
Von 1961 bis 1977 Mitglied der Jungen Union; 1965 Eintritt in die CDU. Von 1969 bis 1972 Bezirksvorsitzender der Jungen Union Südbaden. Seit 1970 Mitglied des Bezirksvorstandes der CDU Südbaden, ab 1982 stellvertretender Bezirksvorsitzender.
Seit 1972 Mitglied des Deutschen Bundestages. Seit 19XX Mitglied des CDU-Landesvorstandes Baden-Württemberg. Von 1981 bis 1984 Parlamentarischer Geschäftsführer der CDU/CSU-Fraktion im Deutschen Bundestag. Von November 1984 bis zum 21. April 1989 Bundesminister für besondere Aufgaben und Chef des Bundeskanzleramtes, seit dem 21. April 1989 Bundesminister des Innern.

Bundesministerium der Justiz

Heinemannstraße 6, 53175 Bonn,
Telefon (02 28) 58-0
Parlamentarische Staatssekretäre:
Dr. Reinhard Göhner (CDU),
Rainer Funke (FDP)
Staatssekretär: Ingo Kober

Dr. Klaus Kinkel (FDP)
Geboren am 17. Dezember 1936 in Metzingen/Kreis Reutlingen; verheiratet, drei Kinder.
1956 Abitur am Staatlichen Gymnasium Hechingen. Von 1956 bis 1960 Studium der Rechtswissenschaften an den Universitäten Tübingen, Bonn und Köln. Erste juristische Staatsprüfung 1960, Promotion zum Dr. jur. 1964, zweite juristische Staatsprüfung 1965. Von 1965 bis 1970 Tätigkeiten beim Landratsamt Balingen, beim Bundesamt für zivilen Bevölkerungsschutz, im Bundesministerium des Innern und im Auswärtigen Amt. Von Januar 1979 bis Oktober 1982 Präsident des Bundesnachrichtendienstes. Von Oktober 1982 bis 17. Januar 1991 Staatssekretär im Bundesministerium der Justiz. Mitglied der FDP seit Januar 1991. Seit 18. Januar 1991 Bundesminister der Justiz.

Bundesministerium der Finanzen

Graurheindorfer Straße 108, 53117 Bonn,
Telefon (02 28) 6 82-0
Parlamentarische Staatssekretäre:
Manfred Carstens (CDU),
Dr. Joachim Grünewald (CDU)
Staatssekretäre: Dr. Peter Klemm,
Dr. Horst Köhler

Dr. Theodor Waigel (CSU)
Geboren am 22. April 1939 in Oberrohr (Schwaben); katholisch; verheiratet, zwei Kinder.
1959 Abitur in Krumbach, Studium der Rechts- und Staatswissenschaften in München und Würzburg, 1963 erstes juristisches Staatsexamen, Referendartätigkeit in Krumbach, Schwabmünchen und Augsburg, 1967 Promotion und zweites juristisches Staatsexamen. Gerichtsassessor bei der Staatsanwaltschaft am Landgericht München I. Von

1969 bis 1970 Persönlicher Referent des Staatssekretärs im Bayerischen Staatsministerium der Finanzen und 1970 bis 1972 des Bayerischen Staatsministeriums für Wirtschaft und Verkehr.
1961 bis 1970 Kreisvorsitzender der Jungen Union Krumbach, 1967 bis 1971 Bezirksvorsitzender der Jungen Union Schwaben, 1971 bis 1975 Landesvorsitzender der Jungen Union Bayern. Von 1973 bis 1988 Vorsitzender der Grundsatzkommission der CSU, von 1987 bis 1988 Bezirksvorsitzender der CSU Schwaben. Mitglied des CSU-Landesvorstandes seit 1970 und des CSU-Präsidiums seit 1983. Von 1966 bis 1972 Mitglied des Kreistages Krumbach. Seit November 1988 Vorsitzender der Christlich-Sozialen Union in Bayern.
Mitglied des Bundestages seit 1972. Von 1978 bis 1980 Obmann der CDU/CSU-Fraktion im Ausschuß für Wirtschaft. Ab Dezember 1980 Vorsitzender der Arbeitsgruppe Wirtschaft und wirtschaftspolitischer Sprecher der CDU/CSU-Fraktion. Von Oktober 1982 bis April 1989 Vorsitzender der CSU-Landesgruppe und erster stellvertretender Vorsitzender der CDU/CSU-Bundestagsfraktion. Seit dem 21. April 1989 Bundesminister der Finanzen.

Bundesministerium für Wirtschaft

Villemombler Straße 76, 53123 Bonn,
Telefon (02 28) 6 15-1
Parlamentarische Staatssekretäre:
Klaus Beckmann (FDP),
Dr. Erich Riedl (CSU)
Staatssekretäre: Prof. Dr. Otto Schlecht
(bis 28. Februar 1991),
Dr. Dieter von Würzen

Jürgen W. Möllemann (FDP)
Geboren am 15. Juli 1945 in Augsburg; verheiratet, drei Kinder.
Abitur 1965; anschließend 18 Monate Wehrdienst. Von 1966 bis 1969 Studium an der PH Münster; 1969 erste Staatsprüfung für das Lehramt an Grund- und Hauptschulen; 1971 zweite Staatsprüfung. Von 1981 bis 1982 Mitinhaber der Firma PR und Text Presse- und Public Relations-Agentur, München.
Von 1962 bis 1969 Mitglied der CDU. 1970 Eintritt in die FDP. Mitglied des Deutschen Bundestages seit 1972. Landesvorsitzender der FDP Nordrhein-Westfalen; Mitglied des Bundesvorstandes der FDP.
1982 bis 1987 Staatsminister im Auswärtigen Amt. Von 1987 bis Januar 1991 Bundesminister für Bildung und Wissenschaft. Seit dem 18. Januar 1991 Bundesminister für Wirtschaft.

Bundesministerium für Ernährung, Landwirtschaft und Forsten

Rochusstraße 1, 53123 Bonn,
Telefon (02 28) 5 29-1
Parlamentarische Staatssekretäre:
Georg Gallus (FDP),
Gottfried Haschke (CDU)
Staatssekretäre: Dr. Kurt Eisenkrämer,
Walter Kittel

Ignaz Kiechle (CSU)
Geboren am 23. Februar 1930 in Reinharts, Gemeinde Sankt Mang im Allgäu; katholisch; verheiratet, vier Kinder.
Volksschule, Berufsschule, landwirtschaftliche Fachschule, landwirtschaftliche Gehilfenprüfung, selbständiger Landwirt, landwirtschaftlicher Lehrmeister. 1949 Auslandspraktikum in den USA.
1960 bis 1983 Vorstandsmitglied des Milchwirtschaftlichen Vereins Allgäu/Schwaben. 1977 bis 1983 Vorsitzender der Landesvereinigung der Bayerischen Milchwirtschaft, München. 1973 bis 1983 Geschäftsführender Gesellschafter des Agrar-Verlages Allgäu, Kempten.
1970 bis 1983 Vorsitzender der Arbeitsgemeinschaft Landwirtschaft der CSU Bayern. 1976 bis 1982 Vorsitzender der Arbeitsgemeinschaft Ernährung, Landwirtschaft und

Forsten der CDU/CSU-Bundestagsfraktion. Von Oktober 1982 bis März 1983 stellvertretender Vorsitzender der CDU/CSU-Bundestagsfraktion für die Bereiche Wirtschaft, Ernährung, Landwirtschaft und Forsten, Verkehr, Post- und Fernmeldewesen sowie Raumordnung, Bauwesen und Städtebau. Mitglied des Deutschen Bundestages seit 1969. Seit dem 30. März 1983 Bundesminister für Ernährung, Landwirtschaft und Forsten.

Bundesministerium für Arbeit und Sozialordnung

Rochusstraße 1, 53123 Bonn,
Telefon (02 28) 5 27-1
Parlamentarische Staatssekretäre:
Horst Seehofer (CSU),
Horst Günther (CDU)
Staatssekretäre: Dr. Werner Tegtmeier,
Dr. Bernhard Worms

Dr. Norbert Blüm (CDU)
Geboren am 21. Juli 1935 in Rüsselsheim; katholisch; verheiratet, drei Kinder.
Volksschule, Werkzeugmacherlehre, Tätigkeit als Werkzeugmacher, Besuch des Abendgymnasiums, Studium der Philosophie, Germanistik, Geschichte und Theologie; Promotion zum Dr. phil. 1967, von 1965 bis 1968 Redakteur der »Sozialen Ordnung«; von 1968 bis 1975 Hauptgeschäftsführer der Sozialausschüsse der Christlich-Demokratischen Arbeitnehmerschaft. Seit 1976 Lehrbeauftragter an der Fachhochschule Mainz. Mitglied der IG Metall, Mitglied bei amnesty international, Mitglied der Katholischen Arbeiterbewegung.
Seit 1969 Mitglied des Bundesvorstandes der CDU. Von 1977 bis 1987 Bundesvorsitzender der Sozialausschüsse der Christlich-Demokratischen Arbeitnehmerschaft. Seit 1981 stellvertretender Bundesvorsitzender der CDU. Seit 1987 Vorsitzender der CDU in Nordrhein-Westfalen.
Von 1972 bis 1981 und seit 1983 Mitglied des Deutschen Bundestages. Von 1981 bis 1982 Mitglied des Abgeordnetenhauses von Berlin und Senator für Bundesangelegenheiten des Landes Berlin. Seit dem 4. Oktober 1982 Bundesminister für Arbeit und Sozialordnung.

Bundesministerium der Verteidigung

Hardthöhe, 53125 Bonn,
Telefon (02 28) 12-1
Parlamentarische Staatssekretäre:
Willy Wimmer (CDU),
Dr. Ottfried Hennig (CDU)
Staatssekretäre:
Dr. Karl-Heinz Carl, Dr. Ludwig-Holger Pfahls

Dr. Gerhard Stoltenberg (CDU)
Geboren am 29. September 1928 in Kiel; evangelisch; verheiratet, zwei Kinder.
Studium der Geschichte, Sozialwissenschaften und Philosophie in Kiel, 1954 Promotion zum Dr. phil., wissenschaftlicher Assistent des Seminars für Wissenschaft und Geschichte der Politik der Universität Kiel, 1956 Lehrbeauftragter der Pädagogischen Hochschule Kiel. 1960 Habilitation für Neuere Geschichte an der Universität Kiel, Dozent. Von April 1965 bis September 1965 und von November 1969 bis Dezember 1970 Direktor der Friedrich Krupp AG.
Seit 1947 Mitglied der CDU, seit 1969 deren stellvertretender Bundesvorsitzender.
Von 1957 bis 1971 und seit 1983 Mitglied des Bundestages. Von Oktober 1965 bis Oktober 1969 Bundesminister für wissenschaftliche Forschung. Danach stellvertretender Fraktionsvorsitzender der CDU/CSU-Bundestagsfraktion.
Von 1971 bis 1982 Ministerpräsident des Landes Schleswig-Holstein. Vom 4. Oktober 1982 bis zum 21. April 1989 Bundesminister der Finanzen, seit dem 21. April 1989 Bundesminister der Verteidigung.

Bundesministerium für Familie und Senioren

Godesberger Allee 140, 53175 Bonn,
Telefon (02 28) 30 60
Parlamentarische Staatssekretärin:
Roswitha Verhülsdonk (CDU)
Staatssekretär: Albrecht Hasinger

Hannelore Rönsch (CDU)

Geboren am 12. Dezember 1942 in Wiesbaden-Schierstein; evangelisch; verheiratet, eine Tochter.
Volksschule, mittlere Reife, höhere Handelsschule.
1960 bis 1962 Tätigkeit beim Bundeskriminalamt in Wiesbaden, von 1962 bis 1983 Angestellte beim Gemeinnützigen Wohnungsunternehmen Nassauische Heimstätte.
1963 Eintritt in die CDU. 1967 Berufung zum Ortsbeiratsmitglied und Vorstandsmitglied CDU sowie Kreisvorstandsmitglied der Jungen Union Wiesbaden. Zwischen 1974 und 1980 Stadtverordnete in Wiesbaden, danach bis zum Eintritt in den Deutschen Bundestag Stadträtin in Wiesbaden. Mitglied des Deutschen Bundestages seit 1983. Mitglied in den Ausschüssen Bildung und Wissenschaft (1983 bis 1987), Raumordnung, Bauwesen und Städtebau (seit 1983), wirtschaftliche Zusammenarbeit (seit 1987).
Seit Anfang 1990 stellvertretende Vorsitzende der CDU Hessen. Seit dem 18. Januar 1991 Bundesministerin für Familie und Senioren.

Bundesministerium für Frauen und Jugend

Kennedyallee 105-107, 53175 Bonn,
Telefon (02 28) 9 30-0
Parlamentarischer Staatssekretär:
Peter Hintze (CDU)
Staatssekretär: Werner Chory

Dr. Angela Merkel (CDU)
Geboren am 17. Juli 1954 in Hamburg, Vater: Theologe, Mutter: Philologin, zwei jüngere Geschwister, evangelisch.
Von 1954 bis 1957 wohnhaft in Quitzow bei Perleburg, Kindheit und Jugend in Templin; 1973 Abitur, anschließend bis 1978 Studium an der Universität in Leipzig, 1978 Physik-Diplom.
Von 1978 bis 1990 wissenschaftliche Mitarbeiterin im Zentralinstitut für Physikalische Chemie an der Akademie der Wissenschaften in Ostberlin auf dem Gebiet der Quantenchemie; 1986 Promotion zum Dr. rer. nat.
Ende 1989 Beitritt zum Demokratischen Aufbruch (DA), ab Februar 1990 Pressesprecherin des DA.
Von März bis Oktober 1990 stellvertretende Regierungssprecherin der Regierung de Maizière, August 1990 Beitritt zur CDU.
Seit Dezember 1990 Mitglied des Deutschen Bundestages. Seit 18. Januar 1991 Bundesministerin für Frauen und Jugend.

Bundesministerium für Gesundheit

Deutschherrenstraße 87, 53177 Bonn,
Telefon (02 28) 9 30-0
Parlamentarische Staatssekretärin:
Dr. Sabine Bergmann-Pohl (CDU)
Staatssekretär: Baldur Wagner

Gerda Hasselfeldt (CSU)
Geboren am 7. Juli 1950 in Straubing (Niederbayern); römisch-katholisch; verheiratet, zwei Kinder.
Volksschule, Gymnasium, Abitur 1969; Studium der Volkswirtschaftslehre in München und Regensburg, Diplomprüfung 1975.
1975 bis 1987 Mitarbeiterin bei der Bundesanstalt für Arbeit. Zuletzt Leiterin der Abteilung Berufsberatung im Arbeitsamt Deggendorf.
Seit 1969 Mitglied der CSU; Tätigkeit im Orts-, Kreis-, Bezirks- und Landesvorstand

der Jungen Union. Seit 1985 Mitglied des Landesvorstandes der Frauen-Union; Mai 1987 bis November 1989 CSU-Kreisvorsitzende in Regen.
Mitglied des Deutschen Bundestages seit 24. März 1987. Von 21. April 1989 bis 18. Januar 1991 Bundesministerin für Raumordnung, Bauwesen und Städtebau. Seit dem 18. Januar 1991 Bundesministerin für Gesundheit.

Bundesministerium für Verkehr

Robert-Schumann-Platz 1, 53175 Bonn,
Telefon (02 28) 3 00-0
Parlamentarische Staatssekretäre: Dr. Dieter Schulte (CDU), Wolfgang Gröbl (CSU)
Staatssekretär: Dr. Wilhelm Knittel

Prof. Dr. Günther Krause (CDU)
Geboren am 13. September 1953 in Halle; evangelisch; verheiratet, drei Kinder.
Schulausbildung in Halle, 1972 Abitur. Von 1972 bis 1974 Wehrdienst in der NVA, bis 1978 Studium des Bauingenieurwesens an der Hochschule für Architektur und Bauwesen in Weimar, Dipl.-Ing. 1978, 1978 bis 1982 tätig im Wohnungsbaukombinat Rostock. Von 1982 bis 1987 Assistent an der Technischen Hochschule Wismar. Promotion (Dissertation A) zum Dr.-Ing. 1984, Habilitation (Dissertation B) zum Dr. sc. techn. 1987. Von 1987 bis 1990 Dozent für Informatik an der Ingenieurhochschule Wismar, 1990 Honorarprofessor.
Mitglied der CDU seit 1975, seit 1990 Vorsitzender des Landesverbandes Mecklenburg-Vorpommern und Präsidiumsmitglied des Bundesvorstandes der CDU. Von April bis Oktober 1990 Parlamentarischer Staatssekretär beim Ministerpräsidenten der DDR, Vorsitzender der CDU-Volkskammerfraktion.
Von Oktober 1990 bis Januar 1991 Bundesminister für besondere Aufgaben. Seit 18. Januar 1991 Bundesminister für Verkehr.

Bundesministerium für Umwelt, Naturschutz und Reaktorsicherheit

Kennedyallee 5, 53175 Bonn,
Telefon (02 28) 3 05-0
Parlamentarische Staatssekretäre:
Bernd Schmidbauer (CDU),
Dr. Bertram Wieczorek (CDU)
Staatssekretär: Clemens Stroetmann

Prof. Dr. Klaus Töpfer (CDU)
Geboren am 29. Juli 1938 in Waldenburg (Schlesien); katholisch; verheiratet, drei Kinder.
Nach der Vertreibung aus Schlesien 1945 Abitur in Höxter 1959; im Anschluß an den Wehrdienst 1959/60 Studium der Volkswirtschaftslehre an den Universitäten Mainz, Frankfurt/Main und Münster. 1964 Examen als Diplom-Volkswirt an der Universität Münster.
Von 1965 bis 1971 Assistent im Zentralinstitut für Raumforschung und Landesplanung an der Universität Münster sowie Lehrbeauftragter an der Wirtschaftsakademie in Hagen und an der Universität Bielefeld. 1968 Promotion zum Dr. rer. pol., 1970/71 Leiter der volkswirtschaftlichen Abteilung des Zentralinstituts für Raumplanung in Münster und anschließend bis 1978 Leiter der Abteilung Planung und Information in der Staatskanzlei des Saarlandes. Daneben Dozent an der Hochschule für Verwaltungswissenschaften in Speyer und entwicklungspolitischer Gutachter in Ägypten, Malawi, Brasilien und Jordanien.
1978/79 ordentlicher Professor an der Universität Hannover. Direktor des Instituts für Raumforschung und Landesplanung. Außerdem Mitglied im Rat der Sachverständigen für Umweltfragen.
Von 1977 bis 1979 Kreisvorsitzender der CDU Saarbrücken und Mitglied des Landesvorstandes der CDU Saar. Von 1987 bis 1989 Kreisvorsitzender der CDU im Rhein-Hunsrück-Kreis in Rheinland-Pfalz. Seit Mai 1990 Landesvorsitzender der CDU Saar.

Seit dem 7. Mai 1987 Bundesminister für Umwelt, Naturschutz und Reaktorsicherheit.

Bundesministerium für Post und Telekommunikation

Heinrich-von-Stephan-Straße 1,
53175 Bonn, Telefon (02 28) 14-0
Parlamentarischer Staatssekretär:
Wilhelm Rawe (CDU)
Staatssekretär: Friedrich Görts

Dr. Christian Schwarz-Schilling (CDU)
Geboren am 19. November 1930 in Innsbruck (Österreich); katholisch; verheiratet, zwei Kinder.
1950 Abitur; 1956 Abschluß des Studiums ostasiatischer Kultur- und Sprachwissenschaften und der Geschichte in München, Dr. phil. Anschließend Banklehre in Hamburg. Von 1957 bis September 1982 Geschäftsführer der Akkumulatorenfabrik Sonnenschein GmbH, Büdingen und Berlin.
1960 Eintritt in die CDU; seit 1964 Mitglied des Landesvorstandes der hessischen CDU, ab 1967 stellvertretender Landesvorsitzender, 1967 bis 1980 Generalsekretär der hessischen CDU; 1975 bis 1983 Vorsitzender des Koordinierungsausschusses für Medienpolitik der CDU/CSU; seit 1977 stellvertretender Bundesvorsitzender der Mittelstandsvereinigung der CDU/CSU. 1979 bis 1982 Präsident des Exekutivbüros der Europäischen Mittelstands-Union (EMSU). 1964 bis 1968 Mitglied der CDU-Fraktion des Büdinger Kreistages.
1971 bis September 1982 Mitglied des Fernsehrates des Zweiten Deutschen Fernsehens, Vorsitzender des Ausschusses für Politik und Zeitgeschichte.
1981 bis 1982 Vorsitzender der Enquete-kommission »Neue Informations- und Kommunikationstechniken«.
1966 bis 1976 Mitglied des Hessischen Landtages, ab 1970 stellvertretender Vorsitzender der CDU-Fraktion. Mitglied des Deutschen Bundestages seit 1976.
Seit 4. Oktober 1982 Bundesminister für das Post- und Fernmeldewesen, ab 1. Juli 1989 umbenannt in Bundesminister für Post und Telekommunikation.

Bundesministerium für Raumordnung, Bauwesen und Städtebau

Deichmanns Aue, 53179 Bonn,
Telefon (02 28) 3 37-0
Parlamentarische Staatssekretäre: Jürgen Echternach (CDU), Joachim Günther (FDP)
Staatssekretäre: Gerhard von Loewenich, Herbert Schmülling

Dr. Irmgard Adam-Schwaetzer (FDP)
Geboren am 5. April 1942 in Münster (Westfalen).
Neusprachliches Mädchengymnasium in Warburg (Westfalen), 1961 Abitur. Studium der Pharmazie an den Universitäten Passau, Münster und Bonn; 1967 pharmazeutisches Staatsexamen, 1968 Approbation. 1971 Promotion an der Universität Bonn.
1971 bis 1980 leitende Angestellte in verschiedenen Unternehmen der pharmazeutischen und der Konsumgüterindustrie, auch im Ausland. Mitglied des Kuratoriums Care Deutschland e.V. Mitglied des Kuratoriums der Friedrich-Naumann-Stiftung.
Seit 1975 Mitglied der FDP, Mitglied des Präsidiums der FDP. Von 1982 bis Juni 1984 Generalsekretärin der FDP, 1984 bis 1987 Bundesschatzmeisterin, seit Oktober 1988 stellvertretende Bundesvorsitzende der FDP. Von 1987 bis 1991 Staatsministerin im Auswärtigen Amt. Seit 18. Januar 1991 Bundesministerin für Raumordnung, Bauwesen und Städtebau.

Bundesministerium für Forschung und Technologie

Heinemannstraße 2, 53175 Bonn,
Telefon (02 28) 59-1
Parlamentarischer Staatssekretär:

Bernd Neumann (CDU)
Staatssekretär: Dr. Gebhard Ziller

Dr. Heinz Riesenhuber (CDU)
Geboren am 1. Dezember 1935 in Frankfurt; katholisch; verheiratet, vier Kinder.
Abitur 1955, danach Studium der Naturwissenschaften (Hauptfach Chemie) und der Volkswirtschaft. 1961 Diplom-Chemiker; 1965 Promotion in Chemie zum Dr. rer. nat. Von 1962 bis 1965 wissenschaftlicher Assistent am Institut für Anorganische Chemie der Universität Frankfurt. 1966 bis 1968 Angestellter, seit 1967 als Prokurist, 1968 bis 1971 Geschäftsführer bei der Erzgesellschaft mbH, Frankfurt. Von 1971 bis Oktober 1982 Technischer Geschäftsführer bei Synthomer Chemie GmbH, Frankfurt.
1961 Eintritt in die Junge Union und die CDU; 1965 bis 1969 Landesvorsitzender der Jungen Union Hessen, 1966 Mitglied des Bundesvorstandes der Jungen Union, ab 1968 als stellvertretender Vorsitzender. Seit 1965 Mitglied des Landesvorstandes, seit 1968 Mitglied des Präsidiums der CDU Hessen. Von 1973 bis 1978 Kreisvorsitzender der CDU Frankfurt. 1977 bis 1982 Vorsitzender des Bundesfachausschusses Energie und Umwelt der CDU.
Mitglied des Deutschen Bundestages seit 1976. Seit 4. Oktober 1982 Bundesminister für Forschung und Technologie.

Bundesministerium für Bildung und Wissenschaft

Heinemannstraße 2, 53175 Bonn,
Telefon (02 28) 57-1
Parlamentarische Staatssekretäre:
Dr. Norbert Lammert (CDU),
Torsten Wolfgramm (FDP)
Staatssekretär: Dr. Fritz Schaumann

Prof. Dr. Rainer Ortleb (FDP)
Geboren am 5. Juni 1944 in Gera; verheiratet, zwei Kinder.
Studium der Mathematik an der Technischen Universität Dresden ab 1964, Promotion zum Dr. rer. nat. in Dresden 1971. Promotion zum Dr. sc. techn. an der Universität Rostock 1983, ab 1986 Dozent für Informationsverarbeitungssysteme an der Sektion Schiffstechnik der Universität Rostock. Berufung zum a. o. Professor Herbst 1989.
Seit 1968 Mitglied der LDPD, LPD, des BFD und der FDP, von 1987 bis 1990 Vorsitzender des Kreisverbandes Rostock-Stadt. 1990 letzter Vorsitzender der LDPD beziehungsweise des BFD, Mitglied der Volkskammer und Vorsitzender der liberalen Volkskammerfraktion.
Mitglied des Deutschen Bundestages seit dem 3. Oktober 1990. Seit 3. Oktober 1990 Bundesminister für besondere Aufgaben. Seit 18. Januar 1991 Bundesminister für Bildung und Wissenschaft.

Bundesministerium für wirtschaftliche Zusammenarbeit

Karl-Marx-Straße 4-6, 53113 Bonn,
Telefon (02 28) 5 35-1
Parlamentarische Staatssekretäre:
Hans-Peter Repnik (CDU),
Michaela Geiger (CSU)
Staatssekretär: Dr. h. c. Siegfried Lengl

Carl-Dieter Spranger (CSU)
Geboren am 28. März 1939 in Leipzig; evangelisch; verheiratet, drei Kinder.
Nach dem Abitur 1957 Studium der Rechts- und Wirtschaftswissenschaften, 1962 erste, 1966 zweite juristische Staatsprüfung. 1964 bis 1965 nebenamtlicher Assistent für Verwaltungsrecht, 1966 bis 1967 hauptamtlicher Assistent für Zivilrecht an der Universität Erlangen-Nürnberg. 1967 Gerichtsassessor, 1968 Ernennung zum Staatsanwalt, 1969 Ernennung zum Landgerichtsrat in Ansbach. 1977 Zulassung zum Rechtsanwalt.
1969 bis 1976 Vorsitzender des CSU-Kreisverbandes Ansbach-Stadt; seit 1973 stell-

vertretender, seit 1989 Vorsitzender des CSU-Bezirksverbandes Mittelfranken, seit 1977 Mitglied des Landesvorstandes der Christlich-Sozialen Union in Bayern. 1972 bis 1976 Stadtrat in Ansbach.
Mitglied des Bundestages seit 1972; in der 7. Wahlperiode Mitglied der Planungsgruppe der CDU/CSU-Fraktion; in der 8. Wahlperiode Obmann der CDU/CSU-Fraktion im Innenausschuß und stellvertretender Vorsitzender des Arbeitskreises Rechts- und Innenpolitik der CDU/CSU-Fraktion; in der 9. Wahlperiode Vorsitzender der Arbeitsgruppe Innenpolitik, Umwelt und Sport der CDU/CSU-Fraktion und Mitglied des Fraktionsvorstandes. Seit 4. Oktober 1982 Parlamentarischer Staatssekretär beim Bundesminister des Innern.
Seit 18. Januar 1991 Bundesminister für wirtschaftliche Zusammenarbeit.

Bundesminister für besondere Aufgaben und Chef des Bundeskanzleramtes

Bundeskanzleramt, Adenauerallee 139-141, 53113 Bonn, Telefon (02 28) 56-1

Rudolf Seiters (CDU)
Geboren am 13. Oktober 1937 in Osnabrück; verheiratet, drei Töchter.
Abitur 1959, Studium der Rechts- und Staatswissenschaften in München, 1963 erstes juristisches Staatsexamen, von 1963 bis 1967 Gerichtsreferendar, 1967 zweites juristisches Staatsexamen, von 1968 bis 1969 Regierungsassessor (Wirtschafts- und Wohnungsbaudezernent) Regierung Osnabrück.
1958 Mitglied der Jungen Union und der CDU, 1963 Bezirksvorsitzender der Jungen Union Osnabrück, 1968 Vorsitzender des Landesverbandes der Jungen Union Niedersachsen. Von 1967 bis 1971 Mitglied des Bundesvorstandes der Jungen Union. Mitglied des Deutschen Bundestages seit 1969. Mitglied des Bundesvorstandes der CDU von 1971 bis 1973. Seit 1972 stellvertretender Landesvorsitzender der CDU Niedersachsen. Parlamentarischer Geschäftsführer der CDU/CSU-Bundestagsfraktion von 1971 bis 1976. 1982 Vorsitzender und Sprecher der CDU-Landesgruppe Niedersachsen im Bundestag und Wiederwahl zum Parlamentarischen Geschäftsführer der CDU/CSU-Bundestagsfraktion. Von 1984 bis 1989 Erster Parlamentarischer Geschäftsführer der CDU/CSU-Bundestagsfraktion.
Seit dem 21. April 1989 Bundesminister für besondere Aufgaben und Chef des Bundeskanzleramtes.

Chef des Bundeskanzleramtes

Bundeskanzleramt,
Adenauerallee 141, 53112 Bonn,
Telefon (02 28) 56-1

Friedrich Bohl (CDU)
Geboren am 5. März 1945 in Rosdorf im Kreis Göttingen; verheiratet, vier Kinder.
Abitur 1964, juristisches Studium an der Universität Marburg, Referendariatszeit. Anschließend war er für kurze Zeit wissenschaftlicher Mitarbeiter am Institut für Handels- und Wirtschaftsrecht an der Hochschule, an der er studiert hatte. Das zweite juristische Staatsexamen legte er 1972 ab und ließ sich als Rechtsanwalt nieder. 1976 wurde er zum Notar ernannt. Der Einstieg in die Politik war eher zufällig, sein Aufstieg dagegen um so rasanter. Der junge Abiturient Bohl wurde 1963 von einem guten Freund zur Gründungsversammlung des Kreisverbandes der Jungen Union in Marburg mitgenommen. Auf Anhieb wählten die CDU-Junioren den damals 18jährigen zum Vorsitzenden. Dieses Amt behielt er sieben Jahre lang. Von 1969 bis 1973 war er Bezirksvorsitzender der Jungen Union Mittelhessen.
Schon 1970 wurde Bohl, der gerade seine juristische Ausbildung beendet hatte, in den Hessischen Landtag gewählt. Über die hessische Landesliste kam Bohl 1980 in den Bundestag. Seit 1983 ist er direkt gewählter

Abgeordneter des Wahlkreises Marburg. Im April 1989 wurde Friedrich Bohl Erster Parlamentarischer Geschäftsführer der CDU/CSU-Bundestagsfraktion.
Hier zeichneten ihn große Sachlichkeit, vielfältige Fachkenntnisse gepaart mit Kompromißfähigkeit aus. Trotzdem war er bei der Opposition als Debattenredner gefürchtet, mit seinen offenen, harten, jedoch nicht persönlich verletzenden Angriffen. Seit dem 26. November 1991 ist er Chef des Bundeskanzleramtes.

Politiker – Zwischenrufe im Deutschen Bundestag

Mit großer Akribie und mit dem Computer hat Günter Pursch von der bundestagsoffiziösen Zeitschrift »Das Parlament« die besonderen »Lümmel« unter den Bonner Politikern ermittelt. Mehr als zehn Millionen Zwischenrufe haben sie von sich gegeben – die 2500 Abgeordneten, die seit 1949 im Parlament sitzen.
Vieles, was sie ihren Kollegen an den Kopf warfen, war harmlos, manches aber auch »ganz starker Tobak«. Die »Hitliste« der Zwischenrufe wird angeführt von Lügner, Heuchler, Lümmel, Dummkopf, Flegel, Pöpel, Hampelmann und Schwein.
609mal mußten die Sitzungspräsidenten seit 1949 Rügen oder Ordnungsrufe erteilen. Am häufigsten traf es dabei den früheren SPD-Spitzenpolitiker Herbert Wehner und dessen damaligen kommunistischen Kollegen Heinz Renner. Auch Hans Apel, Helmut Schmidt, Trude Unruh und Otto Schily mußten sich des öfteren rügende Ordnungsmaßnahmen gefallen lassen. Das »linke Lager« schimpft übrigens lieber und häufiger als das bürgerliche. SPD und Grüne »führen« in der »Fraktionswertung«, während die FDP – nicht nur der niedrigen Kopfzahl wegen – das Schlußlicht bildet.
Nicht einmal zwei Prozent der Zwischenrufe kommen von Frauen. Ausnahme allerdings: die streitbaren Damen der Sozialdemokratie.

RAF-Mörder hören auf

In 20 Jahren hat die RAF 25 Deutsche ermordet, die meisten prominent und hervorragend in ihrem Beruf. Am RAF-Terror liegt es, daß Politiker in gepanzerten Autos fahren, daß Fluggäste vor dem Start abgetastet werden müssen. Erreicht hat die RAF nichts. Jetzt hat sie offenbar die Sinnlosigkeit ihrer Verbrechen begriffen – wie ein Brief dokumentiert, der ein einziges Eingeständnis ihres Irrtums ist. Sie wollen unter bestimmten Bedingungen mit dem Terror aufhören. Für die Toten ist es zu spät. Der Brief aber spaltet die Nation: Versöhnung mit Mördern? Justizminister Kinkel (FDP) glaubt, daß nun der »unglückliche Kreislauf der Gewalt durchbrochen werden könne«. Dagegen CSU-Chef Waigel: »Keine Konzessionen, kein Friedensabkommen mit der RAF.«
Was ist die RAF heute? Zum harten Kern gehören 15 bis 20 Terroristen. Ihr »Umfeld« zählt 250 Sympathisanten, darunter 80 »Militante«. In Haft sitzen zur Zeit 45 Mitglieder der Bande, 22 werden mit Steckbriefen gesucht.
In ihrem Brief mit dem typischen Fünfzackstern und der MP gibt die RAF zu, nicht die Unterstützung der Bevölkerung gefunden zu haben. Dann heißt es: »Wir werden die Angriffe auf führende Repräsanten aus Wirtschaft und Staat… einstellen.« Bedingungen: »Die Haftunfähigen und die Gefangenen, die am längsten sitzen, müssen sofort raus und alle anderen bis zu ihrer Freilassung zusammenkommen.«
Und die Drohung: »Wenn Sie uns… nicht leben lassen, dann müssen Sie wissen, daß ihre Eliten auch nicht leben können… Krieg kann nur durch Krieg beantwortet werden.«
Der Brief »ist kein Dokument der gewandelten Überzeugung oder des Bedauerns«, erklärte Hanns-Eberhard Schleyer. Dennoch ist er nicht strikt gegen Erleichterungen für RAF-Täter. Sein Vater, Arbeitgeberpräsident Hanns-Martin Schleyer, gehörte zu den Opfern der Terroristen. Am 5. September

1977 wurde er gekidnappt, 43 Tage später erschossen im Kofferraum eines Autos gefunden. Die RAF wollte zwölf gefangene Komplizen freipressen. Kanzler Helmut Schmidt (SPD) hatte sich nicht dem Terror gebeugt.

Die Blutspur begannen die RAF-Mörder am 4. Februar 1972 in Berlin mit dem Mord an dem Bootsbauer Erwin Beelitz im britischen Yachtclub. Ihr vorerst letztes Opfer war Treuhandchef Rohwedder, den sie am 1. April 1991 erschossen.

Schon einmal hatte die RAF die Sinnlosigkeit ihres Tuns eingesehen. Das war, als sich ihre ersten Führer umbrachten: Ulrike Meinhof am 9. Mai 1975 in Stammheim, Andreas Baader, Jan-Karl Raspe und Gudrun Ensslin am 13. Oktober 1977, auch in Stammheim. Aber andere fanatische Mörder übernahmen das Kommando.

SPD-Vize Herta Däubler-Gmelin: »Auf keinen Fall Geschäfte mit Terroristen.« Keine »Sonderrolle« für sie.

Antje Vollmer, ehemalige Grünen-Abgeordnete, fordert Politik und Justiz auf, positiv auf den Brief zu reagieren. Man sei »so dicht an einer großen Wende in der Auseinandersetzung mit der RAF wie noch nie«.

Dagegen Verfassungsrechtler Rupert Scholz (CDU): »Politiker haben hier nichts zu sagen. Das ist Sache der Gerichte.«[203]

Parteien nach 1945

Die Gründung der CDU – Christlich-Demokratische Union

Am 8. Mai 1945 war mit der Kapitulation des Deutschen Reiches das nationalsozialistische Unrechtssystem zusammengebrochen. Die alliierten Siegermächte hatten in Deutschland die Regierungsgewalt übernommen und entsprechend den Potsdamer Beschlüssen Deutschland in vier Zonen aufgeteilt, mit dem Ziel, dieses Land zu demokratisieren.

Wichtiges Gestaltungsinstrument für den Aufbau eines demokratischen Staates sind jedoch demokratische Parteien. Deshalb gab es nach dem Zweiten Weltkrieg in Deutschland sehr starke Tendenzen, neben der Wiedergründung der alten Parteien der Weimarer Republik auch einen parteipolitischen Neuanfang zu wagen; er bestand in der Zusammenfassung aller bürgerlichen Kräfte auf der Basis christlicher Wertvorstellungen in einer großen demokratischen Partei, die beide Konfessionen und alle Volksschichten ansprach. Schon im 19. Jahrhundert hatte es immer wieder Vorschläge und Überlegungen gegeben, eine christlich fundierte Volkspartei, die den Gegensatz zwischen Katholiken (Zentrum) und Protestanten (Konservative) überbrücke, zu gründen. Insbesondere führende Politiker der Zentrumspartei wie Windhorst, Reichensperger und Bischof von Ketteler hatten immer wieder betont, daß das Zentrum sich zu einer Partei der Katholiken und Protestanten entwickeln müsse.

Es ist fraglich, ob es im Nachkriegsdeutschland überhaupt zur Gründung einer großen, alle Schichten und Konfessionen umfassenden, christlich orientierten Volkspartei, der CDU, gekommen wäre, wenn nicht die gemeinsamen Erfahrungen im Widerstand gegen den Nationalsozialismus die führenden Vertreter dieser verschiedenen Gruppen, Organisationen und Konfessionen eng zusammengeführt hätte. Die gemeinsam erlittene Verfolgung der Christen und der führenden Anhänger demokratischer Parteien in den Jahren 1933 bis 1945 und der gemeinsame Wille, ein derartiges Gewaltsystem nie wieder entstehen zu lassen, führten zu der entschlossenen Bereitschaft von Männern und Frauen, gemeinsam die politische Führung beim demokratischen Wiederaufbau Deutschlands zu übernehmen. Zu den Männern des 20. Juli 1944 gehörten unter anderem Eugen Gerstenmaier, Jakob Kaiser und Andreas Hermes, die nur wie durch ein Wunder dem Tod entgingen. Gerstenmaier als engagierter evangelischer Christ, Jakob Kaiser als katholischer Gewerkschaftsführer und Andreas Hermes als profilierter Zentrums- und Agrarpolitiker gehörten zu den Gründungsmitgliedern der CDU. Aber im selben Atemzug wären Konrad Adenauer, Josef Müller, Johannes Albers, Hans Lukaschek, Leo Schwerin, Hermann Pünder, Theo Stelzer und viele andere zu nennen, die für ihre christliche und demokratische Überzeugung im Zuchthaus oder im KZ gelitten hatten und sich alle nach dem Zusammenbruch des Nationalismus zu einem gemeinsamen Aufbau der CDU wiederfanden.

Dazu rückblickend Jakob Kaiser in einem Artikel der Berliner Tageszeitung »Der Tag« vom 26. Juni 1960:

»Die Bildung unserer politischen Gemeinschaft ist verbunden mit dem Erlebnis des Dritten Reiches. Der Wille der Widerstandskräfte gegen Hitler, das System hemmungslosen Machtwillens und skrupelloser Überheblichkeit zu überwinden und Deutschland einer Wiedergeburt entgegenzuführen, brachte die Erkenntnis mit sich, daß dieses Ziel nur mit Hilfe großer Parteizusammenfassungen möglich ist. Ohne die Bedeutung des ersten Anrufes zu einer zusammenfassenden Parteibildung – wie er schon 1920 durch Adam Stegerwald in Essen erging – abschwächen zu wollen, muß gesagt werden, daß Geburtsort und Geburtsstunde der Christlich-Demokratischen Union in den Widerstandskreisen zu sehen sind, deren Persönlichkeiten – aus allen Richtungen Deutschlands kommend – sich immer wieder in Berlin zu Beratungen zusammengefunden hatten.«

Die Gründung der CDU ist ein erstaunliches Phänomen, denn als die Nachrichtenverbindungen wieder funktionierten, ergab sich die erstaunliche Feststellung, daß den Initiatoren der neuen Partei von Köln bis Berlin, von Rendsburg bis Freiburg das Streben nach einer großen, sozial fortschrittlichen Volkspartei gemeinsam war. Gemeinsam war den Parteigründern katholischer Konfession vor allem die Absage an das alte Zentrum. Gemeinsam war den CDU-Gründern auf evangelischer Seite der Wille, eine Neuauflage der unseligen Zersplitterung der bürgerlichen, antimarxistischen Kräfte zu verhindern und im Verein mit katholischen Christen eine Union zur Bewältigung der drängenden Zukunftsaufgaben zu bilden. Gemeinsam war den CDU-Gründern beider Konfessionen schließlich die Überzeugung, daß durch die Aufnahme des Wortes »christlich« in den Parteinamen die Verpflichtung zum Handeln aus christlicher Verantwortung betont werden sollte.

Kölner Leitsätze (1945)

Dieser »Ruf zur Sammlung des deutschen Volkes« setzt sich zu Beginn mit den Ursachen und Folgen des Nationalsozialismus auseinander und fährt dann wie folgt fort:

»Soziale Gerechtigkeit und soziale Liebe sollen eine neue Volksgemeinschaft beschirmen, die die gottgegebene Freiheit des einzelnen und die Ansprüche der Gemeinschaft mit den Forderungen des Gemeinwohls zu verbinden weiß. So vertreten wir einen wahren christlichen Sozialismus, der nichts gemein hat mit falschen kollektivistischen Zielsetzungen, die dem Wesen des Menschen von Grund auf widersprechen.

Unser fester Wille aber ist es, eine soziale Ordnung aufzurichten, die der demokratischen Überlieferung der deutschen Vergangenheit ebenso entspricht wie der Weite und dem Geiste des christlichen Naturrechtes.

Im Glauben an den lebendigen Gott beugen wir uns vor seinen Geboten, den wahren und einzigen Stützen sozialer Ordnung und Gemeinschaft.

Zu Beginn des schweren Werkes gedenken wir der Toten auf den Schlachtfeldern des Krieges und unter den Ruinen unserer Städte und Dörfer.

In Ehrfurcht neigen wir uns vor den Blutzeugen des christlichen Glaubens und der bürgerlichen Freiheit, die dem Nationalsozialismus zum Opfer fielen.

Im Geiste dieser Toten sind wir fest entschlossen, dem deutschen Volke im Rahmen des Reiches mit all unseren Kräften zu dienen.

Darum haben wir ›Christliche Demokraten Deutschlands‹ uns zusammengefunden und folgende Leitsätze für den Wiederaufbau unseres Vaterlandes beschlossen:

1. Die geistige Würde des Menschen wird anerkannt. Der Mensch wird gewertet als selbstverantwortliche Person, nicht als bloßer Teil der Gemeinschaft.
2. Die Familie ist die Grundlage der sozialen Lebensordnung. Ihr Lebensraum ist heilig. Von Natur aus hat sie ihre eigenen Rechte, die unter dem besonderen Schutz des Staates stehen.
3. Die Gerechtigkeit ist das Fundament des Staates. Der Rechtsstaat wird wiederhergestellt. Die Gerichtsbarkeit ist unabhängig und frei. Ihr einziger Leitstern ist das Gesetz, vor dem alle gleich sind.
4. Jeder Deutsche hat das Recht, seine Meinung in Wort und Schrift im Rahmen der bestehenden Gesetze frei zu äußern. Die Vereins- und Versammlungsfreiheit wird gewährleistet.
5. Alle religiösen Bekenntnisse sind frei in ihrer öffentlichen Betätigung.
6. Das natürliche Recht der Eltern auf die Erziehung ihrer Kinder ist die Grundlage der Schule. Diese gewährleistet die Bekenntnisschule für alle vom Staat anerkannten Religionsgemeinschaften wie auch die christliche Gemeinschaftsschule mit konfessionellem Religionsunterricht als ordentlichem Lehrfach.

7. Das kulturelle Schaffen muß frei von staatlichem Zwang sein. Seine Grundlage ist die deutsche, christliche und abendländische Überlieferung. Jede Art von Rassenkult wird ausgeschaltet.
8. Der Zentralismus wird als undeutsch abgelehnt. Deutschland gliedert sich in selbständige freie Länder. Ihr Zusammenschluß erfolgt in der Form des freien republikanischen Bundes.
9. Die überlieferte deutsche Selbstverwaltung der Gemeinden und provinzialen Verbände wird wiederhergestellt. Die Staatsverwaltung ist zu vereinfachen.
10. Das Recht auf Eigentum wird gewährleistet. Die Eigentumsverhältnisse werden nach dem Grundsatz der sozialen Gerechtigkeit und den Erfordernissen des Gemeinwohls geordnet. Durch gerechten Güterausgleich und soziale Lohngestaltung soll es dem Nichtbesitzenden ermöglicht werden, zu Eigentum zu kommen. Das Gemeineigentum darf so weit erweitert werden, wie das Allgemeinwohl es erfordert. Post und Eisenbahn, Kohlenbergbau und Energieerzeugung sind grundsätzlich Angelegenheiten des öffentlichen Dienstes. Das Bank- und Versicherungswesen unterliegt der staatlichen Kontrolle.
11. Das Ziel der Wirtschaft ist die Bedarfsdeckung des Volkes auf der Grundlage einer freien körperlichen Selbstverwaltung. Die Vorherrschaft des Großkapitals, der privaten Monopole und Konzerne wird gebrochen. Privatinitiative und Eigenverantwortlichkeit werden erhalten. Mittel- und Kleinbetriebe werden gefördert und vermehrt.
12. Die menschliche Arbeit wird gewertet als sittliche Leistung, nicht als bloße Ware. Im Zuge einer großangelegten Arbeitsbeschaffung ist die Beteiligung aller Arbeitswilligen am Aufbau des deutschen Lebensraumes zu ermöglichen. Die Lohn- und Arbeitsbedingungen werden tariflich geregelt. Der erwachsene arbeitende Mensch hat Anspruch auf einen Lohn, der ihm die Gründung und Erhaltung einer Familie ermöglicht. Die Leistungen der Sozialversicherung bleiben erhalten. Der Aufbau der Gewerkschaften und der sonstigen Berufsvertretungen ist zu sichern.
13. Ein kräftiger Bauernstand ist das Fundament eines gesunden Volkslebens. Durch planmäßige Pflege aller Zweige der Landwirtschaft ist die Erzeugung zu heben und die Ernährung unseres Volkes zu sichern. Durch eine großzügige Innensiedlung ist die Zahl der selbständigen Bauernhöfe und landwirtschaftlichen Kleinbetriebe zu vermehren.
14. Das Handwerk ist ein selbständiger und gleichberechtigter Berufsstand neben Industrie, Landwirtschaft und Handel. Das handwerkliche Genossenschaftswesen wird gefördert. Die handwerkliche Selbstverwaltung bleibt erhalten.
15. Die nach der Katastrophe des Hitlerregimes in besonderem Ausmaß wachsenden Lasten sind nach sozialen Gesichtspunkten gerecht zu verteilen. Die Kriegsschäden sind als gemeinsame Last auf das ganze Volk umzulegen. Ihre Regulierung darf nur nach Maßgabe des Vermögens und des Einkommens des einzelnen erfolgen. Die für den Krieg und seine Verlängerung Verantwortlichen sind von der Entschädigung auszuschließen. Die Gewinne der nationalsozialistischen Konjunkturzeit und die Kriegsgewinne sind durch besondere Steuer zu erfassen.
16. Die zerstörten Städte und Dörfer werden wieder aufgebaut. Der vorhandene Wohnraum wird bewirtschaftet. Durch ein großzügiges Bauprogramm wird neuer Wohnraum geschaffen. Die Großstädte werden durch Anlage gesunder Außensiedlungen aufgelockert. Das Eigenheim wird gefördert. Unzulängliche Behelfsheime sind zu vermeiden.
17. Alle Formen des öffentlichen Gemeinschaftslebens kommen aus der Demokratie. Ein Mißbrauch der Demokratie, vor allem zu nichtdemokratischen Zwecken, wird nicht geduldet. Der Staat schützt sich und seine Einrichtungen mit allen ihm zur Verfügung stehenden Mitteln.
18. Das Parlament ist aufgrund des allgemeinen, gleichen, geheimen und direkten Wahlrechts zu wählen.

Bild: Berliner Gründungsentwurf (1945)

Berliner Gründungsentwurf (1945)

Deutsches Volk!

In der schwersten Katastrophe, die je über ein Land gekommen ist, ruft die Partei

Christlich-Demokratische Union Deutschlands

aus heißer Liebe zum deutschen Volk die **christlichen, demokratischen und sozialen Kräfte zur Sammlung,** zur Mitarbeit und zum Aufbau einer neuen Heimat. Aus dem Chaos von Schuld und Schande, in das uns die Vergottung eines verbrecherischen Abenteurers gestürzt hat, kann eine Ordnung in demokratischer Freiheit nur erstehen, wenn wir uns auf die kulturgestaltenden sittlichen und geistigen Kräfte des Christentums besinnen und diese Kraftquelle unserem Volke immer mehr erschließen.

Unsagbar schwer ist unsere Aufgabe. Nach 1918 rettete die politische Führung Organe des staatlichen, kulturellen und wirtschaftlichen Lebens aus dem militärischen Zusammenbruch. Unzerstörte Städte und Dörfer, Fabriken, Werkstätten, Felder und Wälder blieben als Grundlage für einen allmählichen Aufstieg des Volkes erhalten.

Heute aber stehen wir vor einer furchtbaren Erbschaft, vor einem

Trümmerhaufen sittlicher und materieller Werte.

Dieses Mal trieb ein gewissenloser Diktator mit seinem Anhang einen frivol entfesselten Krieg bis zu letztem Ausbluten unseres Volkes. Hitler ließ das Land in Schutt und Verödung zurück. Mit verlogenen nationalen Phrasen und hohlen Friedensbeteuerungen hat er das eigene Volk und andere Völker getäuscht und den Idealismus unserer Jugend schändlich mißbraucht. So mußte diese Jugend, die im guten Glauben für ihr Vaterland kämpfte, das Opfer einer wahnwitzigen Führung werden. Groß ist die Schuld weiter Kreise unseres Volkes, die sich nur allzu bereitwillig zu Handlangern und Steigbügelhaltern für Hitler erniedrigten. Jede Schuld verlangt Sühne. Mit den Schuldbeladenen leidet auch die große Zahl der Deutschen, die ihren Schild reinhielten. Sie vermochten sich gegen Gewalt und Terror nicht durchzusetzen. **Kämpfer echter demokratischer Gesinnung,** evangelische und katholische Christen, zahllose jüdische Mitbürger, Männer und Frauen aus allen Schichten des Volkes litten und starben unter diesem Terror. Im Geiste ihres Vermächtnisses, geeint durch die gleiche Liebe zu unserem Volke erkennen wir unsere Pflicht, mit diesem Volke den Weg der Sühne

den Weg der Wiedergeburt

zu gehen.

Das furchtbare Ausmaß von Unrecht, das die Hitlerzeit gebracht hat, verpflichtet, die Schuldigen und ihre Helfershelfer unnachsichtig, in strenger Gerechtigkeit, jedoch ohne Rachsucht, zur Rechenschaft zu ziehen. An die Stelle des Zerrbildes einer staatlichen Gemeinschaft in der Hitlerzeit soll jetzt **der wahrhaft demokratische Staat** treten, der auf der Pflicht des Volkes zu Treue, Opfer und Dienst am Gemeinwohl ebenso ruht wie auf der Achtung vor dem Recht der Persönlichkeit, ihrer Ehre, Freiheit und Menschenwürde.

Das Recht muß wieder die Grundlage des ganzen öffentlichen Lebens werden. An Stelle der Lüge: „Recht ist, was dem Volke nutzt", muß die ewige Wahrheit treten: **„Dem Volke nutzt nur, was Recht ist".** Die Unabhängigkeit und der geordnete Gang der Rechtspflege sind wieder herzustellen. Der Ruf nach gerechten Richtern geht wie ein einziger Schrei durch das ganze deutsche Volk. Jede Willkür ist auszuschließen. Eine Gestapo mit ihrem Terror darf es nicht wieder geben. Das öffentliche Leben muß in strenger Sparsamkeit weitgehend auf Selbstverwaltung, freiwilliger und ehrenamtlicher Mitarbeit aufgebaut werden. Die Volksvertretung soll die **brüderliche und vertrauensvolle Zusammenarbeit aller die Demokratie bejahenden Parteien** und aller aufbauwilligen Kräfte verwirklichen.

Wir fordern ein öffentliches Leben, das sich **frei hält von Lüge,** Massenwahn und Massenverhetzung und eine verantwortungsbewußte Presse mit dem Willen zur Wahrheit als oberstes Gesetz. Wir verlangen **geistige und religiöse Gewissensfreiheit,** Unabhängigkeit aller kirchlichen Gemeinschaften und eine klare Scheidung der kirchlichen und staatlichen Aufgaben.

Das Recht der Eltern auf die Erziehung der Kinder muß gewahrt werden, die Jugend in Ehrfurcht vor Gott, vor Alter und Erfahrung erzogen werden. Der von der Kirche geleitete Religionsunterricht ist Bestandteil der Erziehung. Durch die verderblichen Lehren des Rassenhasses und der Völkerverhetzung hat Hitler weite Teile der Jugend vergiftet. Sie muß wieder zur Erkenntnis wahrer sittlicher Werte geführt werden. Wissenschaft und Kunst sollen sich frei entfalten und die **Lehren echter Humanität,** deren deutsche Künder der ganzen Menschheit gehören, sollen den sittlichen Wiederaufbau unseres Volkes tragen helfen.

Das unermeßliche Elend in unserem Volke zwingt uns, den Aufbau unseres Wirtschaftslebens die Sicherung von Arbeit und Nahrung, Kleidung und Wohnung ohne jede Rücksicht auf persönliche Interessen und wirtschaftliche Theorien in straffer Planung durchzuführen. Das

Berliner Gründungsentwurf (1945)

Notprogramm für Brot, Obdach und Arbeit

geht allem voran. Dabei ist es unerläßlich, schon um für alle Zeiten die Staatsgewalt vor illegitimen Einflüssen wirtschaftlicher Machtzusammenballungen zu sichern, daß die **Bodenschätze in Staatsbesitz** übergehen. Der Bergbau und andere monopolartige Schlüsselunternehmungen unseres Wirtschaftslebens müssen klar der Staatsgewalt unterworfen werden.

Wir bejahen das **Privateigentum**, das die Entfaltung der Persönlichkeit sichert, aber an die Verantwortung für die Allgemeinheit gebunden bleibt.

Industrie, Handel und Gewerbe sind zu entscheidender Mitarbeit am Wiederaufbau berufen und deshalb planmäßig zu fördern. Wir fordern vollen Schutz und Ausbaumöglichkeit für das **selbständige Handwerk**, das nach Zerstörung vieler industrieller Unternehmungen vor einer neuen, großen Aufgabe steht.

Eine umfassende **ländliche und gärtnerische Siedlung** muß unter weitgehender Heranziehung des Großgrundbesitzes einer möglichst großen Zahl von Deutschen den Zugang zu eigener Scholle und zu selbständiger Arbeit eröffnen. Die wirtschaftliche Sicherung eines freischaffenden Bauerntums und die Ansiedlung der Landarbeiter sind ein unerläßlicher Bestandteil jeder dauerhaften Aufbaupolitik und verlangen den stärksten Ausbau des ländlichen Genossenschaftswesens.

Den christlichen und demokratischen Lebensgesetzen in Staat und Gesellschaft entspricht der freie Zusammenschluß aller Schaffenden. **Wir begrüßen daher die einheitliche Gewerkschaftsbewegung der Arbeiter und Angestellten** zur Wahrung ihrer wirtschaftlichen und sozialen Rechte. Wir erkennen die Kraft an, die von der Arbeiterschaft in das Volksganze einströmt.

Wir sind uns der Verantwortung für die Notleidenden und Schwachen, für die Kriegsopfer, die Opfer des Hitlerterrors und für die Versorgungsberechtigten bewußt.

Eine charitative Arbeit muß sich ungehindert entfalten können. Wir sagen den **Müttern und berufstätigen Frauen**, daß alles geschehen wird, um das stille Heldentum ihres immer schwerer gewordenen Alltags schnell zu erleichtern. Für

die Beziehungen zu anderen Völkern

wünschen wir die Geltung der gleichen Grundsätze der **Freiheit und Gerechtigkeit** wie für unser persönliches und innerstaatliches Leben. Loyale Erfüllung unserer Verpflichtungen aus dem verlorenen Krieg und die äußerste Anspannung innerer Wiedergesundung sollen die Grundlagen für die Anbahnung einer vertrauensvollen Zusammenarbeit mit den anderen Völkern geben. Wir hoffen dabei auf das Verständnis der Besatzungsmächte für die grenzenlose Notlage des deutschen Volkes und auf ihre sachliche Hilfe, die deutsche Wirtschaft wieder in Gang zu bringen.

Erschüttert stehen wir an den frischen Gräbern unserer Toten. Wir vergessen **unsere Kriegsgefangenen** nicht. Auf den Trümmern unserer Häuser, unserer Dörfer und Städte gedenken wir in menschlicher und christlicher Verbundenheit der gleichen Opfer der Völker um uns. Und wir geloben, alles bis zum letzten auszutilgen, was dieses ungeheure Blutopfer und dieses namenlose Elend verschuldet hat, und nichts zu unterlassen, was die Menschheit künftig vor einer solchen Katastrophe bewahrt.

Deutsche Männer und Frauen!

Wir rufen euch auf, alles Trennende zurücktreten zu lassen. Folgt unserem

Ruf zu einer großen Partei

die mit den anderen Parteien der neuen Demokratie gemeinsam am Aufbau Deutschlands arbeiten will.

Wir rufen die Jugend, die durch den Krieg und Zusammenbruch schwer getroffen, vor allem zur Gestaltung der Zukunft mitverpflichtet ist.

Wir rufen die Frauen und Mütter, deren leidgeprüfte Kraft für die Rettung unseres Volkes nicht entbehrt werden kann.

Wir rufen alle, die sich zu uns und unserem Aufbauwillen bekennen. Voll Gottvertrauen wollen wir unseren Kindern und Enkeln eine glückliche Zukunft erschließen.

Berlin, den 26. Juni 1945

Andreas Hermes

Heinrich F. Albert	**Wilhelm Happ**	**Elfriede Nebgen**
Hans von Arnim	**Peter Hensen**	**Otto Nuschke**
Eduard Bernoth	**Artur Herzog**	**Rudolf Pechel**
Theodor Bohner	**Ernst Hülse**	**Eberhard Plewe**
Emil Dovifat	**Paulus van Husen**	**Ferdinand Sauerbruch**
Margarete Ehlert	**Jakob Kaiser**	**Walter Schreiber**
Josef Ersing	**Heinrich Krone**	**Martin Schwab**
Johann Eudenbach	**Ernst Lemmer**	**Hildegard Staehle**
Ferdinand Friedensburg	**Otto Lenz**	**Theodor Steltzer**
Willy Fuchs	**Hans Lukaschek**	**Heinrich Vockel**
Otto-Heinrich von der Gablentz	**Reinhard Moeller**	**Graf York von Wartenburg**
	Katharina Müller	

Sitz der Reichsgeschäftsstelle der „Christlich-Demokratischen Union Deutschlands“: Berlin W 8, Jägerstr. 59-60.

Nächste Geschäfts- und Meldestelle:

Druck: Berliner Verlagsanstalt, GmbH, Schützenstraße

19. Das öffentliche Leben und die gesamte Wirtschaft sind von unzuverlässigen Elementen zu säubern. Ein zuverlässiges und staatstreues Berufsbeamtentum wird wiederhergestellt.
20. Die Grundlage der deutschen Außenpolitik ist die Achtung fremden Volkstums und die treue Innehaltung der Verträge. Es muß Gemeingut des ganzen Volkes werden, daß die Politik der Gewalt und des Krieges nicht nur eine Versündigung am eigenen Vaterland, sondern auch ein Verbrechen an der Menschlichkeit ist. Deutschland muß führend sein in der Verwirklichung der Sehnsucht der Völker nach einem ewigen Frieden.
Deutsche Männer und Frauen!
Das sind die Leitsätze der ›Christlichen Demokraten Deutschlands‹! Sammelt euch um sie! Helft mit, ein neues und schönes Deutschland aufzubauen auf dem unerschütterlichen Fundament des Christentums und der abendländischen Kultur.
Köln, im Juni 1945«[204]

Geschichte der Christlich-Sozialen Union (CSU)

Kriegsende 1945: Unsere Städte sind zerstört. Millionen von Wohnungen vernichtet. Das Land ist mit Heimatlosen und Flüchtlingen übersät. Vier Millionen deutsche Soldaten sind gefallen. Fast ebenso viele Zivilisten im Krieg umgekommen. Die Masse der Überlebenden fristet ihr Dasein in Ruinen und ist vom Hunger gezeichnet. Aber die Menschen lassen sich durch Not und Leid nicht beirren. Die Einheimischen bauen zusammen mit den Vertriebenen die zerbombten Städte, Dörfer und Fabriken wieder auf.
Unter Aufsicht der Alliierten beginnt sich das politische Leben in Deutschland neu zu entwickeln. Am 19. September 1945 wird mit der Proklamation 2 des US-Militärgouverneurs für die amerikanisch besetzte Zone der Freistaat Bayern wiedererrichtet.
1945 begann der Neuanfang: Die Amerikaner setzen den aus dem KZ zurückgekehrten Karl Scharnagl wieder als Oberbürgermeister von München ein, den jungen Studienrat Franz Josef Strauß als stellvertretenden Landrat in Schongau, Adam Stegerwald als Regierungspräsidenten von Unterfranken. Fritz Schäffer wird zum bayerischen Ministerpräsidenten bestimmt, aber nach vier Monaten wieder abgesetzt – Folge einer teilweise verfehlten und anfangs diktatorischen Besatzungspolitik.
Karl Scharnagl, Josef Müller, Adam Stegerwald, Fritz Schäffer, Wilhelm Eichhorn, Michael Horlacher, Alois Hundhammer, Heinrich Krehle, Carl Lacherbauer, Walther von Miller, August Schwingenstein, Alois Schlögl und Anton Pfeiffer treffen am 14. August zur Gründung einer Partei in München zusammen. Auf Vorschlag von Josef Müller heißt die neue Partei Christlich-Soziale Union.
Von der CSU geht die Signalwirkung aus. Sie will verwirklichen, was die 1918 gegründete Bayerische Volkspartei durch ihre einseitige katholische Prägung nicht erreicht hatte: eine »wahre Volkspartei« zu sein – liberal und konservativ, über alle konfessionellen Grenzen hinweg. Sie bietet denen Orientierung, die Tradition und Geschichte, Individuum und Gemeinschaft anders interpretieren als die Verfechter von schrankenlosem Liberalismus oder kollektivistischem Sozialismus. Mit diesem Anspruch prägt die CSU die Politik in Bayern und in der Bundesrepublik bis heute.

Die Parteivorsitzenden

Christlich und sozial, konservativ und liberal sind die bestimmenden Grundwerte der CSU, sind Position und Perspektive ihrer Politik. In dieser Kontinuität führen alle Vorsitzenden die Volkspartei CSU.

Der Pionier: Dr. Josef Müller

* 27. März 1898, † 12. September 1979
Parteivorsitzender von 1945 bis 1949

Dr. Josef Müller war der erste Vorsitzende der CSU. Er hat die Grundsätze der Partei festgeschrieben und in die Tat umgesetzt. Josef Müller wurde in Steinwiesen als Sohn eines oberfränkischen Bauern geboren. Bereits während seiner Inhaftierung in den nationalsozialistischen Konzentrationslagern Buchenwald, Flossenbürg und Dachau – wegen seiner Opposition gegen das damalige Regime – entwarf er die politischen Grundzüge für die spätere Gründung der CSU.
Josef Müller studierte in München von 1919 bis 1923 Rechtswissenschaften und Volkswirtschaft. Da er während seiner Studienzeit häufig in Ferienarbeit bei Bauern sein Taschengeld verdiente, erhielt er von seinen Freunden den Spitznamen »Ochsensepp«. Im Dezember 1945 wählte ihn der Landesausschuß der Christlich-Sozialen Union zum ersten Parteivorsitzenden. Er überwand die damals starren konservativen Positionen und baute Brücken zwischen auseinanderstrebenden Gruppen. Dr. Josef Müller ist es zu verdanken, daß sich die CSU als noch junge Partei rasch etablieren konnte und bereits in den ersten Wahlkämpfen große Erfolge errang.
Dr. Müller hat maßgeblich an der Gestaltung der Bayerischen Verfassung mitgearbeitet. Dem Kabinett Ehard gehörte er von 1947 bis 1952 als Justizminister an. Von 1947 bis 1950 war er stellvertretender Ministerpräsident und Abgeordneter im Bayerischen Landtag von 1946 bis 1962. Dr. Müller starb am 12. September 1979 in München.

Der Organisator: Dr. Hans Ehard

* 10. November 1887, † 18. Oktober 1980
Parteivorsitzender von 1949 bis Januar 1955
Bayerischer Ministerpräsident von Dezember 1946 bis Dezember 1954 und Januar 1960 bis Dezember 1962

Der gebürtige Bamberger Hans Ehard studierte in München und Würzburg Rechtswissenschaften. Er gehörte der Bayerischen Volkspartei von ihrer Gründung bis zur Auflösung im Jahr 1933 an. 1945 wurde er CSU-Mitglied und im Oktober desselben Jahres Staatsrat im Bayerischen Staatsministerium der Justiz. Die bayerischen Ministerpräsidenten Fritz Schäffer und Wilhelm Hoegner ernannten Dr. Ehard zum Staatssekretär im Justizministerium. Am 1. Dezember 1946 wurde er als CSU-Abgeordneter in den Bayerischen Landtag gewählt. Am 21. Dezember 1946 wählte ihn der Landtag zum bayerischen Ministerpräsidenten, dem ersten demokratisch gewählten Regierungschef in Deutschland nach dem Zweiten Weltkrieg. 1950 wurde Dr. Hans Ehard zum zweitenmal bayerischer Ministerpräsident, 1954 Landtagspräsident und nach dem Rücktritt des erkrankten Ministerpräsidenten Dr. Seidel am 26. Januar 1960 nochmals bayerischer Ministerpräsident. Sein Nachfolger, der 1962 gewählte Alfons Goppel, holte ihn als Justizminister nochmals in sein Kabinett. Im Alter von 79 Jahren zog sich Dr. Hans Ehard aus der Politik zurück.

Der Stratege und Realist: Dr. Hanns Seidel

* 12. Oktober 1901, † 5. August 1961
Parteivorsitzender von Januar 1955 bis März 1961
Bayerischer Ministerpräsident von Oktober 1957 bis Januar 1960

Dr. Hanns Seidel war weitblickender Stratege und Realist zugleich, immer bereit, klare Grundsätze auch klar auszusprechen. Trotzdem war er kein Mann der großen Worte und hätte abgewinkt bei der treffenden Titulierung »Architekt des modernen Bayern«.
Hanns Seidel, in Schweinheim – heute ein Stadtteil Aschaffenburgs – geboren, erwarb das Patent als Hauer, arbeitete im Bergbau und in der Effektenabteilung einer Bank, um seine verwitwete Mutter und seine drei Ge-

schwister zu versorgen. Er studierte Germanistik, Nationalökonomie und Rechtswissenschaften; 1929 promovierte er in Würzburg und wurde Rechtsanwalt in Aschaffenburg. Zu Beginn des Dritten Reiches nahmen die neuen Machthaber den Oppositionellen vorübergehend in Schutzhaft. 1945 wurde er Landrat von Aschaffenburg. Dr. Hanns Seidel gehörte zu den Gründungsmitgliedern der CSU und wurde 1946 in den Landtag gewählt. 1947 berief ihn Dr. Hans Ehard als Wirtschaftsminister in sein Kabinett. In seiner siebenjährigen Tätigkeit als Wirtschaftsminister legte er den Grundstein für die Entwicklung Bayerns vom Agrarland zu einem Land mit gesunder Wirtschaftsstruktur. Hanns Seidel war ab 1954 Fraktionsvorsitzender der CSU im Bayerischen Landtag. 1955 wurde er Parteivorsitzender und 1957 bayerischer Ministerpräsident.
Nach einem schweren Autounfall war er ab 1958 ans Krankenbett gefesselt. 1960 trat er als Ministerpräsident zurück, im Februar 1961 legte er auch den CSU-Vorsitz nieder. In Erinnerung an seine Verdienste trägt die Hanns-Seidel-Stiftung seinen Namen.

Dr. h. c. Franz Josef Strauß

* 6. September 1915, † 3. Oktober 1988
Parteivorsitzender von März 1961 bis Oktober 1988
Bayerischer Ministerpräsident von November 1978 bis Oktober 1988

»Ich habe nie beschlossen, Politiker zu werden, aber ich bin es unter dem Zwang der Stunde geworden und vielleicht in der Erfüllung einer instinktiv verstandenen Pflicht, meinen Beitrag dafür zu leisten, daß die deutsche Politik nie wieder auf jene schrecklichen Irrwege kommt, wie wir sie erlebt haben, und daß eine dritte Katastrophe dem deutschen Volke, den Völkern Europas und der Welt im gleichen Jahrhundert erspart bleiben möge.«
So hat Franz Josef Strauß den Ausgangspunkt seines politischen Lebens und Wirkens beschrieben. Die Pflicht, von der er sprach, hat er erfüllt – dabei stets nach dem Grundsatz handelnd, daß Politik nicht Selbstzweck, sondern Dienst am Menschen ist. Zu den Gründungsmitgliedern der Christlich-Sozialen Union gehörend, vom Herrgott mit reichen Talenten und Fähigkeiten ausgestattet, von politischer Leidenschaft durchdrungen und einen beispielhaften Arbeitseinsatz erbringend, ist Franz Josef Strauß neben Konrad Adenauer und Ludwig Erhard zu einem der großen Baumeister eines politisch stabilen, wirtschaftlich leistungsfähigen und sozial geprägten freiheitlich-demokratischen deutschen Staates geworden. Dabei sah er niemals nur einen Teil, er sah das Ganze, auch das ganze Vaterland. Er hat mit seiner Politik und mit seiner Partei den Weg zur deutschen Einheit offengehalten. Daß der Tag der deutschen Einheit, der 3. Oktober, auf seinen Todestag fällt, ist mehr als nur Zufall. Hier drückt sich symbolisch der geschichtliche Schlußpunkt eines großen Lebens aus, das auch nach dem Tod in seinem verpflichtenden Erbe weiterwirkt.
Am 6. September 1915 in München geboren, durchschritt Strauß eine politische Lebensbahn mit vielfältigsten Stationen. Stellvertretender Landrat und dann Landrat in Schongau, jüngstes Mitglied des Frankfurter Wirtschaftsrates, in dem er an der Seite Ludwig Erhards der sozialen Marktwirtschaft zum Durchbruch verhalf, 29 Jahre lang Mitglied des Deutschen Bundestages, Sonderminister, Atomminister, Verteidigungsminister und Finanzminister in schwierigster Zeit, zehn Jahre Mitglied des Bayerischen Landtages und zehn Jahre bayerischer Ministerpräsident – obwohl diese Auflistung für sich spricht, sagt sie längst nicht alles. Franz Josef Strauß war eine Persönlichkeit eigener Art, die ihr politisches Gewicht unabhängig von den jeweiligen Ämtern hatte.
Vor allem aber und nicht zuletzt – mehr als 27 Jahre lang war Strauß, der davor seiner Partei als Generalsekretär wie als stellvertretender Vorsitzender seinen Dienst gelei-

stet hatte, der Mann an der Spitze der Christlich-Sozialen Union. Strauß hat die Partei geformt und geprägt, hat sie zusammengeführt und geöffnet gleichermaßen, hat sie zur einzigen wirklich großen Volkspartei in Bayern gemacht, an deren klaren Kurs sich Millionen von Menschen auch außerhalb Bayerns orientieren konnten. Verwurzelt im Vertrauen der bayerischen Bevölkerung, wachsam und mutig in der Wahrnehmung nationaler Verantwortung und europäisch ausgerichtet, hat die CSU unter Strauß ihren politischen und geschichtlichen Auftrag erfüllt.
»Das Vertrauen unserer Mitglieder, Wähler und Anhänger war mir nie Selbstverständlichkeit, sondern stets Auftrag, mit allen Kräften und nach bestem Wissen und Gewissen meine Pflicht zu tun. Freunde wie Gegner können sich darauf verlassen, daß diese Haltung mein politisches Handeln bestimmen wird, so lange mir Gott die Kraft dazu gibt«, hat Franz Josef Strauß einmal gesagt. Das damit gegebene Wort hat er gehalten bis zum Tag seines Todes, dem 3. Oktober 1988. Sein Lebenswerk bedeutet für die Christlich-Soziale Union Auftrag und Verpflichtung, ein großartiges Erbe, das fortgeführt wird, um das zu sichern und weiterzutragen, was Franz Josef Strauß für die bayerische Heimat, für das deutsche Vaterland, für Europa und die Welt geleistet hat.

Dr. Theo Waigel, seit November 1988 Vorsitzender der CSU

Geboren am 22. April 1939 in Oberrohr (Schwaben), katholisch, verheiratet, zwei Kinder. Von 1971 bis 1975 Landesvorsitzender der Jungen Union Bayern. Seit 1972 Mitglied des Deutschen Bundestages. Von 1973 bis 1988 Vorsitzender der CSU-Grundsatzkommission. 1982 bis 1989 Vorsitzender der CSU-Landesgruppe im Deutschen Bundestag. Seit November 1988 Vorsitzender der Christlich-Sozialen Union. Seit April 1989 Bundesminister der Finanzen.

CSU-Mandatsträger

Abgeordnete des Europäischen Parlaments	7
Abgeordnete des Deutschen Bundestages	50
Abgeordnete des Bayerischen Landtages	127
Bezirkstagspräsidenten	7
Landräte	58
Oberbürgermeister	15
Bürgermeister	1 162
Bezirksräte	115
Kreisräte	2 085
Gemeinderäte	10 509

Mitgliederstruktur
Stand 30. September 1991

Berufe

Arbeiter	27 242	14,7%
Angestellte	45 204	24,4%
Beamte	23 685	12,8%
Landwirte	18 899	10,2%
Selbständige	28 541	15,4%
Freiberufler	4 052	2,2%
Mithelfende Familienmitglieder	1 197	0,6%
Rentner	6 109	3,3%
Hausfrauen	9 751	5,3%
in Ausbildung	10 015	5,4%
Sonstige	10 734	5,8%

Lebensalter

bis 18	329
19–20	463
21–25	3 596
26–30	7 846
31–35	12 081
36–40	16 579
41–45	22 265
46–50	22 429
51–55	29 579
56–60	20 935
61–65	16 961
über 66	32 366

Geschlecht

männlich	156 850
weiblich	28 579

Konfession

römisch-katholisch	148 101
evangelisch	32 696

Entwicklung der Mitgliederzahlen von 1946 bis 1991[205]

1946: 69 370	1956: 43 500
1965: 70 222	1975: 132 591
1985: 182 852	1991: 185 429

Wahlergebnisse in Bayern seit 1946

		CSU	SPD	FDP	Grüne	Sonstige
1946	Landtagswahl	52,3	28,6	5,7		13,5
1946	Kommunalwahl	60,1	28,0	– –		11,8
1948	Kommunalwahl	38,4	23,3	5,1		33,2
1949	Bundestagswahl	29,2	22,8	8,5		39,5
1950	Landtagswahl	27,4	28,0	7,1		37,5
1952	Kommunalwahl	26,9	24,9	3,4		44,8
1953	Bundestagswahl	47,8	23,3	6,2		22,6
1954	Landtagswahl	38,0	28,1	7,2		26,7
1956	Kommunalwahl	34,7	27,6	2,7		35,0
1957	Bundestagswahl	57,2	26,4	4,6		11,8
1958	Landtagswahl	45,6	30,8	5,6		18,0
1960	Kommunalwahl	37,3	32,8	2,3		27,6
1961	Bundestagswahl	54,9	30,1	8,8		6,2
1962	Landtagswahl	47,5	35,3	5,9		11,3
1965	Bundestagswahl	55,6	33,1	7,3		4,0
1966	Landtagswahl	48,1	35,8	5,1		11,0
1966	Kommunalwahl	40,0	34,8	2,9		22,3
1969	Bundestagswahl	54,4	34,6	4,1		6,9
1970	Landtagswahl	56,4	33,3	5,6		4,7
1972	Bundestagswahl	55,1	37,8	6,1		1,0
1972	Kommunalwahl	45,6	36,8	1,8		15,8
1974	Landtagswahl	62,1	30,2	5,2		2,5
1976	Bundestagswahl	60,0	32,8	6,2		1,0
1978	Kommunalwahl	53,0	30,3	2,8		13,9
1978	Landtagswahl	59,1	31,4	6,2		3,3
1979	Europawahl	62,5	29,2	4,7	2,9	0,8
1980	Bundestagswahl	57,6	32,7	7,8	1,3	0,5
1982	Landtagswahl	58,3	31,9	3,5	4,6	1,7
1983	Bundestagswahl	59,5	28,9	6,2	4,7	0,8
1984	Kommunalwahl	49,1	30,5	2,2	3,6	14,6
1984	Europawahl	57,2	27,6	4,0	4,5	6,8
1986	Landtagswahl	55,8	27,5	3,8	7,5	5,4
1987	Bundestagswahl	55,1	27,0	8,1	7,7	2,1
1989	Europawahl	45,4	24,2	4,0	7,8	18,6
1990	Kommunalwahl	41,9	28,4	2,5	5,4	21,7
1990	Landtagswahl	54,9	26,0	5,2	6,4	7,5
1990	Bundestagswahl	51,9	26,7	8,7	4,6	8,2

Die Freie Demokratische Partei (FDP)

Bereits 1945 bildeten sich auf lokaler und regionaler Ebene in den vier Besatzungszonen Deutschlands demokratisch-liberale Parteien als mittelbare Nachfolger der Deutschen Demokratischen Partei (DDP) beziehungsweise der Deutschen Volkspartei (DVP). Zum Teil wurde bewußt an die Weimarer Zeit angeknüpft, zum Teil ergab sich eine neue Sammlung von politischen Kräften, die weder in einer christlichen noch in einer sozialistischen Partei organisiert sein wollten.

Als erste Partei entstand im Sommer 1945 die Liberal-Demokratische Partei in der sowjetisch besetzten Zone. Im Herbst 1945 wurden auch in den westlichen Besatzungsgebieten demokratische Parteien zugelassen; zuerst örtliche Gruppen wie die Demokratische Volkspartei in Stuttgart, die Partei Freier Demokraten in Hamburg oder die Liberal Demokratische Partei in Frankfurt. Zusammenschlüsse dieser Gruppen führten zur Bildung von Landesverbänden unter verschiedenen Namen, wie DVP, LDP oder FDP, und dann zu Zonenverbänden. 1946 gab es die FDP der britischen Zone und die Demokratische Volkspartei der amerikanischen Zone.

Das Ziel all dieser liberalen Parteigruppen war jedoch die Bildung einer gesamtdeutschen Parteiorganisation, deren Gründung auch am 17. März 1947 in Rothenburg unter dem Sammelnamen Demokratische Partei Deutschlands (DPD) mit Theodor Heuss aus der DVP und Wilhelm Külz aus der LDP/Ost als gesamtdeutsche Vorsitzende gelang. Im Hinblick auf die Londoner Konferenz appellierte die DPD an die Alliierten, einen deutschen Gesamtstaat mit einer demokratisch gewählten Regierung zuzulassen und setzte eine Verfassungskommission für einen gesamtdeutschen Verfassungsentwurf ein. Diese gesamtdeutsche liberale Partei zerbrach jedoch bereits Anfang 1948 an der Unvereinbarkeit von kommunistisch gelenkten Volkskongressen, an denen sich die LDP zu beteiligen versuchte, mit westdeutschen Demokratievorstellungen. Ab Herbst 1948 führte die Änderung in der Parteipolitik in der sowjetischen Zone zur Verfolgung und Verhaftung liberaler Parteimitglieder und zur Flucht von Tausenden in den Westen.

Der Marshallplan vom 5. Juni 1947 bot dann die nötige Basis für den wirtschaftlichen Wiederaufbau, nachdem sich die Warenbewirtschaftung und Demontage als wirtschaftspolitisch unsinnig herausgestellt hatte.

Im Sommer 1947 wählten die Landtage der englischen und amerikanischen Zone 52 Abgeordnete für das Parlament des Wirtschaftsrates in Frankfurt am Main. Die liberalen Fraktionen aus Nordrhein-Westfalen, Bayern, Hessen und Baden-Württemberg waren hier durch acht Abgeordnete vertreten, die sich bald zur »FDP-Fraktion im Wirtschaftsrat« unter dem Vorsitz von Franz Blücher zusammenschlossen. Diese FDP-

Außenminister a. D. Hans-Dietrich Genscher und Bundesministerin Dr. Irmgard Adam-Schwaetzer.
Foto: Bundesarchiv Koblenz

Fraktion setzte sich konsequent für eine freiheitliche Wirtschaftsverfassung, die Wahl Ludwig Erhards zum Direktor der Wirtschaftsverwaltung und die Einführung der freien sozialen Marktwirtschaft im Zusammenhang mit der Währungsreform ein. Am 11./12. Dezember 1948 schlossen sich in Heppenheim – wo gut 100 Jahre zuvor schon einmal ein politisches Programm richtungweisend für den konstitutionellen Liberalismus geworden war – die verschiedenen Landes- und Zonenparteien (zwölf Länder, drei Zonen und Westberlin) zur Freien Demokratischen Partei zusammen. Die Präambel der Heppenheimer Proklamation von 1948 kann als Gründungsurkunde der FDP bezeichnet werden.[206]

Mehr als Statistik

Die FDP hat die Politik der Bundesrepublik entscheidend mitgestaltet. Verdienste der Partei sind das Werk herausragender Persönlichkeiten. Ein Überblick.

Fraktionsvorsitzende

1949	Theodor Heuss
1949–1951	Hermann Schäfer
1951–1952	August-Martin Euler
1952–1953	Hermann Schäfer
1953–1957	Thomas Dehler
1957	Max Becker
1957–1963	Erich Mende
1963–1968	Knut Freiherr von Kühlmann-Stumm
1968–1991	Wolfgang Mischnick
Seit 1991	Hermann-Otto Solms

Stellvertretende Fraktionsvorsitzende

1949–1951	August-Martin Euler
1949–1953	Hans Wellhausen
1951–1952	Hermann Schäfer
1952–1953	Ernst Mayer
1953–1956	August-Martin Euler
1953–1957	Erich Mende
1956–1957	Max Becker
1957–1961	Jan Eilers
1957–1961	Hans Lenz
1961–1962	Ewald Bucher
1961–1963	Wolfgang Döring
1961–1963	Knut Freiherr von Kühlmann-Stumm
1963–1968	Wolfgang Mischnick
1963–1965	Fritz-Rudolf Schultz
1963–1968	Siegfried Zoglmann
1965–1967	Heinz Starke
1967–1968	William Borm
1968–1969	Wolfram Dorn
1968–1969	Josef Ertl
1968–1971	Knut Freiherr von Kühlmann-Stumm
1969–1971	Wolfgang Rutschke
1969–1971	Hansheinrich Schmidt
1971–1972	Ernst Achenbach
1971–1976	Victor Kirst
1971–1976	Kurt Spitzmüller
1972–1973	Karl-Hermann Flach
1973–1975	Uwe Ronneburger
1975–1987	Hans-Günter Hoppe
1976–1979	Kurt Jung
1976–1982	Hans A. Engelhard
1979–1984	Dieter Julius Cronenberg
1983–1990	Uwe Ronneburger
1985–1991	Hermann-Otto Solms
Seit 1987	Wolfgang Weng
Seit 1991	Hermann Rind
Seit 1991	Bruno Menzel
Seit 1991	Uta Würfel

Parlamentarische Geschäftsführer

1949–1953	Walther Kühn
1949–1953	Erich Mende
1953–1956	Martin Blank
1956–1961	Ewald Bucher
1959–1961	Wolfgang Mischnick
1961–1964	Siegfried Zoglmann
1961–1964	Herman Dürr
1963–1965	Hans-Georg Emde
1964–1965	Werner Mertes
1965–1969	Hans-Dietrich Genscher
1965–1976	Werner Mertes
1969–1978	Alfred Ollesch
1976–1980	Kurt Spitzmüller
1978–1991	Torsten Wolfgramm
1980–1983	Klaus Gärtner
1983–1989	Klaus Beckmann
Seit 1989	Werner Hoyer

1988–1991	Ursula Seiler-Albring
Seit 1991	Manfred Richter
Seit 1991	Uwe Lühr

Die Sozialdemokratische Partei Deutschlands nach 1945 (SPD)

Die Deutschen machen sich an den Wiederaufbau ihres zerstörten Landes. Aber der politische Neuanfang vollzieht sich keineswegs so tiefgreifend, wie die Sozialdemokraten es erhofft und mit vorbereitet haben. Auch die Erwartung, der SPD werde in einem demokratischen Nachkriegsdeutschland die politische Führung zufallen, erfüllt sich nicht. Nach Gründung der Bundesrepublik und der Wahl zum ersten Deutschen Bundestag stellen die »bürgerlichen« Parteien die Regierung. Die SPD trägt die Verantwortung der Opposition.

Ihre Energie stecken die Menschen in den Wiederaufbau, aber die politische Auseinandersetzung um den künftigen Kurs Deutschlands entbrennt alsbald. Die SPD sucht einen demokratischen Weg zur Überwindung der Teilung Deutschlands und zu seiner sozialen Gestaltung.

In der Sozialdemokratie finden sich diejenigen, die im Herrschaftsbereich des Hitlerregimes zwölf Jahre Diktatur überstanden haben, mit den anderen zusammen, die im Ausland das Los des Exils erleiden mußten. Kurt Schumacher organisiert von Hannover aus den Wiederaufbau der SPD, für die 1945 Neubeginn, nicht Bruch mit ihrer bisherigen Geschichte, bedeutet.

Die meisten deutschen Städte gleichen einer Ruinenlandschaft, als der Krieg 1945 zu Ende geht. Die Siegermächte teilen das besiegte Deutschland in vier Besatzungszonen auf, versuchen Nazis umzuerziehen und aus dem öffentlichen Leben zu entfernen. Die Alliierten in den Westzonen und in Berlin bereiten die Demokratie westlichen Musters vor. Doch bis es dazu kommt, sieht ein Plan des amerikanischen Finanzministers Morgenthau vor, große Teile der Industrie zu demontieren und Deutschland in ein Agrar- und Weideland zurückzuverwandeln. Der Morgenthau-Plan wird schnell verworfen, aber die Demontage von Industrieanlagen beginnt, und damit auch eine der ersten großen Bewährungsproben von Sozialdemokraten und Gewerkschaften: Arbeiter streiken gegen Maßnahmen, die den Aufbau der deutschen Demokratie und die Verbesserung des miserablen Lebensstandards gefährden.

Kurt Schumacher (1895 bis 1952), der erste SPD-Vorsitzende nach dem Krieg, hatte schon vor der Kapitulation Verbindung zu Sozialdemokraten und Gewerkschaftlern aufgenommen und Richtlinien für die Politik der Sozialdemokratie ausgearbeitet. In Hannover sammelt er, der von den Folgen zehnjähriger KZ-Haft gezeichnet ist, die Freunde um sich. Er fordert die Genossen im Exil zur Rückkehr und Mitarbeit auf.

Das Scheitern der Weimarer Republik und Jahre der gemeinsam durchlittenen Verfolgung haben politische Gegner von einst dazu gebracht, miteinander zu reden: Sozialdemokraten, Christen, Kommunisten, Liberale. Ein Zusammengehen mit der KPD kommt für die SPD jedoch nicht in Frage, denn die deutschen Kommunisten sind von der sowjetischen Militäradministration abhängig. Zwischen Otto Grotewohl, der die Reorganisation der SPD in der sowjetisch besetzten Zone übernommen hat, und Kurt Schumacher herrscht eine tiefe Kluft. Der von Grotewohl geforderte »Reichsparteitag der SPD« kommt nicht zustande: Statt dessen vertritt Schumacher die Ansicht, die SPD in der russischen Besatzungszone solle sich lieber auflösen, als mit den Kommunisten zusammenzugehen. Als die Sowjets im Frühjahr 1946 eine Vereinigung von SPD und KPD erzwingen wollen, macht die Berliner SPD in den drei Westsektoren ihr klares »Nein« deutlich. 82,2 Prozent der Sozialdemokraten in den drei Westsektoren (im Sowjetsektor ist die Abstimmung untersagt) stimmen gegen einen sofortigen Zusammenschluß. Im sowjetischen Herrschaftsbereich kommt es im April 1946 zur Zwangsverschmelzung von SPD und KPD zur SED. In der Ostzone (mit Ausnahme des

Führende Sozialdemokraten (von rechts): Willy Brandt, Helmut Schmidt und Hans-Jochen Vogel.
Foto: Bundesarchiv Koblenz

Sowjetsektors von Berlin) existiert fortan die SPD nicht mehr. Bei den Stadtverordnetenwahlen in ganz Berlin werden für die Sozialdemokraten im Herbst 1946 fast 50 Prozent der Stimmen abgegeben.

In den Jahren 1946 und 1947 wird immer deutlicher, daß die Interessengegensätze zwischen Ost und West eine Einigung der Besatzungsmächte über die Zukunft Gesamtdeutschlands verhindern werden. Noch gibt es gemeinsame Konferenzen der alliierten Militärregierungen, aber der Versuch einer gesamtdeutschen Konferenz scheitert. Im Westen beginnt man, sich auf einen westdeutschen Teilstaat einzurichten.

Kurt Schumacher nennt 1949 die vier Jahre seit dem Kriegsende eine »Periode der absoluten Restauration«. Der Parlamentarische Rat erarbeitet ein Grundgesetz für die Bundesrepublik Deutschland. Schumacher beeinflußt die Struktur der Verfassung durch sein »Nein« zu den Forderungen der Alliierten, die Bundeskompetenz in Finanzfragen zu schwächen. Die Westmächte geben nach. Am 23. Mai 1949 tritt das Grundgesetz in Kraft – eine der »seltenen Sternstunden unserer Geschichte«, wie der Sozialdemokrat Gustav Heinemann später sagen wird. Die Bundesrepublik Deutschland ist entstanden. Im selben Jahr erfolgt die Gründung der DDR.

Das Grundgesetz bedeutet ein großes Angebot an die neue deutsche Demokratie. Es enthält den Auftrag zum Aufbau einer sozialen Demokratie.

Unterdessen arbeiten die Menschen hart in Deutschland. Der Wiederaufbau fordert ihre ganze Kraft. Zum Nachdenken bleibt wenig Zeit. Man strebt vor allem nach Überwindung der Not und bescheidenem Wohlstand – schwierig genug in einer erst allmählich sich mit amerikanischer Hilfe entwickelnden Volkswirtschaft. Millionen Zuwanderer aus dem Osten müssen integriert werden.

Im Bund bis 1966 in der Opposition, stehen Sozialdemokraten in vielen Ländern, Städten und Gemeinden an der Spitze. Sie haben maßgeblichen Anteil am Wiederaufbau. Schulen, Krankenhäuser, Verkehrsanlagen, Sportplätze müssen neu, Wohnungen wieder aufgebaut werden. Bis 1953 werden zwei Millionen neue Wohnungen in der Bundesrepublik gebaut.

An der innenpolitischen Gesetzgebung wirkt die SPD konstruktiv mit: der weitaus größte Teil aller Gesetze wird mit den Stimmen der Sozialdemokraten im Bundestag verabschiedet. Die eigentlich harte Konfrontation vollzieht sich in der Außenpolitik.

Der Bundestag erlebt die stürmischsten Debatten seiner Geschichte, als es um die Wiederbewaffnung geht. Die SPD ist nicht grundsätzlich gegen einen deutschen Beitrag zur Verteidigung, freilich sieht sie realistisch voraus, daß damit die Spaltung Deutschlands vertieft wird. Gegen ihren Rat werden sowjetische Wiedervereinigungsangebote nicht einmal ausgelotet. Als sich die Bundestagsmehrheit 1955 für den Beitritt in die Nato entscheidet, sorgt die SPD dafür, daß die Bundeswehr den Erfordernissen der Demokratie entspricht. Der SPD geht es auch darum, »den unheilvollsten Gegensatz« (Fritz Erler) zwischen Arbeitern und Militär zu überwinden, der so lange die geschichtliche Wirklichkeit in Deutschland geprägt hatte.

Auch wenn es sich im Wahlverhalten zu Beginn der sechziger Jahre noch nicht so deutlich ausdrückt: In der Bundesrepublik ist ein Prozeß des Umdenkens in Gang gekommen. Die Sozialdemokratische Partei, geistig erneuert durch das Godesberger Programm, bietet den Bürgern Lösungen zu den wichtigsten innenpolitischen Problemen an. Sozialdemokraten und Wissenschaftler diskutierten über die Zukunftsperspektiven der Bundesrepublik.

Die Bildung der großen Koalition des Jahres 1966 gehört in die Reihe der parteiintern hart umstrittenen Entscheidungen in der Geschichte der deutschen Sozialdemokraten. Willy Brandt, seit 1964 Parteivorsitzender der SPD, übernimmt das Amt des Vizekanzlers und Außenministers, Gustav Heinemann wird Justizminister.

Nach drei Regierungsjahren hat sich die große Koalition verbraucht. Die sozial-liberale Koalition kündigt sich an.

Am 28. September 1969 gewinnen die Sozialdemokraten und Freien Demokraten 48,5 Prozent der Wählerstimmen und verfügen im Bundestag über eine regierungsfähige Mehrheit von 254 Mandaten.

In seiner ersten Regierungserklärung am 28. Oktober 1969 erklärt der neue Bundeskanzler Willy Brandt: er will »mehr Demokratie wagen« und lange Versäumtes schnell aufholen.

Unter der Kanzlerschaft Brandts wird das Wort »Ostpolitik« über die Grenzen Deutschlands hinaus ein Begriff für den Versuch, Entspannung und Normalisierung zwischen Ost und West durchzusetzen.

Diffamiert von den deutschen Rechten, setzt die SPD ihren Kurs durch. »Gewaltverzicht war das eine Moment unserer Friedenspolitik«, sagt Willy Brandt später vor den Vereinten Nationen, »Einsicht in die Wirklichkeit war das andere.« 1971 erhält er den Friedensnobelpreis. Willy Brandt, der die politische Verantwortung im Zusammenhang mit dem Fall Guillaume (Spion der DDR und engster Vertrauter Brandts) übernommen hat, tritt am 6. Mai 1974 als Kanzler zurück. Helmut Schmidt wird sein Nachfolger in diesem Amt. Seine Erfahrungen als früherer Verteidigungs- und Finanzminister erleichtern es ihm, die politischen Probleme der kommenden Jahre zu meistern. 1976 stellt die SPD ihren Bundestagswahlkampf unter das Motto: »Den Frieden wählen«. Die Unionspartei behauptet, es gehe um »Freiheit oder Sozialismus«. Am 3. Oktober bestätigen die Wähler die Regierung unter Helmut Schmidt. 1980 gehen die SPD und FDP noch einmal in den Wahlkampf, die Koalition in Bonn fortzusetzen. Es gelingt auch, den Kanzlerkandidaten der Unionsparteien, den CSU-Vorsitzenden Franz Josef Strauß, zu schlagen. Alsbald wird jedoch deutlich, daß die FDP anderen Interessen dient. Im Herbst gelingt es dem CDU-Vorsitzenden Helmut Kohl, die FDP zu sich herüberzuziehen und Bundeskanzler Helmut Schmidt zu stürzen. Nach 13jähriger Regierungsführung in Bonn geht die SPD 1982 in die Opposition.[207]

Die Vorsitzenden der Sozialdemokraten nach dem Zweiten Weltkrieg

In Bremen wählte die SPD Björn Engholm mit überwältigender Mehrheit zum Nachfolger von Hans-Jochen Vogel. Kurzporträts erinnern an die bisherigen SPD-Vorsitzenden nach dem Zweiten Weltkrieg:

Kurt Schumacher (1895 bis 1952), dessen Patriotismus ein Leuchtfeuer im zerstörten Deutschland war, baute sofort nach dem Zusammenbruch die unter den Nationalsozialisten verbotene SPD wieder auf – zunächst von Hannover, dann von Bonn aus.

Trotz seiner gesundheitlichen Probleme (Verlust eines Armes im Ersten Weltkrieg, seit 1934 Haft in zahlreichen Konzentrationslagern und 1948 Amputation eines Beines) war er ein unermüdlicher Kämpfer für eine demokratische SPD. Unnachgiebig lehnte er eine Zusammenarbeit mit den Kommunisten in der sowjetischen Besatzungszone ab. Im Deutschen Bundestag war er ein harter Gegner Konrad Adenauers, dem er bei der Wahl zum ersten Bundeskanzler unterlegen war. Berühmt wurde sein Zwischenruf »Kanzler der Alliierten«. Heute ist Schumachers Porträt auf vielen Zwei-Mark-Stücken zu finden.

Erich Ollenhauer (1901 bis 1963), der Schumacher folgte, ist als Kärrner der Partei in die Geschichte der Sozialdemokratie eingegangen. Der gebürtige Magdeburger hängte seinen kaufmännischen Beruf bald an den Nagel, um in der sozialistischen Jugendarbeit sein Brot zu verdienen. 1933 ging er mit dem emigrierenden Vorstand der Partei zunächst nach Prag, dann nach Paris und schließlich nach London. 1946 kehrte er für immer nach Deutschland zurück und wurde Schumachers Stellvertreter.

In der Öffentlichkeit kam Ollenhauer nur schwer an, weil er kein großer Redner war. 1957 wollte er zurücktreten. Doch die Partei hielt ihm die Treue. 1961 überließ er Willy Brandt die Kanzlerkandidatur. Nach schwerer Krankheit starb Ollenhauer, der sich weit über die SPD hinaus großer Wertschätzung erfreute, im Jahr 1963. Nach ihm ist die Bonner Parteizentrale benannt.

Willy Brandt, geboren 1913, der 23 Jahre lang die SPD führte und deren Ehrenvorsitzender war, wird heute mit dem legendären SPD-Vorsitzenden August Bebel in einem Atemzug genannt. Die Hitler-Jahre verbrachte er vor allem in Skandinavien.

In Berlin wurde er Regierender Bürgermeister und in der Zeit des Mauerbaus weltbekannt. 1969 schaffte er mit dem Freidemokraten Walter Scheel den Sprung ins Bundeskanzleramt, das er nach der Guillaume-Affäre 1974 Helmut Schmidt überlassen mußte. Brandt setzte gegen den erbitterten Widerstand die Ostverträge durch. Dafür wurde er mit dem Friedensnobelpreis ausgezeichnet.

1987 legte er den Parteivorsitz nieder, weil er eine Griechin nicht als Pressesprecherin durchsetzen konnte. Noch heute gilt er als Symbol der Sozialdemokratie mit weltweiter Achtung. Er war Vorsitzender der Sozialistischen Internationale (SI) und starb am 8. Oktober 1992.

Hans-Jochen Vogel, geboren 1926, folgte Brandt im Vorsitz. Als Übergangskandidat hat er sich freilich nie verstanden. Seine unüberbietbare Loyalität gegenüber der Partei und seine persönliche Glaubwürdigkeit haben die SPD in Zeiten der Niederlagen vor Resignation und selbstzerfleischenden Flügelkämpfen bewahrt.

Vogel, der vom Münchner Oberbürgermeister zum Bundesminister für Wohnungsbau und Justiz, vom Regierenden Bürgermeister zum glücklosen Kanzlerkandidaten aufstieg, genießt den Respekt der Sozialdemokraten, auch wenn sie ihn wegen seiner Pedanterie, Pünktlichkeit und Arbeitswut oft belächeln. Ihm wird zugute gehalten, daß er sich immer dann der Partei zur Verfügung stellte, wenn sie ihn rief. Als Oppositionsführer bleibt der 65jährige auch nach seinem Rücktritt als Parteichef an führender Stelle in der SPD tätig.[208]

Die Grünen – Wer sie sind und was sie wollen

Die Grünen sind ein Kind der vielen Gruppen und Initiativen, die sich in den siebziger Jahren für eine andere Politik engagierten:
1. Für den Schutz der Umwelt, gegen hemmungsloses Wachstum und die Zerstörung der Natur.
2. Für das Selbstbestimmungsrecht der Frauen, gegen die Herrschaft der Männer.
3. Für die Solidarität mit den unterdrückten Völkern, gegen die Ausbeutung der »Dritten Welt«.
4. Für mehr Demokratie, gegen Berufsverbote und andere Einschränkungen der Grundrechte.

Der außerparlamentarische Protest fand in den Parlamenten kaum Beachtung. Vorschläge und Forderungen wurden von den etablierten Parteien ignoriert. Gegen den Willen der Betroffenen wurde die Natur zubetoniert. Trotz allem Protest wurde weiter aufgerüstet. Gegen alle Vernunft wurde nichts unternommen, um die Vergiftung von Luft, Wasser und Boden zu stoppen.
Vertreterinnen der Ökologie- und Friedensbewegung, Feministinnen, »Dritte-Welt«-Gruppen und andere unternahmen daher den Versuch, ihre Vorstellungen künftig auch in den Parlamenten auf die Tagesordnung zu setzen, und riefen am 13. Januar 1980 in Karlsruhe »Die Grünen« ins Leben. Ihre Vorläuferin war die 1979 in Frankfurt gegründete »Sonstige Politische Vereinigung Die Grünen« (SPV). Ihre Partei besteht seit zwölf Jahren und kann auf ein bewegtes Leben mit Höhen und Tiefen zurückblicken.
Höhen: Die Grünen haben es in wenigen Jahren geschafft, in den Bundestag und die meisten Landtage einzuziehen. Sie sind im Europaparlament und in fast allen Kommunalparlamenten vertreten. Die Grüne Partei in der ehemaligen DDR, gegründet im Spätherbst 1989, erhielt im März 1990 acht Mandate bei den Volkskammerwahlen. Die Grünen haben mit vielen Aktionen und Kampagnen dafür gesorgt, daß politische Mißstände ins öffentliche Bewußtsein gelangten. Sie entwickelten in nahezu allen Feldern der Politik Alternativen und setzten, zum Beispiel in der Frauenpolitik, Maßstäbe, denen sich inzwischen auch andere Parteien annähern.
Tiefen: Am 2. Dezember 1990 erteilten die Wählerinnen und Wähler den westdeutschen Grünen eine herbe Abfuhr: Mit weniger als fünf Prozent der Stimmen verfehlten sie den Wiedereinzug in den Bundestag. Auf dem Gebiet der ehemaligen DDR erhielt das Wahlbündnis Die Grünen/Bündnis 90/Bürgerbewegung sechs Prozent der Stimmen und stellt damit acht Abgeordnete im Bundestag, von denen zwei den Grünen angehören. Nicht wenige verkündeten ein rasches Ende der Grünen.
Sie irrten: Bei Landtagswahlen nach der Bundestagswahl konnten Die Grünen sich behaupten und zum Teil noch zulegen: Im Januar 1991 waren Die Grünen in Hessen erfolgreich und gingen mit der SPD eine Koalition ein, in der sie eine Ministerin und einen Minister stellen. Im April 1991 errangen Die Grünen in Rheinland-Pfalz gegenüber der letzten Landtagswahl zwei Mandate mehr. Es hätte für eine rot-grüne Landesregierung gereicht. Doch die SPD traute sich nicht. Im September 1991 erreichten Die Grünen in Bremen 11,5 Prozent und stellen in der »Ampel-Koalition« eine Senatorin und einen Senator. Diese landespolitischen Erfolge sind jedoch kein Anlaß, sich zufrieden auf die Schultern zu klopfen. Es ist für Die Grünen schwerer geworden, wirksam in die Bundespolitik einzugreifen. Es ist schwerer geworden, grüne Positionen zu wichtigen nationalen und internationalen Ereignissen in der (Medien-)Öffentlichkeit zu machen. Eine Bundestagsfraktion mit über 200 Mitarbeiterinnen zu verlieren bedeutet eine immense Einbuße an Arbeitskapazität, Sachverstand und Einflußmöglichkeiten.

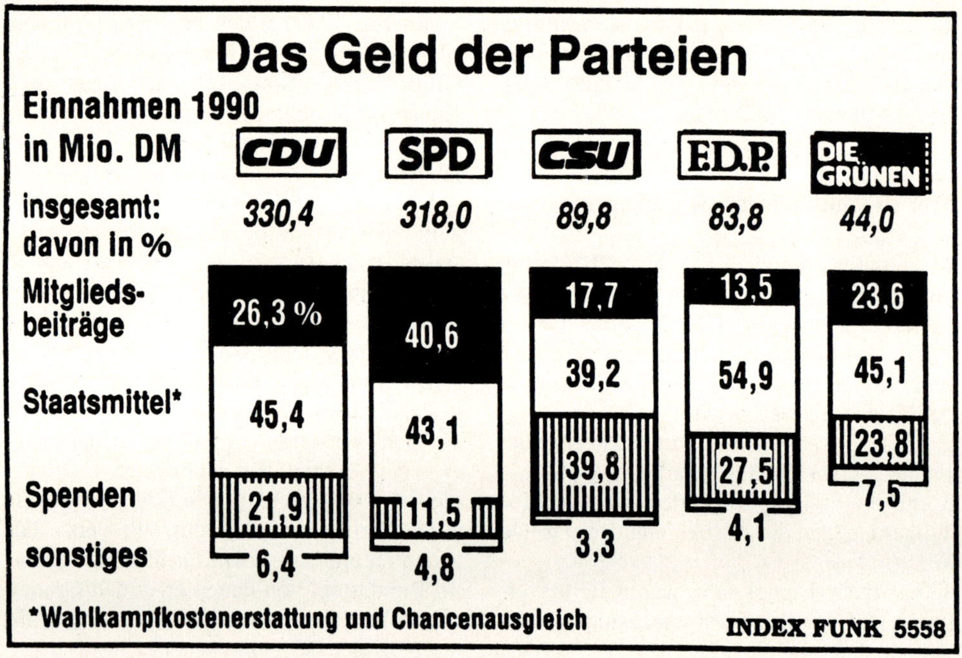

Großverdiener unter den Pareien war 1990 die CDU, die ihre Einnahmen hauptsächlich aus Mitgliedsbeiträgen, der Wahlkampfkostenerstattung und Spenden einstreichen konnte.

An der Spitze Der Grünen steht kein Parteichef. Die Partei wird von einem Bundesvorstand vertreten. Den Bundesvorstand bilden:
zwei gleichberechtigte Sprecher(innen),
die/der politische Geschäftsführer(in),
die/der Schatzmeister(in)
und fünf Beisitzer(innen).
Mitglieder des Bundesvorstandes dürfen keine bezahlten Aufsichtsratsposten oder langfristige Beraterverträge ausüben. Der Bundesvorstand wird von der Bundesversammlung für zwei Jahre gewählt. Die Bundesversammlung ist das höchste Gremium der Partei. Sie setzt sich zusammen aus Delegierten der Kreisverbände und wird von einem gewählten Präsidium geleitet. In der Regel zweimal im Jahr treffen sich zirka 650 Delegierte, um über das Programm, die Finanzen, politische Grundsatzfragen zu entscheiden und den Bundesvorstand zu wählen. Auf den Listen Der Grünen für Parlamentswahlen können auch Frauen und Männer kandidieren, die nicht Mitglied der Partei sind.
Seit 1984 sind Die Grünen im Europaparlament vertreten und bilden mit grünen und fortschrittlichen Parteien aus anderen Ländern eine Fraktionsgemeinschaft.

(Vgl. Die Grünen – Wer wir sind und was wir wollen – Referat Öffentlichkeitsarbeit Bonn, Ausgabe Februar 1991)

Personen – Nachkriegszeit – Wiedervereinigung

Konrad Adenauer

Die ganze Welt gedenkt 1992 des großen Europäers Konrad Adenauer. Der 19. April 1992 ist der 25. Todestag des ersten Kanzlers der deutschen Nachkriegsgeschichte, der »Alte von Rhöndorf« nannte ihn Freund wie »Feind« fast liebevoll. 14 Jahre lang hat Konrad Adenauer regiert und viele seiner Aussprüche sind der Nachwelt erhalten geblieben. So sagte er einmal zu einem Reporter der ihn auf vielen Reisen begleitete, F. Paul Schwakenberg: »Wissen Se, der Herr Erhard is ja janz tüchtig, aber möjen tu ich ihn doch nit su richtisch…!«
Was nur wenige wissen: Konrad Adenauer war einem guten Tropfen niemals abgeneigt. Dazu kehrte er besonders gern im einzigen Weingut seines Wohnortes Rhöndorf bei Winzer Wilhelm Heinen ein, dem er auch freundschaftlich verbunden war. In den »Gründungsjahren« der Bundesrepublik hat Adenauer hier so manchen getrunken.
Das belegen einmal ein Gästebucheintrag (»In vino veritas… Konrad Adenauer«) vom Nikolaustag 1947, zum anderen ein in einer Glasvitrine des heutigen Weingutes Broel sorgsam gehüteter alter Hut des »Alten von Rhöndorf«. Den grauen Filz hatte Adenauer irgendwann einmal zu früher Morgenstund bei Winzer Heinen zurückgelassen, als er mit den späteren CDU-Ministerpräsidenten Karl Arnold (Nordrhein-Westfalen) und Paul-Hinrich Kopf (Niedersachsen), auf der steinernen Weinkellertreppe sitzend, dem Rebensaft mehr als reichlich zugesprochen hatte…
Als die Bonner Regierung im Bundestag für den Beitritt zum Europarat warb, sagte Adenauer unter anderem: »Herr Dr. Schumacher meint, wir, die Bundesregierung, seien ein Wackelkontakt… Nun, meine Damen und Herren, lieber ein Wackelkontakt als gar kein Kontakt!«
Prompt kam ein Zwischenruf von Professor Dr. Carlo Schmidt (SPD): »Ein Wackelkontakt ist eine gefährliche Sache…!« Ein kommunistischer Abgeordneter: »Sie haben einen Kurzschluß, Herr Adenauer…!« Der Kanzler böse: »Nein, meine Damen und Herren, Sie verwechseln Wackelkontakt mit Kurzschluß und allerhand solche Sachen!«
Als der ehemalige Bonner Regierungschef eines Tages von einer Grippe geplagt wurde, erkundigte sich ein Journalist im Palais Schaumburg: »Wie ist denn heute sein Zustand…?« Der »Alte« befahl seiner Sekretärin: »Saren Se dem Mann, ich wär jestern schon beerdigt worden. Das weiß noch keiner, dat hat er jetzt exklusiv!«
Ein Maler hatte Konrad Adenauer einmal porträtiert. »Wenn Sie 100 Jahre alt sind, möchte ich Sie noch einmal malen!« sagte der Künstler zum Abschied. Adenauer, damals 83jährig, lachte nur: »Weshalb nit? Dat schaffen Se bestimmt. Sie sehen doch noch janz jesund aus!«
Je länger Adenauer regierte, um so aufmüpfiger wurde so mancher Abgeordneter der Mehrheitsfraktion. Einer der Parteifreunde hielt dem damaligen Bundeskanzler einmal ungehalten entgegen: »Sie können doch nicht verlangen, daß wir immer zu allem Ja und Amen sagen!« Adenauer bügelte den Angriff auf seine Art ab: »Nee, mein Herr, dat verlange ich auch jar nich. Et genügt schon, wenn Se ja sagen…!« – Aus und vorbei, niemand kritisierte den »Alten« mehr.
Selbst als 90jährigen wollten noch immer zahlreiche Bundesbürgerinnen Konrad Adenauer zum Traualtar führen. Die Zahl der wöchentlichen Heiratsofferten belief sich auf durchschnittlich 50 Stück. Als eine seiner Sekretärinnen ihn einmal fragte, was mit diesen Briefen geschehen solle, sagte Adenauer trocken: »Lejen Se det getrost unter ›Nichtangriffspakte‹ ab!«
»Stellen Sie sich vor«, verriet Konrad Adenauer einem seiner Parteifreunde, »da jehe ich am Abend janz allein im Rosengarten spazieren und überleje mir eine verzwickte Sache; wat soll ich Ihnen saren; am näch-

sten Morgen steht dat alles haargenau in der Zeitung!«

1957 war der CDU der größte Wahlsieg in der Adenauer-Ära beschieden. Als der Kanzler den Sitzungssaal seiner Bundestagsfraktion betrat, meinte er lächelnd: »Ich mußte gerade an die Heilige Schrift denken, an das Wort ›Ich sah einen großen Haufen und erschreckte fürchterlich!‹.« In einer wehrpolitischen Parlamentsdebatte monierte seinerzeit der SPD-Vorsitzende Erich Ollenhauer, daß Regierungschef Adenauer nicht anwesend war. Als Adenauer dies hörte, meinte er: »Der will ja nur, dat ich komme. Dann würd er mir doch saren, dat ich jehen soll!«

Kurz vor seinem Rücktritt als Bundeskanzler meditierte Konrad Adenauer vor Journalisten: »Wenn ich jetzt nicht zurücktreten müßte, würde ich eine Änderung des Wahlgesetzes vorschlagen und jeder Frau zwei Stimmen geben. Die Frauen waren schließlich meine treuesten Wähler!«

Als Adenauer dann wirklich Abschied vom Amt des Regierungschefs nahm, sagte er: »Ich möchte Ihnen allen ausnahmslos danken, dem einen mehr und dem anderen weniger natürlich!«

Konrad Adenauer, geboren am 5. Januar 1876 in Köln – gestorben am 19. April 1967 in Rhöndorf, zunächst Kommunalpolitiker (1917 bis 1933 Oberbürgermeister von Köln). 1920 bis 1932 Präsident des preußischen Staatsrats, Mitglied des Zentrums. 1945 Mitbegründer der CDU. Von 1948 bis 1949 Präsident des Parlamentarischen Rats. Von 15. September 1949 bis 15. Oktober 1963 Bundeskanzler, 1951 bis 1955 auch Außenminister.[211]

Manfred von Ardenne

Er ist 83 Jahre alt und lebt in seinem 17000 Quadratmeter großen Schloßpark hoch über der Elbe im Villenviertel »Weißer Hirsch« in Dresden.

Er lebt, wo die ehemalige DDR glitzert. Es ist der Herrensitz eines Genies: Prof. Manfred von Ardenne, Physiker, Arzt, Erfinder, Stalinpreisträger. Unter Honecker der freieste Mann der DDR, auch der reichste. Aber als Außenseiter verhaßt. Briefwechsel mit Egon Krenz: »Ihr müßt eben auch arbeiten!« Sein Weg: Mit 16 Jahren ertüftelte der Hamburger Ardenne sein erstes Patent (Dreifach-Radioröhre), brach die Schule ab. Heute sind es 600. Er machte Fernsehen möglich und die UdSSR-Atombombe. Heute lebt er für den Kampf gegen Krebs (Sauerstoff-Mehrschritt-Therapie). Ardenne glaubt, daß der Mensch 120 Jahre alt werden kann. Er probiert es selbst. Lebensstil: Durch und durch adelig. Stilmöbel, ererbte Meister, viele Kandelaber, Stutzflügel. Im Büro ein Säbel von Napoleon, Fernrohr von Galilei (Aussichtsturm auf dem Schloß). Auf dem Schreibtisch Kontoauszug der Deutschen Bank (West). Maßanzüge, Mercedes 280 SL. Sein Institut beschäftigt 500 Leute. Vermögen: Allein die Patente sind ruhende Schätze. Dazu eine ganze Villensammlung. 100 Millionen? Die neuen Herren mögen ihn nicht. Ermitteln.

Er lebt mit seiner zweiten Frau Bettina (52 Jahre Ehe) im Barocksalon ihres Dresdener Schlößchens.[212]

Giulio Andreotti

Regierungschef, Italien: Der Politiker, listig wie kaum ein anderer, liebt es, in diplomatischen Formeln zu reden. Nur in einer Frage von brutaler Klarheit: »Der Pan-Germanismus muß verschwinden. Zwei deutsche Staaten gibt es, und zwei deutsche Staaten sollen es bleiben.« Das sagte er vor dem Fall der Mauer, jetzt, im Einigungsprozeß, ist er in der EG der schärfste Gegenspieler von Außenminister Hans-Dietrich Genscher.[213]

Menachem Begin

Israels Ex-Regierungschef: »Ich habe dem deutschen Volk als Ganzem nie vergeben.

Ich werde ihm nie vergeben, denn sie tragen gemeinsame Schuld. Ich will nicht die Hand eines Deutschen schütteln, der an dem Krieg teilgenommen hat.« (Begins Familie starb im KZ.) Gestorben 1992 im Alter von 78 Jahren.[214]

Kurt Biedenkopf

CDU-Querdenker. Ging sofort rüber, um zu helfen. Lehrte an der Universität Leipzig Marktwirtschaft. Dann Ministerpräsident von Sachsen. Bei der Wahl absolute Mehrheit: 55,8 Prozent.

1935: Sandkastenliebe mit Ingrid, Tochter von Pegulan-Chef Dr. Fritz Ries. Als zehnjähriger fährt Kurt Biedenkopf 60 Kilometer mit dem Fahrrad, um Ingrids Puppenküche zu reparieren. Der Krieg trennt die beiden.

1954: Biedenkopf ist Student, heiratet Sabine (Fabrikantentochter), vier Kinder und Karriere: Uni-Assistent, Professor. Generalsekretär der CDU 1973. 1976 in den Bundestag gewählt. Biedenkopf trennt sich von seiner Frau Sabine. Scheidung 1978. Sabine war 24 Jahre Frau Biedenkopf.

Auf einer CDU-Veranstaltung trifft er Ingrid Ries. Sie sagt: »Es war Liebe auf den zweiten Blick.« Sie heiraten 1980.

Biedenkopf ist am 28. Januar 1930 geboren. Er hat mit Helmut Kohl gemeinsam den Geburtsjahrgang, die Geburtsstadt Ludwigshafen, den Besuch derselben Volksschule und die Tatsache, daß beide Katholiken evangelische Frauen aus Sachsen geheiratet haben. Vater Biedenkopf, Diplom-Ingenieur für Verfahrenstechnik, war vom Werk Ludwigshafen der damaligen IG Farbenindustrie, der heutigen BASF, als Direktor mit der technischen Leitung des Buna-Werkes beauftragt worden; 1938 übersiedelte die Familie nach Schkopau im Kreis Merseburg-Halle.

Kurt Biedenkopf war als »Stift« in einer Lehrwerkstatt des Buna-Werkes bei Merseburg. Als man wegen der Luftangriffe nur noch sporadisch zur Schule ging, hing das Schild über seinem Arbeitsplatz: »Eisen erzieht«, das eine tiefe Weisheit enthalten hat. Die Zeitepoche war danach. Zuerst besuchte er das Realgymnasium in Merseburg, nach der Evakuierung im Sommer 1945, als sich die amerikanische Armee zurückzog und die IG-Farben-Leute in die hessische »Quarantäne« mitnahm, das Gymnasium Groß-Umstadt; Reifeprüfung 1949 und gleich danach als Austauschstudent an das presbyterianische Davidson College in North Carolina mit dem Studium der Volkswirtschaft und der politischen Wissenschaften. 1950 zurück nach Deutschland, mit ziemlichen Anpassungsschwierigkeiten bei zwei Semestern in München. Sodann Wechsel nach Frankfurt, Werkstudent bei Dyckerhoff, hauptamtlicher Mitarbeiter in der Frankfurter Austauschabteilung der Hohen Kommission. Erst 1952 intensives Studium der Rechte, Lernfreude kam hinzu, beide juristische Staatsexamen und nach dem Master of Laws in Amerika noch die juristische Promotion, und damit kam der Entschluß zur Hochschullaufbahn. Noch zweimal war er in die Vereinigten Staaten gegangen. 1958/59 als wissenschaftlicher Mitarbeiter an die Georgetown University Lwa School und erneut zu eigenen wissenschaftlichen Arbeiten 1961/62, beide Male mit Familie. 1963 Habilitation in Frankfurt mit einer Arbeit über die Grenzen der Tarifautonomie.

Die Moral von der Geschichte: Hier bahnte sich eine ungewöhnliche Laufbahn an. 1964 Berufung auf einen Lehrstuhl für Handels-, Wirtschafts- und Arbeitsrecht an der neugegründeten Ruhr-Universität in Bochum. 1965 trat er der CDU bei, 1966 wurde er Dekan, 1967 bis 1969 Rektor der Ruhr-Universität. Im Januar 1968 Berufung zum Vorsitzenden der Mitbestimmungskommission während der großen Koalition, die zu einem umfangreichen, einstimmigen Bericht gelangte.

Für seine Freunde war es fast eine Hiobsbotschaft und es stiftete einige Verwirrung, als Biedenkopf im Sommer 1970 einer Berufung in die Zentrale Geschäftsführung der Düsseldorfer Waschmittelfabrik Henkel folgte; die Biedenkopf-Biographie bekam, wie es schien, einen Knick. Jedoch, so Bie-

denkopf: »Nach meiner Tätigkeit als Rektor und als Vorsitzender der Mitbestimmungskommission hatte ich das Gefühl, daß in der Universität nicht mehr in ausreichendem Umfange ›Lernzwänge‹ auf mich ausgeübt würden. Niemand hat mehr dem bekannten oder ›berühmten‹ Kollegen widersprochen. Aus diesem Grunde habe ich noch eine Verbindung zu den Studenten; sie sind noch am ehesten bereit, auch ›bedeutenden‹ Leuten zu widersprechen.«
Einigen Wirbel rief er bei der Kampagne zur Bundestagswahl 1976 hervor. Ihm und der Partei gelang mit dem Schlagwort »Freiheit oder/statt Sozialismus« eine ungewöhnliche Mobilisierung der Wählermassen. Er selbst kandidierte für die CDU mitten im Ruhrgebiet, in Bochum, ohne Aussicht zu haben, den Wahlkreis zu erobern. Den Regierungswechsel der sozialliberalen Koalition durch die CDU/CSU verfehlte man nur knapp, um zehn Sitze. Der Generalsekretär der CDU hatte sich bewußt mit der »Filzokratie« zwischen Gewerkschaften und SPD angelegt. Biedenkopf ist ein rational-nüchterner Diesseitsmensch. Der Eindruck ist, wenn man ihm gegenübersitzt, nicht von der Hand zu weisen: »Eisen erzieht«.[215]

Sabine Bergmann-Pohl

Ärztin für Demokratie, Sabine Bergmann-Pohl, Präsidentin der DDR-Volkskammer. DDR-Karriere untypisch: Bekenntnis zum Glauben, trotzdem Studienplatz an der Ost-Humbold-Universität. Seit 1979 Fachärztin für Lungenkrankheiten. Nie SED-Mitglied, trotzdem Leiterin der Poliklinischen Abteilung für Lungenkrankheiten an der Charité.
Schicksal: Ihr erster Mann starb, als die Tochter knapp drei Jahre war, der Sohn ein Baby. Lebt seit zwölf Jahren mit dem Ingenieur Jürgen Bergmann. Gemeinsame Villa in Karow, am Rande Berlins. 2500 Quadratmeter Garten, kleiner Teich, Gemüsebeete. 1990 geheiratet, bevor sie sich auf Platz zwei der CDU-Volkskammerliste setzen ließ.
Erster Glückwunsch nach der Wahl von Rita Süßmuth, der Kollegin. Schön für Deutschland, zwei solche Präsidentinnen.[216]

Bärbel Bohley

Zur Zeit der Wende 44 Jahre, Malerin. Wegen Landesverrat mehrmals in Stasi-Haft. 1988 ausgebürgert. Nach einem halben Jahr wieder zurück. Symbolfigur des Widerstandes gegen die DDR.
Wendeheldin, brachte die Mauer zum Einstürzen. Verliererin, weil sie immer noch vom guten Sozialismus träumt. Aber man sagt, der ist tot, wie der schlechte Sozialismus.[217]

Ibrahim Böhme

Er selbst über sich: »Bin irgendwann bei Leipzig im November 1944 geboren. Man hat mir erzählt, daß meine Eltern Juden waren.« Kam in Kinderheime. Dort hieß er Manfred. Später nannte er sich Ibrahim, das jüdische Wort für Vater.
Berufskarussell: Maurer, Historiker (im Fernstudium), Dramaturg, Koch, Kellner.
Mit 16 Jahren Maurerlehrling. Abitur auf der Abendschule. Schon mit 17, ein Jahr früher als üblich, Eintritt in die SED. Mit 19 Lehrer für russische Geschichte und Deutsch. Protestiert gegen den Einmarsch der Russen in Prag 1968. Für kurze Zeit Gefängnis. Bewährung als Abpacker bei der Post. Fernstudium: Literatur, Philosophie. Protestiert gegen Biermanns Ausbürgerung. 15 Monate Untersuchungshaft.
1977, als er die SED verließ, verließ ihn seine Frau (samt Tochter Ina). Davon hat er sich nie richtig erholt. Das hat Böhme gehindert sich neu zu binden.
Nach Selbstauskunft Atheist, alternativer Marxist. »Ich bin ein superroter, demokratischer Sozialist.«
12. Oktober 1989, Gethsemanekirche, Ostberlin. 3000 Menschen drängen sich durchs Portal. Noch herrscht Honecker. Böhme vor

dem Altar: »Wir haben die SPD gegründet. Wir haben nicht um Zulassung gebeten.« Die DDR begann zu beben.
Jeder sagt: Er ist ein guter Mensch. Brandt in Bonn, Gysi (der Gegner) in Ostberlin, auch de Maizière sagt es, der ihn besiegte. Selbst der Stasi-Oberst, der ihn ins Zwielicht rückte, sagte: »Böhme ist ein guter Mensch. Trotzdem Spitzel? Wir wissen es nicht. Wir wissen nur, in was für Verzweiflung Menschen in 40 Jahren Diktatur getrieben werden können. Eine Nacht gibt Auskunft. Böhme hat in der Stasi-Zentrale seine Karteikarten eingesehen. Drei belasten ihn nicht. Als er ging, reichte ihm ein Archivar die Stasi-Karte Nummer vier. Darauf Hinweise auf weitere Böhme-Akten. Niedergeschlagen, mit zerzausten Haaren, stieg Böhme ins Auto, fuhr ins Westberliner Hotel »Seeufer«, Zimmer 35. Um vier Uhr früh wurde er in die Uni-Klinik Westend eingeliefert. Berater Hirschfeld: »Er war zusammengebrochen.«
Er verfaßte seine Rücktrittserklärung als SPD-Chef. Hirschfeld: »Er brauchte fünf Stunden. Die fünfte Fassung gab er mir dann zur Veröffentlichung.« Böhme verschwand. So oder so: ein Stasi-Sieg. Er war Spitzenkandidat der SPD, sie kam bei der Wahl nur auf 21,8 Prozent. Er war ein Hoffnungsträger der DDR, bis ihn die Stasi-Vergangenheit einholte. Ibrahim Böhme legte alle Ämter nieder und tauchte im Kiez von Berlin unter. Seine Freunde erzählen nun, wie sie damit leben, daß er sie verraten hat. Sie warten auf Böhmes Geständnis.
Wer kennt eigentlich sein Leben? Laut eigener Darstellung war er im Widerstand. Laut Akten war er ein Spitzel. Und vielleicht wurde er am 18. November 1944 geboren. Verbürgt ist das nicht. Es gibt keine Geburtsurkunde. Er hat seine Eltern nie gesehen. Der Vater stirbt kurz nach seiner Geburt, die Mutter zwei Jahre später.
Der inoffizielle Stasi-Mitarbeiter schrieb seine Berichte für den Geheimdienst unter dem Decknamen »Paul Bonkarz«. Er sagt nein. Ibrahim Böhme: »Ich habe nie jemanden wissentlich verraten.«
Reiner Kunze beweist jedoch in seinem Buch »Deckname Lyrik« Böhmes Verrat und sagt: »Wenn Böhme morgen vor der Tür stünde, würde ich mit ihm reden, ihm aber nicht die Hand geben.«
Die Presse jubelte in der Zeit der Wende zu früh, ohne zu recherchieren, dem bescheidenen Politiker zu. Um so erbarmungsloser rechneten von »Spiegel« bis »Offenburger Tageblatt« die Reporter mit ihm ab. Die »Stern«-Reporterin Birgit Lahann hat zwei Tage mit Ibrahim Böhme gesprochen: »Ich habe einen stolzen Mann kennengelernt. Einen Verführer. Einen witzigen Erzähler. Einen Mann mit Gedächtnis. Einen Narziß, der sich ehrfurchtsvoll aus der Distanz vor sich selbst verbeugt. Eine gespaltene Persönlichkeit, in der sich die ganze Schizophrenie eines Staates widerspiegelt.
Nein, er wird nichts zugeben. Eher wird er krank. Und so sitzen wir uns denn gegenüber und schweigen dunkle Löcher in den Raum.«
Die sozialdemokratische Bundestagsabgeordnete Angelika Barbe hat behauptet, die Gründung der DDR-SPD sei vom Staatssicherheitsdienst gesteuert worden.
Die Sozialdemokratin, die selbst zu den Gründungsmitgliedern der SPD in der ehemaligen DDR zählte, erklärte der Kölner Tageszeitung »Expreß« gegenüber, nach Einsicht ihrer eigenen Stasi-Unterlagen verfüge sie über Beweise dafür, daß die gesamte Gründungsphase der Ost-SPD von Staatssicherheitsorganen überwacht worden sei.
Den ehemaligen Parteichef Ibrahim Böhme bezeichnete Angelika Barbe als Stasi-Spitzel: »Er hat alles verraten. Bis zum Schluß.«
Einer der Gründungsväter der Ost-SPD, der Bundestagsabgeordnete Markus Meckel, hat bestritten, daß die Gründung der Partei von der Stasi gesteuert wurde. Gleichzeitig räumte Meckel allerdings ein, Mitarbeiter der Stasi seien bei der Gründungsversammlung am 7. Oktober 1989 in Schwante in Brandenburg dabei gewesen und hätten versucht, die Politik zu beeinflussen. »Ibrahim

Böhme wußte nicht mehr, wie er die Gründung verhindern sollte, deshalb entschloß er sich, mitzumachen«, sagte Meckel.[218]

Willy Brandt

Der Friedensnobelpreis, 1971 verliehen, kann ihm als Alibi dienen: Er war nicht irgendein Kanzler.

Die Geschichte erteilt ihre Lektionen. Brandt, der Regierende Bürgermeister von Berlin (von 1957 bis 1966), der Bundesaußenminister während der großen Koalition (von 1966 bis 1969) und der Bundeskanzler (von 1969 bis 1974), erlitt gewissermaßen einen Betriebsunfall im Kanzleramt. Ein DDR-Spion, Guillaume mit Namen, war bis in die Umgebung des Bundeskanzlers Brandt vorgedrungen. Zwar hatte Brandt in seiner Kanzleramtszeit manchen Elan, manche Antriebs- und Überzeugungskraft verloren, aber Guillaume war der Anlaß für Willy Brandts Rücktritt. Doch Brandt blieb Parteivorsitzender, was er bereits 1964 geworden war.

Brandt fiel 1969 insofern eine historische Rolle zu, als nach knapp vier Jahrzehnten wieder ein Sozialdemokrat deutscher Regierungschef wurde (die Regierung des letzten sozialdemokratischen Reichskanzlers Müller-Franken wurde 1930 gestürzt). Sozialdemokratische Regierungschefs waren der Reichsministerpräsident Scheidemann und die Reichskanzler Müller-Franken und Gustav Bauer, Müller-Franken zweimal. Und 1969 der Bundeskanzler Willy Brandt, der – wie Adenauer – mehr ein Außen- als ein Innenpolitiker war, was indessen auf einem anderen Blatt steht.

Es hatte eine eigentümliche Bewandtnis mit ihm. Brandt fuhr nicht durch ein Spalier in die Geschichte ein, sondern gewissermaßen mit dem geliehenen Wagen der FDP, und zwar zum maßlosen Erstaunen der CDU/CSU, die bisher mit an der Schalthebeln der Macht saß. Der besondere Effekt war dieser: Am 25. November 1960 wurde in Hannover der Regierende Bürgermeister von Berlin, Willy Brandt, zum Bundeskanzlerkandidaten seiner Partei für die nächsten Wahlen benannt; die SPD unterlag 1961. 1965 war er wieder Kandidat, wieder unterlag er. Und dann kam 1965 jener Satz, der nun der besondere Effekt wurde: »Unwiderruflich« trete er als Kanzlerkandidat zurück. Wieviel Spielarten hat doch die Geschichte! Unerwartet hat er doch noch sein Ziel erreicht, sogar mit Ehrung und Verklärung.

Im Schweiße seines Angesichts hat schon der Regierende Bürgermeister Brandt in den fünfziger Jahren eine Korona von Verleumdern und Ehrabschneidern in die Schranken weisen müssen. Nicht die Sonne, sondern die Gerichte, die Brandt anrief, mußten es an den Tag bringen. Brandts Rehabilitierung erfolgte entweder in Gerichtsurteilen, Widerrufen oder Ehrenerklärungen vor Gericht. Von der Abiturientenprüfung in Lübeck, die man ihm bestritt, bis zum Kampf mit der Waffe in der Hand gegen deutsche Soldaten in Norwegen, vom »Kommunisten« in Spanien bis zum freiwilligen Verzicht auf seine deutsche Staatsangehörigkeit ging die Bosheit der Verleumder. Wer die Gerichtsentscheidungen liest, fragt sich unwillkürlich, wen die Politik bei solcherart Diffamierung noch faszinieren kann. Daß Brandt sozusagen trockenen Fußes durch dieses Meer von Verleumdungen hindurchkommen würde, war kaum anzunehmen. Es ist eine alte Erfahrung, doch bleibt sie ewig neu: Es bleibt immer etwas hängen.

Er wäre eine reizvolle Aufgabe, breiter den Verlauf von Kindheit und Jugend darzustellen. Er hatte eine glanzlose Kindheit und eine freudlose Jugend. Als Herbert Ernst Karl Frahm wurde er am 18. Dezember 1913 in Lübeck geboren, als Sohn einer neunzehnjährigen kleinen Verkäuferin eines Konsumladens. Die Mutter erlebte noch, daß der Sohn Außenminister wurde. Im Sommer 1969, kurz vor er Bundeskanzler wurde, stand der Sohn in Lübeck an der offenen Gruft auf dem Friedhof, die Mutter war gestorben. Er war als Kind, wie er sagt, allein, verzweifelt allein. Unvergeßlich ist allerdings der Großvater geblieben, in dessen Obhut das Kind kam. Tagsüber wurde der Knabe zu einer Nachbarsfrau gegeben. Der Großvater, der später Kraftfahrer wurde, war aus dem Mecklenburgischen herübergekommen. Der Junge blieb auch beim Großvater, als die Mutter heiratete und der Großvater wieder heiratete. Herbert Frahm bekam eine Stiefgroßmutter, die kein Verhältnis zu ihm fand. Die Kindheit war grau, ohne Nestwärme und mit mancher Trübsal belastet. Der Großvater war Sozialdemokrat, und von ihm hörte der Junge von der großen Ungerechtigkeit dieser Welt. »Befreien konnte sie«, so sang der Großvater, »kein Gott, kein Kaiser noch Tribun, das können wir nur selber tun.«

»Ich wurde in die Sozialdemokratie hineingeboren«, sagte Brandt. In sozialistischen Jugendorganisationen war er schließlich führend tätig. Die Weimarer Zeit hatte für begabte Schüler Stipendien, und auf der Schule ging es mit Herbert Frahm mehr als rechtschaffen, er war ein sehr guter Schüler und selbst in Religion mit einer Eins versehen. Von der Realschule kam er zum Lübecker Gymnasium Johanneum, wo er 1932 das Abitur machte. In der Schule wurde er der »Politiker« genannt. Die norddeutsche steifleinene und wohlgebürstete Bürgerlichkeit mit ihrer Suggestion vom ruhigen Wohlstand war nicht nach Herbert Frahms Geschmack. Er erlebte auch, und nicht nur unterschwellig, die soziale Ächtung des unehelichen Kindes. Mit 18 Jahren war er Mitglied der Sozialdemokratischen Partei.

Inzwischen ging es allenthalben turbulent zu. Die ruinierten Mittelschichten wählten Hitler. Er schloß sich 1931 einer sozialdemokratischen Splittergruppe, der Sozialistischen Arbeiterpartei (SAP), an, ein »Verein von verklemmten Schwärmern«, wie Frahms Lübecker Mentor Dr. Julius Leber, bei dem er sich als Journalist die ersten Sporen verdient hatte, diesen linken SPD-Splitter nannte.

Dann folgte ein kurzes Gastspiel als Volontär bei einer Schiffsmaklerfirma, aber 1933, nach einiger konspirativer Tätigkeit gegen die neuen Machthaber, die Nationalsozialisten, war er in Deutschland nicht mehr sicher.

Er emigrierte bei Nacht und Nebel vom Ostseebad Travemünde aus mit dem Motorkutter eines Fischers, hinter Kisten und Tauwerk versteckt, über die Ostsee. Es war der 31. März 1933. In Rödbyhavn auf der dänischen Insel Lolland ging der Fischer an Land; 100 Mark hatte Herbert Frahm in der Tasche.

Die Emigrationszeit ist ein Roman für sich. Er erlebte die geheime Gemeinsamkeit und Kameraderie, aber auch die schlimmsten Stunden aller Emigranten aller Zeiten. Alles, was er fortan tat, als er von Dänemark nach Norwegen gekommen war, geschah unter dem Namen Willy Brandt. Die Vergangenheit war ausgelöscht, zu seiner Heimatstadt Lübeck hatte er noch 1969, als er Kanzler wurde, ein gebrochenes Verhältnis; er schlüpfte in ein anderes Ich. Er kam in nahen Kontakt zu den norwegischen Sozialdemokraten, gewann bald Freunde, sprach ein vorzügliches Englisch, lernte allmählich Norwegisch, und unter dem Namen Willy Brandt schrieb er bald in skandinavischen Zeitungen und alle seine Bücher. Brandt: »Was sprach unter diesen Umständen nach meiner Wiedereinbürgerung dafür, den inzwischen in fast völlige Vergessenheit geratenen Namen Frahm wieder anzunehmen. 1938 nahm er die norwegische Staatsangehörigkeit an. Vorwiegend als Journalist für skandinavische Zeitungen verdiente er sich seinen Lebensunterhalt.

Nach dem Zweiten Weltkrieg kam er zunächst als Zeitungsberichterstatter zu den Nürnberger Prozessen, später in der Uniform eines norwegischen Majors als norwegischer Presseattaché zur norwegischen Vertretung, der Militärmission, nach Berlin.

1948 bis 1949 schickte ihn Kurt Schumacher, nachdem er seine norwegische Staatsangehörigkeit aufgegeben hatte, als Vertreter des SPD-Parteivorstandes nach Berlin.

1949 kam er als Berliner Abgeordneter in den Bonner Bundestag. 1950 ins Berliner Abgeordnetenhaus. 1957 wurde er Regierender Bürgermeister der alten Reichshauptstadt, und hier dürfen wir uns auf Theodor Heuss berufen: »Wir haben mit Dank nicht nur für Berlin, sondern für Deutschland die Leistung von Willy Brandt verfolgt, und es wäre unpassend, wenn ich ihm nicht den Dank für das sage, was er als Erbe von Ernst Reuter durch die Darstellung der Berliner und der deutschen Dinge in der ganzen Welt getan und geleistet hat. Er hat sein Examen mit ›gut‹ bestanden.«

Als Willy Brandt 1969 die Regierung übernahm und Bundeskanzler wurde, wußte niemand, was für sie in den Sternen geschrieben stand. Daß sie mit dem größten Spionagefall in der Bundesrepublik enden würde, ahnte niemand.

Im November 1976 wurde Willy Brandt, Vorsitzender der Sozialdemokratischen Partei Deutschlands, in Genf zum Präsidenten der Sozialistischen Internationale gewählt.[218a]

Am 7. Dezember 1970 kniete Willy Brandt vor dem Mahnmal im ehemaligen Warschauer Ghetto und gedachte der Millionen Juden, die im Dritten Reich ermordet wurden. Diese symbolische Bitte um Vergebung für die von den Deutschen begangenen Greueltaten wurde in aller Welt mit großer Bewegung aufgenommen. Rechtsgerichtete Kreise äußerten sich auch kritisch. Für seine Verdienste um Völkerverständigung und Frieden erhielt Willy Brandt am 10. Dezember 1970 den Friedensnobelpreis.

Drei Tage nach dem Mauerbau spricht Willy Brandt, damals Regierender Bürgermeister von Berlin, zu seinen Berlinern und sagt: »Der Tag wird kommen, an dem das Brandenburger Tor nicht mehr an der Grenze liegt.« Man jubelt ihm zu, aber man muß 28 Jahre warten, bis sich Willy Brandts Voraussage erfüllt. Einen Tag nach dem Beginn des Mauerbaus, nämlich am 14. August 1961, war Willy Brandt bei den westlichen Alliierten Stadtkommandanten gewesen. Wütend schlug er auf den Tisch und sagte: »Meine Herren, Sie haben sich von Ulbricht in den Arsch treten lassen.«

Am 8. Oktober 1992 starb Willy Brandt in seinem Haus in Unkel am Rhein an Krebs. Er starb am Nachmittag, für mehrere Stunden blieb seine dritte Ehefrau Brigitte, sie war 32 Jahre jünger als er, allein am Totenbett. Erst als es dunkel war, fuhr ein Leichenwagen vor, Willy Brandt wurde in einem Eichensarg aus dem Haus getragen. Die Deutschen haben ihn geliebt und geschmäht. Willy Brandt war es – im Unterschied zu Adenauer, Strauß oder Wehner – vergönnt, die Wiedervereinigung noch zu erleben, und er hat sie ohne Abstriche und Zögern begrüßt. Der Bundestag ehrte Willy Brandt. Auf dem leeren Platz des Abgeordneten Brandt lag ein weißer Herbststrauß.

Zitate von Willy Brandt: »Ich pflege nicht zu beten. Ich glaube auch nicht, daß es etwas nützt.« (Brandt nach dem Zweiten Weltkrieg) »In der Jugend Marxist zu sein ist eine gute Vorbereitung, um im Alter ein guter Sozialist zu werden.« (Brandt 1974)

Zweimal war Willy Brandt am Fenster des »Erfurter Hofes« in Erfurt. Einmal als Bundeskanzler 1970, Tausende der damaligen DDR-Bürger jubelten: »Willy, Willy!« Nach dem Fall der Mauer das zweite Mal, und wieder jubelten die Menschen: »Willy, Willy!« Er weinte.

Die letzte Rede hielt Willy Brandt am 8. September 1992 in Berlin, der letzte Satz war: »Ich danke allen, die geholfen haben.«

Willy Brandts letzter Wunsch: Begrabt mich neben Ernst Reuter, dem großen Nachkriegsbürgermeister von Berlin. Sein Wunsch ging in Erfüllung, er fand auf dem Zehlendorfer Waldfriedhof seine letzte Ruhe. 1600 Ehrengäste nahmen am Samstag, 17. Oktober 1992, beim Staatsakt im Berliner Reichstag Abschied von Willy Brandt. Bundespräsident Richard von Weizsäcker (CDU) in seiner Trauerrede: »Das Leben eines Großen hat sich vollendet. Wir wollen uns mühen, daß es ohne ihn nicht wieder kälter werde.«

George Walter Herbert Bush

Geboren am 12. Juni 1924 in Milton (Massachusetts), seit 1945 verheiratet, vier

Söhne, eine Tochter. Religion: Episcopal. Studium: Kunstgeschichte. Hobby: Jogging, Tennis, Angeln und schnelle Motorboote.
Mit 18 Freiwilliger bei der amerikanischen Kriegsmarine. Jüngster Bomberpilot im Krieg gegen Japan, 58 Feindflüge, 1288 Stunden in der Luft. Flog am 2. September 1944 einen Angriff auf die Insel Chi Chi Jima. Auftrag: vier 500-Pfund-Bomben abwerfen.
Auf seinen Bomber hatte er mit weißer Farbe »Barbara«, den Namen seiner Verlobten, gepinselt. Eine japanische Flakgranate traf die Maschine, die Kabine füllte sich mit Rauch, die Tragflächen mit den Kraftstofftanks brannten. Bush blieb im Sturzflug, warf die Bomben über dem Ziel ab, wendete die Maschine in Richtung offene See. Jetzt schrie er: »Springt ab!« (In der Maschine: Funker, Kanonier.) Bush wurde von einem U-Boot aus dem Meer geholt. Seine Kameraden überlebten den Absturz nicht. Kaltblütigkeitsauszeichnung: »Er setzte seine Mission trotz des Treffers und des brennenden Motors fort.«
An das deutsche Volk: »Das amerikanische Volk schließt sich dem deutschen Volk bei der Feier der Verwirklichung von Träumen an, die niemals sterben – des Traums von Freiheit, des Traums von Einheit.«[219]

Peter Michael Diestel

Verheiratet, drei Kinder. Er war DDR-Innenminister. Am 3. Oktober 1990 wurde die DDR und sein Amt aufgelöst. Ein Reporter der Illustrierten »Bunte« fragte ihn, ob er deswegen traurig sei, und er antwortete: »In der Nacht, in der wir in der Volkskammer den Beitritt zur Bundesrepublik beschlossen hatten, kam ich in meinem Dienstwagen auf dem Weg nach Hause ins Grübeln. Natürlich, Deutschland ist schön, aber die DDR war auch nicht schlecht. Es gab sehr schöne Momente, den engen Zusammenhalt in den Familien, das Gefühl der materiellen und sozialen Geborgenheit. Wir hatten alle unsere Nischen gefunden.«

In seiner Amtszeit als DDR-Innenminister besuchte Michael Diestel auch Erich Honecker und war eineinhalb Stunden bei ihm in seiner damaligen Hospitalunterkunft. Erich Honecker sprach Diestel mit »Herr Minister« an. Er bat ihn, den »Minister« wegzulassen. Er sah es als seine Pflicht an, sich um das ehemalige Staatsoberhaupt zu kümmern. Wer hat ihn zu Fall gebracht? Die Stasi? Die Vergangenheit hat ihn eingeholt!
Er war ein sehr guter Mann, der Peter Michael Diestel. Vielleicht wäre er manchem drüben oder bei uns zu gefährlich geworden, deshalb mußte er wohl gehen. Schade.

Wilhelm Ebeling

Er ist der Pastor der berühmten Thomaskirche in Leipzig, in der Bach Kantor war und Luther predigte. Das Löwenherz Luthers hat der Vorsitzende der DSU (CSU-nah) wohl nicht – ging eher »den Weg der Anpassung als den der Anfechtung«. Hielt angeblich die Tür seiner Kirche für Friedensgebete geschlossen. Bei den Wahlen der radikalste Befürworter der Vereinigung. Deshalb 6,32 Prozent (25 Sitze) ein Sieger. Bewertung: ein großer Verehrer von Franz Josef Strauß. Das ist ein klarer Standpunkt.[220]

Ludwig Erhard

Karl Marx poltert zu Boden, ein dicker Mann mit Zigarre steht auf: Ludwig Erhard (1897 bis 1977). Gorbatschows Berater studieren ihn, die Ost-CDU kopierte seinen Wahlslogan der fünfziger Jahre »Wohlstand für alle« und gewann. Ludwig Erhard, Vater der Mark, wurde nicht unsterblich, weil er Minister und Kanzler war, sondern: die wundersame Mischung aus Zigarre (15 Stück am Tag) und Kopf, aus Lebensart und Geist. Seine soziale Marktwirtschaft baute auf das Gute im Menschen: auf Verantwortung, Freisein – unsterbliche Gedanken.
Bundeskanzler Helmut Kohl: »Wenn Ludwig Erhard 1948 soviel verschiedene Leute

gefragt hätte, wie ich sie heute fragen muß, gäbe es noch Brotmarken.«
Ludwig Erhard wurde am 4. Februar 1897 geboren. Im Lazarett wegen einer Verwundung, war für ihn 1918 »die Wende« gekommen. Von dieser Verwundung behindert, ins elterliche Geschäft zu gehen, drängte es ihn zu studieren. Zunächst wurde er Gasthörer an der Nürnberger Hochschule für Wirtschafts- und Sozialwissenschaften. 1923 bestand er sein Examen als Diplomkaufmann. In dem Entschluß, an die Frankfurter Universität und von der Nürnberger Betriebswissenschaft zu Volkswirtschaft, Soziologie und Philosophie überzugehen, erwies sich die Absicht, hinter andere Geheimnisse zu kommen. In Frankfurt ging er zu seinem späteren Doktorvater Franz Oppenheimer, einem der großen universalen Geister seiner Zeit, dem er menschlich näherkam. Das Bild dieses Mannes, der 1943 vereinsamt in der Emigration in Los Angeles starb, hing 14 Jahre lang in seinem Bonner Ministerzimmer, später im Amtszimmer des Bundeskanzlers. Die moralische, geistige und politische Verworfenheit des Dritten Reiches hatte Erhard durchschaut. Das Problem des in Dämonien verirrten Deutschland beschäftigte ihn, doch es konnte nur heißen: Überleben. Aber ihm war auch schon damals, wie er sagte, die Verblendung der Geister in der Weimarer Zeit aufgegangen, mit der Schlußkrise unter dem tugendhaften Reichskanzler Brüning.
1942 machte man ihm als Leiter des Instituts für Wirtschaftsbeobachtung der deutschen Fertigware den Prozeß. Der Stiftungsverwalter des Instituts in der Person des damaligen Nürnberger Oberbürgermeisters setzte ihn vor die Tür. Daraufhin gründete er, ohne behördliche, organisatorische und finanzielle Grundlage, ein privates »Institut für Industrieforschung«, zu dem ihm private Stiftungen aus Industriekreisen verhalfen. 1945 entstieg vor Erhards Wohnung in Fürth ein amerikanischer Major einem Jeep, um ihn als Berater zu holen. »Die Amerikaner haben mich entdeckt.« Nur eine Episode war seine Tätigkeit als bayerischer Wirtschaftsminister. »Die Wirtschaft damals«, sagte Erhard später, »war ein Mummenschanz; damals tauschten Menschen untereinander noch Kartoffeln gegen Rasierklingen.« Ende 1946 schien seine Karriere, als man ihn einen Desorganisator nannte, beendet, bis er 1947 in München Honorarprofessor und in Bad Homburg Leiter der Sonderstelle Geld und Kredit wurde und mit den Vorarbeiten für die Währungsreform begann. Am 2. März 1948 wurde er zum Direktor der Verwaltung für Wirtschaft in Frankfurt gewählt. »Und dann kam der 20. Juni 1948, der Tag der Währungsreform und des Kopfgeldes; es war ein Sonntag«, sagte er einmal schmunzelnd, »Ich hatte den Tag bewußt auf einen Sonntag gelegt, weil es da keine Bürokratie gab, die reaktionsfähig war.«
Ludwig Erhard war 1949 im ersten Kabinett Adenauer die stärkste und überzeugendste Figur, wenn das bald auch Adenauer wurde, als sich die Übermacht der außenpolitischen Ereignisse auf ihn verlagerte. Von 1949 bis 1963 stand Erhard vor dem Gebäude, über dessen Eingangstür »Soziale Marktwirtschaft« stand. Vierzehn Jahre hat er darüber gewacht. Die Opposition bekämpfte ihn heftig und nannte ihn einen Phantasten; Erhard erklärte, daß Phantasie mit phantastisch keineswegs gleichzusetzen sei. Eine neue Wort- und Erscheinungswelt gab es in den wirtschaftspolitischen Theorien. »Soziale Marktwirtschaft«, »Optimismus« und »Wohlstand für alle« bekamen einen suggestiven Klang. 1957 wurde er Vizekanzler, am 16. Oktober 1963 vom Bundestag mit 279 Ja- gegen 180 Neinstimmen bei 24 Enthaltungen zum Bundeskanzler gewählt. Konrad Adenauer hatte Erhard einen ungeeigneten Bundeskanzler genannt; manche Erniedrigung durch Adenauer mußte er einstecken. Im Herbst 1966 trat eine politische, Wirtschafts- und Finanzkrise ein, die die FDP veranlaßte, ihre Minister aus der Regierung Erhard zurückzuziehen. Am 1. Dezember 1966 kam die große Koalition. Erhard trat freiwillig zurück.

Rainer Eppelmann

Die Stasi wollte keinen dieser Pfarrer, die für die Freiheit kämpften, aber den Pfarrer Rainer Eppelmann haßte sie regelrecht. Sie spickte die Pfarrerwohnung mit Abhörvorrichtungen – Wanzen –, auch im Klo fand man eine. Sein Parteifreund Wolfgang Schnur, Vorsitzender des Demokratischen Aufbruchs (DA), war Stasi-Spitzel. Durch die Affäre kam der DA nur auf 0,92 Prozent (vier Sitze). Eppelmann läßt sich nicht einschüchtern: »Wir werden ein Farbtupfer sein.«
Bewertung: streßstabiler Mann, Hoffnungsträger.
Ex-DDR-Verteidigungsminister: »Demonstranten, die Soldaten zum Desertieren auffordern, sollten sich fragen, warum sie nicht schon beim irakischen Einmarsch in Kuwait auf die Straßen gegangen sind.«[221]
»Blauvogel« ist sein Stasi-Deckname. In den achtziger Jahren setzte der Sicherheitsdienst gleich vier Spitzel auf ihn an.
Rainer Eppelmann, geboren 1943 in Berlin, gelernter Maurer, beginnt mit 26 Jahren das Studium der evangelischen Theologie und wird in den siebziger Jahren bekannt als Pfarrer an der Berliner Samariterkirche, wo er »Blues-Messen« liest. Im Oktober 1989 gehört er zu den Gründungsmitgliedern des Demokratischen Aufbruchs (DA). Eppelmann, ein Wegbereiter der Wende, gelingt der Sprung ins Kabinett de Maizière, und der einstige Wehrdienstverweigerer wird Minister für Abrüstung und Verteidigung. Die Enquetekommission des Deutschen Bundestages, deren Vorsitz Eppelmann im März 1992 übernimmt, besteht aus 25 Mitgliedern (16 Abgeordnete, neun Sachverständige). Von den 16 Parlamentariern stammen elf aus den neuen Bundesländern.

Was macht das Zusammenwachsen so schwer?
Der Vorwurf, den ich allen bundesrepublikanischen Politikern mache, ist nicht, daß sie zu wenig Geld ausgeben, auch nicht, daß sie die wirtschaftliche Kraft der Bundesrepublik Deutschland überschätzt, sondern daß sie die menschliche Seite vergessen haben. Wir haben 45 Jahre nebeneinander hergelebt, wir sind 30 Jahre brutal getrennt gewesen. Es wird – hochgegriffen – vielleicht 15 Prozent Deutsche (in Ost und West) geben, die von sich sagen können, daß sie in den letzten Jahren regelmäßigen Kontakt zu Menschen im anderen Teil gehabt haben. Das heißt: Die wenigsten im Westen wissen, was die anderen Tag für Tag beschäftigt hat, wie sie gedacht haben, welche Hoffnungen und Ängste sie bewegten. Heute sind wir aber auf Solidarität und Verständnis angewiesen. Wo soll das herkommen?

Wächst die Verdrossenheit an der Vereinigung?
Viele Ostdeutsche haben vergessen, was sie 1980, 1985 oder 1988 gequält hat. Sie haben vergessen, was im Herbst 1989 auf ihren Plakaten gestanden hat, weil das heute alles schon so normal ist. Wenn Sie ostdeutsche Schüler oder Jugendliche fragen, was habt ihr euch denn eigentlich im Herbst 1989 gewünscht? Und welcher der vielen Wünsche ist in Erfüllung gegangen? – dann sage ich heute: Es sind alle erfüllt worden, restlos alle.

Was müssen die »Ossis« lernen?
16 Millionen haben doch nach der Devise gelebt: Schnauze halten, Hintern an die Wand und nur nicht auffallen – und sind damit doch nicht schlecht gefahren in diesem osteuropäischen Lager. Das haben wir mit der Muttermilch aufgesaugt, das war in uns drin. Das ist so tief drin, daß es schwierig sein wird, das wieder herauszukriegen. Viele kommen doch deshalb in dem neuen Deutschland nicht recht klar, weil sie diese Verhaltensweisen noch tief in sich drin haben.

Haben auch die Westdeutschen eine Vergangenheit aufzuarbeiten?
Aber sicher! Ich muß doch fragen dürfen: Warum haben sie so lange weggeguckt?

Warum war für sie Las Palmas interessanter als Dresden oder Rostock? Warum haben sie Zeitungen gekauft, in denen Erich Honecker als verdienstvoller europäischer Politiker beschrieben wurde? Und wie kam es, daß so viele Westdeutsche zu uns kamen und uns erzählten, wie phantastisch doch unser Gesundheits- und unser Bildungswesen sei?

»Wir haben Gerechtigkeit gesucht, aber den Rechtsstaat bekommen.« Was sagen Sie zu diesem Satz von Bärbel Bohley?
Der Satz ist zynisch, aber verständlich. Wir haben mehr als eine Million Anträge auf Änderung der Eigentumsverhältnisse vorliegen. Bis das juristisch geklärt ist – das wird dauern und dauern. Ich frage mich, ob man da nicht Verfahrenszeiten verkürzen könnte, Schnellstraßen einbauen könnte. Die Juristen wachsen ja nicht auf den Bäumen. Unsere Kommission könnte da Empfehlungen und Ratschläge geben.

Vergessen wir zu schnell?
Ich glaube, niemand hat so recht begriffen, daß es schon zwei Menschenalter her ist, als wir im Osten das letzte Mal so etwas wie Marktwirtschaft oder Demokratie erlebt haben. Wer immer in Leipzig gewohnt hat, muß so um 1910 oder 1915 geboren sein, um demokratische Verhältnisse noch bewußt mitbekommen zu haben. Alle anderen haben nur Diktatur gekannt, von 1933 bis 1989.

Ist die Justiz überfordert?
Wir können das Thema Vergangenheit allein mit Rechtsmitteln nicht aufarbeiten. In der gesamten DDR gab es so viele ausgebildete Juristen wie in der Stadt Bremen. Von denen sind zwei Drittel nicht mehr im Amt. Und die Schar derer, die aus dem Westen nach Rostock oder Schwerin gehen, hält sich in Grenzen.

Also brauchen wir öffentliche Tribunale?
Tribunal ist nicht der richtige Ausdruck: Wer sitzt sich da wem gegenüber? Wer bestimmt, daß er »unschuldig«, wer, daß er »schuldig« ist, also auf die andere Seite gehört? Wenn es ums Verstehen der Vergangenheit geht, brauchen wir keine Tribunale. Da genügen ein offener Erfahrungsaustausch, Gespräche, Foren. Um Mißverständnissen vorzubeugen – die Arbeit der Enquetekommission ist kein Ersatz für diese öffentliche Auseinandersetzung. Es sollte nicht der Eindruck entstehen: Jetzt können wir erst einmal aufhören, weil da in Bonn 16 Obergurus sitzen und sich damit beschäftigen.

Gab es Alternativen zur Öffnung der Stasi-Akten?
Nein. Selbst diese unbefriedigende Situation ist noch die beste. Wenn wir alle Akten vernichtet hätten, könnten wir heute niemand anderen mehr fragen, wie es gewesen ist, als die Stasi selbst. Und wenn der »Spiegel« schriebe: der und der war bei der Stasi, dann bliebe uns nur noch »Führungsoffizier Hasse«, um den Verdacht zu widerlegen oder zu bestätigen.

Glauben Sie dem, was in den Akten steht?
Die Akten sind geschrieben worden, als niemand daran dachte, daß irgend jemand anderes sie je in die Hand bekommen würde als die Stasi selbst. Die sind – bei aller parteilichen Bewertung – für mich sehr viel glaubwürdiger als alle Spitzel oder Führungsoffiziere.

Haben sich Ihnen Spitzel offenbart?
Nein, freiwillig kein einziger. Selbst die wenigen, die es zugegeben haben, haben das erst getan, als sie wußten, daß ich wußte, daß sie mich bespitzelt haben.

Wie wichtig war die Stasi?
Wer meint, die Stasi sei das Thema, um DDR-Geschichte aufzuarbeiten, läßt zu vieles unter den Tisch fallen. Unter dem System haben viele noch ganz anders gelitten. Zum Beispiel unter Margot Honeckers Bildungswesen: Allen, die in der DDR geboren wurden, ist die Zunge gespalten und mindestens ein Rückenwirbel rausgenommen worden.

Was tun?
Wir sollten uns Zeit füreinander nehmen, wir Ost- und Westdeutschen, uns gegenseitig besuchen, aufeinander hören, voneinander erzählen. Wir sollten uns einmal nicht Gottschalk, sondern einen Film ansehen, der etwas über die Vergangenheit der Menschen in der DDR erzählt.

Welche Erkenntnis erwarten Sie?
Am Ende wird sich herausstellen, daß es viel, viel weniger Helden gegeben hat als bisher angenommen, aber auch viel weniger Schufte. Und viel mehr Betroffene – die vom System zu dem gemacht wurden, was sie heute sind. Denen sollte man eine Chance geben, das zu reparieren, was in ihrer Kindheit ramponiert wurde.[221a]

Valentin Falin

Die traurigsten Augen Europas. Valentin Michailowitsch Falin, der Hagere. Die schweren Gedanken um die Weltgeschichte verkrüppeln seinen Halswirbel. In den siebziger Jahren brillanter Sowjetbotschafter in Bonn. Denker, Dichter. »Die Deutschen«, erklärt Brigitte Seebacher-Brandt, »mögen ihn, weil er ihre Sprache so schön spricht und den Anschein erweckt, er wolle ihnen wohl.« Sein allererstes Buch waren die Märchen der Brüder Grimm. Da liebte er Deutschland. Aber von seiner Familie starben im Krieg 27 Menschen. Da haßte er die Deutschen. Jetzt behauptet ein Kremlkenner: Falin habe 1989 russische Panzer empfohlen, um die Wiedervereinigung zu verhindern. Schewardnadse hat es verhindert. Von Falin stammt der Gorbatschow-Satz: »Wer zu spät kommt, den bestraft das Leben.« Die Falschen auch, Genosse![222]

Heinrich George

Im roten SED-KZ spielte Heinrich George um sein Leben. Da steht er auf der aus Sargbrettern genagelten »Bühne« im KZ Sachsenhausen. Heinrich George. Deutschlands größter Schauspieler. September 1945. Über dem Lagertor wurde die »braune Fahne« durch die rote der Kommunisten ausgetauscht.
Früher war der Zweizentnerhüne Heinrich George mit seinen strahlendblauen Augen ein Koloß von Mann. Kaum 90 Pfund wiegt er jetzt. Die Augen ohne Glanz, grauweiße Haut. Vielleicht 150 Zuschauer. Deutsche und sowjetische Wachsoldaten. Gekennzeichnet durch einen roten Stern oder eine rote Armbinde. Der von Schlägen, Hunger und Folter gezeichnete Heinrich George spielt ums nackte Leben. Seine Glanzrolle. Den »Postmeister«. Alles in russischer Sprache. Nach Originaltexten des russischen Dichters Alexander Puschkin. Die Russen jubeln vor Begeisterung über den wirrköpfigen und altersschwachen Postmeister, der um Dunja trauert, seine verlorene Tochter. Drei Tage später stirbt Heinrich George unter entsetzlichen Schmerzen. »Herzversagen durch Lungenentzündung« steht in der Todesnachricht. Monate später bekommt sie Bertha Drews, seine geliebte Frau. Die Wahrheit aber war: Ein Jahr hatten die roten Menschenschinder den großen Schauspieler brutal verhört, geschlagen, gefoltert, ausgehungert. Nur durch seine Lagervorstellungen konnte er sein Leben ein wenig verlängern. Aber schließlich machte der ausgezehrte Körper nicht mehr mit. Die »Wieder-Inbetriebnahme« des Konzentrationslagers war ein Vorschlag des späteren SED-Chefs Walter Ulbricht an Stalin. Deutschlands größter Schauspieler war eines der ersten Opfer der späteren SED-Machthaber. Er starb im September 1945 im KZ Sachsenhausen. Regisseur Jürgen Fehling sagte am Grab Heinrich Georges auf dem russischen Soldatenfriedhof von Oranienburg: »Noch in der tiefsten Erniedrigung groß und erschütternd mag er dahingegangen sein, wohin ihn sein Dämon zwang.« Es folgten Zehntausende. In Sachsenhausen, Buchenwald und anderswo. 180000 Deutsche wurden in den roten Konzentrationslagern gequält. Nur 46000 überlebten.[223]

Kardinal Jozef Glemp

Auf die Frage nach Messen in deutscher Sprache für die 1,1 Millionen Deutschen in Polen: »Dafür gibt es keinen Bedarf. Soll denn die Kirche auf diese Weise die Deutschen, die längst nicht mehr deutsch sprechen, Deutsch lehren?«[224]

Gregor Gysi

Irgendwie sieht er wie ein kommunistischer Studentenführer der zwanziger Jahre aus – mit der ulkigen Nickelbrille, dem Schnullermund, der frühen Halbglatze, die er (bei Regen) mit einer altertümlichen Schiebermütze bedeckt. Gregor Gysi ist Rechtsanwalt, gelernter Rinderzuchtfacharbeiter, hat seine Verdienste. Er hat Bahro verteidigt und das Neue Forum, als Honecker noch fest im Sattel saß. Das läßt auf persönlichen Mut und Integrität schließen.
Andererseits: Der geschiedene Familienvater (zwei Kinder) hat sehr wohl gewußt, wie man sich als Anwalt drüben durchschlägt. Er war Chef der DDR-Rechtsanwaltskammer; den Job kriegt man nicht als Dissident. Scharfzüngiger Redner, eiskalter Analytiker, bekannt dafür, daß er seine Gesprächspartner »besoffen redet« (DDR-Spruch).
Gysis Vater brachte es in den schlimmsten DDR-Zeiten zum Kultusminister. Freunde nennen Sohn Gregor »spitzbübisch«. Im »Spiegel« kämpfte er noch im März 1990 geradezu verzweifelt um den guten Ruf des DDR-Rechts, das der Partei alles erlaubte, dem Bürger alles verbot. Im Fernsehen – bei ZDF-Mitarbeiter Bresser – da hat er den Bau der Mauer nachträglich für notwendig erklärt. Und damit auch den Tod von mehr als 150 Menschen, die auf der Flucht in die Freiheit in den Todesstreifen starben, so »Bild der Frau« am 18. Dezember 1989.
Auf Erich Honecker angesprochen, erklärte er Axel Thorer von »Bunte«, der moderierte: »Der kommt nie vor Gericht. Das garantiere ich Ihnen. Wie Schalck-Golodkowski. Die bringen doch nur Leute vor Gericht, die ihnen nicht gefährlich werden. Wie Mielke. Aus dem Gysi-Deutsch übersetzt: »Die« – bedeutet Bundespolitiker. »Gefährlich« – die gemeinsamen Leichen im Keller. Der Mann hat vielleicht recht. Es ärgert nur, dies gerade aus seinem Mund zu hören. Es grummelt in Gysi. »Eigentlich hätte ich ja in die SPD eintreten können«, sagt er schließlich. »Da wäre ich wahrscheinlich heute ein hoch anerkannter Mann.« Seine braunen Augen gucken feucht. Warum hat er es nicht getan? Ganz einfach: Weil schon Vater Gysi Kommunist war – 150prozentiger. Da wird der Junior nicht so einfach Sozi. Gysi gehörte zur oberen Nomenklatura im SED-Regime: Vater Botschafter in Italien, Kultusminister, Honeckers letzter Staatssekretär für Kirchenfragen (Gysi sen. lebt noch, kriegt seine Rente jetzt auch von Bonn). Deswegen hat er es so hingekriegt, daß nicht der Sozialismus, nicht die SED schuld war, sondern eine kleine Clique korrupter Funktionäre. Das ist Gysis historische Schuld.
Auf die Fragen von Maike Pannier und Kai Diekmann von der Illustrierten »Bunte« antwortete Gregor Gysi:

Herr Gysi, wieviel D-Mark haben Sie eingetauscht?
»Sage ich Ihnen nicht. Auf jeden Fall war es nicht so viel, daß ich deshalb in die Kontrolle geraten bin«.

Was ist das für ein Gefühl, nur noch D-Mark in der Tasche zu haben?
»Immer noch ein komisches Gefühl. Für uns DDR-Bürger war die D-Mark immer eine besondere Währung. Man hat sie gespart und ausgegeben für Wünsche, die anders nicht zu realisieren waren. Jetzt soll man dieses Geld plötzlich für Brot und Kartoffeln ausgeben – das ist merkwürdig«.

Was haben Sie für Ihre erste D-Mark gekauft?
»Zigaretten. Und zwar Marke DDR, die Cabinet. Jetzt gibt es auch eine neue Cabinet, sie wird mit Hilfe einer Westfirma herge-

stellt. Die schmeckt wie HB, mir aber nicht. Eine meiner Bedingungen für die deutsche Wiedervereinigung ist, daß es weiter die alte starke DDR-Cabinet-Zigarette gibt.«

Warum sind ausgerechnet Sie, ein angesehener Dissidentenanwalt, Chef der PDS, der SED-Nachfolgepartei, geworden?
»Ich bin vor 23 Jahren freiwillig Mitglied der SED geworden. Ich finde, man muß dazu stehen. Die Geschichte der Partei und ihrer Vorgängerparteien ist eine Geschichte von Heldentaten, Opfermut, absoluten Fehlleistungen und auch Verbrechen. Man kann nicht einfach den Kasten zumachen und sagen, das sind alles Verbrecher. Man kann nicht beiseite treten und feststellen, es gibt niemanden mehr, der Verantwortung übernehmen will. Stellen Sie sich vor, ich wäre ausgetreten und zum Beispiel der SPD beigetreten, dann wäre ich heute wahrscheinlich ein hoch anerkannter Mann. Das ist für mich kein Weg. Mir war klar, daß ich mir mit diesem Schritt nicht nur Freunde mache, dafür aber solche, auf die es mir ankommt.«

Für viele sind Sie von heute auf morgen zur Unperson geworden ...
»Ich bin natürlich auch nicht so gern unbeliebt. Bis zu dem Tag, an dem ich PDS-Chef wurde, hatte ich zum Beispiel wegen meines Eintretens für ein umfassendes Reiserecht viele Sympathien. Das tut mir schon weh, daß das heute anders ist. Außerdem fühle ich mich auch ein bißchen als Anwalt der Partei. Ich fand den Vernichtungsfeldzug ungerecht. In mir kam der Wunsch hoch, das nicht zuzulassen.«

Sie träumen immer noch vom Sozialismus?
»In der DDR hatten wir keinen Sozialismus, sondern einen Nicht-Kapitalismus. Es gab zwar kein privates Eigentum mehr, dafür aber Staatseigentum und einen undemokratischen, zentralistischen Staat. Stalinismus ist kein Sozialismus. Deshalb besteht für mich auch kein Grund, den Traum von einem demokratischen Sozialismus aufzugeben, in dem die Freiheit und Würde des einzelnen Voraussetzung für die Freiheit und Würde aller ist.«

Herr Gysi, erzählen Sie uns was über den privaten Gregor Gysi ...
»Er soll ein ganz netter Kerl sein und hängt sehr an seinem Sohn. Mein Sohn ist 19 – und hat Kfz-Schlosser gelernt, er hat jetzt einen Tick und will in irgendwelche GmbHs rein. Er macht jetzt einen Computerlehrgang. Finde ich richtig, er muß sich auf die neue Zeit einstellen. Mein Sohn hat durchaus Sympathien für die PDS, aber auch hin und wieder Angst, daß ich mich in was verrennen könnte. Ich selbst kann mich schlecht einschätzen. Freunde behaupten, daß ich sowohl extrem unordentlich als auch extrem pingelig sei, daß ich überhaupt nicht und dann doch wieder ziemlich eitel sein soll. Außer einigen Tagen auf Korfu verbringe ich meinen Urlaub dank einer Einladung von Michail Gorbatschow in der Sowjetunion. Zwei Wochen langstrecken am Schwarzen Meer. Hoffentlich komme ich auf andere als auf politische Gedanken.«
Sechs Fragen an Gregor Gysi von Axel Thorer von der Illustrierten »Bunte«:

Wie viele Ex-Stasi-Leute sind in der PDS?
»Weiß ich nicht, interessiert mich auch nicht.«

Sind Sie stolz, ein Deutscher zu sein?
»Stolz ist man auf Leistung, nicht auf Nationalität. Aber es stört mich nicht.«

Haben Sie sich gefreut, als die Mauer fiel?
»Nein, geärgert. Weil diese Entscheidung im Zustand der Panik getroffen wurde.«

Was finden Sie schön am vereinten Deutschland?
»Daß ich mein Auto binnen 24 Stunden reparieren lassen kann. Und wenn ich ein Diktiergerät brauche, kaufe ich einfach eins.« (Gysi fährt privat Lada.)

Warum haben Sie nach dem Zusammenbruch nicht einfach eine neue Partei ge-

gründet – statt in die Latschen von Honecker zu hüpfen?
»Eine neue Partei wäre kein ehrlicher Weg gewesen. Man hätte uns auch dann Etikettenschwindel vorgeworfen.«

Warum trennen Sie sich so schwer von dem SED-Vermögen? Oh, das hätte ich nicht fragen dürfen. Da wächst dem Allesbeantworter ein verbales Gestrüpp aus dem Mund. 400 Milliarden PDS-Vermögen in bar, an Grundstücken, durch Firmen im In- und Ausland?
Gysi lacht. 150 Milliarden? Gysi lächelt. 10 Milliarden? Gysi wird ernst: »Was habe ich denn getan? Wissen Sie, was mein großer Fehler war? Ich habe mir in mein Büro lauter neue Leute geholt. Aber den anderen im PDS-Präsidium (100 Mann) habe ich gesagt: Nehmt euch Leute, die ihr für fähig haltet.« Damit kamen die alten Seilschaften durch. Kerle wie dieser Kassenwart der PDS aus Halle, der Hunderte von Millionen nach Oslo und Amsterdam verschob. Gysi hatte keinen Schimmer davon.

Und was ist mit Modrow?
»Modrow rausschmeißen?« entsetzt sich Gysi. »Kann ich nicht. Wo mir Gorbatschow im Januar in Moskau verraten hat: ›Modrow war der einzige SED-Spitzenmann, den wir seit Jahren in der Tasche hatten.‹ Für Perestroika in der DDR. Modrow war außerdem der einzige, der jene DKP-Mitglieder heimlich empfing, die auf den Gorbatschow-Kurs umgeschwenkt und von der SED geächtet waren. So einen soll ich kippen?« Gysi kratzt sich am Kopf und verkündet: »Nach 20 Jahren Anwalt kann ich nicht mehr umdenken. Ich habe zum Beispiel die Akte Stoph auf dem Tisch gehabt. Handfeste Beschuldigungen. Aber nach ein paar Seiten habe ich gemerkt, wie ich mir lauter Verteidigungsargumente für den Mann überlegt habe. Nee, ich kann nicht den Staatsanwalt spielen!«
An die Adresse Helmut Kohls sagt Gregor Gysi: »Kommen Sie, ob vor oder nach Ihrem Rücktritt, nach Ostdeutschland und sehen Sie sich an, was Sie hier angerichtet haben.«

Hans-Dietrich Genscher

Der dienstälteste Außenminister der Welt, Hans-Dietrich Genscher, umrundet im Jahr dreimal die Erde, arbeitet täglich ab sechs Uhr, hat bis zu 24 Besprechungen am Tag.
Auf der Suche nach den Ursachen für Genschers »Rastlosigkeit bis zur Selbstzerstörung« (Freunde) stößt man auf einen verregneten kalten Dienstag vor gut 52 Jahren. Es war der Tag, an dem der neunjährige Hans-Dietrich Genscher dem Tod begegnete – zum erstenmal.
Seinen Vater, einen Rechtsanwalt beim Bauernverband Halle, quälte eine harmlose Kiefervereiterung. In den Mittagsstunden fiel der Rechtsanwalt Kurt Genscher plötzlich um, wenig später war er tot. Niemand hatte bemerkt, daß die Vereiterung zur Blutvergiftung geführt hatte – Penicillin war damals noch nicht erfunden. Von einer Stunde zur anderen änderte sich Genschers Leben. »Ich hab den Tod in seinem urplötzlichen Dasein erlebt. Ich wußte sehr früh, wie vergänglich das Leben ist.«
Zehn Jahre später stand der Tod direkt vor ihm. Wie bei seinem Vater vereiterte die Kieferhöhle. Daraus wurde eine Stirnhöhlenvereiterung mit 40 Grad Fieber. Eine Lungenentzündung kam hinzu. Im Krankenhaus stellten die Ärzte fest, daß er Rippenfellentzündung und Lungentuberkulose hat. Das war im Winter 1946/47, und es gab nichts. Wie groß waren die Überlebenschancen? Der 19jährige Hans-Dietrich Genscher lag dreieinhalb Jahre in verschiedenen Krankenhäusern und Sanatorien. »Ich hatte den Tod allgegenwärtig im Bewußtsein«, sagt Genscher rückblickend. »Deshalb betrachte ich jede Stunde, die ich lebe und arbeiten kann, als Geschenk.« Im Juni 1973 spürt Genscher »Schmerzen wie durch ein Messer«. Er hat Nierensteine und wird in der Bonner Universitätsklinik operiert.
Bundestagswahlkampf September 1976: Genscher bleibt auf dem Lübecker Markt-

platz plötzlich die Stimme weg. Schwächeanfall. Helfer stützen ihn. Erster Alarm seines gestreßten Herzens. Am 23. November 1977 wird Genscher mit Blaulicht in eine Bonner Klinik gefahren. Angeblich Grippe und Kreislaufschwäche. In Wahrheit: der erste Herzinfarkt.
Mitten in einer FDP-Sitzung am 29. Januar 1979 meldet sich sein geschädigtes Herz. Er muß wieder ins Krankenhaus. Die Diagnose: erhebliche Herzrhythmusstörungen.
Am 6. März 1979 wird Genscher in einer Fraktionssitzung bleich, erleidet einen Schwächeanfall. Wieder Herzrhythmusstörungen. Genscher fährt zur Kur.
2. Oktober 1986, kurz vor zwölf Uhr: Genscher verläßt wankend den Bundestag-Plenarsaal. Neue Herzattacke. Nottransport ins Krankenhaus. Die Angst um Genscher wächst.
Am 2. September 1988 bricht Genscher während einer Rede in Oslo am Pult zusammen. Sein Kreislauf macht nicht mehr mit. Es war schon die 26. Auslandsreise in jenem Jahr.
Am 14. März 1989 wird Genscher operiert. Harnleiterinfektion. Es drohte eine Vergiftung seiner Nieren. Am 10. April ist er wieder im Amt.
Am 20. Juli 1989 fühlt sich Genscher unwohl, wird ins Krankenhaus gefahren. Sein Leibarzt Prof. Franz Josef Keßler stellt fest: Herzinfarkt. An dem Tag, als Genscher den zweiten Herzinfarkt erlitt, war es in Bonn extrem schwül. Und 28 Grad heiß.
Prof. Dr. Hans Joachim Weise: »80 Prozent aller Herzinfarkte treten bei Hitze und Schwüle auf oder beim Herannahen einer neuen Wetterfront.« Sein Rat: Nur leichtverdauliche Speisen, keinen Alkohol, Zigarettenkonsum einschränken. Während der Arbeit Pausen einlegen.
Als es um die Einheit ging, vergaß Hans-Dietrich Genscher alle ärztlichen Ratschläge. Er agierte Tag und Nacht, als es darum ging, die Botschaftsflüchtlinge zu befreien.
Nach der Einheit Deutschlands holte der Außenminister seinen Sowjetkollegen Schewardnadse nach Halle, wie zuvor schon den französischen Außenminister Dumas.
»Ich bin stolz auf meine Heimat«, sagte der Außenminister vor dem Haus in dem er geboren wurde. Genschers Geburtshaus, der Gutshof Reideburg mit 30 Hektar Land, ist heute halb verfallen, Putz bröckelt von den Fassaden, der Dachstuhl ist löchrig. Genscher wurde in der Nacht vom 20. zum 21. März 1927 um 24 Uhr geboren – halb Fisch, halb Widder.
In den Kirchenbüchern sind die Namen der Genschers schon 200 Jahre registriert, wie das Monatsheft »Geschichte« berichtet. Genschers waren Gutsbesitzer. Der Großvater hieß Franz, sein Enkel Hans-Dietrich Genscher erinnert sich: »Er war aufbrausend, machtbewußt.« Genschers Vater hatte vier Geschwister: Der Älteste, Arthur, wurde 1945 von den Russen verschleppt und kehrte nie zurück; Schwester Marie starb mit 22.
Fußballfan Genscher ist Ehrenpräsident beim FC Halle. Eine Ehrung, die ihn tiefer berührt hat, als mancher Ehrendoktor.
Genscher, geboren in Halle: »Wir in Sachsen-Anhalt werden es packen. Wir sind nicht weniger kreativ als die Menschen Westdeutschlands. Wir werden aus unserer Heimat ein blühendes Land machen.« Viele weinten. »Wir müssen den Menschen hier schnell helfen«, sagte der Außenminister. »Es geht nicht, daß die Verantwortlichen für 40 Jahre Mißwirtschaft bequem in ihren Polstersesseln sitzen bleiben.«
Der Mann, der die Einheit managte, besuchte die zur Zeit ärmsten Deutschen, verseucht, krank, ohne Job. Die letzten Strahlen der Abendsonne brechen sich im Schwefelschleier, der über Bitterfeld liegt. Die Menschen auf der Straße sind blaß, husten. Die Fabriken schleudern täglich höhere Dioxinwerte aus als im verseuchten Seveso: bis zu 3745 Nanogramm (milliardstel Gramm).
Bei fünf Nanogramm sollte das Gemüse vernichtet werden. Bei 40 Nanogramm ist selbst Viehfutter zu giftig.
Außenminister Genscher, der Mann der deutschen Einheit. Menschen schenken ihm

Blumen und fragen: »Herr Minister, wie lange müssen wir in dieser Pestluft leben?« Eine Frau zeigt auf ihre Tochter: »Mein Kind hat schweres Asthma, wie so viele hier.«
Später, in der Giftstadt Weißenfels bei Bitterfeld: »Ich begrüße die Bürger und Bürgerinnen dieser schönen Stadt.« Buhrufe, die Einwohner empfinden diesen Satz als Hohn. Genscher: »Wir werden diese Stadt gemeinsam wieder schön machen.« Beifall. Jubel.
Eine junge Frau aus Bitterfeld macht einen Knicks, sagt: »Danke, Sie haben uns wieder Mut gemacht, Herr Genscher.«
Der Begriff »Genscherismus« als Synonym für eine allzu flatterhafte Haltung gegenüber Moskau ist kein Schimpfwort mehr in Washington. Seit Bismarck und Stresemann hat es wohl keinen deutschen Außenminister gegeben, der heute in Ost und West gleichermaßen ein derartig hohes Ansehen und Vertrauen genießt wie Hans-Dietrich Genscher. Der reisefreudige Mann aus Halle an der Saale hat es wie kein zweiter deutscher Außenpolitiker verstanden, sowohl den Amerikanern als auch den Russen die Dringlichkeit und Unvermeidbarkeit der deutschen Wiedervereinigung schmackhaft zu machen.
Zum erstenmal in der 45jährigen Nachkriegsgeschichte ist es einem deutschen Außenminister gelungen, sowohl zu seinem amerikanischen als auch zu seinem sowjetischen Kollegen enge, gar freundschaftliche Beziehungen zu entwickeln, ohne den Argwohn und das Mißtrauen seiner diplomatischen Partner zu wecken. Das ist eine beachtliche Leistung.[225]
Ein kometenhafter Aufstieg, den sich Hans-Dietrich Genscher wohl selbst nicht träumen lassen hätte, als er 1952 aus der DDR in die Bundesrepublik kam. In der DDR hatte er bereits das juristische Referendarexamen gemacht. In Bremen gehörte der Rechtsanwalt Genscher, der in Bad Godesberg wohnt, zur Anwaltspraxis Dr. Frick, Büsing, Genscher, Dr. Müffelmann, die sich vorwiegend mit Wirtschafts- und Steuerfragen beschäftigte. Seine Teilhaberschaft ruht. Er ist mit Haut und Haaren Politiker geworden. In der Rede kann er hart, selten verletzend sein.
Genscher alias »Tulpe«, unter dieser Überschrift schreibt »Der Spiegel« in seiner Ausgabe Nr. 29/1992: »Unter dem Decknamen ›Tulpe‹ hat das DDR-Ministerium für Staatssicherheit Ex-Minister Hans-Dietrich Genscher als ›Inoffiziellen Mitarbeiter‹ in seinen Akten geführt. Wie ehemalige Stasi-Angehörige gegenüber Geheimdienstexperten sagten, wurden dabei Angaben aus dem Lebenslauf eines DDR-Bürgers benutzt und auf Genscher übertragen. Zweck der Manipulation sei es gewesen, den FDP-Politiker unter Druck zu setzen oder bei Bedarf im Zuge einer Desinformationskampagne als Mitarbeiter der Sicherheit zu diskreditieren. Der gebürtige Hallenser hatte die DDR 1952 verlassen. Während seiner Partei- und Ministerkarriere im Westen besuchte er regelmäßig Verwandte und Bekannte in der alten Heimat. Nach Angaben der früheren Stasi-Leute wurde die Akte ›Tulpe‹ Anfang der achtziger Jahre vernichtet. Der Grund: Es habe sich herausgestellt, daß Genscher keine den Zielen der DDR zuwiderlaufende Politik betreibe. Als der Altliberale von dieser Begründung erfuhr, habe er, so ein Abwehrexperte, ›gar nicht glücklich geschaut‹.«

Michail Gorbatschow

Er hat die Welt verändert. Gorbatschow kam am 2. März 1931 im nordkaukasischen Priwolnoje zur Welt und sammelte seine ersten beruflichen Erfahrungen auf einer Kolchose – als Gehilfe eines Mähdrescherfahrers. Ab 1951 studierte er in Moskau Jura. Dort begegnete er Ende 1951 erstmals seiner Frau Raissa in einer Tanzschule. Raissa fand schon während dieser ersten Begegnung an dem hübschen Burschen mit seinem nicht zu bremsenden Selbstbewußtsein Gefallen. In der Sportstunde verletzte sich Raissa am Fuß und mußte ins Krankenhaus gebracht werden. Michail besuchte sie im Kranken-

haus. Als die Schwestern ihn sahen, scherzten sie: »Sieh mal, was für ein junger Mann! Laß den bloß nicht laufen!« Und daran hielt sich Raissa.
Michail galt damals quasi als »Frauenheld« der Lomossow-Universität. Erst als er Raissa kennengelernt hatte, beendete er die Beziehung zu seiner Jugendliebe Swetlana Korajaschkina. Vom Typ her sind die beiden »Rivalinnen« sehr ähnlich. Raissa kann noch heute ärgerlich werden, wenn man sie mit Swetlana neckt. Sie kann diese Frau nicht leiden. Ein Jahr lang machte Michail Raissa den Hof. Er wurde zum Begleiter bei Theater- und Konzertbesuchen. Gedichte im Park und beim abendlichen Kerzenschein, ausgedehnte Spaziergänge durch die Straßen Moskaus. Dabei trug er stets ein Kerzchen, wie das damals bei verliebten russischen Studenten Mode war...
Raissa stammt aus dem sibirischen Ort Wesselogarsk, wo ihr Vater Schrankenwärter war. In ihrer Jugend gab es eine verletzte Liebe. Er hieß Oleg und war der Sohn eines Generals. Ein gutaussehender, schlanker Bursche mit kräftigem, dunkelbraunem Haar. Doch als Olegs Mutter, eine Generalswitwe, erfährt, daß Raissa bloß die Tochter eines sibirischen Schrankenwärters ist, sagt sie nein zur Liebe ihres Sohnes. Oleg verläßt Raissa. Ihr Stolz ist tief verletzt.
Nach Beendigung des Studiums wurde Michail Gorbatschow von der Partei nach Stawropol (Kaukasus, 1200 Kilometer von Moskau entfernt) versetzt. Raissa erkannte schnell die Vorteile des Wechsels in die Provinz: Viele hohe Sowjetführer kurierten in den Kurbädern der Umgebung ihre Leiden aus – darunter auch der mächtige KGB-Chef Juri Andropow (später Nachfolger Breschnews). Als Frau des örtlichen KP-Chefs war es Raissas Aufgabe, den hohen Gast aus Moskau zu umsorgen. Sie war eine exzellente Gastgeberin und eine außergewöhnliche Gesprächspartnerin. Bald entwickelte sich zwischen Andropow und Raissa ein sehr inniges Verhältnis. Beide liebten Gedichte, lasen sich gegenseitig vor, und Andropow schrieb sogar eigene.
Raissa verstand ihre Rolle zu spielen. 1977 machten die Ehepaare Gorbatschow und Andropow sogar gemeinsamen Urlaub. Schon ein Jahr danach wurde Gorbatschow ins Zentralkomitee der KPdSU gewählt. Zufall? Raissas beste Freundin aus der Stawropoler Zeit, Lidija Budyka: »Raissa hatte beschlossen, daß das Wichtigste in ihrem Leben sei, ihrem Mann zu helfen. Auf jede nur mögliche Weise.« Als Michail Sergejewitsch Gorbatschow 1985 Generalsekretär wurde, fielen zum erstenmal die Worte Perestroika und Glasnost. Es ist vielleicht eine interessante Enthüllung: »Glasnost« ist die Erfindung seiner Frau Raissa. 1962 hielt Raissa, die Universitätsprofessorin für Philosophie, eine Vorlesung an der Hochschule von Stawropol. Um ihre Linientreue zu überprüfen, hatte der KGB einen Studenten angeworben, der ihre Ausführungen über mehrere Wochen auf Tonband aufzeichnete. Als Raissa die Bespitzelung mitbekam, rief sie den Direktor in ihre Vorlesung, reckte ihre zierliche Gestalt und sagte: »Wenn man meint, man müßte mich hier überwachen, dann soll man das öffentlich tun. Man kann mich ruhig kritisieren. Aber tun Sie es öffentlich. Heimlichkeit ist unmoralisch und unehrenhaft. Ich verlange Glasnost.« Da war zum erstenmal dieses Wort – Glasnost: Transparenz, Offenheit. Das Wort, mit dem ihr Mann die Welt veränderte.
Am 11. März 1985 wurde der junge, dynamische Michail Gorbatschow zum Generalsekretär der sowjetischen Partei ernannt. Seit seiner Ernennung fordert er in seinen Reden eine Beschleunigungsstrategie, die Durchsetzung des Neuen, die Erweiterung der Publizität (»Glasnost«), eine tiefgreifende Umstellung in der Volkswirtschaft, Sachlichkeit und Tatkraft. Gespür für das Neue und aktive Umstellung auf veränderte Bedingungen. In einer gewaltigen Umbesetzungswelle wurden Tausende von Funktionären der Breschnew-Periode abgesetzt. Nicht selten wurde dabei über die Inkompetenz, den Amtsmißbrauch, über Trunksucht und Bestechlichkeit in den Funktionärskreisen berichtet.

Gegenwärtig findet in der Sowjetunion ein hartes Ringen um den innenpolitischen Kurs, vor allem um Wirtschaftsreform und die Modernisierung des Systems, statt. Das Tauziehen im Kreml dauert an. Noch ist nicht entschieden, wer in diesem Ringen siegen wird.

Wer Gorbatschow heute sieht, spürt, der Mann ist müde. Kaum ein Lächeln. Mit den letzten Kommunisten stand er auf der Ehrentribüne der Moskauer Mai-Feier 1991. Freudlos ziehen die Menschen vorbei. Das Land verkommt immer mehr. Mafiosi sind die neuen Herren, lassen sich in schweren Limousinen chauffieren.

Der Nobelpreisträger Alexander Solschenizyn schrieb: »Rußland liegt in der Grube einer verzehrenden Krankheit.« Wird diese Grube zum Grab von Gorbatschow? Man könnte glauben, er weiß, daß er verloren hat.

In seiner Rede am 5. Juni 1991 in Stockholm fleht Gorbatschow um westliche Hilfe: »Sonst droht die soziale Explosion.« Eine Gefahr für den Weltfrieden ist nicht auszuschließen.

Als sich Michail Gorbatschow zu Beginn seiner Amtszeit als Generalsekretär der UdSSR erstmals mit US-Präsident Reagan traf, sagte Reagan: »Die Tür ist offen, mit der völligen Abschaffung der nuklearen Bedrohung zu beginnen.« Kremlchef Michail Gorbatschow antwortete ihm: »Wir schlagen vor, in das dritte Jahrtausend ohne Kernwaffen einzutreten.«

In seiner Neujahrsansprache 1986 sagte Ronald Reagan: »Ich habe Herrn Gorbatschow gesagt, daß das amerikanische Volk dem sowjetischen Volk nichts Böses wünscht.«

Und Gorbatschow erwiderte: »Ich glaube, daß wir als Führer und Menschen in der Lage waren, die ersten Schritte in Richtung einer Überwindung des Mißtrauens zu tun.«

Seitdem gab es Fortschritte und Rückschläge im Ost-West-Verhältnis. Und nach dem unbefriedigenden Ausgang des Reagan-Gorbatschow-Treffens in Reykjavik sagte der Mann aus dem Kaukasus: »Ich meine, wir müssen noch einmal zurückkehren und versuchen, das zu überwinden, was uns trennt.« Vielleicht waren sich beide damals klar: Entweder wir lernen, miteinander zu leben, oder wir werden gemeinsam untergehen.

Als Michail Gorbatschow am 11. März 1985 auf die politische Bühne der Sowjetunion und der Welt trat, übernahm er seinen Staat in einem desolaten Zustand. In seiner Anfangszeit nach dem März 1985 genoß Gorbatschow wegen der von ihm zügig eingeleiteten Politik des »Glasnost« trotzdem großes innenpolitisches Ansehen. Die Sowjetunion gibt das Wettrüsten mit den USA auf: Das Riesenreich muß dem wirtschaftlichen Desaster Tribut zollen. Diese Überforderung der UdSSR führt letztlich zu einem Zerfall des östlichen Bündnisses, dem Warschauer Pakt: Am 1. April 1991 wird dieser als Militärbündnis aufgelöst.

Gorbatschow wird im Ausland als Friedensbringer und demokratischer Reformer gefeiert – zu Hause gerät er mehr und mehr ins Kreuzfeuer der Kritik, weil die angekündigten Reformen »Glasnost und Perestroika« keine greifbaren Erfolge bringen.

Mit dem Abfall der Verbündeten geht ein innerer Zerfall des Vielvölkerstaates einher. Mühsam unterdrückte Nationalitätenkonflikte brechen aus. Im Laufe des Jahres 1990 erklärt eine nach der anderen der 15 Republiken ihre Unabhängigkeit. Im März 1990 läßt sich Gorbatschow vom Volksdeputiertenkongreß zum Präsidenten wählen. Doch seine Macht steht auf tönernen Füßen. Die Angriffe aus den Reihen der Militärs auf seinen Außenminister Schewardnadse und dessen Rücktritt zeigten, daß Gorbatschow nur noch bedingt die Zügel in der Hand hielt und kaum auf das Militär zählen konnte, um den sozialen Zerfall aufzuhalten. Die Reaktionäre fühlten sich wieder stark.

Die Reformeuphorie wich langsam der Sorge um das Stehvermögen Gorbatschows. Der Putsch vom 19. August 1991 zeigte, daß Gorbatschow die Zügel nicht mehr in der Hand hielt.

Bis zuletzt hielt der sowjetische Präsident Michail Gorbatschow an der Kommunistischen Partei fest. Noch zwei Tage vor seinem Rücktritt als KP-Chef sagte er am 23. Dezember 1991 vor der Presse in Moskau, er wolle die Partei jetzt, nach dem gescheiterten Putschversuch stalinistischer Kräfte, in der Parteiführung säubern, um sie zu einer den Sozialismus vertretenden Kraft zu machen.

Gorbatschow, den seine christliche Mutter taufen ließ, ist schon in früher Jugend als Mitglied des Jugendverbandes Komsomol zur Kommunistischen Partei gestoßen. Parteimitglied wurde er 1952.

Nach dem Jura-Studium an der Moskauer Universität begann Gorbatschow 1956 seine Parteikarriere, zunächst als Sekretär des Stadtkomitees des Komsomol seiner Heimat Stawropol im Vorland des Nordkaukasus. Dann stieg Gorbatschow in seiner Heimat auf: Als Parteiorganisator im landwirtschaftlichen Bereich bewährte er sich bis 1966, als er Parteichef von Stawropol wurde.

1971 wurde Gorbatschow Mitglied des Zentralkomitees. 1978 erfolgte die Ernennung zum ZK-Sekretär der Abteilung Landwirtschaft. Seither lebt Gorbatschow in Moskau. Zwei Jahre später rückte er ins höchste Gremium der Partei, das Politbüro, auf. Nach dem Tod des langjährigen Parteichefs Leonid Breschnew im November 1982 wurde der damalige KGB-Chef Juri Andropow zum Generalsekretär gewählt. Nach dessen Tod nur wenige Monate später galt Gorbatschow bereits als chancenreicher Kandidat für die Nachfolge.

Erst nach dem Tod des Breschnew-Freundes Konstantin Tschernenko, den die alte Garde noch einmal gegen Gorbatschow als Nachfolger Andropows durchgesetzt hatte, erklomm Gorbatschow die Spitze der Partei und wurde im März 1985 Generalsekretär des ZK der KPdSU.

Von dieser Position des mächtigsten Mannes der UdSSR begann er sein Reformwerk der Perestroika. Vor allem die bald notwendigen politischen Reformen und die Wahlen zu den neuen Parlamenten haben den Einfluß der Partei zunehmend vermindert. Doch mit seinem Reformwerk, das die Welt veränderte, wird Gorbatschow für immer in den Geschichtsbüchern verzeichnet sein. Als Gorbatschow im März 1985 in Moskau als Chef der KPdSU mächtigster Mann des Landes wurde, war die Sowjetunion eine waffenstarrende Supermacht, an deren Festen niemand zu rütteln wagte, aber wirtschaftlich am Ende. »Ein Entwicklungsland mit Raketen«, nannte es einst der frühere Bundeskanzler Helmut Schmidt.

»Sein Fehler war«, so Ex-Berater Professor Wjatschechlaw Daschitschew, »statt auf einen radikalen Wandel, auf Marktwirtschaft, Gewaltenteilung und Menschenrechte nach westlichem Muster zu setzen, habe sich Gorbatschow an die Reform des alten Regimes geklammert.« Rückblickend ist das leicht gesagt, aber man darf die damalige Macht der Funktionäre nicht vergessen.

Nach ungefähr einem Menschenalter steht der Kommunismus wieder da, wo er 1917 anfing. Die Saat der Revolutionäre von 1917 wurde niemals geerntet.

Wir Deutsche haben Michail Gorbatschow unsere Einheit zu verdanken. Bundeskanzler Helmut Kohl und Michail Gorbatschow besiegelten 1990 im Kaukasus die deutsche Einheit. Kohl sagt zum erstenmal: »Micha, du...« Kohl wünscht sich Gorbatschow als UN-Generalsekretär: »Die ganze Welt schuldet Micha Dank...« Michail Gorbatschow: »Wir verlassen die alte Epoche und beginnen eine Periode der langen, friedlichen Zusammenarbeit.«[226]

Die Geschichte beschleunigt sich mehr und mehr. Dieser Satz gehört seit langem zum Verzeichnis der Historiker. Innerhalb einer Woche fiel ein Imperium – die Sowjetunion – wie ein Kartenhaus zusammen. Und die Staatspartei KPdSU ist keine Staatspartei mehr, weil es den Staat nicht mehr gibt, in dem sie fast 80 Jahre diktatorisch herrschte, außerdem wurde sie verboten.

Am 7. November 1917 schleuderte in Petersburg ein Mann namens Lenin die Sätze in die Menge: »Von nun an tritt Rußland in eine neue Epoche seiner Geschichte ein... Die russische Revolution muß in ihrem Endergebnis zum Sieg des Sozialismus führen.«

Am 21. August 1991 stieg Boris Jelzin auf einen Panzer am Roten Platz in Moskau und verkündete: »Die Reaktion kommt nicht durch.« Diese »Reaktion«, das waren die Vertreter jener Revolution, die Lenin 1917 gemeint hatte. Zwischen diesen beiden Daten liegt die Geschichte der UdSSR und ihre Tragik. Denn mit Lenin, dem Stammvater all der »Roten Zaren« die dann folgten, begann die Katastrophe. Er war es, der den Kreislauf der Mißwirtschaft begründete und sich an die Stelle des Volkes setzte. Jetzt hat sich das Volk der Partei und ihrer Lehren entledigt.

Gorbatschows Stern ist durch den Lauf der Ereignisse schnell verblaßt. Tragik umweht ihn. Er hat versucht, die UdSSR dadurch zu sichern, daß er sie innerhalb des ideologischen Grundbestandes reformiert. Er hat jedoch das Gegenteil von dem erreicht, was er wollte. Die UdSSR ist zerbrochen und auch das reformierte kommunistische System war nicht mehr zu halten. Er selbst ist zu dessen Totengräber geworden.

Zweimal innerhalb kurzer Zeit ist die Welt – nach der friedlichen deutschen Revolution – von Entwicklungen überrascht worden, die kaum vorstellbar waren, obwohl sie voraussehbar waren. Zweimal ist alles gut gegangen. Ob es beim dritten Male auch so sein wird, wissen wir nicht. Rußland und auch Osteuropa ist in Aufruhr; wollen wir hoffen, daß die weitere Entwicklung friedlich bleibt. Es gibt kein Gesetz, das der Geschichte stets die Wendung zum Guten vorschreibt.

17 Millionen der insgesamt 22 Millionen Quadratkilometer dehnt sich Rußland aus, und von den 300 Millionen Einwohnern sind etwa 60 Prozent Russen. Was will das sagen? Es könnte sein, daß die Angst vor Rußland wieder größer wird, wenn die Angst vor dem Unterdrückungssystem der Sowjetunion sinkt.

Der britische, in den USA lebende Historiker Paul Kennedy wies schon 1988 in seinem damals aufsehenerregenden Buch »Aufstieg und Fall der großen Mächte« auf Risiken hin, die heute aktuell werden könnten. Zitat: »Jene, die dem Zusammenbruch des Sowjetreiches erwartungsvoll entgegensehen, sollten sich daran erinnern, daß solche Veränderungen normalerweise einen sehr hohen Preis haben und nicht immer in vorhersehbarer Weise vonstatten gehen.«

Bisher ist der Zerfall der UdSSR nicht immer friedlich, aber doch ohne großen Bürgerkrieg vonstatten gegangen. Wollen wir hoffen, daß dies so bleibt.

Aber jetzt, da die Gewalt des Staates – denn die einstige UdSSR ist ein Vielvölkerstaat, zusammengetrieben schon von den Zaren und mit Gewalt zusammengezwungen von der stalinistischen Gewaltherrschaft – gebrochen ist, explodieren die Feindseligkeiten der verschiedenen Völker ebenso wie ihre oft unrealistischen Hoffnungen auf den Anbruch einer besseren Welt. Für uns im Westen bleiben Nato und Vereinte Nationen in diesem Zusammenhang am wichtigsten. Alles andere stellt momentan nicht viel mehr als Hoffnungen dar. Wir können nur darauf hoffen, Glück zu haben; was vor allem im Osten noch passieren kann, wissen wir nicht.

Am 16. September 1992 war Michail Gorbatschow Gast der Sozialistischen Internationale (SI) im Berliner Reichstagsgebäude und zeigte sich überzeugt davon, daß der freiheitliche Sozialismus weltweit eine Zukunft hat. Die von ihm vertretenen Werte wie Solidarität und soziale Gerechtigkeit würden dringender denn je gebraucht, und er fügte hinzu: »...nur auf einem ›globalen Humanismus‹ kann die Zivilisation der Zukunft aufgebaut werden.«

Václav Havel

Seine Personalien im Jahre 1989: 54 Jahre, von Beruf Dichter, Schriftsteller, verheiratet mit Frau Olga, kinderlos, vorbestraft.

Sein Vater gehörte zu den reichsten Leuten im Vorkriegs-Prag, so gehörte ihm unter anderem das luxuriöse, legendäre Café und Ballhaus »Lucerna«.

Václav Havel ist ein duldsamer, wohlerzogener Mann (französische Gouvernante), schlau wie der brave Soldat Schwejk, genial naiv wie Franz Kafka. Wegen seiner Herkunft und politischen Einstellung hatte er Studienverbot. Arbeitete als Taxifahrer, Chemielaborant, Kulissenschieber und Schweißer. Er hat die Menschenrechtsbewegung »Charta 77« mitbegründet, damals die einzige politische Opposition in der ČSSR. Ein Mann, der die Sehnsucht der Tschechen nach Freiheit verkörperte. Vier der letzten elf Jahre verbrachte Havel in Gefängnissen. Er kam ins Gefängnis wegen Untergrabung der Staatsgewalt, Verbreitung staatsfeindlicher Schriften. Zuletzt, weil er einen Blumenstrauß an der Stelle niederlegte, wo sich 1969 der Student Jan Palach aus Protest gegen die russische Besetzung des Landes im Jahre 1968 verbrannt hatte. Sein Vater starb, als Havel im Gefängnis saß. Für das Begräbnis bekam er einen zweistündigen Urlaub, stand mit Handschellen am Grab. Am 17. Mai 1989 wurde er auf Bewährung aus seiner letzten Haft entlassen.

Für seine »Verbrechen« erhielt er den Friedenspreis des Deutschen Buchhandels (15. Oktober 1989 in Frankfurt). Er fuhr damals nicht zu der Verleihung, fürchtete eine Ausbürgerung, was für ihn schlimmer gewesen wäre als der Tod. In der Begründung hieß es: »... er engagiert sich seit Jahren mutig und konsequent in der geistigen Opposition seiner Heimat für Freiheit, für Bürgerrechte und für den Frieden in Europa ... Sein Wort ist Ausdruck des Widerstands und der Hoffnung.«

Seit dem 29. Dezember 1989 ist Václav Havel Präsident der ČSFR, amtiert im Hradschin, der Burg über Prag, von 8.45 bis 20 Uhr. Dann schnappt er seinen Koffer mit Staatsgeheimnissen, wechselt in die sauerstoffarme Stammkneipe »Na rybáne«, bestellt ein Bier mit Becherrovka (Karlsbader Becherbitter) und regiert weiter. »Der Mann ist nicht ins Bett zu kriegen«, seufzt sein Außenminister Jiří Dienstbier, Ex-Dissident wie Havel. Seine Freunde sind die alten geblieben. Elf davon bilden sein »Berater-Kollegium«. Die westlichen Polit-Technokraten disqualifizieren diese engagierte Gruppe als »intelligente Amateure«. Aber sie haben Politik unter den gleichen Umständen »gelernt« wie ihr Präsident. Im jahrelangen Umgang mit einem totalitären Regime.

Als Kanzleichef holt sich Havel Fürst Karl von Schwarzenberg aus Österreich. Er entschuldigt sich für die aus ihrer Heimat vertriebenen Sudetendeutschen und bezeichnet dies als Fehlentscheidung. Man nannte ihn den Zwei-Minuten-Präsidenten. So lange brauchte er, der Dichter, für seine Antrittsvorlesung in der Prager Burg. Hundert Stunden später war er bei uns in Deutschland. Antrittsbesuch. Seine Botschaft an die Deutschen: Laßt uns alle Mauern einreißen in Europa; keine Furcht vor der Wiedervereinigung. Staatsauftritt bei Richard von Weizsäcker. Ehrung für einen Mann, der vor sieben Monaten noch im Gefängnis saß.

Da ich Sudetendeutscher bin, also aus der ehemaligen Tschechoslowakei stamme, gratulierte ich ihm und erhielt dafür einen sehr netten Brief. Links in Grün mit Filzstift handschriftlich geschrieben Václav Havel, darunter ein rotes Herz, so der Briefkopf des heutigen Präsidenten der ČSFR.

An seiner Wohnungstür am Engelskai im vierten Stock hängt ein Zettel, handschriftlich geschrieben: »Das hier ist meine Wohnung. Ich bitte Sie, daß Sie sich mit Ihrem Problem, Ihren Ideen und Sorgen in Ihrem und in meinem Interesse an das Büro des Präsidenten der Republik wenden. Danke. V. H.« Darunter ein Herzchen.

Einer, der sich auch um die deutsche Wiedervereinigung verdient gemacht hat, ist nach zwei Jahren als Präsident müde geworden. Er lächelt zwar noch wie früher, doch geht er merklich gebückter. Er ist müde, Václav Havel, von Beruf Dichter und Schriftsteller. Nach einer unblutigen Revolution als Nationalheld gefeiert. Zwei Jahre wird er in seinem zerrissenen Land beschimpft, ja bedroht. Ich habe es selbst bei meinem dreiwöchigen Aufenthalt in Karlsbad hören müssen. Die Preise explodieren, hart trifft es die Rentner und das arbeitende Volk. Diebstähle, Überfälle nehmen zu. Ein Beispiel: Eine Krankenschwester des Sana-

toriums »Schweizer Hof« wurde am hellen Tag überfallen, die Handtasche geraubt.
Seine Leibwächterin kassierte kürzlich einen Faustschlag ins Gesicht, der ihm galt. Er reagierte wie ein Heiliger: »Ich verstehe diese Menschen. Hoffnung schlägt in Ungeduld um, und die Ungeduld zermürbt diese Menschen.«
Wie wird sich die Lage in seinen Land weiterentwickeln? Fragen über Fragen beherrschen das Land und Osteuropa.[227]

Regine Hildebrandt

1941 in Berlin geboren, Diplombiologin, Dr. rer. nat. Vor der Wende tätig als Spezialistin für Diabetes und Stoffwechselkrankheiten. Aktives Mitglied der evangelischen Kirche (»meine existentielle Heimstatt«) und der Bürgerbewegung »Demokratie jetzt«. Eigentlich habe sie »mit Politik nichts am Hut«, sagt sie, sondern engagiere sich aus sozialem Antrieb.
Im Oktober 1989 – noch vor der Öffnung der Mauer am 9. November – tritt sie der SDP (der späteren SPD) bei. Im Kabinett von Lothar de Maizière (CDU) leitet sie das Ressort Arbeit und Soziales. Nach der brandenburgischen Landtagswahl im Oktober 1990 wird sie im Kabinett von Manfred Stolpe (SPD) Ministerin für Arbeit, Soziales, Gesundheit und Frauen. 1991 wählt sie die Deutsche Staatsbürgerinnen-Vereinigung zur Frau des Jahres.
Redakteur Volker Thomas von »Wir in Europa« fragte sie zu dem Thema »Wir bauen ein neues Land auf«.
Diese Frau hat Power. Die Referentin empfängt uns mit dem Hinweis: »Gehen Sie ruhig dazwischen, das nimmt sie nicht übel ...« Wir haben die erste Frage kaum gestellt, da sprudelt sie schon los. Eine halbe Stunde hat sie für uns übrig. Nach dieser halben Stunde wissen wir alles über die Behandlung von Diabetes in der früheren DDR. Regine Hildebrandt holt kurz Luft und sagt: »Das können Sie ja doch gar nicht brauchen, jetzt stellen Sie mal Ihre Fragen.«
Die brandenburgische Ministerin leitet das Ressort Arbeit, Soziales, Gesundheit und Frauen – mehr Probleme für ein Ministerium in den neuen Ländern geht fast nicht. Die Aufgabe hat sie gepackt, das spürt man bei jedem Wort. Sie geht mit dem gleichen Eifer Einzelfällen nach, die sie von ihren Vorträgen und Podiumsdiskussionen mit nach Hause schleppt, wie sie die politische Auseinandersetzung um die sozialen Konflikte in den neuen Ländern führt.
Da hat sie nach einer Fernsehsendung nachrecherchiert, warum der Sohn einer alleinerziehenden Mutter bei der Deutschen Reichsbahn den Ausbildungsplatz verlor. Oder sie zieht einen Packen Zettel aus der Tasche: »Alles von der letzten Podiumsdiskussion: ein Brief an Stolpe, eine Bittschrift an mich, Adressen, Hinweise, Anregungen – das nehme ich alles sehr ernst.« Eine Ombudsfrau im besten Sinne, eine Anwältin der Bürger: »Wir können hier nur helfen, wenn wir klarmachen: Wir kümmern uns um jeden einzelnen.«
Mit dem Ablauf der Vereinigung Deutschlands hat sie ihre Probleme. Für sie war das eher ein Beitritt, ohne die Chance, etwas Eigenes einzubringen – im Gesundheitswesen zum Beispiel. »Wäre es nicht möglich gewesen«, fragt sie, »wenigstens zu überprüfen, ob die eine oder andere Einrichtung nicht vielleicht doch kostengünstiger arbeitet als die andere, bevor man alles anpaßt?« Die Polikliniken etwa – in England oder Schweden durchaus gebräuchlich – wollte man sofort ganz abschaffen. In Polikliniken (beim Betrieb oder im Wohnbereich angesiedelt) konnte der DDR-Bürger früher ambulant Fachärzte aller Grunddisziplinen zu Rate ziehen. »Und dabei entstehen überall in den alten Bundesländern Ärztehäuser!«
Auch die Tatsache, daß 80 Prozent der Kinder früher die Krippe (bis drei Jahre) und 95 Prozent den Kindergarten (bis sechs Jahre) besuchten, ist für sie ein Stück erhaltenswerter Alltagskultur. Natürlich sei in den

Kindereinrichtungen politische Indoktrination betrieben worden, natürlich seien sie auch Aufbewahrungsorte gewesen. »Aber es kam doch sehr darauf an, wer dort gearbeitet, wer die Kinder betreut hat.«
Die Frauen waren zu mehr als 90 Prozent berufstätig. Und jetzt? Zurück an den Herd? »Heute kommen auf einen Arbeitsplatz 39 Bewerberinnen«, erklärt Regine Hildebrandt. »Und dabei wird nur knapp die Hälfte der Frauen überhaupt vermittelt. Denn sie geraten in einen Teufelskreis: Weil sie keine Betreuungsmöglichkeit für die Kinder haben, stehen sie dem Arbeitsmarkt nicht ganztags zur Verfügung. Also bleiben viele zu Hause – und fallen irgendwann aus der Statistik heraus.«
Sie will nichts davon wissen, daß das ganze Kinderbetreuungssystem nicht mehr zu finanzieren sei: »Wir müssen es nur wollen. Wir haben die Räume, wir haben die Ausstattung, wir haben die ausgebildeten Kräfte.« Worte einer Politikerin, für die das Wünschbare immer auch gleich das Machbare ist?
Eine gute Familie ist für die Frauenministerin nicht eine Familie, in der der Mann von morgens bis abends schuftet und die Frau als grüne Witwe zu Hause sitzt. Ein Beispiel zeigt, daß in Brandenburg über die Rollenverteilung von Mann und Frau anders gedacht wird. Als bei den neu angesiedelten Daimler-Benz-Lastwagenwerken in Ludwigsfelde Entlassungen anstanden, konnten die Paare, die dort arbeiten, wählen, wer seinen Arbeitsplatz aufgibt: »Die Männer sind gegangen, nicht die Frauen. Der Grund: Männer finden über das Arbeitsamt leichter wieder etwas als Frauen.«
Die Landesregierung hat sich verpflichtet, jedem Jugendlichen unter 25 einen Ausbildungs- oder Arbeitsplatz oder wenigstens eine ABM-Stelle zur Verfügung zu stellen. 73 Prozent der Lehrlinge sind in betrieblichen Ausbildungsplätzen untergebracht. »Nach der Kürzung der ABM-Kontingente«, sagt die Ministerin, »reichen unsere Programme nicht aus. Wir haben immer noch 20000 arbeitslose Jugendliche.« In diesem Jahr will sie junge Leute ohne Arbeit mit Hilfe von EG-Programmen zur Ausbildung quer durch Europa schicken (»dabei kommen sie wenigstens rum«). In den Westen abgewandert seien die wenigsten. Zehn Prozent eines Lehrlingsjahrgangs pendeln oder haben Ausbildungsplätze im Westen Berlins.
»Denn der Clou dabei ist: Die lieben ihren Kiez, die wollen ihre Heimat gar nicht verlassen«, sagt sie und zieht eine Umfrage vom Februar/März 1991 unter 1400 brandenburgischen Jugendlichen (Alter 14 bis 25 Jahre) hervor. Danach halten 96,6 Prozent »Heimatverbundenheit« für »wertvoll und bewahrenswert«. (»Heimat« ist für 96 Prozent gleich Elternhaus, für 87 Prozent zugleich die heimatliche Landschaft). Die meisten fühlen sich weder der »Noch-DDR« (55 Prozent) zugehörig noch der »Schon-BRD« (25 Prozent), sondern verstehen sich als Brandenburger (70 Prozent).
Also: Bleibe im Land und nähre dich redlich? Die Arbeitsministerin ist überzeugt, daß die vorhandene Arbeit für alle reicht. »Wir haben Leute mit Arbeit, die sich kaputtschuften müssen, und Leute ohne Arbeit, die vor Langeweile nicht wissen wohin.«
Woher nimmt sie ihre Kraft? »Oft aus der Verzweiflung«, lautet ihre Antwort. »Wenn ich sehe, daß es hier noch nicht klappt und wir dort scheitern, sage ich mir immer: wir müssen durch. Wenn ich die Leute jetzt alleine lasse, dann geht es ganz den Berg runter.«
Und was sagt sie den Leuten, wenn sie ihnen vor Ort Rede und Antwort stehen muß? Sie appelliere an die lange brachliegende Eigeninitiative, lautet ihre Antwort: »Setzt euch für Kindertagesstätten ein, laßt euch vom Bürgermeister nicht beirren, laßt euch nicht unterkriegen, auch wenn Ihr Schwierigkeiten kriegt. Ihr müßt den Verantwortlichen auf die Pelle rücken. Die wissen auch nicht alles. Und wenn alles nicht klappt, kommen Sie zu mir ins Ministerium. Schließlich bauen wir hier ein Land neu auf…«

Gyula Horn

Machte das Tor auf. Ließ am 11. September 1989 Tausende DDR-Flüchtlinge über die Grenzen nach Österreich. Honecker kollabierte vor Wut. Horn hatte am Rad der Geschichte gedreht.
Im Herbst 1989 ist ein kleiner Mann in einem kleinen mitteleuropäischen Land über sich hinausgewachsen. Der ungarische Außenminister Gyula Horn entschied sich dafür, die ungarische Grenze zu Österreich für Tausende von zufluchtsuchenden Deutschen – die in die Deutsche Botschaft in Budapest geflüchtet waren – zu öffnen. Die Führung der alten DDR schäumte, was der Kreml tun würde, wußte niemand. Horns Entscheidung – die vom damaligen Ministerpräsidenten Nemeth abgesegnet wurde – war der Beginn des Prozesses, der später zur Öffnung der Mauer und zur Wiedervereinigung führte.
Registriert hat das die deutsche Politik schon. Außenminister Genscher hat gerade den schönen Satz gesagt: »Ungarns Rolle war und ist die eines Vorreiters der europäischen Freiheitsrevolutionen.« Bundeskanzler Kohl hat zum zweiten Jahrestag der Grenzöffnung verlauten lassen: »Wir werden dem ungarischen Volk diesen großartigen Freundschaftsdienst nie vergessen.«
Ungarn bekam in den letzten Jahren 203 Millionen Mark Zuschüsse und eine gute Milliarde Mark an Krediten. Gyula Horn hat man den Karlspreis verliehen.
Die Deutschen wissen, was sie den Ungarn schuldig sind.
Ein Deutscher hat immerhin gehandelt. Der Rektor des Berliner Wissenschaftskollegs, Prof. Dr. Wolf Lepenies, hat aus eigener Initiative eine stattliche Anzahl von Millionen für ein »Collegium Budapest« gesammelt, in dem bedeutende Wissenschaftler aus Ungarn, Deutschland und der ganzen Welt zusammenarbeiten können.
1992 wird es in Budapest eröffnet. Professor Lepenies hat ausgedrückt, was wir alle ausdrücken sollten: Köszünjük (Danke), Ungarn!

Wie es wirklich war. Die wahre Vorgeschichte der Einheit. Im Sommer 1989 fahren 180 000 DDR-Bürger zum Urlaub nach Ungarn, Tausende von ihnen nutzen die Reise, um über die grüne Grenze nach Österreich zu fliehen. Die ganze Vorgeschichte der deutschen Einheit schien, als wäre zufällig ein Ventil geplatzt.
Am 25. August 1989 landet eine zweimotorige Maschine in Bonn-Wahn. An Bord der ungarische Ministerpräsident Miklos Nemeth und Außenminister Gyula Horn. Mit einem Hubschrauber flogen die beiden Politiker weiter nach Bonn. Vor seinem Start in Budapest hatte Nemeth Ostberlin als Reiseziel angegeben, um die DDR-Spionage zu täuschen. Der DDR-Außenminister Fischer war kurz zuvor mit Horn zusammengetroffen. Horn hatte ihm gesagt, Ungarn werde die Grenze öffnen. Fischer schrie: »Seid ihr verrückt geworden!« und warf mit Aktenordnern nach ihm.
In Gymnich sitzen der Kanzler und Außenminister Genscher, gegenüber Horn und Nemeth. Der ungarische Botschafter Istvan Horvath übersetzt. Nemeth zu Kanzler Kohl: »Ich habe Österreichs Kanzler Vranitzky gefragt. Er hat keine Einwendungen, wenn wir die Grenzen öffnen.« Kohl fragte: »Was wollen Sie von uns dafür haben?« Nemeth sagte: »Dafür nimmt ein Ungar kein Geld.« Kohl verliert die Fassung. Er weint. Dann verspricht er, die Tat niemals zu vergessen.[228]

Erich Honecker

Was ist aus dem Mann geworden, der noch vor Monaten auf der Tribüne den Gruß seiner Armee, seiner Soldaten und den Jubel seiner Bürger entgegennahm? Ein kirchliches Heim, letztes Asyl für alte und zum Teil geistig verwirrte Menschen, hat Erich Honecker mit seiner Frau aufgenommen. Seine Hände zittern, seine Stimme ist gebrochen. Sogar eine Gefängniszelle hat er inzwischen kennengelernt und eine Nacht, in der man ihm die Schnürsenkel aus den

Schuhen zog und den Gürtel abnahm, damit er sich nicht erhängt. Vor zwei Jahren noch präsentierte das Bonner Wachbataillon vor ihm das Gewehr. Heute grübelt Honecker darüber nach, was er zu seiner Verteidigung sagen könnte, wenn es zu einem Prozeß kommt. In einem Vierseitenbrief schreibt er, wie er immer geholfen habe, wenn es um menschliche Erleichterungen ging. Daß er mit Herbert Wehner zusammengearbeitet habe, wenn er ihn um die Freilassung von Häftlingen bat. Und wie er die Grenze für die Rentner geöffnet habe ... Es wird keinen Prozeß geben. Eine Niere ist total zerstört. Der Darm ist angegriffen, er hat den Tod im Körper, den Krebs. So weit, so gnädig.
Zu mehr allerdings hat sich das Schicksal bei Erich Honecker nicht aufraffen können. Man stelle sich vor, er wäre im Sommer 1989 gestorben. Er hätte ein Staatsbegräbnis bekommen, Kohl, zumindest Genscher, hätte am Sarg gestanden. Honecker hätte nie erfahren, wie er sein Leben den falschen Göttern geopfert hat und wie ihn sein Volk haßte.
Aus der Strafakte, niedergeschrieben von Oberstaatsanwalt Dr. Peter Przybylski (»Tatort Politbüro«, Die Akte Honecker, Rowolt-Verlag), ist zu entnehmen: Am Donnerstag, 7. Dezember 1989, sollte Erich Honecker vernommen und sein Haus durchsucht werden. Der Staatsanwalt klingelte gegen 13 Uhr am Wohnhaus der Honeckers in der Wandlitzer Siedlung, eine Hausangestellte öffnete. Die Honeckers, so erfuhr der Staatsanwalt und seine Begleiter, seien spazieren. Das Waldgelände, das zu der Wandlitzer Enklave gehört, ist so weitläufig und unübersichtlich, daß es 20 Minuten dauert, bis die Fahnder Margot und Erich Honecker, Arm in Arm gehend, ausgemacht hatten. Als der Staatsanwalt den Durchsuchungsbefehl vorzeigte, war Erich Honecker derart verblüfft, daß ihm nicht mehr als ein »So, so« einfiel. Sie wurden aufgefordert, in den Polizeiwagen einzusteigen. Honecker antwortete empört: »Seit meiner Verhaftung durch die Gestapo mußte ich nie mehr in ein Polizeiauto einsteigen.« Margot Honecker: »Siehst du, Erich, genau wie 1935.« (1935 hatten die Nazis Erich Honecker in der Brüsseler Straße in Berlin verhaftet und für zehn Jahre ins Zuchthaus gesperrt. Er war seit neun Jahren Kommunist und arbeitete als Kurier im Untergrund.)
Die Hausdurchsuchung in Wandlitz zog sich bis 17 Uhr hin. Erich Honecker erlitt einen Schwächeanfall, fiel in einen Sessel, bekam keine Luft. Einen Arzt zu rufen war nicht möglich, das Telefon der Honeckers war gesperrt, wie bei allen Politbüromitgliedern. Eine Krankenschwester wurde geholt, später auch ein Arzt, der Bluthochdruck feststellte und Medikamente verabreichte. Um seinen Kreislauf zu stabilisieren, führte die Krankenschwester Honecker eine Stunde in der frischen Luft spazieren. Unterdessen zeigte Margot Honecker den Ermittlern das Haus, zuerst die Kellerräume. Da standen ein bescheidener Vorrat an Getränken sowie Geschenke, die noch nicht ausgepackt waren. Oben in den Wohnräumen standen Elfenbeinschnitzereien, Skulpturen und einige Bilder in den Einbauschränken. Die Fahnder beschlagnahmten zwei Funksprechgeräte.
Margot Honecker: »Das sind doch Geschenke für unsere Enkelkinder.« In Honeckers Zimmer stand ein Panzerschrank; in ihm lagen zwei Pistolen vom Kaliber 7,65 Millimeter und 30 Patronen. In einem anderen Raum hatte Honecker liebevoll auf Samt seine private Waffenkollektion aufgereiht: 42 Jagdflinten, acht Pistolen und Revolver, Sportwaffen und eine Kalaschnikow.
Die Waffensammlung war ein Teil der fanatischen Jagdleidenschaft von Erich Honecker. Als er Anfang der siebziger Jahre zum Parteichef aufstieg, ließ er die Schorfheide bei Berlin zum Staatsjagdgebiet erklären, das Areal weiträumig einzäunen, Autostraßen hineinbauen, Pirschwege anlegen – nur für sich.
108000 Hektar wurden in der DDR für Honecker und seine Spitzenfunktionäre reserviert. Der Unterhalt kostete pro Jahr 20 Millionen Mark.

Die Regeln des Waidmann-Handwerkes ließ Honecker nicht gelten. Er legte ungehemmt auf Rotwild an, auch wenn es sich gerade an der Futterstelle labte. Zu nächtlicher Jagd mußte Wild durch Halogenscheinwerfer von Fahrzeugen, aber auch durch Handlampen geblendet werden, um es vor die Büchse des mächtigen Mannes zu treiben. Voller Empörung schrieb nach Honeckers Sturz DDR-Generalforstmeister Ruthnick an den Untersuchungsausschuß der Volkskammer: »Die persönlich durchgeführten Abschüsse, die mehr mit Wildschlächterei als mit Jagdausübung zu tun hatten, entbehren jeglicher Moral und Ethik.«

Als Honecker mit dieser Aussage konfrontiert wurde, reagierte er empört: »Mir ging es doch nur um das Schöne in der Natur.« Er schilderte ein Jagderlebnis mit seiner Frau: »Wir saßen beide auf einem Hochsitz. Ich wußte, der Hirsch müßte von links kommen. Der Hirsch hatte ein schönes Geweih, und auf einmal war er weg. Ich sah nach unten, da war Margot schon vom Hochsitz heruntergeklettert und hat dort Pilze gesucht und den Hirsch verjagd. Ich habe das nicht so tragisch genommen.«

Honeckers Begleitschutzmann Adelhard Winkler diente dem SED-Chef als Stütze für das Gewehr: »Wenn Wild auftauchte, legte Herr Honecker den Lauf seiner Waffe auf meine linke Schulter und schoß. Aufgrund dieser Jagdgebaren habe ich am linken Ohr einen Gehörsturz und höre nur noch zu 65 Prozent. Herr Honecker besorgte mir daraufhin einen Gehörapparat aus dem Westen, damit ich meinen Dienst bei ihm weiter versehen konnte«, so Winkler.

Während der Vernehmung durch den Staatsanwalt betonte Honecker immer wieder, wie bescheiden er gelebt habe. »Wer mich kennt, der weiß, daß ich sehr viel Wasser getrunken habe und kaum Wein, geschweige denn Wodka oder Cognac. Morgens habe ich ein oder zwei Brötchen gegessen, mit Butter und Honig; mittags im Büro habe ich entweder gegrillte Wurst mit Kartoffelpüree, Makkaroni mit Speck oder Gulasch gegessen; und abends habe ich zu Hause gegessen, etwas ferngesehen und bin schlafen gegangen. Ich muß sagen, mein Leben war immer bescheiden.«

Honecker und seine Mitbewohner verbrauchten jedes Jahr in Wandlitz Luxusgüter im Werte von 8,3 Millionen Mark. Auf eine entsprechende Frage bei der Vernehmung durch Generalstaatsanwalt Reuter antwortete Honecker: »Luxus? Das entfällt, ich war mein ganzes Leben lang ein armer Mann.« Und Ehefrau Margot sagte vor dem Untersuchungsausschuß: »Wir haben nie in Luxus gelebt.«

Bestandsaufnahme in der privaten Garage Honeckers: 14 Luxuslimousinen, zum Beispiel Mercedes, Volvo, Citroën, Landrover …

Honecker: »Na ja. Ich will mal sagen, mir ist es schietegal, in welchem Auto ich fahre. Ich wäre auch mit einem Trabi gefahren. Ich bin auch einmal beim Förster in einem Trabi gefahren, das war überhaupt kein Problem.«

Neben dem Vorwurf, sich an Millionen von Staatsgeldern bereichert zu haben, konzentrierten sich die Ermittlungen auf zwei brisante Themen: 1. War Honecker an Morden beteiligt? 2. Hatte er die Absicht, während den Leipziger Montagsdemonstrationen riesige KZs einzurichten? In den Archiven des Politbüros fanden die Ermittler unter dem Stichtag 3. Mai 1974 folgende Anweisung von Erich Honecker: »Bei Grenzdurchbruchsversuchen muß von der Schußwaffe rücksichtslos Gebrauch gemacht werden, und es sind die Genossen, die die Schußwaffe erfolgreich angewandt haben, zu belobigen.« Der Schießbefehl war von ihm abgezeichnet. Als der Staatsanwalt am 10. August 1990 im sowjetischen Militärhospital Beelitz Honecker mit diesem Dokument konfrontierte und ihm bedeutete, er sei somit schuldig am Schicksal von etwa 190 Menschen, die an Mauer und Stacheldraht der deutsch-deutschen Grenze starben, bekam Honecker wieder Atemnot und ließ später durch seine Anwälte erklären: »Ich will nichts mehr aussagen.«

Im Militärarchiv Strausberg entdeckten die Fahnder ein Dokument mit der höchsten

Geheimhaltungsstufe (»Geheime Kommandosache«, Nr. 1 bis 67). Darin wird angeordnet, wie im Spannungsfall Konzentrationslager einzurichten seien. Sie wurden »Isolierungslager« genannt. In jedem Landesteil waren die Plätze für die Isolierungslager festgelegt; im Bezirk Gera zum Beispiel Schloß Hohenleuben und Burg Hundhaupter. Aber über so viele Isolierungslager, wie man im Herbst 1989 für aufmüpfige DDR-Bürger gebraucht hätte, verfügte selbst die Staatssicherheit nicht.[229]

Am 3. Dezember 1990 meldeten die Zeitungen: Wegen Verdachts des gemeinschaftlichen Totschlags erließ die Berliner Justiz Haftbefehl gegen den früheren DDR-Staats- und Parteichef Erich Honecker. Grundlage ist nach Justizangaben eine neu entdeckte Akte. Aus ihr geht hervor, daß Honecker den Schießbefehl erließ, dem an der innerdeutschen Grenze 190 Menschen zum Opfer fielen. Justizsprecher Cornel Christoffel erklärte am Sonntag, 2. Dezember, der 78jährige frühere SED-Politiker befindet sich noch im sowjetischen Militärhospital in Beelitz bei Berlin, wo er mit seiner Frau Margot lebt. Die Überführung Honeckers in Berliner Untersuchungshaft ist nach Angaben Christoffels noch nicht entschieden.

Ausgestellt wurde der Haftbefehl von dem Berliner Amtsgericht Tiergarten auf Antrag der Arbeitsgruppe Regierungskriminalität der Staatsanwaltschaft. Die Berliner Justizsenatorin Jutta Limbach hatte am Samstag erklärt: »In unermüdlicher Arbeit rund um die Uhr ist es den Staatsanwälten gelungen, im Militärarchiv Strausberg den Schießbefehl Honeckers in einem Protokoll des Nationalen Verteidigungsrates aufzuspüren.«

Nach ihren Angaben befand sich in den bisher übernommenen DDR-Akten kein Beweis für den Schießbefehl: »Aus einer Akte, die angeblich den Schießbefehl enthalten sollte, war die entsprechende Urkunde entfernt worden.«

Die Rechtsanwälte Honeckers berichteten, der einst mächtigste Mann der DDR habe die Nachricht von seinem Haftbefehl »sehr gefaßt« aufgenommen. Sein Gesundheitszustand soll sich aber im Vergleich zum Sommer, als Ärzte seine Haftfähigkeit bestätigt hatten, verschlechtert haben.

In dem Haftbefehl wird Honecker vorgeworfen, in seiner Eigenschaft als Sekretär des Nationalen Verteidigungsrats der ehemaligen DDR in einer Lagebesprechung des Zentralen Stabes kurz vor dem Mauerbau 1961 den Schußwaffengebrauch gegen Grenzverletzer angeordnet haben.

In den folgenden Jahren soll er für den systematischen und immer perfekteren Ausbau der Sperranlagen verantwortlich gezeichnet haben.

Nachdem er am 24. Juni 1971 den Vorsitz des Nationalen Verteidigungsrates übernommen hatte, soll er in dessen Sitzung am 3. Mai 1974 erneut angeordnet haben: »Nach wie vor muß bei Grenzdurchbruchsversuchen von der Schußwaffe rücksichtslos Gebrauch gemacht werden, und es sind die Genossen, die die Schußwaffe erfolgreich angewandt haben, zu belobigen.«[230]

Soll über die jahrzehntelangen Verbrechen der SED jetzt Gras wachsen?

Diese Frage bewegt viele Deutsche. Ein kurzer Blick auf die Bilanz des Unrechts in der DDR zeigt, warum:

Die Erfassungsstelle Salzgitter hat für die Zeit von 1961 bis 1989 über 40 000 staatliche Gewalttaten wie Tötungshandlungen und Mißhandlungen registriert. Die wirkliche Zahl der Gewaltakte dürfte um ein Vielfaches höher sein. Nach dem 13. August 1961 wurden zum Beispiel an der innerdeutschen Grenze 60 000 Selbstschußanlagen aufgebaut. 191 Menschen fanden an dieser Grenze den Tod, 700 wurden schwer verletzt. Hier drei Beispiele:

Mitte Mai 1966 versuchte ein Sechzehnjähriger bei Geisa an der Rhön die Grenze zu überwinden. Grenzsoldaten erschossen ihn. Der Soldat Matzke erhielt dafür zehn Tage Urlaub und eine Geldprämie.

Der 20jährige Hans-Georg Lemmel wollte am 20. August 1974 die Elbe durchschwim-

men, um in die Bundesrepublik zu fliehen. Ein Boot der DDR-Grenztruppen versuchte ihn aufzuhalten. Als das mißlang, überfuhr es ihn so lange, bis ihn die Bootsschraube getötet hatte.
In der Nacht zum 24. November 1986 wurde im Norden Berlins ein junger Mann, der bereits die Mauer erklommen hatte, von Soldaten des Grenzregiments 38 mit mehreren Schüssen getötet. Ein Zeuge auf der Westseite der Mauer hörte nur noch, wie ein herbeieilender Soldat rief: »Dich Sau habe ich erwischt!« Als ein anderer Soldat beim Anblick des Getöteten vor Erschütterung seine Mütze auf die Erde warf, wurde er entwaffnet und abgeführt.
Seit Gründung der DDR wurden ferner etwa 130 000 politische Urteile mit Strafen von mehr als einem Jahr gefällt. Hier nur drei Beispiele: In Erfurt wurde ein Ehepaar zu anderthalb Jahren Haft ohne Bewährung verurteilt, weil es mit T-Shirts, auf denen »Glasnost« und »Perestroika« stand, auf die Straße ging. Ein Dresdener Physiker wurde wegen staatsfeindlicher Hetze zu sieben Jahren Haft verurteilt, weil er Bücher von Böll und Solschenizyn weitergab. Die Tätowierung »Ich hasse die Zone und die SED« auf dem Arm brachte einen jungen Mann für 22 Monate ins Gefängnis.
Soll das alles ungestraft bleiben? Die diskutierte Straffreiheit wäre ein Schlag ins Gesicht aller DDR-Bürger, die gegen Willkür und Unterdrückung auf die Straße gingen.
Für die Väter des Schießbefehls und all jene, die durch Mauer und Stacheldraht die DDR zum größten Zuchthaus der Welt gemacht haben, darf es keine Gnade geben. Sie müssen mit aller Härte bestraft werden.
Warum wird zum Beispiel gegen Honecker und Mielke, obwohl sie für den Schießbefehl Mitverantwortung trugen, nur wegen Hochverrats, Korruption, Amtsmißbrauchs und verfassungsfeindlicher Bestrebungen und nicht wegen Mordes ermittelt? Welches sind die wahren Motive, die das DDR-Innenministerium bewogen haben zu erklären, die beiden sollten wegen ihres »schlechten Gesundheitszustandes« nicht vor Gericht gestellt werden? Ist das nicht eine Begnadigung durch die Hintertür? Ist an den Mauermorden plötzlich niemand mehr schuldig?
Bei den vielen kleinen SED-Sündern hingegen, die unter dem Druck der Stasi schuldig geworden sind, sollten die Menschen in der DDR die Kraft des Vergebens aufbringen. Unsere Landsleute in der DDR stehen vor Zukunftsaufgaben, die sie nur gemeinsam lösen können. Haß und Unversöhnlichkeit wären hier schlechte Ratgeber. Man sollte ausnahmsweise nur die Großen »hängen«. Die Kleinen sollte man laufen lassen.[231]

Erich Honecker im russischen Militärkrankenhaus in Beelitz

Seit dem Herbst 1990 geht jeden Tag ein Mann zu der efeubewachsenen Jugendstil-Villa auf dem Gelände des russischen Militärkrankenhauses in Beelitz. Er bringt dem 78jährigen Erich Honecker, der im 2. Stock des Gebäudes wohnt, die Post.
Honecker bekommt im Durchschnitt am Tag zehn Briefe oder Karten. In Beelitz gibt es nur einen Verteilerkasten der Post. Ein Mann aus dem Heizkraftwerk neben dem Krankenhaus bringt sie ihm. »Unglaublich«, sagt der Mann, »daß ich die Post an Erich austrage. Wenn mir einer vor einem Jahr das erzählt hätte, ich hätte ihn ausgelacht.«
Unter anderem bekommt er eine Karte, dunkelblaues Meer, weißer Sandstrand, Palmen, Urlaubsgrüße aus Barcelona. Absender anonym, Text: »Lieber Erich, wir freuen uns, daß wir nach 40 Jahren Schreckensherrschaft endlich reisen können, wohin wir wollen. Wünschen Dir alles Schlechte – und daß Du nie wieder rauskommst.«
Ein Ehepaar aus Bautzen schreibt: »Lieber Erich, Du bist ein Verbrecher, Du gehörst ins Gefängnis. Ein Leben lang.«
Auf das Kuvert eines weiteren anonymen Schreibens hat der Absender sechs Zeilen getippt. »Wie irrsinnig, wie wahnsinnig mußt Du sein! Traue Dich nicht mehr auf die Straße. Du wirst gelyncht.«

Was muß er denken, der Erich, wurde er doch vor kurzem anläßlich der 40-Jahr-Feier der DDR groß gefeiert. Vielleicht begreift er das alles nicht mehr, es wäre gut.[232]
Eines wissen wir seit dem 15. März 1991 ziemlich gut, warum dem Bundeskanzler Helmut Kohl am Mittwoch, 13. März 1991, im Bundestag die Freudsche Fehlleistung unterlaufen ist, den Oppositionsführer der SPD, Vogel, mit »Kollegen Honecker« anzusprechen. Kurz vorher war ihm die sowjetische Ankündigung überbracht worden, man werde den einstigen Chefsozialisten der DDR, Erich Honecker, nach Moskau bringen. Und erklärbar ist jetzt auch, warum Kohl so nervös und unruhig wirkte. Es bleibt offen, warum die Öffentlichkeit erst gut 30 Stunden später informiert wurde. Nach den Worten des Regierungssprechers ist das Verhältnis zu Moskau durch den Vorgang überschattet worden. Aber er vergaß nicht anzufügen, daß Schatten früher oder später wieder verschwinden.
Außenminister Genscher meinte, man könne und man werde diese Aktion nicht hinnehmen. Aber man wird wohl hinnehmen müssen, daß Honecker der deutschen Gerichtsbarkeit für immer entzogen bleibt; auch das ist Siegerwillkür, wie nach jedem Krieg. Deutschlands volle Souveränität ist auf dem Papier erreicht, in der Praxis wird es noch Jahre dauern.
Erich Honecker ist in einer Nacht-und-Nebel-Aktion nach Rußland ausgeflogen worden. Nach menschlichem Ermessen wird er Deutschland nicht wiedersehen, und ob ihn die Deutschen noch einmal wiedersehen wollen? Ich glaube nicht.
Walter Ulbricht, sein Vorgänger, wollte die Bundesrepublik in zehn Jahren eingeholt haben, wirtschaftlich, sagte er einmal, dabei ist es geblieben. Erich Honecker ist schlimmer gescheitert als sein Vorgänger. Zwar körperlich verfallen und vergreist ist er ausgeflogen worden, aber den Untergang des »Arbeiter- und Bauernstaates« hat er noch bewußt erlebt, wie er auch die Verachtung des deutschen Volkes zu spüren bekommen hat. Die Bundesregierung in Bonn hatte, nachdem 24 Stunden seit dem Abflug Erich Honeckers vergangen waren, die Erwartung geäußert, daß der ehemalige DDR-Chef »unverzüglich« zurückgebracht werde. Das mußte zwar so gesagt und vielleicht auch gefordert werden, aber wäre wirklich etwas für die Sache der Gerechtigkeit oder für die Aufarbeitung der Geschichte des Polizeistaates DDR gewonnen worden, wäre dieser Greis in einigen Monaten eventuell vor ein Gericht gestellt worden? Und ob er überhaupt noch vernehmungs- und verhandlungsfähig gewesen wäre, bezweifeln selbst seine Anwälte.
Wenn Honecker, so Klaus Bölling in einer Unterredung mit dem Rechtsanwalt Wolfgang Vogel, der in der Ex-DDR die Belange dieses Staates gegenüber der Bundesrepublik vertrat, diesem erzählte, »... daß der Bau der Mauer mitsamt dem mörderischen Schießbefehl eine ›Paktentscheidung‹ gewesen sei«, so hätte ihm ein unabhängiges Gericht diese Behauptung kaum widerlegen können. Der Pakt – das war natürlich die Sowjetunion. An deren Mitverantwortung für die Mauer und ihrer tödlichen Konsequenz konnte niemals gezweifelt werden.
So werden sich Helmut Kohl und Hans-Dietrich Genscher, als sie die Entscheidung der Sowjets berichtet bekamen, sogleich die entscheidende Frage gestellt haben: Was ist wichtiger – die Zukunft der deutsch-sowjetischen Beziehungen oder ein mühseliges Verfahren gegen einen Mann, dem jedes Unrechtsbewußtsein abgeht, der im Gerichtssaal wahrscheinlich immer neue Schwächeanfälle erlitten hätte und der, ohne simulieren zu müssen, der Weltöffentlichkeit den Eindruck vermittelt hätte, daß die politischen »Sieger« über einen »Besiegten« gnadenlos zu Gericht sitzen, kurz, daß sie an einem Mann Rache nehmen, den der Kanzler des vereinigten Deutschland vor wenigen Jahren noch mit allem protokollarischem Prunk im Bonner Kanzleramt als gleichberechtigten Partner empfangen hat.
Ohnehin hätte sich das Gericht in Berlin schwergetan. Streng an rechtsstaatliche Grundsätze gebunden, hätte Honecker der

Prozeß vermutlich nur nach dem damals in der DDR geltenden Recht gemacht werden können. Wäre dann noch die Rolle der Sowjetunion beim Mauerbau in allen Einzelheiten zur Sprache gekommen, hätte das die Atmosphäre zwischen uns und dem für uns auch künftig wichtigsten osteuropäischen Nachbarn erheblich belasten können.
»So halte ich die ersten Proteste«, so Klaus Bölling, »gegen die Verbringung des kranken Mannes für nicht sehr ehrlich. In Wahrheit werden sich Kohl und Genscher eher erleichtert fühlen.«
Das Gerechtigkeitsgefühl der ehemaligen DDR-Deutschen ist nicht allein durch den SED-Generalsekretär Honecker verletzt worden. Die politischen Ganoven, der alte Mielke und der ungleich jüngere Egon Krenz, auch der neulich noch als »aufrechter« Kommunist gefeierte Modrow, die verschiedenen DDR-Justizminister, Staatsanwälte und Richter – sie alle haben nach unseren Gesetzen die Menschenrechte gebeugt oder bewußt mit Füßen getreten. Auch sie werden glimpflich davonkommen, weil 40 Jahre Unrechtsstaat mit den Mitteln der Justiz nicht wirklich bewältigt werden können.
Mag schon sein, daß die Entscheidung, Honecker in seine geistige Heimat zurückzuholen, ein weiteres Zeichen für die Schwäche von Michail Gorbatschow gewesen ist. Der empfand für den deutschen Genossen denkbar geringe Zuneigung, erkannte in ihm, zutreffend, einen der letzten Stalinisten und eine schwache Figur. Er wird für Honecker nicht eine Grabstelle an der Kremlmauer reservieren lassen. Er wird sich nur überlegt haben, daß es, solange er an der Idee des Kommunismus glaubt festhalten zu müssen, eine auch für ihn bedenkliche Sache gewesen wäre, wenn Honecker als einziger und stets folgsamer Führer eines verbündeten »sozialistischen« Staates in seiner traurigen Gestalt den traurigen Zustand der ganzen kommunistischen Idee vor den Schranken eines westlichen Gerichts vorgeführt hätte.
Was für Bonn zählt, ist der Vertrag, der den Abzug der mehr als 300 000 Sowjetsoldaten und ihrer Familien in den allernächsten Jahren festlegt, damit die Deutschen tatsächlich davon überzeugt sein können, daß ihre Souveränität ohne Wenn und Aber gilt. Verglichen mit diesen Perspektiven ist die Flucht eines dem Tode nahen gescheiterten deutschen Kommunistenführers eher eine Fußnote der Geschichte.« Man sollte eine solche Sorte Mensch schnell vergessen.
In dem weitläufigen Park in dem Moskauer Stadtteil Krylatskoje haben die Russen für das Ehepaar Honecker drei Zimmer in einer Villa eingerichtet. Die hohen Fenster gehen nach Südosten, die wärmende Märzsonne scheint vormittags in die Räume mit Parkett, Teppichen, Stuckdecken und Farbfernseher. Das Haus ist in einem warmen Gelb gestrichen. Das Gelände mit der Klinik und den Villen untersteht dem Kreml, steht nur erlauchten Kommunistenführern offen wird vom Geheimdienst KGB bewacht.
Die Honeckers sind vom Wohlwollen der Russen abhängig, besitzen kein Geld; ihr Sparkonto bei einer Berliner Bank mit 123 936 Mark ist gesperrt. Jeder Brief von ihnen wird vom KGB kontrolliert, auch ihre Telefongespräche. Sie werden Deutschland wohl nicht mehr wiedersehen. Hinter den hohen Mauern oder im milden Klima eines ebenso abgeschlossenen Sanatoriums auf der Krim oder im Kaukasus werden sie ihr Leben beenden.
Der Moskauer Korrespondent von »Bild«, Karl Ludwig Günsche, begegnet Erich Honecker und seiner Frau Margot im Park des Salonik-Krankenhauses. Er wird von einem KGB-Bewacher begleitet. Es ist der 3. Mai 1991, ein warmer Frühlingstag. Honecker trägt einen Hut, wie immer. Der Reporter fragt: »Wie geht es Ihnen?« – »Mir geht es gut«, antwortet Honecker. Den 17 Millionen Menschen in der Ex-DDR geht es aber nicht so gut. Er verließ mit seiner Frau dieses Land per Flucht und ist gut untergebracht.
Das Exilquartier: 240-Quadratmeter-Suite, Chauffeur. Honecker soll an die Bundesrepublik ausgeliefert werden. »Die Russen hätten den Deutschen verziehen, die unter

Hitler gedient haben, und sollten jetzt Honecker ausliefern. Das reimt sich bei mir nicht zusammen«, so der Reporter. Er sei ein alter Mann, der zehn Jahre in Nazi-Gefängnissen gesessen habe, sagte Gorbatschow. Soll er bestraft werden?

»Ich wünsche mir eine ganz lange Anklagebank. Honecker ist nicht allein schuld.«
Bärbel Bohley, DDR-Bürgerrechtlerin

»Er soll nicht bestraft werden. Zu viele von uns haben ihm früher die Hand gereicht.«
Manfred Rommel,
Oberbürgermeister, Stuttgart

»Ob Honecker vor Gericht kommt oder nicht, die Deutschen werden nichts daraus lernen.«
Daniel Cohn-Bendit, Grüner, 68er

Und seine Perspektive: Exilantengrab in russischer Erde?

Das Schicksal hat es anders gewollt. 1992 ist die Flucht Erich Honeckers zu Ende. Er, gegen den seit 30. November 1990 in Deutschland ein Haftbefehl besteht und dem im Mai 1992 im Zusammenhang mit den Todesschüssen an der innerdeutschen Grenze und an der Mauer in Berlin 49facher Totschlag vorgeworfen wird, soll sich vor deutschen Gerichten verantworten. Gegensätzlich sind die Aussagen, wie er das Asyl in der chilenischen Botschaft in Moskau verlassen hat. Während sein Berliner Anwalt Wollf sagt: Honecker hat »gegen seinen Willen« nach siebeneinhalb Monaten die Botschaft verlassen, betonen die Regierungen in Moskau und Santiago wie auch die Justizverwaltung in Berlin, »es sei kein Zwang ausgeübt worden«. Jedenfalls verließ er am 29. Juli 1992 um 16.31 Uhr in Begleitung seiner Frau die Mission der chilenischen Botschaft in Moskau und grüßte mit dem alten Arbeitergruß, der erhobenen Faust, vor laufenden Fernsehkameras. In Begleitung von Polizeifahrzeugen, die verfolgende Reporterautos abdrängen sollten, wurde er im Wagen des chilenischen Botschafters zum Prominenten-Flughafen Wnukowo im Süden Moskaus gefahren, von wo kurz vor 18 Uhr eine russische Sondermaschine in Richtung Berlin-Tegel startete und dort um 20.07 Uhr landete.

Mit einer russischen Maschine 1990 heimlich von den Sowjets nach Moskau entführt, kehrt er 1992 mit einer russischen Maschine nach Deutschland zurück. Vom Flughafen Tegel wird Honecker in die Untersuchungshaftanstalt Berlin-Moabit gebracht, wo er seit 29. Juli 1992 wie jeder andere Häftling die Anstaltskleidung im gefängnisinternen Krankenhaus, in das er eingeliefert wird, trägt. Als der Wagen durch das Tor des Gefängnisses fuhr, riefen viele der 800 Demonstranten »Mörder, Mörder«. Auf einem Transparent war zu lesen: »Erich Honecker, die Toten klagen dich an.«

Sein Tagesrhythmus gestaltet sich »wie in jedem Krankenhaus«. Er lebt nach Anweisung der Ärzte. Auch sein 80. Geburtstag am 25. August 1992 wird sich nicht anders gestalten. Die Rechtsanwälte, die ihn verteidigen werden, werden sicher bald Antrag auf Haftverschonung stellen. Sein Anwalt berichtet: momentan teilt er sein Zimmer mit einem »normalen Kriminellen«.

Viele Äußerungen des früheren DDR-Staats- und SED-Chefs sind es wert, der Nachwelt zu erhalten und zeugen von Zynismus, Selbstgerechtigkeit, Realitätsverlust und alten Denkschablonen.

So sagte er über das Ende der DDR: »Ich werde es nie verstehen.«

Zum System: »Ich kann mich an keinen Augenblick erinnern, da ich an unserer Sache gezweifelt habe.« (Memoiren 1980)

»Ich bin meiner Sache, die zu der menschlichsten Sache der Welt gehört, stets treu geblieben« und »Die proletarische Diktatur ist die reinste Form der Demokratie«.

»Den Sozialismus in seinem Lauf hält weder Ochs noch Esel auf«. – »Vorwärts, rückwärts nimmer«. (Erfurt 1989)

Zu Wirtschaft und Lebensstandard: »Der Lebensstandard in der DDR ist höher als in der Bundesrepublik«. (1979 zu Berlins Bürgermeister Walter Momper)

»Natürlich ist der Sozialismus kein Schlaraffenland. Berichte über Privilegien der Prominenz sind Schauermärchen«.

Zu Freiheiten und Opposition: »In der DDR konnte jeder nach seiner Fassung selig werden. Gesetze mußten eingehalten werden« – »Die feindlichen Aktionen müssen im Keime erstickt werden«. (September 1989)

»Ich war stets dagegen, junge Leute, die als Andersdenkende auf der Straße auftraten, zu verfolgen« und »Wir sind das Volk? Schön und gut, ich liebe das Volk«.

Zur Staatssicherheit: »Tschekist (Stasi-Mitarbeiter) sein, das bedeutet, einen Ehrennamen zu tragen«. (1970) »Unerhört, ...ein solches System flächenweit zu entwickeln, das widersprach allen Beschlüssen« und »Natürlich ist es eben so im Leben, daß dort, wo gehobelt wird, auch Späne fallen«.

Zur Grenze: »Nach wie vor muß von der Schußwaffe rücksichtslos Gebrauch gemacht werden« – »Die Mauer wird in 50 und auch in 100 Jahren noch bestehen bleiben« – »Mir tun unsere 25 Genossen leid, die meuchlings an der Grenze ermordet wurden«. Der Mauerbau »ist das Ergebnis der politischen Entwicklung seit dem Ende des Zweiten Weltkrieges«.

»Die Maueröffnung war ein Akt, der praktisch die DDR liquidiert hat«.

Zu seinem Sturz und dem Ende der DDR: »Ich hatte begriffen, daß alles vorbesprochen war. Ich bin einer, der es nie verstehen wird«.

Zur Anklage gegen ihn: »Das Verlangen der Bundesregierung Deutschland, mich, das Staatsoberhaupt der Deutschen Demokratischen Republik und Unterzeichner der Schlußakte von Helsinki, an die Bundesrepublik Deutschland auszuliefern, entbehrt jeder rechtlichen und politischen Grundlage«. (Juni 1992)

Kommentare der deutschen Presse zur Rückkehr nach Deutschland am 29. Juli 1992:

Tageszeitung (Berlin), ganz im Stil der ehemaligen SED-Presse: »Der Generalsekretär des Zentralkomitees der Sozialistischen Einheitspartei Deutschlands und Vorsitzende des Staatsrates der DDR, Genosse Erich Honecker, wurde gestern nacht von Sicherheitskräften und zahlreichen Vertretern der internationalen Presse auf dem Westberliner Flughafen Tegel herzlich empfangen. Zuvor hatte der Sohn der Arbeiterklasse, Kommunist und Staatsmann sich von seinen chilenischen Genossen in Moskau mit geballter Faust verabschiedet. Als erste Station des offiziellen Programms war ein Besuch des traditionellen Berliner Arbeiterbezirks Moabit vorgesehen...«

Neue Osnabrücker Zeitung: »Das Possenspiel um Erich Honecker ist aus, die Gerechtigkeit kann ihren Lauf nehmen. Nicht Rache oder Vergeltung erwarten den einstigen Herrscher des ersten sozialistischen Staates auf deutschem Boden, sondern sorgsame juristische Prüfungen seiner persönlichen Schuld. Allein darauf kommt es jetzt an, damit die Aufarbeitung der DDR-Vergangenheit nicht unglaubwürdig wird. Es ist bis zum Überdruß gesagt worden und bleibt doch der entscheidende Punkt: Der oberste Verantwortliche des SED-Regimes muß zur Rechenschaft gezogen werden, wenn die Prozesse gegen die unteren Chargen – ob Mauerschützen oder Stasi-Helfer – die nötige Akzeptanz erhalten wollen.«

Neue Presse (Hannover): »Die Mühlen des Rechtsstaates mahlen nun einmal langsam. Und es ist kaum zu erwarten, daß das im Falle Honecker anders ist. Zumal es schwierig sein wird, dem 79jährigen die Todesschüsse an der Mauer, für die er politisch maßgeblich verantwortlich ist, persönlich anzulasten. Allerdings wäre es vollkommen unerträglich, wären nur die Mauerschützen angeklagt worden, die Auftraggeber jedoch nicht. Honecker ist wieder da. Nun folgt ein juristischer Eiertanz. Wie immer der auch ausgehen wird, er ist notwendig.«

Die Rückkehr des ehemaligen SED-Chefs Erich Honecker aus der chilenischen Botschaft in Moskau hat ein großes Echo der internationalen Presse hervorgerufen, dazu schreibt:

Il Giornale (Mailand): »Ein stalinistisches Gespenst mit Blut an den Händen kehrt nach Deutschland zurück...«

Prawda (Moskau): »Verzeih uns, Erich Honecker... verzeih und tröste Dich vielleicht mit den Gedanken, daß unsere Führer für sich selbst einen Präzedenzfall (Anm.: mit Inhaftierung) geschaffen haben.«
La Stampa (Turin): »In keinem der osteuropäischen Staaten haben die kommunistischen Chefs bisher für ihre Taten bezahlt... Der Prozeß gegen Honecker wäre ein guter Anfang dafür, ...daß Gerechtigkeit geübt wird.«
La Republique (Paris): »War es nicht derselbe Helmut Kohl, der heute das Risiko eingeht, Honecker vor Gericht zu bringen, der bei dessen einzigem offiziellem Besuch in der Bundesrepublik den roten Teppich ausgerollt hat?«
Sud-Quest (Bordeaux): »Dieser Mann war so gefährlich, daß es erstaunlich wäre, wenn er nicht in Versuchung geriete, es noch einmal zu sein.«
Algemeen Dagblad (Rotterdam): »Ein möglicher Prozeß würde ohne Zweifel die Rache- und Lustgefühle vieler Deutscher befriedigen, aber gerechtfertigt ist ein solches Gerichtsverfahren nicht.«
Basler Zeitung: »Gelingt es nicht, Honecker zu verurteilen... hätte dies für das Ansehen der deutschen Justiz eine verheerende Wirkung.«
Tages-Anzeiger (Zürich): »Politisch kann ein Prozeß heikel werden, namentlich auch für aktive und zurückgetretene Politiker der Bundesrepublik.«
Nun hat die deutsche Justiz das Wort. Der Prozeß wird frühestens im Herbst 1992 beginnen, der deutsche Rechtsstaat wird sich beweisen müssen.
Ob es die Betrogenen, Geknechteten und die Angehörigen der Maueropfer befriedigen wird, bleibt eher unwahrscheinlich.
Reaktionen auf den zu erwartenden Prozeß gegen Erich Honecker:
»Längst überfällig« nannte der SPD-Bundesvorsitzende Björn Engholm die Rückführung Honeckers. »Gleichzeitig muß all seits klar sein, daß wir in einem Rechtsstaat leben, der in einem juristischen Verfahren noch so verständliche, tiefsitzende Wünsche nach Vergeltung nicht befriedigen kann.«
Justizministerin Sabine Leutheusser-Schnarrenberger sagte: »Jetzt nimmt die Gerechtigkeit ihren Lauf.« Honecker werde in Deutschland einen fairen und rechtsstaatlichen Prozeß erhalten.
Er solle nicht wegen seiner gescheiterten Politik als Staatsratsvorsitzender der DDR zur Verantwortung gezogen werden, sondern wegen der Todesschüsse und Minengürtel an der ehemaligen innerdeutschen Grenze.
»In dem Strafprozeß gegen Herrn Honecker geht es nicht um Rache, sondern um den Versuch, dem Rechtsstaat, dem Recht und der Gerechtigkeit Genüge zu tun«, sagte die Ministerin.
Erich Honecker hat 168 Tage in der Zelle 103, Häftlingsnummer 2955/92, der Haftanstalt Moabit gesessen. Im Gerichtssaal sahen wir ihn mit eingefallenen Wangen. Immer wieder sagte er: »Ich bin krank, ich stehe den Prozeß nicht durch.« Am 12. Januar 1993 bekam er recht.
Das Berliner Verfassungsgericht beschließt: Das Verfahren gegen Erich Honecker ist einzustellen! Der Haftbefehl wird aufgehoben. Erich Honeckers Haft verstößt gegen die Menschenwürde.
Der Artikel 1 unserer Verfassung lautet: »Die Würde des Menschen ist unantastbar.« Die neun Berliner Verfassungsrichter sahen die Würde angetastet, weil Honecker das Ende des Prozesses nicht mehr erlebt hätte. Erich Honecker hat Leberkrebs. Die Bild-Zeitung, Ausgabe vom 14. Januar 1993, Seite drei, befaßt sich mit den Kosten des Prozesses.
Erich Honecker hatte drei Verteidiger. Jeder bekam pro Verhandlungstag 1938 Mark plus 30 Mark Auslagen. Dazu kamen die Kosten zur Prozeßvorbereitung – insgesamt 100 000 Mark. Gerichtskosten 78 000 Mark, Arztkosten 20 000 Mark, Gutachten 20 000 Mark. Gesamtkosten: 218 000 Mark.
Am 13. Januar 1993 um 15.02 Uhr verläßt Erich Honecker die Haftanstalt Moabit in Richtung Flughafen Tegel in Berlin. Ziel und Endstation ist Chile. Die Meinungen

über die Freilassung Erich Honeckers gehen im deutschen Volk auseinander. Viele Menschen reagierten verständnisvoll angesichts der tödlichen Krankheit, andere äußerten Wut und Enttäuschung, daß man wieder die Großen laufen läßt und nicht die Kleinen. Vielleicht hat der Journalist Lothar Loewe recht wenn er sagt: »Ob Honecker heute oder morgen stirbt, mag uns gleichgültig sein. Über diesen bis zuletzt hartgesottenen Diktator wird die Geschichte richten. Er hat weder unsere Trauer noch unser Mitgefühl verdient.«

Stefan Heym

DDR-Schriftsteller. Floh vor den Nationalsozialisten nach Amerika, kam als US-Soldat zurück nach Deutschland. Floh vom Kapitalismus in die Kälte, in die DDR. War dort bald Unperson, sagt dennoch heute: »Hoffe immer noch auf den Sozialismus.«
Angesichts der Umwälzungen in der Sowjetunion meint er rückblickend, er müsse eventuell »Herrn Kohl noch dankbar sein dafür, daß er die DDR so schnell einverleibt hat«.
In einer Veranstaltung in der Humboldt-Bibliothek sagte Heym: »Wenn ich mir vorstelle, die DDR wäre noch Teil des Sowjetreiches – was hätte das für Wirren gegeben angesichts der Vorgänge in und um Moskau? Wenn es also hart auf hart kommen sollte, werde ich ihm sagen müssen: Sie haben, vielleicht das einzige Mal in Ihrem Leben, richtig und entschlossen gehandelt.«
Heym gehörte früher zu den Kritikern einer schnellen Vereinigung Deutschlands und hatte sich im Herbst 1989 sogar noch mit einem auch von anderen Schriftstellern unterzeichneten Aufruf für den Erhalt einer veränderten DDR eingesetzt.
Der Schriftsteller Stefan Heym wurde am 10. April 1913 in Chemnitz geboren. In Berlin studierte er Germanistik und Zeitungswissenschaft. 1933 emigrierte er in die ČSR und schrieb Gedichte und Reportagen. Zu einem Bestseller wurde sein Roman »Der Lorbeer«. Andere bekannte Romane sind »Die Augen der Vernunft« oder »Collin«.

Helmut Kohl, Bundeskanzler

Sohn eines Finanzsteuersekretärs aus Ludwigshafen. Vater Hans im Ersten Weltkrieg wegen Tapferkeit vor dem Feind zum Oberleutnant befördert. Mutter Cecilie stammt aus einer Lehrerfamilie aus Trier. Hat noch eine Schwester, Hildegard.
Helmut Kohl über seine Eltern: »In meinem Elternhaus lebten wir nach drei Leitsätzen: christlich-katholisch, deutsch, liberal nach dem Motto ›leben und leben lassen‹.«
Abitur mit einer Sechs in Mathe. Sagte als 17jähriger: »Ich werde einmal der erste Mann in diesem Lande.«
Helmut Kohl entschied sich mit 18 für Hannelore Renner, ein Flüchtlingsmädchen. Sie lernten sich 1948 in der Tanzstunde kennen. Sie war 15, trug ein Tanzkleid, zusammengenäht aus alten Fahnenstoffresten.
Hannelore: »Ich heirate dich erst, wenn du mir eine Waschmaschine kaufen kannst.« Helmut schreibt 2000 Liebesbriefe, Heirat 1960.
Zwei Söhne, Walter und Peter. Beide Reserveleutnant der Bundeswehr und ledig. Walter studiert an der amerikanischen Elite-Universität Harvard Volkswirtschaft, Peter am Massachusetts Technology Institute Computerwissenschaften.
Die Liebe zu Deutschland kam bei Helmut Kohl sehr früh mit 17 Jahren. Eine Rede Kurt Schumachers (SPD) bewegte ihn. »Überwältigend, wie dieser kranke Körper, von Überlebenskraft verzehrt und gezeichnet, den Menschen neue Hoffnung gab.« Die Schumacher-Version: »Deutschland muß auf der Grundlage der Länder zu dem Reiche hingehen.« Kohls Traum: ein wiedervereinigtes Deutschland als Teil eines freien Europa.
Drückte die harte Bank der Opposition in Bonn, verzichtete auf den sicheren Thron des Ministerpräsidenten, was keiner der Kandidaten tat (Rau, Strauß).

Helmut Kohl hat ein Elefantengedächtnis. Schon als junger Abgeordneter notierte er: Wer ist gegen mich, wer ist für mich. Hat die Begabung, Menschen zu verpflichten. Besetzt Schlüsselpositionen mit ihm ergebenen Leuten. Nervenstark.

Am 1. Oktober 1982, 15.12 Uhr, wird Helmut Kohl Kanzler. Alle die jahrelang gelächelt hatten, klatschten.

Hielt bis zum Einheitsjahr an seinem Vorsatz fest, nie und nimmer »Spiegel« zu lesen. Rache des Nachtragenden für harsche »Spiegel«-Kritik. Daß der »Spiegel« ihn nun lobt, stimmt den Kanzler milder. Er liest ihn zwar immer noch nicht – läßt sich aber die wichtigsten Artikel vorlesen (montags von seinem Berater Eduard Ackermann).

Helmut Kohl rief im Oktober 1966 die demokratischen Parteien auf, Konzepte und Strategien für die Wiedervereinigung Deutschlands zu entwickeln. Drei Jahre später, im Mai 1969, forderte er in seiner ersten Regierungserklärung als Ministerpräsident: »Wer die Geschichte der Landschaften dieses Landes… und ihre jahrhundertealte Grenzsituationen kennt, weiß, daß die Zugehörigkeit zu einem geeinten Deutschland für uns selbstverständlich ist. Die Landesregierung hat schon aus diesem Grund besonderen Anlaß, eine Politik zu unterstützen, die möglichst bald die gewaltsame Teilung unseres Vaterlandes beendet.«

Helmut Kohl ist ein tiefgläubiger Mensch, er betet, kniet regelmäßig in der Kirche Sankt Josef in Ludwigshafen. Detail: »Auf dem Höhepunkt der RAF-Terror-Welle«, berichtet der Pfarrer von Sankt Josef, »kam Gemeindemitglied Kohl in die Kirche und sagte: ›Beten Sie für mich ein Vaterunser.‹«

Es gab Situationen, wo Helmut Kohl an das Undenkbare – den Rücktritt – dachte. Er weiß, daß er im Geschichtsbuch steht. Manchmal fühlt er sich doppelt so alt wie die anderen. Laut hörbar grübelt er: »Wenn ich meine Arbeitszeit zusammenrechne, bin ich ungefähr 120 Jahre alt. Viele meiner Schulkameraden sind schon im Ruhestand.«

Etwas zu bereuen – und das noch in der Öffentlichkeit – ist nicht jedermanns Sache. So ist immer wieder die Frage gestellt worden, ob Helmut Kohl bereut, daß er Gorbatschow mit Goebbels verglich. Kohl bereute es in kleinen Schritten. Zuerst versuchte er von dem Vergleich herunterzukommen, indem er ihn als Übertragungsfehler deklarierte. Dann war Friedhelm Ost, der Regierungssprecher, schuld, der das Zitat überlesen hatte. Später senkte Kohl im französischen Fernsehen den Kopf und sagte: »Es war ein Fehler.«

Helmut Kohl überraschte die Weltöffentlichkeit am 28. November 1989 mit seinem persönlichen Zehn-Punkte-Programm, das es zuvor weder mit dem Kabinett noch mit der Fraktion oder gar mit ausländischen Regierungen abgesprochen hatte. »Der Weg zur deutschen Einheit«, sagte er da, »ist nicht vom grünen Tisch zu planen. Abstrakte Modelle kann man vielleicht polemisch verwenden, aber sie helfen nicht weiter. Aber wir können, wenn wir wollen, schon heute jene Etappen vorbereiten, die zu diesem Ziel hinführen.«

Anders als Bismarck hat Kohl auf die Stunde zu warten gewußt und sie für Deutschland zu nutzen verstanden. Und anders als Bismarck hat er nicht nur ein geeintes Deutschland, sondern darüber hinaus stets auch ein in Frieden geeintes Europa angestrebt, wesentlich mitgestaltet und Strategien für die Zukunft entwickelt. Bismarck ist als Reichsgründer und »Eiserner Kanzler« in die Geschichte eingegangen. Mit Helmut Kohls Namen wird dagegen dereinst nicht nur das Attribut »Kanzler der deutschen Einheit« verbunden sein. Und die Geschichte wird ihm nicht nur attestieren, auf »Blut und Eisen« verzichtet zu haben. Sie wird mit ihm und seiner Politik die Feststellung verbinden, daß er dem Begriff der Freiheit einen besonderen Rang verschafft und den Nachbarn der Deutschen die Sicherheit vermittelt hat, daß von deutschem Boden niemals mehr ein Krieg ausgehen wird.

Geschichte wiederholt sich nicht und läßt sich nicht konkret und differenziert voraussagen. Sicher ist jedoch: Helmut Kohl wird dereinst seinen sicheren Platz, nicht nur neben Bismarck, haben. Zu Bush sagt er George, zu Gorbatschow seit dessen Besuch in Oggersheim Michail. Zu Frankreichs Mitterrand François. Nur mit Englands Ex-Premier Margaret Thatcher konnte es Kohl nicht so gut. Trotzdem Margaret. Helmut Kohl ist draußen mit der geachtetste Staatsmann der Welt. »Vanity Fair«, Amerikas schickste Zeitung: »King Kohl«.

»Die Einheit Deutschlands ist ein Geschenk Gottes«, so Helmut Kohl 1990 und fährt fort: »Heimat. Vaterland. Europa. Wir wollen ein offenes Land sein, ein europäisches Deutschland.« Kohl hielt die deutsche Einheit seit seiner Schulzeit erstrebenswert.

Sein Traum wurde wahr: Er ist Kanzler der deutschen Einheit.[233]

Heinz Keßler

Heinz Keßler, Verteidigungsminister der DDR, ist mitverantwortlich am Mauertod von 200 Menschen (Schießbefehl von 1974).

Die Orden und Ehrenzeichen der Ex-DDR, Paradejacken der Nationalen Volksarmee werden heute von jungen Menschen zum Verkauf angeboten. Wer die Jacken oder Orden noch vor einigen Monaten zum Spaß getragen hätte, wäre in Honeckers Gefängnissen gelandet. Allein die Frage nach einem Parteiabzeichen der SED führt automatisch zur Denunziation (»Mir ham geheert, Sie ham sich nach eem Barteiabzeichen ergundigt?«).

Jetzt, nach der Liquidation der DDR, bekommt man die kleinen Emaildinger nachgeworfen à 50 Pfennig. Nur die dunkelroten Parteibücher sind teuer geblieben. Weil es sie – wie 1945 – wegen voreiliger Verbrennung nicht mehr so häufig gibt. 50 Mark muß man deshalb mindestens dafür bezahlen. Aber es gibt ja genügend anderes, und um beim Gefängnis Bautzen zu bleiben: Der schicke blutrot-goldene Orden »Sozialistische Rechtspflege« (am schmucken Kettchen) kostet nur fünf Mark.

Egon Krenz

Er wohnte – wie Erich Honecker, Staatssicherheitschef Erich Mielke und andere hohe SED-Funktionäre – in einer streng bewachten Villa am Wandlitzer See, 15 Kilometer nördlich von Berlin: zwölf Zimmer, die Salons sind mit Edelhölzern aus Kuba und Afrika getäfelt; Fußböden aus italienischem Carrara; Marmor, Barockmöbel, an den Wänden Ölgemälde alter Meister; drei Bäder, finnische Sauna, Wintergarten. Krenz fuhr einen schwarzen 6-Zylinder-Volvo GLE 760 (143 PS, 65 000 Mark).

Wenn er lacht, sieht er aus wie der junge Fernandel (»Don Camillo«). Er lachte gern, auch bei politischen Verhandlungen, wenn er seinen Gegner damit ablenken konnte.

Egon Krenz stammt aus Kolberg in Pommern, sein Vater war Schneider. Als Oberschüler trat er in die FDJ ein, mit 18 Jahren in die SED. Er ließ sich zum Lehrer ausbilden, hat aber nie unterrichtet. Statt dessen wurde er nach dem freiwilligen Dienst in der Nationalen Volksarmee (Entlassung als Leutnant) bezahlter Funktionär der FDJ. Drei Jahre Parteihochschule in Moskau, fast perfekte Russischkenntnisse.

In Moskau lernte er den damaligen KGB-Chef Viktor Tschebrikow kennen, der ihn später Erich Honecker empfahl. Der Empfehlung folgte eine Blitzkarriere – Krenz war mit Abstand der jüngste Mann im Politbüro der SED und stellvertretender Staatsratsvorsitzender, damit der zweitmächtigste Mann im Staat.

Er ist mit einer Lehrerin verheiratet und hat zwei Kinder, ging im Urlaub vor Rügen zum Hochseeangeln, joggte, so oft er konnte – zwei Leibwächter begleiteten ihn dabei auf Fahrrädern. Gerüchte, er habe seine Leber durch übermäßigen Alkoholgenuß ruiniert, wurden nie bestätigt. Bei einem Rockkonzert im Oktober 1983 im Ostberliner Palast der Republik stieß er mit Buttermilch mit Udo Lindenberg an.

Politisch ließ er nicht mit sich reden. Beim 40. Jahrestag der Volksrepublik Polen sagte er – und das meinte er auch später noch so:

»Die Existenz der DDR als fester Bestandteil der sozialistischen Völkergemeinschaft war, ist und wird immer eine unüberwindliche Barriere bleiben für alle imperalistischen Träumereien von einem ›Großdeutschen Reich in den Grenzen von 1937.‹ An der Grenze zur imperialistischen BRD lassen wir zu keiner Stunde und in keiner Situation zu, daß das Rad der Geschichte jemals wieder zurückgedreht wird.«

Am 18. Oktober 1989 verliert Erich Honecker nach 18 Jahren seine Ämter. Egon Krenz wird sein Nachfolger. Am 3. Dezember 1989 tritt er zurück.[234]

Oskar Lafontaine

Geboren am 16. September 1943. Der Vater war Bäcker. 1945 wird Oskars Mutter Kriegerwitwe. Allein muß sich Käthe Lafontaine durchschlagen.

Sie ist stolz, daß aus den Zwillingen etwas geworden ist: Hans studierte Jura und ist heute erfolgreicher Rechtsanwalt, Oskar studierte Naturwissenschaften, machte mit Förderung des katholischen »Cusanuswerks« sein Physik-Diplom, widmete sich aber mit Eifer der Philosophie und Politik. 1966 trat er in die SPD ein. Oskar Lafontaine hat gelernt, hart zu arbeiten, zu überzeugen und sich durchzusetzen. Eine beispiellose Karriere: 1970 Landtagsabgeordneter, 1976 Oberbürgermeister von Saarbrücken und 1985 Ministerpräsident des Saarlandes – er übernahm das Land in schwierigen Zeiten. Und ihm gelang es, das Land aus der Krise zu führen.

Lafontaine spricht fünf Sprachen (Englisch, Französisch, Spanisch, Griechisch, Latein). 24 Jahre SPD-Mitglied. Zweimal verheiratet (Ingrid, Kunsthändlerin, Margret, Bildhauerin), ein Sohn (Frederic).

Seine jetzige Lebensgefährtin heißt Christa Müller, blond, punkig, klug. Referentin der SPD-Programmkommission.

Im Frühjahr 1990 entging er nach einem Attantat nur knapp dem Tod. »Ich habe die Folgen des Attentats körperlich überwunden und seelisch weitgehend verarbeitet. Man muß akzeptieren, daß der Tod zum Leben gehört. Dieser Tatsache bin ich mir nach dem Attentat bewußter als vorher. Auf der anderen Seite hat mir dieses Ereignis die Augen geöffnet für die Dinge, die wirklich zählen im Leben«, so Oskar Lafontaine zu Journalist Einar Koch von »Bunte« in einem Interview.

Als Kanzlerkandidat kritisierte er die Kosten der Einheit, forderte aber auf der anderen Seite Milliardenprogramme …

Lafontaine: »Das paßt so zusammen: Nach der überstürzten Einführung der D-Mark zum Kurs eins zu eins muß schnell etwas geschehen, wenn wir nicht weiter sinnlos Milliarden in ein Faß ohne Boden pumpen wollen und die bisherigen Milliarden nicht in den Sand gesetzt sein sollen. Der Kurs eins zu eins war ein katastrophaler Fehler! Bei einem Kurs eins zu drei oder eins zu vier – wie es die Sachverständigen empfohlen haben – hätten wir den Menschen drüben auch die D-Mark gebracht, aber der DDR-Wirtschaft nicht schlagartig ihre Absatzmärkte genommen. Die Menschen hätten dann nicht überwiegend die teuren Westprodukte, sondern weiter die dann preiswerteren DDR-Erzeugnisse gekauft.«

Bisher meinten die Genossen: Oskar sei der bessere Kanzlerkandidat, Vogel der bessere Kanzler. Mit seiner 80-Minuten-Rede auf dem Berliner SPD-Parteitag hat Lafontaine seinen Kandidatenrang bestätigt. Am Ende: Zwei Minuten stehender Beifall. Ein Delegierter: »Reden kann er ja – aber auch in Bonn regieren?« Gemeint ist Oskar, der selten ein Fettnäpfchen ausläßt und beim (vorerst) letzten ausrutschte. Er wollte DDR-Übersiedlern Renten, Kindergeld und Arbeitslosenunterstützung streichen.

Das Attentat vom 25. April 1990, 20.45 Uhr, in der Stadthalle Köln-Mühlheim hatte auch seine guten Seiten, sagte er irgendwann. Er wäre der erste unverheiratete Mann im Kanzleramt gewesen. Lafontaine wollte nach dem Attentat seine Kanzlerkandidatur zurückziehen. Aber die SPD wollte sein Opfer.

»Bunte«-Autor Helge Timmerberg fragte: »Verliert Oskar die Wahl weil er Saarländer ist wie Honecker?«
Oskar rastete aus. »Das ist ja der größte Quatsch, den ich je gehört habe«, schimpfte er. »Das kommt nicht von mir, Herr Lafontaine«, sagte ich, »und auch nicht von meinem Freund. Das haben mir Ex-DDRler erzählt. Oskar fing sich wieder, was für ihn spricht. Ja, konterte sogar: »Wissen Sie«, sagte er, »das ist ein unlogisches Argument. Es ist ja nicht so, daß der ganze ehemalige DDR-Apparat aus dem Saarland stammt. Es gibt bestimmt auch einige Stasi-Leute, die Pfälzer sind.«[235]
Ich (H. Th.) stand vor einigen Jahren mit Oskar Lafontaine im Briefwechsel, er hatte gute Ansichten und ich glaube, er kommt wieder. Lafontaine will 1994 wieder als Kanzlerkandidat antreten – wie Engholm (so Freunde).

Wolfgang Leonhard

Als Junge von 13 Jahren mußte Wolfgang Leonhard mit seiner Mutter das nationalsozialistische Deutschland verlassen und ging in die Sowjetunion. Susanne Leonhard gehörte der KPD bis zu ihrem Austritt 1925 an und zählte seitdem zur »heimatlosen Linken«. In Moskau wurde sie im Verlauf der »großen Säuberung« mit vielen anderen deutschen Kommunisten verhaftet und später nach Sibirien deportiert. Wolfgang Leonhard wuchs in einem Kinderheim in Moskau auf, absolvierte die sowjetische Schule, studierte an der Pädagogischen Hochschule für Fremdsprachen und trat dem Konsomol (sowjetische Jugendorganisation) bei. Nach Beginn des deutsch-sowjetischen Krieges wurde er zwangsweise nach Mittelasien (Karaganda) umgesiedelt. Ein Jahr später erhielt er die Möglichkeit, die Kominternschule (Schule des internationalen Bundes der Kommunistischen Partei, Komintern) zu besuchen, um für politische Aufgaben in Deutschland geschult zu werden. Er gehörte im April 1945 zu jenen zehn kommunistischen Funktionären, die unter Führung von Walter Ulbricht nach Deutschland entsandt wurden. Von September 1947 bis Februar 1949 war er als Dozent an der SED-Parteihochschule tätig. Er flüchtete nach dem Bruch Titos mit Moskau nach Jugoslawien und von dort in die Bundesrepublik Deutschland. Wolfgang Leonhard lehrte an der amerikanischen Yale-Universität und lebt jetzt in der Eifel.[236]

Jegor Ligatschow – Rußland

Ein vereintes Deutschland wäre für ihn das Reich des Bösen: »Ich bin gegen die Einverleibung der DDR durch die Bundesrepublik. Die Wiedervereinigung ist eine große Gefahr für die Welt. Am Horizont taucht wieder ein Deutschland mit einem riesigen Militärpotential auf.«[237]

Wolfgang Mischnick

Er sei, so sagt er, das gesamtdeutsche Schicksal in eigener Person. Als er 1961 als Kandidat für das Bundesministerium für Vertriebene, Flüchtlinge und Kriegsbeschädigte genannt wurde, gab es nur wenige, die den Dresdener Mischnick von der Sache her für ungeeignet hielten. Er erlebte eine sehr subtile und zugleich harte Form dieses gesamtdeutschen Schicksals: Seine Eltern nämlich, Vater und Mutter, lebten noch »drüben« in der DDR. Er dachte unentwegt über das beunruhigende und im tiefsten Grunde schreckliche Schicksal Deutschlands nach. Was er 1948, als er in den Westen floh, mitbrachte, war haftender als die sächsische Sprache. Er wußte genauer als die meisten Menschen: Deutschland ist unteilbar, auch wenn es inzwischen zwei Deutschland gab.
Mit Wolfgang Mischnick trat 1961 zum ersten Male ein Politiker der FDP in die Regierung, der die Politik als Beruf gewählt hatte. Als der junge Leutnant, zuletzt Führer einer Infanteriegeschützkompanie, am 28.

Mai 1945 in seine Heimatstadt Dresden zurückkam, er ging wegen einer Verwundung am Stock, war ihm das Studium an einer Hochschule versagt. In der Sowjetzone konnte kein ehemaliger Offizier immatrikuliert werden.
Ein überzeugter Altkommunist, der den Arbeitseinsatz in Dresden kommandierte, nahm sich seiner an: »Du bist auch so ein junger verführter Mensch, dem man erst einmal die wahren Lehren unserer Zeit beibringen muß.« Und dann erfuhr Wolfgang Mischnick die wahren Lehren des Marxismus-Leninismus mit dem frappierenden Ergebnis, daß er am 6. August 1945 – er war 23 Jahre alt – der Liberal-Demokratischen Partei beitrat, für die er als Jugendredner am 24. September in Dresden neben Professor Kastner zum erstenmal in einer öffentlichen Kundgebung auftrat. Mischnick war Mitbegründer dieser Partei gewesen, wurde Referent, dann Geschäftsführer, dann Stadtverordneter in Dresden, dann Mitglied des geschäftsführenden Zentralvorstandes der Liberal-Demokratischen Partei für die Sowjetzone, schließlich 1947 stellvertretender Landesvorsitzender der LDP in Sachsen. Aber auf Befehl der Sowjetischen Militär-Administration wurde er an der Ausübung des Amtes gehindert.
Die große Erbschaft des Liberalismus und der Demokratie war hier allerdings nicht anzutreten. 1948 hatte auch ihm die Kommandantura die Hölle so heiß gemacht, daß er sich im April zur Flucht in den Westen entschloß, nach Frankfurt am Main. Dank Martin August Euler, dem damaligen hessischen FDP-Vorsitzenden, dem er freilich später, 1956, die Gefolgschaft versagte. Als Euler zur Aufspaltung der Partei schritt, war Mischnick schnell im Parteiapparat der FDP, kurze Zeit ehrenamtlich, seit 1950 hauptamtlich. 1954 kam Mischnick als Abgeordneter in den Hessischen Landtag, 1957 in den Bundestag.
Aus dem Lebenslauf mag noch nachgetragen sein, daß er am 29. September 1921 in Dresden geboren wurde; der Vater war Verwaltungsangestellter des Heeres. Das slawisierte Wort Mischnick hat vermutlich Schwertfeger geheißen; die väterlichen Vorfahren kamen aus dem Bromberger Raum, die mütterlichen aus Tirol, als dort die Protestanten verfolgt wurden. Am Humanistischen Gymnasium Dresden machte er das Abitur, von der Schulbank ging es zum Militär, er wurde Marschierer auf den Straßen Europas. Vor Stalingrad erreichte ihn die Kommandierung zur Kriegsschule, und im März 1945 entführte ihn ein Lazarettschiff von Pillau nach Kopenhagen.
Ein großer Politiker tritt in die Dämmerung, Wolfgang Mischnick, im September 1991 war er 70. Der Sachse aus Dresden, dem in über 500 Reden nie ein scharfes »S« gelang. Im ruchlosen Bonner Politgeschäft treuer als ein Nibelunge. Wortschöpfer: »Verläßlichkeit«, »Augenmaß«. Ex-FDP-Minister im letzten Kabinett Adenauer. Fraktionschef der FDP im Bundestag von 1964 bis 1990. Machte die Kanzler Brandt und Kohl. Stürzte die Kanzler Erhard und Schmidt. »Halbunauffällig« nannte ihn die Frankfurter Allgemeine Zeitung. Chef des Allergikerbundes, Verwaltungsrat bei Eintracht Frankfurt. Sein letzter Wunsch war: Hauptstadt Berlin. Erfüllt. Danke, Wolfgang Mischnick.[238]

Lothar de Maizière

De Maizière war Orchestermusiker, hatte Viola studiert. Dann Nervenentzündung im linken Arm, das Aus als Profimusiker. Als Familienvater von drei Töchtern stand er vor dem Nichts. Berufswechsel, de Maizière studierte Jura, wollte Anwalt werden. Ein Experte: »Wer sich in der DDR als Anwalt niederlassen wollte, mußte sich mit der Stasi arrangieren. So oder so…« Siehe Fall Schnur. Originalton de Maizière: »Meine Kontakte zum MfS gingen nicht über das im Rahmen verantwortlicher Tätigkeit Notwendige hinaus.« Er verteidigte Regimegegner, mußte Konzessionen machen. Zitat: »Ich habe in meiner Eigenschaft als Verteidiger

von politisch Verfolgten notgedrungen Gespräche mit Angehörigen des MfS führen müssen, um meinen Mandanten zu helfen.« Und: »Niemand wurde geschädigt.«
De Maizière ist ein überzeugter Christ. Sein Vater war Christenmann in der Berlin-Brandenburger Synode, sein Großvater Mitbegründer der Bekennenden Kirche, seine Schwester ist Pastorin. Mit 16 trat de Maizière im SED-Staat der CDU bei: »Ich dachte, mit meinem Eintritt in die CDU deutlich machen zu können, daß ich Christ in diesem Staat sein wollte.« Gleichzeitig garantierte die CDU-Mitgliedschaft, nicht der SED beitreten zu müssen. Sein Lebensmotto ist ein Bibelzitat: »Ich aber dachte, ich arbeite vergeblich und brächte meine Kraft umsonst und unnütz zu, wiewohl meine Sache des Herrn und mein Amt meines Gottes ist.« Sagt umgekehrt aber auch: »Der Sozialismus ist einer der schönsten Menschheitsträume.« Und: »Sozialismus ist eine schöne Vision, wir haben ihn noch nicht ausprobiert.«
Als selbständiger Rechtsanwalt verdiente de Maizière gut. Er wurde langsam ein großes Tier, wie man so sagt. Zunächst in der Ost-CDU, und als Hans Modrow am Ruder saß, warf man ihm die Ämter hinterher. Das Ministerium für Kirchenfragen, das Amt des stellvertretenden Ministerpräsidenten und das Amt des Parteivorsitzenden. Und dann, nach der ersten freien Wahl, wurde Lothar de Maizière der Boß.
Eigentlich wollte er nicht. »Bach zu hören wäre angenehmer«, sagte er damals. Und warum hat er nicht Bach gehört? »Weil es eine Chance war«, sagt Lothar de Maizière heute. »Ich wollte, daß meine Enkel in der Schule nicht mehr lügen müssen.«
Die DDR-Bürger schätzten ihn, er war ihr Mann und sollte sie heimführen ins bundesdeutsche Wunderland, was er auch tat. Und jetzt als Dank die Geschichte vom Spitzel der Stasi mit dem Decknamen »Czerni«.
Amtlich wurde festgestellt: »Es gibt keine Beweise dafür, daß Ex-Ministerpräsident Lothar de Maizière (CDU) unter dem Decknamen ›Czerni‹ Stasi-Spitzel war.« Das berichtete der Sonderbeauftragte für Stasi-Akten, Joachim Gauck, an Bundesinnenminister Wolfgang Schäuble. Sechs Wochen lang hatten Pfarrer Gauck und seine 200 Mitarbeiter kiloweise Stasi-Akten gewälzt. Ergebnis: De Maizière hatte als Anwalt zwar mit der Stasi zu tun, aber nicht für sie gearbeitet. Trotzdem mußte er gehen. Fast alle Abgeordneten des Bundestages hatten stehend geklatscht.
Heute tritt das erstemal das gesamtdeutsche Parlament zusammen, heute wird Rita Süßmuth als Präsidentin wiedergewählt, heute spricht Willy Brandt. Von Lothar de Maizière wird nicht mehr gesprochen. Abgehakt, erledigt, so ist unsere Zeit. »Bunte«-Autor Helge Timmerberg begleitete Lothar de Maizière ein paar Schritte auf der verschneiten Straße der Verbitterung. Durch ein paar Straßen, um ein paar Ecken, an ein paar Gesichtern vorbei, die ihn erkannten, begrüßten und zu ihm hielten. Denn das tun die Ex-DDRler noch immer. Die meisten glauben nicht, daß ihr Lothar ein Stasi-Spitzel war. »Weil sie alle genau wissen, wie es hier gelaufen ist«, sagt de Maizière.
»Wir kommen an einem alten Wahlplakat vorbei. Sein Gesicht ist drauf. Als er noch lächelte. »Wir sind das Volk«, steht darunter, und er freut sich tatsächlich darüber. Eine Frau bleibt stehen. So in seinem Alter. Sie geben sich die Hände. »Mach's gut«, sagt sie, »viel Glück.« – Wir kommen zu einem Friedhof, auf dem nur ein Grabstein ist. Die älteste Grabstätte der Juden in Berlin, von den Nazis plattgewalzt und als Sammelort für den Abtransport ins KZ benutzt. Und während also die anderen Abgeordneten des gesamtdeutschen Bundestages feierlich in der Marienkirche ihre Andacht begehen, steht Lothar de Maizière bei den toten Juden, im Schnee, auf diesem öden Platz. Und er bückt sich, nimmt einen Stein in die Hand und legt ihn auf das Grab. »Warum?« frage ich. »Das machen die Juden so«, sagt er. »Sie nehmen Steine statt Blumen.« Lothar de Maizière alias »Czerni«. Es war die steilste Karriere und der tiefste Fall des Jahres 1990: Vom Dissi-

dentenanwalt zum DDR-Ministerpräsidenten, dann quasi Vizekanzler in Gesamtdeutschland. Jetzt legte er alle Ämter nieder. »Czernis« Schuldbekenntnis?
Deutschland und Europa waren das Thema in einem Gespräch von Kai Diekmann und Einar Koch von »Bunte« und Lothar de Maizière vor der Wahl. De Maizière führte aus…
Ich glaube: Mit dem Tag der Einheit werden wir die Einheit noch nicht erreicht haben. Es wird Jahre dauern, bis wir so zusammengewachsen sind, daß man die Deutschen in Ost und West nicht mehr unterscheiden kann. Je älter die Menschen sind, desto länger werden die jeweiligen Eigen- und Besonderheiten Bestand haben.
Ich hoffe, daß es die jungen Menschen in beiden Teilen einfacher haben werden, schneller miteinander zurechtkommen.

Worauf können wir Deutsche uns in unserer Geschichte berufen?
Grundsätzlich mehr auf die Geistesgeschichte als auf die politische Geschichte. Ich bin Musiker. Johann Sebastian Bach ist für mich einer der größten Deutschen. Ich denke auch an Beethoven, an Hölderlin und Goethe.

Haben Sie manchmal Angst, wenn Sie an Deutschland denken?
Sie meinen die Heine-Zeilen: »Denk ich an Deutschland in der Nacht, dann bin ich um den Schlaf gebracht…« Heine wurde aber nicht Deutschlands wegen um den Schlaf gebracht, sondern weil er an seine alte Mutter dachte. Das Gedicht geht weiter: »Nach Deutschland lechzt ich nicht so sehr, wenn nicht die Mutter dorten wär'. Das Vaterland wird nicht verderben, doch die alte Frau kann sterben.« Ich habe keine großen Ängste. Angst muß man nur haben, wenn man ein Deutschtum beschreibt und sagt, dies darf sich nicht ändern. Wir aber wollen sagen: Jawohl, wir wollen in ein großes Europa eingehen. Wir sind bereit zu teilen. Da gibt es keinen Grund, über Deutschland besorgt zu sein.

Sind Sie stolz, ein Deutscher zu sein?
Die eigene Nationalität sucht man sich nicht aus. Man ist einfach Deutscher. Wer darauf stolz sein möchte, muß etwas schaffen, um auf sich selbst stolz zu sein. Nur das kann in einem allgemeinen Stolz aufgehen. Ein nur an den Namen »deutsch« geknüpftes Stolzsein ist genau das, was uns in den vergangenen Jahrzehnten und Jahrhunderten in der Welt so unbeliebt gemacht hat.
Wenn man de Maizière und viele andere Menschen, Politiker reden hört, fragt man sich, ob es richtig ist, Menschen, die vielleicht mit der Stasi zusammengearbeitet haben oder mußten, und wer mußte das in der Ex-DDR nicht, nur aus diesem Grunde beiseite zu schieben. Viele dieser deutschen Menschen in der Ex-DDR, fähige Leute, schiebt man zur Seite. Wer Verbrechen begangen hat soll bestraft werden, das ist man den Opfern schuldig, aber alle in einen Topf zu werfen ist nicht richtig. Man weiß oft etwas erst zu schätzen, wenn man es verloren hat.
Was erst jetzt bekannt wurde, meldet die Deutsche Presse-Agentur Anfang Mai 1991: »Um die deutsche Einheit drohte nach Darstellung des damaligen DDR-Ministerpräsidenten Lothar de Maizière (CDU) im Jahre 1990 ein militärischer Konflikt mit der Sowjetunion. In einem Interview der Tageszeitung »Super« sagte de Maizière: ›Es gab einige Marschälle, die hätten am liebsten Panzer in Richtung Mauer und Brandenburger Tor rollen lassen, um die Einheit noch zu verhindern.‹ Er habe im Frühjahr 1990 in Moskau gespürt, wie die Stimmung umzukippen drohte.«
Mit Lothar de Maizière mußte ein Politiker gehen, der die Verhältnisse auch schon von Berufs wegen sehr gut kannte. Mußte er deswegen gehen? Schade um ihn.[239]
Er ging wie er gekommen war: auf Zehenspitzen. Lothar de Maizière, der Zierliche. Der Musikant (Viola), Protestant und Protestierer. Letzter Ministerpräsident der DDR, erster CDU-Stellvertreter, den Helmut Kohl neben sich dulden mochte. Aus dem Kabinett stahl er sich im Dezember 1990 nach

dem Wahlsieg davon. Stasi-Gift. War er Stasi-Mitarbeiter »Czerni«? Alles verklungen. Wie der letzte Ton eines Konzerts.
Im nachhinein bedauert Lothar de Maizière, daß er nicht schon nach der Wiedervereinigung seine politische Karriere beendet hat: »Es war ein Fehler, nicht meiner inneren Überzeugung gefolgt zu sein, mit dem 3. Oktober 1990 meine politische Tätigkeit, in die ich mich nicht gedrängt habe, zu beenden.«
So ungewöhnlich der Rücktritt des 51jährigen Lothar de Maizière von allen Ämtern in der CDU ist, so ungewöhnlich ist auch seine schriftliche Begründung.
Helmut Kohl selbst teilte mit, daß er die persönliche Entscheidung de Maizières respektiere. Dieser habe in einem »entscheidenden Abschnitt unserer Geschichte politische Verantwortung übernommen«. Der Erfolg der friedlichen Revolution in der DDR sei von einer solchen Bereitschaft zur Pflichterfüllung entscheidend abhängig gewesen.
Auszüge aus der Erklärung von Lothar de Maizière zur Aufgabe seiner Parteiämter: »Im November 1989 – noch vor dem Fall der Mauer – habe ich gemeinsam mit mutigen Mitstreitern gegen erhebliche Widerstände die Erneuerung der CDU in der damaligen DDR begonnen.
Durch den Sonderparteitag am 15. und 16. Dezember 1989 und die Bildung eigenständiger Landesverbände wurden in der ehemaligen DDR die Voraussetzungen für den überzeugenden Volkskammerwahlsieg gelegt. Ich bin allen Mitgliedern der CDU in den alten Ländern, die uns mit großem persönlichem Einsatz unterstützt haben, dankbar. Als letzter und zugleich erster frei gewählter Ministerpräsident der DDR habe ich maßgeblich die äußeren und inneren Aspekte der Schaffung der staatlichen Einheit Deutschlands mitgestaltet. Daß dieser Prozeß auf friedliche Weise und ohne Blutvergießen vollzogen wurde und den Menschen ermöglichte, in Würde und aufrechten Ganges in die Einheit zu gehen, erfüllt mich mit tiefer Dankbarkeit. Niemand, der nicht unmittelbar vor Ort beteiligt war, kann ermessen, mit welchen unwägbaren Risiken, Gefahren und Anstrengungen aller Beteiligten diese Aufgabe verbunden war. Das Vertrauen und der Zuspruch vieler Menschen gerade in dieser Zeit haben mir Kraft gegeben, das schwere Amt auszufüllen.
Es war ein Fehler, nicht meiner inneren Überzeugung gefolgt zu sein, mit dem 3. Oktober 1990 meine politische Tätigkeit, in die ich mich nicht gedrängt habe, zu beenden. Denn ich wollte mich der Aufgabe stellen, meinen Beitrag zur Schaffung der inneren Einheit Deutschlands zu leisten.
Ungerechtfertigte und gezielt ausgestreute Verdächtigungen haben seitdem meine politische Arbeit, mich und meine Familie belastet. Eine mit den Verhältnissen und den Grundbefindlichkeiten der Menschen in der ehemaligen DDR wenig vertraute westdeutsche Medienlandschaft hat den Prozeß der inneren Einswerdung wenig gefördert. Diese und andere Umstände erschwerten es mir, um Verständnis für die Menschen in den neuen Ländern zu werben und für ihre Anliegen einzutreten.
Wir werden die innere Einheit Deutschlands nur dann erlangen, wenn es uns gelingt, gemeinsam eine Kultur des Zuhörens und des Verstehens wachsen zu lassen, die uns einen würdigen Umgang mit den Unterschieden und Gemeinsamkeiten unserer Geschichte und der durch sie geprägten Lebensbiographien der Menschen in Ost und West ermöglicht.«[240]

Kurt Masur

Kurt Masur war der Karajan der DDR. Dirigiert nie mit dem Taktstock, nur mit den Händen, ist seit 20 Jahren Gewandhausdirektor in Leipzig. Er wollte Pianist werden, aber mit 15 wurde der kleine Finger seiner rechten Hand durch eine mysteriöse Krankheit steif. Verheiratet mit einer Japanerin (Tomoko), zwei Kinder. »Er schöpft Kraft aus der Musik, nur aus der Musik«, sagt sie. Künstler ohne Parteibuch. Die Menschen hören auf Masur. Nicht nur auf seine Musik.

Bekennermut schon Wochen vor der Wende: »Wir brauchen einen freien Meinungsaustausch über die Weiterführung des Sozialismus.« Verhinderte unter Einsatz seiner Freiheit ein Blutbad während der Montagsdemonstration in Leipzig.
Professor August Everding, Generalintendant und Bambi-Preisträger 1988, über Kurt Masur am 27. November 1990 bei der großen Bambi-Gala vor 1000 Gästen in der Leipziger Oper:
»Das goldene Reh verliebt sich in einen Helden. Kurt Masur wird es freuen, und es ehrt den Bambi, daß ihn der Maestro bekommt. Sicherlich werden politisch-aktuelle Gründe mitgespielt haben, den ›Politiker wider Willen‹ auszuzeichnen, hat er doch neben seinen Aufrufen zur Gewaltlosigkeit sein Gewandhaus für politische Diskussionen freigegeben. Er wurde als ›Retter von Leipzig‹ Ehrenbürger dieser Stadt. Dieser Dirigent ohne Taktstock bewies politisches Gefühl und menschlichen Takt. Er verordnete als erste Bürgerpflicht die Unruhe.
Und die Unruhe hat ihn immer als Dirigent getrieben. Nicht die umtriebige Unruhe, sondern die Unruhe, alle Werke lebendig aufregend zu interpretieren. Er hat einmal gesagt: ›Ich freue mich immer, wenn etwas kaputtgeht, und ich versuche es dann wieder hinzukriegen.‹ Für einen Dirigenten fällt bei einer ersten Probe alles erst mal auseinander, aber ehe es kaputtgeht, kriegt es der Dirigent wieder hin, mehr, er macht aus Noten und einzelnen Musikern ein Werk und ein Orchester. Auf Kurt Masur paßt das Wort von Heinz Hilpert, der auf die Frage, ob er sein Theater nicht autoritär führe, antwortete: ›Nein, nicht autoritär, aber mit Autorität.‹ Kurt Masur ist nicht nur eine Autorität in der ehemaligen DDR, er ist es in Salzburg, in Dallas und bald in New York bei den Philharmonikern. Er verkörpert die Tradition des sachlichen, gründlichen, genauen, gelernten und uneitlen Kapellmeisters. Er hat sich der Moderne dennoch nie verschlossen.
Anfang dieses Jahres habe ich mit ihm eine Fernsehdiskussion geführt. Seine Hauptsorge: Wie geht es weiter mit den Theatern in der DDR? Und das sollte auch unsere Sorge sein. Bis jetzt waren die Theater zentralistisch geleitet, jetzt kommen sie in die Obhut der Länder und Städte, diese haben so viel Sorgen, und ich fürchte, die 69 Theater werden hinten anstehen. Die Besucherzahlen gehen rapide zurück, weil das Geschehen in der Wirklichkeit aufregender ist als die gedichtete Wirklichkeit. Die Enklave, die das Theater war, ist zerbrochen. Die Menschen wollen nach der 40jährigen Tristesse mehr Unterhaltung – hoffentlich nicht nur. Kultur unterhält nicht, sie ist manchmal Amüsement, aber nie Amusemang. Diese Kultur aufrechtzuerhalten – Kultur, die unterhält, aber auch aufregt, die anstößt, die anstößig sein darf, diese Kultur, die uns erfreut und ärgert –, das ist die Lebensarbeit von Kurt Masur, über dessen Ehrung wir uns freuen.«
Über Deutschland allgemein hat er folgende Worte gesprochen: »In Deutschland gibt es einen Verlust an Respekt vor der Leistung.«

Markus Meckel

Bis vor kurzem bestand das Gesicht von Markus Meckel nur aus Bart. Er ist SPD-Vize und wie die meisten auf dieser Seite Pastor. Den Bart hat er sich leicht gestutzt, weil es besser für den Wahlkampf war. Sehr viel mehr als Ibrahim Böhme ist Markus Meckel der Motor und Erfinder der neuen DDR-SPD.
Bewertung: Meckel ist machtbewußt, taktisch geschickt, die Wahlniederlage der SPD stärkt ihn, weil er nicht Spitzenkandidat war.

Angela Merkel

Geboren am 17. Juli 1954 in Hamburg, hatte ihren Wahlkreis an der Ostsee, wo ihr mit 48,5 Prozent ein großer Wahlsieg gelang.
Ihr Vater ist Pastor, geht 1954 in die kleine Ostsee-Gemeinde Templin (Brandenburg). Sie studiert. 1978 Physik-Diplom, 1986

Promotion zum Dr. rer. nat. Ins Lehramt lassen sie die DDR-Politiker nicht – die Kirche. De Maizière macht sie zur Regierungssprecherin der Schluß-DDR. Beim Einigungsvertrag schaut sie Schäuble und Krause über die Schulter. Krause (»Sie ist meine Schule«) verhilft ihr zum Wahlkreis.
Angela Merkels Eigenschaften: Schlagfertig, hartnäckig. »Dem Kanzler würde ich auch widersprechen!« Bislang gab es nur Harmonie. Ihr Lebenspartner Joachim Sauer (Chemiker) hörte an der mexikanischen Grenze, daß Angela Ministerin geworden ist.
Jetzt soll sie Lothar de Maizière ersetzen, den glücklosen Bratschisten, der den CDU-Vize hinschmiß. Angela Merkel ist Bundesministerin für Frauen und Jugend. Bundeskanzler Kohl will, daß sie stellvertretende CDU-Vorsitzende wird. Er hat große Dinge mit ihr vor. Der Kanzler hatte sie kürzlich auf seine USA-Reise mitgenommen. Nach Kalifornien durfte sie ihn begleiten, zum Privatbesuch bei Alt-US-Präsident Ronald Reagan, und sie war dabei, als sich der Pfälzer von der Universität Berkeley ehren ließ.
In 1990 war sie – damals stellvertretende Regierungssprecherin in der Regierung de Maizière – in Bonn ganz unbekannt. Ein paar Berliner Journalisten schätzten sie als zuverlässige Informantin. Und Günther Krause, der Chefunterhändler beim Vereinigungsvertrag, hatte sie als Vertraute gewonnen.
Nun ist sie plötzlich zum »Hoffnungsträger« (Hamburger Abendblatt) und »Wunschkind« (Die Zeit) aufgestiegen und wird in den Medien verklärt. Eine Atempause des Kanzlers genügte, um die neue Personalie in Umlauf zu bringen.
»Unverdorben« findet die bayerische SPD-Vorsitzende Renate Schmidt den Import aus dem Osten Deutschlands – eben anders als die anderen in Bonn. Bundestagspräsidentin Rita Süßmuth hält sie »für eine hervorragende Kandidatin«. Der stellvertretende CDU-Fraktionsvorsitzende Heiner Geißler macht sich für sie stark. Innenminister Wolfgang Schäuble empfiehlt sie als Parteivize.
Es geht ihr nicht anders als der SPD-Landesvorsitzenden Gisela Schröter aus Thüringen, die von SPD-Chef Björn Engholm gerade ins Präsidium der Partei gehievt wurde. Daß die Genossin Schröter aus der gleichen Bürgergruppierung kam, in der Angela Merkel ihre Laufbahn begann, ist Zufall. Beide starteten beim »Demokratischen Aufbruch«, aber ihre Wege trennten sich früh. Gisela Schröter gehörte zu denen, die eine Zeitlang glaubten, daß eine eigenständige, selbstbewußte DDR nach dem Fall der Mauer entstehen könne. Sie stand damit, paradox genug, dem gelernten DDR-Bürger de Maizière, der seelisch und geistig immer ein DDR-Bürger bleiben wollte, näher, als dessen Sprecherin Angela Merkel.
Die hat sich nie als DDR-Bürgerin akzeptiert. Sie ist in Hamburg geboren und hat es ihrem Vater oft angekreidet, daß er so altmodisch und protestantisch-pflichtbewußt gewesen war, noch 1954, ein Jahr nach dem Volksaufstand vom 17. Juni, wieder »rüberzugehen«. Er fühlte sich der brandenburgischen Kirche verpflichtet, die ihn zum Studium in die Hansestadt delegiert hatte. Die Mutter, eine Danzigerin, war dagegen. In diesem Zwiespalt wuchs Angela Merkel auf. Die Kreisstadt Templin in der Uckermark wurde ihre Heimat, die DDR aber nie ihr Staat.
Immer waren die Augen und Ohren nach Westen gerichtet. Heiß und heftig wurde in dem Pfarrhaus über alle politischen Streitfragen geredet, die in den sechziger und siebziger Jahren die Bundesrepublik bewegten, jede Debatte des Bundestags im Radio verfolgt. Seit ihrem achten Lebensjahr kannte Angela Merkel die Namen der Minister. Die kann sie heute noch aufzählen.
Daß sie nicht ihren Lieblingsberuf erlernen durfte, hat sie dem SED-Staat nicht verziehen. Dolmetscherin wäre sie gern geworden. Russisch sprach sie so fließend, daß sie sogar einen Schulwettbewerb gewann.[241]
Über die vier Jahrzehnte, die Angela Merkel, heute stellvertretende CDU-Bundesvorsitzende, in der DDR lebte, sagte sie: »Es ist für Menschen nicht möglich, vier Jahr-

zehnte in einem System zu leben, ohne es in einem gewissen Maße für sich zu akzeptieren.« Worte die auch uns zum Nachdenken auffordern sollten.

Erich Mielke

Im Frühjahr 1990 öffnet sich das hohe Stahltor für zwei Minuten – die zwei ungerechtesten Minuten dieses Jahres. Erich Mielke, der Menschenjäger, verläßt die Ostberliner Haftanstalt Hohenschönhausen. Alles was schlecht auf dieser Welt ist, ist in dieser Gestalt konzentriert. Schickte nach dem Krieg 80 000 Stasi-Spitzel in die Wohnstuben der DDR, manche sprechen sogar von 200 000. War so 32 Jahre der Aufseher des Volksknastes der DDR. Er ließ verhaften, foltern, zerriß Familien, killte in der DDR jedes freie Wort. Absolute Macht.
Der Machtmensch, entkleidet, eine jämmerliche Gestalt. Szenen aus der Zelle: Mielke tobt und brüllt, poltert gegen die Stahltür: »Wo sind meine Telefone, ich will meine Telefone.« Kaum zu glauben, aber verbürgt: Die Wärter stellten ihm schließlich ein Telefon auf den Tisch, ohne Anschluß. Mielke saß stundenlang da, murmelte Befehle in die Hörermuschel. Wahnsinnsgrenze? Später, zusammengefallen, saß er nur noch im Trainingsanzug am Tisch, schrieb hastig Seite um Seite.
Zum Schluß: Vor jedem Wärter steht er wie ein gehorsamer Ladendieb stramm. Der Herr der Macht verfügt auch im Wahn noch über zuviel geheimes Wissen.
Wegen Mordes an zwei Polizisten sowie wegen versuchten Mordes an einem weiteren Polizisten soll der frühere DDR-Minister für Staatssicherheit, Mielke, vor ein Gericht gestellt werden. Wie der »Berliner Tagesspiegel« berichtet, liege eine bereits 1934 gegen Mielke erhobene Anklage zur Eröffnung des Hauptverfahrens der zuständigen Schwurkammer in Berlin vor. Die fast 60 Jahre zurückliegenden Verbrechen seien nach Ansicht der zuständigen Staatsanwaltschaft nicht verjährt.
Am 9. August 1931 soll der damals 23jährige Mielke auf dem Bülow-Platz in Berlin in der Nähe der Zentrale der Kommunistischen Partei Deutschlands zusammen mit einem anderen Mann zwei Polizeihauptleute getötet und einen anderen schwer verletzt haben. Mielke habe sich in die Sowjetunion abgesetzt, während 23 weitere Mitglieder des sogenannten Parteiselbstschutzes als Mittäter zu langjährigen Haftstrafen verurteilt wurden, schreibt das Blatt.
Im Februar 1947 sei der Haftbefehl gegen Mielke nach dessen Rückkehr aus der Sowjetunion nach Berlin erneuert worden. Allerdings seien die Akten dann im Ostteil Berlins verschwunden und erst nach der Wende wieder aufgetaucht. Jetzt könne das Verfahren weiter betrieben werden, da seit 1979 Mord nicht mehr verjähren könne, heißt es in dem Zeitungsbericht weiter. Da die meisten Zeugen gestorben sind, werde der Prozeß gegen Mielke voraussichtlich auf Urkunden gestützt werden müssen.
Mielke wird derzeit in Hinblick auf die gegen ihn erhobene Anklage wegen Anstiftung zur Rechtsbeugung, Untreue und illegaler Telefonüberwachung ärztlich auf seinen Geisteszustand begutachtet. Wegen des schlechten Gesundheitszustandes darf nach Angaben seiner Anwälte am Tag nicht länger als eine Stunde verhandelt werden.
Die Berliner Staatsanwaltschaft ermittelt gegen Mielke außerdem wegen der Todesschüsse an der Berliner Mauer und der Tötung von früheren DDR-Flüchtlingen.

Fall 1: Denkzettelmord

»Ich weiß, daß Lutz davon nicht mehr lebendig wird. Aber ich erstatte Anzeige wegen Mordes«, sagt die Witwe Josephine Eigendorf.
»Bunte«-Report: Die Kriminalgeschichte kennt seit August 1990 ein neues Wort: Denkzettelmord. Opfer: Lutz Eigendorf, der Fußballstar. Lebende Opfer: Josephine, seine Witwe, und sein kleiner Sohn Julian. Sieben Jahre glaubte Josephine Eigendorf,

daß ein Autounfall ihr das Glück genommen habe. »Bunte« überbrachte ihr die Wahrheit: Ihr Mann ist umgebracht worden. Auftraggeber: Stasi-Chef Mielke. Motiv des Denkzettelmordes: Niemand sollte das Paradies DDR verlassen und im Westen glücklich werden.

»Ich geh' noch schnell ein Bier trinken«, sagte Eigendorf zu seiner hübschen jungen Frau. Sie bekam ihn tot zurück – als Opfer eines Verkehrsunfalls. In der Stasi-Zentrale wurden von nun an Fälle dieser Art unter dem Stichwort gelöst: »Das machen wir wie bei Eigendorf.«

Grab im Schatten von Tannen und Fichten. Frische rote Nelken und Margeriten. Hier liegt Lutz Eigendorf (1956 bis 1983), der Fußballstar. Autounfall, schrieben die Zeitungen damals.

Graues Haus am Stadtrand von Kaiserslautern, Alex-Müller-Straße 74, 4. Stock. Ich will zu seiner Familie. In meinem Koffer der Geheimbericht des Bundesnachrichtendienstes, den »Bunte« letzte Woche enthüllte. Morde der Stasi im Westen. Darunter: der Fall Eigendorf.

Eine zierliche ältere Frau öffnet. Eigendorfs Mutter. Der schmale Flur ist mit Fotos, Erinnerungen an Lutz, den Fußballstar, geschmückt. Gefrorene Zeit. In der Küche wartet die Witwe. Josephine Eigendorf-Hulpe, blond, groß, attraktiv. Ihr neuer Lebensgefährte sitzt neben ihr, ein Polizist.

Ich gebe der Mutter die Unterlagen. »Ich kann nicht«, sagt die Mutter. »Lies du, Josi.« Sie schiebt das Papier weg. Die Witwe ihres toten Sohnes liest, fünf Minuten.

»Betr. Liquidierung durch das ehemalige Ministerium für Staatssicherheit … Fall Eigendorf: Aus Verärgerung über die Flucht des Fußballspielers, der in der DDR bei Dynamo Berlin, dem Lieblingsverein von Mielke, gespielt hatte, ordnete Mielke dessen Liquidierung an. Hierzu wurde ein Verkehrsunfall geplant …«

In diesen fünf Minuten erfährt die Witwe, daß nicht das Schicksal – ein Baum an der Straße, überhöhte Geschwindigkeit – ihr den Mann genommen hat, nicht die Macht des Zufalls hat ihr Leben verändert, sondern geplanter Mord.

Die Witwe (schweigt, dann sagt sie): »Das macht den Lutz auch nicht wieder lebendig. Ich will nicht darüber reden.«

Die Mutter: »Kann das wahr sein? Die Stasi? Lutz war immer unpolitisch, interessierte sich doch nur für Fußball.«

Josephines Lebensgefährte: »Sprecht leise, Julian soll nichts mitbekommen.« Julian ist Lutz Eigendorfs Sohn. Er war ein Baby, fünf Wochen, als sein Vater starb. Der Mann geht mit Lutz Eigendorfs Sohn aus der Wohnung. Ein blonder Junge, der Tennis im Kopf hat.

In der engen Küche schmilzt die Zeit. Lebensfilm zurück: »Wir lernten uns im Februar kennen«, erzählt die Witwe leise. »Ich ging noch zur Schule. Er bereitete sich auf seine erste Bundesligasaison bei Kaiserslautern vor.« Sie: das glückliche Kind aus dem Westen, Abi geschafft, bereit zum Leben mit ihm. Er: aufgehender Stern am Fußballhimmel West, aber noch fremd in der neuen Heimat. Belastet mit den Sorgen von drüben. Kriegen seine Eltern Schwierigkeiten? Warum geht seine Frau nicht ans Telefon? Warum will sie sich ohne ein Wort scheiden lassen? Warum versucht sie nicht alles, um doch noch mit seiner kleinen Tochter Sandy rüberzukommen? In einem von Knacken begleiteten Telefongespräch mit den Eltern erfährt er: »Sie hat sich von dir scheiden lassen. Du bist wegen Republikflucht zu zehn Jahren Haft verurteilt worden.« Nun streicht er sein Leben drüben und beginnt mit Josephine neu. Pläne. Träume. Lutz macht den Pilotenschein. Fährt einen Alfa GTV. Wechselt zu Eintracht Braunschweig (Ablöse 400 000 Mark, Jahresgage 120 000 Mark). Mietet ein Haus. Vier Zimmer für sich und Josephine. Als sie schwanger wird, heiratet er sie.

Die Mutter, die mit weißem Gesicht zugehört hat: »Zu eurer Hochzeit hat man uns nicht ausreisen lassen. Erst zur Beerdigung.« Das Glück reißt. Letzter Tag, die Todesnacht, 5. März 1983: Eintracht Braunschweig spielt gegen den VfL Bochum (verliert 1:2). Eigendorf während des ganzen Spiels auf der Reservebank. Frust. »Komm mit auf ein Bier, Josi«, sagt er am Abend. Die Decke fällt ihm auf den Kopf. Es ist 21.30 Uhr. »Ach, laß mal«, sagt Josi. »Ich lackier mir gerade die Nägel.« Er fährt in seine Stammkneipe »Cockpit«, wo sich Hobbyflieger treffen. Zwei Stunden später: Auf der Heimfahrt rast Lutz gegen einen Baum.

Unfallursache laut Polizeibericht (März 1983): Überhöhte Geschwindigkeit, Alkohol im Blut. Unfallursache laut BND-Bericht (August 1990): Wahrscheinlich mit Kontaktgift präparierter Autotürgriff, dessen Berührung zur schleichenden Vergiftung der Person mit später einsetzender Bewußtlosigkeit führte.

Man hat sich jetzt den Tod von Lutz Eigendorf so vorzustellen: Er sperrt seinen Alfa auf. Mit den Fingerspitzen der rechten Hand berührt er das Kontaktgift. Er spürt nichts, fährt los. Über die Haut gelangt das Gift schmerzlos ins Blut. Eigendorf freut sich auf seine junge schöne Frau. In zehn Minuten wird er zu Hause sein. Das Gift erreicht das Nervenzentrum. Urplötzlich kommt es zur Atemlähmung. Der Alfa rast führerlos gegen die Ulme.

Die Witwe: »Kurz nach Mitternacht läutete das Telefon. Das Braunschweiger Krankenhaus. Ich sollte gleich kommen. Das Baby schrie. Erst als es eingeschlafen war, raste ich in die Klinik. Da lag Lutz zwischen Drähten, Schlingen, Apparaten. Dreifacher Schädelbasisbruch, Stammhirnverletzungen, Brustquetschungen.« 37 Stunden nach dem Unfall war Lutz Eigendorf tot. (Zum Begräbnis erteilten die Behörden der DDR – Sozialismus mit menschlichem Antlitz – den Eltern Eigendorfs nach einigem Zögern eine Ausreisegenehmigung. Sie blieben im Westen.)

Es gab immer wieder Gerüchte, daß prominente DDR-Flüchtlinge bedroht wurden. Hatte Lutz Eigendorf Angst vor der Stasi?

Die Witwe: »Einmal waren wir zusammen in Zürich beim Europapokalspiel gegen Dynamo Berlin. Da waren jede Menge Stasi-Leute. Sie fotografierten ihn. Sie belagerten ihn.«

Was empfinden Sie?

Die Mutter: »Habe Wut.«

Die Witwe: »Es tut weh. Ich will, daß die Mörder bestraft werden.«

Das Gespräch verstummt, als Julian, der Sohn, kommt. Blond wie sein Vater, den er nicht kennt. Seine Mutter hat ihm viel von Lutz Eigendorf erzählt, aber für Julian ist er ein Fremder. Er möchte Tennisspieler werden, nicht Fußballer.

Die Familie Eigendorf hat über ihren Anwalt Strafanzeige gestellt wegen Mordes gegen den oder die Auftraggeber des Anschlages auf Lutz Eigendorf.

Fall 2: Der Tod im Hinterhalt

Diesen Mann mit dem Fernglas haßte Stasi-Chef Mielke besonders: Michael Gartenschläger, freigekaufter DDR-Häftling, SED-Gegner von Kindheit an. Er pinselte als Jugendlicher in Halle an Häuserfassaden: »Die Mauer muß weg«, Wiederholungstäter. In einem Schauprozeß wurde er als 17jähriger zu lebenslang verurteilt. Saß zehn Jahre im Zuchthaus Brandenburg, 1971 von Bonn freigekauft. Gartenschläger kämpfte auf eigene Faust im Westen weiter, montierte innerhalb von vier Wochen zwei Selbstschußautomaten im Todesstreifen ab – und präsentierte sie der Westpresse. Widerlegte damit Honecker, der immer wieder behauptete, es gäbe keine Selbstschußanlagen. »Liquidieren«, lautete Mielkes Befehl an den damaligen Leiter der Hauptabteilung I der Stasi, Generalleutnant Kleinjung. Der Bundesnachrichtendienst in seinen Papieren: Gartenschläger wurde gezielt in einen Hinterhalt gelockt und von Scharfschützen erschossen. Man hat ihm einen Tip zukommen lassen, wo er einen dritten Selbstschußautomaten ganz leicht abbauen konnte. In einem Moorgebiet an der Todesgrenze östlich von Hamburg. Als Gartenschläger an

der Stelle ist, eröffnen Mielkes Scharfschützen das Feuer. Unter Kalaschnikowsalven bricht Gartenschläger zusammen.
Sein Freund Wolf-Dieter Uebe zu »Bunte«-Reporterin Bärbel Könecke: »Ich war mit zur Falle gegangen, aber nicht ganz so weit. Ich hörte nichts mehr von Michael, kein Schreien, nichts. Michael hatte geahnt, daß wir einen Verräter unter uns hatten.«

Fall 3: Die Stasi mit Lederhose und Tirolerhut

Nacht, 19. Dezember 1975. Der DDR-Soldat Werner Weinhold flieht über den Todesstreifen, erschießt zwei DDR-Grenzsoldaten, die ihn stoppen wollten. Vier Jahre Gefängnis in Westdeutschland. Die DDR verlangt seine Auslieferung. Vergeblich. Da will Mielke zur Selbsthilfe greifen. Der BND-Bericht: Weinhold sollte bei einem Österreich-Urlaub von Stasi-Agenten in eine Schlucht gestürzt, der Mord als Bergunfall getarnt werden. Aus politischen Erwägungen wurde das Attentat nicht ausgeführt. »Bunte«-Reporter Kurt Molzer konfrontierte Weinhold mit dem Mordplan: »Haben Sie gemerkt, daß Ihnen die Stasi im Genick saß?« Weinhold: »Ich war viermal in Österreich. Das letztemal sah ich vier Männer in einem Ford durch den Ort fahren. Wie Bergtouristen gekleidet. Mit Lederhose und Tirolerhut. Sie kundschafteten jeden Quadratmeter aus, verfolgten mich. Ich bekam Angst, habe seither mit einem Anschlag gerechnet.« Weinholds Rechtsanwalt erstattete Anzeige gegen Stasi-Chef Mielke wegen Mordversuchs.
Am 10. Februar 1992 begann der Prozeß gegen Stasi-Chef Erich Mielke, Generaloberst. Bis zuletzt hat Erich Mielke versucht, dem Prozeß zu entgehen. Spielt den Verwirrten (Knast-Name: »Don Senilo«). Nachts tobt er: »Honecker, du Schwein, wo bist du? Hilf mir!« Der Insasse der Zelle Nr. 207 in Plötzensee mit der Nummer 1135 ist ein Greis. Er sagt: »Niemand weiß etwas über mich.« Seine Frau Gertrud will ihn nicht mehr sehen, öffnet nicht einmal seine Briefe.[242]

Günter Mittag

Der letzte Kommunist. Er geht auf zwei Prothesen. Hätte die Geschichte ein paar Grad anders getickt, wäre Günter Mittag heute der mächtigste Mann der DDR. Honecker wollte ihn als Nachfolger, benutzte den flachen Egon Krenz nur als Spielmaterial. Mittag war erst Wirtschaftsboß, im Vorzimmer instruierten drei Sekretäre jeden Besucher, was der Chef gerne hört. Er war einer der ersten, der in der Wende stürzte. Die PDS- und SED-Kumpanen von Gysi bis Schabowski geben ihm die Schuld für den Wirtschaftskollaps der DDR; Gerüchte wurden gestreut, er habe im Auftrag des BND die DDR in den Ruin getrieben. Alle Sünden werden ihm aufgeladen, um das Ideal des Kommunismus zu retten. So wandert er jetzt ruhelos auf seinen beiden Prothesen zwischen Anwaltspraxis und Bungalow, um sich vor dem Richterspruch zu retten.
Jahrelang bestimmte Günter Mittag den wirtschaftlichen Kurs der DDR. Doch an der Pleite des Staates will er schuldlos sein.
Erstmals seit der Öffnung der innerdeutschen Grenze hat ein Spitzenfunktionär der Ex-DDR mit der Wirtschaftspolitik des SED-Staates abgerechnet. Das frühere SED-Politmitglied Günter Mittag erhob in einem Gespräch mit dem Nachrichtenmagazin »Der Spiegel« schwere Vorwürfe gegen die frühere Staats- und Parteiführung.
Zugleich wies er in einem Beitrag für das Magazin Anschuldigungen ehemaliger Parteifreunde zurück, die ihn nach der Wende zum »Sündenbock« für alle Versäumnisse auf wirtschaftlichem Gebiet bestimmen wollten.
»Ohne die Wiedervereinigung wäre die DDR einer ökonomischen Katastrophe mit unabsehbaren sozialen Folgen entgegengegangen, weil sie auf die Dauer allein nicht überlebensfähig war«, resümiert der heute

64jährige. Gegen ihn wurde im Juli 1991 Anklage wegen »Anstiftung zur Untreue« erhoben.
Das sozialistische System sei insgesamt »falsch« gewesen. Große Teile des Volkseinkommens seien schon umverteilt worden, bevor es erwirtschaftet gewesen sei.
Mittag lebt derzeit nach eigenen Angaben von Arbeitslosenunterstützung.[243]

François Mitterrand

Über die Deutschen sagte er im Januar 1988: »Es ist eine unumstößliche Tatsache: Ihr seid ein großes Volk. Ein großes Volk für eine große Kultur. Bewahrt eure Identität und vergeßt nicht eure Geschichte.« Und ein weiteres Zitat von ihm: »Die Vorstellung, daß das deutsche Volk nicht ewig auf diese Weise geteilt sein würde, liegt in der Logik der Geschichte.«
War immer ein Freund der Deutschen in ihrer schwierigen Zeit. Reist in die Wüste, nach Moskau, Prag. Wirkt nie müde. Joggt morgens um sieben Uhr durch den Elysee-Palast. Danach Kaffee, mittags ein paar Austern, ein halbes Glas Rotwein.
Die Kapelle zur deutschen Einheit hatte Richtfest. Wir danken den Architekten Kohl, Gorbatschow und Bush. François Mitterrand, der Polier, drängt die Gesellen, die Kathedrale zu vollenden: Europa.
Am 26. Oktober 1990 wurde François Mitterrand 74 Jahre. 1982 diktierte er Peter Scholl-Latour zur deutschen Einheit in den Block: »Sie ist eine ebenso natürliche wie normale Perspektive.« Als Politiker spricht er 1989 offen die Furcht vor einem neuen Deutschland an, und als Freund: In Straßburg sagt er 1990 ja zur Wiedervereinigung, als erster Staatsmann einer Siegermacht: »Wir dürfen Ereignisse nicht fürchten, die glücklich machen. Seit wie vielen Jahren fordern wir die Freiheit?« Franzosen und Freiheit – keiner kennt sich besser. Mitterrand zitiert den Dichter Paul Claudel: »Deutschland braucht Europa. Europa braucht Deutschland.«
Als erstes ausländisches Staatsoberhaupt will er durch das Brandenburger Tor schreiten. Prèsident de L'Europe, bienvenu![244]

Hans Modrow

Hans Modrow lebt im Gegensatz zu Egon Krenz seit zehn Jahren auf 100 Quadratmetern in einem grauen Mietshaus in der Pfotenhauer Straße 22 in Dresden mit Normalbürgern als Nachbarn. Sein karger Lebensstil ärgerte die Topfunktionäre der SED, die Westwaren kauften und in Villen im Grünen wohnten. Sie wollten Modrow und Ehefrau Annemarie, Lehrerin an der Bezirksparteischule, zum Umzug in ein repräsentatives Appartement mit Blick von den Elbhöhen zwingen. Er weigerte sich. Seinen Lada fährt er selbst. Die beiden erwachsenen Töchter sind Irena, Dozentin für Philosophie, und Tamara, Kindergärtnerin. Hans Modrow und seine Frau Annemarie haben drei Enkelkinder: Florian, Tobias und Sebastian. Neben der Rolle des Vaters und Großvaters spielt er auch noch die des Ministerpräsidenten der DDR. Er weiß nicht so recht, wie lange er noch Arbeit hat.
Als Retter in schlimmster Not haben ihn auf dem Dezember-Parteitag der SED 1989 auch solche Kommunisten hochleben lassen, die Modrow immer schon um seine Popularität bei den Dresdenern beneideten. Und die es ganz richtig fanden, daß Honecker, Mittag und Mielke dem Genossen Dr. rer. oec. Hans Modrow den Weg ins Machtzentrum verlegten, weil ihnen der strebsame Funktionär durch sein eigenes Denken mehrfach unangenehm aufgefallen war. Auch dadurch, daß der 16 Jahre als höchster Parteimann in Dresden amtierende Kommunist so gar keine Bonzenallüren zeigte. Schlimmer noch, daß Hans Modrow seine Sympathie für den großen Genossen an der Moskwa und dessen Reformidee nicht verbergen mochte. Sie wollten ihm niemals eine Chance geben, ganz nach oben zu kommen. Gorbatschow hat Modrow sogleich an die Brust gezogen. Der Arbeiter-

sohn aus dem Kreis Ueckermünde war nach seinem Geschmack. Der Russe vertraut dem deutschen Genossen. Die zu neuem Denken, wie sich nun zeigt, unfähigen SED-Funktionäre, heilfroh, daß die von Leipzig ausgehende Revolution so wunderbar milde mit ihnen verfuhr und nur die engsten Spießgesellen des Erich Honecker hinter Schloß und Riegel brachte, wittern Morgenluft.
Die alte Garde hofft darauf, daß sie Modrow zu ihrem Werkzeug machen kann. Noch immer sitzen rund 60 000 Stasi-Angehörige an ihren Schreibtischen. Die Honecker-Porträts haben sie abgehängt. Ihre Gesinnung haben sie nicht geändert. Und sie reden schon wieder wie früher, unverfroren, schneidig, arrogant.
Aus Gera schickten Stasi-Funktionäre an Modrow ein Fernschreiben, das ihn, kaum verhüllt, dazu anregen sollte, den Demokratisierungsprozeß, der eben erst und zaghaft nur begonnen hat, mit den bewährten Instrumenten staatlichen Terrors zu ersticken. Da hieß es, »daß die Anschürer, Anstifter und Organisatoren dieser haßerfüllten Machenschaften gegen die Machtorgane des Staates sofort zu entlarven und zu paralysieren seien. Dazu benötige man das Weiterbestehen der bewaffneten Sicherheitsorgane.«
»Anschürer« – das Wort findet sich nicht im Duden West und nicht im Duden Ost. Trotzdem weiß jeder, was gemeint ist. Die Gesinnungspolizei zielt auf die gesamte Opposition, auf alle, die endlich rechtsstaatliche Verhältnisse in der DDR gewährleistet sehen wollen. Und die richtig erkannt haben, daß mindestens 60 000 Stasi-Schergen und Stasi-Schläger schleunigst und ohne Zeitverlust entmachtet werden müssen.
Im Proust-Fragebogen des FAZ-Magazins hat Hans Modrow auf die Frage »Welche geschichtlichen Gestalten verachten sie am meisten?« intelligent und wacker geantwortet: »Politische Verbrecher, die sich gut tarnen können.« Ja, wirklich, eine gute und spontane Antwort. Nur geht es für den gelernten Maschinenschlosser mit dem Doktorhut heute nicht um Politkriminelle der Vergangenheit. Er hat sie, quicklebendig, haufenweise in der eigenen Partei. Und sie warten nur darauf, daß sie ihm den Fuß in den Nacken setzen können.
Hans Modrow will der alten Politkaste auch räumlich entfliehen. Er läßt das pompöse Büro seines verhafteten Vorgängers Willi Stoph (Eichenmöbel, Ledersessel) leerstehen. Der neue DDR-Ministerpräsident sitzt auf einem einfachen Bürostuhl. Auf dem Schreibtisch steht ein alter Kristallleuchter. Und der Pförtner sieht seinen Chef manchmal spätnachts allein auf die Straße hinausgehen – 20 Minuten Fußweg zum Mittelklassehotel »Johanneshof«, wo Hans Modrow ein Zimmer hat…
Ehrlichkeit hat der Regierungschef Hans Modrow seine Lieblingstugend und zugleich seinen größten Fehler genannt. Das eine klingt sehr anspruchsvoll, das andere ziemlich kokett. Wenn die DDR-Deutschen ihm seine Ehrlichkeit glauben sollen, muß er sie durch Taten beweisen und durch Mut.
Die Ehrlichkeit, die guten Absichten glaubt man ihm noch. Daß er in geschichtlicher Stunde auch genug Entscheidungskraft zu beweisen versteht – es wird an jedem neuen Tag zweifelhafter.
Er ist Träger des Vaterländischen Verdienstordens in Gold, Silber und Bronze, des Karl-Marx-Ordens. Bei seinem einzigen Wahlkampftag wurde er ausgepfiffen, am Wahlabend von seinen Getreuen bejubelt.
Modrow und seine PDS bekamen 1 873 666 Stimmen. Wegen der Millionenschiebereien der PDS legte er entrüstet sein Amt als PDS-Ehrenvorsitzender nieder.
Der 1. Sekretär der SED-Bezirksleitung Dresden lachte selten, hat aber Sinn für Humor. Als bei seinem Besuch am 27. September 1989 in der Technischen Hochschule unter den elektronischen Augen der Kameras ein Roboter streikte, hatte Hans Modrow diese Erklärung parat: »Der will wohl nicht, weil so viel Fernsehen da ist. Ich mag dies auch nicht.« Der nur knapp 1,70 Meter große, schlanke, schon fast weißhaarige Vater von zwei Kindern stammt aus Jasenitz im Kreis Ueckermünde. Nach der Lehre als Maschinenschlosser wurde er 1942 zur

Wehrmacht eingezogen, geriet in sowjetische Gefangenschaft. Nach dem Krieg studierte er Gesellschaftswissenschaft, promovierte zum Dr. rer. oec. Wie Egon Krenz absolvierte er danach die Parteischule in Moskau, arbeitete dann drei Jahre eng mit Walter Ulbricht zusammen.
Im Mai 1988 schwärmte er nach einer Reise durch China in der »Sächsischen Zeitung« von »kapitalistischen Modellregionen« und empfahl deren Übernahme in die DDR. Seitdem galt er als Vertreter des Reformflügels der DDR – zumindest im Bereich der Wirtschaft.
Während der Wende im Herbst 1989 in der früheren DDR war Hans Modrow der Hoffnungsträger für einen neuen Staat. Heute wird der 64jährige PDS-Bundestagsabgeordnete von seiner Vergangenheit als SED-Bezirkschef von Dresden eingeholt. Er soll wegen Wahlfälschung in seinem früheren Wohnort Dresden vor Gericht gestellt werden. Der SED-Funktionär war 1973 seiner damaligen Funktionen als Abteilungsleiter Agitation im ZK der SED enthoben und zur Bezirksleitung Dresden versetzt worden. Dort ging er zunehmend auf Distanz zur Zentrale. In den Oktobertagen 1989 war Modrow mit Berghofer (Oberbürgermeister von Dresden) einer der ersten SED-Politiker, die auf der Straße mit Demonstranten sprachen.
Im November 1989 wurde Modrow in der Volkskammer zum Vorsitzenden des Ministerrats gewählt, da er als Vertreter von Gorbatschows Politik angesehen wurde.
Im April 1990 übergab Modrow die Regierungsgeschäfte an Lothar de Maizière (CDU), nachdem er sich mit dem Amt für Nationale Sicherheit und in Verhandlungen mit Bonn keinen guten Namen gemacht hatte. Die PDS wählte ihn zum Ehrenvorsitzenden und delegierte ihn in den Bundestag.
Gegen Modrow wird nun im Frühjahr 1992 Anklage wegen Anstiftung zur Wahlfälschung bei den DDR-Kommunalwahlen im Mai 1989 erhoben. Der Prozeß soll noch vor der Sommerpause des Bundestages 1992 beginnen, so der sächsische Generalstaatsanwalt Günter Hertweck. Seine Immunität als Bundestagsabgeordneter hat er verloren.
Was heißt Immunität: Die Abgeordneten des Bundestages und der deutschen Länderparlamente genießen mit der sogenannten Immunität besonderen Schutz vor Strafverfolgung. Dieses von den Volksvertretungen in Deutschland im vergangenen Jahrhundert erkämpfte Privileg soll die Funktionsfähigkeit des Parlamentes schützen.
Für den einzelnen Abgeordneten endet es mit dem Mandat. Ein Parlamentarier darf danach nur mit Genehmigung des Abgeordnetenhauses zur Verantwortung für eine Straftat gezogen werden. Das gilt nicht, wenn der Abgeordnete bei Begehung der Tat oder im Laufe des folgenden Tages festgenommen wird.
Teilweise heben die Parlamente zu Beginn ihrer Legislaturperiode die Immunität generell für bestimmte Delikte im voraus auf. Für Ordnungswidrigkeiten gilt der besondere Schutz ohnehin nicht.
Im Grundgesetz ist die parlamentarische Immunität der Abgeordneten in Artikel 46 geregelt. In Absatz zwei des Artikels heißt es: »Wegen einer mit Strafe bedrohten Handlung darf ein Abgeordneter nur mit Genehmigung des Bundestages zur Verantwortung gezogen oder verhaftet werden, es sei denn, daß er bei Begehung der Tat oder im Laufe des folgenden Tages festgenommen wird.«[245]

Dr. h. c. Karl Otto Pöhl

Geboren am 1. Dezember 1929 in Hannover. 1948 bis 1953 Volontär und Redakteur bei der »Hannoverschen Presse«. Studium der Wirtschaftswissenschaften an der Universität Göttingen, Diplom-Volkswirt 1955. 1955 bis 1957 Lektor bei Verlagen in München. 1958 bis 1960 Leiter der Abteilung Publizistik beim Ifo-Institut für Wirtschaftsforschung, 1961 bis 1967 Wirtschaftsjournalist in Bonn. 1968 bis 1970 Mitglied der

Geschäftsführung des Bundesverbandes Deutscher Banken. 1970 Leiter der Abteilung Mittelstandspolitik im Bundeswirtschaftsministerium. 1971 Ministerialdirektor. Leiter der Abteilung für Wirtschafts-, Finanz- und Sozialpolitik im Bundeskanzleramt. Dezember 1972 Staatssekretär im Bundesministerium der Finanzen. 1977 Vizepräsident, seit 1980 Präsident der Deutschen Bundesbank und deutscher Gouverneur beim Internationalen Währungsfonds. Außerdem seit 1983 Vorsitzender der Notenbankgouverneure der »Zehnergruppe«.
Er ist völlig unabhängig von Kanzler und Finanzminister, Otto Pöhl, der Bundesbankpräsident (SPD). Er ist der Herr der Mark. Als er vor kurzer Zeit unsere damals noch glänzende Konjunktur lobte, wurden die großen und kleinen Reichen in Deutschland ganz schnell noch reicher. Die Börse zog an.
Wenn er die Zinsen anhebt, müssen wir alle für unsere Autokredite und Hypotheken mehr bezahlen. Der Herr der D-Mark, auf jedem neuen Hundertmarkschein steht sein Namenszug.
Eine Anweisung von ihm genügte, und 25 Milliarden Mark in bar rollten per Lastkraftwagen in die DDR. Er steuert über den Zins die Konjunktur, deshalb wichtigster Mann. Kohl kann ihm nichts befehlen.
Schade daß er Mitte 1991 seinen Abschied nahm. Bundeskanzler Helmut Kohl hat den ehemaligen Bundesbankpräsidenten Karl Otto Pöhl am 27. August 1991 offiziell verabschiedet. Trotz zahlreicher Konfliktpunkte zwischen der Bundesbank und Bonn ist der ausgezeichnete Ruf der D-Mark nicht zuletzt sein Verdienst.
Pöhl mahnte in seiner Abschiedsrede die Westdeutschen zur Selbstbeschränkung zugunsten des Aufbaus der neuen Länder. Im Beisein seines Nachfolgers Helmut Schlesinger überreichte der Kanzler dem ehemaligen Notenbankpräsidenten in der Frankfurter Paulskirche das Großkreuz des Verdienstordens der Bundesrepublik Deutschland.

Dr. Detlev Karsten Rohwedder, Chef der Treuhand

Er wurde 1932 in Gotha in Thüringen geboren. Sein Vater war Buchhändler. Studierte in Hamburg Jura und war zugelassener Rechtsanwalt in Düsseldorf. Seine Frau Hergard, geborene Toussaint, stammt aus einem alten Hugenottengeschlecht. Sie arbeitet als Richterin in Düsseldorf. Sie lernten sich an der Universität Hamburg kennen, heirateten 1960 in San Franzisko.
Im Juli 1990 beruft Kanzler Helmut Kohl Detlev Rohwedder an die Spitze der Treuhand. Der wichtigste Job für den Sozialdemokraten im neuen Deutschland. Seine Aufgabe: die Ex-DDR sanieren, den Menschen drüben Arbeit und Hoffnung geben. Rohwedder verwaltet die größte Firma der Weltgeschichte: 8000 Betriebe, 500 Milliarden Mark Vermögen, über acht Millionen Beschäftigte. Vor seinem Büro in Berlin demonstrieren in dieser Zeit Zehntausende Alt-Kommunisten der PDS/SED, weil er ihnen die Vergangenheit nimmt.
Rohwedders Aufgabe war noch ein ganzes Stück schwieriger als die des großen und verdienstvollen Professors Ludwig Erhard. Auch er hatte damals viele Feinde.
Seine Aufgabe war nicht leicht, vom ersten Tag an hat sich eine große Kolonne von wirtschaftspolitischen Amateuren und Besserwissern gestellt. Es waren Kräfte da, die zielstrebig gegen ihn hetzten, weil sie doch darauf hofften, daß eine Massenarbeitslosigkeit in der Ex-DDR ihren politischen Zielen entgegenkomme. Rohwedder war mutig und entschlossen, sein Tod ist ein großer Verlust für ganz Deutschland.
Peter Boenisch, der ehemalige Sprecher des Bundeskanzleramtes, hat über dieses Attentat die richtigen Worte gefunden: »Sie haben Detlev Rohwedder in den Rücken geschossen. Heimtückisch mit dem Zielfernrohr. Der Mann ist tot. Doch ihr Ziel haben die Terroristen wieder einmal verfehlt. Auch Gegner der Treuhand wollen mit dem Mord nichts zu tun haben. Jeder, der Rohwedder kannte, fragt, warum gerade er. Dieser So-

zialdemokrat war kein eiskalter Manager, sondern einer, der in jedem Job, ob als Staatssekretär, als Hoesch-Manager oder als Treuhand-Chef, nicht nur sich zu verwirklichen suchte, sondern stets den Menschen helfen wollte. Bei allen ihren Opfern ist das Wissen der Terroristen über Mensch und Werk gleich null. Sie ballern auf ein Symbol, genausogut könnten sie Scheibenschießen auf ein Firmenzeichen veranstalten. Aber ihre perversen Sinne wollen Tote sehen.
Es begann mit Hanns-Martin Schleyer, bullig aussehend, aber in Wahrheit um sozialen Ausgleich bemüht. Alles andere als ein brutaler Kapitalist, sondern einer, der sich um soziale Gerechtigkeit mühte. Die Gewerkschaften, mit denen er sich auseinandersetzte, respektierte er und sie ihn. All das interessiert die angeblich politisch motivierten Terroristen nicht.
So erwischte es auch den Bankier Jürgen Ponto. Er, immer ein bißchen von oben herab wirkend, war in Wirklichkeit ein liberaler, weltoffener Geschäftsmann, der sich mit allem und jedem auseinandersetzte. Nur die Kugel, die ihn traf, setzt sich mit nichts und niemand auseinander.
Es ging weiter mit einem Beamten im Auswärtigen Amt, den zwar die Kollegen, aber nicht die breite Öffentlichkeit kannte. Sein Name: von Braunmühl. Und was tat er? Er suchte, lange bevor die Politik der Entspannung begann, den Ausgleich zwischen Ost und West. Und ausgerechnet diesen Friedenssucher haben sie erschossen. Für wen? Warum?
Dazwischen gab es andere sinnlose Opfer des Terrors, und dann wurde Alfred Herrhausen, schon zu Lebzeiten ein Denkmal des Fortschritts, in die Luft gesprengt. Bei der Planung ihrer Verbrechen sind die Terroristen akribisch genau. Aber oberflächlich, fast willkürlich, ist die Auswahl ihrer Opfer.
Was nutzt es, den Chef der Deutschen Bank umzubringen? Es gab ein Dutzend Chefs der Deutschen Bank, und es wird weitere Dutzende geben. Sie morden einen, der sich nicht nur Gedanken um die Zukunft seiner Bank, sondern um die Zukunft des Landes und das Wohlergehen seiner Bewohner machte. Herrhausen war ein Repräsentant des ›neuen Denkens‹, schon lange bevor Gorbatschow diesen Begriff prägte. Aber diese Totmacher, mit dem Finger am Abzug, wissen nichts und recherchieren nichts. Name, Bombe, tot, das ist ihre Neandertalerlogig.
Es ist schon schrecklich genug, daß nach Auschwitz irgendwelche Deutsche sich immer noch anmaßen, Ankläger, Richter und Henker in einer Person zu sein. Ohne Gnade und ohne Berufung. Auch ihre wirren politischen Phrasen geben ihrer Mordlust keinen Sinn. Sie türmen ins Nichts, aus dem sie kommen, und posaunen mit dem sogenannten Bekennermut ihre Mordtat in die Gegend.
Sie überschätzen sich maßlos, wollen unser Land zur Schießbude machen, und ihr einziger zählbarer Erfolg sind Leid und Leichen in ein paar Familien. Hauptsache prominente Leichen. Diese Terroristen sind kein Fall für die Politik, sondern ein Fall für die Klappsmühle.«[246]

Erschütterung und Trauer über den Mordanschlag auf Dr. Detlev Karsten Rohwedder

Gedenken des Bundeskanzlers
Bundeskanzler Dr. Helmut Kohl erklärte am 2. April 1991 zur Ermordung des Vorstandsvorsitzenden der Treuhandanstalt, Dr. Detlev Karsten Rohwedder:
Die Nachricht vom Mord an Detlev Rohwedder hat mich tief erschüttert. Meine ganze Anteilnahme und mein Mitgefühl gelten seiner Frau, der ich baldige Genesung wünsche, und seinen beiden Kindern.
Mit Detlev Rohwedder verliert Deutschland einen der großen Repräsentanten seiner Wirtschaft und eine herausragende Persönlichkeit unseres öffentlichen Lebens. Als Staatssekretär im Bundesministerium für

Wirtschaft von 1969 bis 1978 – unter anderem waren ihm dort die Wirtschaftsverhandlungen mit der damaligen DDR anvertraut – erwarb er sich hohes Ansehen über Parteigrenzen hinweg.
Nach seinem Wechsel in die Wirtschaft hatte Detlev Rohwedder nie nur die Interessen der von ihm geführten Unternehmen im Blick, sondern stets auch das Wohl des Ganzen.
Durch die Wiedervereinigung Deutschlands fühlte er sich als Patriot auch persönlich in die Pflicht genommen. Er stellte sich in schwierigster Zeit für die Treuhandanstalt zur Verfügung – zunächst als deren Verwaltungsratsvorsitzender und kurze Zeit später als deren Präsident. Ich selbst verdanke ihm wertvollen Rat.
Mit unermüdlicher Tatkraft und herausragendem Sachverstand, mit großer Autorität und im Bewußtsein seiner hohen Verantwortung für die Menschen hat er sich um den wirtschaftlichen Neuaufbau in den neuen Bundesländern verdient gemacht. Erfolge seiner engagierten Arbeit zeigen sich bereits. Um so schmerzlicher empfinden wir den Verlust, der uns alle mit seiner Ermordung getroffen hat.
Wir werden das von ihm begonnene Werk unbeirrt fortsetzen, damit sich in den kommenden Jahren die Lebensverhältnisse in den neuen Bundesländern nachhaltig verbessern und nach der staatlichen auch die innere Einheit Deutschlands vollendet wird.
Detlev Rohwedder hat sich um unser vereintes Vaterland verdient gemacht.[247]

Gerd Ruge

Der gute deutsche Berichterstatter aus Moskau, der überall dort war, wo es die deutschen Interessen erforderten. Er hielt uns aus Rußland während der Wende auf dem laufenden. Er ist der Beste, schrieb die »Bunte«, als Gerd Ruge seine Reportage aus Litauen unter Tränengas-Schauern sprach. Er ist das Schlachtroß der ARD. Spricht perfekt russisch seit dem 17. Lebensjahr.

Günter Schabowski

Günter Schabowski war Chef der Zeitung »Neues Deutschland«. Druckte in einer Ausgabe 34 Fotos von Erich Honecker, immer linientreu. Im Herbst 1989 Verkünder der Reisefreiheit. Mit einer Russin verheiratet, Kosename »Zöpfchen«. Jetzt aufgewacht, wie viele, Spitzenreformer. Der Beste.

Alexander Schalck-Golodkowski

Fast vier Millionen Zuschauer sahen im Mai 1991 die Auftritte des früheren Stasi-Oberst Schalck-Golodkowski im Fernsehen bei RTL-Plus.
»Ich habe nur meine Pflicht getan. Wo die verschwundenen Milliarden sind, weiß ich nicht. Für die Schweinereien der Stasi bin ich nicht verantwortlich. Alle entscheidenten Akten können von der Staatsanwaltschaft gelesen werden«, sagte Schalck. Dagegen ermittelte Staatsanwalt Brocher: »Stimmt nicht. Mindestens eine Tonne Akten wurde vernichtet.«
Die Staatsanwaltschaft in Berlin bemüht sich um eine Anklageschrift gegen Schalck. Die Ermittlungen gegen den DDR-Devisenbeschaffer Schalck-Golodkowski gestalten sich »außerordentlich schwierig«, heißt es. Einige Zeitungsberichte gehen sogar so weit, zu sagen, er könne nicht belangt werden. Grund sei auch die Gratwanderung zwischen dem Strafrecht Ost und West, die äußerst wacklig sei.
Während de Maizière auf einen vagen Verdacht hin Ministerposten und Parteiamt verlor, traut sich niemand an Schalck-Golodkowski heran. Proteste. Frivoles Augenzwinkern.
Während der normale, früher von der Stasi verfolgte, von Bautzen bedrohte, miserabel entlohnte, seiner Freiheit beraubte einstige DDR-Bürger heute ums Auskommen kämpfen muß, lebt Schalck in einer schicken Villa in Rottach-Egern. Er muß reiche und einflußreiche Freunde im Westen haben.

Die Karriere des mysteriösen Alexander Schalck-Golodkowski begann vor etwa 43 Jahren in einem kleinen obskuren Büro am Rosenthaler Platz in Ostberlin. Dort betrieben im Auftrag der Russen die Schwarzhändler Herrschel-Libermann (heute heißt er Wischnewski) und Simon Goldenberg (heute Simon) eine Scheinfirma. »Sascha« Schalck-Golodkowski, Sohn einer russischen Mutter, hatte in Berlin eine Bäcker- und Konditorlehre abgeschlossen und den Beruf gewechselt. Libermann und Goldenberg weihten den kessen, hellwachen Schalck in die raffiniertesten Tricks legaler und nicht immer so ganz legaler Transaktionen ein.
Die Schwarzhändlerfirma wollte den von den Marken Chesterfield und Navy-Cut beherrschten Berliner Zigarettenschwarzmarkt mit den russischen Konkurrenzmarken Drug und Hundekopf aufbrechen. Der Versuch scheiterte. Während des Korea-Krieges betätigte sich der junge Schalck als Blockadebrecher für die Sowjets, indem er geschickt westliche Embargostopps umging und strategische Metalle, ob Edelstahl oder Kupfer, über Ostberlin den Russen zuführte. Im DDR-Staatsauftrag stellte er bei ehemaligen Nazis und in verlassenen Schlössern der geflüchteten ostelbischen Aristokratie unermeßliche Kunstwerke und Antiquitäten sicher.
Er verfügte über erstklassige Kontakte: zum sowjetischen Geheimdienst, zur Staatssicherheit der DDR, zu den internationalen Devisenbanken und zu den Spitzen der bundesdeutschen Wirtschaft.
Im ZK-Gebäude am Werderschen Markt, der ehemaligen Deutschen Bank, wurde zur Abwicklung geheimer Devisen- und Westgeschäfte die Unterabteilung »U 9« eingerichtet. Chef war der Altkommunist Jupp Steidl. Schalck und Steidl drehten in den sechziger Jahren am großen Rad der Devisenbörsen. In die Staatskasse der DDR flossen Milliarden. Schalck erwies sich als ein brillantes Finanzgenie, von dessen Erwerbssinn sich auch die bundesdeutsche Prominenz, von Strauß bis Sträuble, sichtlich beeindruckt zeigte.
Alexander Schalck-Golodkowskis Macht gipfelte schließlich in einem verschachtelten Firmenimperium unter der verfänglichen Bezeichnung »Kommerzielle Koordination«, genannt »Koko«. Als Chef der Ostberliner »Koko« wußte Schalck alles. Er kannte die kleinen Schwächen der SED-Nomenklatura.
In der Ostberliner Wallstraße 17-22 residierte er mit mehreren hundert Mitarbeitern. Sein Imperium: 67 Firmen im Osten, 108 in Westeuropa, die meistens getarnt waren. Offizieller Titel: Staatssekretär. In Wahrheit: Oberst bei der Stasi, seine Frau Sigrid Hauptmann bei der Stasi. Schalck: »Mein verdammt schwieriger Job war es, die DDR vor der Zahlungsunfähigkeit zu bewahren.« Er schaufelte in Honeckers Kassen 50 Milliarden Westmark, nach Geheimdienstberechnungen sogar 100 Milliarden. Als er flüchtete, hinterließ er auf ca. 1000 Geheimkonten weltweit: 8,6 Milliarden Devisen, 27,6 Milliarden DDR-Mark, Gold, Aktien. Dutzende von Staatsanwälten verzweifeln zur Zeit über diesen Akten und prüfen: Hat Schalck 22 Milliarden beiseite geschafft?
Legendär war seine Pressescheu und sein ausgeprägter Sinn fürs Konspirative. Stets hielt er sich im Hintergrund. In der DDR-Presse erschienen keine Fotos von ihm. Lothar Loewe kennt ihn seit 1974, er wurde ihm auf der Leipziger Messe vorgestellt: »Ah, der Herr ARD-Korrespondent – sehr interessant, was sie in der Tagesschau berichten... Das sehe ich häufig...« Und dann sagte er liebenswürdig: »Kein Interview, unter keinen Umständen. Haben Sie bitte Verständnis dafür, daß sich der Charakter meiner Tätigkeit nicht mit der Publicity verträgt.«
Es ist unerfindlich, weshalb Schalck-Golodkowski die Sondierung mit Bonns Mann in Ostberlin, Günter Gaus, über den Bau der Autobahn Berlin–Hamburg bei Nacht und Nebel im Auto führte. Gaus mußte damals zu später Abendstunde seine Residenz in der Kuckhoffstraße in Pankow-Niederschönhausen zu Fuß verlassen, um an einer

bestimmten Straßenecke in eine schwarze Volvo-Limousine zu steigen, in der Schalck auf ihn wartete. Während einer Kreuz-und-Quer-Fahrt durch die Straßen des nächtlichen Berlins verhandelten Schalck und Gaus über das Milliardenprojekt des Autobahnbaus.
Nach einer Serie dieser Ostberliner Autokonferenzen erklärte sich Schalck schließlich bereit, zu Gaus in die Residenz zu kommen. Er erschien jedesmal mit hochgestelltem Mantelkragen und einem tief ins Gesicht gezogenen Hut.
Die Residenz betrat er nur durch den Nebeneingang. Auch zu Strauß fuhr Schalck konspirativ. Ein von Strauß geschickter Wagen nahm ihn auf einem einsamen Parkplatz an der Transitstrecke auf.
Kleine Gefälligkeiten erledigte er spielend. Wenn der Krupp-Chef Berthold Beitz mit seiner Jacht »Germania« den DDR-Hafen Warnemünde anlaufen wollte, gab es nie Schwierigkeiten. Grenzorgane und der Hafenmeister standen salutierend am Kai. »Sascha« Schalck hatte die Hafeneinfahrt »durchgestellt« (ein Stichwort von ihm, und alles lief).
In Ostberlin ließ Schalck-Golodkowski eine Villa zurück, vollgestopft wie ein Eichhörnchenbau im Winter. Reichtum-Mix: Meißen, Gemälde, Elfenbeinschnitzereien. Nördlich von Berlin zehn Hektar eingezäunter Kiefernwald am großen Golliner See, darauf ein weißer Bungalow, Doppelgarage, Terrasse, Außenkamin. Er hinterließ ein komfortables Jagdhaus in der Schorfheide und zwei erwachsene Kinder.
Wohnt heute am Tegernsee. Wovon er lebt, wer ihn bezahlt? Ein Geheimnis. Wer schützt ihn? Unser Geheimdienst, weil er plauderte, oder die Stasi, weil er zuviel weiß?
Es wird viele Funktionäre in der Ex-DDR geben, die zittern. Denn sollte Alexander Schalck-Golodkowski eines Tages auspacken, dann wird die Bevölkerung noch mehr über Korruption erfahren als bisher. Auch einige Herren im Westen werden stürzen.[248]

Karl Eduard von Schnitzler

Karl Eduard von Schnitzler, Chef-Hetzer der SED im DDR-Staatsfernsehen. »Der schwarze Kanal« hieß seine Sendung, die Montag abends ausgestrahlt wurde. In 1519 TV-Hetzsendungen wetterte er gegen den westlichen Sumpf, in der DDR wurde er der »Sudel-Ede« genannt. Er war ein »Meister im Tragen auf beiden Schultern«. Einerseits schimpfte er auf den Westen – andererseits war er Schmarotzer westlicher Wohltaten.
Nach »Bunte« gab es in seiner Villa im DDR-Prominentenviertel Zenthen Hummer, Kaviar, Champagner aus Westberlin. Er besaß eine Datscha an der Ostsee, eine Villa im schweizerischen Tessin, verfügte über mehrere Millionen aus Tantiemen (natürlich in harten Westwährungen).
Seine dritten Zähne ließ er sich in Lübeck machen – als Privatpatient. Jetzt, nach über 30 Jahren und 1519 Sendungen, ist ihm das Gesicht verrutscht. Er wurde abgelöst, bereut aber nichts.

Friedrich Schorlemmer

Pfarrer der Wittenberger Schloßkirche. Mitbegründer des »Demokratischen Aufbruch«. Mahner zur Besonnenheit. Verantwortlich für friedlichen Ablauf der heißen Demonstrationen in Berlin. Lieblingszitat: »Lasset die Geister aufeinanderprallen, aber die Fäuste haltet stille.« Ein Luther-Zitat. Natürlich.
Er ist ein Nachfolger Martin Luthers in der Schloßkirche zu Wittenberg – und genauso mutig in der Tat. Verweigerte den Wehrdienst in der Volksarmee, ließ sich von einem Schmied einen Hammer reichen, um ein Schwert zu einer Pflugschar umzuformen. Seine Ehe zerbrach in der Zeit der Bespitzelung. Unbestrittenes Gewissen der DDR-SPD auch nach der Niederlage.
Bewertung: aufrechter Demokrat. In der praktischen Politik unerfahren.[249]

Rudolf Seiters

Bundeskanzler Helmut Kohls treue Seele: Kanzleramtsminister Rudolf Seiters.
Auf ihm lastete die meiste Arbeit als es um die Wiedervereinigung Deutschlands ging. Morgens kurz nach sieben Uhr nimmt Minister Seiters hastig sein Frühstück im Büro: Kaffee mit Süßstoff (Angst vorm Dickwerden), ein Käsebrötchen. Er schläft selten mehr als fünf Stunden. Aber hinter seiner großen Brille sind sehr wache Augen. In wenigen Minuten beginnt die erste von etwa zehn Besprechungen am Tag. Seiters, katholisch, verheiratet, drei Töchter, beschäftigt drei Sekretärinnen bis zur Atemlosigkeit.
Und das Ende eines langen Tages: Kanzleramtschef Rudolf Seiters geht zum letztenmal in sein Büro. Der Kanzler ist schon fort, der letzte macht das Licht aus.[250]

Axel Springer

Das verhöhnte Genie. Axel Springer (1912 bis 1985), er starb fünf Jahre zu früh. Die Linken verteufelten ihn als »Brandenburger Tor«. Aber er baute trotzig 1963 sein Verlagshaus (19 Stockwerke) an die Mauer. Und ging jeden Tag mit Kaschmirmantel, Einstecktuch und Lammfellhandschuhen durch die Stadt.
Axel Springer: »Es lohnt sich nicht, hohe Häuser zu bauen, wenn man nicht eine Idee hat, die größer ist als wir selbst: Freiheit für alle Deutschen in einem Vaterland mit der rechtmäßigen Hauptstadt Berlin.« Mit seinem Springer-Ullstein-Verlag war Axel Springer der letzte große Verleger Berlins. Nachfolger der legendären Familien Ullstein, Scherl und Mosse. Springer zog 1966 aus Hamburg nach Berlin und folgte damit seiner Vision: Berlin wird wieder Hauptstadt.

Lothar Späth

Man nennt ihn den »Retterle Ost«, den Württemberger. Als er zum Zeiss-Chef (Ost) berufen wurde, vergrub er das Gesicht in den Händen. Demut. Lothar Späth, 1991 53 Jahre alt, Schwabenpfeil, ist in Jena gelandet. Cleverle wird Retterle. Erste Tat: drei Milliarden Mark Zuschuß von der Treuhand kassiert – Aufbauhilfe für den kaputten Laden. Der Mann ohne Abitur kann verkaufen. Sich. Als er als Ministerpräsident in Baden-Württemberg abtrat (eigene Entscheidung), war Stuttgart in den internationalen Chef-Etagen bekannter als Bonn. Der Entwicklungshelfer Ost sagt: »Es ist wie damals!« 1967 war er Aufbaubürgermeister in Bietigheim (mit 29), danach Bau-Manager. Dann Komet in der Politik. Er ist ein Problemlöser. Aber wie drüben helfen? »Schenkt erst mal den Ossis ihre Wohnungen. Es ist mir lieber, wenn sie ab sechs Uhr renovieren, was ihnen gehört, als daß sie bis zehn Uhr im Bett liegen.« Er steht um fünf Uhr auf. Wenn die Sonne im Osten aufgeht.[251]

Ex-Landes-Chef will keine Tränen

Die CDU-Fraktion im Baden-Württembergischen Landtag hat sich mit einem Festakt von ihrem langjährigen Mitglied Lothar Späth verabschiedet. Dabei wurde Späths unerschöpflicher Ideenreichtum und Einsatz in der Landespolitik gelobt. Späth rief den Gästen zu: »Weint mir keine Träne nach.«

Dr. Manfred Stolpe

Als Kind wollte er Förster werden. Jetzt ist er Ministerpräsident, der Mann, der jetzt in Potsdam Preußen regiert. Manfred Stolpe ist Jurist, war als Konsistoralpräsident der evangelischen Kirche Wortführer der Wende. Er beginnt seinen Tag mit 30 Liegestützen, 40 Kniebeugen und einem Gebet. Seine Frau Ingrid ist Ärztin, die Tochter Katrin studiert Jura.
Er wohnt in Potsdam in einer Villa. Kürzlich standen unbekannte Besucher aus West-

deutschland vor der Tür. »Das ist unser Haus«, sagten sie. »Unsere Eltern haben es gebaut, wurden von der SED enteignet.«
Stolpe: »Ich habe ihnen geraten, ihre Ansprüche anzumelden. Sie haben ein Recht auf Entschädigung.« Er hat das Haus vom Staat gekauft.
Nach der Wende ging er in die Politik. »Meine Frau Ingrid und meine Tochter Katrin waren gegen meine politische Karriere. Ich habe nicht auf sie gehört«, sagt Manfred Stolpe zu »Bunte«-Reporter Kai Diekmann. Stolpe gewann in Brandenburg mit 38,3 Prozent. Ein Riesen-Sieg für die SPD, die bei der Wahl sonst nur verlor. Warum wurde der Kirchenmann Politiker? Stolpe: »Die nächste Zeit wird für die kleinen Leute schwer. Es besteht die Gefahr großer sozialer Einbrüche. Die Menschen brauchen jemand der sie kennt, dem sie vertrauen. Da muß man sich stellen, ich habe es gemacht.« Er ist der wichtigste Mann den die SPD im Osten hat, einziger SPD-Sieger in den fünf Bundesländern.
Der Regierungssitz des neuen Preußen (Land Brandenburg) war früher Kadettenanstalt, später Waisenhaus. Heute regiert hier in Potsdam Ministerpräsident Manfred Stolpe. Sein Büro ist ein schmales Zimmer mit einem Fenster. Der Raum ist so eng, daß Stolpe seinen Resopal-Schreibtisch an die Wand schieben mußte. An einem kleinen Tisch sitzt die Sekretärin. Er scheint sich hier wohl zu fühlen und spricht über Preußen: »Brandenburg ist Preußen. In dieser kargen Landschaft mit ihren Sümpfen und Sandwüsten ist die preußische Haltung gewachsen: Sparsamkeit, Pflichtgefühl, Treue, Erfinderreichtum. Alles Lebenserhaltungskünste, die in diesem armen Land gebraucht wurden. Zusammenstehen, den Gemeinsinn als höchstes Anliegen, Toleranz. All das sind auch meine Grundpositionen.«
Wie groß wollen Sie Preußen machen, wurde er gefragt. »Ich halte es für denkbar, daß irgendwann ein Land Berlin-Brandenburg entsteht. Auf die Frage, ob er stolz sei, Deutscher zu sein, antwortete er: »Natürlich bin ich stolz darauf. Es ist ein schwer zu beschreibendes Gefühl. Es ist ein Gemeinschaftsgefühl.« Der SPD-Geistliche ist Optimist, glaubt an den Aufschwung, ist beliebtester Politiker der neuen Bundesländer. Wird geachtet, ist beliebt im Osten wie im Westen. Könnte Kanzler oder Bundespräsident werden (wird auch von der CDU akzeptiert).[252]
Bei Empfängen ist er meist allein. Grund: Seine Frau Ingrid arbeitet bis in die Nacht, sie ist Ärztin auf der Krebsstation im Kreiskrankenhaus Potsdam. Gehalt: 1800 Mark im Monat. Drei Jahrzehnte eine ruhige Ehe. Die Ehebett-Macht seiner Frau: »Sie hält mich bescheiden. Es gibt so viele Tränen auf der Welt.«
Inzwischen berichtet der »Spiegel« im Februar 1992 und zitiert in seiner Ausgabe aus einer Akte über den brandenburgischen Ministerpräsidenten Manfred Stolpe, wonach dieser unter dem Decknamen »Sekretär« über Jahre gesammelte Informationen aus Sitzungen evangelischer Kirchengremien und Gesprächen mit Westpolitikern weitergegeben hätte. So belasten neue Akten den brandenburgischen Ministerpräsidenten und es gibt kein Ende der Kritik. Auch »Welt am Sonntag« berichtet aus Aktenunterlagen.
Stasi-Oberst Wiegand entlastet Manfred Stolpe. Unterdessen hat Manfred Stolpe erklärt, er wolle gerichtlich gegen das Nachrichtenmagazin »Der Spiegel« vorgehen.
Ob es richtig war, daß man die Stasi-Akten freigab, wird die Zukunft erweisen. Ich meine, man hätte in der ehemaligen DDR Fragebögen ausgeben sollen, um so einen Überblick über Verbrechen zu bekommen. Man stand eben unvorbereitet vor der Wiedervereinigung und es gab Fehler, grobe Fehler, die gemacht wurden und die viel Geld kosteten. Die Stasi-Akten werden unter der Bevölkerung noch viel Streit hervorrufen und die Zeit wird zeigen, ob es richtig war, sie freizugeben; damit soll nicht gesagt werden, daß man die Verbrecher laufen lassen sollte.

Eduard Schewardnadse

Lächelt oft, nie zornig, die flaumig-weiße Haartolle macht ihn väterlich. Vorsicht! Ein Mann wie Stahl: Eduard Schewardnadse, Außenminister der UdSSR seit 1985. Kämpfte tapfer für Gorbatschow auf dem Parteitag.
Michail Gorbatschow stammt von der Nordseite des Kaukasus, Schewardnadse von der Südseite. Vertraut wie Brüder. Beide auf dem Dorf geboren, Schewardnadse wollte Lehrer werden, die Parteikarriere war schneller. Warf sich todesmutig zwischen prügelnde Fußballfans, setzte Panzer gegen Korruption in Georgien ein.
Sein Vater war Lehrer und Rektor einer Dorfschule. Den größten Teil seines Lebens hat er jedoch in der Stadt zugebracht. Laut Diplom ist er Historiker.
Seine Familie, das ist seine Frau Nanuli, freundlich und ruhend, Journalistin von Beruf, bis 1985 Mitarbeiterin eines Frauenmagazins; seine Tochter, Redakteurin im Fernsehen; sein Sohn Philosophie-Professor und wissenschaftlich tätig. Hat Enkelkinder, einen Schwiegersohn und eine Schwiegertochter. Über sie sagt Schewardnadse: »Alle meine Nächsten sind Gleichgesinnte und Stützen in meinem Leben.«
Auf einem Parteitag sagte er: »Die Teilung Deutschlands war künstlich und unnatürlich.« Es gab großen Beifall. Wohl nicht für die Deutschen, sondern für den tapferen Mann. Als der Georgier vor über fünf Jahren als Außenminister begann, brach eine Pflanze der Hoffnung durch die Steine Stalins. »Alles ist verrottet, so können wir nicht weiterleben«, sprach er damals zu Gorbatschow, seinem Freund. Heute wissen wir: Schewardnadse ist der Aufrechte. Er ist Mister Perestroika. Ihm gehört der Friedensnobelpreis, den Gorbatschow bekam.
Seine Worte zum Abschied im Januar 1991 waren wie die Klage des Propheten aus dem Alten Testament: »Ich gehe, da die Diktatur sich nähert.«
Inzwischen sitzt Eduard Schewardnadse als Pensionär in seiner Moskauer Wohnung. Die Kinder blicken skeptisch. Seine Prophezeiungen haben sich blutig und schnell erfüllt. Quietschende Panzerketten fahren über litauische Leiber. Die Freiheit des Wortes weggeschossen. Der Nachfolger im Amt heißt Alexander Bessmertnych, ein kalter Karrierediplomat.
Schewardnadse war trotz seiner 62 Jahre der Repräsentant der modernen, intelligenten Sowjetunion, ein weltmännischer Georgier. Er war der Architekt des neuen europäischen Hauses. Wenn er geht, bevor dieses Haus fertiggestellt werden konnte, dann ist das ganze Werk, und damit auch Gleichgewicht und Frieden in Europa, in Gefahr. Deshalb zitterte die Welt bei der Nachricht seines Rücktritts.
In diesem Zusammenhang wirft sich die Frage auf: War Schewardnadse wichtiger als Gorbatschow?
In vieler Hinsicht war Schewardnadse wichtiger als Gorbatschow. Denn er machte – gemeinsam mit US-Außenminister Baker – die Arbeit der Versöhnung zwischen Ost und West. Der sowjetische und amerikanische Präsident mußten ihren Segen dazu geben. Das ist auch nicht wenig. Aber das andere ist mehr. Denn in Völkerverständigung und Diplomatie steckt der Teufel im Detail.
Was damals im Januar 1991 Eduard Schewardnadse mit seiner düsteren Prophezeiung meinte, trat am 19. August 1991 ein.
Die Demokratie ist in Moskau, Leningrad, in den baltischen Republiken und in Teilen Rußlands eine zarte Pflanze. Die »Anordnung von oben« ist den Menschen vertrauter. Jetzt, da das Volk murrt und die Apparatschiks die Perestroika hassen, ist die Reform gefährdeter denn je. Ein neuer Stalin hätte, wenn es so weitergeht, daß nichts mehr geht, freie Bahn. Deshalb warnte damals im Januar 1991 Eduard Schewardnadse mit den Worten: »...eine Diktatur ist im Anmarsch. Niemand weiß, wie die Diktatur sein wird und was für ein Diktator kommt. So ein neuer Diktator käme eher aus der über ihre Entmachtung frustrierten KPdSU als aus dem Militär.« Und damit hatte er recht behalten.

Eduard Schewardnadse war fünf Jahre Außenminister, Gorbatschows engster Vertrauter. Beendete den Krieg in Afghanistan, nennt US-Außenminister Baker »seinen Freund«, machte die deutsche Einheit möglich. Mit Schewardnadse hat Michail Gorbatschow seinen besten Freund verloren, den Architekten seiner Außenpolitik; vorher verlor er schon seinen Wirtschaftsberater Jakowlew und seinen liberalen Innenminister Bakatin. Eduard Schewardnadse informierte vor seinem Rücktritt Michail Gorbatschow nicht, er wußte warum.
Gorbatschow ist Kommunist und bleibt es wohl auch. Er ist noch immer von einem besseren Sozialismus überzeugt. Vielleicht hat er recht, denn das soziale Gefälle zwischen Ost und West ist zu groß. Die Menschen im Osten wollen den Wohlstand des Westens schnell, und darin besteht die große Gefahr: »Schafft es der Westen?«[253]

Helmut Schmidt

Helmut Schmidt hat alle Begabungen, die sich ein Mann wünschen kann: hohe Intelligenz, starker Wille. Keiner wird ihm das oft wütende Arbeiten abgewöhnen können. Seine Frau Loki hat es immer wieder versucht. Sie hat es nicht geschafft. Im Sommer 1974, Helmut Schmidt war gerade drei Monate Bundeskanzler, kam Carlo Schmid ins Palais Schaumburg: »Helmut, denk an die alten Griechen. Gönn dir etwas Muße, ausschlafen genügt nicht.«
Vor langen Jahren hat er einmal zu der von ihm verehrten Marion Gräfin Dönhoff gesagt: »Mein Eindruck ist, daß wir (gemeint war Schmidts eigene Generation) manchmal zu arbeitsbesessen, zu gründlich sind, um die Lockerheit, die Lässigkeit und die Lebenskunst der neuen Generation mitzuerleben und aufnehmen zu können.«
Der Hamburger ist für den Ruhestand völlig unbegabt. Seinen Freunden hat er häufig geraten, sie sollten mit den Kräften haushalten. Er selbst ist ein unverbesserliches Arbeitstier.

Helmut Schmidt wurde am 23. Dezember 1918 in Hamburg geboren, und für den Hamburg-Kenner mag es etwas besagen, wenn er hört, daß Schmidt aus dem Vorort Brambek stammt. Die Brambeker Jungen sind berüchtigt und in Hamburg wegen ihrer Frechheit berühmt.
Helmut Schmidt kommt aus einer Lehrerfamilie. Sein Vater war Studienrat, seine Frau Loki ist Lehrerin, sein Bruder Lehrer. Der Großvater kam noch »ganz von unten«, er war ungelernter Arbeiter im Hamburger Hafen. Helmut Schmidt wollte nach dem Abitur, das er 1937 bestand, Städtebauer werden. Aber Arbeitsdienst und Wehrdienst machten einen Strich durch seine Pläne. Bei einer Flakabteilung in Vegesack begann er seine Militärzeit, die 1945 mit einem halben Jahr Kriegsgefangenschaft in Belgien endete. Die Feldzüge in Rußland und im Westen die Ardennen-Offensive, zuletzt war er Oberleutnant und Batteriechef (zwischendurch hatte er zwei Jahre als Lehrer an Flakschießschulen und als Referent für leichte Flak im Oberkommando der Luftwaffe in Berlin zugebracht), waren die äußeren Stationen seiner Kriegsjahre.
Sofort nach der Heimkehr begann er mit dem Studium der Volkswirtschaft an der Hamburger Universität. 1946 trat er der SPD bei. Er wurde, ein ungewöhnlich heller und beredter Mann, Bundesvorsitzender des Sozialistischen Deutschen Studentenbundes. 1949 Examen als Diplom-Volkswirt, dann Gutachter für die Hamburger Wirtschaftsbehörde, 1950 Leiter der Wirtschaftspolitischen Abteilung der Wirtschaftsbehörde, 1952 Leiter des Hamburger Amtes für Verkehr, von 1953 bis 1962 und seit 1965 Bundestagsabgeordneter, von 1961 bis 1965 Hamburger Innensenator. Seit 1958 gehörte er dem SPD-Parteivorstand an, seit 1965 als stellvertretender Vorsitzender der Bundestagsfraktion, ab 1966, als Fritz Erler starb, als Fraktionsvorsitzender. Als 1969 die sozialliberale Koalition kam, übernahm er das Bundesverteidigungsministerium.
Das Verteidigungsressort leitete Schmidt in der sozialliberalen Koalition vom 22. Okto-

ber 1969 bis 7. Juli 1972, dann übernahm er bis 14. Dezember 1972 in Doppelfunktion das Wirtschafts- und Finanzministerium, im Dezember 1972 das Finanzministerium allein, und im Mai 1974, als Willy Brandt zurücktrat, wurde er Bundeskanzler.
Am 3. Oktober 1976 gewann die sozialliberale Koalition nach einem erbitterten Wahlkampf die Bundestagswahl mit zehn Mandaten Vorsprung vor der Union. Mit einer Stimme mehr als vorgeschrieben, nämlich mit 250 Ja-Stimmen, wurde Schmidt am 15. Dezember 1976 erneut Bundeskanzler.[254]
Am 1. Oktober 1982 wurde er von Helmut Kohl als Bundeskanzler abgelöst. Über Arbeitsmangel kann er sich dennoch nicht beklagen. »Die Zeit« und seine Vorträge nehmen ihn voll in Anspruch.

Wolfgang Schäuble

Verheiratet, vier Kinder (Christine, Hans-Jörg, Juliane und Nesthäkchen Anna). 1972 in den Bundestag gewählt. Wochenendehe. Montag bis Freitag lebt Schäuble in seiner Bonner Wohnung. Am Wochenende ist er in Gengenbach (bei Offenburg). Familienheimat im Schwarzwald. Kaminzimmer mit Gartenblick. Einrichtung rustikal: helles Holz (Kiefer), Korbsessel, kein Schnickschnack. 48 Stunden ist der »Wolf« (so nennt ihn seine Frau) nur Ehemann und Vater.
Sein Vater war Steuerberater in Freiburg und Landtagsabgeordneter. Wolfgang Schäuble studierte Jura in Freiburg und Hamburg (1962 bis 1966). Begegnung in der Mensa mit Ingeborg Hensle löst Sympathie aus. Die Lehrerstochter studiert Volkswirtschaft. Beim Skifahren auf dem Feldberg verlieben sie sich. Hochzeit 1969.
Nach seiner Promotion (Dr. jur., Einser-Jurist) war Wolfgang Schäuble Regierungsrat beim Finanzamt I in Freiburg. Seit 1972 Mitglied des Bundestages. Helmut Kohl bestellte ihn zum Minister im Bundeskanzleramt (1984 bis 1989). Karrieregipfel: Bundesinnenminister.
Frau Schäuble nun Ministersgattin, vier Kinder. Diese Aufgabe stellte sie höher als die eigene Karriere als Diplom-Volkswirtin. Trost: Glanzvolle Ausflüge aufs Bonner Parkett. Dauerstreß, alleinerziehende Mutter. Ihr Mann ist nie da. Schon 1984, als er zum Minister im Kanzleramt berufen wird, versucht sie ihn umzustimmen: »Wolfgang, mach hier eine Praxis als Rechtsanwalt auf.«
Am 12. Oktober 1990, bei einer Wahlversammlung im »Gasthof Bruder« in Oppenau, ein Anschlag auf sein Leben. Wolfgang Schäuble überlebt. Seine Frau Ingeborg wachte Tag und Nacht am Krankenbett. Erstes Wort als er aufwachte: »Ingeborg.«
Später sagt Wolfgang Schäuble: »Man muß sein Schicksal annehmen. Ich sehe heute vieles anders als früher. Wenn man eine solche Erfahrung gemacht hat wie ich, wenn man spürt, daß eine Sekunde alles verändern kann, verändert man sich auch selbst.« Er ist Helmut Kohls Kronprinz und Superstar trotz Rollstuhl. Sein Motto: »Habe gelernt, gedemütigt zu werden.« Schockerlebnis: Erster Urlaub nach dem Attentat auf Sylt: »Jetzt erst weiß ich, was ich nicht mehr kann.«
Der wirksamste Trost war, als ihn Helmut Kohl auf der Intensivstation besuchte und zu ihm sagte: »Wolfgang, du schaffst es« und weiter: »Wir brauchen dich!« Millionen erlebten mit, wie der Kanzler zu seinem Innenminister stand.
Wolfgang Schäuble zu seiner Tochter Christine: »Als ich spürte, daß ich gelähmt bin, wollte ich nicht mehr aufwachen.«
Seine Tochter Christine antwortete darauf: »Papa, weißt du nicht, ganz Deutschland betet für dich.«
Die Attentäter, was sind das für Menschen? Ein Attentäter hat viele Gesichter. Er kommt als Mann oder als Frau. Er kommt mit der Bitte um ein Autogramm oder als Fan mit einem Blumenstrauß. Niemand sieht es ihm an, was er plant. Jedoch er hat den festen Vorsatz: Ich werde töten. Nehmen wir als Beispiel den Rassisten in der Loge – Lin-

colns Mörder. Es passierte am 15. April 1865. »Ford's Theatre« in Washington. »Der amerikanische Vetter« wurde aufgeführt. Der arbeitslose Schauspieler John Booth erschießt US-Präsident Abraham Lincoln. Psychogramm des Täters: weiß und erfolglos. Haßte Sklavenbefreier Lincoln. Neger sollten als Weiße gelten? Was war er dann, der erfolglose Weiße? Signale: Haßtiraden in den Kneipen. Das Ende des Attentäters: Auf der Flucht (mit Pferd) erschossen.

25. April 1990, 20.45 Uhr, Stadthalle Köln-Mühlheim. Lafontaine spricht. 3500 Zuhörer. Adelheid Streidel bringt Rosen und Margeriten zu Rau und Lafontaine. Lafontaine will ihr ein Autogramm geben, da rammt sie ein Schlachtermesser in seine rechte Halsseite. Um ein Haar verblutet er. Psychogramm der Täterin: Typische »Borderline«-Patientin (Freigänger in Nervenheilanstalten. Paranoid, Schizophrenie). Hat Wahnvorstellungen seit ihrer Scheidung. Hört Stimmen: »Jesus zeigte mir eine Fabrik, die Menschen zu Plätzchen verarbeitet.« Kann nicht mehr Gut und Böse unterscheiden. Kommt in eine geschlossene Anstalt, dann wieder raus. Ihre Schwester will sie endgültig einweisen lassen, aber die Bürokratie ist zu langsam. Verteilte Flugblätter gegen »mordende Politiker«.

Die Lafontaine-Attentäterin Adelheid Streidel (die »Frau in Weiß«, weil sie beim Anschlag eine weiße Bluse und einen weißen Rock trug), lebt heute in der Landesklinik bei Kleve. Zusammen mit 20 Nervenkranken. Das Haus ist vergittert. Zu einem Mitinsassen sagte sie: »Du mußt keine Angst haben, ich hasse nur Politiker.«

Schäubles Attentäter Dieter Kaufmann: »Ich bin voll befriedigt.« Ohne Gegenwehr ließ er sich von der Polizei abführen.

Die Tat: Freitag, 12. Oktober 1990, 22.04 Uhr. Dieter Kaufmann feuert mit der Smith and Wesson seines Vaters zweimal auf Bundesinnenminister Wolfgang Schäuble, trifft ihn in Kopf und Rücken. Tagelang schwebt Schäuble in Lebensgefahr, droht gelähmt zu bleiben.

Psychogramm des Täters: Er hatte alle Chancen, aus gutem Haus. Sein Vater Ex-Bürgermeister, Bau- und Vermessungstechniker. In der Schule sagen zu viele, daß Dieter nicht gut ist. Abbruch der Schule, Abbruch der Lehre. Der Junge flieht ins Reich der Träume: Alkohol, Pillen, Drogen. Mit 20 Jahren zum erstenmal im Gefängnis – Apothekeneinbruch. Die Schattenkarriere eines Jungen aus gutem Haus. Plötzlich ist er weg. Aus Kabul eine Postkarte: »Holt mich raus!« Fixer-Elend. Dann Gelegenheitsjobs in Deutschland, ein Selbstmordversuch. Der Vater finanziert eine Kneipe, der Sohn macht Pleite: teure Wohnung, teurer Mercedes. Kaufmann wird Dealer, wird geschnappt. Fünfeinhalb Jahre für 20 Kilo Hasch. »Dafür dürfen andere einen totschlagen«, sagt er. Während der Haftzeit kommt er in die psychiatrische Abteilung. Er gilt als renitent, gefährlich. Elektroschocks, Psychopharmaka. Im August 1988 kommt er raus, ein Wrack, böse, voller Rache: »Die haben mir etwas in das Essen getan. Wollten mich umbringen!« Die Eltern nehmen ihn wieder auf, Vater besorgt neue Jobs: Lagerarbeiter, Essenausfahrer. Abends trinkt Dieter Kaufmann. Allein. Auf seiner Bude. Keine Freunde. Die einzige Frau seines Lebens, Martina, ist tot: Leberzirrhose. Seitdem keine Frauen mehr. Nur Wut. Auf alles. Und »innere Schmerzen«. Psycho-Wehleid.

Der Tag der Tat: Dieter Kaufmann zieht ein frisches weißes Hemd an, seine beste schwarze Hose. Tupft After-shave. »Mein Junge hat wieder ein Mädchen«, denkt die Mutter. »Er geht zu einem Rendezvous. Endlich.« Ihr Sohn hatte ein Rendezvous mit dem Tod.

Nachbarn haben Dieter Kaufmann als harmlosen Sonderling eingestuft. Ein Drogentyp, um den sich Behörden und Psychologen gekümmert haben. Ungefährlich. Der »harmlose« Irre starrte still in sein Bier, grüßte in seinem Heimatdorf Nesselried die Nachbarn nicht, wenn er durch die Straßen ging.

Warum laufen solche Irren so frei herum? Da ist nun zuerst einmal der Glaube an die Allmacht der Medizin – mit Psychophar-

maka Gefährdete ruhigzustellen. Und dann, es gibt für die vielen Kranken keine Anstalten, Heime, Pfleger. Deshalb die Lösung: Pille. Wissenschaftliche Erhebungen gehen von folgenden Zahlen aus: 70 000 Männer und 48 000 Frauen sind genauso labil oder krank wie die Lafontaine-Messerstecherin Adelheid Streidel oder der Schäuble-Attentäter Dieter Kaufmann.
Diese 118 000 Menschen leben unter uns. Polizeipsychologe und Sicherheitsexperte Siebert: »Sie sind unsere Nachbarn, trinken neben uns Bier, arbeiten mit uns, wirken völlig normal.« Aber sie können sich in Sekunden verändern. Aus ihnen werden menschliche Zeitbomben. In ihren kranken Köpfen schwelen Gefühle, sich an der ihrer Meinung nach ungerechten Gesellschaft zu rächen. Siebert: »Irre gab es immer. Aber diese gewaltige Zahl deutet auf eine Zeitkrankheit. Wir leben in einem Sucht-Jahrzehnt. 600 000 Menschen sind in Deutschland tablettensüchtig, 1,2 Millionen alkoholabhängig und 100 000 rauschgiftsüchtig. Alle diese Genußgifte verändern die Psyche, nehmen Ängste und enthemmen.«
Ein 31jähriger Mann wollte in Wolfgang Schäubles Krankenzimmer nach dem Anschlag eindringen. Er trug eine Rundfeile bei sich. Er wurde abgefangen. Wieder ein Irrer?[255]

Franz Josef Strauß

Geboren am 6. September 1915 in München, gestorben am 3. Oktober 1988 in Regensburg. Seine Frau Marianne, geborene Zwicknagel, starb am 22. Juni 1984.
1935 machte er am humanistischen Maximilian-Gymnasium in München mit lauter Einsen das Abitur, absolvierte Arbeitsdienst und acht Semester Universität, wo er Latein, Griechisch, Germanistik, später Geschichte und Volkswirtschaft hörte. 1939 wurde er Soldat. Während eines Studienurlaubs machte er seine Referendar- und Assessorexamen. 1943 wurde er zum Studienrat ernannt, ohne je Dienst zu tun. Bei der Wehrmacht wurde er schließlich, nachdem er fast zwei Jahre Rußland und den Einbruch der Russen 1942 an der Nordflanke im großen Donbogen erlebt hatte, zur Heeresflak umgeschult, wurde Ausbildungsoffizier (zuletzt Oberleutnant) an der Flakschule Schongau, mit kurzen Kommandos im Ruhrgebiet, in Dänemark, am Atlantikwall und in Italien. 1945 kam er in Schongau kurze Zeit in amerikanische Gefangenschaft, meldete sich als Beamter 1945 auf dem Landratsamt Schongau, hatte eine ziemlich weiße Weste, wurde von den Amerikanern zum stellvertretenden Landrat ernannt, 1946 zum Landrat gewählt, 1948 wiedergewählt. 1945 hatte er den CSU-Kreisverband Schongau gegründet. Neben seiner Landratstätigkeit wurde er als Oberregierungsrat im Münchner Kultusministerium Jugendreferent, später Landesgruppenvorsitzender der CSU im Bundestag, im März 1961 Landesvorsitzender der CSU, und wurde bei jeder Neuwahl mit überwältigender Mehrheit wiedergewählt.
1945 Gründungsmitglied der CSU, 1946 Mitglied des Landesvorstandes, 1949 Generalsekretär, 1952 stellvertretender Parteivorsitzender der CSU. Mitglied des Bundestages 1949 bis 1978; 1950 bis 1953 und 1963 bis 1966 Vorsitzender der CSU-Landesgruppe und stellvertretender Vorsitzender der CDU/CSU-Bundestagsfraktion, bis 1952 Vorsitzender des Ausschusses für Jugendfürsorge, 1952/53 Vorsitzender des Ausschusses für Fragen der europäischen Sicherheit. 1953 Bundesminister für besondere Aufgaben, 1955 Bundesminister für Atomfragen, 1956 bis 1962 Bundesminister für Verteidigung. 1966 bis 1969 Bundesminister der Finanzen. Seit Oktober 1978 Mitglied des Bayerischen Landtags. Von November 1978 bis zu seinem Tode bayerischer Ministerpräsident. Mitglied des Bundesrates seit November 1978. Bundesratspräsident 1983/84. Kanzlerkandidat der CDU/CSU bei der Bundestagswahl 1980.
Franz Josef Strauß, begnadeter Redner, kraftvoller Autor, hat 2800 Seiten Tonbandprotokoll hinterlassen. Die Hälfte des Manuskripts hat er selbst redigiert. Die gesamten Tonbandabschriften kommen ins Ko-

blenzer Bundesarchiv. Sein Verleger Siedler sagte, »daß Strauß keinen Augenblick an den Tod gedacht habe, sondern fest daran glaubte, noch 10 bis 15 Jahre zu haben«.
Strauß wollte, daß seine Memoiren in »Bunte« erscheinen. Er hatte es so mit »Bunte«-Herausgeber Günter Prinz ausgemacht. Die Erben von Strauß, seine Kinder, erteilten schließlich dem »Spiegel« das Vorabdruckrecht. Rudolf Augstein zu »Bunte«: »Die Memoiren gehören einfach in den ›Spiegel‹. Deshalb hätte ich auch jeden überboten.« Dann meinte Augstein noch: »Ich habe übrigens gekauft ohne zu wissen, ob er auch über mich geschrieben hat.« Strauß hat nicht. Kein einziges Wort.
Die Vorabdruckrechte gingen für einen in Deutschland noch nie erzielten Preis weg. Für über 2,1 Millionen Mark haben der Siedler-Verlag und die Straußkinder Monika, Max und Franz-Georg die letzten Worte und Gedanken des großen Toten an den »Spiegel« verkauft, ausgerechnet an Rudolf Augstein, den sogenannten Intimfeind. Wegen Strauß mußte Augstein 104 Tage ins Gefängnis. Wegen Augstein wurde Strauß, das kann man sagen, nicht Kanzler.
Die Entstehungsgeschichte der Memoiren von Franz Josef Strauß. Zwei Männer sitzen morgens um acht im Garten der Strauß-Villa in München-Sendling und reden lateinisch miteinander. Es geht um die korrekte Wiedergabe einer Verszeile des römischen Dichters Catull.
»Strauß zitierte genauer«, erinnert sich der Besucher im Garten. Es ist der Berliner Verleger Wolf Jobst Siedler, ein brillanter Kopf, Experte für Memoiren. Er hat die Memoiren von Albert Speer, Hitlers Architekten, herausgegeben, zuletzt Helmut Schmidts Erinnerungen »Menschen und Mächte«. Der Berliner und der Bayer reden tagelang, nächtelang.
Siedler: »Strauß sprach druckreif, aus dem Gedächtnis.« Strauß erzählte Siedler und dem Tonband sein Leben von Anfang an. Er spricht über seine Kindheit. »Eine frühe eindrucksvolle Passage im Buch handelt von seinem Vater, einem Münchner Metzgermeister. Der Vater habe ihm nach dem Hitlerputsch 1923 gesagt: »Bub, die Franzosen sind schlecht, die Preußen sind sehr schlecht. Aber die Nazis, das sind die Schlechtesten.«
In den Memoiren des großen Toten steht eine verblüffende Enthüllung über einen anderen großen Toten der Nachkriegszeit, über Konrad Adenauer, den ersten Kanzler, den wir alle für asketisch und genügsam hielten, schon wegen seines hohen Alters. Weit über 80, war er jedoch ein lustiger Witwer. Verleger Siedler zu »Bunte«: »Als Strauß mir vom trinkfreudigen Adenauer erzählte, sagte ich zu ihm: ›Ich habe gar nicht das Gefühl gehabt, daß er so ein Trinker war. Ich dachte, er trank nur ab und zu ein Gläschen.‹ Da sagte er: ›Ach wissen Sie, Herr Siedler, für Adenauer traf die Formulierung zu: Wein, Weib und Gesang. Er liebte alle drei.‹«
Herr Siedler, was schreibt er über die lebenden Politiker? fragt der Journalist der Illustrierten »Bunte«.
Helmut Kohl beispielsweise? »Er hat ja nie verborgen, daß er nicht zu den Bewunderern von Kohl gehört. Eine Entlarvung oder Vernichtung wird in den Memoiren nicht vorgenommen. Aber er gibt durchaus zu erkennen, daß er ihn nicht für den idealen Kanzler hielt.«
Genscher? »Nichts Abendfüllendes. Es kommt allerdings deutlich heraus, daß er ihn und seine Politik nicht mag.«
Lothar Späth? »Nur sehr am Rande.«
Stoltenberg? »Kein Wort.«
Über Franz Schönhuber, Vorsitzender der Republikaner, der landauf, landab verkündete, er sei der beste Freund von Franz Josef Strauß gewesen? »Taucht gar nicht auf. Aber kurz vor seinem Tode sagte er mir, wir würden das Großwerden einer rechten Partei erleben, wenn es der Union nicht gelänge, dieses Reservoir zu sich herüberzuziehen. Er fühlte sich bestätigt in seinem Willen, die CSU bundesweit auszudehnen.«
Herbert Wehner? »Er ließ keinen Zweifel daran, daß er ihn für ein Schwergewicht hält. Ein Mann, dem er stets persönlich mit

großer Achtung und sogar Sympathie begegnet sei.«
Herbert Wehner, der seine (nach eigener Zählung) 95 Ordnungsrufe so stolz wie ein Westernheld Markierungen am Colt trägt, wird als ungekrönter König des Zwischenrufs von allen neidlos anerkannt – obwohl er oft verletzend war.
Als CSU-Abgeordneter drohte Franz Josef Strauß einmal: »Machen Sie nicht weiter so, sonst ziehen wir aus.« Herbert Wehner höhnte: »Wie sehen Sie denn ausgezogen aus?«
Helmut Schmidt? »Er schildert ihn als einen Mann erster Kategorie.«
In der Ostpolitik ging Franz Josef Strauß seine eigenen Wege. Für Franz Josef Strauß, der 1973 die Anrufung des Bundesverfassungsgerichts zum Grundlagenvertrag durch Bayern bewirkt und damit für jede Bundesregierung unverrückbare Pflöcke in der Deutschlandpolitik eingeschlagen hat, stand selbstverständlich auch sein Festhalten an der Einheit der deutschen Nation, wenn auch damals unter der Bedingung von zwei deutschen Staaten auf deutschem Boden, im Vordergrund. Franz Josef Strauß: »Es war für mich sehr aufschlußreich, daß diese Haltung widerspruchslos zur Kenntnis genommen wurde. Das früher übliche kommunistische Gerede von zwei deutschen Nationen, einer ›kapitalistischen‹ und einer ›sozialistischen‹, war nicht mehr zu hören. Es gab auch keine Änderung der These, daß diese zwei deutschen Staaten als Folge des Krieges geschichtliche Realität seien, das heißt keine Annäherung an eine Diskussion über eine mögliche Wiedervereinigung unter den gegebenen Umständen.«
Die »alten« Bonner vergessen jedoch nicht, es war 1951, die erste große, mehr als zweistündige Rede von Franz Josef Strauß im Bundestag, es war noch zu Lebzeiten Kurt Schumachers, als es um die politische und militärische Integration Europas ging. Strauß war damals einer der besten und brillantesten Redner. »Ich möchte es nicht erleben«, so beschwor er Dr. Schumacher, »daß Sie und Herr Dr. Adenauer sich eines Tages hinter sibirischem Stacheldraht wiederfinden und gemeinsam darüber meditieren, was wir damals hätten tun sollen, als es darum ging, ein vereintes Europa zur Tat werden zu lassen.« Der boshafte Schumacher, der gerne seine ätzende Lauge über andere ausgoß, nannte den etwas geräuschvoll auftretenden jungen Mann »das tönende Nichts« und den »Parlamentarier mit dem Notabitur«. Wie böse hatte sich Schumacher geirrt.
Wegen seinen Beziehungen zu Schalck-Golodkowski ist Franz Josef Strauß nach seinem Tode oft angegriffen worden. Zu Tochter Monika hatte Franz Josef Strauß eine innige, äußerst vertrauensvolle Beziehung. Es gab wohl kaum etwas, das die beiden voreinander verheimlicht hätten, und seine Tochter Monika Hohlmeier fand die richtigen Worte zu den Anschuldigungen gegen ihren verstorbenen Vater: »Wenn er das alles erleben würde, ich glaube, dann würde er sagen: Mein Vorgehen war richtig. Ja, mein Vater würde das alles noch mal genauso machen. Auch mit Schalck. Den Menschen zuliebe.«
Die Erinnerungen von Franz Josef Strauß werden ins Russische übersetzt. Auflage: 50 000 Exemplare. Die Russen in einem Brief an die CSU: »Wir wollen dem breiten russischen Publikum diese herausragende Persönlichkeit vorstellen.«[256]

Harry Tisch

Ehemaliger DDR-Top-Gewerkschaftler (14 Jahre im Politbüro). 100 Millionen Mark soll Harry Tisch veruntreut haben. Jetzt helfen sie nicht mehr, seine vaterländischen Verdienstmedaillen in Gold und Silber. Jetzt steht er schlicht vor seinen Richtern, aber immer stramm. Noch beim Besuch der Bundesregierung 1989 sagte er zu Journalisten: »Ihr seid Geschmeiß.« Jetzt vor den Richtern: »Ich wollte nur Gutes.«
Die Verteidigung will zu den Millionenunterschlagungen, die man Harry Tisch vorwirft, Stellung nehmen, so Verteidiger Hu-

bert Dreyling. Verhandelt werden soll vor der 19. Großen Strafkammer des Landgerichts Berlin. Nach einem medizinischen Gutachten ist der Angeklagte voll verhandlungsfähig.
Die Verteidigung Tischs beantragte erneut die Einstellung des Verfahrens, weil der alte DDR-Straftatbestand der Untreue zum Nachteil sozialistischen Eigentums nicht den Gesetzen der Bundesrepublik entspreche.
Tisch ist der erste frühere DDR-Spitzenfunktionär, der vor Gericht steht.[257]

Willi Stoph

Wurde als Ministerpräsident abgelöst und hat Selbstkritik geübt. Im Sommer 1941 kämpfte er gegen die Russen. Stabsgefreiter Willi Stoph, Artillerie-Regiment 359. Im Handbuch der DDR-Volkskammer steht: 1933 bis 1945 Teilnahme am antifaschistischen Widerstand. Kein Wort über die Zeit in der Deutschen Wehrmacht. »Bunte«-Leser Gustav Pfeil hat nur Gutes über Willi Stoph erzählt. Einmal bei Tula, 52 Grad minus: »In einem Nachbardorf tauschten wir Zucker und Benzin gegen Speck, Eier und Kartoffeln. Willi kochte dann für uns. Er war ein ganz toller Koch.«
Nachts legten die Kameraden heimlich »Lili Marleen« auf: »Alle tanzten wild. Willi tanzte nicht. Weinte.« Gustav Pfeil kann sich an nichts Böses erinnern, Willi Stoph hatte sich immer korrekt verhalten. Aber warum hat er seine Wehrmachtszeit verschwiegen, schreibt von »antifaschistischem Widerstand«? Was soll das?[258]

Margaret Thatcher

Ehemalige Premierministerin Englands zur Wiedervereinigung Deutschlands: »Dieses Ereignis – für das Deutschland und seine Freunde so lange gearbeitet haben – ist das Resultat des Mutes und der Standhaftigkeit des Westens über Jahre hinweg.«
Aber sie sagte auch: »Man kann die Geschichte dieses Jahrhunderts ignorieren und sagen: ›Wir werden uns jetzt vereinigen.‹ So einfach geht das nicht.« – »Ich bin besorgt über eine mögliche deutsche Vorherrschaft.« – »Es wäre vernünftiger, wenn nach der Vereinigung die Rote Armee vorläufig in der DDR bliebe.« Nach dem Fall der Mauer: »Sehe das 4. Reich aufziehen.«
Sie wollte nach ihrem politischen Ausscheiden aufs Land ziehen, hatte schon einen Alterssitz gekauft. Aber wie schwer ist doch der Abschied von elf Jahren Macht, Glanz und Größe. Maggie Thatcher hat ihren Alterssitz verkauft, wohnt jetzt mitten im lärmenden London. Telefoniert mit Bush und Gorbatschow. Die größten Verlage der Welt streiten jetzt um ihre Memoiren. Die teuersten Erinnerungen. Sie will 15 Millionen Mark, doppelt soviel wie Ronald Reagan bekam.[259]

Dr. Wolfgang Vogel, Schicksals-Anwalt

Im Unrechtsstaat DDR war er das menschliche Herz. Verbindungsmann der SED zur Zivilisation. Vermittelte den Freikauf von Tausenden Häftlingen, tauschte Spione aus, führte Familien zusammen. Hat etwa 300 000 Menschen aus dem Osten in den Westen verholfen. Guter Mann, mieses Gewerbe. Wohnt in eigenem Haus am Schweriner See. Durfte Mercedes 300 fahren. Keiner freut sich mehr über seine neue Unwichtigkeit als der gute Anwalt Dr. Wolfgang Vogel.
Seine erste Frau lebt mit den Kindern im Westen. Seine zweite Frau kommt aus dem Westen. Als verzweifelte Klientin hatte er sie vor Jahren kennengelernt. »Helfen Sie mir, mein Mann ist verhaftet worden!« Er half – und die Klientin verliebte sich in Vogel, wurde seine Frau.
Rechtsanwalt Vogel war als Vertrauter Erich Honeckers immer wieder, auch auf Wunsch der Bundesregierung, bei der Klärung humanitärer Fragen zwischen der DDR und

der Bundesrepublik hinzugezogen worden. Im Auftrag des Staatsratsvorsitzenden der DDR, Erich Honecker, verhandelte er mit den zuständigen Stellen des Bundes über die Preise zum Freikauf von politischen Gefangenen der DDR.
Nach Erkenntnissen der Berliner Staatsanwaltschaft ist Vogel seit 1954 Mitarbeiter der Stasi gewesen. Schon im Januar 1992 waren bei Rechtsanwalt Vogel über 100 000 Karteikarten von ehemaligen Mandanten und Akten beschlagnahmt worden. In der Nacht zum Samstag, 15. März 1992, ist er in seiner Berliner Wohnung festgenommen worden. Es besteht Fluchtgefahr. Die Vergangenheit hat nun auch ihn eingeholt.

Herbert Wehner

Nirgendwo sonst sind die Deutschen so helle und so frisch auf dem Damm wie in Sachsen. Aufgeweckt, schlau, findig, gewitzt, gewiegt, vigilant sind sie auch in anderen Landschaften, »helle« sind sie nur in Sachsen und natürlich in Berlin. Herbert Wehner ist nicht nur der Geburt nach ein Sachse. Nur die Mundart ist dahin.
Am 11. Juli 1906 wurde er in Dresden als Sohn eines Schuhmachers geboren. Schon als Schuljunge im Alter von zehn Jahren mußte Herbert Wehner durch Arbeit zum Unterhalt der Familie beitragen, da der Vater im Krieg war. Herbert arbeitete bei einem Tischler und verdiente so wöchentlich zwei Mark hinzu. 1923, siebzehn Jahre alt, trat er der Sozialdemokratischen, 1927 der Kommunistischen Partei bei. Von 1930 bis 1931 war er Mitglied des Sächsischen Landtages und stellvertretender Vorsitzender der kommunistischen Fraktion. 1932 holte man ihn nach Berlin in das Zentralkomitee der KPD, wo der junge Mann Adlatus von Ernst Thälmann war. In Berlin war es kein Schicksal, sondern Zufall, daß auch der junge Arthur Koestler, ein Ullstein-Journalist, »die Welt im Licht der dialektischen Interpretation« sah. Koestlers Worte galten auch für Wehner: »Die Partei (nämlich die kommunistische) war sowohl moralisch als auch logisch unfehlbar; moralisch, weil ihre Ziele richtig waren, das heißt der Dialektik der Geschichte entsprachen, und diese Ziele rechtfertigen alle Mittel; logisch andererseits, weil die Partei die Vorhut des Proletariats war und das Proletariat die Verkörperung des aktiven Prinzips in der Geschichte darstellte. Die Gegner der Partei, von den offenen Reaktionären bis zu den Sozialdemokraten, waren Produkte ihres sozialen Milieus, ihre Ideen spiegelten die Verzerrungen der bürgerlichen Gesellschaft wider. Abtrünnige von der Partei waren verlorene Seelen, die sich der Gnade begeben hatten; mit ihnen zu diskutieren oder auch nur ihnen zuzuhören, hieß mit dem Teufel paktieren.«
Auch Wehner damals, Anfang der dreißiger Jahre, kannte seinen Marx und Lenin auswendig »und verfügte über den absoluten Glauben«. »Der Glaube ist ein wunderbares Ding: Er kann nicht nur Berge versetzen, er kann den Gläubigen auch überzeugen, daß ein Hering ein Rennpferd ist« (Koestler).
Das Dritte Reich zwang Wehner in die Illegalität. Die Fäden des Untergrundes, ein lebensgefährliches Handwerk, wurden gesponnen. Alles was hier geschah, trug den Stempel des Konspirativen. Von Mißtrauen und Furcht war diese Geheimtuerei überschattet. Terror, Provokationen und Spitzel gab es überall. Würde es sich um einen Roman handeln, dann müßte hier, mit dem Beginn des Dritten Reiches, der Höhepunkt der Handlung geschützt werden. Kuriertätigkeit, Reisen ins Ausland, falsche Pässe, Prag und Paris, Saar und Holland, England, Belgien, Norwegen und Schweden, die Aufstellung einer deutschen kommunistischen Emigrantengruppe für den Bürgerkrieg in Spanien, Gefängnis in Prag, wiederholte Reisen nach Moskau, und dort verstellten ihm welche die Aussicht und halfen ihm wahrscheinlich, in die ersten Zweifel zu geraten: Wilhelm Pieck und Walter Ulbricht. Er begegnete Dimitrow und Ehrenburg, und man muß viel Phantasie mitbringen, um das Leben im Moskauer »Apparat« zu registrieren. Eine

Zeitlang saß Wehner beim politischen Sekretär des Exekutivkomitees, dann in der Propagandaabteilung in der Redaktion der Zeitschrift »Die kommunistische Internationale« und als Mitarbeiter beim Moskauer Rundfunk.

Herbert Wehner hat tief in den Verstrickungen des Kommunismus gesteckt. Wer die Handbücher von acht Legislaturperioden des Bundestages und damit mindestens flüchtig die Lebensläufe von mehr als zweitausend Parlamentariern kennt, wird erkennen, daß Wehner den abenteuerlichsten und unheimlichsten Lebensweg aller Abgeordneten hatte. Jenen, denen er begegnete, setzt er nur noch Gedenktafeln. Stalin hat er zwar auch gesehen, aber – in einem Interview mit Reinhard Appel sagte er es: »Ich habe nie zu denen gehört, die von ihm gesehen worden sind.«

Georgi Dimitrow, dem freigesprochenen Reichstagsbrandstifter, und Wilhelm Pieck, dem späteren DDR-Staatspräsidenten, verdankte Wehner in Moskau, als er Gegenstand einer Untersuchungskommission wurde (»wenn ich dies mit Bescheidenheit sagen darf«), sein Leben. Er kannte schon den illegalen Tito. Und Thälmanns Kassiber aus der Haft sind lange Zeit durch Wehners Hände gegangen. In Berlin, kurz vor 1933, lernte er Mühsam, Tucholsky, Ossietzky, Silvio Gesell kennen. Er kannte sie persönlich: Piscator und Bert Brecht (»zu dem ich kein Verhältnis fand«), Becher, Gustav Landauer, Egon Erwin Kisch und den später berühmt gewordenen ungarischen Literaturhistoriker Georg Lukács, der oft Gast in Wehners winzigem Moskauer Zimmer war.

Man weiß, wie viele mit dem Kommunismus brachen. Auch bei Wehner kam der Abfall »vom absoluten Glauben« (Koestler). Er schwor dem Kommunismus, »dem Gott, der keiner war«, ab. Nicht erst das Zuchthaus in Schweden war der letzte Anstoß. Zum himmlischen Gott, zu dem alle Beziehungen schon in der Kindheit gelöst waren, fand er erst im Alter wieder zurück.

Das ist ein Feld, das hier nicht betreten werden kann. Aber solcher Nachdenklichkeiten über die letzten Dinge war dieser Mann wieder fähig. »Kein Mensch kann auf die Dauer ohne die Kirche auskommen«, sagte er Ende der sechziger Jahre seinen berühmt gewordenen Satz vor einem öffentlichen Forum. Welche groteske Anmaßung liegt darin, seine religiösen Empfindungen in Zweifel zu ziehen. Im Jahr vor seinem Tode sagte Konrad Adenauer über Wehner, in dem er jahrelang einen »gefährlichen Menschen« und einen »Kommunisten« gesehen hatte: »Hoffentlich hält dieser Mann gesundheitlich durch.«

Seit 1949 gehört Herbert Wehner für den Wahlkreis Hamburg-Harburg dem Bundestag an. Bis 1966 war er Vorsitzender des Ausschusses für gesamtdeutsche und Berliner Fragen, vom 1. Dezember 1966 bis 20. Oktober 1969 Bundesminister für gesamtdeutsche Fragen – in dieser Zeit saß er neben Strauß und von Hassel auf der Regierungsbank –, seit Oktober 1969 war er Vorsitzender der SPD-Fraktion im Bundestag.

Herbert Wehners Typenschild ist wie ein Roman. Begegnete man einem Wehner im Bundeshaus, ging der gesenkte Blick an dem, der ihm entgegenkam, vorbei. Kein Gruß, selten ein brummelnder Versuch des Gegengrußes.

Ein SPD-Abgeordneter stand im Vorraum des Plenarsaales mit einem Manne aus seinem Wahlkreis, den er plötzlich leise mit dem Satz versah: »Da kommt Herbert Wehner.« Der Mann drehte sich halb um und erlebte dann Wehners Zurechtweisung: »Ich bin doch kein Zirkuspferd.«

Aber: Wo Wehner auftrat, im Parlament, in Pressekonferenzen, hörte man alsbald die berühmte Stecknadel fallen. Er füllte gleich den ganzen Raum mit seinem Da-Sein und seiner Gegenwart. Und er ist, wie viele sagen – Willy Brandt und Helmut Schmidt werden sich diese Bemerkung gefallen lassen müssen –, der bedeutendste Sozialdemokrat neben Kurt Schumacher nach dem Zweiten Weltkrieg. Die Geschichte der Bundesrepublik werde vermutlich einmal festhalten, sagte ein Politprofessor, daß die bedeutendsten Nachkriegserscheinungen Kon-

rad Adenauer und Herbert Wehner gewesen seien.
Als die Nachricht von seinem Tod kam, war es, als ob ein Toter zum zweitenmal stirbt. Es gab ihn gar nicht mehr, viele Jahre schon. Der Fuhrmann, der Sämann, der all die Dinge angeschoben und gesät hat, erlebte die Ernte nicht mehr, obwohl er lebte. Seine Frau Greta, seine Stieftochter, die er wegen ihrer Altersversorgung heiratete, schob ihn im Rollstuhl. Wahrscheinlich guckte Greta am 9. November, als die Mauer fiel, fern und ihr Mann Herbert Wehner saß neben ihr und sah verständnislos die Bilder der tanzenden Menschen auf der Mauer. SPD-Chef Vogel sagte, die Ereignisse hätten sein Bewußtsein nicht mehr erreicht.
Zucker, Prostatakrebs, Arteriosklerose, Verkalkung, Gedächtnisschwund. Als der Schusterssohn aus Dresden in Bonn starb, war die Straße nach Dresden wieder auf. Wie viele politische Häftlinge hatte er aus den Zuchthäusern der DDR freigekauft? Wie viele geheime Gespräche hat er geführt? Er hat Kanzler gemacht und Kanzler gestürzt. Onkel Herbert, Zuchtmeister der SPD. Gefürchtet war sein Zettelkasten. Über Jahrzehnte hatte er in Kurzschrift penibel über alles Notizen gemacht. Bei Fraktions-, Vorstandssitzungen, Vier-Augen-Gesprächen. Die Zettel steckte er in seine Aktentasche, deponierte sie in einem Regal im Keller seines Reihenhauses. »Wenn ich tot bin«, hatte er Greta, seiner Frau, aufgetragen, »holst du meine Zettel und verbrennst sie im Garten.« Vertraute (Altkanzler Schmidt, Vogel) beschworen Greta, die Zettel zu retten. Greta willigte schließlich ein. In einem Lastkraftwagen wurden sie zur Friedrich-Ebert-Stiftung geschafft. So geht das Leben achtlos über Träume und Wünsche. Ausgerechnet Herbert Wehner durfte nicht ins freie Dresden. Und sein Zettelkasten mit allen Geheimnissen und Bosheiten wurde nicht verbrannt. Der letzte Wunsch von Herbert Wehner blieb unerfüllt.[260]
Bis zu seinem Tod 1990 wurde der Verdacht nie gänzlich ausgeräumt, ob Herbert Wehner in seinem Innersten nicht doch Kommunist geblieben ist. Die Öffnung der geheimen Archive des KGB (russische Geheimpolizei) nach dem Ende der UdSSR in Moskau hat Herbert Wehner nicht mehr erlebt. Ihn belastende Akten wurden dort gefunden. Er selbst sagt als junger Herbert Wehner über diese Zeit seiner Emigration vor dem Zweiten Weltkrieg in Moskau: »In dieser Zeit verriet fast jeder jeden.« Eindeutig geht aus den Unterlagen des KGB hervor, daß auch Herbert Wehner dies tat.
Das Verhältnis zu seinem früheren Ziehsohn Willy Brandt war nicht das beste, es gipfelt in einer Aussprache zwischen den beiden am 6. Mai 1974 in Bad Münstereifel, vor den Toren Bonns. In dieser legendenumwobenen Nacht zwang Herbert Wehner Willy Brandt, den er vorher schon mit beißendem Spott als »Gigolo« gegeißelt hatte, zum Rücktritt vom Kanzleramt. Nur so war damals die Macht für die SPD mit dem neuen Kanzler Helmut Schmidt zu retten.
Auf Zitate Herbert Wehners habe ich schon hingewiesen, eines aus dem Jahr 1982 möchte ich noch erwähnen, es betrifft das Asylantenproblem. Zitat Herbert Wehner: »Wenn wir uns weiterhin einer Steuerung des Asylantenproblems versagen, dann werden wir eines Tages von den Wählern, auch unseren eigenen, weggefegt. Dann werden wir zu Prügelknaben gemacht werden. Ich sage euch, wir sind am Ende mitschuldig, wenn faschistische Organisationen aktiv werden. Es ist nicht genug, vor Ausländerfeindlichkeit zu warnen, wir müssen die Ursachen angehen, weil uns sonst die Bevölkerung die Absicht, den Willen und die Kraft abspricht, das Problem in den Griff zu bekommen.«
Man hat in der Sozialdemokratischen Partei jene Warnung Herbert Wehners aus dem Jahre 1982 nicht ernst genommen. Dieses Problem wird noch katastrophale Folgen für die Bundesrepublik Deutschland haben, jeder Deutsche mit etwas Weitblick sieht sie auf uns zukommen, nur ein großer Teil unserer Politiker nicht.

Richard von Weizsäcker

Richard Freiherr von Weizsäcker wurde am 15. April 1920 in Stuttgart geboren. Die Vorfahren waren noch Müller, dann Hofkonditor, dann Hofprediger (in Öhringen). Der Großvater, Karl Hugo von Weizsäcker (1853 bis 1926), Jurist, letzter Ministerpräsident unter einem König in Stuttgart. 1916 vom »von« zum »Freiherrn«. Der Vater war Diplomat; also verbrachten die Kinder ihre Jugend »im Umherziehen«, vorwiegend in Berlin und Bern. Er fühlte sich in Berlin und nicht in Stuttgart zu Hause, kann »berlinern« aber nicht »schwäbeln«. Das politische Berlin war stark prägend. Ein großes Plus und ein großes Minus von dauerndem Reiz lag über fernen Jahren der Weimarer Republik und später des Dritten Reiches. Zuerst das Berliner Bismarck-Gymnasium, von 1933 bis 1937 das Städtische Gymnasium in Bern (wo der Vater Gesandter war), eine hervorragende Schule, wo viel für die Erziehung zur Selbstbeherrschung und Selbstbehauptung, auch für die Bildung des Charakters getan wurde, schließlich 1937 das Abitur in Berlin sind die Stationen der Schule.

Richard von Weizsäcker wurde vor dem Kriege Soldat im Potsdamer Infanterie-Regiment 9 (»Graf Neun«), nahm an dem Polen- und Rußlandfeldzug teil, zuletzt als Hauptmann und Regimentsadjutant, wurde mehrmals verwundet, und als Verwundeter entkam er 1945 auf einem Schiff nach Dänemark.

Hier sei ein Erlebnis aus der Kriegszeit erwähnt: Irving Fetscher, ein bekannter Frankfurter Universitätslehrer, der Weizsäcker im Winter 1943/44 in Rußland an der Front traf, erzählt folgende Geschichte: Er erlebte, wie der damalige Hauptmann Richard von Weizsäcker einen Stabszahlmeister kommen ließ, dessen Vater in Berlin wegen Abhörens von »feindlichen Sendern« hingerichtet worden war. »Nach dem, was geschehen ist, werden Sie Ihren Kopf nicht weiter für dieses Schwein hinhalten wollen«, sagte Weizsäcker.« Mit dem Schwein meinte er Hitler. »Ich habe erreicht, daß Sie in einen Ersatztruppenteil in der Heimat versetzt werden.«

Weizsäcker, heißt es manchmal, ist ein Relikt. Der Nachkomme einer bekannten württembergischen Theologen- und Juristenfamilie, der Schulen in Kopenhagen, Bern und Berlin besuchte, der in Oxford und Grenoble studiert hat, kommt aus einer Elite, die in Deutschland niemals sehr groß war; national und trotzdem weltläufig, oben und trotzdem nicht autoritär.

Die Nachkriegszeit war nun, wie die politischen Entwicklungen, unberechenbaren Sprüngen untertan. Weizsäcker begann 1945 als Arbeiter auf einer Hühnerfarm in Lindau. Den Verlauf seines Weges sah er weder als Phantasiebild noch in Wunschform vor sich. Er steuerte, um endlich ein Examen hinter sich zu bringen, auf eine Juristenlaufbahn hin, und zwar in Göttingen, Oxford, Grenoble. Während des Studiums, noch nicht Referendar, stand er beim Nürnberger Prozeß dem Vater als Hilfsverteidiger zur Seite. Und da sind wir bei der Geschichte vom Vater. Daß ausgerechnet er, der Sohn eines Mannes, der zwischen 1938 und 1943 Staatssekretär des Auswärtigem Amts (SS-Brigadegeneral) in Berlin war, den Tag der Kapitulation Nazi-Deutschlands, den 8. Mai 1945, als Tag der »Befreiung« bezeichnete, läßt den Rechten keine Ruhe. Am wirksamsten hat Franz Schönhuber den Haßgefühlen dieser Landsleute Ausdruck gegeben: »Wir wollen keinen Präsidenten, der mehr seinen Vater bewältigt als sein Vaterland.« Die vielen Millionen Deutschen, die angeblich nicht hinter die Kulissen schauen konnten, sperre dieser Bundespräsident »in den Schuldturm«, schreibt die rechtsextreme »Deutsche Wochenzeitung«. Seinen eigenen Vater aber, der damals ganz oben war, hält er für vollkommen unschuldig.

Die Vorwürfe sind unberechtigt. Richard von Weizsäcker hat in seiner berühmten Rede vom 8. Mai 1985 klipp und klar gesagt: »Schuld oder Unschuld eines ganzen Volkes gibt es nicht. Schuld ist wie Unschuld nicht kollektiv, sondern persönlich.«

Und er hat auch die moralische Verstrickung seines Vaters nicht in Abrede gestellt. »Niemand wußte am Ende genauer als mein Vater, daß und warum er gescheitert war«, steht in einer Einleitung, die der Bundespräsident vor eine Rede setzen ließ, die er über den 20. Juli 1944 gehalten hat.
1950 machte er in Celle sein Referendar-, 1953 in Düsseldorf sein Assessor-Examen, 1954 promovierte er mit der Arbeit: »Der falsche Verein«. Von 1950 bis 1958 war er Leiter der wirtschaftspolitischen Abteilung der Mannesmann AG Düsseldorf, bis 1962 Teilhaber des Bankhauses Waldthausen in Essen und Düsseldorf, bis 1966 geschäftsführender Gesellschafter der Firma C. H. Boehringer Sohn in Ingelheim. Hier hat man schwarz auf weiß die Bahn, die er einzuschlagen beabsichtigte; aber den gescheiten Mann lockte dann doch die Politik. Nachdem er 1955 der CDU beigetreten war, rückte sie Mitte der sechziger Jahre in den Vordergrund. Er war Mitglied der Synode der EKD und ihrer Kammer für öffentliche Verantwortung, einige Jahre, bis 1970, Präsident des evangelischen Kirchentages, schließlich auch Mitglied im Zentralkomitee und Exekutivausschuß des Weltkirchenrates. Für die politische Laufbahn, die ihm seit 1969 für gegeben erscheint, ist zwar Passion, vor allem aber sind Ellbogen erforderlich. »Spätlinge« müssen sich anstrengen. Nur selten hat die Geschichte Respekt vor großen Namen. Seit 1969 Rechtsanwalt in Bonn. Als er 1974 bei der Wahl des Bundespräsidenten gegen Walter Scheel kandidierte, unterlag er in der Bundesversammlung. Doch der Traum, Bundespräsident werden zu können, war noch nicht ausgeträumt.
Als in den fünfziger Jahren zum 70. Geburtstag Robert Boehringers, eines Basler Industriellen aus schwäbischem Stamm, von Freunden ein mehr als siebenhundert Seiten umfassendes Buch herausgebracht wurde, stand dort ein Beitrag zu lesen: »Vier Generationen Weizsäcker«. Der erste Satz lautete so: »Es wird zu den kulturgeschichtlichen Seltenheiten gehören, daß in einer Familie vier aneinander folgende Geschlechter auf gleicher Geisteshöhe stehen.« Inzwischen wäre der Satz auf die fünfte Generation auszudehnen. Söhne des Physikers Carl Friedrich von Weizsäcker sind in jungen Jahren, der eine Biologe, der andere Nationalökonom, Universitätslehrer in Heidelberg und beide engagierte SPD-Leute.
Richard von Weizsäcker, von dem hier die Rede ist, gehört zur vierten Generation. Die Weizsäckers sind Schwaben. Nicht weitab vom alten hohenlohischen, jetzt württembergischen Fürstenstädtchen Öhringen steht noch die Weizsäcker-Mühle der Vorfahren.
Richard von Weizsäcker gehört seit dem Herbst 1969 der CDU/CSU-Fraktion des Bundestages an. Der damalige rheinland-pfälzische Ministerpräsident Helmut Kohl, ein Mann der Taktik und des politischen Managements, brachte Weizsäcker an die Spitze der CDU-Landesliste. In der CDU/CSU hatte Helmut Kohl mit Bundeskanzler Kiesinger den Einfall, den damals 48jährigen Weizsäcker als Kandidaten für das Amt des Bundespräsidenten gegen Gerhard Schröder ins Feld zu führen. Man hätte ihm in Bonn fast voraussagen können, daß das nicht gutgehen konnte. Aber schon damals wird sich Weizsäcker vermutlich auch die Erkenntnis aufgedrängt haben, daß politisch Lied ein garstig Lied sein muß. Der Bundeskanzler Kiesinger wollte nicht gern bei einem Bundespräsidenten Schröder zum Rapport erscheinen müssen. Der Weg vom kleinen Bruder des großen Physikers und Philosophen Carl Friedrich von Weizsäcker bis zum Präsidenten der Bundesrepublik Deutschland war steinig und brutal.
»Immer wählbar, aber nie gewählt; stets präsentabel für die höchsten Ämter, aber nicht mehr gefragt, wenn ein Posten tatsächlich zu vergeben ist«, schrieb die Süddeutsche Zeitung 1974, nachdem die CDU/CSU ihren Präsidentschaftskandidaten von 1974 im Jahr 1979, als sie endlich die Mehrheit in der Bundesversammlung hatte, fallen ließ. Auch in Berlin mußte Weizsäcker einmal – 1979 – vergeblich kandidieren, bis er 1981 schließlich Regierender Bürgermeister

wurde; und auch das nur, weil er die SPD kompromißlos mit Hilfe eines Volksbegehrens in rasche Neuwahlen trieb. Vor allem aber Helmut Kohl, der frühe Förderer des Politikers Richard von Weizsäcker, kann von der unbeirrbaren inneren Stärke und dem Machtinstinkt Richard von Weizsäckers ein Lied singen. Kohl tat alles, um Weizsäckers Kandidatur zum Bundespräsidenten 1984 zu verhindern – und verlor das Spiel. Die Frage, ob Kohl jemals Kanzler geworden wäre, wenn die Regierung von Helmut Schmidt 1982 nicht vorzeitig zusammengebrochen wäre, kann man sehr ernsthaft stellen. Ob bei regulären Wahlen 1984 nicht der damalige Regierende Bürgermeister von Berlin, Richard von Weizsäcker, der »präsidiale Typ«, eine gute Chance gehabt hätte, Kanzler der Bundesrepublik Deutschland zu werden?

Gegen den Politiker Richard von Weizsäcker gibt es aus dem demokratischen Spektrum zwei schwerwiegende Einwände. Der eine kommt von links und lautet so: Weizsäcker sei ein Befürworter der Ostverträge gewesen, habe sich in der entscheidenden Abstimmung aber – im Unterschied zum Beispiel zu seinem Fraktionskollegen Walther Leisler Kiep – nicht getraut, mit »Ja« zu stimmen. Der andere kommt von seinen Freunden aus der CDU. Sie sagen: Weizsäcker hat uns Berlin gewonnen, Weizsäcker hat uns Berlin aber auch wieder verloren. Er habe doch gesagt: Berlin sei seine Lebensaufgabe, danach käme keine weitere Lebensaufgabe mehr. Und dann habe er sich doch in den Sessel des Bundespräsidenten gesetzt. Wenn Berlin jetzt an eine rot-grüne Koalition gefallen sei, sei das auch die Schuld Richard von Weizsäckers. Also doch ein wankelmütiger Mann?

Wenn man Weizsäcker diese Frage vorhält, bleibt er ganz ruhig. Er sei mit Nachdruck für den Polen-Vertrag gewesen; gegen den Vertrag mit der Sowjetunion habe er fachliche Bedenken gehabt, den Grundlagenvertrag habe er abgelehnt. Er hätte alles getan, sagt er, um zu verhindern, daß die Vertragspolitik an einer oder zwei Stimmen gescheitert wäre. Regierung und Opposition hatten in diesen dramatischen Tagen je 249 Stimmen im Bundestag. Aber diese Gefahr des Scheiterns sei ja schon durch Barzels Entschluß, die CDU/CSU-Fraktion zur Enthaltung zu bewegen, gebannt gewesen. Warum hätte er ausscheren sollen?

Und Berlin? Er antwortet mit entwaffnender Offenheit. Als er den Satz mit der »Lebensaufgabe«, nach der keine weitere käme, sagte, war er fest davon überzeugt, daß Karl Carstens eine zweite Amtsperiode anstreben werde. »Mit 69 Jahren wäre ich für eine erste Amtsperiode zu alt gewesen.« Er spricht nicht weiter; aber es ist nicht zweifelhaft, was er meint. Nämlich: Im Amt des Präsidenten diesem Volk Orientierung zu geben, ist noch etwas wichtiger, als Berlin für die CDU zu halten. Der Staat kommt vor der Partei. Richard von Weizsäcker sagt nicht »Basta«; aber andere hätten an dieser Stelle »Basta« gesagt.

Politische Größe setzt einen geistig-moralischen Führungsanspruch voraus, den Willen, Beispiel und Vorbild zu sein, Richtung zu zeigen, Wege zu markieren, über den Tellerrand des Tagesgeschehens zu blicken. Richard von Weizsäcker ist zur moralischen Instanz der Nation geworden. In seinem konservativen Staatsverständnis, seiner Toleranz und seiner Weltoffenheit finden sich Bürger aller Schichten und Richtungen. Das ist neu in der Republik der Deutschen.

Rückblende: Da war Theodor Heuss. Das gute Gewissen einer noch in Trümmern liegenden Nation. Der gute Mensch aus Württemberg. Geprägt von Weimar. Ein Mann, der das Grundgesetz gefeilt und ihm jenen freiheitlichen Guß gegeben hat, der noch heute der Kern der Paragraphen ist.

Heinrich Lübke. Eine ehrliche Haut, bieder, allzu bieder. Figur seiner Zeit. Die Republik im ersten Aufbau. Schlohweißes Haar, spröde in seiner Aussage, wirkungsvoll in Schwarzafrika.

Dann 1968 Gustav Heinemann, die Zeit des In-Frage-Stellens. Ein kantig-politischer Präsident. Machtwechsel zu Willy Brandt und Helmut Schmidt. Stück um Stück. Heinemann wollte es. Weg frei für die neue Macht! Ein Herr, der im Casino eines Kohlekonzerns mit einem Glas Champagner in der Hand die geschniegelte Figur eines Bergassessors abgab, aber mit den Bauarbeitern der Villa Hammerschmidt die Bierflasche an den Mund setzte. Gustav Heinemann – der Präsident, der die Minderheiten der Gesellschaft in den Staat führte. Unbequem für die damals schon Satten.

Walter Scheel, der Herr der feinen Lebensart, die fröhliche Republik. Weltgewandt. Im Weißen Haus zu Washington wie im Kreml zu Moskau. Ein Deutscher aus dem Bilderbuch des Großbürgertums. Vom Nachtjäger zum Präsidenten, vom Kommißbrot zum Kaviar. Das war, so ist Walter Scheel.

Schließlich Karl Carstens, ein preußisch-hanseatischer Professor, Kanzlei in Bremen, Jurist bis in die Fingerspitzen. Diener des Staates. Ein analytischer Verstand, wie er nur wenigen Menschen gegeben ist.

Keiner war, keiner konnte so sein wie Richard von Weizsäcker. Eine Persönlichkeit außergewöhnlichen Zuschnitts. In Stuttgart geboren, aber kein Schwabe. Geprägt vom Frankenland und von Berlin. Fragt man ihn nach Ziel und Aufgabe, lautet die Antwort: Anzuregen mit dem Reichtum der Gedanken, über die Ideologien hinweg, Orientierung geben, Fragen stellen, Antworten geben, aber auch zugeben, daß es Fragen ohne Antworten gibt. Politiker wissen alles und jedes, dieser Bundespräsident gesteht, erst nachdenken zu müssen.

Die Wurzel seiner Persönlichkeit? Auch hier – es sind die Fragen, die zum Kern führen: Ein Mann wie dieser Richard von Weizsäcker, in einem Potsdamer Eliteregiment gedient, am zweiten Tag des Zweiten Weltkriegs in Polen seinen Bruder verloren, Totenwache für eben diesen Bruder gehalten, einen Vater im nationalsozialistisch geprägten Auswärtigen Amt der Berliner Wilhelmstraße gehabt und eben diesen Vater vor dem Nürnberger Tribunal der damals Alliierten als junger Jurareferendar an der Seite eines Anwalts verteidigt haben? Sieben Jahre für den Vater, vier davon in Haft. »Mein Verhalten ab Herbst 1939 ist unrühmlich gewesen«, sagt der Vater dem Sohn. Das sind Wurzeln, das sind Quellen. Geben sie die Kraft, heute die politische Landschaft zu entgiften? Für die heute Jungen, aber auch für die schon 40jährigen ist ein Leben wie das von Weizsäcker nicht nachvollziehbar, kaum daß es verstanden und begriffen werden kann.

Seine Frau Marianne, geborene von Kretschmann, lernte Richard von Weizsäcker auf einer Hubertusjagd 1950 in Essen kennen. Weizsäcker war damals 30 Jahre, sie 17. Seit 38 Jahren führen sie eine Vorbild-Ehe. Rezept: »Jeder setzt seine Selbstverwirklichung an die letzte Stelle.« Die Weizsäckers haben drei Söhne und eine Tochter.

Marianne von Weizsäcker weiß zumeist genau was sie will. Sie hat feste, aus der eigenen Lebenserfahrung gewachsene Überzeugungen, für die sie energisch eintritt. Ablehnung oder Zustimmung werden entschieden vorgetragen. Wo immer sie auftritt, schafft es Marianne von Weizsäcker, einen guten Eindruck zu hinterlassen. Sie spricht mit Prinz Charles englisch über Drogen und mit François Mitterrand französisch über moderne Kunst. Marianne von Weizsäcker wurde 1988 gefragt, ob sie die Möglichkeit einer zweiten fünfjährigen Amtszeit ihres Mannes nicht schrecke. Die Antwort war typisch für sie: »Ich bin nicht so erzogen, daß ich in einer Frage von solcher Rangordnung sagen würde, ich habe keine Lust.«

Bundespräsident Richard von Weizsäcker gilt 1991 als beliebtester Staatsmann seit Adenauer. Er hat seine eigenen Vorstellungen über die Beantwortung der Bürgerpost (wöchentlich bekommt er 1500 bis 2000 Briefe), sprach sich von Anfang an gegen die Versendung von Schemabriefen aus.[261]

Man nannte ihn den Mann ohne Gesicht – DDR-Geheimdienstchef Markus Wolf

Die Karriere des eiskalten Chefspions Markus Wolf, in Ost und West gefürchtet und bewundert, ging stets steil bergan. Er brachte es zum Stellvertreter von Stasi-Chef Mielke. Im März 1987 zog er die Uniform des Generaloberst aus. Markus Wolf (drei Ehen, drei Kinder) wurde am 19. Januar 1923 im schwäbischen Hechingen geboren. Sein Vater: Friedrich Wolf (1888 bis 1953), Arzt, Dramatiker, Kommunist. Sein Bruder: Konrad Wolf (1925 bis 1982), bis zu seinem Tod einer der erfolgreichsten Regisseure der DDR. Ihm widmete Markus Wolf seinen Bestseller »Die Troika«. Dieses Buch erzählt vom Exil dreier Freunde in Moskau. Dorthin flüchtete die Familie Wolf 1933 vor den Nationalsozialisten. In der Bundesrepublik liegt seit Jahren ein Haftbefehl gegen ihn vor.

Bei der Großdemonstration am 4. November 1989 in Ostberlin rechnet er entschlossen mit der SED ab: »Wir dürfen ihre Rückkehr nie wieder zulassen.« Er gehörte in jener Zeit dem SED-Ausschuß an, der darüber zu entscheiden hatte, wer seinen Schrank im Gebäude des Zentralkomitees aufschließen durfte. Ein Wendehals? Sein Spiel ist undurchsichtig, vielleicht erfahren wir noch einmal die Wahrheit über ihn.

33 Jahre war er Spionagechef der DDR. 4000 Auslandsagenten unterstanden ihm. Sein Meisterstück: der Spion Günther Guillaume an Willy Brandts Seite und der Sturz des Kanzlers Willy Brandt. Zu erwähnen auch noch Frau Dr. Gabriele Gast, Regierungsdirektorin beim Bundesnachrichtendienst in Pullach. Gabriele Gast, die ehemalige Studentin aus dem Westen, hat sich bei einem Besuch in der DDR vom Geheimdienst des Ostens anwerben lassen – und in einen Offizier verliebt. Einige Zeit später beginnt sie ihre Arbeit beim Bundesnachrichtendienst in Pullach. DDR-Spionagechef Markus Wolf hat seine Top-Agentin unter dem Decknamen »Gisela« direkt im Zentrum des Gegners.

Ab Herbst 1974 liefert Gabriele Gast für ihren Auftraggeber im Osten alles aus dem Bundesnachrichtendienst, was ihr interessant erscheint, an die »Hauptverwaltung Aufklärung« des Ministeriums für Staatssicherheit und an deren obersten Chef Markus Wolf.

Der große Schweiger redet: »Habe 33 Jahre als General in der Stasi gearbeitet; bekenne mich zur Verantwortung.« Und Markus Wolf, der kälteste Spion der Welt, sagt weiter: »Ich bin ein Geheimdienstchef, und ich enttarne mich jetzt. Ich will die Freiheit.«

Ortstermin Wien: »Der vierte Mann«. Der Himmel war blau, und dort, wo der gemeinste Spionagefilm der Nachkriegszeit (»Der dritte Mann«) gedreht wurde, stellte sich Markus Wolf den »Bunte«-Reportern.

In einer Gondel des Riesenrades im Wiener Prater sagte Markus Wolf: »Ich weiß, in dieser Gondel stand Orson Welles, der dritte Mann, und belog seinen Freund. Ich sage die Wahrheit: Ich habe nicht getötet.«

Seine Augen waren rot und müde. Aber es waren nicht die Augen eines Mannes, der aufgegeben hat, und auch nicht die Augen von einem, der in der Falle sitzt. Es waren die Augen eines Schachspielers, der vielleicht matt war, aber nicht schachmatt, und der seinen nächsten Zug vorbereitet. Wir »Bunte«-Reporter waren sein nächster Zug. Nicht mehr und nicht weniger.

Markus Wolf, der ehemalige Chef des DDR-Geheimdienstes, sagte: »Meine Herren, es gibt in Deutschland viele, die Sie für schlecht halten, aber die sind gut. Und es gibt viele, die Sie für gut halten, aber die sind schlecht.«

Das war sein Entree, das erste, was er sagte, nachdem wir uns begrüßt hatten. Ein chiffrierter Satz nach Bonn. Er bedeutet: Schweigen gegen Straffreiheit. Das sind seine Bedingungen für den Deal: Ich stelle mich, aber ihr laßt mich frei.

Und Sie meinen, das funktioniert? Was, wenn es nicht funktioniert und Sie für zehn Jahre hinter Gitter müssen?

Markus Wolf wiegt seinen Paul-Newman-Kopf: »An dieser Vorstellung finde ich überhaupt nichts Faszinierendes.«

Er sieht immer noch gut aus für seine 68 Jahre. Er hat noch alle Zähne. Seine Haare sind nicht grau, sondern reizvoll. Und wenn ihn im Augenblick nicht so viele Sorgen quälen würden, hätte er sogar ein junges Gesicht. Mit schönen Augen. Braun und mit genau dem Glanz darin, von dem Frauen träumen. Man könnte es auch Vertrauen nennen, was diese Augen ausstrahlen. Und dann, ohne Übergang, im nächsten Moment, sind sie eiskalt.

Kälte in seinen Augen aufblitzen sehen, und es fiel uns dann weiß Gott nicht schwer, uns in die Haut derer zu versetzen, denen dieser Blick einmal gegolten hat. Sie sind tot. Wie der Doppelagent Werner Schneider, der nach Einschätzung des Bundesnachrichtendienstes auf Wolfs Geheiß in Bautzen gefoltert worden ist. Oder wie der DDR-Admiral Baumann. Genickschuß, weil er militärische Geheimnisse an den Westen verriet. Oder wie diese durch und durch harmlose BRD-Bürgerin Sonja Lüneburg, die man in der DDR ins Irrenhaus steckte, damit ihre Identität für eine Wolf-Agentin im Wirtschaftsministerium des Martin Bangemann frei wurde.

Vorwürfe, über die Markus Wolf lacht und die er lässig, fast wie nebenbei, abstreitet. Und wenn er seinen inneren Schalter wieder auf Wärme umgeschaltet hat, dann glaubt man ihm das auch sofort. Und solidarisiert sich. Und bedauert den Streß seiner nun schon ein Jahr lang währenden permanenten Flucht.

7000 Kilometer ist er seit seiner Nacht-und-Nebel-Abreise aus Berlin im September 1990 bisher gefahren. In immer wechselnden dunklen Volvos und kreuz und quer durch Osteuropa. Über die Tschechoslowakei nach Österreich, von dort nach Budapest, durch die Ukraine bis Moskau und jetzt wieder zurück nach Wien. Weil er in Wien die Ruhe zu finden glaubte, die er braucht, um mit Hilfe seiner Anwälte »die Dinge« zu klären.

Die Pause wird ihm aber auch in Wien nicht gewährt. Der höchste österreichische Staatsanwalt verlangt täglich nach ihm, internationale Fernsehteams jagen auf seinen Spuren durch die Stadt, und Wolf hat Angst vor den Leuten seiner eigenen Firma. Morddrohungen. Keine Ruhe, zu keiner Zeit, nicht einmal während unseres Interviews. Auch wir müssen mit ihm flüchten.

Autofahrten, die uns wie ein Déjà-vu-Erlebnis vorkamen. Szenen, die wir kannten. In Filmen gesehen, in Romanen gelesen. Wien bei Nacht. Erleuchtete, aber leere Straßen. Alte Häuser, Türen im Dunkel, Schatten. Zwei Beamte des österreichischen Sicherheitsdienstes mit uns im Wagen, und auch der Fahrer des Mercedes vor uns gehört zur Stapo, der Staatspolizei. Junge, unaufdringliche Profis mit leicht ausgebeulten Jacketts von Boss, und einer hatte sogar einen Ring im Ohr.

Sie beschützen nicht nur Markus Wolf. Sie beschützen auch seine Frau. Andrea, klein, blond und auf diese typische DDR-Art niedlich. Und mit ihr hat man wirklich so etwas wie Mitleid. »Ich kann nicht mehr«, sagt sie. »Ich will endlich nach Hause.« Das kleine Gartenhaus in Berlin-Weißenburg, von dem sie träumt, war wohl die exotischste Geheimdienstzentrale der Welt. Von diesem Garten aus steuerte Wolf die Agenten, während in den Bäumen über ihm die Vögel zwitscherten. Seine Frau liebt Vögel. Sie hatte auch einen Papagei und drei Katzen, und dazwischen saß der Wolf in seiner Strickjacke und spielte seine Art von Schach. Als der Sozialismus noch real war. Jetzt schweigt Wolf. Wir rasen durch die Stadt, und er sieht aus dem Fenster, als ob es ihn nichts anginge. Nur einmal schickt er einen kurzen, professionellen Blick in den Rückspiegel. Dann entspannt er sich wieder. Wir haben gerade ein paar Fernsehleute abgehängt. Als wir ihm verraten, welchen Ort wir uns für die Fotos und die Fortsetzung des Interviews ausgedacht haben, den Prater, das Riesenrad, muß er schmunzeln. Er kennt die Show-down-Location des weltberühmten Agenten-Thrillers »Der dritte Mann«. Markus Wolf ist einverstanden. Er hat Sinn für Dramaturgie. Wir interviewen ihn in Kabine 10. Hoch über den Dächern von Wien.

Spekulieren Sie auf Haftverschonung, wenn Sie nach Deutschland zurückgehen? Was für

ein Spiel spielen Sie? Verraten Sie demnächst Ihr Agentennetz, damit Sie Ihre Haut retten?
Sie meinen die Preisgabe von Personen? Nein.

Aber der Generalbundesanwalt erwartet, daß Sie Ihre Leute, die noch nicht entlarvt sind, übergeben.
Ich halte die Preisgabe von Personen, die sich mir anvertraut haben, von uns angehalten wurden, nachrichtendienstlich tätig zu werden, für absolut verwerflich. Ich würde mich nie dazu hergeben.

Weswegen? Berufsehre?
Sie können das meinetwegen so bezeichnen.

Wieviel unentlarvte Agenten gibt es noch, die Zahl 400 geistert herum?
Wo diese Zahl herkommt, vermag ich nicht zu sagen. Es heißt, ich habe diese Geister-Armee dem KGB übergeben. Ich habe weder 4 noch 400 übergeben. Wenn ich Chef des KGB wäre, würde ich nie so einen demotivierten, deprimierten Haufen übernehmen.

Haben Sie Heimweh nach Deutschland?
Was ist Heimat? Ich glaube, das hängt auch mit dem Alter zusammen. In meiner Jugend hat mir eine Ortsveränderung überhaupt nichts ausgemacht. Aber im Alter ist das doch ganz schön schwer. Die BRD, nun ja, das war für mich in der Zeit des kalten Krieges sozusagen der Gegner. Aber ich stamme ja aus Württemberg, und mein Vater stammt vom Rhein, meine Mutter stammt aus Remscheid. Also, es gibt sehr viele Wurzeln.

Herr Wolf, klebt Blut an Ihren Händen?
Ich kann guten Gewissens sagen: Nein! Blut schon gar nicht, es gibt auch keinen Zusammenhang mit Todesfällen, Tötungsdelikten, dem Tod von Menschen.

Sie haben mit menschlichen Schicksalen gespielt.
Menschliche Schicksale, das ist keine Spezifik des DDR-Nachrichtendienstes. Das haben andere Dienste, auch auf der westlichen Seite, im selben Maße getan. Das ist ja jetzt das Grundthema. Wer ist böse, wer ist gut? Das Geheimdienstgeschäft können Sie nicht nach Gut und Böse ordnen.

Die westlichen Dienste sind demokratisch legitimiert.
Was heißt demokratisch legitimiert? Der Geheimdienst der DDR verstand sich als verfassungstreu.

Aber die DDR war eine Diktatur.
Eine Diktatur. Das ist ja auch wieder so ein Klischee. Es war die Konfrontation des kalten Krieges. Auf beiden Seiten! Wenn man jetzt versucht, meine Seite zu kriminalisieren und ins soziale Abseits zu stellen, ist das unlogisch.

Woher kommt Ihre Zuversicht, nicht in den nächsten Tagen in einem deutschen Gefängnis zu sitzen? Was schützt Sie? Werden Sie mit Intimwissen erpressen?
Nein. Aber es gibt natürlich Wissen, an dessen Veröffentlichung Stellen oder Politiker der BRD nicht unbedingt interessiert sein müßten. Das sind keine Bettgeschichten. Da kann ich auch einige Politiker beruhigen, die möglicherweise annehmen, daß aufgrund bestimmter Dinge solches Wissen da ist.
Ich will in Deutschland leben und habe deshalb kein Interesse, mich mit staatlichen Stellen in irgendeiner Weise anzulegen. Solches Wissen ist natürlich da. Ich werde das natürlich berücksichtigen.

War Ihr bester Spion Guillaume?
Guillaume war ein spektakulärer Fall. Ich halte ihn aber nicht für einen großen Erfolg. Den Rücktritt Brandts haben wir nicht gewollt. Die Ursache waren Probleme aus Brandts Intimleben, die andere Leute hochspielten. Guillaumes Informationen waren nicht besonders herausragend. Die eigentliche Leistung war die Summe vieler Leute,

Sekretärinnen zum Beispiel. Die waren in jeder Hinsicht effektiv. Es gibt dieses Beispiel von Inge Goliath, der Sekretärin des CDU-Abgeordneten Marx, ein extrem rechtskonservativer Mann, der mit dem Bundesnachrichtendienst sehr enge Beziehungen pflegte. Einer unserer Agenten wurde auf die Sekretärin angesetzt, und es entstand ein echtes Liebesverhältnis, das diese Frau zu einer überzeugten Sozialistin machte. Sie war dann der Meinung, daß das, was ihr Vorgesetzter Marx tat, verwerflich ist. Der Agent und die Sekretärin haben ein Kind zusammen. Eine gute Partnerschaft. Ich habe vor solchen Mitarbeitern besonderen Respekt.

Welche Rolle spielten Frauen als Agentinnen?
Wir haben fabelhafte junge Frauen rekrutiert. Mit einigen von denen hätte sogar der Papst zusammengearbeitet.

Zu Ihrem Arsenal gehörten also sexuelle Beziehungen? Gibt es vieles, was die Öffentlichkeit nicht weiß?
Wahrscheinlich, wahrscheinlich.

Reden Sie doch!
Jede Kontaktierung, ob Mann oder Frau, Wirtschaftler oder Politiker, hatte irgendeinen Hintergrund.

War Franz Josef Strauß, ohne es zu wissen, für Sie ein guter Mann?
Er war so beweglich in seiner Denkweise, daß ich mir auch schon früher vorstellen konnte, daß man mit diesem Mann durchaus die verhärteten Fronten hätte auflockern können.

Würden Sie sagen, Strauß war ein wichtiger Einflußagent?
Nein, so weit ist es nie, zumindest zwischen meinem Bereich und Strauß, gekommen. Das spielte sich anders ab. Nicht im Sinne der nachrichtendienstlichen Einflußnahme, sondern im Sinne des politischen Einwirkens.

Welchen Deutschen hassen Sie?
Den Löwenthal vom ZDF. Der einzige Mensch, bei dem ich nicht ruhig bleiben kann.

Wie war Ihre Arbeitsteilung mit Mielke, wie lief der Tag zwischen Ihnen ab?
Oft hektisch. Mielke hatte eine Neigung zu Details und Äußerlichkeiten. Es gab viele unangenehme Phasen. Ein eigenartiges Rivalitätsverhältnis. Zuletzt legte er großen Wert darauf, daß alle wichtigen Ergebnisse über seinen Tisch liefen. Ich habe das respektiert.

Haben Sie sich angeschrien?
Ich bin ein Mensch, der in der Regel nicht schreit. Und wenn ich es getan habe, in seltenen Fällen, dann nur unter vier Augen. Seine Art war nur sehr schwer zu ertragen.

Haben Sie sich – sozusagen von Kollege zu Kollege – mal mit den Chefs der bundesdeutschen Dienste getroffen?
Es gab mal so ein Angebot von Richard Meier (früherer Verfassungsschutzchef). Da ging es um den Austausch von Guillaume. Ich hätte das von mir aus gemacht. Aber das war unter dem damaligen Minister (Mielke) nicht möglich.

Waren Sie in Ihrer aktiven Geheimdienstzeit in Bonn?
Ich könnte das mit Nein beantworten. Aber lassen wir das mal offen.

Könnte es für Sie gefährlich werden, wenn Sie auspacken? Haben Sie Angst vor einem Attentat?
Ich bin gewarnt worden. Ja, es gibt Morddrohungen aus neonazistischen Kreisen.

Auch aus der alten Firma?
Ich halte alles für möglich.

Herr Wolf, versuchen Sie mal eine Hitliste. Welcher Geheimdienst war der beste?
Also, die Quellenlage des BND war nie besonders gut. Vielleicht waren die Engländer

die besten, diese James Bonds. Weil ich über die am allerwenigsten wußte.

Was hat Sie so fasziniert an Ihrem Job?
Das Zusammenkommen mit Menschen ganz verschiedener Art. Das Motivieren. Ich habe versucht, Menschen, die zunächst aus rein materiellen Gründen für uns arbeiteten, auch moralisch zu motivieren. Und auch das Schachspiel mit dem Verfassungsschutz hat mich fasziniert: Wer ist dem anderen um ein paar Züge voraus? Der Verfassungsschutz war ja in manchen Dingen ganz effektiv geworden, in seinen analytischen Methoden, dem Ausrastern unserer Leute: Wer kam aus der DDR, wer war wann übergesiedelt.

Als Ihre Spione dann reihenweise hochgingen, hat Sie das deprimiert?
Ja sicher. Wir mußten mit einem Schlag 30 oder 40 sehr mühselig untergebrachte Leute zurücknehmen. Das war das Ergebnis der Arbeit von vielen Jahren. Da habe ich dann die Kraft auf das Ziel konzentriert: Wir müssen bei denen drinnen sein, damit es wieder ein offenes Spiel ist.

Sie meinen zum Beispiel den Verräter Tiedge beim Verfassungsschutz.
Der ist so ein Beispiel.

Wer war Ihr bester Spion?
Gabriele Gast. Sie war beim Bundesnachrichtendienst in Pullach angesiedelt. Frau Gast ist eine Frau, vor der ich außerordentlich große Hochachtung empfunden habe. Ich habe mich mit ihr wiederholt persönlich getroffen.
Sie war mir besonders nah, weil sie aus Überzeugung für mich arbeitete. Über ihren Tisch gingen viele Berichte über politische Ereignisse auf hoher Ebene innerhalb des westlichen Bündnisses und Analysen über die Situation in den sozialistischen Ländern, wie man sie im Westen sah. Für mich war natürlich von hohem Wert zu erfahren, wie es im BND aussah, welche Analysen dort vorgenommen wurden.

Dadurch wußten Sie wahrscheinlich früher als Erich Honecker und Erich Mielke, daß die DDR bankrott war.
Mag sein.

Im Westen nannte man Sie den »Mann ohne Gesicht«, weil von Ihnen jahrelang nur ein Foto aus den fünfziger Jahren existierte.
Das war ein großer Vorteil, den ich hatte. Ich konnte in den Westen reisen, ohne daß der Gegner wußte, wie ich aussah. Bis 1977. Da war ich in Stockholm. Ein BND-Agent hat mich fotografiert. Ich hatte gar nichts bemerkt. Touristen haben mich darauf aufmerksam gemacht, daß ich geknipst wurde.

Sind Sie noch immer Kommunist?
Die Frage wird mir oft gestellt. Ich kann und ich will mich nicht trennen von den Idealen und Vorstellungen, die wir immer hatten unter dem Begriff Kommunismus. Das, was meinen Vater ja auch zum Kommunisten gemacht hatte. Er war ein richtiger Intellektueller aus bürgerlichem Haus, der durch den Ersten Weltkrieg Pazifist wurde und dann durch Überzeugung zum Kommunisten.

Trauern Sie der DDR nach?
So wie sie war, nicht. Aber ich trauere doch sehr vielen Hoffnungen und Vorstellungen nach, die wir hatten. Von einer anderen, besseren DDR. Einem anderen, echten Sozialismus. Das waren Illusionen. Davon habe ich mich durch rationales Denken verabschiedet.

Was bedeutet Ihnen Geld, Luxus?
Jeder Mensch will gut leben. Für mich spielt Geld insofern eine Rolle, als ich nicht von meiner Rente leben kann (ca. 1600 Mark, die Red.). Wenn jetzt Honorar für meine Bücher fließt, ist das nicht unangenehm. Es ist ja nicht so, daß ich in Geld schwimmen würde. Das Streben nach Luxus spielt für mich keine Rolle. Ich stehe unter ziemlich großem Druck. Als Schriftsteller

würde ich lieber Bücher schreiben ohne Druck, ohne daran zu denken, wann bist du fertig.

Ihr nächstes Buch?
Ein Kinderbuch über Delphine. Da kommen Kindheitserinnerungen an die Ferien früher am Ärmelkanal rein.

Ist das Ihr Beruf heute, Schriftsteller?
Ja, Schriftsteller.

Herr Wolf, Sie sind jetzt alt. Wo möchten Sie mal begraben sein?
Ich will in mein Gartenhaus zurück nach Berlin. Da will ich schreiben und, wenn es ginge, will ich da auch gern unter die Erde. In meinem eigenen Garten. Aber es geht nicht wegen der Bestimmungen.
Siebenmal drehte sich das Riesenrad. Dann war unsere Zeit vorbei. Die Jungs von der österreichischen Staatspolizei hatten den dringenden Auftrag, ihren Mann zum Verhör zu fahren. Sie waren höflich. Sie nannten es Anhörung. Die österreichische Staatsanwaltschaft prüft, ob sie Markus Wolf doch noch verhaften kann. Weil seine Leute auch in ihrem Land jede Art von Gesetzen gebrochen haben. Jeder weiß das. Aber keiner kann es beweisen. Und Markus Wolf dazu zu bringen, daß er sich verplappert, ist für sterbliche Wesen fast unmöglich.
Trotzdem, sie versuchen es. Sie wissen, er ist müde, und sie tun alles, daß er noch müder wird. »Es wird bis spät in die Nacht dauern«, sagt der Beamte mit dem Ring im Ohr zu mir. »Heute werden Sie ihn mit Sicherheit nicht mehr sehen.«
Wir protestieren. Versuchen Zeit zu schinden. Seine Frau steht uns bei. »Er muß jetzt unbedingt erst was essen«, sagt sie. »Er ist krank. Mein Mann hat so etwas Ähnliches wie Zucker. Wenn er jetzt nichts ißt, fällt er Ihnen um.«
Sie schafft es. Allmählich kommt mir Andrea Wolf wie eine Geheimwaffe vor. Wir bekommen alle zusammen noch eine halbe Stunde Kaffeehaus, und dann sind wir Journalisten die einzigen, die etwas essen. Apfelstrudel. Andrea lehnt ab, »weil ich so was doch auch selber backen kann«, und Markus Wolf will nur eine Zigarette, einen Einspänner und eine Zeitung. Aber nicht um zu lesen. Seine Augen wandern nicht mit den Zeilen. Er braucht das Papier wie die Buddhisten eine weiße Wand, wenn sie meditieren, was nur ein anderes Wort für totale Konzentration ist. Markus Wolf geht in den Kampf. Er weiß, was ihn jetzt und in den nächsten Wochen erwartet. Acht, neun, vielleicht zehn Stunden Fragen, die sich ständig wiederholen und deren Antworten irgendwann zu etwas werden, was sich wie schlechtes Fleisch im Mund anfühlt. Immer dieselben Worte, dieselben Zweifel, pausenlos. Um seine Intelligenz zu beleidigen, seine Geduld zu kreuzigen, seine Wut herauszulocken. Nur die Wut ist unvorsichtig, nur im Zorn wird er Worte verlieren, aus denen man Widersprüche konstruieren kann. Und aus den Widersprüchen ein Netz. Und dann das magische Spiel mit dem toten Punkt. Wo nichts mehr geht, nichts mehr denkt, wo keine Kraft mehr bleibt für den mentalen Abwehrschirm. Nur noch Augen zu, nur noch aufhören, nur noch schlafen. Und trotzdem weiter. Fragen, Antworten, Gedanken, die wie Schlingen sind, die letzten Energiereserven. Erschöpfung. Totale Erschöpfung. Zusammenbruch. Das ist das Spiel, das die Staatspolizei und die Generalbundesanwaltschaft höflich Anhörung nennen.
Und Markus Wolfs Augen verändern sich hinter seiner Zeitung. Keine Angst, nicht mal Sorge ist in seinen Augen, aber auch kein Schmunzeln mehr. Weder Wärme noch Kälte. Sie sind leer. Das ist die einzige Waffe, die ein zu Verhörender hat. Nur noch atmen. Ein, aus und tief. Vom Bauch bis zu dem Punkt zwischen den Augen. Wie ein Fluß, in den ein Verfolger springt. Und das Gehirn wird dabei auf Autopilot gestellt. Wir sehen es, die Leute von der Staatspolizei sehen es, auch seine kleine Frau bekommt es mit. Die Veränderung des Markus Wolf. Er sitzt vor uns, aber er ist nicht mehr da. Er ist bereits in den Ring gestiegen.[262]

Das Milliardenspiel um Berlin

»Für mich ist Berlin immer die Hauptstadt der Deutschen gewesen. Und daran hat sich nichts geändert« (Bundeskanzler Helmut Kohl).

Es wird nicht leicht werden mit der künftigen Hauptstadt Berlin. In der Presse und in Kommentaren erfährt man es immer wieder, die Deutschen tun sich schwer mit ihrer Hauptstadt Berlin. Die Stimmen für und gegen Berlin sind bekannt: die hohen Umzugskosten, Berlins dunkle politische Vergangenheit vor 1945, Bonn als Inbegriff der demokratischen Erneuerung Deutschlands. Bundespräsident Richard von Weizsäcker hatte sich immer ohne Wenn und Aber für Berlin als Sitz von Parlament und Regierung ausgesprochen und wurde dafür gescholten. Man sprach von 100 Milliarden Mark, die der Staat und somit wir alle zu tragen hätten, obwohl noch niemand weiß, wann, wie schnell und zu welchen Kosten der Umzug stattfindet.

Haben die Herren im Finanzministerium vergessen, daß sie mit dem bisherigen Steueraufkommen für die Berlin-Hilfe oder Berlin-Förderung in den vergangenen Jahren vor der Einheit Deutschlands 220 Milliarden Mark ausgegeben haben?

Ob es um die Hauptstadt oder um die neuen Länder geht, wir sollten begreifen, daß die Teilung uns mehr gekostet hat als die Einheit. Die neuen Länder kosten uns viel Geld, das bestreitet niemand, aber wir verdienen auch gut dabei, denn wir liefern das, was die neuen Länder dringend brauchen. Doch wir sehen nur das, was wir für die neuen Länder ausgeben, und nicht das, was wir einnehmen. Der neuen Hauptstadt Berlin kommen in Zukunft Funktionen zu, die weit über die staatlichen Grenzen hinausgehen. In der geographischen Mitte Europas gelegen, können von hier aus politische und wirtschaftliche Impulse für die Staaten Osteuropas ausgehen, die sich den westlichen Demokratien geöffnet haben. Ein Deutschland, politisch im Westen verankert, mit einer Hauptstadt als Tor zum Osten, eine Chance, die genutzt werden sollte. Ich selbst sehe die Zukunft Deutschlands in Osteuropa, es wird eine schwierige Aufgabe werden, aber wir werden es schaffen, wenn sich die entsprechenden voraussehenden Politiker dafür einsetzen. Unsere Industrie, und ich meine jetzt die der alten und neuen Länder, wird laufen, denn der Osten braucht ihre Erzeugnisse und wir seine Bodenschätze. Natürlich werden die Bedenken unserer westeuropäischen Nachbarn schon laut. Deutschland wird zu groß, aber wenn sie wirklich das vereinigte Europa wollen, müssen sie sich von solchen Gedankengängen befreien.

Das Milliardenspiel der Bauherren in der neuen Hauptstadt Berlin ist schon entbrannt. Weltkonzerne, internationale Banken, Baulöwen und Spekulanten wollen sich in weiser Voraussicht die besten Grundstücke sichern. Aber auch gewendete Genossen der ehemaligen DDR, windige Geschäftemacher und Kriminelle sind mit von der Partie. Aber wie es so ist, gibt es auch bei solchen Geschäften Opfer. Der Mann, der am Morgen des 13. Juni 1991 in seiner Wohnung in Berlin-Wilmersdorf gefunden wurde, hieß Hanno Klein. Der 48jährige Referatsleiter der Berliner Bauverwaltung wurde durch eine Briefbombe getötet. Hanno Klein war kein gewöhnlicher Beamter. Bei ihm, der mehr als 200 Projekte betreute, gaben sich die Geldleute die Klinke in die Hand: Manager von Großkonzernen, die um den halben Globus fliegen, Bankmenschen aus New York und Tokio mit diskreten Aktenköfferchen.

Der Grundstückspreis am Potsdamer Platz für ein Riesenareal betrug für einen westdeutschen Autokonzern pro Quadratmeter nur 1505 Mark. Ein japanischer Elektronik-Riese kaufte am Potsdamer Platz für 3240 Mark Bauland pro Quadratmeter.

Die Hauptstadtentscheidung Berlins trieb die Preise noch einmal in die Höhe. In der Friedrichstraße werden manchmal schon mehr als 20000 Mark für den Quadratmeter verlangt. Einem südamerikanischen Botschafter wurde für die Vertretung seines Landes ein Grundstück in der Nähe des Reichstags für

25000 Mark angeboten, teurer als im Zentrum von Tokio. Ein Immobilienexperte der Berliner Bank weiß von einem Grundstück in Ku'dammnähe, das vor zwei Jahren für sieben Millionen Mark verkauft wurde, im Juli 1991 für 14 Millionen, drei Wochen später für 21 Millionen Mark. Übrigens, die Briefbombe, die Hanno Klein tötete, war von Experten gebaut worden, mit Metallsplittern gefüllt – so wie die Briefbombe, die 1982 den professionellen Fluchthelfer Kai Mierendorff schwer verletzte. Man glaubt, daß die Post damals von der Stasi kam.

Die Stadtverwaltung von Ost- und Westberlin residiert nun wieder am Alexanderplatz, dem angestammten Sitz der Gesamtberliner Stadtregierung im sogenannten »Roten Rathaus«. Am 24. September 1991 nahm Eberhard Diepgen Abschied von seinen Schöneberger Amtsräumen, aus denen legendäre Stadtoberhäupter wie Ernst Reuter und Willy Brandt die Geschicke Westberlins gelenkt hatten, in dessen Turm eine Nachbildung der amerikanischen Freiheitsglocke hängt. Den Schreibtisch von Ernst Reuter und dessen Sessel räumte Diepgen nicht so gern. Während der Blockade 1948/49 wandte sich Ernst Reuter mit dem dramatischen Appell an die Weltöffentlichkeit: »Ihr Völker der Welt, schaut auf diese Stadt.«

Diepgen ist seit 1933 der erste demokratisch gewählte Bürgermeister ganz Berlins.[263]

Der Berliner Buch-Verleger Wolf Jobst Siedler schreibt über Berlin: »Berlin ist nur wenige Jahrzehnte hindurch eine der schönsten Städte Europas gewesen, genaugenommen vom alten Friedrich dem Großen bis zur Thronbesteigung Wilhelms I. Vorher waren die alten Kaiserstädte Regensburg und Nürnberg glanzvoller und auch wirtschaftlich bedeutender gewesen. Aber in der ersten Hälfte des 19. Jahrhunderts war die Residenz der Preußenkönige eine unvergleichlich schöne Stadt, und die »Linden« galten selbst in St. Petersburg, London und Paris als der »glänzendste aller Prospekte«, also als einer der großen Boulevards des alten Europa.

Aber erst im nächsten Jahrhundert, im Berlin des Kaiserreichs, der Weimarer Republik und des Dritten Reichs, wurde die Stadt wirklich eine der großen Metropolen Europas, und zuletzt stach sie sogar das glanzvolle Paris aus. Das lag nicht an der gebauten Schönheit der Doppelstadt Berlin-Potsdam, wenn sie auch mit Knobelsdorffs Sanssouci, Schlüters Schloß, Schinkels altem Museum von einigen der bedeutendsten Bauwerke des modernen Europas geprägt wurde. Berlin war in Wirklichkeit zu schnell gewachsen. Es wurde jene Mietskasernenstadt, die in den Romanen Theodor Fontanes oder Alfred Döblins überliefert ist.

Es lag schon eher an dem landschaftlichen Zauber dieser Fluß- und Seenlandschaft zwischen der Spree im Osten und der Havel im Westen, Flüssen, die mitten durch Berlin liefen, weshalb Berlin neben Venedig die brückenreichste Stadt Europas ist.

Das Unvergleichliche der Atmosphäre dieser einzigen wirklichen Weltstadt Deutschlands kam aber aus seinen Menschen, die ihr ein Fluidum gaben, das sich in ihren Fabriken ebenso ausdrückte wie in jenen Gartenlokalen und Eckkneipen, in denen sich am Abend die Menge drängte. Es war dieses leben und leben lassen, das es so nur in Berlin gab und weshalb es die Fremden und Emigranten von überall nach Berlin zog. Ihren Reichtum bezog die Stadt ja in vielerlei Hinsicht aus den Zuwanderern und Flüchtlingen von Mendelssohn bis zu Einstein, weshalb der jüdische Friedhof von Weißensee heute noch fast ein Gang durch die deutsche Kulturgeschichte ist.

Dieses Berlin hat jetzt die Chance der Wiedergeburt mit fast einem Dutzend Universitäten und Hochschulen, mit nahezu 50 Bühnen und Opernhäusern und mit mehr als vier Millionen Einwohnern und einer weiteren Million in seinem Einzugsgebiet. Selbst in seinem heutigen ramponierten Zustand ist Berlin auch die größte Industriestadt zwischen Ural und Atlantik. Die pure Quantität wird hier sehr bald schon in Qualität umschlagen und Schriftsteller, Künstler, Architekten aus sich gebären.

Berlin ist eine chaotische Stadt. Kreuzberg steht für Unordnung und Unruhe, ja Gewalt. Aber das Chaos gebiert die Zukunft aus sich, wie man schon in der Antike wußte.

Man kann seine Hand ins Feuer legen, daß jenes wiedervereinigte Berlin im Jahre 2000 auch in kultureller Hinsicht an das alte Berlin anknüpft – Hauptstadt eines Deutschlands, das dann nicht mehr auf eine reizende Kleinstadt am Rhein zeigen muß, um seine Metropole vorzuweisen.

322 Tage blockierten 1948/49 die Russen Westberlin, wollten es aushungern, der Stadt die Freiheit nehmen. Ernst Reuter, der legendäre Bürgermeister, in seinem dramatischen Aufruf vor dem Schöneberger Rathaus: »Ihr Völker der Welt, schaut auf diese Stadt und erkennt, daß ihr diese Stadt und dieses Volk nicht preisgeben dürft und nicht preisgeben könnt.«

Die Berliner hielten durch, Amerikaner und Engländer ernährten die Stadt aus der Luft – mit 277 728 Flügen.

Berlin überstand 40 Jahre Mauerteilung. John F. Kennedy machte nach dem Mauerbau den Berlinern Mut: »Alle freien Menschen, wo immer sie leben, sind Bürger der Stadt Berlin, und deshalb bin ich stolz darauf, sagen zu können: Ich bin ein Berliner.«

Mehr als 40 Theater, mehr als 100 Museen hat Berlin, das ist Weltrekord. Berlin, obwohl protestantisch, hat heute noch 130 Klöster. Davon nur 20 für Männer.

Bundespräsident Richard von Weizsäcker sagte bei seiner Ernennung zum Ehrenbürger von Berlin: »In Berlin haben wir, wie nirgend sonst, erfahren, was Teilung bedeutet. In Berlin erkennen wir, wie nirgend sonst, was die Wiedervereinigung von uns erfordert. Hier ist der Platz für die politisch verantwortliche Führung Deutschlands.«

Michail Gorbatschow im Oktober 1989 in Ostberlin, mit Blick auf das greisenhafte Honecker-Regime: »Wer zu spät kommt, den bestraft das Leben.« (Stammt von Falin.) Der Satz ermutigte die DDR-Bürger zu ihren Demonstrationen; sie wußten, der Kreml würde nicht eingreifen, steht nicht mehr hinter Honecker.

Am 30. April 1945 fliegt ein kleiner Mann mit Spitzbart von Moskau in das zerbombte Berlin. Es ist der Tischler und Kommunist Walter Ulbricht. In der Brusttasche trug Ulbricht Listen mit Namen von Genossen, mit denen er die Macht übernehmen wollte. Aber auch Namen von Gegnern, die liquidiert werden sollten – Geburtsstunde des Terrorregimes, das erst 1990 zerfiel.[264]

Die Entscheidung des deutschen Parlaments für Berlin – und damit gegen Bonn – als Hauptstadt Deutschlands ist nicht nur eine geographische, sondern auch und vor allem handelt es sich um eine geistig-politische Verschiebung der Schwerpunkte und des Schwergewichts dieses deutschen Staates.

Mit der Verlegung der Hauptstadt an die Spree wird die Bundesrepublik, wie sie einst Konrad Adenauer aus der Taufe hob, zu einem Stück Geschichte. Deutschland nimmt damit auch politisch wieder jene Mittellage in Europa ein, die ihm von der Natur und von seiner historischen Vergangenheit vorgegeben wurde. Berlin ist von seinem Selbstverständnis wie von der Geographie nicht eine Stadt Westeuropas, sondern Mitteleuropas. Hier spürt man den Osten und die Mitte unseres Kontinents: Prag, Warschau, das Baltikum und dahinter die Tiefen Rußlands. Dies war, wenn man es vielleicht ein wenig pathetisch formuliert, schon immer der Schicksalsraum der Deutschen – bis hin zu der Katastrophe des Zweiten Weltkriegs.

Die Staatsverschuldung der Bundesregierung

Nur zweimal hatte Deutschland – die Bundesrepublik – Finanzgenies. Finanzminister Fritz Schäffer legte von 1952 bis 1957 den »Juliusturm« an, sammelte sieben Milliarden Staatsschatz, das Gegenteil von Staatsschulden. Die Gelder waren für die damals mögliche Wiederbewaffnung vorgesehen.

Das zweite Finanzgenie war Franz Josef Strauß. Der letzte und einzige deutsche Politiker, der Staatsschulden zurückgezahlt hat. Das war 1968/69.

Eine Billion Mark Staatsverschuldung hatte die Bundesrepublik zum Jahresanfang 1991. 300 Milliarden Mark Staatsverschuldung sind neu dazugekommen – Übernahme von Altschulden der DDR und so weiter.
Und die Neuverschuldung von Bund, Ländern, Gemeinden, Bahn, Post, Rentenkasse, Arbeitslosenversicherung macht weitere 200 Milliarden Mark im Jahr 1991. Wohin geht die Reise? Müssen wir nicht handeln und den Gürtel enger schnallen? Aber noch denkt keiner dran. Die Gewerkschaften stellen Forderungen. Keiner denkt an Verzicht zugunsten unserer Landsleute in den neuen Ländern. Wo bleibt die Solidarität?
Unsere Weltkonjunktur ist kalt wie die Hand eines Toten. Noch läuft die deutsche Wirtschaft – ein Spätling. Deutschland ist der Zahlmeister der Welt. Die Russen brauchen mindestens 60, ganz Osteuropa 100 Milliarden Mark.
Im letzten Jahr hat der Bund 3,2 Milliarden Mark für geplatzte Exportkredite bezahlt. Die Bürgschaften für Unternehmer müssen von der Bundesregierung bezahlt werden. Dieses Jahr werden es vielleicht fünf Milliarden Mark oder noch mehr sein. Wer weiß es? Noch glaubt das alles niemand.
Friedrich der Große schrieb in seinem Testament: »Soll das Land glücklich sein, muß unbedingt Ordnung in den Finanzen herrschen. Noch nie hat eine arme Regierung sich Ansehen verschafft.«
Man sollte sich an Friedrich den Großen erinnern, von dem durch seine Überführung nach Sanssouci im Jahre 1991 soviel gesprochen wurde. Jeder ist heute aufgefordert, im Interesse des Zusammenwachsens unseres Vaterlandes zu echter Einheit im Innern seinen Beitrag zu leisten.

Michail Gorbatschow spricht vom gemeinsamen Haus Europa

Die Freundschaftsverträge, die am Freitag, 9. November 1990, von Michail Gorbatschow und Helmut Kohl unterzeichnet wurden, tragen zweierlei in sich. Sie sind, das ist gewiß, der Abschluß einer Epoche und sie können, das wiederum hofft man nur, zum Beginn einer neuen Epoche werden. Es sind nicht nur die ersten Verträge, an denen Gesamtdeutschland seine Souveränität erproben konnte, nein, auch was sich in genau 35 Jahren im Verhältnis von der UdSSR und Deutschland verändert hat. 1955 flog der erste Bundeskanzler Adenauer nach Moskau, um die Entlassung der letzten deutschen Kriegsgefangenen und die deutsche Wiedervereinigung zu bereden. Er kam zurück mit den Gefangenen und mit der Aufnahme diplomatischer Beziehungen zu einem Staat, den man damals noch eher zu Asien als zu Europa gehörig erklärte. Adenauers Fazit 1955: »Bei aller Skepsis hatte ich das Gefühl, mit den Männern im Kreml vielleicht doch eines Tages eine Lösung unserer Probleme zu finden.«
Nun ist es soweit. Doch hätte jemand daran gedacht, daß es der Hausherr im Kreml sein könnte, der am lautesten vom »gemeinsamen Haus Europa« spricht? Der einen Vertrag mit Bonn abschließt, der mit seinen regelmäßigen Treffen und Konsultationen an den Vertrag mit Frankreich aus dem Jahre 1963 erinnert. Aber Frankreich wird die Entwicklung heute aufmerksam beobachten, wie auch England, ob nicht die Bundesrepublik einen deutsch-sowjetischen Sonderweg einschlägt.
Was wir in diesen Wochen erlebt haben, das waren historische europäische Momentaufnahmen. Ob sie im originalen Zustand bleiben, ob sie vergilben werden, das hängt in dieser Zeit von uns ab – aber auch nicht nur von uns.
Schon sehr bald könnte es sich zeigen, daß die Oder-Neiße-Grenze eine Art europäischer Armutsgrenze zwischen dem reichen Westen sein wird und einem Osten, der mit Ausnahme der früheren DDR-Gebiete nicht auf die Beine kommt. Hierin liegt so etwas wie eine Zeitbombe, die alle politischen Planungen über den Haufen werfen kann. Die USA, Deutschland und die westliche Welt haben mit dem Zusammenbruch des kommunistisch-stalinistischen Imperiums soweit alle Ziele erreicht, aber wie es wirklich wei-

tergehen soll, weiß niemand. Die USA ist nun allein Weltmacht, ist aber finanziell ebenso angeschlagen wie die Bundesrepublik. Nun aber wird das Chaos im ganzen einstigen roten Imperium täglich unübersehbarer und man erwartet Wunder, und die sollen aus dem Westen kommen. Wir müßten über ein Zaubermittel verfügen, aber darüber verfügen wir nicht. So wird die Hoffnungslosigkeit immer größer bei den Menschen im Osten, und die Folgen in Osteuropa können sich zur Katastrophe ausbreiten. 20 Millionen Osteuropäer stehen auf dem Sprung nach Westeuropa. Hoffnungslosigkeit macht sich in Osteuropa breit, und hier finden Demagogen Platz für ihre Ideen, das kann gefährlich werden, auch für uns.

Der Kommunismus hat uns 1989 einen zerstörten Halbkontinent hinterlassen, um ihn wieder aufzubauen werden noch Generationen arbeiten müssen. Die Aufgaben sind gewaltig, ob wir sie schaffen werden, wird die Zukunft zeigen. Dabei muß aufgepaßt werden, daß wir nicht in einen »menschlichen Sozialismus« fallen, wie ihn Michail Gorbatschow anstrebt.

Auf dem Weg nach Europa

Der erste Bundeskanzler, Konrad Adenauer, sagte schon 1954 – nur neun Jahre nach dem Zweiten Weltkrieg: »Die Einheit Europas war ein Traum von wenigen. Sie wurde eine Hoffnung für viele. Sie ist heute eine Notwendigkeit für uns alle.«

Die Europäische Gemeinschaft reicht heute von Hochschottland bis in die griechische Ägäis. In diesem Europa leben 320 Millionen Menschen und es werden neun verschiedene Sprachen gesprochen. Industriezentren und ländliche Gebiete, städtische Ballungsräume und dünn besiedelte Regionen – die Zwölf bieten ein Bild der Vielfalt.

Allen gemeinsam ist aber der wichtige Stellenwert der EG für die Wirtschaft und den Wohlstand der Bürger. Kein anderes Land der Welt exportiert soviel Waren wie die Bundesrepublik Deutschland. Deshalb brauchen wir offene Grenzen und einen offenen Markt wie die Luft zum Atmen. Auf dem europäischen Markt verkaufen wir über 53 Prozent unserer Exportgüter. Für uns Deutsche lohnt sich Europa also besonders.

1945: Ende des Zweiten Weltkrieges.

1949: Gründung des Europarates in Straßburg. Geburtsstunde der Bundesrepublik Deutschland.

1950: Die Bundesrepublik Deutschland tritt dem Europarat bei. Errichtung der Europäischen Gemeinschaft für Kohle und Stahl (EGKS, kurz: Montanunion).

1954: Gründung der Westeuropäischen Union (WEU).

1957: Unterzeichnung der Römischen Verträge. Die Europäische Wirtschaftsgemeinschaft entsteht.

1968: Vollendung der Zollunion in der EG.

1973: Großbritannien, Dänemark, Irland treten der EG bei.

1979: Schaffung des Europäischen Währungssystems (EWS). Erste Direktwahl zum Europäischen Parlament.

1981: Griechenland tritt der EG bei.

1983: Der Europäische Rat unterzeichnet in Stuttgart die »Feierliche Deklaration zur Europäischen Union«.

1984: Zweite Direktwahl zum Europäischen Parlament.

1985: Verabschiedung der Einheitlichen Europäischen Akte (erste Reform der Römischen Verträge).

1986: Spanien und Portugal treten der EG bei. Einführung der Europa-Flagge und der Europa-Hymne.

1987: Die Einheitliche Europäische Akte tritt in Kraft.

1988: Bundeskanzler Kohl setzt als europäischer Ratspräsident die wichtigsten Reformentscheidungen in der Finanz-, Agrar- und Strukturpolitik der EG seit einem Jahrzehnt durch. Der Hannover-Gipfel unter Führung von Helmut Kohl bringt den Durchbruch zum Binnenmarkt.

1989: Dritte Direktwahl zum Europäischen Parlament.

Zieljahr 1992: Verwirklichung des Gemeinsamen Europäischen Binnenmarktes.

Europa
Die Gemeinschaft der Zwölf auf einen Blick – Zahlen 1986/87

Dänemark (ohne Grönland)

Hauptstadt	Kopenhagen
EG-Beitritt	1973
Europaabgeordnete	16
Export in EG	53,2%
Fläche	43 069 km²
Einwohner	5 124 794
Bruttosozialprodukt	184 Milliarden DM

Bundesrepublik Deutschland

Hauptstadt	Bonn
EG-Beitritt	1957 (Gründungsmitglied)
Europaabgeordnete	81
Export in EG	50,8%
Fläche	248 700 km²
Einwohner	61 170 500
Bruttosozialprodukt	2010 Milliarden DM

Belgien

Hauptstadt	Brüssel
EG-Beitritt	1957 (Gründungsmitglied)
Europaabgeordnete	24
Export in EG	79,2%
Fläche	30 513 km²
Einwohner	9 910 000
Bruttosozialprodukt	250 Milliarden DM

Frankreich

Hauptstadt	Paris
EG-Beitritt	1957 (Gründungsmitglied)
Europaabgeordnete	81
Export in EG	57,8%
Fläche	547 026 km²
Einwohner	55 390 000
Bruttosozialprodukt	1570 Milliarden DM

Griechenland

Hauptstadt	Athen
EG-Beitritt	1981
Europaabgeordnete	24
Export in EG	63,5%
Fläche	131 944 km²
Einwohner	9 970 000
Bruttosozialprodukt	85 Milliarden DM

Großbritannien

Hauptstadt	London
EG-Beitritt	1973
Europaabgeordnete	81
Export in EG	47,9%
Fläche	244 046 km²
Einwohner	56 776 000
Bruttosozialprodukt	190 Milliarden DM

Niederlande

Hauptstadt	Den Haag
EG-Beitritt	1957 (Gründungsmitglied)
Europaabgeordnete	25
Export in EG	75,7%
Fläche	40 844 km²
Einwohner	14 560 000
Bruttosozialprodukt	385 Milliarden DM

Portugal

Hauptstadt	Lissabon
EG-Beitritt	1986
Europaabgeordnete	24
Export in EG	68%
Fläche	88 500 km²
Einwohner	10 350 000
Bruttosozialprodukt	65 Milliarden DM

Spanien

Hauptstadt	Madrid
EG-Beitritt	1986
Europaabgeordnete	60
Export in EG	60,9%
Fläche	504 782 km²
Einwohner	38 830 000
Bruttosozialprodukt	515 Milliarden DM

Irland

Hauptstadt	Dublin
EG-Beitritt	1973
Europaabgeordnete	15
Export in EG	71,9%
Fläche	70 284 km²
Einwohner	3 540 000
Bruttosozialprodukt	52 Milliarden DM

Italien

Hauptstadt	Rom
EG-Beitritt	1957 (Gründungsmitglied)
Europaabgeordnete	81
Export in EG	53,5%
Fläche	301 255 km²
Einwohner	57 220 000
Bruttosozialprodukt	1350 Milliarden DM

Luxemburg

Hauptstadt	Luxemburg
EG-Beitritt	1957 (Gründungsmitglied)
Europaabgeordnete	6
Export in EG	70%
Fläche	2586 km²
Einwohner	369 500
Bruttosozialprodukt	250 Milliarden DM

In einem Augenblick, in dem der Ost-West-Konflikt zu Ende gegangen ist und das neue Rußland als Supermacht und Gegenspieler der USA möglicherweise für immer ausfällt, wird die Landkarte Europas neu gezeichnet, in Jugoslawien hat man schon begonnen. Wird es gelingen, über die ausgebrochenen Krisen zu einer engeren politischen Zusammenarbeit zu kommen oder droht der Rückfall in eine Epoche der Nationalstaaten mit dem alten und neuen Problem einer deutschen Vormachtstellung in Europa? Obwohl man feststellen kann, daß die deutsche Politik eigentlich alles unterläßt, was zu derartigen Verdächtigungen Anlaß bieten könnte, aber es läßt sich nicht verleugnen, in verschiedenen westeuropäischen Ländern hört man des öfteren solche Töne. Da wird das vereinte Deutschland, gerade unter westlichen Freunden, fast gänsehauterzeugend als der große Machtfaktor von morgen an die Wand gemalt, während man im eigenen Land hört, und zwar von Kennern unseres Landes, die voraussagen, wir übernehmen uns mit unserer Schuldenpolitik und der außenpolitischen »Scheckheftdiplomatie« dermaßen, daß wir bald mehr angeschlagen als mächtig dastehen werden.

Euro-Geld – »Ecu«

In sechs Jahren, spätestens 1999, soll es nur noch eine Währung geben im vereinten Europa – sie heißt Ecu.

European currency unit – auf deutsch: Europäische Währungseinheit. Der Name ist englisch, wird aber französisch ausgesprochen: Ehküh. Münzen und Banknoten kommen dann in Umlauf. Es gibt schon aus Gold geprägte Ecu-Stücke für Sammler, und Sparer können Anleihen kaufen, die auf Ecu lauten.

Was bei uns heute die Mark heißt, in Frankreich der Franc, in England das Pfund und so weiter, wird in der großen EG eben Ecu heißen. Es ist eine Reform, die den Umgang mit Geld erleichtert. Wirtschaftsräume, die zusammenwachsen, kriegen über kurz oder lang eine gemeinsame Währung. Beispiel Deutschland: 1834 gab es den »Deutschen Zollverein«, ähnlich der EG heute. Bis 1870 zahlten die Preußen noch mit Taler, die Bayern mit Gulden. Kaiser Wilhelm führte eine gemeinsame Währung ein, nannte sie Mark. Den Ecu gibt es schon heute. Kurs etwa 2,033 Mark. Damit die Hausfrauen leichter umrechnen können, wird der Ecu 1999 genau ein Zwei-Mark-Stück sein. Die bisherigen Euro-Währungen werden eine Übergangszeit noch neben dem neuen Geld im Umlauf bleiben.

Alle Konten in Europa werden dann in Ecu geführt. Die Mark ist dann tot. Die Zinsen werden sich auf einen mittleren Zinssatz aller EG-Staaten einpendeln. Die neue Europäische Zentralbank (EZ) wird so ähnlich wie die Deutsche Bundesbank funktionieren, rückt das Geld also nur raus, wenn es »gedeckt« ist.

Durch den Goldschatz aller EG-Länder wird der Ecu gedeckt. Das sind ungefähr 12 000 Tonnen Gold. Wert knapp 240 Milliarden Mark. Und durch das, was 120 Millionen Arbeiter und Angestellte zwischen Nordkap und Palermo täglich produzieren.

Der Sitz der Europäischen Zentralbank soll Frankfurt sein, zunächst im Haus der Bundesbank.

Es wird jedoch, bis es soweit ist, noch viele Probleme geben. England zum Beispiel will bis 1996 warten, ob es endgültig beitritt, und es wird noch Probleme geben bei vielen EG-Aspiranten, wie bei der Türkei, dem Baltikum, der Schweiz, Schweden, Norwegen, Österreich und so weiter.[265]
Aber wie denkt die Mehrzahl der Deutschen? 80 Prozent der Deutschen lehnen Ecus ab. Wir können das neue Geld nicht einmal in der Muttersprache nennen. Man schreibt es anders als man's spricht: Ähhküühh.
Die D-Mark hat uns ein Leben lang begleitet. Wir haben sie geliebt, begehrt, geachtet. Jetzt soll sie abgeschafft werden.
In 43 Jahren sind unsere Preise um das 2,3fache gestiegen. Die Währungen der Sieger von 1945 aber sind Papierschnitzel geworden. Die Preise in Franc stiegen auf das 12-, die in Pfund auf das 15fache. Der Dollar wurde von 4,20 Mark 1948 auf 1,60 Mark verweht. Der Rubel, Währung des anderen Siegers? Verkrümelt sich gerade in einer 1000-Prozent-Hyperinflation.
Europa hat uns viel gegeben, das wollen wir nicht vergessen: Freunde, Anerkennung, Sicherheit der Arbeitsplätze, offene Grenzen. Aber Politiker, die der Abschaffung der Mark zustimmen, erhalten vom Wähler sicher keine mildernden Umstände. »In Gelddingen«, sagte der große Bankier David Hansemann im Preußischen Landtag, »hört die Gemütlichkeit auf.« Dort enden auch Verständnis und Geduld. Die Politiker sollten darüber noch einmal nachdenken, sagt der Wirtschaftspublizist Paul C. Martin.

Rückblick und Zukunft

Als 1985 Michail Gorbatschow die Geschicke der Sowjetunion übernahm, begann eine politische Umwälzung, die unsere Welt entscheidend verändert hat, das Endprodukt war die Auflösung der Sowjetunion, was von Gorbatschow nicht eingeplant war, sagte er doch noch in seiner Rede zum 70. Jahrestag der Oktoberrevolution 1987: »Im Oktober 1917 brachen wir aus der alten Welt aus, lehnten wir sie endgültig ab. Wir gehen einer neuen Welt entgegen, der Welt des Kommunismus. Von diesem Weg werden wir nie abweichen!« und fährt fort: »Bis zum Beginn des 21. Jahrhunderts sind es nur etwas mehr als 13 Jahre. Im Jahr 2017 werden unser Volk und die gesamte fortschrittliche Menschheit den 100. Jahrestag des Großen Oktober begehen.«[266] Diese Worte hat er bis heute nicht widerrufen.
Aber die Geschichte hat anders entschieden, die Beziehungen zwischen den Ländern Ost und West sollen nun untereinander »normal« werden. Mit der Wiedervereinigung Deutschlands ist bei uns ein langersehnter Wunsch in Erfüllung gegangen, aber Deutschland ist kleiner geworden. Bei der Kapitulation 1945 sollte bei einem Friedensvertrag von den Grenzen von 1937 ausgegangen werden. Man hatte ja im Zweiten Weltkrieg einen Tyrannen bekämpft, der die Gesetze der Menschlichkeit nicht achtete, aber doch durch die schon damals eingeplanten Gebietsverluste Deutschlands neues Unrecht geschaffen. Aber wenn das ersehnte Europa entstehen wird, spielt dies wohl keine so große Rolle mehr.
Aber das Wort Europa habe ich schon einmal gehört, es sollte alle europäischen Länder vereinigen, ach ja, es war im Rußlandfeldzug, da stand es an unseren Panzern: »Viktoria, Viktoria, Deutschland siegt an allen Fronten für Europa.« Im Zweiten Weltkrieg. Französische und niederländische Legionen kämpften an unserer Seite und andere europäische Nationen. Der Rußlandfeldzug. Ich erinnere mich, vor Stalingrad, der Russe warf Flugblätter ab: »Wer sich in der Weite des russischen Raumes verliert, ist verloren«, Clausewitz soll es gesagt haben. Er hatte wohl recht. Wir haben die Sowjetunion am 22. Juni 1941 überfallen, so liest man es in der Kriegsliteratur. Jetzt hat der russische Autor Viktor Suworow – selbst ehemals hochrangiger Offizier des sowjetischen militärischen Geheimdienstes GRU – in seinem Buch »Der Eisbrecher« das Geschehen rekonstruiert. Im Zentrum

stehen Stalins Geheimpläne, Europa zu erobern. Sie sollten ab Juli 1941 realisiert werden.[267]

Bei uns ist mit der Wiedervereinigung ein Schlußstrich unter einen Abschnitt der Geschichte gezogen worden, dessen Lehren uns immer gegenwärtig bleiben sollten. Unsere Aufgaben haben heute andere Dimensionen, sie heißen »Europa«.

Vor einigen Jahren gab es noch drei Europa: eines im Westen, das sich der Freiheiten seiner Kultur erfreuen konnte; eines in der Mitte, das sich danach sehnte, aber in Angst leben mußte; schließlich das russische Europa, wo man zu vergessen begann, daß Denken, Erziehung und Religion nicht nur Sache des Staates sein müssen.

Ein Witz in Warschau vor einigen Jahren. Ein Sowjetbürger fragt einen Polen: »Warum beklagst du dich? Du bist besser angezogen, du ißt mehr, stehst weniger Schlange als ich in Moskau.« Darauf der Pole: »Geduld, wir werden euch noch einholen, unser Sozialismus ist doch 20 Jahre jünger!«

In der Tschechoslowakei hielten Professoren, die früher an der Universität einen Namen hatten – nach 1968 sich als Heizer oder Nachtportiers durchschlagen mußten –, für ein paar Dutzend Studenten wöchentliche Philosophieseminare in ihren Privatwohnungen ab – ständig bedroht von Polizeirazzien. Sie wollten bei einigen die Gewohnheit des freien Denkens am Leben erhalten, die den Tschechen, aus der damaligen Sicht, in zehn oder hundert Jahren von Nutzen sein konnte. Nach ihrer Meinung war ein Volk, das das Denken verlernt, zur Knechtschaft und immerwährenden Dummheit verdammt.

Nach den Ereignissen in den letzten zwei Jahren erlebt Europa eine Wiedergeburt, die Idee Europas wird heute immer populärer. Aber es fehlt auch nicht an Kassandrarufen zu Europa. Im Westen, und hier ist es insbesondere die Bundesrepublik Deutschland, die immer wieder von der »Einheit Europas« spricht, aber auch Rußland redet vom »gemeinsamen Haus Europa«, das man ausgestalten müsse.

Vor diesem Hintergrund erscheint es heute notwendig, einen Blick in die Vergangenheit zu werfen: Die Gründungsväter der Europäischen Gemeinschaft hatten ihre Perspektive an Werte gebunden. Ihr Ja zu Europa sollte ein Ja zur Freiheit sein. Für die Einheit Europas gibt es aber auch eine klare Aufgabe: den Frieden nach innen und nach außen zu sichern. Die Sanduhr läuft und die europäischen Staatsmänner wissen, daß ihnen nicht mehr viel Zeit bleibt, um eine Erfolgsgeschichte zu schreiben.

Manch einer von uns fragt sich, ob die Einheit Europas richtig ist: Die Bauern meinen, Europa schade ihnen, die Arbeiter fürchten, Zuwanderer aus dem Ausland nehmen ihnen die Arbeit weg und schaffen mehr Arbeitslosigkeit.

Ob das vereinte Europa ein Experiment bleiben wird, die Zukunft wird es zeigen. Ich meine, zu groß sind die nationalen Unterschiede und Belastungen für die Staaten. Man sollte sich keinen Illusionen hingeben. Ich wäre durchaus dankbar, wenn mir jemand glaubwürdig darlegen könnte, wie diese vielgestalteten europäischen Vaterländer mit ihren starken und historisch gewachsenen Eigenschaften unter einen Hut zu bringen sind. Die österreichische Monarchie hatte es einmal fast geschafft. Dazu sagte der tschechische Historiker Palacky Ende des 19. Jahrhunderts: »Bestände nicht schon die österreichische Monarchie, man müßte sie im Interesse Europas und der Humanität schnellstens verwirklichen.« Dabei waren es die Tschechen mit ihren nationalen Tendenzen, die wesentlich zur Zerstörung der Monarchie nach dem Ersten Weltkrieg beitrugen. Aber trotz aller Bedenken warten viele Länder auf das vereinte Europa. Die Pläne, die einst in den Köpfen der besten Politiker erdacht worden sind, nehmen trotz aller Bedenken nun Gestalt an. Wenn Ende 1992 der europäische Binnenmarkt den freien Verkehr von Personen, Waren, Dienstleistungen und Kapital zwischen den zwölf Mitgliedsstaaten erlaubt, wird dies der wirtschaftlich bedeutendste Markt der Erde sein. Doch die Verwirklichung des Binnenmarktes ist nur

ein erster Schritt. Die Regierungsbeauftragten der EG-Länder beraten die nächsten bedeutenden Etappenziele: die Wirtschafts-, Steuer- und Währungsunion – und die politische Union. Alles nur Träume? Doch was wäre ein Europa ohne Träume? Bis zur Einführung einer einheitlichen europäischen Währung zum Beispiel wird noch viel Wasser den großen Europastrom, den Rhein, hinunterfließen.[268]
Vielleicht hat Professor Golo Mann die richtigen Worte gefunden, und wenn er sein Wort erhebt müssen wir lauschen, lesen und seinen Appell an die Vernunft hören, wenn er sagt: »Ihr Deutschen, Humanität ist euer Weg in die Zukunft.« Er wirft einen Blick in die Vergangenheit und erwähnt Franz Grillparzer (1791 bis 1872). Österreichs oder Habsburgs bedeutendster Dramatiker liebte nicht nur die Historie, auch die stärksten zusammengezogenen Verse, zum Beispiel: »Der Weg der neueren Menschheit geht von der Humanität durch die Nationalität zur Bestialität.«
Die Humanität erreichte ihren Höhepunkt im 18. Jahrhundert. Die Nationalität einen vielleicht noch ärgeren in der ersten Hälfte des 20., vorher schon im 19. Jahrhundert; aber die europäischen Weltkriege im 20. Jahrhundert waren noch viel schlimmer. Danach ein peinvolles Erwachen.
Der Drang nach Vormacht in Europa konnte nie zu etwas anderem führen als eben zur Bestialität. Und Golo Mann meint weiter: »Heute, was bleibt? Nichts als eine Rückkehr zur Humanität.«
Aber wie soll sie verwirklicht werden? Das gefürchtete angeschlagene starke Rußland lehrt uns erneut das Fürchten, da es mit seinem Zerfall aus wirtschaftlichem Unvermögen den Frieden der Welt zu gefährden droht. Die Entwicklung wird nicht so glatt und konfliktfrei verlaufen, wie es sich viele damals, als im Jahre 1989/90 die Mauer und die Stacheldrahtgrenzen fielen, vorgestellt haben.
Viele glaubten, es genüge, die Modelle des Westens auf Rußland zu verpflanzen, und einige Wirtschaftswissenschaftler und Politiker aus einem vom Kommunismus befreiten Land erzählten begeistert, wie sie ihre Wirtschaft verändern würden, indem sie junge Leute auf westliche Universitäten und Seminare schicken werden, um sie dort zu perfekten Managern ausbilden zu lassen. Westliche Wirtschaftsfachleute antworteten ihnen: »Glauben Sie im Ernst, daß Ihre jungen Leute, wenn sie erst einmal ein auch im Westen gefragtes Managerdiplom in der Tasche haben, zu Ihnen zurückkehren werden, um für schlechtes Geld und geringe Entlohnung zu arbeiten – wenn sie im Westen gleich hochdotierte Positionen erhalten können?« Und hier muß man darauf hinweisen, daß die Marktwirtschaft an ihrer eigenen Verwirklichung zugrunde gehen kann, denn die jungen Osteuropäer folgen nur dem Gesetz der freien Marktwirtschaft, die gehen nämlich dorthin, wo sie ihre »Arbeitskraft« am besten und teuersten verkaufen können.
Rußland, das keine demokratischen Traditionen hat, steht vor der größten Katastrophe seiner Geschichte, man versucht durch Reformen zu retten, was zu retten ist, aber es geht seit Gorbatschows Perestroika 1985 immer mehr bergab.
»Die Zukunft gehört der Freiheit«, nannte Eduard Schewardnadse sein kürzlich erschienenes Buch. Wie es seine Probleme lösen wird, weiß niemand, aber sie müssen gelöst werden, denn sie haben Bedeutung für den Zustand der ganzen Welt. Aber sind sie überhaupt zu lösen? Man möchte verzagen, wenn man eine Vergleichsrechnung aufstellt. Würden bei Rußland die gleichen wirtschaftlichen und finanziellen Hilfen angewandt, wie sie Westdeutschland für Ostdeutschland und seine 17 Millionen Einwohner praktiziert, benötigt Rußland den unvorstellbaren Betrag von 30 000 Milliarden Mark. Und wer soll diese Summe aufbringen?[269]
30 Billionen Mark, das ist der 20fache Betrag unserer derzeitigen Staatsverschuldung, der bei 1500 Milliarden liegt, also fast 20 000 Mark Schulden pro Kopf der Bevölkerung in Deutschland. Heute wird immer wieder diskutiert, ob die Weltgeschichte und

auch die Geschichte der Menschheit überhaupt nicht an ihrem Ende angelangt sei, die Bibel bestätigt dies, wenn man in ihr liest.
Wir streben eine große Konsumgesellschaft für alle Menschen dieser Welt an, dies mag verlockend sein, aber es wird für lange Zeit Utopie bleiben. Der Mensch ist kein berechenbares Wesen und seine Eigenschaften – Leidenschaft, Zuneigung, Abneigung, Haß, Hoffnung und Verzweiflung – werden immer wieder aufflackern.
Wir im Westen leben mit dem schon gewohnten Überfluß, unsere Gewerkschaften fordern immer mehr, aber vergessen wir nicht, wie es im Osten aussieht. Nur einige Kilometer nach dem Osten breiten sich Landstriche aus, in denen die einfachsten ökonomischen, aber auch zwischenmenschlichen, sozialen Probleme nicht gelöst sind und auch nicht so schnell gelöst werden können, dafür reicht unser Geldbeutel nicht aus.
Momentan stopfen wir mit Geld nur die Schlaglöcher zu, die der Sozialismus auf dem Weg in die Zukunft der ostdeutschen Landsleute gerissen hat. Was konnten sie dafür, daß sie 1945 ein paar Kilometer weiter östlich wohnten. Wir helfen ihnen zur Zeit mit Geld, damit will ich nicht sagen, daß man mit Geld alles machen kann, aber ohne Geld ist alles nichts. Daß Geld die Welt regiert, ist ein bekannter Satz. Daß Geld die deutsche Geschichte regiert, weniger bekannt. Es ist nun mal des Deutschen Fähigkeit, Werte zu schöpfen – wie die Wissenschaftler das ausdrücken –, Vermögen zu stiften und zu schaffen. Dieses Talent ist einer der treuesten Indikatoren, an denen man die Deutschen überall und zu allen Zeiten wiedererkennen und wiederfinden kann. Dabei vergessen sie oft die Gemeinschaft zueinander, und das vermissen die Ostdeutschen heute von ihren westdeutschen Brüdern und Schwestern.
Was in Ostdeutschland noch auf uns zukommt sind Einschätzungen, die von Politikern vor Ort abgegeben werden, wie dem sächsischen Ministerpräsidenten Prof. Kurt Biedenkopf, der die Auffassung vertritt, daß Bonn während der gesamten neunziger Jahre etwa 100 Milliarden Mark pro Jahr in die fünf neuen Länder transferieren wird. Da mit Sicherheit zusätzliche finanzielle Risiken auf uns zukommen werden, und die jugoslawische Krise wird nur eine von zahlreichen sein, ist es eigentlich nicht verständlich, daß Bonn keine klareren Zeichen für die Finanzierung setzt.
Es hat bestimmt keinen Sinn, abzuwarten, in der Hoffnung, daß der Aufschwung im Osten rechtzeitig vor den nächsten Bundestagswahlen einsetzt und die Regierungskoalition die Früchte ihrer Arbeit ernten wird.
Viel wahrscheinlicher ist dagegen, daß die Durststrecke im Osten länger sein wird, die große Massenarbeitslosigkeit macht sich immer mehr bemerkbar.
Die Weltbevölkerung nimmt ständig zu und wird entgegen vorhergehender Prognosen während des gesamten nächsten Jahrhunderts weiter wachsen. Zur Zeit leben 5,4 Milliarden Menschen auf der Erde. Bereits im Jahre 2050 wird die 10-Milliarden-Grenze erreicht sein. Das ist fast eine Verdoppelung der Menschheit innerhalb von nur 60 Jahren. Das Ungleichgewicht zwischen Industrie- und Entwicklungsländern wird sich weiter verschärfen, denn rund 95 Prozent des geschätzten Wachstums wird auf die Entwicklungsländer entfallen. Diese dramatische Zunahme wird die natürlichen Ressourcen und die Gesundheits- und Bildungssysteme der Dritten Welt überfordern. Hier sind freiwillige Geburtenkontrolle und weitere Aufklärungsmaßnahmen vonnöten, um die Bevölkerungsexplosion zumindest zu verlangsamen.
Aber längst müßte jedem klar sein, daß Deutschland und die EG nicht nur die Verantwortung für die Ostdeutschen haben, sondern auch für die in Osteuropa lebenden Völker.
In diesem Zusammenhang wird es grundsätzlich höchste Zeit, die Finanzkatastrophe in den neuen Ländern zu sehen und ernst zu nehmen. Um Ostdeutschland auf unser Niveau zu bringen, wären neuesten

Untersuchungen zufolge in den kommenden fünfzehn Jahren ein Wirtschaftswachstum in den fünf neuen Ländern von jährlich 15 Prozent erforderlich. Wenn wir zusammenstehen in Ost- und Westdeutschland werden wir es schaffen. Hier sind vor allem auch die Gewerkschaften gefordert, und mit ihnen ihr großes Wort »Solidarität«. Es wäre ein trauriges Volk, wenn es dieses Wort nicht verspürte.

Was die Gewerkschaften jedoch heute fordern stößt auf Unverständnis in den neuen Ländern. Nur bei einem bißchen Nachdenken müßte jeder Gewerkschaftsverantwortliche entdecken, daß die Forderungen in Westdeutschland völlig außerhalb der Realität liegen, betrachtet aus der Sicht der ostdeutschen Arbeitnehmer. Es ist zwar viel Unordnung in die Zeitgeschichte gekommen, aber unseren Verstand haben wir deshalb nicht verabschieden müssen. Diese Forderungen können unserer Wirtschaft, die ohnehin schon äußerst strapaziert ist, den Rest geben, und nichts davon würde zur Erholung der Produktivität in den neuen Ländern beitragen.

Damit schaffen die Gewerkschaften keine neue Sicherheit am deutschen Arbeitsmarkt, sondern Unsicherheit, damit sichern sie nicht neue Arbeitsplätze, sondern gefährden sie. Das wird – Ironie der Geschichte – einige im Ausland freuen: Sie können von der Produktion, die aus Deutschland ausgelagert wird, nur profitieren.

Dieses Denken: Jeder für sich und Gott für uns alle, in der heutigen chaotischen Zeit bringt uns nicht nach vorn, sondern nur noch weiter nach unten. Wenn es zu spät ist, werden wir erst einsehen, was wir verspielt haben.

Wir Deutsche leben zur Zeit über unsere Verhältnisse. Unsere Ansprüche gehen weit über das hinaus, was wir uns finanziell erlauben können. Der Haushalt ist mit 422 000 000 000 Mark für 1992 beschlossen. 125 Milliarden gehen davon für Zinsen für die Schulden ab, und die Schulden explodieren. Was für eine Zukunft für unsere Kinder. Schulden sind Steuern von morgen.

Im Osten Deutschlands ist die Stimmung schlecht, das Heer der Arbeitslosen wächst. Die Kriminalität explodiert und das Leben wird teurer. Allein die Mieten haben sich vervielfacht.

Selbst die Helden der Revolution schweigen zu den Problemen, es herrscht ein Stimmungstief im Osten, die Menschen dort sind deprimiert, so heißt es in einer Umfrage der Deutschen Presse-Agentur. Die Hilfsbereitschaft der ehemaligen DDR-Bürger hat stark nachgelassen, klagt eine 62jährige Rentnerin aus Leipzig: »Der Zusammenhalt war unsere Stärke, doch nun denkt jeder nur an sich und ans Geld.« Zurück zu den alten Verhältnissen will jedoch niemand. Aber, so sagen die Menschen in den neuen Bundesländern: »Das Leben war ereignislos, aber sicher.«

Was sie vor allem bedrückt ist die Arbeitslosigkeit, die die ehemaligen DDR-Bürger früher nur aus den Zeitungen über den Alltag im Westen her kannten. Momentan, im Frühjahr 1992, hat jeder sechste Neubundesbürger seine Arbeit verloren. Mit dem Verlust des Arbeitsplatzes reißen im Osten aber gleichzeitig wichtige Sozialkontakte ab. Denn in der DDR wurden die Arbeitskollegen als Teil einer großen Familie empfunden. Nun wandern viele junge Arbeitskräfte in den Westen ab. Ganze Regionen bluten aus.

In Mecklenburg-Vorpommern, wo auf dem Land teilweise schon vier von fünf Bewohnern arbeitslos sind, leben sich die Familien auseinander. »Die Männer suchen sich Arbeit im Westen und kommen manchmal nur alle paar Wochen nach Hause. Die Frauen sitzen mit ihren Kindern daheim, beschreibt eine Frau im Kreis Neustrelitz die Situation. »Unsere Dörfer werden zu Altersheimen«, warnt Hans Preininger, Bürgermeister des Städtchens Friedland im Kreis Neubrandenburg.

»Dafür sind wir doch nicht auf die Straße gegangen«, hört der Magdeburger Domprediger Giselher Quast immer wieder von seinen Gemeindemitgliedern. »Es herrscht eine Grundstimmung aus Unbehagen, Widerstand und Resignation«, lautet sein Resümee. »Das Gefühl, plötzlich nicht mehr gebraucht zu werden, frißt die Leute auf«, meint Brigitte Schubert, Beraterin im Magdeburger Arbeitslosenzentrum. An ihre Kollegen in der Schweriner Arbeiter-Angestellten-Seniorenhilfe wenden sich heute mehr Alkohol- und Spielsüchtige als früher: »Die psychologische Belastung bei Arbeitslosen und Vorruheständlern hat sich erhöht.«

DDR-Mentalität sei es, so meinen Arbeitspsychologen aus Neubrandenburg, bei persönlichen Problemen eher zu resignieren als aktiv zu werden. Doch wie die Werftenkrise im März 1992 im nördlichsten neuen Bundesland zeigte, gehen die Menschen für ihre Arbeitsplätze wieder auf die Barrikaden. »Das Gefühl der Ohnmacht verwandelt sich an manchen Stellen in ziemlich deutliche Wut«, sagte Reinhard Höppner (SPD), Oppositionsführer im Parlament von Sachsen-Anhalt.

Aber die Schwierigkeiten bei der »Aufholjagd des Ostens« müssen eben auch berücksichtigt werden, und vor allem, man darf die Menschen drüben nicht vergessen. Schon macht das Schlagwort von der Kolonisierung des Ostens die Runde. Es herrscht ein Stimmungstief im Osten. Sachsens Landeschef Prof. Kurt Biedenkopf meint: Der Ost-Abstand zum Westen wird noch jahrzehntelang bestehen.

Ein großes Problem ist das Thema Schule in den neuen Bundesländern. Redakteur Volker Thomas schreibt dazu in »Wir in Europa«: »Wir haben doch jetzt die Leistungsgesellschaft – warum wird denn an den Schulen so viel diskutiert?« Der Stoßseufzer geplagter Eltern aus Potsdam oder Prenzlau, Cottbus oder Berlin steht für sich.

Wie war das denn früher? »Von 86 Soldaten nehmen 74 an der Schießausbildung teil. Die Hälfte der anderen Soldaten hat Wache«, rechneten Drittkläßler. In den alten »Volk und Wissen«-Zeiten (der Schulbuchverlag für die DDR) wurden im Deutschunterricht – Lehrplan: »Erörterung« – die »Freundschaft unserer Armee mit den Armeen der sozialistischen Bruderstaaten« oder die Aufgaben des »ABV« (Abschnittsbevollmächtigten der Volkspolizei im Häuserblock oder in der Straßenzeile) – durchgenommen. Und im Staatsbürgerkundeunterricht demonstrierte der Pauker an Beispielen aus der westlichen Boulevardpresse den »faulenden und parasitären Charakter des heutigen Kapitalismus« (abends in der Glitzerwelt des westlichen Werbefernsehens hatte man genau das Gegenteil besichtigen können).

Die neuen Inhalte sind ungewohnt, merkwürdig verschwommen (»Demokratie lernen«) und fremd. Die Bildungsreform »von oben« hat sie alleine gelassen. Es fehlt an Lehrmaterial und Unterlagen für die Hand des Lehrers. Angeblich kommen die Westverlage nicht nach. Die Lehrer helfen sich damit, daß sie einfach Seiten in den alten Schulbüchern zukleben, wenn es zu dicke kommt. Zu wenig (glückliche) Schulen haben einen Kopierer, so daß man sich die Materialien für den Unterricht selbst zusammenstellen kann.

Mit dem neuen Klima in den Klassen kommen die wenigen Westlehrer, die aus den alten Bundesländern gekommen sind, besser zurecht: Sie sind ein Stück »Disziplinlosigkeit« gewöhnt.

Die große Freiheit hat Schüler wie Lehrer frustriert. Vorher Frontalunterricht und kleinschrittige Lehrplanvorgaben, jetzt großzügige Rahmenlehrpläne. Vorher Kopfnoten für Betragen, Ordnung, Mitarbeit, Gesamtverhalten und Fleiß – ein vorzügliches Disziplinierungsmittel –, jetzt »demokratischer Unterricht«. Und das heißt für viele: Jeder darf, was er will. Die Lehrer stehen unter dem Diktat »Wir müssen es jetzt anders machen«, die Schüler akzeptieren Pauker nicht, die selber nicht wissen, wo es langgeht.

Vielleicht sollten wir in den alten Bundesländern uns auch einmal darüber Gedanken machen über die Worte: Wenn Sie drei Wünsche frei hätten:

1. »Ich gebe jedem einen Arbeitsplatz. Das soziale Netz hilft nicht auf Dauer, die Menschen brauchen eine Perspektive, sie müs-

sen die Möglichkeit haben, sinnvolle Arbeit zu leisten.«
2. »Ich rette aus dem alten Lebensgefühl der DDR Solidarität und Mitmenschlichkeit. Das war eine Notgemeinschaft, und die Möglichkeiten waren bescheiden. Heute klafft die Schere zwischen arm und reich enorm weit auseinander. Ich wünsche mir, daß wir uns im Osten nie damit abfinden, daß Menschen systembedingt als Obdachlose auf der Straße liegen.«
3. »Und ich lege den Ost-West- und den Nord-Süd-Konflikt bei. Es ist nötig, daß wir begreifen, daß andere Werte als ein ständig steigender Wohlstand ein Leben lebenswert machen.«
Es war schon leichter, in Deutschland Politik zu machen. Das vereinte Deutschland hat, obwohl vom Ausland zu Unrecht beargwöhnt, überhaupt noch nicht Tritt gefaßt.
Mitten im schönsten Frieden hielt Kanzler Helmut Kohl im März 1992 eine Kriegsrede. Er fordert Mut, Schweiß und Tränen. Eine Generalmobilmachung der Fleißigen. Was ist in Deutschland über Nacht geschehen?
Konrad Adenauer hob in seiner Kanzlerzeit einmal die rechte Hand, rieb Daumen gegen Zeigefinger und sprach: »Wo du nicht bist, Herr Jesu Christ, da schweigen alle Flöten.« Der erste Kanzler der Bundesrepublik Deutschland sprach übers Geld.
Sein Finanzminister hatte sechs Milliarden Mark Plus in der Kasse. Die Deutschen hießen Fleiß mit Vornamen. Sie arbeiteten 46 Stunden pro Woche. Zwei Wochen Urlaub im Jahr. Wenn ich an meinen ersten Urlaub denke, so war der im Jahre 1961, vorher kannte ich keinen. Der Arbeitstag begann morgens um sechs Uhr und endete abends um 22 Uhr. Die Fabriken liefen Tag und Nacht. Krankfeiern, dieses Wort kannte man nicht und die D-Mark war stabil wie Gold.
Heute: Die Staatskasse ist leer, zirka 1,6 Billionen Minus. Wir arbeiten 550 Stunden weniger als die Japaner. Unsere Lohn- und Lohnnebenkosten sind die höchsten dieser Erde.
Unternehmer bauen lieber in Portugal (Lohnkosten: zwölf Mark) statt in Pirmasens und Pirna.
Wir melden uns 145 Stunden jährlich krank, die Japaner 36. Unsere Maschinen laufen 53 Wochenstunden. Die belgischen Maschinen brummen 24 Stunden länger. Die D-Mark verliert pro Jahr fast fünf Prozent an Wert.
Helmut Kohl sagt auf dem Parteitag der CDU in Nordrhein-Westfalen: Die Deutschen werden immer älter, fahren zu lange in Urlaub (sechs Wochen) und fordern zu hohe Löhne.
Eine Churchill-Rede mitten im Frieden. Aber es ist kein Frieden im Normalzustand. Es ist das Jahr eins des Sieges gegen den Sozialismus. Was kostet dieser Frieden? Sachsens Ministerpräsident beziffert die Ost-West-Angleichung auf 900 Milliarden Mark. Ob das reicht?
Rußland unter Jelzin will 25 Milliarden auf die schnelle, sonst gehen die 60 Milliarden Forderungen flöten, die wir in der GUS noch stehen haben. Was mag der Gesamtaufbau Osteuropas kosten? Billionen?
Politiker ahnen, daß sich des Volkes Zorn bei den nächsten Wahlen auf einer nach allen Seiten offenen Richterskala entladen wird. Sie wimmern, daß es so »nicht weitergeht«. Minister Möllemann fordert die »nächste Runde Subventionsabbau« inklusive »Soziales«, um den Staatsbankrott zu bannen. Oskar Lafontaine ist Realist und lobt die mahnenden Worte von Kanzler Kohl.
Norbert Blüm kommentiert die unsäglichen 2,7 Prozent Rentenplus: Schuld sei das »System«, nicht die Regierung, und da hat er nicht unrecht, wenn er sagt: »Wir können es uns eben nicht leisten, die ältesten Studenten und die jüngsten Rentner zu haben.«
»Staaten«, schreibt der US-Historiker Paul Kennedy, »die sich im Abstieg befinden, reagieren instinktiv, indem sie mehr für ihre ›Sicherheit‹ ausgeben als für Investitionen.« So rumpeln sie noch schneller runter.
Drei Viertel ihres Geldes gibt die Bundesrepublik schon für diese »Sicherheit« aus. In-

nere, äußere, soziale. O Trugschluß! Das Geld für Sicherheit bezahlen nicht die Menschen, die schon sicher sind. Es fällt vom Baum der Arbeit, dessen Wurzeln Investitionen heißen. Werden diese Wurzeln verödet, hört jede Sicherheit von selbst auf. Die »sicheren« Renten, erklärt der Mann mit der Blüm-Brille den TV-Zuschauern, »folgen den Nettolöhnen«. 2,7 Prozent mehr Nettolohn bedeutet laut Gesetz 2,7 Prozent höhere Renten. Es ist aber ein Unterschied, ob 20 Millionen für 20 Millionen Rentner arbeiten oder 10 Millionen für 30 Millionen. Rente – das schönste Wort für Rechenfehler.
Paul Lafargue, der Schwiegersohn von Marx, schrieb vor 100 Jahren ein Buch, »Das Recht auf Faulheit«. Dieses Recht hat jeder. Es sei ihm auch gegönnt. Nur das Gegenteil, das »Recht auf Arbeit«, gibt es nicht. Daher gibt es auch kein Recht auf Renten. Wenn keiner zur Arbeit geht, bücken sich die Alten über einen Kontoauszug mit 0,00 Mark. Wir arbeiten nicht, um zu arbeiten, sondern um eines Tages nichts zu tun. Wollt ihr länger arbeiten ihr Deutschen? 84 Prozent der Deutschen sagen nein![270]
Sie werden ihre Meinung bald ändern, denn Reue ist der Verstand, der zu spät kommt. Ich stamme aus dem ehemaligen österreich-ungarischen Kulturbereich, dem Egerland, stehe am Ausgangstor des Lebens und kam als Strandgut des Krieges in das Restdeutschland. Mein Motto war stets: »Frage nicht, was das Land für dich tun kann, sondern frage, was du für das Land tun kannst.«
In diesem Zusammenhang denke ich an Worte, die Anton Günther, Dichter des Erzgebirges, einmal sagte: »Würden die Menschen das Rauschen unserer Wälder recht verstehen, dann würden sie doch ihr Vorbild finden und zusammenhalten in Sturm und Wetter, in Not und Bedrängnis, wie die Fichten, die sich gegenseitig Schutz bieten, und würden sich nicht durch Parteihader bekämpfen.«
Wie recht hat doch dieser einfache Mann des Erzgebirges gehabt. Ich schließe mit den Worten: »Gott schütze unser Vaterland.«

Quellenverzeichnis

1 Demokratie als Auftrag, 2. Aufl., Seite 81 und 82

2 Drei Jahrzehnte Bundesrepublik, Presse- und Informationsamt der Bundesregierung, 2. Aufl., Seite 82 bis 84

3 Unser Jahrhundert im Bild. C. Bertelsmann Verlag, Gütersloh 1964, Seite 598 bis 601

4 a.a.O., Seite 606 bis 608

5 Geschichte der Arbeiterbewegung in Daten. Dietz-Verlag 1986, Seite 524

6 Wir in Ost und West, Bundesministerium für innerdeutsche Beziehungen, Nr. 8, Seite 4 und 5; K. H. Kirchner

7 a.a.O., Nr. 8, Seite 5; Volker Thomas und Seite V. Th.

8 a.a.O., Nr. 8, Seite 8

9 a.a.O., Nr. 8, Seite 9; Klaus Borte

10 Teheran, Jalta, Potsdam. Die sowjetischen Protokolle von den Kriegskonferenzen der »Großen Drei«. Herausgegeben von Alexander Fischer, Köln 1968

11 Wir in Ost und West, Nr. 8, Seite 10; K. H. Kirchner

12 Bericht des Bundesministeriums für Vertriebene, Flüchtlinge und Kriegsbeschädigte »Zwanzig Jahre Lager Friedland« 1965

13 Vgl. Telegraph (Westberlin) vom 24. Juni 1947

14 Wir in Ost und West, Nr. 8, Seite 13; Volker Thomas

15 a.a.O., Nr. 8, Seite 12 und 13; V. Th.

16 a.a.O., Nr. 8, Seite 14 und 15; V. Th.

17 a.a.O., Nr. 8, Seite 18 und 19; K. B. und Extrablatt Stuttgarter Zeitung vom 1. 10. 1946

18 Unser Jahrhundert im Bild. C. Bertelsmann Verlag, Gütersloh 1964. Textbeitrag Prof. Dr. Hans Herzfeld, Seite 581 bis 589

19 Wir in Ost und West, Nr. 8, Seite 18 und 19; G. R.

20 Bild am Sonntag, 19. Februar 1979; Ulrich Scholz

21 Wir in Ost und West, Nr. 8, Seite 16; K. H. Kirchner/K. B.

22 Demokratie als Auftrag. Drei Jahrzehnte Bundesrepublik, Presse- und Informationsdienst der Bundesregierung, 2. Aufl., Seite 85 bis 90

23 Wir in Ost und West, Nr. 8, Seite 24 und 25; Dirk Fischer

24 a.a.O., Nr. 8, Seite 28

25 a.a.O., Nr. 3, Oktober 1986; Kerstin Kühn

26 a.a.O., Nr. 8, Seite 27; Manfred Funke

27 a.a.O., Nr. 8, Seite 27; Volker Thomas

28 Unser Jahrhundert im Bild, Seite 641 und 643. Presse- und Informationsdienst der Bundesregierung, Nr. 78/84

29 Sowjetunion heute, Presseabteilung der Botschaft der UdSSR, und Nowosti (IAN), Köln 51, September 1990, Nr. 9, Seite 35 bis 39

30 a.a.O., Seite 40 bis 42

31 a.a.O., Nr. 10, Seite 38 bis 41; Kurt Brinkmann, Osterholz-Scharmbeck

32 Nach zwei Jahrzehnten. Erlebnisberichte über Flucht, Vertreibung und Eingliederung von Dr. Paul Nahm, Staatssekretär im Bundesinnenministerium, Seite 195 und 196

33 Unser Jahrhundert im Bild, Seite 605

34 Bild am Sonntag, 11. 2. 1979; Ulrich Scholz, Wolfgang Fischer, G. Jans

35 a.a.O., 21. 1. 1979

36 a.a.O., 14. 1. 1979

37 a.a.O., 14. 1. 1979

38 a.a.O., 14. 1. 1979

39 a.a.O., 7. 1. 1979, Seite 26 bis 30; Ulrich Scholz, Georg Holland, Gerhard Jans

40 Kriegsgräberfürsorge, 67. Jhg., Mai 1991, Seite 2

41 Vgl. Der Spiegel, Nr. 33, 12. 8. 1991, Werner Filmer/Heribert Schwan, »Opfer der Mauer. Die geheimen Protokolle des Todes.« C. Bertelsmann Verlag, München, 432 Seiten

42 Zahlen und Fakten stammen aus der Broschüre »Geschichte eines Lagers – Buchenwald« von Gerhard Finn. Der Autor wurde als 15jähriger festgenommen und erst nach dreieinhalb Jahren aus dem Lager entlassen.

43 Presse- und Informationsamt der Bun-

desregierung, 2. Aufl., unter Mitwirkung von Hans Kepper und Hans Werner Kennenbach, November 1979, Bonn 1, Seite 134 bis 162

44 »Pakt mit dem Kreml«, Buch und Regie: Ulrich Lenze, Redaktion: Dr. Guido Knopp, Produktion: Cinecentrum Hamburg. Im Auftrag des ZDF 1990.

45 Bunte, Nr. 12, 14. 3. 1991

46 Sowjetunion heute, Nr. 6, Juni 1989, Seite 26 bis 28

47 a.a.O., Nr. 4, April 1991, Seite 12 bis 14

48 Wir in Ost und West, Nr. 3, Oktober 1986, Seite 5 und 30; Volker Thomas

49 a.a.O., Nr. 3, Oktober 1986, Seite 8 und 9; Rüdiger Neumann

50 Bunte, Nr. 8, 16. 2. 1989; Jens Federsen

51 Der Spiegel, Nr. 6, 4. 2. 1991, Seite 68 und 69; Hans Schafranek, »Zwischen NKDW und Gestapo. Die Auslieferung österreichischer Antifaschisten aus der Sowjetunion an Nazideutschland«

52 Sowjetunion heute, Nr. 12, 32. Jhg. 1989, Seite 4 und 5

53 a.a.O., Nr. 12, 1990, Seite VII bis IX

54 Bunte, Nr. 45, 3. 11. 1988, Seite 28; Lothar Loewe

55 BPA/APN, 15. 6. 1989, Sowjetunion heute, Sondernummer Juni 1989

56 a.a.O., Nr. 34, Jhg. 1, Januar 1989, Seite 41

57 Friedensordnung für Europa zum Kriegsausbruch vor 50 Jahren, Bonn 1, 1. September 1989; Dr. Dregger, Dr. Bötsch und Fraktion, Mischnick und Fraktion

58 Sowjetunion heute, Nr. 12, Dezember 1987, Seite 5 und 44

59 a.a.O., 4. 4. 1989, 34. Jhg., Seite 38 bis 42

60 a.a.O., Nr. 10, Oktober 1990, Seite 10; Sergej Saizew

61 a.a.O., Nr. 6, 1989, Seite 59

62 Bunte, Nr. 50, 3. 12. 1987; Peter Heinlein

63 a.a.O., Im Blickpunkt; Klaus Kaltenbrunner

64 a.a.O., Erich ins Abseits, Seite 108 und 109; Klaus Bölling

65 a.a.O., Nr. 35, 25. 8. 1989; Lothar Loewe

66 Bild am Sonntag, 14. 1. 1979, Seite 41; Frank Lynder

67 Wir in Ost und West, Nr. 3, Oktober 1986, Seite 17 und 18

68 Bunte, Nr. 31, 24. 7. 1986; Paul Pucher

69 a.a.O., Nr. 37, 7. 9. 1989, Seite 110 bis 113

70 a.a.O., Nr. 42, 12. 10. 1989, und Bild am Sonntag, Nr. 41, 8. 10. 1989

71 Bild am Sonntag, Nr. 41, 8. 10. 1989

72 a.a.O., Nr. 41, 8. 10. 1989

73 Bunte, Nr. 38, 4. 9. 1989

74 Bild am Sonntag, Nr. 41, 8. 10. 1989; Paul Hertrich und Stefan Westendrop

75 a.a.O., Nr. 41, 8. 10. 1989; Michael Koch und Helmut Böger

76 Bunte, Nr. 42, 12. 10. 1989

77 a.a.O., Nr. 41, 5. 10. 1989; Mainhardt Graf Nayhauß

78 Bild am Sonntag, Nr. 41, 8. 10. 1989; Andreas Wrede

79 Bunte, Nr. 43, 19. 10. 1989; Lothar Loewe

80 a.a.O., Nr. 43; 19. 10. 1989; Klaus Bölling und ein Mann, der zu dieser Zeit seinen Namen nicht nennen durfte. Und Nr. 51, 14. 12. 1989

81 a.a.O., Nr. 45, 21. 11. 1989

82 a.a.O., Nr. 44, 26. 10. 1989. Dieser Beitrag wurde dem 2. Band der Helmut-Schmidt-Memoiren »Die Deutschen und ihre Nachbarn, Menschen und Mächte« entnommen. Es handelt sich um eine vorläufige Fassung des Manuskriptes. Copyright: Siedler Verlag, Berlin

83 a.a.O., Nr. 44, 26. 10. 1989; Dieter Borkowski

84 Stern, Nr. 37, 4. 9. 1986; Peter Pragal

85 Bunte, Nr. 18, 26. 4. 1990

86 Kommentar der Woche, 21. 10. 1989; K. G. Ströhm, Bild-Kommentar R. Rudorf

87 Bunte, Nr. 49, 29. 11. 1990 Seite 166; CDU-MdB Jürgen Todenhöfer

88 a.a.O., Nr. 47, 16. 11. 1989, und Bild am Sonntag, Nr. 41, 8. 10. 1989

89 a.a.O., Nr. 48, 23. 11. 1989; Prof. Ernst Cramer

90 a.a.O., Nr. 40, 27. 9. 1990
91 a.a.O., Nr. 52, 20. 12. 1989, Brennpunkt; Lothar Loewe
92 a.a.O., Nr. 46, 9. 11. 1989
93 Wir in Ost und West, Nr. 10, Juni 1990, Seite 4 und 5; V. Thomas/K. H. Kirchner
94 Bunte, Nr. 29, 12. 7. 1990; Jürgen Todenhöfer
95 a.a.O., Nr. 10, 28. 2. 1991
96 a.a.O., Nr. 50, 7. 12. 1989; Claus Peter Bruns (Text), Hubert Link
97 a.a.O., Nr. 49, 30. 11. 1989; Asta Scheib
98 Landkreis – Marburg – Biedenkopf, Neujahrsempfang 1990
99 Bild, 14. 2. 1990, Seite 5
100 Bunte, Nr. 51, 14. 12. 1989; Lothar Loewe
101 APN, 2. 2. 1990
102 Bunte, Nr. 3, 11. 1. 1990, und Nr. 13, 22. 3. 1990. Bild, 2. 2. 1990; E. Laib
103 Bild, 14. 2. 1990
104 Sowjetunion heute, Nr. 2, Februar 1990
105 Bunte, Nr. 6, 1. 2. 1990, Im Brennpunkt; Jürgen Todenhöfer
106 a.a.O., Nr. 2, 4. 1. 1990, Seite 29 bis 31
107 Sowjetunion heute; Dr. W. Miljutenko, Chefredakteur. Bunte, Nr. 37, 5. 9. 1991; J. Nyari
108 Politikinformationen aus Bonn, Nr. 6, September/Oktober 1990, Seite 4
109 a.a.O., Seite 6
110 Bild, 13. 2. 1990; Michael Stange
111 a.a.O., 13. 2. 1990; Mainhardt Graf Nayhaus
112 a.a.O., 13. und 14. 2. 1990; Eva Kohlrusch
113 a.a.O., 13. 2. 1990; H. Rosenbauer
114 a.a.O., 2. 2. 1990; Peter Brinkmann, Hermann Tiedje, Peter Bartels
115 Wir in Ost und West, Nr. 10, Juni 1990; Volker Thomas
116 Bunte, Nr. 13, 22. 3. 1990; Peter Boenisch
117 Politik – Presse- und Informationsamt der Bundesregierung, Nr. 2/3, 28. 6. 1991; Seite 2 bis 16
118 Bunte, Nr. 33, 9. 8. 1990
119 a.a.O., Nr. 24, 7. 6. 1990
120 Politik und Informationen aus Bonn – Presse- und Informationsamt der Bundesregierung, Nr. 6, September/Oktober 1990, Seite 2 bis 4
121 Oberhessische Presse Marburg, 27. 8. 1990
122 Bild, 2. 2. 1990; Michael Lange
123 Oberhessische Presse, 27. 8. 1990
124 Wir in Europa, Bundesministerium für innerdeutsche Beziehungen, Nr. 14, Dezember 1991; Volker Thomas/Dirk Fischer
125 a.a.O., Nr. 14, Dezember 1991
126 Vgl. Der Spiegel, Nr. 34, 19. 8. 1991, Seite 80 bis 84
127 Wir in Ost und West, Nr. 10, Seite 23; Dieter Schreier, Eisenach
128 a.a.O., Nr. 10, Seite 22 und 23; Alexander Richter, Emsdetten, früher Potsdam
129 Oberhessische Presse Marburg, 16. 4. 1991; dpa Rüdiger Ewald
130 a.a.O., 17. 9. 1991; dpa Monika Hillemacher
131 Vgl. Der Spiegel, Nr. 34, 19. 8. 1991, Seite 61 bis 68
132 Wir in Europa, Nr. 14, Dezember 1991; Karin Retzlaff
133 Presse- und Informationsdienst der Bundesregierung, Nr. 4, 30. 7. 1990
134 Bunte, Nr. 40, 27. 9. 1990, und Nr. 5, 24. 1. 1991; Autor: Timmermann,
135 Sowjetunion heute, Nr. 9, Seite 43 bis 45
136 Bunte, Nr. 35, 23. 8. 1990, Seite 34 bis 39
137 a.a.O., Nr. 39, 21. 9. 1989; von Bunte-Autoredaktion kritisch, aber liebevoll getestet
138 Oberhessische Presse, 16. 6. 1990; Karl Wilhelm Fricke
139 Bunte, Nr. 25, 13. 6. 1990; Peter Glotz
140 a.a.O., Nr. 42, 11. 10. 1990, und Oberhessische Presse, 26. 6. 1990; Zitat Andrej Gratschow, außenpolitischer Berater des ZK
141 a.a.O., Nr. 44, 25. 10. 1990
142 Wir in Europa, Dezember 1991, Seite 32 und 33; Sibylle Nitsche
143 a.a.O., Dezember 1991, Seite 33; Kommentar von Wladimir Miljutenko, Chefredakteur der Zeitschrift Sowjetunion heute

[144] Bunte, Nr. 15, 5. 4. 1990; Lothar Loewe
[145] Wir in Europa, Nr. 14, Dezember 1991
[146] Pressemitteilung des Bundesministeriums der Justiz, Nr. 14, 21. 3. 1991
[147] Wir in Europa, Nr. 14, Dezember 1991; Iris Köpke/KHK
[148] Bunte, Nr. 31, 24. 7. 1986; Rembert v. Samson
[149] Sowjetunion heute, Nr. 10, Oktober 1990, Seite 6 und 7
[150] Politik und Information aus Bonn, Nr. 7, November 1990, Seite 2 und 3
[151] a.a.O., Seite 4 und 5
[152] a.a.O., Seite 4 und 5
[153] a.a.O. Nr. 6, September/Oktober 1990, Seite 1 bis 3
[154] Sowjetunion heute, Nr. 10/11, Oktober 1990; stellvertretender Chefredakteur Boris Kaimakow
[155] Vgl. Stern, Nr. 39, 19. 9. 1991, Seite 219 bis 227; Herbert Uniewski
[156] Politik und Informationen aus Bonn, Nr. 6, September/Oktober 1990, Seite 6
[157] Soldat im Volk, Oktober 1991; Generalmajor a. D. Dr. Jürgen Schreiber. Bunte, Nr. 33, 8. 8. 1991; Josef Nygáry, Markus Carrer
[158] Bild, 4. 10. 1990
[159] Neue Marburger Zeitung für Politik, Lebensqualität und Solidarität, Nr. 6/1991, Seite 4
[160] Politik und Informationen aus Bonn, Oktober/November 1990, Seite 13
[161] a.a.O., Seite 9
[162] Sowjetunion heute, Nr. 12, Dezember 1990, Seite 12 bis 15
[163] Iswestija/IAN, 11. 11. 1990
[164] IAN, 11. 11. 1990, Beilage zu Sowjetunion heute, Nr. 12, 1990
[165] Bunte, Nr. 3, 9. 1. 1992
[166] Deutschland am Wochenende, 1. 12. 1990, Seite 3; Peter Boenisch
[167] Der Spiegel, Nr. 6/1991
[168] Oberhessische Presse, 3. 10. 1990; Brigitte Bohnke
[169] Politik und Informationen aus Bonn, Nr. 2, Mai 1991
[170] a.a.O., Dokumentationen, März 1991, Seite 5 bis 11
[171] Trends – Juli 1991, Hohenlohe. Monatszeitschrift für aktive Menschen, Seite 21 bis 24
[172] Quelle: Presse- und Informationsamt der Bundesregierung, Nr. 16, 26. 3. 1991, Seite 43 und 44
[173] Der Spiegel, Nr. 31/1991; Spiegelumfrage über die Einstellung der Ost- und Westdeutschen
[174] a.a.O.; Ostdeutsche über Westdeutsche
[175] a.a.O.
[176] Stern, Nr. 39, 19. 9. 1991
[177] Der Spiegel, Nr. 6, 4. 2. 1991; »Affären«, Seite 82 bis 90
[178] Der Spiegel, Nr. 33/1991, Seite 63 bis 65
[179] Bunte, Nr. 45, 31. 10. 1990, Seite 160 bis 162
[180] Oberhessische Presse, 20. 12. 1992; Jürgen Schaepe
[181] Bunte, Nr. 10, 28. 2. 1991
[182] Vgl. Quick; Reporter Wolfgang David
[183] Wir in Europa, Nr. 14, Dezember 1991; Loe Morsch
[184] Vgl. Oberhessische Presse/dpa, 14. 10. 1991; Fritz Birkner
[185] a.a.O., 25. 6. 1991
[186] Presse- und Informationsamt der Bundesregierung, 1989/90
[187] Oberhessische Presse Marburg, 2. 10. 1991
[188] Bunte, Nr. 9, 22. 2. 1990; Jürgen Todenhöfer
[189] a.a.O., 12. 3. 1992
[190] a.a.O., Nr. 19, 3. 5. 1990; Prof. Rupert Scholz, Staatsrechtler
[191] Politik- und Informationen der Bundesregierung, Nr. 7, Dezember 1991, Seite 10
[192] Vgl. Stern
[193] Vgl. Bunte, Nr. 10, 27. 9. 1990
[194] a.a.O., Nr. 27, 27. 6. 1991; Einar Koch, Hans Bewersdorff
[195] Wir in Europa, Nr. 14, Dezember 1991; Jan Flocken
[196] Vgl. Der Spiegel, Nr. 33, 12. 8. 1991
[197] Vgl. Quick, 5. 9. 1991; Richard Mahkorn, Chefredakteur. Stern, Nr. 39, 19. 9. 1991; Rolf Schmidt-Moltz

[198] Bunte, Nr. 39, 20. 9. 1990; Andreas Möller, Mitarbeit: Maike Pannier
[199] a.a.O., Nr. 39, 19. 9. 1991
[200] Vgl. Deutschlandfunk Rückblick von 1991 5.05, 31. 12. 1991, und Abendkommentar, 17. 1. 1992; Holger Goblirsch
[201] Bunte, Nr. 31, 24. 7. 1986, Seite 3; Peter Boenisch
[202] Presse- und Informationsamt der Bundesregierung, Az. II B 1 – 15 522/1, 15. 7. 1991
[203] Bild, 15. 4. 1992
[204] Geschichte der CDU seit 1945. CDU-Bundesgeschäftsstelle – Abteilung Öffentlichkeitsarbeit, Bonn, Konrad-Adenauer-Haus, März 1980
[205] Porträt einer Partei. Hrg. CSU-Landesleitung, München 2, Franz-Josef-Strauß-Haus
[206] Vgl. 1948 bis 1988, Vierzig Jahre FDP. Bonner Depesche 11/88
[207] Vgl. Sozialdemokratie in Deutschland, Vorstand der SPD, Bonn 1990
[208] Oberhessische Presse, 1. 6. 1991; »Hintergrund«
[208a] Die Grünen, Referat Öffentlichkeitsarbeit, 1. 2. 1991
[209] Statistisches Bundesamt – Übersicht M-T VI b 7 – 10
[210] Vgl. Stern, Nr. 39, 19. 9. 1991, Seite 83 bis 91
[210a] T+Z, 16. Folge 1952, VDA, Januar 1992 (Verband der Automobilindustrie)
[211] Vgl. Oberhessische Presse, 28. 12. 1991; »Themen der Woche«. Bertelsmann-Lexikon 1953
[212] Bunte, Nr. 33, 9. 8. 1990
[213] a.a.O., Nr. 29, 12. 7. 1990
[214] a.a.O.
[215] a.a.O., Nr. 41, 24. 10. 1991. Neue Bonner Köpfe, Verlag Droemer-Knaur, Seite 54 bis 56; Walter Henkels
[216] a.a.O., Seite 8/1990
[217] a.a.O., Nr. 48/47, 22. 11. 1990 und 16. 11. 1989
[218] a.a.O., Nr. 12, 15. 3. 1990; Nr. 9, 22. 2. 1990; Nr. 50, 6. 12. 1990. Stern, Nr. 44, 24. 10. 1991; dpa
[218a] Neue Bonner Köpfe, Seite 69 bis 73; Walter Henkels
[219] a.a.O., Nr. 36, 30. 8. 1990
[220] a.a.O., Nr. 13, 22. 3. 1990
[221] a.a.O., Nr. 13, 22. 3. 1990
[222] a.a.O., Nr. 29, 11. 7. 1991
[223] Vgl. Vertuschte SED-Verbrechen; Hanns-Heinz Gatow
[224] Bunte, Nr. 29, 12. 7. 1990
[225] a.a.O., Nr. 43, 18. 10. 1990, Nr. 47, 15. 11. 1990, Nr. 17, 19. 4. 1990; Lothar Loewe
[226] a.a.O., Nr. 37, 6. 8. 1990; Urda Jürgens und Franz Smets
[227] Quelle: Redakteurin Dana Horakova
[228] Vgl. Bunte, Nr. 39, 19. 9. 1991, Seite 154; Peter Glotz, Nr. 41, 2. 10. 1991; Botschafter Horvath, Ex-Minister Nemeth
[229] a.a.O., Nr. 14, 27. 3. 1991; Exklusiv
[230] AP Berlin, Oberhessische Presse, 3. 12. 1990
[231] Bunte, Nr. 23, 31. 5. 1990; Jürgen Todenhöfer
[232] a.a.O., Nr. 42, 11. 10. 1990
[233] a.a.O., Nr. 12, 15. 3. 1990; Nr. 37, 6. 9. 1990; Nr. 49, 29. 12. 1990; Nr. 3, 10. 1. 1991; Nr. 18, 25. 4. 1991
[234] Bild am Sonntag, Nr. 41, 8. 10. 1989
[235] Bunte, Nr. 1, 28. 12. 1989; Nr. 35, 23. 8. 1990; Nr. 45, 31. 10. 1990; Zeitung am Sonntag, 2. 12. 1990, Seite 5
[236] Wir in Ost und West, Nr. 10, Juli 1990
[237] Bunte, Nr. 29, 12. 7. 1990
[238] Vgl. Neue Bonner Köpfe, Seite 221 bis 223; Walter Henkels. Bunte, Nr. 34, 15. 9. 1991, Seite 10
[239] Bunte, Nr. 30, 19. 7. 1990; Nr. 1, 27. 12. 1990; Nr. 3, 3. 1. 1991
[240] dpa und Oberhessische Presse, 7. 9. 1991
[241] Der Spiegel, Nr. 38, 16. 8. 1991, Seite 34 und 35; Hartmut Palmer. Bunte, Nr. 39, 19. 9. 1991, Seite 130 und 131
[242] Bunte, Nr. 13, 22. 3. 1990, Nr. 35, 23. 8. 1990; Ein Bericht von Kai Diekmann. Sonntagsmagazin Marburg, Nr. 32, Jhg. 7, 11. 8. 1991
[243] a.a.O., Nr. 20, 8. 5. 1991, und dpa

[244] a.a.O., Nr. 42, 11. 10. 1990

[245] a.a.O., Nr. 15, 22. 3. 1990, und Nr. 48, 27. 11. 1990. Bild am Sonntag, Nr. 41, 8. 10. 1989. Oberhessische Presse, 20. 3. 1992

[246] a.a.O., Nr. 16, 11. 4. 1991

[247] Quelle: Bulletin Nr. 34, 4. 4. 1991, Presse- und Informationsamt der Bundesregierung

[248] Bunte, Nr. 51, 14. 12. 1989; Lothar Loewe. Nr. 10, 1. 3. 1990, Nr. 4, 17. 1. 1991. Nr. 27, 23. 5. 1991

[249] a.a.O., Nr. 13, 22. 3. 1990

[250] a.a.O., Nr. 16, 11. 4. 1990

[251] a.a.O., Nr. 27, 27. 6. 1991

[252] a.a.O., Nr. 47, 15. 11. 1990

[253] a.a.O., Nr. 29, 12. 7. 1990; Nr. 2, 3. 1. 1991

[254] Vgl. Neue Bonner Köpfe, Seite 275 bis 279; Walter Henkels

[255] Bunte, Nr. 43, 18. 10. 1990; Nr. 44, 25. 10. 1990; Nr. 47, 15. 11. 1990; Nr. 49, 18. 10. 1990

[256] 40 Jahre Verantwortung für die Finanzen des Bundes. Olzog Verlag 1989, Seite 178. Bunte, Nr. 23, 1. 6. 1989, und Nr. 52. Spiegel, Nr. 34, 19. 8. 1991. Neue Bonner Köpfe, Seite 297 bis 302; Walter Henkels

[257] AP/dpa

[258] Bunte, Nr. 48, 23. 11. 1989

[259] a.a.O., Nr. 29, 12. 7. 1990; Nr. 4, 17. 1. 1991

[260] a.a.O., Nr. 7, 8. 2. 1990, Seite 36; Nr. 34, 17. 8. 1989; Neue Bonner Köpfe, Seite 322 bis 327; Walter Henkels

[261] Vgl. Neue Bonner Köpfe, Seite 328 bis 330; Bunte, »Mythos Weizsäcker; Dr. Peter Glotz, Publizist. Bis 1987 Bundesgeschäftsführer der SPD, Seite 20 und 165. Nr. 50, 5. 12. 1985; Jens Federsen. Nr. 18, Friedrich Pflüger, 8 Jahre persönlicher Referent des Bundespräsidenten. Bunte, Nr. 32, 1. 8. 1991, Seite 22

[262] Bunte, Nr. 40, 26. 9. 1991, und Nr. 41, 2. 10. 1991

[263] Stern, Nr. 39, 19. 9. 1991/AP

[264] Bunte, Nr. 15, 5. 4. 1990; Wolf Siedler

[265] a.a.O., Nr. 51, 11. 12. 1991, Seite 111 bis 113

[266] Sowjetunion heute, Sondernummer November 1987

[267] Der Spiegel-Spezial, Nr. 2/1989

[268] Wir in Europa, Nr. 12, Mai 1991

[269] Bayerischer Rundfunk München – Politik-Kommentar, 8. 6. 1991; Jochen Thies

[270] Bunte, Nr. 14, 26. 3. 1992, und Nr. 16, 9. 4. 1992; Peter Boenisch/Paul C. Martin

INHALTSVERZEICHNIS

Der Staatsvertrag

Nach dem Staatsvertrag: Die Sorgen der Deutschen

Die Welt freut sich mit uns